Freiwillige Gerichtsbarkeit und Notariat

in Bayern und Baden.

Herausgegeben

von

Otto Rudorff,
Oberlandesgerichtsrath.

Berlin.
Verlag von H. W. Müller.
1895.

Vorwort.

Dieses Buch giebt nur einen kleinen Theil eines von mir in Elberfeld begonnenen Werkes über die freiwillige Gerichtsbarkeit und das Notariat in Deutschland. Meine Anstellung in Hamburg und die damit verbundene Nothwendigkeit, mich über großentheils neue und ungewohnte Rechte und Rechtsverhältnisse zu unterrichten, machen die Fortsetzung und Vollendung eines derartigen umfassenden Werkes unmöglich. Um von den fertigen Theilen der Arbeit, von denen Theil A das Reichsrecht, Theil B das Landesrecht behandelt, wenigstens etwas nutzbar zu machen, habe ich mich im Einverständnisse meines Herrn Verlegers entschlossen und darauf beschränkt, ein dem Theile B entnommenes Bruchstück, die Darstellung der freiwilligen Gerichtsbarkeit in Bayern und Baden und einen Kommentar der in diesen Staaten geltenden Notariatsgesetze abzuschließen und selbständig herauszugeben. Bei dieser Wahl leitete mich die Rücksicht auf die maßgebende Bedeutung, welche dieses Rechtsgebiet bei einer auf die Dauer unabweislichen und ja scheinbar auch in Aussicht genommenen reichsgesetzlichen Neuordnung der freiwilligen Gerichtsbarkeit und des Notariats haben wird und muß. Denn das behandelte Rechtsgebiet zeigt gerade die eine der in Deutschland vorhandenen Erscheinungsformen der freiwilligen Gerichtsbarkeit und zwar diejenige, der nach der ganzen wirthschaftlichen und politischen Entwicklung unseres Volkes die Zukunft gehört, nemlich die auf französisch-rechtlicher Grundlage, welche wir auch in Rheinpreußen, Rheinhessen und Elsaß-Lothringen wiederfinden, in drei höchst interessanten Entwicklungsstufen. Zunächst in Pfalz-Bayern (S. 159 bis 257), also im Geltungsgebiet des Code Napoléon in der reinen Form des Ventôse-Gesetzes des Jahres XI der französischen Republik (16. März 1803), namentlich in Hinsicht der öffentlich-rechtlichen

Stellung des Notariats dem neueren Rechts- und Verfassungszustande durch spätere bayerische Abänderungs- und Ergänzungsgesetze nothdürftig angepaßt. Im rechtsrheinischen Bayern (S. 1—158) treffen wir sodann in einem Konglomerate von Rechtsgebieten des gemeinen, des preußischen und bayerischen Landrechts und unzähliger Partikularrechte dieselbe Grundlage, aber organisch und in zeitlich unmittelbarem Zusammenhange mit der ganzen Justizorganisation des modernen deutschen Staates verarbeitet in dem das Notariat einheitlich und umfassend behandelnden Gesetze vom 10. November 1861. In Baden endlich (S. 258—411), also im Gebiete des als badisches Landrecht redigirten Code Napoléon, ist, einzig in ganz Deutschland, die gesammte freiwillige Gerichtsbarkeit als Rechtspolizei in einem Rechtspolizeigesetze mit den dazu gehörigen Ausführungsverordnungen: der Rechtspolizeiordnung und der Notariatsordnung, gesetzgeberisch festgestellt. Von System ist dabei keine Rede und kann so lange keine Rede sein, als das materielle Recht auf theilweise ganz zusammenhangsloser Reichs- und Landesgesetzgebung ruht, und das Reichs-Prozeßrecht der Landesgesetzgebung auch auf dem Gebiete der freiwilligen Gerichtsbarkeit so weiten Spielraum läßt, wie es wegen der materiellen Rechtsverschiedenheit bis jetzt geschehen mußte.

Um deswillen also schon ist der Rechtszustand dieser beiden süddeutschen Staaten zweifellos von ganz hervorragendem Interesse für die Neuordnung dieses Gebietes und verdient auch in Norddeutschland und Preußen zumal näher beachtet und berücksichtigt zu werden. Umsomehr, wenn, wie ich sagte, diesem Recht die Zukunft gehört. Damit ist gemeint, daß die zunehmende Belastung der Gerichte bei unserer, trotz aller Mündlichkeitsprinzipien mehr als je auf Papier und Tinte beruhenden Justizverfassung dahin drängen muß, das ganze Beurkundungswesen an sich den Gerichten abzunehmen und den Notaren zuzuweisen, und daß das Verkehrsbedürfnis gleicherweise auf diese lediglich dem Verkehr dienenden und für dessen Erfordernisse stets bereiten, mitten im praktischen Leben stehenden Beamten als zuständige Behörde hinweist.

Als eine Behörde sollte man aber diesen hochbedeutsamen Faktor unseres Rechtslebens und des staatlichen Organismus auf eine alle wünschenswerthe Sicherheit bietende feste Grundlage stellen. Ist es doch geradezu unerhört, daß der höchste Gerichtshof des Deutschen Reiches, zweifellos mit gutem Grunde, darüber verschiedener Meinung ist, ob und wann ein Notar eine Behörde ist (vgl. R.G.E. Bd. VIII S. 5, XVII S. 342, XVIII S. 246), wovon dann z. B. abhängt, ob ein vor einem Notar geleisteter falscher Eid nach § 153 ff. des deutschen Reichsstrafgesetzbuches als Meineid verfolgt und bestraft werden kann oder nicht, und es verletzt ferner das deutsche Rechtsgefühl, und ist geradezu ein Hohn auf die Einheit des deutschen Strafrechts, wenn die Frage, ob ein falscher Erbbescheinigungseid ein Meineid sei, verschieden zu beantworten ist, je nachdem er vor einem preußischen (Gesetz vom 12. März 1869 § 3), oder elsaß-lothringschen (Gesetz vom 10. Mai 1886 §§ 2, 7—10) oder vor einem badischen (Gesetz vom 24. März 1888 § 3) oder anderem deutschen Notar geleistet wird!

Hamburg, Ostern 1895.

Otto Rudorff.

Inhaltsverzeichnis.

I. Bayern.

A. Rechts des Rheins.

B. Bayerische Pfalz.

II. Baden.

B. Landesrecht.

III. 1. Bayern. A. Rechts des Rheins.

Litteratur: Oesterley II. S. 28; — Euler S. 64, § 62 und die dort citirten, größtentheils veralteten Werke, unter denen noch hervorzuheben ist: von Seybold, das Institut des Notariats 2c., die Organisation des Notariats, das Institut der Aemter u. a. lediglich für die Geschichte vor 1861 in Betracht kommende Schriften; — Conrad, Elster 2c., Handwörterbuch, Bd. V.; — Geßner in Behrends Ztschr. f. d. deutsche Gesetzgebung Bd. VI. S. 605 ff.; — Deutsche Notariatszeitung (N.Ztg.), insbesondere 1887 Nr. 6 u. 7: — Zeitschrift für d. Notariat u. d. freiw. Gerichtsbarkeit in Bayern, h. von Graf (N.Ztschr.), insbesondere 1865 S. 109 ff.; — Gerstner in der Zeitschrift des Anwaltsvereins für Bayern 1864 Nr. 7 bis 11; — Stahl, d. Bayr. Notariat (für die Landestheile diesseits des Rheins, Nördl. 1880); — Brunner, Handb. des Notariats diesseits des Rheins, Regensb. 1865; — Rösl, das k. Bayr. Gesetz v. 10. Nov. 1861 2c., Kommentar, Nördl. 1862; — von Zink in Dollmanns Gesetzgebung des Kgr. Bayern, Th. III. Bd. 3 a und b, Erlangen 1863, enthaltend auf S. 338 bis 891 den von Zinkschen Kommentar des Ges. v. 10. 11. 61 (v. Z. Komm.) und in Bd. 3 b, Beilageheft S. 1 bis 256 dessen „weitere Erläuterungen" (v. Z. Erl.); sowie Enderlein das. Bd. XI., Erlangen 1887 und die dort auf S. V. verzeichneten Werke; — Rehm, d. Bayr. Notariatsges. (München, 1893); — endlich Wagner, Handbuch des gerichtl. Verfahrens, Nördl. 1882.

Uebersicht.

Schon im Codex jur. Bavar. judiciar. (Bayr. Gerichts-Ordnung) von 1753 Cap. II. § 6 war auch das Notariat behandelt; im wesentlichen unter Wiederholung der R.Not.O. v. 1512; ebenso im Codex jur. civil. von 1756. Allein das Mißtrauen in das Institut war zu jener Zeit so stark, daß in jenem Gesetze Cap. 11 § 2 das notarielle Verfahren mit Kautelen umgeben wurde, welche eine gedeihliche Entwickelung unterbanden. Nach Auflösung des Reiches wurde das Notariat in Bayern durch die Verordn. v. 29. März und 10. Dezember 1807 (Reg.Bl. S. 560 u. 1489) insofern aufgehoben, als die Regierung die kaiserlichen Hofpfalzgrafen und Notare zurückwies, die Anfertigung von Notariatsschriften untersagte, und künftig bei Creirung neuer Notarien dieselben „nur auf Wechselgeschäfte, d. i. auf die Fertigung von Wechselprotesten beschränken" zu wollen erklärte. Die freiwillige Gerichtsbarkeit verblieb den Gerichten, bis das Verfassungsgesetz v. 4. Juni 1848 Art. 7 die Wiederzulassung von Notarien für die freiwillige Gerichtsbarkeit verhieß. Art. 59 des Gerichtsverf.Ges. v.

25. Juli 1850 bestimmte, daß „zur Vornahme von Geschäften der nicht-streitigen Gerichtsbarkeit, insoweit dieselben nicht den Gerichten vorbehalten sind (Art. 19) die erforderliche Anzahl von Notarien angestellt" werden solle. Nach Art. 19 desselben sollte die Zuständigkeit der Stadt- und Landgerichte folgende Gegenstände der nicht-streitigen Rechtspflege umfassen:

„1) das Hypotheken- und Grundbuchwesen;

2) das Vormundschafts- und Kuratelwesen;

3) die Anlegung der Siegel bei Sterbfällen und die Ueberweisung des Nachlasses an die Erben oder an die zur Auseinandersetzung der Verlassenschaft berechtigten Personen;

4) alle übrigen Geschäfte der nichtstreitigen Rechtspflege, welche nach den bestehenden Gesetzen eine gerichtliche Prüfung oder überhaupt eine Beschlußfassung bedürfen."

Den bei diesen Rechtsgeschäften Betheiligten sollte es freistehen, „ihre desfallsigen Erklärungen durch einen Notar aufnehmen zu lassen und sodann die Urkunden dem Gerichte zur Prüfung und Schlußfassung vorzulegen."

„Die nähere Ausscheidung des Wirkungskreises der Gerichte" von dem der Notare sollte durch das Notariatsgesetz bestimmt werden.

Auf dieser — materiell noch heute bestehenden — Grundlage wurde dem Landtage von 1851 der Entwurf einer Notariats-Ordnung vorgelegt.

Allein, wie dieses ganze Verfassungswerk später Schiffbruch litt, so konnte die Regierung und die Kammer der Reichsräthe sich damals mit der Kammer der Abgeordneten über ziemlich untergeordnete Punkte: über die Hinterlegung eingenommener Gelder durch den Notar, über die Ertheilung der Vollstreckungsklausel, ob nur mit oder auch ohne Einwilligung des Schuldners, und über die Versetzbarkeit der Notare nicht einigen. Daher stellte man einstweilen durch Gesetz v. 28. Mai 1852 fest, was von keiner Seite für wünschenswerth gehalten oder erstrebt wurde, daß nemlich die Zuständigkeit der Stadt- und Landgerichte sämmtliche Gegenstände der nichtstreitigen Rechtspflege umfassen, für die Geschäfte der nichtstreitigen Rechtspflege — Notariatsgeschäfte — aber besondere Beamte aus der Zahl der bei den Stadt- und Landgerichten angestellten Gerichtsbeamten aufgestellt werden sollen. Bei diesem, also eigentlich von Allen gemißbilligten Zustande, der sich denn auch durchaus nicht bewährte, verblieb es bis zum Gerichtsverfassungsgesetze vom 10. November 1861 (Ges.Bl. Nr. 15). Dasselbe bestimmte wesentlich übereinstimmend mit dem Gesetze v. 25. Juli 1850 in dem durch Art. 81 des Bayr. Ausführungsgesetzes z. R.Ger.Verf.Ges. v. 23. Febr. 1879 ausdrücklich aufrechterhaltenen und daher noch gültigen Art. 67: „Zur Vornahme von Geschäften der nicht-streitigen Rechtspflege, insoweit dieselben nicht den Gerichten vorbehalten sind (Art. 18), wird die erforderliche Anzahl von Notaren aufgestellt. Die näheren Bestimmungen über den Wirkungskreis und die Geschäftsführung der Notare ble ben einem besonderen Gesetze vorbehalten."

Nach dem in Art. 67 cit. angezogenen Art. 18 aber umfaßte „die Zuständigkeit der Stadt- und Landgerichte folgende Gegenstände der nicht-streitigen Rechtspflege:

1) das Hypotheken- und Grundbuchwesen nebst den Ewiggeldsachen;

2) das Vormundschafts- und Kuratelwesen;

3) die Verlassenschaften;

4) alle übrigen Geschäfte der nicht-streitigen Rechtspflege, welche nach den bestehenden Gesetzen eine gerichtliche Prüfung, Bestätigung oder überhaupt eine Beschlußfassung erfordern."

„Die nähere Ausscheidung des Wirkungskreises der Gerichte von dem der Notare wird durch das Notariatsgesetz bestimmt."

„Die Behandlung der Familienfideikommisse richtet sich nach den besonderen Gesetzen."

Damit ist in der That der Grundsatz ausgesprochen worden, wie es der vorletzte Absatz des angezogenen Art. 18 (s. u.) bestätigt, daß die Geschäfte der nichtstreitigen Rechtspflege den Notaren zustehen sollen, ein Grundsatz, der denn auch durch die spätere Gesetzgebung konsequent ausgeführt wurde, insofern als man insbesondere unausgesetzt darauf bedacht gewesen ist, das Gebiet der gerichtlichen Prüfung, Bestätigung, Beschlußfassung hinsichtlich solcher Geschäfte mehr und mehr einzuschränken und sich regelmäßig an der den Notaren obliegenden Sachprüfung genügen zu lassen. (Siehe unten.) Es versteht sich, daß dieser Standpunkt der Bayr. Gesetzgebung auch für die amtliche Stellung der Notare von durchschlagender Bedeutung sein mußte.

Das Notariatsgesetz, dem die nähere Ausscheidung des Wirkungskreises der Gerichte von dem der Notare vorbehalten war, erging am gleichen Tage wie das Gerichtsverf.Ges., 10. Nov. 1861, und trat mit demselben gleichzeitig, 1. Juli 1862, in Kraft, nachdem am 1. Juni 1862 noch eine Instruktion dazu in 132 Paragraphen vom Staatsministerium der Justiz erlassen war. Der Entwurf war eine ziemlich genaue Wiederholung des Entwurfs von 1851, und die Veränderungen, welche er diesmal erhielt, „waren nur wenige und von untergeordneter Bedeutung". Als Grundkarakter beider Entwürfe aber „trat ganz unverkennbar hervor eine vermehrte Ueberarbeitung des französischen Notariatsgesetzes vom 25. Ventôse XI., wie dasselbe in der Pfalz noch bis zur Stunde das geltende Recht bildet, mit seinen 69 Artikeln" (Zink in Dollmann a. a. O. S. 355).

Nachdem der in jenem Art. 18 des Gerichtsverf.Ges. v. 1861 ausgesprochene Grundsatz in Art. 15a des Bayr. Ausf.Ges. z. R.Ger.Verf.Ges. v. 23. Februar 1879 lediglich wiederholt worden ist (s. unten), bildet derselbe zusammen mit dem Notariatsgesetze noch heute die Grundlage der Zuständigkeit in Sachen der freiwilligen Gerichtsbarkeit. Dieselben werden also, von Einzelheiten abgesehen, im Wesentlichen einerseits von den Gerichten — und zwar gemäß Art. 15 cit. „soweit sie nicht zur Zuständigkeit der Landgerichte oder Oberlandesgerichte gehören", von den Amtsgerichten — andererseits, nemlich das gesammte Beurkundungswesen zu öffentlichem Glauben, von den Notaren verwaltet, und zwar sind diese Kompetenzen im Ganzen und vorbehaltlich des § 11 Abs. 3 des Not.Ges. so geschieden, daß sie jederseits ausschließlich zustehen.

Daneben ist bestehen geblieben die Allerhöchste Königliche Familiengerichtsbarkeit nach Tit. X des Familienstatuts v. 5. Aug. 1819, R.E.Ges. z. G.V.Ges. § 5, Bayr. A.Ges. Art. 81 Abs. 2; die Fürstl. Thurn und Taxissche freiwill. Gerichtsbarkeit in Betreff des fürstl. Hauses und seiner Dienerschaft; Ges. v. 29. April 1869; endlich die Militär-Gerichtsbarkeit (Einf.Ges. § 7).

Zufolge Art. 76 des Bayr. Ausf.Ges. z. R.Ger.Verf.Gesetze v. 23. Febr. 1879 wird „das Depositenwesen sowohl in der streitigen als auch in der nichtstreitigen Rechtspflege von den Gerichten besorgt.

Die Anordnungen über die Behandlung des Depositenwesens werden im Verordnungswege getroffen.

Die Staatsregierung wird ermächtigt, die Besorgung des Depositenwesens bei den Gerichten nach Bedürfnis an die kgl. Bank oder an andere Kassen des Staats zu übertragen und die hiefür erforderlichen reglementären Vorschriften zu erlassen.

Die gesetzlichen Bestimmungen über die Anlage gerichtlicher Depositen bleiben unberührt."

Die fragliche Kgl. Verordnung ist ergangen unterm 8. Sept. 1879 (J.M.Bl. Nr. XXIV. S. 661 ff.) und ordnet in den §§ 10—12 im Allgemeinen und als Regel die Einrichtung gerichtlicher Depositen an, regelmäßig bestehend aus einem Richter als ersten Curator und einem Gerichtsschreiber als zweiten Depositalbeamten.

Diese zufolge § 12 cit. durchweg bei den Amtsgerichten gebildete Depositen-Kommission ist die Vollzugsbehörde für die gerichtlichen „Annahme"- und „Ausgabs-Mandate".

A. Gerichte.

I. Die Amtsgerichte sind nach Art. 15 u. 18 cit. zuständig a) „für alle nicht zur ordentlichen streitigen Gerichtsbarkeit gehörenden Angelegenheiten, welche bisher zur Zuständigkeit der Stadt- und Landgerichte gehört haben oder den Amtsgerichten durch besondere gesetzliche Bestimmungen zugewiesen sind."

Jene sind die jetzt unter b im Ger.Verf.Ges. v. 10. Nov. 1861 in Art. 18 aufgeführten, zu den anderen Angelegenheiten gehören insbesondere: die Kraftloserklärung von Urkunden, welche nicht zu den in § 837 Abs. 1 und in § 849 der C.P.O. bezeichneten gehören (A.G. z. R.C.P.O. Art. 69), die Todeserklärung Verschollener (das. Art. 103 ff.), im Gebiete des Preuß. Rechts der sog. erbschaftliche Liquidationsprozeß (das. Art. 150 ff.) und das Aufgebot liegender Gründe zur Erhaltung einer Präklusion gegen unbekannte Realprätendenten oder zur vollständigen

1*

Berichtigung des Besitztitels (das. Art. 158 ff.) sowie die Vorladung unbekannter Erben nach der Preuß. A.G.O. Th. I. Tit. 51 §§ 145—156, 158 (das. Art. 161); Angelegenheiten, welche inhaltlich in das Gebiet der nichtstreitigen Rechtspflege fallen, ferner die unter Nr. 5—9 aufgeführten.

b) „Die Zuständigkeit der Amtsgerichte in den Landestheilen rechts des Rheins umfaßt insbesondere folgende Gegenstände der nichtstreitigen Rechtspflege:

„**1)** das Hypotheken- und Grundbuchwesen nebst den Ewiggeldsachen."

Dies ist jedoch nicht etwa so zu verstehen, als ob auch alle hierauf bezüglichen Urkunden vor den Gerichten zu errichten wären, im Gegentheil, den Gerichten steht im Wesentlichen nur noch die Hypothekenbuch-Führung zu, während die Aufnahme der betreffenden Urkunden wiederum grundsätzlich und ausschließlich den Notaren zukömmt (Not.Ges. Art. 14, 12). Nur die Beurkundung von Löschungsbewilligungen und sonstigen nicht vertragsmäßigen Erklärungen in Bezug auf Hypotheken, sowie die hyp. Schätzungen und Verlautbarungen der Schätzungsgutachten der ein für alle Mal bestellten hyp. Schätzer (vgl. J.M.E. v. 10. 7. 62, J.M.Bl. 1863 Erg.Heft S. 40, Not.Ztschr. I. 26, Enderlein S. 188 Nr. 3) gehören nach obiger Nr. 1 und Art. 12 Abs. 2 cit. noch zur Kompetenz der Amtsgerichte, aber gemäß § 11 Abs. 3 des Not.Ges. unter Konkurrenz der Notare.

Das Grundbuch ist erst für die Stadt München angelegt, und auch nur für München kommen die Ewiggeldbriefe (Rentenkauf) in Betracht. Sie waren weder im Ger.Verf.Ges. v. 1850 noch im Entw. d. Not.Ges. v. 1851 erwähnt. Erst bei der Berathung wurde dessen Art. 14 (jetzt 15) als 6ter Absatz angehängt: „In Ewiggeldsachen bleibt die Ausfertigung der Ewiggeldbriefe (Haupt- und Transportbriefe) der ausschließenden Zuständigkeit des Gerichtes vorbehalten." Denn, führte der Antragsteller unter Leitung des Reg.Komissar aus, „die Frage, wer die Ewiggeldbriefe auszufertigen habe, sei hierbei nicht berührt, wohl aber enthalte die Grundbuch.O. die ganz bestimmte Norm, daß jeder Ewiggeldvertrag in das Grundbuch ingrossirt und der Ewiggeldbrief auf Pergamentpapier ausgefertigt mit der Unterschrift des Gerichtsvorstandes und dem Gerichtssiegel versehen sein müsse" (v. Zink, Komm. a. a. O. S. 443 Anm. 6). So wurden die Entwürfe auch 1861 reproduzirt, indem ausdrücklich angeführt wurde „die Eigenthümlichkeit des nur für München bestehenden Ewiggeldinstitutes rechtfertige ganz den Vorbehalt", „sein Platz sei aber unverkennbar in Art. 18 d. Ges. über die Ger.Verf. anzuweisen". Deswegen strich man den 6. Absatz in Art. 14 (jetzt 15) des Not.Ges. und setzte in Art. 18 des Ger.Verf.Ges. unter Nr. 1 die Ewiggeldsachen hinzu. Die Aufnahme der Ewiggeldbriefe ist also ausschließlich (Art. 12 Abs. 2 u. Art. 14 d. Ges.) Sache der Notare, ihre Eintragung, Ausfertigung, Zustellung ausschließlich Sache der Amtsgerichte. „Aus den Ewiggeldbriefen findet wegen rückständiger Gilten Zwangsversteigerung und Zwangsverwaltung der belasteten Sache statt. Ewiggeldbriefe bedürfen der Vollstreckungsklausel nicht." — „Für einen Rechtsnachfolger des ursprünglichen Ewiggeldgläubigers findet die Zwangsvollstreckung aus dem Ewiggeldbriefe nur dann statt, wenn das Ewiggeld im Grundbuche auf denselben umgeschrieben ist." (A.G. z. R.C.P.O. Art. 139.)

Das Hypothekenwesen beruht im Wesentlichen noch auf dem Hypothekengesetze vom 1. Juni 1822 (Ges.Bl. S. 17) und gleichzeitigem Einf.Ges. (das. S. 125) und der Instr. z. Vollzug d. Hyp.Ges. v. 13. März 1823 (Reg.Bl. S. 499); durch das Ausf.Ges. z. C.P.O. Art. 123 sind die Art. 47, 67, 82, 159, 160, 166 geändert, durch die Artt. 127 bis 139 das. ist die Vollstreckbarkeit von Hyp.Urkunden und Ewiggeldbriefen geregelt, über Eintragung des Arrestes (Art. 25 das.), der Pfändung einer Hypothekenforderung oder Ewiggeldes (Art. 125 das.), des Veräußerungsverbots und bei Eröffnung und Beendigung des Konkurses Bestimmung getroffen Art. 25 ff., 32, 33 das., und im Uebrigen ist durch das Not.Ges. v. 10. Nov. 1861, die Subhast.O. v. 23. Febr. 1879 (Ges. u. V.Bl. S. 203) und die Novelle dazu v. 29. Mai 1886 (das. Nr. 22 S. 239) eingegriffen. Das Hyp.Ges. kennt grundsätzlich nur Realfolien mit 3 Rubriken (Sach-, Eigenthümer-, Hypotheken-Rubrik) (Hyp.Ges. § 129, 22). Für jedes Grundstück und jede hypothekfähige Grundgerechtigkeit ist ein eigenes Folium zu eröffnen, aber auch Gutskomplexe oder Güter konnten auf demselben Folium vorgetragen werden, und zwar so, daß die einzelnen Bestandtheile nicht verzeichnet zu werden brauchten, sondern auf das Steuerkataster verwiesen werden konnte (Hyp.Ges. § 130).

Das ist allerdings in Folge wiederholter Just.Min.Entsch. anders und seit Einführung des Grundsteuerkatasters zur Regel geworden, daß die Einträge in der Sachrubrik mit den Kataster-Einträgen übereinzustimmen bezw. diese vollständig wiederzugeben haben (Wagener S. 56 Anm. 5). Ueber die Besitztitelberichtigung vgl. Roth, Bayr. C.R. II. S. 149, 155: Bl. f. R.A. XXXVII. 59. XXXIX. 58; Not.Ztg. II. 138, 185. XIII. 198. XV. 155. Hierher gehört auch das Aufgebot liegender Gründe zur Erhaltung einer Präklusion gegen unbekannte Realprätendenten oder zur vollständigen Berichtigung des Besitztitels bei dem forum rei sitae im Gebiete des Preuß. Landrechts. Das Gesuch kann schriftlich eingereicht oder zum Protokoll des Gerichtsschreibers angebracht werden. Im Uebrigen richtet sich dies der Form nach prozessualische Verfahren nach Pr.G.O. I. 51 §§ 100—109 u. A.G. z. R.C.P.O. Art. 158—160. Vgl. über diese ganze Materie: Gönner, Kommentar z. Hyp.Ges., Regelsberger, Bayr. Hyp.R., Auer, z. Reform d. Bayr. Hyp.Gesetzgebung, Wagner a. a. O. S. 44—120 über das Verfahren in Hyp.Sachen.

„**2)** das Vormundschafts- und Kuratelwesen." (Vgl. Rosenkrantz, Handbuch des Pflegschaftswesens; Wagner a. a. O. S. 158—191.) Aber auch hier gilt der andere Grundsatz wiederum, daß „die Beurkundung von Verträgen, bei welchen Minderjährige oder unter gerichtliche Kuratel gestellte Personen betheiligt sind", in den ausschließlichen Wirkungskreis der Notare fallen (Not.Ges. Art. 12 Abs. 1) und auch in diesen Sachen steht es wieder „den Betheiligten frei, ihre desfallsigen Erklärungen durch einen Notar aufnehmen zu lassen" (das. Art. 11 Abs. 3).*)

Die Gründe, aus welchen Vormundschaft zu bestellen ist, und das weitere Vormundschaftsrecht bestimmen sich nach den in den verschiedenen Landestheilen geltenden Civilrechten, deren außerordentlich viele sind; vgl. Roth, Bayr. C.R. § 87 Anm. 9—21, § 80 Anm. 3—8; § 81 Anm. 4—11, § 82, § 105 Anm. 13. Vgl. für das Gebiet des Pr. A.L.R. auch Artt. 144—149 des A.G. z. C.P.O.

Ueber die „Vermögensverwaltung für Abwesende" hat das Ausf.Ges. z. R.C.P.O. durch die nachfolgenden Artt. 94—101 einheitliches Recht geschaffen.

(1. Voraussetzungen.) Art. **94**. Abwesende, deren Aufenthalt unbekannt ist, erhalten, wenn ein Jahr lang keine Nachricht von ihnen eingegangen ist, in dringenden Fällen auch vor Ablauf eines Jahres, einen Pfleger zur Vertretung bei ihren Vermögensangelegenheiten.

Ist der Aufenthalt des Abwesenden bekannt, derselbe jedoch an der Rückkehr und Besorgung seiner Vermögensangelegenheiten gehindert, so ist ihm gleichfalls ein Pfleger zu bestellen.

Art. **95**. Die Pflegschaft für Abwesende findet nur insoweit statt, als dieselben zur Besorgung ihrer Vermögensangelegenheiten einen Bevollmächtigten nicht bestellt haben oder Umstände eingetreten sind, welche die ertheilte Vollmacht aufheben oder deren Widerruf zu veranlassen geeignet sind.

Eine Pflegschaft wegen Abwesenheit ist nicht zu bestellen, soferne den Eltern oder dem Ehegatten die gesetzliche Vertretung des Abwesenden zukommt und der Ausübung der Vertretungsbefugniß kein thatsächliches oder rechtliches Hinderniß entgegensteht.

(2. Zuständiges Gericht.) Art. **96**. Für die Pflegschaft ist das Vormundschaftsgericht zuständig, in dessen Bezirke der Abwesende den letzten Wohnsitz gehabt hat, in Ermangelung eines solchen das Vormundschaftsgericht, in dessen Bezirke die Wahrnehmung der Vermögensangelegenheiten des Abwesenden veranlaßt ist.

(3. Antragsberechtigte.) Art. **97**. Die Bestellung einer Pflegschaft für

---

*) Die Notare haben sich aber durchaus auf die Beurkundung zu beschränken und Eingriffe in die obervormundschaftliche Zuständigkeit zu vermeiden, wie z. B. wenn noch kein gesetzlicher Vertreter ernannt ist, sofort eine Person als solchen beizuziehen und gar eidlich zu verpflichten. Das ist durchaus unzulässig, ist aber Gefahr im Verzuge, so ist den Notaren allerdings gestattet worden, Personen als Geschäftsführer zuzuziehen und demnächst Bestellung eines gesetzlichen Vertreters zu veranlassen. Wurde jener als solcher bestellt, so soll eine nochmalige Beurkundung überflüssig sein. (J.M.E. v. 7./12. 67 u. 30./10. 71, J.M.Bl. S. 289 u. 306, Stahl S. 480.)

Abwesende zu beantragen, ist Jeder berechtigt, welcher dem Vormundschaftsgerichte ein Interesse zur Sache darzulegen vermag.

(4. Rechte Dritter.) Art. **98**. Die Befugnisse, welche den Eltern oder dem Ehegatten an dem der Pflegschaft unterstellten Vermögen des Abwesenden kraft gesetzlicher Nutznießung oder ehelichen Güterrechts zustehen, bleiben unberührt.

Die Verschollenheit des Abwesenden begründet für Erbberechtigte keinen Anspruch auf Verwaltung oder Nutznießung des Vermögens.

(5. Vertretung.) Art. **99**. Der gesetzliche Vertreter eines Abwesenden hat die Befugniß, für den Abwesenden Vermögen zu erwerben, insbesondere Erbschaften anzunehmen, sowie Rechtsstreite zu führen.

Auf den Pfleger eines Abwesenden finden im Uebrigen die für einen Vormund geltenden Vorschriften in Ansehung der Vermögensverwaltung entsprechende Anwendung.

Art. **100**. Besteht Ungewißheit, ob der Abwesende den Anfall einer Erbschaft oder eines Vermächtnisses erlebt hat, so wird sein Leben, solange er nicht für todt erklärt worden ist, bis zum Ablaufe von siebenzig Altersjahren vermuthet; nach dem Ablaufe von siebenzig Jahren ist der Abwesende im Falle einer solchen Ungewißheit, wenn er innerhalb drei Monaten nach öffentlicher Aufforderung sich nicht gemeldet hat, in Ansehung des Vermögensanfalls nicht zu berücksichtigen, ohne jedoch mit seinen Rechten ausgeschlossen zu werden.

Dieselben Bestimmungen finden entsprechende Anwendung, wenn es sich für den Abwesenden um die Erwerbung einer Schenkung auf Todesfall oder um Vermögensrechte handelt, welche derselbe als Ehegatte kraft Gesetzes oder Vertrags auf Ableben des andern Ehegatten in Anspruch zu nehmen hat.

(6. Beendigung der Pflegschaft.) Art. **101**. Die Pflegschaft endet, wenn der Grund zu deren Bestellung gehoben oder wenn der Abwesende für todt erklärt ist.

Durch Art. **102** das. ist vorbehalten, daß „das verfassungsmäßige Recht der Standesherren, die Vormundschaften der standesherrlichen Familienglieder zu bestellen, durch die vorstehenden Bestimmungen keine Aenderung" erleidet.

3) „die Verlassenschaften". Auch hier ist der Anlaß zum gerichtlichen Einschreiten nach den verschiedenen Civilrechten verschieden. Jedoch wird gerichtliche Nachlaßbehandlung in folgenden Fällen einzutreten haben (vgl. Wagner a. a. O. S. 125), 1) wenn zum Nachlasse Immobilien, Hyp.Urkunden und sonstige Vermögensobjekte gehören, über welche ohne gerichtliches Erbschaftszeugnis nicht verfügt werden kann; 2) wenn ein gerichtliches oder notarielles Testament vorliegt (Art. 27f d. Ges.); 3) wenn die Erben unbekannt sind (Pr. L.R. I. 9, 460); 4) wenn alle Erben abwesend sind (das. I. 12, § 460); 5) wenn minderjährige oder pflegschaftsbedürftige Erben vorhanden sind (das. II. 18, 372) und nicht der überlebende Ehegatte zur Verwaltung ohne Vormünder berechtigt ist; 6) nach verschiedenen Partikularrechten stets (Roth, Bayr. C.R. § 384).

Zum Verlassenschaftswesen gehört auch die Todeserklärung Verschollener. Hierüber giebt das A.G. z. C.P.O. folgende allgemeine Vorschriften.

(1. Voraussetzungen.) Art. **103**. Ist über das Leben eines Abwesenden seit zehn Jahren keine Nachricht vorhanden, so kann beantragt werden, daß der Verschollene durch Richterspruch für todt erklärt werde.

Die Frist ist von der Zeit an, auf welche sich die letzte Lebenskunde bezieht, falls aber diese Zeit in das Alter der Minderjährigkeit fällt, von dem Tage der Volljährigkeit an zu rechnen; kann dieser Tag nicht festgestellt werden, so ist ein Zeitablauf von fünfzehn Jahren erforderlich.

Art. **104**. Hatte der Verschollene zur Zeit der letzten Lebenskunde schon das sechzigste, aber noch nicht das fünfundsechzigste Lebensjahr zurückgelegt, so genügt zur Todeserklärung der Ablauf eines das siebenzigste Altersjahr vollendenden Zeitraums; hatte der Verschollene zur Zeit der letzten Lebenskunde bereits das fünfundsechzigste Lebensjahr zurückgelegt, so bedarf es nur des Ablaufs von weiteren fünf Jahren.

Art. **105**. Befand sich Jemand auf einem Schiffe, während dasselbe in Seegefahr verunglückte, so kann auf Todeserklärung angetragen werden, wenn über sein Leben seit drei Jahren von dem Unglücke an keine Nachricht vorhanden ist.

(2. Zuständiges Gericht.) Art. **106**. Für die Todeserklärung ist das Amtsgericht zuständig, bei welchem der Verschollene zuletzt den Gerichtsstand des Wohnsitzes gehabt hat.

Besteht jedoch für den Verschollenen eine Pflegschaft, so ist das Amtsgericht, welches dieselbe führt, wenn aber die Pflegschaft von einem andern Gerichte geführt wird, das Amtsgericht zuständig, in dessen Bezirke das Pflegschaftsgericht seinen Sitz hat.

(3. Antragsberechtigte.) Art. **107**. Zu dem Antrage auf Todeserklärung sind berechtigt: die nächsten gesetzlichen Erben des Verschollenen, der Ehegatte desselben und wer sonst ein rechtliches Interesse darzulegen vermag.

Besteht eine Pflegschaft über das Vermögen des Verschollenen, so kann die Todeserklärung auch von dem Pfleger mit Genehmigung oder auf Anweisung des Vormundschaftsgerichts beantragt werden.

(4. Verfahren.) Art. **108**. Die Todeserklärung erfolgt im Aufgebotsverfahren nach Maßgabe der Civilprozeßordnung (§§ 824—836) und der nachfolgenden besonderen Bestimmungen.

Art. **109**. Mit dem Antrage auf Todeserklärung hat der Antragsteller über die thatsächlichen Voraussetzungen derselben die ihm zu Gebote stehenden Urkunden vorzulegen und seine sonstigen Beweismittel unter Angabe der zu erhebenden Thatsachen zu bezeichnen.

Art. **110**. Das Aufgebot hat die Aufforderung zu enthalten:

1) an den Verschollenen, spätestens im Aufgebotstermine persönlich oder schriftlich bei Gericht sich anzumelden, widrigenfalls er für todt erklärt werde,
2) an die Erbbetheiligten, ihre Interessen im Aufgebotsverfahren wahrzunehmen,
3) an alle diejenigen, welche über das Leben des Verschollenen Kunde geben können, Mittheilung hierüber bei Gericht zu machen.

Art. **111**. Die öffentliche Bekanntmachung des Aufgebots hat neben den in § 825 der Civilprozeßordnung bezeichneten und den in § 187 daselbst für Ladungen vorgeschriebenen Arten auch durch Anheftung an dem üblichen Orte in der Gemeinde zu geschehen, wo der Verschollene seine Heimath hat.

Art. **112**. Zwischen dem Tage, an welchem die Einrückung oder die erste Einrückung des Aufgebots in den Deutschen Reichsanzeiger erfolgt ist, und dem Aufgebotstermine muß ein Zeitraum von mindestens neun Monaten liegen.

Art. **113**. Wenn derjenige, welcher die Todeserklärung beantragt hat, während des Verfahrens stirbt, so ist ein anderer Antragsberechtigter befugt, das Verfahren fortzusetzen.

Art. **114**. Werden die Ansprüche der als Erbbetheiligte auftretenden Personen bestritten, so wird hiedurch die Todeserklärung nicht aufgehalten.

Art. **115**. Das Gericht kann dem Antragsteller auferlegen, eidlich zu versichern, daß er von dem Leben des Verschollenen keine oder keine anderen als die dem Gerichte mitgetheilten Nachrichten erhalten habe und auch keine Personen zu bezeichnen wisse, von welchen er vermuthe, daß sie über das Leben des Verschollenen Nachricht empfangen haben.

Art. **116**. Der Ausspruch der Todeserklärung ist an die Gerichtstafel und im Heimathsorte des Verschollenen anzuheften.

Dem Antragsteller ist eine Ausfertigung von Amtswegen zuzustellen.

Art. **117**. Die Kosten des Verfahrens sind im Falle der Todeserklärung aus dem Vermögen des Verschollenen zu ersetzen.

(5. Wirkung der Todeserklärung.) Art. **118**. Die Todeserklärung begründet die Vermuthung, daß der Verschollene nicht mehr am Leben sei.

In Ansehung des zurückgelassenen Vermögens der für todt erklärten Person wird vermuthet, daß dieselbe an dem Tage des Ausspruchs der Todeserklärung gestorben sei; in denjenigen Fällen jedoch, in welchen der Ausspruch nach dem Ablaufe von siebenzig Jahren seit der Geburt des Verschollenen erfolgt, ist der Tag, an welchem siebenzig Jahre seit der Geburt abgelaufen sind, wenn aber die Verschollenheitsfrist erst nach diesem Zeitpunkte geendet hat, der Tag, an welchem dieselbe abgelaufen ist, als Todestag anzusehen.

In dem Urtheile ist der Todestag anzugeben.

Art. **119.** Die Ausfertigung des Urtheils auf Todeserklärung vertritt die Stelle der Sterbeurkunde.

Der Gegenbeweis, daß der Verschollene noch am Leben oder zu einer anderen als der im Urtheile angegebenen Zeit gestorben sei, ist zulässig.

(6. Zuständigkeit zur Verlassenschaftsbehandlung.) Art. **120.** Ist eine gerichtliche Behandlung der Verlassenschaft der für todt erklärten Person veranlaßt, so ist das Amtsgericht zuständig, bei welchem das Aufgebotsverfahren stattgefunden hat.

Durch diese Bestimmung wird die fürstlich Thurn- und Taxis'sche Gerichtsbarkeit in Verlassenschaftssachen, welche die fürstliche Dienerschaft betreffen, nicht berührt.

(7. Rechtsverhältnisse bei nachträglicher Meldung Verschollener.) Art. **121.** Meldet sich der Verschollene nach der Todeserklärung, so steht ihm gegen diejenigen, welche auf Grund der Todeserklärung Bestandtheile seines Vermögens erlangt haben, der Anspruch auf Rückerstattung nach Maßgabe der Grundsätze zu, die für den Anspruch eines Erben gegen Besitzer von Erbschaftsgegenständen gelten.

Die in Ansehung dieses Vermögens Dritten gegenüber vorgenommenen Rechtshandlungen von Personen, welche auf Grund der Todeserklärung Vermögensbestandtheile erlangt haben, werden in ihrer Rechtswirkung nach den Grundsätzen beurtheilt, die von Rechtshandlungen eines nach Außen legitimirten Erben gelten. —

Wegen Todeserklärung der in Folge der Kriege von 1866 und 1870/71 vermißten Personen s. 71—74 des A.G. z. R.C.P.O.

Dahin gehört auch das dem sog. erbschaftliche Liquidationsprozeß der Preußischen Gerichts-O., deren Bestimmungen hierüber nur soweit nach Art. 150 d. A.G. z. R.C.P.O. in Geltung geblieben sind, als in den Art. 151—157 darauf Bezug genommen ist, voraufgehende Verfahren. Nach Art. 151 muß das „erforderliche Inventar durch einen Notar errichtet werden." Nach Art. 152 Abs. 1 hat „der Benefizialerbe, welcher den Nachlaß nach Maßgabe des § 73 Thl. I Tit. 51 der Pr. G.O. an die Gläubiger abtreten will, seine desfallsige Erklärung bei dem Amtsgerichte des Ortes, wo sich die Erbschaft eröffnet hat schriftlich einzureichen oder zum Protokoll des Gerichtsschreibers anzubringen" Auf den eventuell vom Benefizialerben freiwillig oder auf Anhalten der Erbschaftsgläubiger gestellten Antrag wird bei demselben Amtsgericht der Liq.Proz. eröffnet.

Dahin gehört ferner das Verfahren des Aufgebots unbekannter Erben, das vorbehaltlich der obigen Schriften des A.G. z. R.C.P.O. über Todeserklärung und Verwaltung des Vermögens Abwesender, von dem Amtsgerichte des Ortes der Erbschaftseröffnung nach Maßgabe der bezüglichen Bestimmungen des Allg. Pr. L.R. und der Pr. G.O. I. 51 §§ 145—156 als Gegenstand der nichtstreitigen Rechtspflege zu behandeln ist. Die Erlassung eines förmlichen Präklusionsbescheides steht diesem Gerichte nicht zu. Dasselbe hat sich vielmehr nach fruchtlosem Ablaufe der Frist auf Anerkennung des Extrahenten als rechtmäßigen Erben, die Verfügung der Verabfolgung des Nachlasses an ihn und Ausstellung eines Zeugnisses hierüber zu beschränken, „wobei der Ausspruch über die Folgen der Versäumung des Termins im Falle späteren Auftretens eines Erbprätendenten dem Prozeßgerichte vorbehalten bleibt". — Die Art der Bekanntmachung und die Festsetzung des Ediktaltermis steht im Ermessen des Amtsgerichts. — § 158 der Pr.G.O. I. 51 bleibt aufrecht (A.G. z. R.C.P.O. Art. 161, 162).

Allein in Verlassenschaftssachen haben nicht nur die Betheiligten die ihnen durch vorzitirten Art. 11 Abs. 3 des Not.Ges. eingeräumte Freiheit, einzelne Erklärungen durch einen Notar aufnehmen zu lassen, sondern die ganze Auseinandersetzung einer Verlassenschaft kann dem Notar als Verlassenschaftskommissär übertragen werden:

a) durch letztwillige Verfügung oder auf Antrag der Erben (Not.Ges. Art. 29, 30, 35, vgl. auch Art. 32);

b) durch das zuständige Amtsgericht selbst unter Zustimmung der Betheiligten (Art. 51 das.), in welchem Falle die Sache aber bei demselben anhängig bleibt (Art. 33) und der Staat für die gesetzwidrigen Handlungen oder Unterlassungen des Notars unmittelbar verantwortlich wird (Art. 149 das.) Insbesondere kann das Amtsgericht dem außerhalb des Gerichtssitzes wohnenden Notar auch die Publikation verschlossener Testamente übertragen (Not.Ges. Art. 27, 28), die im Gebiete d. Pr. A.L.R.

stets Sache des Gerichts ist. Vor Allem ist die auf diesem Gebiete am häufigsten vorkommende Anlegung und Abnahme der Siegel ausschließlich Sache der A.Gerichte, die damit aber einen Gerichtsschreiber beauftragen können (A.G. z. R.Ger.Verf.Ges. Art. 63). In Bezug auf Verlassenschaftsverhandlungen, welche die Mitglieder standesherrlicher Familien betreffen, ist aber die amtsgerichtliche Kompetenz durch die standesherrliche Domänenkanzlei beschränkt: Art. 76 Abs. 3 d. Ger.V.Ges. v. 1861, aufrecht erhalten durch Art. 81 d. A.G. z. G.V.G.

4) „alle übrigen Geschäfte der nichtstreitigen Rechtspflege, welche nach den bestehenden Gesetzen eine gerichtliche Prüfung, Bestätigung oder überhaupt eine Beschlußfassung erfordern."

Auf diesem Gebiete erfuhr, wie schon angedeutet, die gerichtliche Kompetenz eine ganz einschneidende Beschränkung durch das Gesetz v. 4. Mai 1890, die Formen einiger Rechtsgeschäfte betreffend (G.V.Bl. Nr. 15 S. 227 ff.), welches so lautet:

„Art. 1. Verträge, durch welche die Güterverhältnisse unter Ehegatten bestimmt werden (Eheverträge), Verträge, durch welche jemand den anderen Vertragschließenden oder einen Dritten zum Erben ernennt (Erbverträge) oder andere vermögensrechtliche Verfügungen von Todeswegen trifft, Verträge, durch welche jemand auf ein ihm gegen den andern Vertragschließenden kraft Gesetzes oder Vertrages zustehendes Erbrecht verzichtet (Erbverzichtsverträge) und Einkindschaftsverträge bedürfen zu ihrer Gültigkeit notarieller Beurkundung.

Die in einzelnen Landestheilen bestehenden Vorschriften, welche für die in Absatz 1 bezeichneten Verträge andere Formen, insbesondere gerichtliche Bestätigung verlangen, und die Vorschriften über die öffentliche Bekanntmachung der Einkindschaftungen sind aufgehoben.

Für Schenkungen von Todeswegen bleiben die bestehenden Vorschriften in Kraft.

Art. 2. Die in einzelnen Landestheilen bestehenden Vorschriften, welche für Gutsübergabs-, Leibgedings-, Altentheils- oder Auszugsverträge, für die Veräußerung unbeweglicher Zubehörungen eines Gutes und die Belastung von Grundstücken mit Dienstbarkeiten und anderen Rechten, für größere Schenkungen unter Lebenden, für Vergleiche und sonstige Verträge über Ansprüche auf künftige Unterhaltsleistungen gerichtliche Bestätigung verlangen, sind aufgehoben.

Art. 3. Dieses Gesetz tritt am 1. Juni 1890 in den Landestheilen rechts des Rheins in Kraft.

Die auf Eheverträge bezügliche Bestimmung des Art. 1 Abs. 2 hat für die zur Zeit des Inkrafttretens dieses Gesetzes bestehenden Ehen, soferne der Ehevertrag den Erfordernissen des Art. 1 Abs. 1 entspricht, rückwirkende Kraft. Von dem Inkrafttreten dieses Gesetzes an kann auch der Mangel der für einen Gutsübergabs-, Leibgedings-, Altentheils- oder Auszugsvertrag erforderlichen gerichtlichen Bestätigung nicht mehr geltend gemacht werden.

Bezüglich der Nothwendigkeit obervormundschaftlicher Genehmigung bleiben die bestehenden Vorschriften unberührt."

Vgl. über Erbverträge auch Art. 27, 28, 60 letzten Absatz des Not.Ges.

Soweit hiernach überhaupt noch gerichtliche Bestätigung, Prüfung, Beschlußfassung, (erforderlich ist Eingehung einer Ehe zur linken Hand, Schenkungen v. Todeswegen: Bayr. L.R. Th. III. c. 8 § 7 Nr. 5; Adoption und Arrogation (s. unten) vgl. Wagner a. a. O. § 79 Beaufsichtigung der landwirthsch. Erbgüter (unten 7)), steht doch die Beurkundung der fraglichen Rechtsgeschäfte auch hier wieder entweder nach Art. 12, 14, 18, 19 des Not.Ges. den Notaren ausschließlich zu, oder es steht zufolge Art. 11 Abs. 3 cit. „den Betheiligten frei, ihre desfallsigen Erklärungen durch einen Notar aufnehmen zu lassen".

Abgesehen von den nach dem Reichsges. über die Beurkundung des Personenstandes und u. d. Eheschließung v. 6. Febr. 1875 (Bayr. V. v. 14. Okt. 1875) den Gerichten zugewiesenen Geschäften (s. Bd. I.) liegt den Amtsgerichten ferner ob:

5) Die Instruktion der Gesuche

a) um Dispensation von dem Erfordernisse der Ehemündigkeit und von dem der Wartezeit (R.Ges. v. 6. Febr. 1875 §§ 28 u. 35; Just.Min. Bek. v. 23. Dez. 1875 (J.M.Bl. 1876 S. 77), welche in jenem Falle vom Könige, in diesem durch den Justizminister ertheilt wird;

b) um Großjährigkeitserklärung, Adoption, Legitimation, Befreiung von der Nothwendigkeit gerichtlicher Subhastation und der Inventarisation von Mündelgut. Großjährigkeitserklärung, Legitimation und die nach gem. Rechte nothwendige Genehmigung der Arrogation und Adoption durch Frauen erfolgen durch den König (V. v. 15. April 1817 § 41, u. v. 9. Dez. 1825, § 53; Roth, D. Pr. R. § 72 r. 2 u. 12, vgl. auch Bayr. R.Z. B. XXIV. S. 190), während der nach Pr. A.L.R. Th. II. Tit. 18. §§ 585, 586 erforderliche Dispens von der Nothwendigkeit gerichtlicher Versteigerung unbeweglicher Mündelgüter, sowie nach Nürnberger Recht von öffentlicher Inventarisation durch den Justizminister erfolgt.

Die Instruktion aller dieser Gesuche, wobei die Voraussetzungen für die Genehmigung zu prüfen und festzustellen sind, ist durch Just.Min.Bek. v. 28. Juni 1862 (Reg.Bl. S. 1632) den Amtsgerichten überwiesen.

6) Die Führung des Registers zur Erhaltung des Vorrechts der von Ehefrauen bis 1. Oktober 1881 angemeldeten Forderungen für Eingebrachtes, Morgengabe, Widerlage u. s. w. gemäß Ausf.Ges. z. R.C.P.O. Art. 234; vgl. Bd. I. S. 70.

7) Die Beaufsichtigung der landwirthschaftlichen Erbgüter in Gemäßheit des Ges. v. 22. Februar 1855 (Wagner a. a. O. §§ 76 ff.); d. h. insbesondere 1) die Prüfung der gesetzlichen Erfordernisse zu ihrer Errichtung, — 2) Abweisung des Antrags, falls sie nicht vorhanden, sonst weitere Veranlassung (Hypotheken-Auszug, Ediktalladung unbekannter, Ladung bekannter Gläubiger; in Hinsicht der ö. Vorladung ist es bei Art. 4 d. Ges. v. 22. 2. 55 verblieben: A.G. z. R.C.P.O. Art. 70) u. im Fall der hiernach ertheilten Genehmigung insbesondere Veranlassung der notariellen Errichtung u. s. w. u. s. w. Gegen die Beschlüsse des Amtsgerichts ist, unter Ausschluß weiterer Beschwerde, Beschwerde an das Landgericht zulässig. Zuständig ist das forum rei sitae.

8) Bei Zustellung von Erklärungen außerhalb eines Prozesses, welche „die Parteien zur Wahrung ihrer Rechte dienlich erachten" und zufolge Art. 17 Abs. 1 des Ausf.Ges. z. R.C.P.O. nach den Vorschriften der C.P.O. bewirken können, und bei welchen „die Vermittelung der Zustellung durch den Gerichtsschreiber (§ 152 Abs. 2, § 179 d. C.P.O. nicht stattfindet" (Abs. 2), ist nach Abs. 3 das. „für die Erlassung der in § 185 der C.P.O. genannten Ersuchschreiben und für die Bewilligung der öffentlichen Zustellung (§ 187 C.P.O.) das Amtsgericht zuständig, in dessen Bezirke die Partei, welche die Zustellung machen läßt oder wenn die Zustellung im Auftrage mehrerer Personen erfolgt, eine derselben ihren Wohnsitz, in Ermangelung eines solchen ihren Aufenthalt hat".

[Art. **18**. Zur Zustellung von Erklärungen, welche Zugeständnisse, Anerbietungen, Einwilligungen oder Verzichte zum Gegenstande haben, bedarf der Gerichtsvollzieher einer besonderen Ermächtigung. Die Ermächtigung ist durch Notariatsurkunde oder durch eine mit obrigkeitlich oder notariell beglaubigter Unterschrift des Vollmachtgebers versehene Privaturkunde zu ertheilen.

Die Erklärung ist nur dann rechtlich wirksam, wenn auch die Vollmachtsurkunde zugestellt ist.

Art. **19**. Wo bestehende Gesetze oder Verordnungen verlangen, daß Proteste, Anerbietungen, Kündigungen oder sonstige Erklärungen gerichtlich gemacht oder gerichtlich mitgetheilt werden, hat die im Auftrage des Betheiligten durch einen Gerichtsvollzieher geschehene Zustellung die Wirkung der gerichtlich gemachten oder mitgetheilten Erklärung.

(Zustellungen an Militärpersonen.) Art. **20**. Bei Zustellungen an Militärpersonen und bei Ladungen von Militärpersonen als Zeugen oder Sachverständige findet auch in den nicht zur ordentlichen streitigen Gerichtsbarkeit gehörenden Sachen eine Mitwirkung der Militärbehörden nur soweit statt, als eine solche in bürgerlichen Rechtsstreitigkeiten vorgeschrieben ist.

Soweit hienach eine Mitwirkung der Militärbehörden einzutreten hat, ist für Zustellungen die Bestimmung des § 158 der Civilprozeßordnung, für Ladungen von Militärpersonen als Zeugen oder Sachverständige die Bestimmung des § 343 der Civilprozeßordnung maßgebend.]

9) Im Falle des Art. 407 des A.D.H.G.B. ist auch (nemlich in Konkurrenz mit dem Landgericht, s. II) das Amtsgericht, „sofern dasselbe zur Feststellung des Gutes die Sachverständigen zu ernennen hat, zuständig, auf Antrag die Verfügung wegen Niederlegung oder wegen Verkaufs des Gutes zu treffen“. (A.G. z. R.Ger. Verf.Ges. Art. 28 Abs. 3).

Wegen der besonderen Zuständigkeit der Gerichtsschreiber bei den Amtsgerichten s. unten.

II. Die Landgerichte sind zuständig:

1) für diejenigen Handelssachen (vgl. Art 63 des Einf.Ges. z. H.G.B.), welche zu der ordentlichen streitigen Gerichtsbarkeit nicht gehören, insbesondere daher auch für die Führung der „Handelsregister, ferner der Genossenschaftsregister, der Register für Gesellschaften mit beschränkter Haftpflicht und der Musterregister“ sowie für „die Behandlung derjenigen Sachen der nichtstreitigen Rechtspflege“, welche in dem Reichsges. v. 4. Juli 1868 betreffend, die privatrechtliche Stellung der Erwerbs- und Wirthschaftsgenossenschaften und in dem zweiten Hauptstücke des Bayr. Ges. v. 19. April 1869 über die Gesellschaften mit beschränkter Haftpflicht den Gerichten zugewiesen sind. (Art. 28 d. A.G. z. R.Ger.Verf.Ges. vom 23. Febr. 1879.) Vgl. Bd. I. S. 71 ff., 99 ff.

Daneben ist durch Art. 7, letzt. Abs. das. die bisherige Zuständigkeit des Merkantil-Friedens- und Schiedsgerichts der Stadt Nürnberg „zur öffentlichen Beglaubigung der Handelsbuchauszüge und Handelsvollmachten“ aufrecht erhalten.

Jene Angelegenheiten werden von den Kammern für Handelssachen und, wo solche nicht bestehen, von den Civilkammern erledigt (Art. 29 das.). Das Beschwerde- und Ordnungsstrafverfahren in diesen Angelegenheiten (Art. 9 ff. des Einf.Ges. v. 10. Nov. 1861) ist durch Art. 76 des A.G. z. C.P.O. neu geregelt.

2) für alle Angelegenheiten, für welche bisher die Bezirksgerichte in erster Instanz zuständig waren; dahin gehören insbesondere die den letzteren durch das Notariatsgesetz Art. 6--8, 91 ff. zugewiesenen Geschäfte, Beeidigung der Notare u. s. w.;

3) in zweiter Instanz „für die Verhandlung und Entscheidung über die Rechtsmittel in denjenigen Angelegenheiten“, welche durch das A.G. z. R.Ger.Verf.-Ges. den Amtsgerichten zugewiesen sind (oben I.). Die Motive des Regierungsentwurfes bemerken zu dieser Bestimmung des Art. 27 des A.G. cit., daß sich dieselbe auf jene gesetzlich zulässigen Rechtsmittel bezieht, „durch welche sachliche Anordnungen und Entscheidungen der Amtsgerichte angefochten und an die höhere Instanz gebracht werden“. „Beschwerden, welche den Geschäftsbetrieb und Verzögerungen betreffen, werden im Aufsichtswege erledigt (Art. 71, 75 l. c.); einfache Remonstrationen werden nach wie vor von den Gerichten erster Instanz selbst vorbeschieden. Beschwerden über Gewährung oder Verweigerung der Rechtshülfe werden ausnahmsweise von den Oberlandesgerichten beschieden“ (vgl. § 160 des R.Ger.Verf.Ges. mit Art. 77 des A.G. cit.; vgl. Hauck a. a. O. S. 263);

4) der Landgerichts-Präsident erledigt a) die Geschäfte, welche durch besondere Bestimmung dem Direktor der Bezirksgerichte zugewiesen waren (Art. 30 letzt. Abs. das., vgl. z. B. Not.Ges. Art. 78, 91 u. 93—96), unterzeichnet Ausfertigungen der Landgerichte (das. Abs. 1) außer denjenigen der K. f. Handelssachen, die deren Vorsitzender unterzeichnet, und b) durch ihn erfolgt die gerichtliche Beglaubigung amtlicher Unterschriften zum Zwecke der Legalisation im diplomatischen Wege (das. Art 31; vgl. Bd. I. S. 58).

III. Die Oberlandesgerichte sind zuständig:

1) in erster Instanz a) zur Mitwirkung bei standesherrlichen Vormundschaftssachen nach § 10 der IV. Beilage zur Verfassungsurkunde und nach dem in Art. 81 des A.G. z. R.Ger.Verf.Ges. v. 23. Febr. 1879 aufrecht erhaltenen § 76 Abs. 3 des Ger.Verf.Ges. v. 10. Nov. 1861, b) für Familienfideikommißsachen nach Beilage VII der Verfass.Urk., während sie eine fideikommißrechtliche Thätigkeit in Bezug auf standesherrliche Familienfideik. der Beilage IV zur Verfass.Urk. nicht haben und „deßhalb bei Verpfändung solcher Fideikommisse nicht Fideikommißmatrikel, sondern bei den Amtsgerichten als Hypothekenämtern Hypothekfolien zu führen sind“. A.G. z. R.G.V.Ges. Art. 36. Hauck a. a. O. S. 268 A. 2. Auch wegen der ö. Vorladung ist es bei § 26 der Beil. VII cit. verblieben (A.G. z. R.C.P.O. Art. 70);

2) in zweiter Instanz „zur Verhandlung und Entscheidung über die Rechtsmittel in den Angelegenheiten, welche nach den Vorschriften des A.G. cit. in erster Instanz

zur Zuständigkeit der Landgerichte gehören" (oben II. 3); während die weitere Beschwerde gegen deren *zweitinstanzliche* Entscheidungen

IV. *vor das oberste Landesgericht* gehört (A.G. cit. Art. 42 Abs. 3, Art. 62—67 des A.G. z. R.C.P.O.), das ferner *zweite* Instanz in Fideikommiß- und standesherrlichen Vormundschaftssachen ist (oben III. a. b).

Was das *Verfahren* bei diesen Gerichten in Sachen der freiwilligen Gerichtsbarkeit anbetrifft, so finden die Vorschriften des R.Ger.Verf.Ges. über *Sitzungspolizei* (§§ 177—185) entsprechende Anwendung. — Finden in diesen Angelegenheiten *mündliche Verhandlungen* nach Vorschrift der R.C.P.O. statt, so erfolgen dieselben *öffentlich* nach Maßgabe der §§ 170—176 des R.Ger.Verf.Ges. (A.G. Art. 78). „In *erster* Instanz wird dies nach dem in Gegenständen der freiwilligen Rechtspflege herkömmlichen oder gesetzlichen Verfahren, von Art. 10 ff. des E.G. z. D.H.G.B. v. 10. Nov. 1861 abgesehen (vgl. Art. 76^2 u. ^{3}. A.G. z. R.C.P.O.), nicht wohl der Fall sein können, dagegen werden in *Beschwerdesachen*, welche vorbehaltlich der Bestimmungen der Artt. 56—68 das. nach den §§ 531—539 der R.C.P.O. zu behandeln sind, mündliche Verhandlungen allerdings vorkommen" (Reg.-Mot. z. R.C.P.O. S. 563).

Dem Gerichtsschreiber „obliegt" „die Aufnahme des *Protokolls über die mündlichen Verhandlungen*", insbesondere z. B. in dem Verfahren nach Art. 10 bis 23 des E.G. z. D.H.G.B.; vgl. Art. 76^2 des A.G. z. C.P.O., daher auch über die den Gerichten obliegenden eidlichen Verpflichtungen, z. B. der Notare und Notariatsverweser (Not.Ges. Art. 6 und 39; wegen der Form der letzteren vgl. d. Dienstvorschriften a. a. O. § 11 J.M.Bl. 1879, S. 757).

Der Gerichtsschreiber hat auch für die Ausführung der von Amtswegen angeordneten *Zustellungen u. Ladungen* von Zeugen und Sachverständigen — regelmäßig durch Beauftragung eines Gerichtsvollziehers — zu sorgen, soweit die Vorschriften der R.C.P.O. in dieser Hinsicht Anwendung finden (Art. 56, 60, 67, 174, 185, 205 des A.G. zu ders.). Zustellung der Entscheidungen über Anträge auf Eintragungen in d. Handelsregister u. dgl. hat jedoch nicht der Gerichtsschreiber sondern der Präsident durch Beauftragung eines Gerichtsvollziehers zu besorgen (Art. 24 des E.G. z. D.H.G.B. Art. 77 des A.G. zu R.C.P.O.). Vgl. auch oben S. 10 Nr. 8.

Auch liegt dem Gerichtsschreiber die *Benachrichtigung der Betheiligten* von dem Inhalte der Entscheidung des Beschwerdegerichts ob, (ebenda Art. 61, 67, 168), und auf Anordnung des Gerichts auch in anderen Fällen (Dienstvorschriften § 34 S. 801), desgleichen die Bewirkung öffentlicher Zustellungen (A.G. cit. Art. 69, 73, 108, 116, 123^3, 155 u. a.).

Er hat *Abschriften zu beglaubigen*, natürlich auch die erforderlichen *Ausfertigungen* herzustellen, die Unterzeichnung der letzteren erfolgt aber nicht durch ihn, sondern durch den dafür verantwortlichen Amtsrichter bezw. den Gerichtspräsidenten (A.G. z. R.G.V.Ges. Art. 22, 30 Abs. 3, 39). Anders verhält es sich mit Ausfertigungen von gerichtlichen Urkunden, welche in Gemäßheit des § 702^5 der R.C.P.O. aufgenommen sind (Not.Ges. Art. 80 u. 87 A.G. z. R.C.P.O. Art. 126) u. mit vollstreckbaren Ausfertigungen aus Hypotheken-Urkunden und Ewiggeldbriefen gemäß Art. 127, 130 ff. das A.G. z. R.C.P.O. Sie sind vom Gerichtsschreiber zu ertheilen, zu unterschreiben und zu untersiegeln. (Vgl. die Dienstvorschriften a. a. O. § 14 a. E. S. 760).

Hiervon abgesehen und abgesehen dann ferner davon, daß die Gerichtsschreiber Gerichtsbeamte sind und als solche reichsgesetzliche Kompetenz haben (z. B. A.D.W.O. Bd. I. S. 129 f.) kommen

B. den *Gerichtsschreibern* folgende besondere Obliegenheiten und Zuständigkeiten zu:

1) Die Gerichtsschreiber bei dem betreffenden für die Angelegenheit zuständigen Gerichte sind zuständig in den gesetzlich bestimmten Fällen *Gesuche u. Erklärungen der Betheiligten zu Protokoll zu nehmen*.

Darunter sind hervorzuheben Anträge im Aufgebotsverfahren, auf Todeserklärung u. dgl. G.A. der Artt. 69, 73, 108 u. a. ferner im Gebiete des Preußischen Rechts die in den Artt. 143, 152, 155, 159 des Ausf.G. z. R.C.P.O. bestimmten Fälle (gesetzlich vorgeschriebenen Anzeigen und Protestationen, Erklärung des Benefizialerben, Anmeldungen der Nachlaßgläubiger, Gesuch um Aufgebot liegender Gründe), ferner bei den Landgerichten: Anmeldungen zum Handelsregister u. a. Anmeldungen des Einspruchs und der Beschwerde in dem Verfahren nach Art 10—23 des E.G. z. D.H.G.B. (Art. 24 desselben, welcher dies für die Pfalz vorschrieb, und Art. 76 u. 77 des A.G. z. R.C.P.O., welche die Vorschrift verallgemeinern,) endlich bei dem Gerichte erster Instanz, in dringenden Fällen bei dem Beschwerdegerichte (vgl. Art. 57 des A.G. cit.) die Aufnahme der Beschwerde gegen gerichtliche Entscheidungen (das. Art. 58 und 65); vgl. auch J.M.Bek.: Dienstvorschriften für die Gerichtsschreiber vom 14. Sept. 1879 § 8 u. Nr. 5 u. wegen der Form solcher Protokolle § 9 im J.M.Bl. Nr. XXV S. 748 ff.)

2) Die Gerichtsschreiber sind zweite Depositalbeamte (V. v. 8. Sept. 1879 § 10. s. o. S. 3).

Insbesondere die Gerichtsschreiber bei den Amtsgerichten sind zuständig:

3) Siegelungen und Entsiegelungen vorzunehmen,

4) die Verrichtungen einer Urkundsperson gemäß § 113 der Konk.O. vorzunehmen. Sie sollen sich aber diesen Geschäften unter 3 u. 4 nur auf Anordnung des Richters unterziehen. (A.G. z. R.Ger.Verf. Art. 63, M.B. v. 30./9. 1879 J.M.Bl. S. 812.)

5) in Konkurrenz mit den Notaren, das Datum einer Privaturkunde festzustellen (A.G. z. R.C.P.O. § 88), d. h. auf Vorlage derselben durch den Inhaber zu bezeugen, „daß die Urkunde zu der Zeit, in welcher sie vorgelegt wurde, vorhanden war". Solche dem Gerichtsschreiber vorgelegte Privaturkunden sind von ihm „sofort ihrem wesentlichen Inhalte nach in ein dazu bestimmtes, von dem Amtsrichter, welchem die Dienstaufsicht zusteht, mit Seitenzahl und Handzug versehenes Buch einzutragen". „Ueber die Vorlage ist eine den Tag derselben bezeichnende Bescheinigung auf der vorgelegten Privaturkunde auszustellen". — „Jedem Betheiligten ist auf Verlangen Abschrift zu ertheilen".

Weitere Vorschriften sind dem Verordnungswege vorbehalten und ergangen in d. Ah. V. v. 8./9. 1879 (Ges. u. V.Bl. S. 1161, J.M.Bl. Nr. XXIII. S. 633. Not.-Ztg. VIII. S. 305). Aus derselben ist der § 3 hervorzuheben, nach welchem der Eintrag sofort bei Vorlage der Urkunde zu geschehen hat, das Datum der Vorlage stets mit Worten einzuschreiben ist, und am Schlusse jeden Eintrags der Gerichtsschreiber bezw. der Notar mit seinem Namen und mit Bezeichnung seiner Amtseigenschaft zu unterschreiben und das Siegel beizudrücken und den Eintrag mit einem Querstriche abzuschließen hat. Spätere Beisätze oder Abänderungen sind unzulässig.

Wenn übrigens die Motive zu Art. 88 cit. bemerken, daß das Verfahren „völlig unabhängig sei von dem Vorhandensein und von der Durchführung eines Civilprozesses, und daher als zur nichtstreitigen Rechtspflege gehörend landesgesetzlich aufrecht erhalten werden könne", so ist diese Deduktion nicht ganz zutreffend; auch die nach der C.P.O. gestattete Sicherung des Beweises kann von dem Vorhandensein eines Civilprozesses unabhängig sein, und die Motive erklären selbst, daß die Feststellung des Datums dem Inhaber einer Privaturkunde Gelegenheit gebe, „sich schon vor dem Prozesse vollen Beweis zu sichern". Die Zulässigkeit dieser landesrechtlichen Vorschrift liegt vielmehr darin, daß die C.P.O. nur Augenschein, Zeugen und Sachverständige als Beweismittel zur Sicherung des Beweises kennt und die Aufnahme einer Urkunde zu solchem Zwecke nach Lage der Dinge zum Gegenstande einer prozessualischen Beweisaufnahme nicht machen konnte.

Dagegen ist eine Vermittelung der Zustellung von Erklärungen außerhalb des Prozesses (oben I. 8) durch den Gerichtsschreiber (§ 152 Abs. 2, § 179 d. C.P.O.) durch Art. 17 Abs. 2 des A.G. z. R.C.P.O. ausdrücklich ausgeschlossen.

C. Die Gerichtsvollzieher — welche ebenfalls vom König ernannt werden (V. v. 6. Sept. 1879, J.M.Bl. Nr. XXII, S. 610) — sind nach A.G. z. R.Ger.-Verf.Ges. Art. 66 „neben den ihnen in anderen Gesetzen zugewiesenen Geschäften", zuständig (Just.M.Bek. v. 30./9. 1879, S. 1562):

1) Wechselproteste aufzunehmen, vgl. über das Protestregister, dessen Blätterzahl vom Amtsrichter unter Beifügung seiner Unterschrift und Beidrückung des Gerichtssiegels zu vermerken ist, die Dienstvorschrift f. d. G.V. v. 22. Sept. 79 S. 27 und Bd. I. S. 129 f.; 2) in den Fällen der §§ 112 u. 113 der R.Konk.O. — nicht allgemein wie die Gerichtsschreiber — Siegelungen und Entsiegelungen und die Verrichtung einer Urkundsperson vorzunehmen. (Bd. I. S. 69.) In anderen Gesetzen sind ihnen zugewiesen:

3) die **Zustellung** von Erklärungen außerhalb des Prozesses nach A.G. z. R.C.P.O. Art 17 (resp. Gerichtsvollz.O. v. 25. Sept. 1879 § 6 Abs. 1 Nr. 3, § 30 u. 32. J.M.Bl. S. 1256). Haben solche Zugeständnisse Anerbietungen, Einwilligungen oder Verzichte zum Gegenstande, so bedarf der Gerichtsvollzieher dazu besonderer Ermächtigung seines Vollmachtgebers, die durch eine Notariatsurkunde oder durch eine mit obrigkeitlich oder notariell beglaubigter Unterschrift des Vollmachtgebers versehene Privaturkunde zu ertheilen ist. Die Erklärung ist nur dann rechtlich wirksam, wenn auch die Vollmachtsurkunde zugestellt ist (das. Art. 18).

Wo bestehende Gesetze oder Verordnungen verlangen, daß Proteste, Anerbietungen, Kündigungen oder sonstige Erklärungen gerichtlich gemacht oder gerichtlich mitgetheilt werden, hat die im Auftrage des Betheiligten durch einen Gerichtsvollzieher geschehene Zustellung die Wirkung der gerichtlich gemachten oder mitgetheilten Erklärung (das. Art. 19; vgl. z. B. Not.Ges., Art. 23 in der Fassung des Ausf.Ges. z. C.P.O. Art. 126³, ferner im Gebiete des preuß. Rechts Art. 143 Abs. 3, 159 Abs. 4, 160 Abs. 1; s. o. S. 10).

4) die **Versteigerung** von Pfändern im Fall des Art. 310 u. 375 d. D.H.G.B. (E.G. z. D. H.G.B. Art. 48, A.G. z. R.C.P.O. Art. 76⁴) und außerhalb dieser Fälle nach Art. 24 d. A.G. cit., wo allerdings regelmäßig Klage als Voraussetzung des gerichtlichen Ausspruchs oder der gerichtlichen Ermächtigung erfordert wird, wie denn auch jene handelsgerichtlichen Anordnungen mehr als einstweilige prozessualische Verfügungen (C.P.O. § 819) denn als Aeußerungen der freiwilligen Gerichtsbarkeit erscheinen; vgl. Bd. I. S. 145.

5) über die **Beglaubigung** ihrer Abschriften der von ihnen zuzustellenden Schriftstücke sowohl wie überhaupt für die Urkunden, welche die Gerichtsvollzieher über ihre Amtshandlungen aufzunehmen haben, sind in § 12 der Dienstvorschriften f. d. G.V. (J.M.Bek. v. 22. Sept. 1879, J.M.Bl. Nr. XXIX, S. 1185 ff.) eingehende Vorschriften gegeben worden.

Wegen der Beglaubigungsbefugnis der Obrigkeit, insbesondere der Bürgermeister s. unten D. II. 4.

D. **Notare.** Dieser — im Gegensatze zu der speziellen Militärgerichtsbarkeit und der Gerichtsbarkeit des Königl. Hauses (s. o. S. 3) — so zu sagen **ordentlichen** freiwilligen Gerichtsbarkeit durch Gerichte und Gerichtspersonen steht die **ordentliche** freiwillige Gerichtsbarkeit der **Notare** gegenüber, welche von der bayerischen Gesetzgebung ganz besonders einfach, klar und konsequent festgestellt ist. Denn sie ist — abgesehen von der mehr geschäftsordnungsmäßigen Thätigkeit, die Urschriften aufzubewahren, Ausfertigungen und Abschriften zu ertheilen, den Ausfertigungen die Vollstreckungsklausel zu ertheilen: Not.Ges. § 11 Nr. 2. 3. 4 — beschränkt auf **die Beurkundungen zu öffentlichem Glauben.** Nur die ihnen ausschließlich zustehenden Immobiliarversteigerungen bilden davon eine Ausnahme, dagegen sind insbesondere Versiegelungen, Entsiegelungen, Abnahme von Eiden, Publikation von Testamenten Geschäfte der freiwilligen Gerichtsbarkeit, die unbedingt außerhalb der notariellen Zuständigkeit liegen. Die Beurkundung hat zum Gegenstande „**alle auf Rechtsverhältnisse sich beziehenden Erklärungen, Verhandlungen, Verträge und Thatsachen**". In diesem Umfange entspricht der Zuständigkeit die Amtspflicht, und die eine wie die andere hat zur Voraussetzung, daß „entweder nach gesetzlicher Vorschrift oder nach dem Willen der Betheiligten eine öffentliche Urkunde zu errichten ist" (Not.Ges. Art. 11).

Diese Urkundsthätigkeit der Notare beherrscht aber nicht nur das ihnen zugewiesene Gebiet der freiwilligen Gerichtsbarkeit — und zwar vorbehältlich der Reichsgesetze ausschließlich —, sondern auch — und darin liegt die Schwierigkeit — sei es als ausschließliche, sei es als konkurrirende Befugnis und Obliegenheit, das den Gerichten vorbehaltene Gebiet derselben (s. o. A.). Für eine übersichtliche Darstellung der notariellen Kompetenz empfiehlt sich daher neben jenem Grundsatze eine Zusammenstellung der den Notaren unbedingt und ausschließlich zustehenden Geschäfte — mögen sie grundsätzlich in ihren oder in den gerichtlichen Wirkungskreis fallen — und der ihnen in Konkurrenz mit den gerichtlichen Behörden und Beamten zustehenden Geschäfte des letzteren. Dabei ist noch zu unterscheiden ausschließliche Zuständigkeit der Notare und **Notariatszwang**, jener bezieht sich auf den Ausschluß anderer Behörden und Beamten, dieser auf den Ausschluß jeder anderen Form, jene hat eine negative Bedeutung, dieser schafft ein positives Erfordernis der Gültigkeit; aber man kann deswegen nicht sagen, daß die Vorschrift ausschließlicher Zuständigkeit keine Rechts-, sondern eine instruktionelle Vorschrift sei; sie ist auch eine Rechtsvorschrift insofern, als der Karakter der Oeffentlichkeit einer — nicht notariellen — Urkunde voraussetzt, daß sie von einer öffentlichen Behörde innerhalb ihrer Zuständigkeit aufgenommen sei. Wenn daher ein Gericht außerhalb seines Wirkungskreises ein Inventar aufnehmen sollte, so ist dies keine öffentliche Urkunde (a. M. Zink bei Dollmann II. 3 a, S. 458 u. entschiedener Rehm, Anm. 6 zu Art. 19 d. Not.Ges.).

I. Die Notare sind ausschließlich zuständige Urkundspersonen:

1) allgemein für die Errichtung öffentlicher Urkunden innerhalb ihres grundsätzlichen — also außerhalb des gerichtlichen (oben A.) — Wirkungskreises (Not.Ges. Art. 11 Abs. 2), soweit nicht ausnahmsweise (s. II.) anderen Beamten die gleiche Befugnis beigelegt ist, wie z. B. auch durch das R.G. über die Beurkundung der Eheschließung und des Personenstandes,

2) unter allen Umständen, mag das Rechtsgeschäft übrigens auf dem den Gerichten vorbehaltenen Rechtsgebiete vorkommen oder nicht, indem notarielle Beurkundung Bedingung der Gültigkeit des beurkundeten Geschäfts ist (Notariatszwang), für die Beurkundung

a) von Verträgen, bei welchen Minderjährige oder unter gerichtliche Kuratel gestellte Personen betheiligt sind (Not.Ges. Art. 12. Abs. 1),

b) von Verträgen und Schuldbekenntnissen, auf deren Grund ein Eintrag oder eine Vormerkung im Hypothekenbuche stattzufinden hat, oder eine Aenderung eines Eintrages vorzunehmen ist, oder durch welche die gänzliche oder theilweise Löschung eines Eintrages bedungen wird (das. Abs. 2),

c) von Verträgen, welche die Besitzveränderung oder das Eigenthum unbeweglicher Sachen oder diesen gleichgeachteter Rechte, sowie über alle Verträge, welche dingliche Rechte an unbeweglichen Sachen betreffen (das. Art. 14),

d) von Rechtsgeschäften, zu deren Gültigkeit bis 1. Juli 1862 zwar keine richterliche Prüfung oder Bestätigung, jedoch eine gerichtliche Aufnahme oder siegelmäßige Fertigung erforderlich war, z. B. für übermäßige Schenkungen nach gem. Rechte (jetzt allgemein. Ges. v. 5. Mai 1890, Art. 2 oben), für gerichtliche Testamente (Not.Ges. Art. 25) u. a. (das. Art. 16).

3) Eine öffentliche Urkunde über ein Rechtsgeschäft, die für dasselbe zwar nicht vorgeschrieben ist, aber von den Betheiligten beliebt wird, z. B. für letztwillige Verfügungen Not.Ges. Art. 25 ff., kann nur vom Notar aufgenommen werden (das. Art. 17.), insbesondere werden Vermögensinventare von den hierzu durch die Gerichte oder Betheiligten bestimmten Notare errichtet (Art. 19; s. o. vgl. Art. 30 letzt. Abs. u. Art. 34).

4) Versteigerungen von Immobilien können rechtsgültig nur von einem Notar vorgenommen werden (das. Art. 18). Der Notar ist auch gerichtlicher Vollstreckungsbeamter für Immobiliarzwangsversteigerungen einschließlich des Zuschlags, aber ausschließlich des Vertheilungsverfahrens nach dem Ges. v. 23. Febr. 1871 Art. 34 ff. Nov. v. 29. Mai 1886. Auch die hierbei erforderlichen Beurkundungen können demgemäß nur durch den Notar erfolgen (Notariatszwang).

II. Dagegen sind die Notare — abgesehen von jenen Beurkundungen unter I — wahlweise zuständig und zwar

1) wahlweise mit den Gerichten außer der reichsgesetzlich begründeten Konkurrenz, z. B. C.P.O. §§ 76, 381, Konk.O. § 113, WechselO. Art. 87 ff., H.G.B. Art. 175, 180 u. a. s. Bd. I. S. 64 f.,

a) zur Beurkundung der Erklärungen der Betheiligten bei Rechtsgeschäften innerhalb des nach Art. 11 des Not.Ges. abgegrenzten gerichtl. Wirkungskreises (s. o. A), z. B. der Anträge von Vormündern in Vormundschaftssachen, der Löschungsbewilligungen in Hypothekensachen, der Erbvertretungserklärungen in Verlassenschaftssachen u. s. w. Dem Wortlaute nach erstreckt sich diese auf Not.Ges. Art. 11 Abs. 3 beruhende Kompetenz nur auf den durch Art. 18 des Verf.Ges. v. 10. Nov. 1861 den Gerichten vorbehaltenen Wirkungskreis, also nicht auf Angelegenheiten, die denselben durch andere Gesetze zugewiesen sind, aber die ratio legis wie die Vermuthung spricht für die notarielle Zuständigkeit zur Beurkundung von Erklärungen der Betheiligten bei allen den Gerichten vorbehaltenen Rechtsgeschäften der freiwilligen Gerichtsbarkeit.

b) die Amtsgerichte, nicht die L.G., können sogar mit Zustimmung der Betheiligten in den ihnen vorbehaltenen Angelegenheiten durch Art. 18 die ganze Verhandlung — vorbehaltlich ihrer Prüfung und Bestätigung — einer Person übertragen (Verf.Ges. Art. 51). Die Beschränkung auf Art. 18 cit. ist hier insofern von besonderer Bedeutung, als die Uebertragung sich unbedingt auf Geschäfte der freiwilligen Gerichtsbarkeit beschränkt. und z. B. das Subhastationsvertheilungsverfahren nicht etwa in dieser Weise übertragen werden kann;

c) in Verlassenschaftssachen bezw. insbesondere ist die Zuständigkeit der Notare noch erheblich über den unter a) hervorgehobenen Fall ausgedehnt und die Stellung der Notare eine sehr eigenthümliche geworden:
   a) die Notare können nemlich durch letztwillige Verfügung (Art. 29) oder durch die darin zur Auseinandersetzung Berufenen (Art. 34) oder durch die Erben (Art. 35) zur Auseinandersetzung einer Verlassenschaft (als Verlassenschafts-Kommissar, Testamentar) ermächtigt werden; in diesem Falle muß das sonst zuständige Gericht „den Nachlaß dem als Verlassenschaftskommissar aufgestellten Notare überweisen" (Not.Ges. Art. 39). Beschwerden gegen den Verlassenschafts-Kommissar erledigt in diesem Falle das Verlassenschaftsgericht (Art. 33 das.).
   b) Nach Art. 51 cit. (oben c) kann das zuständige Amtsgericht die Behandlung der Verlassenschaft ganz oder zum Theil einem Notar des L.G.Bezirks übertragen; (der Notar ist in diesem Falle lediglich Gerichtskommissar), insbesondere kann
   c) das Verlassenschaftsgericht den Notar, bei welchem eine letztwillige Verfügung verschlossen hinterlegt ist, (Not.Ges. Art. 25, 26), wenn er nicht am Sitze des Verlassenschaftsgerichts sich befindet, mit deren Eröffnung und Verkündung beauftragen (Art. 28 Abs. 4 das.);

d) zur Aufnahme von Vergleichen in anhängigen Streitsachen (Not.Ges. Art. 21, A.G. z. R.C.P.O. Art. 86). In diesem Punkte konkurriren die Notare auch mit den Vermittelungsämtern (Gemeinde, Militärbehörde, Universitäts-Rektorat); vgl. A.G. z. C.P.O. Art. 11;

2) wahlweise mit den Gerichtsschreibern
   a) zweifellos zur Feststellung des Datums einer Privaturkunde (s. o. B. 5);
   b) aber auch zur Aufnahme der Gesuche und Erklärungen von Betheiligten, deren Protokollirung jenen zusteht (s. o. B. 1). Dies folgt aus der Regel des Art. 11 Abs. 1 des Not.Ges. und aus Art. 11 Abs. 3 das.;
   c) zur Aufnahme von Vermögensverzeichnissen im Konkurse s. o. B. 4.

3) wahlweise mit den Gerichtsvollziehern
   zur Aufnahme von Wechselprotesten (oben C. 1);

4) wahlweise mit jeder Obrigkeit
   zur Beglaubigung von Unterschriften des Vollmachtgebers bei der Ermächtigung des Gerichtsvollziehers „zur Zustellung von Erklärungen, welche Zugeständnisse, Anerbietungen, Einwilligungen oder Verzichte zum Gegenstande haben" (A.G. z. C.P.O. Art. 18). Dagegen kann eine fortdauernde Zuständigkeit der Obrigkeit und insbesondere der Bürgermeister zur Beglaubigung von Vollmachten nach Bayr. C.P.O. v. 29./4. 69 Art. 85, Forstges. v. 28./3. 52 Art. 162, E.G. z. Str.G.B. v. 10./11. 61 Art. 70 u. v. 26./12. 71 Art. 81 nicht angenommen werden, da diese sämmtlichen Gesetze außer Wirksamkeit getreten sind (vgl. A.G. z Str.G.B. v. 18./8. 79 Art. 38 Nr. 12. u. Art. 3 Nr. 1, A.G. z. R.C.P.O. Art. 235 Nr. 1). Noch weniger kann auf Grund des Hyp.Ges. v. 1./6. 22 § 103 Abs. 2, welcher lediglich bestimmt, daß das Hyp.Amt sich die Identität fremder Personen durch obrigkeitliche Zeugnisse oder auf andere glaubhafte Art nachweisen lassen solle, die Befugnis der Obrigkeit, spez. der Bürgermeister zur Beglaubigung von Unterschriften gestützt werden. (Vgl. R.G.E. XV. 21.) Vgl. jedoch wegen Beglaubigung der Eintragung in das Arbeitsbuch und des dem Arbeiter auszustellenden Zeugnisses R.GewerbeO. §§ 114 u. 129. Vgl. ferner wegen Aufnahme eines Inventars durch eine obrigkeitliche Person im Konkurse. R.Konk.O. §. 113. Dagegen steht die Zuständigkeit des Landgerichts-Präsidenten zur Beglaubigung in

Legalisationssachen (oben A. II. 4 b) außerhalb der anderen Konkurrenz, weil es sich bei diesem Akte um eine staatsrechtliche, eine diplomatische Maßregel handelt, welche unmittelbar wenigstens Privatrechtsverhältnisse, von denen in Art. 11 des Not.Ges. nur die Rede ist, überhaupt nicht betrifft.

5) mit dem Ministerium des Kgl. Hauses; vgl. oben S. 3.

6) mit den Auditeuren wegen d. freiw. Militärgerichtsbarkeit; vgl. Bd. I.

Schließlich ist zu erwähnen, daß — im geraden Gegensatz zu Baden — den Notaren nicht nur die Erhebung ihrer eignen Gebühren, sondern auch rücksichtlich der von ihnen behandelten Geschäfte die Erhebung und Ablieferung der für den Staat zu verrechnenden Gebühren unter Aufsicht der Finanzbehörden obliegt. Vgl. Art. 108 d. Not.Ges. u. den darin wiederholten Art. 70. des Ger.Verf.Ges. v. 10. Nov. 1861, aufrecht erhalten durch Art. 81 des A.G. z. R.G.V.G.)

Die rechtsrheinischen Notare sind öffentliche Beamte und werden vom Könige ernannt. Das verliehene Amt — d. h. die Ausübung des Notariats an dem ihm angewiesenen Amtssitze — kann ihnen nur durch strafrichterliches oder Disziplinarerkenntnis entzogen werden (Not.Ges. Art. 1.) Damit ist auch eine Versetzung aus anderen Gründen ausgeschlossen (das. Art. 112). Das Amt eines Notars ist unvereinbar mit der Rechtsanwaltschaft und irgend einem anderen öffentlichen Amte, außer Gemeinde-Ehrenämtern (das. Art. 4). In Bezug auf die juristische Vorbildung der Notare sind die in den Art. 2 u. 3 des Not.Ges. aufgestellten Vorschriften, welche auf den von der 61er Gesetzgebung unberührt gelassenen Erfordernissen zum Justizstaatsdienst beruhen (vgl. Ah. Vollz.V. v. 24. Febr. 1862 §. 13), offenbar veraltet und mit dem durch das G.Ger.Verf.Ges. geschaffenen Grundlagen nicht mehr in Einklang; einerseits verlangen sie die frühere Vorbildung des Justizstaatsdienstes, und außerdem zweijährige notarielle Ausbildung, andererseits lassen sie sogar den Gerichtssekretär ohne letztere zum Notariat zu, obwohl derselbe nicht einmal „die praktische Concursprüfung der zum Staatsdienste adspirirenden Rechtskandidaten" zu bestehen hatte, sondern bei vollständiger Absolvirung der Gymnasialstudien — ja bei der ersten Anstellung sogar ohne „Gymnasialabsolutarium" „durch langjährige ausgezeichnete Dienstleitung in den Kanzlei- oder taxamtlichen Geschäften der Gerichte" für qualificirt galt. Wesentlich zur Erhöhung des durch diese Vorbildung gewährleisteten Vertrauens sollte die dem Ventosegesetze entlehnte Cautionspflicht (Not.Ges. Art. 98) dienen. Vgl. über Anlaß und Pflicht zur Dienstleistung Art. 43; — Residenzpflicht Art. 9; — Präsenzpflicht Art. 120; — außerdienstl. Nebengeschäfte Art. 4 u. 10 d. Ges.

Die Notare beziehen zwar keinen Gehalt aus der Staatskasse, sondern nur von den Parteien ihre gesetzlichen Gebühren (Tarif nach d. Ah. V. v. 30. Nov. 1875). „Die Staatsregierung ist jedoch berechtigt, wenn sie es in einzelnen Fällen mit Rücksicht auf die örtlichen Verhältnisse des Notariatssitzes für nothwendig findet, den betreffenden Notaren ein dienstliches Einkommen im Betrage des pragmatischen Anfangsgehaltes eines Amtsrichters zu sichern" (Not.Ges. Art. 104 im Sinne des Ges. v. 29. Juli 1876). Im Streitfalle hat das Landgericht die Gebühren festzusetzen, und steht dagegen Beschwerde an das O.L.Gericht frei.

Vorgesetzte Dienstbehörde der Notare sind die Landgerichte (Not.Ges. Art. 113 u. 124; vgl. Art. 6, 8, 40, 50, 96, 112, 119, 120, 124, 128 ff., 141, Instr. §§ 5, 7, 13, 14, 29 ff., 131), die aber nicht selbst — etwa durch den L.G.Präsidenten — deren Dienst unmittelbar überwachen; diese Ueberwachung liegt vielmehr den bei den Landgerichten angestellten Staatsanwälten unter Leitung der Oberstaatsanwälte ob (Art. 124 u. J.M.Bl. v. 30. Mai 1881; J.M.Bl. S. 233). Die Landgerichte sind auch die Disziplinargerichte für Notare (Not.Ges. Art. 113), das Verfahren ist in den Art. 128 ff. des Not.Ges. geregelt, ergänzende Vorschriften hat das A.G. z. R.Str.P.O. Art. 103 ff. v. 18. Aug. 1879 aufgestellt. Gegen Ordnungsstraffestsetzungen (Verweis, Geldstrafe unter 9 Mark) wie gegen Disziplinarerkenntnisse der Landgerichte findet Berufung an die Oberlandesgerichte (Art. 128), und in letzterem Falle (Art. 134) gegen die Urtheile der O.L.Gerichte Revision an das Oberste Landesgericht statt (Art. 138 das.).

Neben den Landgerichten hat auch hier der Landgerichts-Präsident selbständige Aufsichtsbefugnisse (vgl. auch Art. 77, 78, 91, 93, 100, 102, 120, 128 ff. des Not.Ges.,

Instr. §§ 1, 4, 18—21, 30, 31, 132) und kann den Notaren Erinnerungen und wegen außerdienstlichen Verhaltens Ermahnungen und Warnungen ertheilen (Art. 126).

Die Oberaufsicht über die Notare führt der Justizminister, und abweichend von jenen prozessualen Rechtsmitteln im Disziplinarverfahren muß er auch als Beschwerdeinstanz für solche Dienstverfügungen der Landgerichte wie ihrer Präsidenten gelten, welche nicht unter dasselbe fallen (Art. 145), z. B. auch in Bezug auf Urlaub, der für mehr als 3tägige Abwesenheit nachgesucht werden muß und bis zu 30 Tagen vom Landgerichtspräsidenten, darüber hinaus vom Justizminister ertheilt wird (Art. 120).

Der Amtskarakter der k. Notare wird wiederholt in Ministerialerlassen betont u. a. des Minist. des Innern v. 13./9. 1865, welcher demgemäß verordnet, daß ihnen „die Einsicht von Administrativakten sowie auf Begehren deren Mittheilung zu gewähren, wenn

1) der Notar der Einsicht solcher Akten zur richtigen und erschöpfenden Behandlung irgend eines in seiner Zuständigkeit liegenden Geschäfts bedarf und dem Bezirksamte in seinem Ersuchsschreiben hierüber das Erforderliche darlegt, und

2) der Einsicht oder der Aushändigung der Akten nicht besondere aus dem öffentlichen Interesse oder den Rechten Dritter sich ergebende Gründe entgegenstehen.

In Fällen, wo die k. Bezirksämter Zweifel über die Zulässigkeit der angesonnenen Einsicht oder Mittheilung hegen, haben sie derfalls an die vorgesetzte Kreisstelle zu berichten". (Stahl a. a. O. S. 515). Vgl. Anm. zu Art. 45.

Vgl. auch Ausf.Ges. z. C.P.O. Art. 3 über die Einsicht von Urkunden „öffentlicher Behörden", zu welchen nach den Motiven zu jenem Artikel auch die Notare gerechnet werden (Enderlein a. a. O. S. 346, 347). Wegen der Postportofreiheit der Notare, vgl. J.M.E. v. 11./3. 1863 u. 30./1. 1865 nebst den darin mitgetheilten Ausschreiben der k. Generaldirektion der Verkehrsanstalten v. 9./2. 1863 und 18./1 1865, J.M.Bl. Erg.Heft S. 43/45 bezw. v. 1865 S. 10, sowie deren Ausschreiben v. 8./1. 1878, J.M.Bl. S. 14 (Stahl a. a. O. S. 506 ff.); über die Befugnis, in Nothfällen Güterzüge ohne Personenbeförderung zu benutzen, Min.Beschl. v. 6./1. 1870 (das. S. 514), ferner J.M.Bl. 1872 S. 118, 1879 S. 1309, Ah. V. d. Ausf. d. St.G.Kostenges. ꝛc. betr. § 10, wonach in Armensachen von öffentlichen Behörden ausgehende Postsendungen auch fernerhin als Dienstsachen portofrei zu behandeln, desgl. der durch die Erhebung und Berechnung der Gebühren veranlaßte interne Verkehr der Behörden unter sich". Unter diesen Behörden sind zweifellos die Notare mitzuverstehen, vgl. die Finanzmin.Instr. v. 26. 9. 1879 §§ 7 und 64 (J.M.Bl. S. 1322 und 1350). Vgl. ferner J.M.Bl. 1880 S. 73, 1882 S. 165, 1884 S. 26, 1885 S. 195, 1886 S. 277, 1887 S. 164, 1889 S. 249.

Wenngleich hiernach der Notar ganz gewiß „öffentlicher Beamter" ist (Not.Ges. Art. 1), was übrigens auch v. Zink, Komm. bei Dollmann II. 3 a S. 361, 382 Anm. 10 unumwunden anerkennt, um ihn gleich danach als „privilegirten Zeugen" zu karakterisiren (vgl. Weber in d. D. Not.Ztg. 1887 S. 95), so ist doch sein beamtlicher Karakter keineswegs so scharf und durchgehend ausgeprägt wie in der Badischen Gesetzgebung. Die Reg.Motive zum Entwurfe des Not.Ges. bemerken ausdrücklich, daß „die Befugnis, Urkunden mit der Kraft öffentlicher Autorität zu errichten, nur von der Staatsregierung ausgehen" könne, daß „die Notare daher zwar zweifellos öffentliche Beamte" seien, nicht aber „Staatsdiener im engeren Sinne", oder wie auch gesagt wird, keine pragmatischen Staatsdiener. Diese Unterscheidung, die bei der Berathung des 1851er Entwurfs schon auf Schwierigkeiten stieß, indem man sie damals gerade dem Edikt über die Staatsdiener unterwerfen wollte (Zink a. a. O. S. 378), wird aber nicht streng und konsequent festgehalten. Zwar scheint man darüber einverstanden, daß das Edikt über die Verhältnisse der Staatsdiener, Beil. IX z. Verf.-Urk., auf die Notare nicht anwendbar sei (v. Zink a. a. O. S. 378 ff., Rehm, Art. 1 Anm. 8). Denn Art. 1 Abs. 3 des Not.Ges. erklärt ausdrücklich, daß „ihre Dienstverhältnisse sich im Uebrigen", d. h. abgesehen von den beiden ersten Absätzen, deswegen aber auch abgesehen von sonstigen Vorschriften über öffentliche Beamte im Allgemeinen, nach dem Not.Ges. richten. Als solche können die Vorschriften des Ediktes, Beil. IX z. Verf.Urk., freilich nicht angesehen werden; wenn sie aber demnach für Notare nicht gelten sollen, so ist das lediglich formale positive Gesetzesvorschrift. Aus dem materiellen Inhalte ihres Amtes ist, nachdem sie als „die ordentliche Obrigkeit für Handlungen der freiwilligen Gerichtsbarkeit" (Zink a. a. O.

S. 359) anerkannt wurden, eine derartige Unterscheidung nicht zu rechtfertigen. Als wesentlichster materieller Unterschied, zwischen Notaren und „Staatsdienern im engeren Sinne," d. h. mehr oder weniger im Sinne des Edikts blieb, nach ziemlich gleichmäßiger Regelung der übrigen Verhältnisse durch das Not.Ges., außer der Unanwendbarkeit des 3jährigen Provisoriums und des Verbots, liegende Gründe im Amtsbezirke zu erwerben, vor Allem (von Art. 104 des Not.Ges. abgesehen) der Gehaltsbezug aus der Staatskasse, Anspruch auf Ruhegehalt u. s. w., welcher noch in Wahrheit die „Staatsdiener im engeren Sinne" kennzeichnet. Zweifelhaft ist nun, wie es mit der Beeidigung zu halten. Art. 6 des Not.Ges. hat den Eid des Notars als Amtseid normirt; v. Zink a. a. O. S. 389 findet es aber „gewiß nur recht und billig, daß der Notar dem König auch Treue schwört", von dem er sein Amt hat, und stellt diese Auffassung als zweifellos auch für das rechtsrheinische Bayern hin. (A. M. wie es scheint Rehm, Anm. 7 zu Art. 1, vgl. Instr. Art. 3c). Dagegen sind die Bayer. Notare als reine Urkundsbeamte in Sachen freiwilliger Gerichtsbarkeit nirgends mit staatlicher Zwangsgewalt ausgestattet. Selbst wenn sie vom Gericht als Verlassenschafts-Commissare u. dgl. beauftragt werden, haben sie „das Geschäft so zu behandeln, als wäre ursprünglich ein desfallsiges Ersuchen an sie von den Betheiligten gestellt worden" (Art. 51 Abs. 2), also ohne daß von der über die Urkundsbefugnis hinausgehenden Gerichtsgewalt Etwas auf sie überginge (vgl. Art. 24 d. G.). Eine Ausnahme bildet das außerhalb der freiwilligen Gerichtsbarkeit liegende Zwangsversteigerungsverfahren nach den Gesetzen v. 23. Febr. 1879 und 29. Mai 1886, insofern die Notare hier als gerichtliche Vollstreckungsbeamte auftreten und schließlich den Zuschlag ertheilen. Daß sie aber auch da in Hinsicht der Zwangsgewalt keineswegs den Gerichten gleichgestellt sind, ergiebt sich deutlich aus dem Mangel jeglicher Vorschrift darüber, daß die durch R.G.Verf.Ges. §§ 179, 182 dem einzelnen Richter bei Abhaltung von Terminen beigelegten sitzungspolizeilichen Befugnisse dann auch dem Notar zustehen. Vielleicht ist die Vermuthung einer Lücke in der Bayer. Gesetzgebung hier nicht ungerechtfertigt, da die Notare nach dem Bayer. Strafgesetzbuche Art. 127, 128, 136 ff. in Ausübung ihres Amtes oder in Bezug auf dasselbe als öffentliche Beamte den nämlichen Schutz gegen Beleidigungen, Widersetzungen und andere Gewaltthaten wie die übrigen Staatsbeamten genossen (v. Zink S. 382 a. a. O.), und z. B. auch unanständiges Benehmen einer Person in der Wohnung des Notars, selbst vor der Amtsstube als unanständiges Benehmen vor einer öffentlichen Behörde nach Art. 128 Bayer. Str.G.B. geahndet wurde (O.A.G.E. v. 24./8. 1866. Not.Ztg. 1867 S. 79). Art. 7 des Bayr. Ausf.Ges. z. R.Str.Pr.O. v. 14. Aug. 1879 schreibt allerdings vor: „Wer ungeachtet erfolgter Warnung durch ungeziemendes Benehmen vor einer öffentlichen Stelle oder Behörde dieselbe in ihrer Dienstverrichtung stört, oder die ihr gebührende Achtung verletzt, soll, soweit nicht eine anderweitige gesetzliche Bestimmung in Anwendung zu bringen ist, mit Haft bis zu drei Tagen oder an Geld bis zu 15 Mark bestraft werden". Auch ist die Anwendung dieser Vorschrift auf Notare allgemein anerkannt (vgl. Enderlein a. a. O. Anm. 3 zu Art. 1), aber der Unterschied von G.V.G. § 179 liegt auf der Hand. Daß jetzt bei Beleidigungen von Notaren § 197 d. Str.G.B. anwendbar ist, erscheint selbstverständlich; auch die Anwendbarkeit des § 113 Str.G.B. ist nicht zu bezweifeln, wo der Notar als gerichtlicher Vollstreckungsbeamter handelt. — Wegen der Litteratur hierüber vgl. Enderlein in Dollmann II. Bd. 11 Anm. 3 zu Art. 1 und Zink a. a. O. S. 346 Nr. 7, S. 355 Anm. 2.

Was diesen behördlichen Karakter des Bayr. Notariats anbetrifft, so ist er insofern also ausdrücklich anerkannt, vgl. auch oben Ah. V. v. 20./9. 79 und Instr. v. 2./9. 79, übrigens aber bestritten (vgl. Bayr. Not.Ztg. XXVII. S. 37, XXVII. S. 200). Auch die autogr. Just.Min.Entsch. v. 10. März 1865, Enderlein S. 103β, Not.Ztschr. 1866 S. 104 spricht von Befugnissen, welche die Notare „gleich jeder anderen Behörde" haben. In der That ist auch hier das Notariatsamt als organisirte Einrichtung wohl von der Person des Notars zu trennen; vgl. insbesondere die Vorschriften über Notariats-Gehülfen und -Verweser in Art. 39 bis 42, 123, 149 Abs. 3, ferner Art. 5, 48, 100 ff., aber auch Art. 127 d. Not.Ges. Der behördliche Karakter der Notare wurde vom O.G.H. (U. v. 9./5. 1879, Slg. f. Strafs. IX S. 263) verneint bei Gelegenheit der Frage der Stempelpflicht der von Privaten an sie gerichteten Briefe, während ihnen amtliche Portofreiheit wie anderen Behörden eingeräumt wurde (1./2. 63; 8./1. 78; vgl. Zink a. a. O. S. 13 Nr. 19. Siehe auch Bayer. Not.Ztg. 1877 S. 313 u. Not.Ztschr. 1864 S. 71. Vgl. Bayer. Ausf.Ges. z. R.Str.=Pr.O. Art. 7 cit.).

Auch in Bayern wird durch die vorstehend gekennzeichnete Stellung der Notare als öffentlicher Beamter ihr Verhältnis zu den Parteien so bestimmt, daß für die Auffassung desselben als Mandat oder Dienstmiethe kein Raum bleibt (vgl. auch v. Zink S. 381 Nr. 7, der wenigstens für den Gebührenanspruch der Notare Analogie des Mandats gelten lassen will). Das Ersuchen der Parteien an den Notar, der nur auf Antrag oder auf gerichtliche Anordnung thätig werden kann (Art. 43), wird zutreffend lediglich als Veranlassung, nicht als Rechtsgrund dieses Verhältnisses bezeichnet (Instr. § 46 Abs. 2). Rechtsgrund ist auch hier der Anstellungsvertrag zwischen Notar und Staat und das Gesetz (s. oben S. 18). Durch seine amtliche Stellung ist auch den Parteien gegenüber „der Notar zum Amtsgeheimnis verpflichtet und den Betheiligten für jeden durch Verletzung oder Nichterfüllung seiner Amtspflicht verursachten Schaden verantwortlich" (Art. 46 d. Not.Ges.). Deshalb ist es ferner unter Anerkennung der eventuellen Haftpflicht des Staates für einen in Abweichung vom Vorschlage des Notars bestellten Amtsverweser für nöthig erachtet, in Art. 149 des Not.Ges. die Haftung des Staates im Allgemeinen auszuschließen, bei notariellen Amtshandlungen aus Auftrag des Gerichts aber im einzelnen Falle in demselben Maße wie für Versehen des letzteren anzunehmen.

Abgesehen von diesem vermögensrechtlichen Anspruch der Partei gegen den Notar, steht den Betheiligten das Recht der Beschwerde zu. Diese Parteibeschwerde ist auch hier zwiefacher Natur, die wohl zu unterscheiden ist. Einmal die Prozeßbeschwerde: dieselbe kann in Bayern im allgemeinen nicht vorkommen, weil dem Notar keine Entscheidungsbefugnis oder Verfügungsgewalt zusteht; die Vorschriften der §§ 56 ff. d. Ausf.Ges. z. C.P.O. beziehen sich deshalb auch nur auf die Beschwerde gegen gerichtliche Entscheidungen i. S. d. freiw. Gerichtsbarkeit. Allein als Verlassenschaftskommissar und bei der Versteigerung trifft auch der Notar Entscheidungen. In jenem Falle geht die Beschwerde, nach § 33 d. Ausf.Ges., an das Verlassenschaftsgericht und dessen Entscheidung kann mit der durch Art. 56 ff. des Ausf.Ges. z. C.P.O. geregelten Beschwerde in Sachen der nichtstreitigen Gerichtsbarkeit angegriffen werden. Ebenso wird der Zuschlag des Notars als Vollstreckungsbeamten nach § 80 der Subh.O. bei dem Vollstreckungsgerichte angefochten. Bei freiwilligen Versteigerungen aber ist der Zuschlag keine Entscheidung, sondern nur eine Form des Ausdrucks für die Genehmigung des Verkäufers (Instr. §§ 77, 78). Von dieser prozessualischen Sachbeschwerde durchaus verschieden ist die Dienstaufsichtsbeschwerde der Betheiligten wegen Dienstweigerung oder Dienstwidrigkeit eines Notars (Art. 50, 113, 127 d. Ges.). Aber von dieser Parteibeschwerdeführung, der sich übrigens die Notare auf keinen Fall als Vertreter der Betheiligten bei dem höheren Gerichte unterziehen sollen (Autogr. Just.Min.Entschl. v. 10. März 1865, Enderlein S. 103β, Not.Ztschr. III S. 104), grundsätzlich verschieden ist der Ausdruck der Meinungsverschiedenheit und bezw. das Gesuch um Abhülfe einer Behörde gegen die andere bei der vorgesetzten Dienstbehörde (ebendaselbst).

Aus den voraufgegangenen Erörterungen ergiebt sich, daß die in jedem Oberlandesgerichtsbezirk zu bildenden Notariatskammern hier so wenig wie in Baden Disziplinarbefugnisse haben. Vielmehr ist ihnen ohne solche „die Vertretung des Standes in Bezug auf seine inneren Angelegenheiten, die Erstattung von Gutachten an den Oberstaatsanwalt und die Vermittelung dienstlicher Streitigkeiten zwischen den Notaren übertragen" (Art. 146).

Was schließlich die Formen der notariellen Beurkundung betrifft, so beklagt man sich über ihre Strenge; allein hinderliche Förmlichkeiten, die in anderen Ländern erst erheblich später beseitigt sind, hat das Bayer. Not.Ges. gar nicht mehr aufgenommen. Die Vorschriften finden sich im Wesentlichen in Art. 53 bis 79 d. Not.=Ges. Sind die Betheiligten dem Notar nicht persönlich bekannt, so sind Auskunftszeugen zuzuziehen; zweier Instrumentszeugen oder eines zweiten Notars bedarf es, abgesehen von der unter Umständen außerdem zuzuziehenden außerordentlichen Vertrauensperson, wenn ein Betheiligter nicht deutsch spricht (Art. 74/5), schreibensunerfahren, blind, taub oder stumm ist (Art. 58, 59, 68), bei letztwilligen Verfügungen (Art. 60, 61), nicht aber bei Erbverträgen (das.). Welche Formen für eine Notariatsurkunde wesentlich sind, bestimmt Art. 148.

In den vier rechtsrheinischen Oberlandesgerichtsbezirken Augsburg, Bamberg, München, Nürnberg kommen auf 4866643 Einwohner 276 Notare oder auf 17633: 1; in der Pfalz dagegen auf 728391: 63 oder auf 11580: 1.

Nachstehend folgen nun — abgesehen von der bei Not.Ges. Art. 146 abgedruckten Verordnung, die Notariatskammern betreffend v. 2. Sept. 1862 und von der bei Art. 63 das. abgedruckten Ministerialbekanntmachung in Bezug auf das Umschreibewesen v. 15. Juni 1862 sowie von einigen kleineren bei den betreffenden Artikeln des Not.Ges. abgedruckten Ausführungsvorschriften

1) Das Notariatsgesetz vom 10. November 1861 (153 §§),
2) Die Instruktion dazu v. 1. Juni 1862 (132 §§),
3) Die Notariats-Gebühren-Ordnung v. 30. November 1875.

1) Gesetz, das Notariat betreffend, v. 10. November 1861.

(Ges.Bl. Nr. 14 S. 130 ff.)

Inhalt: Erster Titel: Von der Bestellung der Notare: Art. 1—10.
Zweiter Titel: Von dem Wirkungskreise und von der Geschäftsführung der Notare: Art. 11—103.
Dritter Titel: Von der Belohnung der Notare und von den Notariatstaxen: Art. 104—112.
Vierter Titel: Von der Ausübung der Disziplinargewalt über die Notare: Art. 113—147.
Fünfter Titel: Von den allgemeinen Folgen der Verletzung des Notariatsgesetzes und von der Haftung des Staates für Amtshandlungen der Notare: Art. 148, 149.
Schlußbestimmungen: Art. 150—153.

1. Titel. Von der Bestellung der Notare.

Art. 1. Die Notare werden vom Könige ernannt.

Sie sind öffentliche Beamte.[1])

Das verliehene Amt kann ihnen nur durch strafrichterliches oder Disciplinar-Erkenntniß entzogen werden.[2])

Im Uebrigen richten sich ihre Dienstesverhältnisse nach den Bestimmungen des gegenwärtigen Gesetzes.[3])

---

[1]) Siehe oben S. 17 f.

[2]) „Das verliehene Amt", d. h. nicht bloß das Amt als Notar überhaupt, sondern die bestimmte Notariatsstelle; vgl. Art. 122 des Ges., wonach Versetzung nur unter ganz bestimmten strengen Voraussetzungen zulässig ist.

Strafrichterliche Entziehung einschließlich der gesetzlichen Folge eines strafrichterlichen Erkenntnisses: R.Str.G.B. §§ 31, 33, 35, 36, 81, 83 f., 87—91, 94 f., 358. — Disziplinarrichterliche: Art. 113 ff. d. Ges.

[3]) „Im Uebrigen", d. h. abgesehen von den in den voraufgegangenen Absätzen getroffenen Bestimmungen. Daraus folgt auf Grund des Absatz 2, daß alle Vorschriften, welche „öffentliche Beamte" als solche und im Allgemeinen betreffen, auch auf die Notare Anwendung finden. (Vgl. A.G. z. Str.P.O. Art. 112. V. v. 10. März 1868, Landtagsabsch. v. 28. April 1872 § 51, betr. d. Uebernehmen außerdienstl. Nebengeschäfte; V. v. 28. Aug. 1868 über dienstl. Verehelichungsbewilligung, J.M.E. v. 23. Juli 1862 über die Behandlung d. Gesuche um dieselbe.) Daraus läßt sich auf Grund der Verbindung von Absatz 1 u. 2 ferner allerdings folgern (s. o. S. 19), daß, insofern sonst vom Könige ernannte öffentliche Beamte dem Könige Treue zu schwören haben, auch die Notare den Treueeid leisten müssen.

Ausgeschlossen ist demnach durch Absatz 3 die Anwendung anderer Gesetze über

Art. 2.[4]) Zum Notare kann nur derjenige ernannt werden, welcher[5])
1) die Prüfung für den Justizstaatsdienst mit Erfolg bestanden, und
2) nach derselben wenigstens zwei Jahre bei einem Notare gearbeitet hat.[6])

Art. 3. Wer die Stelle eines Richters, Staatsanwaltes, Gerichtssecretärs oder Rechtsanwaltes bekleidet hat[7]), ist von der Vorschrift des Artikels 2 ausgenommen.

Desgleichen ist die zweijährige Notariatspraxis (Artikel 2 Ziffer 2) denjenigen erlassen, welche die Prüfung für den Justizstaatsdienst vor Verkündung des gegenwärtigen Gesetzes bereits bestanden haben.[8])

Art. 4. Ein Notar kann weder die Stelle eines Rechtsanwaltes noch irgend ein öffentliches Amt bekleiden, mit Ausnahme jener Gemeindeämter, mit denen ein Gehaltsbezug nicht verbunden ist.[9])

---

gewisse Klassen öffentlicher Beamten, insbesondere über die Staatsdiener im Sinne des Edikts der Beil. IX z. Verf.Urk., namentlich mit allen seinen vermögensrechtlichen Bestimmungen.

Verhältnisse, die nicht Dienstesverhältnisse sind, werden von Absatz 3 überhaupt nicht betroffen: vgl. z. B. Instr. § 3 und über die Heimath der Notare (Not.Ztschr. 1868 S. 273, 381, 1869 S. 42, Not.Ztg. 1884 S. 277 ff.)

Dagegen ist zu den Dienstesverhältnissen auch die aus dem Dienstesverhältnis sich ergebende Stellung dem Publikum gegenüber zu rechnen, der nothwendige Anlaß ihrer Thätigkeit, daß sie ohne Ersuchen oder richterlichen Auftrag amtlich nicht thätig werden dürfen und auf Ersuchen oder richterlichen Auftrag — genügenden Ablehnungsgrund vorbehalten — thätig werden müssen. (Art. 43,50 u. a.)

[4]) Siehe aber Art. 3. Vgl. jetzt Verordn. 25. April 1880 betr. d. Prüfungen für den höheren Justiz- und Verwaltungsdienst und die Vorbereitung für diese Prüfungen. Ges. u. V.Bl. 1880 S. 161. J.M.Bl. S. 97 u. J.M.Bl. v. 10./5. 15./6. 80 betr. deren Ausführung (das. S. 237. Not.Ztschr. IX. S. 202).

[5]) „Der Artikel war nicht gemeint, dem kgl. Ernennungsrechte Fesseln anzulegen" und Dispens auszuschließen (v. Zink a. a. O. S. 386); vielmehr ist Art. 2 wie 3 nur formell Gesetz, materiell Dienstvorschrift, und ihre Nichtbeachtung begründet wohl Verantwortlichkeit des gegenzeichnenden Ministers aber keine Nichtigkeit der Ernennung (Seydel III. S. 339, Rehm a. a. Anm. 3 zu Art. 2).

[6]) Vgl. oben S. 17 Art. 38.

[7]) „Bekleidet hat". Zur Zeit können in Bayern nach Titel VIII § 3 der Verf.Urk. u. Beil. IX § 4 Richtergeschäfte nur von pragmatisch angestellten Richtern wahrgenommen werden (vgl. G.V.G. § 69 Abs. 3). Der bloße Accеß bei den Gerichten würde also nicht genügen, ebenso wenig eventuell eine etwa erlangte „Befähigung zur zeitweiligen Wahrnehmung richterlicher Geschäfte". (G.V.Ges. § 10.)

[8]) Absatz 2 ist reine Uebergangsbestimmung.

[9]) Ueber die Unvereinbarkeit von Rechtsanwaltschaft und Notariat äußerten sich schon die Motive zum 1851er Entwurf ebenso wie das Gutachten der Immediat-Justiz-Commission für die Rheinlande sehr entschieden, weil dasselbe „als ein wesentlich auf dem Vertrauen der Betheiligten beruhendes Institut durch Vereinigung mit der Advokatur", bei welcher die Stellung einer Partei einzunehmen sei, „nothwendig in seinem innern Wesen erschüttert" werde.

„Irgend ein öffentliches Amt", also im umfassendsten Sinne — außer unbesoldetem Gemeindeamt — ist verboten; bezüglich des Amtes eines Schöffen — oder Geschworenen gilt jedoch Reichsrecht: G.V.Ges. §§ 34, 85. Danach sind die Notare als solche nicht — wohl aber als gerichtliche Vollstreckungsbeamte — s. o. S. 15 u. Bd. I. S. 45 — von der Berufung zum Amte eines Schöffen oder Geschworenen ausgeschlossen.

Gemeindeämter: vgl. Bayr. Gem.O. Art. 173 f.; Mitglied der Kirchenverwaltung: Instrukt. v. 25. Aug. 1869 über die betr. Wahlen.

Ständige Verrichtungen nicht öffentlicher Art, z. B. Mitgliedschaft im Verwaltungsrath einer Privatgesellschaft schließt Art. 4 nicht aus. V. v. 10. März 1868

Art. 5. Die Zahl, sowie die Sitze der Notare werden durch Regierungs-Verordnung bestimmt.[10])

Art. 6.[11]) Vor dem Antritte des Amtes[12]) hat der Notar in der öffentlichen Sitzung des [Bezirks]Landgerichtes[13]), zu dessen Sprengel sein Wohnsitz gehört, den Diensteid in folgender Formel zu leisten:

„Ich schwöre, daß ich das Amt eines Notars den Gesetzen gemäß pünktlich und gewissenhaft versehen werde, so wahr mir Gott helfe." [14])

Art. 7. Die Namensunterschrift des Notars, sowie der Handzug, dessen er sich etwa zu bedienen gesonnen ist, muß bei dem in Art. 6 bezeichneten Gerichte zur Hinterlegung übergeben werden.[15])

---

cit. J.M.E. v. 20. Nov. 1868 (J.M.Bl. S. 245. U. d. O.L.G. v. 13. Dez. 1884. R.G. f. Civ. X. 614. Not.Ztschr. 1885 S. 300.) Die Ausführung des Art. 4 ist Sache der Staatsanwälte: Art. 124.

[10]) Geschehen durch Ah. V. v. 29. Jan. 1861. „Wir finden Uns bewogen, im Vollzuge des Art. 5 d. Ges. v. 10. Nov. 1862 d. Notariat betreffend über die Zahl und die Sitze der in den Landestheilen diesseits des Rheins aufzustellenden Notare zu bestimmen was folgt:

Art. 1. An den in der Anlage verzeichneten Orten werden Notare in der beigesetzten Anzahl aufgestellt. — Wir behalten uns übrigens vor, in dem Falle, wenn die Erfahrung das Bedürfnis einer Vermehrung der Notariatssitze oder der Zahl der Notare nachweisen sollte, weitere Notariatssitze zu bestimmen, oder die Zahl der an den bestehenden Notariatssitzen aufgestellten Notare zu vermehren. (Art. 2 s. bei Art. 104 d. Ges.)

Die Verfügung wurde dann fortgesetzt und ergänzt durch d. V. v. 8. Juni u. 4. Nov. 1887, 11. Mai u. 29. Juni 1889. Siehe übrigens Art. 104. Die Bestimmung durch Reg.Verordnung bezieht sich natürlich nicht auf die erstmalige allein; jede folgende enthält aber eine Verlegung des Sitzes und damit zwar thatsächlich, nicht aber juristisch im Sinne des Art. 122 und Art. 1 Abs. 3, eine Versetzung.

Es wird bemerkt, daß der Ausdruck „Notare" hier uneigentlich für „Notariate", d. i. Notariatsämter, Notariatsbehörden gebraucht sei, und dem entsprechend von Enderlein zu diesem Artikel zutreffend d. J.M.E. v. 29. August 1863 (J.M.Bl. S. 102) erwähnt, durch welche den Notaren gestattet ist, an der Außenseite ihres Amtslokals ein d. k. Wappen tragendes Schild mit Aufschrift ihres Amtes und Namens anzubringen (a. a. O. Anm. 2 zu Art. 5).

[11]) Vgl. hierzu Abschnitt I. d. Instr. §§ 1—8 hiernach; vgl. Ventôse-Gesetz Art. 47 Abs. 1.

[12]) Vgl. Art. 98, 144. Nemlich des verliehenen Amtes im Sinne des Art. 1 Abs. 3, also auch bei jeder Versetzung außerhalb des Landgerichtsbezirks. Diese gewiß leidige Konsequenz läßt sich, obwohl der Eid gar nicht auf gewissenhafte Versehung des konkreten verliehenen Amtes gerichtet ist, bei Einsicht des Art. 119 nicht ablehnen. Jedoch ist bei Vergleich mit Art. 8 Abs. 2 und Art. 9 Nr. 3 eine Beschränkung auf Versetzung außerhalb des Landgerichtsbezirks zu rechtfertigen. Amtshandlungen vor der Beeidigung sind nichtig, weil sie als eine wesentliche Voraussetzung und Bürgschaft des Amtes gilt und deswegen auch die Eidesformel in das Gesetz aufgenommen, nicht Kgl. Verordnung überlassen wurde.

[13]) Nach A.G. z. Ger.Verf.Ges. Art. 7, 8, 28, Abs. 1 sind an Stelle der Bezirksgerichte die Landgerichte getreten. Siehe auch Not.Ztg. 1880 S. 123.

[14]) Im Entwurf von 1851 war ein solcher Amtseid u. der allgemeine Diensteid in Vorschlag gebracht, der letztere ist im Entwurf von 1861 fallen gelassen, weil die Notare zwar öffentliche Beamte aber nicht Staatsdiener im engeren Sinne seien; s. o. S. 18 f.

[15]) In der Fassung des Art. 126[1] d. A.G. z. R.C.P.O., früher: bei sämmtlichen Gerichten des App.Ger.Sprengels.

[15a]) Vgl. Ventôse-Ges. Art. 49.

Art. 8. Will der Notar seine Unterschrift oder den Handzug ändern, so darf dieß nur nach vorgängiger Bewilligung des betreffenden Bezirksgerichtes geschehen.

Sowohl bei einer solchen Aenderung der Unterschrift oder des Handzuges, als bei der Versetzung des Notars **findet die Bestimmung des Art. 7 entsprechende Anwendung.**[16])

Art. 9.[16a]) Dem Notar ist untersagt:

1) außerhalb des ihm nach Artikel 5 angewiesenen Sitzes zu wohnen,[17])
2) außerhalb seines Wohnsitzes für sich oder seine Gehilfen ein ständiges Geschäftslocal zu haben,[18])
3) außerhalb des [Bezirks] Landgerichtssprengels,[13]) dem sein Wohnsitz angehört, Amtshandlungen vorzunehmen.[19])

Befindet sich jedoch am Wohnorte des Notars der Sitz mehrerer [Bezirks] Landgerichte,[13]) so ist der Notar in dem Sprengel eines jeden derselben Amtshandlungen vorzunehmen befugt.[20])

Zuwiderhandlungen gegen die Vorschriften dieses Artikels werden mit Suspension auf einen bis sechs Monate und beim dritten Falle mit Entlassung vom Amte bestraft.[20a])

---

[16]) Abs. 2 in der Fassung des Art. 126² d. B. A.G. z. R.C.P.O. Früher war wiederum Versetzung in einen anderen App.Ger.Sprengel Voraussetzung, und Mittheilung wieder an sämmtliche Gerichte des neuen App.Ger.Sprengels vorgeschrieben.

[16a]) Vgl. Ventôse-Ges. Art. 4—6.

[17]) Amtssitz ist also auch Wohnsitz des Notars, siehe Nr. 2.

[18]) Dadurch ist die Abhaltung regelmäßiger auswärtiger Amtstage jedoch nicht ausgeschlossen: J.M.E. vom 10. Aug. 1866 unter B. IV. u. v. 9. Aug. 1869 unter Nr. 1, welche jedoch ausspricht: „die Ausübung des Amtes am Amtssitze habe die Regel zu bilden, und könne die Abhaltung von Geschäftstagen an anderen Orten nur als eine durch ein wirklich obwaltendes Bedürfnis der Einwohnerschaft der betreffenden Orte und ihrer Umgebung bedingte Ausnahmen in Betracht kommen". Enderlein a. a. O. Anm. 2 zu Art. 9. Dagegen v. Zink a. a. O. S. 395.

[19]) Der Landgerichtsbezirk ist also der örtliche Geschäftskreis der Notare.

[20]) Abs. 2 bezieht sich auf Landgericht München I u. II.

[20a]) Die Vorschrift des Abs. 1 Nr. 3 ist wesentlich für den öffentlichen Karakter der Urkunde: Art. 148. — Sie trifft auch im Falle der Ernennung eines Notars zum Testamentsvollstrecker nach seiner Versetzung unumgänglich zu, wenn deren ungeachtet nach dem maßgebenden Civilrecht die Berechtigung nicht auf den Amtsnachfolger übergeht sondern an der ernannten Person haftet. Auch die J.M.E. v. 9. Aug. 1869 (Enderlein S. 121, Anm. 10) läßt eine gegenseitige Möglichkeit keineswegs zu, (a. M. Rehm, Anm. 5 zu Art. 9), sondern vermeidet ausdrücklich, den Einfluß des Art. 9 Nr. 3 „auf die Geschäftsführung des in einen anderen L.G.Sprengel versetzten Notars rücksichtlich der ihm übertragenen Verlassenschaftsverhandlungen" zu erläutern. Dieser Einfluß des Gesetzes besteht jedenfalls nicht darin, daß es bei Seite gesetzt wird, sondern entweder darin, daß der versetzte Notar die Verlassenschaftsverhandlungen an seinem neuen Wohnsitze selbst vornehmen, oder durch Ersuchen bewirken lassen, oder sich der Geschäftsführung begeben muß, oder darin, daß die Ernennung zurückgezogen werden kann, oder eo ipso erlischt. v. Zink a. a. O. S. 395 scheint außer dem Disziplinarverfahren auch eine Schadensersatzklage eines durch seine Konkurrenz etwa benachtheiligten anderen Notars für begründet zu halten. In der französ. Rechtsprechung ist eine solche allerdings unfraglich anerkannt, vgl. v. Zink, weitere Erläut. S. 19. Nach deutschem und diesseit. Bayr. Rechte darf es bezweifelt werden. Einen Anspruch darauf, daß das Publikum sich an ihn wende, hat der Notar nicht (Art 44), einen Anspruch des Notars darauf, daß sein Kollege sich innerhalb seiner Amtsgrenzen halte, zu konstruiren, wird je schwerer fallen, je schärfer die

Art. **10.**[21]) Dem Notare ist jeder Betrieb von Handel in eigenem oder auf fremdem Namen, unmittelbar oder mittelbar, untersagt.

Insbesondere ist dem Notare nicht gestattet:

1) Börsenspeculationen, Handels- Bank- Disconto- oder Mäcklergeschäfte zu machen,
2) die Verwaltung einer Handels- oder Industriegesellschaft, oder einer ähnlichen finanziellen Unternehmung zu führen,[22])
3) Speculationen hinsichtlich des Ankaufs und Wiederverkaufs von Immobilien,[23]) des Kaufs von Forderungen, Erbschaftsansprüchen und anderen unkörperlichen Rechten zu unternehmen,[24])

---

amtliche Stellung des Notars und damit seine ausschließliche Verpflichtung dem Staate gegenüber ausgeprägt ist. Ausgeschlossen ist die Konstruktion aber keineswegs.

[21]) Dieser Artikel ist eine ziemlich genaue Wiedergabe des Art. 12 der franz. Ordonnanz v. 4. (nicht 12. wie v. Zink S. 398 angiebt) Jan. 1843, die also in der Pfalz nicht mehr eingeführt ist, in Elsaß-Lothringen aber noch gilt (s. B. III. Nr. 5). Der deutsche Text läßt keinen Zweifel darüber daß — wie eine franz. Min.V. v. 12. Jan. 1843 ausdrücklich hervorhebt — die Anführungen der Nr. 1—7 nur beispielsweise sind, und jede Art von „Geldgeschäften", aber auch jeder Handelsvertrag, durch das Verbot getroffen werden soll. Dieser Auffassung steht auch der insofern allerdings nicht ganz deutliche 51er Ausschußbericht nicht entgegen. Der Artikel stand nemlich so — abgesehen von zwei Redaktionsverbesserungen — im 51er Entwurfe, und der Ausschußbericht bemerkte (v. Zink, K. S. 399) dazu: „Nach weiteren Beschränkungen in der einen oder anderen Richtung habe der Ausschuß keinen genügenden Anlaß gefunden. . . Zu dem in Erwägung gezogenen Vorschlage, dem Notar und seinen Gehilfen die Verwaltung von Vermögensmassen dritter Personen außer seinen nächsten Angehörigen zu untersagen, hätten sich keine genügende Gründe dargeboten." . . „In der Kammer d. R. kamen zwar Anfangs zwei Verbesserungsvorschläge in Anregung, deren einer dahin ging, in Nr. 3 den Notaren ausdrücklich die Betheiligung an Gutszertrümmerungen zu untersagen und ihnen hingegen den Erwerb von Realitäten in ihrem Amtsbezirke zu gestatten; beide wurden aber wieder zurückgezogen und zwar der erste als hinlänglich in jener Nr. 3 . . . schon begriffen der zweite als überflüssig" . . . (s. Anm. 23). Bei der Berathung 1861 wurde noch ausdrücklich bemerkt, es liege nicht in der Absicht des Entwurfs, den Notar von der Theilnahme an einem Verwaltungsrathe oder Gesellschaftsausschusse bei industriellen Unternehmungen auszuschließen". — Wegen Zuwiderhandlungen vgl. Art. 115 u. 117 Nr. 3.

[22]) „Zu führen" schließt die Mitgliedschaft eines Verwaltungsrathes oder Gesellschaftsausschusses, welchen nicht die Führung der Verwaltung obliegt, nicht aus, s. Anm. 21. Andererseits ist nur die Verwaltung einer „finanziellen Unternehmung" der gedachten Art untersagt, nicht des Vermögens Dritter überhaupt, s. Anm. 21, auch wenn damit eine Vergütung verbunden ist; die ratio legis ist aber, daß der Notar allen spekulativen Geschäften fern bleiben soll, weil sie seine sittliche Integrität oder wirthschaftliche Sicherheit oder doch das Vertrauen in dieselbe und dann eine wesentliche Bürgschaft gewissenhafter Amtsführung, gefährden.

[23]) Daher auch die „Betheiligung an Gutszertrümmerungen", s. Anm. 21, obwohl das Gesetz darüber v. 28. Mai 1851 durch Art. 2 Nr. 6 des Einf.Ges. v. 1861 aufgehoben ist. So v. Zink a. a. O., allein auch hier muß der Grund des Gesetzes im Auge behalten werden, nicht jede Gutszertrümmerung ist an und für sich schon spekulativ, auf privaten Gewinn berechnet, sondern kann auch lediglich für das gemeine Wohl bestimmt sein, und nur in jenem Falle ist eine Betheiligung daran untersagt.

[24]) Wenn demnach, wie v. Zink, K. S. 380 Nr. 4 sagt, dem Notar, „weil er weder Richter noch Rechtsanwalt ist, der Art. 2 des Ges. v. 22. Februar 1855 die Aufhebung der lex Anastasiana betr. nicht im Wege steht, streitig gewordene Rechte

4) sich unmittelbar oder mittelbar bei einem Geschäfte zu betheiligen, für welches er Dienste leistet,[25])
5) die ihm anvertrauten Gelder[26]) auf seinen eigenen Namen anzulegen, sei es auch unter der Verpflichtung, die Interessen davon zu berichtigen,
6) sich unter was immer für einen Titel als Gewährsmann oder Bürge für Geschäfte zu verpflichten, welche durch seine Vermittlung zu Stande gekommen sind, oder welche er beurkunden soll,[25])
7) unter seinem Namen fremde Geschäfte zu machen.

2. Titel. Von dem Wirkungskreise[1]) und von der Geschäftsführung[2]) der Notare.

Art. 11.[3]) Der Wirkungskreis der Notare umfaßt die Geschäfte der nicht streitigen Rechtspflege, insoweit dieselben nicht durch den Artikel 18 des Gesetzes vom 10. November 1861, die Gerichtsverfassung betr., den Gerichten vorbehalten sind.

---

und Forderungen aus Urkunden, die er aufgenommen, durch Abtretung zu erwerben", so ist er doch durch diese Nr. 3 an spekulativen Geschäften der Art gehindert.

[25]) Vgl. Art. 47[1].

[26]) Vgl. Art. 36 37.

[1]) Art. 11—52.

[2]) Art. 53—102.

[3]) Art. 11 ist die Grundlage und der Angelpunkt des ganzen Notariatsgesetzes. Er ging ohne nennenswerthe Diskussion durch, obwohl er so ungenau gefaßt ist, daß über seinen wahren Sinn erhebliche Zweifel und Meinungsverschiedenheiten entstehen können und noch bestehen. Eine genauere auslegende Untersuchung des Artikels ist deshalb geboten.

I. Die Zweifel beziehen sich hauptsächlich auf den Vorbehalt des Art. 18 cit., an dessen Stelle nach Enderlein und Stahl — welcher letzter sogar den Ersatz einfach in den Text setzt — Art. 15 des Ausf.Ges. z. R.Ger.Verf. Gesetze vom 23./2. 79 getreten sein soll, während Rehm, Anm. 2 zu Art. 11, sich nicht auf Art. 15 beschränkt, sondern annimmt, daß inhaltlich an die Stelle des Textes die Worte „durch das Ausf.Ges. z. R.Ger.Verf.Ges. v. 23./2. 79" getreten seien; hierbei aber auch nicht konsequent zu bleiben scheint, da er bei der gleichen Anführung in Absatz 3 auch Art. 17 Abs. 3 des A.G. z. R.C.P.O. heranzieht. Der ganz bedeutende inhaltliche Unterschied dieser Auffassung des gemachten Vorbehaltes liegt auf der Hand. Nach Art. 18 des Bay. Ger.Verf.Ges. v. 10. Nov. 1861, also dem Datum auch dieses Notariatsgesetzes, sind „den Gerichten" und zwar lediglich „den Stadt- und Land-" also jetzt Amtsgerichten folgende „Gegenstände der freiwilligen Gerichtsbarkeit" vorbehalten „1) das Hypothek- und Grundbuchwesen nebst den Ewiggeldsachen — 2) das Vormundschafts- und Kuratelwesen — 3) die Verlassenschaften — 4) alle übrigen Geschäfte der nichtstreitigen Rechtspflege, welche nach den bestehenden Gesetzen eine gerichtliche Prüfung, Bestätigung oder überhaupt eine Beschlußfassung erfordern."

Durch die Beschränkung auf diesen in Art. 18 cit., also lediglich für die „Stadt- und Landgerichte" gemachten Vorbehalt, setzt sich der erste Absatz des Art. 11 aber in einen so offensichtlichen und starken Widerspruch mit anderen positiven Bestimmungen desselben Art. 18 cit., und anderer Artikel desselben Gerichtsverfassungsgesetzes und des an demselben Tage erlassenen Einführungsgesetzes z. d. Handels-Ges.B., daß diese wörtliche Auslegung sich unter keinen Umständen halten läßt, sondern die ausschließliche Anführung des Art. 18 cit. lediglich als Ungenauigkeit aufzufassen ist, und nur die beispielsweise Anführung dieses Artikels als des Sitzes der Materie vom Gesetzgeber gemeint und gewollt sein kann.

In demselben Artikel 18 nemlich findet sich der auffällige Vorbehalt hinsichtlich der Familienfideikommisse, deren „Behandlung sich nach besonderen Gesetzen richte." Dieser Vorbehalt ist auffällig, weil Art. 42 jenes Gesetzes selbst sie den Appellationsgerichten zuweist, die „in ihrem bisherigen Wirkungskreise" bleiben sollen und in deren Wirkungskreis sie nach § 14 der VII. Verf.Beil. und der Instr. dazu v. 3. März 1857 (Reg.Bl. S. 253) bisher gehört hatten.

In demselben Wirkungskreise der Appellations- jetzt Oberlandesgerichte verbleibt nach Art. 42 cit. jetzt Art. 36 des A.G. z. R.G.Verf.Ges., aber ferner auch das Vormundschaftswesen bezüglich der standesherrlichen Familienglieder gemäß § 10 der IV. Verf.

Daneben blieb nach § 76 Abs. 3 desselben Ger.Verf.Gesetzes den Standesherren die in Art. 81 des A.G. z. R.G.V.Ges. ausdrücklich aufrechterhaltene Befugnis, „Verlassenschafts-Verhandlungen, welche Mitglieder der Familie betreffen, so lange kein Rechtsstreit darüber entsteht, durch ihre Domänenkanzlei vornehmen und erledigen zu lassen."

Nach Art. 71 desselben Ger.Verf.Ges. (jetzt Art. 76 des A.G. des R.G.V.G. s. o. S. 3) wird das „Depositenwesen sowohl in der streitigen wie in der nicht streitigen Rechtspflege von den Gerichten besorgt."

In Art. 73 Abs. 2 des G.V.G. v. 1861 endlich werden die näheren Bestimmungen über die Zuständigkeit der Handelsgerichte dem Einf.Ges. z. A. d. H.G.B) vorbehalten, welches dann ihnen und dem Merkantilfriedens- und Schiedsgericht der Stadt Nürnberg durch die Art. 9, 57, 11, 63 auch die Geschäfte der nichtstreitigen Gerichtsbarkeit in Handelssachen, Führung der Handelsregister u. s. w. zuwies. Die Zuständigkeit der Handelsgerichte ist auf die Landgerichte übertragen (Art. 28 d. A.G. z. R.G.V.G.), während die Beglaubigungsbefugnis des Merkantil-Gerichts zu Nürnberg durch Art. 7 das. aufrecht erhalten ist.

Es ist also ganz unmöglich und ausgeschlossen, daß Art. 11 im ersten Absatz sagen wollte, alle diese Geschäfte der nichtstreitigen Gerichtsbarkeit, welche Gesetze von demselben Tage in den Wirkungskreis von Gerichten verweisen, fielen in den notariellen Wirkungskreis. Die Absicht des Gesetzgebers konnte und sollte nur sein, durch Anführung des Sitzes der Vorschriften über die gerichtliche Zuständigkeit in Sachen nichtstreitiger Rechtspflege im Großen und Ganzen die Grenzlinie zwischen dem gerichtlichen und dem notariellen Wirkungskreise anzugeben, ohne die einzelnen Punkte jenes zu berühren. Zweifellos hätte der Gesetzgeber diesen Zweck unzweideutiger erreicht, wenn er die Anführung des Art. 18 cit. einfach wegließ und sagte, „soweit dieselben nicht den Gerichten vorbehalten sind", allein die ausdrückliche Anführung dieses grundlegenden, seit langer Zeit, seit 1848, angestrebten Artikels über die grundsätzliche Ausscheidung des gerichtlichen Wirkungskreises in nichtstreitiger Rechtspflege ist andererseits ohne Präjudiz sehr erklärlich. Möglich aber ist auch ein anderer Grund, der durch die Fassung des letzten Absatzes des Art. 18 cit. an Wahrscheinlichkeit gewinnt, sich übrigens wegen Mangels der authentischen Aktenstücke meiner Aufdeckung entzieht, daß es sich im Wesentlichen um einen Redaktionsfehler handelt, daß Art. 18 cit. und dieses Gesetz so abgefaßt wurden, ehe das Gerichtsverf.-Gesetz vollendet war, insbesondere ehe die Art. 42, 71, 73, 76 entworfen waren und daß das Citat des Art. 18 c. im Notariatsgesetze stehen blieb, ohne daß die nachträgliche Feststellung jener Artikel berücksichtigt ist.

So würde sich die sonst unbegreifliche Fassung des letzten Absatzes, daß die Behandlung der Familienfideikommisse — die doch durch Art. 42 dess. Gesetzes den Appellationsgerichten zugewiesen wurden — „sich nach besonderen Gesetzen" richte, sehr natürlich erklären. Dagegen spricht freilich wieder, daß noch in Art. 67 des Ger.Verf.-Ges. sich dieselbe falsche Citirung des Art. 18 cit. findet in dem Anfangssatze: „Zur Vornahme von Geschäften der nichtstreitigen Rechtspflege, insoweit dieselben nicht den Gerichten vorbehalten sind (Art. 18), wird die erforderliche Anzahl von Notaren bestellt."

Läßt diese Auslegung des Vorbehalts nach Art. 18 c. sich nicht wohl ablehnen, so ist nunmehr zunächst die Fassung festzustellen, welche sich mit dem Sinn des damaligen Gesetzgebers decken würde, danach hat sich de lege ferenda zu richten, was seit der formellen Aufhebung auch des Art. 18 cit. durch Art. 81 d. A.G. z. R.G.V.G. an dessen Stelle getreten ist. Der Wille des Gesetzgebers war der: durch den ersten Absatz, den notariellen Wirkungskreis gegen den gerichtlichen im allgemeinen abzugrenzen durch den Grundsatz, daß jener, der notarielle Wirkungskreis, das Gebiet der nichtstreitigen Rechtspflege umfassen solle, soweit über dasselbe durch die gleichzeitige Gerichtsverfassung, welche ja ihrerseits wieder die nähere Ausscheidung dem Notariatsgesetze vorbehält, nicht anderweit verfügt sei. Beide Gesetze hängen, sich gegenseitig ergänzend, eng zusammen, Alles was das Gerichtsverfassungsgesetz von freiwilliger Rechtspflege dem gerichtlichen Wirkungskreise vorbehält, nicht bloß nach Art. 18 cit., ist damit dem notariellen Wirkungskreise des Art. 11 d. Ges. entzogen, aber noch mehr: wenn es dem Gesetzgeber auch zunächst wesentlich daran lag, durch Art. 11 die Hauptscheidegrenze gegen die gerichtliche Rechtspflege zu ziehen, so wollte er doch auch das, was durch die organische Gesetzgebung desselben Tages anderen Behörden und Beamten an freiwilliger Gerichtsbarkeit zugewiesen war, nicht durch Art. 11 etwa rückgängig machen. Also: nicht nur was den Gerichten — allgemein — nicht nur den „Stadt- und Landgerichten" — sondern was überhaupt anderen Behörden oder Beamten durch das Gerichtsverfassungsgesetz vorbehalten war, das soll auch nicht nach Art. 11 d. Ges. in den notariellen Wirkungskreis fallen. Mithin liegt die ganze oben hervorgehobene durch die Art. 18, 42, 71, 73, 76 Abs. 3 den Gerichten, den „Stadt- und Landgerichten", den „Appellationsgerichten", den „Handelsgerichten", einschließlich des „Merkantil-Friedens- und Sühnegerichts der Stadt Nürnberg", sowie schließlich der standesherrlichen Domainenkanzlei vorbehaltene freiwillige Gerichtsbarkeit außerhalb des notariellen Wirkungskreises des § 11 d. Ges.

Diese Feststellung des notariellen Wirkungskreises im Sinne des ersten Absatzes dieses Artikels ist durch die angeführten positiven Vorschriften einer organischen Gesetzgebung desselben Tages einfach gegeben. Sie hat aber eine weit größere Tragweite, weil dasselbe ungenaue Citat sich ferner in Absatz 3 dieses Art. 11, sowie in Art. 13, 51, 151 findet. Zumal durch diese Fassung des 3. Absatzes dieses Artikels 11 wird die Bedeutung der Fehlsamkeit der Anführung des Art. 18 cit. in rechtes Licht gerückt. Wäre in der That der gerichtliche Wirkungskreis, in welchem auch die Notare nach Wahl der Betheiligten deren Erklärungen beurkunden dürfen, auf Art. 18 cit. beschränkt, so dürften dieselben also weder in Fideikommiß- und standesherrlichen Vormundschaftssachen (Art. 42 cit.) noch in Depositen-, Handels- oder standesherrlichen Verlassenschaftssachen auf Ersuchen der Betheiligten Beurkundungen vornehmen — obwohl diese Geschäfte nach gleichmäßig wörtlicher Auslegung des ersten Absatzes in den notariellen Wirkungskreis fielen. Der Widersinn liegt auf der Hand und bestätigt die oben gerechtfertigte Auslegung.

Demnach ist die Anführung des Art. 18 cit. im ersten wie im dritten Absatze Nichts weiter als eine schlanke Bezugnahme auf die hauptsächliche Vorschrift wegen der gerichtlichen freiwilligen Rechtspflege, welche eben in der Hauptsache bei den „Stadt- und Landgerichten" lag, ohne deswegen die Berücksichtigung der untergeordneten einzelnen Punkte der Ausübung dieser Rechtspflege insbesondere durch andere Gerichte auszuschließen.

Wenn also nunmehr festgestellt werden soll, was an die Stelle dieses ungenauen Citats getreten ist, so ist es zweifellos unzulässig, anstatt dessen mit Stahl einfach in den Text die Worte „Art. 15 des A.G. z. R.G.V.G. v. 23./2. 79" einzurücken. Nicht nur ist der erste Absatz dieses Art. 15 neu und deshalb dem zweiten Absatz das Wort „insbesondere" zugesetzt, sondern Art. 15 cit. enthält ferner korrekterweise nicht mehr den Vorbehalt wegen der Familienfideikommisse, die durch Art. 36[1] desselben Gesetzes den Oberlandesgerichten überwiesen wurden. Ein inhaltlicher Ersatz des Art. 18 cit. durch Art. 15, den auch Enderlein (Anm. 1 a zu Art. 11, Anm. 1 zu Art. 13) vertheidigt, würde freilich der Ungenauigkeit der Fassung des Art. 11 entsprechen, aber dem Willen des Gesetzgebers von 1861 nicht Rechnung tragen. Nachdem jetzt durch Reichsrecht und Landes-Ausführungsgesetze dazu noch manche andere Geschäfte nicht bloß Gerichten, sondern auch anderen Behörden und Beamten (z. B. Civilstandsbeamten, Auditeuren, Gerichtsschreibern, Gerichtsvollziehern) übertragen sind, würde eine freilich wünschenswerthe Neu-Fassung des Vorbehalts nur dahin lauten können: „insoweit dieselben nicht den Gerichten oder anderen Behörden oder Beamten übertragen sind". Darin würde das Wesentliche im Sinne des Gesetzgebers von 1861 immerhin seinen Ausdruck finden, insofern als dadurch die notarielle Zuständigkeit als Grundsatz und Regel genügend hervorgehoben wird.

Diese Zuständigkeit der Notare auf dem ganzen — den Gerichten nicht vorbehaltenen Gebiete der freiwilligen Gerichtsbarkeit — in der Beschränkung des Absatz 2 hinsichtlich der einzelnen Geschäfte, insbesondere also zur Beurkundung ist der Kern des Gesetzes; für sie spricht die Vermuthung.

Der mehr erwähnte Art. 18 des Gerichtsverf.Ges. von 1861 behielt in seinem 2. Absatze „die nähere Ausscheidung des gerichtlichen Wirkungskreises von dem der Notare" dem Notariatsgesetze vor. Dieselbe hat weiterhin stattgefunden durch

Art. 12 in Bezug auf Verträge Minderjähriger u. s. w. und in Bezug auf Verträge und Schuldbekenntnisse auf Grund deren Eintragungen oder Löschungen im Hypothekenbuche stattfinden sollen,

Art. 14 und Art. 18 in Bezug auf alle Immobiliar-Verträge und -Versteigerungen.

Art. 19 in Bezug auf öffentliche Vermögensinventare, welche für diese Geschäfte Notariatszwang eingeführt haben, sowie durch

Art. 11 Abs. 3 in Bezug auf Erklärungen der Betheiligten in den den Gerichten vorbehaltenen Sachen der freien Gerichtsbarkeit,

Art. 29 ff. in Bezug auf Auseinandersetzungen von Verlassenschaften. Vgl. o. S. 16.

II. Nach einmüthiger Auffassung des Gesetzes soll der erste Absatz im allgemeinen den Wirkungskreis der Notare von dem der Gerichte abgrenzen, der zweite Absatz die Geschäfte der Notare innerhalb jenes, ihres Wirkungskreises, der dritte Absatz ihre Geschäfte außerhalb desselben, nämlich, kurz gesagt, im gerichtlichen Wirkungskreise bestimmen. Diese Absicht des Gesetzgebers würde im ersten Absatze unzweideutigen Ausdruck etwa in der Fassung gefunden haben: „der Wirkungskreis der Notare umfaßt das Gebiet der nichtstreitigen Rechtspflege insoweit" u. s. w. Statt dessen ist gesagt: „umfaßt die Geschäfte rc. insoweit dieselben nicht durch Art. 18 rc. den Gerichten vorbehalten sind," entsprechend dem Art. 67 des G.V.Ges. v. 1861. welcher lautet: „Zur Vornahme von Geschäften der nichtstreitigen Rechtspflege insoweit dieselben nicht den Gerichten vorbehalten sind (Art. 18), wird die erforderliche Anzahl von Notaren bestellt." Was unter „Geschäften" des ersten Absatzes zu verstehen ist, muß festgestellt werden, zumal im dritten Absatze von „den nach Art. 18 c den Gerichten vorbehaltenen Rechtsgeschäften" die Rede ist, und die einzelnen den Notaren innerhalb ihres Wirkungskreises zustehenden „Geschäfte" im zweiten Absatze aufgezählt werden. Nimmt man den Ausdruck des ersten Absatzes: „Geschäfte, insoweit dieselben nicht durch Art. 18 vorbehalten sind" wörtlich, so würden danach die Versiegelung, Entsiegelung, Abnahme von Eiden, Hinterlegung und andere „Geschäfte" der freiwilligen Gerichtsbarkeit in den Wirkungskreis der Notare fallen, denn sie sind in Art. 18 cit. überhaupt nicht aufgeführt, darum ließe sich die Aufzählung des zweiten Absatzes nur als eine Spezialisirung auffassen. Das ist aber nicht der Fall. Der Ausdruck „Geschäfte" im ersten Absatz bezielt eben nicht die einzelnen Geschäfte — von diesen ist erst im zweiten Absatze die Rede — sondern heißt Nichts weiter als: die Thätigkeit im allgemeinen, das Gebiet, oder wie es an anderer Stelle heißt, den Gegenstand der nichtstreitigen Rechtspflege. Einzelne Geschäfte sind in Art. 18 cit. überhaupt nur unter Nr. 4 aufgeführt, und Absatz 1 nur auf sie zu beziehen wäre Unsinn; unter Art. 18 cit. 1—3 aber sind nicht „Geschäfte" in jenem Sinne, sondern Materien, Rechtsgebiete aufgeführt; Hypotheken- und Grundbuchwesen, Vormundschafts- und Kuratelwesen, Verlassenschaften, die aber auch in Art. 18 cit. schlankweg als Geschäfte bezeichnet werden, indem Nr. 4 „alle übrigen Geschäfte der nichtstreitigen Rechtspflege" nennt.

Die Auffassung ist also richtig, daß der erste Absatz nur den Wirkungskreis der Notare im Allgemeinen, und erst der zweite Absatz die einzelnen Geschäfte innerhalb desselben feststellen will, auf welche sich ihre Thätigkeit — vorbehältlich weiterer Bestimmungen — beschränken soll. Andere als im wesentlichen beurkundende Thätigkeit, insbesondere also die oben hervorgehobenen Geschäfte der Versiegelung, Entsiegelung, Eidesabnahme u. s. w. ist den Notaren also innerhalb ihres Wirkungskreises grundsätzlich nicht eingeräumt, es müßte denn durch anderweite positive Bestimmung geschehen sein, wie durch Art. 18 d. Ges., vgl. auch unten Anm. 4.

III. Der notarielle Wirkungskreis umfaßt das Gebiet der „nichtstreitigen Rechtspflege." Der Begriff ist ebenso geläufig wie unbestimmt und hängt, da er jedenfalls nur negativ ist, von dem positiven Inhalte der streitigen Gerichtsbarkeit ab. Sicher giebt es im Strafrecht keine Gerichtsbarkeit außerhalb des Prozesses, ebenso sicher, beschränkt sich die Verwaltungsgerichtsbarkeit ebenfalls auf das verwaltungsgerichtliche Prozeßverfahren, außerhalb des Prozesses hat weder der Strafrichter noch der Verwaltungsrichter irgend welche Thätigkeit zu entwickeln. Von nichtstreitiger Gerichtsbarkeit kann daher in der Regel nur beim ordentlichen Civilgericht geredet werden . . das darf aber nicht zu einer zu engen Auffassung des Gebiets der nichtstreitigen Rechtspflege führen. Sowohl die Strafthat wie ein Rechtsverhältnis des öffentlichen Rechts kann auch Gegenstand privatrechtlicher Gerichtsbarkeit sein, insofern fast jede Strafthat und fast jedes öffentlich-rechtliche Rechtsverhältnis sich als juristische Thatsache, als ein Grund privatrechtlicher Aussprüche darstellen kann. Insofern hat denn auch die privatrechtliche Gerichtsbarkeit sich mit ihnen zweifellos zu beschäftigen. Um so weniger Grund liegt vor, sie von der nichtstreitigen Rechtspflege, zumal von der Urkundsthätigkeit auszuschließen. Einmal würde dies seltsam erscheinen vom Standpunkt der positiven Gesetzgebung in Hinsicht der streitigen Gerichtsbarkeit. Nach dem geltenden D. Gerichtsverf.Ges. § 17 sind die ordentlichen Gerichte Richter über ihre eigene Zuständigkeit und entscheiden über die Zulässigkeit des Rechtsweges. Das Bayr. Gerichts-Verf.Ges. v. 10. Nov. 1861 aber, dessen Standpunkt für die Auffassung des § 11 d. Ges. zunächst maßgebend ist, hat ebenso wie seine Vorläufer von 1848 und 1850 nichts weniger gethan als die Scheidegrenze zwischen civiler Gerichtsbarkeit in privaten — und in öffentlichen Sachen festzustellen, und nur das Gesetz vom gleichen Tage über die Einführung des Strafgesetzbuches hat in Art. 37 eine einschlägige Bestimmung getroffen, indem es die durch § 88 der Instr. v. 24. Sept. 1808 den Polizeibehörden zugewiesenen Streitigkeiten „soweit es sich um Civilrechtsfragen handelt" den Civilgerichten zutheilt. Noch viel weniger hat sich jene Gesetzgebung damit befaßt oder vielmehr sie hat es vermieden, das Gebiet der nicht-streitigen Gerichtsbarkeit abzugrenzen. Andererseits aber würde es der ganzen Tendenz des Gesetzes, durch Einführung einer allgemeinen öffentlichen Urkundsbehörde dem Bedürfnisse des Publikums abzuhelfen, wenig entsprechen, wenn man die Beurkundung juristischer Thatsachen, da wo sie den Betheiligten ein Bedürfnis ist, deswegen von der notariellen Zuständigkeit ausschließen wollte, weil diese Thatsachen nicht unmittelbar ein Privatrechtsverhältnis begründen, aufheben oder verändern, sondern zunächst für Verhältnisse des öffentlichen Rechts in Betracht kommen. Eine solche Annahme wäre um so unbegründeter, als dann in der That die öffentliche Beurkundung solcher Thatsachen — in Ermangelung eines zuständigen Beamten — unmöglich wäre. Es wäre ganz unverständlich, daß das Gesetz die notarielle Beurkundung hätte ausschließen wollen, z. B. für das Gesuch um Aufnahme in den Staatsverband oder um Naturalisation: eine Erklärung, die freilich zunächst sich lediglich auf ein öffentlich-rechtliches Verhältnis bezieht, welches aber die unmittelbare Voraussetzung privatrechtlicher Verhältnisse bildet. Weshalb die Beurkundung solcher Thatsachen, da doch z. B. die Staatsangehörigkeit selbst in einem ordentlichen Civilprozesse Gegenstand der gerichtlichen Entscheidung sehr wohl werden kann, nicht in das Gebiet der nichtstreitigen Rechtspflege und deshalb in den Wirkungskreis der Notare fallen sollte, ist absolut unerfindlich. Auch ein einfacher praktischer Gesichtspunkt spricht dagegen, in dieser Richtung die notarielle Urkundsthätigkeit einengen zu wollen. Juristischen Thatsachen ist es oft gar nicht nachzusehen, in Bezug auf welche Rechtsverhältnisse sie erheblich sind; soll dem Notar nun zugemuthet werden, in jedem einzelnen Falle nachzuforschen, für welches Privatrechtsverhältnis sie bedeutsam werden könnten, wenn ihre juristische Relevanz außer Frage steht? Gesetzt z. B. eine Person wünscht den Inhalt einer ihr übersandten Kiste festgestellt zu sehen. Die Person hat die Absicht, den Absender daraufhin wegen Betruges zu belangen, nimmt aber Anstand das Nähere auseinanderzusetzen. Sollte der Notar sich weigern dürfen, eine solche Verhandlung aufzunehmen, weil sie „einen den Gegenstand strafrechtlichen Verfahrens bildenden Vorfall" betreffen. Sicherlich nicht. Das würde gegen die Art. 43, 45 d. Ges. verstoßen. Nach § 94 der Instr. soll es dem Notar sogar nicht einmal obliegen, von dem Inhalte einer Schrift Kenntnis zu nehmen, deren Unterschrift er beglaubigen soll.

Es ist deshalb auch nicht zu billigen, wenn der Ausdruck „Rechtsverhältnisse“ im zweiten Absatze Nr. 1 auf Privatrechtsverhältnisse eingeengt wird, „weil die nichtstreitige Gerichtsbarkeit nur solche umfasse“ (Rehm, Anm. 5 zu Art. 11) Enderlein zu Art. 11, Anm. 1b, v. Zink a. a. O. S. 404. Erstens ist das wie gesagt nicht der Fall, und zweitens sagt der Text nun einmal „Rechtsverhältnisse“ nicht „Privatverhältnisse“, was nach jener Auffassung nur geschehen sein könnte, um einen Pleonasmus zu vermeiden. Also nicht der Umstand, ob die zu beurkundende Thatsache sich auf ein so oder so geartetes Rechtsverhältnis bezieht, ist maßgebend für die Frage, ob die Beurkundung in das Gebiet der nichtstreitigen Gerichtsbarkeit falle, sondern vielmehr ist entscheidend, ob die Beurkundung selbst einen Akt prozessualischer Thätigkeit darstellt oder nicht. Deshalb liegen Zeugenvernehmungen über den Prozeßgegenstand im Civil- oder Strafprozeß, im Ermittelungs- oder im Hauptverfahren, im schwebenden Prozeß oder zur Sicherung des Beweises außerhalb der notariellen Kompetenz, weil solche Beweisaufnahmen Theile des Prozesses und deshalb Geschäfte der streitigen Gerichtsbarkeit sind (C.P.O. § 447), und es ist ganz einerlei ob sie über Verhältnisse des öffentlichen Rechts oder über Privatrechtsverhältnisse vorgenommen werden. Aus demselben Grunde sind Zeugenvernehmungen — wiederum einerlei ob sie über Thatsachen in Privat oder öffentlichen Rechtsverhältnissen vernommen werden — den Notaren dann gestattet, wenn sie dazu dienen sollen, um den Gerichten über irgend welche Umstände die erforderliche „Bescheinigung“ zu liefern, welche das Gericht nicht etwa selbst zu beschaffen hat, sondern sich prozeßordnungsmäßig liefern lassen soll. (Art. 82³ d. Ges.) Dieser Unterschied ist festzuhalten, wenn man zu einer sicheren Grundlage für den notariellen Wirkungskreis gelangen will.

Insoweit ist auch der im Erk. des O.H.G. v. 27./4. 68 (Just.M.Bl. S. 89, Stenglein VII. 346, Not.Ztschr. V. 148) ausgesprochenen Auffassung entgegenzutreten, welches in Betreff notariell aufgenommener Sachverständigen-Gutachten, die einer an die Regierung gerichteten Beschwerdeschrift in einer Administrativsache beigelegt waren, zunächst sich sehr richtig dahin ausspricht: „Wenn der Wirkungskreis der Notare nach Art. 11 Abs. 1 d. Ges. die Geschäfte der nichtstreitigen Rechtspflege umfaßt, so wollte damit vorzugsweise nur eine leicht erkennbare Grenzlinie in ihrer Stellung gegenüber den Gerichten gezogen werden, und wenn nach Abs. 2 Ziff. 1 die Notare innerhalb jenes Wirkungskreises unter Anderem auch alle auf Rechtsverhältnisse sich beziehenden Erklärungen und Thatsachen zu bekunden haben, so darf das hier im Auge geführte Rechtsverhältnis darum noch nicht ängstlich auf den verengten Kreis des Privatrechts zurückgeführt werden“, dann aber fortfährt: „Wesentlich entscheidend für das Harmlose einer solchen Amtshandlung ist der Umstand, daß durch die Aufnahme des Notars dem Gutachten der von der Partei vorgeschobenen Sachverständigen nicht ein den Gang der Verwaltung beirrendes Ansehen verliehen wird, wie durch die Aufnahme eines Vertrags über eine dem öffentlichen Rechte angehörende Befugnis, sondern daß bloß die Thatsache, daß jene Sachverständigen sich in der aufgenommenen Weise äußerten, urkundlich festgehalten werden wollte, ohne damit Jemand die geringste Nöthigung aufzuerlegen oder nur einen verstärkten Antrieb zu geben, auf jene verlautbarte Meinung und die Art ihrer Erhebung auch ein Gewicht zu legen.“

Dieser Umstand kann doch wohl nicht entscheidend sein für die Feststellung der Kompetenzgrenze, denn abgesehen davon, daß die Beilegung der Sachverständigen-Gutachten gar keinen anderen Zweck haben konnte, als den, der Beschwerdeschrift größeres Gewicht zu verleihen und der Regierung „einen verstärkten Antrieb zu geben“, kann die Gesetzgebung unmöglich jene Feststellung von der Absicht der Betheiligten abhängen lassen. Andererseits scheint das Erkenntnis selbst doch sehr an dem verengten Kreis des Privatrechtes zu hängen, indem es offenbar „die Aufnahme eines Vertrages über eine dem öffentlichen Rechte angehörende Befugnis“ außerhalb des notariellen Wirkungskreises stellen will, und zwar weil sie „ein den Gang der Verwaltung beirrendes Ansehen“ gewinne. Das ist nicht wohl verständlich, entscheidend kann nur sein, wie Eingangs sehr treffend bemerkt wurde, ob in die streitige Verwaltungsgerichtsbarkeit durch Aufnahme eines solchen Vertrages eingegriffen wird. Das ist aber nicht der Fall, weil diese absolut außerhalb des Prozesses liegt und auch

Innerhalb dieses Wirkungskreises haben die Notare: [4])

---

dann, wenn die Befugnis selbst geradezu Gegenstand des Prozesses wäre, dem Verwaltungsgerichte — abgesehen vom Vergleiche — die Befugnis zur Aufnahme eines solchen Vertrages, überhaupt freiwillige Gerichtsbarkeit nicht innewohnt. Wo aber schließt das Gesetz die Aufnahme von Verträgen deswegen von der notariellen Kompetenz aus, weil sie sich auf öffentlichrechtliche Befugnisse beziehen? Würde aus einem solchen Vertrage geklagt, so könnte das ordentliche Civilgericht angegangen werden; warum nicht, da es sich um einen Akt nichtstreitiger Gerichtsbarkeit, um Vertrags-Aufnahme handelt, der hierfür allein zuständige Notar? Und wenn nicht der Notar, wer dann? Sollte es unmöglich sein, solche Verträge öffentlich beurkunden zu lassen? Die notarielle Kompetenz für Aufnahme von Verzichten auf persönliche Gewerbekonzession zu Gunsten Anderer ist übrigens ausdrücklich anerkannt (7./7. 65. Enderlein, S. 8 Anm. d). Ein Vertrag unter Privatpersonen, er mag zum Gegenstande haben was er will, wenn er nicht nichtig ist, begründet immer Privatrechtsverhältnisse. Bedenklich und inkonseqent aber erscheint dann der folgende Satz: „Die Aufnahme von Zeugenverhören und die Erhebung von Gutachten der Sachverständigen im Civilprozesse gehört auch zur Kompetenz der Civilgerichte, und dennoch trug die Geb.O. für Notare in Art. 13 (jetzt 17) kein Bedenken, die Aufnahme von Zeugenaussagen und die Gutachten Sachverständiger zu den Geschäften zu zählen, wofür den Notaren die Mühe .... vergütet wird."

Wenn damit gesagt sein soll, daß, weil die Not.Geb.O. solche Geschäfte aufzählt, die Notare auch Zeugen- und Sachverständigen-Vernehmungen im Civilprozesse oder auch nur außerhalb desselben zum ewigen Gedächtnisse vornehmen könnten, so muß das, wie gesagt, entschieden bestritten werden.

Wenn übrigens durch den Ausdruck „Geschäfte der nichtstreitigen Rechtspflege" in Absatz 1 „eine leicht erkennbare Grenzlinie gegenüber den Gerichten" gezogen werden sollte, was auch durch Art. 12 d. Ges. bestätigt wird, so ist diese Richtung der Vorschrift doch immerhin nur eine vorzugsweise. In jener Richtung: gegenüber den Gerichten ist die sicherste Probe für die notarielle Zuständigkeit die Frage, ob das beurkundete Rechtsverhältnis bezw. dasjenige, auf welches die beurkundete Thatsache sich bezieht, vor dem ordentlichen Civilgericht zur Beurtheilung gebracht werden kann. Ist diese Frage zu bejahen, so ist der Notar gewiß auf dem Gebiete der nichtstreitigen Rechtspflege thätig gewesen. Aber es kann sich um Beurkundungen handeln, die gar nicht Verhältnisse von Privatpersonen betreffen, Verhältnisse, welche lediglich dem öffentlichen Leben angehören und keine, auch keine privatrechtlichen Ansprüche zu begründen geeignet sind, deshalb also außerhalb aller Gerichtsbarkeit liegen. Dahin gehört z. B. die Aufnahme des Wahl-Protokolls bei einer öffentlichen Wahl. Sie könnte nicht auf Grund des Art. 11, sondern lediglich auf Grund positiver Vorschrift, wie in Baden den Notaren, zustehen, wie überhaupt jede Thätigkeit, die außerhalb ihres Wirkungskreises, d. h. außerhalb des Gebietes der nichtstreitigen Gerichtsbarkeit liegt.

IV. In der That hat auch die Bayerische Gesetzgebung solche positive Vorschriften. Die Notare sind nemlich im Gebiete der streitigen Rechtspflege zugelassen zur Aufnahme von Prozeßvergleichen, Art. 21 d. Ges. zur Zwangsversteigerung von Liegenschaften nach d. Subhast.O. cit. und von Faustpfändern im Werthe von über 1000 Mk. nach Art. 24 u. 76[a] des Ausf.Ges. z. C.P.O. cit. — Sie sind ferner zu Finanzverwaltungsgeschäften herangezogen nach Art. 105 d. Not.Ges., § 21 d. Ges. über die Wechselstempelsteuer v. 10. Juni 1869, Art. 30 d. Ges. über die Erbschaftssteuer v. 18. Aug. 1879, sowie nach dem Ges. über Kapitalrentensteuer, Art. 15, 24 u. 36 und über Einkommensteuer, Art. 28 v. 19. Mai 1881.

[4]) Der zweite Absatz ist eine offenbare Nachbildung von Art. 1 des Ventôse-Gesetzes und drückt nicht bloß eine Zuständigkeit sondern auch die Amtspflicht der Notare aus. Vgl. Art. 43. Die Grenzen dieser Amtspflicht sind durch die Artt. 9 Abs. 3, 43 Abs. 2, 45, 47 gesteckt, und wenn der Notar sich weigert, „die von ihm verlangte Beurkundung vorzunehmen, so findet hiergegen Beschwerde zum Landgerichte statt": Art. 50. Wenn Zink sagt (vgl. Enderlein, Anm. f. z. Art. 11), die Notare seien dazu berufen, jeden Thatumstand zu beurkunden, den Jemand im Interesse habe feststellen zu lassen, „wenn nur nicht in die Ehre oder die grund-

1) alle auf Rechtsverhältnisse sich beziehenden Erklärungen, Verhandlungen, Verträge und Thatsachen zu beurkunden,[5]) über welche entweder nach

---

haltigen Interessen dritter Personen eingegriffen wird", so klingt das zwar recht schön, ist aber in den Gesetzen nicht begründet. Eingriff in fremde Ehre und Interessen dispensiren den Notar nur, wenn er dadurch „gegen ein Strafgesetz, gegen die öffentliche Ordnung oder gegen die guten Sitten verstößt", d. h. er hat sich unbedingt als Ehrenmann zu verhalten, aber trotzdem oder deswegen gerade kann er verpflichtet sein, in fremde Ehre und Interessen eingreifende Thatsachen zu beurkunden.

Die Urkundsthätigkeit ist eine alle juristischen Thatsachen umfassende, so daß die bis dahin landesgesetzlich innerhalb dieses Wirkungskreises anderen Behörden zugewiesene Urkundsthätigkeit unbedingt insoweit beseitigt ist, insbesondere also auch gerichtliche Testamente, ... gerichtliche Insinuation, übermäßiger Schenkungen (vgl. Roth Bayr. Civ.R. B. III. S. 347 ff., 496 Anm. 54). Im Einzelnen sind die in der Gebühren-Ordnung aufgezählten Geschäfte zu vergleichen. Insbesondere gehört dahin auch die Beglaubigung von Unterschriften. Instr. §§ 92 ff. verlangt hierbei die Aufnahme einer regelmäßigen Urkunde. Die Frage, ob dies durch C.P.O. § 76 beseitigt ist, wird durchweg bejaht; vgl. Enderlein S. 16 η.

Die Grundlage des ganzen Notariats-Amtes ist die Beurkundung zu öffentlichem Glauben (Nr. 1); an diese Thätigkeit schließen sich nach dem französ. Vorbilde die anderen Nummern accessorisch an. Dabei ist jenes Vorbild so maßgebend gewesen, daß eine Reihe anderer ebenfalls accessorischer Thätigkeiten hier ganz übergegangen ist, z. B. die Belehrung nach Art. 20, die Zustellung und Ladung nach Art. 23, 24, das Ersuchen an die Post um Zustellung (V. v. 15. Sept. 1879 § 3), die Uebersendung der Urschrift an das Gericht und die Aufnahme des Gerichtsbeschlusses in die Ausfertigung nach Art. 13 d. Ges., die Benachrichtigung des Gerichts nach Art. 27 d. Ges.

Außer der Beurkundung und jenen damit verbundenen Nebengeschäften sind hervorzuheben: freiwillige Versteigerungen: Art. 18 d. Ges.; Empfangnahme, Aufbewahrung und Ablieferung von Geldern und geldwerthen Papieren (Art. 36 d. Ges., Art. 3 u. 4 der Geb.O.), Geschäfte, welche ebenso wohl im notariellen, wie im gerichtlichen Wirkungskreise (Abs. 1) vorkommen können.

Dagegen sind die Notare nicht für zuständig erachtet zur Eidesabnahme (Enderlein, S. 111 Anm. 6; vgl. aber Not.Ztschr. II. S. 220, wegen der Abnahme von Offenbarungseiden in Verlassenschaftssachen s. Anm. 31 zu Art. 29 u. U. des O.G.H. Slg. X. 655. Bl. f. R.A. Erg.B. V. 65, A.G. z. C.P.O. Art. 85). Der Just.Min. hat aber in einer autogr. J.M.E. v. 4. Mai 1864 rescribirt, „es unterliegt keinem Bedenken, daß die Notare befugt sind, Handgelübde abzunehmen, wenn eine solche feierliche Bekräftigung einer Versicherung, eines Versprechens oder Verzichtes bei Rechtsgeschäften, deren Beurkundung im Wirkungskreise der Notare liegt, durch die zur Anwendung kommenden Gesetze vorgeschrieben ist oder nach dem Willen der Betheiligten stattfinden soll. Es besteht keine gesetzliche Bestimmung, vermöge welcher in solchen Fällen, obwohl die Befugnis zur Beurkundung des Rechtsgeschäfts auf die Notare übergegangen ist, die hierbei nothwendige Abnahme eines Handgelübdes den Gerichten vorbehalten geblieben wäre; es handelt sich nicht um einen Akt richterlicher Prüfung oder Bestätigung, und ebensowenig übt der Notar hierbei eine ihm nicht zustehende Amtsgewalt aus, da sich seine Aufgabe darauf beschränkt, die freiwillig, in feierlicher Form gegebene Versicherung u. s. w. entgegenzunehmen und daß dieses geschehen zu beurkunden". Vgl. Bl. f. R.A. XXXV. 183, autogr. Min.E. v. 29. 8. 1870. — Wegen der Erinnerung der Abschätzer an ihren Eid vgl. Bl. f. R.A. XLIII. 33, Not.Ztg. VII. 45.

[5]) Zu beurkunden, d. h. nicht bloß „als vor ihnen geschehen oder durch sie wahrgenommen" (Rehm a. a. O. S. 9, Zink, Enderlein S. 9 Anm. 7), sondern zum Zwecke amtlicher Beurkundung vor ihnen geschehen oder durch sie wahrgenommen, sonst wären die Notare in der That nur privilegirte Zeugen, wie Zink sie nennt (Enderlein a. a. O.). Der Notar hat nicht etwa auch die Befugnis, auf Verlangen aus seinem Gedächtnisse vor ihm geschehene oder durch ihn wahrgenommene Thatsachen mit der Wirkung öffentlicher Beurkundung, festzustellen, selbst dann nicht, wenn er zwar zum Zwecke der Wahrnehmung zugezogen wäre, aber nur als Privat-

gesetzlicher Vorschrift,[6]) oder nach dem Willen der Betheiligten[7]) eine

---

person (vgl. Art. 11¹ und Art. 43, 45). Im Uebrigen ist es, wenn der Notar zum Zwecke amtlicher Beurkundung zugezogen war, Frage des Falls, wie viel Zeit zwischen Wahrnehmung und Beurkundung verstreichen darf, um die letztere als in continenti erfolgt anzusehen. Grundsätzlich aber ist als unbedingte Garantie jedes Notariatsaktes zu verlangen, daß Wahrnehmung und Beurkundung einen Akt bilden (vgl. Bd. I. S. 10).

[6]) Reichsgesetzliche Vorschriften s. Bd. I. S. 54; von landesgesetzlichen Vorschriften vgl. Hyp.Ges. § 15.

[7]) Von „Betheiligten" spricht das Gesetz verschiedentlich, meist ohne weiteren Zusatz wie hier so in den Art. 36, 43–56, 51—53, 55—58, 62, 63, 65—67, 71, 74, 75, 82, 90, 93, 149 d. Ges., zuweilen aber auch mit einem Zusatze, wie in Art. 47: „bei der Verhandlung betheiligt", oder in Art. 54: „bei dem Geschäfte betheiligt", oder in Art. 59: „bei der Errichtung einer Notariatsurkunde betheiligt". Der Ausdruck ist offenbar die Uebersetzung des französischen „parties" des Ventôse-Gesetzes, (in den Artt 1, 8, 13 ff., 18 entsprechend den Artt. 11, 47, 63 ff., 18 des Ges.), welches in Art. 10 Abs. 2 (entsprechend Art. 54 d. Ges.) parties contractantes, und in Art. 23 (entsprechend Art. 93, vgl. Rhein. Not.O. Art. 43), personnes interessées au nom direct, héritiers ou ayant droit sagt und damit die Verschiedenheit der Meinung seinerseits bestätigt. Offenbar bildet zunächst die Betheiligung bei der Verhandlung, bei der Errichtung der Urkunde (Art. 59, 47) und die Betheiligung bei dem (beurkundeten) Geschäfte (Art. 54) einen Gegensatz, der da, wo das Gesetz nur von „Betheiligten" spricht, zu berücksichtigen ist; allein damit ist die Schwierigkeit des Verständnisses dieses Ausdruckes nicht ganz gehoben. Von vornherein ist festzustellen, daß das Gesetz unter „Betheiligten", auch unter den „bei Errichtung der Urkunde", „bei der Verhandlung" Betheiligten keineswegs alle Personen versteht, die an der Aufnahme der Urkunde thatsächlich theilnehmen. Insbesondere stellt es zu den „Betheiligten" in entschiedenem Gegensatz zunächst den instrumentirenden Notar selbst (vgl. z. B. Artt. 45 ff.), ferner die Zeugen, Vertrauenspersonen, Auskunftspersonen Art. 63 Nr. 1, 2 und 3), ebensowenig gilt der bei einer Versteigerung zugerufene Ausrufer als Betheiligter (Not.Zeitschr. III 384), dagegen hat man, m. E. mit Unrecht, bei einer Inventur die Schätzleute für Betheiligte erklärt (U. 8./7. 67, Stenglein VII. 219, Enderlein 218c), die wie jene anderen Personen nichts weiter als urkundliches Hülfspersonal des Notars sind. „Betheiligte", „parties", im Sinne des Gesetzes sind unter allen Umständer nur Personen, die ein rechtliches Interesse zur Sache haben. Nur solche also kommen als bei Errichtung der Urkunde Betheiligte in Betracht; nur materiell Betheiligte können formell betheiligt sein. Nun sind aber nicht alle Personen, die ein rechtliches Interesse zur Sache haben, immer Betheiligte im Sinne des Gesetzes. Darin liegt die Schwierigkeit. Nach dem Gesetze ist nemlich zu unterscheiden zwischen

a) „Betheiligten" im weitesten Sinne, welche überhaupt ein rechtliches Interesse an der Aufnahme der Urkunde haben, möge deren Inhalt ein Rechtsgeschäft betreffen oder nicht. In diesem Sinne ist der Ausdruck gebraucht hier und in den Artt. 43, 44 d. Ges., wo es sich um die Voraussetzung, den Notar in Anspruch zu nehmen, handelt. Jeder, der ein rechtliches Interesse an der notariellen Beurkundung einer Thatsache u. s. w. dem Notar gegenüber geltend macht, ist Betheiligter in dem Sinne, daß er seinen Dienst mit Erfolg beanspruchen kann, zutreffenden Falles natürlich weiter vorausgesetzt, daß der Requirent derartig über den Gegenstand der Beurkundung verfügt, daß weder irgend ein Zwang noch ein Eingriff in fremde Rechte zur Vornahme der Beurkundung erforderlich ist. Demnach ist „Betheiligter" z. B. derjenige Dritte, der ein rechtliches Interesse daran hat, daß A. dem B. ein Kaufangebot macht und der Notar wird ihm seinen Dienst nicht verweigern können, wenn jener ihn ersucht, die Thatsache dieses Angebots (z. B. durch Telegramm) zu beurkunden. In diesem Sinne ist also nicht erforderlich eine Betheiligung durch urkundliche Abgabe einer Erklärung, sondern ist der Auftraggeber stets „Betheiligter", wie nur ein Betheiligter Auftraggeber sein kann (Art. 43), auch ohne daß er sich irgendwie bei Errichtung der Urkunde betheiligt.

b) Im engeren Sinne sind Betheiligte diejenigen Personen, welche an dem be-

öffentliche Urkunde zu errichten ist,[8])
2) die Urschriften aufzubewahren,[9])
3) Ausfertigungen und Abschriften zu ertheilen,[10])
4) den Ausfertigungen die Vollziehbarkeitsklausel beizufügen.[11])

Auch steht es bei den nach Artikel 18 des Gesetzes vom 10. November 1861, die Gerichtsverfassung betr., den Gerichten vorbehaltenen Rechtsgeschäften den Betheiligten frei, ihre desfallsigen Erklärungen durch einen Notar aufnehmen zu lassen.[12]) Haben solche Erklärungen Bestandtheile ge-

---

urkundeten Geschäfte zufolge der rechtlichen Natur und dem rechtlichen nothwendigen Inhalte desselben betheiligt sind.

Unter diesen Betheiligten ist wieder zu unterscheiden 1) ob sie mitwirken müssen, damit das Geschäft rechtsbeständig vorgenommen werde oder 2) ob nicht. Darüber entscheidet aber lediglich das einschlägige Civilrecht.

Z. B. bei dem Verkauf eines ideellen Antheils durch einen Miteigenthümer an einen Dritten sind die anderen Miteigenthümer keine „Betheiligte" im Sinne des Gesetzes, sosehr der Tausch auch thatsächlich das Verhältnis beeinflussen mag, insofern der Verkäufer nach dem betreffenden Civilrechte ihrer Zustimmung nicht bedarf; sie würden nothwendig „Betheiligte" sein, wenn ihr Miteigenthümer Dritten etwa eine Servitut an dem Grundstücke bestellen wollte. Ferner: der Makler, dem in dem von ihm vermittelten beurkundeten Vertrage seinen Geschäftsverdienst von den Kontrahenten ausbedungen wird, ist zweifellos „Betheiligter" im Sinne a, ohne daß er Betheiligter im Sinne b zu sein braucht, wenn nach dem einschlägigen Rechte seine Annahme-Erklärung zu der zu seinen Gunsten abgegebenen Vertragsbestimmung nicht erforderlich ist. Ebenso ist es beim Cessionar, Schenknehmer u. a. nach der Natur des lukrativen Rechtsgeschäfts lediglich bereicherten Person, insofern nach dem einschlägigen Civilrechte eine Annahme der einseitig verpflichtenden Willenserklärung nicht erforderlich ist. Der Unterschied ist der, daß im ersten Falle (b [1]) der Notar derartig Betheiligte zuziehen muß, um das Geschäft rechtswirksam aufzunehmen, sei es nun gerade zu einer und derselben Urkunde oder zu einer späteren, im zweiten Falle (b [2]) aber aus der Nichtzuziehung dem Notar kein Vorwurf erwachsen kann.

Wenn ferner derartige im Sinne von a) zweifellos Betheiligte an der Errichtung der Urkunde thatsächlich theilnehmen, sei es als Requirenten oder nicht, so sind sie im Rechtssinne des Gesetzes doch nicht bei der Errichtung der Urkunde „Betheiligte", sondern nur überflüssig Anwesende und Art. 62 Abs. 1 z. B. würde daher auf sie nicht anwendbar sein, während Art. 46 ohne Frage Platz greifen würde.

Aus dem Gesagten ergiebt sich, daß weder alle diejenigen Personen, welche an der Aufnahme einer Notariatsurkunde ein rechtliches Interesse haben, immer „Betheiligte" sind, noch daß alle diejenigen Interessenten, welche thatsächlich an der Aufnahme einer Notariatsurkunde theilnehmen, immer an der Urkundserrichtung „Betheiligte" sind. Welche Bedeutung in den einzelnen Artikeln der Ausdruck hat, ist bei diesen zu erörtern.

[8]) Zu errichten ist, also auch der Wille der Betheiligten ist zwingend, vorbehaltlich der durch das Gesetz gestatteten Ausnahmen; vgl. Anm. 4. Betheiligt aber sind nach konstanter Gerichtsauffassung nur die Urkundsbetheiligten — jedoch nicht Zeugen — (vgl. Art. 45, 62, 66, 74 ff. u. a.), im Gegensatze zu Geschäftsbetheiligten, d. h. etwaigen Interessenten, die sich bei der Aufnahme der Urkunde nicht betheiligt haben. U. O.G.H. v. 13. 10. 1876, Not.Ztg. VI S. 370, Enderlein S. 151, E. d. Bez.Ger. v. 30. Sept. 1867 Not.Ztschr. IV S. 305, Enderlein S. 105. Im Sinne der Artt. 45, 66, 74 d. Ges. ist dies zweifellos, s. aber auch Artt. 82 90—93 d. Ges.

[9]) Vgl. Artt. 82, 42; 100 ff. d. Ges. Instr. §§ 48 ff.

[10]) Vgl. Artt. 84, 87, 90, 92 Absatz 1, 151 152 d. Ges. Instr. §§ 55 ff., 59 ff.

[11]) Vgl. Art. 80 des Ges., Art. 130 ff. des Ausf.Ges. zur R.C.P.O., Instr. §§ 53 ff, 64.

[12]) Vgl. oben S. 26 ff. Bei diesem dritten Absatze ist die obige Würdigung des Citats des Art. 18 cit. von ganz besonderer Tragweite. Nach derselben haben die Betheiligten in allen in den gerichtlichen Wirkungskreis fallenden Sachen, nicht bloß

richlicher Acten zu bilden, so hat sie der Notar, und zwar, wenn die Notariatsurkunde nichts Weiteres enthält, in Urschrift, andern Falls in be-

in den durch Art. 18 cit. bezw. Art. 15 d. Ausf.Ges. z. R.G.V.G. den „Stadt- und Landgerichten", jetzt Amtsgerichten zugewiesenen, die Wahl, ihre rechtsgeschäftlichen Erklärungen vor Gericht oder vor Notar beurkunden zu lassen. Nach der Enderlein-Stahlschen Auffassung — der letztere setzt hier wieder statt Art. 18 cit. den Art. 15 cit. geradezu in den Text — würde ihnen solche Wahl nur zustehen bei amtsgerichtlichen Geschäften der freiwilligen Gerichtsbarkeit, und würden die Notare also von der Aufnahme solcher Erkärungen in Familienfideikommiß-, in standesherrlichen Vormundschafts- und Verlassenschaftssachen, im Depositenwesen und in Handelssachen ausgeschlossen sein. Es verdient hervorgehoben zu werden, daß auch die Instruktion in den §§ 62 ff. den an den engen Wortlaut sich anschließenden Stahl-Enderleinschen Standpunkt zu theilen scheint, indem sie nur von einer Uebersendung der betr. Urkunden an die (Stadt- und Landgerichte, jetzt) Amtsgerichte spricht und mit keiner Silbe die Möglichkeit einer Uebersendung an die Bezirks- und Appellations-, jetzt Land- und Oberlandesgerichte andeutet.

Aber auch in diesem dritten Absatze zeigt sich wieder noch weitere Ungenauigkeit der Fassung, denn die Wahl der Urkundsbehörde ist auch bei den nach Art. 18 den Gerichten vorbehaltenen Rechtsgeschäften den Betheiligten in Wahrheit nicht allgemein überlassen, wie nach dem Texte anzunehmen, sondern nur, insoweit nicht die Beurkundung gewisser Rechtsgeschäfte der in den gerichtlichen Wirkungskreis fallenden nichtstreitigen Rechtspflege den Notaren ausschließlich zugewiesen ist; vgl. Art. 12, 14, 18, 19 d. Ges.

Wenn nun, davon abgesehen, dieser dritte Absatz den Notaren die Beurkundung der „desfallsigen Erklärungen" bei den nach Art. 18 cit. den Gerichten vorbehaltenen Rechtsgeschäften gestattet, so beschränkt sich das nach dem Wortlaut nicht bloß auf diejenigen Willenserklärungen, welche das fragliche Rechtsgeschäft ausmachen, sondern umfaßt alle dabei vorkommenden Erklärungen jeder Art, aber, unterschiedlich von Absatz 2, keine anderen Thatsachen. Jedoch ist auch dieser Unterschied durch andere positive Vorschriften für das praktische Leben thatsächlich aufgehoben, so bezüglich der Inventarisation durch Art. 19 und 30 Absatz 2 d. Ges., bezüglich der Beschaffenheit letztwilliger Verfügungen durch Art. 25, 26, 61[3], bezüglich der Ausantwortung von Verlassenschaften, durch Art. 30 Absatz 1 Nr. 2 des Ges. u. a. (vgl. z. B. Instr. § 99). Des weiteren hat aber die Zuständigkeit der Notare in Verlassenschaftssachen durch die Art. 28, 29—35 und 51 eine solche Ausdehnungsfähigkeit erfahren, daß der Vorbehalt der gerichtlichen Zuständigkeit in diesen Sachen geradezu grund- und gegenstandslos erscheint, und es mehr den Thatsachen entspräche, wenn sie nicht als dem notariellen Wirkungskreise vorenthalten bezeichnet wären. Was übrigens von den Verlassenschaften im Allgemeinen gesagt ist, gilt insbesondere auch von den standesherrlichen Verlassenschaften (Art. 76 Absatz 3 des Ger.Verf.Ges. v. 1861, Art. 81 d. A.G. z. Ger.Verf.Ges.), sofern von der Befugnis domänenkanzleilicher Beurkundung nicht Gebrauch gemacht wird.

Endlich ist als weitere Ergänzung dieses dritten Absatzes Art. 51 heranzuziehen, welcher den Amtsgerichten allgemein die Befugnis einräumt, die Notare mit Verhandlungen der freiwilligen Rechtspflege ganz oder theilweise zu beauftragen.

Die notarielle Kompetenz in dem gerichtlichen Wirkungskreise freiwilliger Gerichtsbarkeit — außer für Prozeßvergleiche (Art. 21) — begreift also in sich

a) eine allgemein konkurrirende Urkundsthätigkeit in Bezug auf alle Erklärungen der Betheiligten, sofern nicht die Notare für solche ausschließlich kompetent erklärt sind,

b) eine ausschließliche Urkundsthätigkeit

1) im Hypotheken- und Grundbuchwesen 2c. für die Beurkundung bezüglicher Verträge und Schuldbekenntnisse (Art. 12 Abs. 2 d. Ges.),

2) im Vormundschafts- und Kuratelwesen für die Beurkundung von Verträgen Minderjähriger 2c. (Art. 12 Abs. 1 d. Ges.),

3) bei Verlassenschaften, zu deren Auseinandersetzung die Notare durch Privatwillen berufen werden, für jede Art von Beurkundung abgesehen von sonstiger Thätigkeit,

glaubigtem Auszuge dem betreffenden Gerichte oder Hypothekenamte zu übersenden.[13])

Art. 12.[1]) Die Beurkundung von Verträgen, bei welchen Minderjährige oder unter gerichtliche Curatel gestellte Personen betheiligt sind, ist unter den nach Artikel 11 Absatz 2 Ziffer 1 dem ausschließlichen Wirkungskreise der Notare zugewiesenen Geschäften der nicht streitigen Rechtspflege begriffen.[2])

---

4) allgemein
  a) für die Beurkundung aller Immobiliarverträge (Art. 14),
  b) für die Beurkundung aller Rechtsgeschäfte, welche bis dahin gerichtliche Aufnahme &c. erforderten (Art. 16),
  c) für die Beurkundung aller Rechtsgeschäfte, über welche eine ö. Urkunde errichtet werden soll (Art. 17),
c) abgesehen von Urkundsthätigkeit, allgemein
  1) Immobiliarversteigerungen,
  2) Inventarisationen, ferner
  3) Nachlaßregelungen im Falle des Art. 29 mit allen dabei den Gerichten zustehenden Befugnissen außer der diesen vorbehaltenen Prüfung u. s. w. (Anm. zu Art. 29, 30),
d) die den Notaren von den Gerichten übetragene Thätigkeit (Art. 51 ff.).

[1]) Vgl. Art. 12, 13, 15, 82 d. Ges.; §§ 62 ff., 67 ff., 89 d. Instr.

[2]) Vgl. Instr. Art. 81 ff. zu Abs. 1, 67 ff. zu Abs. 2, 62 ff. zu Abs. 3. Der Artikel 12 ist im Entwurf v. 1861 neu eingeschaltet und zwar in zwei Absätzen, deren erster die jetzigen drei Absätze zusammenfaßt, während der zweite Absatz aus dem jetzigen dritten Absatz des Art. 11 bestand.

Motive: „Die Errichtung von Verträgen, durch welche ein Eintrag im Hypothekenbuche bedingt ist, steht zwar mit dem Hypothekenwesen im Zusammenhange, kann jedoch als ein zum Hypothekenwesen gehöriges Geschäft nicht betrachtet werden und zwar auch dann nicht, wenn in dem Vertrage die Zustimmungserklärung zum Eintrage einer Hypothek, einer Besitzveränderung u. dgl. enthalten ist, auf welche hin nach Art. 15 d. Ges. sofort der Eintrag in das Hypothekenbuch erfolgen kann, ohne daß es einer weiteren Vernehmung des Betheiligten zum Hypothekenprotokolle bedarf... Die Beurkundung des Schuldbekenntnisses (obwohl bisher gelegentlich von den Hypothekenämtern bethätigt) ist offenbar ein Notariatsakt, nur der Eintrag der Hypothek und die Beurkundung hierüber fallen in den Wirkungskreis des Hypothekenamts, und es kann daher die Beurkundung von Schuldbekenntnissen, in welchen zugleich dem Gläubiger für die Forderung Hypothek eingeräumt wird, sowenig als die Beurkundung von Verträgen, durch welche ein Eintrag im Hypothekenbuch bedingt ist, als ein zum Hypothekenwesen gehöriger, sowie den Gerichten vorbehaltener Gegenstand der nichtstreitigen Rechtspflege betrachtet werden." — „Uebrigens kann auch daraus, daß die Beurkundung der Schuldbekenntnisse, durch welche ein Eintrag im Hypothekenbuche bedingt ist, den Notaren zusteht, nicht gefolgert werden, daß in jedem Falle, wo über eine Schuld Hypothek bestellt wird, nothwendig eine Schuldurkunde (d. i. ein Schuldbrief) errichtet werden müsse; der § 115 des Hypothekengesetzes, wonach es den Betheiligten freisteht, über Einträge im Hypothekenbuche eine Ausfertigung zu verlangen oder nicht, bleibt hierdurch unberührt, und nur da, wo nach dem Willen der Betheiligten über eine hypothekarisch versicherte Schuld eine förmliche Schuldurkunde errichtet werden soll, wie dies bei derselben gewöhnlich der Fall ist, steht deren Errichtung dem Notare zu." — „Daß endlich die Beurkundung von Verträgen, bei welchen Minderjährige oder andere unter Kuratel gestellte Personen betheiligt sind, nicht als ein zum Vormundschaftswesen gehöriges Geschäft betrachtet werden könne... unterliegt gleichfalls keinem Zweifel, indem offenbar nur die obervormundschaftliche Genehmigung des Vertrags oder jener Vertragsbestimmungen, welche die beim Vertragsabschlüsse durch die Vormünder und Kuratoren vertretenen Minderjährigen und Kuranden betreffen, als Bestätigung des vormundschaftlichen Amtes erscheint."

Gleiches gilt[3]) bezüglich der Beurkundung von Verträgen und Schuldbekenntnissen, auf deren Grund ein Eintrag oder eine Vormerkung im Hypothekenbuche stattzufinden hat, oder eine Aenderung eines Eintrages vorzunehmen ist, oder durch welche die gänzliche oder theilweise Löschung eines Eintrages bedungen wird.[4])

Der Notar hat die von ihm aufgenommenen Urkunden der vorbezeichneten Art zum Zwecke des Vollzuges in Urschrift an das Hypothekenamt zu übersenden.[5])

Vgl. J.M.E. v. 26. Juli 1864 (J.M.Bl. S. 210, Not.Ztg. S. 251 betr. die Notariats-Urkunden, welche das Hypothekenwesen berühren und dem Verkehr der Notare mit den Hypothekenämtern, v. 24. März 1866 (Not.Ztg. S. 167), v. 10. Aug. 1866 (das. 284), zur Erläuterung des § 71 der Instr. J.M.E. v. 9. Aug. 1866 (J.M.Bl. S. 253, Not.Ztg. S. 284), über die Behandlung, insbesondere Reinhaltung der den Gerichten mitgetheilten Not.-Urkunden, J.M.E. v. 3. Nov. 1864 (J.M.Bl. S. 253, Not.Ztg. S. 352) u. v. 6. Mai 1865 (J.M.Bl. S. 66) über die Form des schriftl. Verkehrs der Gerichte mit den Notaren, J.M.E. v. 28. Nov. 1864 (J.M.Bl. S. 266, Not.Ztg. S. 15) dsgl. der Notare mit den Gerichten v. 24. März 1866 (Not.Ztg. S. 169) zu § 6 d. Instr.

[3]) Ausnahmen nach C.P.O. §§ 471 und 702 Nr. 1 und 2: Prozeßvergleiche. --- „Minderjährige oder unter gerichtlicher Kuratel stehende Personen" und zwar einerlei ob Bayer. oder Nichtbayrische Minderjährige, ob von Bayr. oder Nichtbayr. Gerichten unter Kuratel gestellte Personen (vgl. C.P.O. § 583 ff.). Uebrigens handelt es sich in Abs. 1 nur von Verträgen: einseitige Erklärungen, z. B. daß das Vorkaufsrecht nicht ausgeübt werden solle, sind dem Notariatsgesetze nicht unterworfen. Vorausgesetzt wird, daß „entweder nach gesetzlicher Vorschrift oder nach dem Willen der Betheiligten eine öffentliche Urkunde errichtet ist."

[4]) Vgl. Art. 14 d. Ges., welcher die allgemeine Vorschrift enthält, und Notariatszwang für den dinglichen Vertrag vorschreibt. Daß hier in Abs. 2 nur von solchen Urkunden die Rede ist, auf Grund deren ein Eintrag im Bayrischen Hypothekenbuche stattzufinden hat u. s. w., versteht sich von selbst. Vgl. Art. 15 d. Hyp.Ges. v. 1822: „Aus einem Vertrage kann der Gläubiger die Eintragung einer Hypothek nur alsdann verlangen, wenn sie in einer gültigen und wo es die Gesetze nach Verschiedenheit der Rechtsgeschäfte oder Personen fordern, öffentlichen Urkunde ausdrücklich bedungen wurde," und A.G. z. R.C.P.O. Art. 127: „Aus Hypothekenurkunden findet die Zwangsvollstreckung statt, wenn die Hypothek vertragsmäßig für einen Anspruch bestellt ist, welcher die Zahlung einer bestimmten Geldsumme zum Gegenstande hat und durch die Urkunde festgestellt ist. „Schuldbekenntnisse" aber sind neben den Verträgen aufgeführt als zunächst formell einseitige Erklärungen, deren Annahme seitens des Berechtigten, auch wenn Hypothekbelastung mit ihnen verbunden ist, dem Notariatszwange nicht unterliegt, die daher rechtsgültig ohne Beiziehung, ohne Theilnahme des Berechtigten aufgenommen und vollstreckt werden können. (Landtags-Abschied v. 29. April 1869 § 60, Ges.Bl. S. 839.) Vgl. Not.Ztg. XVIII. S. 107 Anm. Vgl. Anm. zu Art. 14 d. Ges.) Daran erscheint auch durch Art. 127 cit. nichts geändert, wenn man nicht das Wort „vertragsmäßig" unnöthig und unnütz drücken will. Ein Vertrag ist immerhin vorhanden, auch wenn die Annahme nicht in derselben Form erklärt ist wie die Verpflichtung, und sei nun die Annahme des notariellen Schuldbekenntnisses mit Hypothekenbestellung im voraus oder nachträglich erklärt. Vgl. auch Instr. § 74. A. M. scheint Rehm, Anm. 8 zu Art. 12. — Um die Eintragung zu erwirken, hat der Schuldner nach der Hypothekbestellung, der Gläubiger nach der Lösungsbewilligung u. s. w. in die Eintragung oder Löschung zu willigen oder sie nachzusuchen (Hyp.Ges. §§ 96 und 101), dies kann aber in derselben Urkunde geschehen; vgl. Art. 15 Abs. 3 u. Instr. § 69.

[5]) Vgl. Art. 15 Abs. 4 Instr. § 62.

Art. 13. In denjenigen Fällen, in welchen nach Artikel 18 des Gesetzes vom 10. November 1861, die Gerichtsverfassung betr.,[1]) eine Notariatsurkunde dem Gerichte zur Prüfung und Schlußfassung vorzulegen ist, hat der Notar dem Gerichte die Urschrift zu übersenden.

Das Gericht setzt seinen Beschluß auf die Urschrift und sendet diese an den Notar zurück, welcher den Gerichtsbeschluß in alle von ihm zu ertheilenden Ausfertigungen und Abschriften aufzunehmen hat.[2])

Art. 14.[1]) Ueber alle Verträge,[2]) welche [3]) die Besitzveränderung oder

---

[1]) Vgl. Anm. zu Art. 11, Instr. §§ 62 u. 92; Wagner a. a. O. S. 202 Anm. 12. J.M.E. v. 11./4. 72 Nr. III J.M.Bl. S. 126 betr. die Uebersendung an mehrere Gerichte, Erk. d. O.G.H. im J.M.Bl. 1869 S. 142. Rehm deutet hier ebensowenig wie irgendwo sonst in Uebereinstimmung mit der Instruktion auf die den O.L.-Gerichten nach Art. 36 des A.G. z. G.V.Ges. zustehende Thätigkeit in standesherrlichen Vormundschafts- und in Familienfideikommißsachen nach Beil. VII hin, sodaß seine Meinung, Art. 18 cit. sei inhaltlich „durch das A.G. z. Ger.Verf.Ges.v. 23./2. 79" ersetzt, zweifelhaft wird. Ist in solchen Sachen eine Erklärung der Betheiligten nach Art. 11 Abs. 3 oder Art. 12 vom Notar beurkundet, so ist die Urschrift natürlich an das O.L.Gericht zu senden.

[2]) Vorzeitige Ausfertigung, ohne den Beschluß des Gerichts abzuwarten, würde eine grobe Zuwiderhandlung des Notars gegen seine Dienstpflicht sein. Vgl. E. d. O.G.H. Slg. f. Str S. Bd. V S. 227.

[1]) Der 51er Entwurf hatte noch Konkurrenz von Gerichten und Notaren für Immobilarverträge. — Zur authenischen Interpretation des Art. 14 ist durch Landtagsabschied v. 29. April 1869 § 60, die Auslegung des Art. 14 des Not.Ges. v. 10. Nov. 1861 betr. folgendes mit Gesetzeskraft — und zwar als auth. Interpr. vom Tage derjenigen des Notariatsgesetzes selbst — verordnet: „Bei Bestellung von Hypotheken, sowie bei Beschränkungen in der Befugnis zur weiteren Verpfändung oder Veräußerung, welchen sich der Besitzer von Liegenschaften oder gleichgeachteten Rechten in Beziehung auf eine Schuldverbindlichkeit unterwirft, desgleichen bei Uebertragung oder Verpfändung einer im Hypothekenbuche eingetragenen Forderung ist die Acceptation des Berechtigten (Gläubigers, Cessionars) dem Gebote des Artikels 14 des Notariatsgesetzes nicht unterworfen (O.G.H. 20, 9, 1870. Bl. f. R.A. XXXVI. 6). Ueber das Verhältnis des Art. 14 zum Fideikommißrecht vgl. O.G.H. Slg. XI. 189; über das Verhältnis d. Art. 14 zu § 107 d. Hyp.Ges. s. Stengleins Zeitschr. II. 17, 33. E O.G.H. vom 26./2. 1866, 28./4 1871. Bl. f. R.U. XXXII. 377; XXXIII. 145, 177, 193; XXXIV. 20 Not.Ztschr. IV. 106; V. 166. Art. 14 ist durch Art. 219 A.G. z. R.C.P.O. im wesentlichen auch für die Pfalz eingeführt.

Ausgenommen von Art. 14 sind ebenfalls wieder die reichsrechtlich anderweit geregelten Verträge. C.P.O. §§ 471, 702 Nr. 1.

Bezieht sich Art. 14 nur auf Verträge über inländische, d. h. rechtsrheinisch-bayer. oder auch auf solche über ausländische Immobilien? Rehm, Anm. 13 zu Art. 14, folgert aus der Vergleichung des Art. 14 mit der Vorschrift über den Geltungsbereich des Gesetzes in Art. 150 Abs. 1 das letztere, wie er selbst anerkennt im Gegensatze zu den sonstigen in Bayern angenommenen Grundsätzen des internationalen Privatrechts, aus welchen andererseits folge, daß im Auslande geschlossene Verträge über inländische Immobilien sich nach inländischem Rechte auch in Betreff der Form zu richten haben. Rehm führt auch als unmittelbaren Beweis dafür den Art. 124 des Geb.Ges. v. 18. Aug. 1879 in der Fassung der Finanz-M.Bek. v. 6. Juli 1892 an, welcher so lautet: „Wird in einem Vertrage über den Besitz oder das Eigenthum unbeweglicher Sachen oder diesen gleichgeachteter Rechte oder über dingliche Rechte an unbeweglichen Sachen verfügt, welche sich außerhalb Bayerns befinden, so kommt hierfür nur die Art. 113 Ziff. 2 bestimmte Gebühr zur Erhebung." Diese in Ziffer 2 bestimmte Gebühr bezieht sich, nachdem in Ziff. 1 gerade von den nach Art. 14 d. Ges. bezw. Art. 219 cit. errichteten Verträgen die Rede gewesen, auf „die übrigen Verträge“. Unter diesen „übrigen“ Verträgen sind nun zweifellos nicht etwa auch Privatverträge gemeint, sondern werden lediglich Notariatsurkunden verstanden, auf welche sich diese Bestimmungen nach Art. 112 (111) nur beziehen, wie das ganze Ges. v. 18. Aug. 1879, dessen Gebührensätze „an die Stelle der bisherigen Taxen, Einregistrirungs- und Stempelgebühren“ treten, auf Privatverträge sich überhaupt nicht beziehen kann. Nun ließe sich denken, daß das Not.-Ges. mit Art. 14 eine fiskalische Vorschrift habe treffen wollen und um Stempel- und Gebühren-Erhebung zu sichern, verlangt hätte, daß alle derartigen Verträge — auch über ausländische Immobilien — notariell geschlossen werden und Privatverträge auch über solche nichtig seien. Aber den Zweck hat das Gesetz von 1861 bei Einführung dieses Notariatszwanges in jener Ausdehnung jedenfalls nicht verfolgt. (Vgl. Bl. f. R.A. Erg.Bd. I. 255. Not.Ztg. XIII. 169. Enderlein a. a. O. 88 Anm. 9). Das Gesetz hat vielmehr — abgesehen von den aus der Gerichts-Verfassung sich ergebenden justizpolitischen Gründen — bei Erlaß der Vorschrift wesentlich die Sicherung und Hebung des Realkredits und die Vermeidung weitläufiger und kostspieliger Prozesse über so wichtige Rechtsverhältnisse im Auge gehabt und diese ratio legis, in Verbindung mit den Vorschriften über das forum rei sitae (vgl. auch C.P.O. § 25 und die Commentare dazu), beschränkt das Gesetz ohne Weiteres gemäß Art. 150 Abs. 1 ebenso auf Immobilien des rechtsrheinischen Bayerns, wie Art. 12 Abs. 2 sich zweifellos nur beziehen kann auf Urkunden, aus denen Einträge in das Hypothekenbuch dieses rechtsrheinischen Gebietes stattzufinden haben. Die ganze Entwickelung der Bayer. Immobiliargesetzgebung bestätigt das: „In mehreren Gebietstheilen von Bayern bestanden bereits ältere gesetzliche Bestimmungen, wonach Verträge über das Eigenthum liegender Güter oder über ihnen gleichgeachtete Realrechte bei Vermeidung der Nichtigkeit gerichtlich protokollirt werden mußten, so in der oberen Pfalz, im Erzstifte Augsburg, in den vormaligen Reichsstädten Augsburg und Rothenburg. Die provisorische Taxordnung von 1810 verordnete zwar dasselbe für das ganze Land, nahm aber von der Folge der Nichtigkeit im Unterlassungsfalle Umgang. Als ein Fortschritt auf der Bahn nach dem Ziele, allen Besitzveränderungen von Immobilien den Charakter der Publizität aufzudrücken, läßt sich der § 5 des Edikts von 1818 über die Siegelmäßigkeit bezeichnen, wonach die Verträge der Siegelmäßigen über unbewegliche Güter und ihnen gleichgeachtete Rechte gegen Dritte erst von der Zeit an wirksam sein sollen, wo sie der zuständigen Obrigkeit zur Eintragung in die öffentlichen Bücher angezeigt wurden. Das Hypothekengesetz von 1822 machte zwar in den §§ 22—26 diese Veröffentlichung der Besitztitel zur allgemeinen Pflicht und Bedingung ihrer Wirksamkeit, jedoch nur insoweit, als eine darauf gebaute Handlung mit dem Hypothekenwesen in Verbindung stände. Hiernach war also der Käufer eines Grundstücks wohl sicher, nicht mit Hypotheken belastet zu werden, die sein Vorbesitzer bestellt hatte, ohne sie eintragen zu lassen; er war aber nicht dagegen geschützt, daß der etwa geheim gebliebene wahre Eigenthümer das Grundstück aus einem verborgenen Titel nicht später von ihm vindiziren und ihm das leere Nachsehen gegen den falschen Verkäufer zurücklassen konnte, der den eingezogenen Kaufschilling vielleicht mittlerweile schon verzehrt oder seine Kurrentschulden damit bezahlt hatte.“ — Um diesem fühlbaren Mißstande einigermaßen abzuhelfen, wurde der jetzige Art. 14 in den Entwurf des Not.Ges. v. 1851 aufgenommen. Die Motive zu demselben bemerkten einfach, die darin vorgezeichnete Maßregel sei von selbst durch die Wichtigkeit der in Frage stehenden Rechtsverhältnisse gerechtfertigt ... und der Bericht des I. Ausschusses d. K. d. Abg. stützte seinen Annahme-Antrag auf den allgemeinen Satz: salus publica suprema lex. Dessenungeachtet sträubte sich die Kammer d. R.R. sehr gegen die peremtorische Fassung des Artikels, und erst die wiederholte Hervorhebung durch den I. Ausschuß d. K. d. A., „welche Täuschungen in Folge des Mangels einer solchen Bestimmung eingetreten seien, und wie störend dies auf den Realkredit gewirkt habe; z. B. auch das Interesse des Staates, allenthalben Sicherheit im Besitze des Grundeigenthums gegeben zu sehen, in vielfacher sowohl finanzieller als politischer Beziehung nicht zu verkennen sei“, führte schließlich zu der Anname des Artikels nach der Reg.Vorlage. So v. Zink a. a. O. S. 426, welcher S. 428 Anm. 4 mit Recht seine Verwunderung ausdrückt, daß man auf der betretenen Bahn nicht noch einen Schritt weiter ging und, da das Hypothekenbuch allerdings ein Hülfsmittel ist, den Rechts- und rechtmäßigen Pfandbesitz öffentlich zu konstatiren, die Notariatsurkunde dagegen kein Mittel der Publizität ist, nicht einen Zusatz zu diesem Artikel dahin vorschlug, daß alle derartigen Immobiliarverträge usw., um gegen Dritte wirksam zu sein, in dem Hypothekenbuche (oder Steuerkataster) eingetragen werden müßten bei Vermeidung der Folgen, welche sich nach §§ 24—26 des Hyp.Ges. aus der Oeffentlichkeit des Hyp.Buches (oder Steuerkatasters) ergeben.

Immer also die Beziehung zum inländischen Grundbesitze. Daß das Gesetz nur diesen im Auge hat, dafür liefert es aber selbst den schlagendsten Beweis durch die Ausführungsbestimmung des Art. 15, welcher jede Anwendbarkeit auf ausländische Immobilien einfach ausschließt.

Wenn nun aber trotzdem die von Rehm angezogene Vorschrift des Gebühren-Gesetzes v. 18. Aug. 1879, Art. 124 (123) auch für Verträge über ausländische, d. h. jetzt (vgl. Art. 219 d. A.G. z. R.C.P.O.) nichtbayerische Immobilien einen Gebührensatz feststellt, so ist das aus dem Grunde sehr erklärlich, weil thatsächlich die Betheiligten Verträge auch über ausländische Immobilien regelmäßig öffentlich, d. h. notariell beurkunden lassen werden, und diese Thatsache Berücksichtigung bei der Gebührenfestsetzung erfordert. Aber selbst hierbei blickt der Gedanke, der den Art. 15 d. Ges. beherrscht, ganz klar durch, indem das Gebührengesetz die Verträge über ausländischen Grundbesitz mit weniger als dem 6. Theile (3 ‰) des Gebührensatzes für Verträge über inländischen Grundbesitz (2 %) belastet.

Die Rehmsche Ansicht würde endlich konsequent dahin führen, daß im rechtsrhein. Bayern Verträge über ausländische Immobilien, die nach dort geltendem Bayr. Rechte keine Immobilien sind, gemäß Art. 14 d. Ges. notariell errichtet werden müßten (vgl. Anm. 4), eine Folge, welche über die Absicht des Gesetzgebers weit hinausschießt. In der That enthält Art. 14 Nichts, was von den über die Form von Immobiliarverträgen auch in Bayern anerkannten Grundsätzen abweicht.

²) Vgl. wegen der Versteigerungen Art. 18. — Sie sind nach der Auffassung der Instr. §§ 78 u. 107 öffentliche Aufforderungen zu Kaufangeboten, denen daher noch eine Annahmeerklärung seitens des Verkaufslustigen zu entsprechen hat. Eine solche kann durch den Notar in dessen Vertretung zum Verst.Prot. nicht abgegeben werden, weil er sonst betheiligt wäre. Ist der Versteigerer also abwesend und nicht vertreten, so kann die Annahmeerklärung, durch welche in Verbindung mit dem Angebot der Vertrag erst zu Stande kommt, nur nach Maßgabe des Art. 14 abgegeben werden.

Vgl. wegen der Eheverträge, Erbverträge, Erbverzichte, Einkindschaftsverträge Ges. v. 5. Mai 1890 Art. 1 oben S 9.

Auch der Verzicht auf ein dingliches Recht ist ein Vertrag nach Art. 14, wenn er der Annahme bedarf (vgl. Hyp.Ges. §§ 71, 79, 158, Instr. § 75), wenn er als einseitige Erklärung wirksam ist, dagegen nicht, desgleichen die Prioritätseinräumung an den unmittelbar nachstehenden Gläubiger, die Löschungsbewilligung des Hyp.Gläubigers (Hyp.Ges. § 158, J. § 75), der Verzicht auf eine Servitut (Bl. f. R.A. XLIV. 182. — Ob im Uebrigen die Rangabtretung ein obligatorischer oder ein dinglicher Vertrag ist, ist bekanntlich sehr bestritten. Roth, System III, S. 700, nimmt lediglich obligatorische Wirkung an; a. M. v. Zink, S. 433[16].

Dagegen wird in dem Verfahren bei Zwangsenteignung nach Art. 55 d. A.G. z. R.C.P.O. „eine gütliche Einigung der Betheiligten über die Abtretung oder über die zu leistende Entschädigung der Protokollirung durch die Distriktsverwaltungsbehörde rechtswirksam". Vgl. auch Bl. f. R.A. LI. S. 401. — Vgl. wegen Verkaufs einer gemeinschaftlichen Sache Erk. 2 O.G.H. Bl. f. R.A. XXIX. S. 298: über die Zustimmung des Ehegatten (das. LV. S. 287).

³) „Welche ... betreffen", Verträge „über" (vgl. Art. 63 Abs. 2 d. Ges., R.G.E. XVI. 157), d. h. welche den Erwerb, die Aenderung, Uebertragung, Endigung dinglicher Rechte oder den Eigenthumsbesitz an unbeweglichen Sachen zum unmittelbaren Gegenstande haben (v. Zink, Erl. S. 44), Bl. f. R.A. XXI. 369; XLIV. 134; LIV. 268). Rehm a. a. O. S. 29, weist darauf hin, daß hier eigentlich nur der dingliche Vertrag gegenüber dem die causa traditionis bildenden Vertrage, wie Kauf,

u. s. w. in Frage kommen, welcher letztere nur dann und deshalb nur der Vorschrift des Art. 14 unterfiele, wenn und weil in ihm der unmittelbare Uebereignungswille zum Ausdrucke gelange. — Um so weniger gehört zu den dem Art. 14 unterliegenden Verträgen etwa z. B. ein Vertrag über Tilgung einer Schuld unter der Voraussetzung des Verkaufs von Grundstücken (O.G.H. Slg. VIII. 26), noch ein Uebernahmevertrag über eine hypothekarisch gesicherte Schuld (Hyp.Ges. § 56 Abs. 3) noch die Zession verfallener Hypothekenzinsen ohne das hypothekarische Recht (O.G.H. Slg. VII. 719), insbesondere auch nicht der Werkverdingungs-Vertrag über Herrichtung einer unbeweglichen Sache, noch der Pachtvertrag über eine solche (jedenfalls außerhalb des Gebiets des Pr. Allg. L.R.) u. dgl. mehr; vgl. Bl. f. R.A. Ergz.Bd. VI. 223; R.G.E. VI. 8).

Dem Art. 14 unterliegen daher ferner auch nicht die eine „Besitzveränderung" u. s. w. nur vorbereitenden Verträge. Dahin gehören z. B. ebensowohl private Gesellschaftsverträge, für die das D.H.G.B. Art. 85 u. 150, keinerlei Form verlangt, als gerichtliche Gesellschaftsverträge, die das D.H.G.B. Art. 175, 209 neben der notariellen Beurkundung zuläßt. Aus denselben geht das Eigenthum an etwa eingeworfenen Grundstücken nicht über, weil die Form des Art. 14 des Ges. nicht gewahrt ist; (daraus folgt übrigens nicht, etwa weil die Eigenthumsübertragung einen wesentlichen Bestandtheil desselben ausmache, die Nichtigkeit des Gesellschaftsvertrages (R.G.E. XIII. S. 3, s. Bd. I. S. 128). Dasselbe gilt von Verträgen, welche die Gesellschaft auflösen (Bl. f. R.A. XXX. 80, Not.Ztg. 1865 S. 123, 1867 S. 137; v. Zink, Erl. S. 83; O.G.H. Slg. VII. 87, 480. VIII. 148, XI. 435). Dahin gehören ferner — als nicht unter Art. 14 fallend — Verlöbnißverträge mit Versprechung, liegende Gründe einzubringen (Bl. f. R.A. XXXI. 282; Not.Ztg. 1866 271), Rückkaufs- und Vorkaufs-Verträge (R.G.E. XVI. 157); Auftrag zum Ankauf (O.G.H. Slg. VII. 289, VIII. 148, IX. 640, vgl. aber wegen eines simulirten mandatum de vendendo Bl. f. R.A. XXXI. 381; Not.Ztg. 1866 368); Ermächtigung zur Hypothekenabtretung (O.G.H. Slg. VII. 289; IX. 404); Versprechen zur Einbringung (das. XXXI. 282); Verträge über die Vermittelung zum Abschluß (das. IV. 616, V. 172; Bl. f. R.A. XXIX. 333; XLII. 305; XLIII. 23; XLIV. 207); Provisionsversprechen für hypothekarische Darlehn (das. XII. 267. Bl. f. R.A. LIV. 248); Garantievertrag bezüglich der Verwendbarkeit eines Grundstückes (R.G.E. XVII. 108, 113); ebensowenig fällt unter Art. 14 der vertragsmäßige Verzicht auf eine hypothekarisch gesicherte Forderung, welcher nur mittelbar das Pfandrecht trifft und von rechtswegen beendigt (Bl. f. R.A. IV. 268).

Eine besondere Art vorbereitender Verträge sind die pacta de contrahendo über Immobilien. v. Zink, Erl. a. a. O. S. 44 § 1, S. 51 Nr. 15 erklärt sie ohne notarielle Verbriefung schlechthin für unverbindlich; die Bay. Rechtsprechung ist scheinbar schwankend; für unwirksam wird das formlose pactum de contrahendo über Immobilien erklärt in einem App.G.Erk. v. 24. 1. 63; Bl. f. R.A. XXVIII. 55 (wo es sich jedoch zunächst um den eigentlichen Immobiliarvertrag handelt, welcher auch nicht als p. de contrahendo aufrecht zu erhalten sei), wirksam dagegen im O.A.G.Erk. v. 20. 10. 66, Bl. f. R.A. Erg.B. z. XXXI/II. S. 129, wo es sich handelt um die Verpflichtung, ein Grundstück binnen bestimmter Frist zu verkaufen und den Erlös zu Gunsten des Mitkontrahenten zu verwenden (v. Zink, Erl. S. 46); ein pactum de mutuo dando mit der Klausel, daß für das Darlehn Hypothek vom demnächstigen Schuldner bestellt werde, ist wiederholt als lediglich obligatorisches Versprechen für wirksam erklärt und der eventuelle Gläubiger zur Hergabe des Darlehns schlank verurtheilt; (Handels-App.G. 16. 3. 66; Not.Ztg. S. 43; v. Zink S. 82; O.A.G. 13. 4. 67; Bl. f. R.A. XXXII. 317; v. Zink, Erl. S. 46, 70). Im allgemeinen wird man ein pactum de contrahendo nicht als einen Vertrag, der schon Immobiliarrechte zum Gegenstande hat, bezeichnen können, es müßte denn der Vorvertrag die wesentlichen Vertragserfordernisse schon spezialisiren und festlegen, so daß er sich in Wahrheit nur durch die Form vom Hauptvertrag unterscheidet; ein solcher Vorvertrag würde freilich nur wie ein Hauptvertrag behandelt werden können — also nichtig sein. So wird aber jedes pactum de contrahendo über einen zwischen den Paziszenten zu schließenden Vertrag beschaffen sein müssen, wenn es nicht wegen gänzlicher Unbestimmtheit der Leistung unverbindlich sein soll.

Wo das nicht der Fall ist, und lediglich der obligatorische Zwang als maßgebend hervortritt, wie in dem hervorgehobenen Beispiel, an irgend wen zu verkaufen um zu Gelde zu kommen, wo also die Erlösverwendung Gegenstand des Vertrages ist, der Immobiliarverkauf nur die Gelegenheit darstellt, wird auch einem unnotariellen pactum de contrahendo die Wirksamkeit mit Grund nicht versagt werden können. So erscheint die Sachlage aber stets bei einer Verpflichtung zur Veräußerung einerlei an wen, z. B. auch wenn ich Jemand der mir als Nachbar unbequem ist, bei nahmhafter Conventionalstrafe zur Veräußerung seines Grundbesitzes binnen bestimmter Frist verpflichte. Anders dagegen verhält es sich, wenn ich Jemand bei Conventionalstrafe verpflichte, mir binnen bestimmter Frist von seinem Gute 1 hectar Land zu dem und dem Preise notariell zu verkaufen. Selbst in solchem Falle wäre der Eigenthümer durch diesen Vorvertrag nicht weniger als durch einen gleichlautenden unmittelbaren Kaufvertrag gebunden und wollte man gestatten, aus einem solchen Vertrage auf notarielle Vollziehung zu klagen, so wäre in der That zwischen diesem und jenem kein Unterschied und Art. 14 wäre theilweise umgangen.

Die über das pactum de mutuo dando getroffenen Entscheidungen erscheinen sehr zweifelhaft. War die Hypothekbestellung derartig zur ausgesprochenen Voraussetzung des Darlehns gemacht, so konnte nicht eine einseitige Verpflichtung zu diesem ohne Erfüllung jener als wirklicher Vertragswille aufgestellt und wirksam erklärt, der Darlehnsversprecher vielmehr nur gegen Hypothekbestellung zur Hergabe des Darlehns verurtheilt werden. Siehe Anm. 7. R.G.E. C.S. X. 259.

Das pr. Ober-Tribunal stellt den allgemeinen Satz auf: „Dem Wesen der Ratihabition entspricht es, ihre rechtliche Wirksamkeit an die Beobachtung der für die verpflichtende Wirkung eines Vertrages vorgeschriebenen Form nicht zu binden, vielmehr die Rechtsverbindlichkeit des zwischen dem Vertreter und dem Dritten abgeschlossenen Rechtsgeschäftes, wenn dasselbe in der für dies Geschäft vorgeschriebenen Form geschlossen ist, von einer neuen Erklärung des Machtgebers gegen den Dritten überhaupt nicht abhängig zu machen, sondern eine dem Vertreter gegenüber abgegebene Genehmigungserklärung auch dem Dritten gegenüber wirken zu lassen und diese Erklärung an eine besondere Form nicht zu binden." Der entgegengesetzte Standpunkt wird vertreten im Entwurfe eines Bürg. Ges.B. f. d. Deutsche Reich II. Lesung § 145 (§ 23, 124): „Hat Jemand ohne Vertretungsmacht im Namen eines Anderen einen Vertrag geschlossen, so hängt die Wirksamkeit des Vertrags für und gegen den Vertretenen von dessenGenehmigung ab. Die Genehmigung kann nur dann dem anderen Theile gegenüber erklärt werden" u. s. w. In welcher Form wird nicht gesagt; dagegen beginnt der VII. Titel: von der Einwilligung und Genehmigung mit § 150 (127 Abs. 1, 2) also: „Hängt die Wirksamkeit eines Vertrages... von der Zustimmung eines Dritten ab, so kann die Ertheilung... der Zustimmung sowohl dem einen als dem anderen Theile gegenüber erfolgen. — Die Zustimmung bedarf nicht der für das Rechtsgeschäft bestimmten Form." Es wird also offenbar zwischen der Genehmigung eines Vertrages durch einen beim Abschluß vertreten gewesenen Kontrahenten und eines Vertrages durch einen dritten Nichtkontrahenten unterschieden, und in jenem Falle die Genehmigung als zum Vertragsabschlusse erforderliche Konsenserklärung gegen den anderen Kontrahenten, in diesem Falle aber als ein dem Vertrage gegenüber selbständiges Rechtsgeschäft aufgefaßt.

Auch für das Bayr. Recht wird unterschieden werden müssen. Indem zugleich versucht wird, den Landtags-Abschied v. 29. April 1869 § 60 zu verallgemeinern und sowenig wie bei Hypothekenbestellungen u. s. w. die Acceptation in der Form des Art. 14 erfordert wird, ebensowenig sie erforderlich zu halten bei allen anderen Verträgen, bei welchen der Konsens von der einen Seite sich auf die Acceptation beschränkt wie bei Schenkungen, öffentlichen Auslobungen u. s. w., so erscheint es außer Frage, daß in den durch den Landtagsabschied betroffenen Fällen auch für die Genehmigung solcher Annahmeerklärungen, sei es nun durch einen im Vertrage vertreten gewesenen Kontrahenten oder durch einen dritten Nichtkontrahenten, von dessen Genehmigung die Wirksamkeit des geschlossenen Vertrages abhängt, die Form des Art. 14 nicht erfordert werden kann. Wenn dagegen — außer den in jenem Landtagsabschiede genannten und ihnen analogen Fällen vertragsmäßiger Annahme einseitiger Leistungen — per argum. e contrario für die beiderseitigen Erklärungen das Eigenthum unbeweglicher Sachen[4]) oder diesen gleichgeachteter Rechte,[5]) sowie über alle Verträge, welche dingliche Rechte an unbeweglichen Sachen[6]) betreffen, sind bei Strafe der Nichtigkeit Notariatsurkunden zu errichten.[7])

---

die Form des Art. 14 unbedingt erforderlich und die *Vertragserklärung* aus irgend einem Grunde *nichtig* ist, z. B. weil der Vertreter des einen Kontrahenten handlungsunfähig war (O.H.G. Slg. in C.S. VII. 288, XI. 188, XII. 526, *Rehm* a. a. O. S. 32 III.) so kann (a. M. *Rehm*) auch für die spätere *gültige* Vertragserklärung, ohne welche ja ein Vertrag nicht existirt, von der Form des Art. 14 gewiß nicht Umgang genommen werden. Anders scheint die Sache zu liegen im Falle einer nachträglichen Genehmigung durch einen Kontrahenten oder Zustimmung durch einen dritten Nichtkontrahenten im eigentlichen Sinne, also zu Vertragserklärungen, welche nicht *in sich* nichtig, sondern wegen eines *außerhalb* des Vertrages liegenden Umstandes unwirksam sind —, weil z. B. der nicht oder nicht ausreichend Bevollmächtigte Vertreter nur unter Vorbehalt der Gutheißung durch den von ihm vertretenen Kontrahenten handelte, — hier ist für diese *nachträgliche* Gutheißung ebensowenig notarielle Urkunde erforderlich wie für die *vorgängige* Vollmacht oder sonstige Legitimation. Ebenso wenn der vom Vormunde geschlossene Vertrag deswegen nichtig ist, weil irrthümlich die obervormundschaftliche Bestätigung nicht erfolgte, bedarf es bei Genehmigung desselben durch den großjährigen Mündel nicht der Form des Art. 14; ebensowenig bei der Genehmigung des Ehemannes zu einem ohne solche unwirksamen Vertrage seiner Frau (vgl. R.G.E. XIX. 347 f.). Vgl. aber Anm. 7 S. 46.

[4]) „*Unbeweglicher Sachen*": nämlich nach Maßgabe des örtlichen Civilrechts, darüber kann wohl kein Zweifel sein; vgl. v. *Zink* a. a. O. S. 439 Anm. 4, *Rehm* S. 35 Anm. 8. Da es sich nun aber nach unserer Ansicht nur um inländische Immobilien handelt, so kann nur das im Gebiete des rechtsrheinischen Bayerns geltende Recht in Frage kommen. Die Rehm'sche Ansicht (s. o. S. 39), welche den Art. 14 auch auf *ausländische* Immobilien beziehen will, würde nothwendig zu der Annahme führen, daß der Bayr. Notar alle ausländischen Rechte kennen und wissen muß, was sie als „unbeweglich" ansehen, was nicht, eine einfach unmögliche, dem Gesetzgeber nicht in den Sinn gekommene Zumuthung. Wollte man aber die Form des Art. 14 nur für Verträge über solche *ausländische* Immobilien fordern, die auch nach Bayr. Civilrechte Immobilieneigenschaft haben, so wäre das zunächst doch eine unverständliche Inkonsequenz des Gesetzes, da nicht einzusehen, wenn es sich überhaupt um ausländische Immobilien kümmert, warum nicht um alle. Sodann aber würde es absolut unmöglich sein, den Kreis solcher ausländischen Immobilien zu bestimmen. Denn entscheidend über die Immobilienqualität ist doch ohne Frage dasjenige Bay. Civilrecht, in dessen Gebiete das Grundstück liegt, welches aber soll entscheiden über Immobilien, die gar nicht in Bayern liegen? Das Recht am Orte des instrumentirenden Notars, am Wohnsitze der Requirenten oder welches? —

Wenn in Bezug auf die Immobilienqualität Reichsrecht mit dem Bayr. Rechte kollidirt und daher dieses außer Anwendung setzt, so kann auch Art. 14 unanwendbar werden, obwohl der Vertrag nach Bayr. Rechte eine unbewegliche Sache betrifft, wenn sie nach dem anzuwendenden Reichsrecht z. B. Handelsges.B. Art. 275 (E. d. R.O.H.G. Slg. II. S. 44 III. 153, *Stegemannsche* Slg. II. S. 220; Art. 309; R.G.E. IX. 192; XIV. 300, XVII. S. 57) Mobiliareigenschaft hat.

Ob der Vertrag eine aktuell unbewegliche oder *zukünftige bewegliche* Sache betreffe, kann zweifelhaft sein bei Verkauf eines Gebäudes auf Abbruch (Bl. f. R.A. XXX. 94 v. *Zink*, Erl. S. 84/5) von *Holz auf dem Stamme* (R.G.E. XXIX. 8; Bl. f. R.A. XXX. 366 LIV. 95) v. *Zink*, Erl. S. 85, von *Früchten auf dem Halm* (R.G.E. XVIII. 365), von *Steinen aus einem Steinbruch* zu brechen (R.G.E. VI. 4). Vgl. Enderlein a. a. O. S. 44. d s u. s. Ztsch. f. Ges. u. Rspfl. XI. 13, 78, 229. Not.Ztschr. I. 315, II. 124. Bl. f. R.A. XLVI. 395. Seuff. Arch. XVIII. 327.

[5]) Nach Maßgabe des örtlichen Civilrechts: Realgewerberechte (O.G.H. Slg. XIII. 158, 435), Grundrenten, Lehen, Bergwerkseigenthum, Fischerreigerechtsame u. a. Vgl. auch den Landtagsabschied v. 1869 § 60 oben S. 39, ferner O.G.H. Slg. III 381; VI 405, 775, VII 238, VIII 434.

[6]) Dingliche Rechte Dritter an *unbeweglichen Sachen* sind hauptsächlich

Pfandrecht, Dienstbarkeit und Reallast. Ihnen sind im Sinne des Gesetzes gleich zu stellen dingliche Rechte an anderen (den unbeweglichen Sachen gleichgeachteten) Realrechten. Vgl. über Altentheils- u. dgl. Verträge Bayr.Not.Ztg. XXVI. 213; XXVII. 185; XXIX. 186, über Platzrecht O.G.H. Slg. VII. 289, über gegenseitiges Weiderecht das. XIII. 213 u. B. Not.Ztg. XXVIII. 151.

⁷) I. Verträge über Immobilien, welche überhaupt nicht notariell errichtet sind, sind nichtig, auch nicht etwa als pactum de contrahendo aufrecht haltbar (Bl. f. R.A. XXVIII 55. v. Zink, Erl. a. a. O. S. 44 § 2). [Davon ist aber wohl zu unterscheiden, die Abgabe einer selbst verpflichtenden Willenserklärung unter der Voraussetzung des Abschlusses eines Immobiliarvertrages z. B.: ich verspreche dem X. 1000 Mark zu schenken unter der Voraussetzung, daß der Eigenthümer, sei es X. oder ein Anderer, mir binnen bestimmter Frist sein Grundstück zu dem und dem Preise verkauft; oder wie in dem unter Anm. 45 angeführten Beispiele, ich verpflichte mich zur Hergabe eines Darlehns unter der Voraussetzung der Hypothekbestellung. Hier ist nicht die Uebereignung und die Hypothekbestellung Gegenstand des Vertrages (a M. Rehm S. 39α), sondern nur Gegenstand der Verpflichtungsbeschränkung in Bezug auf den rein obligatorischen und auch ohne notarielle Urkunde wirksamen Schenkungs- oder Darlehnsvertrag, dessen Erfüllung der andere Theil nur verlangen kann gegen Erfüllung der Voraussetzung, unter welcher sie versprochen war.]

Nichtig ist nicht nur der formwidrige Hauptvertrag, sondern auch alle darauf bezüglichen Nebenberedungen, wie über Konventionalstrafe, Reugeld lex commissoria, Gewähr für Fehlerlosigkeit, Entschädigungsversprechen u. A. (Bl. f. R.A. XXVIII. 193. 264, XXIX. 71; XXXIV. 186; XXXV. 321; (dagegen XXXIII. 282, XXXVIII. 29, 120, 123, 265, 490, 126; XXX. 160); Not.Ztschr. 1865, 60, 190, 350, 381, 490; v. Zink, Erl. S. 46 ff.) sollten diese auch notariell verbrieft sein.

II. Es wird eine notarielle Vertragsurkunde errichtet.

a) In dieselbe ist der gesammte schon beredete Vertragsinhalt aufzunehmen; nicht nur die begriffswesentlichen Punkte [z. B. die Willenserklärung aller Kontrahenten — es kann nicht etwa ein Kontrahent nachträglich privatschriftlich zustimmen (Bl. f. R.A. XXIX. 298, v. Zink, Erl. S. 54)], sondern auch jene accidentalia negotii. Die frühere Bayr. Rechtsprechung hat unentwegt daran festgehalten, nicht nur, daß — von Irrthum, Betrug, Simulation abgesehen — der notarielle Vertrag den wahren endgültigen Vertragswillen offenbare, sondern auch daß Bestandtheile des Vertrages, auf Grund vor- oder nebenheriger Beredungen, auch wenn sie an und für sich nur persönliche Rechte betreffen, außerhalb der notariellen Verbriefung nicht gelten u. nicht existiren. (Bl. f. R.A. XXIX. 282. 298; XXX. 126; XXXI. 14. 79 Nott.-Ztg. 1864 S. 233, 237; 1865 S. 141; 1867 S. 45, 109; 1876 63; 1880 S. 62; O.A.G.E. 24. 12. 1866. Bl. f. R.A. XXXII. 139, 245; XXXVIII. 193; XLI. 9. XXXIX. 102; XLV. 222, 291. O.G.H. Slg. I. 155; II. 435, 117; VIII. 53, 328; IX. 327; V. 684; IV. 578. Diese Auffassung steht in engem Zusammenhange mit der Lehre von der Beweiskraft der Notariatsurkunde überhaupt. Hierüber wurde der Grundsatz aufgestellt, daß die Notariats-Urkunde den wahren Vertragswillen wiedergebe, daß, wenn die notarielle Errichtung „ein Bedingnis der Gültigkeit des ganzen Geschäfts war", wie bei Art. 14, „die unabänderliche Regel gelte, daß es bei dem Inhalte der öffentlichen Urkunde sein Verbleiben haben müsse"; und eine exceptio non sic sed aliter gestae nicht Platz greife; (v. Zink, Komm. S. 416 ff., so auch noch Rehm S. 43 f.), andernfalls aber deren Beweis zu verstatten sei, da sie unter dem Gesichtspunkt der Simulation falle (v. Zink, a. a. O. S. 419 ff.). Der Beweis der Simulation wie des Betruges und des Irrthums — und zwar in Bezug auf den Vertragsinhalt — wird jedoch (v Zink, Erl. a. a. O. S. 60 ff.) gerade auch im Falle des Art. 14 d. Ges. grundsätzlich zugelassen. Diese nicht ganz folgerichtigen Unterscheidungen erledigen sich jetzt durch die Vorschriften der R.C.P.O. (s. Bd. I. S. 51) insoweit, als diese in § 380 in Bezug auf Erklärungen den Beweis, „daß der Vorgang unrichtig beurkundet sei", für zulässig erklärt; in Bezug auf einen anderen Inhalt in § 383 das. den „Beweis der Unrichtigkeit der bezeugten Thatsachen" für zulässig erklärt „sofern nicht die Landesgesetze diesen Beweis ausschließen oder beschränken". Damit ist aber nicht entschieden über die wesentliche

Frage der Anfechtung des Vertragsinhalts unter Anerkennung der Nichtigkeit seiner notariellen Beurkundung. (Bl. f. R.A. XLI. 195). Diese Anfechtung ist wie gesagt, auch in Fällen des Art. 14, stets für zulässig gehalten unter dem Gesichtspunkte des Irrthums, des Betruges, der Simulation. Unter dem letzten Gesichtspunkte aber faßte man alle Fälle absichtlicher Abweichung des Vertragswillens von dem notariell beurkundeten zusammen (v. Zink, a. a. O. S. 419). Der Gesichtspunkt des Irrthums dagegen ist zwiefach denkbar, einmal in Bezug auf die notarielle Beurkundung, indem ein Betheiligter Etwas für beurkundet glaubt, was nicht beurkundet ist oder umgekehrt, sodann in Bezug auf den Vertragsinhalt, Gegenstand, Voraussetzungen u. s. w. In Bezug auf den Irrthum erfordert das Bay. Landrecht p. IV c. 1. § 25, daß er nicht von einem Dritten (etwa dem Notar), sondern „von dem gegentheiligen Kompaziszenten dolo vel culpa veranlaßt sei". (Bl. f. R.A. XXXII. 74, 37; XXXIV. 377; XXXVI. 37; XXXVII. 161, 257; XXXVIII. 253; XL. 198; XLXIX. 232; XLII. 39, 154; XLV. 72; XLV. 341; XLII. Ergz.Bd. II. 282; u. a. m. Enderlein S. 76—86).

Mit dieser Maßgabe nun wird aber jeder wesentliche, entscheidende Einfluß in Bezug auf den beurkundeten Vertragswillen durch Momente außerhalb der Notariatsurkunde für erheblich erachtet werden müssen. Es erscheint als eine wohl zu eng formalistisch auf dem Wortlaut des Art. 14 fußende Auffassung, welche lediglich Alle außerhalb der Notariatsurkunde liegende Beredungen einfach ignorirt, der gegenüber auch in der späteren Bay. Rechtsprechung eine Wendung zu erkennen ist (vgl. insbesondere Bl. f. R.A. XXXIII. 283; XXXV. 325; LV. 119; O.G.E. XII. 484). Art. 14 betrifft überhaupt nur die Form, nicht den Vertragsinhalt, es existirt abgesehen von der angeführten Vorschrift über den Irrthum keine Vorschrift, welche dessen Feststellung den allgemeinen Regeln entzöge. Wenngleich nur der beurkundete Wille als der erklärte Wille gilt (O.G.H. Slg. XII. 493, 538) so ist doch auch der notariell beurkundete Vertrag deswegen noch kein Formelvertrag in dem Sinne, daß außerhalb desselben Geschehenes nicht geschehen wäre und außerhalb liegende Abmachungen, obschon ohne verbindliche Vertragskraft, auch als Auslegungsmittel gegenüber dem beurkundeten Vertragswillen nicht existiren. Vielmehr behalten sie ihre thatsächliche Bedeutung, sowohl zum Beweise, daß der erklärte Wille nicht der wirkliche Wille, wie auch daß er es nur unter bestimmten, außerhalb der Notariatsurkunde erklärten Voraussetzungen war. Der notarielle Vertrag steht in dieser Hinsicht nicht anders als jeder andere schriftliche Vertrag. Wenn deshalb der notariell erklärte Wille nachweislich von dem wirklichen abweicht oder unter gewissen Voraussetzungen modifizirt erscheint, so ist das erheblich, ohne daß gerade Simulation (oder ein Scheingeschäft, vgl. Enderlein a. a. O. S. 71 Anm. 75) vorzuliegen braucht. Insoweit also kommen auch dem notariellen Vertrage vor- oder nebenhergehende Verabredungen immerhin in Betracht. Wenn sie auch nicht neben dem notariellen Vertrage geltende Verbindlichkeiten zu erzeugen vermögen, — das ist durch Art. 14 zweifellos ausgeschlossen — so können sie doch nach Maßgabe ihres Verhältnisses zu dem notariellen Vertrage wesentlich genug sein, um diesen ungültig zu machen, weil der erklärte Wille nicht der wirkliche, und der wirkliche Wille nicht in gesetzlicher Form erklärt und daher jeder Konsens ausgeschlossen erscheint.

Das trifft zu, wenn die Nebenabreden sich auf solche Bestandtheile des Vertrages beziehen, welche für denselben begrifflich wesentlich sind, und deren Mangel daher den ganzen Vertrag nicht entstehen läßt. Dahin gehören aber vor Allem als Grundvoraussetzungen eines jeden Vertrages die Willenserklärung und der Konsens überhaupt. Ist insofern die Einwilligung eines Mitkontrahenten, eines Miteigenthümers, oder des Ehegatten erforderlich, so ist auch sie unbedingt notariell beizubringen. Ihr Mangel würde die ganze Beredung hinfällig machen und daher auch nicht durch privatschriftliche Nachholung ersetzt, die nach Art. 14 gänzlichem Mangel gleichstände. (Bl. f. R.A. XXIX. 298). Dasselbe ist zu behaupten, wenn der Vertrag überhaupt nur unter bestimmten Voraussetzungen oder Bedingungen geschlossen, dies aber im notariellen Vertrage verschwiegen werden soll. Diese Privatnebenberedung macht den ganzen Vertrag hinfällig. (A. M. Rehm a. a. O. S. 44, welcher insofern in Art. 15 eine Ausnahme von der Regel statuirt und Nichtig-

Art. 15.[1]) Von allen Verträgen, die eine Veränderung des Besitzes

keit wegen mangelnder Willensübereinstimmung ausgeschlossen wissen will, sobald nur die nach der Art des Vertrages begrifflich wesentlichen Willenserklärungen notariell feststehen. Siehe dagegen insbesondere die aus der späteren Rechtsprechung angeführten Beispiele Bl. f. R.A. XXXIII. 283; XXXV. 325; LV. 119. O.G. Slg. XII. 484. Not.Ztschr. XXVII. 167).

Dasselbe gilt auch von solchen Beredungen, welche einen nach der Art dieses Vertrages begrifflich wesentlichen Punkt betreffen. Wegen des Kaufpreises ist deshalb wiederholt die Nichtigkeit des notariellen Vertrages ausgesprochen, in welchem aus fiskalischen Gründen ein niedrigerer Kaufpreis als vereinbart angegeben war Bl. f. R.A. XXX. 360, 400; XXXI. 218; XXXIV. 105; Erg.Bd. II. 407; I. 244; XL. 91, 272; XXXVIII. 256; XXXIX. 361; XLI. 10; XLIII. 94; XXXVII. 81. Not.Ztschr. 1866, 63, 224, v. Zink, Erl. S. 68 Nr. 34a. O.G.H. Slg. VII. 299, 446, 890; IV. 14, 553, 555, 560; V 157, 429. Einmal allerdings wurde gegen den wahren Vertragsinhalt der notarielle Kaufvertrag mit „simulirtem" Kaufpreise aufrecht erhalten, weil die mündliche Abrede des wahren Kaufpreises nicht zu berücksichtigen sei (Bl. f. R.A. XXXII. S. 139. v. Zink Erl. S. 67. Enderlein a. a. O. S. 73 p) eine offenbar zu formalistische Auffassung, ebenso bezüglich des Kaufobjektes, Bl. f. R.A. XXXVIII. 45; XLIV. 8; XLIX. 214; XLI. 85. Eine andere Frage ist, ob wenn z. B. beim Kauf über den Preis zwar eine Vereinbarung getroffen ist, aber in der Weise, daß er ziffermäßig erst durch Schätzung eines Dritten bestimmt werden solle, diese Schätzung notariell erfolgen müsse. Wenngleich der Vertrag erst nach der Ergänzung durch solche Schätzung für den Verkäufer ein brauchbares Vertragsinstrument wird, so ist dieselbe doch nur eine Ausführung der zur Rechtsbeständigkeit des Vertrages genügenden notariellen Stipulation und anders zu behandeln als nachträgliche Anwendung einer solchen (s. III).

b) Wie verhält es sich aber mit solchen Nebenberedungen, welche nicht allgemein oder nach der Art des Vertrages begrifflich wesentliche Bestandtheile, sondern sogenannte naturalia oder accidentalia negotii betreffen. Die Kontrahenten verabreden z. B. Unkündbarkeit des Restkaufpreises, zugleich aber aus irgend welchen Gründen Verheimlichung dieser Abrede im notariellen Vertrage. War sie ausgesprochene Voraussetzung „conditio sine qua non" für den Vertragsabschluß überhaupt, so findet lediglich das Anwendung, was von der Beeinflußung des Konsenses überhaupt als der begrifflich wesentlichen Grundlage des Vertrages gesagt ist. War sie das aber nicht und insofern für den Vertragsabschluß unwesentlich — und davon ist jetzt die Rede, — so läßt sich nicht leugnen, daß lediglich diese Abrede als ein zwar unwesentliches Anhängsel des geschlossenen Vertrages, welches der gesetzlichen Form ermangelt, nichtig ist (vgl. Bl. f. R.A. XXXII. 244) ein praktisch übrigens durchaus nicht bedenkliches Resultat, denn wenn die Parteien diese Abrede wirklich wollen, so brauchen sie sie nur nachträglich formlos aufrecht zu halten, um ihr nach der herrschenden Auffassung Geltung zu verschaffen. (s. III).

III. Ganz im Gegensatz zu den vor- und nebenherigen Beredungen hat die Jurisprudenz in Rechtsprechung und Wissenschaft die nach Abschluß des Vertrages getroffenen Vereinbarungen behandelt, und grundsätzlich auch ohne die von Art. 14 verlangte Form für rechtsgültig erklärt. (Bl. f. R.A. XXXI/II. Erg.Bd. S. 108. O.A.G.E. 13. Mai 1867, v. Zink, Erl. S. 58.) Insbesondere gilt dieser Grundsatz von nachträglichen Vereinbarungen rücksichtlich der Zahlung, des Ortes, der Münzsorte u. s. w. Enderlein S. 65. X ff. Rechtfertigen läßt sich diese Auffassung nur von dem Gesichtspunkte, daß solche nach Abschluß und Vollendung des Immobiliar-Vertrages getroffenen Vereinbarungen nicht mehr als Bestandtheile desselben angesehen werden können, sonst müßten sie der Vorschrift des Art. 14 unterliegen. Betreffen aber solche nachträgliche Vereinbarungen Punkte, welche allgemein oder nach der Art des Vertrages begrifflich wesentlich für den Vertrag sind, so unterliegen sie wie der Hauptvertrag selbst der Vorschrift des Art. 14 (v. Zink a. a. O. Erl. S. 59 unter d u. e).

[1]) Der Artikel ist eine Ausführungsvorschrift zu den drei voraufgehenden Artikeln und mit geringen durch die Abfassung des Art. 14 bedingten Aenderungen

unbeweglicher Sachen oder diesen gleichgeachteter Rechte betreffen, hat der Notar dem betreffenden [Stadt- oder Land]Amt-gerichte Kenntniß zu geben.[2])

Geht aus den Notariatsverhandlungen über eine unbewegliche Sache hervor, daß dieselbe im Hypothekenbuche eingetragen sei, so hat der Notar die Urschriften dem Hypothekenamte mitzutheilen.[3])

Wenn der Notar von ihm aufgenommene, das Hypothekenwesen berührende Verträge oder Erklärungen dem Hypothekenamte mittheilt, so ist, insoferne die vor dem Notare stattgehabten Verhandlungen den Anforderungen des Hypothekengesetzes entsprechen, eine wiederholte Vernehmung der Betheiligten vor dem Hypothekenamte nicht erforderlich.[4])

Im Falle des Artikels 12 Absatz 2 setzt das Hypothekenamt die Bestätigung des Vollzuges oder falls demselben Hindernisse im Wege stehen, seinen Beschluß auf die ihm mitgetheilte Urschrift und sendet dieselbe an den Notar zurück, welcher die Bestätigung, beziehungsweise den Beschluß des Hypothekenamtes in alle zu ertheilenden Ausfertigungen oder Abschriften aufzunehmen hat.[5])

Die Mittheilung hypothekenamtlicher Beschlüsse an den Notar auf die von ihm gemachten Vorlagen vertritt die Stelle der unmittelbaren Mittheilung dieser Beschlüsse von Seite des Hypothekenamtes an die Betheiligten.[6])

Art. **16.**[1]) Rechtsgeschäfte, zu deren Giltigkeit bisher zwar keine richter-

---

dem 51er Entwurf entnommen. Nähere Vollzugsvorschriften: Instr. §§ 56, 62 ff. u. Abschn. VI. §§ 67—76. Vgl. auch Art. 92 letzt. Abs. d. Ges.

[2]) „Um die bei den Gerichten geführten Grund- und Hypothekenbücher in beständiger Erwiderung zu erhalten". — Die Urschriften sind mitzutheilen: J.M.E. v. 24./10. 1884. J.M.Bl. S. 189, vgl. Instr. § 67.

[3]) Vgl. Art. 12 Abs. 3. Instr. §§ 67—76. J.M.E. v. 26./7. 1864, die Not.-Urk. welche d. Hypth.-Wesen berühren u. den Verkehr der Not. mit den Hypth.Aemtern betr. J.M.Bl. S. 210 ff. J.M.E. 6./4. 1869. J.M.Bl. S. 77. J.M.E. v. 11. April 1872. J.M.Bl. S. 126. — Verantwortlichkeit des Notars: O.G.H. X. § 67.

[4]) Vgl. §§ 109 mit 107, 137 8, 140 3, 153 8 d. Hyp.Ges. u. Instr. § 69 ff. — „Der Betheiligten" soweit sie überhaupt nach dem Hyp.Ges. in Betracht kommen. Vgl. Hyp.Ges. §§ 96, 101. —

[5]) Den Gerichten ist wiederholt (J.M.E. v. 3./11. 64, 6./5. 65) zur Pflicht gemacht „für Reinhaltung der ihnen mitgetheilten Notariatsurkunden, auf welche lediglich der veranlaßte Gerichtsbeschluß zu setzen ist, Sorge zu tragen, namentlich das Anstreichen einzelner Stellen mit Rothstift und die Benutzung des leeren Raums der Urkunden zur Vermerkung von Notizen zu unterlassen, dann die an die Notare verschlossen zurückzusendende Urkunden sowie die denselben gemäß § 65 d. Instr. mitzutheilenden Zustellungsnachweise jederzeit mit einem besonderen Umschlage zu versehen." — Vgl. ferner Anm. 42 zu Art. 13 Abs. 2.

[6]) Die Notare sind hier also — nicht ganz in Einklang mit Art. 23 d. Ges. — für das Gericht die Zustellungsbevollmächtigten der Betheiligten. Nicht betroffen von den Vorschriften der letzten beiden Absätze werden die in das Grundbuch der Stadt München einzutragenden Ewiggeldbriefe, welche lediglich vom Amtsgerichte, ohne daß ein Beschluß auf die Urschrift gesetzt werden darf (vgl. auch Ausf.G. z. R.C.P.O. § 139) der Partei unmittelbar auf Pergament auszufertigen sind (v. Zink Komm. a. a. O. S. 443, Anm. 6; Rösl a. a. O. § 37 S. 121).

[1]) Art. 16 u. 17 wiederholen den in Art. 1 Abs. 2 ausgesprochenen Grundsatz, daß außerhalb des gerichtlichen Wirkungskreises in Sachen der freiw. Gerichtsbarkeit eine öffentliche Urkunde, „welche nach gesetzlicher Vorschrift oder nach dem Willen der Betheiligten zu errichten ist", nur notariell aufgenommen werden kann.

liche Prüfung oder Bestätigung, jedoch eine gerichtliche Aufnahme oder siegelmäßige Fertigung [2]) erforderlich war, können fortan giltig nur vor einem Notare errichtet werden. [3])

Art. 17. Wenn bei einem Rechtsgeschäfte, zu dessen Giltigkeit die Mitwirkung eines Gerichts oder Notars nicht vorgeschrieben ist, die Betheiligten die Errichtung einer öffentlichen Urkunde für angemessen erachten, so ist für diesen Zweck die Zuziehung eines Notars erforderlich. [3])

Art. 18. Versteigerungen von Immobilien können rechtsgiltig nur von einem Notar vorgenommen werden. [4])

Art. 19. [5]) Vermögensinventare, sie mögen in Folge gesetzlicher Bestimmung [6]) oder eines richterlichen Beschlusses [7]) oder auf Antrag eines

---

[2]) Vgl. Art. 150 Abs. 2.

[3]) Das Präjudiz ist in beiden Fällen zweifellos verschieden. Verstößt die nach Art. 17 aufgenommene Urkunde derartig gegen die Notariatsordnung, daß sie nicht als öffentliche gilt (Art. 148), so wird die Gültigkeit des Rechtsgeschäfts dadurch ohne weiteres nicht berührt; während das in einer nach Art. 16 notariell aufzunehmenden Urkunde beurkundete Rechtsgeschäft, wenn sie nicht notariell aufgenommen wird oder zwar so aufgenommen wird, aber nach Art. 148 nicht als öffentliche Urkunde gilt, nach dem in Betracht kommenden Civilrechte in Bezug auf seine Ungültigkeit der verschiedenartigsten Beurtheilung unterliegen kann.

[4]) Der Entwurf v. 1851 sagte: „dürfen" und erhielt schon damals die jetzige Fassung aus dem Grunde, weil „dergleichen Versteigerungen bisher auch von Privatpersonen vorgenommen würden und es nicht angemessen sei, dieser Gewohnheit entgegen zu treten, nur könne solchen Privatversteigerungen natürlich nach dem bereits im Art. 14 aufgestellten Grundsatze keine rechtsverbindliche Kraft beigelegt werden." (Vgl. Gew.O. Art. 35 Abs. 3, Not.Ztg. XII. 324. Vgl. Instr. §§ 77—80; auch Art. 52 d. Ges. u. Inst. §§ 101, 108 — 109—119: über die von den Gerichten den Notaren zu übertragenden „Versteigerungen von Immobilien" ist im Sinne des Art. 14 zu verstehen und begreift nicht jeden auf Immobilien sich beziehenden Vertrag wie Pachtverträge oder Werkverdingungsverträge, z. B. zur Herstellung einer Eisenbahn unter sich (v. Zink, K. a. a. O. S. 451, a. M. Rehm a. a. O. S. 48 Anm. 1. Instr. § 77, der solche Verträge erwähnt hat, hat auf diese Frage keinen Bezug, da er nicht von Immobiliar-Versteigerungen, sondern von freiwilligen Versteigerungen allgemein handelt). Der Rechtsnachtheil ist also Nichigkeit.

Die Versteigerung ist das wesentlichste Rechtsgeschäft, bei welchem die Thätigkeit des Notars über die Beurkundung hinaustritt, auf welche sie sich nach Art. 11 Abs. 2 grundsätzlich zu beschränken hat. Es ist daher nicht zweifellos, ob der Notar außerhalb der ihm ausdrücklich eingeräumten Fälle: Immobiliar-Versteigerung (Art. 18) und Versteigerung im Auftrage des Gerichts (Art. 52), freiwillige Versteigerungen überhaupt vornehmen, d. h. nicht bloß beurkunden — was zweifellos seines Amtes ist —, sondern selbst abhalten, insbesondere den Zuschlag ertheilen darf.

Ueber Versteigerungen in Wirthshäusern s. Bl. f. R.A. XXIX. 183, J.M.E. v. 30./3. 1865 (J.M.Bl. 1865 S. 53), bei Art. 43 S. 67 hiernach.

[5]) Instr. §§ 103—105, 120, 121. — Vgl. Art. 30 u. 34 d. Ges. — Ueber die Inventur überhaupt s. Not.Ztschr. III. S. 140; Bayr. Not.Ztg. III. 129, XIII. 84, XXIX. 24, 61; Bl. f. R.A. L. 273, 289, 305, 321, 337, 355; O.G.H. Sen. IV. 291, XI. 218; Not.Ztschr. VII. 245. — Darf der Notar die Schätzer an ihren Eid erinnern? Bl. f. R.A. XLIII. 33; Not.Ztg. VII. 45. — Wegen früher privilegirter Personenklassen Bl. f. R.A. XXXVI. 86, 273. — Bei der Vermögensaufzeichnung im Konkurse, R.Konk.O. § 113 s. o. S. 69, sind durch A.Ges. z. G.V.Ges. Art. 63 die Gerichtsschreiber und nach Art. 66 die Gerichtsvollzieher für zuständige Urkundspersonen erklärt, jene sollen aber diese Verrichtung nur auf Anordnung des Gerichts (s. o.) vornehmen. Die Zuständigkeit der Notare auch für diese Art von Vermögensaufzeichnung ist dadurch natürlich nicht ausgeschlossen, sondern sie tritt nur mit jenen in Konkurrenz.

[6]) Z. B. bei Ausbruch des Konkurses (a. a. O.), bei Eintritt einer Vormund-

Betheiligten erforderlich sein,[8]) werden von den hiezu durch die Gerichte oder Betheiligten bestimmten Notaren errichtet.[9])

---

schaft (Bay. L.R. I. 7 § 10), bei Antritt einer Erbschaft mit der Rechtswohlthat des Inventars (das. III. 1 § 18), bei Eingehung einer ehelichen Erwerbsgemeinschaft (Pr. L.R. II. 1 § 397); vgl. Roth, Bay. C.R. III. 716; v. Zink, Komm. S. 456. Die Verzeichnung durch das Verlassenschafts- oder Pflegschafts-Gericht in den bezüglichen Fällen würde zweifellos dienstwidrig sein — über die Zuständigkeit vgl. Anm. 9. — (Bl. f. R.A. XLIII. 102, L. 341 ff., 358; Bay. Not.Ztg. II. 144, IX. 330, XIII. 84 ff.)

Maßgebend für die Frage, ob nach gesetzlicher Vorschrift ein Inventar zu errichten, ist dasjenige Gesetz, welches über das betr. Rechtsverhältnis (Erbschaft, Vormundschaft u. s. w.) zu entscheiden hat. Maßgebend für die Form des Inventars dagegen in allen Fällen — gesetzlichen, gerichtlichen, privatwillkürlichen Erfordernisses — das Recht des Ortes der Aufnahme, d. h. des Ortes, wo das Vermögen sich befindet bezw. bei einem Karenzakte sich befinden sollte. Das bezieht sich auch auf den zu verzeichnenden Inhalt; stimmt aber in dieser Beziehung das Recht über das Rechtsverhältnis mit dem Rechte des Aufnahmeortes nicht überein, sondern erfordert eine umfangreiche Aufzeichnung, so muß diesem Mangel durch Requisition besonderer Beurkundungen abgeholfen werden.

[7]) Instr. § 103.

[8]) „Erforderlich sein" hat zweifellos einen doppelten Sinn, nemlich: „infolge gesetzlicher Bestimmung" erforderlich ist Errichtung von Vermögensinventaren lediglich für die Parteien, zur Vermeidung von Rechtsnachtheilen, dieselbe Bedeutung kann das Erfordernis in Folge eines richterlichen Beschlusses haben; letzteres kann aber auch bedeuten, und das dritte: „auf Antrag erfordern" bedeutet immer nichts weiter als: „mag der Notar genöthigt sein" zu inventarisiren, im Sinne des Art. 11 Abs. 2 Nr. 1 u. Art. 43 Abs. 1. Die Breviloquie des Art. 19 besagt also Folgendes: „Vermögensinventare, sie mögen in Folge gesetzlicher Bestimmung oder eines richterlichen Beschlusses erforderlich sein" oder auch sonst, „wenn ein Betheiligter die Errichtung einer öffentlichen Urkunde für angemessen erachtet", auf dessen Antrag aufgenommen werden müssen, „werden von den Notaren errichtet". Denn auch in den Fällen gesetzlich vorgeschriebener Inventarisation werden die Bay. Notare nicht von amtswegen, sondern nur in Folge gerichtlicher Anordnung oder privaten Verlangens thätig, und umgekehrt müssen sie nach Art. 43 auch ohne gesetzliches oder richterliches Erfordernis einer Inventarisation auf Antrag eines Betheiligten solche vornehmen, „wenn er die Errichtung einer ö. Urkunde für angemessen erachtet" (Art. 17). Daraus folgt nothwendig, daß Privatinventare, wenn nicht „in Folge gesetzlicher Bestimmung" Inventarisation erforderlich ist, keineswegs ungültig sind, welche Bedeutung ihnen aber beizumessen ist, hängt ganz von der Sachlage ab.

[9]) Die Fassung „werden errichtet" ohne Ausspruch eines Rechtsnachtheils, wie in 14. 16. 18. oder des Erfordernisses notarieller Zuziehung wie in Art. 17, hat ja zweifellos etwas Besonderes. Diese Besonderheit erklärt sich aus der in Anm. 8 beleuchteten Kürze des Ausdrucks. Es wird aber weiter aus dieser einfach positiven Fassung gefolgert, „daß die Einhaltung dieser Bestimmung nicht Bedingung der Rechtsgültigkeit des Inventars als öffentliche Urkunde ist" (Rehm a. a. O. S. 50 Anm. 6), oder daß auch andere amtliche oder behördliche Inventare „publica fides" genießen (v. Zink a. a. O. Comm. S. 458, vgl. Enderlein, S. 108 Anm. 105). Das geht unbedingt zu weit und ist in dieser Allgemeinheit unrichtig. Wollte ein Gericht z. B. außerhalb des durch Art. 11 Abs. 1 ausnahmsweise vorbehaltenen gerichtlichen Wirkungskreises, etwa bei Auseinandersetzung einer ehelichen Gütergemeinschaft inventarisiren, so wäre das gerichtliche Inventar gewiß, „weil nicht innerhalb der Grenzen seiner Amtsbefugnisse errichtet" (C.P.O. § 380), keine öffentliche Urkunde. Die Frage nach dem öffentlichen Glauben nicht notarieller amtlicher Inventare in Privatrechtssachen beschränkt sich von vornherein auf denjenigen Wirkungskreis, welcher gemäß Art. 11 Abs. 1 d. Ges. der Zuständigkeit der Gerichte vorbehalten ist. Nach Art. 11 Abs. 1 d. G. können diese außerhalb desselben in freiwilliger Gerichtsbarkeit überhaupt keine Urkunde mit öffentlichen Glauben errichten, und es fragt sich also nur, ob innerhalb dieses Wirkungskreises die Zuständigkeit der Gerichte und event.

Art. 20.[10]) Wo das Gesetz[11]) bei gewissen Rechtsgeschäften eine Belehrung (Certioration) vorschreibt, kann[12]) solche von dem Notare, welcher die Urkunde errichtet, ertheilt werden.

Art. 21.[13]) Vergleiche können vor einem Notare errichtet werden, selbst wenn sie einen bereits anhängigen Streit betreffen.

---

anderer Behörden durch Art. 19 weiter beschränkt ist. Nun sagt man, Art 19 enthalte keine Rechtsvorschrift in Bezug auf die Zuständigkeit, sondern nur eine Dienstregel; d. h. unbeschadet ihrer Zuständigkeit — in dem nach Art. 11 d. Ges. ihnen gezogenen Wirkungskreise — sollen die Gerichte in Bezug auf Inventare keinen Gebrauch davon machen. Der Art. 19 würde sich danach als eine gegebene Ergänzung des Art. 11 Abs. 3 darstellen, welcher für Erklärungen der Betheiligten im gerichtlichen Wirkungskreise notarielle Beurkundung zuläßt, indem Art. 19 nun auch notarielle Beurkundung für eine Thatsache: nemlich des Vermögensbestandes auch im gerichtlichen Wirkungskreise gestattet, mit dem weiteren Befehle, daß diese Thatsache weder von Gerichten noch von anderen Behörden beurkundet werden solle. Der positive Ausdruck „werden — errichtet" spricht (zumal im Hinblick auf den französischen Sprachgebrauch [sera — serons], dessen Bedeutung, da französische Vorbilder immerhin vorlagen, nicht zu unterschätzen ist), nicht für diese Auslegung des Art. 19 als einer Dienstvorschrift (= „sollen errichtet werden"). Auch reiht sich derselbe im Sinne einer Zuständigkeitsvorschrift leicht dem gleichbedeutenden Art. 18 an und es spricht für diese Auffassung des Art. 19 endlich Art. 151 des A.G. z. R.C.P.O. für das Gebiet des A.L.R.: „Das für den erbschaftlichen Liquidationsprozeß erforderliche Inventar muß durch einen Notar errichtet werden."

Vgl. wegen der Haftung des Staates in Folge gerichtlichen Auftrages Art. 149; wegen Uebersendung des Inventars Instr. § 64; wegen Ladung der Betheiligten Art. 24, Instr. § 102.

[10]) Ueber das Verhältnis dieses Art. zu Art. 45 Abs. 1 s. Not.Ztschr. IV. 155.

[11]) Welches, richtet sich nach der juristischen Natur der Belehrung: ist sie mit Rücksicht auf die Persönlichkeit der Betheiligten vorgeschrieben wie früher, z. B. bei Bürgschaften von Frauen (v. Zink, Komm. a. a. O. S. 461, Enderlein S. 110 Anm. 4), so wird das über die Rechtsfähigkeit entscheidende Recht; ist sie dagegen mit Rücksicht auf den Gegenstand des Rechtsgeschäfts z. B. Immobilien vorgeschrieben, das Recht der belegenen Sache die maßgebende Norm sein. Vgl. übrigens d. Ges. v. 5. (nicht 4.) Mai 1890 o. S. 9.

[12]) Unter Umständen, wo die Unterlassung die Absicht zu gefährden oder zu vereiteln geeignet wäre, muß der Notar belehren: Not.Ztg. VI. 89; O.G.H. Slg. VI. 620, IV. 416; Not.Ztschr. IV. 155.

[13]) Vgl. A.G. z. C.P.O. Art. 86: „Die vor Gericht abgeschlossenen oder notariell beurkundeten und die von dem Vorstande der Anwaltskammer gemäß § 49 der R.A.O. vermittelten Vergleiche gelten als rechtsförmliche Vergleiche im Sinne des Kap. XVII. § 1 der Bayr. Ger.O. — Die von den in Art. 11 bezeichneten Vermittelungsämtern in der vorgeschriebenen Form beurkundeten Vergleiche sind als Verträge sofort rechtswirksam; bei denselben finden jedoch, so lange sie nicht ganz oder theilweise erfüllt sind, die Beschränkungen der Anfechtung, welche für die in Abs. 1 bezeichneten Vergleiche gelten, keine Anwendung."

Art. 11. „Das Vermittelungsamt der Gemeinden, Militärbehörden und Universitätsrektorate richtet sich nach den hierüber bestehenden besonderen Bestimmungen ...... — Die Gemeindebediensteten, Militärbehörden und Universitätsrektorate handeln bei Ausübung des Vermittelungsamtes als öffentliche Behörden.

Ist ein Vergleich oder eine sonstige auf den Rechtsstreit bezügliche Uebereinkunft vor einem der vorbezeichneten Vermittelungsämter zu Stande gekommen, so ist darüber eine von den Betheiligten zu unterzeichnende Urkunde aufzunehmen. — Durch solche Urkunden werden in den Fällen, in welchen das Gesetz Notariatsurkunden verlangt, diese nicht ersetzt."

Art. 55. „Eine gütliche Einigung der Betheiligten über die Abtretung oder über die zu leistende Entschädigung wird mit der Protokollirung durch die Distriktsverwal-

Art. **22.**[14]) Die Betheiligten können der über ein Rechtsgeschäft errichteten Privaturkunde die Eigenschaft einer Notariatsurkunde dadurch verleihen, daß sie die Privaturkunde zu diesem Zwecke bei einem Notare hinterlegen, welcher darüber eine Urkunde aufnimmt, und dieser die übergebene Privaturkunde beiheftet.[15])

Die beiden Urkunden vereint bilden sodann die Urschrift für das Rechtsgeschäft.[16])

Eine solche Hinterlegung hat nur Wirksamkeit gegen diejenigen Verpflichteten, welche zu derselben mitgewirkt haben.

Art. **23.**[17]) Ist die Zustellung einer Notariats-Urkunde an eine Person, welche bei deren Errichtung nicht zugegen war, gesetzlich nothwendig, so hat der Notar diese Zustellung durch einen Gerichtsvollzieher bewirken zu lassen oder in entsprechender Anwendung des § 179 der Civil-Prozessordnung unmittelbar die Post um Bewirkung der Zustellung zu ersuchen.

---

tungsbehörde rechtswirksam" (im Zwangsenteignungsverfahren; vgl. Enderlein S. 113 zu Art. 21).

Wegen der Vergleiche vor einem ordentlichen Prozeßgerichte dagegen vgl. C.P.O. §§ 471, 702 Nr. 1 und 3. Auch wenn die Prozeßvergleiche Minderjährige u. s. w. betreffen oder auf Grund derselben ein Eintrag im Hyp.Buche stattzufinden hat (Art. 12 d. Ges.) oder wenn sie Immobiliarrechte betreffen (Art. 14), so ist auf Grund dieser reichsrechtlichen dem Landesrecht vorgehenden Vorschriften Konkurrenz der Gerichte mit den Notaren hergestellt. Vgl. Rösl a. a. O. S. 102; v. Zink, Komm. a. a. O. S. 463; Bl. f. R.A. XXIX. 136, XXXIII. 415, XLIII. 210, 228, XLIV. 182, XLVIII. 1, 33, L. 490. Vgl. Bd. I. S. 61.

Ueber die Vollstreckbarkeit vgl. C.P.O. a. a. O. u. § 702 Nr. 5, Art. 80 d. Ges. u. 126 d. A.G. z. C.P.O.

[14]) Instr. § 91. — Ganz verschieden von der Hinterlegung ist die Vorlage einer Privaturkunde zum Zwecke der Feststellung des Datums. A.G. z. C.P.O. Art. 88, s. o. S. 13 Nr. 5.

[15]) Beglaubigung der Unterschrift der Betheiligten führt den Erfolg nicht herbei, wenn auch die Urkunde im Verwahr des Notars verbleibt.

Ob die Verleihung der Eigenschaft einer Notariatsurkunde an eine Privaturkunde dieselbe Wirkung hat, als wenn diese von vornherein von einem Notar errichtet wäre, ist streitig mit Bezug auf Art. 14 (vgl. Bl. f. R.A. XXX. 170, 172; Erg.Bd. II. 400, XLV. 65, 81, XLVI. 177, 193; Not.Ztg. II. 17, IX. 129, XIII. 90, 169; O.G.H. Slg. VII. 480). Enderlein a. a. O. S. 113 Anm. 2 und Rehm a. a. O. S. 52 Anm. 5 verneinen es, weil die Privaturkunde nach Art. 14 nichtig ist, und Art. 22 rechtsbeständige Privaturkunden voraussetze. Dagegen Instr. § 91 Abs. 2. Da beide Urkunden verlesen werden müssen, auch Art. 45 d. Ges. auf die Privaturkunde Anwendung findet, die deshalb auch im Gegensatz zu Art. 61 offen übergeben werden muß (O.G.H. Slg. V. 781; Bl. f. R.A. XLI. 71; Not.Ztg. V. 79), so ist nicht einzusehen, welcher praktische Unterschied zwischen der erstmaligen notariellen Aufnahme und dieser notariellen Hinterlegung stattfindet, und weshalb die Kontrahenten den schon geschriebenen Inhalt ihres Vertrages noch einmal von dem Notar schreiben lassen sollen, um dem Art. 14 zu genügen, da das Gesetz doch gerade diese doppelte Verbriefung für überflüssig hält.

Da es sich nur um Urkunden über Rechtsgeschäfte handelt, so bleiben z. B. Inventare außer Betracht.

Der Wortlaut bezieht sich nur auf Privaturkunden; für gerichtliche Urkunden trifft aber der gleiche Grund zu (v. Zink, Komm. a. a. O. S. 466 Nr. 3).

[16]) Vgl. Art. 68 d. Ges.

[17]) Art. 23 (die gegenwärtige Fassung beruht auf A.G. z. R.C.P.O. Art. 126 Nr. 3) und Art. 24 fanden sich auch im 51er Entwurfe. Die Motive bemerkten dazu:

Art. 24. Die Vorschrift des Artikel 23 findet auch Anwendung auf Ladungen, welche der Notar an einzelne Personen in Folge eines gerichtlichen Auftrages erläßt.

Art. 25. Letztwillige Verfügungen,[1]) welche vor einem Notar errichtet oder demselben verschlossen übergeben werden (Artikel 60 u. 61) erhalten dieselbe Kraft,[2]) wie die vor dem Eintritte der Wirksamkeit des gegenwärtigen Gesetzes gerichtlich errichteten oder übergebenen letztwilligen Verfügungen.[3])

Art. 26. Die dem Notare übergebene[4]) letztwillige Verfügung kann

---

„Zu Art. 23. Häufig wird sich der Fall ergeben, daß die Zustellung einer Not.-Urkunde an eine Person, welche bei deren Errichtung nicht gegenwärtig war, gesetzlich nothwendig wird, z. B. bei Kündigungen von Forderungen. Zur Abschneidung aller Weitläufigkeiten, welche dadurch herbeigeführt werden müßten, wenn der Notar diese Zustellung in seinem Bez.Ger.Sprengel selbst besorgen oder durch einen Notar des betreff. Bez.Ger.Sprengels besorgen lassen wollte, was überdies nur möglich wäre, wenn die betheiligte Person die Zustellung an sich geschehen lassen will, wurde verordnet, daß der Notar die fraglichen Zustellungen durch das Gericht bewirken läßt, von welchem die desfallsige Bescheinigung dem Notar übergeben wird."

„Zu Art. 24. Der Notar als solcher kann Niemand zu sich laden, er handelt nur auf Ersuchen der Betheiligten. Anders verhält sich aber die Sache, wenn der Notar in Folge eines gerichtlichen Auftrages handelt; hier geht die Befugnis des Gerichts, Ladungen zu erlassen, auf den Notar über, und wenn diese Ladungen einzelnen Personen zuzustellen sind, so bewirkt der Notar diese Zustellung nach Vorschrift des Art. 23 gleichfalls durch das Gericht."

Die Motive zu Art. 23 gehen offenbar zu weit, auch die Annahme gerichtlicher Zustellungen kann der Adressat verweigern, deshalb ist mit Recht dem Notar die Zustellung durch die Post freigelassen. Aus den Motiven zu Art. 24 darf man nicht etwa entnehmen, als wenn der Notar irgend eine Zwangsbefugnis erhielte: er kann keinen Rechtsnachtheil für den Fall des Ausbleibens androhen. (Vgl. v. Zink, Erl. zu Art. 21 a. a. O. S. 95.)

Vgl. Instr. §§ 65, 102, 124 und über das Ersuchen um Zustellung durch die Post J.M.E. v. 28./3. 1887 u. 1889, J.M.Bl. v. 87 S. 102, 163, v. 89 S. 249.

[1]) Artt. 25—35 behandeln letztw. Verfügungen und Verlassenschaften vom Standpunkte der Zuständigkeit, Artt. 60, 61 in Rücksicht ihrer urkundlichen Form. Artt. 25, 26, welche die notarielle Zuständigkeit zur Auf- und Annahme letztw. Verf. betreffen, hängen durch die Bezugnahme auf Artt. 60, 61 eng zusammen, was für die Auslegung des Art. 26 von Bedeutung ist. — Vgl. Instr. Artt. 82—90.

Unter letztwilligen Verfügungen sind Erbverträge nicht einbegriffen; vgl. Artt. 27 u. 28 Abs. 2 u. 3, 60 Abs. 2, 61, 125 Abs. 3, übrigens aber alle Arten, insbesondere auch Schenkungen von Todes wegen.

[2]) Sie erhalten dadurch aber nicht die Eigenschaft einer öffentlichen Urkunde wie die nach Art. 22 hinterlegten Privaturkunden: Instr. § 84.

[3]) Aufnahme einer letztwilligen Verfügung durch ein Gericht nach 30./6. 1862 wäre unheilbar nichtig, Annahme einer solchen in gerichtliche Verwahrung nur insofern wirksam, als ein gültiges Privattestament vorliegt. (Enderlein S. 117 Anm. 1 zu Art. 25.) Vgl. im Uebrigen Artt. 60 u. 61.

[4]) Allerdings ist hierbei „verschlossen" nicht wiederholt, und zweifellos kann schon nach Art. 22 dem Notar auch eine letztwillige Verfügung offen übergeben werden, aber daß hier wie in Art. 25, an den sich diese Vorschrift unmittelbar anschließt, nur von Verfügungen in Gemäßheit der Art. 61 von „verschlossen übergebenen" letztwilligen Verfügungen die Rede ist, beweist auch Absatz 2, der andernfalls mindestens sehr ungeschickt gefaßt wäre. Dafür spricht auch Art. 28 Abs. 3, wie denn überhaupt an „offen übergebene" letztwillige Verfügungen kaum gedacht zu sein scheint (A. M. Rehm S. 56 Anm. 1.) — Die nicht übergebene, sondern vom Notar auf-

bei dem Notare hinterlegt oder auch dem Disponenten sogleich [5]) oder zu einer andern Zeit, jedoch nur auf persönliches Verlangen desselben zurückgestellt werden.

Durch eine solche Zurückstellung wird die in Artikel 25 bezeichnete Kraft der letztwilligen Verfügung nicht aufgehoben, wenn dieselbe unversehrt und unverändert geblieben ist.

Hierüber hat der Notar den Disponenten vor der Zurückstellung zu belehren und daß dies geschehen, in dem über die Zurückstellung aufzunehmenden Notariatsacte zu beurkunden.

Art. **27.**[6]) Wenn ein Notar von dem Tode einer Person, die eine letztwillige Verfügung bei ihm errichtet oder übergeben hat, Kenntniß erhält, so hat er ungesäumt dasjenige [Stadt- oder Land]Amtsgericht, welchem die Behandlung der Verlassenschaft zusteht, davon zu benachrichtigen.

Gleiche Verpflichtung liegt ihm hinsichtlich der bei ihm errichteten Erbverträge und der von ihm an den Disponenten zurückgestellten letztwilligen Verfügungen ob.[7])

Art. **28.** Bringt das [Stadt- oder Land]Amtsgericht, welchem die Behandlung einer Verlassenschaft zusteht, in Erfahrung,[8]) daß eine letztwillige Verfügung des Erblassers von einem Notare aufgenommen, ihm übergeben, oder

---

genommene letztwillige Verfügung darf dem Disponenten nicht zurückgestellt werden (Art. 22).

[5]) Sogleich, d. h. „nachdem gemäß Art. 61 verfahren ist", was überhaupt nach Art. 25 beim ganzen Art. 26 zu unterstellen ist. — Ueber den Widerruf gemeinschaftlicher Testamente (t. reciproca, correspectiva) und von Erbverträgen s. O.G.H. Slg. II. 221, 505, III. 212, V. 474, 707, VI. 212, VII. 125, XI. 410, 587, 621; Bl. f. R.A. XXXVII. 177, XXXVIII. 144, XL. 96, XLI. 183, XLII. 224, 413, XLIII. 395, XLV. 488, XLVII. 154, 350; Instr. § 85 Abs. 2; Enderlein S. 213.

[6]) Die Art. 27, 28 betreffen die Maßregeln zwischen Notar und Gericht, um das letztere zufolge seiner Zuständigkeit als Verlassenschaftsgericht (o. S. 6) im Todesfalle auf dem Laufenden zu erhalten; Maßregeln, die wie der ganze weitere, durch die Artt. 29—35, 51 u. 52 geregelte Verkehr überflüssig wären, wenn das Verfahren nicht so auseinandergerissen, der Notar nicht als Urkundsperson kraft eigener Zuständigkeit und als Verlassenschaftskommissär kraft Gerichtsauftrags thätig würde, sondern vielleicht mit einer Beschränkung wegen Aufbewahrung letzter Willen von Anfang bis zu Ende für zuständig erklärt würde. Die Sicherung der aufzubewahrenden Testamente, welche zumeist die Schwierigkeit gewesen, die den Gesetzgeber veranlaßt hat, die Gerichte mit den Notaren in Verbindung zu setzen, hat in Bayern, wie die §§ 27, 28 beweisen, mit dieser Verbindung nichts zu thun. Die Notare sind die einzigen gesetzlichen Verwahrer der von ihnen auf- oder angenommenen letzten Willen bis zum Todesfalle des Disponenten; denn auch Art. 28 unterstellt unzweifelhaft den Todesfall, wie aus den Worten „Verfügung des Erblassers" hervorgeht.

Wegen gemeinschaftlicher Testamente s. O.G.H. Slg. I. 95, II. 507, V. 707, VII. 951; Seuff. Arch. XXXVI. 69.

[7]) J.M.E. v. 1./11. 71 (Not.Ztg. VIII. 360; Enderlein S. 118 Anm. 1 zu d. Art.) hebt deswegen die Nothwendigkeit eines übersichtlichen Verzeichnisses für solche Urkunden hervor.

Zunächst ist bloße Benachrichtigung vorgeschrieben, obwohl das Amtsgericht nur im Falle des Art. 28 Abs. 4 den Notar mit der Eröffnung beauftragen kann; in allen anderen Fällen aber die Verfügung unbedingt von ihm übersandt werden muß, und es also nicht nöthig ist, den Auftrag dazu abzuwarten.

[8]) Vielleicht erst durch die nach Art. 27 erfolgte Mittheilung seitens des Notars,

von ihm an den Disponenten zurückgegeben worden sei, so beauftragt dasselbe den betreffenden Notar zur Mittheilung der letztwilligen Verfügung oder des über deren Rückgabe aufgenommenen Actes.[9])

Das Nämliche gilt von den durch einen Notar aufgenommenen Erbverträgen.

Die von dem Notare aufgenommenen letztwilligen Verfügungen und Erbverträge sind in Ausfertigungen, die verschlossen bei ihm hinterlegten letztwilligen Verfügungen in Urschrift und uneröffnet an das Gericht abzugeben.[10])

Befindet sich der Notar, bei welchem die letztwillige Verfügung verschlossen hinterlegt ist, nicht am Sitze des Verlassenschaftsgerichtes, so kann dieses den Notar mit Eröffnung und Verkündung der letztwilligen Verfügung beauftragen.[11])

Der Notar hat in diesem Falle nach Vornahme der Verkündung die Urschrift der letztwilligen Verfügung, von welcher er eine beglaubigte Abschrift anzufertigen und zu verwahren hat, an das Verlassenschaftsgericht zu übersenden.[12])

Art. 29.[13]) Ein Notar kann durch letztwillige Verfügung zur Aus-

---

und es ergiebt sich daher aus der Fassung des ersten Absatzes, daß das Gesetz in der That zunächst nur eine Benachrichtigung von dem Notare erwartet.

[9]) Nur die genannten Akte, nicht die gemäß Art. 61 [4, 5] aufgenommenen Annahmeakte sind mitzutheilen. Den Notaren ist zu überlassen, auch von diesen Ausfertigungen mitzutheilen, wenn sie „etwa außer der Aufzählung der beobachteten gesetzlichen Vorschriften noch andere Bemerkungen, z. B. hinsichtlich der Verfügungsfähigkeit der Uebergebenden enthalten, welche für das Gericht und die Betheiligten besonderes Interesse haben könnten. Ebenso ist den Gerichten unbenommen, die fraglichen Urkunden abzuverlangen, wenn es nach Gestalt der Sache nöthig erscheint". (J.M.E. v. 30./7. 68 Nr. XI. Bei Enderlein S. 118 Anm. 2 zu d. Art.)

[10]) Vgl. Instr. § 89; J.M.E. v. 15./1. 86; J.M.Bl. S. 2.

[11]) Als Grund für die erst 1861 zugefügten letzten beiden Absätze und für Ablehnung eines schon 1851 nach dem Vorbilde des Art. 1007 C. cit. gemachten Verbesserungsvorschlages wurde in den Motiven angeführt, „wegen der Besorgnis, das Testament könne unterwegs verloren gehen, scheine es angemessen, zu gestatten, daß das Verlassenschaftsgericht die Eröffnung und Publikation eines bei einem auswärtigen Notar hinterlegten Testamentes diesem selbst übertrage. Dabei verstehe es sich von selbst, daß auch in diesem Falle die Betheiligten von dem Publikationstage und -Orte in Kenntnis zu setzen seien, um der Handlung in Person oder durch Bevollmächtigte beiwohnen zu können". Der Zustimmung der Betheiligten (Art. 51) bedarf es hiernach ebenso wenig, wie es dem Gerichte unbenommen ist, das Gericht am Sitze des Notars um Rechtshülfe zu ersuchen.

Verschieden von dieser gerichtlichen Beauftragung ist der Fall der Ermächtigung als Verlassenschafts-Kommissar durch den Testator (Art. 29). In diesem Falle ist der Notar auch zur Eröffnung und Verkündigung bezw. zur Verkündung der bei ihm verwahrten letzten Willen zuständig (J.M.E. v. 2./6. 66; J.M.Bl. S. 134; Not.Ztschr. III. 173, VII. 278; Stahl S. 157), falls ohne deren Eröffnung die Ermächtigung nach Art. 29 feststeht. Das ist aber nicht nur der Fall bei offenem letzten Willen, sondern auch bei solchen verschlossenen letztwilligen Verfügungen, neben welchen die Ermächtigung offen ertheilt ist (Artt. 60, 94 d. Ges.; § 121 Abs. 3 der Instr.). Der Notar tritt im Falle der Artt. 29, 30 eben „in allen Beziehungen an Stelle des Gerichts" (Instr. § 121 cit. Abs. 1; vgl. auch das. §§ 89 u. 120 Abs. 3).

[12]) Instr. § 90.

[13]) Instr. IX. Abschn. §§ 120—124. — Verfassungsmäßige Verlassenschaft-t behörde ist das Amtsgericht (A.G. z. Ger.Verf.Ges. Art. 15); seine Stellung gestaltes sich aber zweifellos verschieden, je nachdem ob ein Verlassenschaftskommissar ernannt

einanderſetzung einer Verlaſſenſchaft (als Verlaſſenſchaftscommiſſär, Teſtamentar) ermächtigt werden.

---

iſt (Artt. 29, 34, 35 d. Geſ.) oder nicht. Die Ernennung eines Verlaſſenſchafts-Kommiſſars — er ſei nun Notar oder nicht — berührt zunächſt überall nicht das Verhältnis verſchiedener Staatsorgane in Bezug auf ihre Zuſtändigkeit, ſondern verhindert das Einſchreiten des Staats überhaupt, weil er die Nachlaßregelung primo loco der Privatverfügung überläßt: Willkür bricht Staatsrecht.

Selbſt wo das ſtaatliche Intereſſe direkt berührt wird, weil Minderjährige u. ſ. w. vorhanden ſind, will das Geſetz der Privatwillkür nicht vorgreifen, obwohl das erwartet werden könnte (deshalb Art. 31), denn für dieſe Intereſſen iſt ja die Vormundſchaftsbehörde da, nicht das Nachlaßgericht als ſolches.

Demnach ergeben ſich zunächſt folgende feſtſtehende Punkte:

1) Wenn ein Verl.Komm. ernannt iſt, ſo muß das Gericht gemäß Art. 30–33 dem Verl.Komm., er ſei Notar oder ein Anderer, vom Erblaſſer oder von den Erben ernannt, den Nachlaß überweiſen und der Verl.Komm. hat dann ſelbſtändig das zur Auseinanderſetzung Erforderliche zu veranlaſſen; iſt es der Notar, auch die bei ihm verwahrten Teſtamente zu eröffnen bezw. zu publiziren (Anm. 28);

2) wenn kein Verl.Komm. ernannt iſt, a) muß das Gericht dem Notar etwaige Verſteigerungen übertragen (Art. 52), — b) kann das Gericht ohne Zuſtimmung der Betheiligten dem auswärtigen Notar die Publikation eines letzten Willens übertragen (Art. 28 Abſ. 4) und c) kann das Gericht mit Zuſtimmung der Betheiligten dem Notar die Auseinanderſetzung ganz oder theilweiſe übertragen (Art. 50 d. Geſ.);

3) in jedem Falle hat der Notar diejenigen Geſchäfte vorzunehmen, für welche Notariatszwang beſtimmt iſt; das Inventar aufzunehmen (Artt. 19, 30, 34 Abſ. 2), und Immobiliar-Verſt. abhalten (Art. 18) u. ſ. w., nicht aber iſt der zum Verl.-Komm. ernannte Dritte (Art. 34 d. Geſ.) verpflichtet, dem Notar die Mobiliarverſteigerungen zu überlaſſen;

4) andererſeits bleibt das Amtsgericht in jedem Falle ausſchließlich zuſtändig für alle erforderlichen Prüfungen, Beſtätigungen, Beſchlußfaſſungen und Berichtigungen im Hyp.Buche (A.G. z. Ger.Verf.Geſ. Artt. 15, 13 Abſ. 1, 15 Abſ. 3, 32 Abſ. 1, 35, 51 Abſ. 3).

Wie ſich aber im erſten Falle (Nr. 1) auf Grund der Artt. 29, 30 d. Geſ. gerichtliche und notarielle Zuſtändigkeit verhält, iſt nicht klar und ſicher. Nach der Inſtruktion § 121 Abſ. 1 tritt der Notar „in allen Beziehungen an Stelle des Gerichts, welches außerdem zur Behandlung der Verlaſſenſchaft zuſtändig geweſen wäre", was aber damit gemeint iſt, wird wieder ſehr zweifelhaft, wenn man die Beiſpiele im zweiten Abſatze lieſt, unter denen ſich z. B. Verſiegelung aufgeführt findet, nicht dagegen Entſiegelung, Ausſtellung von Erbſchaftszeugniſſen, Abnahme des Offenbarungseides und andere, der Gerichtsbarkeit entfließende, vorzugsweiſe gerichtliche Amtshandlungen. v. Zink findet zwar S. 479 in Art. 29 eine Ausnahme von der Regel gerichtlicher Zuſtändigkeit für Verlaſſenſchaften begründet und will (S. 481) dem Nachlaßgerichte nur die unter Nr. 4 oben hervorgehobene Thätigkeit vorbehalten, ohne jedoch die letztgenannten Beiſpiele hervorzuheben (vgl. aber wegen der Erbſchaftszeugniſſe daſ. Erl. S. 28 Nr. 11); ebenſo Rösl §§ 46, 47, welcher ebenfalls erklärt, der Notar erhalte durch die Ueberweiſung des Nachlaſſes die Befugnis, alle Handlungen vorzunehmen, die das Gericht vorgenommen hätte oder hätte vornehmen müſſen, und dabei beſonders hervorhebt, daß der Notar deshalb auch „ohne das Gericht die Siegel abnehmen, und wenn die Inventariſation mehrere Tage in Anſpruch nimmt, ohne weitere Zuziehung des Gerichts mit ſeinem eigenen Amtsſiegel wieder obſigniren kann"; a. M. ſcheint Enderlein S. 120 f., indem er die verſchiedenen Nachlaßhandlungen, Ladungen, Abnahme von Offenbarungseiden, Ausſtellung von Erbſchaftszeugniſſen u. ſ. w. unter der Nr. 3—9 verſchiedener Zuſtändigkeit zu unterwerfen ſcheint, ohne jedoch einen leitenden Grundſatz anzugeben. Rehm endlich S. 61 Anm. 3 zu Art. 30 ſagt: „Ziffer 1—3 haben den Zweck mangels beſonderer Beſtimmung des letztwillig Verfügenden über den Umfang der Vollmacht des Vollſtreckers die Zuſtändigkeit von Verlaſſenſchaftsgericht und Notar abzugrenzen (Näheres Inſtr. § 121). Im Uebrigen iſt das Verlaſſenſchaftsgericht kompetent". Im folgenden Abſatze heißt es dann, nur das Gericht kann den Offenbarungseid abnehmen, indem auf Art. 11 Abs. 2 verwiesen wird. Allein zunächst kann der letzte Wille über einzelne hier in Frage stehende Kompetenzfragen des öffentlichen Rechtes nicht entscheiden, er kann wohl staatliches Eingreifen ausschließen, aber nicht einer Privatpersonen ausschließlich amtliche oder einem Notar ausschließlich gerichtliche Befugnisse beilegen (wegen des privatrechtlichen Inhalts der Vollmacht s. die folg. Anm.); sodann: was heißt „im Uebrigen"?

Es kommt offenbar darauf an, einen leitenden Gesichtspunkt festzustellen, aus dem sich bei den einzelnen Beispielen für und wider entscheiden läßt, und ein solcher läßt sich nur aus dem Gesetze selbst gewinnen. Denn die Instruktion, ein so gewichtiges Auslegungsmittel sie ist, giebt über den Kern der Frage wie gesagt keinen Aufschluß. Der Kern der Frage liegt aber allein darin, ob zufolge Art. 29 der Notar für die Nachlaßbehandlung wirklich in allen Beziehungen an Stelle des Gerichts tritt, d. h. mit der vollen und allgemeinen Gerichtsbarkeit bekleidet wird, die den Gerichten zusteht, ob er insbesondere für die Nachlaßbehandlung die ganze Zwangsgewalt, z. B. bei Ladungen, die Autorität zur Abnahme von Eiden, die Machtbefugnisse zur Beseitigung von Widerstand bei der Siegel-Anlage oder -Abnahme erhält, welche den Gerichten auf Grund der allgemeinen Gerichtsbarkeit zusteht. § 121 cit. im ersten Absatze scheint in seiner Allgemeinheit, wie gesagt, einer solchen Annahme Vorschub zu leisten, im zweiten Absatze aber Bedenken zu erregen, weil bei Aufzählung so vieler Nachlaß-Geschäfte gerade von jener Thätigkeit, welche für die Untersuchung die Probe bildet, nichts erwähnt wird. Nun läßt sich nicht leugnen, daß für jene allgemeine Uebertragung der Gerichtsbarkeit auf die Notare in Nachlaßsachen manche Momente auch in dem Gesetze selbst sprechen. Zunächst ist nicht zu bezweifeln, daß die Nachlaßbehandlung mit ihrer begrifflich dazu nothwendigen, also nach Art. 30 ohne Frage auf die Notare übergehenden Thätigkeit an sich denselben ganz andere Obliegenheiten zuweist, als sie nach Art. 11 Abs. 2 in ihrem eigenen Wirkungskreise haben, daß also hier eine von dieser ihrer eigentlichen Thätigkeit unabhängige, besondere Zuständigkeit auf die Notare übertragen ist und daß sich eben wegen der Besonderheit dieser notariellen Kompetenz aus Art. 11 Abs. 2 ein direktes Argument gegen deren Ausdehnung nicht herleiten läßt; es muß als ein Fehlschluß bezeichnet werden, wenn man sagt, weil die Notare in ihrem Wirkungskreise grundsätzlich nur Urkundsbeamte seien, haben sie durch die ihnen eingeräumten besonderen und ganz eigenartigen Kompetenzen im gerichtlichen Wirkungskreise bei der Nachlaßregelung an Stelle des Gerichts keine Befugnis, z. B. einen Offenbarungseid abzunehmen (so Rehm S. 61 Anm. 3, S. 51 Anm. 4 a. E., S. 15 Anm. 3). Die singuläre Kompetenz der Notare für die Nachlaßbehandlung kann nur aus den Vorschriften über diese bestimmt werden. Nun enthalten diese aber in Art. 30 so gar keinen Anhalt für eine Beschränkung der notariellen Kompetenz zur Auseinandersetzung und Ausantwortung der Erbschaft, daß die Instruktion eben sagt, die Notare seien in allen Beziehungen an Stelle des Gerichts getreten. Dazu kommt, daß im Einzelnen sogar ausdrückliche Vorbehalte gerichtlicher Zuständigkeit gemacht werden, so daß mit Fug gesagt werden kann, daß, abgesehen von diesem Vorbehalte — nemlich in Artt. 31, 32, 35 d. Ges. bei Betheiligung Minderjähriger u. s. w. und in Art. 33 für Beschwerden gegen den Notar — von einer Thätigkeit des Nachlaßgerichts und einem Eingreifen in die notarielle Nachlaßbehandlung durchaus nicht die Rede sein könne, daß danach vielmehr die Notare zu jeder anderen, sonst den Gerichten obliegenden oder zustehenden Amtshandlung zuständig erklärt seien. Dennoch kann dieser Auffassung nicht beigetreten werden und zwar aus folgender Erwägung.

Nach Art. 34 d. Ges. finden die Vorschriften der Artt. 30—33, also über die im Falle des Art. 29 den Notaren eingeräumte und die dem Nachlaßgerichte vorbehaltene Zuständigkeit in Nachlaßsachen „auch auf andere Personen Anwendung, welche die ihnen von dem Erblasser zur Auseinandersetzung des Nachlasses ertheilte Ermächtigung angenommen haben". Daraus folgt mit unzweideutiger Sicherheit, daß die unterstellte Thätigkeit der Nachlaßregelung an sich einen amtlichen Karakter überhaupt nicht erfordert, sonst könnte sie eben nicht vom Gesetze jeder damit betrauten Privatperson überlassen werden. Deswegen müssen ohne weiteres aus der hier in Frage kommenden Thätigkeit alle solche Handlungen als ausgeschieden betrachtet werden, welche unbedingt Amtskarakter voraussetzen, nur in amtlicher Eigenschaft vorgenommen werden können. Dahin gehört aber allerdings insbesondere die Abnahme von Eiden, nicht minder jede nur staatlich verleihbare und mit der Gerichtsbarkeit verliehene amtliche Zwangsgewalt bei der Ladung, bei der Versiegelung und Entsiegelung. Nichts derartiges konnte das Gesetz in Art. 30—34 an Privatpersonen übertragen wollen und hat es daher auch nicht auf den Notar übertragen, dem durch Art. 34 auch in Bezug auf Umfang und Inhalt seiner Thätigkeit bei der Nachlaßregelung jene gleichgestellt sind. Derartige Amtshandlungen sind also — da nichts anderes über sie bestimmt ist — lediglich den Behörden verblieben, die sie hatten, d. h. den Gerichten und also auch dem Nachlaßgericht. Kommen also bei Gelegenheit einer Nachlaßregelung solche ausschließlich gerichtliche Amtshandlungen in Frage, so hat der Nachlaßkommissar sich deswegen an das Nachlaßgericht zu wenden.

Was nach dieser Ausscheidung übrig bleibt, gestaltet sich aber verschieden, wenn eine Privatperson es thut und wenn der Notar es thut, indem hier bei dem Notar als Nachlaßkommissar wieder die Doppelnatur hervortritt, welche seine ganze Stellung kennzeichnet. Es ist ihm nichts anderes übertragen, als was jedem Privatmann übertragen werden kann, führt er es aber aus, so gewinnt es einen anderen Karakter, als welchen der Privatmann verleihen kann. Insbesondere ist diese Erwägung zu berücksichtigen bei Anlage und Abnahme der Siegel, bei Ausstellung von Erbschaftszeugnissen, Aufnahme von Urkunden u. a. m. Auch der Privat-Testamentsexekutor würde zur Sicherung den Nachlaß mittels Anlegung seines Privatsiegels unter Verschluß legen können (was zumal in Bayern, wo bis dahin Siegelmäßigkeit bestanden hatte, vgl. Art. 16, nicht so fern liegt), wenn er dazu bei der dem Notar ausschließlich zustehenden Kompetenz der Inventarisation in die Lage käme, er würde — ohne diese — ein Inventar aufnehmen können, er kann versteigern, Urkunden aufnehmen und Zeugnisse ausstellen. Nimmt der Notar dieselben Handlungen vor, so nimmt er sie zugleich in amtlicher Eigenschaft vor und giebt ihnen dadurch den amtlichen und öffentlichen Karakter, den sein Amt eben zu verleihen im Stande ist. Auf das von ihm in Nachlaßsachen angelegte Siegel findet also § 136 Str.G.B. Anwendung, alle von ihm als Nachlaßkommissar aufgenommenen Urkunden sind — gesetzmäßige Aufnahme vorausgesetzt: Art. 148 — öffentliche. Dabei ist hervorzuheben, daß nach Obigem sein Urkundsamt in Nachlaßsachen ebenfalls nicht an die in Art. 11 Abs. 3 aufgestellten Schranken gebunden ist, daß er auch, abgesehen vom Inventar, zuständig ist, nicht nur Erklärungen, sondern Thatsachen jeder Art — wie das Gericht es könnte — zu beurkunden.

Eine weitere Frage ist, ob denn nun diese ganze, dem Notar übertragene Zuständigkeit als eine ausschließliche angesehen werden muß, oder ob, was Rehm S. 16 Abs. 2 behauptet, Konkurrenz zwischen Gericht und Notar vorliegt. Auch diese Frage wird am leichtesten beantwortet, wenn man von dem amtlichen Karakter des Notars absieht und den privaten Nachlaß-Kommissar ins Auge faßt. Denn es kann wohl nicht bezweifelt werden, daß die Privatwillkür, die zunächst maßgebend ist, ohne Weiteres jede gerichtliche Einmischung in die Nachlaßbehandlung ausschließt, eine gerichtliche Auseinandersetzung des Nachlasses über den Kopf des Testamentsexekutors weg würde durchaus ungültig sein; nicht anders, wenn der Nachlaßkommissar ein Notar ist. Das in thesi zuständige Nachlaßgericht ist im Falle des Art. 29 d. Ges. für die Nachlaßbehandlung in concreto nicht zuständig. Erst auf Grund von Beschwerden gegen den Nachlaßkommissar, sei er Privatmann oder Notar, kann das Gericht thätig werden.

Es versteht sich schließlich, daß Art. 29 ff. nur die Nachlaßbehandlung als solche, die Kompetenz des Nachlaßgerichts als solchen zum Gegenstande hat, daß die Kompetenz des Gerichts als Vormundschafts-Behörde oder als Grundbuch- und Hypothekenamt durch diese Vorschriften durchaus nicht berührt wird. Wenn demnach in Artt. 31, 32 die Befugnisse der Kuratelbehörde ausdrücklich vorbehalten werden, so beweist das deutlich, daß das Gesetz jeden Eingriff des Nachlaßgerichts als solchen in die Nachlaßbehandlung ablehnt.

Demnach liegt dem Notar als Verlassenschafts-Kommissar aus Art. 29 ob und steht ihm ausschließlich zu: die Ver- und Entsiegelung des ihm überwiesenen Nachlasses zum Zwecke sicherer Inventarisation (Instr. § 121 Abs. 2), die Publikation letzter Willen, welche nach Feststellung seiner Ermächtigung vorgefunden werden (s. o.

Diese Ermächtigung kann dem Notare selbst in solchen letztwilligen Verfügungen ertheilt werden, welche von ihm aufgenommen oder ihm übergeben worden sind.[14])

Art. 30. Im Falle des Artikels 29 hat das Gericht, welchem außerdem die Behandlung der Verlassenschaft zustehen würde, den Nachlaß dem als Verlassenschaftscommissär aufgestellten Notare zu überweisen,[15]) welcher[16])

Anm. 11), Vernehmung der Erben über Anerkennung desselben, Ermittelung der Erben durch öffentliche Bekanntmachung — jedoch kann im einen wie im anderen Falle der Notar kein Präjudiz für die Nichtmeldung aufstellen —, Feststellung und Liquidation der Masse — aber ohne die Befugnis zur Abnahme des Offenbarungseides, um die des Nachlaßgerichts zu ersetzen —, Versteigerung u. s. w., Bezahlung der Schulden u. s. w., Theilung und Ueberweisung des Nachlasses, Veranlassung der Berichtigung des Grund- und Hypothekenbuches (Art. 12 Abs. 2), Rechnungslage (Art. 32), Ausstellung von Erbschaftszeugnissen (J.M.E. v. 14./2. 66, Not.Ztschr. III. 170, vgl. V. 91, Enderlein S. 13 β).

[14]) Welche weiteren Rechte der mit Auseinandersetzung eines Nachlasses als Verlassenschafts-Kommissar, Testamentar Beauftragte hat, insbesondere ob ihm die Stellung als exécuteur testamentaire des Code civ. art. 1025 ff., des Testamentsvollziehers des Pr. Allg. L.R.s I. 12. § 557 ff. zukommt, hängt von dem betreffenden Civilrecht ab; vgl. Roth, Bayr. Civ.R. III. 797, Enderlein a. a. O. S. 120 Anm. 2. Dieser privatrechtliche Inhalt der letztwilligen Vollmacht hat aber nichts zu thun mit der öffentlichrechtlichen Zuständigkeit: wenn nicht der Notar auf Grund dieser Offenbarungseide abnehmen kann, so ändert daran auch die Ermächtigung eines Testators nichts. (A. M. Rehm Anm. 3 zu d. Art. 30.)

Jedenfalls gehört die Auseinandersetzung einer Verlassenschaft zu den Diensten, welche der Notar nach Art. 43 d. Ges. nicht — wie jede Privatperson — verweigern darf; er handelt als dienstlich gezwungener Verlassenschafts-Kommissar, als öffentlicher Beamter, an Stelle des Gerichts (Instr. § 121 Abs. 1). Daraus ergiebt sich eine Doppelstellung: aus dem Privatrechtsverhältnisse des Mandats und aus der Amtspflicht, sowohl gegenüber den Betheiligten wie dem Staate gegenüber. Sowohl haben jene gegen ihn die gewöhnliche Civilklage und auch die Beschwerde aus Art. 33, wie er als Testamentsvollzieher ein selbständiges Beschwerderecht gegen gerichtliche Verfügungen hat (Bl. f. R.A. LI. 254, LII. 270), andererseits aber auch persönlich für die Erbschaftssteuer haftet, wenn er vor deren Entrichtung oder Sicherstellung die Erbschaft ausantwortet (Erbschaftsst.Ges. v. 18./8. 79 Artt. 26 u. 43 Nr. 2).

Die Vollmacht kann ebensowohl für testamentarische wie für Intestaterbschaften gegeben werden (Art. 30 Nr. 1).

[15]) Instr. §§ 121, 124. Etwa schon erwiesene Akten sind dem Notar abzugeben und verbleiben bei ihm. (J.M.E. v. 8./2. 65, J.M.Bl. S. 12, Not.Ztg. S. 79, v. Zink, Erl. a. a. O. S. 99, Enderlein S. 122 Anm. 11.)

Nach den obigen Erörterungen ist hier die Frage begründet, was geschieht, wenn das Nachlaßgericht nicht überweist, sondern selbst mit der Nachlaßbehandlung vorgeht. Wenngleich das Nachlaßgericht in thesi für die Nachlaßbehandlung zuständig erscheint, muß es in concreto für unzuständig gelten; der Art. 30 trifft nicht bloße instruktionelle Vorschriften, sondern Zuständigkeitsbestimmungen, die gerichtlichen Auseinandersetzungshandlungen würden ungültig, desfallsige Beurkundungen nicht ö. Glaubens sein, brauchten vom Notar nicht berücksichtigt zu werden und müßten auf seine Beschwerde kassirt werden. (A. M. Rehm a. a. O.) Diese Konsequenz schließt aber keineswegs die im Beschwerdewege wieder thätig werdende Zuständigkeit des Nachlaßgerichts aus (Art. 33). Ueber den Zeitpunkt der Ueberweisung s. Anm. zu Art. 33. Die Zuständigkeit des Notars hängt zwar nicht von der Ueberweisung ab, sie beruht vielmehr auf der letztw. Ermächtigung (Art. 43, anders Art. 51), wohl aber wird seine Thätigkeit thatsächlich durch dieselbe bedingt sein. Insbesondere hängt die Ueberweisung des Nachlasses an den Notar nicht davon ab, daß den Betheiligten die letztw. Verfügung durch einen gerichtlichen Akt verkündet werde (V. v. 2./6. 66).

1) auf der Grundlage letztwilliger Verfügungen oder in deren Ermangelung nach der Intestaterbfolge die Verlassenschaft auseinandersetzt,
2) die Verlassenschaft den Betheiligten nach Erledigung der etwa angemeldeten Forderungen ausantwortet und
3) streitig gewordene Punkte unter Beobachtung der nöthigen Sicherheitsmaßregeln an die Gerichte verweist.

Das etwa erforderliche Inventar hat der als Verlassenschaftscommissär aufgestellte Notar selbst zu errichten.

Art. **31**. Der Umstand, daß bei einer Verlassenschaft minderjährige oder unter gerichtliche Curatel gestellte Personen betheiligt sind, schließt die Behandlung der Verlassenschaft durch den vom Erblasser ernannten Commissär nicht aus, jedoch bleibt in einem solchen Falle der Curatelbehörde vorbehalten,[17]) von der Geschäftsführung Kenntniß zu nehmen und zur Wahrung der Interessen der minderjährigen und unter Curatel gestellten Personen die erforderlichen Verfügungen zu treffen, wenn die Curatelbehörde zugleich das Verlassenschaftsgericht ist, entgegengesetzten Falls aber Anträge bei dem Verlassenschaftsgerichte zu stellen.

Art. **32**. Ist bei der Auseinandersetzung einer Verlassenschaft eine der in Artikel 31 bezeichneten Personen betheiligt, so hat der Verlassenschaftscommissär über das ganze Geschäft eine Verlassenschaftsrechnung an das betreffende [Stadt- oder Land]Amtsgericht[18]) zur Prüfung vorzulegen.

In allen anderen Fällen hat der Verlassenschaftscommissär den Betheiligten nur auf deren Verlangen Rechnung zu stellen.

Art. **33**. Beschwerden gegen den Verlassenschaftscommissär[19]) werden unabbrüchig seiner civilrechtlichen Haftung von dem Verlassenschaftsgerichte erledigt.[20])

---

[17]) Ueber die fiskalischen Obliegenheiten des Notars s. d. Steuerges. v. 18./7. 79 Art. 30, 31 Abs. 2, 43 Nr. 2 u. 46 u. J.M.E. v. 12./8. 67, Enderlein a. a. O. S. 124.

[18]) Der Vorbehalt der Art. 31 u. 32 Abs. 2 betrifft die obervormundschaftlichen Befugnisse und Obliegenheiten der Gerichte und daher das Nachlaßgericht zunächst nur insofern, als es Obervormundschafts-Behörde ist; ist es das nicht, so greift es nur noch auf Antrag derselben ein (Schlußsatz).

[18]) Das betreffende: nemlich das Vormundschaftsgericht.

[19]) Es handelt sich hier um Beschwerden gegen das Verfahren, materielle Streitpunkte zwischen den Betheiligten unter einander, wenn auch alle in der Abweichung vom Notar einig sind, hat dieser dem Prozeßgericht zu überweisen (Art. 30 Nr. 3). Wann die Ueberweisung an dasselbe stattfindet, liegt im Ermessen des Notars, insofern, als es unter Umständen zweckmäßig erscheinen kann, z. B. mit der Entscheidung von Vorfragen, welche für die Theilung präjudiziell sind (etwa über Auslegung des Testaments), bis zur Aufstellung des Theilungsplans zu warten, unter Umständen nicht. Im einen wie im andern Falle haben die Betheiligten aber auch das Recht der Beschwerde darüber, daß oder daß nicht überwiesen werde.

Sind die Betheiligten in Abweichung vom Notar unter sich einig, so kann es sich immer nur um eine Beschwerde handeln, weil der Notar lediglich dem Willen Aller zu willfahren hat, es müßte denn sein, daß der Notar den abweichenden Willen des Testators zu vertreten behauptet, in welchem Falle er in seiner Eigenschaft als Testamentsvollzieher behuf Feststellung des letzten Willens zu verklagen sein und den Streit gegen sich selbst an das Prozeßgericht zu verweisen haben würde. Auch insofern macht die Doppelnatur seiner Stellung sich geltend.

[20]) Daß die Beschwerden abweichend von der Regel des Art. 50 an das Nach-

Art. 34. [21]) Die Vorschriften der Artikel 30—33 finden auch auf andere Personen Anwendung, welche die ihnen von dem Erblasser zur Auseinandersetzung des Nachlasses ertheilte Ermächtigung angenommen haben. Die Aufnahme des etwa erforderlichen Vermögens-Inventars muß auch in diesem Falle durch einen Notar geschehen. [22])

Art. 35. Auch die Erben können die Auseinandersetzung der Verlassenschaft einem Notare übertragen, in welchem Falle die Bestimmungen der Artikel 30—33 gleichmäßig Anwendung finden. Vormünder und Curatoren minderjähriger und unter gerichtliche Curatel gestellter Erben bedürfen zur Uebertragung der weiteren Behandlung der Verlassenschaft an einen Notar der Zustimmung der Curatelbehörde. [23])

Art. 36. [1]) Zur Empfangnahme von Geldern oder an [2]) den In-

---

laßgericht gehen müssen, ist klar, sobald man sich vergegenwärtigt, daß die Thätigkeit des Nachlaßgerichtes lediglich ausgeschlossen ist durch die Privatdisposition des Testators, daß, sobald trotz derselben das ö. Interesse staatliches bezw. gerichtliches Eingreifen erheischt, wie im Falle der Beschwerde über den Testamentsexekutor, diese an die in thesi allein zuständige Behörde, das Nachlaßgericht, gehen muß.

[21]) S. o. S. 57.

[22]) Die wiederholte (vgl. Art. 30 Abs. 2) Hervorhebung der ausschließlich notariellen Inventarisation beweist, wie entschieden das Gesetz auf dem Vorbehalt zu Gunsten der gerichtlichen Kompetenz in Art. 18 d. Ger.V.G. v. 1861 fußt, aus der trotz der allgemeinen Vorschrift des Art. 19. d. Ges. für diese singuläre Materie die Zuständigkeit des Gerichts auch für die Inventarisation gefolgert werden könnte. Hier soll außerdem das Privatinventar zurückgewiesen werden, denn wenn dem Staate überhaupt noch an einer Garantie für ordnungsmäßige Nachlaßbehandlung liegt, so mußte sie bei der ersten Grundlage derselben, der Feststellung des Nachlasses durch ein amtliches Inventar gegeben werden.

[23]) Der Fall verhält sich durchaus gleich dem einer letztvorliegenden Ermächtigung, wenn Minderjährige vorhanden sind, nur wird natürlich Einwilligung der Kuratelbehörde vorausgesetzt. „Die Erben", d. h. alle Erben insgesamt können übertragen. Die Nachlaßregelung verträgt keine verschiedenartige Behandlung durch Mehrere.

[1]) J.M.E. v. 10. August 1866. Not.Ztg. III. S. 283; J.M.E. v. 20./2. 1863. J.M.Bl. Erg.Heft S. 42. Stahl a. a. O. 153, O.H.G.E. J.M.Bl. 1866 S. 138, 181 und 338; Not.Ztsch. III. 172, 337; Autogr. J.M.E. v. 10./8. 1866 und v. 12./8. 1867. Enderlein a. a. O. S. 125 ff. Die Vorschriften des Art. 37 beziehen sich auf den in Art. 36 vorgesehenen Fall, wenn Jemand für einen Dritten bei einem Notare Gelder u. s. w. hinterlegt und finden daher auf solche, welche dieser, z. B. als Verlassenschafts-Kommissar in Empfang genommen hat, keine Anwendung. „Der Grund jener Vorschrift beruht darin, denjenigen, welcher sich in gutem Glauben an eine vermuthete Vollmacht und an die amtlichen Befugnisse eines Notars durch eine solche Gelderlage von seiner Verbindlichkeit zu befreien meint, gegen die mißlichen und nicht vorhergesehenen Folgen zu schützen, welche daraus entstehen können, daß er an einen Unberechtigten Zahlung leistete." (Erk. O.H.G. v. 24./5. 66 cit).

In der J.M.E. v. 10./8. 66 cit. heißt es: „Die Annahme und Verwahrung von Geldern und Werthpapieren bildet in der Regel keinen Gegenstand des amtlichen Wirkungskreises der Notare. Die Hinterlegung solcher Vermögenstheile bei dem Notar wird vielmehr, wenn man sie auch aus Veranlassung eines von ihm aufzunehmenden oder aufgenommenen Rechtsgeschäftes erfolgt, in den allermeisten Fällen lediglich Sache des Vertrauens des Hinterlegenden und des freien Willens des Notars sein. Vermöge seines Dienstverhältnisses sind dem Notar nur solche Gelder anvertraut, welche er in Folge eines ihm ertheilten richterlichen Auftrags, z. B. bei einer Versteigerung, oder als Verlassenschaftskommissar (Art. 29, 35 d. Not.Ges.) in Empfang genommen hat. Eine Haftbarkeit des Staats aber für vom Notare in Empfang genommene Gelder und Werhpapiere kann nach Art. 149 doch nur dann in Frage kommen, wenn der Notar sein Amt aus Auftrag des Gerichts auszuüben hatte."

haber lautenden Papieren für die Betheiligten bedarf der Notar einer Specialvollmacht, die ihm auch in einer Privaturkunde ertheilt werden kann.

Will Jemand für einen Dritten bei einem Notar Gelder oder auf den Inhaber lautende Papiere hinterlegen, ohne daß der Notar die in Absatz 1 erwähnte Vollmacht besitzt, so darf Letzterer jene Gegenstände nur nach Bekanntgabe dieses Umstandes in Empfang nehmen.

Art. 37. Können die von dem Notare für einen Dritten wie immer in Empfang genommenen Gelder oder auf den Inhaber lautenden Papiere binnen 14 Tagen an den dazu Berechtigten nicht abgeliefert werden, so hat der Notar dieselben binnen weiterer 3 Tage bei der zur Aufbewahrung gerichtlicher Depositen bestimmten Behörde zu hinterlegen, es sei denn, daß die Vollmacht des Notars eine andere Bestimmung enthält.

Jede Zuwiderhandlung gegen die Vorschriften dieses Artikels wird mit einer Geldstrafe bis zu [hundert Gulden] 180 **Mark** geahndet, und kann im Rückfalle mit Suspension oder Entlassung bestraft werden, vorbehaltlich der allenfalls begründeten strafrechtlichen Einschreitung.

Art. 38.[1]) Jeder Notar kann Gehilfen in seinen Dienst nehmen,[2])

Nach dieser — wie es scheint allgemeinen — Auffassung des Art. 36, welche in Absatz 2 nur eine Ergänzung des ersten Absatzes erblickt, und die Empfangnahme von Geldern von den Betheiligten selbst, „die ihrem eigenen von ihnen ersuchten Notar" „dadurch das nöthige Vertrauen schenken," von diesem Artikel ganz und gar ausschließt, kann freilich die Bestimmung selten Anwendung finden (Osterau bei Enderlein S. 128; v. Zink, Komm. S. 425; Erl. S. 100).

[2]) Nach v. Zink Druckfehler statt „auf."

[1]) Instr. Abschnitt IV. §§ 35—37. Vgl. Verf. v. 27./4. 80 betr. die Prüfungen für den höheren Justiz- und Verwaltungsdienst &c. sowie d. Ausführungs-Bekanntm. v. 19./5. u. 15./6. 1880; Verord. v. 27./4. 80, betr. die Praxis der Bewerber um Anstellung im Justizstaatsdienst (Ges. u. V.Bl. S. 261 u. 277 J.M.Bl. S. 91, 121, 158, 237). Die Bekanntm. v. 15./6. 80, ist durch die Vorschriften über die Führung der Personalakten und die Qualifikation der Bewerber um Anstellung im höheren Justizdienst (§ 7; J.M.Bl. 1883, S. 317) abgeändert. —

Ueber die Verehelichung d. rechtskundigen Not.Gehülfen s. J.M.E. v. 22./6. 63; J.M.Bl. S. 41, u. v. 20.8. 68, (Reg.Bl. S. 1609); über die Pflicht z. Amtsgeheimnis Instr. § 35 Abs. 2 u. 3, u. O.L.G. Slg. XI. 219; über die Einsicht der Hyp.Bücher und Akten durch rechtskundige Not.Gehülfen auf Grund einer die Einwilligung des Eigenthümers (Hyp.Ges. § 24 Abs. 2) ausdrücklich erwähnenden schriftlichen Ermächtigung (J.M.E. v. 8./7. u. 3./8. 63, J.M.Bl. S. 69 u. 55, Stahl S. 149, während die Einsicht sonstiger gerichtlicher Akten ihnen nach J.M.E. v. 29./11. 59, freistand); über die Unfähigkeit als Zeugen Art. 54 Nr. 1. d. Ges.

Der Notariatsgehülfe als solcher — d. h. abgesehen von seiner Bestellung als Amtsverweser — ist kein Beamter, hat keine ö. Eigenschaft: Abs. 2 d. Art. 38, vgl. aber Art. 39 u. J.M.E. v. 31. Dez. 1865; J.M.Bl. 1866 S. 9 unten bei Art. 120. Sein Verhältnis zu dem Notar bestimmt sich nach seinem Dienstvertrage.

Für den Schaden den ein „Notariatsgehülfe" als solcher — d. h. dienstgeschäftlich veranlaßt, haftet der Notar (nach den Grundsätzen der actio institoria", v. Zink, Komm. a. a. O. S. 503). Nicht aber z. B. für Veruntreuung oder Verlust von Geldern, die demselben ohne des Notars Vorwissen oder Ermächtigung und nicht etwa nach Art. 36 d. Ges. überliefert sind.

[2]) Instr. Abschn. III. §§ 15 ff. u. § 61. Art. 100 u. 102, 104, 123 u. 149 d. Ges. Art. 39—42 behandeln die Amtsverwesung bei Behinderung (Abwesenheit oder Krankheit) des Notars, ihr wird in Instr. § 61 die Amtsverwesung im Falle des Todes, der Entlassung oder Versetzung (Art. 100 Abs. 1), und in Folge der Suspension (Art. 102 d. Ges.) gleichgestellt. Das Gesetz spricht aber in diesen Fällen

um sie unter seiner Aufsicht, Leitung und Verantwortlichkeit in Notariatsgeschäften zu verwenden.

Diesen Gehilfen kommt keine öffentliche Eigenschaft zu und sie dürfen Urkunden außer der Gegenwart des Notars nicht aufnehmen.

Art. 39.[2]) Zur selbstständigen Aufnahme von Notariatsverhandlungen

---

nicht von einer Amtsverwesung, sondern in Fällen jener Erledigung des Amtes von der Uebernahme der Urschriften und Repertorien durch einen andern Notar, im Falle der Suspension von der Uebertragung der Ausfertigung von Urschriften auf einen Andern und zwar Beides durch den Landgerichtspräsidenten.

Den Amtsverweser „bestimmt"

1) der Notar (Art. 39 Abs. 1, Art. 40),

a) aus den Notariatsgehülfen mit Genehmigung des Justizministers, sodaß die notarielle „Bestimmung" oder Bestellung in Wahrheit nichts weiter ist als ein Vorschlag des Notars (Art. 149 Abs. 3);

b) aus den Notaren des Landgerichtssprengels, worüber er dem Landgerichte Anzeige erstattet; in diesem Falle ist der bestimmende Notar bei Vornahme der Bestimmung lediglich Delegatar des Justizministers; irgend ein privatrechtliches Verhältnis zwischen ihm und dem von ihm zum Amtsverweser bestimmten Notar wird nicht begründet. — Der Notar ist kraft seines Amtes verpflichtet zu solcher Bestellung eines Amtsverwesers (a oder b), und er haftet mit seiner Amtskaution für die Folgen der Unterlassung (Art. 123 Abs. 3);

2) der Justizminister stellt den „Amtsverweser auf", wenn der Notar ihn nicht bestimmt hat, d. h.

a) wenn der Notar keinen Notar des Landgerichtssprengels bestimmt hat, (Art. 41) und

b) auch keinen Notariatsgehülfen als Amtsverweser vorgeschlagen hat (Art. 39, 41);

c) aber auch wenn der Notar einen Notariatsgehülfen vorgeschlagen hat (Art. 39, 41); und zwar ernennt der Justizminister entweder den vorgeschlagenen oder einen anderen (Art. 149 Abs. 3). Kann der Justizminister aber auch anstatt des vom Notar bestimmten und dem Landgerichte angezeigten Notar einen anderen Notar oder Notariatsgehülfen zum Amtsverweser aufstellen? Da der verhinderte Notar in Bezug auf diese „Bestimmung" nur delegirte Befugnis hat, so ist die Frage in thesi zu bejahen. (Vgl. Art. 123 d. Ges.). Es treten aber verschiedene Folgen ein: sorgt der Notar überhaupt nicht für die Bestellung eines Amtsverwesers, so haftet nur seine Amtskaution (Art. 123 Abs. 3); für die Amtsführung des von ihm bestimmten Amtsverweser-Notars oder auf seinen Vorschlag ernannten Amtsverweser-Notariatsgehülfen haftet er mit Kaution und Vermögen; für den mangels notarieller Bestellung oder Proposition vom Justizminister bestimmten Amtsverweser haftet in erster Linie ebenfalls die Kaution, event. der Staat; für den gegen die notarielle Bestimmung oder Proposition ernannten Amtsverweser haftet lediglich der Staat. (Art. 149 Abs. 3.) Der Amtsverweser, mag er übrigens Notar oder Notariatsgehülfe sein, hat ein durchaus selbstständiges, von dem Notar, dessen Amt er verwest, unabhängiges, denselben sogar von jeder Amtsthätigkeit ausschließendes Amt (J.M.E. v. 31./12. 1865; J.M.Bl. 1866 S. 9 u. Anm. zu Art. 120 d. Ges. O.G.H. das. S. 287), bezieht als Notariatsgehülfe selbst die Gebühren (Art. 104) und wird in disziplinärer Beziehung gleich den Notaren behandelt (Art. 123).

Die Wiederübernahme des Amtes und Erledigung der Amtsverwesung soll der Notar dem L.G.Präsidenten unverzüglich anzeigen. (J.M.E. 26./11. 67; J.M.Bl. S. 307).

Der stellvertretende Notar kann sein Amtssiegel benutzen; der Notariasgehülfe benützt das des verhinderten Notars (Instr. § 16). Schon Art. 42 weist darauf hin, daß die für den verhinderten Notar aufgenommenen Urkunden auch in dessen Geschäftsregister aufgenommen werden müssen, ebensowohl aber auch in das des Stellvertreters, schon wegen der finanziellen Ueberwachung der Tax- und Stempelansätze (Autogr. J.M.E. 30./7. 68. Enderlein S. 136).

und zur Ertheilung von Ausfertigungen und Abschriften ist ein Notariatsgehilfe nur dann berechtigt, wenn er die Vorschrift des Artikels 2, beziehungsweise Artikels 3 erfüllt hat, von dem Notare bei dessen Krankheit oder Abwesenheit mit Genehmigung des Staatsministers der Justiz als Amtsverweser bestimmt und als solcher gerichtlich verpflichtet worden ist.

Den Vorschriften der Artikel 7 und 8 ist auch in diesem Falle zu genügen.

Art. **40**. Für den Fall der Krankheit oder Abwesenheit kann der Notar auch einen andern Notar desselben Ortes, und, wenn ein solcher nicht vorhanden ist, einen Notar der nächstgelegenen Orte des [Bezirks]Landgerichtssprengels als Amtsverweser bestimmen, worüber er dem [Bezirks]Landgerichte Anzeige zu erstatten hat.

Art. **41**. Hat der Notar für die Dauer seiner Abwesenheit oder Krankheit einen Amtsverweser nicht bestimmt, so kann ein solcher von dem Staatsminister der Justiz aus der Zahl der Notare des [Bezirks]Landgerichts-Sprengels oder der Notariatsgehilfen aufgestellt werden.

Bis zum Eintritte des Notariatsverwesers in sein Amt hat der Stadt- oder Landrichter oder dessen Assessor die Ausfertigungen von früher errichteten Urschriften entweder selbst zu besorgen oder einen Notar desselben [Bezirks]Landgerichtssprengels damit zu beauftragen.

Art. **42**. In allen Fällen der Amtsverwesung werden die vom Amtsverweser aufgenommenen Urschriften, in welchen diese seine Eigenschaft anzuführen ist, in dem Geschäftslocale des verhinderten Notars aufbewahrt.

Art. **43**.[1]) Die Notare dürfen [2]) ihre Dienste, wenn sie darum von einem Betheiligten [3]) ersucht oder vom Gerichte [4]) dazu beauftragt wurden, ohne genügenden Ablehnungsgrund [5]) nicht verweigern.[6])

---

[1]) Zur Geschichte der Art. 43 ff. vgl. v. Zink, K. a. a. O. S. 503 ff, 527, 537, 542—545.

[2]) Ersuchen seitens eines Betheiligten — rogatio — oder Auftrag seitens des Gerichts ist hier unbedingtes Erfordernis für jede Amtsthätigkeit eines Notars (Abs. 2). Einschreiten desselben von Amtswegen wie in Baden (s. B. III. Nr. 2) kennt die Bayr. Gesetzgebung nicht. Eine Thätigkeit mangels jeden Ersuchens oder Auftrags würde deshalb nichtig sein (Enderlein a. a. O. S. 142; J.M.Bl. 1868 S. 234. Stenglein, Ztsch. VIII. 93; Not.Ztschr. V. 309, v. Zink K. a. a. O. S. 506 Anm. 5). Dieses unbedingte Erfordernis solcher äußeren Veranlassung wird aber keineswegs für jeden einzelnen Akt wiederholt verlangt; wie weit und lange das ursprüngliche Ersuchen oder der einmalige Auftrag fortwirkt, ist Frage des einzelnen Falles. Gewisse Thätigkeiten als Folge des ursprünglichen Ersuchens oder Auftrages schreibt das Gesetz selbst vor; dahin gehört die Aufbewahrung der Urschriften (Art. 11 Abs. 2 Nr. 2, Art. 82), die Uebersendung von Urkunden zum Zwecke des Vollzugs ꝛc. ꝛc. (Art. 11 Abs. 3, 12 Abs. 3, Art. 15 Abs. 1, Art. 28 Abs. 5, Art. 32 Abs. 1), Benachrichtigung der Betheiligten im Falle des Art. 15 Abs. 5 (Instr. § 72 Abs. 1). Soweit dieses nicht der Fall ist, wird es Frage der Auslegung sein, ob mit dem Auftrage zu einem Geschäfte A. auch Auftrag zu einem folgenden B. gegeben ist, und ob also auch dieses der Notar ohne weiteres einerseits vornehmen darf, andererseits vornehmen muß. Wenn v. Zink, Kom. a. a. O. S. 508 beispielsweise behauptet, daß ein Notar, welcher einen Hyp.Brief aufnimmt, später auch die Kündigung des Kapitals und die Abquittirung des Schuldners besorgen müsse, so läßt sich das als eine allgemeine Regel nicht rechtfertigen.

Auch die Frage ob der ursprünglich fehlende Auftrag durch nachträgliche Genehmigung gedeckt werden könne, läßt sich nicht, wie Zink in jedem Falle annimmt (a. a. O. S. 507), allgemein bejahen. Wenn er als Beispiel die Aufnahme von Urkunden an=

führt, um die der Notar von vorn herein nicht ersucht ist, welche die gegenwärtigen Betheiligten aber geschehen lassen, indem sie gegenwärtig sind, die Urkunde genehmigen und unterschreiben, so ist das überhaupt keine *nachträgliche* Genehmigung, sondern eine *vor Schluß* des Geschäftes eintretende Einwilligung. Eine solche muß einem vorgängigen Ersuchen als durchaus gleichstehend betrachtet werden, denn vor Vollendung des betreffenden Geschäftes liegt überall kein Geschäft vor und die vor derselben erklärte, an keine Form gebundene Aufforderung erfolgt nicht nachträglich. Anders aber verhält es sich doch wohl mit Genehmigung nach völligem Abschluß des Notariatsaktes. Wenn z. B. der Notar eine Versteigerung ohne Auftrag des Eigenthümers, Schuldners, wenn auch auf Veranlassung des Gläubigers (vgl. A.H.G.E. 25./1. 66 bei *Enderlein* S. 42 Anm. 9) vornehmen wollte und der Eigenthümer weder in Person anwesend noch vertreten wäre, sodaß von einem gleichzeitigen Einverständnis desselben keine Rede sein kann (Instr. § 78 Abs. 3), so würde gewiß der ursprüngliche Mangel in Hinsicht der privatrechtlichen Wirkungen durch nachfolgende Genehmigung nach Maßgabe des geltenden Privatrechts (s. o. S. 43) geheilt werden können, wenn der Notar auch als Privatperson versteigern konnte, nicht aber der öffentlich rechtliche Mangel, daß nach Art. 43 Abs. 2 der Notar *als solcher* gar nicht thätig werden durfte, daher wenn auch innerhalb seines Geschäftskreises doch nur unter Ueberschreitung seiner Amtsbefugnisse thätig geworden *ist*. Die von ihm über eine solche Verst. errichtete Urkunde verdiente deshalb keinen öffentlichen Glauben, und das ganze Verfahren würde sogar disziplinarisch strafbar sein. Ebenso wenn ein Notar, ohne den Auftrag des Gerichts oder der Erben (Art. 35, 51 d. G.) abzuwarten, zur Nachlaßregelung schreiten, den Nachlaß mit dem Notariatssiegel schließen und, nach dessen eigenmächtiger Beseitigung durch einen Erben, inventarisiren wollte. Auch wenn nach vollendeter Aufnahme des Inventars der gerichtliche Auftrag zur Nachlaßregelung einträfe, würde weder in jenem Siegelbruche die nach § 136 Str.G.B. strafbare unbefugte Erbrechung eines „amtlichen“ Siegels noch in dem Inventar eine *öffentliche* Urkunde zu erblicken, andererseits aber der Notar wegen Ueberschreitung seiner Amtsbefugnis straffällig sein. In diesem Falle ist dieses Ergebnis um so zweifelloser, weil der Notar auch außerhalb seines Wirkungskreises handelte, aber der Mangel des Auftrages als Grund seines amtswidrigen Handelns ist in beiden Fällen gleich. Von einer Genehmigung der *Amtswidrigkeit* kann, wie gesagt, überhaupt keine Rede sein. Von diesem Gesichtspunkte aus muß nothwendig der Auftrag „als Anlaß“ notarieller Thätigkeit derselben mit der oben erwähnten Maßgabe voraufgehen. Bei unaufgeforderter Thätigkeit würden die Notare, wie v. *Zink* a. a. O. S. 506 ganz richtig bemerkt, „durch die Entwickelung eines solch' übermäßigen Diensteifers in die Klasse einfacher Privatpersonen zurücktreten“. Aber eben nicht bloß moralisch sondern auch rechtlich.

Ersuchen und richterlicher Auftrag sind gleichmäßig ein unbedingt erforderlicher *Anlaß* der notariellen Thätigkeit (Instr. § 46 Abs. 2), nicht ihr Rechtsgrund, der vielmehr in dem Staatsdiener-Verhältnisse der Notare liegt (Bl. f. R.A. LIII. S. 217), so daß nicht etwa die „beauftragte“ notarielle Thätigkeit als privatrechtliche Leistung in Folge privatrechtlicher Mandats-Verpflichtung aufgefaßt werden darf. Immerhin ist ein solcher Anlaß ein Rechtsgeschäft von erheblicher Tragweite, indem es die beiderseitigen Rechtssubjekte feststellt, und den gesetzlich bestimmten objektiven Verpflichtungsinhalt in subjektiver Hinsicht begründet, den betreffenden Notar zur Dienstleistung ꝛc., den betreffenden Requirenten zur Gebührenleistung ꝛc. verpflichtet, auch bei gerichtlichem Auftrage den Staat eventuell verbindlich macht. (Art. 149 Abs. 1.)

Uebrigens darf der im Gegensatz zum Ersuchen von Privaten gewählte Ausdruck richterlicher Auftrag — wenn er auch bezeichnend ist — nicht im Sinne einer Ueberordnung der Gerichte über die Notare aufgefaßt werden. Nur die Landgerichte und höheren Gerichte sind deren vorgesetzte Behörde (Art. 6, 8, 112, 113 ff.), die Amtsgerichte aber, welche für die Frage der Beauftragung von Notaren ja fast ausschließlich in Frage kommen (vgl. Art. 51), sind lediglich koordinirte Behörden, was auch in den Vorschriften über die Form des schriftlichen Amtsverkehrs wiederholt zum Ausdruck gekommen ist (vgl. Min.E. v. 13./9. 65, 6./4. 74; J.M.Bl. 1874 S. 108; *Stahl* S. 516).

Einen richterlichen Auftrag an die Notare im Sinne dieses Artikels giebt es nur innerhalb des den Gerichten vorbehaltenen Wirkungskreises (Art. 51).

Nach Vorschrift der Instr. § 46 Abs. 2 soll die Veranlassung in der Urkunde erwähnt sein (J.M.E. v. 24./3. 66, Enderlein S. 141 Nr. 4); Nichtigkeit ist an die Unterlassung nicht mehr geknüpft.

[2]) Auch wenn der eine Betheiligte nicht allein über das fragliche Geschäft verfügen kann, z. B. der eventuelle Käufer in Hinsicht des abzuschließenden Kaufvertrages, der Miterbe in Hinsicht der zu übertragenden Nachlaßregelung (Art. 35). Deshalb kann die Vorschrift nur so verstanden werden, daß, wenn es nicht eine einseitige Rechtshandlung (vgl. z. B. O.G.H. 13 f., 76, Slg. VI. 413; Not.Ztg. VI. 370; Bl. f. R.A. XLII. 5; Enderlein S. 151 d) — wie auch z. B. eine Versteigerung als zunächst einseitiges Ausgebot mit Aufforderung zum Angebot — ist, welche der Requirent notariell vornehmen lassen will, derselbe wenigstens nicht zu erkennen gebe, daß er in Meinungsverschiedenheit mit den Mitbetheiligten den Notar angehe. Ist das nicht der Fall, gäbe z. B. der event. Käufer zu verstehen, daß sein event. Verkäufer zwar noch nicht zum Verkaufe geneigt sei, daß er aber hoffe, er werde es, wenn der Notar erscheine und ihm das Geschäft vorstelle, oder daß unter den Miterben noch keine Uebereinstimmung in Hinsicht der Uebertragung der Nachlaßregelung herrsche — so ist es nicht blos ein Recht, sondern aus dem nobile officium sich ergebende Pflicht des Notars, seine „Dienste" zu verweigern, denn diese Dienste setzen bei mehrseitigen Geschäften wie Verträgen, Erbauseinandersetzungen u. s. w. Einverständnis aller Betheiligten in Hinsicht des Verlangens nach notarieller Thätigkeit überhaupt voraus. Das liegt in dem Begriffe freiwilliger Gerichtsbarkeit; weder hat der Notar einen Zwang auf die anderen Mitbetheiligten auszuüben, noch weniger hat er Maklergeschäfte zu treiben zu dem Zwecke, um überhaupt seine notariellen Thätigkeiten anbringen zu können. Das gehört nicht zu den „Diensten", die er zu leisten hat, und ist ganz verschieden von dem Verhalten des Notars, nachdem er im mindestens präsumtiven Einverständnis Aller seine Dienste zur Verfügung gestellt und die Erledigung des fraglichen Geschäftes begonnen hat, wobei er sehr oft dann eine Vermittlerrolle spielen müssen wird, um es im Interesse aller Betheiligten zu erledigen. Es wird nach Art. 43 also nicht erfordert werden können, daß der Requirent des Notars ihn ausdrücklich namens aller Betheiligten angeht, er wird dieselben vielleicht gar nicht kennen, aber er darf wenigstens nicht zu erkennen geben, daß ein nothwendig Mitbetheiligter in Hinsicht des Angehens dissentirt, sei es hinsichtlich notarieller Vornahme überhaupt, sei es in Bezug auf seine Person. Wenn also der Käufer durch Notar B, der Verkäufer durch Notar A den Vertrag aufnehmen lassen wollte, würden Beide ihren Dienst verweigern dürfen.

Nur mit dieser aus dem Begriffe der freiwilligen Gerichtsbarkeit und der daraus entspringenden notariellen „Dienste" sich ergebenden Maßgabe genügt das Ersuchen eines Betheiligten. Eine andere Frage ist, ob dem Notar obliegt, sich durch Befragung des Requirenten zu vergewissern, ob alle domini negotii mit seinem Thätigwerden einverstanden sind. Soweit der Notar das zu besorgende Geschäft übersehen kann, ist er dazu, schon um dem Requirenten unnöthige Kosten zu sparen, moralisch wie rechtlich (vgl. Art. 45) zweifellos verbunden, weil die Theilnahme sämmtlicher an dem Geschäfte nothwendig Betheiligter eine Frage der Gesetzmäßigkeit desselben ist.

Die Auswahl des Notars ist den Betheiligten nach Maßgabe des Art. 44 überlassen.

[3]) Siehe Art. 28 und 51.

[4]) Siehe Art. 45 Abs. 1 u. 2, 47, 49, und wegen der Unbekanntschaft mit dem Requirenten Art. 62. Als Ablehnungsgründe sind anerkannt Krankheit, angefangene andere Geschäfte, Unsicherheit oder Gefährlichkeit des auswärtigen Geschäftsorts, gesetzliche Feiertage, ungewohnte Zeit außer in dringenden Eilfällen u. A. (vgl. v. Zink a. a. O. S. 507 ff.; Enderlein S. 138 ff. Nr. 1, 2). Weigerung des Vorschusses für die eigenen und die vom Notar zu erhebenden Staatsgebühren ist jetzt unzweifelhaft als Ablehnungsgrund anzusehen gegenüber Personen, welche in Bayern nicht ihren ständigen Wohnsitz haben, arg.: Gebühren-Ges. v. 18./8. 79 Art. 263. Aus Art. 107 d. Ges. dürfte aber auch allgemein dieser Satz zu folgern sein. v. Zink S. 508 Anm. 12 nimmt ihn allgemein an; Rösl nur in Bezug auf baare Auslagen und

Ohne Ersuchen oder richterlichen Auftrag dürfen sie ihr Amt nicht ausüben.[6])

überhaupt nicht gegenüber armen Parteien (a. a. O. S. 146 Nr. 4); vgl. v. Zink, Erl. a. a. O. S. 109 Nr. 3; J.M.Bl. 1866 S. 305; Enderlein S. 353 Nr. 3.

[5]) Beschwerde: Art. 50.

Aus dem Anspruche des Publikums auf Dienstleistung an sich folgt jedoch keineswegs die Pflicht des Notars, sie in Bezug auf Zeit und Art nach Belieben des Requirenten zu leisten. Die Just.M.E. v. 30.3. 65 (J.M.Bl. S. 53; Stahl S. 163; Enderlein S. 139) bestimmt darüber: „Die Willfährigkeit der Notare in dieser Beziehung finde eine bestimmte Grenze in der Würde des Amtes und den Erfordernissen einer ungestörten, wohl überlegten, die Willensfreiheit aller Betheiligten möglichst sichernden Behandlung der Geschäfte." Daher wird 1) die Vornahme von Notariatsgeschäften mit Parteien und das Offenhalten der Amtsstuben zu diesem Zwecke an Sonntagen und gebotenen Feiertagen untersagt.

„Ausgenommen von diesem Verbote sind nur letztwillige Verfügungen oder andere wahrhaft unverschiebliche Fälle.

Der Umstand, daß die an einem Sonn- oder Feiertage sich zur Vornahme einer notariellen Verhandlung meldenden Parteien nicht am Sitze des Notars wohnen, oder durch die Wahl dieses Tages eine außerdem nöthige Unterbrechung ihrer Berufsarbeiten oder einen Entgang am Arbeitsverdienste der Werktage vermeiden wollen, kann für sich allein als Rechtfertigungsgrund für eine von vorstehendem Verbote zu machende Ausnahme ebenso wenig gelten, als die etwaige Besorgniß des einen Theiles, daß der andere Theil bei Verschiebung des Geschäftes auf den folgenden Werktag anderen Sinnes werden und von der getroffenen Verabredung wieder zurücktreten möchte.

In allen Fällen, in welchen der Notar eine Ausnahme wegen Unverschieblichkeit der Sache gestatten zu müssen glaubt, ist die rechtfertigende Thatsache in einer von dem Betheiligten und dem Notare zu unterzeichnenden besonderen Vormerkung anzuführen.

2) Die Notare haben sowohl bezüglich der auf Anmeldung der Betheiligten zu pflegenden Verhandlungen, als bei Festsetzung der abzuhaltenden Tagfahrten stets auf Einhaltung der für amtliche Geschäfte schicklichen Stunden Bedacht zu nehmen, namentlich Dienstleistungen am späten Abend oder zur Nachtzeit abzulehnen, welche ihnen ohne rechtfertigende Ursache angesonnen werden, lediglich um ein von den Betheiligten verabredetes Rechtsgeschäft sofort durch notarielle Beurkundung unwiderruflich zu machen.

3) Verhandlungen außerhalb des Amtssitzes des Notars, welche sich nicht zur Vornahme in der Privatwohnung eines Betheiligten eignen, sind nur dann in Wirthshäusern vorzunehmen, wenn keine andere passende Räumlichkeit in der betreffenden Ortschaft hiezu benützt werden kann.

In solchem Falle ist, wenn irgend möglich, ein von der allgemeinen Zechstube getrennter Raum zu wählen.

4) Während der Dauer des Geschäftes ist das Zechen, Tabakrauchen und anderes, der Würde des Amtes nicht geziemendes Benehmen der Anwesenden nicht zu dulden. Zuwiderhandelnde sind nöthigenfalls mit Hinweisung auf die in den Artikeln 128 und 335 Abs. 2 des Strafgesetzbuches (siehe jetzt Art. 9 E.G. z. R.Strafges.B. v. 26./11. 71) angedrohten Strafen zu verwarnen und bei fortgesetztem Ungehorsam zur Bestrafung anzeigen zu lassen.

Im Falle Bedürfens werden den Notaren die Gemeindevorstände zur Aufrechthaltung der Ordnung Unterstützung leisten.

Würde mit Grund zu besorgen sein, daß bei einer bevorstehenden Versteigerung oder anderen in Gegenwart einer zahlreichen Versammlung zu pflegenden Verhandlung Störungen durch ungeziemendes Benehmen der Anwesenden eintreten werden, so wird, auf vorgängige rechtzeitige Anzeige bei der betreffenden Gendarmeriebrigade, auch von dieser Seite, soweit möglich, Beistand gewährt werden."

Dahin gehört auch, daß der Notar Instrumentszeugen sich nicht octroyiren zu lassen braucht. (Vgl. Art. 53 Anm. 1.)

[6]) S. o. Anm. 46.

Art. 44. Die Wahl des Notars zur Vornahme eines Geschäftes ist den Betheiligten überlassen und dieselben sind hiebei nicht an die Notare des [Bezirks]Landgerichtssprengels,*) in welchem sie wohnen, oder in welchem der Gegenstand der Beurkundung liegt, gebunden.[1])

Art. 45. Der Notar hat darauf Bedacht zu nehmen, daß der Inhalt der von ihm zu errichtenden Urkunde weder mit der Absicht der Betheiligten, noch mit den Gesetzen im Widerspruche steht.[1]) Glaubt der Notar, daß

---

*) S. Ausf.Ges. z. R.Ger.Verf.Ges. Art. 30 Abs. 5; Not.Ztschr. IX. 123 ff.

[1]) Zwang findet für die Betheiligten weder in Hinsicht eines notarius domicilii noch rei sitae statt (vgl. Rösl a. a. O. S. 148 § 57 und im Falle der Kollision S. 272 Nr. 3 zu Art. 146; s. auch oben bei Anm. 46; vgl. dagegen Anhalt. Not.O. § 13 Abs. 2; auch nicht für Militärpersonen, J.M.Bl. 1866 S. 175). — Die Gerichte dagegen sind bei ihren Aufträgen gebunden (vgl. Art. 28 Abs. 4, 51, 52; Instr. § 101; J.M.E. v. 7. 11. 68; J.M.Bl. S. 232).

[1]) In den Motiven und bei der Berathung der Entw. v. 1851 u. 1861 wurde wiederholt betont, „der Notar solle ein Mann des Vertrauens sein und den vertragschließenden Theilen mit seinem Rathe in jeder Art unter die Arme greifen. Er müsse, wenn er seinem Berufe genügen wolle, nicht blos niederschreiben, was ihm von den Parteien dargeboten werde. Er solle vielmehr, um künftigen Irrungen vorzubeugen, die Rechtsverhältnisse der Parteien vor allem genau untersuchen und kennen lernen, sie auf die zu berücksichtigenden Momente aufmerksam machen, und dann erst nach reiflicher Ueberlegung und Berathung zur Beurkundung des Aktes schreiten". (v. Zink, K. a. a. O. S. 519.)

Aus dieser Verpflichtung ergiebt sich mit Nothwendigkeit insbesondere auch die Pflicht der Notare „bei der Aufnahme von Urkunden über Liegenschaften sich über den einschlägigen Inhalt des Hyp.Buches genaue Kenntnis zu verschaffen, um namentlich bemessen zu können, ob die durch das zu beurkundende Rechtsgeschäft veranlaßten Einträge im Hyp.Buch der Absicht der Betheiligten entsprechend vorgenommen werden können oder ob denselben vorher noch zu beseitigende Hindernisse entgegenstehen, auf welche die Betheiligten aufmerksam zu machen sind" (Autogr. J.M.E. 4./5. 64. Nr. 8 u. 12./8. 67. A I.; Enderlein S. 143; ferner J.M.Bl. 1866 S. 78, 1869 S. 164; Not.Ztschr. III. 118 VI. 202 VIII. 53). Besonders hervorzuheben sind in dieser Beziehung die Bestimmungen §§ 39, 40, 120 Hyp.Ges. und die Rechte der Hyp.-Gläubiger bei Zertrümmerung eines Grundkomplexes und des §§ 99 Exp.Ges. über Erforschung des ehelichen Güterstandes (J.M.E. 26./7. 64; J.M.Bl. S. 210), dem Notare ist daher die Einsicht des Hyp.Buches seitens der Hyp.Aemter „ohne weitere Legitimation zu gestatten" Instr. § 76; auch sind diese verpflichtet, den Notaren urkundliche Aufschlüsse über Hyp.Verhältnisse zu geben u. Hyp.Buch-Auszüge zu ertheilen (Bl. f. R.A. XLV. S. 332; O.G.H. Slg. XI. 90; Not.Ztg. XI. 296); dasselbe gilt für andere Behörden in Bezug auf Einsicht und Mittheilung von anderen gerichtlichen und Administrativ-Akten (J.M.Bl. 1863 S. 69; 1865 S. 138; Stahl S. 515). Ferner hat der Notar zu beachten, daß er sämmtliche Betheiligte heranzieht (vgl. Enderlein S. 153 Nr. 3 u. 5; 168 Nr. 5; J.M.E. 1867 S. 226 u. 289; 1869 S. 110; 1868 S. 124; Stahl S. 480: Not.Ztschr. IV. 321, 380; VI. 129, 325) u. auch sonstige urkundl. Behelfe für den Geschäftsabschluß und -Vollzug, die Erwerbsurkunde, die Vertretungsvollmacht beibringen läßt u. die Legitimation der Komparenten und ihrer Vollmachtgeber prüft (Enderlein S. 154 Nr. 4; J.M.Bl. 1864 S. 210; Stahl S. 483).

Was sonst der Notar im einzelnen Falle zu beachten hat, um einen rechtsbeständigen Inhalt der von ihm aufzunehmenden Urkunde nach Maßgabe der einschlägigen Gesetze herzustellen, hängt von der Natur und dem Inhalt des betreffenden Geschäftes ab und läßt sich in irgend allgemeine Regeln nicht fassen. (Vgl. v. Zink K. a. a. O. S. 518 ff.). Der Notar darf und muß deswegen jedenfalls „die ihm erforderlich scheinende causae cognitio anstellen und wenn ihm diese versagt werden sollte, auch seinen Dienst verweigern" (das. S. 519).

Wegen Haftung für seine Nachlässigkeit s. Bl. f. R.A. XXXVIII. 238 u. Anm. 2.

Letzteres der Fall sei, so ist er verpflichtet, die Betheiligten hierüber zu belehren und soferne dieselben dennoch auf Errichtung der Urkunde beharren, berechtiget, in dieser hievon Meldung zu thun.[2])

Der Notar darf keine Verhandlung aufnehmen, deren Inhalt gegen ein Strafgesetz, gegen die öffentliche Ordnung oder gegen die guten Sitten verstößt.[3])

Art. 46. Der Notar ist [zum Amtsgeheimnisse verpflichtet und] [1]) den Be-

---

Was übrigens von der Urschrift gilt, das gilt auch von der Ausfertigung (O.G.H. 17./11. 75; K.O.L.G. München 12./1. 80; Not.Ztschr. V. 605, IX. 81; Enderlein S. 178 [14]).

[2]) Der Notar ist zutreffenden Falls verpflichtet (anders Art. 20) zu belehren, berechtigt die Belehrung zu beurkunden, um den Beweis für die Erfüllung jener seiner Pflicht in der Urkunde selbst zu liefern (O.G.H. 10./6. 75. u. 10. 10. 77; Not.Ztg. IV. 165, VII. 117; Enderlein S. 151 f. u. 152 Anm. 11).

Unterlassung der Belehrung bewirkt nicht Nichtigkeit (O.G.H. 2./4. 78 Slg. VII. 301), wohl aber begründet sie nach den Umständen disziplinares Einschreiten, wie auch eine gänzlich ungenügende Belehrung dem Notar zur Last fällt (O.G.H. 10./6. 75; Not.Ztg. IV. S. 165, 177 f.). Voraussetzung displinaren Einschreitens ist nicht Eintritt eines Nachtheils (O.G.H. Slg. XII. 597), wohl aber unter allen Umständen, daß die Ungesetzmäßigkeit des Inhalts der Urkunde durch den Notar verschuldet ist; insbesondere nicht nur durch eigene Unvorsichtigkeit der Komparenten (O.G.H. 8. 4. 72; Not.Ztg. I. 151; 13./10. 76; Slg. VI. 413; Not.Ztg. VI. 370; 10./6. 75; Not.Ztg. IV. 165; Enderlein S. 149 c u. S. 153 Nr. 3 a—e; O.G.H. 4. 11. 74; Not.Ztg. III. 1891; 19./6. 76; das. VI. 30: O.L.G. München 12. 1. 80; das. 1./10. 81; Enderlein S. 155 ff. u. a.).

Durch eine Nachholung des Versäumten kommt die Disziplinarübertretung nicht in Wegfall (O.G.H. 17./11. 75; Not.Ztg. V. 141), ebensowenig weil eine Gefährdung thatsächlich nicht eintrat (O.L.G. München 12./1. 80; Not.Ztg. IX. 81; Enderlein S. 178 Nr. 14). In Folge verfehlter mündlicher Belehrung kann bei den Parteien ein Irrthum über die Bedeutung des Geschäftes erzeugt worden sein, dann kommen für dessen Beurtheilung auch die Grundsätze über Irrthum zur Anwendung; wegen civilrechtlicher Haftung s. Art. 46 u. v. Zink K. a. a. O. S. 515 Nr. 11.

[3]) Einzelne Beispiele s. bei v. Zink K. a. a. O. S. 512 ff. Nr. 1—10.

Nur civilrechtliche Ungültigkeit des Geschäfts (z. B. Ungültigkeit der Uebertragung von Forstrechten, der Abtrennung von Gemeinderechten, des Immobiliarerwerbs geistlicher Genossenschaft, Enderlein S. 175 Nr. 9—11) ist kein Ablehnungsgrund, bei ihr greift vielmehr die Pflicht zur Belehrung Platz. Oft greift Beides in einander über, insbesondere bei simulirten Geschäften, Geschäften in fraudem creditorum, bei Verkauf einer fremden Sache u. dgl. und der Notar wird dann besser thun, es auf eine Beschwerde nach Art. 50 ankommen zu lassen, als sich der Gefahr auszusetzen, mißbraucht zu werden (O.G.H. 4./11. 67; J.M.Bl. S. 259 u. J.M.E. 30./7. 68; Not.Ztschr. V. 279, IV. 337, VIII. S. 53 u. a.). Ueber die kriminellen Folgen der Simulation eines niedrigeren Kaufpreises zur Verkürzung der Steuerkasse insbesondere s. R.G.E. v. 24./1. 1884; Not.Ztg. XIII. S. 198. Der Notar darf nicht beurkunden, wenn das Geschäft verboten oder unerlaubt ist — er muß instrumentiren, wenn das Geschäft nicht verboten oder an sich unerlaubt, gleichwohl aber civilrechtlich ungültig ist — er darf nicht instrumentiren, wenn er ein Scheingeschäft erkennt, welches zur Deckung eines unerlaubten oder verbotenen dienen soll — er muß aber beurkunden, auch wenn er ein Scheingeschäft erkennt, mit welchem ein an sich erlaubtes versteckt werden soll. Auf keinen Fall muß er instrumentiren, wenn er erkennt, daß das Rechtsgeschäft wegen Mangels der Willenfreiheit auf Seite des einen oder des anderen Betheiligten ungültig ist oder nicht im Ernste derselben liegt (Ver. d. Aussch. d. K. d. Abg.; Enderlein S. 178 Nr. 13b).

Vgl. Art. 117. Nr. 3.

[1]) Die Einklammerung ist ersetzt nach Art. 112 Abs. 2 d. AusfGes. z. Str.P.O. durch folgenden Art. 106 das.:

theiligten für jeden durch Verletzung oder Nichterfüllung seiner Amtspflichten verursachten Schaden verantwortlich.[2])

Art. 47.[1]) Der Notar darf eine Verhandlung nicht aufnehmen:

1) wenn bei derselben er selbst oder seine Ehefrau, oder eine Person betheiligt ist,[2]) welche mit ihm in gerader Linie oder bis einschlüssig

---

„Jeder Beamte ist verpflichtet, über die vermöge seines Amtes ihm bekannt gewordenen Angelegenheiten, deren Geheimhaltung ihrer Natur nach erforderlich oder von seinen Vorgesetzten vorgeschrieben ist, Verschwiegenheit zu beobachten. Diese Verpflichtung dauert fort auch nachdem das Dienstverhältnis aufgelöst ist.“

„Zuwiderhandlungen werden, sofern nicht eine anderweitige Strafe verwirkt ist, disziplinär mit Geld bis zu 600 Mark bestraft.“

Vgl. Str.Ges.B. § 300. — Str.P.B. §§ 53 u. 96; A.G. v. 18. 8. 74: J.M.Bl. 1865 S. 77, 1885 S. 145; C.P.O. §§ 341, 348^{5}, 350 Abs. 2. 351, 373; J.M.Bl. 1865 S. 202; vgl. auch C.P.O. §§ 397, 400; Ger.Verf.Ges. § 169. Vgl. Bd. I. S. 44 f.

Besondere Fälle: Art. 93, 94 d. Ges.

Verpflichtung d. Notare, Urkundeneinsicht zu gestatten und Aufschlüsse zu geben: zur Prüfung von Steuererklärungen J.M.Bl. 1864 S. 274; Kapitalrentensteuergesetz v. 19./5. 81 Art. 15 Abs. 3, 24 Abs. 2, 36; Einkommensteuerges. v. 19./5. 81 Art. 28; J.M.E. 12. 8. 67 bei Enderlein S. 209 wegen Erbverträge u. a.

Pflicht der Not.Gehülfen: Instr. § 35.

[2]) Eventuelle Haftung des Staates: Art. 149 d. Ges.

Kap. XVI. § 3 Nr. 1 de syndicatu d. Ger.O. v. 1753 ist ausdrücklich aufrecht erhalten Art. 81 d. A.G. z. C.P.O.

Für die Civil-Haftbarkeit des Notars ist es gleichgültig, ob geringes oder grobes Verschulden vorliegt (a. M. v. Zink, K. a. a. O. S. 530 Anm. 3, 531), dagegen von Erheblichkeit die eigene Mitschuld der Betheiligten, insofern sie in erster Linie aufpassen sollten. Jedoch ist der Umstand allein, daß eine lückenhafte Urkunde den Betheiligten vorgelesen und von ihnen unterzeichnet wurde, nicht geeignet, den Notar von seiner Haftbarkeit zu befreien; insbesondere ist das auch nicht der Zweck des Art. 66 d. Ges. Vgl. O.G.H. 5./7. 70; Bl. f. R.A. XXXVIII. 504 4./11. 81; das. XLVII. 120; 20./11. 84 das. L. 38; 21./2. 70 u. 13./5. 70; Erg. Bd. II. 385, 398 Slg. IX. 325, X. 567; Not.Ztg. XI. 340, XIV. 54.

Vgl. auch Art. 123 d. Ges. u. Subh.O. Art. 85 Abs. 4.

Gesetz-Unkenntnis ist ein vorzüglicher Grund der Haftpflicht des Notars, denn seine Rechtskenntnis ist ja die erste Voraussetzung, unter welcher die Betheiligten sich an ihn wenden. Vgl. O.G.H. v. 7./10. 67 Slg. I. S. 502; J.M.Bl. S. 226; Not.Ztsch. IV. S. 321; Enderlein S. 165 Anm. 29 u. v. 28./3. 77 Slg. VI. 620; Enderlein S. 182 Nr. e.

[1]) Vgl. Ventôse-Ges. Art. 8; Verstoß hiergegen benimmt den ö. Glauben: Art. 148 d. Ges.; Disziplinarfolgen: Art. 114^{3}, 117.

[2]) „Verhandlung aufnehmen“, d. h. recevoir des actes. Unter Betheiligung (vgl. Art. 10^{4}) wäre nach v. Zink (K. S. 539) „jedes noch so entfernte Interesse“ zu verstehen. Dann wäre offenbar Nr. 2 lediglich eine Spezialisirung von Nr. 1. Der franz. Text sagt „seraient parties ou qui contiendraient quelque disposition en leur faveur“. Danach scheint unter Betheiligung hauptsächlich die rechtliche Beziehung zu dem Geschäfte („betheiligt“ sind nicht blos diejenigen, welche das Geschäft abschließen [O.G.H. 8./3. 67; Enderlein S. 245 Anm. 2]), unter Nr. 2 die ökonomische Tragweite desselben verstanden werden zu sollen. S. auch Rhein. Not.O. Art. 19, B. I. Nr. 1.

„Betheiligt“, einerlei ob persönlich oder in Vertretung.

„Betheiligt“, d. h. als Privatperson, nicht in amtlicher Eigenschaft. Der Notar kann daher z. B. den letzten Willen aufnehmen, in dem er zum Nachlaßvollstrecker bestimmt wird (s. Art. 28), desgl. einen Kompromißvertrag, in welchem er zum Schiedsrichter ernannt wird, oder einen Hyp.Brief mit der Bestimmung, daß er das Kapital zu empfangen habe, um die älteren Hyp.Schulden zu berichtigen (v. Zink, K. S. 540; O.G.H. 3./11. 66; J.M.Bl. S. 338; Not.Ztschr. IV. S. 337). Er soll sogar das Grundstück versteigern können, auf dem er selbst Hypothek hat (A.G.H. 24. 3. 65

zum dritten Grade der Seitenlinie nach civilrechtlicher Berechnung verwandt oder verschwägert [3]) ist;

2) wenn die Verhandlung irgend eine Verfügung zum Vortheile [2]) dieser Personen enthält.

Die Bestimmung des Abs. 1 findet keine Anwendung auf Versteigerungen, bei welchen ein Verwandter oder Verschwägerter des Notars sich als Steigerer betheiligt.[4])

Art. 48.[1]) In dem Geschäftslocale eines jeden Notars soll ein Verzeichniß derjenigen Personen mit Vor- und Zunamen, Stand und Wohnort offen liegen, welche in dem Umkreise des [Bezirks]Landgerichts,*) in welchem der Notar sein Amt verrichten darf, wegen Verschwendung, Geistes- oder Körperschwäche von den Gerichten unter Curatel gestellt sind.[2])

In gleicher Weise soll in jenen Gebietstheilen, wo die Gütergemeinschaft den gesetzlichen Güterstand bildet, bei jedem Notare ein Verzeichniß offen liegen, in welchem diejenigen im [Bezirks]Landgerichtssprengel*) wohnenden Eheleute einzutragen sind, welche die Gütergemeinschaft öffentlicher Ausschreibung gemäß ausgeschlossen haben.[3])

Die Einträge in diese Verzeichnisse sind unmittelbar nach dem öffentlichen Ausschreiben in dem dazu bestimmten amtlichen Blatte oder nach den

---

und 28./12. 68; Not.Ztschr. II. 206, VII. 51) vorausgesetzt, daß er selbst keinen erkennbaren Vortheil dadurch hat (v. Zink, K. S. 541 Nr. 6 u. 7). Daher kann er auch jedenfalls Ausfertigungen von Urkunden, bei denen er betheiligt war, nach dem Gesetze ertheilen, ohne gegen Art. 47 zu verstoßen. (Rösl S. 158, Enderlein S. 317 Nr. 15.) Andererseits wird betont, daß eine Beschränkung auf rein lukrative Verfügungen unstatthaft ist (O.G.H. 7./10. 67; J.M.Bl. S. 242; Not.Ztschr. IV. 312; übrigens dürfte Aufnahme einer Prozeßvollmacht für den Schwiegervater, die dort als Beispiel dient, doch wohl geradezu eine lukrative Verfügung sein). Selbst wenn der Notar ein fremdes Geschäft besorgt, bei welchem er durch Vornahme oder Unterlassung gewisser Handlungen sich selbst verantwortlich macht. Maßgebend ist der Gesichtspunkt, ob der Notar in seiner Unparteilichkeit beeinträchtigt wird oder zu werden scheint, oder ob dies nicht der Fall ist.

[3]) Für die Berechnung ist Bayr. L.R. 1. Kap. IV. §§ 5, 6, Preuß. L.R. I. 1. §§ 42—45 maßgebend. Einerlei aber ist, ob die Vormundschaft ehelich oder unehelich oder Adoptivverwandtschaft ist. Siehe Rösl S. 158 ff.

[4]) Die Maßgabe des 2. Absatzes bezieht sich also nicht auf den Notar und seine Ehefrau. Nach Art. 73 Subh.O. und Art. 23 d. A.G. z. C.P.O. dürfen der Notar und seine Gehülfen und Ausrufer bei Versteigerung nicht bieten, „weder persönlich noch durch Andere". — *) S. S. 68.

[1]) Instr. § 127. Ueber fortdauernde Gültigkeit gegenüber der C.P.O. vgl. Not.Ztg. XIII. 368, 371; Ventôse-Ges. Art. XVIII.; Rhein. Not.O. Art. 18.

[2]) Amtsgerichtliche Mittheilung: J.M.E. v. 2./11. 71; J.M.Bl. S. 307 und v. 24./10. 84; das. S. 180; Not.Ztschr. VIII. 348; Stahl S. 161; Autogr. J.M.E. v. 19./10. 65, 10./8. 66, 12./8. 67, 9./8. 69; Enderlein S. 185 Nr. 3 u. Anm. 1. O.L.G. München 24./10. 81 spricht sogar aus, auswärtige Aufnahme entschuldige nicht, „da der Notar das nach Art. 48 zu führende Verzeichnis oder eine Abschrift desselben auf den Amtstag hätte mitnehmen können und sollen" (Not.Ztschr. XI. 11; Enderlein S. 186[6]).

Ueber den Beginn der Wirksamkeit des Entmündigungsbeschlusses u. a. civilrechtl. Fragen vgl. Bl. f. R.A. XXX. 345, XLV. 156, XLI. 429; R.O.H.G.E. XV. 108; R.G.E. IX. 92; Not.Ztg. XIII. 263, XIV. 268.

[3]) Vgl. Ges. v. 18./7. 1850; Bürgerl. Proz.O. Art. 872; Not.Ztg. 1890 S. 191; Pr. Allg. L.R. II. 1. § 422; vgl. auch A.G. z. C.P.O. Art. 235 für die Pfalz.

besonderen Mittheilungen, welche dem Notare von den Gerichten zugehen, zu machen.[4])

Art. 49. Wird die Dienstleistung des Notars von einer Person in Anspruch genommen, über deren persönliche Befähigung zur Vornahme von Rechtsgeschäften er Bedenken hegt, so kann er zwar die Dienstleistung nicht verweigern, ist aber verpflichtet, seine jenes Bedenken begründenden Wahrnehmungen in der über das Rechtsgeschäft aufzunehmenden Urkunde zu constatiren.[1])

Art. 50. Weigert sich der Notar, die von ihm verlangte Beurkundung vorzunehmen, so findet hiegegen Beschwerde zum [Bezirks] Landgerichte *) statt, welches nach Vernehmung des Notars endgiltig darüber entscheidet, ob genügende Gründe der Weigerung bestehen.[1])

Art. 51.[1]) Die [Stadt- und Land] Amtsgerichte[2]) können in Bezug auf die ihrer Amtsthätigkeit unterstellten Gegenstände der nicht streitigen Rechtspflege (Artikel 18 des Gesetzes vom 10. November 1861, die Gerichtsverfassung betr.) die Verhandlungen einem Notare desselben [Bezirks] Landgerichtssprengels *) mit Zustimmung der Betheiligten[3]) ganz oder theilweise übertragen.[4])

---

[4]) Vgl. Staatsmin.E. v. 15./12. 84; J.M.E. 4./1. 85 bezüglich der ferneren Behandlung und Benutzung der Kreisamtsblätter (Enderlein S. 186 Nr. 5).

[1]) Art. 49 ist nicht von dem Falle zu verstehen, wo ein Betheiligter nicht bei gesundem Verstande, oder durch Trunkenheit, Affekt u. a. der Vernunft beraubt ist, sondern von den Fällen, „in welchen dem Notar die thatsächlichen Verhältnisse, von welchen die persönliche Dispositionsfähigkeit eines Individuums abhängt, zweifelhaft sind", z. B. das Alter. J.M.Bl. 1867 S. 226; Not.Ztschr. IV. 321, VII. 108 f., 148 f., XI. 15, XIV. 268 ff.; Rösl S. 145, 153. — *) S. S. 68.

[1]) Die Art. 56–68 A.G. z. R.C.P.O. betreffen nicht diesen Fall, sondern beziehen sich ausschließlich auf die Prozeßbeschwerde gegen von vornherein gerichtliche Entscheidungen z. B. im Falle des Art. 33, 51 Abs. 3 d. Ges., finden daher auch nicht Anwendung auf die landgerichtliche Entscheidung über die Beschwerde gegen den Notar, die also nach wie vor endgültig ist.

Art. 50 hat übrigens nur Urschriften im Auge, wegen Weigerung, Abschriften zu ertheilen, s. Art. 91.

[1]) Vgl. Instr. § 120 Abs. 3 und Art. 149 d. Ges.

[2]) Nicht auch die anderen Gerichte in den durch Art. 18 cit. und andere Gesetze den Gerichten vorbehaltenen Sachen, also nicht die Landgerichte in den ihnen vorbehaltenen Handelssachen, nicht die Oberlandesgerichte in Fideikommiß- rc. Sachen? Vgl. Art. 11 Abs. 3. Dort wies die Analogie mit Nothwendigkeit darauf hin, diese Sachen den durch Art. 18 cit. vorbehaltenen gleich zu stellen. Anders liegt die Sache hier; so wenig auch entgegenstehen würde, ebenfalls die Verhandlungen in diesen Sachen den Notaren übertragen zu können, so zwingt doch nichts dazu.

[3]) Deren Zustimmung ist Voraussetzung der Uebertragung, muß also feststehen vor der Uebertragung, muß also durch das Amtsgericht festgestellt werden, dem mithin vor allem obliegt, die Betheiligten zu ermitteln. Das ist namentlich bei Art. 35 zu beachten.

[4]) Von dieser wirklichen Delegation der Gerichtsbarkeit ganz verschieden ist das zweifellose Recht der Betheiligten, einzelne Geschäfte durch den Notar vornehmen zu lassen, der nicht deswegen, weil sie in die gerichtliche Zuständigkeit fallen, seine Dienste verweigern darf, auch wenn es sich nicht um die Beurkundung von Erklärungen handelt, für welche die Notare nach Art. 11 Abs. 3 so wie so zuständig sind. — Nicht unter die Vorschriften dieses Artikels, insbesondere nicht des zweiten Absatzes, fallen Versteigerungen, über welche Art. 52 eine Spezialvorschrift aufstellt.

Der beauftragte Notar hat das Geschäft so zu behandeln, als wäre ursprünglich ein desfallsiges Ersuchen an ihn von den Betheiligten gestellt worden.[5])

Prüfung und Bestätigung des Rechtsgeschäftes bleibt dem [Stadt- oder Land]-Amtsgerichte [2]) vorbehalten.[6])

Art. 52.[1]) Versteigerungen, welche bisher den Gerichten oblagen, sind mit dem Eintritte der Wirksamkeit des gegenwärtigen Gesetzes von den Gerichten einem im Sprengel des betreffenden [Bezirks]Landgerichtes wohnhaften Notare zu übertragen.[2])

Der Notar hat, wenn es gesetzlich vorgeschrieben oder vom Gerichte angeordnet ist, den Werth des Versteigerungsobjectes zu erheben, wobei den Betheiligten, beziehungsweise dem Gerichte, die Wahl der beizuziehenden Sachverständigen vorbehalten bleibt; er hat Ort und Zeit der Versteigerung festzusetzen und die Bekanntmachungen in den vom Gerichte zu bezeichnenden Blättern zu besorgen.

Art. 53.[1]) Außer [2]) den Fällen, in welchen das gegenwärtige Gesetz die Zuziehung von Zeugen gebietet, hat der Notar bei Aufnahme der Urkunden zwei Zeugen zuzuziehen, wenn ein Betheiligter es verlangt.[3])

---

[5]) D. h. außer der Zuständigkeit für die betr. Verhandlung geht von sonstiger ausschließlich gerichtlicher Amtsgewalt wie die Anwendung von Zwangsmitteln bei Ladungen, die Zuständigkeit zur Abnahme von Eiden u. s. w. (s. o. S. 19) Nichts auf ihn über; auch nicht die Prüfung und Bestätigung des Rechtsgeschäfts (Abs. 2). — Andererseits kann der Notar seine Dienste hier so wenig wie nach Art. 45 überhaupt verweigern, und er handelt ferner — anders nach Art. 52 — nicht als Beauftragter des Gerichts, sondern der Betheiligten, ist also Anweisungen des Gerichts gegenüber unabhängig und selbstständig wie sonst. (A. M. scheint v. Zink, K. S. 554, wo er ausführt, das Gericht könne einen Notar anweisen, Zeugen zuzuziehen, wo das Gesetz es nicht verlangt.)

[6]) Vorausgesetzt, daß solche überhaupt gesetzlich erfordert wird, „s'il y en a lieu".

[1]) Instr. §§ 77—80, 101, 106—108, 109—119. — Im Verhältnis zu Art. 18 d. Ges., welcher objektiv die zu einer Immobiliar-Versteigerung erforderliche Form bestimmt, zielt Art. 52 auf eine Entlastung der Gerichte ab. — „Soweit es sich um Versteigerungen handelt, welche zum Zwecke der Vollstreckung von Urtheilen oder sonstigen vollstreckbaren Urkunden vorzunehmen sind" ist Art. 52 schon durch Art. 3 Nr. 6 d. Einf.Ges. z. Bayr. C.P.O. v. 29./4. 69 außer Kraft getreten. Jetzt gelten in dieser Hinsicht die Vorschriften d. R.C.P.O., des Bayr. Ausf.Ges. v. 23./2. 79 Art. 24 u. 76 [4 u. 5], d. Subh.O. und d. Novelle v. 29./5. 1886.

Vgl. auch Art. 149 d. Ges.

[2]) Bei dieser Uebertragung handelt der Notar nicht so, als wenn er von vornherein von den Betheiligten beauftragt wäre, er ist vielmehr an die Weisungen des Gerichts gebunden (Abs. 2). — Eine Zustimmung der Betheiligten bedarf es nicht. — Vgl. Art. 149 d. Ges.

[1]) Alle entgegenstehenden Gesetze und Verordnungen insbesondere auch über die Form d. Urkunden sind aufgehoben (Art. 150 Abs. 1).

Verstoß gegen Art. 53—61 benimmt der Urkunde den ö. Glauben (Art. 148), jedenfalls dann, wenn die Zuziehung vom Gesetze vorgeschrieben ist, war sie nur von einem Betheiligten verlangt, so muß er auch auf die Zuziehung überhaupt wie auf einzelne Erfordernisse in der Person der Zeugen verzichten können und ein solcher Verzicht nachträglich zur Heilung des Mangels geeignet sein. Die Art. 53—61 ebenso wie 62—79 beziehen sich nur auf Urschriften (Art. 56 Abs. 1).

[2]) Ventôse-Ges. Art. 9; Instr. §§ 38—40.

[3]) a) Art. 53 ff. handeln von den sog. Instrumentszeugen: „zur Zeugschaft bei der Errichtung einer Notariatsurkunde" im Gegensatz zu Vertrauenspersonen (Art. 58, 59), Rekognitionszeugen und Auskunftspersonen (Art. 62), Dolmetschern (Art. 75).

Die zugezogenen Zeugen müssen[4]) bayerische Staatsangehörige,[5]) dem Notare persönlich bekannt,[6]) männlichen Geschlechts, volljährig, des Lesens

b) Gesetzliche Regel ist Aufnahme ohne Zeugen; Ausnahme: Gesetzesvorschrift, und Verlangen eines Betheiligten. Geboten ist in beiden Ausnahmefällen die Zahl von zwei Zeugen. Geboten sind 2 Instrumentszeugen in Art. 57, 60—62, 69, 74. Treffen mehrere dieser zwingenden Gründe zusammen, so genügen doch immer die 2 Zeugen für alle Voraussetzungen (Bl. f. R.A. XXXVI. 106), sowohl wenn Gesetzesvorschrift und Parteiverlangen, wie wenn mehrere Gesetzesvorschriften oder das Verlangen mehrerer Betheiligten konkurriren (v. Zink, K. S. 553 Nr. 3; Enderlein S. 192 c.; Not.Ztschr. I. 73, III. 81, 87, 132, 200, 210 ff; Bl. f. R.A. XXXVI. 106.). Das Gesetz kennt nur die Form von zwei Instrumentszeugen (vgl. Art. 55: „anstatt der zwei Zeugen"). Das Verlangen Betheiligter, mehr als 2 J.Zeugen zuzuziehen, kann der Notar deshalb zurückweisen, ohne seiner Pflicht etwas zu vergeben, aber er muß es nicht.

c) Der Notar hat die Zeugen zuzuziehen, das ist nicht nur seine Pflicht, sondern auch sein Recht (vgl. Rösl S. 174 ff., aber auch Instr. §§ 18); bringen Betheiligte Zeugen mit, so braucht er diese nicht zuzuziehen, wenn er seine Gründe hat, sondern kann andere wählen, und wenn Betheiligte darauf sich nicht einlassen möchten, sondern auf Zuziehung der von ihnen mitgebrachten derart beständen, daß sie mit Ausschluß anderer nur unter deren Zuziehung verhandeln wollten, so könnte der Notar seine Dienste verweigern, wie überhaupt, wenn die Betheiligten sich den ihm zustehenden Anordnungen nicht fügen wollen. (Vgl. Enderlein, S. 194 Anm. 4.) Anders liegt die Sache in Bezug auf den statt der 2 Zeugen zuzuziehenden zweiten Notar, wie denn auch Art. 55 deshalb anders gefaßt ist als Art. 53, nicht: „hat der Notar zuzuziehen", sondern unpersönlich: „kann zugezogen werden". Verlangen kann die Zuziehung von Zeugen nur ein Betheiligter im Sinne des Art. 47¹, d. h. Jemand, der über die Vornahme des Geschäfts überhaupt verfügen kann.

[4]) „Müssen": ein Mangel in diesen Eigenschaften zur Zeit der Aufnahme der Urkunde steht der Nichtzuziehung gleich. Ueber die weitere Verantwortlichkeit des Notars vgl. Instr. § 40; Not.Ztschr. VI. 184; v. Zink, K. a. a. O. S. 566; Enderlein S. 193.

[5]) Gilt die Vorschrift trotz der R.Verfassung? Art. 3 derselben über das gemeinsame „Indigenat mit der Wirkung, daß der Angehörige eines jeden Bundesstaates in dem anderen Bundesstaate als Inländer zu behandeln und demgemäß zum festen Wohnsitze, zum Gewerbebetriebe, zu öffentlichen Aemtern, zur Erwerbung von Grundstücken, zur Erlangung des Staatsbürgerrechts und zum Genusse aller sonstigen bürgerlichen Rechte unter denselben Voraussetzungen wie der Einheimische zuzulassen ... ist", steht dem Sinne nach der Beschränkung des Zeugschaftsrechtes auf bayrische Staatsangehörige zweifellos entgegen. Denn wenngleich das Zeugschaftsrecht nicht unter die „bürgerlichen Rechte" fällt, sondern diese Theilnahme an der Ausübung der freiw. Gerichtsbarkeit ein staatsbürgerliches Recht ist, so wäre es doch, wie Scherer (der Erwerb v. Eigentum 2c. S. 247) mit Recht sagt, „unverständlich, wenn ein Deutscher in einem fremden Bundesstaate unfähig sein sollte, Instrumentszeuge zu sein, während er fähig ist, Minister zu werden". Die Zulassung zur Notariatszeugschaft ist daher der Zulassung zu ö. Aemtern analog zu behandeln. Wenn deshalb auch durch Ges. v. 28. Febr. 1880 für die Pfalz, wo also der Urtext „citoyen français" bis dahin galt, ausdrücklich an die Stelle der Staatsangehörigkeit die Reichsangehörigkeit gesetzt ist, so kann das nur als eine zutreffende Declaration des Art. 3 cit. betrachtet, daraus aber für das rechtsrhein. Bayern nicht etwa ein argum. e contrario entnommen werden.

[6]) Ob den Parteien, ist gleichgültig. — Die Person des Zeugen muß dem Notar bekannt sein (Not.Ztschr. I. 309 ff., VI. 184), und dies muß er in der Urkunde vermerken (Instr. § 40 Abs. 2). Daß die nothwendigen Eigenschaften dem Notar bekannt seien, ist weder verlangt noch zu verlangen möglich, aber er soll sich nöthigenfalls durch Befragen der Betheiligten und der Zeugen selbst Kenntnis darüber verschaffen. Er braucht dies nicht zu beurkunden (§ 40 Abs. 1 cit.), aber er thut gut daran, um sich urkundlich gegen jede Verantwortlichkeit zu decken. Denn, ergiebt sich trotz solcher Nachfrage hinterher ein Mangel in der Person des Zeugen, so haftet nicht der Notar

und Schreibens [7]) kundig sein und im Umkreise des [Bezirks]Landgerichtes,[8]) wo die Verhandlung vorgenommen wird, ihren Wohnsitz haben.

Art. 54.[9]) Unfähig zur Zeugschaft bei der Errichtung einer Notariatsurkunde sind:[10])

1) Gehilfen oder Dienstboten des Notars und Personen, welche im Dienste eines bei dem Geschäfte Betheiligten stehen;
2) diejenigen, welche zu dem Notare oder zu einem Betheiligten in dem durch Artikel 47 bezeichneten Verhältnisse stehen;[11])
3) Personen, welche wegen irgend eines Verbrechens oder wegen Vergehens der Fälschung, des Betruges, des Diebstahls, der Hehlerei oder der Unterschlagung rechtskräftig verurtheilt worden sind.[12])

Art. 55. Statt der zwei Zeugen kann auch ein zweiter Notar zugezogen werden, vorausgesetzt, daß derselbe nicht zu dem anderen Notar oder zu einem Betheiligten in dem durch Artikel 47 bezeichneten Verhältnisse steht.[13])

Art. 56.[14]) Die Gegenwart der beiden Zeugen oder des zweiten Notars wird nur in dem Augenblicke erfordert, wo die Urkunde vorgelesen wird und die Betheiligten solche unterschreiben.[15])

Von der Anwesenheit bei der Vorlesung können die Zeugen oder der zweite Notar auf ausdrückliches Verlangen der Parteien ausgeschlossen werden, in diesem Falle haben die Betheiligten bei der Unterschrift zu erklären, daß die Urkunde ihnen vorgelesen oder von ihnen gelesen worden sei,

---

deswegen, sondern höchstens derjenige, welcher die falsche Auskunft gegeben hat. (Rösl, S. 176; J.M.Bl. 1866 S. 287; Not.Ztschr. III. S. 317.)

[7]) Daß sie der deutschen Sprache mächtig sind, wird als selbstverständlich vorausgesetzt (Art. 74).

[8]) Vgl. A.G. z. Ger.Verf.Ges. Art. 30 Abs. 5; Not.Ztschr. IX. 123.

[9]) Ventôse-Gesetz Art. 10, Art. 148 d. Ges.

[10]) Abgesehen von den Betheiligten selbst, deren Unfähigkeit als selbstverständlich vorausgesetzt wird. Betheiligt sind bei der Aufnahme (nicht bei der Annahme verschlossener) letztwilliger Verfügungen auch die Bedachten.

[11]) Zu den in Art. 47 Nr. 1 u. 2 bezeichneten Verhältnissen gehört offenbar auch das eheliche Verhältnis, wenn auch in Art. 47 nur die „Ehefrau" genannt ist, die ja freilich als Frau überhaupt nicht Zeuge sein kann. (v. Zink, K. S. 561; Rehm S. 82 Anm. 2; O.G.H. Slg. XI. 613; Bl. f. R.A. LII. 241, LVI. 24.)

[12]) „Die bisher geltenden Bestimmungen über den Eintritt der Unfähigkeit zur Zeugschaft bei Aufnahme von Urkunden als Folge einer Verurtheilung treten außer Kraft" (Bayr. Vollz.Einf.Ges. z. R.Str.G.B. v. 26./12. 71 Art. 2 Nr. 23). Jetzt gilt Str.G.B. § 34 Nr. 5.

[13]) S. Art. 148, 114 d. G. Auch der statt der Zeugen zugezogene zweite Notar ist Instrumentszeuge, qui vicem duorum testium sustinet (v. Zink, K. S. 555). Er muß deswegen auch alle Eigenschaften der Zeugen haben (v. Zink das.; a. M. Rehm; wenn er nicht bayr. Staatsangehöriger zu sein braucht, jetzt nicht, aber doch früher, s. Anm. 5). Insbesondere muß er auch im G.Bezirke wohnen (Art. 9 Abs. 1 Nr. 3), denn er ist eben nur als Notar den 2 Zeugen gleich, seine Zeugschaft ist eine Amtshandlung). Daß Art. 55 nur die eine Voraussetzung anführt (s. o. S. 22), hat seinen einfachen Grund darin, daß alle anderen Voraussetzungen von Rechtswegen zutreffen.

[14]) Eine Wiederholung des Franz.Ges. v. 21./6. 1843 Art. 2 Abs. 2; s. dasselbe unter Elsaß-Lothr. Art. 148, 114 d. Ges. Das Gesetz hat sich damit „von einem alten Vorurtheile, als sei mit den 2 Zeugen eine förderliche Ueberwachung erzielt", losgemacht (v. Zink, K. S. 567).

[15]) Ausnahmen: Art. 57, 60 Nr. 2, 61 Nr. 1 d. Ges.; vgl. Not.Ztschr. VIII. 123.

und ist, daß diese Erklärung in Gegenwart der Zeugen oder des zweiten Notars abgegeben worden sei, in der Urkunde zu bemerken.[16])

Art. 57.[17]) Ist bei der Errichtung[18]) einer Notariatsurkunde ein Blinder betheiligt, so hat der Notar zwei Zeugen oder einen zweiten Notar zuzuziehen. Die Zeugen oder der zugezogene zweite Notar müssen bei der ganzen Verhandlung gegenwärtig sein.

Gleiches gilt, wenn bei der Errichtung[18]) der Notariatsurkunde ein Tauber,[19]) Stummer oder Taubstummer betheiligt ist, vorbehaltlich der Bestimmungen der Artikel 58 und 59.

Art. 58.[17]) Wenn der Taube[19]) lesen kann, so soll er die Urkunde lesen, und dieselbe als gelesen und seinem Willen entsprechend ausdrücklich bestätigen, welche Bestätigung in der Urkunde vor deren Unterschrift anzuführen ist.[20])

Wenn der Taube[19]) nicht lesen kann, so ist außer den Zeugen oder dem zweiten Notare noch eine Vertrauensperson beizuziehen, deren Zeichensprache der Taube versteht.

Als Vertrauenspersonen können selbst Verwandte oder Verschwägerte der Betheiligten oder solche Personen, welche im Dienste derselben stehen, zugezogen werden, sie müssen aber im Uebrigen die Eigenschaft eines Zeugen besitzen.

---

[16]) Vgl. Art. 66 Abs. 2 d. Ges. — Eine Beurkundung des ausdrücklichen Verlangens der Parteien wegen Ausschlusses der Zeugen ist nicht vorgeschrieben. — Die Motive dieses erst im Entw. v. 1861 zugesetzten 2. Absatzes bemerken, daß es „für die Betheiligten im höchsten Grade wünschenswerth sein könne, daß der Inhalt der Urkunde den beigezogenen 2 Zeugen oder dem 2. Notare nicht bekannt werde" (v. Zink, K. a. a. O. S. 563). Die (sämmtlichen) Betheiligten müssen sich über den Ausschluß einig sein.

In diesem Falle haben die Zeugen zum materiellen Inhalte der Urkunde überhaupt gar keine Beziehung, mehr und es ist daher auffällig, daß nicht von dem Erfordernis solcher Eigenschaften, welche lediglich durch ihre Kenntnis von dem Inhalt bestimmt werden, insbesondere daß er keinen Vortheil für sie enthalte, hier Abstand genommen ist. Eine solche Urkunde ist den Zeugen doch mindestens ebenso geheim wie ein mystisches Testament (s. Anm. 12 zu Art. 61).

[17]) Die Motive zum Entw. v. 1851 bemerkten zu den 3 Artikeln 57—59, daß „wenn bei der Errichtung einer Not.Urk. blinde, taube, stumme oder taubstumme Personen betheiligt seien, nach der Natur der Sache besondere Vorsicht geboten sei, „um einestheils die Täuschung einer solchen Person zu verhindern, anderntheils sich der Gewißheit ihrer Willensbestimmung zu versichern", und daß, „weil in der Regel nur solche Personen die Zeichensprache eines Tauben richtig verstehen, welche mit ihm in stetem Umgange leben, es durch die Verhältnisse geboten schien, auch solche Personen giltig als Vertrauenspersonen zuziehen zu lassen, welche zu den Betheiligten als Dienstboten, Verwandte oder Verschwägerte in einer Berührung stehen, die sie an sich von der Zeugschaft ausschließen würde". Vgl. auch Not.O. v. 1512 § 7; ferner Art. 148, 114 d. Ges.

[18]) Vorausgesetzt wird Betheiligung der Errichtung der Not.Urk., nicht bei dem Geschäft, über welches sie errichtet wird. Trifft nur dieses zu, handelt aber bei der Errichtung etwa ein Vertreter des Blinden 2c., so bedarf es der außergewöhnlichen Form nicht. (O.G.H. Slg. XII. 562; Not.Ztschr. XXVIII. 151.)

[19]) Nicht der blos Schwerhörige: A.G.E. 7./2. 71; s. Anm. 20.

[20]) Muß der lesensunkundige, aber schreibenskundige Taube auch unterschreiben? Ja: A.G.E. 7./2. 71; Not.Ztschr. VIII. 5, 118, 129; weil die allgemeinen Formerfordernisse (Art. 67, 69) durch die erforderten besonderen Förmlichkeiten, keineswegs beseitigt sind. (Enderlein S. 271 Nr. 71. Vgl. Art. 59 Abs. 2 u. 3.)

Ueber das Verständniß der Zeichensprache von Seite des Tauben [21]) hat sich der Notar Ueberzeugung zu verschaffen und dies zu beurkunden.

Art. 59.[21]) Ist bei der Errichtung [22]) einer Notariats-Urkunde ein Stummer oder Taubstummer betheiligt, so ist außer den Zeugen oder einem zweiten Notar immer eine der Zeichensprache desselben kundige Vertrauensperson beizuziehen.

Der des Lesens und Schreibens kundige Stumme oder Taubstumme hat die Urkunde selbst zu lesen und darauf eigenhändig zu schreiben, daß er solche gelesen und seinem Willen entsprechend befunden habe.

Ist der Stumme oder Taubstumme des Lesens und Schreibens nicht kundig, so sollen zwei seiner Zeichensprache kundige Vertrauenspersonen zugezogen werden.

Die Bestimmungen der Absätze 3 und 4 des Artikels 58 finden auch in diesem Falle Anwendung.

Art. 60.[1]) Bei den von Notaren aufzunehmenden letztwilligen Ver-

---

[21]) S. Art. 57 Anm. 19.

[22]) S. Art. 57 Anm. 17.

[23]) S. Art. 57 Anm. 18.

[1]) Instr. §§ 82—90, 49, 50. Vgl. Art. 148, 114 d. Ges. (Präjudiz), 16, 17 (Oeffentlichkeit), 26 (Zurücknahme), 28 (Verkündung), 94 (Ausfertigung), 82 Abs. 5 d. Ges.; Instr. § 83, 49 b u. 50 (Verwahrung).

a) Die Art. 60, 61 beziehen sich auf alle Arten letztwilliger Verfügungen außer Erbverträgen u. erschöpfen daher die ganze Lehre vom öffentlichen Testamente in deutschrechtlichem Sinne. Daneben können in Zukunft nur noch Privattestamente zu Recht bestehen und an deren Förmlichkeiten nach gemeinem und Partikularrechte hat das Not.Ges. Nichts geändert, so wünschenswerth dies gewesen wäre (v. Zink, K. S. 575 Anm. 8.)

b) Diese beiden Artikel haben die Lehre von der Errichtung des ö. u. des mystischen Testaments von Grund aus reformirt und in diesem Punkte allen bis dahin geltenden Partikularrechten derogirt (Art. 150, vgl. O.G.H. Slg. IX. 724). Dagegen ist der civilistische Inhalt letztwilliger Verfügungen durch diese neuen Grundsätze über deren Form nicht berührt und nach wie vor nach dem geltenden materiellen Rechte zu beurtheilen.

c) Beide Artikel treten neben die allgemeinen Grundsätze von den Notariatsurkunden überhaupt, denen sie weitere Vorschriften für diese besondere Art hinzufügen.

d) In Bezug auf die Fähigkeit der Testamentszeugen ist die Frage der Betheiligung oder des zugewendeten Vortheils (Art. 47, 54) maßgebend, sowohl für den Erben wie für jeden Vermächtnisnehmer; anders bei dem nach Art. 61 überreichten Testamente, weil hierbei von einer Betheiligung an dem geheimen Inhalte formell nicht die Rede sein kann; hier kommt es also nur auf das offenbare Verhältnis der Zeugen zum Testator und Notar nach Art. 47 an.

e) Außergewöhnliche Formen des ö. Testamentes außer der durch Art. 61, 62 vorgeschriebenen giebt es nicht mehr, weder test. militare, oder rure vel pestis tempore conditum (a. M. Not.Ztschr. III. 200, 209); dasjenige der Blinden u. s. w. richtet sich soweit es nach der Natur der Sache überhaupt statthaft ist, nach den Artt. 57—59, 69, 74, 75 d. Ges. Insofern als deren Privileg sich an die Form knüpft, ist auch in ihre testamenti factio eingegriffen.

f) Auch die sog. divisio parentum inter liberos ist, wenn sie öffentlich beurkundet werden soll, in Hinsicht der vorgeschriebenen Förmlichkeiten privilegirt.

g) Soweit Civilrechte nicht entgegenstehen (vgl. Pr. Allg. L.R. I. 12 § 614 u. II. 1 § 482) können auch testamenta reciproca u. correspectiva nach Art. 60, 61 errichtet werden. Solche sind nach dem Tode eines Testators jedenfalls dann wieder gesondert und unter persönlichem Verschlusse des Testators weiter aufzubewahren

fügungen ist nebst den gewöhnlichen Förmlichkeiten [2]) einer Notariats-Urkunde Folgendes zu beobachten:

1) der Disponent hat dem Notare seinen letzten Willen mündlich zu erklären; [3])
2) das ganze Geschäft ist in Gegenwart zweier Zeugen oder eines zugezogenen zweiten Notars vorzunehmen; [4])
3) der Notar hat die Urschrift der Verhandlung selbst vorzulesen; [5])
4) die Beobachtung der unter 1—3 angeführten Erfordernisse ist ausdrücklich zu beurkunden. [6])

Die Beobachtung der im gegenwärtigen Artikel vorgeschriebenen Förmlichkeiten [7]) ist bei Erbverträgen nicht erforderlich. [8])

(Art. 82 Abs. 5), wenn sie Verfügungen des Ueberlebenden allein zu Gunsten Dritter enthalten.

h) Auch die donatio mortis causa — nicht inter vivos — ist an die durch diese Artt. vorgeschriebene Form gebunden, sofern sie nach dem einschläg. Civilrecht als letztwillige Verfügung zu betrachten ist (Not.Ztschr. XXVI. 117).

i) Der Testator hat die freie Wahl, ob er nach Art. 60 oder 61 testiren will (v. Zink, K. S. 575 ff.; Enderlein S. 199 ff.).

[2]) „Gewöhnliche Förmlichkeiten" bestimmen die Artt. 62 Abs. 1—68, 70, 71, 73, 77; „außergewöhnliche" sind die Zuziehung von Zeugen, Vertrauenspersonen, Dolmetscher, oder eines 2. Notars (Art. 53, 55, 57—62 Abs. 2 u. 3, 69, 74—76). Da nun nach Art. 60 außer den darin bezeichneten besonderen Förmlichkeiten auch jene gewöhnlichen Förmlichkeiten beobachtet werden sollen und nach Art. 148 ein Verstoß gegen die Bestimmungen des Art. 60 der Urkunde die Oeffentlichkeit nimmt, so fragt sich, ob das auch der Fall ist bei einem Verstoß gegen die gewöhnlichen Förmlichkeiten, deren Nichtbeobachtung sonst diese Folge nicht hat. Die Frage wird zu verneinen sein, indem die Beobachtung der gewöhnlichen Förmlichkeiten als eine „Bestimmung" gerade des Art. 60 nicht anzusehen ist, vgl. auch Abs. 2.

[3]) Stellvertretung ist noch immer so unzulässig wie bei den alten legis actiones. Durch das Erfordernis mündlicher Erklärung ist die Errichtung durch Stumme in der Form des Art. 60 ausgeschlossen. (Bl. f. R.A. XXXVI. 106; Not.Ztschr. VIII. S. 5, 129). Anders § 61 ². — Diktiren verlangt das Gesetz übrigens nicht, s. Anm. 26.

[4]) Ausnahme von Art. 56 Abs. 1 Nr. 2 schließt jedoch nicht aus, daß die Erklärung auf Grund einer Vorbesprechung schon vor Zuziehung der Zeugen niedergeschrieben wird (a. M. Roth, bayr. Priv.R. S. 254 Anm. 25), sie muß dann aber jedenfalls in Gegenwart der Zeugen wiederholt werden (O.G.H. Slg. IX. 226). — Auch ist die Vornahme des Geschäftes ohne Unterbrechung nicht nothwendig (Instr. § 46 Abs. 4) aber beide Zeugen müssen während des ganzen Geschäftes gegenwärtig sein (Bl. f. R.A. XXXVI. 106, Slg. a. a. O.).

[5]) Nicht aber: selbst zu schreiben, Instr. § 43 Abs. 2 O.G.H. Slg. IX. 724. Ist Testator taub, so muß außerdem er selbst sie durchlesen (Art. 58 Abs. 1, 66 Abs. 1) oder wenn er nicht lesen kann, nach Art. 58 Abs. 2 verfahren werden. Die Testamentserrichtung nach Art. 60 ist also für Taube möglich und statthaft (Bl. f. R.A. XLII. 143, LI. 121; O.G.H. Slg. VI. 640, XI. 219.

[6]) Nicht dagegen die Beobachtung der „gewöhnlichen Förmlichkeiten". — „Die Worte, mit welchen diese Beobachtung im Testamente angeführt ist, sind gleichgültig." In Bezug auf die Beurkundung der mündlichen Erklärung insbesondere genügt es, „wenn die Fassung eine solche ist, daß sie die Konstatirung darüber, daß der Disponent seinen letzten Willen dem Notar mündlich erklärt hat, zweifellos erscheint" (Bl. f. R.A. XXXVII. 402). Im Uebrigen gehört die Frage, ob diese Beobachtung im Testamente hinlänglich konstatirt sei, zur Beurtheilung der wesentlichen Förmlichkeiten des Testamentes und folgeweise zum Rechtspunkte" (v. Zink, K. S. 590 f.).

[7]) D. h. der besonderen; die gewöhnlichen Förmlichkeiten, die zwar in Abs. 1 auch erwähnt sind, gelten nicht als durch diesen Artikel vorgeschrieben, siehe Art. 61 Nr. 5. — Unter Erbverträgen sind nicht nur Erbeinsetzungsverträge verstanden.

[8]) Vgl. v. Zink S. 575; Rote S. 567 ff.; Zeitschr. d. Anwaltsvereins X. 55;

Art. **61.**[9]) Wenn eine letztwillige Verfügung dem Notar verschlossen übergeben wird,[10]) so ist nebst den gewöhnlichen Förmlichkeiten[11]) einer Notariatsurkunde Folgendes zu beobachten:

1) die Uebergabe muß durch den Disponenten in Person und in Gegenwart zweier Zeugen oder eines zweiten Notars geschehen;[12])

2) der Notar bestätigt auf der übergebenen letztwilligen Verfügung unter Beidrückung des Notariats-Siegels durch seine und der beiden Zeugen, oder des zugezogenen zweiten Notars Unterschrift, daß der Disponent

---

über Beobachtung des Art. 14, wenn sie nur einzelne Immobilien zum Gegenstande haben und Singularsuccession begründen; vgl. Bl. f. R.A. **XXX**. S. 266; Not. Ztschr. II. 380.

[9]) S. Art. 60 Note 1.

[10]) Bei dieser zweiten Form des ö. Testaments beruht der ö. Glaube nicht auf dem Errichtungsakte wie im ersten Falle des Art. 60, sondern im Uebergabe-Akte. Wer das Testament geschrieben hat, ob der Testator, ein Zeuge, Legator oder wer sonst, ist gleichgültig. Der Testator braucht es nicht einmal unterschrieben zu haben, denn die Uebergabe durch ihn als seines letzten Willens begründet die Authentizität. Auch wenn der Notar sonst das Testament geschrieben hat (vgl. Rösl S. 157, 179), erlangt es dadurch nicht die Eigenschaft eines Notariatsaktes (Instr. § 84), sondern bleibt eine Privatarbeit, für welche weder direkt die Gebührenordnung anwendbar noch ein Eintrag in das Geschäftsregister oder eine Vormerkung auf dem Fehlblatte zu machen ist (Art. 77, autogr. J.M.E. v. 9./8. 69; Enderlein S. 215 Nr. 3[a]).

[11]) S. Art. 60 Note 2.

[12]) „Verschlossen," wenn unvollständig s. Nr. 3; übrigens ist die Art des Verschlusses gleichgültig; insbesondere erfordert der Verschluß begrifflich keine Versiegelung; und der Verschluß braucht nicht einmal bei der Ueberreichung vorhanden zu sein, der Notar kann ihn auch besorgen (Rösl S. 179) arg. Nr. 3. Wenn aber behauptet wird, daß „der Inhalt des Testamentes vom Testator nicht geheim gehalten zu sein" brauche (v. Zink, K. S. 596 Anm. 73; Rehm, S. 90 Anm. 3; Enderlein S. 215[b]; Rösl S. 179), so ist das insofern doch bedenklich, als es die Zeugenfähigkeit und die Unparteilichkeit des Notars wohl beeinflussen kann und daher im Sinne des Gesetzes beeinträchtigen muß, wenn feststände, daß den Zeugen ꝛc. oder dem 2. Notar oder dem instrumentirenden Notar, bei Aufnahme des Uebergabeaktes bekannt war, daß sie durch den übergebenen letzten Willen bedacht waren. Wenn auch der Hinterlegungsakt nicht das Testament ist, so erhält doch dieses stets durch jenen mittelbar eine besondere rechtliche Bedeutung und wenigstens regelmäßig überhaupt erst Giltigkeit. Nur insofern kann Rösl S. 157 § 66 zugestimmt werden, und es ist nicht einzusehen, welcher materielle Unterschied sowohl für Unparteilichkeit des Notars und für die Klassizität der Zeugen darin liegen kann, ob sie die Errichtung oder die Hinterlegung eines sie bedenkenden Testaments bezeugen, wenn bei dieser ihnen ihre Bedenkung ebenso bekannt ist, wie sie ihnen bei jener bekannt werden muß. Ein Notar der wissentlich eine letztwillige Verfügung zu seinen Gunsten sich zu notariellem Verwahr übergeben läßt, ist mittelbar auch bei dieser Uebergabe der letztwilligen Verfügung betheiligt (Art. 10 Nr. 4). Ein Zeugnis, welches die Uebergabe eines solchen Testamentes bekundet, ist in Hinsicht der Uebergabe-Erklärung, wenn Zeuge seine Bedeutung kennt, genau so verdächtig wie ein Zeugnis, welches seine Errichtung bekundet, in Hinsicht der ihn bedenkenden Verfügung, der er zuhört; denn der Grund der Verdächtigkeit eines Zeugen ist in beiden Fällen derselbe, daß man argwohnt, er bekunde zu seinen Gunsten etwas Falsches. Eine „gesetzliche geheime" Beschaffenheit des Inhalts aber wie Rösl S. 179 behauptet, ist nirgends aufgestellt; nur eine höchst thatsächliche Vermuthung hat einem solchen Testamente den Namen eines geheimen oder mystischen gegeben, ohne daß das Gesetz an diesen Ausdruck irgend welche Rechtsfolge geknüpft hätte, ebenso wenig wie bei den Urkunden von deren Inhalt die zugezogenen Zeugen Nichts erfahren (Art. 56).

das in dem Verschlusse Enthaltene als seine letztwillige Verfügung erklärt habe.[13])

3) Ist der Verschluß unvollständig, oder kann die unter Ziffer 2 angeordnete Bestätigung nicht auf die übergebene Verfügung gesetzt werden, so hat der Notar über dieselbe einen mit dem Notariats-Siegel zu verschließenden Umschlag zu machen, auf welchen die Bestätigung zu setzen ist;[14])

4) über die ganze Verhandlung wird eine Notariats-Urkunde aufgenommen,[15]) und

5) in derselben angeführt, daß die vorstehenden[16]) Bestimmungen beobachtet worden seien.

Art. 62. In der Notariats-Urkunde muß bemerkt werden,[1]) ob

[13]) Auch diese Bestätigung braucht der Notar wieder nicht eigenhändig zu schreiben (o. Anm. 5), und für die Form der Erklärung giebt es keine bestimmte Vorschrift (o. Anm. 3); aber der Ausdruck derselben ist nicht wie Art. 60 Nr. 1 auf mündliche Aussprache beschränkt, sondern kann in Schriftsprache und Zeichensprache gegeben werden, weshalb auch Blinde, Taube, Stumme, Analphabeten und des Deutschen Unkundige nach Art. 60 testiren können.

Der Verschluß ist im Sinne des Gesetzes durchaus kein Zeichen der Geheimheit — wie Rösl S. 179 vorauszusetzen scheint (s. aber folgende Anm.) —, sondern lediglich ein Mittel zur Sicherung der Identität der übergebenen Urkunde. Diese Aufschrift ist eine öffentliche Notariatsurkunde, bildet aber mit der übergebenen letztwilligen Privaturkunde, und zwar, auch wenn sie nach Nr. 3 auf einen besonderen Umschlag gesetzt werden müßte, ein zusammengehöriges Ganzes, und muß daher auch bei einer Rückgabe (Art. 26) mit dem Testamente verabfolgt werden.

[14]) Mit Recht sagt Rösl S. 179, der Verschluß brauche nicht schon bei der Ueberreichung vorhanden zu sein, es solle nur gesagt sein, daß das Papier „verschlossen von dem Notar verwahrt und mit der . . . Aufschrift versehen sein müsse", es könne „also die letztwillige Verfügung das ganze Papier auf allen Seiten einnehmen und es genüge, wenn es durch den Notar mit einem Umschlage versehen und gesiegelt werde". Um so weniger läßt sich behaupten, das Testament sei „gesetzlich geheim".

[15]) Instr. § 84.

[16]) Nemlich: besonderen; s. o. Anm. 7.

[1]) Diese Vorschrift des ersten Absatzes geht „weit über die Grenzen bloßer Förmlichkeiten der Beurkundung oder Geschäftsführung hinaus", „weil der Produzent einer in diesem Punkte mangelhaften Urkunde auf Widersprechen leicht mit dem Beweise belastet werden könnte, daß die Partei auch wirklich die Person war, wofür sie sich ausgab". Da auf dieser Identität der Betheiligung die ganze Kraft und das Ansehen der Notariatsurkunden wesentlich beruht, so hat das Notariatsgesetz, wenn es auch natürlich im Falle des Mangels anderweiten Beweis nicht ausschließt, doch in Art. 62 allein darauf Bedacht genommen, diese Identität in der Urkunde selbst festzustellen. Es ist daher ein Verstoß gegen diesen Absatz nicht nach Art. 114, sondern nach Art. 115 strafbar (J.M.Bl. 1865 S. 162, 1868 S. 34).

Die Bemerkung muß in der fraglichen Urkunde selbst gemacht werden, sollte derselbe Notar die Identität derselben Betheiligten auch schon in einer früheren Urkunde ausgesprochen haben (Not.Ztg. VIII. 259). Jedoch hat man es gutgeheißen und als genügend erklärt, wenn in einer notariellen Anlage zu der betreffenden Urkunde, welche mit dieser also auch formell eins sei (Art. 68 Abs. 2), die Identitätsfeststellung getroffen sei, und zwar in doppelter Hinsicht, nemlich sowohl, wenn eine frühere notarielle Urkunde, z. B. eine Vollmacht, diese Bemerkung enthalte (O.G.H. 8./2. 65; J.M.Bl. 1868 S. 34; Not.Ztschr. V. S. 65; Enderlein S. 219 c. 5./9. 73; Stenglein XIII. 41; Not.Ztg. II. 133, 30./7. 67; Stenglein VII. 130, IV. 261; Enderlein S. 220 d u. e), als auch, wenn der Notar nachträglich „in einem von

Namen,²) Stand und Wohnort der Betheiligten³) dem Notare bekannt sind.⁴)

---

ihm allein unterzeichneten und mit dem Amtssiegel versehenen Zusatze" die Identität der Betheiligten konstatire (O.G.H. 25./5. 69; Stenglein VIII. 332; Not.Ztschr. VI. 173). Jedoch wird bei dieser letzten an sich schon sehr nachsichtigen Annahme unbedingt vorausgesetzt, daß ein solcher Nachtrag unmittelbar nach der Errichtung der Urkunde stattfindet, bevor sie ins Geschäftsregister eingetragen ist, jedenfalls bevor den Betheiligten eine Ausfertigung ertheilt, oder die Urkunde an das Hypotheken-Amt u. s. w. gelangt ist (O.G.H. 19./6. 67, 28./1. 73; Stenglein X. S. 371, XII. Beibl. S. 98; Not.Ztschr. VIII. 183 und Not.Ztg. V. S. 38; Enderlein S. 221 f.).

Wegen sträflich falscher Beurkundung s. Str.G.B. § 348 und O.L.G. München Slg. I. S. 410.

Die Art und Weise der Feststellung der Identität der Betheiligten soll unter allen Umständen aus der Urkunde hervorgehen, auch bei jeder Eventualität, die beim Mangel des vorherigen Erfordernisses eintritt. Denn die Erfordernisse stehen in folgendem eventuellem Verhältnis:

a) persönliche Bekanntschaft des Notars,
b) eventuell Instrumentszeugen oder zweiter Notar, welche die Betheiligten kennen,
c) eventuell 2 Auskunftspersonen,
d) eventuell andern Behelf.

Vgl. Not.Ztschr. I. 305 ff., V. 196 ff., 216 ff.

Immerhin bleibt die Thatsache der Identität der Betheiligten für die Wirksamkeit der Urkunde allein maßgebend. (Vgl. Not.Ztschr. I. 313, III. 77, V. 39, 40, VI. 94, 182; O.L.G. 19./4. 83 Slg. IX. 72.)

²) Nicht blos der Zuname, sondern auch der Vorname (Art. 63 Nr. 3), sodaß, wenn nur dieser dem Notar nicht bekannt ist, in Bezug hierauf Abs. 2 u. 3 Anwendung finden (O.G.H. 4./1. 79; Not.Ztg. VIII. 254, 259).

³) „Betheiligte" können hier natürlich nur bei der Errichtung der Urkunde anwesende Geschäftsbetheiligte sein (s. o. S. 34 Anm.), aber nicht alle anwesenden Interessenten sind Urkundsbetheiligte im Sinne dieses Artikels. Nach der oben ausgeführten ratio legis nemlich kann es nur darauf ankommen, die Identität zur Rechtsbeständigkeit des Geschäftes nothwendigen anwesenden Geschäftsbetheiligten festzustellen; daß der Notar auch in Bezug auf Geschäftsbetheiligte, die zwar anwesend sind, deren Anwesenheit und Erklärung rechtlich aber nicht nothwendig ist, solche Feststellungen treffe, verlangt das Gesetz auch dann nicht, wenn er sie in der Urkunde selbst als erklärende Personen überflüssigerweise mit aufgeführt haben sollte. Etwaige außerhalb der Rechtsbeständigkeit des Geschäftes liegende Nebenzwecke können für die Beobachtung so strenger Formvorschriften nicht maßgebend sein. Um so sorgfältiger ist der Geschäftsinhalt zu prüfen, wenn es sich um zusammengesetzte Geschäfte handelt. Wenn z. B. zur Rechtsbeständigkeit einer Cession die Erklärung der Annahme seitens des Cessionars nicht erforderlich ist, er insofern also nicht „Urkundsbetheiligter" im Sinne des Art. 62 Abs. 1 ist, so liegt die Sache anders, wenn in der Urkunde zugleich über die Bezahlung der Cessionsvoluta seitens des Cessionars an den Cedenten quittirt wurde, denn bei Beurkundung dieser Zahlung ist er zweifellos „Urkundsbetheiligter" (O.G.H. 2./10. 66; J.M.Bl. 287; Stenglein VI. 103; Not.Ztschr. III. 312). Ebenso ein bei einer Nachlaßversteigerung anwesender Nachlaßgläubiger, der sofort befriedigt wird und im Versteigerungs-Protokolle quittirt (8./2. 67; Stenglein VII. 219; vgl. auch J.M.Bl. 1865 S. 162; Stenglein V. 23; Not.Ztschr. II. 362). Die Meistbietenden bei einer Versteigerung sind „Betheiligte" (O.G.H. 30./7. 67; Stenglein VII. 130; Not.Ztschr. IV. 261).

⁴) Darunter ist eine Bekanntschaft zu verstehen, die schon vorher, ehe der Notar mit den Betheiligten über das konkrete vorliegende Geschäft amtlich verhandelte, bestand. Die Ansicht, daß der Notar, wenn er nur im Augenblicke des Niederschreibens der Urkunde die Ueberzeugung von der Richtigkeit des Namens habe, sich lediglich nach

Wenn der Notar dieselben nicht kennt, so sind entweder zwei Zeugen oder ein zweiter Notar, welchem [5]) die Betheiligten [3]) bekannt sind, beizuziehen, oder Namen, Stand und Wohnort der Betheiligten [3]) durch zwei Auskunftspersonen [6]) zu dem Notariatsacte zu bescheinigen.

Stellen sich keine solchen Auskunftspersonen dar,[7]) so ist dieß in der Notariats-Urkunde zu bemerken, und zugleich anzuführen, ob und welche andere Behelfe über die Person des Betheiligten [3]) dem Notare vorgelegen seien.[8])

Art. 63. Jede Notariats-Urkunde muß enthalten:

1) den Vor- und Zunamen, sowie den Wohnsitz des Notars oder der Notare,
2) den Vor- und Zunamen,[2]) Stand und Wohnort der zugezogenen Zeugen, Vertrauens- und Auskunftspersonen,
3) den Vor- und Zunamen,[2]) Stand und Wohnort der Betheiligten,[3])
4) den Ort,[4]) das Jahr, den Monat, den Tag und, wenn in einzelnen

---

Abs. 1 zu richten habe, ist unrichtig (O.G.H. Slg. I. 500, II. 413, IV. 422, XII. 617; Stenglein VII. 89, VIII. 4, X. 121; J.M.Bl. 1867 S. 231, 1868 S. 183; Not.Ztschr. IV. 299, V. 232, VII. 377; Enderlein 222 f. R.; Bl. f. R.A. LV. 221, 302; Not.Ztschr. XXVII. 157).

[5]) Richtiger: „welchen".

[6]) „Identitätszeugen": Inst. §§ 41, 42. Für sie gelten nicht die Erfordernisse der Artt. 53, 54; sonst wären sie ja tüchtige Instrumentszeugen, die doch in erster Stelle berufen sind, vgl. Enderlein S. 225c. Der Notar kann daher im Nothfalle auch ihm nicht persönlich bekannte Auskunftsperson zuziehen. Schon wegen der geringeren Garantie der Identität ergiebt sich aber die Pflicht des Notars, zu bemerken, ob ihm die Auskunftspersonen bekannt sind oder nicht (Instr. § 42). Ein Verstoß hiergegen begründet Disziplinarstrafe nach Art. 115 (J.M.Bl. 1865 S. 122, 1866 S. 287; Stenglein IV. 369, VI. 103, XV. Beibl. 73; Not.Ztschr. II. 257, III. 312; Not.Ztschr. V. 141.). Betheiligte sind nach der Natur der Sache als Auskunftspersonen ungeeignet (O.G.H. 19. 6. 76; Stenglein XVI. Beibl. 78; Enderlein S. 230g.

[7]) Wenn auch vielleicht eine (s. die vorigen Citate u. Not.Ztschr. II. S. 101; Enderlein 230f).

[8]) Wenn auch solche — z. B. eine Auskunftsperson, Legitimationspapiere, andere Urkunden — nicht beizubringen sind, kann der Notar seinen Dienst verweigern, handelt aber nicht pflichtwidrig, wenn er amtirt (O.G.H. 30./5. 73; Not.Ztg. II. 101; Enderlein 230f.)

[1]) D. h. der Kontext der Urkunde (vgl. Instr. § 46). Die bloße Unterschrift der Personen, die im Kontext etwa nur als „unterzeichnet" angeführt wären, würde nicht genügen: vgl. J.M.E. v. 30./1. 73; Not.Ztg. II. 47. Man wird aber in Bezug auf die Folgen einen Unterschied machen müssen, ob die folgenden Angaben 1—4 nur nicht im Kontext stehen, oder ob sie ganz fehlen; der gänzliche Mangel ist ein Disziplinarversehen, weil es die Beweiskraft der Urkunde berührt (U. 12./10. 67; v. Zink, II. 117 Nr. 14; O.L.G. 20./11. 84 Slg. X. 660; Bl. f. R.A. Erg. z. V. 78), das läßt sich im anderen Falle nicht behaupten. (O.G.H. 8./2. 64 Slg. II. 122; J.M.Bl. 34). Ebensowenig in Bezug auf die einzelnen Erfordernisse 1—4 zur Feststellung der Identität, sofern dieselbe nur aus der Urkunde unzweifelhaft erhellt. So ist die Angabe der Straße und Hausnummer und weiterer Vornamen anstatt des ausgelassenen Standes für ausreichend erachtet (O.G.H. 17./11. 75; Stenglein XV. Beibl. 76).

[2]) Bei Frauen auch der Jungfern-Name.

[3]) S. S. 34 Anm. 32[a].

[4]) Die Ortsangabe insbesondere muß als ein wesentliches Erfordernis angesehen werden, insofern durch sie die örtliche Zuständigkeit (Art. 9 Nr. 3, 148 d. Ges.) des Notars und damit ihre Gültigkeit in der Urkunde selbst festgestellt wird.

Fällen die Gesetze es erfordern, die Tageszeit der stattgehabten Verhandlung.

Außerdem ist in jeder Notariats-Urkunde über unbewegliches Eigenthum dasselbe, soweit möglich, durch Anführung des einschlägigen Steuerdistricts, des Katasterfoliums, der Haus- und Plannummer zu bezeichnen.[5])

[5]) Die genaue Bezeichnung des Objektes gehört zu den wesentlichen Bestandtheilen der Urkunde, und ein Verstoß dagegen ist nach Art. 115 d. Ges. disziplinar strafbar, jedoch sind nicht sämmtliche erforderte Bezeichnungen in dieser Beziehung gleichwerthig, wie schon aus den Worten „soweit möglich" erhellt. (Vgl. O.G.H. 21./1. 73 Slg. III. 290; Bl. f. R.A. XXXVIII. 76; Not.Ztschr. IV. 271, V. S. 57; Not.-Ztg. XXV. 4; Enderlein 235 Nr. 4ff.)

Ist die Bezeichnung des Objektes so ungenau oder falsch, daß die ganze Erklärung nichtig ist, so kommt außerdem die civilrechtliche Verantwortung des Notars in Frage (Not.Ztschr. V. S. 180).

Zufolge Vollzugs des Art. 150 Abs. 2 sind in Bezug auf das Umschreibewesen folgende ministerielle Anweisungen ergangen:

a) Bekanntmachung, den Vollzug des Art. 150 des Notariatsgesetzes in Bezug auf das Umschreibwesen betreffend. (B. 15. Juni 1862, Reg.Bl. Nr. 32 S. 1446 ff.)

Staatsministerium der Justiz und Staatsministerium der Finanzen.

Nachdem durch Art. 150 Abs. 2 des Gesetzes vom 10. November 1861, „das Notariat betreffend" die §§ 71—75 des Grundsteuergesetzes und beziehungsweise der § 23 des Häusersteuergesetzes vom 15. August 1828 aufgehoben worden sind, so werden die daselbst vorbehaltenen instructiven Anordnungen über das bei der Umschreibung zu beachtende Verfahren in Nachstehendem erlassen:

§ 1. In jeder Notariatsurkunde über ein Rechtsgeschäft, welches eine unbewegliche Sache zum Gegenstande hat, muß gemäß Art. 63 des Notariatsgesetzes, mit Ausnahme des im § 3 vorgesehenen Falles, angeführt werden

1) das Stadt- oder Landgericht,
2) das Rentamt,
3) die Steuergemeinde, in welcher das Object gelegen ist,
4) die Haus- oder Besitznummer, zu welcher es gehört,
5) das Folium, auf welchem es im Kataster eingetragen,
6) die Plannummer, unter welcher es im Katasterplane zu finden ist.

(§§ 18 und 62 des Grundsteuergesetzes vom 15. August 1828.)

Ist ein größerer Complex Gegenstand des Rechtsgeschäftes, zu welchem mehrere mit besonderen Plannummern bezeichnete Objecte gehören, so kann anstatt der speciellen Anführung dieser letzteren in der Urkunde selbst auf einen der Urkunde als Beilage beizuheftenden Auszug aus dem Kataster Bezug genommen werden.

Uebrigens bleibt es dem Ermessen des Notars überlassen, ob auch eine anderweite Bezeichnung des Objectes, z. B. die Angabe der Kulturart (Acker, Wiese), des Flächeninhaltes,*) der ortsüblichen Benennung, ferner die specifische Angabe der darauf haftenden Lasten im gegebenen Falle als nothwendig oder zweckmäßig erscheine.

§ 2. **) Um der Vorschrift des § 1 genügen zu können, haben sich die Notare von den Betheiligten, welche die Errichtung einer Urkunde über liegendes Eigenthum verlangen, die nach Art. 70 des Grundsteuergesetzes in ihrem Besitze befindlichen Katasterauszüge vorlegen zu lassen und sich, wenn die Betheiligten den Katasterauszug

*) Nach Einführung des Metermaßes ist es gestattet, mit dem neuen das bisherige Maß zugleich anzugeben: J.M.Bek. v. 23./12. 77 I.; vgl. auch Min.Bek. v. 16./12 77 unter III. (Stahl S. 474 ff.; J.M.Bl. S. 257 ff.; Not.Ztg. VII. 17 und 21).

**) §§ 2 u. 4 sind wiederholt eingeschärft durch J.M.Bek. v. 2./1. 64 u. 28./3. 65 (J.M.Bl. S. 5 u. 49; Stahl S. 466 ff.; Not.Ztschr. I. 37, II. 127).

augenblicklich nicht besitzen oder sich Zweifel oder Anstände ergeben, nöthigenfalls mit dem einschlägigen Rentamte in unmittelbares Benehmen zu setzen.*)

§ 3. Tritt der Fall ein, daß die in § 1 vorgeschriebene nähere Bezeichnung des Gegenstandes des Rechtsgeschäftes im Zeitpunkte der Aufnahme der Urkunde deshalb nicht möglich ist, weil diese wegen Dringlichkeit der Sache bis zur Beibringung des Katasterauszuges oder Aufschlußerholung von Seite des einschlägigen Rentamtes nicht verschoben werden kann, und auch die Betheiligten die katastermäßige Bezeichnung des Objectes nicht anzugeben vermögen, so hat der Notar dieses in der Urkunde zu bemerken und eine genaue, jeden Zweifel über die Identität möglichst ausschließende Bezeichnung des Objectes nach den Angaben der Betheiligten oder sonst zugänglichen Behelfen in die Urkunde aufzunehmen.

Uebrigens hat der Notar die Betheiligten darauf aufmerksam zu machen, daß die nähere katastermäßige Bezeichnung des Gegenstandes des Rechtsgeschäftes in ihrem eigenen Interesse liege, und hat, wenn dieselbe von den Betheiligten später beigebracht wird, die hierüber aufzunehmende Urkunde als Nachtrag zu der über das Rechtsgeschäft aufgenommenen Urkunde dieser beizufügen (Art. 71 Abs. 3 des Notariatsgesetzes) oder beizuheften (Art. 68).

§ 4. Handelt es sich um Abtretung eines Theiles eines bisher unter Einer Plannummer im Kataster eingetragenen Objectes, so hat der Notar die Betheiligten auf die Nothwendigkeit der Vermessung desselben aufmerksam zu machen und wo möglich dahin zu wirken, daß die Vermessung und neue Nummerirung noch vor der notariellen Beurkundung des Vertrages veranlaßt werde.**)

(§ 81 des Grundsteuergesetzes.)

Ebenso hat der Notar in jenen Fällen, in welchen durch die Besitzveränderung eine neue Repartition der dem Staate oder der Ablösungscasse zuständigen Grundlasten bedingt wird, die Betheiligten darüber zu belehren, daß das Rentamt bezüglich der Repartition der Lasten an ihre Vertragsbestimmungen nicht gebunden ist, und wo möglich dahin zu wirken, daß diese Repartition noch vor der Vertragsbeurkundung stattfinde.***)

§ 5. Die Notare haben innerhalb der ersten acht Tage jeden Monats den treffenden Rentämtern Verzeichnisse der durch sie im letztverflossenen Monate beurkundeten Besitzveränderungen unbeweglicher Sachen oder diesen gleichgeachteter Rechte zu übersenden.†)

Diese Verzeichnisse haben außer den oben § 1 aufgezählten objectiven Bezeichnungen zu enthalten:

1) das Datum der Notariatsurkunde,
2) Namen, Wohnort und Haus-(Besitz-)Nummer des bisherigen, dann des künftigen Besitzers,
3) den Rechtstitel der Besitzveränderung,

---

*) Dasselbe soll den Notaren stets mittels vollständiger Besitz- und Belastungs-Certificate in Form der früheren unentgeltlichen Anmelde-Certificate Aufschluß ertheilen (Fin.M.E. v. 29./8. 62; J.M.Bl. 1863, Erg.H. S. 36; Not.Ztg. VII. 11; Stahl S. 462.

**) S. o. **) . . . Die Rentämter sollen die Vermessung als vorzugsweise dringlich stets ohne Verzug anordnen und das Ergebnis noch vor der technischen Revision ohne weiteren Aufschub zur Kenntnis des Notars bringen (Fin.M.E. cit. Nr. 2). Die Notare sollen genau ausdrücken, ob ein bestimmter Flächeninhalt abgetreten wird, oder der Flächeninhalt nur beiläufig angegeben wird; auch bei bedingten Verträgen, um unrichtige Umschreibungen zu verhüten, in Spalte 9 Bedingung und etwaige Frist insoweit angeben, daß die Rentämter über deren Erfüllung nähere Erkundigungen einziehen könne (J.M.Bek. 28./3. 65; J.M.Bl. S. 49; Not.Ztschr. II. 127; Stahl S. 470).

***) Fin.M.E. cit. Nr. 3.

†) Bei großer Dringlichkeit auch sofort gesondert: Min.Bek. cit. v. 16./12. 77 Nr. 6. — In die Verzeichnisse sind zutreffenden Falls auch Ehe-Verträge aufzunehmen. Min.Bek. v. 2./11. 71 (J.M.Bl. S. 308; Not.Ztschr. VIII. 347).

4) den Erwerbspreis,
5) die Vormerkung, ob die Taxberichtigung erfolgt sei.

Ist ein Object aufzuführen, dessen katastermäßige Bezeichnung in der Urkunde nicht angegeben ist und auch nachträglich nicht beigebracht wurde (§ 3), so ist die in die Urkunde aufzunehmende genaue Bezeichnung desselben in dem Verzeichnisse vorzutragen. Das Rentamt hat in diesem Falle die katastermäßige Bezeichnung, sobald dieselbe ermittelt ist, in der Rubrik: „Bemerkungen" nachzutragen.

Die letzten beiden Rubriken des Verzeichnisses sind von dem Notar für die Einträge des Rentamts offen zu halten.

§ 6. Wenn ein Complex von mehreren unbeweglichen Sachen, welche im Kataster als zusammengehörig vorgetragen sind, unverändert auf einen anderen Besitzer übergeht, so genügt es, daß in dem Verzeichnisse die ortsübliche Benennung dieses Complexes (z. B. das gesammte Gorihofs-Anwesen) nebst allenfallsiger Besitzlitter, dann dessen Gesammtflächenraum angegeben werden.

§ 7. Die Notare haben, soweit möglich, die bei Aufnahme der Urkunden benützten Katasterauszüge der Betheiligten zurückzubehalten und mit den Verzeichnissen der beurkundeten Besitzveränderungen an die einschlägigen Rentämter zu übersenden. Hiemit sind auch sonstige von den Rentämtern zur Benützung erholte Aufschlußbehelfe (z. B. Pläne, Ummessungsoperate, Lastenrepartitionen u. s. w.) zurückzuleiten.

§ 8. Notare, welche die Mittheilung der in § 5 angeordneten Verzeichnisse ganz unterlassen oder verspäten, welche unvollständige oder den Vorschriften gegenwärtiger Instruction nicht entsprechende Verzeichnisse vorlegen, unterliegen gemäß Art. 114 des Notariatsgesetzes einer Ordnungsstrafe, welche auf die Anzeige des einschlägigen Rentamtes von dem nach Art. 113 zuständigen Bezirksgerichte verhängt wird. Zugleich bleiben die Entschädigungsansprüche des Aerars an den Notar für den allenfalls hiedurch veranlaßten Entgang an Staatsabgaben vorbehalten.

§ 9. Auf dem Grunde dieser Verzeichnisse erfolgt von Seite der Rentämter die Registrirung der Besitzveränderungen im Umschreibprotokolle,*) und hienach die Umschreibung der Kataster und Grundbücher nach den bestehenden Vorschriften, wobei die Betheiligten auf Vorladung, soweit solche nothwendig befunden wird, persönlich oder durch Stellvertreter zu erscheinen und die die Besitzveränderung begründende Notariatsurkunde vorzuzeigen haben.

Bei der Umschreibung im Kataster ist auch gemäß § 78 des Grundsteuergesetzes die Umschreibung in dem vom Notar übersendeten oder durch das Rentamt dem Betheiligten abzuverlangenden Katasterauszuge zu bewirken.

Hat der Umschreibung gemäß § 81 des Grundsteuergesetzes eine Vermessung vorauszugehen, und ist diese nicht bereits vor der notariellen Beurkundung des Vertrages vorgenommen worden, so hat das Rentamt dieselbe von Amtswegen auf Kosten der Betheiligten zu veranlassen (§ 4 oben).

§ 10. Ergiebt sich aus dem dem Rentamte mitgetheilten Verzeichnisse, daß der Gegenstand der Besitzveränderung unrichtig, oder in dem in § 3 vorgesehenen Falle nicht mit der erforderlichen Bestimmtheit bezeichnet ist, so hat das Rentamt die Umschreibung einstweilen zu suspendiren, die Betheiligten hievon in Kenntnis zu setzen und denselben anheimzugeben, die erforderliche weitere notarielle Verhandlung und Beurkundung zu veranlassen.

§ 11. Die k. Rentämter haben alle von den Notaren an sie ergehenden Anfragen und Requisitionen ohne Verzug zu erledigen und insbesondere den Notaren oder Betheiligten die benöthigten Auszüge aus den rentamtlichen Grundbüchern über die auf dem Gegenstande der zu errichtenden Notariatsurkunde haftenden Grundlasten, insoweit diese dem Staate oder der Ablösungscasse zu entrichten sind, auf Verlangen mit möglichster Beschleunigung mitzutheilen.

Sie sind nicht nur für Verzögerungen, sondern auch für die durch sie verschuldeten Unrichtigkeiten und die Kosten der Berichtigung verantwortlich und haftbar. Beschwerden solcher Art sind an die dem Rentamte vorgesetzte Regierungsfinanzkammer zu richten.

*) Die Umschreibeprotokolle sollen nach Steuergemeinden in tabellarischer Form angelegt werden: Fin.M.E. v. 29./8. 1862 Nr. 4 cit.

Art. 64. In den Notariats-Urkunden ist ein den dritten Theil einnehmender Raum zur Seite frei zu lassen.

Auf die frei bleibende Seite der Urkunde darf eine weitere Urkunde nicht gesetzt werden.[1])

Art. 65. Die Notariats-Urkunden müssen deutlich und ohne Abkürzung geschrieben und Lücken durch Striche ausgefüllt werden.[1])

Zeitbestimmungen und Angaben von Zahlen sind mit Buchstaben zu schreiben.

Ausgenommen sind: Inventarien, Theilungen, Liquidationen, Rechnungen und Berechnungen, Schätzungs- und Versteigerungsprotokolle.[2])

In den Theilungen, Liquidationen, Rechnungen und Berechnungen müssen jedoch die Schlußresultate, sowie die Beträge, welche hienach ein Betheiligter an den andern zu fordern hat, in den Schätzungsprotokollen die Gesammtschätzungssummen, und in den Protokollen über Versteigerungen von Immobilien, Lieferungen und Arbeiten die Letztgebote mit Buchstaben geschrieben werden.

Das Datum der Notariats-Urkunden ist mit Buchstaben zu schreiben. Haus- und Katasternummern können mit Ziffern geschrieben werden.[3])

Bezieht sich eine Urkunde auf eine andere, so ist es gestattet, das Datum der letzteren und deren etwa anzuführende Nummer mit Ziffern zu schreiben.[4])

Art. 66.[1]) Am Schlusse der Urkunde ist ausdrücklich zu bemerken, daß dieselbe den Betheiligten[2]) vorgelesen oder von ihnen selbst durchlesen wurde.[3])

---

§ 12. Die Correspondenzen zwischen den Notaren und den Rentämtern, welche sich auf die in gegenwärtiger Instruction behandelten Gegenstände beziehen, sind frei von Taxen und Stempeln (Art. 106 Nr. 5 des Notariatsgesetzes).

Gegenwärtige Instruction, welche gleichzeitig mit dem Notariatsgesetze in Wirksamkeit tritt, ist auch in den Kreis-Amtsblättern zu veröffentlichen.

[1]) Vgl. Art. 71, 72 d. Ges. Instr. § 45.

[1]) Instr. § 43. Handschriftlich, nicht mittels mechanischer Verrichtung: J.M.E. 8./12. 64; J.M.Bl. 273, deshalb sind auch gedruckte, lithographirte oder autographirte Formulare zu Urschriften für unbedingt unstatthaft erklärt (J.M.Bl. 1864 S. 273; Stahl S. 147). Doch sind gedruckte Formulare für Vollmachten und Wechselproteste zugelassen (J.M.Bl. 1869 S. 181; Stahl S. 141. Mit Tinte, nicht mit Bleistift: J. § 43 Abs. 2; Not.Ztschr. II. 40. Vgl. auch Instr. § 59 u. Not.Ztschr. I. 208. Völlige Unleserlichkeit von Stellen einer Urkunde, wenn dadurch die sichere Ermittelung des Sinnes und der Bedeutung der Urkunde nicht nur erschwert, sondern geradezu gehindert wird, ist mehr bloß ein Verstoß gegen eine Förmlichkeit (A. 114), sondern disziplinar (A. 115) strafbar.

[2]) Vgl. auch Subh.O. § 78 Abs. 2. Abweichende Angaben in Ziffern und in Buchstaben stellen den materiellen Inhalt in Frage und sind daher disziplinar strafbar (O.G.H. 24./7. 68 Slg. II. 410; Stenglein VIII. 84; Not.Ztschr. V. 248).

[3]) Auch das Flächenmaß, wenn nicht ein bestimmtes Flächenmaß gerade Gegenstand der Erklärung ist: J.M.Bek. 28./3. 65 bei Stahl S. 471, u. 6./11, 86 bei Enderlein S. 242 b.

[4]) Vgl. Instr. §§ 51, 57, 126 Abs. 2. Siehe wegen der Vorlesung der in Bezug genommenen Urkunde Anm. zu Art. 66 Abs. 1.

[1]) Instr. § 46 Abs. 3.

[2]) „Betheiligte" wie S. 81 Anm. 3. Genügt es, wenn sie das Durchlesen einem Zeugen oder einer anderen Person ihres Vertrauens überlassen? Der Wortausdruck spricht dagegen; v. Zink II. S. 1863 Nr. 2 hält es für statthaft, wenn diese Personen

Sind bei Aufnahme einer Urkunde Zeugen zugezogen worden, so ist vorbehaltlich der Bestimmung des Artikel 56 Absatz 2 am Schlusse zu bemerken, daß die Urkunde den Betheiligten [2]) in ihrer Gegenwart vorgelesen wurde.

Art. 67. [1]) Die Notariats-Urkunde wird mit Seitenzahlen und auf jedem Blatte mit dem Namenszuge des Notars versehen.

Dieselbe wird am Schlusse [2]) von den Betheiligten [3]) und dem Notare unterschrieben [4]) und mit dem Amtssiegel versehen. [5])

---

der ganzen Verhandlung beiwohnten, „weil der Notar sich durch eine solche Substitution nicht verletzt fühlen" könne. Die Empfindlichkeit des Notars kommt freilich nicht in Betracht, aber die Gewißheit der Uebereinstimmung der gewollten und aufgenommenen Erklärung und diese Garantie wird beeinträchtigt durch den Mangel der Feststellung, daß der Betheiligte „selbst" sich davon überzeugt habe.

[3]) „Am Schlusse der Urkunde" („à la fin de l'acte" Ventôse-Ges. Art. 14) ist sowohl zeitlich wie örtlich zu verstehen und gleichbedeutend mit „von der Unterschrift": Art. 67 Abs. 3. Die Unterschrift der Betheiligten ist nothwendige Voraussetzung der Gültigkeit des Geschäfts, das damit erst zum Abschluß gelangt. (Stenglein XV. Beibl. 63; Bl. f. R.A. Erg.B. II. 337; Enderlein 270). Die Vorlesung soll Sicherheit für die Uebereinstimmung des Inhalts der Urkunde mit dem Willen der Betheiligten geben. Daraus folgt, daß sich die Vorlesung auf Alles Vorhergehende zu erstrecken hat, auf die ganze Urkunde, insbesondere mit allen Randzusätzen und Aenderungen, und deshalb ist die Vorschrift für diese in Art. 71 d. Ges. nicht wiederholt. Verstoß hiergegen beeinträchtigt die Garantie für die Richtigkeit des Inhalts und macht den Notar disziplinar strafbar (O.G.H. 8. 11. 72; Stenglein XII. Beibl. 58, 17. 11. 75 u. 4. 1. 79; Enderlein S. 243 f. 269). Dagegen umfaßt die Vorschrift der Vorlesung keineswegs in Bezug genommene frühere Urkunden, die insofern, selbst als Beilagen im Sinne des Art. 68 Abs. 2 nicht als Theile der Urkunde gelten (O.G.H. 14./8. 73, 25./1. u. 10./10. 77; Stenglein XIII. Beibl. 44, XVIII. Beibl. 51; Not.Ztg. II. 1339, VI. 263, VII. 30). Müssen dieselben dagegen als integrirende Bestandtheile der Urkunde gelten, die nur der Bequemlichkeit halber nicht in deren Kontext aufgenommen sind, übrigens aber gerade Stücke des Vertragsinhalts liefern, so sind auch auf sie die Vorschriften über die Errichtung von Not.Urk. zu beobachten, so in Bezug auf Theilungspläne (O.G.H. 10./6. 75; Not. Ztschr. IV. S. 165; Autogr. J.M.E. v. 30./7. 68 VII.; Liegenschaftsverzeichnisse J.M.Bl. 1872 S. 310; Not.Ztg. II. S. 2; Stahl S. 148; bezirksamtl. Verhandlungen: O.G.H. 1. 11. 78; Not.Ztg. VIII. 245). Die Vorlesung muß nicht — Ausnahme Art. 60 [3] — durch den Notar geschehen (O.L.G. 9./10. 85 Slg. XI. 219; Bl. f. R.A. 21, 121), es ist ihm aber, namentlich schon wegen der oft sehr wesentlichen Interpunktion zu empfehlen, selbst zu lesen (Enderlein 246 Nr. 8).

[1]) Vgl. Art. 148.

[2]) Wie Art. 66 (O.G.H. XII. S. 611, 613, Bl. f. RA. LV. 253, 287). Die Vorschrift bezieht sich auch auf solche Beilagen, deren Inhalt einen integrirenden Bestandtheil der Urkunde ausmachen (Gegensatz Art. 68 Abs. 2). S. o. Anm.

[3]) „Betheiligte" wie o. S. 81 Anm. 3. Im Falle ein Betheiligter taub ist und nicht lesen kann, unterschreibt nicht etwa die zugezogene Vertrauensperson statt seiner. Daß eine zugezogene Vertrauensperson überhaupt zu unterschreiben habe, ist nicht bestimmt (O.G.H. 7./2. 71 Not.Zeitschr. VIII. 118, 129, Stenglein X. 185, Enderlein 271).

[4]) Gleichzeitig und in Gegenwart der Anderen: Unitas actus? Vgl. O.G.H. Slg. II. S. 208; J.M.Bl. S. 86; Not.Ztschr. V. 129; Bl. f. R.A. XLIII. 187; Not.Ztg. V. 94, VII. 138, 213; Stenglein VII. 347, XVI. Beibl. S. 57, XVIII. 298, wo es wenigstens in Bezug auf die Unterschrift der Betheiligten und der Zeugen verlangt wird; a. M. Not. Ztg. IV. S. 157, 163; Enderlein S. 260 u. O.G.H. Slg. IV. 102; J.M.Bl. 1870 S. 45; Not.Ztschr. VII. 65; Stahl S. 148; Stenglein IX. 264, wo es in Bezug auf den Notar abgelehnt und ihm „eine billig mäßige Zeit" zur Unterschrift belassen wird. Dabei ist aber zu bedenken, daß so lange der

Sind Zeugen zugezogen worden, so haben auch diese am Schlusse der Urkunde ihre Unterschrift beizusetzen.[4]

Art. 68. Besteht die Urkunde aus einzelnen Blättern oder mehreren Bogen, so sind dieselben mit einer Schnur zu heften, welche am Ende der Urkunde mit dem Notariatssiegel befestigt wird.

Auf gleiche Weise sind Vollmachten oder andere Beilagen[1] mit der Urkunde zu verbinden.

Die Nichtbeachtung dieser Vorschrift wird mit einer Ordnungsstrafe von [drei Gulden][2] beahndet.

Art. 69.[1] Wenn ein Betheiligter[2] wegen Unerfahrenheit im Schreiben sich eines Handzeichens[3] bedient, oder durch irgend einen Umstand verhindert ist,[4] zu unterschreiben, so muß hievon[4] in der Urkunde ausdrücklich Erwähnung geschehen.

In diesem Falle ist die Zuziehung zweier Zeugen oder eines zweiten Notars nothwendig.

Notar nicht unterschrieben hat, keine Notariatsurkunde existirt, und daß deswegen die Verzögerung seiner Unterschrift der Absicht der Betheiligten (Art. 43.45) keinenfalls entspricht. Andererseits kann der Notar, wenn ihm etwa erst am Schlusse der Urkunde klar wird, daß sie gegen ein Strafgesetz, gegen die ö. Ordnung oder gegen die guten Sitten verstößt, die Unterschrift noch verweigern und so das Entstehen einer Not.-Urk. hindern (Not.Ztschr. II. S. 371).

Unterschrift mit Vornamen ist nicht erforderlich, auch „k." statt „königlicher" „Notar" (Instr. § 46 Abs. 5) nicht unzulässig. (J.M.E. v. 30./1. 75 u. Not.Ztg. II. 47; Rösl S. 74; Enderlein S. 252.)

5) Instr. § 47. „Am Schlusse", darin liegt auch in continenti, nachträgliche Aenderungen an der so geschlossenen Urkunde stellen objektiv Urkundenfälschungen dar (O.G.H. Slg. III. 391, XII. 606, 611, IV. 283, 422; Bl. f. R.A. Ergz. IX. 252; Stenglein IX. 52; Not.Ztschr. VI. 325). Anders sind einseitige Zusatzbemerkungen des Notars aufzufassen, die nicht den Schein erwecken können, als ob sie auf Erklärungen der Betheiligten oder damaligen Wahrnehmungen des Notars beruhten (Stenglein VII. S. 50, XII. Beibl. 98; Not.Ztg. II. 2, 38; Not.Ztschr. IV. 257; J.M.Bl. 1867 S. 172).

1) Beilagen im Sinne dieses Absatzes sind nach O.G.H. 10./6. 75 (Enderlein 249; Not.Ztg. IV. 165) „solche für sich bestehende in sich abgeschlossene und für sich selbst ein Ganzes bildende Urkunden, welche zwar Zubehörungen der Not. Urk., der sie beigeheftet worden, sind, deren Inhalt aber nicht Objekt des von dem Notar errichteten Rechtsgeschäftes ist". Vgl. o. Anm. 3 zu Art. 66.

2) R.Ges. v. 8./11. 75 Art. 1: „Insoweit Geldstrafen landesgesetzlich nach Gulden ... bestimmt sind ... wird je ein Gulden durch 1 Mark 80 Pfg. ... der Reichswährung ersetzt".

1) Vgl. Art. 148 u. 114. Sowohl ein Verstoß gegen Abs. 1; Unterlassung der ausdrücklichen Erwähnung, wie gegen Abs. 2 benimmt der Urkunde den öffentlichen Glauben.

2) S. Art. 62 Note 3.

3) Vgl. wegen des Handzeichens auch die Rhein. Not.O. Art. 28. Daß es sich nicht um ein bestimmtes karakteristisches Handzeichen handelt, ist hier zweifellos; denn es heißt eben nicht wie dort „seines" sondern „eines" Handzeichens. Ein Handzeichen ist weder nöthig noch das Verlangen, sich desselben zu bedienen, unter der gegebenen Bedingung zurückzuweisen.

4) Das „Qui ne savent ou ne peuvent signer" des Ventôse-Ges. Art. XIV. Uebrigens ist der Ausdruck mit Rücksicht auf das nachfolgende „hiervon" u. auf die Frage des Art. 148 reichlich ungenau, denn der Notar hat sich lediglich mit der Erklärung des Betheiligten genügen zu lassen und nicht etwa festzustellen, daß sie zu-

Art. **70.**[1]) In einer Urkunde darf nichts überschrieben oder zwischen die Linien eingeschaltet werden,[2]) bei Strafe der Nichtigkeit der überschriebenen oder eingeschalteten Worte.[3])

Art. **71.**[4]) Wird in einer Urkunde eine Veränderung oder ein Zusatz [5]) für nöthig erachtet, so soll dies durch ein Verweisungszeichen ange=

---

treffend sei. Dem Sinne würde daher nur entsprechen der Ausdruck: „am Unterschreiben verhindert zu sein erklärt". Das Gesetz geht offenbar davon aus, daß kein Betheiligter so wunderlich sein wird, sich wahrheitswidrig für einen Schreibensunfähigen oder am Schreiben Verhinderten auszugeben, allein es kommt vor, daß die eigenthümliche Abneigung in niederen Volksklassen, Etwas zu unterschreiben, und der Glaube, sich dadurch eine Hinterthür offen und von Verbindlichkeit frei zu halten, zu solchen Ausflüchten greift. Daher kann dem Notar keinerlei Vorwurf daraus erwachsen, wenn er auch auf Grund einer solchen unwahren Erklärung des Betheiligten nach dem Wortlaut des Art. 69 etwas objectiv Falsches beurkundet. Ebensowenig wird gegen die Vorschrift des Art. 14 verstoßen, wenn der Notar sinngemäß beurkunden würde, daß der Betheiligte seiner Erklärung zufolge schreibensunerfahren oder verhindert sei.

[1]) Die drei Artikel 70—72 handeln von Aenderungen in der Urkunde, und bei Errichtung der Urkunde. Denn nach ihrer Errichtung dürfen irgendwelche Aenderungen in der Urkunde ohne Aufnahme einer neuen überhaupt nicht mehr vorgenommen werden. (O.G.H. Slg. IV. 283, 422, XII. 606, 613, Not.Ztschr. VII. 195, 377, Bl. f. RA. LV. 239, 252 u. a. bei Enderlein, S. 279 ff.) — Aenderungen in der Urkunde, d. h. des urkundlichen Schriftkörpers, sind möglich in Bezug auf Inhalt oder Form, sei es durch Ueberschreiben oder Einschalten (Art. 70) oder Radiren oder Durchstreichen (Art. 72). So dürfen sie nicht vorgenommen werden, wie sie vorgenommen werden sollen, sagt der scheinbar auffällig zwischen jene beiden eingeschobene Art. 71. Daß derselbe nicht nach Art. 72 steht, erklärt sich daraus, daß sowohl er wie Art. 70 Zusätze zu dem ursprünglichen Schriftkörper betreffen, während im Gegensatz zu beiden, insofern zusammengehörigen Artikeln, Art. 72 nur Tilgung von Theilen desselben zum Gegenstande hat. — Vgl. auch C.P.O. § 384.

[2]) „Ni surcharge, ni interligne, ni addition" (Ventôse-Ges. XVI). Ob wesentlich oder unwesentlich (O.G.H. Slg. III. 199, 275; J.M.Bl. 1866 S. 150, 199, 1869 S. 110; Not.Ztschr. III. 176, VI. 126, 170), ob mit oder ohne Zustimmung der Betheiligten (O.G.H. Slg. III. 289; Not.Ztschr. VI. 185, ist gleichgiltig. Stenglein V. 336, VIII. 268). Auch bei Benutzung der für Vollmachten und Wechselproteste zugelassenen Formulare (s. o. Art. 65 Anm. 1) ꝛc. sind die Vorschriften des Art. 65 Abs. 1, 70—72 d. Ges., insbesondere auch für die Ausfüllung überflüssiger Kommas und Streichung überflüssiger gedruckter Sätze und Worte zu beachten (J.M.Bl. 1869 S. 181).

[3]) Deshalb trifft Art. 114 auf die Zuwiderhandlung zu. (J.M.Bl. 1866 450, S. 199 u. A.; Enderlein, S. 274 ff.) Die Folge davon kann freilich sein, daß wegen Nichtigkeit dieser Worte oder Ziffern das ganze beurkundete Rechtsgeschäft nichtig ist, wenn das Fragliche wesentliche Bestandtheile der Erklärung betrifft, z. B. der Name des Erklärenden oder bei einem Kaufvertrage der Kaufpreis überschrieben wäre. Daraus ergiebt sich dann weiter die Folge civilistischer Verantwortlichkeit des Notars. Vgl. auch Art. 72, S. 4.

[4]) S. Art. 70 Anm. 1.

[5]) Auch die Veränderung im Sinne dieses Artikels bewirkt einen Zusatz und der Zusatz eine Veränderung; der Unterschied zwischen Zusatz und Veränderung liegt also darin, daß der Zusatz die Hinzufügung von Etwas Neuem zu dem Vorhandenen, die Veränderung die Hinzufügung von Etwas Neuem anstatt des Vorhandenen darstellt. Daß „Veränderung" nur diesen Sinn hat, ergiebt das Folgende: „der beigesetzten Worte;" sie bildet also einen weiteren Gegensatz zu Rasuren und Durchstreichungen des Art. 72, die auch Veränderungen sind, aber ohne Ersatz, nur negativ. Auch sie können mit dem positiven, dem Ersatz, zusammentreffen, sind aber nicht die einzigen Arten, in denen sich die negative Seite der Veränderung im Sinne dieses Artikels darstellt. Vgl. Slg. XII. 599, 601, 613; Not.Ztg. XXVI. 62 ff.

deutet, der Zusatz oder die Veränderung aber unter Angabe der Zahl der beigesetzten Worte am Rande beigeschrieben und so, wie es im Artikel 67 Absatz 2 verordnet ist, besonders unterschrieben werden,[6]) bei Strafe der Nichtigkeit dieser Zusätze oder Veränderungen.[7])

Nach Umständen kann die Aenderung auch am Schlusse beigefügt werden; in diesem Falle ist die Aenderung von den Betheiligten ausdrücklich zu genehmigen.

Geschieht die Aenderung erst nach der Unterschrift, so ist diese zu wiederholen.

Art. **72**. In der Urkunde darf nichts radirt werden bei Strafe der Nichtigkeit dessen, was auf die radirte Stelle geschrieben ist.[1])

Ist es nöthig, ein oder mehrere Worte auszustreichen, so muß es in der Art geschehen, daß das Durchstrichene noch leserlich bleibt.

Die Zahl der durchstrichenen Worte ist am Rande oder am Schlusse der Urkunde zu bemerken, und diese Bemerkung, wie im Artikel 71 für die Zusätze verordnet ist, besonders zu unterschreiben.

Wird durch eine Radirung eine wesentliche Bestimmung des Rechtsgeschäftes zweifelhaft, so bleibt es dem richterlichen Ermessen vorbehalten, die Ungiltigkeit des ganzen Actes oder des betreffenden Theiles auszusprechen.

Art. **73**. Die Notariats-Urkunden müssen in deutscher Sprache abgefaßt werden.

Art. **74**.[1]) Wenn ein Betheiligter nicht deutsch spricht, so sind bei Aufnahme der Notariats-Urkunde zwei Zeugen oder ein zweiter Notar zuzuziehen.

Sind der Notar, die Zeugen beziehungsweise der zweite Notar und die sämmtlichen Betheiligten der fremden Sprache mächtig, so kann die Verhandlung auch in dieser aufgenommen werden.

Der Notar hat sogleich eine deutsche Uebersetzung beizufügen, welche gleich dem Urtexte zu unterschreiben ist.

Art. **75**.[1]) Ist die fremde Sprache einer der im Artikel 74 Absatz 2 genannten Personen nicht bekannt, so muß ein Dolmetsch[2]) zugezogen werden.

Eine feste Praxis setzt aber bei solchen Zusätzen und Veränderungen voraus, daß sie ohne Aenderung des bereits vorliegenden Schriftkörpers im Kontext der Urkunde nicht mehr vorgenommen werden können durch unveränderte Fortsetzung der Schrift unter Einschaltung eines „lies vielmehr" oder „soll heißen". Ist das noch möglich, und geschieht es, so wird es mit Recht nicht als Veränderung oder Zusatz im Sinne d. Art. angesehen; es ist vielmehr in dieser Form eine Erscheinung des Entstehens der Urkunde. Vgl. Autogr. J.M.E. v. 12./8. 67; Enderlein S. 282, welche zugleich ausspricht, daß bloßes Einklammern ohne einen die Absicht der Verbesserung bekundenden Ausdruck nicht genüge; s. auch J.M.Bl. 1872 S. 288; O.G.H. Slg. **XII**. 613; Bl. f. R.A. **LV**. 253 f.

[6]) Vgl. auch Anm. zu Art. 66. — Nach Art. 67 Abs. 2 haben die Betheiligten und der Notar, nicht die Zeugen, den Randvermerk zu unterschreiben.

[7]) S. Art. 70 Anm. 3.

[1]) Die Vorschrift betrifft sowohl Worte wie Ziffern (O.G.H. 8./3. 73) und Buchstaben (Rösl S. 196 f.).

[1]) Folgen des Verstoßes gegen Art. 74—76: Art. 148.

[2]) Ueber die Erfordernisse in der Person des Dolmetsch, über seine Beeidigung

Die von den Betheiligten in fremder Sprache abgegebene Erklärung wird durch den Dolmetsch übersetzt und die Verhandlung nach dieser Uebersetzung in deutscher Sprache aufgenommen.

Ist die Erklärung von den Betheiligten in fremder Sprache schriftlich überreicht worden, was der Notar nach Umständen zu verlangen berechtigt ist, so wird sie der deutschen Verhandlung beigeheftet und wie diese von den Betheiligten, dem Dolmetsch, dem Notare und den Zeugen unterschrieben.

Art. 76. In den Fällen der Artikel 74 und 75 Absatz 2 sind die Urkunden stets in beiden Sprachen auszufertigen.

Art. 77.[1]) Jeder Notar ist verpflichtet ein mit Seitenzahlen und auf jedem Blatte mit dem Namenszuge des [Bezirks]Landgerichts=[Directors]Präsidenten*) versehenes Register zu führen, in welches sämmtliche[2]) von ihm aufgenommene Urkunden in chronologischer Ordnung, mit fortlaufenden Nummern und unter Angabe des Datums der Urkunde, der Natur des beurkundeten Rechtsgeschäftes sammt kurzer Bezeichnung des Gegenstandes der Verhandlung, sowie Angabe der Namen, des Standes und Wohnortes der Betheiligten von Tag zu Tag einzutragen sind.[3]) Im Falle gemeinschaftlicher Betheiligung einer Mehrzahl von Personen genügt deren Angabe unter einer jede Verwechslung ausschließenden Collectivbezeichnung oder die Angabe der Namen, des Standes und Wohnortes eines der Betheiligten nebst der Zahl der Mitbetheiligten. Bei Versteigerungen ist die Angabe der Steigerer nicht erforderlich.

Auf jeder Verhandlung und jeder Ausfertigung ist die Nummer zu bemerken, unter welcher die Urkunde in dem Register eingetragen ist.

In dem Register darf nichts radirt, noch zwischen den Linien eingeschaltet werden.[4])

---

und seine Mitthätigkeit bei Errichtung der Urkunde, abgesehen von der Uebersetzung und Unterschrift, schweigt das Gesetz gänzlich. Demnach wird angenommen, daß er sowohl minderjährig wie weiblichen Geschlechts sein könne, daß es aber zu vermeiden sei, daß er mit den Betheiligten in einem Verhältnis des Art. 47 d. Ges. stehe. Die Fassung des Absatzes spricht dafür, daß ein Zeuge nicht Dolmetsch sein kann; vgl. Rösl S. 198 a. E.

[1]) Instr. §§ 125 u. 126. Vgl. auch § 128 u. 63. Das Geschäftsregister „soll gegen vordatirte Urkunden Sicherheit gewähren, ein Beweismittel für das Dasein etwa nicht vorzufindender Urkunden sein und das Aufsuchen der Urkunden im Archiv erleichtern, endlich zur Revision der Taxregister dienen.“ (J.M.E. 19./7. 70; Not.Ztschr. VII. 295; Enderlein 286 Nr. 2.) Vgl. auch R.N.O. v. 1512 § 5.

*) Ausf.Ges. z. Ger.Verf.Ges. Art. 30 Abs. 5; Not.Ztschr. IX. 123.

[2]) Außer den Wechselprotesten: Art 79. — Nur Urschriften und insofern auch bloße Abschriftsbeglaubigungen von Urkunden, welche sich nicht im Besitze des Notars befinden (Art. 83 d. Ges.; Instr. §§ 95 ff.), nicht aber Ausfertigungen (Abs. 2); J.M.E. 30./7. 68; Enderlein, S. 288), auch nicht Bekanntmachungen, z. B. von Versteigerungen, Uebersendungsschreiben, Anzeigen nach Art. 27 d. Ges. Sie sind nicht „aufgenommene Urkunden“ im Sinne d. Art. (J.M.E. 13./15. 64; J.M.Bl. S. 637; Stahl S. 160; R.G.E. in Str.S. XI. 29; das Geschäftsregister ist ein öffentliches Register im Sinne der §§ 348, 351 d. Str.G.B.

[3]) Im Falle der Stellvertretung durch einen anderen Notar doppelt, sowohl in dessen wie in des verhinderten Notars Geschäftsregister: Art. 42 u. Anm. a. E. Daß der Eintrag „durch ihn selbst und nicht durch Jemand anders“ geschehe, wie die R.N.O. v. 1512 fordert, ist nicht mehr vorgeschrieben.

[4]) Aus der Anführung nur dieses Verbots ist nicht zu folgern, daß Durchstreichen, Ueberschreiben u. „anderweite, formlose, die Glaubwürdigkeit oder auch die Reinlichkeit

Art. **78.** Bei dem Beginne des Jahres hat jeder Notar das im Artikel 77 bezeichnete Register in Ur- und Abschrift dem [Bezirks]**Landgerichts-** [Director] **Präsidenten** *) vorzulegen, welcher dieselben mit Angabe der Zahl der im vergangenen Jahre eingetragenen Verhandlungen abschließt und unterschreibt und hierauf die Urschrift dem Notare zurückgibt.[5])

Der Notar, welcher am achten Tage des Monats Januar dieser Vorschrift nicht nachgekommen ist, verfällt für jeden weiteren Tag bis zur Vorlegung des Registers in eine Strafe von [einem Gulden], welche nach Ablauf einer Woche auf [zwei Gulden] [6]) für jeden folgenden Tag erhöht wird.

Art. **79.** Bei Aufnahme von Wechselprotesten hat der Notar lediglich [1]) die im Artikel 88—90 der allgemeinen deutschen Wechselordnung enthaltenen Vorschriften zu beobachten.[2])

---

dieser Register beeinträchtigende Veränderungen . . . völlig gleichgültig seien". Sie sollen vielmehr von Aufsichtswegen beachtet werden (Autogr. J.M.E. 1. 11. 71; Enderlein S. 287).

[5]) Weil die . . . Geschäftsregister „zwar die bei den einzelnen Beurkundungen in Ansatz gebrachten Gebühren, aber nicht durchgehends die Summe der in den betreffenden Spalten eingestellten Beträge ersehen" ließen, so erging die F.M.Anweisung vom 28./1. 73 (J.M.Bl. S. 27; Stahl S. 163) „die Summe dieser Beträge künftig entweder den bei den (L.G.Präsidenten) verbleibenden Abschriften der Geschäftsregister beizufügen oder auf einem mit dem Geschäftsregister vorzulegenden besonderen Blatte vorzutragen, auf welchem sodann auch allenfallsige erläuternde Bemerkungen, welche der Notar für sachdiensam erachtet, Platz finden können."

[6]) Vgl. Anm. 2 zu Art. 68 d. Ges.

[1]) S. o. **A.** Bd. I. S. 129. „Bei Aufnahme", d. h. auch hinsichtlich der Form der Aufnahme; „lediglich" bezieht sich daher nur auf solche Vorschriften u. schließt lediglich die betreffenden Vorschriften dieses 3ten Abschnittes also Art. 53—78 aus; diese Auffassung ergiebt sich nothwendig aus der Fassung, denn daß der Notar nicht „lediglich" Art. 88—90 der A.D.W.O. sondern z. B. auch Art. 91 u. 92 bei Aufnahme von Wechselprotesten zu beobachten hat, bedarf keiner Erörterung. Er hat aber auch bei Aufnahme den W.Protesten die allgemeinen Vorschriften über sein Amt zu befolgen; z. B. Art. 45 (vgl. O.G.H. Slg. I. 373; J.M.Bl. 1867 S. 172; Not.Ztschr. IV. 247; Enderlein 292 Nr. 6). Auch ist noch ganz besonders Wechselstempel-St.Ges. v. 10./6. 1869 § 21 zu beachten, welcher dem Notar Anzeige vorkommender Zuwiderhandlungen zur Pflicht macht und ihn selbst für die Unterlassung disziplinar verantwortlich macht (O.G.H. 29./10. 72, 23./7. 74; J.M.Bl. 1872 S. 274; Stenglein XIV. Beibl. 49, XIV. Beibl. 33; Enderlein S. 293 Nr. 12 u. 13).

[2]) Siehe dieselben Bd. I. S. 129 ff. Zur Ausführung derselben erging nachstehende am 3./7. 56 erlassene, am 20./7. 56 publizirte J.M. „Instruktion für die Gerichtsbeamten über die Aufnahme der Proteste bei Wechseln u. kaufm. Anweisungen", (Stahl S. 428 ff.) welche zufolge Art. 79 auch für Notare anwendbar ist.

§ 1 betrifft die bisherigen Wechselnotare; **§ 2** verbietet Aufnahme von Protesten an Sonn- u. Feiertagen. **§ 3** schreibt dafür Briefpapier in Quartformat vor. **§ 4** wiederholt Art. 88 d. D.W.O.

§ 5. Wenn von einem Inhaber mehrere Wechsel (oder kaufmännische Anweisungen) auf einen und denselben Bezogenen mit gleichem Inhalte d. h. gleichem Aussteller, gleichem Giranten, gleicher Ausstellungs- und Verfallzeit — und nur in verschiedenem oder auch gleichem Betrage zur Protesterhebung vorgelegt werden; so können dieselben auf Verlagen des Inhabers der Wechsel in einen Protest aufgenommen werden.

Der Protesturkunde müssen jedoch in einem solchen Falle vollständige Abschriften sämmtlicher Wechsel oder Anweisungen beigefügt werden.

§ 6. Muß eine wechselrechtliche Verpflichtung von mehreren Personen verlangt werden, so ist über die mehrfache Aufforderung nur eine Protesturkunde erforderlich.

§ 7. Der Antrag auf Erhebung eines Protestes findet statt durch den Inhaber des Wechsels mittelst dessen Vorlage unter mündlicher Angabe, daß der Bezogene die Datirung seines Acceptes verweigere, oder daß der Wechsel vom Bezogenen nicht angenommen, oder bezahlt werde, oder daß das eine oder das andere nicht für die bezügliche volle Summe oder unter Einschränkungen z. B. Bedingungen geschehe, u. s. w. oder, wenn es sich um eine Anweisung handelt, daß der Assignat die Anweisung gar nicht oder nicht für die volle Summe oder unter Einschränkungen u. s. w. bezahlen wolle.

§ 8. Der Gerichtsbeamte (Notar) hat sich sofort in das Geschäftslokal oder in Ermangelung eines solchen in die Wohnung des Bezogenen zu begeben, diesem den Wechsel mit der Frage — je nach Antrag — ob er annehme, ob er bezahle? vorzulegen und seine Antwort, ohne nach dem Beweggrunde der Entschließung des Befragten sich zu erkundigen, entgegen zu nehmen, oder daß eine Antwort nicht zu erlangen gewesen sei, im Proteste zu erwähnen.

§ 9. Ist der Protestat nicht selbst anwesend, so ist zu bemerken, ob ein Theilnehmer seines Geschäftes oder ein Commis, Diener oder wer sonst anzutreffen gewesen sei und dem Gerichtsbeamten (Notare) auf sein Befragen eine Antwort und welche gegeben habe.

§ 10. Ist im Geschäftslokale oder der Wohnung des Bezogenen Niemand zu treffen, oder sind dieselben dem Beamten (Notare) nicht bekannt und durch die desfalls zu befragende Polizeibehörde des Ortes nicht zu ermitteln, so ist das Bezügliche in dem Proteste zu erwähnen.

§ 11. Die Aufnahme der Protesturkunde hat sofort zu erfolgen und der Gerichtsbeamte (Notar) dafür zu sorgen, daß der Requirent dieselbe wo möglich noch an dem nämlichen oder längstens am andern Tage Mittags zwölf Uhr am Gerichtssitze in Empfang nehmen kann.

Die Gerichtsbeamten (Notare) werden hiebei auf die aus Art. 45 der allgemeinen deutschen Wechselordnung etwa hervorgehende Regreßpflicht aufmerksam gemacht.

§ 12. Im Falle einer Ehrenannahme oder einer Ehrenzahlung muß im Proteste oder einem Anhange zu demselben erwähnt werden, von wem, für wen und wie sie angeboten und geleistet wird.

Wenn aber die auf dem Wechsel als Nothadresse benannte Person sich zu einer Ehrenannahme oder Ehrenzahlung nicht versteht, oder nicht zu ermitteln ist, u. s. w., so finden die in den §§ 6 bis 9 enthaltenen Vorschriften Anwendung.

§ 13. Wenn ein Fierant in einem Meß- oder Marktorte, welcher nicht sein Wohnort ist, einen domizilirten Wechsel auf sich zahlbar ausstellt oder ausstellen läßt, so ist solcher behufs der Protesterhebung nach Art. 35 und 43 der allgemeinen deutschen Wechselordnung dem Domiziliaten, oder wenn ein solcher nicht benannt ist, dem Bezogenen selbst an demjenigen Orte, wohin der Wechsel domizilirt ist, zur Zahlung zu präsentiren und bei nicht erfolgter Zahlung Protest zu erheben.

Die Protesturkunde ist auch dann zu errichten, wenn der Bezogene sich an dem Wechseldomizil nicht eingefunden hat.

§ 14. Die Gerichtsbeamten (Notare) sind schuldig, die von ihnen aufgenommenen Proteste nach dem ganzen Inhalte Tag für Tag und nach Ordnung des Datums in ein besonderes Register einzutragen, welches von Blatt zu Blatt mit fortlaufenden Zahlen versehen ist.

Den Betheiligten ist auf Ansuchen von den sie betreffenden Einträgen in Gegenwart eines Gerichtsbeamten (Notars) Einsicht nehmen zu lassen, oder auf Ansuchen beglaubigte Abschrift zu ertheilen.

§ 15. Durch die in § 1—14 gegebenen Vorschriften sind übrigens nicht alle bei Protesten möglicherweise vorkommenden Fälle erschöpft, weshalb bezüglich der nicht speciell vorgesehenen auf die Bestimmungen der allgemeinen deutschen Wechselordnung und des Gesetzes vom 29. Juni 1851, die kaufmännischen Anweisungen betreffend, hiemit verwiesen wird. (Kr.-Amtsbl. f. Niederb. 1856 Nr. 59 S. 891—900; N.Ges. u. Vdg. Bd. V. S. 480 bis 486; N. Justiz-Ges. u. Vdg. I. S. 152—160.)

Art. 80.[1]) Die Notariats-Urkunden haben die Eigenschaft öffentlicher Urkunden.[2])

[Notariats-Urkunden, durch welche eine Verbindlichkeit festgestellt ist und aus welchen die Person des Berechtigten und Verpflichteten, der Schuldgrund, der Gegenstand und die Zeit der Leistung erhellen, sind, wenn die Vollziehbarkeitsclausel auf der Ausfertigung beigefügt ist, vollziehbar.

Die Gerichte können den von ihnen auszufertigenden Urkunden der vorbezeichneten Art gleichfalls die Vollziehbarkeitsclausel beifügen.

Bei Aufnahme solcher Urkunden haben die Gerichte die Vorschriften der Artikel 64, 65, 66, 69, 70 71 und 72 des gegenwärtigen Gesetzes zu beobachten.]

Für die Vollstreckbarkeit der Notariatsurkunden und die Ertheilung vollstreckbarer Ausfertigungen[3]) sind die Bestimmungen der Civilprozessordnung massgebend.[4])

Nach Art. 1 des Gesetzes über kaufmännische Anweisungen vom 29. Juni 1851 sind kaufmännische Anweisungen den gesetzlichen Bestimmungen über gezogene Wechsel unterworfen, insoweit nicht durch dieses Gesetz etwas Anderes verordnet ist. Dasselbe verordnet nun:

Art. 2. Als kaufmännische Anweisung ist jede Urkunde zu betrachten, welche in ihrem Texte als Anweisung bezeichnet, mit den im Art. 4 Ziff. 2—8 der allgemeinen deutschen Wechselordnung aufgeführten Erfordernissen eines gezogenen Wechsels versehen und überdies ausdrücklich auf Ordre gestellt ist.

Bei Anweisungen, welche in einer fremden Sprache ausgestellt sind, wird ein dem Worte „Anweisung" entsprechender Ausdruck in der fremden Sprache erfordert.

Art. 3. Es besteht keine Verpflichtung für den Inhaber, die Anweisung zur Annahme zu präsentiren, und für den zur Zahlung Angewiesenen (Assignaten), sich über die Annahme zu erklären; auch findet wegen der Verweigerung der Annahme oder einer Erklärung darüber keine Protesterhebung und keine wechselmäßige Regreßnahme statt.

Art. 4. Wird die Anweisung freiwillig acceptirt, so entsteht daraus für den Acceptanten dieselbe Verbindlichkeit, wie aus der Annahme eines gezogenen Wechsels, jedoch mit der im Art. 6 festgesetzten Beschränkung.

Art. 5. Was in den Art. 19 und 20 der allgemeinen deutschen Wechselordnung über die Präsentation eines auf bestimmte Zeit nach Sicht lautenden Wechsels zur Annahme, sowie über die Feststellung des Präsentationstages durch Protesterhebung und über die Folgen der Unterlassung rechtzeitiger Vornahme dieser Handlungen verordnet ist, gilt bei Anweisungen dieser Art hinsichtlich der Vorzeigung an den Assignaten zur Bestätigung des Tages derselben.

[1]) In der Fassung des Ausf.Ges. z. R.C.P.O. Art. 126⁴, welches die letzten 3 Absätze durch die beiden lateinisch gedruckten ersetzt hat. Zwar behalten immerhin bei Beurtheilung früherer Vollstreckungen, Absatz 4 auch hinsichtlich der Gültigkeit früher aufgenommener gerichtlicher Urkunden (vgl. Art. 69, 148 d. Ges.), noch Bedeutung. — Vgl. außerdem wegen Vollstreckbarkeit von Hyp.-Urkunden u. Ewiggeldbriefen A.G. cit. Art. 127—139, o. Bd. I. S. 63.)

[2]) C.P.O. §§ 350 ff., 400 ff., oben Bd. I. S. 48. Vgl. Not.Ztg. VIII. S. 363 ff.

[3]) Wegen nicht vollstreckbarer Ausfertigungen vgl. Art. 87. Instr. § 55.

[4]) Das. §§ 662—707; Instr. §§ 53, 54, 56 ff. — Art. 47. d. Ges. bezieht sich nicht auf Ausfertigungen. — Durch J.M.Bek. v. 24./4. 80 (J.M.Bl. S. 110; Not.Ztg. IX. S. 159) wurde bestimmt „1) daß die von den k. Notaren zu ertheilenden vollstreckbaren Ausfertigungen von Notariatsurkunden mit der Ueberschrift „vollstreckbare Ausfertigung" zu versehen sind u. 2) daß als Eingang zu derartigen Ausfertigungen die in § 54 Abs. 1 und in § 61 deren Instruktion v. 1./6. 62 festgesetzten Formeln nach Unterschied der Fälle anzuwenden sind."

Ueber die Frage, daß die Ausfertigungen der Vorschrift des Art. 92 Abs. 2 (copie figurée) nicht entsprechen müssen, s. v. Zink VI. 210; Not.Ztschr. I. 224, V. 117; a. M. Rösl S. 195 f., 223 ff., 229).

Werden Urkunden, aus welchen gemäss § 702 Ziff. 5 der Civilprozessordnung die Zwangsvollstreckung stattfinden kann, aufgenommen, so sind hierbei die Vorschriften der Artt. 64, 65, 66, 69, 70, 71, 72 zu beobachten.[5])

Art. **81**. Das Verfahren beim Vollzuge solcher Urkunden richtet sich, bis ein neues Gesetzbuch über das Verfahren in bürgerlichen Rechtsstreitigkeiten in Wirksamkeit tritt, nach folgenden Bestimmungen: .....[6])

Art. **82**. [1]) Die Notare sind verpflichtet, von allen Verhandlungen, die sie aufnehmen, die Urschriften aufzubewahren.[2])

Von dieser Bestimmung sind ausgenommen und werden in Urschrift hinausgegeben:[3])

Verhandlungen, welche Bestandtheile gerichtlicher Acten zu bilden haben,[4]) ferner Wechselproteste, Lebensatteste, Vollmachten und Urkunden über

---

Dagegegen sind zweifellos die Vorschriften der Artt. 70—72 auch bei Ausfertigungen zu beachten; doch soll ein Verstoß keine Nichtigkeit bewirken, weil ja die Ausfertigung jederzeit durch eine tadellose ersetzt werden kann, vgl. aber Art. 87 alte Fassung. Die fraglichen Aenderungen brauchen natürlich nur durch den Notar genehmigt zu werden. Beachtung der Artt. 65 Abs. 1 u. 67 Abs. 1 ist durch autogr. J.M.E. v. 30./7 68 Enderlein S. 320 Nr. 23 vorgeschrieben. — Ueber Mitausfertigung gerichtlicher Beschlüsse vgl. Art. 15 Abs. 4 sqq.

Ueber Ausfertigungen durch den Notariats-Verweser oder -Nachfolger vgl. Instr. § 61. — Welcher Notar? s. Art. 84. — Ungesäumte Ertheilung der Ausfertignng schreibt vor Autogr. J.M.E. v. 30./7. 68 X. Enderlein S. 323 Nr. 30. — Für die Zustellung empfiehlt die Autogr. J.M.E. v. 10./8. 66, Enderlein S. 324 Nr. 32. Beifügung von Empfangsbescheinigungs-Formularen u. mißbilligt die Zusendung von Ausfertigungen an die A.Gerichte zum Zwecke der Zustellung an die Empfangsberechtigten, als eine „Belastung der Gerichte mit Geschäften, die ihrem gesetzlichen Wirkungskreise fremd sind".

[5]) Bei einem Verstoß gegen Art. 69 findet auch Art. 148 Anwendung.

[6]) Dieselben (§§ 1—4) sind inzwischen durch d. Einf.Ges. z. Bay. C.P.O. v. 29./4. 69. Art. 3 Nr. 6, u. (§ 5) durch d. Nov. z. Subh. A. 31. 29./5. 86 Art. 45. Abs. 2 beseitigt.

[1]) Instr. §§ 48—52. Vgl. auch Art. 42 und 44 u. 11 Abs. 2 d. Ges.

[2]) Die Urkunden sind Staatseigenthum, vgl. auch Art. 101 d. Ges. Die Vorschrift gilt unbedingt, wenn auch die über die Verhandlung aufgenommene Urschrift nicht den gesetzlichen Erfordernissen einer Notariats-Urkunde entspricht, sondern als solche unvollkommen oder unfertig ist. (Vgl. Enderlein S. 326.) Der instrumentirenden Notarsstelle liegt die Aufbewahrung ob, nicht etwa dem statt der Zeugen zugezogenen zweiten Notar; daher im Falle der Amtsverwesung nicht dem Amtsverweser (Art. 42) als instrumentirenden Beamten; im Falle der Aufnahme eines Nachtrages u. s. w. zu einer von einem anderen Notar aufgenommenen Urkunde nicht diesem (autogr. J.M.E. 19./10. 65; Enderlein S. 326 Nr. 6, 5./12. 65, das. S. 328 u. Not.Ztschr. III 22). Für das Gericht (Art. 12 Abs. 3, 15 Abs. 4) bilden event. beide Urkunden ein Ganzes und dasselbe setzt den etwa erforderlichen Beschluß auf die letzte.

Autogr. J.M.E. v. 10./8. 66, das. S. 329 empfiehlt ein alphabetisches Namensregister zu den Urkundensammlungen.

Wegen der Aufbewahrung letztw. Verfügungen s. den letzten Absatz.

[3]) Nemlich an das Gericht oder an die Betheiligten (Art. 92 Abs. 3; Geb.O. Art. 16).

[4]) Z. B. Instr. §§ 64, 75, Subh.O. Art. 80; NotZtg XIV. S 222; autogr. J.M.E. 4./5. 64; Enderlein S. 334 Nr. 23. Dagegen bilden nicht Bestandtheile gerichtlicher Akten Urkunden des Notars in Verlassenschaften, welche er nach Art. 29 35, 51 behandelt (O.G.H. 4./1. 79; Not.Ztg. VIII. 254; Enderlein S. 332 Nr. 17), über Schätzungen und Versteigerungen in Verlassenschafts- und Pflegschaftsakten (Instr. § 108 O.G.H. 30./5. 75; Not.Ztg. II. 100; Stenglein XIII. Beibl. S. 20), über

Zurücknahme von solchen, Quittungen, Beglaubigungen von Abschriften oder Unterschriften und sonstige derartige Bescheinigungen.[5])

Die Betheiligten können jedoch auch bei Urkunden der letzteren Art die Aufbewahrung der Urschrift bei dem Notare verlangen, sowie die hinausgegebenen Urkunden später bei einem Notare zum Zwecke der Ertheilung von Ausfertigungen hinterlegen.[6])

Die Notare haben die von ihnen aufgenommenen oder bei ihnen hinterlegten letztwilligen Verfügungen[7]) während der Lebenszeit der Disponenten unter persönlichem Verschlusse besonders zu verwahren.[8])

Art. 83. Bei der notariellen Beglaubigung der Abschriften von Urkunden[1]) ist die Aufnahme einer mit den gesetzlichen Erfordernissen einer solchen versehenen Notariats-Urkunde dann nicht erforderlich, wenn lediglich[2]) die Uebereinstimmung mit der vorgelegten Schrift festgestellt werden soll.

Freigabe von Grundstücken auf dem Hyp.Verbande unter der Bedingung der Verpfändung anderer; was zweifelhaft gewesen zu sein scheint —: J.M.E. 30. 7. 68, — Enderlein S. 331 Nr. 16. Vgl. auch Not.Ztschr. I. S. 69. u. 127. Ueberhaupt hat der Abs. 2, „offenbar solche Verhandlungen im Auge, welche vermöge ihrer rechtlichen Natur dem Gebiete der richterlichen Kognition angehören bez. als Grundlage für die weitere gerichtliche Thätigkeit zu dienen haben und daher unter allen Umständen zu den Gerichtsakten gebracht werden müssen, Voraussetzungen, welche bei Urkunden, die lediglich zu dem Ende errichtet werden, um dieselben erforderlichen Falls bei Gericht als Beweis- oder als Bescheinigungsmittel zu benutzen, zweifellos nicht zutreffen."

Z. B. Urkunden über Zeugenaussagen J.M.E. 1./11. 71; Not.Ztschr. VIII. S. 360; Enderlein 335 [31].

[5]) Auch Eheeinwilligungen seitens der Eltern pflegen zu den Ehe-Urkunden hinausgegeben zu werden (das. Nr. 27). Im Uebrigen muß der Umsicht des Notars überlassen bleiben zu bestimmen, was dahin gehört. „Am besten wird man wohl alle Urkunden darunter verstehen, die nur ein einfaches und vorübergehendes Interesse darbieten, für dritte bei der Aufnahme nicht gegenwärtige Personen keine Rechte begründen, sich auf keinen früheren Rechtstitel zurückbeziehen und auch unter Privatunterschrift gewöhnlich nur in einem Exemplare errichtet werden." (v. Zink, K. a. a. O. S. 681 [6].) Ueber den betr. Vermerk im Geschäftsregister, die Behandlung hinauszugebender Urkunden u. die Einlage von Fehlblättern an ihrer Statt s. Instr. §§ 126 Abs. 4 u. 5, 49a, 50, 64, 129; Not.Ztschr. V. 21. Einer Empfangsbestätigung bedarf es so wenig wie Zurückbehaltung einer Abschrift.

[6]) Gegensatz: Art. 22, zum Zwecke der Aufbewahrung. Ueber die Hinterlegung z. Z. d. Ertheilung von Ausfertigungen bedarf es keiner besonderen Verhandlung u. „da ja die zu hinterlegenden Urkunden ohnehin schon die Eigenschaft von Notariatsurkunden haben" (Brunner nach Enderlein S. 114 [3]).

[7]) Vgl. Art. 26; Instr. 49 [b], 87.

[8]) Instr. §§ 50, 87, 88, 82, 83. Die Verwahrungspflicht hört nicht auf, auch wenn sie später aufgehoben wurde (J.M.E. 15./1. 86, J.M.Bl. S. 2). Nach dem Tode des Testators sind sie in die allgemeine Urkundensammlung an der Stelle des dort eingelegten Fehlblattes einzureihen (J.M.E. v. 18./3. 66. Not.Ztschr. IV. 121). Gegenseitige letztwillige Verfügungen sind nach der Verkündung an den überlebenden Theil wieder unter persönlichen Verschluß zu nehmen, wenn sie noch weitere Verfügungen zu Gunsten Dritter enthalten. Ist aber lediglich zu Gunsten des Ueberlebenden verfügt, und durch Ableben eines Theils der weitere Inhalt gegenstandlos geworden, so sind auch sie in die Urkundensammlung aufzunehmen (Autogr. J.M.E. v. 4./12. 75; Enderlein S. 210).

[1]) Instr. §§ 95—100.

[2]) Gegensatz: Instr. § 100.

Art. 84. [1]) Ausfertigungen von Urkunden kann nur derjenige Notar vornehmen, welcher die Urschrift besitzt,[2]) jedoch kann jeder Notar Abschriften von Urkunden fertigen, die ihm vorgelegt worden sind.[3])

Art. 85.[4])

Art. 86.[4]) [Die Formel der Vollziehbarkeitsclausel ist folgende:

Die Ueberschrift der Ausfertigung lautet:

Im Namen Seiner Majestät des Königs von Bayern.

Der Schluß der Ausfertigung lautet:

Vorstehende dem N. N. ertheilte Ausfertigung wird hiemit für vollziehbar erklärt.]

Art. 87.[5]) [Alle Ausfertigungen, sowohl die mit der Vollziehbarkeitsclausel versehenen, als auch jene Ausfertigungen, welche zwar nicht mit dieser Clausel versehen, aber als „erste Ausfertigung" bezeichnet sind, sind unter Anführung des Datums und Ortes der Ertheilung mit der Unterschrift des Notars beziehungsweise des Gerichtsvorstandes und dem Notariats- beziehungsweise Gerichtssiegel zu versehen und müssen den Inhalt der Urschrift der Urkunde wortgetreu wiedergeben.

Diese Ausfertigungen (Hauptausfertigungen) haben gleiche Beweiskraft, wie die Urschriften, vorausgesetzt, daß darin nichts ausgestrichen oder radirt, nichts eingeschaltet oder überschrieben ist.

Alle weiteren Ausfertigungen sind als Abschriften zu bezeichnen, als welche sie auch nur Wirksamkeit haben.]

Die nicht vollstreckbaren Ausfertigungen sind als Abschriften oder Auszüge zu bezeichnen.[6]) **Dieselben müssen den Inhalt der Urschrift oder des ausgefertigten Theils derselben wortgetreu wiedergeben und die Bestätigung des Gleichlautes enthalten. Sie sind unter Anführung des Datums und Ortes der Ertheilung mit der Unterschrift des Notars beziehungsweise des Gerichtsschreibers und dem Notariats- beziehungsweise Gerichtssiegel zu versehen.**

Die Ertheilung der Ausfertigung ist auf der Urschrift zu bemerken.

---

[1]) Art. 84 bezieht sich nur auf vollstreckbare Ausfertigungen im Gegensatz zu „Abschriften von Urkunden", als welche die „nicht vollstreckbaren" Ausfertigungen zu bezeichnen sind (Art. 87), und will in Bezug darauf die gegenseitige Kompetenz der Notare regeln.

[2]) Ebenso C.P.O. § 705 Abs. 2, s Bd. I. S. 60. Vgl. Ausf.Ges. z. C.P.O. Art. 130, 132, welche in Bezug auf Ausfertigungen von Hyp.Urkunden zwischen diesem Notar und dem Gerichtsschreiber des die Urkunde aufnehmenden Gerichts (bezw. dem Hyp.Amte) die Wahl lassen. — Nach Subh.O. Art. 80 hat vom Zw.Versteigerungsprotokolle der Gerichtsschreiber Ausfertigungen und Auszüge zu ertheilen.

[3]) Die Urkunden brauchen also nicht bei dem Notar hinterlegt oder ihm übergeben zu werden.

[4]) Art. 85, 86 über die Ausfertigungsberechtigten und die Vollstreckungsklausel sind aufgehoben durch A.G. z. C.P.O. Art. 235 Nr. 11. Vgl. Art. 80 Abs. 2. C.P.O. § 703, §§ 663 ff.

[5]) Die klein gedruckte alte Fassung ist durch diese neue in lateinischen Lettern ersetzt zufolge A.G. z. R.C.P.O. Art. 126 Abs. 5. Immerhin erscheint jene nicht ganz bedeutungslos und Abs. 2 ist trotz der Motive (Enderlein S. 339) zur Interpretation in Bezug auf das äußere Aussehen (vgl. C.P.O. § 384, Art. 114, 115 d. Ges.) der Ausfertigungen noch zu verwerthen. Durch die Aenderung sind die früheren „ersten Ausfertigungen" weggefallen und nur noch vollstreckbare und „nicht vollstreckbare" Ausfertigungen zu unterscheiden. Nur jene sind „Ausfertigungen" im eigentlichen Sinn, während diese als Abschriften und Auszüge zu bezeichnen sind. Das Gesetz, vgl. z. B. Art. 90, spricht auch nach Einführung der C.P.O. von Ausfertigungen in beiderlei Sinn.

[6]) Vgl. Art. 13, 15, 92 d. Ges., autogr. J.M.E. v. 12./8. 67, bei Enderlein S. 343, Instr. §§ 80 u. 59. — Ueber Ertheilung mehrerer beglaubigter Abschriften vgl. Instr. § 55; über die Beweiskraft solcher C.P.O. § 400.

Art. 88.[7]) Abs. 2. Demselben Betheiligten darf keine weitere mit der Vollziehbarkeitsclausel versehene Ausfertigung ohne vorgängige Weisung des Bezirksgerichtsdirectors, die der Urschrift beizuheften und die in der Ausfertigung zu erwähnen ist, ertheilt werden.

Art. 89.[7])

Art. 90.[8]) Ist eine Urschrift zu Verlust gegangen, so kann eine Ausfertigung von den Betheiligten bei dem Notare hinterlegt werden, um als Urschrift zu gelten.

Die Bestimmungen des Art. 22 finden hiebei entsprechende Anwendung.

Art. 91. Weigert sich der Notar, eine Ausfertigung zu ertheilen, so entscheidet der [Director] Präsident des [Bezirks]Landgerichts,[9]) gegen dessen Beschluß Beschwerde an das [Bezirks]Landgericht erhoben werden kann.[10])

Art. 92.[11]) Der Notar darf nur in den von den Gesetzen vorgesehenen Fällen oder kraft eines richterlichen Beschlusses den Besitz einer Urschrift aufgeben, muss jedoch eine vollständige, von ihm beglaubigte Abschrift zurückbehalten.

In einer solchen Abschrift müssen alle Randbemerkungen, Aenderungen und dergleichen aus der Urschrift angeführt werden.

Werden die Urschriften nach den Artikeln 13 und 15 an das Gericht zur Beschlußfassung oder nach Artikel 82 Absatz 2 an die Betheiligten abgegeben, so findet die in dem gegenwärtigen Artikel angeordnete Zurückbehaltung einer Abschrift nicht statt.

Art. 93. Ohne vorgängige Erlaubniß des [Bezirksgerichtsdirectors] Landgerichts-Präsidenten[9]) darf der Notar an deren Personen als den in eigenem Namen Betheiligten, deren Erben und Rechtsnachfolgern oder Bevollmächtigten, weder Ausfertigungen von Urkunden ertheilen, noch deren Einsicht gestatten,[12]) unbeschadet der Vollziehung der gesetzlichen Bestimmungen[13]) über Verhandlungen, welche den Gerichten mitzutheilen sind.

---

[7]) Art. 88 und 89 sind aufgehoben durch A.G. z. C.P.O. Art. 235[11]. Wegen Art. 88 Abs. 2 vgl. Art. 117 Nr. 3 d. Ges.

[8]) In der Fassung des A.G. z. C.P.O. Art. 126[6]. Nach der alten Fassung konnte auf Anordnung des Bez.Ger.Direktors eine Hauptausfertigung als Urschrift hinterlegt werden. Die Motive bemerken, daß das gegenüber der C.P.O. nicht mehr haltbar sei. Dagegen stehe nichts im Wege, „anknüpfend an die im Art. 22 d. Ges. enthaltenen Bestimmungen, im Falle des Verlustes der Urschrift die Hinterlegung einer Ausfertigung mit der auf die Personen, welche bei der Hinterlegung mitwirken, beschränkten Wirkung zu gestatten, daß die hinterlegte Ausfertigung und die Hinterlegungsurkunde vereint eine neue Urschrift bilden."

[9]) A.G. z. R.G.Verf.Ges. Art. 30 Abs. 1. Not.Ztschr. IX. S. 125.

[10]) Vgl. Art. 50 d. Ges.

[11]) In der Fassung des A.G. z. C.P.O. Art. 126[7]. Von den Gesetzen vorgesehene Fälle: Erbschaftssteuer-Ges. 18. 8. 79 Art. 30; C.P.O. § 397; A.G. z. C.P.O. Art. 3; richterlicher Beschluß: Str.P.O. §§ 95, 96; C.P.O. § 397.

Auch die Zustimmung der Betheiligten entbindet den Notar nicht mehr von der Aufbewahrungspflicht: Art. 82 Abs. 1, denn da die Urkunde Staatseigenthum, unterliegt sie nicht mehr deren Verfügung.

[12]) Vgl. Instr. § 52, Art. 117 Nr. 3 d. Ges. — Jedoch nach Subh.O. Art. 13 Abs. 1 kann jeder Gläubiger, welcher sich im Besitze einer vollstreckbaren Urkunde befindet, „von den öffentlichen Büchern, Plänen und Urkunden, welche das unbewegliche Vermögen des Schuldners oder Drittbesitzers betreffen, an den einschlägigen Stellen Einsicht nehmen und die erforderlichen Abschriften und Auszüge daraus verlangen,"

Art. 94. Von einer letztwilligen Verfügung kann während der Lebenszeit des Disponenten nur diesem eine Ausfertigung ertheilt oder die Einsicht gestattet werden.[14])

Art. 95. Für den Fall der Einsichtnahme von Urschriften durch Privatpersonen hat der Notar die nöthigen Vorsichtsmaßregeln zur Sicherung der Urschrift zu treffen.

Art. 96.[15]) Jeder Notar führt ein Amtssiegel, welches das königliche Wappen trägt und den Namen und Wohnsitz des betreffenden Notars angibt.

Diese Siegel müssen, wenn die Amtsführung des Notars aufhört, beim [Bezirks]**Landgerichte** abgegeben und vernichtet werden.

Art. 97.[16])

Art. 98.[1]) Vor dem Antritte des Amtes hat jeder am Sitze eines [Bezirks]**Landgerichtes** angestellte Notar eine Caution von [eintausend Gulden] **zweitausend Mark**,[2]) jeder andere Notar eine Caution von [fünfhundert Gulden] **eintausend Mark**[2]) in barem Gelde zu leisten, welche für Ablieferung der [Taxen] **Staatsgebühren**,[2]) sowie für die Verurtheilungen zu Schadenersatz, Strafen und Kosten haftet.[3])

Art. 99. Ist die Caution zu einem der in Artikel 98 bezeichneten Zwecke ganz oder zum Theil verwendet worden, so wird der Notar bis zur Vervollständigung der Caution suspendirt.

---

nach Art. 135 A.G. z. C.P.O. desgleichen der Hyp.Gläubiger,
nach Art. 125 d. Ges. die Staatsanwälte,
nach § 2 d. V. v. 20./9. 79 (Geb.Ges. v. 18./8. 79 § 265) die Finanzbehörden behufs Prüfung der Richtigkeit der Gebührenansätze rc.

[13]) Z. B. Art. 12—15 d. Ges.

[14]) Vgl. Art. 117 Nr. 3 d. Ges.

[15]) Instr. §§ 6, 8, 16, 47.

[16]) Art. 97 betraf die Legalisation und ist aufgehoben durch Art. 235[11] d. A.G. z. C.P.O. Vgl. für den Gebrauch innerhalb des deutschen Reichs R.Ges. v. 2./5. 1878, Bd. I. S. 58; im Uebrigen A.G. z. R.Ger. d. Ges. Art. 31; auch J.M.Bl. 1863 S. 95.

[1]) Instr. 2. Abschnitt §§ 9—14. Ges. v. 29./7. 1876, betr. die Abänderung einiger Bestimmungen des Not.Ges. (Ges. u. V.Bl. S. 564, Not.Ztg. V. 145). Anm. zu Art. 98 u. Art. 119 d. Ges. — J.M.E. v. 6./1. 66 (J.M.Bl. S. 10); Fin.M.E. v. 25./1. 66, 14./1. 75, 24./12. 79, 5./10. 80; V. v. 20./9. 79 d. Ausf. d. R.Ger.-Kostenges. rc. betr. § 13 u. v. 21./9. 79, die Bestellung von Amtsbürgschaften der Beamten betr.; J.M.Bl. 1866 S. 26, 1875 S. 22, 1879 S. 1309 u. 1539; Ges. u. V.Bl. 1879 S. 1541; Stahl S. 140, 142, 247, 524, 526.

[2]) In der durch A.G. z. R.G.Verf.Ges.; Art. 28 Abs. 1, Art. 265, 263 u. a. d. Ges. v. 18. 8. 79 über das Gebührenwesen und das nachstehende Gesetz gebotenen Fassung. Ges. v. 29./7. 76 Art. 1. „Die nach Art. 98 des Ges. v. 10./11. 61, das Notariat betr., von den Notaren zu leistenden Kautionen, werden für jeden am Sitze eines Bezirksgerichts angestellten Notar auf zweitausend Mark und für jeden anderen Notar auf tausend Mark bestimmt und sind in bayerischen Staatsobligationen von mindestens $3\frac{1}{2}$ prozentigem Zinsfuß zu bestellen. — Die bis zur Verkündung dieses Gesetzes in baarem Gelde erlegten Kautionen verbleiben in ihrem bisherigen Bestande insolange, bis sie von Seite der Staatsschuldentilgungsanstalt zur Heimzahlung gekündigt werden, in welchem Falle die Notare verpflichtet sind, die nach dem vorausgehenden Absatze normirten Kautionen zu erlegen. — Im Uebrigen bleiben die Bestimmungen der Artt. 98—99 des vorerwähnten Gesetzes unberührt." — Art. 2 s. bei Art. 104 d. Ges.

[3]) Vgl. auch Artt. 109, 110, 111 d. Ges.

Das [Bezirks]Landgericht [4]) verfügt auf Anzeige der betreffenden Finanzbehörde die Suspension und setzt zur Vervollständigung der Caution eine Frist vor, nach deren fruchtlosem Ablaufe die Entlassung des Notars verfügt werden kann, und bei wiederholtem Säumniß erkannt werden muß. Uebrigens werden diese Cautionen gleich den Amtsbürgschaften anderer Beamten behandelt. [5])

Art. **100.** [1]) Nach dem Tode, der Entlassung oder Versetzung eines Notars sind die bis dahin in seinem Besitze befindlich gewesenen Urschriften und Repertorien nebst dem Amtssiegel von dem betreffenden [Stadt- oder Land]-**Amtsgerichte** zu verwahren, bis der [Bezirksgerichtsdirektor] **Landgerichts-Präsident** einen Notar desselben Sitzes oder, wenn an demselben Orte kein anderer Notar seinen Sitz hat, einen Notar der nächstgelegenen Sitze vorsorglich mit deren Uebernahme betraut hat. [2])

Die Urschriften und Repertorien eines Notars, dessen Amtswirksamkeit durch den Tod, Entlassung oder Versetzung aufgehört hat, bleiben am Sitze des Notariats, unbeschadet der Befugniß der Staatsregierung, diesen Sitz zu verlegen, in welchem Falle die Urschriften und Repertorien an den neuen Sitz übergehen.

Befinden sich an einem Orte mehrere Notare, so steht dem Staatsminister der Justiz die Bestimmung darüber zu, an welchen Notar die Urschriften und Repertorien des außer Amtsthätigkeit getretenen Notars übergehen sollen.

Art. **101.** Der Notar, an welchen die Verhandlungen eines gestorbenen oder auf andere Weise außer Amtsthätigkeit getretenen Notars übergehen, hat an seinen Amtsvorfahrer oder dessen Erben für die ihm zu übergebenden Acten keine Abfindung zu leisten. [3])

---

[4]) A.G. z. R.Ger.Verf.Ges. Art. 28 Abs. 1.

[5]) S. die angeführte Verordn. v. 21./9. 1879, die Amtsbürgschaften der Beamten betr. Ges. u. V.Bl. S. 1539, Stahl S. 524 und die F.Min.Bek. dazu v. 24./12. 1879, bei Stahl S. 526.

[1]) Die Art. 100—103 behandeln im Gegensatz zu der Amtsverwesung bei Behinderung des Notars, die Verwaltung der Notariatsstelle im Falle ihrer endgültigen oder zeitweiligen (Suspension) Erledigung. — Instr. §§ 26–34. Verhandlungen des entlassenen, versetzten, suspendirten Notars nach amtlicher Mittheilung dieser Umstände sind nichtig. Vgl. außerdem Art. 118 d. Ges. u. Str.G.B. § 132.

[1]) In der durch Art. 15 Abs. 1, 30 Abs. 5 d. A.G. z. R.Ger.Verf.G. gebotenen Fassung.

[2]) Zum Zwecke der Ertheilung von Ausfertigungen: Instr. §§ 30, 61; vgl. auch § 32. Ueber die Berichterstattung des L.G.Präsidenten wegen dem Ableben eines Notars s. J.M.Bl. 1883 S. 308 d.

[3]) Weil sie Zubehör der Stelle und Eigenthum des Staates sind. (Not.Ztschr. II. S. 37, IV. 364 u. J.M.E. v. 1. 8. 1866, J.M Bl. 1866 S. 221; Stahl S. 145, welche sich im 4. Absatze dahin ausspricht, daß „die Urschriften der Not.Urk. vorherrschend ö. Eigenthum, nur nebenbei Miteigenthum der Betheiligten seien", eine mit der amtlichen Stellung des Notars in Bayern kaum verträgliche Auffassung, sowenig wie an den Gerichtsakten ein Miteigenthum der Parteien besteht. Immerhin bestimmt die J.M.E., daß bei der ohne Mitwirkung der Amtsgerichte erfolgenden Ausantwortung der Urkunde u. Repertorien eines versetzten Notars an dessen bereits am Notariatssitze anwesenden Nachfolger jedesmal eine von beiden Notaren zu unterzeichnende schriftliche Verhandlung aufzunehmen sei. — Die privatrechtliche Auffassung des Verhältnisses zwischen dem bisherigen Notar bezw. seinen Erben u. dessen Nachfolger, welcher das **Ventôse-Ges.** in den Art. 56 bis 59 u. nach ihm die **Rhein. Not.O.** Raum giebt,

Art. **102.** Im Falle der Suspension eines Notars wird die Ausfertigung[4]) von Urkunden aus den in dessen Besitze befindlichen Urschriften einem andern Notare desselben oder des nächstgelegenen Amtssitzes übertragen.

Die Uebertragung geschieht nach vorheriger Vernehmung des Suspendirten durch den [Director] Präsidenten des [Bezirks] Landgerichts.[5])

Art. **103.** Will ein Notar freiwillig von seinem Amte zurücktreten, so hat er dasselbe bis zum Dienstesantritte seines Nachfolgers oder Amtsverwesers fortzuführen.[6])

3. Titel. Von der Belohnung der Notare und von den Notariats-Taxen.*)

Art. **104.**[1]) Die Notare und Notariatsverweser beziehen keine Besoldung aus der Staats-Cassa, sondern lediglich[2]) Notariatsgebühren von den Parteien, welche ihre Amtsthätigkeit in Anspruch nehmen;[3]) — die

---

ist der Bayr. Gesetzgebung fremd. Dadurch ist nicht ausgeschlossen, daß z. B. durch Einziehung von Gebühren, die dem abgegangenen Notar zustanden, Privatrechtsverhältnisse zwischen ihm oder seinen Erben u. seinem Nachfolger entstehen können. Vgl. auch Art. 107 Abs. 2 d. Ges. Umgekehrt haften die Erben des abgegangenen Notars für das Archiv (vgl. Rösl S. 238 u. 241).

[4]) Instr. §§ 24 u. 61. — Ueber die vorsorgliche Verwahrung im Falle der Suspension schweigt das Gesetz. „Die Jurisprudenz dagegen hat sich übereinstimmend dahin ausgesprochen, daß es in der Befugnis der Gerichte liege, bei Verhängung der Suspension alle zum Vollzuge des Urtheils geeignet scheinenden Maßregeln anzuordnen, also auch dem suspendirten Notar die Urschriften abzunehmen oder nicht". (Rösl S. 241 a. E.).

[5]) A.G. z. R.G.Verf.G. Art 30 Abs. 5; Not.Ztschr. IX. S. 123.

[6]) Bis dahin von ihm aufgenommene Urkunden sind also auch vollkommen wirksam. Mit dem Dienstesantritt seines Nachfolgers oder des (wie es richtig heißen sollte) Amtsverwesers hört seine Pflicht wie seine Zuständigkeit auf.

Wegen Fortführung des Titels Notar s. J.M.E. v. 15./7. 1873, Not.Ztg. IV. 88.

*) Instr. §§ 128—132. — Zahlungspflichtiger? S. Anm. 2. — Verjährung? Das Ges. v. 26./3. 1859 ist unanwendbar; gemeine Verjährungsfrist von 30 Jahren. — Armenrecht? Rösl S. 146 Nr. 4; Ges. v. 29./4. 1869 Art. 8; J.M.B. v. 5./7. 1879 § 6; J.M.Bl. S. 305; Portofreiheit in Armensachen V. v. 20./9. 1879 § 10 Abs. 2; Not.Ztschr. II. 239, VIII. 140; J.M.Bl. 1865 S. 101 u. v. S. 18. — Die Frage, ob der stellvertretende oder der vertretene Notar die Gebühren zu beanspruchen habe, ist Sache des Uebereinkommens; J.M.E. 30./7. 1868 Nr. 4; Enderlein 138. — Die Vereinbarung von Notaren, die Erträgnisse ihrer Dienste zu theilen, ist an und für sich nicht tadelnswerth; O.G.H. 16./12. 64; Stenglein IV. 117; Enderlein 354 Nr. 8. — Vgl. auch Str.G.B. Art. 352.

[1]) Absatz 1 ist geändert durch Art. 2 des bereits bei Art. 98 d. Ges. angeführten Gesetzes, die Abänderung einiger Bestimmungen des Not.Ges. betr., v. 29./7. 1876, welcher lautet: „Das dienstliche Einkommen, welches die Staatsregierung nach Maßgabe der Bestimmung des Art. 104 Abs. 1 d. Ges. v. 10./11. 1861 d. Not. betr. einzelnen Notaren zu sichern berechtigt ist, wird vom 1. Januar 1876 an auf den Betrag des pragmatischen Anfangsgehaltes eines Amtsrichters festgesetzt."

[2]) Weder Tagegelder u. Reiseentschädigung (O.L.G. München Slg. Str.S. VI. 489) noch Umzugskosten (Art. 1 Abs. 4).

[3]) Dies sind aber öffentliche Abgaben, wenn sie auch nach Art. 112 einklagbar sind (O.L.G. XLVII. 100 u. 326, Slg. IX. 332 u. 606; dagegen O.G.H. Slg. Str.S. VII. 486; Bl. f. R.A. XLIII. 224; Stenglein XVIII. Beibl. S. 54), sowohl wenn der Notar im Auftrage des Gerichts wie wenn er auf unmittelbares

Staatsregierung ist jedoch berechtigt, wenn sie es in einzelnen Fällen mit Rücksicht auf die örtlichen Verhältnisse des Notariatssitzes für nothwendig findet, den betreffenden Notaren ein dienstliches Einkommen von [achthundert Gulden] zu sichern, bis zu welchem Betrage es aus der Staatscassa ergänzt wird.[4])

Die Notariatsgebühren werden im Verordnungswege bestimmt.[5])

Art. **105.**[6]) Den Notaren liegt rücksichtlich der von ihnen behandelten

---

Angehen der Betheiligten thätig wird. (Slg. X. 528; Not.Ztschr. II. 137, III. 347, IV. 165, 255, 318; Not.Ztschr. VII. 359; J.M.Bl. 1866 S. 305). — Als Zahlungspflichtiger ist unbedingt der Requirent anzusehen, wenn er auch nicht als Betheiligter bei Errichtung der Urkunde auftritt, aber auch jeder bei Errichtung der Urkunde Betheiligter. Abmachungen derselben über die Kostentragung können den Anspruch des Notars nicht beeinflussen. (Not.Ztg. II. 157, Slg. X. 528). — Die Zahlungspflicht wird durch jede Mühewaltung begründet, auch wenn mit Willen oder durch ein anderes Hindernis auf Seite der Parteien, wenn auch ohne deren Verschulden, z. B. in Folge Todesfalls, die Urkunde nicht vollendet wurde (Geb.O. Art. 17). Dagegen wird nicht etwa ein entbliebener Sachverständiger, dessen Ausbleiben das Geschäft vereitelte, dem Notar gegenüber zahlungspflichtig (O.G.H Slg. VII. 360; Bl. f. R.A. XLIII. 173; Not.Ztg. VII. 207).

[4]) Geschehen durch die schon bei Art. 5 d. Ges. angeführte Königliche Allerhöchste Verordnung, die Notariatssitze betreffend, v. 29. 1. 62 (Ges. u. V.Bl. S. 227).

Art. **2**. Den in Ludwigsstadt, Nordhalben, Orb und Weyhers aufzustellenden Notaren wird in Gemäßheit der Bestimmung in Artikel 104 des Gesetzes vom 10. November 1861, das Notariat betreffend, ein reines dienstliches Einkommen von achthundert Gulden gesichert.

Gegenwärtige Verordnung tritt mit dem 1. Juli 1862 in Wirksamkeit.

[5]) Geschehen durch die Not(ariats)=Geb(ühren)=Ordnung v. 30. 11. 1875 u. V. v. 15. 9. 1879 u. 29. 6. 1886 (G.V.Bl. 737 1183 u. 311; J.M.Bl. S. 281, 925 u. 183). S. ferner Geb.Ges. v. 18. 8. 1879, Art. 5 u. V v. 20. 9. 79, § 9. S. unten B. III. 1. Nr. 3.

[6]) Uebereinstimmend mit Baden, s. hiernach B. III. 2. Mit Abs. 1 gleichlautend ist schon der durch Art. 87 d. A.G. z. R.G.V.G. aufrecht erhaltene Art. 70 des G.Verf.Ges. v. 10. 11. 61, bei welchem man von der Annahme ausging, „daß durch die Zuweisung der unmittelbaren Einholung dieser oft geringfügigen Gefälle an die Rentämter zu große Belästigung der Parteien u. Behörden u. unverhältnismäßige Weiterungen veranlaßt würden, zumal die Erfahrung lehre, daß die Beitreibung von Gebühren, welche nicht sofort nach der betreffenden Verhandlung erhoben wurden, regelmäßig mit verzögerlichen Anständen verbunden sei. Also nur die gütliche Einholung zur Erleichterung der Parteien hatte man im Auge, mit Beitreibung von Staatsgefällen sollen sich Gerichte u. Notare nicht befassen. — Um indessen die Gerichtsschreiber u. die Notare hierzu anzueifern u. die Zwangsbeitreibung möglichst zu ersparen, wurden denselben Tantiemen in Aussicht gestellt."

Zufolge dieses Art. ist auch erst für die §§ 350, 351, 353 Str.G.B. Anwendung gegeben.

Vgl. Ges. über das Gebührenwesen v. 18. 8. 79. Art. 258 Abs. 2 in de Fassung der Fin.Min.Bek. v. 6. 7. 1892 und Ah. Verf. z. Ausf. jenes Gesetzes v. 20. 9 79 § 2:

„Den Finanzbehörden steht jederzeit frei, behufs Prüfung der Richtigkeit der Gebührenansätze und der Ueberträge in die Gebührenregister von den einschlägigen Akten der Gerichte, Notare und Verwaltungsbehörden Einsicht zu nehmen und zu diesem Zwecke Commissäre in die Bureaus jener Behörden und Beamten abzuordnen.

Die gebührenverrechnenden Behörden und Aeamten sind verpflichtet, auf die von der Revision erhobenen Bedenken die erforderlichen Aufschlüsse zu ertheilen und, soferne zur weiteren Verfügung die Vorlage von Aktenstücken an die Revisionsstelle nothwendig ist, Abschriften derselben fertigen zu lassen, falls die Einsendung der Originalakten sich als unthunlich darstellen sollte."

Geschäfte die Erhebung und Ablieferung der dem Staate gebührenden Taxen unter Aufsicht der Finanzbehörden ob, an welche sie die Rückstände zur Zwangsbeitreibung überweisen.[7])

Die Art und Weise der Erhebung und Verrechnung der Staatstaxen [7]) durch die Notare wird durch Regierungsverordnung bestimmt.[8])

Im Falle einer Abänderung der Tax- und Stempelansätze [7]) durch die Finanzbehörden ist die Nacherhebung oder Rückersatzleistung Sache der Letzteren.

Die Einsichtsbefugnis des Abs. 1 bezieht sich auch auf Ehe- und Erbverträge J.M.E. v. 8. 9. 1864 u. 12. 8. 1867. Enderlein S. 365: die Einsicht in andere letztwillige Verfügungen aber ist den Organen der Finanzverwaltung erst nach deren Verkündung gestattet. Ges. über d. Gebührenwesen Art. 125 Abs. 3. — Vgl. auch Anm. 8. —

Die Verbindlichkeit zur Entrichtung der Staatsgebühr obliegt demjenigen, der die Thätigkeit des Notars veranlaßt hat. Ist dieselbe von Mehreren veranlaßt worden, so haften diese dem Staate sammtverbindlich. — Vereinbarungen über die Tragung der Gebühren sind nur für die Betheiligten wirksam (Geb.Ges. Art. 147).

[7]) Rehm u. Stahl redigiren vorkommenden Falles den Gesetzestext wie hier nach Maßgabe der seit 1. 10. 1879 in Kraft getretenen Gebührengesetze, wie sich nicht anders erwarten läßt, verschieden. Rehm insbesondere ändert (übrigens nicht konsequent) hier die Worte „der dem Staate gebührenden Taxen" in „der für den Staat zu verrechnenden Gebühren," und den Relativsatz am Schlusse in den Satz: „die Rückstände überweisen sie an das Rentsamt zur Beitreibung." Das erscheint absolut unzulässig; wenn es auch richtig ist, daß mit dem 1. 10. 1879 die früheren Gesetze im Allgemeinen ihre Gültigkeit verloren haben u. wenn „in Spezialgesetzen oder Verordnungen in Bezug auf Taxen und Stempelgebühren auf eines dieser aufgehobenen Gesetze verwiesen ist, statt der bisherigen Bestimmungen die entsprechenden Vorschriften des gegenwärtigen Gesetzes v. 18. 8. 1879 über das Gebührenwesen in Anwendung kommen": Art. 284 das. Diese neue Gesetzgebung hat nun allerdings statt Taxen: Gebühren, statt Taxregister: Gebührenregister, statt Tax-Ansätze: Gebühren-Ansätze u. s. w. Wo diese Ausdrücke einfach an die Stelle treten können, mag man sie umsetzen, jeder weiß, was ausgewechselt ist; sobald es bei diesem Worttausch nicht bleiben kann, kann man den Sinn der neuen Gesetze nicht an die Stelle setzen, ohne den Grundtext gänzlich preiszugeben.

Ich gebe deshalb mit dieser allgemeinen Vormerkung den ursprünglichen Text.

[8]) Geschehen durch V. v. 20. 9. 1879: die Ausführung des St.Ger.Kostenges. u. des Ges. über d. Gebührenwesen betr. u. durch Finanz-Min.Bek. v. 21. 9. 1879 (J.M.Bl. S. 1309 u. 1317, Stahl S. 247 u. 252). Insbesondere bestimmt jene:

Titel II. Besondere Bestimmungen für die Bezirksämter, Notare und Gerichtsschreiber.

§ 15. Die Erhebung, Ablieferung und beziehungsweise Wegrechnung der bei den Notaren anfallenden Gebühren, Geldstrafen, dann der hiemit in Verbindung stehenden Auslagen und durchlaufenden Gelder liegt den Notaren ob.

Die zwangsweise Beitreibung dieser Gefälle liegt den Rentämtern ob.

§ 18. Die Notare bringen die anfallenden Gebühren und Auslagen nach Maßgabe der einschlägigen gesetzlichen Vorschriften und vorbehaltlich der Bestimmungen in §§ 5 u. 11 selbstständig in Ansatz.

Hinsichtlich der weiteren rechnerischen Behandlung haben dieselben, unbeschadet der gesetzlichen Befugniß der einschlägigen Gerichte und Verwaltungsstellen zur Entscheidung von Erinnerungen und Beschwerden, den ihnen durch die Finanzstellen zugehenden Entschließungen und Weisungen zu entsprechen. Jedoch stehen sie auch bezüglich dieser Geschäfte unter der ausschließlichen Disciplinargewalt der zur Ausübung der Disciplin über sie im Allgemeinen zuständigen Behörden.

Art. 106. Bezüglich der dem Staate gebührenden Taxen findet auf die von den Notaren behandelten Geschäfte das Taxgesetz vom 28. Mai 1852 mit folgenden Abänderungen Anwendung:[9])

Art. 107. Bis zur Entrichtung der Notariatsgebühren, Tax- und Stempelgefälle[10]) kann der Notar die Aushändigung der betreffenden Urkunden an die Betheiligten verweigern.[11])

Die Notare oder Notariatsverweser, an welche die Verhandlungen eines verstorbenen oder auf andere Weise außer Amtsthätigkeit getretenen Notars übergehen,[12]) dürfen von den betreffenden Urkunden bis zur Entrichtung der Notariatsgebühren, Tax- und Stempelgefälle[10]) keine Ausfertigungen ertheilen.

Es ist denselben rechtzeitig ein Verzeichniß derjenigen Urkunden zu übergeben, von welchen die Notariatsgebühren, Tax- und Stempelgefälle[10]) noch geschuldet werden.

Der Notar oder Notariatsverweser, welcher Urkunden an die Betheiligten vor Entrichtung der angesetzten Taxen[10]) abgibt, haftet dem Staate für die desfallsigen Beträge im Falle der Nichterhebbarkeit von den Betheiligten.[13])

Art. 108. Der Betrag der Notariatsgebühren, Taxen und Stempel[10]) ist nebst der Nummer des Eintrags in das Taxregister[10]) sowohl auf die Urschrift, als auf die Ausfertigung zu setzen.

Titel III. Schlußbestimmungen.

§ 19. Die weiteren Vorschriften über die Erhebung und Verrechnung der anfallenden Gebühren und Geldstrafen, dann der hiemit in Verbindung stehenden Auslagen und durchlaufenden Gelder, sowie über die Führung und Revision der Gebührenregister, über das Verfahren bei Aufnahme und Bescheidung der Revisionsprotokolle, dann bei Streitfragen und Beschwerden, soweit dasselbe nicht bereits gesetzlich geregelt ist, und über die Abrechnung mit den Rentämtern werden im Instruktionswege erlassen." (Instr. z. Vollzuge des R.Ger.Kosten-Ges. und des Ges. über das Gebührenwesen v. 21./9. 1879. J.M.Bl. 1317, Stahl S. 252). — Darüber daß die Notare bei diesen Obliegenheiten den ihnen durch die Finanzstellen zugehenden Entschließungen u. Weisungen zu entsprechen haben, auch insofern jedoch unter der ausschließlichen Disziplinargewalt der zur Ausübung der Disziplin über sie im Allgemeinen zuständigen Behörden stehen, s. auch O.G.G. i. J.M.Bl. 1873 S. 223, Stenglein XIII. Beibl. S. 68; Not.Ztg. II. 180.

Ueber die Pflicht der Notare, Zuwiderhandlungen gegen d. Gebührengesetz zur Anzeige zu bringen s. Min.Bek. v. 21./10. 1879 § 2; J.M.Bl. S. 1709; Stahl S. 422.

Ueber Erinnerungen u. Beschwerden in Gebührensachen, s. Geb.Ges. Artt. 151 ff., 195, 209 f., 265 Abs. 3, 283; A.G. z. C.P.O. Artt. 56 ff.; A.G z. R.G. Verf.Ges. Art. 42. u. Fin.Min.Bek. v. 21. 9. 1879 cit. §§ 68 ff. u. O.L.G. Slg. IX. 85, 207, 332, X. 397, 433, 535, 536; Not.Ztg. X. S. 129, XI. 332, XIII. 336. Danach ist insbesondere die „weitere Beschwerde" des Art. 152 Geb.Ges. ein von dem Rechtsmittel des § 531 C.Pr.O. völlig verschiedenes, für welches ausschließlich das oberste Landesgericht zuständig ist.

[9]) Aufgehoben durch das Ges. über das Gebührenwesen v. 18./8. 79 cit. Art. 279 Nr. 13. u. ersetzt durch dessen Artt. 111 ff. (unter Nr. 3). — [10]) S. Anm. 7.

[11]) „An die Betheiligten" nicht an das Gericht. — Sowohl Urschriften, wie Ausfertigungen u. Abschriften (Not.Ztschr. III. 94).

[12]) Vgl. Art. 100 ff. d. Ges.

[13]) Vgl. O.L.G. VIII. 463; Not.Ztg. IX. 244, 253; Fin.Min.Bek. v. 21. 9. 1879 cit. §§ 17, 18. — Vor Entrichtung der **angesetzten** Taxen; ihre Revision braucht der Notar nicht abzuwarten: A.G. Fin.M.Bek. cit. § 56.

[Art. 109. Ein Notar, welcher eine höhere als die vorschriftsmäßige Notariatsgebühr ansetzt, hat dem Betheiligten das zu viel Erhobene zurückzuerstatten und wird, insoferne nicht ein bloßer Irrthum oder eine unrichtige Auffassung der Gebührenordnung in Mitte liegt, um den vierfachen Betrag desselben gestraft.

Im Wiederholungsfalle kann auf eine Geldstrafe bis zum achtfachen Betrage des zu viel Erhobenen und nach Umständen auf ein- bis sechsmonatliche Suspension vom Amte und selbst auf Entlassung erkannt werden.

Art. 110. Ein Notar, welcher eine höhere Gebühr erhebt, als auf der Urkunde angesetzt ist, wird mit Suspension vom Amte auf die Dauer von drei bis sechs Monaten und im Wiederholungsfalle mit Dienstentlassung bestraft.

Art. 111. Durch die in den Artikeln 109 und 110 bezeichneten Disciplinarverfügungen wird die strafrechtliche Einschreitung in den dazu geeigneten Fällen nicht ausgeschlossen.] [14])

Art. 112.[15]) Wird die Größe der angesetzten Notariatsgebühren von den Betheiligten beanstandet oder ist der Notar veranlaßt, auf Bezahlung derselben Klage zu stellen, so ist deren Betrag durch das [Bezirks]Landgericht des Wohnsitzes des Notars festzusetzen.

Gegen diese Festsetzung kann Beschwerde an das [Appellations] Oberlandesgericht ergriffen werden,[16]) welche binnen 14 Tagen bei dem [Bezirks]Landgericht einzureichen ist.

4. Titel. Von der Ausübung der Disciplinargewalt über die Notare.[1])

Art. 113. Die Disciplinargewalt über die Notare wird von den [Bezirks]Landgerichten, in deren Sprengel sie ihren Sitz haben, ausgeübt.

---

[14]) Artt. 109, 110, 111, sind durch A.G. z. Str.P.O. Art. 119 „durch folgende Bestimmungen ersetzt:

„Ein Notar, welcher nach § 352 oder 353 des Strafgesetzbuches für das Deutsche Reich bestraft wird, ist von der vorgesetzten Disziplinarbehörde zur Rückerstattung des zu viel Erhobenen an die Betheiligten anzuhalten. Zugleich ist die Disziplinarbehörde, wenn im Urtheile des Strafgerichts gegen den schuldigen Notar auf Verlust der Fähigkeit zur Bekleidung öffentlicher Aemter nicht erkannt ist, im Falle des § 352 des Strafgesetzbuches für das Deutsche Reich befugt und im Falle des § 353 desselben Gesetzbuches verpflichtet, die Suspension des Notars vom Amte auf die Dauer von einem bis zu sechs Monaten auszusprechen. Hat der Notar blos aus Irrthum oder unrichtiger Auffassung der Gebührenordnung eine höhere als die vorschriftsmäßige Notariatsgebühr erhoben, so wird gleichfalls die Zurückerstattung des zu viel Erhobenen durch die vorgesetzte Disziplinarbehörde verfügt."

Eventuell zu beachten § 2 des R.Str.G.B.

[15]) Instr. § 131 Not.Geb.O. Art. 39. Vgl. Not.Ztschr. V. 123, 155, 181, 277; J.M.Bl. 1868 S. 109.

[16]) Aber nicht weitere Beschwerde zum Obersten Landesgericht (10./2. 86; Bl. f. R.A. LI. S. 192, Slg. XI. 333).

[1]) Die Vorschriften dieses Titels sind mit den im Ausf.Ges. z. Strafproz.O. v. 18./8. 79 enthaltenen Abänderungen u. Zusätzen ausdrücklich in Kraft belassen durch Art. 3 Nr. 1 desselben. Daneben finden aber auch die Disziplinarstrafbestimmungen des VI. Abschnittes desselben in den Artt. 103—109. 111 Abs. 2, Anwendung (Art. 112 Abs. 2 das.). Ferner richtet sich die Einleitung des Disziplinarverfahrens gegen Notare überhaupt nach den Disziplinarvorschriften dieses IV. Titels (Art. 113 Abs. 2 das.) u. desgleichen mii den durch Artt. 118, 120 das. getroffenen Aenderungen bezüglich jener in Artt. 103—109 bezeichneten Disziplinarsachen die Zuständigkeit u. das Verfahren gegen sie (das. Art. 117). Art. 118 Abs. 2 des Ausf.G. cit. versucht das Verfahren in Disziplinarstrafsachen gegen Notare den Reichs-Prozeßgesetzen anzupassen, was insbesondere bezüglich der Entscheidung über

Eröffnung des Hauptverfahrens, bezüglich des Hauptverfahrens selbst u. bezüglich der Rechtsmittel veranlaßt schien, ohne daß deshalb einzelne nach den besonderen Verhältnissen des Notariats veranlaßte Abweichungen aufgegeben werden mußten. Insbesondere erschien es zweckmäßig, in diesen wichtigsten Stadien des Verfahrens die Ausdrucksweise des Not.Ges. mit der den Reichsprozeßgesetze in Einklang zu bringen, weil es für die Zukunft leicht zu Verwirrungen u. Mißverständnissen führen kann, wenn ein und derselbe Ausdruck, wie beispielsweise die „Einstellung des Verfahrens" in einem einzelnen älteren Gesetze noch in einem anderen Sinne gebraucht wird, als im allgemeinen Strafverfahren. Daß die durch die Reichsgesetzgebung eingetretenen Veränderungen im Verfahren u. insbesondere in der Organisation der Gerichte auch bei Anwendung der sonstigen, hier nicht ausdrücklich geänderten Bestimmungen des Not.Ges. entsprechend berücksichtigt werden müssen, versteht sich von selbst (vgl. auch Art. 8 d. Ausf.Ges. v. 23. 2. 79 z. R.Ger.Verf.Ges.)." Art. 8 bestimmt den Uebergang der Gerichtsbarkeit in den nicht zur ordentlichen streitigen Gerichtsbarkeit gehörenden Angelegenheiten von den früheren in Art. 7 das. genannten Gerichten auf die neuen Landesgerichte.

Wegen der häufigen Bezugnahme auf die Disziplinarbestimmungen des VI. Abschn. des Ausf.Ges. z. Str.P.O. v. 18. August 1889 werden dieselben hier abgedruckt:

Art. **103**. Beamte, welche glaubhafte Kenntniß von der bevorstehenden Ausführung eines Verbrechens oder Vergehens oder einer strafbaren Zuwiderhandlung gegen die gesetzlichen Vorschriften über Erhebung und Sicherung öffentlicher Abgaben oder Gefälle erlangt haben und vermöge ihres Amtes oder öffentlichen Dienstes die Begehung der Handlung zu verhindern verpflichtet sind, sollen, wenn sie diese Verhinderung vorsätzlich unterlassen und die betreffende strafbare Handlung ausgeführt oder ein strafbarer Versuch derselben begangen worden ist, mit Geld bis zu neunhundert Mark disziplinär bestraft werden, soferne nicht nach sonstigen gesetzlichen Bestimmungen eine anderweitige Strafe Platz greift.

Art. **104**. Beamte, welchen die Verübung eines Verbrechens oder eines Vergehens oder einer strafbaren Zuwiderhandlung gegen die gesetzlichen Vorschriften in Bezug auf Erhebung und Sicherung öffentlicher Abgaben oder Gefälle bekannt geworden ist, sollen, wenn sie zur Anzeige dieser strafbaren Handlungen vermöge ihres Amtes verpflichtet sind und diese Anzeige vorsätzlich unterlassen, bei unterlassener Anzeige eines Verbrechens mit Geld bis zu sechshundert Mark und in den übrigen Fällen bis zu dreihundert Mark disziplinär bestraft werden, soweit nicht anderweitige Strafbestimmungen hiefür bestehen.

Art. **105**. Ein Beamter, welcher vorsätzlich seiner Dienstpflicht zuwiderhandelt, um dadurch einem Anderen Schaden zuzufügen oder sich oder einem Dritten einen rechtswidrigen Vortheil zu verschaffen, wird, wenn die Handlung unter keine andere Strafbestimmung fällt, disziplinär mit Geld bis zu dreihundert Mark bestraft.

Art. **106**. Jeder Beamte ist verpflichtet, über die vermöge seines Amtes ihm bekannt gewordenen Angelegenheiten, deren Geheimhaltung ihrer Natur nach erforderlich oder von seinen Vorgesetzten vorgeschrieben ist, Verschwiegenheit zu beobachten. Diese Verpflichtung dauert fort, auch nachdem das Dienstverhältniß aufgelöst ist.

Zuwiderhandlungen werden, soferne nicht eine anderweitige Strafe verwirkt ist, disziplinär mit Geld bis zu sechshundert Mark bestraft.

Art. **107**. Notare oder Gerichtsvollzieher, welche bei den ihnen in ihrer dienstlichen Eigenschaft anvertrauten Angelegenheiten wissentlich zum Nachtheil ihrer Auftraggeber handeln, werden mit Geld bis zu fünfzehnhundert Mark disziplinär bestraft.

Art. **108**. In den Fällen des Art. 103 bis 107 kann zugleich auf disziplinäre Entziehung des Amtes erkannt werden.

Art. **109**. Wenn ein Beamter bei Ausübung seines Dienstes oder unter Mißbrauch seines Dienstverhältnisses eine strafbare, jedoch nicht in dem 28. Abschnitte des Strafgesetzbuchs für das Deutsche Reich behandelte That verübt hat und deshalb zu einer Gefängnißstrafe von mehr als einem Jahre verurtheilt wird, so kann gegen denselben, soferne er nicht ohnehin zufolge der allgemeinen Strafbestimmungen der Fähigkeit zur Bekleidung öffentlicher Aemter verlustig wird, disziplinär auf Entziehung seines Amtes erkannt werden.

Art. **111** Abs. 2. Wenn ein Beamter wegen Verbrechens oder Vergehens zu einer anderen Freiheitsstrafe als Haft oder Arrest verurtheilt, jedoch nicht zugleich seines Amtes verlustig wird, so trifft ihn für die Dauer des Strafvollzuges die Suspension vom Amte.

Art. **112**. Was in den vorstehenden Artikeln 103 bis 106, dann 108 bis 111 von Beamten bestimmt ist, gilt, vorbehaltlich der Bestimmungen des Disziplinargesetzes, von allen königlichen Staatsbeamten und öffentlichen Dienern, sowie von den Beamten und öffentlichen Dienern der Gemeinden, der öffentlichen Korporationen und öffentlichen Stiftungen, ferner von allen Jenen, welche mit den Verrichtungen eines solchen Beamten oder öffentlichen Dieners vorübergehend oder ständig betraut sind, ohne Unterschied, ob sie einen Diensteid geleistet haben oder nicht.

Auf Notare und Gerichtsvollzieher finden die Art. 103 bis 109, dann 111 Abs. 2, auf Gerichtsvollzieher auch Art. 111 Abs. 1 Anwendung.

Art. **113**. Eine Disziplinareinschreitung nach Maßgabe der Art. 103 bis 110 findet nur auf Antrag der dem Beamten nächstvorgesetzten Dienstesbehörde statt.

Gegen Notare und Gerichtsvollzieher richtet sich jedoch die Einleitung des Disziplinarverfahrens nach den bezüglich dieser Beamten bestehenden Disziplinarvorschriften.

Art. **114**. Die Behandlung und Aburtheilung der in den Art. 103 bis 110 erwähnten Disziplinarsachen erfolgt durch die Landgerichte nach Maßgabe der Vorschriften der Reichs-Strafprozeßordnung und des Reichs-Gerichtsverfassungsgesetzes über das Verfahren in den zur Zuständigkeit der Landgerichte gehörigen Strafsachen.

Zuständig ist dasjenige Landgericht, in dessen Bezirk der betreffende Beamte zur Zeit der Eröffnung des Disziplinarverfahrens seinen dienstlichen Wohnsitz hat, wenn sich derselbe außerhalb Bayerns befindet, das Landgericht München I. Bei vormaligen Beamten ist der letzte dienstliche Wohnsitz für die Zuständigkeit maßgebend.

Gegen die Urtheile der Landgerichte findet Berufung an das vorgesetzte Oberlandesgericht statt. Auf das Verfahren finden die Vorschriften der Reichs-Strafprozeßordnung über Berufung entsprechende Anwendung.

Ein weiteres Rechtsmittel findet nicht statt, die Wiederaufnahme des Verfahrens nur nach Maßgabe der Einschränkungen, welche in der Reichs-Strafprozeßordnung für die vor den Schöffengerichten behandelten Sachen bestimmt sind.

Bei der Verhandlung im ersten und zweiten Rechtszuge ist die Oeffentlichkeit ausgeschlossen.

Art. **115** (betrifft die Beamten, welche der Militärstrafgerichtsbarkeit unterstehen).

Art. **116** (betrifft die Pfalz).

Art. **117**. In der Richtung gegen Notare bemißt sich die Zuständigkeit und das Verfahren bezüglich der in Art. 103 bis 109 bezeichneten Disziplinarsachen nach den Bestimmungen des Gesetzes vom 10. November 1861, das Notariat betreffend, mit den im nachstehenden Artikel enthaltenen Aenderungen.

Insoweit besondere Vorschriften nicht gegeben sind, finden jene des Reichs-Gerichtsverfassungsgesetzes und der Reichs-Strafprozeßordnung entsprechende Anwendung.

Art. **118**. Die Art. 129 Abs. 4, Art. 131 Abs. 1 im Eingange, Art. 131 Abs. 4, Art. 132 Abs. 5 und 6, Art. 135, Art. 136 Abs. 2, Art. 138 des Gesetzes vom 10. November 1861, das Notariat betreffend, haben zu lauten: (s. die einzelnen Artikel).

Ueber die *rechtliche Natur des Disziplinarverfahrens* gegen Notare (Civilsache, kein Ausläufer der Strafrechtspflege) vgl. *Rösl* S. 256; Not.Ztschr. III. 85; Not.Ztg. IV. 63, XIII. 41; über die *rechtliche Natur* aller dieser Zuwiderhandlungen, in welcher *Kammer* (Civilkammer) und in welcher *Besetzung* solche Sachen zu behandeln sind, vgl. A.G. z. R.Ger.Verf.Ges. Artt. 29, 37; Ztschr. d. Anwaltsvereins **XX.** 229; Not.Ztg. XIII. 303; über die *Zuständigkeit* desjenigen L.G., in dessen Bezirk der Notar seinen jeweiligen Amtssitz hat u. über die Frage, ob die Disziplinargewalt mit dem Rücktritt vom Amte *aufhört*: Not.Ztg. XIV. 153; über die Berechtigung der Notare z. *Akteneinsicht*; Not.Ztg. IV. 63; über *Personalakten* der

Die Zuwiderhandlungen gegen die Vorschriften des gegenwärtigen

---

Notare; über Berichterstattung der Aufsichtsbehörden: J.M.Bl. 1883 S. 235; über Versetzungsgesuche: J.M.Bl. 1884 S. 3; Not.Ztg. XIII. 45; über Verjährung Art. 142 d. Ges.

Ueber das Verhältnis dieser gerichtlichen Disziplinargewalt zu den Aufsichtsbefugnissen der Staatsanwälte u. des Justizministers bemerkt eine autogr. J.M.E. v. 19./10. 65 (Enderlein S. 372) Folgendes: „Die gerichtliche Disziplinargewalt über die Notare ist nicht bloß Strafgewalt, sondern umfaßt auch die Befugnis dafür zu sorgen, daß das Notariat durch eine den gesetzlichen Vorschriften u. den auf Grund des Gesetzes erlassenen Vollzugsvorschriften entsprechende ordnungs- u. zweckmäßige Geschäftsführung die ihm gestellte Aufgabe möglichst vollkommen löse." Daher die Pflicht der Staatsanwälte (Art. 124 d. Ges.), „nicht nur diejenigen zu ihrer Kenntnis gelangten Thatsachen, welche zu einer Einschreitung gegen den Notar Anlaß geben können, sondern auch andere von ihnen wahrgenommene Unregelmäßigkeiten dem Bezirksgerichte anzuzeigen, was keinen Sinn haben würde, wenn dieses nicht auch befugt u. verpflichtet wäre, die erstattete Anzeige zu würdigen u. das zur Abstellung dienliche zu verfügen. Den Staatsanwälten selbst steht nicht zu, solche Verfügungen an die Notare zu erlassen.

Durch die in Art. 126 d. Ges. den Bezirksgerichtsdirektoren ertheilte Befugnis der Erinnerung, Ermahnung und Warnung, welche eine wenn auch geringfügige Verfehlung des Notars voraussetzen, ist die Zuständigkeit der Bezirks(Land)gerichte zu den hier in Frage stehenden Oberaufsichtsverfügungen nicht ausgeschlossen". (Die in derselben Verf. angedeutete Stellung der Bezirksgerichte als Mittelorgan für die Oberaufsicht des Justizministers ist zufolge A.G. z. Ger.Verf.Ges. Artt. 68, 69 weggefallen u. auf den Landgerichtspräsidenten beschränkt.)

In der Oberaufsicht des Justizministers ist eine Gerichtsbarkeit, eine Amtsbefugnis, kompetente Aussprüche der Gerichte abzuändern oder aufzuheben, nicht begriffen. Entscheidungen desselben können nur „Gegenstände von reglementärer Natur betreffen, welche zur Erzielung der Gleichförmigkeit u. zur Handhabung einer geregelten Uebereinstimmung des Verfahrens in den Bereich der Geschäftsordnung der Notare fallen" (O.G.H. Slg. II. 299; J.M.Bl. 1868 S. 109; Not.Ztschr. V. 155; Stenglein VII. 378).

Der Justizminister ist auch „der natürliche Mittelpunkt u. das einzige Organ, in welchem alle Zweifel zusammenlaufen müssen, die zu einer näheren Auslegung dunkler Stellen des Gesetzes oder der ministeriellen Geschäftsordnung Anlaß geben. Die zuständige Einwirkung der Notare ist dadurch nicht ausgeschlossen (O.G.H. Slg. III. 92; J.M.Bl. 1869 S. 51; Not.Ztschr. VI. 52; Stenglein VIII. 216). Allein wenn auch die Befugnis, allgemeine Weisungen über die künftig einzuhaltende Geschäftsbehandlung zu ertheilen, zweifellos ein Ausfluß des Aufsichtsrechts über die Notare ist, so bildet dasselbe doch, wenn es auch einen Bestandtheil der Disziplinargewalt ausmacht, keinen Gegenstand der Judikatur", welche durch konkrete Zuwiderhandlungen hervorgerufen wird u. durch Artt. 128 ff. d. Ges. den Bezirksgerichten übertragen ist, gegen deren Erkenntnisse Art. 138 unter Umständen beiden Theilen das Rechtsmittel der (Nichtigkeitsbeschwerde) Revision giebt. „Bezüglich jener Fälle aber, in welchen lediglich das Aufsichtsrecht über die Notare durch Erlassung allgemeiner Direktiven über deren Geschäftsbehandlung geübt wird, hat das Not.Ges. den Notaren nirgends diesen Instanzenzug eröffnet; vielmehr haben sich dieselben zufolge Art. 145 mit Beschwerden über die Art der Ausübung des darin dem Justizminister ausdrücklich vorbehaltenen Oberaufsichtsrechts lediglich an diesen selbst zu wenden. Vgl. J.M.Bl. v. 30. 5. 81 § 13 (O.G.H. 23. 6. 75, Slg. f. Str.S. V. 315; Enderlein S. 376e). Ebenso aber auch mit Beschwerden gegen Dienstaufsichts-Verfügungen der Landgerichte, denn in diesen Sachen ist er die einzige nächst höhere Instanz über denselben (vgl. J.M.E. 19./10. 65, bei Enderlein S. 373a u. v. 2./6. 66; J.M.Bl. S. 134 Stahl 157). Vgl. jedoch wegen Zuwiderhandlungen gegen das Gebührenwesen d. Geb.Ges. Art. 150.

Ueber andere Befugnisse der Landgerichte s. die Artt. 6, 8, 40, 50, 91, 112, 119, 120, 124 Abs. 2, 128 ff. d. Ges. und §§ 5, 7, 8, 13, 14, 17, 29, 31, 32, 131 d. Instr.

Gesetzes,[2]) welche nicht mit besonderen Strafen bedroht sind,[3]) werden mit angemessenen Ordnungs- und Disciplinarstrafen beahndet, unbeschadet der strafrechtlichen Einschreitung in den dazu geeigneten Fällen.[4])

Als Ordnungsstrafen kommen zur Anwendung:

1) Verweis,

2) Geldstrafe unter [fünf Gulden] **neun Mark,**[5])

als Disciplinarstrafen:

1) Geldstrafe von [fünf bis zu hundert Gulden] **neun bis zu hundert und achtzig Mark,**[5])

2) Suspension nicht unter einem Monate und nicht über ein Jahr,[6])

3) Entlassung.[6]) [7])

Art. **114.** [8]) Zuwiderhandlungen gegen solche Vorschriften des Notariatsgesetzes, welche lediglich die Förmlichkeiten der Beurkundung und der Geschäftsführung betreffen[9]) und deren Außerachtlassung eine gänzliche oder theilweise Nichtigkeit des Notariatsactes nicht zur Folge hat,[10]) werden mit Ordnungsstrafen beahndet.[11])

---

[2]) Weder anderer Gesetze noch der Vollzugsanweisungen. Allein da nach Art. 45 d. Ges. unter allen Umständen Gesetzmäßigkeit der Verhandlung überhaupt als Absicht der Parteien anzusehen ist, so bilden insofern Zuwiderhandlungen gegen andere Gesetze mittelbar auch solche gegen dieses Gesetz. Vgl. J.M.Bl. 1866 S. 78; Not.Ztschr. III. 118, VI. 137, VII. 257.

[3]) S. Artt. 9, 37, 68, 78, 99 u. Art. 109—111.

[4]) S. Artt. 1 Abs. 3, 121, 122, 142 d. Ges. u. Str.G.B. §§ 359, 311, 33–36, 331 f., 340—342, 348—353, 356? 357 (Bd. 1. S. 30). — Unabhängigkeit der disziplinaren und der strafgerichtlichen Ahndung: Art. 142 Abs. 2 d. Ges.; Not.Ztschr. IV. 275; Not.Ztg. XIII. 43. Berichterst.: J.M.Bl. 1881 S. 280 f., 1883 S. 307 f., 1884 S. 209.

[5]) S. Anm. zu Art. 68. Der Betrag gilt für jeden einzelnen Fall; ein Gesetz, welches den im Str.G.B. § 78 für Strafsachen ausgesprochenen Grundsatz beim Zusammentreffen mehrerer Fälle in solchen Angelegenheiten ausschließt, existirt nicht. Vgl. J.M.Bl. 1866 S. 287; Not.Ztschr. III. 333; O.G.H. Slg. XII. 617; Bl. f. R.A. LV. S. 223, 304. — Ueber die Beitreibung vgl. J.M. Bek. 30./9. 1879 § 80, über die Umwandlung in Freiheitsstrafen: Not. Ztsch. IV. 135. Vgl. auch Art. 144 d. Ges.

[6]) Instr. § 34.

[7]) Auch Versetzung (Art. 1 Abs. 3) ist Disziplinarstrafe: Art. 122.

[8]) Bei der Begriffsbestimmung der beiden Arten von Zuwiderhandlungen, welche die Artt. 114 u. 115 statuiren, also über das Verhältnis zwischen Ordnungs- u. Disziplinar-Strafsachen, hat die Rechtsprechung des O.G.H. stetig den Grundsatz zur Anwendung gebracht, daß Art. 115 die Regel, Art. 114 die Ausnahme für den Fall enthalte, daß lediglich gegen die Förmlichkeiten der Beurkundung u. der Geschäftsführung verstoßen ist u. dieser Verstoß keine Nichtigkeit des Notariatsaktes zur Folge habe; andererseits aber das Nichthervortreten der Nichtigkeit einer Not.Urk. für sich allein nie genüge, um den Scheideweg zwischen Ordnungs- u. Disziplinarstrafe zu bezeichnen. (J.M.Bl. 1865 S. 122 u. 162, 1866 S. 138; Not.Ztschr. I. 327, II. 257 u. 362, VI. 182; Stenglein IV. 38 u. 369, V. 23, XIII. Beibl. S. 1, XV. Beibl. S. 73).

Fortgesetztes Zuwiderhandeln als Folge einer u. derselben irrthümlichen Rechtsauffassung ist eine einzige That: J.M.Bl. 1866 S. 144, 287, 1868 S. 183, 1867 S. 172; Not.Ztschr. III. 316, IV. 257, 264, V. 232.

[9]) Das ist z. B. nicht der Fall bei Art. 62 u. 66 (J.M.Bl. 1865 6 cit.; Not. Ztschr. I. u. II. 6 cit.)

[10]) Verstöße gegen die in Art. 148 d. Ges. aufgeführten Vorschriften begründen eine theilweise Nichtigkeit, weil sie der Urkunde die Oeffentlichkeit benehmen. (Bl. f. R.A. LV. 288. Vgl. auch S. 240.)

[11]) Rückfall bei ordnungsstrafbaren Verstößen begründet keine Steigerung zu

Art. **115.** *) Andere Zuwiderhandlungen gegen das Notariatsgesetz werden, insoweit nicht nach den in Titel I.—III. enthaltenen besonderen Bestimmungen oder nach den folgenden Artikeln eine höhere Strafe zur Anwendung zu kommen hat, mit Disciplinargeldstrafen belegt, deren Größe nach der Schwere der Uebertretung zu bemessen ist.

Art. **116.** Auch außerdienstliche Handlungen eines Notars, welche ein die Ehre und Würde des Standes gefährdendes Benehmen bekunden,[12]) können mit Disciplinarstrafen belegt werden.[13])

Art. **117.**[14]) Auf Suspension oder Entlassung ist außer den in diesem Gesetze besonders bestimmten Fällen[15]) dann zu erkennen, wenn:

1) ein Notar ohngeachtet wiederholter Disciplinarstrafen in fahrlässiger oder leichtsinniger Verletzung oder Vernachlässigung seiner Amtspflichten verharrt und sich hiedurch des Vertrauens in seine Dienstleistung unwürdig gemacht hat,

2) wenn ein Notar ungeachtet wiederholter Disciplinarstrafen ein die Ehre und Würde des Standes gefährdendes außerdienstliches Benehmen fortsetzt und sich hiedurch der öffentlichen Achtung unwürdig gemacht hat.

Auf Suspension oder Entlassung kann erkannt werden:

3) wenn ein bereits zweimal wegen Zuwiderhandlungen gegen die Artikel 10, 36, 45 Absatz 2, 47, (88 Absatz 2),[16]) 93 und 94 bestrafter Notar sich neuerdings einer derlei Uebertretung schuldig macht.

Die Strafe der Entlassung kann in den vorgenannten Fällen[17]) nur dann verhängt werden, wenn gegen den betreffenden Notar bereits früher auf Suspension erkannt worden ist.

Art. **118.** Einen Notar, welcher nach rechtskräftig ausgesprochener Suspension und nachdem ihm das desfallsige Erkenntniß zugestellt worden,

---

einer anderen Strafart (Not.Ztg. II. 62; Stenglein XIII. Beibl. 1. Slg. f. Strafs. III. 163; s. außerdem noch Art. 117. Vgl. dagegen wegen Zuwiderhandlungen gegen die Vollzugsvorschriften z. Geb.Ges. dessen Art. 150. — *) Vgl. Anm. 8.

[12]) Vgl. z. B. J.M.Bl. 1866 S. 181; J.M.E. v. 12. 8. 1867; Enderlein S. 391 (Praxiserweiterungs-Bestrebungen durch Nachlaß von Not.Gebühren, Belohnung von Schleppern u. s. w.); Not.Ztschr. V., Slg. II. S. 41; Stenglein VIII. S. 85.

[13]) Im weiteren Sinne des Art. 113 Abs. 1, also Ordnungsstrafen eingeschlossen.

[14]) Der Art. handelt vom Rückfall, ohne jedoch Gleichartigkeit der Vorvergehen zu verlangen (Slg. I. 511; Not.Ztschr. V. S. 21; Not.Ztg. IX. S. 268; Bl. f. R.A. XLV. 511). Ordnungsstrafen nach Art. 143 können nicht als Rückfallsgrund dienen (J.M.E. 20. 5. 1865; Not.Ztschr. V. S. 123), außerdem wohl, sofern sie sich im Sinne der Nr. 1 u. 2 darstellen, insbesondere nach Art. 116 ergangene, sind; cf. aber Art. 122.

[15]) S. Art. 9, 37, 99, 109—111. Vgl. auch A.G. z. Str.P.O. Art. 108, 109, 111 Abs. 2 oben S. 106.

[16]) Art. 88 ist aufgehoben. Damit ist aber keineswegs die Strafbestimmung gegenstandslos geworden, denn wie die Motive hervorheben ist der Grund der Aufhebung der Abs. 1, 3 u. 4 des Art. 88 lediglich darin zu suchen, „daß dieselben durch die Vorschriften der §§ 669, 703 (705 Abs. 3) C.P.O. über Ertheilung einer weiteren vollstreckbaren Ausfertigung gedeckt“ werden. Der Gegenstand des Disziplinarvergehens ist nach wie vor derselbe u. es lag gewiß keine Absicht vor, dies Disziplinarvergehen zu beseitigen. A. M. scheint Rehm, da er „Art. 88 Abs. 2“ im Texte einfach wegläßt.

[17]) Nemlich des vorhergehenden Absatzes, d. h. Nr. 3.

oder nach Bekanntgabe der vom [Bezirks]Landgerichte[18]) verhängten provisorischen Suspension[19]) Amtshandlungen vornimmt, trifft die Strafe der Entlassung.

Art. **119.**[20]) Jeder neu ernannte oder auf eine andere Stelle versetzte Notar ist verpflichtet, sich binnen drei Monaten nach Empfang der seine Ernennung oder Versetzung kundgebenden Entschließung oder innerhalb der auf sein Ansuchen verlängerten Frist bei dem einschlägigen [Bezirks]Landgerichte[18]) zur Verpflichtung zu stellen, die vorgeschriebene Caution zu erlegen und seine amtliche Thätigkeit an dem angewiesenen Orte zu beginnen.

Hat der Notar diese Frist nicht eingehalten, so hat ihm das [Bezirks]-Landgericht[18]) eine weitere Frist von vierzehn Tagen zum Dienstantritte unter Androhung der Entlassung vorzusetzen und ist nach fruchtlosem Ablaufe dieser Frist gegen den Notar, wenn er nicht ein dem Dienstantritte entgegen gestandenes unüberwindliches Hinderniß nachzuweisen vermag, auf Entlassung zu erkennen.

Art. **120.**[21]) Begiebt sich der Notar auf die Dauer von mehr als drei Tagen von seinem Wohnsitze zur Vornahme von Amtshandlungen an einen anderen Ort des [Bezirks]Landgerichts-Sprengels,[18]) so hat er hievon dem [Bezirks]Landgerichte[18]) Anzeige zu machen.

Außer diesem Falle darf der Notar sich auf die Dauer von mehr als drei Tagen nur nach erholter Urlaubsbewilligung von seinem Wohnsitze entfernen.

In dem Urlaubsgesuche ist auch der von dem Notare aufzustellende Amtsverweser zu benennen.

Urlaub bis zu dreißig Tagen wird von dem [Bezirks]Landgerichts-[Director] Präsidenten, auf längere Zeit vom Staatsminister der Justiz ertheilt.[21])

Ein Notar, welcher ohne Urlaub länger als drei Tage von seinem Amtssitze abwesend ist, unterliegt einer Disciplinarstrafe von [fünf] neun bis

---

[18]) A.G. z. R.G.Verf.Ges. Art. 28 Abs. 1; Not.Ztg. IX. 123.

[19]) Art. 140 d. Ges.

[20]) Vgl. Art. 6 u. 98 f.

[21]) Ueber den Urlaub vgl. Instr. §§ 19 ff. u. J.M.E. v. 6./1. u. 31./12. 1865 (J.M.Bl. 1865 S. 1, 1866 S. 9; Stahl S. 144.) Durch letztere werden „die Notare angewiesen, in Gesuchen um Bewilligung eines Urlaubs, welcher an sich oder unter Hinzurechnung eines in eben demselben Geschäftsjahre bereits genossenen Urlaubs die Dauer von 30 Tagen überschreitet, jedesmal die besonderen Verhältnisse darzulegen, durch welche sie das Bedürfnis einer längeren Geschäftsunterbrechung für begründet erachten u. überdies sofern der Gesammturlaub die Dauer von 6 Wochen überschreiten würde, genügenden Nachweis dieses Bedürfnisses beizubringen".

„Zugleich wird bemerkt, daß nach Art. 39 d. N.Ges. einem Notariatsgehülfen die Ermächtigung zu selbständiger Aufnahme von Notariatsverhandlungen u. zur Ertheilung von Aussertigungen u. Abschriften nur unter der Voraussetzung ertheilt werden kann, daß derselbe diese Amtsgeschäfte als Amtsverweser des verhinderten Notars ausschließend übernimmt, nicht aber in solchem Falle, wo der Notar bei nur theilweiser Verhinderung in Ausübung des Amtes nicht gänzlich unterbrechen, sondern neben dem Gehülfen gleichwohl selbst noch Amtsgeschäfte der bezeichneten Art vornehmen wollte." Der Präsident läßt das Gesuch zur Uebermittelung an den Justiz-Min. mit seinem Gutachten an den Staatsanwalt gelangen (Dienstvorschr. f. d. St.A. § 46; J.M.E. 30./7. 1868; Enderlein S. 137).

[zehn Gulden] achtzehn Mark; [22]) — hat die Dauer der Abwesenheit vierzehn Tage überschritten oder ist der Notar vierzehn Tage nach Ablauf des bewilligten Urlaubs zu seinem Amtssitze nicht zurückgekehrt, so hat das [Bezirks]Landgericht die Aufforderung an ihn zu erlassen, binnen vierzehn Tagen bei Vermeidung der Entlassung in den Dienst zurückzukehren und ist nach fruchtlosem Ablaufe dieser Frist gegen den Notar, wenn er nicht ein der Rückkehr in den Dienst entgegengestandenes unüberwindliches Hinderniß nachzuweisen vermag, auf Entlassung zu erkennen.

Art. 121. In wie weit in Folge einer strafgerichtlichen Verurtheilung die Entlassung eines Notars einzutreten hat, oder eintreten kann, ist nach den Bestimmungen des Strafgesetzbuches [23]) zu bemessen.

Art. 122. [24]) Wird ein Notar bereits zum zweiten Male mit einer Disziplinarstrafe belegt oder ist derselbe wegen eines Verbrechens oder eines Vergehens bestraft worden, ohne dass diese Verurtheilung den Verlust des Amtes zur Folge hatte oder auf Grund des Art. 109 des Gesetzes vom 18. August 1879 zur Ausführung der Reichs-Strafprozessordnung [25]) auf Entziehung des Amtes erkannt wurde, so kann die vorgesetzte Disziplinarbehörde den Notar als im Wiederholungsfalle versetzbar erklären. Diese Erklärung wird im ersterwähnten Falle mit der zweiten Disziplinarstrafe verbunden, im zweiten Falle aber auf Antrag des Staatsanwalts durch einen im Disziplinarverfahren zu erlassenden Beschluss ausgesprochen und hat zur Folge, dass der Notar, wenn er sich abermals einer disziplinär strafbaren Handlung oder eines Vergehens schuldig macht, aus administrativen Erwägungen versetzt werden kann.

Ist die Versetzung im Laufe eines Jahres vom Tage der Zustellung des letzten Strafbeschlusses an gerechnet, nicht erfolgt, so kann sie erst dann wieder stattfinden, wenn über den Notar eine weitere Disciplinar- oder Vergehensstrafe verhängt worden ist.

Die in vorstehendem Absatze getroffene Bestimmung findet auch bezüglich aller weiteren nachfolgenden Disciplinar- und Vergehensstrafen Anwendung.

Art. 123. Die Notariatsverweser [26]) werden in disciplinärer Beziehung gleich den Notaren behandelt.

Ist ein Notariatsverweser [26a]) auf Vorschlag des Notars aufgestellt worden, so haftet der Letztere mit seiner Amtscaution und nöthigenfalls mit seinem Vermögen für die gegen den Verweser verhängten Geldstrafen und demselben obliegenden Entschädigungen.

In gleichem Maße haftet die Amtscaution des Notars in dem Falle, wenn er unterlassen hat, für die Dauer seiner Abwesenheit einen Amts-

---

[22]) Vgl. Ges. v. 8./11. 1875 (G. u. V.Bl. S. 665 oben Anm. zu Art. 68). Die zuerkannte Strafe braucht nicht durch 1,80 M. theilbar zu sein, z. B. 10 Mark (Bl. f. R.A. LV. S. 304).

[23]) §§ 31, 33, 36.

[24]) In der Fassung des A.G. z. Str.P.O. Art. 120.

[25]) S. o. bei Art. 113 d. Ges.

[26]) S. o. Art. 40—42.

[26a]) Einerlei ob Notar oder Notariatsgehülfe.

verweser zu bestellen und in Folge dessen ein solcher gemäß Artikel 41 von dem Staatsminister der Justiz aufgestellt worden ist.

Art. **124.**[27]) Die Ueberwachung des Notariatswesens liegt den an den [Bezirks]Landgerichten[27a]) aufgestellten Staatsanwälten ob.

---

[27]) Zur Ausführung der Artt. 124, 125, 145 d. Ges. sind die nachstehenden J.M.Bek. Nr. 47 u. 48 v. 30./5. 1881 betr. die Beaufsichtigung des Notariatswesens und die Visitationsreisen der Oberstaatsanwälte und Staatsanwälte (J.M.Bl. 1881 S. 223 u. 242; Not.Ztg. X. 193) gegeben.

Nr. **47**. Die zum Vollzuge der Art. 124, 125 und 145 des Not.Gesetzes v. 10. November 1861 erlassenen Vorschriften über die Beaufsichtigung des Notariatswesens in den Landestheilen rechts des Rheins sind einer Revision unterzogen worden, auf Grund deren nunmehr nachstehende Anordnungen getroffen werden:

§ **1**. Die durch Art. 124 des Not.Gesetzes den Staatsanwälten bei den Landgerichten übertragene Ueberwachung des Notariatswesens obliegt dem Ersten Staatsanwalte. Bei Verhinderung desselben haben die übrigen Staatsanwälte hierauf bezügliche Geschäfte nur in dringenden Fällen vorzunehmen.

§ **2**. Die Ueberwachung ist darauf zu richten, daß die Notare ihr Amt den Gesetzen und den Dienstvorschriften gemäß ausüben und durch ihr Verhalten in Ausübung des Amtes sowie außerhalb desselben sich der Achtung würdig zeigen, die ihr Stand erfordert.

§ **3**. Die Ueberwachung der Amtsführung der Notare hat nicht nur die äußere Seite der Amtsführung zum Gegenstande, sondern erstreckt sich nach Maßgabe des § 5 auch auf die materielle Behandlung der Geschäfte. Außerdem ist auch auf den Ansatz der Notariatsgebühren zu achten.

§ **4**. Bezüglich der äußeren Seite der Amtsführung haben die Staatsanwälte ihre Aufmerksamkeit insbesondere darauf zu richten, daß

1) die Beschaffenheit der Amtsräume und die Auswahl der Gehilfen den Anforderungen des Dienstes entspricht; daß die Gehilfen gehörig überwacht und nur in einer den bestehenden Vorschriften und ihrer Befähigung entsprechenden Weise verwendet werden; daß die Dienstleistung des Notars ohne genügenden Grund nicht verweigert wird; daß die Vorschriften über Zeit und Ort der Vornahme von Amtsgeschäften beobachtet werden; daß die Erteilung von Ausfertigungen nicht ungebührlich verzögert wird;
2) daß die äußere Beschaffenheit der Urschriften und der Ausfertigungen den maßgebenden Vorschriften entspricht, daß namentlich die in den Art. 64, 65, 67, 68, 70—72, 77 Abs. 2 des Not.Gesetzes hierüber getroffenen Bestimmungen und die Anordnungen über Beschaffenheit und Format des Papiers genau befolgt werden;
3) daß die Urkunden die in Art. 63 des Not.Gesetzes vorgeschriebenen Angaben enthalten und die auf Rechtsgeschäfte über unbewegliche Sachen bezüglichen Urkunden auch den wegen der Umschreibung im Grundsteuerkataster erlassenen Anordnungen entsprechen;
4) daß in den Urkunden die Identität der Personen, mit welchen dieselben errichtet werden, gehörig festgestellt wird;
5) daß die Zuziehung von Zeugen in den Fällen, in welchen dieselbe geboten ist, erfolgt, und daß als Zeugen nur Personen zugezogen werden, welche die hiezu erforderlichen Eigenschaften besitzen;
6) daß den Urschriften und den Ausfertigungen die Berechnung der Staats- und der Notariatsgebühren beigefügt und auf den Urschriften die Ertheilung der Ausfertigungen bemerkt wird;
7) daß die Sammlung der Urschriften alle Urkunden enthält, welche nicht in Urschrift hinauszugeben waren; daß für die hinausgegebenen Urschriften Fehlblätter eingelegt und auf denselben auch die Staats- und Notariatsgebühren vorschriftsmäßig vermerkt werden; daß die Urkundensammlung gehörig geordnet,

gegen unbefugte Einsichtnahme gesichert und zweckmäßig aufbewahrt ist; daß die letztwilligen Verfügungen unter persönlichem Verschlusse des Notars besonders verwahrt werden und gegen Feuersgefahr gesichert sind;

8) daß die Geschäftsbücher der Vorschrift des Art. 77 des Notariatsgesetzes entsprechend geführt und die in Art. 48 des Notariatsgesetzes vorgeschriebenen Verzeichnisse in ordnungmäßigem Zustande erhalten werden;

9) daß bei der Beurkundung von Rechtsgeschäften über unbewegliche Sachen die erforderlichen Mittheilungen an das Amtsgericht (Art. 15 Abs. 1 und 2 des Not.Gesetzes und Entschließung v. 26. Juli 1864, J.M.Bl. S. 210) rechtzeitig und in gehöriger Weise erfolgen, und daß den Vorschriften in § 5 der Bekanntm. v. 15. Juni 1862 (R.Bl. S. 1445), sowie in den Bekanntmachungen vom 12. Juli 1878 (J.M.Bl. S. 147) und v. 10. Dezember 1880 (J.M.Bl. S. 374) über die Mittheilung von monatlichen Verzeichnissen der beurkundeten Besitzveränderungen an die Rentämter entsprochen wird;

10) daß die Vorschriften über die Empfangnahme, Verrechnung und Hinterlegung der dem Notare anvertrauten Gelder und Werthpapiere genau befolgt werden.

Bei der engen Beziehung, in welcher das Notariatswesen und das Hypothekenwesen zu einander stehen, ist außerdem dem dienstlichen Verkehre zwischen dem Notare und dem Hypothekenamte besondere Aufmerksamkeit zuzuwenden.

§ 5. Was die materielle Seite der Amtsführung anbelangt, so hat der Staatsanwalt durch Prüfung des Inhaltes der von dem Notare aufgenommenen Urkunden sich nicht nur darüber zu vergewissern, ob der Bestimmung des Art. 45 Abs. 2 des Not.Gesetzes nicht zuwidergehandelt wird, sondern sich insbesondere Kenntnis davon zu verschaffen, in welchem Maße der Notar der ihm bezüglich der Beurkundung von Rechtsgeschäften obliegenden Aufgabe gerecht wird. In dieser Beziehung ist namentlich bei den Urkunden über Rechtsgeschäfte, welche zu einer Eintragung in das Hypothekenbuch Anlaß geben, darauf zu achten, ob der Notar für die Uebereinstimmung des Rechtsgeschäftes mit den bestehenden Einträgen und die Hebung der aus diesen sich ergebenden Hindernisse der hypothekenamtlichen Vollziehung pflichtmäßig Sorge trägt, insbesondere nicht unterläßt, erforderlichen Falles von dem Hypothekenbuche Einsicht zu nehmen.

Der Staatsanwalt hat ferner die Behandlung der dem Notare gemäß Art. 30 und 35 des Not.Gesetzes übertragenen Verlassenschaften und der demselben als Versteigerungsbeamten obliegenden Zwangsversteigerungen zum Gegenstande seiner Aufmerksamkeit zu machen. Bei diesen Geschäften ist darauf zu sehen, daß ihre Durchführung den gesetzlichen Vorschriften entspricht und ohne Verzögerung erfolgt.

Die Ueberwachung hat sich außerdem auf die Beobachtung der für die Ertheilung von vollstreckbaren Ausfertigungen und Vollstreckungsklauseln maßgebenden Bestimmungen zu erstrecken.

§ 6. Bezüglich des Ansatzes der Notariatsgebühren genügt es im allgemeinen, bei der Einsicht der Urkunden und der Geschäftsregister auch auf die Berechnung der Gebühren Rücksicht zu nehmen. Eine eingehendere Prüfung der Gebührenansätze ist nur erforderlich, wenn Ueberschreitungen der Gebührenordnung bekannt geworden sind.

§ 7. Zum Behufe der Ueberwachung des Notariatswesens ist den Staatsanwälten durch Art. 125 des Notariatsgesetzes die Befugnis eingeräumt, von den Geschäftsbüchern und den Akten der Notare in deren Gegenwart Einsicht zu nehmen. Sie können ferner bei den Amtsgerichten die in deren Verwahrung befindlichen Urschriften von Notariatsurkunden, insbesondere die zu den Beilagen des Hypothekenprotokolles genommenen Urschriften, einsehen und sich von der Behandlung der den Notaren obliegenden Zwangsversteigerungen durch Einsicht der auf solche bezüglichen Vollstreckungsakten Kenntnis verschaffen.

Die Staatsanwälte sind berechtigt, von den Notaren mündliche oder schriftliche Aufklärungen zu verlangen. Schriftliche Erklärungen sollen jedoch, damit die Notare mit solchen möglichst wenig in Anspruch genommen werden, nur aus besonderen Gründen verlangt werden. Auch ohne besonderes Verlangen sollen die Notare den Staatsanwälten bei Gelegenheit der Einsicht der Geschäftsbücher und Akten die zur richtigen Beurtheilung des Zustandes des Amtes erforderlichen Mittheilungen machen.

Die Staatsanwälte haben außerdem auch die auf sonstigem Wege bezüglich der Amtsführung und des Verhaltens der Notare zu ihrer Kenntnis kommenden Thatsachen zu berücksichtigen. Bezüglich des Verkehres zwischen den Notaren und den Hypothekenämtern und der Behandlung der zu Eintragungen in das Hypothekenbuch Anlaß gebenden Geschäfte durch die Notare haben die Staatsanwälte sich gemäß § 13 der Bekanntm. v. 29. April lfd. Js. (J.M.Bl. S. 174) mit den Präsidenten der Landgerichte zu benehmen. Zur Erlangung weiterer Aufschlüsse hierüber können sie sowohl bei den Hypothekenbeamten Erkundigungen einziehen als auch von dem Tagebuche der Hypothekenämter Einsicht nehmen.

§ 8. Um von den Geschäftsbüchern und den Akten der Notare Einsicht zu nehmen, haben die Staatsanwälte bei den Notaren des Landgerichtsbezirkes regelmäßige Visitationen vorzunehmen. Jedes Notariat ist im Laufe eines Zeitraumes von drei Jahren einmal zu visitiren.

§ 9. Die regelmäßigen Visitationen der nicht am Landgerichtssitze befindlichen Notariate sollen — ohne Einrechnung der Reisezeit — binnen zwei Tagen beendet sein. Bei der Wahl der Zeit ist darauf Bedacht zu nehmen, daß die Visitation nicht durch einen Sonntag oder allgemeinen Feiertag unterbrochen wird.

Die Visitation der am Landgerichtssitze befindlichen Notariate kann mit Unterbrechungen vorgenommen werden. Die Bestimmung der auf dieselbe zu verwendenden Zeit bleibt dem Ermessen des Staatsanwaltes überlassen.

§ 10. Die Visitation hat den Zweck, die Amtsführung des Notars im Allgemeinen zu erforschen. Diesem Zwecke gemäß ist die Prüfung von einzelnen Akten nur soweit auszudehnen, als es erforderlich ist, um dem Staatsanwalte Kenntniß von den nicht nur vereinzelt vorkommenden Mängeln und Unregelmäßigkeiten zu verschaffen und ihm ein klares und sicheres Urtheil über den Zustand des Amtes zu ermöglichen.

§ 11. Die Ergebnisse der Visitation sind in Vormerkungen niederzulegen, welche den Gegenstand der an jedem einzelnen Vor- und Nachmittage vorgenommenen Visitationshandlungen zu bezeichnen und die gemachten Wahrnehmungen in Kürze anzuführen haben. Die Aufzeichnung ist auf die wahrgenommenen Thatsachen zu beschränken. Die Gründe etwaiger Beanstandungen sind nicht aufzunehmen.

§ 12. Die Staatsanwälte können die Notare auf wahrgenommene Mängel und Unregelmäßigkeiten aufmerksam machen, um sie zu veranlassen, denselben abzuhelfen. Solche dienstfreundliche Anregungen, zu welchen den Staatsanwälten insbesondere bei den Visitationen durch den persönlichen Verkehr mit den Notaren Gelegenheit geboten ist, werden in vielen Fällen genügen, die Beseitigung der Mängel herbeizuführen. Bei Mängeln von geringerer Bedeutung kann in solchen Fällen die Erwähnung in den Visitationsvormerkungen unterbleiben.

Die Staatsanwälte sind dagegen nicht befugt, den Notaren Erinnerungen zu machen, ihnen Weisungen zu ertheilen, oder von ihnen Rechtfertigungen zu verlangen. Das Recht zu solchen Maßregeln steht dem Landgerichte und innerhalb der in Art. 126 des Not.Gesetzes bestimmten Grenzen dem Präsidenten des Landgerichtes zu. Die Staatsanwälte haben daher von Wahrnehmungen, welche zu einer solchen Maßregel Anlaß geben, dem Landgerichte Anzeige zu erstatten oder gegebenen Falles das Einschreiten des Präsidenten zu veranlassen.

§ 13. Die an das Landgericht zu erstattenden Anzeigen erfolgen schriftlich. Mit denselben sind Vorschläge über die zur Abhilfe gegen die angezeigten Mängel zu treffenden Anordnungen zu verbinden. Den Anzeigen sind die erforderlichen Belege beizufügen.

Vor der Mittheilung an das Landgericht sind die Anzeigen und die damit verbundenen Vorschläge gemäß § 14 Abs. 2 dem Oberstaatsanwalte zur Prüfung vorzulegen.

Das Landgericht faßt über die erstattete Anzeige Beschluß. Der gefaßte Beschluß wird dem Staatsanwalte durch Vorlegung der Urschrift bekannt gegeben. Eine Beschwerde gegen den Beschluß findet nicht statt. Glaubt der Staatsanwalt sich bei demselben nicht beruhigen zu können, so hat er dem Oberstaatsanwalte Anzeige zu machen, welcher gegebenen Falles gemäß § 16 an das K. Staatsministerium der Justiz berichtet.

In den Fällen, in welchen die Verhängung einer Ordnungsstrafe veranlaßt erscheint, haben die Staatsanwälte sich darauf zu beschränken, dem Landgerichte die Thatsachen unter Bezeichnung der Beweismittel mitzutheilen. Von dem Beschlusse des Landgerichtes wird dem Staatsanwalte Kenntniß gegeben. Für den Antrag auf Eröffnung eines Disziplinarverfahrens ist Art. 124 Abs. 2 des Not.Gesetzes maßgebend.

§ 14. Die Oberstaatsanwälte haben die Staatsanwälte in der Besorgung der ihnen bezüglich der Beaufsichtigung des Notariatswesens obliegenden Geschäfte zu überwachen. Dabei ist auf möglichst gleichmäßige Behandlung dieser Geschäfte hinzuwirken.

Die von den Staatsanwälten gemäß § 13 Abs. 1 an das Landgericht zu erstattenden Anzeigen und die damit zu verbindenden Vorschläge unterliegen vor der Mittheilung an das Landgericht der Prüfung des Oberstaatsanwaltes.

Nach der Vornahme einer Visitation haben die Staatsanwälte die über das Ergebniß derselben aufgenommenen Vormerkungen dem Oberstaatsanwalte vorzulegen. Mit der Vorlage derselben ist gegebenen Falles die Vorlage des Entwurfes der durch die gemachten Wahrnehmungen veranlaßten Anzeigen und Vorschläge zu verbinden.

§ 15. Die Oberstaatsanwälte haben von Zeit zu Zeit auch persönlich gemäß Art. 125 des Not.Gesetzes von der Amtsführung der Notare des Oberlandesgerichtsbezirkes an deren Amtssitzen Einsicht zu nehmen. Die Zahl und die Dauer dieser Visitationen bleibt dem Ermessen des Oberstaatsanwaltes anheimgestellt.

Die dem Oberstaatsanwalte beigegebenen Staatsanwälte können solche Visitationen nur auf besondere Anordnung des K. Staatsmin. der Justiz vornehmen.

Um das durch die gemachten Wahrnehmungen veranlaßte Einschreiten des Landgerichtes herbeizuführen, haben die Oberstaatsanwälte dem bei diesem aufgestellten Staatsanwalte entsprechende Weisung zu ertheilen.

§ 16. In besonders wichtigen und zweifelhaften Fällen, in welchen eine von Oberaufsichtswegen zu erlassende Anordnung erforderlich erscheint, haben die Oberstaatsanwälte an das K. Staatsministerium der Justiz zu berichten. (Vergl. Art. 145 des Not.Ges.)

§ 17. Nach Ablauf jedes Geschäftsjahres ist an das K. Staatsministerium der Justiz über die während des Jahres bei der Ueberwachung des Notariatswesens gemachten Wahrnehmungen und über die zur Abhilfe gegen wichtigere Mängel getroffenen Maßregeln Bericht zu erstatten.

Zu diesem Behufe haben die Staatsanwälte bei den Landgerichten bis zum 1. April den Oberstaatsanwälten über die Ergebnisse der Aufsicht über die Notare des Landgerichtsbezirkes zu berichten. Dem Berichte ist eine Uebersicht der vorgenommenen Visitationen beizulegen, in der bei jedem einzelnen der visitirten Notariate der Zustand, in welchem dasselbe befunden wurde, unter Anführung der wichtigeren Mängel kurz darzulegen und die zur Abhilfe gegen diese Mängel getroffenen Maßregeln anzugeben sind.

Auf Grund dieser Berichte und ihrer eigenen Wahrnehmungen haben die Oberstaatsanwälte Bericht über den Zustand des Notariatswesens im Oberlandesgerichtsbezirke zu erstatten. Der Bericht ist bis zum 15. Juni dem K. Staatsmin. der Justiz vorzulegen. Demselben sind die Berichte der Staatsanwälte sammt den Beilagen sowie eine in gleicher Weise wie die Uebersichten der Staatsanwälte angefertigte Uebersicht der von dem Oberstaatsanwalte vorgenommenen Visitationen beizufügen.

§ 18. Das K. Staatsministerium der Justiz behält sich vor, nach Bedürfniß außerordentliche Visitationen einzelner Notariate anzuordnen.

Die Oberstaatsanwälte und die Staatsanwälte haben, wenn aus besonderen Gründen eine eingehendere, die in § 9 Abs. 1 für die regelmäßigen Visitationen bestimmte Dauer überschreitende Prüfung der Amtsführung eines Notars oder eine Wiederholung der Visitation während des in § 8 bestimmten Zeitraumes erforderlich erscheint, unter Darlegung der Sachlage an das K. Staatsmin. der Justiz zu berichten.

In den über die Ergebnisse einer außerordentlichen Visitation aufzunehmenden Vormerkungen sind alle erheblichen Wahrnehmungen niederzulegen.

Ueber die Ergebnisse jeder außerordentlichen Visitation hat das Landgericht einen Visitationsbescheid zu erlassen. Zu diesem Behufe sind die Vormerkungen mit den erforderlichen Vorschlägen (§ 13 Abs. 1) dem Landgerichte mitzutheilen.

Der Visitationsbescheid ist, ehe er dem Notare bekannt gemacht wird, durch Vermittelung des Staatsanwaltes und des Oberstaatsanwaltes dem K. Staatsmin. der Justiz zur Prüfung vorzulegen.

Nr. **48**. Bezüglich der von den Oberstaatsanwälten und den Staatsanwälten bei den Landgerichten zum Behufe von Visitationen zu machenden Dienstreisen werden hiermit im Einvernehmen mit dem K. Staatsmin. der Finanzen nachstehende Anordnungen getroffen:

1) Die Oberstaatsanwälte haben bei Gelegenheit der Vornahme der ihnen obliegenden Visitationen der Amtsgerichts- und der Landgerichtsgefängnisse, sowie der in den Landestheilen rechts des Rheins ihnen obliegenden Visitationen der Notariate auch die Amtsgerichte des Oberlandesgerichtsbezirkes in angemessenen Zeiträumen zu besuchen, um von dem baulichen Zustande des Gerichtsgebäudes und der Beschaffenheit, Ausstattung und Einrichtung der Diensträume persönlich Einsicht zu nehmen und die sonstigen zur Besorgung des Regiewesens erforderlichen Erfahrungen zu sammeln.

2) Die Oberstaatsanwälte erhalten als Vergütung für den Aufwand, welcher mit den außerhalb ihres Amtssitzes vorzunehmenden Visitationsgeschäften verbunden ist, einen Bauschbetrag (Reiseaversum), der für jede Finanzperiode im Voraus festgesetzt und in vierteljährigen, bei Beginn des Vierteljahres fälligen Theilbeträgen bezahlt wird.

Dieser Bauschbetrag dient nicht nur zur Deckung des Aufwandes, welchen die regelmäßigen Visitationen erfordern, sondern ist auch für die durch besondere Aufträge des K. Staatsmin. der Justiz zur Vornahme von Geschäften ähnlicher Art, insbesondere für die durch außerordentliche Visitationen veranlaßten Dienstreisen, bestimmt. Das K. Staatsmin. der Justiz behält sich jedoch vor, den festgesetzten Bauschbetrag mit Rücksicht auf solche außerordentliche Dienstreisen im Bedürfnißfalle angemessen zu erhöhen.

3) Die Staatsanwälte bei den Landgerichten in den Landestheilen rechts des Rheins haben die Visitation der mit einem landgerichtlichen Aushilfsgefängnisse an dem nämlichen Orte befindlichen Notariate mit einer der vierteljährigen Visitationen dieses Gefängnisses (Nr. V der Bekanntmachung vom 25. Sept. 1879, J.M.Bl. 1275) zu verbinden. Die beiden Visitationen sollen in der Regel innerhalb der in § 9 Abs. 1 der Bekanntm. v. Heutigen, die Beaufsichtigung des Notariatswesens in den Landestheilen rechts des Rheins betreffend, für die Visitation des Notariats bestimmten Zeit beendet sein.

4) Die Staatsanwälte erhalten für die zum Behufe von Visitationen gemachten Dienstreisen die verordnungsmäßigen Tagegelder und Reisekosten.

5) Die Oberstaatsanwälte und die Staatsanwälte haben die zum Behufe von Visitationen gemachten Dienstreisen in einem Vormerkungsbuche aufzuzeichnen, auf dessen Einrichtung die in § 8 Abs. 4 der Bekanntm. v. 29. April l. Js. (J.M.Bl. S. 181) für die Vormerkungsbücher der Landgerichtspräsidenten gegebenen Vorschriften entsprechende Anwendung finden. In dem Vormerkungsbuche der Oberstaatsanwälte bleibt jedoch die zur Verzeichnung der Tagegelder und Reisekosten bestimmte Spalte V des vorgeschriebenen Formulares hinweg. Mehrere auf einer Reise an dem nämlichen Orte vorgenommene Visitationen werden unter einer Nummer vorgetragen.

6) Die Oberstaatsanwälte und die Staatsanwälte haben bis zum 15. Juni jedes Jahres dem K. Staatsministerium der Justiz einen Auszug des Vormerkungsbuches vorzulegen, welcher die Einträge über die während des vorausgegangenen Geschäftsjahres gemachten Dienstreisen enthält. In den Landestheilen rechts des Rheins ist die Vorlage des Auszuges mit dem Berichte über

Sie haben die hiebei wahrgenommenen Unregelmäßigkeiten, sowie die zu ihrer Kenntniß gelangenden Thatsachen, welche zu einer Einschreitung gegen den Notar Anlaß geben können, dem betreffenden [Bezirks-]Landgerichte[27a]) anzuzeigen und in Fällen, welche geeignet erscheinen, eine Disciplinarstrafe eintreten zu lassen, mit der Anzeige den entsprechenden Antrag zu verbinden.[28])

Art. **125.** Die Oberstaatsanwälte an den [Appellations-]Oberlandesgerichten sind ermächtigt, von den Geschäftsbüchern und insoweit es zur Beurtheilung darüber, ob den Vorschriften des gegenwärtigen Gesetzes nicht zuwidergehandelt wurde, nöthig ist, auch von den Acten der Notare des [Appellations-]Oberlandesgerichts-Sprengels in deren Gegenwart zu jeder Zeit Einsicht zu nehmen.

Gleiche Befugniß haben die Staatsanwälte an den [Bezirks-]Landgerichten[27a]) rücksichtlich der in ihrem Bezirke angestellten Notare.

Eine Einsichtsnahme von Erbverträgen und letztwilligen Verfügungen ist unstatthaft.[30])

Art. **126.**[31]) Die [Bezirks-]Landgerichts[directoren]Präsidenten können wegen

---

die Beaufsichtigung des Notariatswesens (§ 17 der Bekanntm. v. Heutigen, die Beaufsichtigung des Notariatswesens in den Landestheilen rechts des Rheins betr.) zu verbinden.

Vgl. Anm. zu Art. 113. Die Ueberwachung ist ein Theil des Aufsichtsrechts, enthält aber keine Diszlinargewalt. Diese hat nur das Landgericht (Art. 113 u. 143), u. in abgeschwächter Form der L.G.Präsident (Art. 126) u. der Just.Minister (Art. 145). „Die Staatsanwälte können die Notare auf wahrgenommene Mängel und Unregelmäßigkeiten aufmerksam machen, um sie zu veranlassen, denselben abzuhelfen" (J.M.Bek. cit. § 12). Sie haben als nothwendiges Zwischenglied den Verkehr des Staatsministeriums der Justiz mit den Gerichten u. Notaren in Gegenständen der Justizverwaltung zu vermitteln (Dienstvorschr. f. d. Staatsanwälte § 46, autogr. J.M.E. v. 30./7. 1868, Enderlein S. 137). M.Bek. v. 17. 8. 1883: J.M.Bl. S. 293 ff. „die Vorschriften über die Personalakten, die Qualifikation u. die sonstigen Berichterstattungen der Aufsichtsbehörden hinsichtlich der Justizbeamten sowie die Führung der Personalakten u. die Qualifikation der Bewerber um Anstellung im Justizstaatsdienste betr. Nach §§ 3, 4, 19, 20, das. ist in dieser Hinsicht der Landgerichts-Präsident unmittelbarer Vorgesetzter, der Oberstaatsanwalt „höhere", der Justizminister „höchste" Aufsichtsbehörde.

27a) A.G. z. R.G.Verf.Ges. Art. 28 Abs. 1.

28) Vgl. § 13 der angezogenen J.M.Bek. v. 17./8. 1883.

29) A.G. z. R.G.Verf.Ges. Art. 36 Nr. 1.

30) Vgl. dagegen wegen der bez. Befugnis der Finanzbehörden oben S. 70 Anm. 1.

31) Art. 126 handelt vom Dienstaufsichtsrechte des Landgerichts-Präsidenten, welches derselbe allerdings zufolge Art. 113 mit dem Kolleg des Landgerichts theilt (s. oben S. 108), aber — wenn er will — thatsächlich allein ausübt, da alle Eingänge zunächst durch seine Hand gehen. Diese Aufsichtsbefugnis des L.G.Präsidenten entspricht auch der allgemeinen justizhierarchischen Ordnung des Art. 69 Ausf.Ges. z. Ger.Verf.Ges., vgl. Art. 30 Abs. 5 das. u. J.M.Bek. v. 30. Mai 1881 betr. die Beaufsichtigung des Notariatswesens (J.M.Bl. 1881 S. 233; Not.Ztg. X. S. 193). Neben ihr noch diejenige des Gerichts aufrecht zu erhalten, wird durch die oben angeführte E. d. O.G.H. im J.M.Bl. 1866 S. 78 keineswegs gerechtfertigt u. kann zu sehr unliebsamen Kollisionen führen. — Ueber sonstige Befugnisse des L.G.Präsidenten vgl. Art. 77, 78, 91, 93, 100, 102, 120, 128, 129, 130, 132 d. Ges.; §§ 1, 4, 18—21, 30, 31 d. Instr.

Gegen dienstaufsichtliche Erlasse des L.G.Präsidenten (wie auch des Landgerichts), s. o. S. 108 steht die Vorstellung oder Beschwerde an den Just.Min. als die einzige demselben in Notariatssachen übergeordnete Aufsichtsbehörde zu. Vgl. aber Art. 91 d. Ges.

zu ihrer Kenntniß gekommener Unregelmäßigkeiten an die Notare die geeignet scheinenden Erinnerungen schriftlich oder mündlich ergehen lassen.

Auch wegen außerdienstlicher Handlungen der in Artikel 115 bezeichneten Art sind die [Bezirks]Landgerichts[Directoren]Präsidenten Ermahnungen und Warnungen an die Notare zu erlassen befugt.

Art. **127**. Jede Behörde, welche in ihrem amtlichen Wirkungskreise Dienstwidrigkeiten eines Notars wahrnimmt, die ein Disciplinarverfahren gegen denselben veranlassen können, hat ihre deßfallsigen Erfahrungen nebst etwaigen Belegen dem betreffenden Staatsanwalte mitzutheilen.[32])

Art. **128**.[33]) Ordnungsstrafen werden vom [Bezirks]Landgerichte in geheimer Sitzung auf Vortrag des [Directors] Präsidenten oder eines von ihm ernannten Referenten verhängt.

Eine Voruntersuchung findet nicht statt und es ist auch eine Vernehmung des betheiligten Notars nicht erforderlich. Doch kann das [Bezirks]=Landgericht denselben zur Abgabe einer schriftlichen Verantwortung auffordern und die sonstigen etwa nöthigen Erhebungen veranlassen.

Das Erkenntniß ist mit Gründen zu versehen und dem Verurtheilten zuzustellen. Demselben steht hiegegen die Berufung an das [Appellations]=Oberlandesgericht zu, welche binnen 14 Tagen vom Tage der Zustellung an bei dem [Bezirks]Landgerichte anzumelden und auszuführen ist.

Das [Appellations]Oberlandesgericht hat über die Berufung in geheimer Sitzung auf Vortrag eines Referenten zu entscheiden.[34])

Art. **129**.[35]) Wird vom Staatsanwalte der Antrag auf Verhängung einer Disciplinarstrafe gegen einen Notar gestellt, so ist Letzterer vor Allem aufzufordern, seine schriftliche Verantwortung über die ihm zur Last gelegten Anschuldigungspunkte binnen einer bestimmten Frist abzugeben.

Nach Einlauf dieser Verantwortung oder Ablauf der bestimmten Frist und nach eingeholtem schriftlichen Antrage des Staatsanwaltes erstattet der [Director] Präsident[33]) oder ein von ihm ernannter Referent in geheimer Sitzung Vortrag.

Erachtet das [Bezirks]Landgericht[33]) eine Voruntersuchung zur Aufklärung der Sache für nothwendig, so ordnet es dieselbe an.[36])

Andernfalls beschliesst das Landgericht entweder:

1) dass das Hauptverfahren nicht zu eröffnen oder das Verfahren vorläufig einzustellen sei, oder
2) dass eine Ordnungsstrafe auszusprechen sei, oder
3) die Eröffnung des Hauptverfahrens.

---

[32]) Insbesondere also auch das Landgericht selbst u. zwar ohne Unterschied, ob es eine Ordnungsstrafe für angezeigt hält, zu der es staatsanwaltschaftlichen Antrags nicht bedarf, oder nicht. Denn ob ein Disziplinarverfahren veranlaßt wird, hängt nach Art. 129 d. Ges. vom Antrage des Staatsanwalts ab.

[33]) Wegen der jetzigen Zuständigkeit s. A.G. z. R.G.Verf.Ges. Art. 8 Abs. 1, 28 Abs. 1, 30 Abs. 5, 36 Nr. 1.

[34]) Gegen seine Entscheidung giebt es keine Rechtsmittel (vgl. Art. 138 d. Ges.).

[35]) Die lateinisch gedruckten Worte sind, wo nichts Anderes bemerkt ist, Aenderungen gemäß Art. 118 d. A.G. z. R.Str.P.O. v. S. 107.

[36]) Vgl. auch Art. 140 Abs. 3. — Untersuchungsrichter? J.M.E. 11./11. 1873. Not.Ztg. III. S. 12.

Dem Staatsanwalte ist von dem Erkenntnisse sofort durch [die Gerichtskanzlei] den **Gerichtsschreiber**[37]) Mittheilung zu machen und dem Notar ist dasselbe im Falle der Ziffer 2 zuzustellen.[38]) Dem Ersteren steht in den Fällen der Ziffer 1 und 2, dem Notare im Falle der Ziffer 2 die Berufung an das [Appellations]**Oberlandesgericht** binnen 14 Tagen vom Tage der Mittheilung beziehungsweise Zustellung an zu.

Im Uebrigen finden die Bestimmungen des Artikels 128 Absatz 3 und 4 Anwendung.

Art. **130**. Hat das [Bezirks]**Landgericht**[33]) die Einleitung einer Voruntersuchung angeordnet, so beauftragt der [Bezirks]**Landgerichts**[Director]**Präsident**[33]) einen Richter des [Bezirks]**Landgerichts**[33]) oder einen [Stadt- oder Land]-**Amtsrichter**[33]) mit deren Führung. Wird eine nochmalige Vernehmung des Notars erforderlich, so ist er statt mündlicher Vernehmung zur Abgabe seiner schriftlichen Verantwortung aufzufordern.

Nach geschlossener Voruntersuchung werden die Acten dem Staatsanwalte mitgetheilt, welcher denselben seinen schriftlichen Antrag beifügt, worauf nach Maßgabe der Bestimmungen des Artikel 129 Absatz 2, 4, 5 und 6 zu verfahren ist.

Art. **131**. **Hat das Gericht die Eröffnung des Hauptverfahrens beschlossen,**[34]) so wird hiezu ein Tag festgesetzt und der Beschuldigte in die Sitzung des [Bezirks]**Landgerichts**[33]) geladen.

Die Ladung, in welcher dem Beschuldigten die einzelnen Anschuldigungspunkte kurz bekannt zu geben sind, muß demselben wenigstens drei Tage vor der Verhandlung zugestellt werden, und ist diese Frist, wenn der Beschuldigte nicht am Sitze des [Bezirks]**Landgerichts**[33]) wohnt, um einen Tag für je sechs Stunden der Entfernung seines Wohnortes zu verlängern.

Der Staatsanwalt kann die Ladung von Zeugen zur Verhandlung beantragen, welche dem Beschuldigten bekannt zu geben sind.

Die Befugniss des Angeklagten, die Ladung von Zeugen zu beantragen oder zu bewirken, bemisst sich nach §§ 218—223 der Reichs-Strafprozess-Ordnung.[34])

Art. **132**. Der vom [Director] **Präsidenten** des [Bezirks]**Landgerichts**[33]) ernannte Referent erstattet bei der Verhandlung mündlichen Vortrag über die einzelnen Anschuldigungspunkte.

Sind Zeugen oder Sachverständige vorgeladen worden, so werden dieselben nach erstattetem Vortrage einzeln vorgerufen und nach geleistetem Eide, wie solcher für das Strafverfahren vorgeschrieben ist, abgehört.

Nach beendigtem Beweisverfahren wird der Beschuldigte mit seiner Erklärung über die Anschuldigungspunkte vernommen.

Der Staatsanwalt stellt sodann seinen Antrag, worauf der Beschuldigte seine Vertheidigung vortragen, oder durch einen von ihm gewählten Rechtsbeistand vortragen lassen kann.

Bei dem Ausbleiben des Angeklagten kann zur Hauptverhandlung

---

[37]) J.M.Bek. v. 14./9. 1879 betr. d. Dienstvorschriften f. d. Gerichtsschreiber § 50 (J.M.Bl. S. 831).

[38]) Vgl. J.M.E. v. 20./11. 1871; J.M.Bl. 1871 S. 320.

geschritten werden. Hat derselbe eine schriftliche Erklärung eingereicht, so ist diese zu verlesen.

Findet die Hauptverhandlung ohne Anwesenheit des Angeklagten statt, so ist derselbe befugt, sich durch einen mit schriftlicher Vollmacht versehenen Vertheidiger vertreten zu lassen.[34])

Art. **133**. Findet sich das Gericht durch die Verhandlung nicht genügend aufgeklärt, so kann es die Vorladung der ihm sachdienlich scheinenden Zeugen verfügen oder weitere Erhebungen anordnen.

Außerdem erläßt das [Bezirks]Landgericht,[33]) auch wenn der Beschuldigte bei der Verhandlung nicht erschienen ist, unmittelbar nach der Verhandlung oder spätestens innerhalb der folgenden acht Tage das Erkenntniß,[39]) bei welchem dasselbe nach seiner freien, aus der Verhandlung geschöpften Ueberzeugung, zu beurtheilen hat, ob und in wie weit die Anschuldigung für begründet zu erachten sei.

In Betreff der Berathung, Abstimmung und Stimmenzählung kommen die für das Strafverfahren bestehenden Vorschriften zur Anwendung.[40])

Art. **134**. Gegen die Entscheidung des [Bezirks]Landgerichts[33]) steht sowohl dem Beschuldigten als auch dem Staatsanwalte die Berufung an das [Appellations]Oberlandesgericht[33]) zu.

Die Berufungsschrift[41]) ist binnen vierzehntägiger Frist bei dem [Bezirks]-Landgerichte einzureichen, welche für den Beschuldigten, wenn er bei der Verhandlung nicht anwesend war, vom Tage der Zustellung des Erkenntnisses an zu laufen beginnt.

Art. **135**.[35]) Hat die Hauptverhandlung ohne Anwesenheit des Angeklagten oder eines bevollmächtigten Vertreters stattgefunden, so kann der erstere gegen das Urtheil binnen einer Woche nach der Zustellung die Wiedereinsetzung in den vorigen Stand unter gleichen Voraussetzungen wie gegen Versäumung einer Frist (§§ 44—47 der Reichs-Strafprozess-Ordnung) beanspruchen.

Art. **136**. In Ansehung der Ladung des Beschuldigten, der Ladung von Zeugen, des Verfahrens bei der Verhandlung und Beschlußfassung kommen auch in der Berufungsinstanz die Bestimmungen der Artikel 131 bis 133 zur Anwendung.

Art. 135 findet auch für das Verfahren im zweiten Rechtszuge Anwendung.[35])

Art. **137**. Bei der mündlichen Verhandlung nach Artikel 131 und folgende ist die Oeffentlichkeit ausgeschlossen.

Art. **138**.[35]) Gegen die von den Oberlandesgerichten in Disziplinarsachen erlassenen Urtheile steht sowohl dem Verurtheilten als dem Staatsanwalt die Revision an das oberste Landesgericht nach Massgabe der Bestimmungen der Reichs-Strafprozess-Ordnung über die

---

[39]) Vgl. V. v. 24./7. 1879 betr. die Formel für Entscheidungen d. z. Ausübung d. Gerichtsbkt. berufenen Behörden (G.V.Bl. S. 707).

[40]) Vgl. R.Ger.Verf.Ges. §§ 194 ff.

[41]) Die Berufung kann nicht zu Protokoll des Gerichtsschreibers eingelegt werden, J.M.Bl. v. 14./9. 1879 § 50 Abs. 2, betr. die Dienstvorschriften f. d. Gerichtsschreiber (J.M.Bl. S. 831).

Revision gegen die in der Berufungsinstanz erlassenen Urtheile der Landgerichte zu.[42])

Bei der Hauptverhandlung vor dem Revisionsgerichte ist die Oeffentlichkeit ausgeschlossen.

Art. **139**. Bei jeder Verurtheilung eines Notars in eine Disciplinarstrafe hat derselbe die auf das Disciplinarverfahren erwachsenen Kosten zu tragen.

Die Verwerfung eines von ihm eingewendeten Rechtsmittels hat die Verurtheilung desselben in die Kosten zur Folge.[43])

Art. **140**.[44]) Wenn gegen einen Notar auf Entlassung erkannt wird, so kann das Gericht zugleich dessen Suspension bis zum Eintritte der Rechtskraft provisorisch anordnen.

Ist ein Notar wegen Verbrechens oder wegen eines Vergehens, welches im Falle der Verurtheilung nach den Bestimmungen des Strafgesetzbuches die Dienstentlassung zur nothwendigen Folge hat, rechtskräftig vor das Schwurgericht, beziehungsweise in die öffentliche Sitzung verwiesen, so ist er bis zur Erlassung eines rechtskräftigen Urtheils provisorisch vom Dienste zu suspendiren. Die nemliche Folge hat die Verhaftung eines Notars aus Anlaß einer strafrechtlichen Untersuchung.

Auch in Folge der Einleitung einer strafrechtlichen Voruntersuchung wegen eines Verbrechens oder wegen eines Vergehens der im Absatze 2 bezeichneten Art oder einer Disciplinaruntersuchung nach Artikel 129 Absatz 3 kann die provisorische Suspension des Notars angeordnet werden, wenn das Interesse des Dienstes dieses erfordert.

Art. **141**. Gegen die provisorische Suspension, welche durch das nach Artikel 112 Absatz 1 zuständige (Bezirks)Landgericht[33]) ohne vorgängiges Verfahren verfügt wird, findet zwar Beschwerde zum (Appellations)Oberlandesgerichte statt, jedoch hat dieselbe keine aufschiebende Wirkung.

Art. **142**. Die Strafbarkeit der Disciplinarübertretungen erlischt durch Verjährung, wenn von dem Zeitpunkte der zur Einschreitung Anlaß gebenden Handlung oder Unterlassung an zwei Jahre abgelaufen sind, ohne daß eine Einschreitung stattgefunden hat, oder wenn das eingeleitete Disciplinarverfahren unterbrochen und während eines Zeitraums von zwei Jahren nicht wieder fortgesetzt worden ist.

Ist wegen einer zur disciplinären Einschreitung Anlaß gebenden Handlung ein strafrechtliches Verfahren eingeleitet und die disciplinäre Einschreitung bis zu dessen Erledigung ausgesetzt worden, so beginnt der Lauf der Verjährung erst mit der Erledigung des strafrechtlichen Verfahrens.[45])

---

[42]) Vgl. Str.P.O. §§ 374 ff., 380 ff.; O.G.H. Slg. IX. 789, 791; Not.Ztg. X. 652, XIV. 271. — Anders im Ordnungsstrafverfahren s. Art. 128 Anm. u. O.L.G. 3. 5. 84, Slg. X. 652; Bl. f. St.A. V. S. 68. Die Frage aber, ob bloße Ordnungswidrigkeit oder eigentliches Disziplinarvergehen, läßt sich freilich mit der Revision vor das Oberste L.G. bringen; vgl. Not.Ztschr. I. 264 u. a. Citate bei Enderlein S. 401.

[43]) Bei theilweisem Erfolge finden die bezüglichen Vorschriften der Str.P.O. §§ 497, 498, 505 als subsidiäre Norm Anwendung (s. o. S. 107, Art. 117).

[44]) Instr. §§ 24, 34, Art. 102 d. Ges. und Art. 111 Abs. 2 d. A.G. z. R.Str.P.O.; J.M.Bek. v. 17./8. 1883. § 5 Abs. 3 über die Berichterstattung (J.M.Bl. S. 308).

[45]) Vgl. Not.Ztschr. IV. 273, 289 ff., VI. 94; Not.Ztg. XIII. S. 40. — Zu-

Art. **143.** Auf Ordnungsstrafen, welche als Zwangsmittel angewendet werden, um die Befolgung der den Notaren von den Gerichten ertheilten Aufträge herbeizuführen, finden die vorstehenden Bestimmungen der Artikel 113 bis 142 keine Anwendung.

Diese Strafen werden von den Gerichten, welche den Auftrag erlassen haben, angedroht und verhängt.[46])

Art. **144.** Die Staatsregierung ist ermächtiget, im Falle ein Pensionsverein für die Hinterbliebenen der Notare gebildet werden sollte, die Geldstrafen der Notare diesem Vereine zuzuwenden und den Antritt des Amtes der neu anzustellenden Notare von dem Nachweise des Beitrittes zu dem Vereine abhängig zu machen.[47])

Art. **145.** Die Oberaufsicht über das Notariatswesen steht dem Staatsminister der Justiz zu.[48])

Art. **146.**[49]) Aus den Notaren werden in jedem [Appellations-]Oberlandesgerichtssprengel eine oder mehrere Notariatskammern gebildet, welchen die Vertretung des Standes in Bezug auf seine inneren Angelegenheiten, die Erstattung von Gutachten an den Oberstaatsanwalt und die Vermittlung dienstlicher Streitigkeiten zwischen den Notaren übertragen ist.

Diese Notariatskammern entwerfen für die Behandlung der vorbemerkten Gegenstände eine der Genehmigung des Staatsministers der Justiz unterliegende Geschäftsordnung.

Art. **147.** Der Staatsminister der Justiz kann eine Notariatskammer auflösen, muß aber binnen sechs Monaten die Bildung einer neuen Notariatskammer veranlassen.

widerhandlungen gegen das Gebühren-Ges. (Art. 274 Abs. 4) und gegen das Erbschaftssteuer-Ges. (Art. 46 Abs. 4) verjähren in drei Jahren.

[46]) Durch diese Zwangsmittel soll eine künftige Thätigkeit des Notars erzwungen, nicht eine vergangene Thätigkeit oder Unterlassung gestraft werden. Vgl. Not.Ztschr. II. 246, V. 122, VI. 104 ff. Dem Notar steht gegen die Anordnung solcher Zwangsmittel die einfache Beschwerde an das dem anordnenden vorgesetzte Gericht zu O.G.H. Slg. II. 541, X. 652, Not.Ztschr. V. 337, Stenglein VIII. 108, Bl. f. R.A.Erg. B. V. S. 68).

[47]) Vgl. V. v. 8. 6. 1867 (Reg.Bl. S. 633), 29./11. 1875 (Ges.Bl. S. 833), 14. 1. 1880 (Ges.Bl. S. 15) und 16./11. 1892 (J.M.Bl. 255), J.M.E. 8 8. 1867 (J.M.Bl. S. 183).

[48]) S. o. S. 108.

[49]) Vgl. V. v. 2./9. 1862 d. Notariats-Kammern in den Landestheilen diesseits des Rheins betr. (Reg.Bl. Nr. 48).*)

§ 1. In jedem [Appellations-]gerichtssprengel wird Eine Notariats-Kammer gebildet.

Die Sitze der Notariats-Kammern sind:
für Oberbayern: München,
für Niederbayern: Passau,
für die Oberpfalz und Regensburg: Amberg,
für Oberfranken: Bamberg,**)
für Mittelfranken: Nürnberg,**)

*) Vgl. V. v. 30. 11. 79 betr. d. Not.Kammern (Ges.Bl. S. 1525, J.M.Bl. S. 1877, Not.Ztg. 1880 S. 1).

**) Vgl. hierzu V. v. 12. 9. 73 (Reg.Bl. 1449, J.M.Bl. S. 177.

für Unterfranken und Aschaffenburg: Würzburg,
für Schwaben nnd Neuburg: Augsburg.

§ 2. Jede Notariatskammer besteht aus acht Mitgliedern, welche von den Notaren des [Appellations]gerichtssprengels aus ihrer Mitte gewählt werden.

§ 3. Die Wahl geschieht durch Wahlzettel, welche von den Wählern zu unterschreiben sind.

Zur Giltigkeit der Wahl wird erfordert, daß mindestens die Hälfte der Notare des [Appellations]gerichtssprengels an der Wahl Theil nehmen.

§ 4. Bei dem ersten Wahlacte sind nur diejenigen als gewählt zu betrachten, welche die absolute Mehrheit der Stimmen der Wählenden erhalten haben.

Hat bei dem ersten Wahlacte nicht die erforderliche Anzahl von Mitgliedern die absolute Stimmenmehrheit erhalten, so ist bezüglich der noch fehlenden Mitglieder zu einer weiteren Wahl zu schreiten.

In der desfalls an die Notare des [Appellations]gerichtssprengels zu erlassenden Einladung ist das Ergebnis des ersten Wahlactes bekannt zu geben.

Bei dem zweiten Wahlacte entscheidet die einfache Stimmenmehrheit.

§ 5. Erhalten zwei oder mehrere Notare die gleiche Anzahl von Stimmen, so hat, wenn dieselben mit Rücksicht auf die noch fehlende Mitgliederzahl nicht insgesammt in die Kammer eintreten können, der nach dem Datum seiner Anstellung als Notar oder, bei gleichem Datum der Anstellung, der nach dem Lebensalter Aeltere in die Notariats-Kammer einzutreten.

§ 6. Die Leitung der Wahl der Mitglieder der Notariats-Kammer kommt bei der ersten nach Verkündung der gegenwärtigen Verordnung vorzunehmenden Wahl dem [Director] des [Bezirks]gerichtes, welches am Sitze der Notariats-Kammer seinen Sitz hat, — in München [dem Director des Bezirksgerichts] links der Isar, — für die Folgezeit dem Vorstande der Notariats-Kammer zu.

§ 7. Der [Bezirksgerichtsdirector] beziehungsweise Vorstand der Notariats-Kammer hat jeden Notar des [Appellations]gerichtssprengels zur Vornahme der Wahl unter Uebersendung eines mit seinem Namenszuge zu versehenden Wahlzettels besonders einzuladen und den Tag zu bezeichnen, bis zu welchem die verschlossen einzusendenden Wahlzettel an den [Director des Bezirks]gerichts, beziehungsweise an den Vorstand der Notariats-Kammer gelangt sein müssen.

Zur Eröffnung der Wahlzettel und Constatirung des Ergebnisses der Wahl hat der [Bezirksgerichtsdirector] von den am Bezirksgerichtssitze oder in dessen Nähe wohnhaften Notaren zwei beizuziehen; — in der Folgezeit ist diese Handlung in einer Versammlung der Notariats-Kammer vorzunehmen, in welcher mindestens drei Mitglieder anwesend sein müssen.

§ 8. Ein Notar darf die Annahme der auf ihn gefallenen Wahl zum Mitgliede der Kammer — von dem in § 9 erwähnten Falle abgesehen — nur aus besonders erheblichen Gründen ablehnen; die Würdigung derselben steht endgiltig der Notariats-Kammer, bei der erstmaligen Wahl dem [Bezirks]gerichte zu, dessen Director die Wahl zu leiten hatte.

Das [Bezirks]gericht entscheidet über die Ablehnung der Wahl in einem aus drei Mitgliedern gebildeten Senate.

§ 9. Die Mitglieder der Notariats-Kammer werden für die Dauer von drei Jahren gewählt.

Sechs Wochen vor Ablauf dieser Frist sind die Einleitungen zur neuen Wahl zu treffen.

Hiebei sind die bisherigen Mitglieder wieder wählbar.

Demjenigen, welcher die Stelle eines Mitgliedes der Notariats-Kammer drei Jahre lang bekleidet hat, steht die Befugnis zu, für die unmittelbar darauf folgenden drei Jahre die Wahl ohne Angabe eines Grundes abzulehnen.

§ 10. Vor Ablauf der dreijährigen Wahlperiode kann einem Mitgliede der Notariats-Kammer nur aus besonders erheblichen Gründen, deren endgiltige Würdigung der Kammer zusteht, der Austritt gestattet werden.

§ 11. Tritt ein Mitglied aus irgend einem Grunde aus der Notariats=Kammer aus, so ist zur Ersetzung desselben alsbald eine neue Wahl anzuordnen, es sei denn, daß die nächste ordentliche Wahl ohnehin innerhalb der nächsten sechs Monate stattfindet; — in diesem Falle ist eine Zwischenwahl nur dann vorzunehmen, wenn die Zahl der noch vorhandenen Mitglieder weniger als sechs beträgt.

Die durch Zwischenwahl gewählten Mitglieder haben ihre Function nur für den Rest der laufenden dreijährigen Wahlperiode zu bekleiden.

Im Uebrigen finden die Bestimmungen der gegenwärtigen Verordnung (§ 3—8) auch auf die Zwischenwahlen Anwendung.

§ 12. Die Mitglieder der Notariats=Kammer haben aus ihrer Mitte einen Vorstand und einen Stellvertreter desselben für Verhinderungsfälle zu wählen.

Dem Vorstande steht die Zusammenberufung der Kammer und die Leitung der Sitzungen zu; er hat die an die Kammer gerichteten Einläufe zu eröffnen und die Ausfertigungen derselben zu unterzeichnen; — bei Stimmengleichheit hat er die entscheidende Stimme.

Die Bestimmungen über die weitere Vertheilung der Geschäfte, über die Aufstellung eines Schriftführers, Cassiers u. s. w. bleiben der Geschäftsordnung überlassen.

§ 13. Nach vollzogener Wahl der Mitglieder der Notariats=Kammer, des Vorstandes und seines Stellvertreters sind dieselben durch den Vorstand dem Oberstaatsanwalte am [Appellations]gerichte und durch diesen dem Staatsminister der Justiz anzuzeigen.

Außerdem hat der Oberstaatsanwalt dieselben im Kreisamtsblatte bekannt zu machen.

In gleicher Weise sind alle Veränderungen anzuzeigen, beziehungsweise bekannt zu machen.

Der Staatsminister der Justiz kann anordnen, daß auch die nach der Geschäftsordnung zu sonstigen Functionen gewählten Mitglieder angezeigt und bekannt gemacht werden.

§ 14. Zur Beschlußfähigkeit der Kammer wird die Anwesenheit von mindestens fünf Mitgliedern erfordert.

Die Versammlungen der Kammer sind jederzeit am Sitze derselben abzuhalten, ohne Rücksicht darauf, ob der Vorstand oder die Mehrheit der Kammermitglieder daselbst ihren Wohnsitz haben, oder nicht.

§ 15. Jede Notariats=Kammer hat die auf ihre Geschäftsführung erlaufenden Kosten von den sämmtlichen Notaren des [Appellations] gerichtssprengels durch entsprechend auszuschlagende Jahresbeiträge zu erheben.

Ueber Beschwerden gegen die dessallsigen Verfügungen der Notariats=Kammer entscheidet der Staatsminister der Justiz.

Die Dienstleistung der Mitglieder der Notariats=Kammer ist unentgeltlich, jedoch haben sie Anspruch auf Vergütung ihrer allenfallsigen Auslagen.

§ 16. Der schriftliche Verkehr der Notariats=Kammer mit Unseren Stellen und Behörden, sowie mit einzelnen Notaren ist tax= und stempelfrei.

Sie haben sich im Verkehre mit dem Staatsministerium der Justiz der bisher üblichen Berichtsform, im Verkehre mit den Gerichtshöfen, Gerichten und Staatsanwälten der Schreibensform, mit Weglassung jeder Subjections= oder Höflichkeitsformel zu bedienen.

§ 17. Die Notariats=Kammern haben Verzeichnisse sämmtlicher in dem betreffenden [Appellations] gerichtssprengel angestellten Notare mit Angabe ihres Wohnsitzes und des Datums ihrer Anstellung zu führen, zu welchem Zwecke ihnen durch die Oberstaatsanwälte die erforderlichen Mittheilungen über erfolgte Anstellungen, Versetzungen und Erledigungen von Notariats=Sitzen zu machen sind.

Ebenso liegt ihnen gemäß § 36 der Instruction zum Vollzuge des Notariatsgesetzes ob, ein Verzeichnis der bei den Notaren des [Appellations] gerichtssprengels im Dienste stehenden Notariatsgehilfen, welche die Prüfung für den Justizstaatsdienst bereits bestanden haben, anzulegen und durch Vormerkung der Ab= und Zugänge evident zu halten.

5. Titel. Von den allgemeinen Folgen der Verletzung des Notariatsgesetzes und von der Haftung des Staates für Amtshandlungen der Notare.

Art. **148.** Urkunden, welche gegen die Bestimmungen der Artikel 9 Ziffer 3, Artikel 47, Artikel 53—61, Artikel 67 Absatz 2 und 3, Artikel 69, Artikel 74—76 aufgenommen wurden, gelten nicht als öffentliche Urkunden.[1])

---

§ 18. Von allen das Notariatswesen betreffenden allgemeinen Anordnungen und generalisirten Entschließungen haben die Oberstaatsanwälte der betreffenden Notariats-Kammer Mittheilung zu machen.

§ 19. Zufolge der den Notariats-Kammern durch Art. 146 des Notariatsgesetzes übertragenen Vertretung des Standes in Bezug auf seine inneren Angelegenheiten sind die Kammern berechtigt, auf allenfalls sich zeigende Mängel des Notariats-Instituts und der das Notariatswesen betreffenden Gesetzgebung, sowie auf eingeschlichene Mißbräuche aufmerksam zu machen und die ihnen desfalls angemessen scheinenden Anträge zu stellen.

Hierauf bezügliche Vorstellungen sind an den betreffenden Oberstaatsanwalt zu richten und durch diesen mit gutachtlichem Berichte dem Staatsminister der Justiz vorzulegen.

Es bleibt jedoch den Notariatskammern unbenommen, sich in besonderen Fällen unmittelbar an den Staatsminister der Justiz zu wenden.

§ 20. Nachdem die den Notariats-Kammern übertragene Vertretung des Standes in Bezug auf seine inneren Angelegenheiten auch die Aufgabe in sich faßt, dessen Ehre und Würde gegen Gefährdungen durch das dienstliche oder außerdienstliche Verhalten einzelner Standesmitglieder zu wahren, steht den Notariats-Kammern auch die Befugnis zu, an Notare des (Appellations-) gerichtssprengels, welche durch die Art ihrer Geschäftsführung das Vertrauen in das Notariats-Institut oder durch ihr außerdienstliches Verhalten die Ehre und Würde des Standes gefährden, Erinnerungen zu erlassen*) und bei deren Erfolglosigkeit durch Anzeige bei dem betreffenden Staatsanwalte disziplinäre Einschreitung hervorzurufen.

§ 21. Von allen gegen einen Notar verhängten Disziplinarstrafen ist durch den Staatsanwalt am betreffenden Bezirksgerichte der einschlägigen Notariats-Kammer Mittheilung zu machen.

Vgl. hierzu J.M.E. v. 22./1. 69 (J.M.Bl. S. 15).

§ 22. Zufolge der den Notariats-Kammern in Artikel 146 des Notariatsgesetzes zugewiesenen Vermittlung dienstlicher Streitigkeiten zwischen den Notaren ihres Sprengels sind dieselben befugt, nicht nur auf Ansuchen des einen oder andern Theils, sondern auch unaufgefordert die Betheiligten zur Abgabe ihrer Erklärung zu veranlassen, dieselben nöthigenfalls zum persönlichen Erscheinen vor der Kammer aufzufordern, den Sachverhalt zu erheben und insoferne eine gütliche Beilegung nicht erzielt werden kann, ihr Gutachten abzugeben.

§ 23. Ueber Aenderungen an den das Notariatswesen betreffenden Gesetzen, Verordnungen und Vollzugsvorschriften, insbesondere über Aenderungen an der Notariatsgebührenordnung, über Vermehrung, Verlegung und Einziehung von Notariatssitzen, über Vermehrung oder Verminderung der Zahl der Notare sollen in der Regel die Notariats-Kammern mit ihrem Gutachten vernommen werden.

§§ 24, 25. Uebergangsbestimmungen.

[1]) Art. 9 Ziff. 3 betrifft die örtliche Zuständigkeit, die anderen Artikel betreffen wesentliche Formvorschriften; die Aufzählung ist also offenbar nicht vollständig, insofern als die Vorschriften über die sachliche Zuständigkeit fehlen, welche das Gesetz enthält. Es ist keine Frage, daß die Notare außerhalb ihres Wirkungskreises öffentliche Urkunden nicht errichten können, aber es war freilich schwer, einzelne Vorschriften

---

*) Rechtsmittel dagegen? Not.Ztg. IV. 119 u. J.M.E. v. 12./8. 67; Enderlein S. 391².

In wieferne solche Urkunden als Privaturkunden rechtliche Geltung haben, ist nach den bestehenden Gesetzen zu bemessen.[2])

Art. 149. Für den durch gesetzwidrige Handlungen oder Unterlassungen der Notare innerhalb ihres amtlichen Wirkungskreises verursachten Schaden haftet den Betheiligten der Staat nur dann, wenn der Notar aus Auftrag des Gerichts sein Amt auszuüben hatte. (Artikel 19, 51, 52.)[3])

In diesen Fällen wird die Haftung des Staates so bemessen, als wenn die Beschädigung durch das Gericht selbst verursacht worden wäre.[4])

Für einen Notariatsverweser trifft die Haftung den Staat nur dann, wenn der Verweser nicht nach dem Vorschlage des Notars ernannt wurde, jedoch in dem in Artikel 123 Absatz 3 vorgesehenen Falle nur nach Erschöpfung der in erster Reihe haftenden Amtscaution.[5])

Schlußbestimmungen.

Art. 150. Das gegenwärtige Gesetz tritt mit dem Gesetze vom 10. November 1861, die Gerichtsverfassung betreffend, an einem und demselben Tage in den Landestheilen diesseits des Rheines in Wirksamkeit.[1])

Von diesem Tage an sind alle entgegenstehenden Gesetze und Verordnungen,[2]) namentlich das Gesetz vom 1. Juli 1856, die executorischen Urkunden betreffend, dann die §§ 71—75 des Grundsteuergesetzes und beziehungsweise der § 23 des Häusersteuergesetzes vom 15. August 1828, vorbehaltlich instructiver Anordnungen der Staatsministerien der Justiz und der Finanzen über das bei der Umschreibung zu beobachtende Verfahren aufgehoben, und hat das Vorrecht der Siegelmäßigkeit bezüglich der nichtstreitigen Rechtspflege aufzuhören.[3])

Die Befugnisse der bestehenden Wechselnotare werden durch das gegenwärtige Gesetz nicht aufgehoben.[4])

---

darüber anzuführen, insbesondere konnte man nicht den Art. 11 ohne Weiteres anführen, weil andere Artikel außerhalb des dort gezogenen Wirkungskreises den Notaren wieder Kompetenz verleihen: 12, 14, 18, 19, 29 u. s. w.

Der Mangel des öffentlichen Glaubens bei einer Urkunde, welche gerade mit der Absicht u. zum Zwecke der Oeffentlichkeit errichtet wurde, läßt sie deswegen, wenn auch nicht gänzlich, so doch in einem wesentlichen Hauptstücke nichtig erscheinen u. setzt den Notar mit Recht der Disziplinarbestrafung aus (Art. 114).

[2]) Im allgemeinen läßt sich nur sagen, daß wo die Oeffentlichkeit kein unbedingtes Erfordernis für das beurkundete Rechtsgeschäft ist, die Urkunde immer noch als Privaturkunde wirksam sein kann.

[3]) Daß der Auftrag ausdrücklich auf das einzelne Geschäft gestellt war, ist nicht erforderlich, vgl. z. B. autogr. J.M.E. v. 10. 8. 1866 bei Enderlein S. 128 Nr. 6 über Empfang von Geldern u. Werthpapieren.

[4]) Der Staat haftet also auch nur unter denselben Voraussetzungen, unter denen er für Thätigkeit des Gerichts aufzukommen hat; wenn also hierfür nur subsidiär, so auch nur für die Thätigkeit des Notars subsidiär, a. M. Rehm S. 151 Anm. 1. Slg. **XIII.** S. 149), wenn nur wegen **lata culpa,** auch hier nur deswegen u. s. w.

[5]) Vgl. Art. 39.

[1]) D. h. vom 1. Juli 1862: Ger.Verf.Ges. v. 10./11. 1861 Art. 80 Abs. 1.

[2]) Solche sind mehrfach ergangen, vgl. o. bei Art. 63 u. Enderlein S. 406 ff.

[3]) Ueber die Siegelmäßigkeit vgl. Bl. f. R.A. **XXXVI. 86, 273** u. Art. 16.

[4]) S. o. Art. 79.

Art. 151. Ausfertigungen von Urkunden rücksichtlich gerichtlicher Verhandlungen, welche vor dem in Artikel 150 bestimmten Termine gepflogen wurden, gleichwohl aber nicht zu den in Artikel 18 des Gesetzes vom 10. November 1861, die Gerichtsverfassung betreffend, den Gerichten vorbehaltenen Rechtsgeschäften gehören, können auch nach jenem Termine nur von Seite des Gerichts erfolgen, bei welchem sich die Urschriften befinden.

Art. 152. Urkunden, welche vor dem in Artikel 150 bestimmten Zeitpunkte bei Gericht oder von Siegelmäßigen errichtet worden sind, können und zwar erstere in Ausfertigung, von den Betheiligten bei einem Notare zu dem Zwecke hinterlegt werden, um als Notariatsurschriften zu gelten.

Die Bestimmung des Artikels 22 Absatz 3 findet auch hier Anwendung.

Art. 153. Die Geschäftsordnung für die Notare wird, insoweit hierüber nicht in gegenwärtigem Gesetze Bestimmungen enthalten sind, durch Regierungs-Verordnung geregelt.[5])

2) Bekanntmachung, die Instruktion zum Vollzuge des Notariatsgesetzes vom 10. November 1861 betreffend.

(B. 1./6. 62. Reg.Bl. S. 962.)

Staatsministerium der Justiz.

Nachdem gemäß Art. 153 des Gesetzes vom 10. November 1861, das Notariat betr. die Geschäftsordnung für die Notare, insoweit hierüber nicht in dem erwähnten Gesetze Bestimmungen enthalten sind, durch Regierungsverordnung geregelt werden soll, und auch für die Gerichte in Ansehung ihres Verhältnisses zu den Notaren und ihres Verkehres mit denselben nähere Vorschriften über den hiebei zu beobachtenden Geschäftsgang erforderlich sind, wird hierüber den Gerichten und Notaren nachfolgende, mit dem 1. Juli l. Js. in Wirksamkeit tretende

Instruktion

ertheilt:*)

I. Abschnitt. Von dem Amtsantritte und der Verpflichtung der Notare.

§ 1. Jeder Notar, welcher die gesetzlich vorgeschriebene Caution erlegt hat und zum Amtsantritte bereit ist, hat hierüber dem Präsidenten des einschlägigen Landgerichtes (Art. 6 des Notariatsgesetzes) Anzeige zu erstatten, worauf von diesem ein Tag zur Verpflichtung festgesetzt und dem Notar bekannt gegeben wird.

§ 2. Die Verpflichtung der Notare ist in öffentlicher Sitzung des Landgerichtes (Art. 6 des Notariatsgesetzes), zu welcher auch der k. Staatsanwalt beizuziehen ist, durch den Präsidenten oder dessen Stellvertreter [Art. 41 des Gesetzes vom 10. November 1861, die Gerichtsverfassung betr.][1]) vorzunehmen.[2])

Vor der Verpflichtung hat sich der zu verpflichtende Notar durch Vorlage der

---

[5]) Geschehen durch nachstehende Instruktion v. 1./6. 1862.

*) Anstatt der früheren Gerichtsbezeichnungen sind die durch das Ausf.Ges. z. R.Ger.Verf.Ges. Artt. 8 Abs. 1, 28 Abs. 1, 30 Abs. 5, 36 eingeführten mit lateinischen Buchstaben eingerückt.

[1]) Nunmehr Art. 30 Abs. 5 und 32 des Ausf.Ges. z. R.Ger.Verf.Ges. v. 23./2. 79.

[2]) Ueber die Beurkundung vgl. J.M.Bl. 1870 S. 228, 285, 1879 S. 75 und 757.

Interimsbescheinigung der einschlägigen [Staatsschulden-Tilgungskasse] [3]) (§ 11) über die erfolgte Erlegung der Kaution auszuweisen.

§ 3. Bei der Verpflichtung ist dem Notar außer dem in Art. 6 des Notariatsgesetzes vorgeschriebenen Diensteide auch der Eid auf die Verfassung nach Tit. X § 3 der Verfassungsurkunde, insoferne er denselben nicht bereits geleistet hat, sowie der gemäß der allerhöchsten Verordnungen vom 4. November 1799, 5. März 1804 und 13. September 1814 zu leistende Eid wegen Nichttheilnahme an geheimen Gesellschaften nach der durch die allerhöchste Verordnung vom 15. März 1850 festgesetzten Formel abzunehmen.

Hat der zu Verpflichtende diesen letzteren Eid bereits früher geleistet, so ist er auf denselben ausdrücklich hinzuweisen.

§ 4. Das über die Verpflichtung aufzunehmende Protokoll hat die geleisteten Eide wörtlich zu enthalten; — dasselbe ist von dem Verpflichteten, dem Landgerichtspräsidenten oder Stellvertreter desselben und dem Gerichtsschreiber zu unterschreiben.[4])

§ 5. Die Verpflichtungsprotokolle sind, nach der Zeitfolge geordnet, in der Registratur des Landgerichtes aufzubewahren; — zu den, für jeden Notar des Landgerichtssprengels anzulegenden Personalacten ist eine beglaubigte Abschrift des denselben betreffenden Verpflichtungsprotokolls zu nehmen.

Im Falle der Versetzung eines Notars an einen in einem anderem Landgerichtssprengel gelegenen Ort sind die Personalacten dem einschlägigen Landgerichte auszuantworten.

§ 6. Bei der Verpflichtung werden dem Notare auf seine Kosten die Amtssiegel — ein Siegel für Druck mit Farbe und ein Trockensiegel — behändigt, deren er sich nach Art. 96 des Notariatsgesetzes zu bedienen hat.

§ 7. Die erfolgte Verpflichtung, vor welcher sich der Notar jeder amtlichen Thätigkeit zu enthalten hat, ist durch das Kreisamtsblatt bekannt zu machen.[5]) Dem Notar ist durch das Landgericht eine Bescheinigung über die erfolgte Verpflichtung zuzustellen.

§ 8. Wird ein Notar an einen in einem anderen Bezirksgerichtssprengel gelegenen Notariatssitz versetzt, so ist er in öffentlicher Sitzung des Landgerichts, in dessen Sprengel sein nunmehriger Wohnsitz gelegen ist, auf den früher abgelegten Diensteid hinzuweisen, wobei ihm sein neues Amtssiegel auszuhändigen ist.

Der Amtsantritt desselben an dem neuen Notariatssitze ist nach Vorschrift des § 7 bekannt zu machen.

II. Abschnitt. Von den Kautionen der Notare.

§ 9. Die Notare haben die gemäß Art. 98 des Notariatsgesetzes zu leistende Kaution sofort nach ihrer Ernennung und jedenfalls innerhalb der in Art. 119 dieses Gesetzes festgesetzten Frist bei der [jeweils mit Uebernahme der Amtsbürgschaftskapitalien des einschlägigen Regierungsbezirkes beauftragten Staatsschuldentilgungskasse] [6]) zu erlegen und gleichzeitig die schriftliche Erklärung zu übergeben, daß die eingezahlte Summe als Kaution gemäß Art. 98 des Notariatsgesetzes erlegt werde.

Eine spezielle Aufforderung zur Erlage der Kautionssumme findet nicht statt; — der ernannte Notar kann nur nach beigebrachtem Nachweise, daß er die gesetzlich bestimmte Kaution erlegt habe, zur Verpflichtung zugelassen werden.

§ 10. Die k. Regierungs-Finanzkammern, welchen unter Leitung des k. Staatsministeriums der Finanzen die Behandlung des Kautionswesens zukommt, werden zu

---

[3]) Jetzt Regierungs-Finanzkammer.

[4]) Anzeige an d. Oberl.Gericht: J.M.E. 23./10. 82, J.M.Bl. S. 254.

[5]) Vgl. außer jenem J.M.E. v. 11./7. 65, J.M.Bl. S. 98, 99, Not.Ztschr. II. 256, Stahl 140. Dasjenige Kreisamtsblatt, das für den Amtssitz in Betracht kommt. Ueber Behandlung und Benutzung der Kreisamtsblätter vgl. J.M.E. 4./1. 85. Enderlein S. 4 Nr. 7.

[6]) Jetzt Regierungs-Finanzkammer.

diesem Behufe die einschlägigen [Staatsschulden-Tilgungs-] [7]) Cassen mit der erforderlichen Anweisung zur Annahme der Kaution versehen.

§ 11. Ueber die [erlegte Kautionssumme, welche nach dem Gesetze vom 7. März 1843 mit 3½ Procent zu verzinsen ist,] [8]) wird dem Notare von der einschlägigen [Staatsschuldentilgungs-specialcasse] [6]) eine Interimsbescheinigung ausgestellt.

Die [von der Staatsschuldentilgungscasse auszufertigende Amtsbürgschaftsurkunde wird] [9]) von der einschlägigen Kreiscasse verwahrt, worüber dem Notar ein Depositionsschein zugestellt werden wird.

Die Interimsbescheinigung der einschlägigen [Staatsschuldentilgungsspecialcasse,] [6]) durch welche sich der Notar vor der Verpflichtung über die erfolgte Erlage der Kautionssumme auszuweisen hat, ist von dem Landgerichtspräsidenten an die einschlägige Kreiscasse zu übersenden, welche [nach erfolgter Ausfertigung der Amtsbürgschaftsurkunde] deren Rückgabe an die [Staatsschuldentilgungscasse] [6]) besorgen wird.

§ 12. Wird ein Notar versetzt, so wird wegen der allenfalls veranlaßten Transferirung der Kaution durch die einschlägige k. Regierungsfinanzkammer die erforderliche Verfügung erlassen werden.

Hat der Notar in Folge der Versetzung gemäß Art. 98 des Notariatsgesetzes die Kaution von [500 fl. auf 1000 fl.] [10]) zu erhöhen, so hat er sich vor dem Antritte seines neuen Amtes (§ 8) durch Vorlage der Interimsbescheinigung der einschlägigen [Staatsschuldentilgungscasse] [6]) bei dem Präsidenten des Landgerichtes darüber auszuweisen, daß er die zur Erhöhung der Kaution erforderliche Summe erlegt habe. [11])

§ 13. Wenn ein Notar stirbt oder entlassen wird, hat das Landgericht, in dessen Sprengel er seinen Sitz hatte, der einschlägigen Regierungs-Finanzkammer hierüber Anzeige zu erstatten, worauf diese wegen Heimzahlung der Kaution die erforderliche Verfügung treffen wird.

Zu diesem Behufe hat das Landgericht bei Erstattung der Anzeige auch darüber Aufschluß zu geben, ob dem verstorbenen oder entlassenen Notar nach amtlicher Kenntnis des Gerichtes eine Haftung wegen zu entrichtender Strafen oder Kosten oder wegen einer zu leistenden Entschädigung obliege, oder ob wegen eines durch eine Amtshandlung des Notars verursachten Schadens eine Klage gegen ihn anhängig gemacht sei.

Die Landgerichte haben über jede gegen einen Notar anhängig gemachte Klage solcher Art zu den betreffenden Personalacten Vormerkung zu machen, zu welchem Zwecke die Amtsgerichte, bei welchen eine solche Klage anhängig gemacht worden ist, dem einschlägigen Landgerichte Anzeige zu erstatten haben.

§ 14. Ist ein Notar zu Schadenersatz, Strafe oder Kosten verurtheilt, und soll zu deren Deckung in Ermanglung anderweitiger Executionsmittel die Kaution des Notars angegriffen werden, so hat das einschlägige Landgericht hierüber der k. Regierungs-Finanzkammer Anzeige zu erstatten, von welcher die entsprechende Einziehung der Kaution verfügt und die erforderliche Weisung an die einschlägige [Staatsschulden-Tilgungs-]Kreiscasse [7]) erlassen werden wird.

Gleichzeitig wird die k. Regierungsfinanzkammer von der erfolgten Schmälerung oder Erschöpfung der Caution dem Staatsanwalte am Landgerichte Kenntnis geben, welcher hierüber dem Landgerichte zum Behufe der weiteren gesetzlichen Verfügung (Art. 99 des Notariatsgesetzes) Mittheilung zu machen hat.

III. Abschnitt. Von den Notariatsverwesern und der Erledigung der Notariatssitze.

§ 15. In Ansehung der Verpflichtung der als Amtsverweser aufgestellten Notariatsgehilfen kommen die Bestimmungen des Art. 6 des Notariats-Gesetzes und

---

[7]) Jetzt Kreiskassen.

[8]) Jetzt: „Hinterlegungen der als Amtsbürgschaft dienenden Obligationen."

[9]) Jetzt: Abzugebende schriftliche Faustpfanderklärung und die Obligationen werden: V. v. 21./12. 79 § 2 und Fin.Min.Bek. v. 24./12. 1879 (Ger.V.Bl. S. 1539 ff.)

[10]) Jetzt von 1000 Mark auf 2000 Mark.

[11]) J.M.E. v. 6./1. 66 u. J.M.E. v. 25./1. 66, J.M.Bl. S. 10 u. 26.

die Vorschriften der §§ 2 Abs. 1, 3 bis 5, und 7 gegenwärtiger Instruction zur Anwendung.

§ **16**. Ein als Amtsverweser aufgestellter Notariatsgehilfe[12]) hat sich des Amtssiegels des Notars zu bedienen, dessen Stelle er vertritt.

§ **17**. Wird die Amtsverwesung entweder von dem durch Krankheit oder Abwesenheit verhinderten Notare selbst, oder im Falle des Art. 41 des Notariatsgesetzes — von dem Staatsminister der Justiz einem anderen Notar übertragen, so ist dieses durch das einschlägige Landgericht mittels Anschlags an den Gerichtstafeln des Landgerichts und des Amtsgerichts, in dessen Sprengel der verhinderte Notar seinen Wohnsitz hat, bekannt zu machen.

§ **18**. Gesuche um Genehmigung der Aufstellung eines Notariatsgehilfen als Amtsverweser sind bei dem Präsidenten des Landgerichtes einzureichen, und sodann mit Gutachten dem k. Staatsministerium der Justiz vorzulegen.

§ **19**.[12]) Urlaubsgesuche können nur dann bewilligt werden, wenn von dem um Urlaub nachsuchenden Notar in Ansehung der Amtsverwesung Vorsorge getroffen ist.

Wird in einem Gesuche um Urlaub von mehr als 30 Tagen von dem Gesuchsteller für die Dauer seiner Abwesenheit ein anderer Notar als Amtsverweser bestimmt (Art. 40 des Notariatsgesetzes), so hat sich der Landgerichts-Präsident bei der Aeußerung über das Urlaubsgesuch auch darüber gutachtlich auszusprechen, ob hiedurch dem Bedürfnisse des Publikums genügt sei.

§ **20**.[12]) Hat ein Notar bei länger andauernder Krankheit gemäß Art. 40 des Notariatsgesetzes einen anderen Notar als Amtsverweser bestimmt und ist hiedurch nach den Wahrnehmungen des Staatsanwalts am Landgerichte oder des einschlägigen Amtsgerichtes den Bedürfnissen des Publikums nicht genügt, so hat der Director des Landgerichtes, welchem hierüber durch den Staatsanwalt, beziehungsweise durch das Amtsgericht Mittheilung zu machen ist, den Notar vorerst hierauf aufmerksam zu machen, und, wenn sich derselbe zur Aufstellung eines Notariatsgehilfen als Verweser nicht verstehen sollte, ist an das k. Staatsministerium der Justiz Bericht zu erstatten, damit die Frage, ob die Aufstellung eines weiteren Notars als nothwendig erscheine, in Erwägung gezogen werde.

§ **21**. In dem in Art. 41 des Notariats-Gesetzes vorgesehenen Falle hat das Amtsgericht, in dessen Sprengel der Notar seinen Wohnsitz hat, über die Abwesenheit oder Krankheit desselben dem Präsidenten des Landgerichtes Anzeige zu erstatten, wenn die Dauer der Abwesenheit 14 Tage überschreitet oder nach den eingeholten Erkundigungen eine länger andauernde Krankheit in Aussicht steht, worauf an das Staatsministerium der Justiz wegen Aufstellung eines Amtsverwesers Bericht zu erstatten ist.

Im Falle der Abwesenheit des Notars hat diese Berichterstattung sofort nach Ablauf der demselben gemäß Art. 120 des Notariatsgesetzes zur Rückkehr vorzusetzenden Frist zu geschehen; — im Falle einer länger andauernden Krankheit ist der Notar, insoferne er nicht durch die Krankheit gehindert ist, selbst einen Amtsverweser zu bestimmen, vorerst noch aufzufordern, innerhalb einer vorzusetzenden kurzen Frist wegen der Amtsverwesung dem Gesetze entsprechende Vorsorge zu treffen.

§ **22**. Hat der Notar im Falle der Abwesenheit auch unterlassen, wegen sicherer Aufbewahrung der Notariatsacten Vorsorge zu treffen, so hat das Amtsgericht die ihm desfalls bei Erledigung eines Notariats-Sitzes nach Art. 100 des Notariatsgesetzes obliegenden vorsorglichen Maßregeln zu treffen.

§ **23**.[13]) Wird ein Amtsverweser von Amtswegen aufgestellt, so sind diesem die Urschriften des Notars, insbesondere die von demselben aufbewahrten letztwilligen Verfügungen, dann die Repertorien nebst den Amtssiegeln durch den betreffenden Amtsrichter, oder Gerichtsassessor auszuhändigen: — das hierüber aufzunehmende Protokoll ist dem Landgerichte vorzulegen.

§ **24**. Hat der Amtsrichter oder Assessor oder ein von demselben beauftragter Notar in dem in Art. 41 Absatz 2 des Notariatsgesetzes vorgesehenen Falle eine

---

[12]) Nicht der Notar-Amtsverweser: J.M.E. v. 30./7. 68, bei Enderlein S. 136.
[13]) Vgl. § 33.

Ausfertigung zu besorgen, so ist in derselben ausdrücklich zu bemerken, daß die Ausfertigung auf dem Grunde des Art. 41 Abs. 2 des Notariatsgesetzes, und, was den beauftragten Notar betrifft, aus Auftrag des Gerichtes ertheilt werde.

Ebenso ist, wenn von den Urschriften eines suspendirten Notars eine Ausfertigung von dem hiezu beauftragten Notar ertheilt wird (Art. 102 des Notariatsgesetzes), in der Ausfertigung zu bemerken, daß die Ausfertigung auf dem Grunde gerichtlichen Auftrags ertheilt werde.

§ 25. Für die im Falle des Art. 41 Abs. 2 des Notariatsgesetzes von den Amtsgerichten ertheilten Ausfertigungen sind die in der Notariatsgebührenordnung bestimmten Gebühren zu entrichten und der Staatskasse zu verrechnen.

§ 26. Wird ein Notariatssitz durch Entlassung des Notars erledigt, so hat die in Art. 100 des Notariatsgesetzes vorgeschriebene Verwahrung der Urschriften und Repertorien in der Art zu geschehen, daß dieselben zu Gericht gebracht und in dem zur Aufbewahrung der gerichtlichen Acten dienenden Räume, jedoch abgesondert, hinterlegt werden.

Die letztwilligen Verfügungen sind in dem zur Aufbewahrung der gerichtlichen Depositen bestimmten Behältnisse zu verwahren.

§ 27. Im Falle des Todes eines Notars sind jedenfalls die letztwilligen Verfügungen, wie im § 26 Abs. 2 angeordnet ist, bei Gericht zu verwahren; — in Ansehung der übrigen Notariatsurkunden und der Repertorien bleibt es dem Ermessen des Amtsgerichtes anheimgegeben, ob deren Aufbewahrung bei Gericht nothwendig sei, oder ob dieselben auch in dem Geschäftslokale oder in der Wohnung des verstorbenen Notars unter gerichtlichem Siegel sicher verwahrt werden können.

§ 28. Ist im Falle der Versetzung eines Notars dessen Nachfolger, an welchen die Urschriften und Repertorien des versetzten Notars nach Art. 100 Abs. 2 und 3 des Notariatsgesetzes übergehen sollen, vor dem Abgange des versetzten Notars am Notariatssitze bereits anwesend, so bleibt die Ausantwortung der Notariatsurkunden und Repertorien lediglich den betheiligten Notaren überlassen;[14]) — außerdem sind jedenfalls die letztwilligen Verfügungen, wie im § 26 Abs. 2 vorgeschrieben ist, bei Gericht zu verwahren, und bleibt es bezüglich der übrigen Notariatsurkunden und der Repertorien dem Amtsgerichte anheimgegeben, nach vorgängiger Vernehmung des abtretenden Notars und des etwa schon ernannten Nachfolgers desselben zu bemessen, ob deren Verwahrung bei Gericht nothwendig sei, oder auf andere sichere Weise bewerkstelligt werden könne.

§ 29. In jedem Falle der Erledigung eines Notariatssitzes hat das betreffende Amtsgericht von der gemäß Art. 100 des Notariatsgesetzes getroffenen Verfügung dem Landgerichte Anzeige zu erstatten.

§ 30. Inwieferne bei Erledigung eines Notariatssitzes durch den Tod, die Versetzung oder Entlassung des Notars eine vorsorgliche Ausantwortung der Urschriften und Repertorien an einen anderen Notar (Art. 100 Abs. 1 des Notariatsgesetzes) nothwendig, dann ob dieselbe auch auf die letztwilligen Verfügungen zu erstrecken sei, hat der Landgerichtspräsident mit Rücksicht auf die voraussichtliche Dauer der Erledigung und das voraussichtliche Bedürfniß des Gebrauches der Urschriften zum Zwecke der Ertheilung von Ausfertigungen zu bemessen.

§ 31. Wird die vorsorgliche Ausantwortung der Urschriften und Repertorien an einen andern Notar für nothwendig erachtet, so hat der Landgerichtspräsident die Vornahme derselben dem einschlägigen Amtsgerichte zu übertragen, welches das hierüber aufzunehmende Protokoll dem Landgerichte vorzulegen hat.

Die erfolgte vorsorgliche Ausantwortung der Urschriften und Repertorien des abgetretenen Notars ist nach Vorschrift des § 17 bekannt zu machen.

§ 32. Sind die gemäß Art. 100 Abs. 1 des Notariatsgesetzes von dem Amtsgerichte verwahrten Urschriften und Repertorien unmittelbar an den Nachfolger des abgetretenen Notars (Art. 100 Abs. 2 und 3 des Notariatsgesetzes) auszuantworten, so ist die Uebergabe derselben gleichfalls dem betreffenden Amtsgerichte zu übertragen und das hierüber aufzunehmende Protokoll dem Landgerichte vorzulegen.

---

[14]) Vgl. J.M.E. v. 1. 8. 66, J.M.Bl. S. 221, Not.Ztschr. III. 255; Stahl 145.

§ 33. In allen Fällen, wo eine gerichtliche Ausantwortung der Notariats-Urkunden an einen Amtsverweser (§ 23), einen mit deren Uebernahme vorsorglich betrauten Notar (§ 31) oder an den Nachfolger des abgetretenen Notars (§ 32) stattzufinden hat, sind in dem hierüber aufzunehmenden Protokolle die ausgeantworteten letztwilligen Verfügungen und Repertorien einzeln, die nach der Zeitfolge geordneten und gesammelten Urschriften nach Jahrgängen und Bänden, endlich die Urschriften des laufenden Jahrganges nach ihrer Zahl — den Nummern des Geschäftsregisters — zu bezeichnen.

§ 34. Die Erledigung einer Notarstelle durch Entlassung des Notars ist durch das Kreisamtsblatt bekannt zu machen.

Die Bekanntmachung der Suspension eines Notars erfolgt durch Anschlag an die Gerichtstafeln des einschlägigen Landgerichtes und sämmtlicher Amtsgerichte des Landgerichtssprengels.[15])

IV. Abschnitt. Von den Notariatsgehilfen.

§ 35. Die Notare sind gehalten, bei Auswahl der Notariatsgehilfen mit Vorsicht zu verfahren und nur Personen von ganz ungetrübtem Rufe[16]) als Gehilfen in ihren Dienst zu nehmen.

Insbesondere haben sie ihren Gehilfen die strengste Wahrung des Amtsgeheimnisses zur Pflicht zu machen und desfalls die etwa nöthigen Maßnahmen zu treffen.

Gehilfen, welche die Pflicht des Amtsgeheimnisses verletzen, haben sie sofort aus dem Dienste zu entlassen und sind für allen hiedurch etwa veranlaßten Schaden verantwortlich.

§ 36. Nimmt ein Notar einen Rechtspraktikanten, welcher bereits die Prüfung für den Justizstaatsdienst bestanden hat, als Notariatsgehilfen in Dienst, oder tritt ein solcher Notariatsgehilfe aus seinem Dienste, so hat der Notar hierüber dem [Staatsanwalte am betreffenden Bezirksgerichte] Landgerichte und der Notariatskammer seines Bezirkes Anzeige zu erstatten.

Die [Oberstaatsanwälte und] Notariatskammern haben Verzeichnisse der bei den Notaren des Appellationsgerichts-, beziehungsweise Notariatskammer-Bezirkes im Dienste stehenden Notariatsgehilfen, welche die Prüfung für den Justizstaatsdienst bereits bestanden haben, anzulegen und durch Vormerkung der Ab- und Zugänge evident zu halten.

§ 37. Bezüglich der Qualifikation der Notariatsgehilfen aus der Klasse der geprüften Rechtspraktikanten wird besondere Anordnung erfolgen.[18])

V. Abschnitt. Von der Aufnahme der Notariatsurkunden, den Urschriften und Ausfertigungen im Allgemeinen.

§ 38. (Beiziehung von Zeugen.) Sollen bei Aufnahme einer Notariatsurkunde nach Vorschrift des Gesetzes oder nach dem Willen der Betheiligten Zeugen oder ein zweiter Notar zugezogen werden, so liegt zunächst den Betheiligten ob,[19]) dieselben zu wählen und zum Erscheinen bei dem Notare zu veranlassen.

§ 39. Werden in einem Falle, wo die Beiziehung von Zeugen oder eines zweiten Notars gesetzlich vorgeschrieben ist, solche von den Betheiligten nicht zur Stelle gebracht, so ist es Sache des Notars, welcher für die Beobachtung der gesetzlich vorgeschriebenen Förmlichkeiten Sorge zu tragen hat, die beizuziehenden Zeugen oder den zweiten Notar auszuwählen und deren Erscheinen zu veranlassen.

§ 40. Der Notar ist zwar verpflichtet, sich durch Befragen der Betheiligten und der Zeugen nöthigenfalls darüber Kenntniß zu verschaffen, ob den Zeugen oder dem zweiten Notare kein gesetzlicher Unfähigkeitsgrund (Art. 54, 55 des Notariatsgesetzes)

---

15) Autogr. J.M.E. v. 4. 1. 85 cit. Enderlein S. 4, Nr. 7.

16) J.M.E. v. 24./3. 66, Not.Ztg. III. 165, Enderlein S. 87.

17) Vgl. J.M.Bek. v. 15./6. 1880 (J.M.Bl. S. 237) und v. 17./8. 83 (S. 293) B. § 7.

18) Geschehen im J.M.Bl. S. 317.

19) Siehe aber Art. 69 d. Ges. Honorirung: Geb.O. Artt. 29, 30.

entgegenstehe; allein es ist nicht nothwendig, in der Urkunde ausdrücklich zu bemerken, daß dieses geschehen sei.

Dagegen ist in der Urkunde anzuführen, daß die beigezogenen Zeugen dem Notare persönlich bekannt seien. (Art. 53, Abs. 2 des Notariatsgesetzes.)

§ 41. (Identitätszeugen.) Wird bei Aufnahme einer Notariatsurkunde mit Betheiligten, welche dem Notare nicht bekannt sind, Namen, Stand und Wohnort derselben durch Auskunftspersonen (Identitätszeugen) bescheinigt, (Art. 62 Abs. 2 des Notariatsgesetzes) entweder weil auch die beigezogenen Instrumentszeugen oder der zweite Notar die Betheiligten nicht kennen, oder weil solche zur Aufnahme der Urkunde überhaupt nicht beigezogen werden, so ist nicht nothwendig, daß die Identitätszeugen, insoferne sie schon beim Beginne der Verhandlung beigezogen worden sind, bis zum Schlusse derselben anwesend bleiben, dieselben können sich vielmehr entfernen, nachdem sie ihre Erklärung über die Identität der Betheiligten abgegeben und unterschrieben haben.

§ 42. Insoferne zur Bescheinigung des Namens, Standes und Wohnortes der Betheiligten unter mehreren Auskunftspersonen die Wahl freisteht, hat der Notar darauf Bedacht zu nehmen, daß wo möglich ihm persönlich bekannte, zum Beweise vollkommen tüchtige Personen als Identitätszeugen beigezogen werden.

§ 43. (Urschriften.) Zu den Urschriften der Notariats-Urkunden darf nur ganz haltbares, weißes Papier, von dem Formate des Stempelpapiers, gebraucht werden.[20])

Den Notaren steht es frei, die Urschriften selbst zu schreiben oder sich hiezu eines Gehilfen zu bedienen, jedoch haben sie dafür Sorge zu tragen, daß sowohl die Urschriften, als auch die Ausfertigungen der Notariats-Urkunden mit einer wohl leserlichen, nicht zu gedrängten Handschrift, dann mit guter dauerhafter Tinte geschrieben werden.

§ 44 über anzuwendendes Stempelpapier.[21])

§ 45. Der Raum, welcher nach Art. 64 des Notariatsgesetzes in den Notariatsurkunden zur Seite leer zu bleiben hat, ist auf der linken Seite frei zu lassen.

§ 46. Im Eingange der Notariatsurkunde ist der Gegenstand derselben kurz zu bezeichnen, z. B. Kaufvertrag, Pachtvertrag, letztwillige Verfügung, Versteigerung u. s. w.

Die Anführung der Zeit und des Ortes der Verhandlung, des Vor- und Zunamens, sowie des Wohnsitzes des Notars, der Veranlassung der Aufnahme der Urkunde (ob dieselbe auf Ersuchen eines Betheiligten oder aus Auftrag eines Gerichtes stattfindet), dann des Vor- und Zunamens, Standes und Wohnortes der Betheiligten, sowie der auf deren Verlangen oder zufolge gesetzlicher Vorschrift beigezogenen Zeugen ist in der Regel, insoferne nicht die Beschaffenheit des Falles eine Abweichung hievon veranlaßt, in den Eingang der Urkunde aufzunehmen; — ebendaselbst ist in der Regel auch die in Art. 62 des Notariatsgesetzes vorgeschriebene Bemerkung vorzutragen, ob Namen, Stand und Wohnort der Betheiligten dem Notare bekannt und, wenn nicht, in welcher Weise dieselben bescheinigt worden seien.

Wird von den Betheiligten eine Ausfertigung der Urkunde verlangt, so ist dieses vor dem Schlusse der Urkunde anzuführen, worauf die letztere gemäß Art. 66 des Notariatsgesetzes mit der ausdrücklichen Bemerkung zu schließen ist, daß die Urkunde den Betheiligten — je nach Umständen in Gegenwart der Zeugen vorgelesen oder von ihnen selbst durchgelesen worden sei.

Ist die Verhandlung nicht in ununterbrochenem Fortlaufe am nämlichen Tage vollendet worden, so ist dieses in der Urkunde in entsprechender Weise anzugeben.

Unmittelbar unter den Schluß der Urkunde sind die Unterschriften der Betheiligten und der allenfalls zugezogenen Zeugen zu setzen, unter diesen hat der Notar seine in der Vorschrift des Art. 7 des Notariatsgesetzes entsprechende Unterschrift mit der ausdrücklichen Bezeichnung „königlicher Notar“[22]) beizufügen.

Sind bei Aufnahme einer Notariatsurkunde mehrere Personen betheiligt, so ist in

---

[20]) Vgl. M.Bek. v. 12./4. 1877 (J.M.Bl. S. 65) und v. 13./8. 1884 (J.M.Bl. S. 170).

[21]) Aufgehoben durch Geb.Ges. Art. 276.

[22]) Oder „k. Notar“: J.M.E. v. 30./1. 73, Enderlein S. 252.

derselben zum Zwecke des Eintrages in das Taxregister auch zu bemerken, von welchem der Betheiligten die Kosten der Verhandlung getragen werden.

§ 47. Das Notariatssiegel ist, wenn die Urkunde aus einzelnen Blättern oder mehreren Bogen besteht, welche zusammengeheftet werden müssen, oder wenn Beilagen mit der Urkunde zu verbinden sind (Art. 68 des Notariatsgesetzes), mit Siegellack oder einer Oblate, außerdem mit Farbe aufzudrücken.

§ 48. (Sammlung und Aufbewahrung der Urkunden.) Die Urschriften der einzelnen Notariatsurkunden sind nach der Nummernfolge des Geschäftsregisters (Art. 77 des Notariatsgesetzes) zu sammeln und in Abtheilungen, welche je nach ihrem Umfange die Verhandlungen eines Jahres oder eines kürzeren oder längeren Zeitraumes umfassen, mit festen Umschlägen versehen, aufzubewahren.

Auf dem Umschlage ist die Zahl der in demselben enthaltenen Urschriften nach den fortlaufenden Nummern des Geschäftsregisters und der Zeitraum, welchen die in dem Umschlage enthaltenen Urschriften umfassen, anzugeben, z. B. Urschriften des k. Notars N. N. zu N. vom 1. Jänner bis 30. Juni 1863 Ziff. 1—475 enthaltend.

§ 49. Von der Vorschrift des § 48 sind ausgenommen:

a) die Urkunden, welche gemäß Art. 82 des Notariatsgesetzes in Urschrift hinausgegeben werden,
b) die letztwilligen Verfügungen, sowie die über deren Uebergabe, Zurückgabe oder Widerruf aufgenommenen Urkunden, welche besonders zu verwahren sind.[23])

§ 50. Für die Urschriften der in § 49 erwähnten Notariatsurkunden sind bei den nach der Nummernfolge des Geschäftsregisters gesammelten Urschriften an den treffenden Stellen Fehlblätter einzulegen, auf welchen die laufende Nummer des Geschäftsregisters und der Gegenstand der Verhandlung kurz anzugeben sind, z. B. Ziff. 34 Vollmacht, Ziff. 86 Beglaubigung einer Abschrift, Ziff. 251 Testament des Pfarrers N. N. zu N., Ziff. 273 Inventar in der Verlassenschaft des N. N. zu N.

Diese Vormerkung kann für mehrere fehlende Urschriften, wenn sich dieselben der Zeitfolge nach unmittelbar an einander anreihen, auf Ein Blatt geschrieben werden; — wird die Urschrift einer Notariatsurkunde an ein Gericht mit besonderem Schreiben übersendet, so vertritt der Aufsatz dieses Schreibens, auf welchem die Nummer des Geschäftsregisters zu bemerken ist, die Stelle des Fehlblattes.[24])

§ 51. Hat eine Notariatsurkunde auf eine andere, von dem nämlichen Notare aufgenommene Urkunde Beziehung, wie z. B. die Urkunde über einen Vertrag, durch welchen ein früherer Vertrag abgeändert oder aufgehoben wird, so ist auf der Urschrift der in Bezug genommenen Urkunde auf das Datum und die Registernummer der späteren Notariatsurkunde hinzuweisen.[24a])

§ 52. Die Notare haben darauf Bedacht zu nehmen, daß die Urschriften der Notariats-Urkunden auf sichere, deren Einsicht durch Unbefugte ausschließende Weise verwahrt werden.

§ 53. (Ausfertigungen.) Die vollziehbaren Ausfertigungen haben die Ueberschrift u. s. w.[25])

Die Nummer des Geschäftsregisters (Art. 77 des Notariatsgesetzes) ist neben die Ueberschrift zu setzen.

§ 54. Der Eingang hat bei [Hauptausfertigungen (vollziehbaren und ersten Ausfertigungen)][25]) zu lauten:

„Von dem unterfertigten k. Notar[26]) wird hiemit bestätiget, daß von „ihm nachstehende Urkunde errichtet worden ist“,

worauf der Inhalt der Urschrift in wortgetreuer Abschrift zu folgen hat.

---

[23]) S. § 88. Das bezieht sich nicht auf Erbverfügungen: autogr. J.M.E. v. 12./8. 67; Enderlein S. 209; vgl. aber Not.Ztschr. VII. S. 139.

[24]) Vgl. J.M.E. v. 18./3. 86; Enderlein S. 210.

[24a]) Vgl. § 57.

[25]) Vgl. d. Bemerkungen zu Artt. 80 Abs. 2, 87 d. Ges.

[26]) Vgl. J.M.Bek. v. 24./4. 80 (J.M.Bl. S. 110) und § 61 d. J.

Der Schluß der Ausfertigung lautet bei [vollziehbaren][28]) Ausfertigungen usw.[27])
Datum. Siegel.

N. N., k. Notar.

Bei Abschriften ist lediglich der Gleichlaut derselben mit der Urschrift von dem Notare unter Anführung des Datums und Beidrückung seines Siegels zu bestätigen.[27])

Besteht die Ausfertigung aus mehreren Bogen, so sind diese mit einer Schnur zu heften, welche am Schlusse mit dem Siegel zu befestigen ist (§ 68 des Notariatsgesetzes).

§ 55. Es können von einer und derselben Urkunde mehrere [„erste Ausfertigungen"][28]) ertheilt werden, wenn bei einem und demselben Rechtsgeschäfte mehrere Personen betheiligt sind, welchen nach Art. 93 des Notariatsgesetzes das Recht, eine Ausfertigung zu verlangen, zusteht.

§ 56. Wenn einer Urschrift nach Art. 13 und 15 des Notariatsgesetzes gerichtliche Beschlüsse oder Beurkundungen, z. B. die obervormundschaftliche Genehmigung eines Vertrages, die hypothekenamtliche Bestätigung über erfolgte Einträge im Hypothekenbuche beigesetzt sind oder Beilagen hiezu gehören, so sind bei der Ausfertigung oder Herstellung einer Abschrift von einer solchen Urkunde die Abschriften der gerichtlichen Beschlüsse, Beurkundungen und Beilagen unmittelbar an die Abschrift der Haupturkunde anzureihen und ist erst am Schlusse die Ausfertigungsformel, beziehungsweise Bestätigung des Gleichlautes, beizusetzen.

Auf gedruckte Beilagen einer Notariats-Urkunde, z. B. gedruckte Bedingnißhefte, findet diese Vorschrift keine Anwendung: — solche Beilagen sind der Ausfertigung beizuheften und besonders zu beglaubigen.

§ 57. Hat eine Urkunde durch eine spätere Abänderungen oder Zusätze erhalten, so darf von der älteren, später abgeänderten Urkunde allein keine Ausfertigung mehr ertheilt werden, sondern ist, wenn eine solche verlangt wird, in die Ausfertigung auch die jüngere Urkunde, durch welche jene abgeändert oder ergänzt worden ist, mitaufzunehmen.[29])

§ 58. Die Ausfertigungen von Notariatsurkunden, welche die Cession einer Hypothekforderung zum Gegenstande haben, können auf die Ausfertigung des bezüglichen Schuld- und Hypothekenbriefes geschrieben werden. Geschieht dieses nicht, so ist die Ausfertigung auf ungestempeltes Papier zu schreiben und der Ausfertigung des Schuld- und Hypothekenbriefes beizuheften.

§ 59. (Auszüge.) Wenn gemäß Art. 89 des Notariatsgesetzes u. s. w.[30])

Der Auszug hat den Eingang der Urkunde und jene Bestimmungen, welche für die in derselben enthaltenen selbstständigen Rechtsgeschäfte gemeinschaftlich sind, z. B. die gemeinschaftlichen Kaufsbedingungen in einer Urkunde über eine Versteigerung, sodann die auf das betreffende Rechtsgeschäft bezügliche Stelle der Urkunde mit den dazu gehörigen Unterschriften, endlich den Schluß der Urkunde zu enthalten und sind die ausgelassenen Stellen durch Striche anzudeuten.

Die Schlußformel der Ausfertigung lautet u. s. w.[25])

§ 60. Wird von den Betheiligten die Ertheilung einer Ausfertigung schon bei Aufnahme der Urkunde verlangt, so ist dies, wie in § 46 vorgeschrieben, in der Urkunde selbst anzuführen; wird dagegen erst später der Antrag auf Ertheilung einer Ausfertigung gestellt, so ist dies auf der Urschrift, auf welcher nach Art. [88][31]) des Notariatsgesetzes die Ertheilung einer jeden Ausfertigung vorzumerken ist, kurz zu erwähnen.

§ 61. Wird eine Ausfertigung nicht von dem Notar, welcher die Urkunde aufgenommen hat, selbst, sondern von einem Notariatsverweser (Art. 39 bis 41, 100,

---

[27]) C.P.O. § 663.

[28]) Artt. 87, 92 d. Ges.

[29]) Vgl. § 51.

[30]) Artt. 86 u. 89 sind aufgehoben.

[31]) Muß nach Aufhebung des Art. 88 cit. jetzt heißen „87 Abs. 2". Vgl. C.P.O. § 670.

102 des Notariatsgesetzes) oder von dem Nachfolger des Notars, an welchen dessen Urschriften übergegangen sind, ertheilt, so ist im Eingange der Ausfertigung auch zu erwähnen, worauf sich die Befugnis des die Ausfertigung ertheilenden Notariatsbeamten gründe, z. B.

„Von dem unterfertigten, vom k. Staatsministerium der Justiz ernannten Notariatsverweser, oder

„Von dem unterfertigten k. Notar als Nachfolger des Notars N. N. wird hiermit bestätigt, daß von dem k. Notar N. N. zu N. nachstehende Urkunde errichtet worden ist".

§ 62. (Uebersendung von Notariatsurkunden an die Gerichte.) Müssen Notariatsurkunden, deren Urschriften von dem Notar aufzubewahren sind, zur Prüfung und Schlußfassung z. B. zum Zwecke der obervormundschaftlichen Genehmigung oder eines Eintrags im Hypothekenbuche (Art. 12, 13 und 15 des Notariatsgesetzes einem Amtsgerichte vorgelegt werden, so kann dies mittels einfacher Note geschehen.[32])

Das Gericht, welches gemäß Art. 13 und 15 des Notariatsgesetzes seinen Beschluß und gegebenen Falles die Bestätigung des Vollzuges desselben auf die Urschrift zu setzen hat, kann diese, wenn zu einem Schreiben nicht besondere Veranlassung gegeben ist, lediglich unter einem mit dem Gerichtssiegel zu verschließenden Umschlage an den Notar zurücksenden.

§ 63. Wird eine Urschrift aus dem im § 62 bezeichneten Grunde an ein Amtsgericht übersendet, so ist der Tag der Uebersendung an das Gericht und der Tag des Rückempfanges der Urschrift in der letzten Spalte des Geschäftsregisters (Art. 77 des Notariatsgesetzes) vorzumerken.

§ 64. Notariatsurkunden, welche auf dem Grunde des Art. 11 Abs. 3 des Notariatsgesetzes oder zufolge gerichtlichen Auftrags (Art. 19, 51, 52) aufgenommen worden sind, und Bestandtheile gerichtlicher Akten zu bilden haben, z. B. Inventare, Erklärungen in Verlassenschaften, welche bei Gericht verhandelt werden, Urkunden über Zwangsversteigerungen u. s. w. können, insoferne zu einem solchen nicht besondere Veranlassung gegeben ist, auch ohne Begleitschreiben oder Note an das einschlägige Gericht übersendet werden.

In diesem Falle ist eine entsprechende Bemerkung z. B.

„Vorstehendes Inventar wird zur Erledigung des Auftrages vom ɛc. an das k. Amtsgericht N. übersendet".

Datum. Unterschrift.

auf die Urkunde selbst zu setzen und ist die erfolgte Uebersendung der Urkunde an das Gericht unter Anführung des Datums auf dem für die Urschrift einzulegenden Fehlblatte (§ 50) vorzumerken.

§ 65. (Zustellung von Notariatsurkunden)[33])

§ 66. (Form der Korrespondenz mit den Gerichten.)[34])

VI. Abschnitt. Von den Urkunden, welche das Hypothekenwesen berühren, und dem Verkehre der Notare mit den Hypothekenämtern insbesondere.

§ 67. Die in Art. 15 Abs. 1 des Notariatsgesetzes vorgeschriebenen Anzeigen über Verträge, welche eine Veränderung des Besitzes unbeweglicher Sachen oder diesen gleichgeachteter Rechte betreffen, sind den betreffenden Amtsgerichten schriftlich zu erstatten.[35])

---

[32]) Welche außer in den Fällen der §§ 64 u. 75 nicht auf die Urkunde selbst zu setzen ist: J.M.E. v. 26./7. 1864 II. A. § 2; J.M.Bl. S. 210 u. v. 24./3. 1866.

[33]) § 65 ist mit der neuen Fassung des Art. 23 d. Ges. hinfällig geworden.

[34]) § 66 ist beseitigt durch die inzwischen erlassenen allgemeinen Vorschriften über den schriftlichen Amtsverkehr: Min.Bek. v. 1874 (J.M.Bl. S. 108, 139, 140) u. v. 11./12. 80; J.M.Bl. S. 461.

[35]) Und zwar zufolge J.M.E. v. 24./10. 84 u. 17./5. 85 (J.M.Bl. S. 189 und 114) durch Mittheilung der betr. Urschrift, welche „von Seite der Gerichte nach Beifügung der Hyp. amtliche Bescheinigung an die Notare zurückzustellen sind."

§ 68.[36]) IV. „Soll auf Grund einer an das Hypothekenamt übersendeten Notariatsurkunde ein Eintrag oder eine Vormerkung im Hypothekenbuche oder die Aenderung oder Löschung eines Eintrags vorgenommen werden, so hat das Hypothekenamt solches zu vollziehen, ohne vorgängige Aufnahme einer Registratur oder Eintragung eines Beschlusses in das fortlaufende Hypothekenprotokoll, soferne nicht der Hypothekenbeamte in einzelnen Fällen — wegen obwaltender besonderer Schwierigkeit der Beurtheilung oder sonstiger besonderer Umstände, namentlich, wenn mitvorgelegte Vollmachts- oder sonstige rechtserhebliche Urkunden weder bei dem Hypothekenamte selbst zu verbleiben, noch an den Notar zur Aufbewahrung in der Urkundensammlung zurückzugelangen haben, — es zur Sicherung gegen Haftsansprüche für dienlich erachtet, den Inhalt der Urkunden oder den gefassten Beschluss, beziehungsweise die für Bewilligung des Eintrags oder der Löschung im Hypothekenbuche massgebenden Gründe mittelst Darlegung im Hypothekenprotokolle aktenmässig zu machen.

§ 69. Nach Art. 15 Abs. 3 des Notariatsgesetzes können auf dem Grunde der dem Hypothekenamte in Urschrift mitgetheilten Notariatsurkunden die durch dieselben bezweckten Einträge im Hypothekenbuche vorgenommen werden, ohne daß eine wiederholte Vernehmung der Betheiligten vor dem Hypothekenamte erforderlich ist, insoferne die vor dem Notar gepflogenen Verhandlungen den Anforderungen des Hypothekengesetzes entsprechen.

Soll daher auf dem Grunde eines von dem Notar aufgenommenen Vertrages, Schuldbekenntnisses u. dgl. ein sofortiger Eintrag im Hypothekenbuche von Seite des Hypothekenamtes vorgenommen werden, so hat der Notar darauf Bedacht zu nehmen, daß die in die Notariatsurkunde aufzunehmenden Erklärungen der Betheiligten, welche die Stelle der in das Hypothekenprotokoll aufzunehmenden Erklärungen vertreten sollen, auf eine den Vorschriften des Hypothekengesetzes (insbesondere § 109 mit §§ 107, 143, 153 und 158) entsprechende Weise gefaßt sind, sonach z. B. die Urkunde die ausdrückliche Zustimmung des Verkäufers zur Umschreibung des Kaufobjekts auf den Käufer als Besitzer in der II. Rubrik des Hypothekenbuchs, des Käufers oder Darlehenempfängers zum Eintrage der für den Kaufschillingsrest oder das Darlehen bestellten Hypothek, des Gläubigers zur Löschung der für die getilgte Schuld eingetragenen Hypothek u. dgl. enthält. Auch ist mit Rücksicht auf Art. |23 Abs. 2 des Tax-Regulativs vom 28. Mai 1852|[36]) der Taxvormerkung[37]) (Art. 108 des Notariatsgesetzes) beizufügen, ob die Taxen[37]) bezahlt seien.

§ 70. Findet das Hypothekenamt nach vorgenommener Prüfung der Notariatsurkunde (§ 96 des Hypothekengesetzes), daß der beabsichtigte Eintrag nach Maßgabe der in der Urkunde niedergelegten Erklärungen und mit Rücksicht auf den Inhalt des Hypothekenbuchs vorgenommen werden kann, so hat das Hypothekenamt |hierüber zum Hypothekenprotokolle (§ 68) Beschluß zu fassen, diesem Beschlusse entsprechend|[38]) den Eintrag im Hypothekenbuche vorzunehmen und die Bestätigung des Vollzugs gemäß Art. 15 Abs. 4 des Notariatsgesetzes auf die Urschrift der Notariatsurkunde zu setzen.

Hiebei ist sich nach den Vorschriften der §§ 171, 172 und 175 des Hypothekengesetzes (über die Ausstellung der Rekognitionsscheine) zu richten.

§ 71. Stehen dem beabsichtigten Eintrage im Hypothekenbuche Hindernisse entgegen, z. B. wenn derjenige, welcher die Hypothek bewilligt, noch nicht als Besitzer im Hypothekenbuche eingetragen ist, oder wenn die Bezeichnung des Hypothekenobjekts in der Notariatsurkunde mit dem Eintrage in der I. Rubrik des Hypothekenbuchs nicht übereinstimmt u. dgl., so hat das Hypothekenamt, insoferne nicht die Beseitigung dieser Hindernisse von kurzer Hand im Benehmen mit dem Notar herbeigeführt werden kann,[39]) [gleichfalls][38]) zum Hypothekenprotokolle [(§ 68)][38]) Beschluß zu fassen[40])

---

[36]) Die früheren Bestimmungen des § 68 über Aufnahme eines besondern Hyp.-Protokolles (vgl. auch § 71) sind geändert durch die in den Text eingerückte J.M.E. v. 11./4. 1872 unter IV. (J.M.Bl. S. 126).

[36]) Jetzt 261 d. Ges. über d. Gebührenwesen v. 18. Aug. 1879.

[37]) S. Anm. zu Art. 108 cit.

[38]) Durch jetzigen Ersatz des § 68 bestätigt.

und diesen Beschluß, in welchem die dem beabsichtigten Eintrage entgegenstehenden Hinderungsgründe kurz zu bezeichnen sind, gemäß Art. 15 Abs. 4 des Notariatsgesetzes auf die Urschrift der Notariatsurkunde zu setzen.

Hierdurch ist übrigens nicht ausgeschlossen, daß in dem Falle, wenn zur Official-Berichtigung eines Eintrags im Hypothekenbuche, namentlich des Eintrags in der I. Rubrik, z. B. wegen geänderter Bezeichnung der Objekte im Kataster u. dgl. gesetzlicher Anlaß gegeben ist, das Hypothekenamt gleichzeitig die hierauf zielenden Verfügungen zu treffen hat.[41])

§ 72. Mit Rücksicht auf die Bestimmung im Art. 15 Abs. 5 des Notariatsgesetzes hat der Notar den Betheiligten, insoweit sie nicht ohnehin durch Zustellung einer Ausfertigung der Notariatsurkunde von der Verfügung des Hypothekenamtes Kenntniß erhalten, von derselben alsbald Nachricht zu geben.

Im Falle des § 71 bleibt es, wenn die Beseitigung der dem beabsichtigten Eintrage im Hypothekenbuche entgegenstehenden Hindernisse von der Thätigkeit der Betheiligten abhängt, diesen überlassen, die zu diesem Zwecke dienlichen Schritte zu thun, jedoch wird sich zu den Notaren versehen, daß sie den Betheiligten bei Bekanntgabe des hypothekenamtlichen Beschlusses, soweit möglich, die hiezu nöthige Anleitung ertheilen.

§ 73. Inwieferne das Hypothekenamt, wenn es aus den vom Notar vorgelegten Urkunden in Erfahrung bringt, daß Einträge oder Löschungen im Hypothekenbuche, zu welchen schon früher Veranlassung gewesen wäre, bisher unterblieben seien, berechtigt oder verpflichtet ist, zum Zwecke der Vereinigung des Hypothekenbuchs von Amtswegen vorzuschreiten, ist nach den Bestimmungen des Hypothekengesetzes (insbesondere § 97 und 139) zu bemessen.[42])

§ 74. Nachdem die Beurkundung von Schuldbekenntnissen, auch wenn mit denselben eine Hypothekbestellung verbunden ist, nach Art. 12 Abs. 2 des Notariatsgesetzes zum ausschließlichen Wirkungskreise der Notare gehört, so hat das der Instruktion zum Vollzuge des Hypothekengesetzes (§ 36 Ziff. 2) beigegebene Formular eines Schuld- und Hypothekenbriefes (Regierungsblatt von 1823, S. 727) mit dem 1. Juli l. J. außer Anwendung zu treten.

Für die Zukunft ist, wenn über eine Schuld, für welche Hypothek bestellt werden will, ein Schuld- und Hypothekenbrief errichtet werden soll, vorerst über das Schuldbekenntniß und die Hypothekbestellung, dann die Einwilligung des Schuldners zum Eintrage der Hypothek eine Notariatsurkunde zu errichten und die Urschrift derselben gemäß Art. 12 Abs. 3 des Notariatsgesetzes an das Hypothekenamt zu übersenden,

---

[39]) Vgl. J.M.E. v. 11. 4. 72, XII. (J.M.Bl. S. 126) u. v. 9. 8. 66 (J.M.Bl. S. 254).

[40]) Beschlußfassung zu Hyp. Protokoll ist als Regel beseitigt durch J.M.Bek. v. 1. 5. 1891 (J.M.Bl. S. 89), welche so lautet:

Die Aufnahme einer Registratur oder die Eintragung in das Hypothekenprotokoll hat auch (siehe J. § 68) dann zu unterbleiben, wenn dem Vollzuge der Notariatsurkunde Hindernisse im Wege stehen, deren baldige Beseitigung im Benehmen mit dem Notare (vgl. J.M.B. v. 9. Aug. 1866, J.M.Bl. S. 253, dann Ziff. 12 der J.M.Bek. v. 11. April 1872, J.M.Bl. S. 126) nicht zu erwarten steht. Der Beschluß, in welchem die dem beabsichtigten Eintrage entgegenstehenden Hinderungsgründe kurz zu bezeichnen sind, ist lediglich auf die Urschrift der Notariatsurkunde zu setzen (Art. 15 Abs. 4 des Not.Ges.). Hält der Hypothekenbeamte in einzelnen Fällen es für dienlich und zweckmäßig, den Inhalt der Urkunde oder den gefaßten Beschluß bezw. die für die Ablehnung der Eintragung, Vormerkung oder Löschung maßgebenden Gründe mittels näherer Darlegung im Hypothekenprotokolle aktenmäßig zu machen, so steht dem nichts im Wege. Unterbleibt die Aufnahme einer Registratur oder die Eintragung des Beschlusses in das Hypothekenprotokoll, so ist in Spalte VII des Tagebuches neben dem Vermerk über die Rückgabe der Urkunde als nicht vollziehbar kurz der Grund der Unvollziehbarkeit, z. B. mangels Genehmigung der Ehefrau unvollziehbar zurückgegeben, beizufügen, außerdem aber in letzterer Richtung auf das betreffende Hypothekenprotokoll zu verweisen.

[41]) Vgl. Bayr.Not.Ztg. XXV. S. 33 ff. 42.

[42]) Vgl. J.M.E. v. 26. 7. 64, II. B. 6; J.M.Bl. S. 217.

worauf gemäß Art. 15 Abs. 4 von diesem (mit Beachtung der Vorschriften der §§ 173 und 174 des Hypothekengesetzes) die Bestätigung des vollzogenen Eintrags auf der Urschrift beizusetzen ist.

Stehen dem Eintrage der Hypothek Hindernisse entgegen, so ist nach § 71 zu verfahren.

Als Beispiel ist unter Ziffer II das Formular eines Schuld- und Hypothekenbriefes angefügt.[43])

§ 75. Wird eine Erklärung, welche, ohne mit einem von dem Notar beurkundeten Vertrage oder Schuldbekenntnisse im Zusammenhange zu stehen, lediglich das Hypothekenwesen berührt, und deren Aufnahme daher nach Art. 18 Ziff. 1 des Gesetzes über die Gerichtsverfassung in den Wirkungskreis des Hypothekenamtes gehört, gemäß Art. 11 Abs. 3 des Notariatsgesetzes durch einen Notar aufgenommen, wie z. B. eine Erklärung, durch welche die Bewilligung zur Löschung einer Hypothek ertheilt, oder einer jüngeren Hypothek der Vorrang eingeräumt wird, so können die bezüglichen Urschriften dem betreffenden Hypothekenamte, bei welchem sie zu verbleiben haben, ohne besonderes Schreiben oder Note übersendet werden, worüber auf der Urschrift selbst Vormerkung zu machen ist. z. B. Gegenwärtige Erklärung des N. N. wird gemäß Art. 11 Abs. 3 des Notariatsgesetzes in Urschrift unter Umschlag an das k. Landgericht N. übersendet.

Datum. N. N. k. Notar. (§ 64.)

§ 76. Da bei Aufnahme von Notariatsurkunden über unbewegliche Sachen die genaue Kenntniß des betreffenden Inhalts des Hypothekenbuchs für die Notare von höchster Wichtigkeit ist und ihre Berechtigung, von demselben Kenntniß zu nehmen, schon in ihrer Eigenschaft als öffentlicher mit der Verwaltung eines Theils der nichtstreitigen Rechtspflege betrauter Beamten liegt, so ist den Notaren die Einsicht des Hypothekenbuchs, in so weit ihnen dieselbe zur Erledigung des übertragenen Geschäftes nothwendig ist, von Seite der Hypothekenämter ohne weitere Legitimation zu gestatten.[44])

VII. Abschnitt. Von einigen anderen Notariatsurkunden.

§ 77. (Freiwillige Versteigerungen.) Bei Aufnahme von Notariatsurkunden über Versteigerungen sind die im Allgemeinen für Notariatsurkunden vorgeschriebenen Förmlichkeiten zu beobachten; jedoch sind die Urkunden über Versteigerung von Liegenschaften, über Verpachtung an den Meistbietenden, über Verdingung von Arbeiten oder Lieferungen an den Wenigstnehmenden nicht von allen als Steigerer Betheiligten, sondern nur von den Meistbietern auf Vorlesen zu unterschreiben und ist nur bezüglich dieser die Feststellung der Identität in der Notariatsurkunde zu konstatiren.

Auch kann bei Versteigerungen von beweglichen Sachen, bei welchen der Kaufpreis für die versteigerten Gegenstände sofort gegen deren Aushändigung zu bezahlen ist, von Bescheinigung der Identität der dem Notar nicht bekannten Meistbieter, sowie von Unterschrift der Urkunde durch dieselben Umgang genommen werden.

§ 78. Werden Liegenschaften im Wege der freiwilligen Versteigerung verkauft, so ist durch die über die Versteigerung aufgenommene Notariatsurkunde, in welcher die Person des Verkäufers und Käufers, der Gegenstand des Kaufs und der Kaufpreis bezeichnet und die sonstigen Kaufsbedingungen angegeben sein müssen, der Vorschrift des Art. 14 des Notariatsgesetzes genügt, und die Errichtung einer weiteren Notariatsurkunde über den Kaufvertrag (eines Kaufbriefs) nicht nothwendig.

Dabei wird jedoch vorausgesetzt, daß der Verkäufer, da derselbe durch den Notar, als den das Rechtsgeschäft beurkundenden öffentlichen Beamten, nicht vertreten sein kann, bei der Versteigerung persönlich als Betheiligter mitwirkt.

War der Verkäufer bei der Versteigerung weder in Person, noch durch einen Bevollmächtigten anwesend, oder wird sich von demselben die Erklärung über die Genehmigung des Meistgebotes vorbehalten, so ist über seine nachträgliche Erklärung eine Notariatsurkunde aufzunehmen und bilden im Falle der Genehmigung die Urkunde

---

[43]) Hier weggelassen.

[44]) S. Anm. zu Art. 45 d. Ges.

über die Versteigerung und jene über die Genehmigung des Meistgebotes vereint die Notariatsurkunde über den Kaufvertrag.

§ 79. Die Notariatsurkunde über die Versteigerung wird — gegebenenfalls nebst der Urkunde über die nachträgliche Erklärung des Verkäufers — in Urschrift an das Hypothekenamt übersendet und von diesem hierauf gemäß Art. 15 des Notariatsgesetzes weiter verfahren, weshalb der Notar darauf Bedacht zu nehmen hat, daß die Notariatsurkunde die zu den beabsichtigten Einträgen im Hypothekenbuche erforderlichen Erklärungen enthalte (§ 69).

§ 80. Werden gleichzeitig mehrere Liegenschaften eines und desselben Verkäufers unter den nämlichen Kaufsbedingungen im Wege der Versteigerung verkauft, so ist über die Versteigerung nur Eine Urkunde aufzunehmen.

Die Betheiligten sind in einem solchen Falle nach Art. 89 des Notariatsgesetzes befugt, statt einer vollständigen Ausfertigung der Versteigerungsurkunde einen Auszug aus derselben sich ertheilen zu lassen, welcher den Eingang und Schluß der Urkunde mit den für alle Einzelkäufe gemeinschaftlichen Bestimmungen und Erklärungen der Betheiligten und die auf die betreffende Liegenschaft bezügliche Stelle der Urkunde (die genaue katastermäßige Bezeichnung des Objekts, die Bezeichnung des Käufers und Angabe des Meistgebotes) zu enthalten hat.

§ 81. (Urkunden über Verträge, bei welchen Minderjährige betheiligt sind.) Soll der Notar einen Vertrag aufnehmen, bei welchem Minderjährige oder unter gerichtliche Kuratel gestellte Personen betheiligt sind, so kann er noch vor Errichtung der Vertragsurkunde die die Minderjährigen oder Curanden betreffenden Vertragsbestimmungen im Entwurfe dem zuständigen Amtsgerichte zur vorläufigen Prüfung vorlegen, oder durch den Vormund, beziehungsweise Curator vorlegen lassen und das Gericht ist verbunden, dem Notar beziehungsweise dem Vormunde oder Curator die der obervormundschaftlichen Genehmigung der beabsichtigten Vertragsbestimmungen etwa entgegenstehenden Bedenken bekannt zu geben.

§ 82. (Notariatsurkunden über letztwillige Verfügungen.) Letztwillige Verfügungen, welche nach der in Art. 60 des Notariatsgesetzes vorgeschriebenen Form aufgenommen worden und unverschlossen, jedoch besonders (Art. 82 des Notariatsgesetzes) von dem Notar aufzubewahren sind, dürfen an den Disponenten nicht hinausgegeben werden (Art. 92 mit Art. 26 des Notariatsgesetzes); — will daher der Disponent seine in solcher Weise aufgenommene letztwillige Verfügung widerrufen, so hat er seinen Widerruf in gesetzlicher Form zu erklären.

Wird über den Widerruf einer letztwilligen Verfügung vor dem nämlichen Notar, welcher diese aufgenommen hat, eine Urkunde errichtet, so ist letztere der letztwilligen Verfügung beizulegen und mit dieser zu verwahren.

§ 83. Ist eine letztwillige Verfügung nach Maßgabe des Art. 61 des Notariatsgesetzes dem Notar verschlossen übergeben worden, so ist nebst dieser — in soferne sie nicht dem Disponenten sofort wieder zurückgestellt worden ist (Art. 26 des Notariatsgesetzes) — auch die über den Akt der Uebergabe aufgenommene Urkunde besonders zu verwahren.

Wird eine solche letztwillige Verfügung dem Disponenten später wieder zurückgestellt (Art. 20 des Notariatsgesetzes), so ist auch die über die Zurückstellung aufgenommene Notariatsurkunde, welche der über den Akt der Uebernahme aufgenommenen Urkunde beizulegen ist, mit den letztwilligen Verfügungen gesondert zu verwahren. (Art. 82 Abs. 5 des Notariatsgesetzes.)

§ 84. Eine nach Art. 61 des Notariatsgesetzes übergebene letztwillige Verfügung kann von dem nämlichen Notar, welchem sie von dem Disponenten, um ihr die Kraft einer öffentlichen Urkunde zu verleihen, verschlossen übergeben wird, verfaßt sein, jedoch hat in einem solchen Falle nur die Beurkundung der Uebergabe und der hiebei von dem Disponenten abgegebenen Erklärung die Eigenschaft eines Notariatsaktes.

§ 85. Ist von mehreren Disponenten eine gemeinschaftliche letztwillige Verfügung verschlossen dem Notar übergeben worden, so kann dieselbe auch nur auf gemeinschaftliches persönliches Verlangen der Disponenten und zwar an diejenige Person, welche von ihnen zur Empfangnahme bestimmt ist, zurückgestellt werden.

Die Aufnahme eines einseitigen Widerrufs einer gemeinschaftlichen letztwilligen Verfügung kann von dem Notar nicht verweigert werden, jedoch bleibt die Würdigung der rechtlichen Wirkung eines solchen Widerrufs den Gerichten vorbehalten.

§ 86. Bringt der Disponent eine schon angefertigte letztwillige Verfügung unverschlossen zum Notar, damit derselben die Kraft einer öffentlichen Urkunde verliehen werde, so hat der Notar den Disponenten über die nach dem Notariatsgesetze bestehenden zwei Formen notarieller letztwilliger Verfügungen zu belehren und zur Wahl einer dieser Formen aufzufordern.

Will der Disponent die letztwillige Verfügung dem Notar verschlossen übergeben, so hat dieser denselben zum Verschlusse der mitgebrachten letztwilligen Verfügung zu veranlassen, und das Weitere nach Maßgabe des Art. 61 des Notariatsgesetzes vorzunehmen. Verlangt dagegen der Disponent, daß über seine letztwillige Verfügung eine Notariatsurkunde errichtet werde, so dient der überbrachte Aufsatz lediglich als Anhaltspunkt für die nach Art. 60 und 45 des Notariatsgesetzes aufzunehmende letztwillige Verfügung.

§ 87. Der Notar ist gehalten, über die von ihm aufgenommenen oder verschlossen bei ihm hinterlegten letztwilligen Verfügungen den Disponenten auf Verlangen eine Bescheinigung auszustellen.

Wird eine verschlossen hinterlegte letztwillige Verfügung zurückgenommen, so ist die Bescheinigung dem Notar zurückzustellen oder in der über die Rückgabe aufgenommenen Urkunde von dem Empfänger für kraftlos zu erklären.

§ 88. Sowohl die von dem Notar aufgenommenen, als auch die verschlossen bei demselben hinterlegten letztwilligen Verfügungen sind, nach der Zeitfolge geordnet und nach Jahrgängen ausgeschieden, in sichern Behältnissen (Kassen oder feuerfesten Schränken) zu verwahren und hat der Notar die Schlüssel zu diesen Behältnissen stets in eigenem Verwahr zu behalten.

§ 89. Der Notar, welcher gemäß Art. 28 Abs. 3 des Notariatsgesetzes eine bei ihm verschlossen hinterlegte letztwillige Verfügung an das Verlassenschaftsgericht abgeben soll, hat dieselbe dem Gerichte persönlich, gegen Bescheinigung zu übergeben.

Befindet sich das Verlassenschaftsgericht nicht am Amtssitze des Notars, so soll dasselbe von der ihm im 4. Abs. des Art. 28 des Notariatsgesetzes eingeräumten Befugnis in allen Fällen Gebrauch machen, in welchen nicht Gründe von entscheidender Wichtigkeit die Abforderung der letztwilligen Verfügung in uneröffnetem Zustande gebieten. Verlangt das Gericht die Abgabe der letztwilligen Verfügung, so hat der Notar dieselbe durch die Post als Einschreibsendung zu übermitteln.

Die Bestimmungen des Art. 28 des Notariatsgesetzes finden im Hinblick auf Art. 82 Abs. 5 des Notariatsgesetzes auch auf solche bei den Notaren verschlossen hinterlegte letztwillige Verfügungen Anwendung, welche durch spätere letztwillige Verfügungen aufgehoben sind.[35])

§ 90. Die gemäß Art. 28 Abs. 5 des Notariatsgesetzes anzufertigende beglaubigte Abschrift der von dem Notar verkündigten und an das Verlassenschaftsgericht zu übersendenden letztwilligen Verfügung ist in gleicher Weise, wie die Urschriften des Notars, zu verwahren und denselben nach dem Datum der Beglaubigung einzureihen.

§ 91. (Hinterlegung von Privaturkunden nach Art. 22 des Notariatsgesetzes.) Wird eine Privaturkunde bei dem Notar zu dem Zwecke hinterlegt, um derselben hiedurch die Eigenschaft einer Notariatsurkunde zu verleihen (Art. 22 des Notariatsgesetzes), so ist dies in der über die Hinterlegung aufzunehmenden Urkunde ausdrücklich zu bemerken, und hat sich die Verlesung (Art. 66 des Notariatsgesetzes) auf beide Urkunden, welche vereint die Notariatsurkunde über das Rechtsgeschäft bilden, zu erstrecken.

Da übrigens durch die Hinterlegung nach Art. 22 des Notariatsgesetzes die hinterlegte Urkunde für die Betheiligten, welche zu derselben mitgewirkt haben, die Eigenschaft einer Notariatsurkunde in eben dem Maße erlangt, als wäre sie schon ursprünglich von dem Notare aufgenommen worden, so liegt diesem auch ob, von dem Inhalte der übergebenen Urkunde zum Zwecke der Prüfung Kenntniß zu nehmen und sich bezüglich desselben nach den Vorschriften des Art. 45 des Notariatsgesetzes zu achten.

§ 92. (Beglaubigung von Unterschriften.) Bei Beglaubigung einer Unterschrift,

---

[45]) Neue Fassung nach J.M.Bek. v. 15./1. 86 (J.M.Bl. S. 2).

durch welche von dem Notar bestätigt wird, daß der Betheiligte vor ihm die auf der vorgelegten Urkunde befindliche Unterschrift als die seinige anerkannt, oder in seiner Gegenwart die Unterschrift der Urkunde beigesetzt habe, sind die für die Notariatsurkunden überhaupt, namentlich in Art. 62, 63, 66 und 67 des Notariatsgesetzes vorgeschriebenen Förmlichkeiten zu beobachten, und ist die bisher häufig gebrauchte Form der Beglaubigung („zur Beglaubigung vorstehender Unterschrift" Datum und Fertigung) ungenügend.[46])

§ 93. Die Notariatsurkunde über die Beglaubigung ist auf die Urkunde, auf welcher sich die zu beglaubigende Unterschrift befindet, selbst und zwar unmittelbar unter diese zu setzen, oder doch, wenn diese Urkunde hiezu nicht hinreichenden Raum darbietet, auf derselben unmittelbar unter der Unterschrift zu beginnen.

§ 94. Da durch die Beglaubigung der Unterschrift die Urkunde selbst, unter welcher sich die Unterschrift befindet, die Eigenschaft einer Notariatsurkunde nicht erlangt, liegt dem Notar nicht ob, von dem Inhalte der Urkunde Kenntniß zu nehmen, um denselben nach Maßgabe der Vorschriften des Art. 45 des Notariatsgesetzes zu prüfen.

§ 95. (Beglaubigung von Abschriften.) Bei Beglaubigung einer Abschrift hat der Notar gemäß Art. 83 des Notariatsgesetzes lediglich unter Beifügung des Datums, seiner Namensunterschrift und des Notariatssiegels — die Uebereinstimmung der Abschrift mit der vorgelegten Schrift zu bestätigen, welche Bestätigung unmittelbar unter die zu beglaubigende Abschrift zu setzen ist.

§ 96. Bei Auszügen, welche von dem Notare beglaubigt werden sollen, muß durch Striche angedeutet sein, wo Stellen der Urkunde, aus welcher der Auszug entnommen ist, weggeblieben sind.

§ 97. Finden sich in der zur Vergleichung vorgelegten Schrift radirte Stellen, Lücken, zwischen oder neben den Linien geschriebene, oder ausgestrichene, oder durch andere ersetzte Worte, Risse, Verletzungen an dem Siegel und dergleichen Mängel, oder ist zweifelhaft, wie ein undeutlich geschriebenes Wort zu lesen sei, so ist dieses von dem Notar unter genauer Anführung, beziehungsweise Beschreibung der betreffenden Stellen oder Mängel bei der Bestätigung des Gleichlauts zu bemerken.

§ 98. Da dem Notar kein Urtheil darüber zusteht, ob die Privaturkunde, von welcher die Abschrift entnommen ist, von demjenigen, welcher als deren Urheber angegeben wird, wirklich herrühre, so kann derselbe nicht die Uebereinstimmung der Abschrift mit der Urschrift (dem Original), sondern nur deren Uebereinstimmung mit der vorgelegten Schrift bestätigen, jedoch ist bei der Beglaubigung zu bemerken, ob die vorgelegte Schrift als Urschrift oder selbst als Abschrift bezeichnet worden sei.

Bei Abschriften öffentlicher Urkunden, welche von inländischen Gerichten oder Behörden herrühren, kann der Notar die Uebereinstimmung der Abschrift mit der Urschrift bestätigen, [vorbehaltlich der Bestimmungen der Gerichtsordnung Kap. XI. § 4.][47])

§ 99. Bei Beglaubigung von Auszügen aus Handelsbüchern und anderen dergleichen Urkunden ist dem Notar unverwehrt, das Aussehen und die Beschaffenheit des Buches, dessen Rubriken, ob es paginirt, ob es von Rasuren frei sei, und andere dergleichen von ihm wahrgenommene Thatsachen zu konstatiren.

§ 100. Soll nicht blos die Uebereinstimmung der Abschrift mit der vorgelegten Schrift bestätiget, sondern irgend eine andere Erklärung, z. B. über die Anerkennung des Inhalts oder der Unterschrift der vorgelegten Schrift beurkundet werden, so ist die Errichtung einer, mit den gesetzlichen Förmlichkeiten versehenen Notariatsurkunde nothwendig (Art. 83 des Notariatsgesetzes).

---

[46]) Wegen der Prozeßvollmacht s. jedoch C.P.O. § 76 Bd. I. S. 64.
[47]) Vgl. jetzt C.P.O. § 400 Bd. I. S. 49.

VIII. Abschnitt. Von den, den Notaren durch die Gerichte übertragenen Geschäften.

§ **101**. Bei Geschäften, welche nach Art. 19 und 52 des Notariatsgesetzes den Notaren durch die Gerichte zu übertragen sind, haben diese bezüglich der Wahl des mit dem Geschäfte zu beauftragenden Notars die übereinstimmenden Anträge der Betheiligten zu berücksichtigen, insoferne nicht besonders erhebliche, den Betheiligten bekannt zu gebende Gründe entgegenstehen.

Wird von den Betheiligten ein desfallsiger Antrag nicht gestellt, oder können sich dieselben bezüglich der Wahl des mit dem Geschäfte zu beauftragenden Notars nicht verständigen, so kann zwar das Gericht irgend einen Notar des Bezirksgerichtssprengels mit dem Geschäfte beauftragen, die Gerichte haben jedoch darauf Bedacht zu nehmen, daß die Vornahme solcher Geschäfte, wenn nicht besondere Gründe zur Wahl eines anderen Notars vorliegen, demjenigen Notar übertragen werde, welcher an dem Orte, wo das Geschäft vorzunehmen ist, seinen Sitz hat, oder dessen Sitz diesem Orte am nächsten gelegen ist. Das Nämliche gilt bei Uebertragung von Verlassenschaftsverhandlungen an Notare, wenn nicht schon die Erben einen bestimmten Notar hiefür gewählt haben (Art. 35 des Notariatsgesetzes), sowie in den übrigen Fällen des Art. 51 des Notariatsgesetzes.

Haben an einem Orte mehrere Notare ihren Wohnsitz, so haben die einschlägigen Gerichte bei Uebertragung solcher Geschäfte, bei welchen weder ein Antrag der Betheiligten bezüglich der Person des Notars vorliegt, noch besondere Gründe zur Wahl eines bestimmten Notars obwalten, auch darauf Rücksicht zu nehmen, daß die Zutheilung in möglichst gleichmäßiger Weise stattfinde.[48])

§ **102**. Hat der Notar zu einer in Folge gerichtlichen Auftrages vorzunehmenden Verhandlung an einen Betheiligten eine Ladung zu erlassen (Art. 24 des Notariatsgesetzes) u. s. w.[49])

[Die Verfügungen des Gerichtes erfolgen taxfrei, dem Gerichtsboten ist die gesetzliche Ladungsgebühr zu entrichten.][50])

§ **103**. (Inventare.) Wird in einer bei Gericht anhängigen (Verlassenschafts-, Kuratel- oder Prozeß-) Sache einem Notare die Aufnahme eines Inventars aufgetragen, so hat das Gericht dem Notar auch die Personen zu bezeichnen, welche zur Aufnahme des Inventars geladen, beziehungsweise von dem hiezu bestimmten Termine benachrichtigt werden sollen.

§ **104**. Die bei Aufnahme des Inventars beizuziehenden Sachverständigen (Schätzer) hat, insoferne nicht mit Rücksicht auf den Zweck des Inventars die Wahl derselben dem Gerichte oder den Betheiligten zusteht (Art. 52 des Notariatsgesetzes) der Notar selbst zu bestimmen, jedoch hiezu, wenn nicht besondere Gründe entgegenstehen, Sachverständige zu wählen, welche als solche bereits im Allgemeinen verpflichtet sind.

Findet sich der Notar veranlaßt, Sachverständige zu wählen, welche als solche noch nicht verpflichtet sind, so hat er an das einschlägige Amtsgericht das Ansuchen um deren eidliche Verpflichtung zu stellen.

§ **105**. Besteht der Rücklaß eines Verstorbenen in einem aliquoten Theile eines Vermögens, welches sich im gemeinschaftlichen Besitze Mehrerer, z. B. von Ehegatten oder Geschwistern, befindet, so ist bei Aufnahme des Verlassenschaftsinventars nur jener Betrag, welcher den Antheil des Verstorbenen an den betreffenden Vermögensobjecten bildet, auszuwerfen, der Gesammtwerth derselben aber lediglich innerhalb der Linie vorzutragen.

§ **106**. (Versteigerungen in Verlassenschaften oder Pflegschaften.) Wird in einer bei Gericht anhängigen Verlassenschaft die Versteigerung des Rücklasses oder einzelner Bestandtheile desselben, oder in einer Vormundschafts- oder Kuratelsache die Versteigerung von Gegenständen, welche zum Vermögen des Pfleglings gehören, vom

---

[48]) Vgl. J.M.E. v. 7./11. 68 (J.M.Bl. S. 232).

[49]) Beseitigt mit Aenderung des Art. 23 d. Ges.

[50]) Formell aufgehoben durch d. Gebührengeſ. Art. 279; inhaltlich vgl. Artt. 149[1], 192[2], § 3 Abs. 2 u. 154.

Verlassenschafts- beziehungsweise Vormundschafts-Gerichte gemäß Art. 52 des Notariatsgesetzes einem Notare übertragen, so findet bei einer solchen Versteigerung das nemliche Verfahren, wie bei freiwilligen Versteigerungen (§ 77—80) statt.

§ 107. Werden aus Auftrag des Verlassenschafts- oder Vormundschafts-Gerichtes Liegenschaften im Wege der Versteigerung verkauft, so ist, wie bei anderen freiwilligen Versteigerungen, durch die über die Versteigerung aufgenommene Notariatsurkunde der Vorschrift des Art. 14 des Notariatsgesetzes genügt, insoferne die Erben, welche als die Verkäufer erscheinen, beziehungsweise der Vormund oder Curator, welcher mit Genehmigung oder aus Auftrag des Vormundschaftsgerichtes den Verkauf zu bethätigen hat, bei der Versteigerung als Betheiligte mitwirken oder dieselbe in einer besonders aufzunehmenden Notariatsurkunde nachträglich genehmigen (§ 78).

Ist die obervormundschaftliche Genehmigung des Ergebnisses der Versteigerung gesetzlich nothwendig oder vorbehalten, so ist der desfallsige Beschluß gemäß Art. 13 Abs. 2 des Notariatsgesetzes auf die Urschrift der über die Versteigerung aufgenommenen Urkunde zu setzen.

§ 108. Die Urschrift der über die Versteigerung aufgenommenen Urkunde, welche für sich allein oder in Verbindung mit der über die Genehmigung der Versteigerung aufgenommenen Urkunde die Notariatsurkunde über den Kaufvertrag bildet (§ 78), ist auch bei den in Folge gerichtlichen Auftrages vorgenommenen Versteigerungen der im § 106 und 107 erwähnten Art von dem Notar zu verwahren.

Zu den Verlassenschafts- oder Pflegschafts-Acten ist erforderlichen Falles eine Abschrift derselben zu nehmen.

§§ 109—118: von Immobilien.[51])

§ 119 betr. Zwangsversteigerungen von beweglichen Sachen.[52])

IX. Abschnitt. Von den Verlassenschafts-Verhandlungen.

§ 120. In den Verlassenschaften, welche gemäß Art. [18 des Gesetzes vom 10. November 1861 über die Gerichtsverfassung][53]) von den zuständigen Amtsgerichten behandelt werden, liegt

a) die Errichtung der Inventare (Art. 19 des Notariatsgesetzes),
b) die Vornahme der Versteigerungen, insoweit diese bisher den Verlassenschaftsbehörden oblag (Art. 52),
c) die Beurkundung solcher die Theilung des Rücklasses bezielenden Verträge, welche die Uebertragung des Alleineigenthums der zum Rücklasse gehörigen Liegenschaften und diesen gleichgeachteten Rechte an einzelne Erben, dann die Cession der zum Rücklasse gehörigen Hypothekforderungen an einzelne Erben zum Gegenstande haben (Art. 14),

im ausschließlichen Wirkungskreise der Notare.

In Ansehung der Errichtung der Inventare und der Vornahme von Versteigerungen wird auf die §§ 103—105, dann 106—108 gegenwärtiger Instruction verwiesen; — die unter Ziffer 3 erwähnten Verträge können von den Notaren auf Antrag der Betheiligten auch ohne Auftrag des Verlassenschaftsgerichtes beurkundet werden.

In wieferne die Notare in den von den Amtsgerichten behandelten Verlassenschaften noch außerdem entweder aus Auftrag des Verlassenschaftsgerichtes oder auf Antrag der Betheiligten Verhandlungen pflegen, beziehungsweise Erklärungen der Betheiligten aufnehmen können, ist in Art. 28 Abs. 4, Art. 51 und Art. 11 Abs. 3 des Notariatsgesetzes bestimmt.

§ 121. Ist einem Notare durch letztwillige Verfügung des Erblassers die Auseinandersetzung einer Verlassenschaft übertragen (Art. 29 und 30 des Notariatsgesetzes), so tritt er in allen Beziehungen an die Stelle des Gerichtes, welches außerdem zur Behandlung der Verlassenschaft zuständig gewesen wäre, und hat die Verlassenschaft

---

[51]) Ersetzt durch die Subhastations-Ordnung.
[52]) C.P.O. Buch VIII. u A.G. z. C.P.O. Art. 24 u. 76. Bd. I. S. 146 f.
[53]) Art. 15 d. A.G. z. R.G.Verf.Ges. v. 23./2. 1879. S. d. Anm. zu Art. 11 d. Ges.

nach Maßgabe der jeden Ortes zur Anwendung kommenden Gesetze auseinander zu setzen.

War der Rücklaß durch das zuständige Amtsgericht unter Siegel gelegt worden, so hat dieses das Gerichtssiegel abzunehmen und den Nachlaß an den als Verlassenschaftscommissär ernannten Notar auszuantworten, welcher, wenn hiezu gesetzliche Veranlassung gegeben ist, das Notariatssiegel an demselben anzulegen hat.

Der Notar hat, wenn außer der seine Ernennung zum Verlassenschaftscommissär enthaltenden, noch eine anderweite letztwillige Verfügung vorhanden ist, dieselbe zu eröffnen, die vorhandenen letztwilligen Verfügungen, insoweit dieses nicht bereits durch das Verlassenschaftsgericht geschehen, zu verkünden und die Betheiligten zur Erklärung über dieselben zu veranlassen; — er hat, wenn die Intestaterbfolge einzutreten hat, die hiezu Berufenen nöthigen Falls auszumitteln, dieselben, insoferne dies erforderlich ist, zur Erklärung über den Erbschaftsantritt zu veranlassen und die Legitimation derjenigen, welche als Intestaterben auftreten, insoweit dieses in der Zuständigkeit einer Verlassenschaftsbehörde liegt, zu prüfen; — er hat auf Antrag der Erben oder wenn dies auch ohne solchen gesetzlich geboten ist, ein Inventar über den Rücklaß zu errichten und sodann nach den Anträgen der als legitimirt anerkannten Erben die zur Auseinandersetzung der Verlassenschaft nöthigen weiteren Verhandlungen zu pflegen, Theilungen und Versteigerungen vorzunehmen, die zum Zwecke der Theilung nothwendigen Verträge aufzunehmen und hierauf nach Maßgabe der getroffenen Vereinbarungen den Rücklaß an die Erben auszuantworten.

Wird die letztwillige Verfügung des Erblassers angefochten, oder, wenn die Intestaterbfolge einzutreten hat, die Berechtigung der als Erben Aufgetretenen beanstandet, so hat der Notar die Betheiligten an das zuständige Gericht zu verweisen und lediglich die zur Sicherung des Nachlasses erforderlichen Maßregeln zu treffen.

§ 122. Wollen die Erben selbst die Auseinandersetzung der Verlassenschaft einem Notar übertragen (Art. 35 des Notariatsgesetzes), so muß vor Allem deren Legitimation in dieser Eigenschaft feststehen.

Besteht hierüber Gerichts-Notorietät, wie wenn z. B. die als Erben Auftretenden die gerichtsbekannten alleinigen Kinder des ohne letzwillige Verfügung verstorbenen Erblassers sind, so kann die Ueberweisung des Rücklasses an den zur Auseinandersetzung der Verlassenschaft bestimmten Notar durch das zuständige Gericht sofort verfügt werden, ohne daß es einer weiteren gerichtlichen Einschreitung bedarf.

Ist dagegen jene Voraussetzung nicht gegeben, so hat das zur Verlassenschaftsbehandlung zuständige Amtsgericht — nach Anlegung der Gerichtssiegel, insoferne diese gesetzlich geboten ist, — jedenfalls die zur Feststellung der Legitimation der Erben erforderlichen Verhandlungen zu pflegen.

Dasselbe hat daher, wenn eine letztwillige Verfügung vorhanden ist, die Eröffnung und Verkündung derselben vorzunehmen, oder nach Art. 28 des Notariatsgesetzes anzuordnen, und die Betheiligten zur Erklärung hierüber zu veranlassen; es hat ferner, im Falle die Intestaterbfolge einzutreten hat, die Ansprüche der als Intestaterben Auftretenden, insoweit dies in der Zuständigkeit einer Verlassenschaftsbehörde liegt, zu prüfen, die allenfalls noch weiter zur Intestaterbfolge Berufenen zu ermitteln und zur Abgabe ihrer Erklärung zu veranlassen und erst, wenn hienach die Legitimation derjenigen, welche als Erben die Auseinandersetzung der Verlassenschaft einem Notar übertragen wollen, feststeht, ist die Sache für das Verlassenschaftsgericht erledigt und kann die Ueberweisung des Rücklasses an den zur Auseinandersetzung der Verlassenschaft bestimmten Notar stattfinden.

§ 123. Die Erklärung, daß die Auseinandersetzung der Verlassenschaft einem Notare übertragen werden wolle, kann von den als Erben Auftretenden sowohl bei dem zur Behandlung der Verlassenschaft zuständigen Amtsgerichte, als auch gemäß Art. 11 Abs. 3 des Notariatsgesetzes vor dem Notare, welchem die Auseinandersetzung der Verlassenschaft übertragen werden will, selbst abgegeben werden.

Im letzteren Falle hat der Notar die aufgenommene Urkunde mit den allenfalls übergebenen, zur Begründung der Legitimation der Erben dienlichen Behelfen dem Verlassenschafts-Gerichte vorzulegen, welches, wenn die Legitimation der Erben keiner Beanstandung unterliegt, auf die an den Notar zurückzusendende Notariatsurkunde die Verfügung zu setzen hat, daß gemäß Art. 35 des Notariatsgesetzes der Nachlaß zur Auseinandersetzung der Verlassenschaft dem Notare überwiesen werde.

§ 124. Ladungen an Betheiligte, welche der Notar in seiner Eigenschaft als Verlassenschaftscommissär zu erlassen hat, sind, insoferne ein Nachweis der Zustellung derselben als erforderlich erscheint, u. s. w.[54])

Das nämliche gilt von anderen Verfügungen, welche der Notar als Verlassenschaftscommissär an Betheiligte zu erlassen hat, und über deren Zustellung ein Nachweis erforderlich ist.

— — — — — — — — — — — — — — — — — — — —[54])

X. Abschnitt. Von den durch die Notare zu führenden Registern.

§ 125. Das im Art. 77 des Notariatsgesetzes vorgeschriebene Geschäftsregister ist nach dem unter Beil. III. angefügten Formulare einzurichten.

In dasselbe müssen sämmtliche von dem Notare aufgenommene Urkunden, sohin auch jene eingetragen werden, welche in Folge gerichtlichen Auftrages aufgenommen worden sind und Bestandtheile gerichtlicher Acten zu bilden haben; nur die Wechselproteste, bezüglich welcher die Notare gemäß Art. 79 des Notariatsgesetzes lediglich die in Art. 88—90 der allgemeinen deutschen Wechselordnung enthaltenen Vorschriften zu beobachten haben, sind blos in das dort (Art. 90) vorgeschriebene Register einzutragen.

§ 126. Die Reihe der fortlaufenden Nummern des Geschäftsregisters ist mit dem Anfange eines jeden Kalenderjahres neu zu beginnen.

Auf der Urschrift der Urkunde ist diese Nummer neben die Ueberschrift zu setzen.

Der Gegenstand des Eintrages in jeder Spalte des Geschäftsregisters ergiebt sich aus der Ueberschrift derselben und den Vorschriften des Art. 77 des Notariatsgesetzes.

Die fünfte Spalte ist bei jenen Urkunden, welche in Urschrift von dem Notare aufzubewahren sind, durch einen Querstrich auszufüllen; bei jenen Urkunden, welche gemäß Art. 82 Abs. 2 des Notariatsgesetzes in Urschrift den Betheiligten hinausgegeben oder an ein Gericht übersendet werden, ist dieses in der fünften Spalte zu bemerken, mit der Angabe, wann und an welches Gericht die Uebersendung stattgefunden habe.[55])

Wird die Urschrift einer Urkunde, welche von dem Notare aufzubewahren ist, gemäß Art. 12, 13 und 15 des Notariatsgesetzes an ein Amtsgericht zur Prüfung und Schlußfassung übersendet, so ist dies unter Anführung des Tages der Uebersendung in die letzte Spalte des Geschäftsregisters (Bemerkungen) einzutragen und ebendaselbst der Tag des Rückempfanges der Urkunde vorzumerken (§ 63).

§ 127. Zum Zwecke der ersten Anlage der im Art. 48 Abs. 1 und 2 des Notariatsgesetzes vorgeschriebenen Verzeichnisse haben die Stadt- und Landgerichte die bis zum 30. Juni l. Js. in ihrem Gerichtsbezirke wegen Verschwendung, Geistes- oder Körperschwäche unter Curatel gestellten Personen, dann in den im Abs. 2 bezeichneten Gebietstheilen die der Eheleute, welche bis zu dem erwähnten Zeitpunkte die Gütergemeinschaft öffentlicher Ausschreibung gemäß ausgeschlossen haben, den in dem einschlägigen Bezirksgerichtssprengel angestellten Notaren bekannt zu geben.

Die weiteren Einträge in die nach diesen Mittheilungen anzufertigenden Verzeichnisse haben die Notare auf dem Grunde der bezüglichen öffentlichen Bekanntmachungen, welche gemäß der allerhöchsten Entschließung vom 7. März 1814 (Döllinger's Sammlung Band XIX. S. 96) in das einschlägige Kreisamtsblatt eingerückt werden müssen, zu machen.

XI. Abschnitt. Von den Notariatsgebühren.

§ 128. In dem Geschäftsregister sind auch die für das Geschäft angefallenen Notariatsgebühren in der hiefür bestimmten Spalte vorzumerken.[56])

§ 129. Wird die Urschrift einer Notariatsurkunde gemäß Art. 82 des Notariatsgesetzes an den Betheiligten oder an ein Gericht abgegeben, so ist der Betrag der

---

[54]) S. Art. 24 d. Ges.

[55]) Autogr. J.M.E. v. 1./11. 71; Enderlein S. 287 Nr. 3.

[56]) „Für das Geschäft" d. h. für die nach Art. 77 d. Ges. einzutragende Urkunde nicht für jedes Geschäft (J.M.Bl. 1864 S. 137).

Notariatsgebühren, [Taxen und Stempel] [57]) auf dem einzulegenden Fehlblatte (§ 50) vorzumerken.

§ 130. Eine Anführung der bei der Gebührenberechnung zum Grunde gelegten Bestimmung der Gebührenordnung ist nur dann nothwendig, wenn dem Notare gestattet ist, nach seiner Wahl die eine oder andere Bestimmung der Gebührenordnung zur Anwendung zu bringen.

§ 131. Ob in dem in Artikel 112 des Notariatsgesetzes vorgesehenen Falle der Gebührenfestsetzung vorgängig eine Vernehmung des Betheiligten stattzufinden habe, z. B. über den von dem Notare berechneten Zeitaufwand, bleibt dem Ermessen des Landgerichtes vorbehalten.

§ 132. Ist für einen Notariatssitz das Einkommens-Minimum [von 800 fl.] [58]) gesichert, so hat der Notar, welcher auf Ergänzung seines dienstlichen Einkommens Anspruch zu haben glaubt, beim Beginne des Jahres gleichzeitig mit Vorlage des Geschäftsregisters (Art. 78 des Notariatsgesetzes) eine Berechnung der in dem abgelaufenen Jahre angefallenen Gebühren (mit Ausscheidung jener Bezüge, welche bloß Vergütung für Auslagen sind), seiner dienstlichen Auslagen (z. B. für das Geschäftslocal, dessen Beheizung und Beleuchtung, für Schreiber u. dgl.) und des sich hiernach berechnenden reinen dienstlichen Einkommens dem Landgerichts-Präsidenten vorzulegen.

Dieser hat die Berechnung zu prüfen, die allenfalls nöthig scheinenden Ergänzungen und Bescheinigungen anzuordnen und die Berechnung nöthigenfalls zu berichtigen, worauf dieselbe mit gutachtlichem Berichte dem Staatsministerium der Justiz vorzulegen ist; — durch dieses wird sodann der Betrag der dem Notare zukommenden Einkommensergänzung festgesetzt und die Zahlungsanweisung veranlaßt werden.

Vorstehende Instruction ist in den Landestheilen diesseits des Rheines auch durch die Kreisamtsblätter bekannt zu machen.

3a) Königlich Allerhöchste Verordnung, die Notariatsgebühren-Ordnung betr. Vom 30. November 1875.

(Ges. u. V.Bl. Nr. 61 S. 737 ff.)

Wir finden Uns bewogen, unter Bezugnahme auf die Schlußbestimmung [1]) der Allerh. Verordnung v. 19. Januar 1862, die Notariatsgebühren-Ordnung betreffend, an Stelle dieser Verordnung und der Allerh. Verordnung v. 7. Juni 1863 gleichen Betreffs nachstehende Bestimmungen treten zu lassen:

1. Abschnitt. Von den Gebühren nach dem Werthsverhältnisse.*)

Art. 1. Für Kauf- und Tauschverträge,[1])
für Verträge über Eigenthumsübertragung an Zahlungsstatt,[2])

---

[57]) Vgl. Instr. z. Vollzuge des Gebührenges. § 1.

[58]) S. Art. 104.

[1]) „Uebrigens behalten Wir Uns vor, in dem Falle, wenn durch die Erfahrung sich Aenderungen an den vorstehenden Bestimmungen begründet zeigen sollten, solche seiner Zeit zu verfügen". — Das System der Not.Geb.O. ist ein gemischtes, indem sie die Gebühren entweder nach dem Werthverhältnisse (1. Abschn.) oder nach einem Mindest- und Höchstbetrage (Abschn. 2) bestimmt oder ständig festsetzt (Abschn. 3) oder nach der auf das Geschäft verwandten Zeit bemißt (Abschn. 4). — Vgl. Instr. §§ 130, 131. — Art. 101 d. Ges. — Mit Rücksicht auf Art. 105 d. Ges. ist bei den einzelnen Positionen auf die einschlägigen Vorschriften des Gebührengesetzes v. 18./8. 1879 verwiesen. Siehe dasselbe im Anhange hinter B. (Pfalz).

*) Vgl. Geb.Ges. Art. 143 u. Vollzugsinstr. § 14. Siehe auch Art. 37 d. Ges.

[1]) Geb.Ges. Artt. 112 f., 118, 153 d. Ges.

[2]) Art. 112 cit.

für Gutsübergabsverträge,[3])
für Vergleiche, wenn sie eine Eigenthumsübertragung enthalten,[3])
für Erbtheilungsverträge und Verträge über Theilung anderer gemeinschaftlicher Vermögensmassen oder im Miteigenthume befindlicher Gegenstände,[4])
für Werkverdingungsverträge,
für Pacht- und Miethverträge über Liegenschaften,[5])
für Verkäufe und Verpachtungen von Liegenschaften im Versteigerungswege,[6])
für Verträge über Bestellung, Kauf oder Ablösung von Grundrenten,[7])
für Schenkungen[8])
beträgt das Honorar des Notars:
bei einem Werthe des Vertragsgegenstandes unter 100 ℳ . 1 ℳ,
bei einem höheren Werthe:
für den Betrag bis zu 400 ℳ einschließlich . . . . . . 1 Procent,
für den Betrag von mehr als 400 ℳ bis zu 1100 ℳ einschließlich . . . . $^1/_2$ Procent,
für den Betrag von mehr als 1100 ℳ bis zu 3500 ℳ einschließlich . . . . $^1/_4$ Procent,
für den Betrag von mehr als 3500 ℳ bis zu 18,000 ℳ einschließlich . . . . $^1/_6$ Procent,
für den Betrag von mehr als 18,000 ℳ . . . . $^1/_{15}$ Procent
des Werthes; jedoch darf das Honorar den Betrag von 275 ℳ nicht übersteigen.

Bei den voraufgeführten Geschäften, für welche das Honorar nach vorstehender Bestimmung weniger als 2 ℳ beträgt, findet die Bestimmung des Artikels 37 der Notariatsgebühren-Ordnung keine Anwendung.

Art. 2. Für Schuldbekenntnisse (Schuldverschreibungen, Schuldbriefe),[9])
für Cessionen,[10])
für Uebernahme von Schulden mit und ohne Zustimmung des Gläubigers,
für Bürgschaften und Cautionsbestellungen auf bestimmte Summen,[11])
für Faustpfandbestellungen,
für Vergleiche, welche ein Schuldbekenntniß auf eine bestimmte Summe enthalten,[3])
beträgt das Honorar des Notars:
bei einem Werthe des Vertragsgegenstandes, beziehungsweise einer Schuldsumme bis zu 175 ℳ einschließlich . . . . 1 ℳ,
bei einem Werthe, beziehungsweise einer Schuldsumme von mehr als 175 ℳ bis zu 500 ℳ einschließlich . . . . 2 ℳ,
bei einem höheren Werthe, beziehungsweise einer höheren Schuldsumme für den Betrag bis zu 1100 ℳ einschließlich $^1/_3$ Procent,
für den Betrag von mehr als 1100 ℳ bis 3500 ℳ einschließlich . . . . $^1/_6$ Procent,
für den Betrag von mehr als 3500 ℳ bis zu 18,000 ℳ einschließlich . . . . $^1/_{10}$ Procent,
für den Betrag von mehr als 18,000 ℳ . . . . $^1/_{30}$ Procent,
jedoch darf das Honorar den Betrag von 175 ℳ nicht übersteigen.

Bei den oben aufgeführten Geschäften, für welche das Honorar nach vorstehenden Bestimmungen weniger als zwei Mark beträgt, findet die Bestimmung des Artikels 37 der Notariatsgebühren-Ordnung keine Anwendung.

Art. 3. Für Einnahme, Aufbewahrung und Ablieferung von Geldern und

[3]) Art. 120 }
[4]) Art. 113 } des Geb.Ges. im Anhange hinter B. (Pfalz).
[5]) Art. 144 }
[6]) Artt. 119 u. 11 ff. Geb.Ges.; Instr. z. Vollz. d. R.Ger.Kostenges. ꝛc. § 14.
[7]) Vgl. Geb.Ges. Art. 122.
[8]) Geb.Ges. Art. 116.
[9]) Geb.Ges. Artt. 51, 112, 121.
[10]) Das. Art. 121 Abs. 2.
[11]) Geb.Ges. Artt. 140 Abs. 2, 149².

geldwerthen Papieren [12]) außer dem Falle der Versteigerung [13]) beträgt das Honorar des Notars, einschließlich der hierauf bezüglichen Beurkundungen und Correspondenzen:

bei einem Betrage bis zu 2000 ℳ einschließlich . . . . . 1/4 Procent,

bei höheren Beträgen:

für den Betrag bis zu 2000 ℳ einschließlich . . . . . . 1/4 Procent,

für den Betrag von mehr als 2000 ℳ und zwar für je volle 1000 ℳ an baarem Gelde oder Banknoten . . . . . 1 ℳ,

für je volle 1000 ℳ an anderen geldwerthen Papieren . . — ℳ 50 ₰.

Art. 4. Für Einnahme, Aufbewahrung und Ablieferung der Strichgelder bei Versteigerungen gebühren dem Notar

bei Versteigerungen von Mobilien: [14])

bei einem Betrage der Strichgelder bis zu 900 ℳ einschließlich 3 Procent,

bei einem höheren Betrage derselben:

für den Betrag bis zu 900 ℳ einschließlich . . . . . . 3 Procent,

für den Betrag von mehr als 900 ℳ bis zu 1800 ℳ einschließlich . . . . 2 Procent,

für den Betrag von mehr als 1800 ℳ . . . . 1 Procent,

bei Versteigerungen von Immobilien: [15])

bei einem Betrage der Strichgelder bis zu 1800 ℳ einschließlich 1 Procent,

bei einem höheren Betrage derselben:

für den Betrag bis zu 1800 ℳ einschließlich . . . . . . 1 Procent,

für den Betrag von mehr als 1800 ℳ . . . . 1/2 Procent.

Art. 5. Bei Geschäften, welche mit Rücksicht auf den Werth des Gegenstandes der Verhandlung honorirt werden, bildet, soweit nicht in den folgenden Artikeln 6, 7, 8 etwas Anderes bestimmt ist, die Vertragsgegenstandssumme, welche [nach Maßgabe des Art. 26 Absatz 1, dann der Artikel 27, 28, 29 Absatz 1 und 30 des Gesetzes vom 28. Mai 1852 über das Taxregulativ für die Verhandlungen der nichtstreitigen Rechtspflege, sowie der innern, dann der Polizei- und Finanzverwaltung] [16]) bei Berechnung der dem Aerar zukommenden Taxe zum Grund zu legen ist, auch die Grundlage für die Berechnung des dem Notar gebührenden Honorars.

Art. 6. Findet ein Umtausch der Grundstücke einer ganzen Ortsflur oder eines Theiles einer solchen zum Zwecke der Zusammenlegung nach Maßgabe der Artikel 1 und 2 des Gesetzes vom 10. November 1861, die Zusammenlegung der Grundstücke betreffend, statt, so ist bei Berechnung der verhältnißmäßigen Gebühr für die Beurkundung des Vertrages oder der Verträge über die hiebei vorkommenden Eigenthumsübertragungen (Artikel 1 gegenwärtiger Verordnung) der Gesammtwerth der in das Zusammenlegungs-Unternehmen gezogenen Grundstücke zum Grunde zu legen. [17])

Hiebei bleibt die Anwendung der Artikel 37 und 38 mit 39 gegenwärtiger Verordnung vorbehalten.

Art. 7. In den in Artikel 25 des Gesetzes vom 10. November 1861, die Zusammenlegung der Grundstücke betreffend, vorgesehenen Fällen ist, insoferne über den Werthsanschlag der bei der Gebührenberechnung in Betracht kommenden Grundstücke zwischen dem Notare und den Betheiligten eine Vereinbarung nicht stattfindet, [18]) der zwanzigfache Betrag der Steuerverhältnißzahl dieser Grundstücke, von welchem der zwanzigfache Betrag der allenfalls auf denselben ruhenden Grundlasten abzuziehen ist, als deren Werth anzunehmen.

Art. 8. Bei Pacht- und Miethverträgen auf die Dauer von mehr als fünf Jahren oder auf unbestimmte Zeit ist der fünffache Betrag des jährlichen Pacht- oder Miethzinses als Vertragsgegenstands-Summe der Gebührenberechnung zum Grunde zu legen. [19])

---

[12]) Not.Ges. Art. 36.
[13]) S. Art. 4 d. Ges.
[14]) Geb.Ges. Artt. 221—228, 119. Siehe Anhang.
[15]) Das. Art. 119.
[16]) Aufgehoben durch Geb.Ges. Art. 279 Nr. 11. Vgl. das. Artt. 142 ff.
[17]) Vgl. Geb.Ges. Artt. 118 u. 153.
[18]) Art. 143 d. Geb.Ges.
[19]) Dagegen Geb.Ges. Art. 144.

Art. 9. Bei Verkäufen und Verpachtungen im Versteigerungswege wird das dem Notar gebührende Honorar, wenn bei einer und derselben Verhandlung mehrere einem und demselben Eigenthümer gehörige Grundstücke unter den nämlichen Kauf= beziehungsweise Pachtbedingungen versteigert werden, nach der Gesammtsumme berechnet, welche je ein Steigerer für die von ihm erkauften und beziehungsweise gepachteten Grundstücke zu entrichten hat.

Art. 10. Hat ein Schuldbekenntniß oder ein anderes der in Artikel 2 genannten Rechtsgeschäfte mehrere Forderungsposten zum Gegenstande, so wird das Honorar aus dem Gesammtbetrage derselben berechnet.

Art. 11. Wird mit einem Schuldbekenntnisse oder einem anderen der in Artikel 2 genannten Rechtsgeschäfte eine Hypothek- oder Faustpfandbestellung in einem und demselben Notariatsacte verbunden (Artikel 32) und dabei eine Mehrzahl von Hypothek= oder Faustpfand=Objecten verpfändet, durch deren Aufzählung mehr als eine Seite in Anspruch genommen wird, so kann für jede weitere Seite, welche die Aufzählung der Pfandobjecte ganz oder theilweise einnimmt, noch eine Mark in Ansatz gebracht werden.[20])

Art. 12. Bei der Berechnung aller in diesem Abschnitte festgesetzten Gebühren bleiben Bruchtheile eines Pfennigs außer Ansatz, und werden Pfennigbeträge, welche nicht das Vielfache der Zahl fünf bilden, bis zu dem nächsten Vielfachen von fünf erhöht.

2. Abschnitt. Von den Gebühren, für welche ein höchstes und ein niedrigstes Maß festgesetzt ist.*)

Art. 13. Je nach dem Umfange, der Schwierigkeit und Wichtigkeit des Geschäftes und nach den Vermögensverhältnissen der Betheiligten beträgt das Honorar des Notars

für Eheverträge,[21])
- wenn das Vermögen der Ehegatten beziehungsweise der Verlobten zusammengenommen unter 2000 ℳ beträgt oder wenn es weder aus dem Vertrage ersichtlich, noch sonst hinreichend bekannt ist . . . . 4—9 ℳ
- wenn der Ehevertrag lediglich die religiöse Erziehung der Kinder betrifft . . . . 2 ℳ
- außerdem . . . . 8—18 ℳ

für Einkindschaftsverträge[22]) . . . . 4—36 ℳ
für die Aufnahme einer letztwilligen Verfügung[23]) . . . . . . 4—40 ℳ
für Erbverträge[24]) . . . . 4—40 ℳ
für Versicherungsverträge . . . . 6—36 ℳ
für Gesellschaftsverträge[25]) . . . . 6—80 ℳ
für Bürgschaften und Cautionsbestellungen, welche nicht auf eine bestimmte Summe lauten[11]) . . . . 2—7 ℳ
für Abnährungsverträge[26]) . . . . 2—9 ℳ
für alle Verträge, welche in der gegenwärtigen Verordnung nicht besonders erwähnt sind . . . . 4—20 ℳ
für Correspondenzen und Berichte, welche dem Notar als Verlassenschafts=Commissär (Artikel 29, 35 des Notariats=Gesetzes) obliegen, dann für die von ihm in dieser Eigenschaft auszustellenden Zeugnisse[27]) . . . . 1—4 ℳ

---

[20]) Vgl. Geb.Ges. Art. 140.
*) Siehe auch Art. 37.
[21]) Geb.Ges. Art. 114.
[22]) Das. Art. 128^{3}.
[23]) Das. Art. 125; vgl. auch Art. 84 das.
[24]) Das. Artt. 113, 115.
[25]) Das. Art. 117.
[26]) Das. Art. 145 Abs. 2.
[27]) Artt. 83—87, 149^{1} u. 130 Abs. 3 d. Geb.Ges.

(Footnotes 20–27: Siehe Anhang hinter B. (Pfalz).)

3. Abschnitt. Von den ständigen Gebühren.

Art. **14.** Drei Mark fünfzig Pfennig beträgt das Honorar des Notars für Uebernahme einer letztwilligen Verfügung, für Beurkundung des Widerrufes oder der Zurücknahme einer von dem Notar aufgenommenen, beziehungsweise demselben übergebenen letztwilligen Verfügung,[28]) für Verkündung einer letztwilligen Verfügung, für Aufnahme eines Wechselprotestes einschließlich der Eintragung des Protestes in das Register.[29])

Art. **15.** Eine Mark achtzig Pfennig beträgt das Honorar des Notars für das Aufsuchen einer Notariatsurkunde zum Zwecke der Einsichtnahme durch einen Betheiligten,[30]) wenn nicht wenigstens der Jahrgang der Errichtung der Urkunde angegeben ist; ist der Jahrgang angegeben, so beträgt das Honorar 50 ₰.

Wird in dem letztern Falle eine Ausfertigung der Urkunde ertheilt, so kann für das Aufsuchen der Urschrift eine besondere Gebühr nicht gefordert werden.

Art. **16.** Mit einer Mark werden vergütet:

Quittungen,[31]) Verzichte, Erklärungen und Verträge über Erlassung oder Stundung einer Schuld, wenn diese nicht mehr als 200 ℳ beträgt, sowie

Erklärungen in Hypothekensachen,[32]) wenn die im Hypothekenbuche eingetragene oder einzutragende Forderung, auf welche sich die Erklärung bezieht, den Betrag von 200 ℳ nicht übersteigt;

Vollmachten und Genehmigungsurkunden, deren Aufnahme nicht mehr als eine Stunde in Anspruch nimmt;[33])

die Zurücknahme einer Vollmacht; Lebensatteste;[33])

die Bestätigung des Datums der Vorzeigung einer Urkunde;[34])

Zeugnisse über Gegenstände der amtlichen Wirksamkeit des Notars,[35]) z. B. über das Vorhandensein einer Notariatsurkunde;

die Beglaubigung der Unterschrift einer Privaturkunde;[35]) sind die Unterschriften mehrerer Personen unter einer und derselben Urkunde zu beglaubigen, so ist der Notar für die zweite und jede weitere Person 50 ₰ anzusetzen berechtigt;[36])

die Beglaubigung einer Abschrift[37]) (Art. 83 des Notariatsgesetzes), wenn dieselbe nicht mehr als einen Bogen einnimmt; für jede weitere Seite werden 10 ₰ bezahlt;

Anzeigen des Notars an das Verlassenschaftsgericht über die von ihm errichteten und bei ihm hinterlegten letztwilligen Verfügungen und Erbverträge;[38])

die Uebersendung von Ausfertigungen der vor dem Notar errichteten letztwilligen Verfügungen und Erbverträge (Artt. 27 und 28 des Notariatsgesetzes);[37])

die Uebersendung einer gemäß Art. 11 Abs. 3 des Notariatsgesetzes von dem Notar aufgenommenen Erklärung an das zuständige Gericht, insoferne diese nicht von den Betheiligten selbst besorgt wird;[38])

die Vorlage eines in Folge gerichtlichen Auftrages aufgenommenen Inventars oder der Versteigerungsacten;[38])

Vorlagen, welche durch gerichtliche Aufträge gemäß Art. 51 des Notariatsgesetzes veranlaßt werden;[38])

die Abfassung öffentlicher Bekanntmachungen;[38]) umfaßt jedoch die öffentliche Bekanntmachung mehr als eine Seite, so wird für jede weitere ganz oder theilweise in Anspruch genommene Seite gleichfalls 1 ℳ vergütet;

die Festsetzung einer Immobiliar-Versteigerungstagsfahrt.[38])

Siehe Anhang hinter B. (Pfalz):

[28]) Geb.Ges. Artt. 125 Abs. 2 und 149[3].
[29]) Das. Art. 127.
[30]) Nicht durch die Finanzbehörde u. s. w.
[31]) Geb.Ges. Artt. 120 Abs. 4 u. 128[4].
[32]) Geb.Ges. Artt. 121 u. 122.
[33]) Not.Ges. Art. 82.
[34]) Geb.Ges. Art. 129.
[35]) Geb.Ges. Art. 128 Abs. 4.
[36]) Vgl. Geb.Ges. Art. 140.
[37]) Geb.Ges. Art. 130 Abs. 3.
[38]) Geb.Ges. Art. 149[1].

4. Abschnitt. Von den Gebühren, welche nach Verhältniß der auf das Geschäft verwendeten Zeit erhoben werden.

Art. 17. Nach Verhältniß der auf das Geschäft verwendeten Zeit werden vergütet:

Verträge über Alimentation außerehelicher Kinder mit oder ohne Anerkennung der Vaterschaft;[39])

Vergleiche, welche weder das Anerkenntniß einer bestimmten Schuldsumme, noch eine Eigenthumsübertragung enthalten;[40])

Inventuren und Schätzungen;[41])

Liquidationen und Berechnungen;

Aufnahme von Zeugenaussagen und Gutachten Sachverständiger;[42])

Versteigerungen von Mobilien;[43])

Urkunden über Besitzergreifung, Uebergabe oder Vorzeigung von Liegenschaften oder Mobilien, Anbieten der Erfüllung einer Verbindlichkeit oder der Annahme einer Leistung, über Geldvorzählung und dergleichen Thatsachen;[44])

Vollmachten, deren Aufnahme mehr als eine Stunde in Anspruch nimmt;[45])

die Beurkundung von Kündigungen, Protestationen, Reservationen, Mahnungen und dergleichen zur Mittheilung an Dritte bestimmte Erklärungen;[45])

Quittungen,[31]) Verzichte, Erklärungen und Verträge über Erlassung oder Stundung einer Schuld, wenn diese mehr als 200 ℳ beträgt;

Erklärungen über Annahme[46]) oder Widerruf von Schenkungen.[47])

Erklärungen in Hypothekensachen als: Hypothekenbestellungen, Erklärungen über Zustimmung zu Vormerkungen und Löschungen von Hypotheken oder Dispositionsbeschränkungen, zur Vinculirung einer im Hypothekenbuche eingetragenen Forderung, über Einräumung der Priorität und dergl., wenn die Forderung den Betrag von 200 ℳ übersteigt;[48])

Erklärungen in Verlassenschaftssachen, z. B. über Erbschaftsantritt, Testamentsanerkennung;[49])

Erklärungen über Zustimmung zu einem bereits abgeschlossenen Rechtsgeschäfte, zur Verehelichung von Kindern und Pflegebefohlenen, über Zusicherung einer Aussteuer und andere derartige einseitige Erklärungen;[50])

die Beurkundung der Hinterlegung von Urkunden zum Zwecke der Aufbewahrung, sowie die Beurkundung der Zurückgabe solcher Urkunden;[49])

die Hinterlegung einer gerichtlichen oder in siegelmäßiger Form errichteten Urkunde gemäß Art. 152 des Notariatsgesetzes;[49])

die Hinterlegung einer Privaturkunde gemäß Artikel 22 des Notariatsgesetzes, insoweit nicht Artikel 36 der gegenwärtigen Verordnung zur Anwendung kommt;[49])

die Uebergabe einer bei dem Notare verschlossen hinterlegten letztwilligen Verfügung bei dem Verlassenschaftsgerichte (Artikel 28 des Notariatsgesetzes);[49])

Geschäfte, welche zwar begonnen worden, jedoch ohne Verschulden des Notars nicht zum Abschlusse gekommen sind;

alle Handlungen des Notars, für welche in der gegenwärtigen Verordnung eine andere Gebührenbestimmung nicht enthalten ist, vorbehaltlich der Bestimmungen in Artikel 33 und 34 der gegenwärtigen Verordnung.

Art. 18. Das Zeithonorar beträgt für eine Stunde zwei Mark; jede angefangene Stunde wird der vollendeten gleichgeachtet.

Art. 19. Als zu dem Geschäfte verwendete Zeit kommt nicht blos die zum Niederschreiben der Urkunde verwendete, sondern auch jene Zeit in Anschlag, welche durch die der Beurkundung vorausgegangenen, dieselbe vorbereitenden Besprechungen

---

[39]) Geb.Ges. Art. 126. — [40]) Das. Art. 119. — [41]) Das. Art. 124.
[42]) Vgl. o. S. 31.
[43]) Geb.Ges. Art. 119.
[44]) Art. 128[4] d. Geb.Ges.; s. aber auch Art. 142.
[45]) Art. 128[4] Geb.Ges.
[46]) Art. 132 das.
[47]) Art 128[4], nicht Art. 137 (Vertragsauflösung, übrigens Beides = 1 Mark).
[48]) Art. 121 das. — [49]) Art. 128[4] das. — [50]) Art. 135 das.

mit den Betheiligten, durch die etwa in Abwesenheit der Betheiligten gepflogenen Vorarbeiten des Notars, z. B. Durchsicht von Acten, Rechnungen und anderen Urkunden, dann bei Geschäften, welche außerhalb des Geschäftslocales des Notars vorgenommen und für welche keine Reisegebühren vergütet werden, durch den Gang zu und von dem Orte der Verhandlung in Anspruch genommen worden ist.[51])

Art. 20. Mußte der Notar zur Vornahme des Geschäftes eine Reise machen, so darf der zur Reise erforderliche Zeitaufwand bei der Berechnung der Zeittaxe nicht in Anschlag gebracht werden.[52])

Art. 21. Die Notare sind gehalten, in den Urkunden über Geschäfte, für welche das Zeithonorar zu bezahlen ist, die zu dem Geschäfte verwendete Zeit vorzumerken.

Hat eine Zeitverwendung auf Vorarbeiten stattgefunden, so ist kurz zu bemerken, worin dieselben bestanden haben.[53])

5. Abschnitt. Von den Ausfertigungsgebühren.[54])

Art. 22. Für die Urschrift einer Notariatsurkunde kann eine Schreibgebühr nicht in Anspruch genommen werden.

Für das erste Blatt der Ausfertigungen und Auszüge (Art. 89 des Notariatsgesetzes) beträgt die Schreibgebühr 90 ₰ und für jede folgende Seite 20 ₰.

Jede angefangene Seite wird für voll gerechnet.

6. Abschnitt. Von den Entfernungs- und Reisegebühren.

Art. 23. Wird ein Geschäft, welches nicht schon vermöge seiner Natur auswärts vorgenommen werden muß (wie die Aufnahme eines Inventars, eines Wechselprotestes oder dergl.) von dem Notar aus Veranlassung des Betheiligten außerhalb seines Geschäftslocales vorgenommen, so hat er, insoferne nicht gemäß Artikel 24 Reisegebühren in Ansatz gebracht werden können, Anspruch auf eine Entfernungsgebühr, welche in Städten mit einer Bevölkerung von mehr als 10,000 Seelen 3 ℳ, für andere Notariatssitze 2 ℳ beträgt.

Hat der Notar in einem solchen Falle das Geschäft nach 7 Uhr Abends oder vor 7 Uhr Morgens vorgenommen, so beträgt die Entfernungsgebühr in den bezeichneten größeren Städten 6 ℳ, für andere Notariatssitze 4 ℳ

Art. 24. Wenn der Notar außerhalb seines Wohnortes an einem von diesem über zwei Kilometer entfernten Orte ein Geschäft vornimmt, so hat er Anspruch auf Reisegebühren.

Die Reisegebühren bestehen
1) in einem Taggelde,
2) in der Vergütung der Auslagen für das Gefährt.

Das Taggeld beträgt
a) für den ganzen Tag 11 ℳ,
b) für den halben Tag 5 ℳ 50 Pfennig.

Das halbe Taggeld ist dann in Ansatz zu bringen, wenn der Notar entweder erst nach der Mittagszeit seinen Wohnort verlassen hat, oder bis zur Mittagszeit wieder nach Hause zurückgekehrt ist. Bleibt er jedoch über sieben Stunden aus, so können 7 ℳ in Anrechnung gebracht werden.

Dauert die Reise nur Einen Tag und die Abwesenheit des Notars von seinem Wohnorte mehr als 14 Stunden, so beträgt das Taggeld 14 ℳ.

Für das Gefährt wird der ortsübliche Lohn für ein Lohnkutscherfuhrwerk oder, wenn die Eisenbahn benützt werden kann, die Fahrtaxe der II. Classe nebst den festgesetzten oder üblichen Gebühren für die Beförderung zu und von der Eisenbahn, dann für das Fortschaffen des Gepäckes vergütet.

Der Notar ist nur dann gehalten, von der Eisenbahn Gebrauch zu machen, wenn
1) weder sein Wohnort, noch der Ort seines Geschäftes weiter als 2 Kilometer

---

[51]) Siehe Rhein. Not.O. — [52]) S. Rhein. Not.O. — [53]) S. Rhein. Not.O.

[54]) Geb.Ges. Art. 130 Abs. 1 u. 2. Wegen der Gebühr für Ertheilung der Vollstreckungsklausel s. 3 b.

von einer Eisenbahnstation entfernt ist, oder wenn bei weiterer Entfernung des einen oder andern Ortes von einer Eisenbahnstation die zu benützende zusammenhängende Eisenbahnstrecke mindestens 37 Kilometer beträgt, wenn ferner

2) die Eisenbahn auch zur Rückfahrt benützt werden kann, ohne daß der Notar nach Beendigung des Geschäftes länger als zwei Stunden auf die Rückfahrt des Zuges zu warten braucht, endlich auch
3) die Abfahrt der zu benützenden Bahnzüge zu solcher Zeit stattfindet, daß der Notar nicht genöthigt ist, vor 6 Uhr Morgens seinen Wohnort zu verlassen, oder erst nach 10 Uhr Abends nach Hause zurückzukehren.

Hat der Notar das Geschäft aus Veranlassung des Betheiligten nach 7 Uhr Abends oder vor 7 Uhr Morgens vorgenommen, so kann er außer den Reisegebühren eine weitere Gebühr von 5 ℳ 50 ₰. in Anspruch nehmen.

Art. 25. Nimmt der Notar außerhalb seines Wohnortes bei einer und derselben Reise mehrere Geschäfte mit verschiedenen Betheiligten vor, so können die Reisegebühren doch nur einmal angerechnet werden.

Haben mehrere Personen, welche bei verschiedenen Geschäften betheiligt sind, die Reise veranlaßt, so sind die Reisegebühren unter dieselben verhältnißmäßig zu vertheilen.

Art. 26. Wenn ein Notar sich veranlaßt sieht, an einem von seinem Wohnsitze entfernten Orte des Bezirksgerichts-Sprengels regelmäßig und ohne daß er zu einem bestimmten Geschäfte gerufen wurde, sich einzufinden, um sich daselbst mit denjenigen Personen, welche seine amtliche Thätigkeit etwa in Anspruch nehmen wollen, zu besprechen und auf deren allenfallsiges Verlangen Urkunden aufzunehmen, so können für Geschäfte, welche der Notar bei solcher Gelegenheit vornimmt, Reisegebühren nicht in Anspruch genommen werden.

7. Abschnitt. Von den Gebühren für die zweiten Notare, für die Notariatszeugen und Ausrufer.

Art. 27. Ein gemäß Artikel 55 des Notariatsgesetzes zur Aufnahme einer Notariatsurkunde beigezogener zweiter Notar hat eine Gebühr von zwei Mark anzusprechen, soferne nicht der für ihn verursachte Zeitaufwand mehr als eine Stunde beträgt. Ist letzteres der Fall, so erhöhen sich seine Gebühren für jede weitere angefangene Stunde um zwei Mark.

Art. 28. Hat der zweite Notar einer außerhalb seines Wohnortes vorzunehmenden Verhandlung beizuwohnen, so kann er Reisegebühren nur nach Maßgabe des mit den Betheiligten getroffenen Uebereinkommens in Anspruch nehmen.

Art. 29. Die Honorirung der Instrumentszeugen, welche von den Betheiligten selbst beigebracht worden sind, bleibt dem gegenseitigen Uebereinkommen derselben überlassen.[55])

Dasselbe gilt in Ansehung der beizuziehenden Auskunfts- und Vertrauenspersonen (Artikel 62, 58 und 59 des Notariatsgesetzes).

Art. 30. Werden die Instrumentszeugen auf Verlangen der Betheiligten vom Notar berufen,[56]) so kann derselbe, wenn die Anwesenheit der Zeugen nicht länger als eine Stunde währt, für jeden derselben eine Gebühr von 60 Pf. verrechnen. Währt die Anwesenheit der Zeugen bei Aufnahme einer und derselben Urkunde länger als eine Stunde, jedoch nicht länger als vier Stunden, so kann für jeden derselben eine Gebühr von einer Mark, bei einem längeren Zeitaufwande von zwei Mark in Ansatz gebracht werden.

Müssen sich die vom Notar berufenen Zeugen über 2 Kilometer von ihrem Wohnorte entfernen, um dem Geschäfte beizuwohnen, so können für die Zeugen überdies Reisegebühren verrechnet werden, welche für je 2 Kilometer der Entfernung ihres Wohnsitzes vom Orte der Verhandlung — die Hin- und Herreise zusammengenommen — 60 Pf. betragen.

Art. 31. Bei Versteigerungen von Mobilien oder einer größeren Anzahl von

[55]) S. Instr. § 38. — [56]) Das. § 39.

Liegenschaften kann der Notar einen Ausrufer beiziehen, wenn nicht ein solcher von den Betheiligten selbst aufgestellt wird, und für denselben die ortsübliche Gebühr in Ansatz bringen.

8. Abschnitt. Allgemeine Bestimmmungen.

Art. 32. Enthält eine und dieselbe Urkunde mehrere Rechtsgeschäfte,[57]) so kann von dem Notar nur das verordnungsmäßige Honorar für Eines derselben in Ansatz gebracht werden. Die Wahl des in Ansatz zu bringenden Honorars steht dem Notar zu.

Art. 33. Für die Einsicht des Hypothekenbuches[58]) zum Zwecke einer vom Notar zu errichtenden Urkunde, dann für Briefe, welche der Notar zu diesem Zwecke an die Betheiligten oder an Dritte zu schreiben hat, kann, wenn das Geschäft zu den im 1., 2. und 3. Abschnitte aufgezählten gehört, eine besondere Gebühr nicht in Anspruch genommen werden.

Gehört das Geschäft aber zu den im 4. Abschnitte aufgezählten, oder wird für eines der im vorigen Absatze genannten Geschäfte die Zeittaxe erhoben (Artikel 37), so kann die auf solche Vorbereitungshandlungen verwendete Zeit in Anschlag gebracht werden.

In jedem Falle kann der Notar, wenn er auf Verlangen der Betheiligten zum Zwecke der Einsicht des Hypothekenbuches eine Reise unternimmt, nach Maßgabe des Artikel 24 Reisegebühren in Anspruch nehmen.

Art. 34. Für die Vorlage einer Notariatsurkunde bei dem zuständigen Gerichte[59]) gemäß Artikel 13 und 15 des Notariatsgesetzes;

für die in Artikel 15 Absatz 1 dieses Gesetzes vorgeschriebenen Anzeigen;

für die an die k. Rentämter zu erstattenden Besitzveränderungsanzeigen;

für Ladungen zu Inventarisationen, vom Gerichte angeordneten Versteigerungen und zu anderen dem Notar vom Gerichte aufgetragenen Geschäften (Artikel 24 des Notariatsgesetzes);

für Eintragung der Urkunden in das vorgeschriebene Register (Artikel 77 des Notariatsgesetzes);

für die Einträge in das zur Feststellung des Datums bestimmte Buch (Allerh. Verordnung v. 9. Juni 1870, J.M.Bl. 1870 S. 422);

für Vorlage einer Urkunde zum Zwecke der Beglaubigung nach Artikel 97 des Notariatsgesetzes;

für das zu den Urkunden, Aussertigungen und sonstigen Schriftstücken verwendete Papier kann eine besondere Gebühr nicht in Anspruch genommen werden.

Art. 35. Wenn nach den Bestimmungen der gegenwärtigen Verordnung Gebühren und Auslagen nach der Seitenzahl zu berechnen sind, so können die verordnungsmäßigen Gebühren nur dann in Ansatz gebracht werden, wenn die volle Seite wenigstens 25 Zeilen, jede Zeile durschnittlich zu 12 Sylben, enthält.

Art. 36. Wird die über ein Rechtsgeschäft errichtete Privaturkunde gemäß Artikel 22 des Notariatsgesetzes bei einem Notar hinterlegt, so ist hiefür, wenn dieses Rechtsgeschäft zu den in dem 1., 2. und 3. Abschnitte aufgezählten gehört, dasselbe Honorar zu entrichten, welches für die Aufnahme der Urkunde durch den Notar selbst zu entrichten gewesen wäre.

Art. 37. Für alle in dem ersten und zweiten Abschnitte aufgezählten Notariatsacte kann der Notar nach seiner Wahl statt der verordnungsmäßig festgesetzten verhältnißmäßigen, oder nach einem höchsten und niedrigsten Maße bestimmten Gebühren das Zeithonorar in Anspruch nehmen. Bei jenen in Artikel 1 und 2 der Notariatsgebühren-Ordnung aufgeführten Geschäften, für welche das Honorar weniger als zwei Mark beträgt, findet vorstehende Bestimmung keine Anwendung.

Art. 38. Erachtet der Notar die in der gegenwärtigen Verordnung festgesetzten Gebühren wegen besonderer Schwierigkeit und Wichtigkeit des vorgenommenen Ge-

---

[57]) Vgl. Geb.Ges. Art. 140 } im Anhange hinter B. (Pfalz).
[58]) Vgl. Geb.Ges. Art. 96 c } im Anhange hinter B. (Pfalz).
[59]) Vgl. Geb.Ges. Art. 94 } im Anhange hinter B. (Pfalz).

schäftes für ungenügend und will er ein höheres Honorar in Anspruch nehmen, so hat er, auch wenn dieser Anspruch von dem Betheiligten als begründet anerkannt wird, seinen Gebührensatz unter kurzer Darlegung der hiefür sprechenden Gründe der Genehmigung des [Bezirksgerichtsdirectors] Landgerichtspräsidenten zu unterbreiten.[60])

Die Zustimmung des Betheiligten ist der motivirten Gebühren-Liquidation des Notars schriftlich beizufügen.

Art. 39. Wird von dem Landgerichtspräsidenten die Genehmigung des liquidirten höheren Honorars verweigert, oder von dem Betheiligten der erhobene Anspruch als begründet nicht anerkannt, so steht es dem Notar frei, die Entscheidung der Sache durch das Landgericht zu beantragen, welches — im letzteren Falle nach Vernehmung des Betheiligten — das Honorar gemäß Artikel 112 des Notariatsgesetzes festsetzt.

Gegenwärtige Verordnung tritt mit dem 1. Januar 1876 in Wirksamkeit; übrigens behalten Wir Uns vor, in dem Falle, wenn durch die Erfahrung sich Aenderungen an vorstehenden Bestimmungen begündet zeigen sollten, solche seiner Zeit zu verfügen.

3 b) Allerh. Verordnung v. 15. Sept. 1879, die Gebühren der Notare betr.*) (Just.M. Nr. XXVI. S. 925.)

§ 1. Für die Ertheilung d. Vollstreckungsklausel, sofern dieselbe die Prüfung des Eintritts einer Thatsache oder einer Rechtsnachfolge erfordert (vgl. §§ 664, 665 d. R.C.P.O.), erhält der Notar eine Gebühr von 1 Mk.

§ 2. Bei der Zwangsversteigerung von Gegenständen des unbeweglichen Vermögens erhält der zum Versteigerungsbeamten ernannte Notar für die Festsetzung und Bekanntmachung der Versteigerung, die Zustellung und Veröffentlichung der Versteigerungsbekanntmachung und das gesammte übrige Verfahren bis zum Versteigerungstermine (Art. 69 der Subh.O. mit Einschluss der Beurkundung von Anträgen, Erklärungen und Vereinbarungen der Betheiligten (Artt. 51, 59, 61, 67, 68 der Subh.O., Artt. 3, 4, 6, 16, 19, 20, 23, 24 des Gesetzes v. 29. Mai 1886) eine Gebühr von 15 Mark. Im Falle einer wiederholten Versteigerung (Artt. 70, 85 der Subh.O.) und im Falle der Wiederversteigerung (Art. 87 der Subh.O., Artt. 28, 29 des Gesetzes v. 29. Mai 1886) beträgt die Gebühr 6 Mark.

Ausser diesen Gebühren hat der Notar Vergütung der baaren Auslagen zu beanspruchen. Bezüglich der Schreibgebühren finden die §§ 80 bis 80 b des Reichs-Gerichtskostengesetzes entsprechende Anwendung.

Für die Abgabe des Verst.Protok. u. d. Vollstreckungs-Akten an d. Vollstreckungsgericht (Art. 80 d. Subh.O.), kann eine besondere Gebühr nicht in Anspruch genommen werden. — Die Bestimmungen über die Gebühren der Notare im Zwangsversteigerungsverfahren finden entsprechende Anwendung auf die gerichtliche Versteigerung von Bergwerken, Steinbrüchen, Gräbereien und unbeweglichen Kuxen (Art. 182 d. Subh.O.) und auf die Versteigerung auf Uebergebot nach pfälzischem Rechte (Art. 208 des Ausf.Ges. z. R.C.P.O. u. Konk.O.).

§ 3. In den Landestheilen rechts des Rheins erhält der Notar [auch] bei den nach Art. 23 neuer Fassung, Art. 24 des Not.Ges. zu bewirkenden Zustellungen für das an die Post gerichtete Ersuchen um Bewirkung der Zustellung eine Gebühr von 40 Pfennig.

---

[60]) Vgl. Not.Ges. Art. 112 u. Instr. § 131.

*) In der Fassung der nachstehenden Ah. V. v. 29. Juni 1886 (Ges.Bl. S. 311):

Wir finden Uns bewogen, aus Anlaß des Gesetzes vom 29. Mai 1886, Abänderung einiger Bestimmungen des Gesetzes über das Gebührenwesen betr., und des Gesetzes vom nämlichen Tage, Aenderungen der Bestimmungen über die Zwangsvollstreckung in das unbewegliche Vermögen betr., die §§ 2, 3 der Allerh. Verordnung v. 15. September 1879, die Gebühren der Notare betr. (G. u. V.Bl. S. 1183), in nachstehender Weise zu ändern:

1. An die Stelle der Abs. 1 bis 3 des § 2 treten folgende Bestimmungen: (dieselben sind oben eingeschaltet). 2. § 3 erhält folgende Fassung: (siehe den Text).

§ 4. In der Pfalz erhält der Notar:

a) für die Beglaubigung einer Unterschrift oder eines Handzeichens unter Privaturkunden (nach Art. 224 des Ausf.Ges. z. R.C.P.O. u. Konk.O.) eine Gebühr von 1 Mk.; sind die Unterschriften oder Handzeichen mehrerer Personen unter einer und derselben Urkunde zu beglaubigen, so ist der Notar für die zweite und jede weitere Person 50 Pfg. anzusetzen berechtigt;

b) für die Bescheinigung über die zur Feststellung des Datums erfolgte Vorlage einer Privat-Urkunde (Art. 88 d. A.G. z. R.C.P.O. u. Konk.O., Art. 278 d. Ges. über d. Gebührenwesen) einschließlich des Eintrags in das vorgeschriebene Buch eine Gebühr von 1 Mk.

Gegeben Linderhof u. s. w.

3 c) Verordnung vom 20. September 1879,

die Ausführung des R.Gerichtskostengesetzes und des Gesetzes über das Gebührenwesen betr. (Vgl. oben S. 103 Anm. 8).

§ 12. Für die Besorgung des Gebührenwesens und der hiermit verbundenen Auslagen für Schreibmaterialien, Register- und Gebührenanforderungsformularien erhalten die hiermit betrauten Beamten und Bediensteten . . . eine Tantieme aus den von ihnen perzipirten und der Staatskasse verrechneten Gebühren und Strafgeldern. Diese Tantieme wird vom 1. Januar 1880 an auf 2 Prozent von den ersten 80000 Mark und 1 Prozent von dem diese Summe übersteigenden Betrage der Jahreseinnahme festgesetzt.

NB. Die Gebührengesetze, insbesondere vom 18. August 1879, siehe im Anhange hinter B. (Pfalz).

B. Bayerische Pfalz.

Litteratur: Euler, Handb. des Notariats in Preußen §§ 7—19 u. § 48. — Siebenpfeiffer, Handb. der Verfassung, Gerichtsorganis. u. ges. Verwaltung Rheinbayerns, Neustadt 1833, mit einer ziemlich undeutschen Uebersetzung des Ventôse-Gesetzes im 2. Bande. — Bolza, Die Gesetzgebung über das Notariat in der Bayr. Pfalz, Neustadt 1861; enthaltend in Bd. I. als ersten Theil, Historische Blicke ins Notariat, als zweiten Theil das Ventôse-Gesetz in franz. Texte mit deutscher, von Siebenpf. verschiedener Uebersetzung mit 1427 Anmerkungen; in Bd. II. als dritten Theil: über die Verantwortlichkeit der Notäre, größtentheils ein Auszug aus Vergé: traité de la responsabilité des notaires, als vierten Theil das Ges. v. (22. Frimaire VII.) 12. Dez. 1798 über Einregistrirung d. Not.Urk., als fünften Theil das Gesetz v. (13. Brumaire VII.) 3. Nov. 1798 über den Stempel, welche beiden Gesetze jetzt beseitigt und ersetzt sind durch d. Bayr. Ges. über d. Gebührenwesen v. 18. Aug. 1879; endlich im Anhange verschiedene, theilweise ebenfalls beseitigte Bayr. Gesetze und Verordnungen neueren Datums. — Biffar, Pfälzisches Notariat, Kaiserslautern 1882. Das von diesem angezogene Buch von Chelius, „Amtsverrichtungen der Ortsvorstände" hat wenig Bedeutung für das Notariat. — Keller in der Dtsch. Not.Ztg. 1887 Nr. 7, S. 117—120.

Uebersicht.

In der bayerischen Pfalz, O.L.G.Bezirk Zweibrücken, mit ca. 728400 Einwohnern und 65 Notaren (vgl. Art. 5 des Ventôse-Ges.), beruht das Notariat seit dem Frieden von Luneville auf französischer Grundlage, nemlich wesentlich auf dem Ventôse-Gesetz v. 16. März 1803 (hiernach), welches zwar in vielfachen Einzelheiten geändert, nach wie vor in der Pfalz, ebenso wie in dem anderen rechtsrheinischen Deutschland: Rheinhessen, Elsaß-Lothringen und Rheinpreußen den Grundsatz zur Geltung bringt, daß die Urkundsthätigkeit in der freiwilligen Gerichtsbarkeit den Notaren ausschließlich zusteht. Sie sind nach Art. 1 des Gesetzes „die öffentlichen Beamten, welche den Beruf haben, alle Urkunden und Verträge, denen die Betheiligten den authentischen Karakter geben wollen oder müssen, welcher Akten der Staatsgewalt zukommt, aufzunehmen, das Datum derselben sicherzustellen, sie zu verwahren und Ausfertigungen davon zu ertheilen."

A. Insofern besteht als Regel und abgesehen vom Reichsrecht (siehe Bd. I. A. II.) für alle öffentlichen Urkunden Notariatszwang. Wo das Gesetz einen „authentischen" Akt verlangt, ohne einen anderen Beamten zu seiner Aufnahme zuständig zu erklären, muß es nach Art. 1 cit. ein Notariatsakt sein. Davon abgesehen, schreibt das Gesetz ausdrücklich Notariatsakte vor:

1) Für Eheverträge, sowie für die Gütertrennung in Ausführung eines Gütertrennungsurtheils (C. c. Art. 1394 ff., 1444 ff., 1451; vgl. A.G. z. C.P.O. Art. 190 ff.).

2) Für Schenkungen jeder Art, vgl. Ges. v. 28. Febr. 1880, Bad. Ventôse-Ges. Art. 9 (C. c. Art. 931, 1339, außer für Handgeschenke, dons manuels); desgleichen für

Theilungen der Eltern unter die Kinder, wenn das Eigenthum gleich übergehen soll (das. 1076, vgl. 894, 939).

3) Für alle Verträge, welche das Eigenthum oder dingliche Rechte an unbeweglichen Sachen betreffen (A.G. z. C.P.O. Art. 219; siehe unten) und schon früher für Verpfändungen, Löschungsbewilligungen und Verminderung eingetragener Vorzugsrechte und Hypotheken (C. c. Art. 2127, 2157 ff.; vgl. aber A.G. z. C.P.O. Art. 198—201 unten). Vgl. hierzu die Anmerk. zu Art. 14 des rechtsrhein. Not.Ges. v. 10./11. 1861, oben S. 39 folg.).

Hierher gehört auch die Vorschrift der Reg.Verordnung v. 8. Januar 1819 § 59, wonach „jede bedeutende Verpachtung von Grundgütern, von Kirchen und kirchlichen Stiftungen ... vor einem Notar unter den nämlichen Förmlichkeiten wie durch eine frühere Instruktion vom 21. August 1809 vorgeschrieben wurde, vorgenommen, die Dauer des Pachtes aber nicht über 3, 6 oder 9 Jahre ausgedehnt werden" und der Pachtpreis jederzeit in Geld bedungen werden soll. Nach § 60 ist in den Pachtkontrakt die Bedingung aufzunehmen, daß bei verweigerter Zahlung des Pachtzinses nach der ersten fruchtlosen Aufforderung durch den Gerichtsvollzieher der Kontrakt ohne weitere Förmlichkeit aufgehoben und der Pächter gehalten sein soll, den Schaden, der durch weitere Verpachtung entsteht, zu ersetzen. Bei allen Erwerbungen und Veräußerungen ist Autorisation der Regierung erforderlich, desgleichen zu jeder andern im Fabrikrathsbeschlusse eingehend zu begründenden anderen Veräußerungsform als durch öffentliche Versteigerung (das. § 67 und Dekret v. 10. Juli 1810 Art. 4, und 30. Dez. 1808 Art. 60 u. 62) vgl. Dekret vom 6. Nov. 1813 Art. 8 und für jüdische Gemeinden V. v. 27. März 1872; in Betreff der Genehmigung der Regierung zu Veräußerungen und Kapitalsanleihen der Gemeinden und Stiftungen die Gemeindeordnung für die Pfalz v. 29. April 1869 Art. 91, die Rechnungsvorschriften vom 23. Dez. 1879 §§ 79, 82, 96, Reg.V. v. 31. Dez. 1817 und die k. Verordn. v. 31. Juli 1869 und Reg.V. v. 12. Aug. 1869 und Min.Entschl. v. 6. Aug. 1869.

4) Für Subrogationen nach C. c. Art. 2150 Nr. 2.

5) Für Vollmachten zu gewissen öffentlichen Akten (vgl. Bolza S. 112 § 8) nemlich: zur Annahme von Schenkungen (C. c. Art. 933, Ges. v. 28. Febr. 1880 bei Art. 9 des Ventôse-Ges.), zur Anerkennung natürlicher Kinder (vgl. Civilst.Ges. v. 6. Febr. 1875 § 25 und C. c. Art. 36, sowie Bolza S. 116 Nr. 95); zur „Empfangnahme von Zahlungen aus den Königl. Kassen" nach der Verordn. v. 28. Jan. 1839 Nr. 5 über die Legitimationsurkunden zu den Quittungen über Zahlungen aus den k. Kassen (Amtsbl. S. 81, Bolza S. 152, vgl. auch Art. 20 des Ventôse-Ges.; Geb.Ges. v. 79 Art. 231). Vgl. auch das Reichsrecht oben Bd. I. S. 64, 74 f., 104, 110.

6) Für die Ehescheidungsverhandlungen nach Art. 281 ff. wie für die Genehmigung der freiw. Ehescheidung durch die Ascendenten (C. c. Art. 248, vgl. Art. 150 u. 73); während für die Eheeinwilligungserklärungen jetzt Civilst.Ges. § 45 maßgebend ist.

7) Für die Beglaubigung der Unterschriften oder von Handzeichen unter Privaturkunden: A.G. z. C.P.O. Art. 224 unten; vgl. aber C.P.O. § 76, D. W.O. u. H.G.B. in Bd. I. S. 64 f. Wegen der Beglaubigung öffentlicher Urkunden vgl. Bd. I. S. 58 und Ventôse-Ges. Art. 29.

8) Für Notorietätsakte (vgl. Art. 30 d. Ventôse-Ges. u. Bolza S. 149 ff.), nachdem die ausnahmsweise gerichtliche Kompetenz für einige derselben nach C. c. Art. 70, 155, 158 weggefallen ist.

Besonders hervorzuheben sind die folgenden wichtigen Fälle, in denen die Zuständigkeit der Notare über die Urkundsthätigkeit zum Theil hinausgeht:

9) Testamente können a) eigenhändig errichtet werden (holographische T. C. c. 970), oder b) in öffentlicher Urkunde und zwar dann der Regel gemäß in notarieller Urkunde, nemlich von 2 Notarien mit 2 Zeugen oder von einem Notar

mit 4 Zeugen (C. c. Art. 971—975) oder c) in **mystischer Form** (testamentum oblatum), indem es uno actu vom Testator unterschrieben, verschlossen und versiegelt dem Notar in Gegenwart von 6 (im Fall der Schreibunfähigkeit 7) Zeugen überreicht und von ihm beschrieben und die Aufschrift von ihm, dem Testator und den Zeugen unterschrieben wird (C. c. 976—979). Das eigenhändige, wie das mystische Testament ist vor der Vollziehung dem Landgerichts-Präsidenten des Bezirks, wo die Erbschaft eröffnet ist, zu überreichen, und von ihm nöthigenfalls zu eröffnen, und zwar, wenn es ein mystisches (c) ist, im Beisein der betreffenden vorzuladenden Notare und Zeugen, die sich am Orte befinden. Ueber die Vorlegung und Eröffnung des Testamentes und seine Beschaffenheit wird ein Protokoll aufgenommen, und die Hinterlegung bei einem vom L.G.Präsidenten zu ernennenden Notare angeordnet. Ueber die Erfordernisse der Testamentszeugen insbesondere vgl. **Bolza** I. Nr. 470, S. 243 ff.

Besonderes gilt für Testamente zur Zeit ansteckender Krankheiten (C. c. 985—987), auf hoher See (988—998), von Inländern im Auslande (999) und von Militärpersonen (R Militärges. v. 2. Mai 1874 § 44 oben Bd. I.), für welche die notarielle Zuständigkeit entweder nothwendig thatsächlich ausgeschlossen ist oder mit anderen Beamten konkurrirt. Siehe B.

Vgl. auch das Ges. v. 11. Sept. 1825 Art. 1—4 hiernach und das Ges. v. 28. Febr. 1880 bei Art. 9 des Ventôse-Gesetzes.

10) **Inventarien sind, wenn das Gesetz solche erfordert**, öffentlich und dann also durch den Notar aufzunehmen. (C. de pr. Art. 935, 943 setzen auf Grund eines Gesetzes vom 6./27. März 1791 Art. 10: „Das Recht der Anfertigung der Inventarien, der Protokolle über die Beschreibung und die Werthlosigkeit der Erbschaften bei deren Eröffnung, steht nicht den Friedensrichtern, sondern den Notaren zu . . .“ die ausschließliche Zuständigkeit der Notare voraus.) Das Gesetz verlangt Inventare in C. c. Art. 126, 270, 451, 461, 600, 626, 769, 773, 794, 813, 819, 821, 1031, 1058, 1414, 1415, 1442, 1456, 1499, 1504, 1562. Vgl. auch Taxregulativ v. 9. April 1822 Art. 5 u. 38 hiernach. — Ueber die Inventarisation im Konkurse s. KonkO. § 113, oben Bd. I. S. 69. — Nach Art. 10 cit. des Ges. v. 1791 sind die Notare ohne Frage auch zur Aufnahme von Karenzakten zuständig und Art. 924 C. de pr. hat daran Nichts geändert; vgl. **Bolza** I., S. 128 Nr. 137 f.

Die Notare haben nach Art. 943 Nr. 8 C. de pr. den **Eid** abzunehmen: „Nichts auf Seite gebracht, auch nicht gesehen zu haben, noch zu wissen, daß Etwas auf Seite gebracht sei“, sind also insofern zweifellos im Sinne des R.Strafgesetzbuches §§ 154, 156, 158, 163, 164 als Behörde anzusehen; vgl. Bd. A. S. 27 f. Dagegen ist die Anlegung und Abnahme der **Siegel** Sache des Amtsgerichts (C. de pr. Art. 907 bis 940), vorläufig auch des Bürgermeisters (Ges. v. 11. Sept. 1825 Art. 2 hiernach unter *)), abgesehen von der während der notariellen Inventarisation etwa nothwendig werdenden Versiegelung und Aufsiegelung (Ges. v. 11. Sept. 1825 Art. 3 hiernach unter *)).

---

*) **Ges. v. 11. Sept. 1825, die Förmlichkeiten bei Anlegung und Abnahme der gerichtlichen Siegel, dann bei denjenigen Vermögensabtheilungen und Veräußerungen, welche unter Mitwirkung des Richteramtes geschehen müssen, betreffend.**

I. Von der Anzeigung der Sterbfälle und der Besiegelung.

Art. 1. Die Beamten des Civilstandes sollen die Sterbfälle öffentlicher Depositare und derjenigen Personen, welche minderjährige, interdicirte oder nicht anwesende Erben hinterlassen, und überhaupt in allen Fällen, wo die bestehenden Gesetze eine Versiegelung von Amtswegen anordnen, dem [Friedens]richter des [Kantons] ohne Verzug und längstens den zweiten Tag nach dem Tage der Eintragung des Sterbeaktes, gegen Vergütung des Botenlohns aus der Verlassenschaft, anzeigen, bei einer durch das [Bezirks]gericht zu verhängenden Ordnungsstrafe von [einem bis zu zehn Gulden] 1,80 Mark bis 18 Mark [1]) für den Uebertretungsfall.

Art. 2. In allen Gemeinden außerhalb des Wohnsitzes des [Friedens]richters soll auch bei Vermeidung gleicher Strafe, in den gesetzlichen Fällen der Versiegelung, der

---

[1]) Ges. v. 8. November 1875 Art. 1.

Die Notare sind die Vertreter abwesender Berechtigter bei der Entsiegelung und Inventarisirung (C. de pr. Art. 928) und Verschollener überhaupt (C. c. Art. 113); in jenem Falle ernennt der L.G.Präsident, in diesem Falle das Gericht den Notar.

11) Theilungen, auch wenn es sich nicht um Immobilien handelt (vgl. A.G. z. C.P.O. Art. 219) sind, sobald gerichtliche Ermächtigung oder Anordnung dazu erforderlich ist, notariell vorzunehmen (Ges. v. 11. Sept. 1825 Art. 26 u. 30 hierunter S. 164). „Aus Notariatsurkunden über die Theilung einer Erb= oder sonstigen

Bürgermeister vorläufig zur augenblicklichen Bewahrung seine Amtssiegel anlegen, ohne daß es der Errichtung eines Protokolls darüber bedürfe, jedoch unbeschadet seiner Verpflichtung zur Anzeige des Sterbfalles.

Wenn der Bürgermeister abwesend, gesetzlich verhindert oder bei der Verlassenschaft des Verstorbenen betheiligt ist, so soll der Adjunkt und in kleinen Gemeinden, wo sich kein Adjunkt befindet, der functionirende Municipalrath die Versiegelung vornehmen.

Art. 3. Bei Abnahme der Siegel haben [Friedens]richter und Gerichtsschreiber vor Allem sämmtliche angelegte Siegel zu verificiren, und wenn die Aufsiegelung und Inventarisation der unter Siegel befindlichen Gegenstände in drei Stunden nicht beendigt werden kann, so hat der Notar, durch welchen inventirt wird, die Wiederversiegelung und die weitere Aufsiegelung mittelst seines eigenen Amtssiegels vorzunehmen und jedesmal seine weitere Aufsiegelung in dem Inventarisationsprotokolle blos vorzumerken.

[Art. 4. Die betreffenden Verfügungen des im Rheinkreise bestehenden Strafgesetzbuches kommen auch auf die Erbrechnung der durch Bürgermeister, Adjunkten und Notäre angelegten Siegel in Anwendung.] [2])

II. Von den Förmlichkeiten der freiwilligen gerichtlichen Veräußerung von Mobilien.

Art. 5. In allen jenen Fällen, in welchen nach Vorschrift der Gesetze, die freiwillige Veräußerung von Mobilien, durch öffentliche Versteigerung an den Letzt= und Meistbietenden zu geschehen hat,[3]) soll diese von einem öffentlichen Notär abgehalten werden.

Art. 6. Dasselbe findet statt, wenn Renten jeder Art auf solche Weise zu veräußern sind.

Auch die alten Grundrenten sind in Beziehung auf die freiwillige gerichtliche Veräußerung nach den Vorschriften des gegenwärtigen Gesetzes über die Veräußerung der Mobilien zu behandeln.

Art. 7. Die Bekanntmachung soll durch die Schelle oder auf andere ortsübliche Art zum Mindesten drei Mal vorgenommen werden, nämlich: das erste Mal wenigstens acht Tage vor der Versteigerung, dann am Vorabend, und zuletzt unmittelbar vor derselben. Die beiden ersten Bekanntmachungen sollen in einer oder mehreren Gemeinden, je nach deren Größe und örtlicher Lage und nach Wichtigkeit der Gegenstände vorgenommen werden.

Art. 8. Ueberdies sollen Versteigerungen in Städten oder Gemeinden, welche ein Anzeigeblatt haben, zuvor in dasselbe und überall Versteigerungen von Wein= und Waarenlagern, von Fruchtmagazinen, ganzen Handlungsläden, Fabriken und Bibliotheken und dergl. sowie von namhaften Kostbarkeiten und Renten jeder Summe wenigstens vierzehn Tage zuvor in das Kreis=Intelligenzblatt eingerückt werden.

Art. 9. Nur solche Gegenstände, welche sich nicht acht Tage lang vor Verderbniß bewahren lassen, können nach einer ersten Bekanntmachung am Vorabend und einer zweiten am Tage der Versteigerung veräußert werden.

Hiezu darf die gerichtliche Ermächtigung, wo sie nach den Gesetzen erfordert wird, bei dem [Friedens]gerichte des [Kantons] ausnahmsweise eingeholt werden.

Art. 10. Außer den Betheiligten liegt die Sorge für gehörige und zweckmäßige

---

[2]) Siehe Str.G.B. § 136.

[3]) C. c. Art. 823, 826, 838, C. de pr. 945, 952, 986, 989, 1000. Vgl. aber die Bemerkungen unter B.

Masse oder eines sonstigen ungetheilten Gegenstandes, sowie über die Theilungsversteigerungen (Licitationen)" findet die Zwangsvollstreckung statt. A.G. z. C.P.O. Art. 220 Nr. 2, s. S 178 und Bd. A. S. 63.

12) Versteigerungen von Immobilien können allgemein nur durch Notare abgehalten werden (A.G. z. C.P.O. Art. 219, vgl. auch Art. 202 u. 208 hiernach; vgl. C. c. 459, 484, 509, 1558; C. de pr. 987, 1001; Ges. v. 11. Sept. 1825 Art. 14, 26, 30 unten). Aus Notariatsurkunden über freiwillige gerichtliche Versteigerung von

---

Bekanntmachung der zu versteigernden Gegenstände der Amtspflicht des Notärs besonders ob.

Das Versteigerungsprotokoll muß enthalten, wo, wie oft und auf welche Weise die Bekanntmachung geschehen sei.

Art. 11. Die Publikations-Belege, sowohl diejenigen, welche der Ausrufer soviel ihn betrifft, gegen seine Publikationsgebühr einzubringen hat, als auch andere, bewahrt der Notär zu dem Versteigerungs-Protokoll stempel- und registrirungsfrei.

Auch können die Erklärungen der Ausrufer, Bürgermeister und Adjunkten zur Beurkundung der Publikation in das Versteigerungs-Protokoll aufgenommen werden.

III. Von den Förmlichkeiten der freiwilligen gerichtlichen Veräußerung liegender Güter, welche Pflegbefohlenen ausschließlich zustehen.

Art. 12. Wenn der Familienrath über die absolute Nothwendigkeit oder evidente Nützlichkeit der Veräußerung von Liegenschaften, welche lediglich minderjähren oder interdicirten Personen zugehören, berathschlagt, so kann zugleich die Abschätzung der Güter durch einen bis drei von dem Vormunde mitgebrachte Sachverständige in das Familien-Berathungs-Protokoll aufgenommen und vor dem [Friedens]richter beschworen werden.

Art. 13. Sind in diesem Falle die Abschätzer in ihrer Taxation verschieden, so soll auch der Familienrath seine Erklärung über den Werth der Güter zu demselben Protokoll geben.

Art. 14. Der Familienrath setzt zugleich die wesentlichen Bedingungen der Versteigerung fest und wählt einen Notär zur Vornahme derselben.

Art. 15. Erhält der Beschluß des Familienraths zur Versteigerung sowie die Wahl des Notär die in den Gesetzen verordnete gerichtliche Bestätigung, so beauftragt das Bezirksgericht sogleich den gewählten Notär mit der Versteigerung.

Art. 16. Erreicht der Erlös den Gesammtbetrag der Abschätzung, so ist die Versteigerung sofort definitiv.

Art. 17. Wird dieser Gesammtbetrag nicht erlöset und war die Versteigerung wegen absoluter Nothwendigkeit genehmigt worden, so kann diese dennoch durch Stimmeneinheit des Familienrathes binnen acht Tagen bestätigt werden.

Art. 18. Die Steigerer bleiben gebunden, wenn die Bestätigung des Familienrathes in den ersten acht Tagen nach der Versteigerung erfolgt.

Art. 19. Ist in dem obigen Fall der Versteigerung wegen absoluter Nothwendigkeit nicht die Stimmeneinheit für die Bestätigung oder war die Versteigerung wegen evidenter Nützlichkeit ergangen, so kann, wenn die Versteigerung den Abschätzungspreis nicht erreicht hat, das Gericht auf eine neue Berathschlagung des Familienraths verordnen, daß der Zuschlag bei einer abermaligen Versteigerung auch unter dem Abschätzungspreise statt haben soll.

Das Gericht setzt dann zur Versteigerung eine neue Frist fest, welche nicht unter vierzehn Tagen vom Tage der Einrückung in die öffentlichen Blätter angefangen sein darf.

Diese zweite Versteigerung hat, wie die erste, auf die hiernächst bezeichnete Weise zu geschehen.

Art. 20. Jede Versteigerung muß wenigstens vierzehn Tage zuvor [durch das Kreis-Intelligenzblatt] [4]) unter der Bezeichnung der Eigenthümer, nach Vor- und Zu-

---

[4]) Vgl. A.G. z. C.P.O. Art. 182 (S. 173): „Die in Art. 20 des Ges. vom 11. Sept. 1825 vorgeschriebene Bekanntmachung der freiwilligen gerichtlichen Versteigerungen soll in einem von den Betheiligten, falls aber diese sich nicht einigen, von dem beauftragten Notare zu bestimmenden öffentlichen Blatte stattfinden."

Liegenschaften findet die Zwangsvollstreckung statt: A.G. z. C.P.O. Art. 220 Nr. 1 f. S. 178 und Bd. A. S. 63. Immobiliarzwangsversteigerungen erfolgen durch die Notare als gerichtliche Verkaufskommissare. Siehe D.

---

namen, Profession und Wohnort, sowie des Vormundes, Nebenvormundes und des beauftragten Notärs mit summarischer Angabe der Liegenschaften, bekannt gemacht werden. Zur summarischen Angabe der Liegenschaften reicht hin, die Art der Gebäulichkeiten und im Allgemeinen oder im Ganzen das Maaß der Feldgüter an Garten-, Acker-, Wiesenland, Weinbergen u. s. f. anzuführen.

Art. 21. Nebstdem soll die Bekanntmachung durch die Schelle oder auf andere, ortsübliche Weise in den Gemeinden, wo das Gut gelegen ist [und in den anstoßenden Banngemeinden] an drei aufeinander folgenden Sonntagen, sodann in der Gemeinde, in welcher die Versteigerung abgehalten wird, nochmals kurz zuvor stattfinden.

Hat die Gemeinde, in welcher die Versteigerung vorgenommen wird, ein Anzeigeblatt, so soll auch die Bekanntmachung wenigstens ein Mal in dasselbe eingerückt werden.

Art. 22. Versteigerung und Zuschlag geschehen nach Ortsgebrauch.

Art. 23. Die Publikation wird nach Inhalt des obigen Artikels 11 beurkundet.

IV. Von den Förmlichkeiten der freiwilligen gerichtlichen Versteigerungen unbeweglicher Güter, welche zu Beneficiar-Erbschaften oder zu Vacantmassen gehören.[5])

Art. 24. Beneficiar-Erben und Curatoren vacanter Erbschaften haben bei der Versteigerung der Liegenschaften für die Art und Weise der Bekanntmachung und des Zuschlags, die Förmlichkeiten zu beobachten, welche oben in Art. 20, 21, 22 und 23 vorgeschrieben sind.

Art. 25. Das [Bezirks]Landgericht soll zu der Versteigerung einen Notär ernennen.

V. Von den Förmlichkeiten der gerichtlichen Theilungen oder den abtheilungshalber nöthigen Veräußerungen (Licitationen).[6])

Art. 26. Wenn die Gerichte zu Theilungen, oder abtheilungshalber zu Veräußerungen ermächtigen, so ernennen sie zugleich, nach Antrag der Bittsteller, oder von Amtswegen, einen oder mehrere Experten für die Abschätzung und Bildung der Loose, und verweisen das Theilungsgeschäft oder die Licitation vor einen auf gleiche Weise zu bezeichnenden Notär.

Art. 27. Die Experten können, nach ihrer gerichtlichen Beeidigung, ihre Abschätzung und Bildung der Loose vor dem beauftragten Notär zu Protokoll geben.

Art. 28. Wenn in den Fällen, wo das Richteramt lediglich wegen Ermächtigung zur Theilung und Licitation angerufen werden müßte, alle Theilhaber mit den Verrichtungen der Experten zufrieden sind, so bedarf es nicht für den Abschluß des Geschäfts, der vorgängigen gerichtlichen Genehmigung der Verrichtung der Experten.

Art. 29. Erheben sich vor dem Notär Streitigkeiten, die eine gerichtliche Entscheidung erfordern, so nimmt er solche in sein Protokoll auf und verweiset damit die Parteien vor Gericht.

Art. 30. Wenn bei obwaltenden Streitpunkten die Gerichte eine Theilung oder eine Licitation verordnen, so verweisen sie dieselbe nach Erledigung dieser Streitpunkte gleichermaßen vor einen Notär.

Art. 31. Die öffentlichen Licitationen geschehen nach Vorschrift der obigen Artikel 20, 21, 22 und 23.

VI. Allgemeine Verfügungen.

Art. 32. Die genannten Artikel 20, 21, 22 und 23 sind bei allen Veräußerungen von liegenden Gründen zu befolgen, welche nicht aus freier Hand verkauft werden dürfen, sondern öffentlich an den Letzt- und Meistbietenden versteigert werden müssen.

---

[5]) C. de pr. Art. 986 ff., 998 ff.

[6]) C. c. Art. 823, 826 ff., A.G. z. C.P.O. Art. 202 hiernach S. 175.

Oeffentliche Mobiliar=Versteigerungen konnten nach dem Ges. v. (22. Pulviose VII.) 10./2. 1799 nur durch öffentlich dazu berufene Beamte: nemlich Notare, Gerichtsschreiber, Gerichtsvollzieher abgehalten werden (Ges. v. 26./7. 1790, 17./9. 1793, und

---

Art. 33. Die präparatorische Versteigerung ist überall aufgehoben.

Art. 34. Alle Beschlüsse des Familienrathes, Abschätzungen, Gutachten oder anderweitige Verrichtungen der Experten, Ermächtigungs= und Bestätigungs=Urtheile und alle Protokolle zum Zwecke der obbesagten Geschäfte sollen die Gerichtsschreiber, insoweit es sie betrifft, nach deren vorgängiger Registrirung und Eintragung in den Repertorien, mit Vorbemerkung des beauftragten Notärs, dem betheiligten oder dem betreibenden Theile in Urschrift ausliefern und sich diese Auslieferung in kurzen Worten auf den Repertorien oder mittelst eines besonderen, dem Repertorium anzufügenden stempel= und taxfreien Scheines bescheinigen lassen, ohne daß für diese Bescheinigung eine Registrirungsgebühr zu beziehen wäre.

Art. 35. Alle diese Urkunden bewahrt der Notär mittelst Anschlusses zu dem Hauptprotokoll des Geschäftes. Er hat diesen Anschluß, welcher für sich keine Registrirungsgebühr eröffnet, auf dem Protokolle selbst vorzumerken, dagegen alle Urkunden registriren zu lassen, deren Besorgung zum Rentamte dem Gerichtsschreiber nicht obliegt.

Art. 36. Ueberall, wo es zur Umsicht oder Bestätigung des Gerichtes erforderlich ist, soll diesem der Akt oder das Protokoll des Notärs in Urschrift vorgelegt werden, für welche Vorlegung dem Notär weiter nichts als die Uebersendungskosten ersetzt werden.

Art. 37. Die Verfügungen der Artikel 34 und 36 treten, insoweit sie darauf anwendbar sind, auch da ein, wo es sich von der Aufnahme eines Anlehens für Minderjährige oder Interdicirte, ingleichen von der Verhypothecirung von Immobilien derselben handelt.

Art. 38. Alle in der Gesetzgebung des Rheinkreises enthaltene Verfügungen, welche die im gegenwärtigen Gesetze abgehandelten Gegenstände betreffen, bleiben, soweit sie in demselben nicht abgeändert worden sind, in voller Kraft.

Art. 39. Die obigen Artikel 34, 35, 36 und 37 sind nicht anwendbar, wenn es sich ganz allein unter solchen Großjährigen handelt, welche, wenn sie sich in Güte verstehen würden, ihr unbewegliches Vermögen frei von Hand zu Hand veräußern oder vertheilen könnten, ohne der Hülfe des Richters zu bedürfen.

Art. 40. In Streitfällen, welche sich im Verlaufe der obenerwähnten Geschäfte ergeben und nicht Namens Minderjähriger oder Intendicirter erhoben werden, sind die Urschriften gleichfalls nicht auszuliefern oder vorzulegen, wenn dieses nicht schon nach der bestehenden Gesetzgebung stattfinden kann.

Der leichteren Uebersicht wegen wird hier gleich angereiht die entsprechende

Verordnung v. 22. September 1825, die Taxen und Gebühren in Geschäftssachen, von denen das Gesetz v. 11. September 1825 handelt, betreffend.

1) Der Bürgermeister oder Adjunkt, wenn er in Sterbfällen zu augenblicklicher Sicherung der Verlassenschaften sein Amtssiegel nach Art. 2 des Gesetzes anlegt, hat dafür keine Gebühr anzusprechen.

2) Wenn bei der vom Amtsrichter vorgenommenen Siegelanlegung der bestellte Wächter Bezahlung verlangt, so bekommt derselbe täglich:
a) in den ersten zwölf Tagen [12 Kreuzer] 34 Pfennig,[1])
b) in den folgenden Tagen [6 Kreuzer] 17 Pfennig.

Dem Amtsrichter bleibt es jedoch vorbehalten, aus besonders erheblichen Gründen diese Gebühr bis zum doppelten Betrag zu erhöhen.

---

[1]) Die Sätze sind in Gemäßheit des R.Münzges. § 3 umzurechnen, da auffallender Weise die V. v. 12. Dez. 1875 (siehe c) nichts darüber bestimmt hat, also im Verhältnis von 1 Kreuzer = $\frac{1}{60}$ von $1\frac{5}{7}$ Mark oder $2\frac{6}{7}$ Pfennig.

Direktorialverordnungen v. 29./8. 1796, 16./1. 1797; vgl. Bolza I. S. 143 Nr. 188). Durch Ges. v. 11. September 1825 Art. 5 u. 6 (S. 162) wurden die Notare für alle freiwilligen Mobiliarversteigerungen ausschließlich zuständig erklärt, welche nach Vorschrift der Gesetze öffentlich vorzunehmen sind. Eine allgemeine Ausnahme von dieser Vorschrift ist jedoch durch A.G. z. H.G.B. Art. 48 ff. in der Fassung des Art. 76 Nr. 4 und 5, des A.G. z. C.P.O. (Bd. I. S. 146) und durch Art. 24 des A.G. z. C.P.O. für die im H.G.B. gestatteten öffentlichen Mobiliarveräußerungen geschaffen. (Siehe unter B.)

Hiervon abgesehen steht seit 1. Oktober 1879 die Abhaltung von freiw. öffentlichen Mobiliarversteigerungen und Verpachtungen Jedermann frei.

B. In Konkurrenz mit anderen Beamten sind — abgesehen vom Reichsrecht, s. o. Bd. I. — die Notare zuständig zur Beurkundung:

1) der Anerkennung unehelicher Kinder. Dieselbe muß gemäß Art. 334 C. c. „in authentischer Form" geschehen, wenn sie nicht im Geburtsregister enthalten ist. Nach § 25 des Civilstandsges. v. 6. 2. 75 aber darf sie „in das Geburtsregister nur dann eingetragen werden, wenn dieselbe vor dem Standesbeamten oder in einer gerichtlich oder notariell aufgenommenen Urkunde erklärt ist";

2) der Ernennung eines Vormundes durch den überlebenden Elterntheil, sowie eines Rathgebers für die überlebende Vormünderin — Mutter durch den Vater. Außer dem Notar ist hierfür, abgesehen von letztwilliger Verfügung, auch das Amtsgericht zuständig: C. c. Art. 392, 398;

3) von Zahlungsanerbieten und Hinterlegungen, für welche auch die Gerichtsvollzieher zuständig sind (C. de pr. Art. 812 ff.; C. c. 1057 ff., Bolza S. 156 Nr. 231 ff.), während diesen ausschließlich die Zustellung der Aufforderung, in Fällen der Annahmeverweigerung bei der Hinterlegung gegenwärtig zu sein, sowie des Protokolls über die Hinterlegung (C. c. Art. 1259 Nr. 1 und 4) zusteht. Die betreffenden Vorschriften sind durch A.G. z. C.P.O. Art. 218, soweit nicht die C.P.O. eingreift, aufrecht erhalten, vgl. auch Art. 206 das. Als Eintragungsstelle für baares Geld wurde durch Verordn. v. 25. 9. 1879, die Hinterlegung in der Pfalz betreffend, § 1 die Königl. Filialbank in Ludwigshafen bestimmt;

---

4) Dem inventirenden Notär wird für die weiteren Auffiegelungen, Wiederversiegelungen und dadurch veranlaßte Vormerkungen in dem Inventar-Protokolle (Art. 3 des Gesetzes) eine besondere Vergütung nicht geleistet, auch wird dafür an das Rentamt eine besondere Gebühr nicht entrichtet.

5) Experten, welche bei allen im Gesetze v. 11. Sept. 1825 berührten Geschäften gebraucht werden, bekommen, wenn sie Bezahlung verlangen, für ihre Vorrichtungen: [2])

a) innerhalb der Gemeinde ihres Wohnortes und in dem Umfange einer Stunde derselben für jede Vacation:

Handwerker und Ackersleute [vierzig Kreuzer] 1 Mark 14 Pfennig;

Geometer und andere Kunstverständige [zwei Gulden] 3 Mark 43 Pfennig;

b) außerhalb der Gemeinde ihres Wohnortes oder eines Umfanges derselben von einer Stunde:

Handwerks- und Ackersleute für die erste Vacation [einen Gulden zwanzig Kreuzer] 2 Mark 29 Pfennig, für jede folgende Vacation [einen Gulden] 1 Mark 71 Pfennig;

Geometer und andere Kunstverständige für die erste Vacation [drei Gulden] 5 Mark 14 Pfennig, für jede folgende [zwei Gulden] 3 Mark 43 Pfennig.

6) Für Verrichtungen innerhalb einer Stunde Wegs wird den Experten keine Reisegebühr vergütet, für eine weitere Entfernung, alsdann aber auch mit Anrechnung der ersten Stunde, erhalten:

Geometer und andere Kunstverständige 1 Mark 71 Pfennig für jede Stunde hin und her zusammen,

Handwerks- und Ackersleute zwei Dritttheile dieser Reisegebühr.

---

[2]) Auch in Gemäßheit des § 13 der R.Geb.O. für Zwangsvollst. u. Sachverst. v. 30./6. 1878, welche durch Bayr. Verordn. v. 22. Sept. 1879 auch für diese Rechtssachen, soweit sie vor die Gerichte gehören, anwendbar ist, aufrecht erhalten.

4) der Weigerung oder Säumigkeit der Hypothekenbewahrer bei Eintragungen, Umschreibungen und Ertheilungen von Bescheinigungen, die nach C. c. 2199 auch von Amtsrichtern und Gerichtsvollziehern zu Protokoll genommen werden kann;

5) für die Ausstellung von Lebensbescheinigungen (vgl. C. c. Art. 1983; Art. 20 d. Ventôse-Ges.), für welche nach Art. 11 des Ges. v. 27. März 1791 auch der Präsident des Landgerichts und in Betreff von Personen ihres Gemeindebezirks auch die Gerichtsvollzieher (huissiers) zuständig sein sollen (Bolza S. 160 Nr. 249);

6) zur Aufnahme von Testamenten zur Zeit ansteckender Krankheiten sind auch Amtsrichter und Gemeindebeamte unter Zuziehung von zwei Zeugen zuständig: C. c. Art. 985. Zur Aufnahme militärischer Testamente auch die Auditeure u. s. w.: R.Mil.Ges. v. 2. Mai 1874, § 44, siehe Bd. A.; während zur Aufnahme von Testamenten auf hoher See die Notariatszuständigkeit naturgemäß ausgeschlossen ist, dagegen 2 Schiffsbeamte unter Zuziehung von zwei Zeugen zuständig sind: C. c. Art. 988 ff.;

7) in Konkurrenz mit dem Gerichtsschreiber sind die Notare zur Feststellung des Datums von Privaturkunden in Gemäßheit des A.G. z. C.P.O. Art. 88 s. Anm. 8 zu Art. 1 des Ventôse-Ges. Eine solche Feststellung „hat in der Pfalz die gleichen rechtlichen Wirkungen wie die Einregistrirung einer Urkunde", A.G. z. C.P.O., Gebührenges. v. 18. 8. 1879 Art. 278;

8) über Versteigerungen s. o. A. Nr. 12 und D. 3;

9) die Notare sind auch zuständig zur Annahme von Hinterlegungen, insbesondere von Geldern (vgl. hierüber Bolza I. S. 161 f.). „Das Depositenwesen der pfälzischen Notare ist nicht gesetzlich geregelt, doch hatte dieser Mangel bisher keine nachtheiligen Folgen. Von Bankiergeschäften nach Art der französischen Notare hielten die pfälzischen sich von jeher fern." (Keller in der deutschen Not.Ztg. 1887 S. 120.) Ob Gelder als amtlich anvertraute anzusehen seien, ist die Frage des einzelnen Falles; aber als Regel kann man mit Bolza Nr. 256 allerdings annehmen, daß, wenn der Notar einen mit der Hinterlegung in Verbindung stehenden Akt aufgenommen hat, die Gelder von ihm als amtliche verwahrt werden; vgl. Str.G.B. § 350 Anm. 6, in Bd. I. S. 39 und oben Bayr. Not.Ges. Art. 36 u. 37, S. 61.

C. Ausgeschlossen ist die Urkundsthätigkeit der Notare ganz naturgemäß (vgl. Badisches Rechtspolizeiges. §§ 1 ff. unten III. 2) auch nach französischem Rechte bei allen gerichtlichen Akten der freiwilligen Gerichtsbarkeit. Weder sind sie Protokollführer an Stelle der Gerichtsschreiber, noch eine beschließende Behörde an Stelle des Gerichts. Sie sind deswegen unzuständig zur Aufnahme von Akten, welche einen Beschluß, eine staatliche Anordnung enthalten; in Vormundschaftssachen z. B. in Betreff der Ernennung von Vormündern, Abgabe von Erklärungen des Familienraths, da der Amtsrichter dessen geborener Vorsitzender ist u. dgl. (dagegen werden die Vormundschaftsrechnungen auf Antrag der Betheiligten regelmäßig durch Notare angefertigt (Keller in der Not.Ztg. 1887 Nr. 7 S. 119)). — Daher sind die Notare unzuständig zur Aufnahme der Erklärungen bei Adoptionen nach C. c. Art. 383 und bei Emanzipationen nach C. c. Art. 477, obwohl dies streng genommen vom Standpunkt des französischen Rechts eine Inkonsequenz ist, denn das Amtsgericht hat dabei lediglich beurkundende Funktionen, und beschlußfassende Behörde ist ausschließlich das Landgericht. Immerhin war eine causae cognitio des persönlich zuständigen Friedensrichters stillschweigende Voraussetzung und die staatliche Autorität zu interessirt dabei, als daß man den Akt den Notaren überlassen hätte. Den Friedensrichtern aber die formelle Beschlußfassung zu überlassen, gestattete der französische Schematismus nicht. (Auch die Hannov. Not.O. schließt bei allen Akten, für welche das Gesetz die Mitwirkung des persönlich oder dinglich zuständigen Richters erfordert, die Notare aus). — Ferner sind eigenthümlicher Weise nicht die Notare, sondern die Gerichtsschreiber zuständig für die Beurkundung der Verzichtleistungen auf Erbschaften und Gütergemeinschaften, wenn sie gegen Dritte wirksam sein sollen (C. c. Art. 784, 1457, C. de pr. Art. 997).

Ebensowenig haben die Notare mit der Führung der Hypotheken-Bücher zu thun, welche vielmehr nach französischem Rechte noch den Hypothekenbewahrern obliegt. Jedoch besorgen die Notare regelmäßig die zur Eintragung von Vertragshypotheken erforderlichen in C. c. Art. 2148 näher vorgeschriebenen bordereaux.

D. Andererseits sind die Notare über die Grenzen der freiwilligen Gerichtsbarkeit hinaus zuständig:

1) zur Abhaltung von Immobiliarzwangsversteigerungen wie rechts des Rheins; s. o. S. 15, I. Nr. 4; desgleichen

2) zur Festsetzung, Erhebung und Ablieferung der aus Notariatsgeschäften erwachsenden Staatsgebühren in Gemäßheit des durch Art. 278 des Gebührengeſ. v. 18. August 1879 auf die Pfalz ausgedehnten Art. 105 des rechtsrhein. Not.Ges. s. o. S. 103, wiederholt in Art. 265 Abs. 2 jenes Geb.Ges. Siehe die einschlägigen Vorschriften dieses Gesetzes im Anhange hiernach;

3) zur Versteigerung von Faustpfändern im Falle des A.G. z. C.P.O. Art. 24 in Konkurrenz mit den Gerichtsvollziehern, sonstigen zu gerichtlichen Versteigerungen ermächtigten Personen bezw. Handelsmaklern nach Wahl des Gläubigers dann, wenn der Werth des Faustpfandes 1000 Mark übersteigt. (S. 14 unter 4.)

E. An den von ihnen aufgenommenen bezw. vermehrten Urkunden haben die Notare ein Zurückbehaltungsrecht bis zur Entrichtung der davon schuldigen Gebühren.

F. Die regelmäßige Form der Notariatsurkunden in der Pfalz ist seit dem Gesetze v. 28. Februar 1890 (vgl. Art. 9 des Ventôse-Ges.) Aufnahme durch den Notar ohne Zuziehung von Zeugen oder eines zweiten Notars. Diese ist geboten, wenn ein Betheiligter es verlangt (vgl. rechtsrh. Not.O. Art. 53), und wenn ein Betheiligter blind, taub, stumm oder der deutschen Sprache nicht mächtig ist. Besonderes gilt für Testamente und Schenkungen, für den Widerruf solcher und für Vollmachten zu Schenkungen und deren Widerruf.

G. Die Bestimmungen in Art. 67, 68, 77, 98—99, 105, 107, 108, 110 u. 111 des Not.Ges. v. 10./11. 1861 (oben S. 87 ff.) und Art. 1 Abs. 1 d. Ges. v. 29./7. 1876 (s. o. S. 99) sowie in Art. 88 d. A.G. z. C.P.O. sind durch d. bayr. Ges. über d. Geb.Wesen v. 18. 8. 1879 (siehe Anhang) auf die Pfalz ausgedehnt.

H. Die pfälzischen Notare sind zweifellos Beamte (Ventôse-Ges. Art. 1). Sie haben sich als „kgl. bayerische" zu bezeichnen (Generale v. 21./2. 1853). Man kann auch nach der neueren Gesetzgebung, insbesondere seit dem Ges. v. 16. Mai 1868 (siehe hiernach) nicht umhin, sie als Behörden aufzufassen; ihr Amt, die Amtsstelle, mit dem bestimmten Amtssitze und gesetzlich abgegrenzten Amtsbezirke stellt eine Kontinuität der Gesammtheit ihrer amtlichen Thätigkeit als eines staatlichen Organismus der freiwilligen Gerichtsbarkeit dar, welche über die individuelle Persönlichkeit sichtlich hinwegragt. (Vgl. Bd. I. S. 27 ff.) Aus der schlechten Fassung der Bestimmung in Art. 11 des Ges. v. 10. März 1868, daß die Urschriften und Repertorien eines durch Tod oder sonstigen Anlaß erledigten Notariats von Rechtswegen auf den Amtsnachfolger übergehen läßt, sich nichts dagegen herleiten. Mit Recht wird Art. 7 d. bayr. A.G. z. Str.P.O. v. 18. 8. 79 auf Notare angewandt (siehe A. S. 19); ebenso der auch für die Pfalz geltende Art. 3 d. A.G. z. C.P.O. (oben S. 18 und unten Anm. 53 zu Art. 22 des Ventôse-Ges., vgl. auch Bd. I. S. 29). Sie sind daher auch in Hinsicht des von ihnen geleisteten Eides (vgl. Einl. A. 10) Behörden im Sinne des Str.G.B. § 154.

Ueber die Amtsverwesung erging das nachstehende

Ges. v. 16. Mai 1868, das Notariat[1]) in der Pfalz betreffend.
(Ges.Bl. S. 617.)

Art. 1. Die Notäre der Pfalz sind im Falle einer Krankheit oder Abwesenheit befugt, mit Genehmigung des Staatsministers der Justiz einen Notariatsgehilfen, welcher die Prüfung für den höheren Justizdienst mit Erfolg bestanden und nach derselben wenigstens zwei Jahre bei einem Notäre gearbeitet hat, als Amtsverweser zu bestellen.

Art. 2. Die im Art. 1 bezeichneten Amtsverweser haben vor der jedesmaligen Amtsübernahme den im Artikel 47 des Gesetzes vom 25. Ventose XI vorgeschriebenen

---

[1]) Das Gesetz hat einem großen Mißstande abgeholfen, indem es früher nur eine Vertretung von Fall zu Fall gab und im Falle der Erledigung einer Notariatsstelle das Archiv häufig an einen anderen Notar verkauft wurde.

Eid vor dem einschlägigen [Bezirks]Landgerichte zu leisten und bei der erstmaligen Amtsübernahme ihre Unterschrift sowie den Handzug, dessen sie sich etwa zu bedienen gesonnen sind, auf den [Kanzleien] der [Bezirks]gerichte der Pfalz zu hinterlegen.

Art. 3. Für den Fall der Krankheit oder Abwesenheit kann der Notär auch einen andern Notär seines Amtsbezirks als Amtsverweser bestimmen, worüber er dem Bezirksgerichte durch Zuschrift an den Staats[procurator]anwalt Anzeige zu erstatten und zugleich die schriftliche Erklärung des bezeichneten Notärs, daß er die Amtsverwesung zu übernehmen bereit sei, beizufügen hat.

Aufträge, welche dem Notär vom Gerichte ertheilt worden sind, können einem nach Absatz 1 bestellten Verweser desselben nur durch das Gericht oder durch Ordonnanz des Land-Gerichtspräsidenten auf Antrag der betheiligten Personen nach Vernehmung des Staats[procurators]anwaltes übertragen werden.

Art. 4. Unbeschadet der Verfügungen des Art. 61 des Ges. v. 25. Ventose XI kann in allen Dringlichkeitsfällen, sowie für den Fall der Amtsunterbrechung die Verwahrung des Notariatsarchivs und die Ertheilung von Ausfertigungen aus den Urschriften dieses Archivs durch einen anderen Notär des Amtsbezirkes von dem einschlägigen [Bezirks]Landgerichtspräsidenten auf Antrag des Staatsanwaltes angeordnet werden.

Bei länger dauernder Krankheit oder Abwesenheit eines Notärs kann, wenn derselbe von dem in den Artikeln 1 und 3 eingeräumten Rechte nicht Gebrauch gemacht hat, von dem Staatsminister der Justiz aus der Zahl der Notäre des Amtsbezirks oder der Notariatsgehilfen ein Amtsverweser aufgestellt werden.

Art. 5. In allen Fällen der Amtsverwesung werden die von dem Amtsverweser aufgenommenen Urschriften, in welchen diese seine Eigenschaft anzuführen ist, in dem Archive des verhinderten Notärs aufbewahrt und nur in dem Repertorium des letzteren eingetragen.

Art. 6. Die Notariatsverweser werden in disciplinärer Beziehung gleich den Notären behandelt.

Ist ein Notariatsverweser auf Vorschlag des Notärs aufgestellt worden, so haftet der letztere mit seinem Vermögen für die gegen den Verweser verhängten Geldstrafen und demselben obliegenden Entschädigungen.

Art. 7. Die als Notariatsverweser aufgestellten Notariatsgehilfen haben, jedoch nur mit berathender Stimme, Zutritt zu den Generalversammlungen der Notäre des Bezirks der verwesten Stelle; Mitglieder der Notariatskammer können sie nicht werden.

Art. 8. Während der Dauer der Amtsverwesung ist dem Notär selbst jede Amtsverrichtung untersagt.

Art. 9. Die Verfügung des Art. 8 des Ges. v. 25. Ventose XI ist sowohl auf die daselbst genannten Verwandten und Verschwägerten des Amtsverwesers, als auch auf diejenigen des vertretenen Notärs anwendbar.

Art. 10. Versteigerungen können von Notären und von Amtsverwesern derselben auch dann vorgenommen werden, wenn sich Verwandte oder Verschwägerte des Notärs oder seines Amtsverwesers als Steigerer betheiligen.

Art. 11. Die Urschriften und Repertorien eines durch Tod oder sonstigen Anlaß erledigten Notariats gehen von Rechtswegen auf den Amtsnachfolger über.

Im Falle der Aufhebung einer Notärstelle bestimmt der Staats-Minister der Justiz, an welchen Notär der Gemeinde oder in dessen Ermangelung desselben Amtsbezirkes die Urschriften oder Repertorien der aufgehobenen Stelle übergehen.

Die Abfindung des abgehenden Notärs oder seiner Erben ist nach Art. 59 des Ges. vom 25. Ventose XI unter den Betheiligten zu regeln.

Sodann mögen hier eingeschaltet werden:

a) K. Verordnung vom 23. Juli 1868, die Urlaubsbewilligung für die Notare in der Pfalz betreffend.

I. Die Notare der Pfalz haben jede Entfernung aus ihrem Amtsbezirke, welche sich auf die Dauer von drei Tagen erstreckt, dem zuständigen [Bezirks]Landgerichte durch den Staats[procurator]anwalt bei demselben anzuzeigen.

Eine länger dauernde Entfernung ist nur nach erholter Urlaubsbewilligung statthaft.

II. Urlaub bis zu dreißig Tagen wird von dem Staats[procurator]anwalte des zuständigen [Bezirks]Landgerichts im Benehmen mit dem [Bezirks]Landgerichts-Präsidenten, auf längere Dauer von dem Staatsministerium der Justiz ertheilt.

III. In dem Urlaubsgesuche ist auch der von dem Notar aufzustellende Amtsverweser zu benennen.

b) Verordnung v. 28. August 1868, die dienstliche Verehelichungs-Bewilligung für Beamte ꝛc. betreffend. (Reg.Bl. S. 1633.)

§ 3. Im Uebrigen wird die dienstliche Verehelichungsbewilligung ertheilt:

6. den Notaren von den [Bezirks]Landgerichten, in deren Sprengel sie ihren Sitz haben.

§ 4. Mit der Bitte um die Verehelichungsbewilligung ist jederzeit die getroffene Wahl anzuzeigen.

Ueber Aushändigung der Urkunden und Ertheilung von Ausfertigungen durch Amtsverweser s. rechtsrh. Not.O. Art. 107, welcher durch Gebührengeſ. v. 18./8. 1879 auf die Pfalz ausgedehnt ist.

c) nach einer auf Grund des Art. 2 des Heimathsgesetzes vom 16. April 1868 ergangenen Ministerialentschließung vom 17. August 1871 erwerben die Notare durch ihre Anstellung die Heimath in der Gemeinde ihres Amtssitzes.

d) die Disciplinarvorschriften der Art. 113 bis 145 sowie Art. 109 des rechtsrheinischen Notariatsges. finden nach dem A.G. z. Strafproz.O. v. 18. Aug. 1879 Art. 121 mit den darin enthaltenen Abänderungen und Zusätzen (s. o. S. 105 ff.) auf die Notare der Pfalz entsprechende Anwendung.

Dabei sind die Disziplinarbestimmungen des VI. Abschnittes jenes A.G. z. Str.P.O. selbst zu beachten (s. o. S. 105 Anm. 1).

Im Uebrigen sind die Kompetenzen der Disziplinarkammer bestehen geblieben: Art. 43 u. 44.

J. Ueber die einzelnen Gebiete der freiwilligen Gerichtsbarkeit und das gerichtliche Verfahren auf Gesuche der Parteien in solchen Sachen enthält das A.G. z. C.P.O. im 5. Abschnitte folgende Vorschriften für die Pfalz, neben welchen die für die ganze Monarchie geltenden des ersten Abschnittes in Art. 1—80 zu beachten sind. (Siehe die Uebersicht zu III. 1. A.)

Kgl. Bayerisches Gesetz zur Ausführung der D. C.P.O. und Konk.O. v. 23. Febr. 1879. (G. u. V.Bl. S. 63 ff. Nr. 9.)

V. Abschnitt. Bestimmungen für die Pfalz.

(Verfahren auf Gesuch der Parteien in Sachen der nichtstreitigen Rechtspflege.)

Art. 163. Wo das Gesetz in Sachen der nichtstreitigen Rechtspflege eine Entscheidung auf Gesuch zuläßt, richtet sich das Verfahren, soweit nicht für einzelne Fälle etwas Anderes vorgesehen ist,[1]) nach folgenden Bestimmungen.

Art. 164. Das Gesuch ist durch die Partei oder ihren Bevollmächtigten mit den zur Begründung dienenden Belegen bei dem Gerichtsschreiber einzureichen oder demselben zu Protokoll zu geben.

Art. 165. Der Gerichtsschreiber legt das Gesuch, nachdem er, sofern dasselbe schriftlich eingereicht wurde, den Tag des Einlaufs darauf bemerkt hat, dem Gerichtsvorstande vor.

[1]) Vgl. Art. 172, 175.

Der Gerichtsvorstand ernennt auf dem Gesuche einen Berichterstatter und verordnet, daß dasselbe dem Staatsanwalte zur Antragstellung mitgetheilt werde.

Der Staatsanwalt hat seinen schriftlichen Antrag auf das Gesuch zu setzen.

Sobald der Staatsanwalt die Akten zurückgestellt hat, sind diese durch den Gerichtsschreiber dem ernannten Berichterstatter zu übergeben.

Art. **166**. Die Entscheidung erfolgt auf Vortrag des Berichterstatters in nicht öffentlicher Sitzung.

Die Entscheidung ist mit Entscheidungsgründen zu versehen. Sie wird auf das Gesuch gesetzt und von dem Vorsitzenden und dem Gerichtsschreiber unterzeichnet.

Dieselbe wird dem Gesuchsteller auf dessen Anmelden in Urschrift ausgehändigt. Schreibt das Gesetz in einem Falle vor, daß die Entscheidung auf der Gerichtsschreiberei hinterlegt bleiben soll, so ist den Betheiligten auf Verlangen Ausfertigung der Entscheidung zu ertheilen.

Art. **167**. Der Gerichtsschreiber hat ein Register zu führen, in welchem die Gesuche und die darauf erfolgten Entscheidungen vorgemerkt werden und die Gesuchsteller den Empfang der ihnen ausgehändigten Akten zu bescheinigen haben.

Art. **168**. In Betreff des Rechtsmittels der Beschwerde gegen die auf Gesuch erlassenen Entscheidungen[2]) finden die in den Art. 56—67 des gegenwärtigen Gesetzes enthaltenen Bestimmungen Anwendung.*)

Beschwerdeentscheidungen werden nach schriftlicher Erklärung des Staatsanwalts erlassen.

(Zustellung im erwählten Wohnsitze.) Art. **169**. Hat Jemand an einem anderen Orte als an dem seines wirklichen Wohnsitzes für ein Rechtsgeschäft Wohnsitz erwählt, so können ihm die Zustellungen, welche sich auf dieses Geschäft beziehen, auch in dem erwählten Wohnsitze gemacht werden.

(Besitzklagen.) Art. **170** (kommt hier nicht in Frage).

(Eintragungen in das Hypothekenbuch). Art. **171**. Die nach Art. 31 des Gesetzes v. 23. Februar 1879, die Zwangsvollstreckung in das unbewegliche Vermögen wegen Geldforderungen betreffend, vorzunehmende Eintragung der Beschlagnahme in das Hypothekenbuch, ferner die in Art. 32**) und 33 Abs. 1 und 3 des gegenwärtigen Gesetzes vorgeschriebenen Eintragungen in das Hypothekenbuch***) erfolgen in einem dazu bestimmten Register in der durch Verordnung näher anzugebenden Weise.

Die Bestimmung in Art. 33 Abs. 2†) des gegenwärtigen Gesetzes findet auf die Pfalz keine Anwendung.

---

[2]) Vgl. Art. 172, 175, 179, 183 ff., 189, 222.

*) Auf Beschwerden gegen den Notar treffen dieselben nicht zu; denn er erläßt keine Entscheidungen; vgl. A. Not.Ges. Art. 50; vgl. dagegen Art. 179 u. 222 dieses Ges. — Auch für die pfälzischen Notare sind Staatsanwaltschaft (Art. 124), Landgericht (Art. 113), Landgerichtspräsident (Art. 126), Justizminister (Art. 145), Beschwerdeinstanzen, da durch Art. 121 des A.G. z. R.Strafproz.O. v. 18./8. 1879 die Art. 113—145 einschl. des rechtsrhein. Not.Ges. auch auf die Pfalz ausgedehnt sind. Siehe unter G. oben S. 168.

**) „Ein in einer einstweiligen Verfügung enthaltenes Verbot der Veräußerung, Belastung oder Verpfändung einer unbeweglichen Sache wirkt gegen Dritte von dem Zeitpunkte der Eintragung im Hypothekenbuch an."

***) Bei Eröffnung und Aufhebung des Konkurses.

†) Ueber die Veranlassung der Eintragung des unbeweglichen Vermögens durch den Konkursverwalter, wenn dasselbe noch nicht eingetragen war.

(Berichtigung der Standesregister.) Art. **172.** An Stelle des Art. 99 des pfälzischen Civilgesetzbuchs und der Art. 855—858 der pfälzischen C.P.O. treten nachstehende Bestimmungen.

Das Verfahren bei Anträgen auf Berichtigung einer Eintragung im Standesregister richtet sich nach § 66 Abs. 2 und 3 des Reichsgesetzes v. 6. Februar 1875 über die Beurkundung des Personenstandes und die Eheschließung. Die Art. 163—168 des gegenwärtigen Gesetzes finden entsprechende Anwendung.

Der Antrag auf Berichtigung kann bei dem Standesbeamten schriftlich oder zu Protokoll angebracht werden.

Die Entscheidung erfolgt durch das Landgericht.

(Einspruch gegen die Eheschließung.) Art. **173.** Gesuche um Aufhebung eines Einspruchs (Opposition) gegen eine Heirath (Art. 172 bis 176, 179 des pfälz. C.G.B.) sind im Wege der Klage gegen diejenigen, welche den Einspruch erhoben haben, anzubringen.

(Verfahren in Abwesenheitsfällen.) Art. **174.** Bezüglich der Vermuthung der Abwesenheit, der Abwesenheitserklärung und der Wirkungen der Abwesenheit finden die betreffenden Vorschriften des 4. Titels des I. Buches des pfälz. C.G.B. nach Maßgabe der folgenden besonderen Bestimmungen Anwendung.

Die Entscheidung des Gerichts erfolgt auf Gesuch nach Maßgabe der Art. 163 bis 168 des gegenwärtigen Gesetzes.

Die Entscheidung bleibt auf der Gerichtsschreiberei hinterlegt.

Die Aufnahme des Zeugenbeweises im Falle des Art. 116 des pfälz. C.G.B. wird einem Gerichtsmitgliede übertragen.

Die in Art. 118 des pfälz. C.G.B. vorgesehene Veröffentlichung der dort bezeichneten Entscheidung geschieht durch den Staatsanwalt des Landgerichts. Sie erfolgt mittels Abdrucks eines Auszugs der Entscheidung in dem Deutschen Reichsanzeiger und außerdem in wenigstens zwei öffentlichen Blättern, deren Auswahl dem Staatsanwalte zusteht. Zwischen dem Tage, an welchem die Einrückung in den Deutschen Reichsanzeiger erfolgt ist, und der Entscheidung, welche die Abwesenheitserklärung ausspricht, müssen, unbeschadet der Bestimmung in Art. 119 des pfälz. C.G.B., wenigstens 9 Monate in Mitte liegen.

Insoweit das Verfahren nach allgemeinen Prozeßvorschriften sich richtet, kommen die Bestimmungen der C.P.O. zur Anwendung.

(Familienrathsbeschlüsse.) Art. **175.** Die Vorschriften der pfälz. C.P.O. über Familienrathsbeschlüsse (Th. II Buch I Tit. 10) in Verbindung mit dem Gesetze v. 11. September 1825 (Amtsbl. S. 101 flg.) bleiben mit nachstehenden abändernden Bestimmungen in Kraft.

In den Fällen des Art. 883 Abs. 2 der pfälz. C.P.O. ist der Antrag auf Aufhebung des Familienrathsbeschlusses im Wege der Beschwerde gemäß Art. 56—67 und 168 Abs. 2 des gegenwärtigen Gesetzes geltend zu machen.

Beschwerdegericht ist das Landgericht, in dessen Bezirke die Familienrathsversammlung stattgefunden hat.

Vor der Entscheidung sind die Betheiligten zu hören.

Findet eine Beweisaufnahme durch Vernehmung von Zeugen statt, so kann dieselbe einem Mitgliede des Gerichts übertragen werden.

Auf Gesuche um gerichtliche Bestätigung von Familienrathsbeschlüssen (Art. 885 der pfälz. C.P.O.) finden die Art. 163—168 des gegenwärtigen Gesetzes Anwendung.

An die Stelle des den Mitgliedern des Familienraths durch Art. 888 der pfälz. C.P.O. eingeräumten Einſpruchs gegen die Beſtätigung von Familienrathsbeſchlüſſen tritt die Beſchwerde gemäß Art. 56—67 des gegenwärtigen Geſetzes.

(Vormundſchaftsbehörde.) Art. 176. Vormundſchaftsbehörde im Sinne der §§ 600, 603, 615, 619 Abſ. 3, 623 der C.P.O. iſt das Amtsgericht, in deſſen Bezirke die Vormundſchaft oder die Pflegſchaft über den zu Entmündigenden zu beſtellen iſt.

Daſſelbe erläßt bis zur Beſtellung der Vormundſchaft die erforderlichen Anordnungen für die Perſon oder das Vermögen des zu Entmündigenden (§ 600) oder des Entmündigten (§ 603) und kann zu dieſem Zwecke einen vorläufigen Verwalter beſtellen.

(Abſchluß von Vergleichen durch den Vormund.) Art. 177. Vergleiche, welche vom Vormunde im Namen von Minderjährigen abgeſchloſſen werden, erfordern zu ihrer Giltigkeit einen vom Landgerichte beſtätigten Beſchluß des Familienraths.

(Verfahren in Verlaſſenſchaftsſachen.) Art. 178. Die in dem II. Buche des II. Theils der pfälz. C.P.O. in Verbindung mit dem Geſetze v. 11. September 1825 (Amtsbl. S. 101 flg.) enthaltenen Beſtimmungen bleiben, ſoweit ſie die nichtſtreitige Rechtspflege betreffen und in dem gegenwärtigen Geſetze nicht etwas Anderes beſtimmt iſt, in Kraft.

(Einſtweilige Entſcheidungen des Präſidenten des Landgerichts.) Art. 179. Gegen die einſtweilige Entſcheidung von Streitigkeiten oder ſonſtigen ſich ergebenden Anſtänden, welche nach Maßgabe der noch geltenden Beſtimmungen der pfälz. C.P.O. dem Präſidenten des Landgerichts übertragen iſt, findet die Beſchwerde gemäß Art. 56 bis 67 und 168 Abſ. 2 des gegenwärtigen Geſetzes ſtatt.

(Gerichtliche Theilungen.) Art. 180. Vormünder, welche ohne förmliche Theilungsklage zu erheben, in Gemeinſchaft mit volljährigen Betheiligten bei Gericht um die Ermächtigung zur Vornahme der gerichtlichen Theilung einer Erb- oder ſonſtigen Maſſe oder eines ſonſtigen ungetheilten Gegenſtandes nachſuchen, bedürfen hiezu der Ermächtigung des Familienraths nicht.

Art. 181. Sind alle Betheiligten mit dem Abſchluſſe einer Theilung einverſtanden, und bedarf dieſelbe noch der gerichtlichen Beſtätigung, ſo hat der Notar die Theilungsurkunde dem Staatsanwalte einzuſenden, welcher den Gerichtsbeſchluß erwirkt, ohne daß es eines Geſuchs von Seite der Betheiligten bedarf.

(Bekanntmachung der freiwilligen gerichtlichen Verſteigerungen.) Art. 182. Die in Art. 20 des Geſetzes v. 11. September 1825 (Amtsbl. S. 101 flg.) vorgeſchriebene Bekanntmachung der freiwilligen gerichtlichen Verſteigerungen ſoll in einem von den Betheiligten, falls aber dieſe ſich nicht einigen, von dem beauftragten Notare zu beſtimmenden öffentlichen Blatte ſtattfinden.

(Beſitzeinweiſung bei außerordentlicher Erbfolge.) Art. 183. In den in Art. 770 und 773 des pfälz. C.G.B. vorgeſehenen Fällen tritt an die Stelle der dort erwähnten Verkündigungen und Anſchläge ein von dem Landgerichte zu erlaſſendes Aufgebot, welches in dem Deutſchen Reichsanzeiger und außerdem in wenigſtens zwei vom Gerichte zu beſtimmenden öffentlichen Blättern, und zwar in jedem derſelben dreimal in Zwiſchenräumen von wenigſtens zwei Monaten, zu veröffentlichen iſt.

Die Einweiſung kann erſt zwei Monate nach der letzten Bekanntmachung ſtattfinden. Sie erfolgt, wenn Erbanſprüche nicht erhoben wurden, auf Geſuch in dem durch Art. 163—168 des gegenwärtigen Geſetzes vorgeſchriebenen Verfahren.

Sind Erbansprüche erhoben worden, und werden dieselben bestritten, so ist die Sache im Klagewege zu erledigen.

(Ermächtigung zur Veräußerung von Erbschaftsgegenständen.) **Art. 184.** Die in Art. 796 des pfälz. C.G.B. erwähnte Ermächtigung kann sowohl von dem Vorstande des Landgerichts als von dem Amtsgerichte, in deren Bezirke die Erbschaft sich eröffnet hat, ertheilt werden. Gegen die Abweisung des Gesuchs findet die Beschwerde gemäß Art. 56—67 und 168 Abs. 2 des gegenwärtigen Gesetzes statt.

Bei Veräußerung der zu einer Benefiziarmasse gehörigen Immobilien (Art. 987 und 988 der pfälz. C.P.O.) richtet sich das Verfahren bei Stellung und Bescheidung der Anträge auf Abschätzung und Verkauf der betreffenden Immobilien nach Art. 163 bis 168 des gegenwärtigen Gesetzes. Zuständig ist das Landgericht, in dessen Bezirke die Erbschaft sich eröffnet hat. Eine Bestätigung des Expertenberichts ist nicht erforderlich, wenn die Güter in einem gerichtlichen Theilungsverfahren unter Beobachtung der vorgeschriebenen Förmlichkeiten zur Veräußerung kommen.

(Ermächtigung von Ehefrauen zum Abschlusse von Rechtsgeschäften.) Art. **185.** Bezüglich der Ermächtigung verheiratheter Frauen zur Vornahme von Rechtsgeschäften verbleibt es bei den einschlägigen Vorschriften des pfälz. C.G.B.

Die Entscheidung erfolgt auf Gesuch nach Maßgabe der Art. 163—168 des gegenwärtigen Gesetzes.

In den Fällen, für welche das Gesetz die Vernehmung des Ehemannes vorschreibt, finden nachstehende besondere Bestimmungen Anwendung.

Der Ehemann soll vor der Entscheidung über die Gründe, aus welchen er die Ermächtigung verweigert, gehört werden. Das Gericht kann die mündliche Verhandlung anordnen.

Die Entscheidung erfolgt nach Vernehmung des Staatsanwalts. Dieselbe ist den Betheiligten von Amtswegen zuzustellen.

Gegen eine abweisende Entscheidung steht der Ehefrau, gegen eine den Widerspruch des Ehemannes nicht berücksichtigende Entscheidung diesem die Beschwerde zu. Die Beschwerde ist binnen einer Nothfrist von zwei Wochen, welche mit der Zustellung der Entscheidung beginnt, einzulegen.

Das Gericht ist zu einer Abänderung seiner durch die Beschwerde angegriffenen Entscheidung nicht befugt.

Weitere Rechtsmittel finden nicht statt.

(Ehestreitigkeiten.) Art. **186—188** (kommen hier nicht in Betracht).

(Ermächtigung zur Veräußerung von Dotalgütern.) Art. **189.** Zur Ertheilung der in Art. 1558 und 1559 des pfälz. C.G.B. erwähnten Erlaubniß ist das Landgericht zuständig, bei welchem die Eheleute ihren allgemeinen Gerichtsstand haben.

Die Entscheidung erfolgt auf Gesuch nach Maßgabe der Art. 163—168 des gegenwärtigen Gesetzes.

(Gütertrennungsklage.) Art. **190—196** (kommen hier nicht in Betracht).

Art. **197.** Die Verzichtleistung der Ehefrau auf die Gütergemeinschaft ist bei dem Gerichtsschreiber des Gerichts zu Protokoll zu geben, bei welchem die Klage auf Vermögensabsonderung anhängig wurde.

(Vorzugsrechte.) Art. **198.** Die Art. 2100, 2101, 2102, 2104, 2105, 2107 des pfälz. C.G.B. treten außer Kraft.

Alle in sonstigen Gesetzen begründeten Vorzugsrechte an beweglichen Sachen, welche für den Fall eines Konkurses den Faustpfandrechten nicht gleichgestellt sind, sind aufgehoben.

Die in diesen Gesetzen begründeten Vorzugsrechte an unbeweglichen Sachen bestehen nur noch als Unterpfandsrechte (Art. 2113 des pfälz. C.G.B.) fort. Zur Geltendmachung derselben bedarf es einer vorherigen Inangriffnahme des beweglichen Vermögens des Schuldners nicht.

Art. **199**. Ein Vorzugsrecht an bestimmten beweglichen Sachen im Sinne des pfälz. C.G.B. haben die in den §§ 40 und 41 der Konkursordnung aufgeführten Forderungen bezüglich der dabei bezeichneten Gegenstände.

Art. **200**. Insoweit dem Verpächter und Vermiether nach dem pfälz. C.Gesetze ein unmittelbares Klagerecht gegen den Afterpächter und Aftermiether wegen der in § 41 Ziff. 2 und 4 der Konkursordnung bezeichneten Ansprüche zusteht, erstreckt sich das Vorzugsrecht derselben auch auf die in § 41 Ziff. 2 und 4 daselbst bezeichneten Gegenstände des Afterpächters und Aftermiethers.

Eigenthumsansprüche Dritter an den auf das verpachtete oder vermiethete Grundstück eingebrachten Sachen können dem Vorzugsrechte des Verpächters und Vermiethers nicht entgegengesetzt werden, ausgenommen in dem Falle des Art. 2279 Abs. 2 des pfälz. C.G.B., oder wenn nachgewiesen werden kann, daß der Verpächter und Vermiether von dem Eigenthumsrechte des Dritten an jenen Sachen zur Zeit der Einbringung derselben auf das Grundstück Kenntniß hatte, oder wenn die Sachen bei dem Miether und Pächter im Falle eines Nothstandes hinterlegt oder denselben in ihrem Gewerbsbetriebe vorübergehend anvertraut worden sind.

Der Verpächter und Vermiether bewahren ihr Vorzugsrecht an den ohne ihre Einwilligung von dem Grundstücke verbrachten Sachen jedem dritten Besitzer gegenüber, vorausgesetzt, daß der Verpächter in vierzig Tagen, der Vermiether in zwei Wochen das Recht auf Rückgabe gerichtlich geltend gemacht hat.

Art. **201**. Die Vorzugsrechte an Liegenschaften, welche in den Art. 2103 und 2111 des pfälz. C.G.B. bezeichnet sind, haben den Gläubigern gegenüber, welchen an diesen Liegenschaften ein Vorzugsrecht oder ein Unterpfandsrecht nicht zusteht, auch ohne Einschreibung in das Hypothekenbuch Wirksamkeit.

(Vertragsmäßige Versteigerung.) *) Art. **202**. Bei der Veräußerung von Grundstücken kann dem Veräußerer vertragsmäßig das Recht eingeräumt werden, im Falle der Nichtzahlung des Kaufpreises die betreffenden Grundstücke nach Zustellung einer Zahlungsaufforderung und fruchtlosem Ablaufe der darin festgesetzten Frist, die jedoch in keinem Falle unter zwei Wochen betragen darf, durch einen von ihm gewählten Notar öffentlich versteigern zu lassen.

Diese Vertragsbestimmung ist auch bei Zwangsversteigerungen mit der Wirkung statthaft, daß in diesem Falle die in Abs. 1 bezeichnete Versteigerung durch jeden auf den betreffenden Kaufpreis angewiesenen Gläubiger betrieben werden kann.

Sie ist ferner statthaft bei Veräußerungen zum Zwecke einer Theilung, gleichviel ob Miterben oder fremde Personen erwerben.

Die Zahlungsaufforderung hat die Bezeichnung der Grundstücke, welche der Gläubiger versteigern lassen will, und die Androhung zu enthalten, daß, wenn innerhalb der festgesetzten Frist die Zahlung nicht erfolgt, zur Versteigerung der bezeichneten Grundstücke in der in Abs. 1 angegebenen Weise werde geschritten werden.

---

*) Vgl. Ges. v. 11./9. 1825, V. oben S. 164.

Sollen Grundstücke zur Versteigerung gebracht werden, welche nicht mehr im Eigenthume des Schuldners sind, so ist dem Drittbesitzer Abschrift der Zahlungsaufforderung und der Urkunde, auf welche sich die Forderung des Gläubigers gründet, zustellen zu lassen.

Die Versteigerung ist bei Strafe der Nichtigkeit durch Einrückung in eines der in der Gegend verbreitetsten öffentlichen Blätter wenigstens zweimal, zum ersten Male mindestens zwei Wochen vor dem Versteigerungstermine bekannt zu machen. Gleichzeitig mit der ersten Ausschreibung ist dem Schuldner und dem etwaigen Drittbesitzer von dem Versteigerungstermine durch Gerichtsvollzieherurkunde Kenntniß zu geben.

Hat der die Versteigerung betreibende Gläubiger nur einen Theil des für die betreffenden Grundstücke noch geschuldeten Kaufpreises zu fordern, so muß er die übrigen Berechtigten, falls dieselben aus der Urkunde, auf welche sich seine Forderung gründet, oder aus dem Hypothekenbuche ersichtlich oder ihm aus den von ihm selbst abgeschlossenen Verträgen bekannt sind, von der Versteigerung wenigstens zwei Wochen vorher durch Gerichtsvollzieherakt in Kenntniß setzen lassen.

Widersprüche sind auf dem Klagewege bei dem Gerichte anzubringen, in dessen Bezirke die zu versteigernden Grundstücke liegen, wenn dieselben aber in verschiedenen Gerichtsbezirken belegen sind, jedoch im Pertinenzverhältnisse zu einander stehen, bei demjenigen Gerichte, in dessen Bezirke der bedeutendere Theil oder, wenn das betreffende Gut mit Gebäuden versehen ist, das Hauptgebäude sich befindet.

Die Wirkungen der in gegenwärtigem Artikel zugelassenen Versteigerung sind allen Betheiligten gegenüber dieselben, als wenn die Resolution gerichtlich erfolgt wäre.

(Hypothekenreinigungsverfahren.) Art. **203.** Die Bestimmungen der Art. 2181 bis 2195 des pfälz. C.G.B., der Staatsrathsgutachten v. 9. Mai (genehmigt am 1. Juni) 1807 und 5. Mai (genehmigt am 8. Mai) 1812 und der Art. 833—835 der pfälz. C.P.O. bleiben in Kraft, soweit nicht in den nachstehenden Artikeln etwas Anderes bestimmt ist.

Art. **204.** In den nach Art. 2183 und 2185 des pfälz. C.G.B. zu machenden Zustellungen hat die zustellende Partei einen bei dem Landgerichte der belegenen Sache zugelassenen Rechtsanwalt zu bezeichnen, welcher sie als Bevollmächtigter in dem Verfahren vertritt.

Art. **205.** Ueber Anträge, Einwendungen und Erinnerungen, welche das Verfahren betreffen, das nach den in Art. 203 angeführten Gesetzesbestimmungen zu beobachten ist, insbesondere auch über die Zulänglichkeit einer angebotenen Sicherheitsleistung, entscheidet das Landgericht der belegenen Sache.

Die Entscheidungen des Landgerichts können ohne vorgängige mündliche Verhandlung erfolgen.

Gegen dieselben findet sofortige Beschwerde gemäß § 540 der C.P.O. statt.

Art. **206.** Die Bestellung der nach Art. 2185 Ziff. 5 des pfälz. C.G.B. zu leistenden Sicherheit ist durch Hinterlegung in baarem Gelde oder in kursfähigen Werthpapieren oder durch Stellung eines vermöglichen, leicht zu belangenden Bürgen zu bewirken.

Mit der durch Art. 2185 des pfälz. C.G.B. vorgeschriebenen Zustellung ist noch weiter zuzustellen:

1) wenn die Sicherheitsleistung in baarem Gelde oder in Werthpapieren angeboten wird, eine Abschrift der Hinterlegungsbescheinigung,

2) wenn die Sicherheitsleistung durch die Stellung eines Bürgen angeboten wird:
   a) eine Abschrift der Notariatsurkunde, worin der Bürge die einzugehende Verpflichtung unter Verzicht auf die Rechtswohlthat der Vorausklagung, beim Vorhandensein mehrerer Bürgen auch unter Verzicht auf die Rechtswohlthat der Theilung, übernimmt und sich wegen dieser Verpflichtung der sofortigen Zwangsvollstreckung unterwirft,
   b) die Erklärung, daß die Nachweise über die Zulänglichkeit der angebotenen Bürgschaft auf der Gerichtsschreiberei des Landgerichts hinterlegt sind.

Einwendungen gegen die Zulänglichkeit der angebotenen Sicherheitsleistung sind bei Meidung des Ausschlusses spätestens eine Woche nach der Zustellung bei dem Landgerichte zu erheben.

Vor der Entscheidung über die Einwendungen sind die Betheiligten zu hören.

Art. **207**. Die in Art. 2194*) des pfälz. C.G.B. vorgeschriebene Veröffentlichung hat durch Anheftung des Auszugs an die Gerichtstafel des Landgerichts, die in dem Staatsrathsgutachten v. 9. Mai 1807 für den dort vorgesehenen Fall vorgeschriebene Bekanntmachung hat in dem Blatte zu geschehen, welches für den Sitz des Landgerichts zur Veröffentlichung der amtlichen Bekanntmachungen bestimmt ist.

Art. **208**. Auf die Versteigerung auf Uebergebot finden die Vorschriften über das Verfahren bei der Zwangsvollstreckung in das unbewegliche Vermögen wegen Geldforderungen mit nachstehenden näheren Bestimmungen und Aenderungen entsprechende Anwendung:

1) Auf Gesuch des betreibenden Theils ernennt das Amtsgericht den Versteigerungsbeamten und übermittelt demselben die Akten zum Zwecke der Vornahme der Versteigerung.

   Dem Gesuche sind sämmtliche bisher erwachsenen Akten, namentlich die gegenseitigen Zustellungen, die Urkunde über die frühere Veräußerung oder der aus derselben gefertigte und zugestellte Auszug, ferner ein beglaubigter Auszug aus den Hypothekenregistern über diejenigen Einschreibungen, welche innerhalb der in Art. 834 der pfälz. C.P.O., Art. 2194 des pfälz. C.G.B. und den Staatsrathsgutachten v. 9. Mai 1807 und 5. Mai 1812 festgesetzten Fristen eingetragen worden sind, beizulegen.

   Das Gesuch hat unter Anführung der dasselbe begründenden Thatsachen und unter Bezugnahme auf die ihm beigefügten Urkunden die Angabe der von dem betreibenden Theile vorgeschlagenen Versteigerungsbedingungen, die etwaigen Anträge desselben in Bezug auf Ort, Zeit und Art der Versteigerung, auf die Person des Versteigerungsbeamten und auf die Veröffentlichung der Versteigerungsbekanntmachung zu enthalten.

2) Die Versteigerungsbekanntmachung hat statt der in Art. 48 Ziff. 1 und 2 des Gesetzes v. 23. Februar 1879, die Zwangsvollstreckung in das unbewegliche Vermögen wegen Geldforderungen betreffend, vorgeschriebenen Angaben zu enthalten:
   a) die Erwähnung, daß die Versteigerung auf Uebergebot im Hypothekenreinigungsverfahren durch den Notar als Versteigerungsbeamten erfolgt,

---

*) Bei dem Erwerb von Immobilien, welche Ehemännern oder Vormündern gehören.

b) die Bezeichnung des neuen Eigenthümers, welcher das Hypothekenreinigungsverfahren eingeleitet, sowie des Gläubigers, welcher das Uebergebot gemacht hat, nach Vor- und Familiennamen, Stand oder Gewerbe und Wohnort unter Anführung der Urkunde über die frühere Veräußerung und der Zustellung, durch welche der Gläubiger die Versteigerung beantragt hat.

3) Außer den übrigen in Art. 48 des in Ziff. 2 bezeichneten Gesetzes vorgeschriebenen Angaben hat die Versteigerungsbekanntmachung noch weiter die Angabe des Preises zu enthalten, den der Gläubiger nach Art. 2185 Ziff. 2 des pfälz. C.G.B. zu bieten oder zu erzielen sich angeboten hat, mit der Bemerkung, daß dieser Preis das erste Gebot bei der Versteigerung bildet.

Die nach Art. 55 Ziff. 5 des in Ziff. 2 bezeichneten Gesetzes stillschweigend geltende Versteigerungsbedingung ist in der Versteigerungsbekanntmachung ausdrücklich dahin abzuändern, daß der Ansteigerer nicht nur die Kosten des Versteigerungsprotokolls mit Inbegriff der die Versteigerung betreffenden Gebühren des Versteigerungsbeamten sondern auch die in Art. 2188 des pfälz. C.G.B. angegebenen Kosten außer dem Kaufpreise sogleich bei der Versteigerung zu berichtigen hat.

4) Die nach Ziff. 3 Abs. 1 erforderliche Angabe ist auch in den Auszug der Versteigerungsbekanntmachung (Art. 64 des in Ziff. 2 bezeichneten Gesetzes) aufzunehmen.

5) Zahlungsfristen können nur mit Zustimmung aller Betheiligten festgesetzt werden.

6) Hat der neue Eigenthümer mehrere auf Uebergebot zur Versteigerung kommende Grundstücke miteinander um einen Gesammtpreis erworben, so kann der Gläubiger demungeachtet verlangen, daß die Versteigerung im Einzelnen vorgenommen werde. Ist nach Vorschrift des Art. 2192 des pfälz. C.G.B. eine Ausscheidung des angebotenen Preises auf die einzelnen zu versteigernden Grundstücke vorhergegangen, so hat diese der Versteigerung zur Grundlage zu dienen. Ist dies nicht der Fall, so hat der Gläubiger in der nach Art. 2185 zu machenden Zustellung zugleich zu erklären, in welcher Weise der angebotene Kaufpreis auf die einzelnen Versteigerungsgegenstände vertheilt werden soll.

7) Die in Art. 62 des in Ziff. 2 bezeichneten Gesetzes vorgeschriebene Zustellung hat an den neuen Eigenthümer, an die betheiligten Gläubiger und an den Schuldner zu geschehen, an den letzteren jedoch nur, soferne nicht eine Zustellung im Auslande oder eine öffentliche Zustellung erforderlich wird.

8) Wird im Versteigerungstermine kein Angebot gelegt, so erfolgt der Zuschlag an den Gläubiger, welcher das Uebergebot gemacht hat, zu dem von ihm gemäß Art. 2185 Ziff. 2 des pfälz. C.G.B. angebotenen Preise.

Art. 209. Ist auf die Zustellungen, welche der neue Eigenthümer zum Zwecke der Einleitung des Hypothekenreinigungsverfahrens machen ließ, die Versteigerung nicht beantragt worden, so können, wenn über die Vertheilung zwischen mehreren Gläubigern Streit besteht, der neue Erwerber, jeder Hypothekgläubiger und der Schuldner die Einleitung des gerichtlichen Vertheilungsverfahrens bei dem Amtsgerichte der belegenen Sache nachsuchen.

Dem Gesuche sind die in Art. 208 Ziff. 1 Abs. 2 bezeichneten Schriftstücke beizulegen.

Wird dem Gesuche stattgegeben, so richtet sich das weitere Verfahren nach den Vorschriften der Art. 97 flg. des Gesetzes v. 23. Februar 1879, die Zwangsvollstreckung in das unbewegliche Vermögen wegen Geldforderungen betreffend.

Die in Art. 97 des in Abs. 3 bezeichneten Gesetzes vorgeschriebene Aufforderung muß an sämmtliche im Hypothekenbuche rechtzeitig eingetragenen Gläubiger geschehen.

(Bestimmungen über handelsrechtliche Verhältnisse. 1. Ermächtigung Minderjähriger zum Handelsbetriebe.) Art. 210. Ein Minderjähriger, welcher emanzipirt und achtzehn Jahre alt ist, kann ohne Unterschied des Geschlechts Kaufmann sein und auf Grund des Art. 487 des pfälz. C.G.B. in Ansehung der in seinem Handelsbetriebe eingegangenen Verbindlichkeiten für volljährig erachtet werden, wenn er von dem Vater, falls aber dieser gestorben, interdicirt oder abwesend ist, von der Mutter, in Ermangelung beider Eltern durch einen von dem Landgerichte bestätigten Beschluß des Familienraths, ausdrücklich ermächtigt ist, das Handelsgewerbe zu betreiben.

Sind diese Erfordernisse vorhanden, so kann der Minderjährige auch seine Immobilien in Bezug auf den Handelsbetrieb mit Schulden beschweren, zur Hypothek stellen und unter Beobachtung der Formen der Art. 457 flg. des pfälz. C.G.B. veräußern

(2. Berechtigung der Handelsfrauen.) Art. 211. Eine Ehefrau, welche Handelsfrau ist, kann ohne Ermächtigung ihres Ehemannes ihre Immobilien in Bezug auf den Handelsbetrieb mit Schulden beschweren, zur Hypothek stellen und veräußern.

Wenn jedoch für die Ehe Dotalrecht gilt, so kann die Verpfändung oder Veräußerung der Immobilien, welche Dotalgut sind, nur in den durch das pfälz. C.G.B.*) bezeichneten Fällen und unter Beobachtung der dort vorgeschriebenen Formen erfolgen.

(3. Veröffentlichung güterrechtlicher Verhältnisse handeltreibender Ehegatten.) Art. 212.**) Jeder Ehevertrag zwischen Ehegatten, von welchen einer als Kaufmann anzusehen ist, muß innerhalb eines Monats nach dem Abschlusse des Vertrags im Auszuge an den Gerichtsschreiber des Landgerichts, in dessen Bezirke der Ehemann seinen Wohnsitz hat, zur Veröffentlichung übersendet werden.

In dem Auszuge muß angegeben sein, ob unter den Ehegatten Gütergemeinschaft besteht, oder ob Gütertrennung oder Dotalrecht vereinbart ist.

Art. 213. Der Notar, welcher den Ehevertrag aufgenommen hat, ist verpflichtet, die in Art. 212 vorgeschriebene Uebersendung bei Vermeidung einer Ordnungsstrafe von fünfzig Mark zu bewirken.

Wird nachgewiesen, daß die Uebersendung in Folge sträflichen Einverständnisses unterlassen worden ist, so ist der Notar, unbeschadet seiner Haftung gegenüber den Gläubigern, mit Suspension oder Amtsentsetzung zu bestrafen.

Art. 214. Jeder Ehegatte, für dessen Ehe Gütertrennung oder Dotalrecht vereinbart ist, muß, wenn er nach Schließung der Ehe das Gewerbe eines Kaufmannes ergreift, innerhalb eines Monats von dem Tage an gerechnet, an welchem er den Geschäftsbetrieb begonnen hat, die in Art. 212 erwähnte Uebersendung bewirken.

Unterläßt er dies, so kann er, falls er seine Zahlungen einstellt, mit Gefängniß bis zu zwei Jahren bestraft werden.

---

*) Art. 1557 ff.

**) Vgl. Preuß. Einf.Ges. z. D. H.G.B. Art. 40, 41 über den Fall, wenn die Ehegatten aus einem anderen Rechtsgebiet zuziehen, Anmerkung zu Art. 41 d. Rhein. Not.O

Art. 215. Der Gerichtsschreiber hat den gemäß Art. 212—214 übersendeten Auszug ohne Verzug durch Anheftung an die Gerichtstafel während eines Jahres sowie durch Einrückung in das für die amtlichen Bekanntmachungen des Landgerichts bestimmte Blatt und, soferne dasselbe nicht zugleich für die Veröffentlichung der Handelsregistereinträge gerichtlich bestimmt ist, auch durch Einrückung in das für solche Veröffentlichungen gerichtlich bestimmte Blatt bekannt zu machen.

Art. 216. Wird zwischen Ehegatten, von welchen einer als Kaufmann anzusehen ist, die Ehescheidung ausgesprochen, so ist das Urtheil nach Maßgabe des Art. 195 im Auszuge zu veröffentlichen, widrigenfalls die Gläubiger zu jeder Zeit befugt sind, soweit es ihr Interesse betrifft, Einwendung mittels Klage zu erheben und jede in Folge desselben geschehene Auseinandersetzung zu bestreiten.

(4. Pfandbestellung an beweglichem Vermögen in Handelssachen.) Art. 217. Die in den Art. 2074 und 2075 des pfälz. C.G.B. vorgeschriebene Einregistrirung der Urkunde über die Pfandbestellung ist in Handelssachen nicht erforderlich.

Diese Bestimmung hat rückwirkende Kraft für alle früheren Faustpfandbestellungen in Handelssachen, soferne nicht ein Rechtsstreit über das Vorzugsrecht des Pfandes bereits vor dem Inkrafttreten des gegenwärtigen Gesetzes anhängig geworden ist.

(Zahlungsanerbieten.) Art. 218.*) Die Vorschriften in Th. II Buch I Tit. 1 der pfälz. C.P.O. über Zahlungsanerbieten und Hinterlegung bleiben in Kraft, soweit nicht die Bestimmungen der Reichs-C.P.O. Anwendung zu finden haben.

(Erwerb von Eigenthum und dinglichen Rechten an unbeweglichen Sachen.) Art. 219. Ueber alle Verträge, welche das Eigenthum unbeweglicher Sachen oder dingliche Rechte an unbeweglichen Sachen betreffen, sind bei Strafe der Nichtigkeit Notariatsurkunden zu errichten.**)

Bezüglich des Uebertrags eines Vorzugs- oder Unterpfandsrechts sowie des Verzichts darauf findet Abs. 1 keine Anwendung und verbleibt es bei den bisherigen Bestimmungen.†)

*) Vgl. oben B. 3.

†) Vgl. Art. 198 u. 201 d. Ges. Gebühren: Verordnung vom 13. Mai 1880, unten.

**) Vgl. Art. 202, 208 d. Ges. und folgende Ausführungsvorschriften:

a) Verordn. v. 20. September 1879, die Ausführung des Reichsgerichtskostengesetzes und des Gesetzes über das Gebührenwesen betreffend. (G. u. V.Bl. S. 1195, J.M.Bl. S. 1309).

§ 8. Nachdem zufolge der Art. 265, 278 und 279 des Gesetzes über das Gebührenwesen bei den Kataster-Umschreibungen in der Pfalz, welche seither im Anschlusse an die Registrirungsbücher vollzogen wurden, eine anderweite Regelung der Grundlagen einzutreten hat, so genehmigen wir mit Rücksicht auf § 81 des Grundsteuergesetzes v. 15. August 1828, daß für die Pfalz unter geeigneter Aenderung der dortselbst in Geltung befindlichen Umschreib-Instruktion durch Unsere Staatsministerien der Justiz und der Finanzen, hinsichtlich der katastermäßigen Beschreibung unbeweglicher Sachen in den Notariatsurkunden, sowie bezüglich der Mittheilung der Besitzveränderungen an die Umschreibbehörden ähnliche Einrichtungen getroffen werden, wie solche für die rechtsrheinischen Gebietstheile bestehen.

b) Ministerialentschließung, den Vollzug des § 8 der Allerh. V. v. 20. September 1879, hier, die Katasterumschreibungen in der Pfalz betr., v. 23. September 1879 (J.M.Bl. S. 1590).

§ 1. Jede von den Notaren der Pfalz aufzunehmende Urkunde über ein Rechtsgeschäft, welches eine unbewegliche Sache zum Gegenstande hat, soll enthalten:

a) die Steuergemeinde, in welcher das Objekt gelegen ist, dann das Amtsgericht und das Rentamt, zu welchem die Steuergemeinde gehört;

b) die Besitznummer, unter welcher das Objekt im Kataster eingetragen ist;

c) die Plannummer, unter welcher es im Katasterplane zu finden ist.

Ist ein größerer Komplex, zu welchem mehrere mit besonderen Plannummern bezeichnete Objekte gehören, Gegenstand des Rechtsgeschäftes, so kann anstatt der speciellen Aufführung der einzelnen Plannummern in der Urkunde selbst — auf einen der Urkunde als Beilage aufzuheftenden Auszug aus dem Kataster Bezug genommen werden.

Außerdem bleibt es dem Ermessen der Parteien und des Notars überlassen, ob auch eine anderweite Bezeichnung des Objektes, z. B die Angabe der Angrenzer, der Feldlage oder Gewanne, der Kulturart, der ortsüblichen Benennung und insbesondere des Flächeninhaltes als zweckmäßig oder nothwendig erscheint.

§ 2. Wird in einer die Uebertragung unbeweglichen Eigenthums behandelnden Urkunde bei der Bezeichnung des Objektes auch dessen Flächeninhalt angegeben, so ist hiebei das Meterfeldmaaß mit jenen Umwandlungsziffern in Anwendung zu bringen, welche in den rentamtlichen Flächenrepertorien und Katastern enthalten sind.

Auf die Bekanntm. v. 10. November 1877, die Feststellung abgekürzter Maß- und Gewichtsbezeichnungen betreffend, wird hiebei verwiesen.

§ 3. Um der Vorschrift der §§ 1 und 2 genügen zu können, haben sich die Notare von den Betheiligten, welche die Errichtung einer Urkunde über liegendes Eigenthum verlangen, die nach Art. 70 des Grundsteuergesetzes in ihrem Besitze befindlichen Katasterauszüge vorlegen zu lassen.

Mittels Anschlags in ihrem Amtszimmer oder auf sonst geeignete Weise haben die Notare darauf aufmerksam zu machen, daß seitens der Parteien behufs Vermeidung von Verzögerungen und Anständen die Katasterauszüge zu der notariellen Beurkundung von Liegenschaftsverträgen mitzubringen sind.

§ 4. Wenn die Betheiligten den Katasterauszug augenblicklich nicht besitzen oder sich Zweifel oder Anstände ergeben, so haben sich die Notare nöthigenfalls mit dem einschlägigen Rentamte in unmittelbares Benehmen zu setzen.

Die Aufschlußertheilung seitens der Rentämter an die Notare soll in der Regel mittelst kostenfreier Ausfertigung vollständiger Besitzcertificate erfolgen. — Finanz-Ministerial-Entschließung vom 29. August 1862.

Ist der dem Notare vorgelegte Katasterauszug mit einem amtlichen Eintrage der Meterfeldmaaße nicht versehen, so hat das Rentamt auf Anregung des Notars diesen Eintrag unverzüglich und kostenfrei zu vollziehen.

Freigestellt bleibt ferner den Notaren die jederzeitige Einsichtnahme der Flächenrepertorien und Kataster in den rentamtlichen Bureaulokalitäten.

§ 5. Tritt der Fall ein, daß die in § 1 vorgeschriebene nähere Bezeichnung des Gegenstandes des Rechtsgeschäftes im Zeitpunkte der Aufnahme der Urkunde deßhalb nicht möglich ist, weil diese wegen Dringlichkeit der Sache bis zur Beibringung des Katasterauszuges oder Aufschlußerholung von Seite des Rentamtes nicht verschoben werden kann, und auch die Betheiligten die katastermäßige Bezeichnung des Objektes nicht anzugeben vermögen, so hat der Notar dieses in der Urkunde zu bemerken und eine genaue, jeden Zweifel über die Identität möglichst ausschließende Bezeichnung des Objektes nach den Angaben der Betheiligten oder sonst zugänglichen Behelfen in die Urkunde aufzunehmen.

§ 6. Handelt es sich um Abtretung eines Theiles, eines bisher unter Einer Plannummer im Kataster eingetragenen Objektes, so hat der Notar die Betheiligten auf die Nothwendigkeit der Vermessung desselben aufmerksam zu machen und womöglich dahin zu wirken, daß die Vermessung und neue Numerirung noch vor der notariellen Beurkundung des Vertrages veranlaßt werde.

§ 7. Ueber die beurkundeten Besitzänderungen unbeweglicher Sachen oder diesen gleichgeachteter Rechte haben die Notare gemeindeweise Verzeichnisse nach dem beigefügten Muster zu führen und den Rentämtern zu übersenden.

Die Termine, für welche diese Verzeichnisse zu führen und innerhalb welcher sie nach Ablauf des für die Führung bestimmten Zeitraumes dem Rentamte zu übersenden sind, wird die kgl. Regierung der Pfalz, Kammer der Finanzen, näher bestimmen.

§ 8. Wird von den Parteien bei der Beurkundung eines Rechtsgeschäftes über unbewegliches Eigenthum entweder der Vollzug der Katasterumschreibung oder die Veranlassung einer Vermessung von Grundstücken als besonders dringlich bezeichnet, so ist dem Notare gestattet, anstatt der Aufnahme des Rechtsgeschäftes in das periodische Verzeichniß sofort nach der notariellen Verlautbarung eine gesonderte Anzeige an das Rentamt zu erstatten.

Das Rentamt hat in solchen Fällen die Umschreibung im Kataster und die Ergänzung der Auszüge, sofern kein Anstand obwaltet, als vordringlich zu vollziehen beziehungsweise den Messungsauftrag an den Bezirksgeometer ohne Verzug zu ertheilen und die schleunige Erledigung desselben zu betreiben.

§ 9. Im Uebrigen wird hinsichtlich der Führung der in § 7 angeordneten Verzeichnisse Folgendes bestimmt:

a) der Eintrag der Besitzänderungen ist durch den Notar nach der Reihenfolge der Beurkundung in das Verzeichniß jener Steuergemeinde zu vollziehen, in welcher das mutirende Objekt gelegen ist. Erstreckt sich das Rechtsgeschäft auf mehrere in verschiedenen Steuergemeinden gelegene Objekte, so hat für jede Steuergemeinde der Eintrag in das gesonderte gemeindliche Verzeichniß zu erfolgen.

b) Als bisherige Besitzer sind in Rubrik 3 und 4 des Verzeichnisses diejenigen Personen in Vortrag zu bringen, welche nach dem Inhalte der Notariatsurkunde als die wirklichen Veräußerer erscheinen.

Bei Versteigerungen von Liegenschaften, welche zu einer Nachlaßmasse gehören (Theilungsversteigerungen), sind sowohl der Erblasser als die betheiligten Erben anzugeben.

c) die Rubriken 10, 11, 13, 14 und 15 sind für rentamtliche Vormerkungen bestimmt und daher vom Notar unausgefüllt zu lassen. In Rubrik 9 hat der Notar einen Eintrag nur in dem Falle der Angabe des Flächeninhaltes einer Plannummer in der Urkunde zu vollziehen.

d) Ist ein Objekt aufzuführen, dessen katastermäßige Bezeichnung in der Urkunde nicht angegeben ist, so ist die in die Urkunde aufzunehmende genaue Bezeichnung desselben (§ 5 oben) in dem Verzeichnisse vorzutragen. Das Rentamt hat in diesem Falle die katastermäßige Bezeichnung, sobald dieselbe ermittelt ist, in der Rubrik „Bemerkungen" nachzutragen.

e) Stehen der Rechtswirksamkeit eines beurkundeten Rechtsgeschäftes, welches die Uebertragung unbeweglichen Eigenthums zum Gegenstande hat, Hindernisse entgegen, so ist dies in Rubrik 12 des Verzeichnisses durch den Notar vorzumerken.

f) Wird in Folge der Besitzänderung die Vermessung einer Plannummer nothwendig, so ist dies durch den Notar unter möglichst genauer Beschreibung der Trennstücke in Rubrik 8 vorzunehmen.

g) Werden durch die notarielle Beurkundung Objekte in einer Steuergemeinde betroffen, welche einem andern Rentamte, als jenem des Amtssitzes des k. Notars angehören, so ist das betreffende gemeindliche Verzeichniß dem auswärtigen Rentamte zu übersenden.

§ 10. Die Notare haben die bei Aufnahme der Urkunden benützten Katasterauszüge der Betheiligten zurückzubehalten und mit den Verzeichnissen der beurkundeten Besitzänderungen den Rentämtern zu übersenden.

Hiemit sind auch die sonstigen von den Rentämtern zur Benützung erholten Aufschlußbehelfe (§ 4 oben) zurückzuleiten.

Die Beilage der Katasterauszüge oder sonstige Behelfe sind durch den Notar in Rubrik 12 des Verzeichnisses vorzumerken oder die unterlassene Einholung und Uebersendung der Katasterauszüge in Kürze zu begründen.

§ 11. Wird seitens der Notare den Anordnungen über die katastermäßige Bezeichnung unbeweglicher Sachen in ihren Urkunden, dann über die Führung, Mittheilung und Belegung der Besitzänderungsverzeichnisse entgegen gehandelt, so haben dies die Rentämter der k. Regierung, Kammer der Finanzen zur Kenntniß zu bringen, damit diese bei der zuständigen Dienstesaufsichtsbehörde geeigneten Falles die Einschreitung veranlasse.

Zugleich bleiben die Entschädigungsansprüche des Aerars an den Notar für einen allenfallsigen von letzterem verschuldeten Entgang an Staatsabgaben vorbehalten.

§ 12. Die übergebenen notariellen Verzeichnisse werden vom Rentamte in Bezug auf die Richtigkeit der katastermäßigen Bezeichnungen geprüft und mit den erforderlichen amtlichen Vormerkungen in Rubrik 10 und 11, veranlaßten Falles auch in Rubrik 9 und 15 (§ 9 lit. c und d oben) versehen.

Hat der Umschreibung eine Vermessung vorauszugehen und ist diese nicht bereits vor der notariellen Beurkundung des Rechtsgeschäftes vorgenommen worden, so hat das Rentamt von Amtswegen dieselbe auf Kosten der Betheiligten zu veranlassen.

§ 13. Ergeben sich bei Prüfung der notariellen Verzeichnisse weder erhebliche noch häufige Anstände, so kann auf Anordnen der k. Regierung der Pfalz, Kammer der Finanzen, von der seither vorgeschriebenen contradiktorischen Prüfung und Anerkennung der Besitzänderungen am Sitze der Gemeinde Umgang genommen werden.

Ergibt sich aus den mitgetheilten Verzeichnissen, daß in einzelnen Fällen, der Gegenstand der Besitzänderung unrichtig oder nicht mit der erforderlichen Bestimmtheit (§ 5 oben) bezeichnet ist, und ist die Umgangnahme von einer allgemeinen Besitzrevision am Sitze der Gemeinde angeordnet, dann hat das Rentamt vor der Umschreibung soweit nöthig, die Betheiligten zur mündlichen Aufschlußertheilung und Vereinigung der erhobenen Anstände vorzuladen oder denselben aufzugeben, die erforderliche weitere notarielle Verhandlung und Beurkundung zu veranlassen.

§ 14. Die vom Notare mitgetheilten und gemäß der Vorschriften in §§ 12 und 13 richtig gestellten Besitzänderungsverzeichnisse haben bis auf Weiteres auch als Umschreibverzeichnisse der Rentämter in der Pfalz zu dienen.

Auf Grund derselben erfolgt die rentamtliche Kataster-Umschreibung nach den bestehenden Vorschriften.

Gleichzeitig mit der Umschreibung in den Katastern ist jene in den Katasterauszügen vorzunehmen, wobei auf jederzeitige beschleunigte Ergänzung und Hinausgabe der für den Verkehr mit Liegenschaften nothwendigen Katasterauszüge ganz besonders Bedacht zu nehmen ist.

§ 15. Umschreibfälle, welche nicht in Folge notarieller Beurkundungen, sondern aus anderen Veranlassungen sich ergeben, werden von den Rentämtern in gesonderte gemeindliche Verzeichnisse nach ähnlichem Muster, wie unter § 7 vorgeschrieben, fortlaufend eingetragen und auf Grund dieser Einträge zur Umschreibung gebracht.

Die näheren Anweisungen hierüber können, soweit erforderlich, von der k. Regierung, Kammer der Finanzen, ertheilt werden.

§ 16. Die dem Rentamte mitgetheilten notariellen Verzeichnisse haben in ihrer Eigenschaft als rentamtliche Umschreibverzeichnisse Katasterbelege zu bilden.

Das Gleiche gilt von den über Besitzänderungen aus anderen Anlässen geführten Verzeichnissen (§ 15 oben).

Die Katasterbelege sind gemeindeweise in Aktenbänden (am thunlichsten in Streckbänden) aufzubewahren. Ein Repertorium hat für jede Gemeinde über die Zahl der Belege und, soferne sie zur Revision oder zu sonstigen Zwecken versendet sein sollten, über deren Verbleib den Nachweis zu liefern.

§ 17. Die Rentämter haben alle von den Notaren an sie ergehenden Anfragen und Requisitionen ohne Verzug zu erledigen und denselben die zur katastermäßigen Beschreibung der Objekte in den Urkunden erforderlichen Behelfe auf Verlangen mit jeder nur immer möglichen Beschleunigung zur Verfügung zu stellen.

Die Rentämter sind nicht nur für Verzögerungen, sondern auch für die durch sie verschuldeten Unrichtigkeiten und die Kosten der Berichtigung verantwortlich und haftbar.

Beschwerden der Notare in der vorbezeichneten Richtung sind zur Kenntniß der Regierung, Kammer der Finanzen zu bringen.

c) Reg.-Verf. v. 1. Oktober 1879. (Kreisbl. 1880 Nr. 5, Beil.)

1. Die in § 7 Abs. 1 der angezogenen höchsten Bekanntmachung den k. Notären zur Pflicht gemachten Verzeichnisse über die beurkundeten Besitzveränderungen unbe-

(Vollstreckbarkeit von Notariatsurkunden.)*) Art. 220. Innerhalb des Regierungsbezirks der Pfalz findet die Zwangsvollstreckung auch aus folgenden Schuldtiteln statt:

1) aus Notariatsurkunden über freiwillige gerichtliche Versteigerungen von Liegenschaften,
2) aus Notariatsurkunden über die Theilung einer Erb- oder sonstigen Masse oder eines sonstigen ungetheilten Gegenstandes sowie über die Theilungsversteigerungen (Licitationen).

Art. 221. Auf die Zwangsvollstreckung aus den in dem vorstehenden Artikel erwähnten Urkunden finden die Bestimmungen des § 703 der C.P.O. Anwendung.

Hat der Anspruch, über welchen die Notariatsurkunde errichtet ist, eine unbewegliche Sache zum Gegenstande, so ist für die Klagen gemäß § 705 Abs. 5 der C.P.O. das Gericht ausschließlich zuständig, in dessen Bezirke die Sache belegen ist.

(Ausfertigungen und Abschriften.) Art. 222. In nachstehenden Fällen, soweit sie zur nichtstreitigen Rechtspflege gehören, entscheidet der Präsident des Landgerichts vorbehaltlich der Beschwerde an das Landgericht:**)

1) wenn ein Notar dem Berechtigten die Ausfertigung oder die Abschrift einer Urkunde verweigert,
2) wenn der Notar darum angegangen wird, die Abschrift einer nicht einregistrirten oder noch unvollendeten Urkunde zu ertheilen.

Art. 223. Bis zur Entrichtung der Staats- und Notariatsgebühren kann der Notar die Aushändigung der betreffenden Urkunden an die Betheiligten verweigern.

(Beglaubigung von Unterschriften und Handzeichen.) Art. 224. Für die Beglaubigung der Unterschriften oder von Handzeichen unter Privaturkunden sind die Notare zuständig.

Es folgt nun 1) das Notariatsgesetz für die Pfalz, das mehrerwähnte Ventôse-Gesetz, 2) die pfälzischen Gebührenordnungen für Notare vom 9. April 1822 und 12. Dez. 1875.

---

weglicher Sachen oder diesen gleich geachteter Rechte sind quartalsweise zu führen und innerhalb der ersten vierzehn Tage nach Ablauf des betreffenden Vierteljahrs ... den einschlägigen k. Rentämtern als portofreie Dienstessache zu übersenden.

2. Die Einhebung der Umschreibegebühren durch die k. Notäre erscheint in der Folge unzulässig. Die Kontirung dieser Gebühren hat vielmehr durch die k. Rentämter zu erfolgen ...

*) Siehe Bd. I. S. 60.

**) Vgl. Art. 168 d. Ges. und Art. 23 d. Ventôse-Ges., sowie rechtsrh. Not.O. Art. 91.

1) Notariatsgesetz vom 25. Ventôse des Jahres XI. (16. März 1803).*)

Loi contenant organisation du notariat (bulletin des lois de la république française, nro. 258, 2440).

Au nom du peuple français, Bonaparte, premier Consul, proclame loi de la République le décret suivant, rendu par le Corps législatif le 25 ventôse an XI, conformément à la proposition faite par le Gouvernement le 14 du même mois, communiquée au Tribunat le 16 suivant.

Décret.

Titre premier. Des notaires et des actes notariés.

Section première. Des fonctions, ressort et devoirs des notaires.

Erster Titel. Notare und Notariatsurkunden.

I. Abschnitt. Amt, Geschäftskreis und Pflichten der Notare.

Art. 1. Die Notare sind die[1]) öffentlichen Beamten,[2]) welche den Beruf haben, alle[3]) Urkunden und Verträge,[4]) denen die Betheiligten[5]) die den

---

*) Das Ventôse-Gesetz gilt in Rheinbayern, Rheinhessen (B. III. Nr. 3) und Elsaß-Lothringen (B. III. Nr. 4); eine Ueberarbeitung ist die in der preuß. Rheinprovinz geltende Notariatsordnung, und für die bayerische von 1861 hat es als Vorbild gedient, s. o. S. 3. Bei seinem Erlaß standen jene Gebiete unter französischer Herrschaft (s. o. Bd. I. S. 5), für seine Auslegung sind daher französische Gesetzgebung, Rechtsprechung und Rechtswissenschaft bis zur Rückgewinnung der betreffenden Gebiete des linken Rheinufers maßgebend.

Das Ventôse-Gesetz nahm im Wesentlichen die Bestimmungen des in seinem letzten Artikel aufgehobenen Gesetzes vom 29 9.—6./10. 1791 auf, ließ aber die Bezeichnung „notaires publics" fallen.

[1]) Der bestimmte Artikel; „die ö. Beamten" ist bedeutsam, indem er ausdrückt, daß grundsätzlich den Notaren allein die ausgesprochenene Beurkundungsbefugnis zusteht. Eben deswegen ist er bei Redaktion der rheinischen Notariatsordnung (B. I.) weggelassen. Im Allgemeinen gilt jener Grundsatz heute noch; s. o. S. 159 ff.

[2]) Wegen der reichsrechtlichen Folgen dieser Beamteneigenschaft s. o. Theil A.; wegen der bayerischen Gesetzgebung s. o. S. 17. Nach dem französisch-pfälzischen Rechte ist ferner hervorzuheben

die Befreiung der Notare als Verwalter eines ö. Amtes von der Uebernahme einer Vormundschaft in einem anderen Bezirke, C. c Art. 427, vgl. Art. 430, 431;

das Verbot, sich Prozesse, streitige Rechte und Klagen zediren zu lassen, über welche das Gericht seines Amtsbezirks zu erkennen hat, C. c. Art. 1597.

Das Gesetz v. 1791 sprach von „ö. Notaren"; jetzt haben auch die Notare der Pfalz den Zusatz: „königlich bayr."; vgl. Circ. des Generalprocurators v. 21./2. 1853.

[3]) Die Ausnahmen s. o. S. 166 ff.

[4]) Das französische „actes" umfaßt auch „contrats" ebenso wie „Urkunden" den Begriff „Verträge" in diesem Sinne, und ist die Ausdrucksweise reiner Pleonasmus. Im Entwurfe hieß es: „les actes et contrats volontaires" s. Anm. 7.

[5]) Parties wurde bei der endgültigen Fassung an Stelle der Worte „individus, citoyens, particuliers" gesetzt, weil nicht nur solche, sondern auch Corporationen, öffentl. Anstalten, Staatsbeamte und selbst der König als Contrahenten aufträten, die unter dem allgemeinen Ausdruck „parties" begriffen wären. Von „Parteien" pflegen wir nur bei entgegengesetztem Standpunkte mehrerer Personen zu sprechen: auf Einzelne paßt der Ausdruck überhaupt nicht. Vgl. die Bemerkungen zur rhein. Not O.

öffentlichen Urkunden zukommende Beweiskraft[6]) geben müssen oder wollen,[7]) aufzunehmen, das Datum derselben sicher zu stellen,[8]) sie zu

---

[6]) Vgl. zur Bestimmung des „caractère d'authencité" C. c. Art. 1317 „l'acte authentique est celui qui a été reçu par officiers publics ayant le droit d'instrumenter dans le lieu ou l'acte a été rédigé et avec les solennités réquises."

[7]) Im Entwurf hieß es „pour recevoir les actes et contrats volontaires, pour leur donner le caractère d'authenticité, en assurer le date, en conserver le dépôt etc." Man fürchtete jedoch, daß damit der Sinn verbunden werden könne, als wenn für alle Akte Notariatszwang eingeführt werden solle und solche mit Privatunterschrift aufhören sollten. So kam das „doivent ou veulent" in den Satz, um dadurch hervorzuheben, daß die Betheiligten alle Akte, vorbehältlich der vom Gesetze gemachten Ausnahmen unter Privatunterschrift errichten können.

Ueber die Form der Notariatsurkunden vgl. Art. 9 ff. d. Ges.

[8]) Vgl. oben S. 13 Nr. 5. Die betreffenden Vorschriften sind jetzt

a) A.G. z. C.P.O. v. 23. 2. 1879 Art. 88.

„Der Inhaber einer Privaturkunde kann dieselbe sowohl bei dem Gerichtsschreiber eines Amtsgerichts als bei einem Notare in Vorlage bringen, um durch denselben bezeugen zu lassen, daß die Urkunde zu der Zeit, in welcher sie vorgelegt wurde, vorhanden war.

Werden Privaturkunden zu diesem Zwecke vorgelegt, so sind sie von dem Gerichtsschreiber oder Notare sofort ihrem wesentlichen Inhalte nach in ein dazu bestimmtes, für den Gerichtsschreiber von dem Amtsrichter, welchem die Dienstaufsicht zusteht, für den Notar von dem Präsidenten des Landgerichts mit Seitenzahl und Handzug versehenes Buch einzutragen.

Bei der Eintragung sind zugleich alle Auffälligkeiten, welche die Urkunde darbietet, kurz vorzumerken, insbesondere Ausstreichungen, Radirungen, Ueberschreibungen, Korrekturen, Nachträge und Randbemerkungen, welche nicht durch die sämmtlichen auf der Urkunde befindlichen Unterschriften besonders genehmigt sind.

Ueber die Vorlage ist eine den Tag derselben bezeichnende Bescheinigung auf der vorgelegten Urkunde auszustellen. Sind bei dem Antrage Auffälligkeiten vorgemerkt worden, so hat die Bescheinigung auch hievon Erwähnung zu thun.

Jedem Betheiligten ist auf Verlangen Abschrift der Einträge zu ertheilen.

Weitere Vorschriften über die Einrichtung und Führung der betreffenden Bücher, sowie über die Form der auszustellenden Bescheinigungen bleiben dem Verordnungswege vorbehalten.

Dieselben sind ergangen durch

b) Verordn. v. 8. Sept. 1879, den Vollzug der Bestimmungen des Art. 88 betr. (J.M.Bl. S. 633.)

§ 1. Bei jedem Amtsgerichte, sowie bei jedem Notare des Königreichs ist zum Eintrage von Privaturkunden zum Zwecke der Feststellung des Datums ein Buch nach dem beiliegenden Formulare zu führen. Die Führung des Buches bei den Amtsgerichten liegt dem Gerichtsschreiber ob.

§ 2. Dem Buche ist je nach dem Umfange des Bedürfnisses entsprechende Ausdehnung zu geben, so daß es mehrere Jahre lang seinem Zwecke dient.

Das Buch ist mit festem Einbande und vor dem Gebrauche bei den Amtsgerichten

verwahren[9]**) und (vollstreckbare und einfache) Ausfertigungen davon zu ertheilen.**[10]**)**

Les notaires sont les fonctionnaires publics établis pour recevoir tous les actes et contrats auxquels les parties doivent ou veulent faire donner le caractère d'authenticité attaché aux actes de l'autorité publique, et pour en assurer la date, en conserver le dépôt, en délivrer des grosses et expéditions.

Art. 2. Sie werden auf Lebenszeit angestellt.[11]**)**

Ils sont institués à vie.

Art. 3. Sie sind gehalten, ihr Amt auszuüben, wenn sie darum ersucht werden.[12]**)**

Ils sont tenus de prêter leur ministère lorsqu'ils en sont requis.

---

von dem Amtsrichter, welchem die Dienstaufsicht zusteht, und bei den Notaren von dem Präsidenten des Landgerichts mit Seitenzahl und Handzug zu versehen.

§ 3. Die Einträge in das Buch haben sofort bei Vorlage der Urkunde durch den Gerichtsschreiber beziehungsweise durch den Notar zu geschehen.

Der Inhalt der Einträge hat sich zunächst nach den Vorschriften des Art. 88 des Ges. v. 23. Februar 1879 zur Ausführung der Reichs-C.P.O. und Konk.O. zu bemessen; das Datum der Vorlage der Urkunden ist stets mit Worten einzuschreiben. Am Schlusse jeden einzelnen Eintrages hat der Gerichtsschreiber beziehungsweise der Notar mit seinem Namen und mit Bezeichnung seiner Amtseigenschaft zu unterschreiben und das Siegel beizudrücken. Unterhalb dieser Fertigung ist jeder Eintrag mit einem Querstrich abzuschließen. Spätere Beisätze oder Abänderungen bei dem Eintrage sind unzulässig.

§ 4. Die in Art. 88 Abs. 4 des Gesetzes v. 23. Febr. 1879 zur Ausführung der Reichs-C.P.O. und Konk.O. vorgeschriebene Bescheinigung darf erst nach dem Vollzuge des Eintrages auf die vorgelegte Urkunde gesetzt werden.

Die Bescheinigung auf der Urkunde ist in folgender Form zu vollziehen:

Gegenwärtige Urkunde wurde am (Datum der Vorlage) . . . . . auf der Gerichtsschreiberei des Amtsgerichts . . . . . (oder: mir dem k. Notar N. N. in X. . . .) zur Feststellung des Datums vorgelegt und an diesem Tage nach Vorschrift des Art. 88 des Ges. z. Ausf. d. R.C.P.O. und Konk.O. unter Nr. . . . in das hierfür bestimmte Buch eingetragen. Hierbei wurde folgende Auffallenheit der Urkunde vorschriftsmäßig festgestellt:

1) . . . .

Zur Bescheinigung

. . . . den . . . .

(L. S.) N. N., k. Notar.

Das Datum der Vorlage der Urkunde ist stets mit Worten zu schreiben.

§ 5. Eine Eintragung der ertheilten Bescheinigung in die von dem Notare zu führenden Geschäftsregister (Art. 77 des Not.Ges. v. 10.11. 61 mit Art. 278 d. Ges. über d. Gebührenwesen v. 18./8. 1879) hat nicht stattzufinden.

[9]) Vgl. Art. 20 d. Ges.

[10]) Vgl. Art. 21 ff. d. Ges. und die dortigen Anmerkungen.

[11]) Vgl. d. rechtsrhein. Not.O. Art. 1 Abs. 3: „das verliehene Amt kann ihnen nur durch strafrichterliches oder Disziplinar-Erkenntnis entzogen werden".

[12]) Vgl. hierzu die Anmerkungen zu Art. 43 der rechtsrhein. Not.O. oben S. 64 folg., insbesondere auch Anmerkung 5 über das allgemeine Verbot an Sonntagen und

Art. 4. Jeder Notar muß an dem Orte wohnen, der ihm von der Regierung angewiesen wird. Im Falle der Zuwiderhandlung wird der Notar angesehen als habe er sein Amt niedergelegt; demzufolge kann der Justizminister, nach Einholung des Gutachtens des Landgerichts, der Regierung die Wiederbesetzung der Stelle vorschlagen.[13])

Chaque notaire devra résider dans le lieu qui lui sera fixé par le Gouvernement. En cas de contravention, le notaire sera considéré comme démissionnaire; en conséquence, le grand juge ministre de la justice, après avoir pris l'avis du tribunal, pourra proposer au Gouvernement le remplacement.

[Art. 5. Die Notare üben ihr Amt aus, nemlich die der Städte, in welchen ein Appellgericht seinen Sitz hat, im Bezirke dieses Gerichts; — die der Städte, in welchen nur ein Landgericht seinen Sitz hat, im Bezirke dieses Gerichts; — die der übrigen Gemeinden im Bezirke des Friedensgerichts.][14])

---

gebotenen Feiertagen außer in dringlichen Fällen zu instrumentiren. Als „gebotene Feiertage" gelten: Neujahrstag, 2. Oster- und 2. Pfingsttag, Charfreitag, Fronleichnam, Christi und Mariä Himmelfahrt, Allerheiligen, 1. und 2. Weihnachtstag.

[13]) Vgl. Art. 9 Nr. 2 und 119 der rechtsrhein. Not.O.; sowie Verordnung v. 23. Juli 1868 über den Urlaub oben S. 169.

[14]) Der Art. 5 wurde ersetzt durch nachstehende Verordnung v. 7. 9. 1820, das Notariatsinstitut im Rheinkreise betr. (Bolza I. S. 197 ff.):

I. Wir finden Uns nach dem übereinstimmenden Antrage der beiden Kreisstellen bewogen, zwei Klassen von Notarien zu genehmigen, nämlich die der Bezirks und der Landcommissariats-Notarien.

Der Amtssitz der ersten Klasse wird nach dem der Bezirksgerichte und der zweiten Klasse nach dem der Landcommissariate festgesetzt.

II. Mit Rücksichtnahme auf die Bevölkerung und die übrigen eintretenden Localverhältnisse werden für jedes der Landcommissariate Frankenthal, Neustadt, Landau, Germersheim, Bergzabern, Zweibrücken und Kirchheim fünf Notarien, für die Landcommissariate Speyer und Kaiserslautern vier Notarien und für die Landcommissariate Kusel, Pirmasens und Homburg drei Notarien bestellt.

III. An dem Sitze eines Bezirksgerichts haben zwei Notarien und an dem Sitze eines Friedensgerichts hat in der Regel wenigstens ein Notär den Wohnsitz zu nehmen.

IV. In dem beiliegenden Verzeichnisse sind die Wohnsitze der Notarien verzeichnet. Wegen besonderer Localverhältnisse wird die Stadt Landau mit drei, Edenkoben mit zwei und die Stadt Kusel gleichfalls mit zwei Notarien, dagegen die beiden Kantone Wolfstein und Lauterecken (zusammen) nur mit einem Notär besetzt.

V. Da nach der Verordnung vom 10. Julius 1816 jedem Notär erlaubt wurde, in dem ganzen Umfange seines Kreises (Bezirksgerichtssprengel) zu instrumentiren, so wollen Wir die oben zu I angeordnete Beschränkung der Amtsbezirke nur auf die künftig zu ernennenden, sowie auf diejenigen Notäre angewendet wissen, welche mit dem Vorbehalte organischer Verfügungen in dem Notariatswesen zeither bestellt worden sind; den übrigen, bis jetzt bestellten Notarien ist gestattet in dem Umfange des betreffenden Bezirksgerichts ihre Geschäfte zu verrichten. Auf dieselbe Weise sind die dermaligen Notarien in ihren Wohnsitzen zwar zu belassen, jedoch ist die Versetzung der entbehrlich werdenden Notären in die übrigen Bezirke, wo eine Vermehrung stattfindet, auf alle Art zu begünstigen.

VI. Wir werden bei Eröffnung einer Notariatsstelle über die Festsetzung des Wohnsitzes die einschlägige Notariatskammer, den Staatsprocurator, das Bezirksgericht, die Regierung und das Appellationsgericht mit Gutachten vernehmen und zugleich darauf bedacht sein, daß die Notarien bis auf die dem dermaligen Status entsprechende Zahl vermindert werden.

Dermalen sind Amtssitze der Notare in:

Annweiler	2
Bellheim	1
Bergzabern	2
Billigheim	1
Blieskastel	1
Dahn	1
Deidesheim	1
Dirmstein	1
Dürkheim	2
Edenkoben	2
Frankenthal	2
Freinsheim	1
Germersheim	1
Göllheim	1
Grünstadt	2
Haßloch	1
Homburg	1
Hornbach	1
Kandel	2
Kaiserslautern	3
Kirchheimbolanden	2
Kusel	2
Landau	4
Landstuhl	2
Lauterecken	1
Ludwigshafen	2
Mutterstadt	1
Neustadt a/H.	2
Obermoschel	2
Otterberg	1
Pirmasens	2
Rheinzabern	1
Rockenhausen	1
Speyer	3
St. Ingbert	1
Waldfischbach	1
Waldmohr	1
Winnweiler	2
Wolfstein	1
Zell	1
Zweibrücken	3
Total	65.

Art. 6. Es ist jedem Notar verboten, außerhalb seines Amtsbezirks Amtshandlungen vorzunehmen, bei Strafe der Amtsenthebung auf die Dauer von drei Monaten, der Dienstentlassung im Wiederholungsfalle und allen Schadenersatzes.[15])

Il est défendu à tout notaire d'instrumenter hors de son ressort, à peine d'être suspendu de ses fonctions pendant trois mois, d'être destitué en cas de récidive, et de tous dommages-intérêts.

Art. 7. Das Notariatsamt ist unvereinbar mit dem Amt eines Richters, eines Staatsanwalts bei den Gerichten, und seines Stellvertreters, eines Gerichtsschreibers, Anwalts, Gerichtsvollziehers, Steuereinnehmers, Friedensrichters, — Gerichtsschreibers und — Gerichtsvollziehers, Polizeikommissars und Verkaufskommissars.[16])

Les fonctions de notaire sont incompatibles avec celles de juges, commissaires du Gouvernement près les tribunaux, leurs substituts, greffiers, avoués, huissiers, préposés à la recette des contributions directes et indirectes, juges, greffiers et huissiers des justices de paix, commissaires de police et commissaires aux ventes.

II. Abschnitt. Von den Urkunden und ihrer Form; von den Urschriften, vollstreckbaren und einfachen Ausfertigungen und Repertorien.

Section II. Des actes, de leur forme; des minutes, grosses, expéditions et répertoires.

Art. 8. Die Notare dürfen keine Urkunden aufnehmen,[17]) bei welchen ihre Verwandten oder Verschwägerten, in gerader Linie in allen Graden und in der Seitenlinie bis zum Grade des Oheims oder Neffen einschließlich Partei[18]) sein oder welche irgend eine Verfügung zu ihren Gunsten enthalten würden.[19])

Les notaires ne pourront recevoir des actes dans lesquels leurs parents ou alliés, en ligne directe à tous les degrés, et en collatérale jusqu'au degré d'oncle ou de neveu inclusivement, seraient parties, ou qui contiendraient quelque disposition en leur faveur.

Art. 9. Die Urkunden sind aufzunehmen von zwei Notaren oder von

---

[15]) Vgl. Art. 9 Nr. 3 der rechtsrhein. Not.O. und Uebersicht, S. 170 unter H. d. Die verbotswidrige Urkunde ist außerdem nichtig nach Art. 68 d. Ges.

[16]) Vgl. dagegen über die bedeutend weitergehende Unvereinbarkeit des rechtsrhein. Notariats mit anderen Aemtern Not.O. v. 1861 Art. 4 u. Anm.

[17]) Zuwiderhandlung begründet Nichtigkeit nach Art. 68 d. Ges.

[18]) Vgl. die Anm. zu Art. 47 der rechtsrh. Not.O. Bolza bemerkt ganz richtig (Nr. 420) „Als ‚Parthien' in einem Akte muß man diejenigen Personen betrachten, welche darin Etwas ‚in eigenem Namen' erklären, versprechen oder sich versprechen lassen".

[19]) Durch Ges. v. 16./5. 1868 (oben unter H. der Uebersicht) Art. 9 ist dieser Art. 8 auch auf Notariatsverweser ausgedehnt. Durch Art. 10 desselben Gesetzes ist entsprechend dem 2. Absatz Art. 47 der rechtsrh. Not.O. sowohl für Notare wie für ihre Amtsverweser bei Versteigerungen eine Ausnahme gemacht. — „Zu ihren Gunsten" ist auch im Französischen zweideutig gefaßt, Toullier und nach ihm Bolza (Nr 435) beziehen es auf den Notar und seine Verwandten und dieselbe Meinung hat die Vorschrift in der unzweideutigen Fassung des Art. 47 der rechtsrh. Not.O. erhalten.

einem Notar unter Zuziehung von zwei Zeugen,[20]) welche Deutsche sind, ihren Namen schreiben können und ihren Wohnsitz in dem Bezirk[21]) haben, in welchem die Urkunde aufgenommen werden soll.[22])

Les actes seront reçus par deux notaires, ou par un notaire assisté de deux témoins, citoyens français, sachant signer, et domiciliés dans l'arrondissement communal où l'acte sera passé.

---

[20]) Art. 9 hat eine wesentliche Einschränkung und dem Art. 53 Abs. 1 der rechtsrh. Not.O. entsprechende Abänderung erfahren durch nachstehendes Gesetz v. 28. Februar 1880, die Abänderung des Art. 9 des pfälzischen Notariatsges. v. 25. Ventôse XI, Beiziehung von Zeugen zur Aufnahme von Not.Urkunden betr. (G. u. V.Bl. S. 98).

„Einziger Artikel. In der Pfalz können Notariatsurkunden ohne Zuziehung von Zeugen oder eines zweiten Notars aufgenommen werden.

Die Zuziehung von zwei Zeugen oder eines zweiten Notars ist jedoch geboten:

1) wenn ein Betheiligter blind, taub, stumm oder der deutschen Sprache nicht mächtig ist;

2) wenn ein Betheiligter dies verlangt.

Unberührt bleiben die bisherigen gesetzlichen Bestimmungen in Ansehung:

1) der Testamente;

2) der Schenkungen, selbst unter Ehegatten;

3 des Widerrufs von Testamenten und Schenkungen, und

4) der Vollmachten zur Vornahme der unter Ziffer 2 und 3 bezeichneten Rechtshandlungen.

Bezüglich der Eigenschaften der beizuziehenden Zeugen finden die bisher geltenden gesetzlichen Bestimmungen mit der Maßgabe Anwendung, daß an die Stelle des Erfordernisses der Staatsangehörigkeit das der Reichsangehörigkeit tritt."

Zu Absatz 2 Nr. 1 vgl. die Anmerk. zu Art. 57—59 und Art. 74 der rechtsrh. Not.O. oben S. 76 folg.; zu Nr 2 Anm. 3 zu Art. 53 daselbst.

Zu Abs. 3 Nr. 1 vgl. oben die Uebersicht unter A. Nr. 9, S. 160.
„ „ 3 „ 2 „ das. A. Nr. 2
„ „ 3 „ 3 „ C. c. Art. 1035 ff., und Art. 953 ff.
„ „ 3 „ 4 „ Uebers. unter A. Nr. 5.

Zu Absatz 4 vgl. die engere Fassung des Art. 53 Abs. 2 der rechtsrh. Not.O. oben S. 74. Nach den aufrecht erhaltenen bisher geltenden Bestimmungen wird auch männliches Geschlecht und Volljährigkeit (21 Jahre) erfordert (vgl. Bolza Nr. 458). Vgl. auch Str.G.B. § 33. Die Erfordernisse der Testamentszeugen bestimmen sich übrigens lediglich nach C. c. Art. 980, der insoweit dem Art. 9 d. Ges. derogirt hat, als er Schreibkundigkeit und Wohnsitz im arrondissement nicht voraussetzt.

[21]) „Arrondissement communal" im Sinne des Organisations-Gesetzes vom 28 pluv. VIII entsprach dem Bezirke eines Unter-Präfekten und eines Gerichts erster Instanz und muß in diesem Sinne auch jetzt aufgefaßt werden, bedeutet also nicht einen heutigen Gemeindebezirk (Bolza 463).

[22]) Zuwiderhandlung begründet Nichtigkeit u. s. w. nach Art. 68. Für die Tauglichkeit der Instrumentszeugen — auch der Testamentszeugen — ist der Notar verantwortlich; er darf sich auch von den Betheiligten selbst untaugliche Zeugen nicht aufdrängen lassen. Irrthum in dieser Hinsicht kann den Notar entschuldigen, aber nicht die öffentliche Kraft der Urkunde aufrecht erhalten. Die Unterscheidung, welche Bolza anführt, ob die staatsbürgerliche Fähigkeit oder Alter, Geschlecht u. s. w. Gegenstand des Irrthums sind und ihn in jener Hinsicht dann für unschädlich zu halten, wenn der Irrthum ein allgemeiner war, läßt sich nicht rechtfertigen. — Die Zeugen selbst, welche sich wissentlich mißbrauchen lassen oder in grober Nachlässigkeit ihre Unfähigkeit verschweigen, würden gemäß Art. 1382, 1383 C. c. verantwortlich gemacht werden können, abgesehen von Str.G.B. § 263.

Art. **10.** Zwei Notare, welche in einem nach Art. 8 verbotenen Grade verwandt oder verschwägert sind, dürfen bei demselben Akte nicht mitwirken.[23])

Mit dem Notar oder den vertragschließenden Parteien in einem nach Art. 8 verbotenen Grade verwandte oder verschwägerte Personen, ihre Gehülfen und Dienstboten, dürfen nicht Zeugen sein.[24])

Deux notaires parents ou alliés au degré prohibé par l'article VIII, ne pourront concourir au même acte.

Les parents, alliés, soit du notaire, soit des parties contractantes, au degré prohibé par l'article VIII, leurs clercs et leurs serviteurs, ne pourront être témoins.

Art. **11.** Name, Stand und Wohnort der Parteien müssen dem Notar bekannt sein oder[25]) ihm in der Urkunde von zwei ihm bekannten Bürgern, welche die für Urkundszeugen erforderten Eigenschaften haben,[26]) bezeugt werden.

Le nom, l'état et la demeure des parties, devront être connus des notaires, ou leur être attestés dans l'acte par deux citoyens connus d'eux, ayant les mêmes qualités que celles requises pour être témoin instrumentaire.

Art. **12.** Alle Urkunden sollen den Namen und Amtssitz des auf-

[23]) Das Verbot betrifft dem Wortlaute nach nicht nur instrumentirende Notare, sondern in seiner Allgemeinheit auch z. B. denjenigen Notar, welcher als Vertreter eines Abwesenden C. c. Art. 113 bei dem Akte mitwirkt (so Bolza 471). Anders giebt die rechtsrh. Not.O. Art. 55 das Verbot wieder, das sich ausdrücklich auf den statt der Zeugen zugezogenen Notar beschränkt. Das ist der Sinn auch hier.

[24]) (Vgl. rechtsrh. Not.O. Art. 54, oben S. 75.) Verwandtschaft der Zeugen unter sich ist nicht verboten. Zeugen verhalten sich zu dem Akte eben anders als zwei Notare, die sich wechselseitig kontroliren sollen und deshalb vollkommen selbständig sein müssen (Bolza 472).

Zuwiderhandlung gegen Art. 10 begründet Nichtigkeit u. s. w. nach Art. 68 d. Ges.

[25]) „Hat ein Notar keine Identitätszeugen zugegen, so existirt die gesetzliche Vermuthung, daß ihm die Parthien bekannt waren. Letzteres im Akte zu erwähnen ist er nicht verpflichtet" (Bolza 478). Das ist richtig, aber ein offenbarer Mangel, da die Identität der Betheiligten als die Grundlage des ganzen Rechtsgeschäfts nicht der Vermuthung überlassen werden darf u. Art. 62 der rechtsrh. Not.O. schreibt jene Beurkundung deshalb ausdrücklich vor (oben S. 80).

Unter „Namen" ist der Vorname hier nicht inbegriffen; dieser soll aber nach Art. 13 auch geschrieben werden.

Für die vorgeschriebene Feststellung der Identität ist der Notar verantwortlich: erklären die Betheiligten einander jedoch zu kennen, so können sie ihn freilich für die Unwahrheit ihrer eigenen Erklärungen nicht verantwortlich machen, wohl aber Dritte (Bolza Nr. 482). Ein Verstoß gegen Art. 11 macht die Urkunde keineswegs nichtig; aber den Notar nach Art. 115 strafbar (vgl. S. 80 Anm. 1). Von einer Schadensersatzpflicht kann daher erst die Rede sein, wenn sich ergeben sollte, daß die Angaben über die Identität der Betheiligten unwahr gewesen sind.

[26]) Die Instrumentszeugen (Art. 9, 10) können auch Identitätszeugen sein. Uebrigens werden für diese nur die positiven Eigenschaften des Art. 9, nicht auch die negativen des Art. 10 verlangt (Bolza 490 vgl. rechtsrh. Not.O. Art. 62 Abs. 2).

Die Bezeugung der Identität muß „in der Urkunde" erfolgen, schon daraus ergiebt sich mit Nothwendigkeit, daß die Identitätszeugen selbst in der Urkunde genannt sein müssen, wie es denn auch Art. 13 ausdrücklich vorschreibt. Jedoch unterliegt eine Zuwiderhandlung hiergegen nicht der Strafe des Art. 68, wie es in Betreff der Urkundszeugen durch Art. 12 vorgeschrieben ist.

nehmenden Notars enthalten bei einer Geldstrafe von [100 Francs] **achtzehn Mark** gegen den zuwiderhandelnden Notar.[27])

Ebenso sollen sie Namen und Wohnort der Urkundszeugen,[28]) Ort, Jahr und Tag der Aufnahme der Urkunde[29]) enthalten bei den in Art. 68 hiernach ausgesprochenen Strafen und eintretenden Falls selbst bei Strafe der Fälschung.[30])

Tous les actes doivent énoncer le nom et lieu de résidence du notaire qui les reçoit, à peine de [100 francs] d'amende contre le notaire contrevenant.

Ils doivent également énoncer les noms des témoins instrumentaires, leur demeure, le lieu, l'année et le jour où les actes sont passés, sous les peines prononcées par l'article LXVIII ci-après, et même de faux, si le cas y échoit.

Art. **13**. Die Notariatsurkunden sind in einem und demselben einzigen Zusammenhange zu schreiben;[31]) leserlich ohne Abkürzung, leere Stellen, Lücken oder Zwischenräume;[32]) sie müssen Namen, Vornamen, Eigenschaft und Wohnort der Parteien, sowie der im Falle des Art. 11 genannten Zeugen enthalten;[33]) sie müssen Summen und Daten in vollen Buchstaben angeben;[34]) Vollmachten der Vertragschließenden sind der Urschrift beizufügen[35]) und in dieser ist zu erwähnen, daß die Urkunde den Parteien vorgelesen ist;[36]) Alles bei einer Geldstrafe von [100 Francs] **achtzehn Mark**[37]) gegen den zuwiderhandelnden Notar.

---

[27]) Absatz 1 steht nicht unter dem Präjudize des Art. 68, sondern nur Absatz 2, der jedoch in diesem Art. 68 selbst nicht angezogen wird. Die Strafe für Zuwiderhandlung gegen Abs. 1 ist lediglich Geldstrafe und zwar nach Art. 3 des Ges. v. 28. Mai 1852, von 10 fl., welcher Satz zufolge Ges. v. 8. Nov. 1875 Art. 1. (s. o. S. 88 Anm. 2, wo hinter Gulden fortzufahren ist „Kreuzern und Franken" „bezw. je 1 Kreuzer durch 3 Pfennig, je ein halber Kreuzer durch $1^1/_2$ Pfennig und je ein Frank durch 80 Pfennig") durch 18 M. (1 fl. = 1,80 M.) Reichswährung ersetzt ist. Der Name des Notars ist im Kontexte der Urkunde anzugeben, Bezugnahme auf die Unterschrift genügt nicht.

[28]) Für Identitätszeugen (Art. 11) gilt diese Vorschrift also nicht. — Der Name begreift auch hier nicht den Vornamen (vgl. aber Art. 13), und mit Recht wird hervorgehoben, daß die Weglassung des Vornamens nicht die Strafe des Art. 68 begründet, sondern nur gemäß Art. 13 disziplinär strafbar ist (Bolza 499).

[29]) „Der stattgehabten Verhandlung" wie es in Art. 63 Nr. 4 der rechtsrh. Not.O. heißt. Maßgebend ist der Ort und die Zeit der Unterzeichnung der Parteien (Bolza 507).

[30]) Vgl. Str.G.B. § 348 oben Bd. I S. 32.

[31]) Durch Minist. Entsch. v. 12. April 1877, Papierformat betr. ist auch bei den Akten der Notare sowie bei allen Schriftstücken, welche bei einer Staats- oder sonstigen öffentlichen Behörden eingereicht werden, ein gleichmäßiges Papierformat von 33 cm Höhe und 21 cm Breite des halben Bogens anzuwenden.

Durch Art. 278 des Gebührengesetzes v. 18. Aug. 1879 sind ferner die Art. 67, 68, 108 der rechtsrh. Not.O. für anwendbar erklärt (oben S. 16 ff.). — Nach einer Verordn. des General-Gouv. v. 23. Jan./4. Febr. 1814 u. Generale v. 15./6. 1859 sind die Urkunden deutsch abzufassen, vgl. rechtsrh Not.O. Art. 73. Auch bei Testamenten; das tel qu'il a été dicté (C. c. Art. 972, 1001) bezieht sich auf den Wortinhalt, nicht die Sprache (so Bolza 542). — Wenn Parteien und Zeugen nicht deutsch verstehen, gilt der Notar als ihr natürlicher Dolmetscher (Bolza 544 folg.).

[32]) Vgl. rechtsrh. Not. O. Art. 65, oben S. 86.

[33]) Vgl. das. Art. 63 Nr. 2 und 3.

[34]) Vgl. Art. 65 Abs. 2 und 5 das. Oben S. 86.

[35]) Vgl. Art. 68 Abs. 2 das. S. 86.

[36]) Vgl. Art. 66 das. S. 86.

[37]) Siehe Anm. 27. Enthält die Urkunde mehrere Zuwiderhandlungen derselben

Les actes de notaires seront écrits en un seul et même contexte, lisiblement, sans abréviation, blanc, lacune ni intervalle; ils contiendront les noms, prénoms, qualités et demeure des parties, ainsi que des témoins qui seraient appelés dans le cas de l'article XI; ils énonceront en toutes lettres les sommes et les dates; les procurations des contractants seront annexées à la minute, qui fera mention que lecture de l'acte a été faite aux parties: le tout à peine de 100 francs d'amende contre le notaire contrevenant.

Art. 14. Die Urkunden sind von den Parteien, den Zeugen und den Notaren zu unterzeichnen, und diese haben dessen am Schlusse der Urkunde Erwähnung zu thun.[38])

Wenn Parteien nicht zu unterzeichnen verstehen oder im Stande sind, so hat der Notar ihrer darauf bezüglichen Erklärungen am Schlusse der Urkunde Erwähnung zu thun.[39])

Les actes seront signés par les parties, les témoins et les notaires, qui doivent en faire mention à la fin de l'acte.

Quant aux parties qui ne savent ou ne peuvent signer, le notaire doit faire mention, à la fin de l'acte, de leurs déclarations à cet égard.

Art. 15. Zu- und Nachsätze dürfen, vorbehältlich der nachfolgenden Ausnahme, nur an den Rand geschrieben werden und sind sowohl von den Notaren wie von den sonstigen Unterzeichnern mit Unterschrift oder Handzeichen zu unterzeichnen bei Strafe der Nichtigkeit der Zu- und Nachsätze. Wenn die Länge eines Zusatzes es erforderlich macht, ihn ans Ende der Urkunde zu setzen, so ist er nicht nur wie die Randzusätze zu unterschreiben oder zu unterzeichnen, sondern auch noch ausdrücklich von den Parteien zu genehmigen[40]) bei Strafe der Nichtigkeit des Zusatzes.[41])

Les renvois et apostilles ne pourront, sauf l'exception ci-après, être écrits qu'en marge; ils seront signés ou parafés, tant par les notaires que par les autres signataires, à peine de nullité des renvois et apostilles. Si la longueur du renvoi exige qu'il soit transporté à la fin de l'acte, il devra être non-seulement signé ou parafé comme les renvois écrits en marge, mais encore expressément approuvé par les parties, à peine de nullité du renvoi.

Art, so zählt für sie die Geldstrafe nur einmal, für verschiedenartige so viele ihrer sind (Bolza 590).

[38]) Vgl. rechtsrh. Not.O. Art. 67 Abs. 2., dessen sonstige Bestimmungen jetzt auch anwendbar sind (Anm 31); Zuwiderhandlung begründet Nichtigkeit u. s. w. nach Art. 68 d. Ges. Nichterwähnung der Unterzeichnung des Notars selbst gilt jedoch nicht als solche: Gutachten des Staatsraths v. 20. 6. 1810, vgl. Bolza Nr. 631.

[39]) Vgl. Art. 69 Abs. 2 das.

[40]) Vgl. Art. 71 das. Ueber den Pleonasmus des Ausdruckes renvois et apostilles vgl. Bolza 639--642. Der Gerichtsgebrauch hat sich bei der ganz allgemeinen Fassung des Gesetzes dahin festgestellt, daß ein „ans Ende der Urkunde" zu setzender Zusatz nach Belieben vor oder nach den Unterschriften beigesetzt u. genehmigt werden kann (Bolza 648). Im ersten Falle bedarf es aber der ausdrücklichen Erklärung, daß „nach Genehmigung des vorstehenden Zusatzes" &c. unterschrieben sei, oder daß vorgelesen, genehmigt und unterschrieben sei „einschließlich des folgenden Zusatzes" oder dgl. Als Unterzeichner kommen außer Notar und Zeugen nur Betheiligte in Betracht.

[41]) Ganz abgesehen von der Wirksamkeit oder Unwirksamkeit der ganzen Urkunde nach Art. 68 d. G. Die Frage, ob es erforderlich sei, einen Zusatz an den Rand oder ans Ende zu setzen, ist selbstverständlich dem notariellen Ermessen überlassen u. es kann keine Nichtigkeit begründen, wenn er in dieser Unterscheidung geirrt hätte. Die Nichtigkeit tritt also ein für gesetzwidrige Behandlung der Zusätze, sie mögen nun

Art. 16. Im Texte der Urkunde darf weder ein Wort auf das andere, noch zwischen die Zeilen geschrieben noch hinzugesetzt werden; die übergeschriebenen, zwischen die Zeilen geschriebenen oder hinzugefügten Worte sind nichtig.[42]) Auszustreichende Worte sind in der Weise zu streichen, daß ihre Anzahl am Rande der betreffenden Seite oder am Schlusse der Urkunde festgestellt und in derselben Weise wie Randzusätze genehmigt werden könne;[43]) Alles bei einer Strafe von [50 Francs] **neun Mark** an Geld[44]) gegen den Notar sowie des Schadensersatzes und im Falle des Betrugs der Entlassung.

Il n'y aura ni surcharge, ni interligne, ni addition dans le corps de l'acte, et les mots surchargés, interlignés ou ajoutés, seront nuls. Les mots qui devront être rayés le seront de manière que le nombre puisse en être constaté à la marge de leur page correspondante ou à la fin de l'acte et approuvé de la même manière que les renvois écrits en marge; le tout à peine d'une amende de cinquante francs contre le notaire, ainsi que de tous dommages-intérêts, même de destitution en cas de fraude.

Art. 17. Der Notar, welcher den Gesetzen und Regierungsverordnungen betreffend [die abgeschafften Namen und Titel, lehnsrechtlichen Vorbehalte und Ausdrücke] Maß und Gewicht und Kalender [der Republik][45]) sowie der Dezimalrechnung zuwiderhandelt, ist zu einer Geldstrafe von [100 Francs] **achtzehn Mark**,[46]) im Rückfalle des Doppelten zu verurtheilen.

Le notaire qui contreviendra aux lois et aux arrêtés du Gouvernement concernant les noms et qualifications supprimés, les clauses et expressions féodales, les mesures et l'annuaire de la République, ainsi que la numération décimale, sera condamné à une amende de cent francs, qui sera double en cas de récidive.

Art. 18.[47]) Der Notar hat in seiner Schreibstube ein Verzeichnis auszuhängen und in dasselbe Namen, Vornamen, Eigenschaft und Wohnort der Personen einzutragen, welche innerhalb seines Amtsbezirkes entmündigt oder mit einem gerichtlichen Beistande versehen sind, sowie die bezüglichen Urtheile darin anzugeben; Alles unmittelbar nach der ihm darüber gewordenen Mittheilung und bei Strafe des Schadensersatzes an die Parteien.

Le notaire tiendra exposé, dans son étude, un tableau sur lequel il inscrira les noms, prénoms, qualités et demeures des personnes qui, dans l'étendue du ressort où il peut exercer, sont interdites et assistées d'un conseil judiciaire, ainsi que la mention des jugements relatifs; le tout immédiatement après la

---

an den Rand oder ans Ende gesetzt sein; vgl. U. Kaiserslautern im Erlaß des General-Pr. v. 2./9. April 1857 bei Bolza Nr. 645.

[42]) Vgl. rechtsrh. Not.O. Art. 70.

[43]) Das. Art. 71.

[44]) Siehe Anm. 27.

[45]) Vgl. jetzt die deutsche Maß- und Gewichts-Ordnung v. 17. Aug. 1868 u. die Verordnung v. 23. 9. 1879, das Ges. betr. die Ausprägung von Reichsgoldmünzen v. 4. Dez. 1871 u. das Münzgesetz v. 9. Juli 1873, nach dessen § 4 „in allen gerichtlich oder notariell aufgenommenen Urkunden, welche auf einen Geldbetrag lauten, dieser Geldbetrag, wenn für denselben ein bestimmtes Verhältnis zur Reichswährung gesetzlich feststeht, in Reichswährung auszudrücken ist; woneben jedoch dessen gleichzeitige Bezeichnung nach derjenigen Währung, in welcher ursprünglich die Verbindlichkeit begründet war, gestattet bleibt."

[46]) Siehe Anm. 27.

[47]) Vgl. Rhein. Not.O. Art. 18.

notification qui en aura été faite, et à peine des dommages-intérêts des parties.

[Art. 19. Alle Notariatsurkunden begründen vollen Beweis vor Gericht[48]) und sind im ganzen Gebiete der [Republik] vollstreckbar.][49])

[Jedoch wird im Falle einer Prinzipal-Fälschungsklage die Vollstreckung der als falsch angegriffenen Urkunden durch die Erklärung der Anklagekammer aufgehoben, daß für die Anklage Raum sei; im Falle einer Inzidentfälschungsklage können die Gerichte, nach dem Gewicht der Umstände die Vollstreckung der Urkunde vorläufig aussetzen.][50])

Art. 20. Die Notare sind gehalten, die Urschriften aller von ihnen aufgenommenen Urkunden zu verwahren.[51])

Von dieser Vorschrift werden jedoch nicht getroffen Lebensbescheinigungen, Vollmachten, Notorietätsakte, Quittungen über Pachten, Miethen, Löhne, Pensions- und Renten-Rückstände, und andere einfache Urkunden, welche nach dem Gesetze im Original ausgehändigt werden können.[51a])

Les notaires seront tenus de garder minute de tous les actes qu'ils recevront.

Ne sont néanmoins compris dans la présente disposition, les certificats de vie, procurations, actes de notoriété, quittances de fermages, de loyers, de salaires, arrérages de pensions et rentes, et autres actes simples qui, d'après les lois, peuvent être délivrés en brevet.

Art. 21. Das Recht, vollstreckbare und einfache Ausfertigungen zu ertheilen, steht nur dem Notar zu, der die Urschrift unter sich hat; jedoch kann jeder Notar Abschriften von Urkunden ertheilen, welche bei ihm in Urschrift hinterlegt sind.[52])

Le droit de délivrer des grosses et des expéditions n'appartiendra qu'au notaire possesseur de la minute; et, néanmoins, tout notaire pourra délivrer copie d'un acte qui lui aura été déposé pour minute.

Art. 22. Die Notare dürfen keine Urschrift herausgeben, es sei denn in den vom Gesetze vorgesehenen Fällen und auf Grund eines Urtheils.[53])

---

[48]) Vgl. Entsch. C.P.O. §§ 380 ff. Bd. I S. 51 ff.

[49]) Jetzt C.P.O. §§ 702 ff., Bd. I S. 60 ff., A.G. z. C.P.O. Art. 220 f. oben S. 184.

[50]) Jetzt C.P.O. § 691.

[51]) Zurückbehaltungsrecht: A.G. z. C.P.O. Art. 223; rechtsrh. Not.O. Art. 107 bezw. Geb.Ges. Art. 278.

[51a]) Auch die Verwahrung solcher Urkunden können die Betheiligten jedoch dem Notar übertragen vgl. rechtsrh. Not.O. Art. 82 Abs 4 u. Art. 1 des Ges. Vgl. auch Subhast.O. Art. 80:

„Das Versteigerungsprotokoll ist nach Abschluß der Versteigerung sammt Beilage mit den Vollstreckungsakten von dem Versteigerungsbeamten an das Vollstreckungsgericht abzugeben. — Der Gerichtsschreiber hat hiervon den Betheiligten auf Verlangen Ausfertigungen oder Auszüge zu ertheilen." — Siehe auch Art. 22.

[52]) Vgl. C.P.O. § 705 Nr. 2, oben S. 60 u. Art. 60 d. Ges. — Beschwerde im Falle der Weigerung: A.G. z. C.P.O. Art. 222, o. S. 184.

[53]) Siehe Art. 20. — Vgl. R.G.Verf.G. § 169, Bd. I. S. 29 u. A.G. z. C.P.O. Art. 3, oben S. 18 welcher im I. allgemeinen Abschnitt auch für die Pfalz gegeben wörtlich so lautet:

„Von Urkunden, welche sich bei einer öffentlichen Behörde befinden, hat diese unbeschadet der Vorschriften in den §§ 394, 397 der C.P.O., sowie vorbehaltlich besonderer gesetzlicher Bestimmungen, Vorlage und Einsicht zu gewähren und be-

Vor der Herausgabe haben sie eine wortgetreue Abschrift davon anzufertigen und zu unterzeichnen und durch diese ist nach erfolgter Beglaubigung durch den Präsidenten und Ersten Staatsanwalt bei dem Gerichte des Wohnsitzes die Urschrift zu ersetzen, deren Stelle sie bis zu ihrer Rückgabe einzunehmen hat.[54])

Les notaires ne pourront se dessaisir d'aucune minute, si ce n'est dans les cas prévus par la loi, et en vertu d'un jugement.

Avant de s'en dessaisir, ils en dresseront et signeront une copie figurée, qui, après avoir été certifiée par le président et le commissaire du tribunal civil de leur résidence, sera substituée à la minute, dont elle tiendra lieu jusqu'à sa réintégration.

Art. 23. Ebensowenig können die Notare ohne Anordnung des Landgerichts-Präsidenten anderen Personen als den in eigenem Namen Betheiligten, Erben oder Rechtsnachfolgern von Urkunden Ausfertigungen ertheilen oder Kenntnis geben,[55]) bei Strafe des Schadensersatzes [100 Francs]

---

glaubigte Abschrift zu ertheilen, wenn die Zustimmung desjenigen, auf dessen Antrag oder in dessen Interesse die Urkunde bei der Behörde errichtet oder hinterlegt wurde, beigebracht oder seine Verpflichtung hierzu rechtskräftig ausgesprochen ist."

Vgl. ferner C. c. Art. 967 ff., 976, 1007 und C. de pr. Art. 916 ff. u. 920 ff wegen der Testamente;

ferner C. de pr. Art. 977 wegen der Theilungsurkunden und A.G. z. C.P.O. Art. 212 ff. wegen der Eheverträge (oben S. 179);

ferner C.P.O. §§ 387 f., 397 ff; 408 u. 133 Abs. 2 u. Str.P.O. § 96, sowie

Bayr. Subh.O. Art. 80, oben Anm. 51, vgl. auch Art. 13 Abs. 1 daselbst: „Jeder Gläubiger, welcher sich im Besitze einer vollstreckbaren Urkunde befindet, kann von den öffentlichen Büchern, Plänen und Urkunden, welche das unbewegliche Vermögen des Schuldners oder Drittbesitzers betreffen, an den einschlägigen Stellen Einsicht nehmen und die erforderlichen Abschriften und Auszüge daraus verlangen."

Endlich ist hier hervorzuheben das

Fabrikrathsdekret v. 30. Dez. 1809. „Art. 58: Jeder Notär, von welchem ein Akt gemacht wird, der entweder eine Schenkung unter Lebenden oder eine testamentarische Verfügung zu Gunsten einer Fabrik enthält, ist gehalten, dem Pfarrer oder Desservant Nachricht davon zu geben.

Art. 59. Jeder Akt, welcher Schenkungen oder Vermächtnisse zu Gunsten einer Fabrik enthält, soll dem Einnehmer zugestellt werden, welcher dem Bureau in der nächsten Sitzung seinen Bericht darüber abstattet. Dieser Akt wird alsdann durch den Einnehmer mit den Bemerkungen des Bureau an den Diözesan-Erzbischof oder Bischof geschickt, damit dieser sein Gutachten gebe, ob es zuträglich sei, die Schenkung oder das Vermächtnis anzunehmen oder nicht.

Das Ganze wird hierauf an den Kultusminister befördert, auf dessen Bericht die Fabrik, wenn es für gut befunden wird, zur Annahme autorisirt wird. Der Annahme-Akt, in welchem von der gegebenen Autorisation Meldung geschehen muß, wird von dem Einnehmer im Namen der Fabrik unterzeichnet."

[54]) Vgl. rechtsrh. Not.O. Art. 92. Ueber Amtsgeheimnis und Zeugnispflicht, s. Bd. I. S. 44 ff. und die Anmerk. zu Art. 46 der rechtsrh. Not.O. oben S. 69 ff.

[55]) Ebenso rechtsrh. Not.O. Art. 93. Soweit es sich um Anträge einer Prozeßpartei handelt, dans le cours d'une instance, ist diese Vorschrift durch C. de proc. Art. 84 ff. beseitigt, an Stelle des dadurch eingeführten Compulsoriums (vgl. Art. 24)

achtzehn Mark[56]) Geldbuße und im Rückfalle der Amtsenthebung für 3 Monate; vorbehältlich jedoch der Vollziehung der Gesetze und Verordnungen [über die Einregistrirung sowie] [57]) solche Akte betreffend, welche gerichtlich zu verkünden sind.[58])

Les notaires ne pourront également, sans l'ordonnance du président du tribunal de première instance, délivrer expédition ni donner connaissance des actes à d'autres qu'aux personnes intéressées en nom direct, héritiers ou ayants droit, à peine des dommages-intérêts, d'une amende de cent francs, et d'être, en cas de récidive, suspendus de leurs fonctions pendant trois mois; sauf néanmoins l'exécution des lois et règlements sur le droit d'enregistrement, et de celles relatives aux actes qui doivent être publiés dans les tribunaux.

[Art. 24. Im Falle gerichtlicher Anordnung ist das Protokoll von dem Notar aufzunehmen, der die Urkunde verwahrt, es sei denn, daß das Gericht, welches die Anordnung erläßt, eins seiner Mitglieder oder einen anderen Richter oder Notar damit beauftragt.] [59])

En cas de compulsoire, le procès-verbal sera dressé par le notaire dépositaire de l'acte, à moins que le tribunal qui l'ordonne ne commette un de ses membres, ou tout autre juge, ou un autre notaire.

[Art. 25. Die Hauptausfertigungen allein sind in vollstreckbarer Form zu ertheilen; sie haben mit denselben Formeln wie die Urtheile der Gerichte zu beginnen und zu endigen.] [60])

Les grosses seules seront délivrées en forme exécutoire: elles seront intitulées et terminées dans les mêmes termes que les jugements des tribunaux.

Art. 26.[61]) Auf der Urschrift muß der Ertheilung jeder ersten Haupt-Ausfertigung an jede betheiligte Partei Erwähnung geschehen[62]) [eine andere darf ihr bei Strafe der Dienstentlassung nicht ertheilt werden] [63]) ohne Verfügung des [Bezirksgerichts-Präsidenten] Vorsitzenden,[64]) welche mit der Urschrift verbunden bleiben muß.[65])

---

ist C.P.O. § 397 ff. getreten. Art. 23 bezieht sich also ebenso wie Art. 93 der rechtsrh. Not.O. heute nur auf das Gebiet freiw. Gerichtsbarkeit mit Ausschluß prozessualischer Beweisaufnahmen.

[56]) S. o. Anm. 27.

[57]) Das Enregistrement-Wesen ist durch die Gebührengesetzgebung von 1879 beseitigt.

[58]) Es handelt sich insbesondere um Testamente und Eheverträge von Kaufleuten s. o. Anm.

[59]) Dieses Compulsorialverfahren ist durch C. de pr. Art. 846 ff. geregelt, ein ausschließlich prozessualisches Verfahren und daher durch C.P.O. beseitigt. E.G. z. C.P.O. § 14.

[60]) Ueber die Vollstreckbarkeit der Not.Urkunde entscheidet jetzt lediglich die C.P.O. mit dem in § 706 das. gemachten Vorbehalt; vgl. A.G. z. C.P.O. oben S. 184. Ueber die einschlägigen Vorschriften der C.P.O. s. Bd. I. S. 60 bis 64.

[61]) Art. 26 ist ersetzt durch die §§ 669, 670 u. 705 der C. P. O.

[62]) Der Grund liegt in der Ermöglichung einer Kontrole nachfolgender Ausfertigungen. Die Fassung des Vermerks ist gleichgültig, wenn er nur ergiebt für welche Person, und zu welcher Zeit die Ausfertigung ertheilt ist: C.P.O. § 670. Jetzt ist die Aushändigung jeder vollstreckbaren Ausfertigung auf der Urschrift zu vermerken.

[63]) Das Verbot ist alt und beruht schon auf Ordonnanzen Franz I. von 1539. Gründe: 1) weil Rückgabe Tilgung vermuthen läßt, C. c. Art. 1283; 2) weil im Falle einer Cession doppelte Ansprüche erhoben werden können.

[64]) Jetzt nach Maßgabe der C.P.O. § 669. Ueber Einwendungen gegen die Zuläßigkeit einer weiteren vollstreckbaren Ausfertigung entscheidet nach § 705 Abs. 3 das Amtsgericht. Wird die erste Ausfertigung zurückgegeben, so bedarf es einer gerichtlichen Anordnung nicht.

Il doit être fait mention, sur la minute, de la délivrance d'une première grosse, faite à chacune des parties intéressées: il ne peut lui en être délivré d'autre, à peine de destitution, sans une ordonnance du président du tribunal de première instance, laquelle demeurera jointe à la minute.

Art. 27. Jeder Notar ist gehalten, ein Petschaft oder besonderes Siegel zu führen, auf dem sein Name, seine Amtseigenschaft und sein Amtssitz und das nach einem gleichartigen Muster hergestellte Wappen [der französischen Republik] steht.[66])

Haupt- und einfachen Ausfertigungen ist dies Siegel aufzudrücken.[67])

Chaque notaire sera tenu d'avoir un cachet ou sceau particulier, portant ses nom, qualité et résidence, et, d'après un modèle uniforme, le type de la République française.

Les grosses et expéditions des actes porteront l'empreinte de ce cachet.

[Art. 28. Die Notariatsurkunden, nemlich der Notare am Sitze eines Appellgerichts, wenn sie außerhalb dessen Bezirks gebraucht werden sollen, der anderen Notare, wenn sie außerhalb ihres Amtsbezirks gebraucht werden sollen, sind amtlich zu beglaubigen.][68])

Die Legalisation erfolgt durch den Präsidenten des Landgerichts[69]) des Amtssitzes des Notars oder des Ortes, wo die Urkunde oder Ausfertigung zu ertheilen ist.

Les actes notariés seront légalisés, savoir: ceux des notaires à la résidence des tribunaux d'appel, lorsqu'on s'en servira hors de leur ressort; et ceux des autres notaires, lorsqu'on s'en servira hors de leur département.

La légalisation sera faite par le président du tribunal de première instance de la résidence du notaire, ou du lieu où sera délivré l'acte ou l'expédition.

Art. 29. Die Notare haben ein Repertorium[70]) über alle Urkunden zu halten, die sie aufnehmen.

Les notaires tiendront répertoire de tous les actes, qu'ils recevront.

---

[65]) „Die weitere Ausfertigung ist als solche unter Erwähnung der Entscheidung ausdrücklich zu bezeichnen": C.P.O. § 669 letzter Abs.

[66]) Siehe rechtsrh. Not.O. Art. 96.

[67]) Das. Art. 67 eingeführt durch Art. 278 des Geb.Ges.

[68]) Die Vorschrift ist durch R.Ges. v. 1. Mai 1878 oben Bd. I. S. 58 insofern beseitigt als für Gebrauch im Inlande Legalisation nicht mehr erfordert wird.

[69]) Bayr. A.G. z. G.V.G. Art. 31.

[70]) a) Die Einrichtung des Repertoriums richtet sich jetzt nach Art. 77 der rechtsrh. Not.O. oben S. 91, eingeführt durch Geb.Ges. Art. 278, oben S. 168, G.

b) Die Strafandrohungen des älteren Rechts deswegen sind bestehen geblieben, vgl. hierüber Ges. v. 16. Floreal IV: Art. 1. „Die öffentlichen Notare sind gehalten, jedes Jahr auf der Kanzlei des Civilgerichts des Departements ihres Amtssitzes die Hinterlegung des von ihnen beglaubigten Duplikats des Repertoriums über die von ihnen im Laufe des vorhergehenden Jahres aufgenommenen Akten zu bewerkstelligen und zwar in der Frist und unter den Strafen, die der Art. 16 des Tit. 3 des Ges. v. 29. September — 6. Oktober 1791 angiebt".

Gesetz v. 29. Sept. — 6. Oktober 1791 Tit. 3 Art. 16. „Vom 1. Januar 1793 an sind die öffentlichen Notare gehalten, in den zwei ersten Monaten eines jeden Jahres, auf der Kanzlei des Tribunals, bei dem sie immatriculirt sind, ein von ihnen beglaubigtes Duplicat des Repertoriums über die von ihnen im Laufe des vorhergehenden Jahres aufgenommenen Acten zu hinterlegen, bei Vermeidung einer Geldstrafe von [100 Livres] 18 Mark (s. Anm. 27) für jeden Monat des Verzugs."

Art. 2. „Der Commissär des Vollzugsdirektoriums bei dem Civilgerichte eines jeden Departements ist bei eigener Verantwortlichkeit, damit beauftragt, die sich in Verzug befindenden Notare zu verfolgen. Er soll sie zu der durch das vorcitirte Gesetz bestimmten Strafe verurtheilen lassen und diese Strafe soll durch den Domäneneinnehmer des Bezirks des Amtssitzes des verurtheilten Notars erhoben werden."

Art. 30. Das Repertorium[70]) ist von dem Präsidenten oder bei seiner Behinderung von einem anderen Richter des Landgerichts[71]) des Amtssitzes des Notars zu visiren, zu paginiren und zu paraphiren [und muß das Datum, die Natur und Art der Urkunde, die Namen der Parteien und den Vermerk der Einregistrirung enthalten.]

Les répertoires seront visés, cotés et parafés par le président, ou, à son défaut, par un autre juge du tribunal civil de la résidence; ils contiendront la date, la nature et l'espèce de l'acte, les noms des parties, et la relation de l'enregistrement.

Zweiter Titel. Verfassung des Notariats.

Titre II. Régime du notariat.

I. Abschnitt. Anzahl, Anstellung und Kaution der Notare.

Section première. Nombre, placement et cautionnement des notaires.

Art. 31. Die Anzahl der Notare für jeden Bezirk, ihre Anstellung und ihr Amtssitz werden von der Regierung bestimmt[72]) und zwar so:[73])

— — — — — — — — — — — — — — — — — — — —

Le nombre des notaires pour chaque département, leur placement et résidence, seront déterminés par le Gouvernement, de manière [1° que, dans les villes de cent mille habitants et au-dessus, il y ait un notaire, au plus, par six mille habitants; 2° que, dans les autres villes, bourgs ou villages, il y ait deux notaires au moins, ou cinq au plus, par chaque arrondissement de justice de paix.]

---

c) Entschließung des k. Staats-Minist. d. J. v. 22./4. 1882: die Geschäftsregister der Notare in der Pfalz betr.

1. Die Duplikate der von den Notaren der Pfalz zu führenden Geschäftsregister sind nach Abschluß eines jeden Jahres innerhalb der gesetzlichen Frist von zwei Monaten auf der Gerichtsschreiberei des k. Landgerichts zu hinterlegen.

2. die seither versäumten Hinterlegungen sind nachzuholen.

Die k. Landgerichtspräsidenten werden die hierfür zu bewilligenden Fristen bemessen.

3. Bezüglich der gegen säumige Notare zulässigen Maßnahmen wird auf Art. 113 u. folg. des Not.Ges. v. 10. Nov. 1861 u. Art. 121 des Ges. v. 18. Aug. 1879 z. R.St.Pr.O. hingewiesen.

Im Einverständnisse mit dem k. Minist. d. Innern wird verfügt:

4. die Aufrechnung der Gebühr von 50 Pf. gemäß § 5 der Ah. V. v. 21. Dez. 1877 — die Gebühren der Notare in der Pfalz betr. als Entschädigung für die Führung des Geschäftsregisters u. des Duplikats wird gebilligt.

Dagegen ist die Aufrechnung einer Gebühr von 70 Pf. durch die außerhalb des Rentamtssitzes wohnenden Notare nach Wegfall der Besorgung der Registrirung nicht statthaft.

5. Die Gerichtsschreiberei bei den k. Landgerichten ist verpflichtet, die Hinterlegung der Geschäftsregister der Notare zu beurkunden und darüber Bescheinigung zu ertheilen.

Nach beiden Richtungen ist dieses Geschäft als „Dienstsache" kostenfrei zu behandeln (Art. 192 1 u. 2 des Ges. über d. Gebührenwesen).

[71]) A.G. z. G.V.Ges. Art. 30 Abs. 5.

[72]) In Bezug auf Zahl und Sitze übereinstimmend mit Art. 5 der rechtsrh. Not.O.

[73]) Siehe Verordnung v. 7. September 1820 bei Art. 5 oben.

[74]) Vgl. Anm. 2 zu Art. 1 der rechtsrh. Not.O. Die Vorschrift ist wesentlich eine Konsequenz von Art. 2 d. Ges. und offenbar ein schiefer Ausdruck für die Un-

Art. 32. Einziehung oder Verringerung von Stellen[74]) kann nur in Folge von Tod, Entlassung oder Entsetzung erfolgen.

Les suppressions ou réductions de places ne seront effectuées que par mort, démission ou destitution.

Art. 33. Die Notare üben ihr Amt ohne Patent aus[75]); aber[76])

— — — — — — — — — — — — — — — — —

Art. 34.[76])

II. Abschnitt. Voraussetzungen der Zulassung zum Notariat und Art der Ernennung.

Section II. Conditions pour être admis, et mode de nomination au notariat.

Art. 35—41.[77])

---

versetzbarkeit der Notare, denn die Stellen an sich werden nach Art. 31 durch Reg. Verordnung bestimmt und können demnach auch durch solche eingezogen und verweigert werden, aber nicht, so lange sie thatsächlich besetzt, sondern nur, wenn sie vakant sind, und eine Vakanz, will der Gesetzgeber sagen, kann nur durch Tod, Entlassung oder Entsetzung eintreten.

[75]) Phrase; thatsächlich hatte der Notar sein Anstellungsdekret zu bezahlen; vgl. Reg.-Ausschreiben v. 21. Juli 1846 (Amtsbl. Nr. 48 S. 356).

[76]) Die folgenden Vorschriften über Amtsbürgschaften sind ersetzt zufolge Art. 278 cit. des Geb.Ges. durch Art. 98, 99 der rechtsrh. Not.O. in der Fassung des Ges. v. 29. Juli. 1876 (nicht 1878 wie bei Biffar verdruckt ist). Siehe oben S. 99 Anm. 2. Vgl. über die Art der Bestellung

Verordnung vom 21. Dezember 1879. (Ges. u. V.Bl. S. 1539.) § 1. Die Bestellung der dem Staate zu leistenden Amtsbürgschaften findet durch Uebergabe geeigneter Staatsobligationen nebst Talons und Coupons zum Faustpfande statt. § 2. Ueber die Faustpfanderrichtung ist von dem Cautionssteller eine schriftliche Erklärung auf einem gesonderten Bogen unter genauer Bezeichnung der einzelnen Obligationen nach Gattung, Betrag, Zinsfuß, Datum, Serien- und Kataster-Nummer abzugeben.

Im Regierungsbezirke der Pfalz muß das Datum der Erklärung, soferne dieselbe nicht von einem kgl. Notar beurkundet wird, nach Maßgabe des Art. 88 des Gesetzes zur Ausführung der Reichs-C.P.O. und Konk.O. v. 23. Febr. l. Jrs. festgestellt sein. Die Feststellung des Datums einschließlich der über die Vorlage auszustellenden Bescheinigung erfolgt gebührenfrei. § 3. Die einzelnen als Amtsbürgschaft dienenden Obligationen sind von der mit der Regulirung der Amtsbürgschaft befaßten Stelle oder Behörde mit der Vermerkung „Vinkulirt als Amtsbürgschaft" zu versehen. Mit diesen Obligationen ist sodann die in § 2 bezeichnete Erklärung der einschlägigen Kasse zur deposital- und kassenmäßigen Verwahrung zu überweisen. Das kgl. Staatsministerium der Finanzen ist ermächtigt für einzelne Fälle oder besondere Schuldgattungen Ausnahmen von der Bestimmung in Abs. 1 zuzulassen. § 4. Die Ausstellung von Verzichtserklärungen der Ehefrauen kautionspflichtiger Beamten und Bediensteten hinsichtlich der heirathlichen Ansprüche und Dotalforderungen wird erlassen. § 5. Bezüglich der bereits aufrecht gemachten Amtsbürgschaften hat es bei der bisherigen Form sein Bewenden. Im Regierungsbezirke der Pfalz ist jedoch auch hinsichtlich dieser Cautionen, sofern bei Errichtung derselben die Vorschriften des Art. 2074 des dortigen Civilgesetzbuches nicht erfüllt wurden, die in § 2 gegenwärtiger Verordnung bezeichnete Erklärung beizubringen. § 6. Alle Bestimmungen über das Amtsbürgschaftswesen, welche durch vorstehende Anordnungen nicht berührt werden, bleiben in Kraft. Das Staatsministerium der Finanzen ist mit dem Vollzuge gegenwärtiger Verordnung beauftragt. Die zu vorstehender Allerhöchsten Verordnung vom kgl. Staatsministerium der Finanzen im Einverständnisse mit den übrigen kgl. Civilstaatsministerien erlassenen Vollzugsbestimmungen werden im Gesetz und Verordnungsblatte für das Königreich Bayern Nr. 90 publizirt.

Vgl. das Formular in der Verordn. v. 24. Dez. 1879.

[77]) Die Art. 35—41 sind ersetzt durch die Bayr. Vorschriften über die Vorbildung

zum höheren Justizdienste insbesondere durch die nachstehende Verordnung v. 27. April 1880, die Praxis der Bewerber um Anstellung im Justizstaatsdienste betr. (G. u. V.-Bl. S. 261) vgl. auch V. v. 19./12. 1871).

Verordnung vom 27. April 1880.

§ 1. Rechtspraktikanten, welche sich um Anstellung als Richter, Staatsanwalt, Notar oder Gerichtsschreiber bewerben, haben nach befriedigender Bestehung der zweiten Prüfung bis zur Anstellung die Praxis bei einem Oberlandesgerichte, einem Landgerichte, bei der Staatsanwaltschaft an einem dieser Gerichte, bei einem Amtsgerichte, bei einem Rechtsanwalte oder Notar fortzusetzen. Auch können dieselben als Hilfsarbeiter in unser Staatsministerium der Justiz berufen oder bei einer Kammer des Landtags verwendet werden.

Die vom Schlusse der zweiten Prüfung an bis zur Bekanntgabe der Prüfungsnote entstandene Praxis wird der nach Bekanntgabe des Prüfungs-Ergebnisses fortgesetzten Praxis gleichgeachtet.

Freigegeben sind den geprüften Rechtspraktikanten die Wahl und der Wechsel der Praxis vorbehaltlich folgender Bestimmungen:

§ 3. Bewerber um Notariatsstellen müssen mindestens zwei Jahre bei Notaren gearbeitet haben.

§ 8, Abs. 3. Erhalten Staatsanwälte Kenntniß von Thatsachen, welche geeignet sind, Disciplinareinschreitung gegen einen geprüften Rechtspraktikanten zu veranlassen, so haben sie diese Thatsachen und die etwaigen Beweismittel dem Amtsvorstande des Rechtspraktikanten und, wenn letzterer bei einem Rechtsanwalte oder Notar in Praxis steht, dem Präsidenten des Landgerichts, in dessen Bezirk der betreffende praktizirt, mitzutheilen.

Ministerialentschließung v. 15. Juni 1880, die Praxis der Bewerber um Anstellung im Justizstaatsdienste betr. (J.M.Bl. S. 237).

§ 1. Bei dem Königlichen Staatsministerium der Justiz wird ein Hauptverzeichniß der Bewerber um Anstellung im Justizstaatsdienste geführt.

In das Hauptverzeichniß werden diejenigen in der zweiten Prüfung bestandenen Rechtspraktikanten — geprüfte Rechtspraktikanten — aufgenommen, welche die Praxis des § 1 der Königlich Allerhöchsten Verordnung vom 27. April d. Js. entsprechend fortsetzen.

§ 2. Behufs Evidenthaltung des Hauptverzeichnisses ist jede Veränderung der Praxis der geprüften Rechtspraktikanten einschließlich der als Funktionäre, dann als Amtsanwälte aufgestellten — und jeder Todesfall eines solchen auf nachstehende Weise dem Königlichen Staatsministerium der Justiz zur Kenntniß zu bringen:

§ 3. Die Anzeigen von dem Eintritte in die Notariatspraxis und von dem Austritte aus derselben sind von den geprüften Rechtspraktikanten binnen einer Woche in doppelter Fertigung dem Präsidenten des einschlägigen Landgerichts zu erstatten und von diesem dem Präsidenten des vorgesetzten Oberlandesgerichts zur Einbeförderung der einen Fertigung an das Königliche Staatsministerium der Justiz und zur Mittheilung der zweiten Fertigung an den Oberstaatsanwalt in Vorlage zu bringen.

§ 4. Geprüfte Rechtspraktikanten, welche die in § 1 der Königlich Allerhöchsten Verordnung vom 27. April d. Js. vorgeschriebene Praxis länger als drei Monate, oder zu häufig unterbrechen, werden vom Hauptverzeichnisse gestrichen.

§ 8. Erlangt der Landgerichtspräsident von Umständen Kenntniß, welche es gerechtfertigt erscheinen lassen, einem geprüften Rechtspraktikanten die Fortsetzung der Praxis bei einem bestimmten Rechtsanwalte oder Notare des Bezirks wegen Unmöglichkeit entsprechender Beschäftigung oder aus anderen Gründen zu verbieten, so hat er hierüber Bericht an das Präsidium des vorgesetzten Oberlandesgerichts zu erstatten, welches den Bericht mit gutachtlichem Antrage dem Kgl. Staatsministerium der Justiz in Vorlage bringt.

Betrifft der Bericht einen Notariatsgehilfen, so sind vor der Beschlußfassung des Präsidiums der erste landgerichtliche Staatsanwalt und der Oberstaatsanwalt gutachtlich zu hören.

Art. 42. Die Regierung kann Personen, welche eine verwaltende oder eine richterliche Thätigkeit ausgeübt haben, von dem Nachweise der Vorbereitungszeit entbinden.[78])

Le Gouvernement pourra dispenser de la justification du temps d'étude des individus qui auront exercé les fonctions administratives ou judiciaires.

Art. 43. Der Bewerber hat bei der Disziplinarkammer des Bezirks seiner zukünftigen Amtsthätigkeit ein Sitten- und Fähigkeitszeugnis nachzusuchen.[79]) Das Zeugnis kann nicht eher ertheilt werden, als nach Mittheilung einer Ausfertigung des Beschlusses der Kammer, durch welchen es bewilligt ist, an die **Staatsanwaltschaft bei dem Landgericht.**

L'aspirant demandera à la chambre de discipline du ressort dans lequel il devra exercer, un certificat de moralité et de capacité. Le certificat ne pourra être délivré qu'après que la chambre aura fait parvenir au commissaire du Gouvernement du tribunal de première instance, l'expédition de la délibération qui l'aura accordé.

Art. 44. Im Fall der Ablehnung hat die Kammer ein Gutachten mit Gründen zu geben und der **Staatsanwaltschaft** mitzutheilen, welche es mit ihren Bemerkungen dem Justizminister einsendet.

En cas de refus, la chambre donnera un avis motivé, et le communiquera au commissaire du Gouvernement, qui l'adressera au grand juge, avec ses observations.

Art. 45. Die Notare werden vom **Könige** ernannt[80]) und erhalten von ihm eine Bestallung, welche einen bestimmten Ort zu ihrem Amtssitz erklärt.

Les notaires seront nommés par le premier Consul, et obtiendront de lui une commission qui énoncera le lieu fixe de la résidence.

Art. 46. Die Bestallungen der Notare sind in ihrer Aufschrift an das Landgericht des Bezirkes zu senden, in welchem der Betreffende seinen Amtssitz haben wird.

Les commissions de notaire seront, dans leur intitulé, adressées au tribunal de première instance dans le ressort duquel le pourvu aura sa résidence.

Art. 47. Binnen zwei Monaten seit der Ernennung hat der Betreffende in öffentlicher Sitzung des Gerichts, dem die Bestallung zugesandt ist, den Eid zu leisten,[81]) welchen das Gesetz von jedem öffentlichen Beamten fordert, sowie den Eid, seine Pflicht treu und gewissenhaft zu erfüllen.

---

§ 9. Geprüfte Rechtspraktikanten, welche einem auf Grund des § 5 Abs. 2 der Königlich Allerhöchsten Verordnung vom 27. April d. Js. erlassenen Verbote zuwider die Praxis bei dem betreffenden Rechtsanwalte oder Notare fortsetzen, werden vom Hauptverzeichnisse gestrichen.

[78]) Vgl. rechtsrh. Not.O. Art. 3. Geschieht dies, so entfällt damit auch zweifellos für die Entbundenen die Verpflichtung über Beibringung eines Zeugnisses und damit die Anwendbarkeit der Artikel 43, 44. Im Uebrigen aber sind diese als noch in Geltung stehend zu betrachten, obwohl die gemäß Art. 50 eingerichteten und noch bestehenden Disziplinarkammern im Sinne dieser Artikel durch Einführung der rechtsrheinischen Vorschriften über die Handhabung der Disziplin (Uebersicht unter H. d. oben S. 170) beseitigt sind.

[79]) Vgl. Art. 2. Nr. 5 des Nivôsegesetzes bei Art. 50. Der Bezirk ist der Landgerichtsbezirk.

[80]) Vgl. Art. 1 Abs. 1 der rechtsrh. Not.O.

[81]) Die Vorschrift ist durch Ges. v. 16./5. 1868 auf Amtsverweser ausgedehnt

Er ist zur Eidesleistung nur zuzulassen unter Ueberreichung der Urschrift seiner Bestallung und der Quittung über Zahlung seiner Kaution.[82])

Er ist gehalten, das Protokoll über die Eidesleistung beim Sekretariat des Gemeinderaths am Orte seines zukünftigen Amtssitzes und bei der Gerichtsschreiberei des Landgerichts, in dessen Bezirk er amtsthätig werden muß, eintragen zu lassen.[83])

Dans les deux mois de sa nomination, et à peine de déchéance, le pourvu sera tenu de prêter, à l'audience du tribunal auquel la commission aura été adressée, le serment que la loi exige de tout fonctionnaire public, ainsi que celui de remplir ses fonctions avec exactitude et probité.

Il ne sera admis à prêter serment qu'en représentant l'original de sa commission et la quittance du versement de son cautionnement.

Il sera tenu de faire enregistrer le procès-verbal de prestation de serment au secrétariat de la municipalité du lieu où il devra résider, et aux greffes de tous les tribunaux dans le ressort desquels il doit exercer.

Art. 48. Erst vom Tage seiner Beeidigung an hat er das Recht zur Amtsthätigkeit.[84])

Il n'aura le droit d'exercer qu'à compter du jour où il aura prêté serment.

Art. 49. Bevor sie in Thätigkeit treten, haben die Notare auf der Gerichtsschreiberei des Landgerichts ihres Bezirks und auf dem Sekretariat des Gemeinderaths ihres Amtssitzes, ihre Unterschrift und Paraphe zu hinterlegen.[85]) —

Avant d'entrer en fonctions, les notaires devront déposer au greffe de chaque tribunal de première instance de leur département, et au secrétariat de la municipalité de leur résidence, leur signature et parafe.

[Les notaires à la résidence du tribunaux d'appel, feront, en outre, ce dépôt aux greffes des autres tribunaux de première instance de leur ressort.]

III. Abschnitt. Disziplinarkammer.

Section III. Chambre de discipline.

Art. 50. Die Kammern, welche für die innere Disziplin der Notare zu errichten sind, sollen durch Verordnung eingerichtet werden.[86])

Les chambres qui seront établies pour la discipline intérieure des notaires, seront organisées par des règlements.

(s. o. S. 168). Für die Pfalz kann es nach den Folgesätzen keinem Zweifel unterliegen, daß der Notar zwei Eide zu leisten hat, sowohl den Huldigungseid der Beamten: Treue dem König, Gehorsam dem Gesetze und Beobachtung der Staatsverfassung, wie den Dienst- oder Amtseid (vgl. f. d. rechtsrh. Bayern oben S. 19. Dieser ist als so formulirt anzusehen wie die Endworte lauten, weicht also vom rechtsrhein. (Art. 6 d. rechtsrh. Not.O., oben S. 23) etwas ab.

[82]) Vgl. rechtsrh. Not.O. Art. 119.

[83]) Wechsel des Amtsbezirks begründet eine Verpflichtung zu neuer Eidesleistung (Bolza 1205, vgl. rechtsrh. Not.O. Art. 6, Anm. 12 oben S. 23, Instr. § 8 S. 129).

[84]) Die aufgenommenen Urkunden sind also nichtig. Dienstentlassung wie im Falle des Art. 119 rechtsrh. Not.O. war nicht angedroht, siehe aber jetzt S. 170, H. d.

[85]) Rechtsrh. Not.O. Art. 7.

[86]) Geschehen durch nachstehende Verordnung vom 2. Nivôse XII., 24. Dezember 1803, welche in Uebersetzung so lautet:

Art. 1. Bei jedem [Civilgerichte erster Instanz] Landgerichte [und an seinem Hauptorte] soll eine Kammer der Notare seines Bezirks für die innere Disziplin errichtet werden.

Art. 2. Die Zuständnisse der Kammer sollen sein:

1) die innere Disciplin unter den Notaren zu handhaben [und die Anwendung aller Censuren und andern Disciplinarverfügungen auszusprechen];

2) allen Zwistigkeiten unter Notären und namentlich denjenigen über Mittheilungen, Zurückgaben, Hinterlegungen und Zurückbehaltungen von Aktenstücken, Geldern und andern Gegenständen, über Fragen, betreffend die Aufnahme und Verwahrung der Urschriften, den Vorzug oder die Concurrenz bei Inventarien, Theilungen, Verkäufen oder Versteigerungen und anderen Urkunden, vorzubeugen oder sie beizulegen und im Falle der Nichtvermittlung ihre Meinung in der Form eines bloßen Gutachtens abzugeben;

3) deßgleichen allen Klagen und Beschwerden von dritten Personen gegen die Notäre wegen ihrer Amtsverrichtungen vorzubeugen oder sie zu vermitteln; einfach ihr Gutachten über die daraus entspringenden Schadensvergütungen abzugeben [und mittelst Censur und anderer Disciplinarverfügungen alle Uebertretungen, welche den Gegenstand dieser Klagen und Beschwerden bilden, zu ahnden, unbeschadet der Klage vor den Gerichten, wenn Grund dazu vorhanden ist];

4) als Mittelsperson (tiers) ihr Gutachten abzugeben über alle Schwierigkeiten bezüglich der Regulirung der Honorarien und Vacationen der Notäre, sowie über alle in dieser Beziehung dem Civilgerichte zur Entscheidung unterbreiteten Streitigkeiten.

5) alle ihr von den Bewerbern um Notärsstellen abverlangten Zeugnisse über gute Sitten und Fähigkeit zu ertheilen oder nach Befinden zu verweigern; hierüber alle Beschlüsse zu fassen oder alle motivirte Gutachten abzugeben, sie wem Rechtens zugehen zu lassen oder mitzutheilen;

6) die Verzeichnisse über die Urschriften unterdrückter Notärsstellen in Verwahr zu nehmen;

7) und endlich alle Notäre des Bezirks zusammen bezüglich ihrer gemeinsamen Rechte und Interessen zu repräsentiren.

Art. 3. Jede Notariatskammer soll aus Gliedern bestehen, die von den Notären des Bezirks aus ihrer Mitte erwählt werden.

Ihre Anzahl ist auf [neunzehn für die Notariatskammer von Paris, auf neun, wenn die Zahl der Notäre des Bezirks der Kammer über fünfzig, und auf sieben, wenn sie darunter ist] fünf*) festgesetzt.

Art. 4. Die Mitglieder der Kammer können nur insofern gültig beschließen, als die anwesenden und stimmenden wenigstens [zwölf an der Zahl für Paris, sieben für die Kammern von neun Mitgliedern und fünf für die anderen Kammern], drei*) sind.

Art. 5. Die Mitglieder der Kammer wählen unter sich:

1) einen Präsidenten, der im Falle getheilter Meinungen überwiegende Stimme hat; er beruft die Kammer außergewöhnlich, so oft er es für gut findet, oder auf das motivirte Ansuchen zweier andern Mitglieder; er hat die Ordnungspolizei in der Kammer;

2) einen Syndikus, der gegen die beschuldigten Notäre als Kläger auftritt; er wird vor allen Berathschlagungen der Kammer angehört, die über alle seine

*) Dekret v. 30./9. 1811 u. Allerh. V. v. 3./3. 1840.

Ansuchen berathschlagen muß; er hat, wie der Präsident, das Recht, die Kammer zusammen zu berufen; er betreibt die Vollziehung ihrer Berathschlagungen in der hiernach bestimmten Form, und handelt für die Kammer in allen Fällen und gemäß ihrer Beschlüsse;

3) einen Berichterstatter, der die Aufschlüsse über die Streitsachen gegen die beschuldigten Notäre einsammelt und der Kammer darüber Bericht erstattet;

4) einen Sekretär, der die Berathschlagungen der Kammer verfaßt, Verwahrer des Archivs ist und alle Ausfertigungen ertheilt;

5) einen Schatzmeister, der die nacherwähnte gemeinschaftliche Kasse hält und die von der Kammer autorisirten Einnahmen und Ausgaben macht; er hat darüber zu Ende eines jeden Vierteljahrs der versammelten Kammer Rechnung abzulegen, welche die Rechnungen rechtsmäßig abschließt und ihm Entladung darüber giebt.

Art. 6. Die Anzahl der Mitglieder, woraus die Notariatskammern nach Art. 3 bestehen müssen, und diejenige, welche nach Art. 4 zur Gültigkeit der Berathschlagungen der Kammer nothwendig ist, können je nach lokalen Verhältnissen, von der Regierung herabgesetzt oder vermehrt werden.

Die Zahl der Syndike kann für Paris auf drei und für die Kammern, deren Bezirk über fünfzig Notäre umfaßt, auf zwei erhöht werden.

Art. 7. Nebst den Zuständnissen, die den im Artikel 5 bezeichneten Mitgliedern besonders beigelegt sind, soll jedes von ihnen in allen Kammerversammlungen, gleich den andern Mitgliedern, beschließende Stimme haben; und gleichwohl soll der Syndik, wenn es sich von Streitsachen handelt, wo er gegen einen beschuldigten Notär als Kläger auftritt, nur berathende Stimme haben und nicht unter die Stimmenden gezählt werden, es sei denn, daß er für Losspreсhung stimme.

Art. 8. Die Specialverrichtungen, welche durch den Art. 5 jedem der Kammerbeamten, deren Anstellung er verordnet, beigelegt sind, können cumulirt werden, wenn die Anzahl der Mitglieder, woraus die Kammer besteht, unter sieben ist; und gleichwohl sollen die Verrichtungen von Präsident, Syndik und Berichterstatter immer von drei verschiedenen Personen ausgeübt werden. Welches auch die Anzahl der Kammermitglieder sein mag, so kann doch dieselbe Cumulation der Funktionen momentan stattfinden, im Falle der Abwesenheit oder der Verhinderung eines der im Art. 5 bezeichneten Mitglieder, welche für diesen Fall sich einander ersetzen sollen oder selbst von jedem andern Mitgliede der Kammer ersetzt werden können.

Die momentanen Stellvertreter sollen von dem Präsidenten der Kammer oder, in seiner Abwesenheit, von der Majorität der in hinlänglicher Anzahl zum Berathschlagen anwesenden Mitglieder ernannt werden.

Art. 9. Die Kammer erkennt im Wege der Entscheidung für die Fälle der innern Polizei und Disciplin.

Art. 10. Die Kammer fordert die Notäre in ihre Sitzungen, erkennt wider sie, disciplinarisch und je nach der Erheblichkeit der Fälle, entweder die Verweisung zur Ordnung oder den einfachen Tadel durch die Entscheidung selbst, oder den Tadel mit einem Verweis vom Präsidenten an die Notäre in Person vor der versammelten Kammer, oder die Beraubung der beschließenden Stimme in der Generalversammlung, oder die Untersagung des Eintritts in die Kammer während eines Zeitraums, der drei Jahre für das erste Mal nicht übersteigen und im Wiederbetretungsfalle sich bis auf 6 Jahre erstrecken kann.

Art. 11. Wenn die in der Kammer gegen einen Notär vorgebrachte Beschuldigung schwer genug erscheint, um die Suspension des beschuldigten Notärs zu verdienen, so gesellt sich die Kammer durch das Loos andere Notäre ihres Bezirkes bei, nämlich: die von Paris 10 Notäre, und die andern Kammern eine Anzahl, die der ihrer Mitglieder, mehr einen, gleich ist.

Die also gebildete Kammer soll in der Form eines bloßen Gutachtens und mit absoluter Stimmenmehrheit ihre Meinung über die Suspension und ihre Dauer äußern.

Die Stimmen werden in diesem Falle im geheimen Scrutinium durch Ja oder Nein gesammelt; aber das Gutachten kann nicht gebildet werden, wenn nicht wenigstens zwei Drittel aller zu der Versammlung berufenen Mitglieder anwesend sind.

Art. 12. Wenn das durch die Mehrheit der Kammermitglieder abgegebene Gutachten für die Suspension ist, so wird es auf der Greffe des Tribunals hinterlegt: Ausfertigung davon wird dem Commissär der Regierung (Staatsprocurator) zugestellt, der den von dem Gesetze vorgeschriebenen Gebrauch davon macht.

Art. 13. Der Syndik bringt alle sich zur Disciplinirung eignenden Vorfälle an die Kammer; und er ist gehalten, ihr dieselben anzuzeigen entweder von Amtswegen, wenn er Kenntniß davon gehabt hat, oder auf die Aufforderung der dabei interessirten Parthien oder auf jene eines der Kammermitglieder.

Die beschuldigten Notäre sollen vor die Kammer geladen werden mit hinlänglicher Frist, die nicht unter 5 Tagen sein kann, auf Betreiben des Syndiks mittelst eines einfachen, den Gegenstand der Beschuldigung anzeigenden Briefes, der von dem Syndikus zu unterzeichnen und von dem Sekretär, welcher Note darüber zu halten hat, zu übersenden ist.

Erscheint der Notar auf das Schreiben des Syndiks nicht, so wird er ein zweites Mal in der nämlichen Frist und auf nämliches Betreiben durch das Amt eines Gerichtsboten vorgeladen.

Art. 14. Was die Streitigkeiten unter Notären und die Schwierigkeiten anlangt, worüber die Kammer ihr Gutachten abzugeben hat, so können sich die Notäre contradiktorisch und ohne vorgängige Ladung in den Sitzungen der Kammer einfinden: sie können deßgleichen dahin vorgeladen werden, entweder durch einfache, die Gegenstände anzeigende Briefe, welche die vorfordernden Notäre zu unterzeichnen und der Secretär, dem sie die Doppelschriften davon zu lassen haben, zu überschicken hat, oder durch Vorladungen, wovon sie die Originalien beim Sekretariate zu hinterlegen haben. Diese Vorladungen durch das Amt des Gerichtsboten oder durch Briefe sollen mit den nämlichen Fristen, wie jene des Syndiks gegeben werden, nachdem sie vorher dem Visa des Präsidenten der Kammer unterbreitet worden.

Art. 15. Die Kammer faßt ihre Beschlüsse in den besonderen Streitsachen nach Anhörung oder gehöriger Beiladung, in der hier oben vorgeschriebenen Form, der beschuldigten oder betheiligten Notäre, sowie auch der dritten Personen, welche gehört sein wollen und die sich in allen Fällen durch einen Notär vertreten oder verbeiständigen lassen können.

Die Beschlüsse der Kammer werden motivirt und auf der Urschrift von dem Präsidenten und dem Sekretär in der Sitzung selbst, in der sie gefaßt wurden, unterzeichnet.

Jeder Beschluß soll die Namen der anwesenden Mitglieder enthalten.

Da diese Beschlüsse nur einfache Akten der Verwaltung, der Ordnung oder der innern Disciplin oder einfache Gutachten sind, so sollen sie, und ebenso die darauf Bezug habenden Aktenstücke, in keinem Falle der Registrirung unterworfen sein.

Die Beschlüsse der Kammer sollen eintretenden Falles in derselben Form wie die Vorladungen notificirt und soll hievon durch den Sekretär auf dem Rande der fraglichen Beschlüsse Erwähnung gethan werden.

Art. **16.** Die Versammlungen der Kammer sollen in einem hiezu bestimmten Lokale in der Stadt, wo die Kammer errichtet ist, gehalten werden. Jedes Jahr sollen von Rechtswegen zwei Generalversammlungen sein und es können deren auch andere außerordentliche stattfinden, so oft die Umstände es erheischen und die Kammer es für dienlich erachtet.

Die General- oder außerordentlichen Versammlungen sollen den im Art. 5 enthaltenen Verfügungen gemäß zusammen berufen werden. Alle Notäre des Bezirks der Kammer sollen dazu eingeladen werden, sei es behufs der Ernennungen, wovon der Art. 18 unten spricht, sei es um Abrede zu treffen über Alles, was die Ausübung ihrer Funktionen betrifft.

Art. **17.** Es kann in einer Generalversammlung kein Beschluß gefaßt werden, wenn nicht die Anzahl der anwesenden Notare wenigstens ein Drittel aller Notäre des Bezirks der Kammer ist, nicht inbegriffen in diesem Drittel die Mitglieder der Kammer.

Art. **18.** Die Mitglieder der Kammer werden durch die Generalversammlung der zu diesem Zwecke zusammen berufenen Notäre ihres Bezirks ernannt. Die Hälfte dieser Mitglieder wird aus den Aeltesten im Amte, welche das Drittel aller Notäre des Bezirkes ausmachen, gewählt. Die Ernennung geschieht nach absoluter Stimmenmehrheit im geheimen Scrutinium und durch Zettel, enthaltend so viele Namen, als Mitglieder zu ernennen sind.

Art. **19.** Die Mitglieder der Kammer sollen jedes Jahr erneuert werden und zwar zu einem Drittel für die Zahlen, welche diese Theilung zulassen, und in Portionen, die sich dem Drittel am meisten nähern, für die andern Zahlen, in dem man jedes Jahr die geringern oder höhern Portionen als das Drittel mit einander abwechseln läßt, wobei man aber mit den geringern Portionen anfängt und zwar so, daß in allen Fällen ein Mitglied nicht länger als drei auf einander folgende Jahre im Amte bleiben kann.

Die zwei ersten Erneuerungen werden durch das Loos bestimmt, die andern durch das Alter der Ernennung (zum Kammermitgliede).

Art. **20.** Die zur Bildung der Kammer bezeichneten Mitglieder ernennen unter sich nach Art und Weise des Art. 18 den Präsidenten und die übrigen Beamten, von denen der Art. 5 spricht. Der Präsident wird immer unter den ältesten, die der Art. 18 bezeichnet, genommen. Diese besondere Ernennung wird jedes Jahr erneuert; dieselben können wieder gewählt werden. Bei Stimmengleichheit hat der Bejahrteste den Vorzug.

Art. **21.** Die Ernennung der Mitglieder der Kammer geschieht von Rechtswegen den [15. Brumaire] 1. Mai*) jeden Jahres.

Sie treten den [1. Frimaire darauf] 15. desselben Monats*) ihre Funktionen an

*) Nach einem Decrete vom 4. April 1806.

Art. 51. Die Gebühren und Vacationen der Notare sind zwischen ihnen und den Parteien gütlich und wenn dies nicht möglich ist, von der Civilkammer des Landgerichts, des Amtssitzes des Notars, auf das Gutachten der Kammer auf einfache Erinnerung ohne Kosten festzusetzen.[87])

Les honoraires et vacations des notaires seront réglés, à l'amiable, entre eux et les parties; sinon, par le tribunal civil de la résidence du notaire, sur l'avis de la chambre et sur simples mémoires, sans frais.

Art. 52. Jeder zeitweilig vom Amte enthobene, aus dem Dienst entlassene oder ersetzte Notar muß sich sofort nach Mittheilung seiner vorläufigen Amtsenthebung, Dienstentlassung, Ersetzung der Ausübung seiner Stellung enthalten, bei Strafe vollen Schadensersatzes und anderer Verurtheilungen, welche die Gesetze einem Beamten androhen, der trotz seiner Enthebung oder Entlassung in der Ausübung seiner Amtsthätigkeit fortfährt.[88]) Der seines Amtes zeitweilig enthobene Notar darf sie bei gleicher Strafe erst nach Ablauf der Zeit seiner Enthebung wieder aufnehmen.

Tout notaire suspendu, destitué ou remplacé, devra, aussitôt après la notification qui lui aura été faite de sa suspension, de sa destitution ou de son remplacement, cesser l'exercice de son état, à peine de tous dommages et intérêts et des autres condamnations prononcées par les lois contre tout fonctionnaire suspendu ou destitué qui continue l'exercice de ses fonctions.

Le notaire suspendu ne pourra les reprendre, sous les mêmes peines, qu'après la cessation du temps de la suspension.

Art. 53. Alle Amtsenthebungen, Dienstentlassungen, Verurtheilungen zu Geldstrafe oder Schadensersatz sind gegen die Notare von der Civilkammer des Landgerichts ihres Wohnsitzes auszusprechen, entweder auf Betreiben

---

und ernennen den nämlichen Tag den Präsidenten und die andern Beamten, welche sofort gleichfalls ihre Funktionen antreten.

Die erste Ernennung soll spätestens den 15. Pluviose nächsthin stattfinden und die Mitglieder sollen in den auf ihre Ernennung folgenden 8 Tagen ihre Funktionen antreten.

Art. 22. Es soll eine gemeinsame Kasse für die Ausgaben der Kammer da sein. Dieselbe soll der Art eingerichtet werden, daß sie die nothwendigen Ausgaben nicht übersteigt. Sie soll von der Generalversammlung bewilligt, auf die verschiedenen Glieder des Bezirks vertheilt und die Rolle von dem Präsidenten des Appellationsgerichts des Bezirks auf den Bericht und nach dem Gutachten des Commissärs bei demselben Gerichte executorisch erklärt werden.

Der Beschluß, der die gemeinschaftliche Kasse also errichtet hat, soll dem Großrichter übersandt werden, der über die Reclamationen erkennt.

Art. 23. Es soll bei der allgemeinen Verordnung, die zur Vollziehung des Gesetzes vom 25. Ventose XI. über das Notariat zu geben ist, für alle andere Verfügungen, welche die Disziplinarkammern betreffen mögen, gesorgt werden.

Art. 24. Der Großrichter, Minister der Justiz, ist mit dem Vollzuge des gegenwärtigen Beschlusses, der in das Register der Gesetze einzurücken ist, beauftragt.

[87]) Vgl. rechtsrh. Not.O. Art. 108 u. 112. Jener ist wie 105, 107, 110 u. 111 durch das Geb.Ges. v. 18. Aug. 1879 Art. 278 in der Pfalz eingeführt. Die Gebühren der pfälzischen Notare bestimmen sich nach den unter Nr. 2 folgenden Gebührengesetzen.

[88]) Vgl. Not. O.Art. 117, 118 und Uebersicht H. d.

der betheiligten Parteien oder von amtswegen auf Betreiben der Staatsanwaltschaft.[89])

Diese Urtheile unterliegen der Berufung[90]) und sind vorläufig vollstreckbar,[91]) ausgenommen Geldverurtheilungen.

Toutes suspensions, destitutions, condamnations d'amende et dommages-intérêts, seront prononcées contre les notaires par le tribunal civil de leur résidence, à la poursuite des parties intéressées, ou d'office, à la poursuite et diligence du commissaire du Gouvernement.

Ces jugements seront sujets à l'appel, et exécutoires par provision, excepté quant aux condamnations pécuniaires.

IV. Abschnitt. Verwahrung, Uebertragung, Verzeichnis der Urschriften und Ausstände.

Section IV. Garde, transmission, tables des minutes et recouvrements.

Art. 54–57.[92])

Art. 58. In allen Fällen wird ein summarisches Verzeichnis der übergebenen Urschriften angefertigt, und der Notar, der sie in Empfang nehmen soll, belastet sich damit am Fuße des Verzeichnisses, von dem ein Duplikat an die Disziplinarkammer gesandt wird.[93])

Dans tous les cas, il sera dressé un état sommaire des minutes remises; et le notaire qui les recevra, s'en chargera au pied de cet état, dont un double sera remis à la chambre de discipline.

---

[89]) Siehe rechtsrh. Not.O. Art. 113 und Anm. S. 105 ff.
[90]) Siehe das. Art. 134 ff.
[91]) Siehe das. Art. 140.
[92]) Ersetzt durch Ges. v. 16. Mai 1868 Art. 4 u. 11 oben S. 169.
[93]) Vgl. bayr. Instr. §§ 26 ff. oben S. 132 und das nachstehende

Generale des k. Oberstaatsanwalts der Pfalz vom 21. August 1874.

1) Wenn bei Erledigung einer Notärstelle durch Versetzung, freiwilligen Rücktritt oder Tod des betreffenden Notärs ein Depositar des Archivs bezeichnet wurde, so kann von Errichtung des durch Art. 58 der Notariatsordnung vorgeschriebenen summarischen Aktenverzeichnisses Umgang genommen werden, wenn der abgehende Notar resp. die Erben des verstorbenen Notärs dem Depositare gegenüber die Verantwortlichkeit für die bei der definitiven Uebergabe des Archives an den neu ernannten Notär etwa fehlenden Notariatsakten übernehmen.

Es genügt unter dieser Voraussetzung die Errichtung eines Protokolls über die stattgehabte Uebergabe des Archives, worin die einzelnen Jahrgänge der Notariatsakten mit Angabe der ersten und letzten Nummer jedes Jahrganges, sowie die Bändezahl der Repertorien und die erwähnte Verpflichtung der betreffenden Personen für den Verlust etwa fehlender Akten einstehen zu wollen aufzunehmen sind.

Sollte die Verantwortlichkeit in der oben angegebenen Weise nicht übernommen werden, dann ist die Aufnahme des Aktenverzeichnisses nach Art. 58 cit. nothwendig.

2) Bei Wiederbesetzung der betreffenden Notärstelle ist das vorschriftsmäßige Aktenverzeichniß zwischen dem neu ernannten und dem abgehenden Notär resp. den Erben des Letzteren anzufertigen, hiezu der Depositar beizuziehen und zu entlasten.

3) In entsprechend gleicher Weise wie sub 1 und 2 ist bei der Suspension eines

Art. 59.[94]) Der Inhaber der Stelle oder seine Erben und der Notar, welcher nach den Bestimmungen der Artikel 54, 55, 56 die Urschriften übernimmt, sollen sich über die Ausstände von Urkundsgebühren, die noch geschuldet werden, und über den Bezug für Ausfertigungen gütlich vereinbaren.

Wenn sie sich nicht vereinbaren können, so sollen zwei Notare, welche die Parteien ausmachen oder welche von amtswegen unter den Notaren desselben und in deren Ermangelung des benachbarten Amtssitzes ausgewählt sind, eine Schätzung derselben vornehmen.

Le titulaire ou ses héritiers, et le notaire qui recevra les minutes, aux termes des articles LIV, LV et LVI, traiteront, de gré à gré, des recouvrements, à raison des actes dont les honoraires sont encore dus, et du bénéfice des expéditions.

S'ils ne peuvent s'accorder, l'appréciation en sera faite par deux notaires dont les parties conviendront, ou qui seront nommés d'office parmi les notaires de la même résidence, ou, à leur défaut, parmi ceux de la résidence la plus voisine.

Art. 60. [Alle Hinterlegungen von Urschriften, unter dem Namen „Kammer für Verträge", „Notariatsstube" und andere verbleiben ihren gegenwärtigen Besitzern]. Haupt- und einfache Ausfertigungen davon können nur von einem Notar des Sitzes der Verwahrung und in dessen Ermangelung durch einen Notar des nächsten Amtssitzes ertheilt werden.

Wenn jedoch die gedachten Urschriften der Gerichtsschreiberei eines Gerichts übergeben sind, so können in diesem ausnahmsweisen Falle, Haupt- und einfache Ausfertigungen, durch den Gerichtsschreiber ertheilt werden.[95])

[Tous dépôts de minutes sous la dénomination de Chambres de contrats, Bureaux de tabellionnage et autres, sont maintenus à la garde de leurs possesseurs actuels. Les grosses et expéditions ne pourront en être délivrées que par un notaire de la résidence des dépôts, ou, à défaut, par un notaire de la résidence la plus voisine.]

Néanmoins, si lesdits dépôts de minutes ont été remis au greffe d'un tribunal, les grosses et expéditions pourront, dans ce cas seulement, être délivrées par le greffier.

Art. 61. Unmittelbar nach dem Tode des Notars oder anderen Urschriften-Besitzers sind die Urschriften und Repertorien vom Amtsgericht des

---

Notärs zu verfahren, wenn der ernannte Depositar das Archiv in eigenen Gewahrsam zu nehmen, für nothwendig erachtet. Andernfalls bleibt es dem Depositare überlassen, sich mit dem suspendirten Notäre über die Verantwortlichkeit für etwaige Verluste zu vereinbaren.

4) Bei Erledigung einer Notärstelle durch Entsetzung des betreffenden Notars vom Amte, ist, im Falle der Bezeichnung eines Depositars, die Vorschrift des Art. 58 der Notariatsordnung zu befolgen, ebenso auch bei Aufhebung einer Notärstelle, oder vorläufigen Nichtwiederbesetzung einer solchen, wenn nicht in den beiden letzten Fällen wegen vorheriger Aufstellung eines Depositars, nach Nr. 2 oben zu verfahren sein wird.

5) Von allen sub 1—4 angeführten Protokollen, beziehungsweise Aktenverzeichnissen ist der Notariatskammer ein Duplicat einzusenden, welche dem k. Staatsanwalte von dieser Einsendung Anzeige machen wird.

[94]) Art. 59 ist durch Ges. v. 16. Mai 1868 Schlußsatz ausdrücklich aufrecht erhalten, s. o. S. 168.

[95]) Ueber vollstreckbare Ausfertigungen entscheidet jetzt C.P.O. § 705.

Amtssitzes unter Siegel zu legen, bis ein anderer Notar damit durch Verfügung des betreffenden Landgerichts-Präsidenten beauftragt ist.[96])

Immédiatement après le décès du notaire ou autre possesseur de minutes, les minutes et répertoires seront mis sous les scellés par le juge de paix de la résidence, jusqu'à ce qu'un autre notaire en ait été provisoirement chargé par ordonnance du président du tribunal de la résidence.

Dritter Titel: Von den gegenwärtigen Notaren.

Titre III. Des notaires actuels.

Art. 62—67.[97])

Allgemeine Bestimmungen. (Dispositions générales.)

Art. 68. Jede den Bestimmungen der Art. 6. 8. 9. 10. 14. 20. 52. [64. 65. 66. und 67.][98]) zuwider aufgenommene Urkunde ist nichtig, wenn sie nicht mit der Unterschrift aller Parteien versehen ist; ist die Urkunde mit der Unterschrift aller vertragschließenden Parteien versehen, so gilt sie nur als Urkunde unter Privatunterschrift; vorbehältlich zutreffenden Falls in beiden Fällen des Schadensersatzanspruchs gegen den zuwiderhandelnden Notar.

Tout acte fait en contravention aux dispositions contenues aux articles VI, VIII, IX, X, XIV, XX, LII, LXIV, LXV, LXVI et LXVII, est nul, s'il n'est pas revêtu de la signature de toutes les parties; et lorsque l'acte sera revêtu de la signature de toutes les parties contractantes, il ne vaudra que comme écrit sous signature privée: sauf, dans les deux cas, s'il y a lieu, les dommages-intérêts contre le notaire contrevenant.

Art. 69. Das Gesetz vom 6. Oktober 1791 und alle anderen sind, insoweit sie mit dem gegenwärtigen in Widerspruch stehen, aufgehoben.

La loi du 6 octobre 1791, et toutes autres sont abrogées en ce qu'elles ont de contraire à la présente.

Collationné à l'original par nous, président et secrétaires du Corps législatif. A Paris, le 25 Ventôse an XI de la République française. Signé Méric, président; Lejeas, Ricour, Sauret (Étienne), secrétaires.

Soit la présente loi revêtue du sceau de l'État, insérée au Bulletin des lois, inscrite dans les registres des autorités judiciaires et administratives, et le grand juge ministre de la justice chargée d'en surveiller la publication. A Paris, le 5 germinal an XI de la République.

Signé Bonaparte, premier Consul. Contre-signé, le Secrétaire d'état, Hugues B. Maret; et scellé du sceau de l'État.

Vu, le Grand Juge Ministre de la Justice, signé Regnier.

---

[96]) Unbeschadet dieses Art. 61 greift in Dringlichkeitsfällen Art. 4 des Ges. v. 16. Mai 1868 Platz, s. o. S. 169.

[97]) Die Art. 62—67 sind transitorische Bestimmungen.

[98]) Außer den hervorgehobenen Artikeln ist auch Zuwiderhandlung gegen Art. 12 den Folgen des Art. 68 unterworfen. — Vgl. rechtsrh. Not.O. Art. 148.

2) Gebühren der Notare in der bayer. Pfalz.

Die bayerische Gesetzgebung über die Gebühren der pfälzischen Notare vertheilt sich über den Zeitraum von 1822 bis jetzt; indem das Taxregulativ vom 9. April 1822 die Grundlage bildet, welche durch die Folgegesetze zeitgemäß geändert und ergänzt ist. Dementsprechend habe ich unter Vorwegnahme einiger allgemeiner Vorschriften die späteren Gesetze bei jenem Taxregulativ eingefügt. Zur Uebersicht gebe ich zunächst ein Verzeichnis der in Betracht kommenden Gesetze nach der Zeitfolge:

a) Tax-Regulativ für die Gebühren der Notäre vom 9. April 1822, Art. 1—22, siehe unten S. 214 ff.;

b) Kgl. V. v. 9. Juli 1823, siehe Nr. II. bei Art. 29, Nr. III. bei Art. 32, Nr. IV. bei Art. 38, Nr. V. bei Art. 40.

c) Kgl. V. v. 22. September 1825 die Taxen und Gebühren in Geschäftssachen, von denen das Gesetz vom 11. September 1825 handelt, betreffend. Siehe dieselben oben hinter jenem Gesetze, S. 165.

d) Kgl. Ah. V. v. 9. Januar 1854, die Anwendung des Taxregulativs für die Gebühren der Notare in der Pfalz betreffend (Reg.Bl. S. 115): „Nachdem sich über die Anwendung des Taxregulatives für die Notare der Pfalz v. 9. April 1822 mehrfache Anstände ergeben haben, so verordnen Wir ꝛc. (folgen Art. 1—10). Siehe Art. 1, 2, 4 bei Art. 3, Art. 3, 5, 6 bei Art. 1; Art. 7 bei Art. 10 des Taxregulativs.

Art. 8 in der Fassung des § 8 der V. v. 12. Dez. 1875 (siehe dieselb bei e):

Die Gebühren der zur Aufnahme einer Notariatsurkunde zugezogenen Zeugen unterliegen der freiwilligen Festsetzung zwischen den Parthien und den Zeugen.

In Ermangelung einer solchen Uebereinkunft wird angenommen, daß der Notar auf Rechnung der Parthien jedem Zeugen die bisher üblichen Gebühren:

von 25 Pfennigen bei einem gewöhnlichen Notariatsakte;

von 40 Pfennigen bei einer letzten Willensverordnung;

von 50 Pfennigen für jede Vacation von drei Stunden bei Geschäften von größerer Ausdehnung zu bezahlen habe.

Art. 9. Die durch den Art. 25 des Taxregulativs den Notaren bewilligte Aufsuchungsgebühr kann nicht erhoben werden, wenn die Aufsuchung zum Zwecke der Ertheilung einer Expedition oder Abschrift der Urkunde oder eines Auszuges aus derselben geschehen ist.

Art. 10. Die Notare sind verbunden, ein fortlaufendes Gebühren-Manual anzulegen und evident zu halten, und dasselbe den Aufsichtsbehörden auf Verlangen zur Einsicht vorzulegen.

Unser Staatsministerium ꝛc.

e) Verordnung v. 12. Dezember 1875, die Gebühren der Notare und Notariatszeugen in der Pfalz betr. (G. u. V.Bl. S. 776). Nachdem mit dem 1. Januar 1876 die Reichswährung in Kraft tritt, so haben Wir die Allerh. Verordnungen über die Gebühren der Notare und Notariatszeugen in der Pfalz einer Revision unterstellen lassen, und verfügen nach Vernehmung Unseres Staatsraths, was folgt:

§ 1. Die den Notaren der Pfalz zustehenden Gebühren, desgleichen die in den Gebührenordnungen vorkommenden Werthsätze und Schuldsummen werden, insoweit in Nachstehendem nicht etwas Anderes verfügt wird, in der Art festgesetzt, daß an die Stelle eines Guldens eine Mark 80 Pfennige zu treten hat.*)

§ 2. Die Gebühren, welche nach Berechnung der auf das Geschäft verwendeten Zeit oder nach Vacationen von Stunde zu Stunde bezogen werden, betragen für jede Stunde zwei Mark.

§ 3. Siehe bei Art. 5 des Tax-Reg.

§ 4. Bei Art. 20 das.

§ 5. Bei Art. 29 das.

§§ 6 u. 7 sind aufgehoben durch V. v. 21. Dez. 1877 § 6.

§ 8. An die Stelle der in Art. 8 der Ah. Verordnung vom 29. Januar 1864 über die Anwendung des Taxregulativs für die Gebühren der Notare in der Pfalz festgesetzten Gebühren für die zur Aufnahme einer Notariatsurkunde zugezogenen Zeugen treten 25 Pfennig für die Gebühr von 7 Kreuzern, 40 Pfennig für die Gebühr von 12 Kreuzern und 50 Pfennig für die Gebühr von 15 Kreuzern.

§ 9. Bei Berechnung der Gebühren bleiben Bruchtheile eines Pfennigs außer Ansatz; doch werden Pfennigbeträge, welche nicht das Vielfache der Zahl fünf bilden, bis zu dem nächsten Vielfachen von fünf erhöht. — Gegenwärtige Verordnung tritt mit dem 1. Januar 1876 in Kraft.

f) Kgl. Ah. V. die Gebühren der Notare in der Pfalz betr. v. 21. Dez. 1877 (G. u. V.Bl. S. 581):

§§ 1—4. Siehe bei Art. 29 des Tax-Reg. hiernach über Reisekosten.

§ 5. Siehe bei Art. 26 des Tax-Reg.

§ 6. Gegenwärtige Verordnung tritt mit dem Tage der Bekanntmachung im Ges. u. V.Bl. in Kraft und werden mit diesem Tage die Bestimmungen der §§ 6 und 7 der Allerh.Vg. v. 12. Dezember 1875, sowie des Art. 26 der Allerh.Vg. v. 9. April 1822 außer Wirksamkeit gesetzt.

g) Kgl. Ah. V. die Gebühren der Notare betr. v. 15. Sept. 1879. (Ges. u. V.Bl. S. 1183). Betrifft Zwangsvollstreckung s. o. S. 157.

h) Kgl. Ah. V. die Ausführung des R.Gerichtskostengesetzes und des Gesetzes über das Gebührenwesen betr. v. 20. Sept. 1879 (das. S. 1195 siehe den Anhang) § 12; betr. die Tantieme für Gebührenerhebung s. o. S. 158.

i) Kgl. Ah. V. Die Gebühren der Notare in der Pfalz betr. v. 13. Mai 1880. (G. u. V.Bl. S. 325): „Wir haben Uns bewogen gefunden, über die Gebühren der Notare in der Pfalz bezüglich der in Art. 219 des Ges. v. 23./2. 1879 zur Ausf. der R.C.P.O. u. K.O. — s. o. S. 180 — bezeichneten Verträge auf Grund des Art. 5 des Ges. v. 18. 8. gleichen Jahres über das Gebührenwesen zu verordnen was folgt: § 1 — s. bei Art. 23 u. 35 des Tax-Reg. — § 2. Gegenwärtige V. tritt mit dem Tage der Bekanntmachung im G. u. V.Bl. in Kraft. (22./5. 1880.)

*) Also an die Stelle eines Kreuzers drei Pfennige, d. h. 1/7 Pfennig mehr als nach dem Reichs-Münzgesetz. In § 8 ist aber auch dieser Satz nicht festgehalten, sondern für 15 Kr. 50 Pf., nicht 45 Pf. gerechnet. Vgl. auch §. 9.

Tax-Regulativ für die Gebühren der Notäre v. 9. April 1822.

Wir haben Uns über den von dem Präsidenten des App.-Gerichts für den Rheinkreis mit Bericht vom 2., präsentirt 13. Febr. d. J. wiederholt vorgelegten Antrag der dortigen Kreisbehörden, das Tax-Regulativ für die Gebühren der Notarien betreffend, Vortrag erstatten lassen, und in Erwägung, daß durch eine angemessene Taxe der Notariatsakten billige Gebühren gesichert und die Beschwerden wegen Uebermaßes beseitigt werden, nach Vernehmung Unseres Staatsrathes, für die Notarien im Rheinkreise folgendes Gebühren-Regulativ beschlossen:

1. Abtheilung. Gebühren nach Verhältniß des Werthes des Gegenstandes.[1])

I. Classe.

Art. 1. Eins vom Hundert des Werthes von 900 **Mark***) und darunter, ein Halbes vom Hundert des Werthes über 900 **Mark** bis zu 1800 **Mark**, ein Viertel vom Hundert des Werthes über 1800 bis 9000 **Mark**, ein Sechstel vom Hundert des Werthes über 9000 bis zu 18000 **Mark** einschließlich, ein Zehntel des weiteren Werthes über 18000 **Mark** haben in dieser Progression die Notarien zu beziehen:

Für Verkauf, Uebergaben von Liegenschaften, für Tausch derselben,

---

*) Gemäß V. v. 12. Dez. 1875 § 1; siehe unten.

[1]) Ueber Berechnung der proportionellen Gebühr, wenn mehrere gemeinschaftlich kaufen oder steigern u. s. w. siehe die

Verordnung vom 29. Januar 1854 (oben Nr. c.).

Art. 3. Wenn mehrere Personen gemeinschaftlich kaufen oder steigern, so ist bei Berechnung der proportionellen Gebühr des Notärs der Preis nicht nach der Zahl der Acquirenten zu theilen, sondern ungetheilt zu Grunde zu legen. Nur wenn die gemeinschaftlichen Erwerber ihre Betheiligung an dem erworbenen Gegenstande mit Repartition des Preises in dem nämlichen Erwerbstitel verbriefen lassen, wird die Gebühr von dem Betrage der einzelnen Antheile nach Maßgabe der Art. 1 und 2 des Tax-Regulatives berechnet.

Art. 5. Bei Versteigerung von Liegenschaften auf Pacht, sind die proportionellen Gebühren des Notärs nicht nach der Summe der Item eines jeden einzelnen Pächters, wie bei der Versteigerung auf Eigenthum (Art. 2 des Tax-Regulativs), sondern aus der Totalsumme der jährlichen Pachtzinsen sämmtlicher Grundstücke nach den Bestimmungen des Artikels 1 des Tax-Regulativs zu berechnen.

Art. 6. Wenn bei Licitationen von Liegenschaften, Miterben oder sonstige Miteigenthümer steigern, so kann die proportionelle Gebühr ganz so berechnet werden, wie wenn Fremde steigern.

nach dem Gegenstande des höheren Werthes, für Schenkung derselben unter Ehegatten, Collateralen und fremden Personen;
für Erbbestand auf den Betrag des zehnmaligen jährl. Canons, für Zeitbestand auf die Summe der jährlichen Pachtzinsen; jedoch wird die Vereinigung der Miethsummen für die bedungenen Jahre niemals für mehr als für drei Pachtjahre zur Berechnung der proportionellen Gebühr gestattet; für Bestellung von Grundrenten.

Art. 2. Bei Versteigerungen von Liegenschaften wird die proportionelle Gebühr auf die Totalsumme oder das Facit der Item eines jeden einzelnen Steigerers erhoben.

II. Classe.

Art. 3. Zwei Drittheile dieser proportionellen Gebühr dürfen bezogen werden:
- für Schuldverschreibungen, Schuldbekenntnisse, Anlehen ohne Hypothekbestellung;
- für Cession, Anweisung, Delegation von Aktiv-Schulden;[2])
- für Einstandsverträge und Accorde über Lehrgelder;
- für Assekuranz-Contrakte;
- für Leibrenten-Bestellung und zwar von dem Betrage der zehnfachen Rente;
- für entgeltliche und unentgeltliche Nießbrauch- und Servitutbestellung;
- für Verkauf von Grund- oder emphyteutischen Renten von dem stipulirten Abkaufpreis;
- für Verkauf von Mobilien, jedoch auf die Totalsumme des Protokolls;
- für isolirte Schenkung oder Anschlag von Liegenschaften in direkter Linie, ohne Unterschied ob im Voraus oder auf eine Schenkung hin;[3])
- für Schenkung unter Lebenden von Mobilien unter Ehegatten; Collateralen und fremden Personen;[4])

---

[2]) Berechnung bei Mehreren: Vg. v. 29. Januar 1854. Art. 1 u. 2 hiernach.
[3]) Das. Art. 4.
[4]) Vgl. zu Art. 3 die Art. 1, 2 u. 4 der V. v. 29. Januar 1854, die so lauten:

Art. 1. Wenn ein Cessionsakt sich auf mehrere Forderungsposten erstreckt, so sind die proportionellen Gebühren des Notärs (Art. 3 des Tax-Regulatives) nicht nach den einzelnen cedirten Forderungsposten, sondern nach dem Gesammtbetrage der in demselben Akte cedirten Forderungen zu berechnen.

Art. 2. Wenn in einer Urkunde außer einem Verkaufs-, Versteigerungs- oder Verpachtungsgeschäfte zugleich eine Cession oder Delegation in der Weise mitverbrieft wird, daß der Veräußerer oder der Verpächter den Preis oder den Erlös an einen anwesenden und acceptirenden Dritten überträgt, so kann der Notär die proportionelle Gebühr von jedem dieser Verträge besonders beziehen.

Geschieht indessen ein solcher Forderungsübertrag an den Gläubiger des Verkäufers, Versteigerers oder Verpächters zum Behufe der Tilgung einer schon bestehen-

III. Classe.

Art. 4.[4]) Die Hälfte der in der voranstehenden ersten Classe aufgestellten verhältnißmäßigen Gebühr steht zu:

für Lieferungs-Contrakte;

für Pacht über Weidgang und Fütterung von Vieh, von der Summe des ersten Bestandjahrs;

für Pacht über eisern Vieh nach dem Werth des Viehes;

für isolirte Schenkungen unter Lebenden von Mobiliar-Vermögen in direkter Linie.

2. Abtheilung. Gebühren, welche nach Berechnung der auf das Geschäft verwendeten Zeit oder nach Vacationen von Stunde zu Stunde bezogen werden.[5])

Art. 5. Allein im Verhältniß der aufgewandten Zeit, und zwar mit 2 Mark [5a]) für die Stunde, werden bezahlt:

Inventarien, Rechnungen, Liquidationen, Abtheilungen ohne Uebergaben, und Repräsentation Abwesender in solchen Geschäften;

Mobiliarversteigerungen, Versteigerungen auf die Blum;

Compulsorialien auf der Schreibstube des Notärs oder vor dem Richter;

Respektsakten für den erforderlichen Consenz zur Heirath;

Protokolle, Referate und Verhandlungen vor dem Richter in freiwilligen Ehescheidungs- und Abtheilungs-Sachen und Hinterlegung der Protokolle auf der Gerichtskanzlei;

Urkunden über Hinterlegung und Rückgabe von hinterlegten Gegenständen;

[Societäts-Contrakte;] [5b])

Vermögens-Abtretungen an Gläubiger, Accorde;

Stundungs-Vertrag zwischen dem Schuldner und seinen Gläubigern;

---

den Forderung in der Form einer Anweisung und ohne Novation, so begründet dieses Geschäft keinen besonderen Gebührenansatz, es sei denn, daß der Kauf-, Pacht- oder Versteigerungserlös mehr als das Guthaben des Gläubigers beträgt, und dieser Mehrbetrag ihm ganz oder zum Theile mitcedirt wird, in welchem Falle — jedoch nur von dem cedirten Ueberschusse — die besondere Gebühr berechnet werden darf.

Wird bei einem Verkaufe oder einer Versteigerung auf Eigenthum oder Zeitbestand zur Erhebung der Preise lediglich ein Geldeinnehmer aufgestellt, so können hierfür weder proportionelle noch fixe Gebühren angesprochen werden.

Art. 4. Wenn ein Kind von beiden Eltern und ohne daß die Gegenstände der Schenkung bezüglich ihres Ursprunges näher bezeichnet sind, beschenkt wird, so ist die proportionelle Gebühr des Notärs von der die geschenkten Gegenstände repräsentirenden ungetheilten Gesammtsumme nach Maßgabe der Art. 3, 4 und 18 des Tax-Regulatives zu berechnen. — Art. 3, 5 u. 6 s. S. 215.

5) Vgl. V. v. 12./12. 75 und Anm. 5a und 5b.

5a) Gemäß V. v. 12./12. 75 § 2; siehe oben.

Ausbietungen zu Versteigerungen, welche nicht realisirt oder nicht ratihabirt werden.

Art. 6. Auch steht es dem Notär frei, sich für den Verkauf und die Schenkungen von Mobilien, statt der proportionellen, die Vacationsgebühren anzurechnen.

Dasselbe gilt auch für Erb- und Temporal-Bestand.

Art. 7. Für einen Societätscontrakt dürfen 6 bis 80 **Mark**[5b]) bezogen werden.

3. Abtheilung. Fixe Gebühren, welche ohne Rücksicht auf Summen noch Zeit bezogen werden.

I. Classe.

Art. 8. Mit 5,40 **Mark**[6]) werden bezahlt:

Eheberedungs-Rückscheine, Eröffnungsakte eines Testamentes;

Anerkennung eines natürlichen Kindes.

II. Classe.

Art. 9. Mit 3,60 **Mark**[6]) werden bezahlt:

Zurücknahme eines hinterlegten Testamentes, Widerruf eines Testamentes, Resolution eines Contrakts;

Präsentations- oder Protest-Urkunde eines Wechsels oder einer auf Ordre gestellten Anweisung.

III. Classe.

Art. 10.[7]) Mit **1 Mark 80 Pfennig**[8]) werden folgende Akten bezahlt, als:

[5b]) Abgeändert durch folgenden § 3 der V. v. 12./12. 75.

§ 3. An die Stelle der in den Artikeln 5 und 7 des Gebührenregulativs vom 9. April 1822 festgesetzten Gebühr für Societätscontrakte tritt je nach dem Umfange, der Schwierigkeit und Wichtigkeit des Geschäftes, und nach den Vermögensverhältnissen der Betheiligten eine Gebühr von 6 bis 80 Mark.

[6]) V. v. 12./12. 75 § 1. S. 213e.

[7]) Vgl. hierzu folgende Vorschrift der V. v. 10./1. 54.

Art. 7. Acceptationen von Cessionen von Seiten der cedirten Schuldner begründen, selbst wenn sie mit den Cessionen gleichzeitig in einer Urkunde verbrieft werden, die im Art. 10 des Taxregulatives vorgesehene fixe Gebühr. Es darf jedoch nach Art. 11 des Taxregulatives nur die einmalige fixe Gebühr von 1 Mark 80 Pfennige für alle in der Urkunde enthaltenen Acceptationen in Ansatz kommen.

Diese besondere fixe Gebühr fällt hinweg, wenn das betreffende Cessionsgeschäft in einem Versteigerungsakte mitverbrieft wird, und in den Versteigerungsbedingungen schon die Bestimmung enthalten ist, daß die Steigerer an den bezeichneten Cessionar zu bezahlen haben.

Zahlungsfrist, welche ein Gläubiger seinem Schuldner beraumt;
Bescheinigung oder Beglaubigung einer Unterschrift, Vollmacht, Autorisation, Declaration, Certificat, Attestat, Notorietätsbescheinigung, Einwilligung, Acceptation, Acquiescirung, Ratifikation, Renuntiation, Remission, Abstehung, Quittung, Compromiß und andere dergleichen einfache Akten.

Art. **11**. Mehrere solcher Bestimmungen zugleich sind nur als eine Urkunde zu betrachten.[9])

Art. **12**. Sind solche von detaillirter und bedeutender Conception, so werden sie mit 90 **Pfennig**[10]) weiter bezahlt.

Art. **13**. Erfordern sie einen besonderen vorgängigen Zeitaufwand, z. B. Untersuchung der Familienpapiere, so werden hiefür die Vacationen nach Anzahl der Stunden bezahlt.

4. Abtheilung. Gebühren für besonders tarifirte Geschäfte.

§ 1. Für Bürgschaft und Hypothekbestellung und Rückkauf.

Art. **14**. Wird zu einem Schuldbrief Hypothek bestellt, so wird auch die geringste Güterbeschreibung, sowie das erste Blatt verbrauchten Stempelpapiers von der Dimension zu 45 **Pfennig**[10]) mit 1,80 **Mark** bezahlt, und jedes folgende Blatt mit 60 **Pfennig**, ein Blatt jedoch nicht weniger als zu zehn Güterstücken berechnet.

Diese Gebühr darf aber nur bezogen werden, wenn die hypothecirte Schuld 180 **Mark** übersteigt. Für hypothecirte 180 **Mark** und darunter wird nicht mehr als die Gebühr der einfachen Schuldverschreibungen ohne Unterpfand bewilligt.

Art. **15**. Dieser nämlichen Gebühr von 1 **Mark** 80 **Pfennig**[10]) für das erste Blatt, und 60 **Pfennig** für jedes folgende Blatt, unterliegt der vorbedungene Rückkauf von liegendem Gut innerhalb der stipulirten Zeit.

Art. **16**. Bürgschaft, welche ursprünglich mit der Schuldverbriefung errichtet wird, eröffnet keine besondere Gebühr. Wird sie nachher ohne Güterverlegung bestellt, so hat der Notar dafür 2 **Mark** 70 **Pfennig**[10]) fix zu beziehen.

Wird ein Guts-Unterpfand damit verbunden, so wird dies im weitern, wie oben bestimmt, vergütet.

Art. **17**. An und für sich allein bestehende Cautionsleistung, zum

---

Werden mit einer Cession außer der Acceptation noch weitere Nebenbestimmungen von der im Art. 10 des Taxregulatives bezeichneten Art, z. B. Quittung, Verzichtleistung u. s. w. mitverbrieft, so findet für letztere nach Art. 11 des Taxregulatives ein besonderer Gebührenansatz nicht statt.

[8]) V. v. 12./12. 75 § 1.
[9]) Siehe obigen Art. 7 Abs. 3 in Anm. 7.
[10]) Gemäß §§ 1 u. 9 cit. der Verordn. v. 12./12. 75; oben S. 213.

Beispiel für eine Verwaltung, mit oder ohne Gutsverlegung, wird wie Schuldverschreibung mit oder ohne solche bezahlt, und ebenso eine Bürgschaft für eine Person, welche sich vor Gericht zu stellen hat.

Ist die Summe unbestimmt, so giebt ein solcher Akt die fixe Gebühr von 5 Mark 40 Pfennig[10]).

§ 2. Für Vermögensübergaben in direkter Linie.

Art. 18. Ist mit der Schenkung oder dem Anschlag von Liegenschaft und Fahrniß in direkter Linie eine Vermögensübergabe (par donation entre vifs) verbunden, so darf der Notär für das Geschäft und die Urkunde der Uebergabe die proportionelle Gebühr der dritten Classe in der ersten Abtheilung auf das ganze übergebene Vermögen, ohne Unterschied des beweglichen oder unbeweglichen, jedoch nach Abzug der Schulden, beziehen.[11])

Statt dieser proportionellen Gebühr steht es ihm auch frei, sich ausschließlich die Vacationsgebühr anzurechnen.[12])

§ 3. Für Transaktionen.

Art. 19. Wenn Transaktionen keine proportionellen Gebühren für Cession von Immobilien, Mobilien, für Schuldverschreibungen oder andere eröffnen, so werden sie nach Vacationsstunden bezahlt.

§ 4. Für Testamente.

Art. 20 Absatz 1 und 2: 4 bis 40 Mark.[12])

Art. 20 Absatz 3. Sollte sich ein Notär bei dieser in Abs. 1 und 2 vorgängigen Tarifirung der Testaments-Errichtung zu gering honorirt glauben für testamentarische Verfügungen von besonderer Wichtigkeit, Reichhaltigkeit oder wegen anderweitiger, besonders erheblicher Umstände, so bleibt ihm unbenommen, sich ein höheres als das tarifmäßige Honorar, nach Vorschrift des Art. 39 der gegenwärtigen Verordnung, reguliren zu lassen, und steht gegen die hierin erfolgende Ordonnanz des bezirksgerichtlichen Präsidenten jedem interessirten Theile der Oppositionsweg des Artikel 40 offen.

---

[11]) Siehe oben Art. 4 cit. der Verordn. v. 29. Januar 1854. S. 216 Anm.
[12]) Oben Abthlg. II.
[12]) Gemäß Verordn. v. 12./12. 75 § 4, der so lautet:

§ 4. An Stelle der in Art. 20 Abs. 1 und 2 des Gebühren-Regulativs vom 9. April 1822 für die Aufnahme von Testamenten festgesetzten Gebühren hat der Notar je nach den in dem vorhergehenden Paragraphen erwähnten Umständen eine Gebühr von 4 bis 40 Mark zu beziehen. Die nach den allgemeinen Bestimmungen der [§§ 6 und 7 der gegenwärtigen Verordnung] §§ 1 und 2 der Verordnung vom 21. Dezember 1877*) zu berechnende etwaige Reiseentschädigung erhöht sich zur Nachtzeit um die Hälfte.

---

*) Die §§ 6 u. 7 der gegenwärtigen Verordn. sind durch § 6 der Verordn. v. 21./12. 1877 außer Wirksamkeit gesetzt. Siehe S. 214, f.

§ 5. Für Ehecontrakte.

Art. 21. Gutsanschlag oder Schenkung unter Lebenden, oder auf den Todesfall in einem Ehecontrakte errichtet, folgen respektive denselben Regeln für die Gebühren, so daß der Ehecontrakt selbst entweder als Schenkungsakt unter Lebenden oder als ein Testament betrachtet wird.

Auf jeden Fall aber, der Ehecontrakt enthalte was er wolle, ist das Minimum unter Handelsleuten 5 Mark 40 Pfennig,[6]) unter anderen Personen 3 Mark 60 Pfennig[6]); das Maximum ist, wenn sich keine höheren proportionellen Gebühren ergeben, unter Handelsleuten 21 Mark 60 Pfennig[6]) und unter anderen Personen 10 Mark 80 Pfennig.[6])

Erfordert die inventarische Beschreibung des Beibringens mehr Zeit als diese maxima, nach Vacationen betrachtet, vergüten, so wird die weitere Zeit mit der Vacationsgebühr von 2 Mark[5a]) für die Stunde angerechnet.

§ 6. Art. 22. (Fällt aus.)

5. Abtheilung. Expeditions-, Verifications-, Aufsuchungs- und Besorgungs-Gebühren.

§ 1. Art. 23. Außer den vorgängigen, für die Urschriften angesetzten Gebühren, werden die Expeditionen oder Ausfertigungen, wenn solche von den Parteien begehrt werden, auf nachstehende Weise bezahlt:

für das erste Blatt, das auf jeder Seite wenigstens zwanzig Zeilen, jede zu fünfzehn Silben, enthalten muß, 90 Pfennig, für jedes folgende Blatt 45 Pfennig.[13])

Eine angefangene Seite wird für eine ganze oder für ein halbes Blatt bezahlt.[14])

§ 2. Artikel 24. Dieselben Gebühren von 90 Pfennig[13]) für das erste Blatt und von 45 Pfennig[13]) für jedes folgende hat der Notar zu beziehen für Verification präsentirter Schriften.

§ 3. Artikel 25. Für die Aufsuchung einer Urkunde hat der Notar von dem ersten angegebenen Jahrgang 40 Pfennig[13]) und von jedem folgen-

---

[13]) V. v. 12./12. 75 § 9.

[14]) Vgl. hierzu die Verordnung vom 13. Mai 1880. § 1. Für die Beurkundung der in Art. 219, Abs. 1 des Gesetzes vom 23. Februar 1879 zur Ausführung der Reichscivilprozeßordnung und Konkursordnung bezeichneten Verträge beziehen die Notare der Pfalz die in den bestehenden Gebührenordnungen festgesetzten Gebühren mit der Maßgabe:

1) daß die in Art. 23 des Gebührenregulativs für die Notare der Pfalz vom 9. April 1822 festgesetzten Gebühren für die erste vollstreckbare Ausfertigung oder für die erste einfache Ausfertigung nicht erhoben werden, wenn der Werth des Vertragsgegenstandes 400 M. oder darunter beträgt;

2) daß die geringste dem Notar zustehende Gebühr (Art. 35 Abs. 1 des Gebührenregulativs vom 9. April 1822) eine Mark beträgt.

Auf Versteigerung von Liegenschaften finden die Bestimmungen unter Ziffer 1 und 2 keine Anwendung.

den 20 Pfennig[13]) zu beziehen. Für die Aufsuchung eines in dem nämlichen Jahr errichteten Aktes wird nichts gebilligt.[15])

§ 4. Artikel 26. (Derselbe ist aufgehoben durch Verorordnung vom 21. Dezember 1877 § 6, s. S. 214, f. und ersetzt durch deren § 5, der so lautet:)

Für die Führung der beiden Repertorien, sowie des Generalregisters und die Besorgung der Registrirung darf der am Sitze des Rentamtes wohnende Notar fünfzig Pfennige und der ausserhalb dieses Sitzes wohnende Notär siebenzig Pfennige erheben.

§ 5. Artikel 27. Für die Besorgung der nach [Artikel 67 und 68 des Handelsgesetzbuches] den Notarien obliegenden Publicationen der Eheberedungen unter Handelsleuten werden, unabhängig von den Auszugsgebühren jedem Notare 1 Mark 80 Pfennig, einem außerhalb wohnenden überdies die besonderen Auslagen vergütet.[16])

§ 6. Artikel 28. Für die Besorgung eines Hypothekenauszuges werden dem Notär 40 Pfennig und für die einer Legalisation 20 Pfennig gebilligt.

6. Abtheilung. Reise-Entschädigung.

Art. 29 ist ersetzt durch die §§ 1—4 der Verordnung vom 21. Dezember 1877 (siehe oben S. 214, f.), die so lauten:

§ 1. Dem Notare ist im Falle der Berufung an einen Ort ausserhalb seines Wohnsitzes für Reise- und Zehrungskosten auf jedes volle Kilometer Entfernung des Zieles der Reise von dem Wohnsitze der Betrag von einer Mark zu vergüten. Für eine Entfernung von mehr als zwanzig Kilometer wird dem Notare innerhalb des Bezirksamtssprengels seines Wohnsitzes nichts ersetzt.

§ 2. Der Notar, welcher an einen Ort, ausserhalb des Bezirksamtssprengels gerufen wird, hat für jedes volle Kilometer Entfernung des Zieles der Reise von seinem Wohnsitze eine Mark zu beziehen.

§ 3. Ueberdies hat der Notar, wenn er an einen mindestens vier Kilometer von seinem Wohnsitze entfernten Ort gerufen wird und wenn er auf der betreffenden Reise nur solche Rechtsgeschäfte vornimmt, welche eine ständige oder eine nach der auf das Geschäft verwendeten Zeit zu berechnende Gebühr eröffnen, Anspruch auf ein Taggeld, welches für den ganzen Tag acht Mark und für den halben Tag vier Mark beträgt.

Das halbe Taggeld ist dann in Ansatz zu bringen, wenn der Notär entweder erst nach der Mittagszeit seinen Wohnsitz verlassen hat, oder bis zur Mittagszeit wieder nach Hause zurückgekehrt ist.

---

[15]) Die durch den Artikel 25 des Taxregulatives den Notarien bewilligte Aufsuchungsgebühr, kann nicht erhoben werden, wenn die Aufsuchung zum Zwecke der Ertheilung einer Expedition oder Abschrift der Urkunde oder eines Auszuges aus derselben geschehen ist. (Art. 9 der Verordnung vom 29. Januar 1854.)

[16]) An Stelle der durch Art. 235 Nr. 8 aufgehobenen Art. 67, 68 des C. de comm. sind Art. 212 ff. des A.G. z. C.P.O. getreten (oben S. 179), welche die Geltung des ganzen Satzes in Frage stellen.

§ 4. **Das Taggeld und die Vergütung für Reise- und Zehrungskosten dürfen jedoch, wenn das Geschäft innerhalb des Bezirksamtssprengels vorgenommen wird, keinesfalls den Gesammtbetrag von zwanzig Mark übersteigen.**

Außerdem gehört hierher § 5 der Verordnung vom 12. Dezember 1875.

§ 5. **Wird ein Geschäft, welches nicht schon vermöge seiner Natur auswärts vorgenommen werden muss (wie die Aufnahme eines Inventars, eines Wechselprotestes oder dergl.) von dem Notar auf Veranlassung des Betheiligten ausserhalb des Geschäftslocales vorgenommen, so hat der Notar, insofern nicht gemäss der Paragraphen** [6 u. 7 der gegenwärtigen Verordnung] [17]) **Reisegebühren in Ansatz gebracht werden können, Anspruch auf eine Entfernungsgebühr im Betrage von 2 Mark. Diese Gebühr erhebt sich zur Nachtzeit auf vier Mark.**

Art. **30**. Mittelst dieser Reiseentschädigung aber dürfen die Notarien keine Vacationsgebühren auf die Reisestunden anrechnen.

Art. **31**. Wenn dagegen der Notär sich an Ort und Stelle mit den Parteien beschäftiget, ohne daß es zur Errichtung einer Urkunde käme, so wird ihm diese Beschäftigungszeit nach Vacationen bezahlt. Auf jeden Fall hat er 5 Mark 40 Pfennig [6]) als Minimum zu beziehen.

Art. **32**. Errichtet der Notär auf einer Reise Urkunden unter mehreren Parteien, so hat er die Reise=Entschädigung unter alle [18]) verhältnißmäßig zu vertheilen.

Art. **33**. Für seine Beköstigung an Ort und Stelle kommt dem Notär keine besondere Entschädigung zu.

7. Abtheilung. Allgemeine Verfügungen.

Art. **34**. Im Zweifel der Tarifirung eines in der gegenwärtigen Classification nicht namhaft gemachten Notariatsgeschäftes, sind die Gebühren desselben nach der zu dem Akt verwendeten Zeit zu berechnen.

Art. **35**. Für einen jeden Akt aber steht dem Notär **1 Mark** [19]) als Minimum zu.

Art. **36**. Protokolle über Versteigerungen von Liegenschaften eröffnen jedoch dieses Minimum nicht auf den Kopf eines jeden einzelnen Ansteigerers, sondern wenn der Totalbetrag der proportionellen Gebühr ge-

---

[17]) „§§ 1 u. 2 der V. v. 21./12. 1877" muß es nach Aufhebung obiger §§ 6 u. 7 durch § 6 jener Verordn. (s. S. 214, f.) heißen.

[18]) Erfolgte die Reise auf Verlangen, ohne daß das Geschäft vermöge seiner Natur sie erforderte (vgl. § 5 der V. v. 12./12. 75), so greift die V. v. 11. Juli 1823 III. (Bolza Bd. II. 177) Platz, welche so lautet:

„Errichtet der Notär auf einer Reise Urkunden unter mehreren Parteien, so hat er die Reise=Entschädigung unter Alle, welche die Reise verlangt haben, verhältnißmäßig zu vertheilen."

[19]) Gemäß V. v. 13. Mai 1880 § 1 Ziff. 2 s. o. bei Art. 23. Auf die Versteigerung von Liegenschaften findet dies keine Anwendung.

ringer ist, als die Vacationsgebühr für die auf die Versteigerung verwendete Zeit, so darf der Notar diese Vacationsgebühr als Minimum für die Versteigerung erheben.

Art. **37**. Urkunden, welche bei einem Notär hinterlegt und dadurch executorisch werden, eröffnen dieselben Gebühren, wie wenn die Urkunde selbst vor dem Notär wäre errichtet worden.

Art. **38**. Die Notarien sind verbunden, nicht nur die zu den Akten oder zu dem Geschäfte verwendete Zeit bei der Taxe nach Vacationen in der Urkunde anzugeben, sondern auch alle übrigen Gebühren und Auslagen, bei einer Ordnungsstrafe von 3,60 bis 9 Mark,[20]) unter jedem Protokolle und unter jeder Ausfertigung zu verzeichnen, und dieses Verzeichniß von den Parteien unterzeichnen zu lassen.[21])

Art. **39**. Beschwerden der Parteien, daß der Notär das Geschäft zu sehr in Zeitlänge gezogen habe, sowie überhaupt die Regulirung der Parteien und des Notärs nach Inhalt der gegenwärtigen Taxordnung, werden durch den Präsidenten des Gerichts desjenigen Bezirkes,[22]) in welchem der Notär seinen Wohnsitz hat, nach Anhörung der Parteien und der Notarien und auf Gutachten der Notariatsdisciplinarkammer[23]) kostenfrei erledigt.

Art. **40**. Die Ordonnanz des Präsidenten ist für Auslagen, Registrir-, Stempel- und Notariatsgebühren executorisch. Doch steht den Parteien der Weg zur [Opposition] Beschwerde offen, welche, wie jede andere summarische Sache, auf Anhörung der königlichen Staatsanwaltschaft verhandelt wird.

Art. **41** (fällt weg).

Art. **42**. Für die Gebühren des Notärs bleibt das Urtheil des Bezirksgerichts, in erster und letzter Instanz, nach der bestehenden allgemeinen Regel der Competenz.

---

[20]) Siehe oben Anm. 27 zum Ventôse-Gesetz.

[21]) Diese Vorschrift ist wiederholt und ausgedehnt durch die Kgl. V. v. 11. Juli 1823 unter IV. (Bolza II. S. 178), die so lautet:

„Die Notarien sind verbunden, nicht nur die zu den Akten verwendete Zeit bei der Taxe nach Vacationen in der Urkunde anzugeben und solche von den Parteien selbst unterzeichnen zu lassen, sondern auch alle übrigen Gebühren und Auslagen, bei einer Ordnungsstrafe von 3,60 bis 9 Mark. längstens in drei Wochen, vom Tage der durch das Rentamt erfolgten Registrirung, unter jeder Urkunde und unter jeder Ausfertigung zu verzeichnen."

Sie ist dann verallgemeinert durch den gemäß Art. 278 des Geb.Ges. v. 18. Aug. 1879 für die Pfalz eingeführten Art. 108 der rechtsrh. Not.O., oben S. 104. Siehe den Anhang hiernach.

[22]) Durch die vorgesetzte Disziplinarbehörde (Landgericht) ist eine etwaige Rückerstattung des zu viel Erhobenen zu verfügen: Art. 109 der rechtsrh. Not.O. in der Fassung des Art. 119 des A.G. z. Str.P.O. eingeführt durch Art. 121 ders. s. o. S. 105 Anm. 14.

[23]) S. o. Nivôse-Ges. Art. 2.

Anhang.

a) Gesetz über das Gebührenwesen. Vom 18. August 1879.

In der auf Grund des Art. XXV. des Ges. v. 22. Dez. 1889, Abänderung einiger Bestimmungen des Gesetzes über das Gebührenwesen betr., erhaltenen amtlichen Fassung v. 21. Januar 1890. (Ges. u. V.Bl. 1890 Nr. 2 S. 9 ff.)

I. Abtheilung. Einleitende Bestimmungen.

Art. 1. Die in gegenwärtigem Gesetze bestimmten Gebühren treten an die Stelle der bisherigen Taxen, Einregistrirungs- und Stempelgebühren. Dieselben sind öffentliche Abgaben und fließen, soweit nicht gesetzlich etwas Anderes bestimmt ist, in die Staatskasse.

Art. 2. Der Mindestbetrag einer Gebühr ist 20 Pfennig, vorbehaltlich der Bestimmung in Art. 238 Abs. 4.

Pfennigbeträge, welche ohne Bruch nicht durch zehn theilbar sind, werden auf den nächst höheren durch zehn theilbaren Betrag abgerundet.

Art. 3. Gebühren werden nicht erhoben:

1) für Amtshandlungen, welche unabhängig von dem Verschulden einer Partei im öffentlichen Interesse von Amtswegen gepflogen werden;
2) wenn die Gebühr aus der Reichs- oder Staats-Kasse bezahlt werden müßte; Gleiches gilt von der Civilliste des Königs.
3) wenn die Tax- und Stempel- oder Gebührenfreiheit durch Gesetze, Verordnungen oder Staatsverträge ausgesprochen ist;[1])
4) in Gegenständen der Dienstaufsicht und Disciplin;
5) In dem Verfahren wegen Verhängung von Ordnungs- und Ungehorsamsstrafen im Sinne des Art. 3 Ziff. 1 des Gesetzes zur Ausführung der Reichs-Strafprozeßordnung. In der Beschwerdeinstanz findet diese Bestimmung keine Anwendung.

Art. 4. Personen, deren Zahlungsunfähigkeit notorisch oder durch obrigkeitliche Zeugnisse bescheinigt ist, haben auch in Gegenständen der nichtstreitigen Rechtspflege, der Verwaltung und der Verwaltungsrechtspflege auf einstweilige Befreiung von den Gebühren Anspruch.

Art. 5. Die Gebühren, welche von den Betheiligten außer den für die Staatskasse zu verrechnenden Gebühren wegen der Bemühung einzelner Personen bei der Erledigung der Geschäfte zu entrichten sind, insbesondere Vorlade- und Zustellgebühren, Gebühren der Zeugen und Sachverständigen, Tagegelder und Reisekosten der Kom-

[1]) Vgl. Art. 151 und 194.

missäre, Gebühren der Pfarrer, Amtsärzte, Konsuln, Rechtsanwälte, Notare,[2]) Hypothekenbewahrer und Gerichtsschreiber, Gebühren der Gerichtsvollzieher und sonstiger Vollstreckungsorgane werden, soweit dieselben nicht bereits reichsgesetzlich geregelt sind, durch Königliche Verordnung bestimmt.

Art. **6**. Die in gegenwärtigem Gesetze nach Wochen oder Monaten bestimmten Fristen endigen mit Ablauf desjenigen Tages der letzten Woche oder des letzten Monats, welcher durch seine Benennung oder Zahl dem Tage entspricht, an welchem die Frist begonnen hat; fehlt dieser Tag in dem letzten Monate, so endigt die Frist mit Ablauf des letzten Tages dieses Monats.

Fällt das Ende einer Frist auf einen Sonntag oder gebotenen Feiertag, so endigt die Frist mit Ablauf des nächstfolgenden Werktages.

II. Abtheilung. **Bürgerliche Rechtsstreitigkeiten.** Art. 7—33.

III. Abtheilung. **Strafsachen.** Art. 34—46. (47.)

IV. Abtheilung. **Nichtstreitige Rechtspflege.**

I. Abschnitt. **Verhandlungen der Gerichte.**

I. Titel. **Allgemeine Bestimmungen.**

Art. **47**. (48.) Die Vorschriften des Reichs-Gerichtskostengesetzes §§ 4, 6, 9, 10, 11 Abs. 2, §§ 12 bis 14, 16, 17, 38 Ziff. 2, §§ 45 bis 47, 79, 80, 80a, 81, 84, 85 Abs. 5, §§ 86 bis 93, 94 Ziff. 2 und 3, §§ 97, 98 Abs. 4 finden auch in den gerichtlichen Geschäften der nichtstreitigen Rechtspflege mit folgenden weiteren Bestimmungen entsprechende Anwendung.

Art. **48**. (49.) Das Verfahren bei Beschwerden gegen die Entscheidung über die Festsetzung des Werthes oder über Erinnerungen gegen den Ansatz von Gebühren oder Auslagen bemißt sich nach den Vorschriften der Art. 56 bis 67 des Gesetzes zur Ausführung der Reichs-Civilprozeßordnung und Konkursordnung.

Hat der Zahlungspflichtige Beschwerde oder weitere Beschwerde erhoben, so ist vor der Entscheidung die Regierungsfinanzkammer unter Mittheilung der Beschwerde und deren Beilagen mit ihrer Aeußerung zu hören.

Die Beschwerdeschriften des Aerars bedürfen der Unterzeichnung durch einen Anwalt nicht.

Art. **49**. (50.) Die Aenderung einer Werthsfestsetzung von Amtswegen (Reichsgerichtskostengesetz § 16) kann auch nach Beendigung des Verfahrens erfolgen.

Art. **50**. (51.) Für die gerichtliche Beurkundung eines Vertrages, Schuldbekenntnisses oder Vergleiches kommen drei Zehntheile der Sätze des § 8 des Reichs-Gerichtskostengesetzes zur Erhebung; soferne sich für eine Notariatsurkunde gleichen Inhalts eine höhere Gebühr berechnen würde, kommt diese letztere Gebühr zur Erhebung.

Art. **51**. (52.) Für gerichtliche Zeugnisse (Atteste, Bescheinigungen), für Beglaubigungen von Privatabschriften oder der Unterschriften in öffentlichen oder Privaturkunden (Legalisationen), sowie für einfache Ausfertigungen, beglaubigte Abschriften oder Auszüge, welche nicht von Amtswegen zu ertheilen sind, kommen in allen Fällen besondere Gebühren zur Erhebung.

Die Gebühr beträgt bei den Land- und Amtsgerichten, vorbehaltlich der Bestimmung in Art. 92:

1) 2 Mark für gerichtliche Zeugnisse,
2) 1 Mark für die übrigen in Abs. 1 bezeichneten Amtshandlungen.

Diese Gebührensätze erhöhen sich bei den Oberlandesgerichten um die Hälfte, bei dem obersten Landesgerichte auf den doppelten Betrag.

Für die von Amtswegen zu ertheilenden einfachen Ausfertigungen und beglaubigten Abschriften oder Auszüge werden nur Schreibgebühren erhoben.

---

[2]) S. o. S. 148 ff., 213 ff.

Art. 52. (53.) Ist eine Entscheidung oder sonstige Amtshandlung, für welche eine Gebühr nicht zu erheben wäre, nach freier richterlicher Ueberzeugung muthwillig veranlaßt worden, so hat das Gericht von Amtswegen die besondere Erhebung von drei Zehntheilen der Gebühr des § 8 des Reichs-Gerichtskostengesetzes zu beschließen.

Gegen den Beschluß findet Beschwerde nach Maßgabe des Art. 48 des gegenwärtigen Gesetzes statt.

Das Rechtsmittel der weiteren Beschwerde ist unzulässig.

Die Gebühr kann sofort nach dem Beschlusse von der in diesem bezeichneten Partei ohne Anrechnung eines derselben etwa obliegenden Vorschusses eingehoben werden.

Art. 53. (54.) In dem Verfahren auf weitere Beschwerde erhöht sich die in § 45 des Reichs-Gerichtskostengesetzes bestimmte Gebühr um die Hälfte.

Art. 54. (55.) Die Auslagen der Gerichte werden bei der Entstehung fällig.

Art. 55. (55a.) Die Gebühren, welche für die von den fürstlich von Thurn- und Taxis'schen Gerichten ausgehenden Akte zu entrichten sind, fließen mit einem Viertheile in die Staatskasse, mit drei Viertheilen in die Kasse der fürstlich von Thurn- und Taxis'schen Verwaltung.

II. Titel. **Besondere Bestimmungen.**

A. Bestimmungen für das ganze Königreich.

1) Handelssachen.

Art. 56. Für die Eintragungen in das Handelsregister,[3]) einschließlich der dieselben begleitenden gerichtlichen Handlungen, werden, soweit nicht reichsgesetzlich ein Anderes bestimmt ist, folgende Gebühren erhoben:

1) bei Eintragungen in Betreff eines Einzelkaufmanns:
   a) 5 Mark für die erste Eintragung der Firma,
   b) 2 Mark für jede spätere auf die Rechtsverhältnisse der Firma bezügliche Eintragung oder Löschung;
2) bei Eintragungen in Betreff der offenen Handelsgesellschaften und der Kommanditgesellschaften:
   a) 10 Mark für die erste Eintragung der Firma,
   b) 5 Mark für jede spätere auf die Rechtsverhältnisse der Firma bezügliche Eintragung oder Löschung;
3) bei Eintragungen in Betreff der Kommanditgesellschaften auf Aktien und der **Aktiengesellschaften:**
   a) 30 Mark für die erste Eintragung der Firma,
   b) 20 Mark für die spätere Eintragung einer Aenderung in dem Gesellschaftsvertrage,
   c) 10 Mark für jede sonstige auf die Rechtsverhältnisse der Firma bezügliche Eintragung oder Löschung.

Art. 57. Muß eine Eintragung sowohl in das Handelsregister der Hauptniederlassung als auch in das Handelsregister einer Zweigniederlassung geschehen, so ist für die Eintragung in ein jedes Register der vorgeschriebene Gebührensatz besonders zu erheben.

Art. 58. Wenn auf Grund einer und derselben Anmeldung nach den Vorschriften des Handelsgesetzbuches mehrere Eintragungen, welche auf dieselbe Firma oder dieselbe Prokura oder dieselbe Gesellschaft sich beziehen, in das Handelsregister desselben Gerichtes erfolgen, so kommt nur Eine Gebühr und bei Verschiedenheit der Sätze der höchste Betrag zur Erhebung.

Findet jedoch neben der Löschung des Gesammteintrages über eine Firma eine neue Eintragung derselben Firma in einer anderen Hauptabtheilung des nämlichen Handelsregisters oder in dem Handelsregister eines anderen Landgerichtsbezirkes statt,

---

[3]) Bd. I. S. 71 ff.

so sind sowohl für die Löschung, als auch für die neue Eintragung die in Art. 56 bestimmten Gebühren je besonders zu erheben.

Art. **59**. Werden von den zur Begründung einer Anmeldung vorgelegten Urkunden wegen Zurückforderung derselben beglaubigte Abschriften zurückbehalten, so kommen hiefür lediglich die gesetzlichen Schreibgebühren zur Erhebung.

Art. **60**. Für die Zurückweisung einer unvollständigen, unzulässigen oder unbegründeten Anmeldung ist die Hälfte der Gebühr zu erheben, welche für die Eintragung in Ansatz zu bringen wäre.

Wird eine Anmeldung zurückgenommen, bevor ein gebührenpflichtiger Akt stattgefunden hat, so kommen zwei Zehntheile jener Gebühr zur Erhebung.

Art. **61**. Für die Verwerfung des Einspruches gegen die in Art. 10, 11, 28 des Gesetzes vom 10. November 1861, die Einführung des allgemeinen deutschen Handelsgesetzbuches betreffend, erwähnten Verfügungen[4]) kommen 5 Mark und, wenn eine Beweisaufnahme stattgefunden hat, 10 Mark zur Erhebung.

Wird der Einspruch vor der Entscheidung über denselben zurückgenommen, so werden nur zwei Zehntheile obiger Gebühren erhoben.

Art. **62**. Für die Erledigung der in dem Handelsgesetzbuche und in den Einführungsgesetzen zu demselben den Gerichten zugewiesenen, von den Reichs-Prozeßordnungen nicht betroffenen Angelegenheiten, welche eine Entscheidung des Gerichts erfordern,[5]) mit Ausnahme der in den vorstehenden Artikeln erwähnten, wird eine Gebühr von zwei Zehntheilen, in den Fällen der Art. 133, 134, 160, 162, 172, 253, 254 des Handelsgesetzbuches eine solche von fünf Zehntheilen der Sätze des § 8 des Reichs-Gerichtskostengesetzes erhoben.

Erfolgt in den Fällen der Art. 348, 365, 407 des Handelsgesetzbuches[6]) die Erstattung des Gutachtens Sachverständiger, so werden weitere fünf Zehntheile der Sätze des § 8 des Reichs-Gerichtskostengesetzes erhoben. Diese Gebühr wird im Falle der Entstehung eines Rechtsstreites auf die Beweisgebühr angerechnet.

Für die auf Grund des Reichsgesetzes vom 1. Mai 1889, betreffend die Erwerbs- und Wirthschaftsgenossenschaften, zu erlassenden gerichtlichen Entscheidungen[7]) kommen, soweit dieselben nicht nach dem Reichsgesetze gebührenfrei sind, zwei Zehntheile der Sätze des § 8 des Reichs-Gerichtskostengesetzes zur Erhebung.

Art. **63**. Von Gesellschaftsverträgen (Statuten), welche die Gründung von Aktiengesellschaften oder von Kommanditgesellschaften auf Aktien zum Gegenstand haben, sowie von Verträgen oder Beschlüssen, welche die Erhöhung des Grund- oder Aktienkapitals solcher Gesellschaften betreffen,[8]) werden, soferne sie nicht von einem bayerischen Notar beurkundet sind, bei ihrer Eintragung in das Handelsregister des Gerichtes, in dessen Bezirk die Gesellschaft ihren Sitz hat, neben der Gebühr des Art. 56 Ziff. 3 die in Art. 118 des gegenwärtigen Gesetzes bestimmten Gebühren besonders erhoben.

Gleiches gilt in dem Falle, wenn eine außerhalb Bayerns gegründete Aktiengesellschaft oder Kommanditgesellschaft auf Aktien ihren Sitz nach Bayern verlegt oder daselbst eine Zweigniederlassung errichtet, bei welcher der Hauptgeschäftsbetrieb stattfindet.

Bei Eintragung einer Kommanditgesellschaft in das Handelsregister ist neben der Gebühr des Art. 56 Ziff. 2 eine Gebühr zu 3 vom Tausend aus dem Gesammtbetrage der Vermögenseinlagen der Kommanditisten zu entrichten, falls von diesen Vermögenseinlagen nicht schon bei einer notariellen Beurkundung die verhältnißmäßige Gebühr erhoben wurde.

Art. **64**. Für die Gestattung der Einsicht in das Handelsregister und in die

---

[4]) S. Bd. I. S. 81 unter 4. Es handelt sich um die Ordnungsstraf-Verfügungen wegen unterlassener Anmeldung oder Zeichnung bezw. wegen unbefugter Führung einer Firma.

[5]) S. Bd. I. S. 131 ff.

[6]) Das. S. 147.

[7]) Das. S. 148 Nr. 10.

[8]) Bd. I. S. 119 ff.

eingereichten Zeichnungen der Firmen oder Unterschriften werden Gebühren nicht erhoben.

2) Familienfideikommisse.[9])

Art. 65. Für die Entscheidung, einschließlich des vorangegangenen Verfahrens, über Anträge auf gerichtliche Bestätigung eines Fideikommisses oder auf Genehmigung der Auflösung eines solchen werden fünf Zehntheile der Sätze des § 8 des Reichs-Gerichtskostengesetzes erhoben.

Art. 66. Die Bestimmung des Art. 65 findet auch in dem Falle Anwendung, wenn das Verfahren die Einverleibung von Vermögen in ein bereits bestehendes Fideikommiß auf Grund einer die Mehrung desselben bezielenden neuen Disposition zum Gegenstand hat.

Art. 67. In den Fällen der Art. 65, 66 kommt außer den dort bestimmten Sätzen, soferne die Errichtung oder Vermehrung des Fideikommisses gerichtlich bestätigt wird, noch eine besondere Gebühr zu 2 vom Hundert des gestifteten Vermögens ohne Abzug etwaiger Schulden zur Erhebung.

Ist die Bestätigung eines Fideikommisses nur bedingt erfolgt (§§ 10, 28, 29 der VII. Beilage zur Verfassungsurkunde), so wird die obige Gebühr erst nach Erfüllung der Bedingung aus dem in diesem Zeitpunkte vorhandenen Vermögen berechnet und erhoben.

Insoweit jedoch Fideikommisse aus Bestandtheilen bisheriger adeliger Familiengüter mit gebundener Erbfolge (Lehen, Majorate, Stammgüter und dergl.) errichtet werden, kommt die in Abs. 1 bestimmte Gebühr nicht zur Erhebung.

Art. 68. Für jede sonstige Entscheidung, welche eine Genehmigung oder Bestätigung enthält oder überhaupt eine vorgängige Prüfung seitens des Fideikommißgerichtes erfordert, einschließlich des vorangegangenen Verfahrens, werden drei Zehntheile der Sätze des § 8 des Reichs-Gerichtskostengesetzes bis zum Meistbetrage von 50 Mark erhoben.

Die Einschreibungen in die Fideikommißmatrikel erfolgen gebührenfrei.

Art. 69. Wenn das zu einem Fideikommisse bestimmte Vermögen gemäß § 10 Abs. 2 der VII. Beilage zur Verfassungsurkunde unter gerichtlicher Aufsicht verwaltet werden muß, so kommen hiefür bei dem zuständigen Gerichte die in Art. 75, 76 bestimmten Gebühren zur Erhebung. Hinsichtlich der Fälligkeit der Gebühren findet die Bestimmung in Art. 77 Abs. 2 entsprechende Anwendung.

3) Sonstige Gegenstände der nichtstreitigen Rechtspflege.

Art. 70. Die Gebühr für die Feststellung des Datums einer Privaturkunde,[10]) einschließlich der über die Vorlage auszustellenden Bescheinigung, beträgt 2 Mark.

Art. 71. Für die Entscheidung über die gemäß Art. 17 Abs. 3 des Gesetzes zur Ausführung der Reichs-Civilprozeßordnung und Konkursordnung gestellten Anträge auf Erlassung von Ersuchschreiben oder auf Bewilligung der öffentlichen Zustellung beträgt die Gebühr 2 Mark.

Art. 72. In dem Verfahren gegen die Vorstände oder Bevollmächtigten von Vereinen wegen Befolgung der in Art. 34 des Gesetzes vom 29. April 1869, die privatrechtliche Stellung von Vereinen betreffend, erwähnten gesetzlichen Vorschriften finden die Bestimmungen in Art. 61 des gegenwärtigen Gesetzes entsprechende Anwendung.

Art. 73. In den Fällen der §§ 112, 113 der Reichs-Konkursordnung[11]) werden für die Vornahme von Siegelungen und Entsiegelungen sowie für die Vornahme der Verrichtungen einer Urkundsperson durch den Gerichtsschreiber Gebühren nicht erhoben.

---

[9]) S. o. S. 11 unter III.
[10]) S. o. S. 186.
[11]) Bd. I. S. 69.

B. Bestimmungen für die Landestheile rechts des Rheins.

1) Vormundschaften und Pflegschaften.[12])

Art. 74. Bei den zur Wahrnehmung einzelner Geschäfte bestellten Vormundschaften (Spezialkuratelen) ist nach dem Werthe des Gegenstandes, insoferne derselbe über 1000 Mark beträgt, ein Zehntheil der Sätze des § 8 des Reichs-Gerichtskostengesetzes bis zum Meistbetrage von 20 Mark zu erheben.

Diese Gebühr kommt jedoch nur insoweit zum Ansatz, als nicht rücksichtlich der Person, in deren Interesse ein Spezialkurator bestellt wird, eine Vormundschaft oder Pflegschaft eingeleitet oder einzuleiten ist, auf welche die folgenden Bestimmungen Anwendung finden.

Art. 75. Bei anderen Vormundschaften sind von dem Gesammtwerthe des Vormundschaftsvermögens, insoferne derselbe über 1000 Mark beträgt, zwei Zehntheile der Sätze des § 8 des Reichs-Gerichtskostengesetzes zu erheben.

Für die Berechnung der Gebühr ist der Stand des reinen Vermögens bei Beendigung der Vormundschaft maßgebend.

Art. 76. Außerdem kommen für jedes Jahr von den Einkünften aus dem Vormundschaftsvermögen weitere zwei Zehntheile der Sätze des § 8 des Reichs-Gerichtskostengesetzes zur Erhebung.

Dabei werden statt besonderer Berechnung die jährlichen Einkünfte zu drei vom Hundert des Vormundschaftsvermögens unter Abzug der Schulden angenommen. Uebersteigen dieselben nicht den Betrag von 30 Mark, so bleibt die Gebühr außer Ansatz.

Art. 77. Die in Art. 74 Abs. 1 bestimmte Gebühr kann sofort nach Bestellung der Vormundschaft erhoben werden.

Die vom Gesammtwerthe des Vormundschaftsvermögens zu erhebenden Gebühren (Art. 75) werden bei Beendigung der Vormundschaft, die Gebühren des Art. 76 aber bei der Rechnungsstellung und, wenn Rechnungen nicht gestellt werden, am Schlusse der Vormundschaft fällig.

Art. 78. Insoweit bei minderjährigen Pflegebefohlenen die in Art. 76 bestimmten Gebühren nach dem Ermessen des Vormundschaftsgerichtes nicht aus den nach Bestreitung des Unterhaltes und der Erziehung etwa verbleibenden Rentenüberschüssen gedeckt werden können, bleiben dieselben bis zur Erreichung der Großjährigkeit oder früheren Beendigung der Vormundschaft gestundet.

Art. 79. Erstreckt sich eine Vormundschaft über mehrere Mündel, so sind die Gebühren nach Art. 74, 75, 76 für Jeden derselben besonders zu berechnen.

Art. 80. Für die gerichtliche Beurkundung von Erklärungen über die Anerkennung der Vaterschaft und die Alimentation des Mündels wird eine besondere Gebühr nicht erhoben.

Art. 81. Ebenso kommen für die von Amtswegen zu ertheilenden Ausfertigungen und Abschriften in Vormundschaftssachen Schreibgebühren nicht in Ansatz.

Art. 82. Die Bestimmungen über die Gebühren in Vormundschaftssachen finden auch auf alle übrigen Arten von Pflegschaften entsprechende Anwendung.

2) Verlassenschaften.[13])

Art. 83. Für die gerichtliche Auseinandersetzung einer Verlassenschaft werden sechs Zehntheile, im Falle der Betheiligung minderjähriger Erben drei Zehntheile der Sätze des § 8 des Reichs-Gerichtskostengesetzes erhoben.

Erstreckt sich die Thätigkeit des Gerichtes nicht auf die Auseinandersetzung der Verlassenschaft, so kommt für gerichtliche Handlungen, welche

1) die Ermittelung, Sicherstellung oder Verwaltung des Nachlasses,
2) die Ermittelung der Erben oder die Prüfung der Erblegitimation, die Annahme oder Ausschlagung der Erbschaft oder eines Vermächtnisses, sowie die Ausstellung eines Zeugnisses über den Erwerb der Erbschaft oder eines Vermächtnisses

oder mehrere dieser Angelegenheiten betreffen, ein Zehntheil der Sätze des § 8 des

---

[12]) S. oben S. 5 unter 2. — [13]) Oben S. 6 Nr. 3.

Reichs-Gerichtskostengesetzes bis zum Meistbetrage von 100 Mark zur Erhebung. Ist die Thätigkeit des Gerichtes eine besonders weitläufige oder schwierige, so kann die Gebühr von dem Gerichte nach freiem Ermessen bis auf den dreifachen Betrag erhöht werden.

Die Berechnung der Gebühren erfolgt aus dem Betrage der Aktivmasse ohne Abzug der Schulden.

Für die gerichtliche Beurkundung von Vereinbarungen unter den Betheiligten wird, soweit dieselben nicht über den Gegenstand der Verlassenschaftsbehandlung hinausgehen, eine besondere Gebühr nicht erhoben.

Art. 84. Testamente und sonstige letztwillige Verfügungen unterliegen bei ihrer Verkündung einer besonderen Gebühr von 1 vom Tausend der Aktivmasse, über welche in denselben verfügt ist. Bei Berechnung der Aktivmasse werden die Schulden in Abzug gebracht. Der Mindestbetrag der Gebühr ist 1 Mark.

Bei Testamenten und sonstigen letztwilligen Verfügungen, für welche bei ihrer Errichtung eine Gebühr von 10 Mark erhoben worden ist, kommt die Gebühr nach Abs. 1 nur insoweit zur Erhebung, als dieselbe den Betrag von 7 Mark übersteigt.

Art. 85. Ist mit einer Verlassenschaftsbehandlung zugleich eine Sequestration oder Administration des Nachlasses oder eines Theiles desselben unter Leitung und Kontrole des Gerichtes verbunden, so werden hiefür die in Art. 76 des gegenwärtigen Gesetzes bestimmten Gebühren besonders erhoben. Hinsichtlich der Fälligkeit derselben findet die Bestimmung in Art. 77 Abs. 2 entsprechende Anwendung.

Art. 86. Die anfallenden Gebühren und Auslagen sind aus der Rücklaßmasse zu erheben. Für die Berichtigung der Kosten haften Erben und Miterben bis auf die Höhe des aus der Erbschaft Empfangenen sammtverbindlich.

Art. 87. Die von Militärpersonen bei der Mobilmachung errichteten oder hinterlegten einseitigen oder wechselseitigen Testamente sind von der Gebühr des Art. 84 befreit.

3) Hypotheken- und Grundbuchwesen.[14])

Art. 88. Jede Einschreibung in das Hypothekenbuch, einschließlich der dieselbe begleitenden gerichtlichen Handlungen, unterliegt, soweit in den folgenden Artikeln nicht ein Anderes bestimmt ist, einer Gebühr, welche bei Werthsgegenständen bis zu 200 Mark einschließlich ein Zehntheil der Sätze des § 8 des Reichs-Gerichtskostengesetzes, bei Werthsgegenständen über 200 Mark 1 Mark beträgt.

Art. 89. (90.) Hypothekschätzungen unterliegen einer Gebühr zu 1 Mark.

Art. 90. (91.) Hat die nämliche Einschreibung gleichzeitig auf verschiedenen Folien eines und desselben Besitzers zu erfolgen, so wird die Gebühr nur einmal erhoben.

Ist die nämliche Einschreibung gleichzeitig auf den Folien verschiedener Besitzer zu bewirken, so kommt für jeden Besitzer die Gebühr besonders zur Erhebung.

Von verschiedenen Einschreibungen unterliegt eine jede der Gebühr für sich, soferne dieselben nicht auf Grund Einer Verhandlung gleichzeitig auf dem nämlichen Folium oder auf verschiedenen Folien eines und desselben Besitzers zu erfolgen haben. In letzterem Falle kommt nur Eine Gebühr und bei Verschiedenheit der Sätze der höchste Betrag zur Erhebung.

Art. 91. (92.) Im Falle der Eintragung von Hypotheken auf Grund letztwilliger Verfügung oder gesetzlichen Titels wird außer der Gebühr für die Einschreibung die in Art. 122 Abs. 1 bestimmte Gebühr besonders erhoben.

Diese Bestimmung findet jedoch auf die Fälle des § 12 Nr. 1, 2, 5, 7 des Hypothekengesetzes und auf die Eintragung oder Vormerkung von Hypotheken nach Art. 40, 41, 44 des Gesetzes, Aenderungen der Bestimmungen über die Zwangsvollstreckung in das unbewegliche Vermögen betreffend, keine Anwendung.

Art. 92. (93.) Hypothekenbuchsauszüge und sonstige auf Grund des Hypothekenbuches zu ertheilende Bescheinigungen oder Bestätigungen unterliegen einer Gebühr von 1 Mark.

Die Gebühr kann, soferne die Verhältnisse des Empfängers oder die Geringfügigkeit des Gegenstandes eine Ausnahme begründen, von dem Gerichte nach freiem Ermessen auf die Hälfte ermäßigt werden.

---

[14]) Oben S. 4 Nr. 1.

Erfordert die Anfertigung der in Abs. 1 erwähnten Auszüge, Bescheinigungen oder Bestätigungen einen größeren Zeitaufwand, so beträgt die Gebühr 3 bis 10 Mark.

Art. **93**. (94.) Für die Zurückweisung unvollständiger, unzulässiger oder unbegründeter Anmeldungen oder Anträge ist eine Gebühr von 1 Mark zu entrichten.

Ist der Gegenstand von Weitläufigkeit oder Verwickelung, so beträgt die Gebühr 3 bis 10 Mark.

Art. **94**. (95.) Wird eine Anmeldung oder ein Antrag zurückgenommen, bevor ein gebührenpflichtiger Akt stattgefunden hat, so sind zwei Zehntheile der Gebühr zu erheben, welche für die beantragte Einschreibung in Ansatz zu bringen wäre.

Art. **95**. (96.) Gebühren werden nicht erhoben:

a) für die Einschreibungen auf Grund von Hypothekengeschäften, welche als solche der Gebührenbewerthung bei den Notaren unterliegen;

b) für die Beschlüsse und Mittheilungen des Hypothekenamtes an den Notar oder die Betheiligten über die dem Vollzug einer Notariatsurkunde entgegenstehenden Hindernisse;

c) für die Gestattung der Einsicht in das Hypothekenbuch. Im Falle der Abweisung des Antrages findet die Bestimmung in Art. 93 Anwendung.

Art. **96**. (97.) Die vorstehenden Bestimmungen gelten auch für das Grundbuchwesen mit der Maßgabe, daß für die Einschreibung von Besitztitelberichtigungen im Grundbuche nur die Hälfte der in Art. 88 bestimmten Gebühr zu erheben ist, wenn auf Grund der nämlichen Urkunde die Berichtigung des Besitztitels im Hypothekenbuche zu erfolgen hat.

4) Sonstige Gegenstände der nichtstreitigen Rechtspflege.

Art. **97**. (98.) Für jede Eintragung von Forderungen der Ehefrauen in das gemäß Art. 234 des Gesetzes zur Ausführung der Reichs-Civilprozeßordnung und Konkursordnung hiezu bestimmte Register,[15]) einschließlich der dieselbe begleitenden gerichtlichen Handlungen, ist eine Gebühr von fünf Zehntheilen der Sätze des § 8 des Reichs-Gerichtskostengesetzes zu entrichten.

Für die Gestattung der Einsicht in dieses Register wird eine Gebühr nicht erhoben.

Art. **98**. (99.) Für die Entscheidung, einschließlich des vorangegangenen Verfahrens, über Anträge, welche keinen der in gegenwärtiger Abtheilung unter Tit. II Lit. A und B besonders erwähnten Gegenstände betreffen,[16]) jedoch nach den bestehenden Gesetzen eine gerichtliche Prüfung, Bestätigung oder überhaupt eine Beschlußfassung erfordern, werden drei Zehntheile der Sätze des § 8 des Reichs-Gerichtskostengesetzes bis zum Meistbetrage von 20 Mark, soferne aber über das der gerichtlichen Prüfung, Bestätigung oder Beschlußfassung unterstellte Geschäft bereits eine notarielle Urkunde errichtet worden ist, eine Gebühr von 50 Pfennig erhoben.

C. Bestimmungen für die Pfalz.

1) Hypothekenreinigungsverfahren.[17])

Art. **99**. (100.) In dem Hypothekenreinigungsverfahren (Gesetz zur Ausführung der Reichs-Civilprozeßordnung und Konkursordnung Art. 203 ff.) finden die Bestimmungen über die Gebühren in dem Verfahren bei der Zwangsvollstreckung in das unbewegliche Vermögen wegen Geldforderungen entsprechende Anwendung mit der Maßgabe, daß

1) die in § 35 Ziff. 2 des Reichs-Gerichtskostengesetzes bestimmte Gebühr hier für die Entscheidung über das Gesuch um Ernennung des Versteigerungsbeamten geschuldet wird, und daß

2) bei der Versteigerung auf Uebergebot die Gebühr nach Art. 11 des gegenwärtigen Gesetzes nur von dem Betrage erhoben wird, um welchen der Zuschlagspreis den Erwerbspreis des Eigenthümers, welcher das Verfahren eingeleitet hat, übersteigt.

---

[15]) S. o. S. 70. — [16]) Oben S. 9 f. — [17]) Oben S. 176.

Die in Art. 10 Ziff. 2 bestimmte Gebühr wird auch erhoben, wenn der von dem Erwerber angebotene Preis ohne Einleitung einer Versteigerung zur gerichtlichen Vertheilung gebracht wird (Gesetz zur Ausführung der Reichs-Civilprozeßordnung und Konkursordnung Art. 209).

Art. **100**. (101.) Für die Entscheidung über Anträge, Einwendungen oder Erinnerungen, welche das nach Art. 203 des Gesetzes zur Ausführung der Reichs-Civilprozeßordnung und Konkursordnung in Hypothekenreinigungssachen zu beobachtende Verfahren und die Zulänglichkeit einer angebotenen Sicherheitsleistung betreffen, werden zwei Zehntheile der Sätze des § 8 des Reichs-Gerichtskostengesetzes erhoben.

2) Verfahren auf Gesuch der Parteien.

Art. **101**. (102.) Für die Entscheidung, einschließlich des vorangegangenen Verfahrens, auf Gesuch der Parteien (Gesetz zur Ausführung der Reichs-Civilprozeßordnung und Konkursordnung Art. 163 bis 168) [18]) wird eine Gebühr von 3 Mark erhoben.

Betrifft die Entscheidung die Bestätigung von Familienraths-Gutachten oder -Beschlüssen, so beträgt die Gebühr 1 Mark.

Wurde das Gesuch bei dem Gerichtsschreiber zu Protokoll gegeben, so beträgt die Gebühr 5 bis 10 Mark.

Art. **102**. (103.) Für die Aufnahme des Zeugenbeweises in Abwesenheitsfällen nach Art. 116 des Pfälzischen Civilgesetzbuches (Gesetz zur Ausführung der Reichs-Civilprozeßordnung und Konkursordnung Art. 174) werden fünf Zehntheile der Sätze des § 8 des Reichs-Gerichtskostengesetzes besonders erhoben.

Für die Anordnung der Beweisaufnahme kommt eine Gebühr nicht zur Erhebung.

Art. **103**. (104.) In den Fällen, in welchen das Gesetz vor Entscheidung über ein Gesuch um Ermächtigung einer Ehefrau zum Abschluß von Rechtsgeschäften gemäß Art. 185 Abs. 3 des Gesetzes zur Ausführung der Reichs-Civilprozeßordnung und Konkursordnung die Vernehmung des Ehemannes vorschreibt, beträgt die Gebühr für die Entscheidung 5 bis 20 Mark.

3) Sonstige Gegenstände der nichtstreitigen Rechtspflege.

Art. **104**. (105.) Bei Ehescheidungen auf wechselseitige Einwilligung werden erhoben:

1) für jede von dem Landgerichtspräsidenten aufgenommene Beurkundung (Art. 281, 285, 288 des Pfälzischen Civilgesetzbuches) 3 Mark;
2) für die Entscheidung des Landgerichts (Art. 289 des Pfälzischen Civilgesetzbuches) die volle Gebühr des § 8 des Reichs-Gerichtskostengesetzes, wobei der Werth des Verhandlungsgegenstandes nach freiem Ermessen des Gerichts festzusetzen, jedoch nicht unter 2,000 Mark und nicht über 50,000 Mark anzunehmen ist;
3) für die Entscheidung in der Berufungsinstanz die Gebühr gemäß Ziff. 2 mit einer Erhöhung um ein Viertheil, insoweit die Berufung als unzulässig verworfen oder zurückgewiesen wird.

Art. **105**. (106.) Bei der Annahme an Kindesstatt (Art. 353 bis 360 des Pfälzischen Civilgesetzbuches) werden erhoben:

1) 3 Mark für die Beurkundung des Amtsgerichts;
2) 5 bis 10 Mark für die Vorentscheidung des Landgerichts;
3) 10 bis 20 Mark für die Entscheidung des Oberlandesgerichts.

Art. **106**. (107.) Für die Protokolle der Amtsrichter über Anlegung oder Abnahme von Siegeln kommt eine Gebühr von 1 Mark für jede angefangene Stunde der Geschäftsdauer zur Erhebung.

Die Bestimmungen in Art. 168 Abs. 1, 2 finden Anwendung.

Art. **107**. (108.) Familienraths-Gutachten und -Beschlüsse unterliegen einer Gebühr von 1 bis 10 Mark.

---

[18]) S. o. S. 170.

Enthalten dieselben Ernennungen von Vormündern oder Kuratoren, so beträgt die Gebühr mindestens 2 Mark.

Art. **108**. (108 a.) Für die Prüfung der vom Vormunde gelegten Rechnung durch den Amtsrichter (Art. 31 des Gesetzes vom 26. April 1888, die Abänderung von Bestimmungen des in der Pfalz geltenden Hypotheken- und Vormundschaftsrechts betreffend) wird die in Art. 107 Abs. 1 bestimmte Gebühr erhoben. Die Hälfte dieser Gebühr wird für die in Art. 26 Abs. 3, Art. 28, 29 des angeführten Gesetzes bezeichneten Entscheidungen des Amtsrichters erhoben; für die in dem nämlichen Jahre erlassenen Entscheidungen wird jedoch nicht mehr als eine ganze Gebühr angesetzt.

Für die nach den Bestimmungen des Art. 5 Abs. 1, des Art. 6 Abs. 1 und des Art. 8 Abs. 3 des Gesetzes vom 26. April 1888, die Abänderung von Bestimmungen des in der Pfalz geltenden Hypotheken- und Vormundschaftsrechts betreffend, dem Amtsgerichte obliegenden Geschäfte werden besondere Gebühren nicht erhoben.

Art. **109**. (108 b.) Beträgt das Vermögen des Mündels nicht über **1000 Mark**, so wird **weder für die in Art. 108 Abs. 1 bezeichneten Geschäfte** des Amtsrichters noch für die Gutachten und Beschlüsse des Familienraths und die gerichtliche Bestätigung derselben eine Gebühr erhoben. Erstreckt sich die Vormundschaft auf mehrere Mündel, so wird das Vermögen nicht zusammengerechnet.

Art. **110**. (109.) Besteht ein Verfahren ausschließlich in der Aufnahme eines gerichtlichen Protokolls, oder in einer gerichtlichen Beschlußfassung mit oder ohne vorgängige Aufnahme eines Protokolls, oder in einer Beurkundung auf der Gerichtsschreiberei, so werden folgende Gebühren erhoben:

1) 1 Mark für gerichtliche Protokolle über die Beeidigung von Sachverständigen sowie für die Beurkundung eines Erbverzichts oder des Verzichts auf die eheliche Gütergemeinschaft oder der Erbantretung unter der Rechtswohlthat des Inventars (Art. 784, 1457, 793 des Pfälzischen Civilgesetzbuches) durch den Gerichtsschreiber;
2) 5 bis 20 Mark für die gerichtliche Beurkundung einer Emanzipationserklärung gemäß Art. 477 des Pfälzischen Civilgesetzbuches;
3) 2 Mark in allen übrigen, in gegenwärtigem Gesetze nicht besonders bezeichneten Fällen.

Art. **111**. (110.) Für die Amtshandlungen der Hypothekenbewahrer werden Gebühren zur Staatskasse nicht erhoben.

II. Abschnitt. **Urkunden und Ausfertigungen der Notare.**

Art. **112**. (111.) Für Urkunden und Ausfertigungen der Notare werden Gebühren nach folgenden Bestimmungen erhoben.

Art. **113**. (112.) Der verhältnißmäßigen Gebühr unterliegen, soweit in den folgenden Artikeln nicht ein Anderes bestimmt ist:

1) mit 2 vom Hundert der Gegenstandssumme die Verträge, durch welche über Besitz oder Eigenthum unbeweglicher Sachen oder diesen gleichgeachteter Rechte, oder über dingliche Rechte an unbeweglichen Sachen verfügt wird (Notariatsgesetz vom 10. November 1861 Art. 14, Gesetz zur Ausführung der Reichs-Civilprozeßordnung und Konkursordnung Art. 219),
2) mit 3 vom Tausend der Gegenstandssumme die übrigen Verträge und Schuldbekenntnisse.

Art. **114**. (113.) Die in Art. 113 Ziff. 1 bestimmte Gebühr wird nur zur Hälfte erhoben:

1) bei Verträgen zwischen Verwandten oder Stiefverwandten in auf- und absteigender Linie oder zwischen Ehegatten oder Geschwistern;
2) bei Ehe-, Erb- und Erbtheilungs-Verträgen;
3) bei Verträgen mit einem Werthsgegenstande bis zu 1000 Mark einschließlich.

Sind bei Verträgen zwischen Verwandten oder Stiefverwandten in auf- und absteigender Linie (Ziff. 1) auf Seite der Letzteren deren Ehegatten oder Verlobten betheiligt, so findet hinsichtlich deren Antheilsrechte die Bestimmung in Abs. 1 gleichmäßig Anwendung. In den übrigen Fällen dieser Ziffer ist bei Mitbetheiligung weiterer Personen die Gebühr nach den Antheilsrechten der einzelnen Personen gesondert zu berechnen.

Art. 115. (114.) Bei Eheverträgen wird der Berechnung der Gebühr das gesammte beiderseitige Vermögen zu Grunde gelegt, auf welches sich der Vertrag erstreckt. Jedoch wird eine Gebühr nach Art. 114 Abs. 1 nur insoweit erhoben, als der Vertrag eine Aenderung an dem Besitz oder Eigenthum von Liegenschaften oder gleichgeachteten Rechten bewirkt. Hiebei ist die Gütergemeinschaft einer Gemeinschaft nach Hälften gleich zu achten.

Eheverträge ohne Gegenstandssumme, insbesondere über die Wahl eines Güterrechtssystems, welche keine Aenderung an dem Besitz oder Eigenthum von Liegenschaften oder gleichgeachteten Rechten bewirken, unterliegen einer Gebühr zu 10 Mark.

Zuwendungen von beweglichem Vermögen, welche in Eheverträgen an eine der den Ehevertrag abschließenden Personen von Seite ihrer Eltern oder Stiefeltern gemacht werden, sind nicht als selbständige Rechtsgeschäfte zu betrachten.

Art. 116. (115.) Erbverträge ohne Gegenstandssumme unterliegen einer Gebühr von 10 Mark.

Erbverträge, welche mit einem Ehevertrag in der nämlichen Urkunde verbunden sind, unterliegen einer besonderen Gebühr nur insoweit, als sie Bestimmungen über Gegenstandssummen enthalten, welche nicht schon auf Grund des Ehevertrages der verhältnißmäßigen Gebühr unterworfen sind.

Art. 117. (116.) Schenkungen oder Stiftungen unter Lebenden unterliegen den Gebühren für Verträge.

Schenkungen oder Stiftungen für den Todesfall unterliegen der in Art. 126 bestimmten Gebühr.

Für Urkunden über Familienfideikommisse, gleichviel ob letztere unter Lebenden oder für den Todesfall errichtet werden wollen, beträgt die Gebühr 50 Mark.

Art. 118. (117.) Eine Gebühr zu $1^{5}/_{10}$ vom Hundert der Gegenstandssumme wird erhoben von Gesellschaftsverträgen (Statuten), welche die Gründung von Aktiengesellschaften oder von Kommanditgesellschaften auf Aktien zum Gegenstand haben, sowie von Verträgen oder Beschlüssen, welche die Erhöhung des Grund- oder Aktien-Kapitals solcher Gesellschaften betreffen.

Bei Aktiengesellschaften, welche nicht den Gewinn der Theilhaber bezwecken, kommt anstatt obiger Gebühr die Gebühr des Art. 113 Ziff. 2 zur Erhebung.

Der Berechnung der Gebühr ist der Betrag des Grund- oder Aktien-Kapitals, im Falle einer Erhöhung desselben der Mehrbetrag zu Grund zu legen.

Wird das Grund- oder Aktien-Kapital oder der erhöhte Betrag desselben nicht sogleich voll einbezahlt, so ist die Gebühr aus der jedesmaligen Theilzahlung zu entrichten, deren Einforderung der Vorstand der Aktiengesellschaft, bei Kommanditgesellschaften auf Aktien der Aufsichtsrath, der zuständigen Regierungsfinanzkammer vor dem anberaumten Einzahlungstermine anzuzeigen hat. Im Falle der Unterlassung rechtzeitiger Anzeige unterliegen die Mitglieder des Vorstandes der Aktiengesellschaft beziehungsweise des Aufsichtsrathes der Kommanditgesellschaft auf Aktien einer Geldstrafe von je 30 bis 300 Mark. Für die Entrichtung der verhängten Geldstrafen ist die Gesellschaft subsidiarisch haftbar.

Soweit in solchen Verträgen über Besitz oder Eigenthum unbeweglicher Sachen oder diesen gleichgeachteter Rechte oder über dingliche Rechte an unbeweglichen Sachen verfügt wird, kommt die in Art. 113 Ziff. 1 bestimmte Gebühr zur Erhebung.

Art. 119. (118.) Wenn zwei oder mehrere Grundeigenthümer durch Tausch von Grundstücken, die der landwirthschaftlichen oder forstwirthschaftlichen Benützung zugewendet sind, ihren ganzen Grundbesitz oder einen Theil desselben behufs günstigerer Bewirthschaftung in Zusammenhang bringen, so wird für die Beurkundung des Tauschvertrages und für die sich hieraus ergebenden Besitzveränderungen (Art. 213) und Hypothekumschreibungen eine verhältnißmäßige Gebühr nicht erhoben.

Für Tauschverträge zwischen zwei Grundeigenthümern, bei welchen obige Voraussetzungen nur auf einer Seite gegeben sind, kommt die Hälfte der in Art. 113 Ziff. 1 bestimmten Gebühr zur Erhebung.

Eine allenfallsige Geldaufgabe, sowie überhaupt jeder Mehrwerth des eingetauschten Grundbesitzes gegenüber dem vertauschten Besitze unterliegt der vollen Gebühr nach Art. 113 Ziff. 1, insoweit nicht die Bestimmungen des Art. 114 Anwendung finden.

Art. **120.** (119.) Versteigerungen unterliegen den gleichen Gebühren wie Kaufverträge.

Wird bei einer öffentlichen Versteigerung von Immobilien der Zuschlag auf die für die einzelnen Gegenstände gelegten Gebote ertheilt, so ist die Gebühr der Art. 113 und 114 nach den Einzelpreisen zu berechnen.

Für öffentliche Mobiliar-Versteigerungen werden die in Art. 223 des gegenwärtigen Gesetzes bestimmten Gebühren aus der Summe der Zuschlagspreise erhoben.[19])

Art. **121.** (120.) Vergleiche sind den nämlichen Gebühren unterworfen wie Verträge.

Art. **122.** (121.) Schuldbekenntnisse mit Hypothekbestellung sowie hypothekarische Kautionen unterliegen einer Gebühr zu 6 vom Tausend der Gegenstandssumme, soferne jedoch der Werthsgegenstand den Betrag von 1000 Mark nicht übersteigt, zu 3 vom Tausend der Gegenstandssumme. Ist für die Forderung, für welche die Hypothek bestellt wird, bereits eine mit der Gebühr nach Art. 113 Ziff. 2 bewerthete Urkunde errichtet, so wird die für Letztere entrichtete Gebühr angerechnet.

Für Cessionen und Verpfändungen von Hypotheken beträgt die Gebühr 3 vom Tausend der Gegenstandssumme. Ist bei Verpfändung von Hypotheken die Forderung, zu deren Gunsten die Verpfändung erfolgt, in ihrem Betrage niedriger als der Betrag der verpfändeten Hypothek, so wird die Gebühr aus dem Betrage der Forderung berechnet.

Alle übrigen Rechtsgeschäfte in Hypothekensachen unterliegen bei einem Werthsgegenstande bis 200 Mark einschließlich einer Gebühr von ein Zehntheil der Sätze des § 8 des Reichs-Gerichtskostengesetzes, bei einem Werthsgegenstande von mehr als 200 Mark einer Gebühr von 1 Mark.

Bei Löschungsbewilligungen wird eine besondere Gebühr für die Quittung nicht geschuldet.

Art. **123.** (122.) Die Bestimmungen über die Gebühren in Hypothekensachen finden auf Urkunden in Ewiggeldsachen entsprechende Anwendung.

Art. **124.** (123.) Wird in einem Vertrage über den Besitz oder das Eigenthum unbeweglicher Sachen oder diesen gleichgeachteter Rechte, oder über dingliche Rechte an unbeweglichen Sachen verfügt, welche sich außerhalb Bayerns befinden, so kommt hiefür nur die in Art. 113 Ziff. 2 bestimmte Gebühr zur Erhebung.

Art. **125.** (124.) Für Inventare (Vermögensbeschreibungen) beträgt die Gebühr 2 vom Tausend des ausgewiesenen Vermögens unter Abzug der Schulden, mindestens aber 1 Mark.

Im Falle der Betheiligung Minderjähriger wird die in Abs. 1 bestimmte verhältnißmäßige Gebühr nur zur Hälfte erhoben.

In Nachlaßsachen, in welchen eine Gebühr nach Art. 83 oder 127 Abs. 1 zur Erhebung kommt, wird für das Inventar keine besondere Gebühr erhoben.

Art. **126.** (125.) Testamente und sonstige letztwillige Verfügungen unterliegen einer Gebühr von 3 Mark.

Die gleiche Gebühr wird für letztwillige Verfügungen erhoben, welche dem Notar verschlossen übergeben oder gemäß Art. 1007 des Pfälzischen Civilgesetzbuches in Folge gerichtlicher Verfügung bei einem Notare hinterlegt werden.

Die Einsichtnahme der Testamente und sonstigen letztwilligen Verfügungen ist den Organen der Finanzverwaltung erst nach der Verkündung, in der Pfalz nach dem Ableben des Testators gestattet.

Art. **127.** (125 a.) Ist einem Notar durch letztwillige Verfügung die Auseinandersetzung einer Verlassenschaft übertragen und in dieser Verlassenschaftssache keine Gebühr nach Art. 83 zu erheben, so kommt für die Beurkundung der Annahme oder Ausschlagung der Erbschaft eine Gebühr von ein Zehntheil der Sätze des § 8 des Reichs-Gerichtskostengesetzes bis zum Meistbetrage von 100 Mark zur Erhebung, insoferne nicht nach dem sonstigen Inhalte der Urkunde eine höhere Gebühr zu entrichten ist.

Die in Abs. 1 bestimmte Gebühr wird aus dem Betrage der Aktivmasse ohne

---

[19]) S. Art. 212 d. Ges.

Abzug der Schulden berechnet und nach Maßgabe des Art. 86 aus dem Rücklasse erhoben. Dieselbe wird auf die Gebühr angerechnet, welche für einen die Auseinandersetzung der Verlassenschaft bezielenden Vertrag zu entrichten ist.

Auf die durch einen Notar verkündeten letztwilligen Verfügungen findet die Bestimmung in Art. 84 gleichmäßig Anwendung.

Art. 128. (126.) Für Verträge über die Leistung jährlicher Alimente für außereheliche minderjährige Kinder, einschließlich des Vaterschaftsbekenntnisses und der Vereinbarung wegen Entschädigung der Kindsmutter für Kindbett- und dergleichen Kosten, beträgt die Gebühr 1 Mark.

Art. 129. (127.) Wechselproteste unterliegen einer Gebühr zu 1 vom Tausend der zu fordernden Wechselsumme.

Art. 130. (128.) Einer fixen Gebühr sind ferner unterworfen mit

1) 20 Mark: die Generalversammlungsbeschlüsse von Aktiengesellschaften oder von Kommanditgesellschaften auf Aktien, soferne nicht die Bestimmungen des Art. 118 Anwendung finden; die Urkunden über Vornahme von Verlosungen oder Ziehungen;
2) 10 Mark: die Schiedsverträge ohne Gegenstandssumme;
3) 3 Mark: die Adoptionen, Arrogationen und Vereinkindschaftungen ohne Gegenstandssumme;
4) 1 Mark: Unterschriftsbeglaubigungen, Quittungen, sowie alle übrigen Notariatsurkunden, für welche keine höhere fixe oder verhältnißmäßige Gebühr geschuldet wird.

Auf Urkunden über Verträge, durch welche über Besitz oder Eigenthum unbeweglicher Sachen oder diesen gleichgeachteter Rechte, oder über dingliche Rechte an unbeweglichen Sachen verfügt wird, Urkunden über Schuldbekenntnisse mit Hypothekbestellung oder hypothekarische Kautionen, sowie über Cessionen und Verpfändungen von Forderungen findet diese Bestimmung keine Anwendung.

Art. 131. (129.) Für die Feststellung des Datums einer Privaturkunde, einschließlich der über die Vorlage auszustellenden Bescheinigung,[20]) wird eine Gebühr zu 1 Mark erhoben.

Art. 132. (130.) Für jede vollstreckbare Ausfertigung einer Notariatsurkunde wird, vorbehaltlich der Bestimmung in Abs. 2, eine Gebühr zu 1 vom Tausend der Gegenstandssumme im Mindestbetrage von 50 Pfennig besonders erhoben.

Für die vollstreckbare Ausfertigung von Hypothekenurkunden (Art. 130 des Gesetzes zur Ausführung der Reichs-Civilprozeßordnung und Konkursordnung), sowie für andere Ausfertigungen oder beglaubigte Abschriften beträgt die Gebühr 50 Pfennig.

Die gleiche Gebühr wird auch für sonstige Beglaubigungen, Zeugnisse und andere derartige Bescheinigungen erhoben, über welche keine förmliche Notariatsurkunde errichtet wird.

Art. 133. (131.) Der Mindestbetrag einer verhältnißmäßigen Gebühr kann unter den Betrag der für das gleiche Rechtsgeschäft bestimmten fixen Gebühr nicht herabsinken.

Art. 134. (132.) Bei einseitigen Verträgen wird die verhältnißmäßige Gebühr erhoben, wenn auch die Annahmeerklärung in der Urkunde nicht enthalten ist.

Wird jedoch innerhalb drei Monaten die Verweigerung der Annahme nachgewiesen, so wird nur die Gebühr für eine einfache Erklärung geschuldet und der hienach zu viel erhobene Betrag zurückersetzt.

Art. 135. (133.) Verträge, welche unter einer Bedingung abgeschlossen werden, sind, soweit das Gesetz nicht ein Anderes bestimmt, wie unbedingte zu behandeln.

Wird jedoch die Giltigkeit des Vertrages ausdrücklich von der Zustimmung einer bestimmten dritten Person abhängig gemacht und innerhalb drei Monaten der Nachweis erbracht, daß die Zustimmung versagt wurde, so wird nur eine Gebühr von 1 Mark geschuldet und der hienach zu viel erhobene Betrag zurückerstattet.

Art. 136. (134.) Wird die Rechtsgiltigkeit eines Vertrages ausdrücklich von der

---

[20]) S. o. S. 186.

nachträglichen Genehmigung einer Behörde oder der Vertreter einer öffentlichen Korporation abhängig gemacht, so wird die Urkunde erst bewerthet, nachdem der Beschluß erfolgt ist.

Wird die Zustimmung versagt, so beträgt die Gebühr 1 Mark.

Art. **137.** (135.) Verhandlungen, welche blos den Vollzug, die Vervollständigung oder Vollendung bereits bewertheter Rechtsgeschäfte zum Gegenstand haben, sind nur mit der Gebühr von 1 Mark zu belegen, wenn sie eine Aenderung in Bezug auf die betheiligten Personen, auf den Gegenstand des Rechtsgeschäfts oder die Gegenstandssumme nicht enthalten.

Außerdem unterliegen sie der Gebühr wie ein selbständiges Rechtsgeschäft gleichen Inhalts.

Art. **138.** (136.) Wird in einem der verhältnißmäßigen Gebühr unterliegenden Vertrage, welcher die Uebertragung des Eigenthums an unbeweglichen Sachen oder gleichgeachteten Rechten zum Gegenstande hat und in welchem das Recht zur Abgabe der Erklärung, für einen Dritten erworben zu haben, vorbehalten ist, unmittelbar nach der Unterschrift ausdrücklich erklärt, daß und für welchen Dritten erworben wurde, und binnen einer Woche die zustimmende Erklärung des Dritten in einer öffentlichen Urkunde dem amtirenden Notar erbracht, so werden außer der verhältnißmäßigen Gebühr für den Vertrag nur die außerdem noch treffenden fixen Gebühren geschuldet.

Wird jedoch diese Erklärung erst nach Ablauf obiger Frist beigebracht, so ist in Bezug auf die Gebühren eine weitere Uebertragung auf den Dritten als gegeben anzunehmen und hiefür gleichfalls die verhältnißmäßige Gebühr zu entrichten.

Wird in einem der verhältnißmäßigen Gebühr unterliegenden Vertrage, durch welchen mehrere Personen gemeinschaftlich das Eigenthum an unbeweglichen Sachen oder gleichgeachteten Rechten erwerben, von den Erwerbern der Vorbehalt gemacht, die erworbenen Gegenstände unter sich zu theilen, so unterliegt der Vertrag, durch welchen lediglich diese Vertheilung vorgenommen wird, nur einer Gebühr von 1 Mark, falls derselbe binnen einer Woche abgeschlossen wird.

Art. **139.** (137.) Für die einfache und unbedingte Wiederauflösung eines Vertrages, welche innerhalb eines Monats nach Abschluß des aufzulösenden Vertrages beurkundet wird, ist nur die Gebühr von 1 Mark zu entrichten.

Nach Ablauf obiger Frist ist die Vertragsauflösung als neuer Vertrag zu bewerthen.

Art. **140.** (138.) Wird ein Vertrag wegen eines Formfehlers durch rechtskräftiges Urtheil für nichtig erklärt, und in Folge dessen eine neue Urkunde errichtet, so unterliegt die Letztere nur der Gebühr von 1 Mark, wenn sie keine Aenderung in Bezug auf die kontrahirenden Personen, auf den Gegenstand des Vertrages oder dessen Werth enthält.

Eine Rückerstattung der Gebühr für den vorausgegangenen Vertrag findet nicht statt.

Art. **141.** (139.) Jedes Rechtsgeschäft ist ohne Rücksicht auf die Zahl der bei demselben Betheiligten nur einmal zu bewerthen.

Art. **142.** (140.) Enthält eine Urkunde mehrere Rechtsgeschäfte, welche von einander unabhängig sind oder nicht nothwendig eines aus dem andern fließen, so wird für jedes dieser Rechtsgeschäfte eine besondere Gebühr geschuldet.

Auf Verbindlichkeiten, welche nur als Bedingungen des Hauptvertrages erscheinen oder zur Erfüllung der Leistung oder Gegenleistung desselben bedungen oder übernommen werden, insbesondere auch auf Bürgschaften und Pfandbestellungen, findet vorstehende Bestimmung keine Anwendung.

Art. **143.** (141.) Kommt in einem Vertrage neben der Leistung auch eine Gegenleistung vor, so wird bei Gleichheit der Gebührensätze die Gebühr nach dem größeren Werthe der Leistung oder Gegenleistung berechnet.

Bei Verschiedenheit der Gebührensätze ist die Gebühr aus jenem Werthe zu berechnen, welcher den höheren Betrag ergiebt.

Art. **144.** (142.) Wenn ein Vertrag, wodurch über Besitz oder Eigenthum Verfügung getroffen wird, bewegliche und unbewegliche Sachen begreift, so ist die Gebühr von dem Gesammtwerthe nach der für die Letzteren bestimmten Gebühr zu entrichten, soferne nicht der Werth der beweglichen Sachen in der Urkunde besonders ausgewiesen wird.

Art. **145**. (143.) Bei der Aufnahme von Urkunden, welche der verhältnißmäßigen Gebühr unterliegen, haben die Parteien die Gegenstandssumme wahrheitsgetreu anzugeben. Betrifft das Rechtsgeschäft keine bestimmte Geldsumme und läßt der Gegenstand desselben gleichwohl eine Veranschlagung in Geld zu, so hat der beurkundende Notar die Betheiligten zur Angabe des wahren Werthes behufs der Gebührenberechnung aufzufordern.

Verweigern die Betheiligten die Werthsangabe, oder wird die von den Betheiligten ursprünglich oder in Folge der Aufforderung gemachte Werthsangabe oder bei Zwangsversteigerungen von Liegenschaften (Art. 11) der Zuschlagspreis dem wahren Werthe nicht entsprechend erachtet, so hat das Rentamt seinerseits einen Werthsanschlag, welcher bei landwirthschaftlichen Grundstücken (Aeckern, Wiesen, Weinbergen, Hopfengärten, Weiden), insoferne nicht besondere Verhältnisse eine Erhöhung oder Verminderung rechtfertigen, mit dem zwanzigfachen Betrage der Grundsteuer-Verhältnißzahl zu berechnen ist, mit dem Bemerken bekannt zu geben, daß, wenn Erinnerungen hiegegen binnen zwei Wochen nicht erhoben werden, dieser Werthsanschlag der Gebührenberechnung zu Grunde gelegt würde.

Werden Erinnerungen rechtzeitig erhoben und findet über den vom Rentamte gemachten Werthsanschlag eine Vereinbarung nicht statt, so erfolgt die Werthsermittelung als Gegenstand der nichtstreitigen Rechtspflege auf schriftlichen Antrag des Rentamtes bei dem Amtsgerichte durch zwei beeidigte Schätzmänner, von welchen der eine durch das Rentamt, der andere durch die Betheiligten vorgeschlagen wird. Der Durchschnitt beider Schätzungen oder, wenn die Betheiligten binnen zwei Wochen nach gerichtlicher Aufforderung einen geeigneten Schätzmann nicht bezeichnen, die alleinige Schätzung des rentamtlichen Schätzmannes bildet sodann die der Gebührenberechnung zu Grund zu legende Werthssumme.

Die Kosten der Schätzung sind von den Betheiligten zu tragen, wenn die Werthsangabe verweigert wurde, oder wenn das Ergebniß der Schätzung den von den Betheiligten angegebenen Werth um 10 Procent übersteigt.

Wurde der Werth von den Betheiligten wissentlich zu gering angegeben, so trifft jeden derselben überdieß eine Geldstrafe im doppelten Betrage der hinterzogenen Gebühr. Wird jedoch die Werthsangabe noch vor Vornahme der Schätzung von den Pflichtigen selbst berichtigt, so tritt nur Ordnungsstrafe bis zu 30 Mark ein.

Das Amtsgericht hat über etwaige Ablehnungsgründe, welche gegen die Schätzmänner vorgebracht werden, ohne Zulassung einer Beschwerde zu entscheiden und in gleicher Weise das Ergebniß der Schätzung sowie die Verbindlichkeit zur Kostentragung in einem Beschlusse endgiltig auszusprechen.

Das Verfahren ist gebührenfrei.

Art. **146**. (144.) Bei Pacht- oder Miethverträgen, welche auf bestimmte Zeit abgeschlossen werden, bildet der Betrag des einjährigen Zinses multiplizirt mit der Zahl der Jahre und, wenn der fünfundzwanzigfache Betrag geringer ist, dieser Betrag die Gegenstandssumme.

Wird der Vertrag auf unbestimmte Zeit oder Lebensdauer abgeschlossen, so ist der Berechnung der Gebühr der zwölf- und einhalbfache Betrag des einjährigen Zinses zu Grund zu legen.

Art. **147**. (145.) Der Werth einer Grunddienstbarkeit, sowie der Werth des Rechts auf wiederkehrende Nutzungen oder Leistungen ist nach Maßgabe der Bestimmungen in §§ 7, 9 der Reichs-Civilprozeßordnung zu berechnen.

Wenn jedoch Austräge (Nahrungsverträge) bei Gutsübergaben von Verwandten der aufsteigenden auf solche der absteigenden Linie zu Gunsten der Uebergeber bedungen werden und mit der Uebergabe in der nämlichen Urkunde vorkommen, so wird hiefür keine besondere Gebühr berechnet, sondern es erhöht sich in diesem Falle nur der Uebernahmspreis um den Werth des einjährigen Bezuges im fünffachen Betrage.

Art. **148**. (146.) Bei Berechnung der Gebühr nach der Gegenstandssumme werden, vorbehaltlich der Bestimmung in Art. 125, die auf dem Gegenstande haftenden Schulden nicht in Abzug gebracht.

Art. **149**. (147.) Die Verbindlichkeit zur Entrichtung der Gebühr obliegt demjenigen, der die Thätigkeit des Notars veranlaßt hat. Ist dieselbe von Mehreren veranlaßt worden, so haften diese dem Staate gegenüber sammtverbindlich.

Vereinbarungen über die Tragung der Gebühren sind nur für die Betheiligten wirksam.

Art. **150.** (148.) Hat bei Verträgen der eine Theil der Kontrahenten auf persönliche Gebührenbefreiung Anspruch, so wird

1) für einseitige Verträge, durch welche nur für diesen Theil Verpflichtungen begründet werden, keine Gebühr,
2) für zweiseitige Verträge die Hälfte der Gebühr erhoben.

Art. **151.** (149.) Gebühren werden nicht erhoben:

1) für die Korrespondenzen der Notare, insbesondere die von ihnen erstatteten Berichte, für Mittheilungsschreiben mit oder ohne Antragstellung und Zustellungsaufträge, sowie für Anzeigen und Bekanntmachungen;
2) für Notariatsurkunden über Bürgschaften, Verpfändungen oder hypothekarische Kautionen, welche ausschließlich die Sicherung von Forderungen des Staates bezwecken, sowie über die Kautionen der Hypothekenbewahrer in der Pfalz und über Verzichtserklärungen der Ehefrauen kautionspflichtiger Beamten;
3) für die von Militärpersonen bei der Mobilmachung errichteten oder hinterlegten einseitigen oder wechselseitigen Testamente, sowie für deren Zurücknahme oder Verkündung.[21])

Art. **152.** (150.) Zuwiderhandlungen der Notare gegen die Vollzugsvorschriften[22]) zu gegenwärtigem Gesetze sind mit Ordnungsstrafen, bei fortgesetzter Vernachlässigung der Obliegenheiten aber disziplinär nach Maßgabe der einschlägigen gesetzlichen Bestimmungen zu beahnden.

Art. **153.** (151.) Gegen den Ansatz oder die Nachforderung von Gebühren steht dem Zahlungspflichtigen das Rechtsmittel der Beschwerde an das Landgericht nach Maßgabe der Bestimmungen in Art. 56 bis 61 des Gesetzes zur Ausführung der Reichs-Civilprozeßordnung und Konkursordnung zu.

Die Erhebung der Beschwerde ist jedoch erst dann zulässig, wenn der Betheiligte sich an die zuständige Regierungsfinanzkammer um Abhilfe gewendet und entweder eine abschlägige oder innerhalb sechs Wochen gar keine Entschließung erhalten hat.

Die Regierungsfinanzkammern haben über solche Gesuche den Betheiligten die Empfangsbescheinigung ungesäumt und unentgeltlich auszufertigen.

Die Einlegung der Beschwerde erfolgt unmittelbar bei dem Beschwerdegerichte.

Vor der Entscheidung ist die Regierungsfinanzkammer unter Mittheilung der Beschwerdeschrift und deren Beilagen mit ihrer Aeußerung schriftlich einzuvernehmen.

Die Entscheidung ist in beglaubigter Abschrift der Regierungsfinanzkammer und dem Beschwerdeführer zu eröffnen, sowie dem einschlägigen Notar mitzutheilen.

Art. **154.** (152.) Gegen die Entscheidung des Beschwerdegerichts ist weitere Beschwerde an das oberste Landesgericht nach Maßgabe der Bestimmungen in Art. 62 bis 67 des Gesetzes zur Ausführung der Reichs-Civilprozeßordnung und Konkursordnung zulässig.

Die Einlegung des Rechtsmittels erfolgt bei dem Beschwerdegerichte; sie kann in dringenden Fällen auch bei dem obersten Landesgerichte erfolgen.

Die Beschwerdeschriften des Aerars bedürfen der Unterzeichnung durch einen Anwalt nicht.

Im Uebrigen finden die Bestimmungen in Art. 153 Abs. 5, 6 entsprechende Anwendung.

Art. **155.** (153.) Entsteht ein Streit darüber, ob auf einen Tausch die Bestimmungen des Art. 119 Abs. 1, 2 anwendbar seien, so hat die Distriktsverwaltungsbehörde, in deren Bezirk das ausgetauschte Grundstück liegt, zu entscheiden. Das Verfahren ist gebührenfrei; die baaren Auslagen fallen dem unterliegenden Theile zur Last.

Gegen die Entscheidung findet Beschwerde an den Verwaltungsgerichtshof nach Maßgabe der Bestimmungen in Abschnitt II des Gesetzes vom 8. August 1878, die Errichtung eines Verwaltungsgerichtshofes und das Verfahren in Verwaltungsrechtssachen betreffend, statt.

---

[21]) Vgl. Bd. I. unter 4.

[22]) Siehe hiernach unter b und c.

III. Abschnitt. Akte der Gerichtsvollzieher.

A. Bestimmungen für das ganze Königreich.

Art. 156. (154.) Wechselproteste unterliegen der in Art. 129 des gegenwärtigen Gesetzes bestimmten Gebühr, mindestens aber einer solchen von 1 Mark.

Für Urkunden über die Zustellung von Erklärungen außerhalb des Prozesses [23]) (Art. 17 bis 19 des Gesetzes zur Ausführung der Reichs-Civilprozeßordnung und Konkursordnung) wird eine Gebühr von 1 Mark erhoben.

Die in Abs. 2 bestimmte Gebühr wird auch erhoben, wenn die Zustellung durch die Post erfolgt (Reichs-Civilprozeßordnung § 177).

Für jede Beglaubigung der Abschrift eines zuzustellenden Schriftstückes durch den Gerichtsvollzieher kommt außerdem noch eine besondere Gebühr von 50 Pfennig zur Erhebung.

Art. 157. (155.) Der Gerichtsvollzieher hat die Gebühren für die von ihm aufzunehmenden Akte vorbehaltlich des Rückgriffes gegen die zahlungspflichtige Partei vorzuschießen.

Er kann die Uebernahme eines Geschäftes von der Zahlung eines zur Deckung dieser Gebühren hinreichenden Vorschusses abhängig machen.

Zahlungspflichtig ist der Antragsteller; mehrere Antragsteller haften für die Kosten sammtverbindlich.

Art. 158. (156.) Durch Königliche Verordnung wird bestimmt, wie der Gebührenpflicht bei den Akten der Gerichtsvollzieher zu genügen ist.

Gerichtsvollzieher, welche diesen Vorschriften zuwiderhandeln, verfallen in eine Geldstrafe im zehnfachen Betrage der geschuldeten Gebühr.

Art. 159. (157.) In den Fällen der §§ 112, 113 der Reichs-Konkursordnung [24]) werden für die Vornahme von Siegelungen und Entsiegelungen, sowie für die Vornahme der Verrichtungen einer Urkundsperson durch den Gerichtsvollzieher Gebühren nicht erhoben.

Art. 160. (158.) Hinsichtlich des Beschwerderechts, sowie bezüglich der Zuständigkeit und des Verfahrens bei Beschwerden finden die Vorschriften in Art. 153, 154 des gegenwärtigen Gesetzes entsprechende Anwendung.

Art. 161. (159.) Für die von den Gerichtsvollziehern vorgenommenen Mobiliarversteigerungen sind die Bestimmungen in Art. 211, 223 bis 230 des gegenwärtigen Gesetzes maßgebend.

B. Bestimmungen für die Pfalz.

Art. 162. (160.) Findet bei Uebertrag einer Forderung eine Zustellung durch den Gerichtsvollzieher nach Maßgabe des Art. 1690 des Pfälzischen Civilgesetzbuches statt, so unterliegt die Uebertragsurkunde, wenn dieselbe nicht schon bei einem Notar zur Bewerthung gelangt ist, einer Gebühr zu 3 vom Tausend der Gegenstandssumme.

Art. 163. (161.) In dem Hypothekenreinigungsverfahren werden die in Art. 156 bestimmten Gebühren nicht erhoben.

V. Abtheilung. Justiz-, innere, Polizei- und Finanz-Verwaltung, Verwaltungsrechtspflege.

Art. 164. (162.) Auf dem Gebiete der Justiz-, innern, Polizei- und Finanz-Verwaltung sowie der Verwaltungsrechtspflege unterliegen der Gebühr:

Protokolle, Beschlüsse und Verfügungen, Bescheide, Zeugnisse, Beglaubigungen und die außerdem noch in dem Gesetze speziell bezeichneten Gegenstände und Amtshandlungen.

Art. 165. (163.) Bei den Distriktsverwaltungsbehörden und den ihnen nach Art. 167 gleichzuachtenden Behörden kommen, soweit in den folgenden Artikeln nicht ein Anderes bestimmt ist, zur Erhebung:

---

[23]) S. o. Seite 14. — [24]) S. Bd. I. Seite 69.

1) für Protokolle 1 Mark für jede angefangene Stunde der Geschäftsdauer,
2) für Beschlüsse und Verfügungen, Bescheide, Zeugnisse (Atteste, Bescheinigungen),
   a) 2 Mark, wenn sie einfach und kurz sind und eine weitläufige Verhandlung oder umfassendes Aktenstudium nicht erfordern;
   b) 5 bis 25 Mark in allen übrigen Fällen;
3) für die Beglaubigung einer Privatabschrift oder der Unterschrift in einer öffentlichen oder Privaturkunde (Legalisation) 1 Mark.

Art. **166.** (164.) Die Gebührensätze des Art. 165 erhöhen sich bei den Mittelstellen um die Hälfte, bei den Ministerien, dem obersten Landesgerichte und dem Verwaltungsgerichtshofe auf den doppelten Betrag.

Art. **167.** (165.) Welche Behörden im Sinne des Art. 165 den Distriktsverwaltungsbehörden gleichzuachten seien, dann welche Behörden im Sinne des Art 166 als Mittelstellen zu gelten haben, bestimmt die Staatsregierung.

Art. **168.** (166.) In jedem Protokolle ist am Schlusse die Zeitdauer des Geschäftes genau anzugeben.

Müssen zur Vornahme des Geschäftes Reisen über Land gemacht werden, so ist der zur Reise erforderliche Zeitaufwand bei der Berechnung der Gebühr nicht mit in Anschlag zu bringen.

Werden in einem Protokolle mehrere Personen als gleichzeitig anwesend aufgeführt, und findet mit allen Aufgeführten nur ein gleichzeitiger Akt der Verhandlung statt, wie bei Verpflichtungen oder Verkündigungen, so ist auch die Protokollgebühr nur Einmal zu erheben.

Wenn dagegen mit jedem Einzelnen der in einem Protokolle Aufgeführten eine gesonderte Verhandlung eintritt, wie bei Vernehmungen von Betheiligten, Zeugen u. s. w., so sind für jede Person die Gebühren nach Maßgabe der auf die Verhandlung verwendeten Zeit besonders zu erheben.

Art. **169.** (167.) Die Gebühren für Protokolle haben ohne Rücksicht auf die Form der Erledigung auch bei allen jenen Verhandlungen zur Anwendung zu kommen, für welche keine besondere Gebühr bestimmt ist.

Art. **170.** (168.) Die Gebühren für Beschlüsse, Verfügungen, Bescheide und Zeugnisse werden ohne Unterschied, ob eine oder mehrere physische oder juristische Personen betheiligt sind, immer nur einfach erhoben.

Art. **171** (169) — **184** (182) kommen nicht in Betracht.

Art. **185.** (183.) Für die Entscheidung, einschließlich des vorangegangenen Verfahrens, werden erhoben:
1) 20 Mark bei Gesuchen um Dispensation von der öffentlichen Versteigerung unbeweglicher Güter von Pflegebefohlenen nach dem allgemeinen preußischen Landrechte;
2) 20 bis 200 Mark bei Gesuchen um Namensänderung, vorbehaltlich der Bestimmung in Art. 206, ferner bei Gesuchen um Legitimation außerehelicher Kinder, Arrogation und Adoption (Annahme an Kindesstatt) durch Königliches Rescript;
3) 50 bis 200 Mark bei Gesuchen
   a) um Großjährigkeitserklärung, Dispensation vom gesetzlichen Alter der Ehemündigkeit oder von der Errichtung eines notariellen Inventars nach Nürnberger Recht durch Königliches Rescript;
   b) um Dispensation von der gesetzlichen Wartezeit (§ 35 des Reichs-Gesetzes über die Beurkundung des Personenstandes rc. v. 6. Februar 1875);
4) 50 bis 500 Mark bei Gesuchen um Dispensation von dem Verbote der Ehe des wegen Ehebruchs Geschiedenen mit seinem Mitschuldigen.

Vorstehende Gebühren werden im Falle der Abweisung des Gesuches nur zur Hälfte und, wenn dasselbe noch vor Erlaß der Entscheidung zurückgenommen wird, zu zwei Zehntheilen erhoben.

Art. **186.** (184.) Für die von Amtswegen zu ertheilenden Ausfertigungen, Abschriften und Auszüge werden auch in Parteisachen keine besonderen Gebühren erhoben.

Wird jedoch auf Verlangen einer Partei eine weitere Ausfertigung, eine beglaubigte Abschrift oder ein beglaubigter Auszug ertheilt, so ist hiefür die Beglaubigungsgebühr (Art. 165 Ziff. 3) und außerdem noch eine Schreibgebühr von 10 Pfennig für jede angefangene Seite zu entrichten.

Einfache Abschriften unterliegen lediglich der in Abs. 2 bestimmten Schreibgebühr.

Bei Duplikaten und weiteren Ausfertigungen von rentamtlichen Steuerkatasterextrakten, sowie bei Auszügen aus den rentamtlichen Grundbüchern ist für das erste Blatt eine Gebühr von 50 Pfennig und für jede folgende angefangene Seite die einfache Schreibgebühr von 10 Pfennig zu entrichten.

Die Gebührensätze für Abschriften oder Auszüge, deren Fertigung besondere paläographische oder Sprachkenntnisse erfordert, bestimmt die Staatsregierung.

Hinsichtlich der Schreibgebühren für Duplikate von Militärpapieren und des Bezuges dieser Gebühren bewendet es bei den bestehenden Vorschriften.

Art. 187. (185.) So oft in einem rentamtlichen Steuerkataster oder Grundbuche oder in einem bezirksbergamtlichen Buche Besitzobjekte ganz oder theilweise an einer Stelle ab- und an einer anderen zugeschrieben werden müssen, ist eine Umschreibgebühr von 20 Pfennig für jedes Besitzobjekt (Plannummer) zu entrichten.

Die gleiche Gebühr wird für jede einfache Namensumschreibung in den rentamtlichen Steuerkatastern oder Grundbüchern oder bezirksbergamtlichen Büchern erhoben.

Berechnen sich die vorbezeichneten Gebühren aus ein und demselben Besitzveränderungsakt im Ganzen auf mehr als 5 Mark, so ist von dem Mehrbetrage nur die Hälfte zu entrichten.

Die Zahlung der Umschreibgebühren obliegt dem neuen Erwerber.

Art. 188. (186.) Bei den einer Distriktspolizeibehörde untergeordneten Gemeindebehörden werden die in Art. 165 und 175 Ziff. 3 bezeichneten Gebühren nur zur Hälfte erhoben.

Die nähere Bezeichnung der Angelegenheiten, in welchen bei den genannten Gemeindebehörden die in Art. 165 bezeichneten Gebühren zur Erhebung gelangen, bleibt Königlicher Verordnung vorbehalten.

Art. 189. (187.) Insoweit die von Gemeindebehörden ausgehenden Akte gebührenpflichtig sind, fließen die Gebühren in die Gemeindekasse.

Art. 190 (188.) In den Gebühren sind zugleich die Herstellungskosten für die betreffenden Formularpapiere mit inbegriffen.

Wo die Gemeindebehörden zum Bezuge von Gebühren berechtigt sind, fallen ihnen auch die erwähnten Herstellungskosten zur Last.

Die Kosten für die Ausfertigung von Diplomen werden besonders erhoben.

Art. 191. (189.) Schuldner der Gebühren ist derjenige, welcher die gebührenpflichtige Amtshandlung veranlaßt hat.

Art. 192. (190.) Bei Anträgen auf Vornahme einer Handlung, mit welcher baare Auslagen verbunden sind, ist auf Erfordern ein zur Deckung derselben hinreichender Vorschuß von dem Antragsteller zu zahlen.

Die Ladung und Vernehmung von Zeugen oder Sachverständigen auf Antrag der Parteien kann von der vorgängigen Zahlung eines zur Deckung der Auslagen hinreichenden Vorschusses abhängig gemacht werden.

Art 193. (191.) Die Aushändigung von Zeugnissen und der in Art. 165 Ziff. 3, Art. 171 bis 186 bezeichneten Dokumente kann von vorgängiger Entrichtung der treffenden Gebühren und Auslagen abhängig gemacht werden.

Art. 194 (192.) Gebühren werden nicht erhoben:

1) für Berichte und Schreiben an andere Behörden;
2) für Verfügungen, welche ausschließlich die formelle Handhabung und Kontrole des innern Dienstes zum Gegenstand haben oder lediglich die Sachleitung betreffen, einschließlich der Bestimmung oder Änderung von Fristen und Terminen, soferne kein Verschulden einer Partei vorliegt;
3) in dem Verfahren wegen Ablehnung eines Beamten;
4) für die Verhandlung und Entscheidung über die Pflicht zur Abgabe eines Zeugnisses oder Gutachtens;
5) für die Verhandlungen und Entscheidungen des Verwaltungsgerichtshofes über die Vorfrage, ob ein Beamter sich einer Ueberschreitung seiner Amts-

befugnisse oder der Unterlassung einer ihm obliegenden Amtshandlung schuldig gemacht hat;

6) für das Verfahren in der Beschwerdeinstanz, soferne der Beschwerde vollständig stattgegeben wird und die Kosten nicht einem Gegner zur Last fallen.

Wird der Beschwerde nur zum Theil stattgegeben, so kann die entscheidende Behörde theilweise oder auch vollständige Gebührenfreiheit gewähren;

7) in der Zwangsvollstreckung mit Ausnahme des Verfahrens in der Beschwerdeinstanz;

8) bei Gesuchen um Gewährung von Stundungen, Zahlungsfristen oder Nachlässen;

9) für Verhandlungen und Beschlüsse in Innungsangelegenheiten;

10) für die Gestattung der Einsicht der bezirksbergamtlichen Bücher;

11) bei Gesuchen um Verleihung von Unterstützungen, Stipendien, Freiplätzen, Erziehungsbeiträgen und Präbenden, dann bei Gesuchen um Anweisung des Tischtitelgenusses;

12) in Begnadigungssachen;

13) für Verhandlungen, welche im kaufmännischen oder sonstigen gewerblichen Verkehr öffentlicher Behörden und Anstalten mit Privaten gepflogen werden;

14) für Zeugnisse über Armuth oder Unterstützungsbedürftigkeit;

15) für Zeugnisse zu Zwecken der Regulirung von Pensionen, Sustentationen, Unterhaltsbeiträgen und dergleichen;

16) für die Legalisation von Leumundszeugnissen oder Führungsattesten, Familienstandszeugnissen und Lebensattesten;

17) für Zeugnisse zur Preisbewerbung bei landwirthschaftlichen Festen;

18) für Zeugnisse zur Aufnahme in die Hebammenschule;

19) für Schul-, Studien-, Abgangs-, Absolutorial-, Prüfungs- und sonstige derartige Zeugnisse der öffentlichen Unterrichtsanstalten.

Die Bestimmungen über die besonderen Gebühren, welche für die Ausfertigung solcher Zeugnisse behufs Verwendung zur Exigenz jener Anstalten oder behufs Deckung der Prüfungskosten zur Erhebung gelangen, bleiben unberührt.

20) für die Zeugnisse der Vermittelungsämter;

21) für Bescheinigungen über Gewerbebetriebs-Anzeigen.

Art. **195.** (193.) Die Verwaltungsbehörden sind unbeschadet des ärarialischen Erinnerungs- und Beschwerderechtes befugt, Gebühren, welche durch eine unrichtige Behandlung der Sache ohne Schuld der Betheiligten entstanden sind, niederzuschlagen und für abweisende Bescheide, wenn der Antrag auf nicht anzurechnender Unkenntniß der Verhältnisse oder auf Unwissenheit beruht, Gebührenfreiheit zu gewähren.

Art. **196.** (194.) Ist ein Verfahren, für welches nach den bestehenden Landesgesetzen oder Verordnungen eine Gebühr nicht zu erheben wäre, nach freier Ueberzeugung der Behörde durch offenbar unbegründete Anträge, Einwendungen oder Beschwerden veranlaßt worden, so hat die Behörde von Amtswegen die Erhebung von Gebühren nach Maßgabe der Bestimmungen des gegenwärtigen Gesetzes zu beschließen.

Art. **197.** (195.) Streitfragen über die Pflicht zur Entrichtung von Gebühren und Auslagen oder über deren Größe werden, soweit dieselben bei den in Art. 188 bezeichneten Gemeindebehörden anfallen, von den vorgesetzten Distriktsverwaltungsbehörden in erster und auf erhobene Beschwerde von der Kreisregierung, Kammer des Innern, in zweiter und letzter Instanz entschieden.

Streitfragen in Bezug auf Gebühren und Auslagen, welche bei den in Art. 166 bezeichneten Mittelstellen oder den ihnen untergeordneten Behörden anfallen, werden von den genannten Mittelstellen in erster und auf erhobene Beschwerde von dem einschlägigen Ministerium in zweiter und letzter Instanz entschieden.

Wird in einer zur Zuständigkeit des Verwaltungsgerichtshofes gehörigen Angelegenheit in der Hauptsache Beschwerde an den Verwaltungsgerichtshof ergriffen, so entscheidet dieser auch über etwaige Beschwerden wegen der Gebühren und Auslagen, wenn dieselben mit der Beschwerde in der Hauptsache verbunden werden.

Hinsichtlich des Ansatzes der bei den Ministerien, dem obersten Landesgerichte und dem Verwaltungsgerichtshofe anfallenden Gebühren und Auslagen findet nur Gegenvorstellung statt.

Das Verfahren in erster Instanz sowie die Bescheidung von Gegenvorstellungen ist gebührenfrei.

Die Gegenvorstellungen und Beschwerden haben keine aufschiebende Wirkung.

Art. 198. (196). Die Ansätze von Gebühren und Auslagen sowie die Entscheidungen über die Pflicht zur Entrichtung derselben oder über deren Größe können von der Behörde der Instanz oder den Oberbehörden auch von Amtswegen geändert werden.

VI. Abtheilung. **Anstellungen und besondere Verleihungen.**

Art. 199. (197.) Für jede Anstellung im Hof-, Staats-, Militär-, Gemeinde- und sonstigen öffentlichen Dienste, welche durch Königliche Entschließung erfolgt, oder mit welcher sofort oder nach einer bestimmten Dienstzeit Stabilitäts- und Pensionsrechte verbunden sind, oder bei welcher unter gewissen Voraussetzungen dem Bediensteten die Behandlung nach Analogie der pragmatischen Beamten in Aussicht gestellt ist, ferner für die landesherrliche Verleihung kirchlicher Pfründen und für die landesherrliche Genehmhaltung der bischöflichen Verleihung oder der Präsentation auf solche Pfründen, für die Verleihung von Schulstellen und die Bestätigung der Präsentation auf solche ist eine Gebühr zu 1 vom Hundert des einjährigen Diensteinkommens zu entrichten.

Bei Beförderungen, Versetzungen und sonstigen Einkommensmehrungen wird die Gebühr nur aus dem Mehrbetrage des einjährigen Diensteinkommens berechnet.

Unständige, nicht auf länger als ein Jahr gewährte Funktionsremunerationen, Dienstwohnungen, für welche nach den bestehenden Normen eine Miethe nicht zu entrichten ist, ferner solche Nebenbezüge, welche ganz oder theilweise zur Bestreitung eines Dienstaufwandes bestimmt oder nach örtlichen Verhältnissen bemessen sind, bleiben außer Ansatz.

Art. 200. (198.) Für die Anstellung als Notar wird eine Gebühr von 50 Mark erhoben.

Die gleiche Gebühr ist für die Anstellung als Hypothekenbewahrer in der Pfalz zu entrichten.

Für die Anstellung als Gerichtsvollzieher wird eine Gebühr von 10 Mark erhoben.

Die Verleihungen eines landesherrlichen Tischtitels unterliegen einer Gebühr von 2 Mark.

Art. 201. (199.) Für die Verleihung von Würden oder Titeln, mit welchen kein Diensteinkommen verbunden ist, die sich jedoch den Stellen aktiver, in Besoldung stehender Hof-, Staats- oder Militärbediensteten angleichen, wird jene Gebühr erhoben, welche der aktive Bedienstete von gleichem oder ähnlichem Range nach seinem Diensteinkommen zu entrichten hätte.

Art. 202 (200) — 209 (207) kommen nicht in Betracht.

Art. 210. (208.) Die in den vorstehenden Artikeln bestimmten Gebührensätze treten für die bezeichneten Akte an Stelle der treffenden Gebühren der V. Abtheilung. Im Uebrigen finden die Bestimmungen der genannten Abtheilung mit Ausnahme des Art. 189 auch auf die vorerwähnten Gegenstände entsprechende Anwendung.

VII. Abtheilung. **Sonstige Gegenstände.**

I. Abschnitt. **Allgemeine Bestimmungen.**

Art. 211. (209.) Streitfragen über die Pflicht zur Entrichtung der in gegenwärtiger Abtheilung bestimmten Gebühren oder über deren Größe werden in erster Instanz von den Regierungsfinanzkammern in öffentlicher Sitzung durch Senate entschieden, welche mit Einschluß des Vorsitzenden aus drei Mitgliedern bestehen.

Außerdem hat den Sitzungen ein Vertreter des Aerars als Staatsanwalt beizuwohnen. Derselbe ist vor jeder Beschlußfassung mit seiner Erinnerung und seinem Antrage zu hören.

Die gefaßten Beschlüsse können für vorläufig vollstreckbar erklärt werden.

Gegen die Entscheidungen der Regierungsfinanzkammern steht sowohl dem Gebührenpflichtigen als auch dem Staatsanwalte das Rechtsmittel der Beschwerde an den Verwaltungsgerichtshof zu.

Im Uebrigen bemißt sich sowohl das Verfahren in erster und zweiter Instanz, als auch die Beschwerdefrist nach den Bestimmungen des II. Abschnittes des Gesetzes vom 8. August 1878, die Errichtung eines Verwaltungsgerichtshofes und das Verfahren in Verwaltungsrechtssachen betreffend.

Art. 212. (210.) Auf Notariatsurkunden finden die Vorschriften in Art. 211 und in Abschnitt II Titel III, IV, V und VI keine Anwendung, vorbehaltlich jedoch der Bestimmung in Art. 120 Abs. 3 des gegenwärtigen Gesetzes.

II. Abschnitt. Besondere Bestimmungen.

I. Titel. Besitzveränderungs-Gebühr.

Art. 213. (211.) So oft eine Besitzveränderung in Bezug auf unbewegliche Sachen oder diesen gleichgeachtete Rechte stattfindet, sei es in Folge von Beschlüssen oder Entscheidungen der Behörden, im Erbgange oder auf sonstige Weise, schulden die neuen Besitzer die in Art. 214 bestimmte Gebühr.

Die Besitzveränderungs-Gebühr ist subsidiärer Natur und nur für jene Besitzveränderungen zu entrichten, über welche nicht bereits eine mit der verhältnißmäßigen Gebühr bewerthete Vertrags- oder Vergleichs-Urkunde vorliegt.

Art. 214. (212.) Die Gebühr wird aus dem Werthe des Gegenstandes der Besitzveränderung ohne Abzug der Schulden berechnet und beträgt:

1) 1 vom Hundert
   a) bei dem Erwerb von Erbschaften, Vermächtnissen oder Schenkungen für den Todesfall sowie bei der Succession in Lehen, Familienfideikommisse, Majorate, Stamm- oder Erbgüter;
   b) bei sonstigen Uebergängen auf die in Art. 114 Ziff. 1 bezeichneten Personen;
   c) bei einem Werthsgegenstande bis zu 1000 Mark einschließlich:
2) 2 vom Hundert in den übrigen Fällen.

Geht der Besitz auf mehrere Personen, welche verschiedene Prozentsätze schulden, gemeinschaftlich über, so ist die Gebühr nach den Antheilsrechten der einzelnen Personen gesondert zu berechnen.

Ehegatten und Verwandte in absteigender Linie sind in den Fällen des Abs. 1 Ziff. 1a von Entrichtung der Besitzveränderungs-Gebühr befreit. Gleiches gilt für alle Besitzveränderungen, welche sich nach dem bestehenden ehelichen Güterrechte kraft des Gesetzes unter Lebenden vollziehen.

Art. 215. (213.) Bei der Succession in Lehen, Familienfideikommisse, Majorate, Stamm- und Erbgüter, bei fideikommissarischen Substitutionen, dann überhaupt in den Fällen, in welchen Nutzung oder Substanz auf dem Wege der Erbfolge gesondert erworben werden, finden auf die Werthsberechnung die Bestimmungen in Art. 12 bis 15, 20 bis 22 des Gesetzes über die Erbschaftssteuer entsprechende Anwendung.

Art. 216. (214.) Wer auf irgend eine Weise in den Besitz von unbeweglichen Sachen oder diesen gleichgeachteten Rechten tritt, ohne hiefür eine mit der verhältnißmäßigen Gebühr bewerthete Erwerbsurkunde erlangt zu haben, ist verpflichtet, dem Rentamte, in dessen Bezirk die Realität liegt, innerhalb zwei Monaten vom Tage des Besitzantrittes an gerechnet den Besitzwechsel anzuzeigen und den Werth unter genauer Bezeichnung der einzelnen Objekte anzugeben.

Sind die Realitäten in den Bezirken mehrerer Rentämter gelegen, so genügt die Anzeige und Werthsangabe bei jenem Rentamte, in dessen Bezirk das Hauptgut liegt.

Die wissentliche Versäumniß obiger Frist zieht Geldstrafe im doppelten Betrage der schuldigen Gebühr nach sich.

Art. 217. (215.) Auf Grund der eingehenden Anzeigen und Werthsangaben, sowie der etwa erforderlichen weiteren Erhebungen hat das Rentamt die Gebühr von

Amtswegen zu reguliren, wobei die Bestimmungen in Art. 145 entsprechende Anwendung zu finden haben.

Art. 218 (216) — 222 (220) kommen hier nicht in Betracht.

II. Titel. **Gebühren-Aequivalent.**

III. Titel. **Oeffentliche Mobiliarversteigerungen.**

Art. 223. (221.) Oeffentliche Versteigerungen von beweglichen Sachen und von Nutzungen, welche nicht den Immobilien gleich zu achten sind, unterliegen einer Gebühr zu 1 vom Hundet des erzielten Gesammterlöses.

Besteht der Preis in jährlich wiederkehrenden Leistungen, so finden auf die Werthsberechnung die Bestimmungen in Art. 146 des gegenwärtigen Gesetzes entsprechende Anwendung.

Art. 224. (222.) Von der Gebühr sind befreit:

1) Versteigerungen für Rechnung der Reichs- oder Staats-Kasse;
2) Versteigerungen im Meß- und Marktverkehr;
3) Zwangsversteigerungen;
4) Versteigerungen forstwirthschaftlicher Produkte;
5) Versteigerungen landwirthschaftlicher Produkte mit Ausnahme derjenigen Weinversteigerungen, bei welchen der erzielte Gesammterlös den Betrag von 100 Mark übersteigt;
6) Versteigerungen, welche im öffentlichen Auftrage oder von Vormündern zur Verwerthung von Mündelgut vorgenommen werden.

Art. 225. (223.) Privatpersonen, welche eine Versteigerung vorzunehmen beabsichtigen, die nicht nach Art. 224 von der Gebühr befreit ist, haben spätestens zwei Tage vor deren Beginn dem Rentamte, in dessen Bezirk dieselbe stattfinden soll, Ort, Tag und Stunde des Beginnes der Versteigerung schriftlich oder zu Protokoll anzuzeigen.

Wird die Versteigerung im Auftrage eines Anderen vorgenommen, so ist gleichzeitig der Auftraggeber zu benennen.

Unter welchen Voraussetzungen öffentliche Bedienstete und Gemeindebeamte, welche öffentliche Versteigerungen vornehmen, hievon dem Rentamte vorgängige Anzeige zu erstatten haben, wird von der Staatsregierung bestimmt.

Art. 226. (224.) Ueber jede Versteigerung, welche nicht nach Art. 224 von der Gebühr befreit ist, ist eine schriftliche Urkunde aufzunehmen, in welcher die zum Aufwurf gebrachten Gegenstände und die hiefür erzielten Preise einzeln vorzutragen sind.

Wird die Ertheilung des Zuschlages versagt oder vorbehalten, so ist dieß in der Urkunde zu vermerken.

Die Versteigerungsurkunde ist von demjenigen, der die Versteigerung geleitet hat, unmittelbar nach deren Beendigung zur Bestätigung der Richtigkeit des Inhaltes, unter Vortrag der Summe der erzielten Preise mit Ziffern und Worten, zu unterzeichnen und binnen längstens einer Woche dem einschlägigen Rentamte in Vorlage zu bringen.

Art. 227. (225.) Die Rentämter können zu jeder öffentlichen Mobiliarversteigerung einen Vertreter des Aerars abordnen, welcher ermächtigt ist, die vorschriftsmäßige Aufnahme der Versteigerungsurkunde zu kontroliren.

Art. 228. (226.) Die Berechnung der Gebühr erfolgt aus der Summe der Zuschlagspreise.

Soweit der Zuschlag vorbehalten wurde, ist dessen Ertheilung anzunehmen, wenn nicht binnen längstens zwei Wochen nach Beendigung der Versteigerung die Versagung des Zuschlages nachgewiesen wird.

Art. 229. (227.) Die Pflicht zur Entrichtung der Gebühr obliegt demjenigen, unter dessen Leitung die Versteigerung ausgeführt wurde.

Hat derselbe hiebei im Auftrage eines Anderen gehandelt, so haften beide für die Entrichtung der Gebühr sammtverbindlich.

Art. 230. (228.) Einer Hinterziehung der Gebühr macht sich schuldig, wer

1) die in Art. 225 vorgeschriebene Anzeige nicht rechtzeitig erstattet, oder
2) die vorschriftsmäßige Aufnahme oder rechtzeitige Vorlage der Versteigerungsurkunde (Art. 226) unterläßt, oder

3) bezüglich der Versagung des Zuschlages (Art. 228 Abs. 2) wissentlich falsche Angaben macht.

Die Hinterziehung wird mit einer Geldstrafe geahndet, welche dem zehnfachen Betrage der hinterzogenen Gebühr gleichkommt, mindestens aber 30 Mark beträgt.

Läßt sich der Betrag der hinterzogenen Gebühr nicht ermitteln, so ist auf Geldstrafe von 30 bis 1000 Mark zu erkennen.

Im Falle des Art. 229 Abs. 2 haftet der Auftraggeber für die von dem Beauftragten zu entrichtende Geldstrafe nebst Kosten.

Ist jedoch anzunehmen, daß eine Gebührenhinterziehung nicht habe verübt werden können oder nicht beabsichtigt gewesen sei, so tritt nur Ordnungsstrafe bis zu 30 Mark ein.

IV. Titel. **Quittungen.**

Art. 231. (229.) Die Besoldungs-, Pensions- und alle übrigen Quittungen und Bescheinigungen über Zahlungen und Naturalvergütungen, welche aus Hof-, Staats-, Gemeinde-, Stiftungs- oder andern öffentlichen Kassen geleistet werden, unterliegen der verhältnißmäßigen Gebühr.

Dieselbe ist von dem Quittungsaussteller zu tragen.

Art. 232. (230.) Die Gebühr des Art. 231 berechnet sich aus der abquittirten Summe oder dem Gesammtgeldwerthe der Naturalvergütung jedes einzelnen Geldempfängers und beträgt:

von Summen zu

5	bis	199	Mark	einschlüssig	—	Mark	20	Pfennig
200	„	499	„	„	—	„	50	„
500	„	999	„	„	1	„	—	„
1,000	„	1,999	„	„	2	„	—	„
2,000	„	2,999	„	„	4	„	—	„

und so fort von jedem Tausend Mark 2 Mark mehr dergestalt, daß jedes angefangene Tausend für voll gerechnet wird.

Art. 233. (231.) Empfangsbescheinigungen über Zahlungen, durch welche ein Rechtsverhältniß erst begründet wird, sind nicht als Quittungen oder Bescheinigungen im Sinne des Art. 231 zu erachten.

Art. 234. (232.) Hinsichtlich der Gebührenpflicht macht es keinen Unterschied, ob die Zahlung auf Grund besonderer Verwilligung oder vermöge gesetzlichen oder vertragsmäßigen Rechtstitels oder auf Grund richterlichen Urtheils geleistet wird.

Art. 235. (233.) Gebühren werden nicht erhoben von Quittungen und Bescheinigungen:

1) über Beträge unter 5 Mark in Geld oder Geldeswerth;
2) über Tag-, Wochen- und Schichtenlöhne, dann über Accordverdienst und Fuhrlöhne der Taglöhner und Arbeiter gleicher Kategorie;
3) über Gagen und sonstige Dienstbezüge der in § 38 lit. A und B des Reichs-Militärgesetzes vom 2. Mai 1874 aufgeführten, zum aktiven Heere gehörigen Personen, sowie der Bediensteten der Gendarmerie und der Zollschutzwache;
4) der zur Disposition gestellten oder mit Pension verabschiedeten Offiziere, Aerzte und Militärbeamten im Falle und für die Dauer ihrer Heranziehung zum Dienste, jedoch nur hinsichtlich der aus ihrer aktiven Verwendung fließenden Bezüge;
5) über Pensionen, Alimentationen, Präbenden, Stipendien, Erziehungsbeiträge und Unterstützungen, deren Jahresbetrag die Summe von 500 Mark nicht übersteigt, dann über Besoldungen und Funktionsbezüge, deren jährlicher oder einmaliger Betrag die Summe von 500 Mark nicht übersteigt, soferne sie selbständig und nicht neben anderweitigen Gehältern bezogen werden. Die Gebühr von Quittungen über Besoldungen und Funktionsbezüge einer Person aus einer oder aus verschiedenen öffentlichen Kassen, deren jährlicher Gesammtbetrag die Summe von 1000 Mark nicht übersteigt, ist nur aus dem jährlichen Betrage jedes einzelnen Bezuges zu erheben.
6) über erhaltene Nachlässe, dann über Rückvergütung der vorbehaltlich oder irrthümlich einbezahlten Beträge;

7) über Vorschüsse und Abschlagszahlungen, wofür erst nach seinerzeitiger Liquidation und Abrechnung eine förmliche Quittung oder Endquittung auszustellen ist, insolange sie nicht zur Verrechnung gelangen;
8) über Kreis-, Distrikts- und Gemeindeumlagen, sowie über Konkurrenzbeiträge, wenn sie auch als Rechnungsbelege anderer öffentlichen Kassen dienen;
9) über Zuschüsse des Staats an andere öffentliche Kassen, wenn die Rechnungen der Letzteren mit gebührenpflichtigen Quittungen versehen sein müssen;
10) über Konkurrenzbeiträge einer kirchlichen Stiftung an eine andere;
11) über Schubfuhrlöhne, welche an Distrikts- oder Gemeindekassen geleistet werden;
12) über Vergütungen für Heimatlose;
13) über alle Baarempfänge der Gemeinden aus Staatskassen, soferne die Zahlung nicht in Folge einer privatrechtlichen Verpflichtung, sondern aus Gründen des öffentlichen Rechts erfolgt;
14) über die den Gefängnißwärtern für Verpflegung der Verhafteten geleisteten Zahlungen;
15) über Forstrechtsnutzungen aus den Staatswaldungen oder desfallsige Geldvergütungen, dann über alle Geld- und Naturalbezüge, welche den Gemeindebürgern und sonstigen Bezugsberechtigten als Ausfluß des Gemeindeverbandes zukommen;
16) über die an die Brandversicherungsanstalten für Gebäude in den Landestheilen rechts des Rheins und in der Pfalz entrichteten Versicherungsbeiträge und über die von denselben geleisteten Entschädigungen;
17) über Pensionen und Unterstützungen aus den Emeriten- und protestantischen Pfarrpensionsfonds, aus den protestantischen Pfarr-Unterstützungs- und Pfarr-Wittwenkassen, sowie aus den Kassen der verschiedenen für Pensionirung und Unterstützung der öffentlichen Bediensteten und der Anwälte oder deren Relikten bestehenden Vereine und Anstalten;
18) über Unterstützungen aus den Gewinnantheilen der Versicherungsanstalten;
19) über Ankauf und Beifuhr von Getreide und anderen Lebensmitteln zur Unterstützung Bedürftiger in Theuerungsjahren;
20) über heimbezahlte Anlehens-Obligationen;
21) über die Zinsen von Anlehens-Obligationen (Coupons);
22) über Zahlungen der Königlichen Bank im Bankverkehr;
23) über empfangene Steuerbeiträge;
24) über Hinausvergütungen der Königlichen Verkehrsanstalten an andere Verkehrsanstalten bei Abrechnungen;
25) über Beträge, welche von Privaten einbezahlt und nur durch Vermittelung der in Art. 231 erwähnten Kassen an die Berechtigten hinausvergütet werden;
26) über Beträge, welche vorbehaltlich des Rückgriffes an den Pflichtigen aus der Staatskasse vorgeschossen werden;
27) über den Rückempfang von Kautionen;
28) über Zinszahlungen und Kapitalsrückzahlungen aus öffentlichen Sparkassen;
29) über Appanagen der Mitglieder des Königlichen Hauses sowie über die denselben nach Art. VII des Gesetzes über die Festsetzung einer permanenten Civilliste vom 1. Juli 1834 gebührenden sonstigen Bezüge aus der Staatskasse.

Art. **236**. (234.) **Wer in der Absicht, die Gebühr zu hinterziehen, gegen eine Zahlung von 5 Mark oder darüber mehrere, auf Beträge unter 5 Mark lautende Quittungen ausstellt, unterliegt einer Geldstrafe, welche dem zehnfachen Betrage der hinterzogenen Gebühr gleichkommt, mindestens aber 10 Mark beträgt.**

V. Titel. **Versicherungsverträge.**

Art. **237—242.** [23])

---

[23]) Bezieht sich auf „Urkunden (Policen) von Versicherungsanstalten", die regel-

VI. Titel. **Lombarddarlehen.**

Art. **243**. (250.) Urkunden über zinsbare Darlehen, welche gegen Verpfändung oder Hinterlegung von edlen Metallen, Waaren, Wechseln oder Werthpapieren gegeben werden (Lombarddarlehen), unterliegen einer Gebühr zu $^2/_{10}$ vom Tausend der dargeliehenen Summe.

Art. **244**. (251.) Von der Gebührenpflicht sind befreit:

1) Lombarddarlehen, welche vom Deutschen Reiche oder von dem Bayerischen Staate aufgenommen werden;
2) Beurkundungen über Verlängerung der Rückzahlungsfrist von Lombarddarlehen, für welche die Gebühr bereits entrichtet wurde;
3) Pfanddarlehen öffentlicher Leihhäuser.

Art. **245** (252) — **251** (258).

VIII. Abtheilung. **Gemeinsame Bestimmungen.**

Art. **252**. (259.) Insoweit das Gesetz einem Verwandtschaftsverhältnisse Einfluß auf die Gebührenpflicht einräumt, macht es keinen Unterschied, ob dasselbe durch eheliche oder erweislich anerkannte außereheliche Zeugung, durch Arrogation, Adoption oder Einkindschaft begründet ist.

Auf ein die Gebühr minderndes Verhältniß, welches zufolge eines richterlichen Erkenntnisses oder eines Vertrages schon vor dem Anfalle der Gebühr zu bestehen aufgehört hat, darf nicht zurückgegangen werden.

Art. **253**. (260.) Wo das Gesetz für den Ansatz der Gebühr einen Spielraum gewährt, hat die Behörde innerhalb desselben den Gebührensatz unter Berücksichtigung des Umfanges und der Schwierigkeit der Sache, der Bedeutung derselben für das bürgerliche Leben und der Leistungsfähigkeit des Pflichtigen zu bestimmen.

Die Staatsregierung ist ermächtigt, hierüber nähere Vollzugsvorschriften zu erlassen.

Art. **254**. (261.) In allen Fällen, in welchen für die Partei ein Rechtsanwalt handelt, ist für die Entrichtung der Gebühren, Auslagen und desfallsigen Vorschüsse nicht der Anwalt, sondern die von ihm vertretene Partei verhaftet, wenn nicht der Anwalt ausdrücklich die Zahlung für die Partei übernommen hat.

Art. **255**. (262.) Für die Erledigung des Ersuchens einer nichtbayerischen Behörde in Angelegenheiten, auf welche das Reichs-Gerichtskostengesetz keine unmittelbare Anwendung findet, kommen, wenn eine Amtshandlung vorgenommen wird, für welche besondere Gebühren gesetzlich bestimmt sind, diese Gebühren zur Erhebung. Die Staatsregierung ist jedoch ermächtigt, für solche Fälle ausnahmsweise auch andere Gebührensätze zu bestimmen.

Ist um die Vornahme sonstiger Amtshandlungen ersucht, so werden Gebühren nicht erhoben, wenn die Gegenseitigkeit verbürgt ist. Ist dieß nicht der Fall, so können besondere Gebühren erhoben werden, deren Sätze die Staatsregierung bestimmt.

In allen Fällen sind die mit der Erledigung des Ersuchens verbundenen baaren Auslagen zu erstatten.

Die Vornahme der Amtshandlung kann von der vorgängigen Erlage eines zur Deckung der Kosten hinreichenden Vorschusses abhängig gemacht werden.

Die bestehenden Vereinbarungen mit anderen Staaten werden hiedurch nicht berührt.

Art. **256**. (263.) In Angelegenheiten, auf welche das Reichs-Gerichtskostengesetz keine unmittelbare Anwendung findet, kann gegenüber Personen, welche in Bayern nicht ihren ständigen Wohnsitz haben, bei Anträgen auf Einleitung eines amtlichen Verfahrens oder Vornahme einzelner Amtshandlungen, dringende Fälle ausgenommen, jede amtliche Thätigkeit in der Sache selbst von der vorgängigen Erlage eines zur Deckung der hiemit verbundenen Gebühren und Auslagen hinreichenden Vorschusses abhängig gemacht werden, auch wenn dieselben von einem bayerischen Rechtsanwalte vertreten sind.

---

mäßig nicht von Notaren aufgenommen werden und daher hier nicht in Betracht kommen.

Notare, welche von dieser Befugniß keinen Gebrauch machen, haften dem Staate persönlich für die erwachsenen Gebühren, vorbehaltlich ihres Regresses an die zahlungspflichtige Partei.

Auch ist die Staatsregierung ermächtigt, in den in Abs. 1 bezeichneten Angelegenheiten gegenüber Ausländern besondere, von gegenwärtigem Gesetze abweichende Gebührensätze zu bestimmen und für Akte, welche an sich gebührenfrei wären, die Erhebung von Gebühren zu verordnen.

Art. 257. (264.) Für die Aufbewahrung der bei den Gerichten oder gemäß Art. 76 Abs. 3 des Gesetzes zur Ausführung des Reichs-Gerichtsverfassungsgesetzes bei der Königlichen Bank oder anderen Kassen des Staates hinterlegten Gelder und Werthpapiere können besondere Gebühren (Depositalgebühren) erhoben werden.

Die Gebührensätze werden durch Königliche Verordnung bestimmt.

Art. 258. (265.) Die Erhebung und Ablieferung der bei den Gerichten anfallenden Gebühren und Auslagen, Geldstrafen und sonstigen dem Staate zu verrechnenden Geldbeträge erfolgt unter der Aufsicht der Finanzbehörden nach Maßgabe der von der Staatsregierung hierüber zu erlassenden näheren Bestimmungen. Die Besorgung dieser Geschäfte kann den Gerichtsschreibern übertragen werden.

Den Notaren liegt rücksichtlich der von ihnen behandelten Geschäfte die Erhebung und Ablieferung der für den Staat zu verrechnenden Gebühren unter Aufsicht der Finanzbehörden ob. Die Rückstände überweisen sie an das Rentamt zur Beitreibung.

Im Uebrigen werden die Vorschriften über Erhebung und Verrechnung der anfallenden Gebühren und Auslagen, sowie über die Führung und Revision der Gebührenregister, über das Verfahren bei Aufnahme und Bescheidung der Revisionsprotokolle, dann bei Streitfragen und Beschwerden, soweit dasselbe nicht gesetzlich geregelt ist, und über die Abrechnung mit den Rentämtern von der Staatsregierung erlassen.

Art. 259. (266.) Die bei den Gerichten anfallenden Schreibgebühren werden, soferne sie nicht aus der Staatskasse bezahlt werden müßten, den Gerichtsschreibern für die Besorgung des Schreibwerkes zugewendet.

Die näheren Bestimmungen hierüber erläßt das Staatsministerium der Justiz.

Art. 260. (267.) Die Beitreibung rückständiger Gebühren und Auslagen des Staates erfolgt durch die Rentämter im Wege des administrativen Zwangsvollzuges.

Durch Königliche Verordnung kann das Vollstreckungsrecht auch anderen Verwaltungsbehörden eingeräumt werden.

Die Mitwirkung der Rentämter bei der Beitreibung rückständiger Geldstrafen wird gleichfalls durch Königliche Verordnung geregelt.

Art. 261. (268.) Den Behörden und Stellen ist untersagt, die Umschreibung des Erwerbs- oder Besitztitels über Liegenschaften oder gleichgeachtete Rechte in den Steuerkatastern, Hypotheken- oder Grundbüchern eher vorzunehmen, als der Nachweis über die Entrichtung oder Hinterlegung der treffenden Gebühren vorgelegt ist.

Art. 262. (269.) Durch Königliche Verordnung kann bestimmt werden, daß und welche in die Staatskasse fließende Gebühren außer den im Gesetze besonders bezeichneten Fällen durch Verwendung von Gebührenmarken zu entrichten sind.

Das Staatsministerium der Finanzen ist ermächtigt, Vorschriften über die Anfertigung und den Verkauf sowie über die Zeit und Art der Verwendung dieser Marken zu erlassen und zugleich zu bestimmen, unter welchen Voraussetzungen die nicht in vorgeschriebener Weise verwendeten Gebührenmarken als nicht verwendet angesehen werden.

Art. 263. (270.) Oeffentliche Beamte oder Bedienstete, welche die vorgeschriebene Verwendung der normalmäßigen Gebührenmarken zu gebührenpflichtigen Schriftstücken unterlassen, verfallen, insoferne die Unterlassung nicht in irriger Auffassung der bestehenden Vorschriften ihren Grund hat, in eine Geldstrafe, welche dem zehnfachen Betrage der nicht verwendeten Gebührenmarken gleichkommt.

Erheben dieselben von einer Partei die Gebühr, ohne die vorschriftsmäßigen Gebührenmarken zu verwenden, so unterliegen sie, soferne kein höher strafbares Reat vorliegt, einer Geldstrafe im zwanzigfachen Betrage der erhobenen Gebühr.

Art. 264. (271.) Wer Gebührenmarken um höheren Preis als ihren Nennwerth verkauft oder eine höhere Vergütung dafür in Ansatz bringt, verfällt in eine Geldstrafe von 20 bis 60 Mark je nach der Größe des unerlaubten Gewinnes.

Jede Verfehlung gegen die Vorschriften über die Zeit oder Art der Verwendung von Gebührenmarken wird, soferne gesetzlich nicht eine strengere Strafe verwirkt ist, mit Ordnungsstrafe bis zu 30 Mark geahndet.

Art. 265. (272.) Die Einziehung der Gebühren erfolgt unabhängig von der Bestrafung.

Art. 266. (273.) Die Zuständigkeit und das Verfahren bei strafbaren Zuwiderhandlungen gegen die Bestimmungen des gegenwärtigen Gesetzes und der Vollzugsvorschriften zu demselben richtet sich, vorbehaltlich der Bestimmung in Art. 152, nach den Vorschriften des Reichs-Gerichtsverfassungsgesetzes und der Reichs-Strafprozeßordnung.

Hinsichtlich des Verfahrens im Verwaltungswege finden die Bestimmungen in Art. 86, 87 Abs. 1, Art. 88 Abs. 1, Art. 89 Abs. 1 bis 3, 5, Art. 90, 91, 92 Abs. 2 des Gesetzes zur Ausführung der Reichs-Strafprozeßordnung entsprechende Anwendung mit der Maßgabe, daß an Stelle der Zollbehörden hier die Rentämter und, soweit Pflichtwidrigkeiten öffentlicher Beamten und Bediensteten, mit Ausnahme der Gerichtsvollzieher, in Frage stehen, die vorgesetzten Behörden zu treten haben.

Art. 267. (274.) Rückständige Gebühren und Auslagen erlöschen, vorbehaltlich der Vorschrift in § 5 des Reichs-Gerichtskostengesetzes, nach Maßgabe der Bestimmungen in § 32 des Finanzgesetzes vom 28. Dezember 1831, welche auch auf die Pfalz entsprechende Anwendung finden.

Ansprüche auf Rückersatz bezahlter Gebühren oder Auslagen erlöschen nach drei Jahren. Der Lauf der Verjährungsfrist beginnt mit dem Zahltage, soferne der Rückersatzanspruch nicht erst später entstanden ist.

Gegen die eintretende Erlöschung findet eine Wiedereinsetzung in den vorigen Stand nur zu Gunsten minderjähriger physischer Personen statt.

Die Strafverfolgung von Zuwiderhandlungen gegen die Vorschriften des gegenwärtigen Gesetzes und der Vollzugsvorschriften zu demselben verjährt in drei Jahren; die Vollstreckung der rechtskräftig ausgesprochenen Strafen verjährt in fünf Jahren.

IX. Abtheilung. **Schlußbestimmungen.**

Art. 268. (275.) Das Forstgesetz vom 28. März 1852 erleidet nachstehende Aenderungen:

1) Art. 55 Abs. 2 erhält folgende Fassung:
„Für Werths- und Schadensersatz, sowie für Auslagen haften sie sammtverbindlich."

2) In Art. 67 ist der zweite Satz:
„das Kostenregulativ ist im Verordnungswege zu erlassen."
zu streichen.

Art. 269. (276.) Das revidirte Forststrafgesetz für die Pfalz erleidet nachstehende Aenderungen:

1) Die in Art. 4, 12 Abs. 4 nebst dem als Beilage 1 angefügten Kostenregulativ, Art. 60 Abs. 1, Art. 92 nebst allen dazu gehörigen Formularien sind aufgehoben.

2) Der erste Satz des Art. 8 erhält folgende Fassung:
„Wird ein Forstfrevel durch das Zusammenwirken mehrerer Personen verübt, so wird die Strafe gegen jede derselben ausgesprochen; für Entschädigung und Auslagen sind sie solidarisch verbunden."

3) In Art. 17 Zeile 2 sind die Worte:
„und Kosten"
zu streichen.

4) Art. 55 Abs. 2 erhält folgende Fassung:
„Der etwaige Ueberschuß des Erlöses aus den sequestrirten Gegenständen wird dem Eigenthümer zurückgegeben oder, falls er unbekannt bleibt, nach Verlauf eines Jahres vom Tage der Versteigerung an gerechnet zur Staatskasse eingezogen."

5) An Stelle der Art. 77 bis 90 treten die Art. 172, 173, 175, 176 des Forstgesetzes vom 28. März 1852.
In Art. 173 ist zwischen Abs. 2 und 4 folgender Abs. 3 einzuschalten:
„Art und Umfang der den Gemeindeeinnehmern bei der Einziehung obliegenden Thätigkeit regelt die Staatsregierung."

Art. 270. (277.) Die Forststrafkasse in der Pfalz wird aufgehoben. Ihre Fonds und Lasten gehen an die Staatskasse über.

Art. 271. (278.) Die Bestimmungen in Art. 67, 68, 77, 98, 99, 105, 107, 108, 110, 111 des Notariatsgesetzes vom 10. November 1861 und Art. 1 Abs. 1 des Gesetzes vom 29. Juli 1876, die Abänderung einiger Bestimmungen des Notariatsgesetzes betreffend, sowie in Art. 88 des Gesetzes zur Ausführung der Reichs-Civilprozeßordnung und Konkursordnung werden auf die Pfalz ausgedehnt.

Die Feststellung des Datums einer Privaturkunde gemäß Art. 88 des Gesetzes zur Ausführung der Reichs-Civilprozeßordnung und Konkursordnung hat in der Pfalz die gleichen rechtlichen Wirkungen, wie die Einregistrirung einer Urkunde.

Art. 272. (279.) Gegenwärtiges Gesetz tritt gleichzeitig mit dem Reichs-Gerichtskostengesetze im ganzen Umfange des Königreichs in Kraft. Von diesem Zeitpunkte an sind alle älteren Gesetze und Verordnungen über Taxen, Stempel- und Einregistrirungsgebühren aufgehoben, soweit sie nicht in gegenwärtigem Gesetze ausdrücklich aufrecht erhalten sind.

Insbesondere treten außer Kraft:

1) alle älteren Taxregulative für bürgerliche Rechtsstreitigkeiten und Strafsachen, sowie die Taxordnung in Bezug auf das Ewiggeld-Institut in München;
2) die geheime Kanzlei-Taxordnung vom 24. Januar 1759;
3) die Verordnung vom 5. 18. Januar 1802, die Abschaffung der Vergleichstaxe betreffend;
4) die Verordnung vom 9. März 1808, die Taxen der Adelsstands-Erhebungen betreffend;
5) die §§ 50, 51 des Ediktes über die Lehenverhältnisse vom 7. Juli 1808 mit den bezüglichen Bestimmungen in Ziff. 2, 3 des Gesetzes vom 15. August 1828, die Revision des Lehen-Ediktes betreffend;
6) die Bestimmung über die Immatrikulationsgebühren in Abs. 4 der Verordnung vom 22. Mai 1812, die Adelsmatrikel betreffend;
7) die Stempelordnung vom 18. Dezember 1812;
8) das Regulativ für die Taxen und Stempelgebühren in Hypothekensachen vom 26. April 1824;
9) das Gesetz vom 11. September 1825, die Stempelordnung betreffend;
10) § 6 des Gesetzes vom 15. August 1828, die Militärgerichtsbarkeit in bürgerlichen Rechtssachen betreffend;
11) das Gesetz vom 28. Mai 1852 über das Taxregulativ für die Verhandlungen der nichtstreitigen Rechtspflege, sowie der inneren, dann der Polizei- und Finanzverwaltung;
12) Art. 14 Abs. 1 und 2 des Gesetzes vom 1. Juli 1856, die Abgaben von Bergwerken diesseits des Rheins betreffend;
13) Art. 106 des Gesetzes vom 10. November 1861, das Notariat betreffend;
14) Art. 25 des Gesetzes vom 10. November 1861, die Zusammenlegung der Grundstücke betreffend;
15) Art. 83 des Gesetzes vom 10. November 1861, die Einführung des allgemeinen deutschen Handelsgesetzbuches betreffend;
16) Art. 70 des Gesetzes vom 10. November 1861, die Gerichtsverfassung betreffend;
17) § 39 Ziff. II Nr. 1 des Landtagsabschiedes vom 10. Juli 1865;
18) das Gesetz vom 21. Juni 1870, einige provisorische Bestimmungen über die Tax- und Stempelgebühren in bürgerlichen Rechtssachen betreffend, nebst dem Gesetze über dessen provisorische Fortdauer vom 29. Dezember 1873;
19) das Gesetz vom 8. November 1875, Abänderungen der Tax- und Stempelgesetze betreffend;
20) das Gesetz vom 17. Februar 1878, die Abänderung der Taxgesetze in den Landestheilen rechts des Rheins betreffend;

sodann noch besonders in der Pfalz:

21) die Gesetze vom 13. Brumaire VII (3. November 1798) über den Stempel und vom 22. Frimaire VII (12. Dezember 1798) über die Einregistrirung

nebst allen dazu gehörigen Abänderungs- und Erläuterungsbestimmungen, namentlich:

a) die Vorschriften über öffentliche Versteigerungen, insbesondere das Gesetz vom 22. Pluviose VII (10. Februar 1799) und die Verordnungen vom 21. Februar 1815 und 3. Februar 1822;
b) das Gesetz vom 21. Ventose VII (11. März 1799) und die übrigen Gesetze über die Gerichtsschreibereigebühren;
c) Art. 1 des Gesetzes vom 21. Ventose VII über die Hypothekenbewahrung nebst den auf die Inscriptionsgebühren bezüglichen Bestimmungen dieses Gesetzes;
d) das Gesetz vom 6. Prairial VII (25. Mai 1799);
e) das Gesetz vom 27. Ventose IX (18. März 1801);
f) die Verordnung des Generalgouverneurs Gruner vom 14./26. Februar 1814;
g) die Verordnung vom 30. Oktober 1817;
h) Art. 1 des Gesetzes vom 28. Dezember 1831, die Protokollirung und Vorladung in gemeinen Strafsachen der einfachen Polizei und die Berufung von den Urtheilen der einfachen Polizeigerichte im Rheinkreise betreffend;
i) das Gesetz vom 23. Mai 1846, die Registrirungsgebühren in der Pfalz betreffend;
k) die in den Art. 9, 10, 15, 17, 18, 19, 23, 28, 57, 58, 63, 64, 68, 76, 79, 80 des Gesetzes vom 23. Mai 1846, das Exekutionsverfahren in der Pfalz betreffend, enthaltenen Bestimmungen über die Einregistrirungs-, Redaktions- und Stempelgebühren;
l) das Gesetz vom 28. Mai 1852, die Abänderung einiger Bestimmungen der in der Pfalz bestehenden Gesetze über die Einregistrirung, den Stempel und das Notariat betreffend.

Die Dienst- und Geschäftsverhältnisse der Hypothekenbewahrer in der Pfalz werden, soweit sie nicht gesetzlich bestimmt sind, durch Königliche Verordnung geregelt.[26])

Art. 273. (280.) Die besonderen Abgaben, welche unter dem Namen „Irrenhaustaxen" in einem Theile Oberfrankens noch zur Erhebung gelangen, werden aufgehoben.

Art. 274 (281.) In bürgerlichen Rechtsstreitigkeiten, welche gemäß Art. 226 des Gesetzes zur Ausführung der Reichs-Civilprozeßordnung und Konkursordnung noch nach den bisherigen Prozeßordnungen zu erledigen sind, haben auch hinsichtlich der Taxen, Stempel- und Einregistrirungsgebühren noch die seitherigen Bestimmungen Anwendung zu finden.

Gleiches gilt von Zwangsvollstreckungen, Konkursen und Strafsachen, insoferne dieselben auch nach Eintritt der Wirksamkeit der Reichsjustizgesetze noch nach den bisherigen Prozeßgesetzen zu erledigen sind.

Ebenso bleiben die vor dem Inkrafttreten des gegenwärtigen Gesetzes bereits anhängig gewordenen Verhandlungen der Gerichte in Gegenständen der nichtstreitigen Rechtspflege bis zu ihrer Erledigung den seitherigen Bestimmungen über Taxen, Stempel- und Einregistrirungsgebühren unterworfen.

In den Landestheilen rechts des Rheins finden jedoch auf Vormundschaften und Pflegschaften, welche bis 1. Januar 1880 nicht vollständig erledigt sind, von diesem Zeitpunkte an nur noch die Bestimmungen des gegenwärtigen Gesetzes Anwendung.

Art. 275. (283.) Zuständigkeit und Verfahren bei Streitfragen über die Anwendung der Bestimmungen der in Art. 272 erwähnten Gesetze und Verordnungen bemißt sich nach den bisherigen Vorschriften.

Bei Hinterziehungen kommen hinsichtlich des Verfahrens im Verwaltungswege die Bestimmungen des gegenwärtigen Gesetzes zur Anwendung.

Die in Art. 10 Ziff. 29, 30 des Gesetzes vom 8. August 1878, die Errichtung eines Verwaltungsgerichtshofes und das Verfahren in Verwaltungsrechtssachen be-

---

[26]) Vgl. oben Art. 111.

treffend, enthaltenen Vorschriften über die Zuständigkeit des Verwaltungsgerichtshofes zur Bescheidung von Beschwerden in Gegenständen der Taxpflicht auf Grund des Taxgesetzes vom 28. Mai 1852 und der hier einschlagenden Bestimmungen des Gesetzes vom 8. November 1875, Abänderungen der Tax- und Stempelgesetze betreffend, dann der Stempelpflicht auf dem Gebiete der nichtstreitigen Rechtspflege, sowie der innern, dann der Polizei- und Finanzverwaltung treten nicht in Wirksamkeit.

Art. 276. (284.) Ist in Spezialgesetzen oder Verordnungen in Bezug auf Taxen und Stempelgebühren auf eines der in Art. 272 aufgehobenen Gesetze verwiesen, so kommen statt der bisherigen Bestimmungen die entsprechenden Vorschriften des gegenwärtigen Gesetzes in Anwendung.

b) Verordnung vom 20. September 1879,

die Ausführung des Reichs-Gerichtskostengesetzes und des Gesetzes über das Gebührenwesen betreffend.

§ 2. Den Finanzbehörden steht jederzeit[27]) frei behufs Prüfung der Richtigkeit der Gebührenansätze und der Ueberträge in die Gebührenregister von den einschlägigen Akten der Gerichte, Notare und Verwaltungsbehörden Einsicht zu nehmen und zu diesem Zwecke Commissäre in die Büreaus jener Behörden und Beamten abzuordnen.

Die gebührenverrechnenden Behörden und Beamten sind verpflichtet, auf die von der Revision erhobenen Bedenken die erforderlichen Aufschlüsse zu ertheilen und, soferne zur weitern Verfügung die Vorlage von Aktenstücken an die Revisionsstelle nothwendig ist, Abschriften derselben fertigen zu lassen, falls die Einsendung der Originalakten sich als unthunlich darstellen sollte.

§ 12. Für die Besorgung des Gebührenwesens und der hiemit verbundenen Auslagen für Schreibmaterialien, Register- und Gebührenanforderungsformularien erhalten die hiemit betrauten Beamten und Bediensteten, mit Ausnahme der Rentbeamten, der Beamten der Kreiskassen und der Centralstaatskasse, eine Tantieme aus den von ihnen perzipirten und der Staatskasse verrechneten Gebühren und Strafgeldern.

Diese Tantieme wird vom 1. Januar 1880 an auf 2 Prozent von den ersten 80,000 Mark und 1 Prozent von dem diese Summe übersteigenden Betrage der Jahreseinnahme festgesetzt.

§ 15. Die Erhebung, Ablieferung und beziehungsweise Verrechnung der bei den Bezirksämtern und Notaren anfallenden Gebühren, Geldstrafen, dann der hiemit in Verbindung stehenden Auslagen und durchlaufenden Gelder liegt den Bezirksämtern und exponirten Bezirksamtsassessoren, dann den Notaren ob.[28])

c) Bekanntmachung vom 21. September 1879,

Instruktion zum Vollzuge des Reichs-Gerichtskostengesetzes und des Gesetzes über das Gebührenwesen betreffend.

§ 6.[29]) Bei der Führung dieser (Gebühren-) Register sind die denselben vorgedruckten Vorschriften, welche einen integrirenden Bestandtheil gegenwärtiger Instruktion bilden, genauestens zu beachten.

Die Gebührenregister sind für jeden Monat, bei den Rentämtern für jedes Quartal neu anzulegen. Dieselben sind monatlich abzuschließen. In den rentamtlichen Registern sind am Schlusse jeden Quartals die drei Monatsabschlüsse zusammenzustellen.

---

[27]) S. aber Geb.Ges. Art. 126 Abs. 3.

[28]) S. Art. 271 und den damit eingeführten Art. 105 Not.O.

[29]) § 7 siehe hinter § 17.

§ 9. Die Ablieferungen an das Rentamt haben schon während des Monats in runden Summen stattzufinden, sobald der Hälftebetrag der von dem betreffenden Beamten geleisteten Kaution durch die perzipirten Staatsgelder erreicht ist.

Bei der Abrechnung sind die für den jeweiligen Monat gemachten Abschlagslieferungen auf die für den betreffenden Monat perzipirte Gesammtsumme zu ergänzen.

§ 10. Die Abrechnung mit dem Rentamte hat durchweg spätestens am 10. jeden Monats auf Grund des abgeschlossenen Gebührenregisters über die Anfälle des vorhergegangenen Monats vollständig zu erfolgen.

§ 11. Die den gebührenverrechnenden Beamten aus den baaren Ablieferungen an Gebühren und Geldstrafen zukommenden Tantiemen sind denselben bei der Abrechnung gegen gebührenfreie Interimsquittung zu bezahlen.

Am Schlusse des Jahres oder bei früherem Wechsel in der Person des bezugsberechtigten Beamten ist über den ihn treffenden, vom Rentamte zu berechnenden Gesammttantiemenbezug die Schlußquittung zu übergeben, wogegen die monatlichen Interimsquittungen hinauszugeben sind.

Die Schlußquittungen unterliegen der verhältnißmäßigen Gebühr nach Art. 229 ff. des Gesetzes über das Gebührenwesen.

5	bis	199	Mark incl.	20	Pfennig,
200	„	499	„ „	50	„
500	„	999	„ „	1	Mark,
1000	„	1999	„ „	2	„
2000	„	2999	„ „	4	„

und so fort von jedem Tausend Mark 2 Mark mehr dergestalt, daß jedes angefangene Tausend für voll gerechnet wird.

§ 12. Bei der Abrechnung sind die betreffenden Gebührenregister an das Rentamt abzugeben, woselbst sie auch nach erfolgter Revision aufbewahrt bleiben.

Den gebührenverrechnenden Beamten steht die Einsicht der von ihnen abgegebenen Gebührenregister jederzeit frei; auch ist ihnen gestattet, sich von diesen Registern Abschriften zu nehmen.

§ 14. Hinsichtlich der Gebührenbewerthung der Verhandlungen, welche von den Notaren in ihrer Eigenschaft als Versteigerungsbeamte gepflogen werden wird, auf Art. 11 und 18 des Gesetzes über das Gebührenwesen aufmerksam gemacht.

Der Ansatz, die Sollstellung und Erhebung der hienach anfallenden Gebühren obliegt den Notaren.

§ 15. Bei Aufnahme von procentabel zu bewerthenden Urkunden über Rechtsgeschäfte, welche keine bestimmte Geldsumme enthalten, deren Gegenstand aber gleichwohl eine Veranschlagung in Geld zuläßt, ist der beurkundende Notar gehalten, die Betheiligten zur Angabe des wahren Werthes behufs der Gebührenberechnung aufzufordern. (Art. 143 Abs. 1 des Ges. üb. d. Geb.W.)

§ 16. Wenn ein Vertrag, wodurch über Besitz oder Eigenthum Verfügung getroffen wird, bewegliche und unbewegliche Sachen begreift, so ist gemäß Art. 142 des erwähnten Gesetzes die Gebühr von dem Gesammtwerthe nach dem für die letzteren bestimmten Procentsatze zu entrichten, soferne nicht der Werth der beweglichen Sachen in der Urkunde besonders ausgewiesen wird.

Eine individuelle Bezeichnung der einzelnen beweglichen Sachen ist hiebei nicht erforderlich; es genügt vielmehr auch schon die summarische Angabe derselben und ihres Werthes.

§ 17. Insoferne von Urkunden, für welche die Gebühren des Staates bei der Abrechnung mit dem Rentamte noch nicht bezahlt sind, Ausfertigungen gemacht, und diese nicht etwa wegen der rückständigen Notariatsgebühren vom k. Notar selbst zurückbehalten wurden, sind dieselben bei der Abrechnung an das Rentamt zu übergeben.

Wenn der Notar die Urkunde bezw. deren Ausfertigung den Betheiligten vor Bezahlung der Gebühren des Staates ausgehändigt hat, so tritt seine Haftbarkeit nach Maßgabe des Schlußsatzes des Art. 107 des Notariatsgesetzes vom 10. November 1861 ein.

§ 7 Abs. 2. Behufs möglichster Fernhaltung von Rückständen haben die Notäre

den Pflichtigen die schuldigen Beträge ohne Verzug, unter dem Beifügen bekannt zu geben, daß, wenn die Zahlung nicht bis zu einem bestimmten Tage vor der Abrechnung mit dem Rentamte erfolgt sein sollte, der Rückstand dem Letzteren zur zwangsweisen Beitreibung überwiesen werden müßte.

Abs. 3. Erfolgen diese Zahlungsaufforderungen schriftlich, so ist denselben die betreffende Nummer des Gebührenregisters beizumerken.

Abs. 5. Die Mittheilungen dieser Kostenrechnungen an die Pflichtigen ist im internen Verkehre als Dienstsache portofrei.[30])

d) Gesetz über die Erbschaftssteuer vom 18. August 1879.

(Ges. u. V.Bl. S. 883.)

Art. 30. Gerichte, Notare, Privatverlassenschaftskommissäre und Testamentsvollstrecker haben dem zuständigen Rentamte innerhalb einer von der Staatsregierung näher zu bestimmenden Frist[31]) von den Verlassenschaften, welche sie behandeln, und von dem etwaigen Vorhandensein letztwilliger Verfügungen unter Bekanntgabe der hierin mit Zuwendung bedachten Personen Nachricht zu geben. Auch sind sie verpflichtet, der Steuerbehörde auf Verlangen die gepflogenen Verlassenschaftsverhandlungen und letztwilligen Verfügungen zur Einsicht mitzutheilen.[32])

Art. 43. Jede Zuwiderhandlung gegen die Bestimmungen des gegenwärtigen Gesetzes und der Vollzugsvorschriften zu demselben, welche nicht mit einer besonderen Strafe bedroht ist, wird, wenn dieselbe begangen wurde

2) von einem Notar, mit Ordnungsstrafen und bei fortgesetztem pflichtwidrigen Verhalten mit Disciplinarstrafen nach Maßgabe der einschlägigen gesetzlichen Bestimmungen geahndet.

---

[30]) Ministerialbekanntmachung vom 15. März 1880. Correspondenzen der Notäre, welche die Mittheilung von Kostenberechnung an die Pflichtigen im internen Verkehre betreffen, sind auf der Adresse neben der Bezeichnung R. S. mit dem Beisatze „Kostenrechnung" zu versehen.

[31]) Sechs Wochen: Bek. v. 21./9. 1879 § 8. Die Frist beginnt mit dem Tage, an welchem der Notar mit der bezüglichen Verhandlung befaßt wurde, bei Theilungsabschlüssen mit dem Tage ihrer Beurkundung.

[32]) Beglaubigte Abschrift genügt: das. § 10.

III. 2. Baden.

Litteratur: Oesterley II. S. 28 u. 42 Anm. 11. — Euler S. 58. — Weiske, Rechtslexikon S. 570. — Conrad, Staatslexikon unter Notariat. — Deutsche Notariatszeitung 1887 Nr. 12. — Zeitschrift für Notariat u. freiw. Gerichtsbarkeit in Oesterreich 1890 Nr. 17. — Annalen der badischen Gerichte. — Badisches Notariats-Blatt. — Reutti, „Die freiwillige Gerichtsbarkeit und das Notariat im Gr. Baden", 2. Aufl. Tauberbischofsheim 1891, ein außerordentlich fleißiges Werk. — Hauger, „die Rechtspolizeigesetzgebung f. d. Gr. Baden", Mannheim 1890, mit Nachtrag v. 1891.

Uebersicht.

Baden erhielt nach Auflösung des Reichsverbandes am 3. November 1806 eine ausführliche Notariats-Ordnung (Staats- u. Reg.Bl. Nr. 30), nebst authentischen Erläuterungen v. 26. Febr. u. 19. März 1807 (St. u. Reg.Bl. Nr. 6 u. 8). Nach Rezeption des Code Napoleon wurde durch das Nachtragsgesetz v. 20. Mai 1809 (St. u. Reg.Bl. Nr. 24) der Sache nach auch das französische Notariat eingeführt. Reinprozessualische Gerichtsbarkeit neben dem Notariat, undeutsch wie diese Einrichtung ist, genügte auf die Dauer nicht, u so wurde denn die Staatshoheit auf dem Gebiete der sg. freiw. Gerichtsbarkeit im engeren Sinne insofern wieder zur Geltung gebracht, als man ohne die französische Auffassung von der Gerichtsbarkeit prinzipiell zu verletzen u. ohne jene also den Gerichten zu übertragen, dennoch durch Edikt v. 22. Dezember 1808 u. durch das Organisations Edikt v. 26. November 1809 besondere Staatsbeamte, Amtsrevisoren oder Staatsschreiber schuf, welche die Geschäfte der Rechtspolizei — wie man die freiwillige Gerichtsbarkeit nicht übel bezeichnet — unter Beihülfe von „Theilungskommissären" als Assistenten zu besorgen hatten. Ihre Thätigkeit wurde durch Gesetz u. Instr. v. 19. Dez. 1837 (St. u. Reg.Bl. Nr. 51) näher bestimmt. Neben ihnen wurde den bestehenden Notaren gestattet, „sofern sie nicht in Unseren oder Unserer Standesherrn u. Grundherrn auch städtischen Diensten stehen, die ihnen bisher nach der Notariats-O. von 1806 zugestandenen Geschäfte" weiter zu besorgen Diese Notare wurden vom Justizminister ernannt. Eine umfassende Organisation der ganzen so verquickten Einrichtung von staatlicher Gerichtsbarkeit u. Notariat erfolgte dann auf Grund des Gesetzes v. 25. November 1841 über die Besorgung der rechtspolizeilichen Geschäfte u. s. w. (Nr 38) u durch Instruktion v. 4. Januar 1842 (Nr. 1). Hiernach bleiben die Amtsrevisoren als Staatsschreiber ganz u. voll Staatsbeamte; ihnen werden eine Anzahl der vom Justizminister ernannten Notare beigegeben u. untergeordnet, insbesondere auch ihrer Revision unterworfen. Den Amtsrevisoren liegen die wesentlichsten Geschäfte der freiwilligen Gerichtsbarkeit ausschließlich ob, u. a. die Führung des Faustpfandbuchs, des offenen Buches für Rechtsgeschäfte von Kaufleuten, Ausstellung von Kauf- und Tauschbriefen, Unterpfands- u. Kautions-Verschreibungen. Andere Urkundsgeschäfte besorgen die Notare, liefern aber die nicht den Parteien zurückzugebenden Urschriften den Amtsrevisoren ab und diese verwahren sie und ertheilen Ausfertigungen.

Diese eigenthümliche Verbindung des Notariats mit der freiw. Gerichtsbarkeit als Funktion der Rechtspolizei wurde auch aufrecht erhalten, als durch Gesetz v. 28. Mai 1864 das Amtsrevisorat aufgehoben, seine Kompetenz den Amtsgerichten übertragen und diesen für die Ausübung der freiwilligen Gerichtsbarkeit sp. Gerichtsnotare beigegeben wurden. Nachdem man so auch formell mit jener französischen Auffassung in Wahrheit gebrochen hatte, that man nach 15jährigem Bestehen dieser Einrichtung 1879 endlich den entscheidenden Schritt, auch die Gerichtsnotare auf den Aussterbe-Etat zu setzen — sie existiren nach Reutti, Vorwort S. VIII, jetzt nur noch bei 4 Amtsgerichten und — im Großen u. Ganzen die freiwillige Gerichtsbarkeit oder die Rechtspolizeigeschäfte unter Amtsgerichte und Notare zu theilen. Dies geschah

a) durch das nachfolgende Rechtspolizeigesetz v. 6. Febr. 1879, inzwischen insbesondere durch Gesetz v. 20. Juli 1888 in einigen Punkten abgeändert, während die zu demselben erlassen ministeriellen Vollzug- u. Geschäftsordnungen

b) durch die Rechtspolizei-Ordnung und

c) die Notariats-Ordnung v. 2. November 1889 ersetzt wurden.

Daß auf Grund dieser Gesetze die wesentlichsten Funktionen der freiwilligen Gerichtsbarkeit zwischen Amtsgerichten und Notaren *systematisch* geschieden wären, läßt sich kaum behaupten, jedenfalls sind die Notare aber nicht etwa bloße Urkundspersonen, sondern, wie sich ergeben wird, Rechtspolizeibeamte so gut wie die Amtsrichter und mit entschieden ausgeprägtem behördlichem Karakter.

Die Rechtspolizeigeschäfte oder die freiwillige Gerichtsbarkeit sowohl entscheidenden und anordnenden wie auch beurkundenden Inhalts vertheilen sich zwar zum überwiegenden Theile unter Amtsgerichte und Notare; neben denselben sind aber auch Bürgermeister, Gerichtsschreiber und Gerichtsvollzieher mit einzelnen Befugnissen der Rechtspolizei oder freiw. Gerichtsbarkeit ausgestattet, die Auditeure für derartige Geschäfte der Militärpersonen, der Hausminister für solche der Mitglieder des Großh. Hauses zuständig, ferner aber zur Unterstützung der Amtsgerichte in Vormundschaftssachen, Waisenrichter und zur Führung der Grund- und Pfandbücher und der Lagerbücher (Flurbücher) besondere kommunale Beamte bestellt sind.

Besonderes gilt für die Legalisation öffentlicher Urkunden zum Gebrauche im Auslande. Urkunden, welche nicht von einer Staatsbehörde oder einem Notar, sondern von einer Gemeindebehörde, einem Standesbeamten, einem Pfarramte ausgestellt sind, bedürfen zunächst einer gerichtlichen, bezirksamtlichen oder notariellen Beglaubigung u. sind sodann wie Urkunden von Gerichten, Verwaltungsbehörden u. Notaren überhaupt, behufs weiterer Beglaubigung oder Erwirkung der Beglaubigung dem Großh. Staatsministerium vorzulegen (Min.Bek. v. 3. Febr. 1882, Ges. u. V.Bl. Nr. 4). Soweit nach bestehenden Staatsverträgen z. B. mit Oesterreich-Ungarn notarielle Urkunden ebenfalls zuvor der gerichtlichen Beglaubigung bedürfen, erfolgt diese durch die Amtsgerichte (R.P.O. § 16 [5]).

Daß die Auseinandersetzung über die wesentlichsten Funktionen der freiwilligen Gerichtsbarkeit zwischen den Amtsgerichten u. Notarien ganz konsequent durchgeführt wäre, läßt sich wohl kaum behaupten, immerhin darf als durchgängige Regel gelten, daß den Amtsgerichten die rechtspolizeilichen Verfügungen, Anordnungen u. Entscheidungen, den Notaren aber die Beurkundungen der Privatgeschäfte und die Vollzugshandlungen, wie Siegel-Anlegung u. -Abnahme, Inventarisation, Versteigerung, Theilung, zustehen. Die den Gerichten ausschließlich vorbehaltenen Beurkundungen sind in Wahrheit mehr Verfügungen als Beurkundungen von Privatgeschäften u. daher kaum Ausnahmen von dieser Regel.

Im Einzelnen ist Folgendes zu bemerken:

A. Die gerichtlichen Rechtspolizeigeschäfte werden erstinstanzlich durch die *Amtsgerichte* wahrgenommen. Diese sind, abgesehen von den reichsgesetzlich den Gerichten zugewiesenen Obliegenheiten (siehe Bd. I.), landesrechtlich als zuständig erklärt:

a) für alle im Landrecht den Gerichten übertragenen Geschäfte (R.P.G. § 1),

b) für die ihnen außerdem durch § 2 des R.P.G. übertragenen Geschäfte;

c) für die ihnen noch durch andere, insbesondere spätere Gesetze zugewiesenen Angelegenheiten. (S. Schlußanmerk. zu § 2 cit.)

Bei näherer Betrachtung zerfallen diese Angelegenheiten u. Geschäfte

I. in *solche mit bestimmter privatrechtlicher Beziehung* und

II. in *solche von allgemeiner organisatorischer Natur.*

I. Zu jenen gehören, abgesehen von der Ertheilung vollstreckbarer Ausfertigungen von Auszügen u. Abschriften notarieller Urkunden, welche die Amtsgerichte verwahren; ihre Thätigkeit bei Aenderung von Vornamen einer Person nach d. G.V. v. 16. Dez. 1875 (G. u. V.Bl. Nr. 38) § 5, ferner

1) das Verschollenheitsverfahren u. die Maßregeln für Abwesende u. Vermißte;

2) das Vormundschafts- u. Pflegschaftswesen, indem die Amtsgerichte in allen Angelegenheiten beschließen, welche das Landrecht dem Familienrath zuweist, die Gewaltsentlassung beurkunden, die Entmündigung vornehmen, Vormünder, Gegen- u. Nebenvormünder, Pfleger u. Beistände — auch für Blinde, Taube und Stumme ernennen bezw. bestätigen, beaufsichtigen und entlassen bezw. absetzen, die Pflegschaftstabellen führen u. die Vormundschaftsrechnungen abhören, auch notarielle Theilungen u. Vermögensübergaben prüfen, bei denen Abwesende, Minderjährige, Mundlose betheiligt sind;

3) gewisse Obliegenheiten bei einer Zwangserziehung;

4) die Beurkundung der Pflegevaterschaft u. das Adoptions- (Anwünschungs)-Verfahren;

5) im Eherechte die Ermächtigung der Ehefrauen zu Rechtsgeschäften und Ehescheidung auf wechselseitige Einwilligung;

6) im Obligationenrechte die Aufnahme von Kauf- u. Tauschbriefen u. Unterpfandsverschreibungen, Hinterlegung von Sachen, Ermächtigung zur Aufgabe von Ansprüchen auf künftigen Unterhalt;

7) im Erbrecht die Annahme, Beschreibung, Eröffnung, Verwahrung und Verkündung von Testamenten, Ertheilung von Erbbescheinigungen, Einsetzung in die Gewähr einer Erbschaft, Verlängerung der Bedenkfrist, Ermächtigung zum Fahrnisverkauf während derselben.

II. Außer diesen auf bestimmte Privatrechtsverhältnisse bezüglichen Geschäften, bei deren Besorgung eigentlich nur von einer Ausübung der freiwilligen Gerichtsbarkeit die Rede sein kann, haben die Amtsgerichte eine Reihe von Obliegenheiten, welche im Grunde mit jenen zusammenhängen, aber nach ihrem Gegenstande u. Zwecke von allgemeiner organisatorischer Natur sind. Dahin gehört die Prüfung der Sterbelisten (R.P.O. §§ 100 f.), die Beaufsichtigung der Civilstandsbeamten (das. §§ 24 ff., 53 ff.), der Waisenrichter (Waisenrichter-O. § 5, Dienstweis. f. d. Waisenr. § 8, vgl. unten 9) der Grund- und Pfandbuchbehörden und der Lagerbuchbeamten (R.P.G. § 2 [7], R.P.O. §§ 41 ff., unter H), die Verwahrung notarieller Akten (R.P.O. §§ 18, 112), die Prüfung der Gebührenansätze der Notare u. s. w. (R.P.O. § 114 [5] ff.), endlich was mit § 4 des R.Einf.Ges. z. G.V.Ges. nicht in Einklang steht, der Ansatz der Liegenschafts-, Erbschafts- u. Schenkungssteuer (R.P.O. § 125).

Diese Zuständigkeit der Amtsgerichte sowohl die unter II wie auch diejenige unter I bezeichnete ist eine ausschließliche, soweit es sich um obrigkeitliche Beaufsichtigung, Entscheidung, Anordnung handelt.

III. Auch Beurkundung ist als ausschließlich amtsgerichtliche vorgeschrieben (abgesehen von den schon reichsgesetzlich hervorgehobenen Beglaubigungen von Civilstandsurkunden, vgl. R.P.G. § 2 [9]) in folgenden Fällen:

1) Durch R.P.G. § 2 [8] für Kauf- u. Tauschbriefe u. Unterpfandsverschreibungen (nicht zu verwechseln mit der Aufnahme der bezüglichen Vertragsurkunden, vgl. R.P.O. §§ 43, 44, die den Notaren zusteht).

2) Durch R.P.G. § 2 [10] für die Zulässigkeit der Annahme zur öffentlichen Hinterlegung bei der Amtskasse und der Rückzahlung, welche übrigens auch von der Behörde beurkundet werden kann, welche die Hinterlegung angeordnet oder zugelassen hat (Hinterleg.Ges. v. 7. Juni 1884 § 44, Ges. u. V.Bl. Nr. XX.)

3) Für Erbbescheinigungen durch Ges. v. 24. März 1888 (Ges. u. V.Bl. XI. R.P.O. § 105 vgl. mit Not.O. § 109. (Wenn Rentti Anm. 3 I. e zu R.P.G. § 26 behauptet, daß hierzu die Gerichte in Konkurrenz mit den Notaren nicht ausschließlich zuständig seien, so wird das durch die angezogenen Gesetzesstellen widerlegt.)

4) Durch R.P.G. § 10 [2] für die Erklärungen im Ehescheidungsverfahren bei wechselseitiger Einwilligung.

3) Durch R.P.G. § 85 [3] für die Gesuchs- und Einwilligungs-Erklärungen zur Begründung einer Pflegvaterschaft nach L.R.S. 363; vgl. R.P.O. § 59.

6) Durch R.P.G. § 1 L.R.S. 353, R.P.O. § 59 für die wechselseitigen Einwilligungserklärungen zum Zwecke der Anwünschung (Adoption).

7) Durch R.P.G. § 1, § 85[9] über die Vorlegung, Eröffnung und Beschreibung von eigenhändigen u. mystischen Testamenten jedoch lediglich im Fall des L.R.S. 1007; vgl. R.P.O. §§ 90 ff., Not.O. §§ 65 ff.

8) Ueberhaupt für jede gerichtliche Amtshandlung, die in der freiwilligen Gerichtsbarkeit ebensowenig wie in der streitigen durch andere als gerichtliche Beamte beurkundet wird. Wenn daher die Beurkundungen unter Nr. 4 bis 7 besonders hervorgehoben werden, so hat das immerhin noch eine besondere Bedeutung, wenigstens in Bezug auf die das gerichtliche Einschreiten veranlassenden Anträge u. Gesuche. Solche können nemlich nach R.P.O. § 12 schriftlich eingereicht oder zum Protokoll des Gerichts angebracht werden und zwar im letzteren Falle, sofern nicht etwas Anderes bestimmt ist, auch zu Protokoll des Gerichtsschreibers. Ein schriftlicher Antrag nun, der ja auch vor dem Notar aufgenommen werden könnte, soll in vorstehenden Fällen ausgeschlossen sein, vielmehr wird persönliches Erscheinen bezw. durch Bevollmächtigte erfordert (se présenteront: Art. 353) und die Erklärungen sollen zu gerichtlichem Protokoll abgegeben werden und können auch nicht vor dem Gerichtsschreiber allein abgegeben werden (Dienstweis. f. dies. §§ 9 u. 111 vgl. mit R.P.O. § 12).

Im Uebrigen sind obige Fälle 1 bis 7 bei genauerer Prüfung wesentlich verschieden. Die sogenannten Beurkundungen unter 1 bis 3 sind in Wahrheit gar keine Beurkundungen von Rechtsgeschäften, wie sie grundsätzlich den Notaren zustehen, sondern gerichtliche bezw. obrigkeitliche Entscheidungen und Anordnungen. Dieser Gegensatz tritt insbesondere bei Nr. 1 hervor, wo die eigentlichen Vertragsurkunden über Kauf, Tausch, Verpfändung vielleicht vom Notar aufgenommen sind und auf Grund ihrer und der Grund- und Pfandbuch-Auszüge die förmliche, die Rechtsgültigkeit bestätigende und sie anerkennende Ausfertigung durch das Gericht eintritt. Die amtsgerichtliche Thätigkeit verhält sich hier in der That ähnlich wie bei der Prüfung und Genehmigung notarieller Theilungen (Not.O. § 154). Die sog. Beurkundung zu Nr. 2 spricht sich über die Zulässigkeit eines Rechtsgeschäftes aus, enthält also eine Entscheidung. Dasselbe gilt von den sog. Erbbescheinigungen, welche den gerichtlichen Ausspruch enthalten, und beurkunden, „daß das Erbrecht in dem angegebenen Umfange dem Gerichte nachgewiesen sei" (Ges. v. 4. März 1888 § 6). In Nr. 1 bis 3 handelt es sich also um Beurkundung gerichtlicher Entscheidungen. Ganz anders liegt es bei den Beurkundungen unter Nr. 4 bis 6, die nach der ursprünglichen französischen Auffassung des Gesetzes Erklärungen in einem Scheinprozesse zu gerichtlichem Protokoll sind und die nach gänzlicher Aufgabe dieser Anschauung mit Fug und Recht den Notaren hätten übertragen werden sollen. Denn abgesehen von der Pflegvaterschaft liegt in diesen Fällen nach französischem Gesetze und bei der Ehescheidung noch jetzt (R.P.G. § 10[2]) die Entscheidung über die Verhältnisse nicht bei dem beurkundenden Richter und seine Sachprüfung, soweit ihm solche zusteht, hat für die Entscheidung nicht mehr Werth als die des Notars. Wenn daher jetzt nicht dieser, sondern das Amtsgericht die Beurkundungen aufzunehmen hat, so ist der Grund offenbar ein geschichtlicher. Siehe auch S. 167 C.

Eine besondere Stellung nimmt die Beurkundung in Bezug auf die Eröffnung und Verkündigung von Testamenten ein, welche nach der ganzen Einrichtung des Testamentenwesens (R.P.O. §§ 90 ff.) auch im Falle des L.R.S. 1007 nur gerichtlich erfolgen kann (vgl. Not.O. § 65), weil nur das Gericht die betreffende Handlung vornehmen kann; der Fall gehört innerlich unter Nr. 8 und die gerichtliche Beurkundung ist hier eben so selbstverständlich wie bei einer gerichtlichen Urtheilsverkündung.

Trotz dieser ausschließlichen Zuständigkeit der Amtsgerichte für die hervorgehobenen Beurkundungen, die unter einen leitenden Gesichtspunkt wohl kaum gebracht werden können, sind grundsätzlich nicht die Amtsgerichte Urkundsbehörden, auch nicht wie das Reichsrecht (s. z. B. Bd. I. S. 64 u. 129 ff. A.D.W.O. §§ 87, 94; C.P.O. § 76, § 381) voraussetzt wahlweise neben den Notaren. Grundsätzlich sind diese die eigentlichen Urkundsbeamten (R.P.G. § 26[1] B) und es beruht auch lediglich auf der voraufgeschickten historischen Entwickelung und auf Zweckmäßigkeitsgründen, daß die Amtsgerichte, falls sie darum angegangen werden, von Notariats-Urkunden in ihrem Verwahr Abschriften und Auszüge ertheilen dürfen (R.P.G. § 29[2]). Wahlweise mit den Pfandgerichten (s. unten) sind die Amtsgerichte ausnahmsweise auch zur Aufnahme von Pfandstrichsbewilligungen befugt (Ges. v. 29. März 1890 § 10).

Bei der Aufnahme gerichtlicher Protokolle in Rechtspolizei-Sachen bedarf es der Zuziehung eines Gerichtsschreibers nicht (R.P.O. § 29 [2]).

Zu der Gerichtsbarkeit der Amtsgerichte gehören auch die Geschäfte der Gerichtsschreiber, denen R.P.G. § 3 insbesondere die Führung gewisser auf die freiwillige Gerichtsbarkeit bezüglicher Bücher und Verzeichnisse übertragen hat. (Siehe das.)

B. I. Die Notare besorgen, wie R.P.G. § 26 besagt, „in ihren Distrikten, für welche sie angestellt sind" — d. i. der Amtsgerichtsbezirk, wenn er nicht bei Anstellung mehrerer in mehrere Distrikte eingetheilt ist (Not.O. § 8), —

1) „die Fertigung öffentlicher Urkunden, insofern sie nicht anderen Beamten übertragen ist",

2) die Anlegung und Abnahme von Siegeln (L.R.S. 819 und 821);

3) die Aufnahme von Vermögensverzeichnissen;

4) die Theilungen (L.R.S. 466, 819, 838, 1476, 1872) und die Vermögensübergaben;

5) „die Fertigung von Abschriften und Auszügen aus den unter 1 bis 4 genannten Geschäften vorbehaltlich der Bestimmungen des § 29", daß nemlich auch die Amtsgerichte dazu befugt sind, wenn sie die Urkunden verwahren und darum angegangen werden (Not.O. § 49 [7]).

a) Einerseits (Nr. 1, 4, 5) also sind die Notare — wie anderwärts — Urkundsbeamte, und zwar mit ausschließlicher Zuständigkeit, sofern das Gesetz nicht die Beurkundung den Amtsgerichten (siehe vorher A) oder anderen Behörden oder Beamten (siehe unten) sei es ausschließlich, sei es wahlweise, übertragen hat.

Hiernach sind von reichsgesetzlichen Vorschiften, oben A. II. abgesehen, die Notare als Urkundsbeamte

α) nicht zuständig

1. für die den Amtsgerichten ausschließlich vorbehaltenen oben unter A. III. 1 bis 5 erwähnten Beurkundungen;
2. für die den Bürgermeistern ausschließlich zustehende Beurkundung einer Cession von Brandentschädigungsforderungen (unten D. 4);
3. für die lediglich dem Minister des Großh. Hauses obliegenden Beurkundungen von Geschäften der Mitglieder desselben, wobei jener allerdings einen rechtskundigen Staatsdiener, also auch einen Notar zuziehen kann (Lh.V. v. 13. August 1823, Reg.Bl. Nr. 24);
4. endlich allgemein für die ausschließlich den betreffenden Behörden und Beamten zustehende Ertheilung von Abschriften, Auszügen, Bescheinigungen aus den von ihnen (Amtsgerichten und Gerichtsschreibern, Pfand- und Grundbuchbehörden, Civilstandsbeamten u. a.) zu führenden Registern und Büchern;

β) nur wahlweise neben anderen Beamten (s. unten) zuständig, insbesondere

1. für öffentliche Beglaubigungen, die, sofern nicht z. B. reichsgesetzlich gerichtliche oder notarielle Beglaubigung verlangt wird, insbesondere auch den Bürgermeistern zusteht (unten D);
2. für die Aufnahme von Pfandstrichbewilligungen, welche auch den Pfand- und Grundbuchbehörden (unten F), den Amtsgerichten (oben A. III.) und den Bürgermeistern zusteht (unten D);
3. für Versiegelungen und deren Beurkundung, welche ausnahmsweise auch den Bürgermeistern und Stabhaltern (unter D), sowie für Versteigerungen, welche jenen, den Waisenrichtern (unter E) und bei Fahrnisverkäufen auch den Gerichtsvollziehern (C. I. 2.) zusteht.
4. für Beurkundung von Geschäften der Militärpersonen, welche, zum Theil ausschließlich, den Militär-Auditeuren obliegt (R.Militärges. v. 2. Mai 1874, §§ 38 ff., Bd. I. unter Nr. 4; vgl. R.P.O. § 80 b).

Hervorzuheben ist schließlich, daß bei Wahlverhandlungen zur 2ten Kammer ein vom landesherrlichen Wahlkommissar bezeichneter Notar das Wahlprotokoll zu führen hat (Not.O. § 5 [2]).

b) Andererseits ist die Amtsthätigkeit der Notare eine entschieden obrigkeitliche, die sich hervorragend bei den ihnen unter Nr. 2 und 3 zugewiesenen Geschäften der Siegel-Anlegung und Abnahme und der Vermögensverzeichnung zu erkennen giebt. Auch für diese Geschäfte sind die Notare mit Ausschluß der Amtsgerichte zuständig während diesen in Bezug auf materielle Theilungsverhandlungen in den gesetzlich vorgeschriebenen Fällen eine Prüfung obliegt und zusteht. Nur ausnahmsweise sind aus Zweckmäßigkeitsgründen zur Siegelung — nicht zur Entsiegelung (Not.O. § 98 [3]) — auch der Bürgermeister und der Stabhalter für zuständig erklärt (R.P.G. § 27 Abs. 2 ff., Not.O. § 83 [1 bc]). Neben der Zuständigkeit für jene Geschäfte geht her die Befugnis der Notare zu dabei vorkommenden Immobiliar- und Mobiliarversteigerungen (Not.O. § 5 [1]) und zwar auch dann mit Ausschluß der Amtsgerichte, wenn das materielle Recht öffentliche, obrigkeitliche, gerichtliche Versteigerung erheischt, eine im Rahmen einer Vollzugsordnung und verglichen mit R.P.G. § 1 etwas fragwürdige Kompetenzerweiterung. Neben den Notaren sind bei Liegenschaften auch die Bürgermeister und in Städten über 3000 Einwohner die Waisenrichter (Not.O. § 71) und bei Fahrnisversteigerung außerdem die Gerichtsvollzieher (das. § 79) zuständig.

Hervorzuheben ist als kennzeichnendes Merkmal dieser drei Notariatsgeschäfte: Siegelung, Inventarisation, und ev. auch der dabei vorkommenden Versteigerung, daß sie bei konkurrirendem öffentlichen Interesse von amtswegen vorzunehmen sind (Not.O. §§ 71, 80, 107, 141). Damit hängt zusammen, daß der Notar weder Siegelung noch Inventarisation in diesen gesetzlich gebotenen Fällen außerhalb seines Distriktes vornehmen darf (R.P.G. § 27 Abs. 1), während er sonst auf Antrag ohne Beschränkung auf diesen im ganzen Amtsgerichtsbezirk amtiren darf, aber nicht muß (Not.O. § 6 [1]).

c) Die Notare sind endlich Vollstreckungsbeamte für Zwangs-Verkäufe und Verpachtungen von Liegenschaften: Einf.Ges. z. d. R.Justizges. § 42.

II. Außer diesen pflichtmäßigen Geschäften sind dem Notar gewisse andere Geschäfte im Amtsgerichtsbezirke gestattet (Not.O. § 5 [3]) aber nicht geboten und können von ihm daher ohne Weiteres abgelehnt werden. Es ist das mehr eine private Nebenbeschäftigung, die daher auch in dienstlichem Interesse ihm entzogen oder beschränkt werden kann.

III. So wie die badischen Notare in den ganzen staatlichen Organismus als Rechtspolizeibeamte eingefügt sind, nehmen sie zweifellos eine andere und hervorragendere Stellung ein als in anderen deutschen Staaten. Sie sind nicht nur verpflichtet, vorbehaltlich bestimmter gesetzlicher Ablehnungsgründe, jedes Geschäft, dessen Vornahme innerhalb der Grenzen ihrer Amtsbefugnisse von ihnen verlangt wird, zu fertigen, sondern sie sind ebensowohl ermächtigt wie verpflichtet, von amtswegen einzuschreiten: sie haben von amtswegen Siegel anzulegen und Vermögensverzeichnisse aufzunehmen (R.P.G. §§ 26, 27, 32 [2]), sie sind befugt, zu dem Zwecke die Wohnung, Behältnisse und sonstige Räume zu durchsuchen, Thüren und Behältnisse öffnen zu lassen und wenn sie Widerstand finden, Gewalt anzuwenden (Not.O. § 85), ihnen sind wegen jener Obliegenheiten die monatlichen Sterbelisten von den Standesbeamten einzureichen (Not.O. § 104); sie haben dieselben mit den Waisenrichtern durchzusehen und diejenigen Sterbefälle zu ermitteln, welche ihnen zu Amtshandlungen Anlaß geben (§ 105 [1] das.). Das vor Allem karakterisirt die badischen Notare insofern als Organe der Rechtspolizeihoheit des Staates, als mit staatlicher Autorität und Gewalt ausgerüstete Beamte. Insofern stehen sie auch einer Behörde durchaus gleich, ja sie stellen eine solche dar. Die badische Gesetzgebung schließt diese Auffassung nicht aus, wenn sie (vgl. V. v. 2. Nov. 1889) die Amtsgerichte als Rechtspolizeibehörden, die Notare als Rechtspolizeibeamte in offenbaren Gegensatz zu einander stellt und auch sonst von „Behörden und Notaren" spricht. Man darf diese Ausdrucksweise als eine Formalität betrachten, durch welche nicht der Inhalt des Notariats in dieser Richtung gekennzeichnet werden soll. Wir haben eben für das Notariat als Behörde gegenüber dem Notar als Beamten keine unterschiedliche Bezeichnung wie für Amtsgericht und Amtsrichter, auch das Wort Notariatsamt wird gewöhnlich im subjektiven Sinne nicht wie Civilstands-Amt gegenüber Civilstands-Beamten im örtlichen und objektiven Sinne gebraucht. Andererseits ist der Notar, wenn er denn eine Behörde ist, jedenfalls eine solche sehr eigener Art, sodaß es sich immerhin rechtfertigt, ihn neben Behörden im Allgemeinen besonders aufzuführen. Nichts destoweniger ist er nach badischer Gesetzgebung Behörde, wenn es auch nicht in der Weise wie bei anderen hervortritt, einmal weil ihm eine so starke Beimischung von Privatgeschäften eigen ist, und dann weil in ihm einzig und allein die behördliche Einrichtung sich verkörpert, da er alle ihm übertragenen Geschäfte selbst besorgen muß (§ 12 Not.O.). Allerdings kann auch der Notar zur Aufnahme von Versteigerungsprotokollen Protokollführer zuziehen (Not.O. § 76) und er muß es sogar im Zwangsversteigerungsverfahren (Bad. Einf.G. z. d. R.Justizgesetzen v. 3. März 1879 § 67); auch kann er sonst Gehülfen, Hülfsarbeiter und Schreiber zuziehen; aber das ist zufällig und unwesentlich; weil alle diese Personen keinenfalls dem Notar als Behörde beigeordnete Beamte sind, wie umgekehrt der Amtsrichter stets als Vertreter einer Behörde, des Amtsgerichtes, handelt, einerlei ob er in Sachen der freiwilligen Gerichtsbarkeit den Gerichtsschreiber zuzieht oder nicht. Auch die Betonung „der dem Notariat im Allgemeinen innerhalb der staatlichen Einrichtungen gegebenen Stellung", aus welcher das Reichsgericht (II. Strafsenat, Urth. v. 24. Februar 1888, Entsch. Bd. 17 S. 342) den behördlichen Karakter der Notare folgert, kann nicht als durchschlagend angesehen werden. Denn nicht die Notare eines Staates in ihrer Gesammtheit bilden eine Behörde, von welcher der Einzelne ein Mitglied wäre; es fragt sich allein, ob jeder einzelne Notar für sich eine Behörde darstellt. Für die Behandlung dieser Frage ist entscheidend, daß jedes einzelne „Notariatsamt" in der That etwas von dem jeweiligen Träger Unabhängiges, an einer bestimmten „Notariatsstelle" (étude) Haftendes ist, mit eigenem Inventar, eigenen General- und Spezial-Akten ausgestattet, mit einer trotz des persönlichen Ausscheidens weiter bestehenden Zuständigkeit des Amtes, das deshalb auch beim Ausscheiden eines Notars von einem Stellvertreter oder einem Dienstverweser verwaltet werden muß, denn alle von amtswegen zu erledigenden Notariatsgeschäfte können und müssen lediglich von dieser Notariatsstelle aus bearbeitet werden. Sie ist mithin ein selbständiger organischer Bestandtheil im Staate und es ist durchaus uneigentlich, von dem Distrikte des Notars zu sprechen, während eigentlich der Bezirk des bestimmten „Notariatsamtes" im Sinne der Behörde an der bestimmten Notariatsstelle gemeint ist. Ist ein solches äußerlich und örtlich abgegrenztes und selbständig eingerichtetes Amt mit solchen obrigkeitlichen Befugnissen ausgestattet, wie es bei dem badischen Notar hervorgehoben wurde, so ist es in der That eine Behörde.

Die Notare stehen in ihren allgemeinen dienstlichen Verrichtungen den übrigen Staatsbeamten gleich und sind als „Rechtspolizeibeamte" wie alle anderen Beamten den Vorschriften des Beamtengesetzes v. 24. Juli 1888 (Ges. u. V.Bl. Nr. XXXIV) und der Vollzugs-V. v. 27. Dez. 1889 (das. Nr. XXXIV; Just.Min.V. v. 19. Juni 1890) unterworfen.

Die Notare werden vom Landesherrn ernannt. Nur Personen, die zum Richteramte befähigt sind, können zu Notaren ernannt werden (R.P.G. § 67). Sie haben den allgemeinen Dienstеid zu leisten (Beamt.G. § 8, vgl. R.P.G. § 68), sie können wie alle unwiderruflich angestellten Beamten ohne ihre Zustimmung nur im Wege des gewöhnlichen Disziplinarverfahrens — und zwar da sie landesherrlich angestellt sind, vor dem Disziplinarhof (das. § 101[1]) aus dem Staatsdienste entlassen werden (das. §§ 3, 4). Die Notare beziehen ihr Diensteinkommen, jedoch nicht in Form von Gehalt, sondern in der Form gesetzlicher Gebühren für ihre thatsächlich vorgenommenen Geschäfte, welche zunächst nach ihrem Ansatze als Rechtspolizeigebühren für die Staatskasse erhoben und nach erfolgter Prüfung und Anweisung ihnen aus der Amtskasse gezahlt werden (vgl. Bek. v. 21. Juni 1874 u. Lh. V. v. 17. Juli 1874 § 2 unter D).

Unmittelbarer Gebührenbezug ist den Notaren nur bei Konkursverwaltungen u. Nachlaßpflegschaften gestattet (Not.O. § 178 ff.). Außer diesem Diensteinkommen gewährt der Staat ihnen Miethentschädigung für ihre Diensträume.

Ein Verhältnis dienstlicher Unterordnung unter die Amtsgerichte findet nicht statt; Alles was darauf hinzudeuten schien, ist durch die neuere Gesetzgebung beseitigt, sodaß die Notare den Amtsgerichten, wie es ihrer beiderseitigen selbständigen Thätigkeit in Rechtspolizeisachen entspricht (vgl. R.P.O. Titel IX. §§ 109 ff.) durchaus gleichgestellt erscheinen. Vorgesetzte Dienstbehörde ist also auch für die Notare das Landgericht, welches auch über ihre Ablehnung durch eine Partei (R.P.G. § 35), über ihren Urlaub bis zu 4 Wochen, — 3 Tage können sie sich wie andere Beamte ohne Urlaub von ihrem Amtssitze entfernen — (Just.M.Verf. v. 19. Juni 1890), über ihre Stellvertretung in diesen Fällen befindet (R.P.G. § 37) u. die ordentl. Beschwerdeinstanz ist (R.P.G. § 65). Höhere Instanz ist das Justiz-Ministerium, an das aber Gebühren-Beschwerden direkt gehen (das. § 65a), indem durch dieses u.

nach seinen Anordnungen durch die Landgerichte die Dienstaufsicht über Notare ausgeübt wird (Not.O. § 4).

Die Vorschriften über den Geschäftskreis der Notare, über ihre Geschäftsführung, insbesondere das Verfahren bei ihrer Urkundenaufnahme finden sich im II. Titel des R.P.Ges., u. in den §§ 5, 6, 8 bezw. Titel II. der Not.O.

Dieser durchaus beamtlichen Stellung der badischen Notare entsprechend sind auch die Vorschriften des 6. Abschnitts des Beamtengesetzes §§ 85 ff. „über die vermögensrechtlichen Dienstansprüche der Beamten und ihrer Hinterbliebenen sowie über die Verfolgung von Rechtsansprüchen des Staates gegen die Beamten" u. hinsichtlich der Zuständigkeit in Betreff ihrer § 70 des R.Ger.Verf.Ges. bezw. § 3 des Ausf.Ges. v. 3. März 1879 (Ges. u. V.Bl. Nr. X. S. 91 ff.) auf dieselben anzuwenden; insbesondere gilt das von der Feststellung „der Ersatzpflicht des Notars u. des Betrages der zu ersetzenden Summen im Verwaltungswege durch einen mit Gründen versehenen Beschluß der vorgesetzten Dienstbehörde", wenn ein Notar „aus seiner Amtsführung dem Staate für Schäden u. Verluste an dem im Besitze oder Gewahrsam des Staates befindlichen Vermögen Ersatz zu leisten hat" (§ 89 des Beamten-Ges. cit.).

Andererseits bedingt diese beamtliche Stellung der badischen Notare auch die Auffassung ihres Rechtsverhältnisses zu den Parteien. Dasselbe kann demnach kein anderes sein, als dasjenige anderer Beamten, insbesondere z. B. der Amtsrichter in Ausübung amtlicher Thätigkeit. Das muß sogar in Betreff derjenigen Geschäfte gelten, welche der Staat ihnen nur gestattet (R.P.O. § 5 Nr. 3); auch sie, wenn sie vorgenommen werden, sind lediglich Staatsgeschäfte, für welche (außer im Falle 3a) der Staat die Gebühren einzieht, um sie auf Grund seines Anstellungsvertrags mit dem Notar, als seinem Beamten, ihm als Dienstbezug abzuliefern. Auch hier wie überhaupt hinsichtlich der Gebühren ist der Staat nicht etwa bloß aus dienstpolizeilichen Gründen Inkasso-Mandatar des Notars, sondern selbst Gläubiger: sie sind „für die Staatskasse" zu erheben (R.P.O. § 178). Der Notar ist also für Versehen bei seinen Amtshandlungen civilrechtlich den Parteien nur insoweit haftbar als der Staatsbeamte für solche überhaupt verantwortlich gemacht werden kann. Es fehlt deswegen in der Notariats-Ordnung darüber jegliche Andeutung.

Der Stand der badischen Notare wird in seinen Interessen nach Innen und Außen durch eine in Karlsruhe sitzende Notarskammer vertreten, welche sie aus ihrer Mitte wählen (R.P.G. §§ 72 ff.; Lh. V. v. 30. August 1888; Not.O. § 3).

Auf C. 1658000 Einwohner des Großherzogthums kommen 131 Notare (wegen der vier Gerichts-Notare s. o. S. 259) also 1 auf etwa 12600. (Conrad, Handwörterb. f. Staatsw. Bd. V. S. 344; Deutsche Not.Ztg. 1887 S. 227; Heymann's Terminkalender f. Juristen 1893.)

C. Außer den Amtsgerichten u. Notaren sind noch einzelne andere Beamte und Behörden mit Ausübung rechtspolizeilicher Geschäfte betraut, nemlich außer den oben schon erwähnten Civilstandsbeamten, Auditeuren, den Hinterlegungsbehörden (Hinterl.-Ges. v. 7. Juni 1884), dem Justizministerium in Betreff der Genehmigung zur Aenderung von Familiennamen (Lh.V. v. 16. Dezember 1873; Ges. u. V.Bl. Nr. 38) und dem Hausminister

die Gerichtsvollzieher. Sie sind, abgesehen von der ihnen wie den Gerichtsschreibern u. Rechtsanwälten reichsgesetzlich zustehenden Beglaubigung von Abschriften, neben den Notaren zuständig

zu Fahrnisversteigerungen, zu Aufforderungen u. Kündigungen aller Art (Dienstw. § 54 Abs. 2; Not.O. § 79[1]), zur Beurkundung der Aufgaben zur Post bei öffentlicher Hinterlegung (Hinterl.Ges. cit. §§ 14 u. 41).

D. Die Bürgermeister sind zuständig:

1. für öffentliche Beglaubigungen, sofern nicht etwa nach Reichsgesetzen (z. B. C.P.O. §§ 76, 381) oder nach Landesrecht andere Beamte ausschließlich zuständig sind;
2. für die Aufnahme von Urkunden über Pfandstrich, d. h. Löschungsbewilligungen unter den im Ges. v. 5. Juni 1860, 28. Jan. 1874, u. in der Vollzugsverordnung v. 31. Januar 1874, 2. Aug. 1886 u. 20. Mai 1890 bestimmten Voraussetzungen;
3. für Versiegelungen unter den in Not.O. § 83 und in der Dienstweis. f. Bgmstr. § 54 bestimmten Voraussetzungen;

4. für Versteigerungen unter den in Not.O. § 71 [2]; Waisenrichter-O. § 10 [1]; Dienstweis. f. d. Bgmstr. §§ 44, 53 bestimmten Voraussetzungen;
5. ausschließlich für die Beurkundung einer Cession von Brandentschädigungsforderungen nach § 52 des Ges. betr. Feuerverf. d. Gebäude v. 29. März 1852 (Reg.Bl. Nr. 14).

E. Die aus der älteren Gesetzgebung beibehaltenen Waisenrichter „sind zur Mitwirkung bei der den Amtsgerichten zukommenden Ausübung der vormundschaftlichen Rechte berufen". Sie werden auf Vorschlag des Gemeinderaths nach Anhörung des Notars vom Amtsrichter auf 6 Jahre ernannt, beeidigt und beaufsichtigt. Sie haben die Aufgabe, die Bestellung der Vormünder, Pfleger u. Beistände zu veranlassen, dieselben zu unterstützen u. besonders darüber zu wachen, „daß nicht der Mündel durch vernachlässigte Erziehung oder üble Verwaltung seines Vermögens Schaden leide" (Dienstweis. §§ 4, 6, 8, 10). Sie sind bei Versiegelungen eines Nachlasses und in Ehesachen, bei Vermögensaufnahmen, Theilungen u. Versteigerungen zuzuziehen (das. §§ 26 ff.); sie sind im Fall verordneter Abschätzung die zuständigen Schätzer (§ 32) u. bei gebotenen Liegenschaftsversteigerungen (§ 37) u. Fahrnisversteigerung zu deren Abhaltung, für jene jedoch nur auf besonderen Antrag zuständig (Not.O. § 71 [2], § 79).

F. Die Grund- u. Pfandbuchführung liegt besonderen u. zwar kommunalen Grund- u. Pfandbuchbehörden, auch Grund- u. Pfandgerichte genannt, ob, nemlich den Gemeinderäthen, in größeren Städten besonders bestellten Grund- u. Pfandbuchführern. Schon das Einführungsedikt v. 22. Dezember 1809 kannte das Grundbucheigenthum u. verlangte für Hypotheken ebenfalls Eintragung. Es enthält in Bezug auf das Verfahren folgende noch zutreffende und die ganze Organisation klar stellende Bestimmung: „Soll ein bedungenes Unterpfand an Liegenschaft gegeben werden, so erscheinen die Betheiligten oder ihre Gewalthaber mit den nöthigen Urkunden vor der Pfandschreiberei. Diese untersucht, ob das zu gebende Unterpfand des Schuldners Eigenthum u. ob es mit früheren eingeschriebenen oder einzuschreibenden Pfandrechten belastet sei. Sie läßt es ordnungsmäßig schätzen u. trägt sodann, wenn keine Anstände obwalten, sämmtliche in L.R.S. 2148 erwähnte Verhältnisse ins Pfandbuch ein, wobei noch weiter der geschätzte Werth des Unterpfandes u. wie weit es mit eingeschriebenen Pfandrechten bereits belastet sei, zu bemerken ist. Hierauf liefert die Pfandschreiberei den Betheiligten einen Auszug aus dem Unterpfandsbuche aus, welcher in urkundlicher Abschrift das Eingetragene enthält u. auf die Vorweisung dieses Auszuges fertigt das Amtsrevisorat (jetzt das Amtsgericht) nach zuvor eingezogener Erkundigung, ob es an den rechtlichen Erfordernissen zur Unterpfandseinsetzung rücksichtlich der Personen des Gläubigers u. Schuldners u. der zu verpfändenden Güter nicht mangele, die Unterpfandsverschreibung in gesetzlicher Form aus. Die Einschreibung in die Pfandbücher muß also immer der förmlichen Ausfertigung der Pfandurkunde vorangehen." Uebereinstimmend mit diesen alten Grundsätzen ist das Verfahren jetzt in R.P.O. §§ 43, 44 näher beschrieben u. festgestellt. Während jedoch nach bisherigem Rechte die gesetzlichen Unterpfandsrechte der Minderjährigen u. Mundlosen gegen ihren Vormund, der Ehefrauen gegen ihren Ehemann in Bezug auf Liegenschaften ohne allen Eintrag wirksam wurden — vgl. jedoch R.P.G. § 20 — u. es bei dem gerichtlichen Unterpfandsrechte genügte, das Urtheil in das Unterpfandsbuch eintragen zu lassen, bestimmt das Gesetz v. 29. März 1890 (Ges. u. V.Bl. Nr. XII.), welches mit dem 1. Juli 1890 in Kraft getreten ist:

1. daß Vorzugsrechte sowie gesetzliche u. richterliche Unterpfandsrechte auf Liegenschaften nur durch Eintragung wirksam werden,
2. daß der Eintrag nur auf bestimmt bezeichnete Liegenschaften und
3. nur für eine bestimmte Summe erfolgen kann.

Diese Einträge sind nunmehr auf Antrag der Amtsgerichte zu bewirken u. Mündelpfandrechte können nur auf ihren Antrag eingetragen werden. (Ges. v. 20. März 1890 cit. § 4, vgl. R.P.O. §§ 71, 72.)

Die Pfandgerichtsmitglieder haften nach Maßgabe des L.R.S. 2197 bezw. L.R.S. 2127 a in Verbindung mit § 26 Abs. 7 des 2. Einführ.-Edikts für den durch ihre Versehen angerichteten Schaden.*)

*) Dagegen spricht der Gerichtsgebrauch die Gemeinden von einer event. Haftbar-

Die Grund- und Pfandbücher sind vom Gerichtsschreiber des Amtsgerichts zu paginiren (R.P.G. § 3[2]).

Mit der Grund- u. Pfandbuchführung steht die Einrichtung der Lagerbücher (Flurbücher), Vermessung und Fortschreibung der Liegenschaften im Zusammenhange. Die Lagerbücher haben „keine andere Bestimmung u. keine andere Wirksamkeit als die, eine Beschreibung sämmtlicher Liegenschaften der Gemarkung zu liefern" (Art. 1 d. Lh.V. v. 11. Sept. 1883, Ges.Bl. Nr. XX.), werden durch Lagerbuchbeamte geführt, welche auf den Vorschlag der Oberdirektion des Wasser- u. Straßenbaues von dem Amtsrichter ernannt u. beeidigt werden (das. Artt. 5, 6) u. ebenso wie die Grund- und Pfandbuchführer der Aufsicht der Amtsgerichte unterstehen, vgl. R.P.O. §§ 41 f. Den Lagerbuchbeamten wird außerdem „ein Mitglied des Gemeinderaths, oder der Rathschreiber, oder ein anderes mit den Gemarkungsverhältnissen vertrautes Mitglied der Gemeinde vom Amtsrichter zur Unterstützung bei den vorzunehmenden Ermittelungen beigegeben" (Art. 5).

Baden ist der einzige Staat, der das ganze Gebiet der freiwilligen Gerichtsbarkeit oder der Rechtspolizei in Hinsicht der Zuständigkeit und des Verfahrens durch eine einheitliche Gesetzgebung zu ordnen versucht hat. Es ist das, offenbar durch die Reichsjustizgesetzgebung veranlaßt u. unter Berücksichtigung derselben durchgeführt, geschehen mit dem Rechtspolizeigesetze v. 6. Februar 1879 (Ges. u. V.Bl. Nr. XI.) u. den dazu erlassenen inzwischen unterm 2. Nov. 1889 erneuerten Geschäftsordnungen einer sog. Rechtspolizei-Ordnung u. einer Notariats-Ordnung, neben denen dann eine Menge von Instruktionen oder Dienstweisungen für Bürgermeister, Gemeinderäthe, Waisenrichter u. s. w. erlassen sind. Wegen dieses Versuches einer einheitlichen Behandlung der verschiedenen Rechtspolizei-Geschäfte ist die badische Gesetzgebung von so außerordentlichem Interesse u. der entschiedensten Beachtung auch außerhalb Badens würdig u. wenn auch die technische Bewältigung des Stoffes offenbar mit großen Schwierigkeiten zu kämpfen u. Lücken, Unebenheiten, Wiederholungen im Gefolge gehabt hat, so darf man den Versuch doch keineswegs als gescheitert bezeichnen.

Es folgen nunmehr das genannte Gesetz sog. Rechtspolizeigesetz (R.P.G.) unter A, die ministeriellen Geschäfts-Ordnungen unter B u. zwar:

die sog. Rechtspolizei-Ordnung (R.P.O.)
die sog. Notariats-Ordnung (Not.O.)

u. schicke ich zur leichteren Uebersicht in jedem Falle eine kurze Inhaltsanzeige vorauf.

1) Gesetz, die Verwaltung der freiwilligen Gerichtsbarkeit und das Notariat betreffend, vom 6. Februar 1879 (Ges. u. V.Bl. Nr. XI.) sog. „Rechtspolizeigesetz".

Inhalt: Titel I: Von der Verwaltung der freiw. Gerichtsbarkeit: §§ 1 bis 25, — Gerichtsbarkeit d. Amtsgerichte: §§ 1 bis 3; — Ablehnung der Beamten d. freiw. Gerichtsb.: § 4; — Zuständigkeit im Abwesenheitsverfahren: § 5 — in Vormundschaftssachen: §§ 5 a u. b; — Ungewißheit der Zuständigkeit: § 6a. — Verweisung auf d. Landrecht: § 7; — Verfahren: § 8; — Kosten § 8a — Berathung u. Abstimmung § 8b — Sitzungspolizei: § 8c; — Abwesenheitsverfahren: § 9. — Ehescheidung: § 10; — Vormundschaft: §§ 11 bis 22a; — Beschwerdeführung: § 23, 24. — Mitwirkung des Staatsanwalts: § 25.

Titel II: Von dem Notariat.
I. Geschäftskreis u. Zuständigkeit der Notare: §§ 26 bis 31.
II. Vorschriften für die Geschäftsführung d. Notare: §§ 32 bis 65a.
1) Allgemeine Vorschriften: §§ 32 bis 42.
2) Aufnahme der Urkunden: §§ 43 bis 62.

---

keit frei, während im Uebrigen die Verantwortlichkeit des Staates für Versehen seiner Beamten aus L.R.S. 1384 hergeleitet wird.

3) Urkundenverzeichnis: § 63.
4) Schätzung bei gerichtlichen Theilungen: § 64.
5) Beschwerdeführung: § 65, § 65a.

III. Rechtsverhältnisse der Notare: §§ 66 bis 80a.

IV. Von den nichtstreitigen Privatrechtsachen der Militärpersonen: §§ 80b–g.

Schlußbestimmungen §§ 81–84, Uebergangsbestimmung §§ 85, 86, Vollzugsbestimmung § 87.

Titel I. **Von der Verwaltung der freiwilligen Gerichtsbarkeit.** [1])

(Gerichtsbarkeit der Amtsgerichte.) **§ 1.** Die Amtsgerichte besorgen die durch das Landrecht den Gerichten übertragenen Geschäfte der nicht streitigen Gerichtsbarkeit. [2])

---

[1]) Nach der Eintheilung des Gesetzes wie auch schon im Titel ist „die Verwaltung der freiwilligen Gerichtsbarkeit (Tit. I.) dem „Notariat" (Tit. II.) gegenübergestellt. Streng genommen ist das im Sinne der badischen Gesetzgebung kein Gegensatz, insofern die Notare, wenn sie auch nicht mit Gerichtsbarkeit bekleidet sind, doch als Rechtspolizeibeamte stets auch bei der Verwaltung der freiwilligen Gerichtsbarkeit mitgewirkt haben, u. zwar nicht etwa als Hülfsbeamte der Gerichte, sondern mit durchaus selbständigen Amts- u. Machtbefugnissen. Der gemeinsame höhere Begriff, dem Gerichte wie Notare in diesem Sinne unterzuordnen sind, ist der der Rechtspolizei, wie denn auch die Amtsgerichte stets „Rechtspolizeibehörden", die Notare „Rechtspolizeibeamte" genannt werden; daher auch die wiederholten gleichartigen Bestimmungen in den beiden Geschäftsordnungen.

[2]) Das Gesetz beschränkt sich auffallender Weise im Wesentlichen auf das partikuläre Landesrecht, wenngleich auch nicht konsequent, wie § 2[9] beweist. Welche Gerichte die nach Reichsgesetzen: Handelsgesetzbuch, Genossenschaftsgesetz u. s. w. den Landes-Gerichten vorbehaltenen Thätigkeit in Sachen freiw. Gerichtsbarkeit auszuüben haben, wird nicht in diesem Gesetze, wohl aber in der dazu erlassenen ministeriellen Vollzugsordnung, der Rechtspolizei-Ordnung Titel VIII. bestimmt. Es darf hierbei die allgemeine Bemerkung gemacht werden, daß der Begriff von Gesetz u. Vollzugsordnung überhaupt keineswegs streng durchgeführt ist, daß diese vielfach Vorschriften des Gesetzes lediglich wiederholt, andererseits offenbare Lücken des Gesetzes ausfüllt.

Der Ausdruck „den Gerichten" ist ungenau, gemeint sind die Friedensrichter u. die Gerichte erster Instanz des Code civil, während z. B. die dem Appellationsgerichte übertragenen Geschäfte (vgl. L.R.S. 357) nicht auf das Amtsgericht, sondern auf das Landgericht übergehen (vgl. § 8b d. Ges.). Durch das Landrecht sind nun nach der Reihenfolge der landrechtlichen Vorschriften den Gerichten insbesondere folgende Geschäfte übertragen:

a) das Abwesenheits- u. Verschollenheits-Verfahren: L.R.S. §§ 112 ff., 115 ff., 120 ff., 141 ff.; vgl. §§ 2, 5, 9 d. Ges. u. R.P.O. §§ 27 ff;

b) die Ermächtigung von Ehefrauen zu Rechtsgeschäften: L.R.S. 219; vgl. § 85[2] d. Ges. u. R.P.O. § 55[1];

c) das Ehescheidungsverfahren bei wechselseitiger Einwilligung: L.R.S. 281 ff.: vgl. § 10 d. Ges. u. R.P.O. § 56;

d) das Anwünschungsverfahren (Adoption) u. zwar sowohl die Beurkundung der beiderseitigen Erklärungen (L.R.S. 353) wie der Ausspruch der Adoption (S. 356), welchen also das Amtsgericht als erste Instanz erläßt, während dessen Bestätigung (S. 357) nunmehr dem Landgericht zusteht; vgl. § 8b d. Ges. u. R.P.O. § 59[1];

e) die Beurkundung der beiderseitigen Erklärungen zur Eingebung einer Pflegvaterschaft: L.R.S. 263; vgl. § 85[3] d. Ges. u. R.P.O. § 59;

f) die Emanzipation bezw. die Beurkundung der darauf bezüglichen Erklärungen: L.R.S. 477, 478; vgl. § 2[5] d. Ges. u. R.P.O. §§ 60, 79, 87.

g) die Entmündigung: L.R.S. 489, 499, 512 ff. vgl. § 17[3] d. Ges. u. R.P.O. § 82;

§ 2. Ferner [3]) kommen den Amtsgerichten folgende Geschäfte zu:

1. sie ergreifen von Amtswegen die für Vermißte erforderlichen Maßregeln (L.R.S. 112, 113), bestellen insbesondere für sie Abwesenheitspfleger mit den Rechten und Pflichten der Vormünder und beaufsichtigen dieselben; [4])
2. sie beschließen in denjenigen Angelegenheiten, welche das Landrecht dem Familienrathe zuweist, nach Anhörung der nächsten Verwandten und Verschwägerten des Mündels (§ 11); [5])
3. bei ihnen werden die Pflegschaftstabellen geführt und die Vormundschaftsrechnungen abgehört; [6])
4. ihnen ist die Anordnung einer Fürsorge für die Person und das Vermögen des zu Entmündigenden (§ 600 C.P.O.) übertragen; [7])
5. sie beurkunden die Erklärung des Vaters oder der Mutter, daß ihr minderjähriges Kind gewaltsentlassen werde (L.R.S. 477 Abs. 2); [8])
6. sie prüfen die von den Notaren gefertigten Theilungen und Vermögens-

---

h) die Ernennung von Beiständen: ebenda; vgl. § 84^{4} d. Ges. u. R.P.O. §§ 86 ff.;
i) Einsetzung in die Erbschaftsgewähr: L.R.S. 770, 773, 1008; vgl. R.P.O. § 103;
k) Ermächtigung zu Fahrnisverkauf während der Erklärungsfrist des Erben: L.R.S. 796; vgl. § 85^{7} d. Ges. u. R.P.O. § 102^{1};
l) Verlängerung der Erklärungsfrist: L.R.S. 798, 1458, 1463;
m) Ernennung von Erb- u. Afterpflegern: L.R.S. 812, 1056; vgl. § $85^{4 \text{ u. } 6}$ d. Ges. u. R.P.O. § 99;
n) Verfügung über die Aufbewahrung von Erbschafts- u. Theilungsurkunden: L.R.S. 842; vgl. § 85^{8} d. Ges. u. R.P.O. § 140;
o) Annahme, Eröffnung u. Beschreibung eigenhändiger u. mystischer Testamente: L.R.S. 1007, 1008; vgl. 85^{9} d. Ges., R.P.O. § 96;
p) Erlaubnis zur Niederlegung von Sachen in Verwahr: L.R.S. 1265; vgl. dagegen § 2^{10};
q) Ermächtigung zur Aufgabe eines Unterhaltsanspruchs: L.R.S. 2046 a; vgl. R.P.O. § 39.

3) Der Ausdruck ist wieder ungenau, insofern als Nr. 1 u. 5 den Amtsgerichten schon nach § 1, vgl. Anm. 2 unter a u. f, zukommt.

Außerdem ist die Aufzählung in § 2 unvollständig, wie sich aus den Bemerkungen zu den einzelnen Nummern ergiebt.

4) Vgl. §§ 5 u. 6 a d. Ges. u. R.P.O. §§ 28 ff., 37.

5) Die Amtsgerichte sind die obervormundschaftliche Behörde, ihnen liegt die Fürsorge für Minderjährige, Mundlose u. s. w. und die Anordnung u. Beaufsichtigung der erforderlichen Vormundschaften u. Pflegschaften ob, vgl. § 5 a, b d. Ges.; R.P.O. §§ 58^{2}, 61 ff., 82 ff., 86 ff.; die Ernennung der Vormünder, Mit-, Neben- u. Gegenvormünder, Pfleger u. Beistände, ihre Ueberwachung, Freilassung, Absetzung, die Ermächtigung zu einzelnen Geschäften, der Antrag auf Eintragung der gesetzlichen Pfandrechte, die Prüfung notarieller Theilungen u. s. w. Die Amtsgerichte werden in dieser obrigkeitlichen Fürsorge unterstützt einmal durch die Bürgermeister u. Waisenrichter, andererseits auch durch die Notare, die wie jene zur Anzeige der Thatsachen verpflichtet sind, „welche die Bestellung von Vormündern oder Pflegern Minderjähriger u. Vermißter oder die Absetzung von Vormündern u. Pflegern nöthig machen können (§ 17 d. Ges.) u. die deshalb auch mit den Waisenrichtern die Sterbelisten durchzusehen haben (Not.O. § 105), die aber auch von amtswegen die erforderlichen Sicherheitsmaßregeln, wie Siegelanlage u. Vermögensverzeichnung, vorzunehmen haben. — Uebrigens hätte neben dieser Thätigkeit auch angeführt werden sollen die Ernennung von Rechtsbeiständen für Blinde, Taube u. Stumme, vgl. R.P.O. §§ 90 ff., 96 ff.

6) Vgl. R.P.O. § 74^{3}. — 7) Das. § 83. — 8) Das. 60.

übergaben, wobei Abwesende, Minderjährige oder Mundlose betheiligt sind; [9])

7. sie überwachen die Führung der Grund- und Pfandbücher; [10])
8. sie fertigen die Kauf- und Tauschbriefe, sowie die Unterpfandsverschreibungen; [11])
9. sie sind berechtigt, Auszüge aus den Standesregistern zu beglaubigen (§ 15 des Reichsges. v. 6. Februar 1875); [12])
10. von ihnen werden die Urkunden über die Zulässigkeit der öffentlichen Hinterlegung und der Rückzahlung ausgestellt. [13]) [14])

---

[9]) R.P.O. § 57³, 104³; Not.O. § 137¹, 154, 166.

[10]) R.P.O. § 41², 45 ff. Das Nemliche gilt von den Lagerbüchern §§ 41¹, 47 ff. Dahin gehört auch ihre Obliegenheit in Bezug auf Feldvereinigungen § 42 das. Die Amtsgerichte sind auch zuständig zur Aufnahme von Pfandstrichbewilligungen; R.P.O. § 81 Nr. 5, Ges. die Vorzugs- u. Unterpfandsrecht betr. v. 29. März 1890 § 10. Ebenso haben sie die Eintragung gesetzlicher Pfandrechte zu veranlassen.

[11]) Es handelt sich nur um Liegenschaften: R.P.O. §§ 43 ff.; s. o. S. 260 III.

[12]) Die Hervorhebung dieser einzigen reichsgesetzlichen Bestimmung ist ebenso auffällig wie die Weglassung der hierher gehörigen landesrechtlichen aus § 29¹ d. Ges. über die Ertheilung von Abschriften bei den Amtsgerichten verwahrter Notariatsurkunden. Im Uebrigen ist zu dieser Nr. Folgendes zu bemerken: Nach § 43 der Dienstweisung f. Standesbeamte fertigen die Amtsgerichte die Auszüge aus den bei ihnen verwahrten Registern:
1) wenn sie den vor dem 1. Februar 1870 geführten Büchern zu entnehmen sind;
2) wenn das von d. Gemeinde zu verwahrende Register verloren oder zerstört ist;
3) wenn eine einzelne Beurkundung, welche im Register der Gemeinde fehlt, im Register des Amtsgerichts sich vorfindet;
4) wenn die Einträge in beiden Registern nicht gleichlauten. Dagegen liegt nach § 41 den Standesbeamten ob die Fertigung der Auszüge 1) aus den Standesregistern des jeweils laufenden Jahres, 2) aus den bei den Gemeinden verwahrten Registern anderer Jahre vorbehaltlich § 43, 3) aus den bei ihnen verwahrten Abschriften der von den Geistlichen bis Januar 1870 geführten Standesbücher.

Zeugnisse von Geistlichen über Eintragungen in die Standesbücher vor dem Reichsges. v. 6. Febr. 1875 haben keinerlei Beweiskraft (Annalen d. bad. Ger. 1878 S. 301; Min.Erl. v. 18. Juli 1879), sofern sie nicht in Gemäßheit des badischen Standesgesetzes v. 21. Dez. 1869, § 24 Abs. 2 — vgl. Reichsges. cit. § 73 — in Ausnahmefällen u. mit Genehmigung des Amtsgerichts ertheilt sind; vgl. z. B. Not.O. § 109²ᵇ.

[13]) Vgl. Hinterlegungsgesetz v. 7. Juni 1884 § 44 (Ges. u. Not.Bl. Nr. XX), nach welchem für die Ausstellung dieser Urkunden „außer der Behörde, welche die Hinterlegung angeordnet oder zugelassen hat, jedes Amtsgericht, an welches der Hinterleger sich mit dem betreffenden Antrage wendet", zuständig ist.

[14]) Außer dem bereits Angeführten sind ferner hervorzuheben die Beaufsichtigung der Waisenrichter, die Prüfung der Sterbelisten, die Prüfung u. s. w. der notariellen Gebührenansätze, R.P.O. §§ 114 ff. Die Paginirung des notariellen Urkundenverzeichnisses, R.P.G. § 63, die Verwahrung der Notariatsurkunden, welche nicht an die Parteien ausgehändigt werden, das. §§ 18, 112, desgl. hinterlegter Testamente, das. §§ 90, 96, die Thätigkeit bei Aenderung von Vornamen nach § 4 d. Ch.V. v. 16. Dez. 1875 (Ges.Bl. Nr. XXXVIII) und eine Reihe von Geschäften, welche spätere Gesetze den Amtsgerichten zugewiesen haben, so namentlich:
a) in Betreff des Zwangserziehungsverfahrens nach dem Ges. v. 4. Mai 1886, Vollz.V. v. 27. Nov. 1886, betr. die staatl. Fürsorge für die Erziehung verwahrloster jugendlicher Personen, vgl. R.P.O. §§ 58⁴, 73⁵;
b) die Ertheilung von Erbbescheinigungen nach dem Ges. v. 24. März 1880, vgl. o. S. 260, III. 3;
c) die Thätigkeit im Gebiete des Handelsrechts: R.P.O. § 108, s. o. S. 268. Nicht

§ 3. Den Gerichtsschreibern werden folgende Geschäfte übertragen:[15])

1) Die Führung der öffentlichen Bücher für den Eintrag
   a) der Entsagung auf Erbschaften (L.R.S. 784);[15])
   b) der Annahme der Erbschaft unter der Wohlthat des Erbverzeichnisses (L.R.S. 793);[15])
   c) der Entsagung von der Theilnahme an der ehelichen Gütergemeinschaft (L.R.S. 1457);[16])
   d) der im Ausland errichteten letzten Willen (L.R.S. 1000);[17])
   e) der Faustpfandurkunden (L.R.S. 2074);[18])
2) die Paginirung und Paraphirung der Grund- und Pfandbücher (L.R.S. 2201);[19])

(Ablehnung der Beamten der freiwilligen Gerichtsbarkeit.)[20]) § 4. Die in den §§ 41 bis 49 der C.P.O. über die Ausschließung und Ablehnung der Gerichtspersonen gegebenen Bestimmungen finden auch im Gebiete der freiwilligen Gerichtsbarkeit entsprechende Anwendung.

hierher gehören, weil nicht der freiwilligen Gerichtsbarkeit angehörig, die Verpflichtung zum Stempelansatz bei Liegenschaften, Schenkungen, Erbschaften, die ihnen im Widerspruch mit Einf.Ges. § 4 z. R.G.Verf.Ges. durch R.P.O. § 125 auferlegt ist.

Die hervorgehobene Thätigkeit der Amtsgerichte ist auch, was die Beurkundung betrifft, vgl. § 26¹ d. Ges., wenn nicht ausnahmsweise Anderes vorgeschrieben ist, eine ihnen ausschließlich zustehende u. obliegende, vgl. o. S. 260.

Was die Form anbetrifft, in welcher die Amtsgerichte die ihnen obliegenden Beurkundungen u. Entscheidungen zu Papier zu bringen haben, so ist nur vorgeschrieben, daß zu den Protokollen darüber ein Gerichtsschreiber nicht zugezogen zu werden braucht: R.P.O. § 12. Während nun für die Gerichtsschreiber-Protokolle in §§ 9 u. 10 der Dienstweis. f. d. Gerichtsschreibereien v. 19. Juli 1879 (Ges. u. V.Bl. Nr. XXXIII) bestimmte Inhaltsvorschriften, auch bezüglich der freiwilligen Gerichtsbarkeit, gegeben sind, fehlen solche für jene Protokolle, zu welchen das Amtsgericht einen Gerichtsschreiber nicht zuzieht.

[15]) Abgesehen von diesem § 3 gehören zu dem Geschäftskreise der Gerichtsschreibereien
1) die Aufnahme von Protokollen über Verhandlungen vor dem Gerichte oder dem Gerichtsschreiber (derselbe muß aber nicht zugezogen werden: R.P.O. § 12²);
2) die Ertheilung von Ausfertigungen u. Abschriften aus den Gerichtsakten;
3) die Bewirkungen von Zustellungen, Ladungen u. Bekanntmachungen, sowie die sonstige Absendung von Schreiben;
4) die Besorgung der Registraturgeschäfte;
5) die Führung der Geschäftstagebücher u. Tabellen;
6) die Besorgung des Gerichtskostenwesens (Dienstweis. a. a. O. § 1).

In Angelegenheiten der freiw. Gerichtsbarkeit können Anträge u. Gesuche entweder schriftlich eingereicht oder zum Protokoll des Gerichtsschreibers angebracht werden. Dies gilt insbesondere auch von Klagen auf Ehebewilligung, Einsprachen gegen Ehen, Anträge im Verschollenheitsverfahren, Gesuche von Ehefrauen um Ermächtigung zu Rechtsgeschäften, Anträge auf Einweisung (das. § 111), Entmündigung, Verbeistandung, Mundtoterklärung (das. § 9).

[15a]) Vgl. R.P.O. § 102².

[16]) Das. § 57².

[17]) Das. § 98.

[18]) Siehe über dieselben R.P.O. § 51.

[19]) Das. § 41². — Vgl. außerdem R.P.O. §§ 12, 17, 23, 116.

[20]) Vgl. § 34 d. Ges.; R.P.O. §§ 5, 6. Auch Notare können abgelehnt werden, die Bestimmungen darüber s. §§ 35, 36 d. Ges.

(Zuständigkeit im Abwesenheitsverfahren.)[21]) § 5. Zur Anordnung der für die Verwaltung des Vermögens Vermißter erforderlichen Maßregeln (§ 2 Ziffer 1) und zu der Verschollenheitserklärung (L.R.S. 115) ist ausschließlich das Amtsgericht zuständig, bei welchem der Vermißte zuletzt seinen allgemeinen Gerichtsstand[22]) hatte, dem Badener gegenüber, welcher zur Zeit seines Verschwindens den Wohnsitz nur außerhalb Badens hatte, das Amtsgericht seines letzten Wohnsitzes[23]) im Großherzogthum.

(Zuständigkeit in Vormundschaftssachen.)[24]) § 5a. Die den Amtsgerichten zukommenden vormundschaftlichen Rechte werden von demjenigen Amtsgerichte ausgeübt, in dessen Bezirk der Mündel zur Zeit der Eröffnung der Vormundschaft oder Pflegschaft den bürgerlichen Wohnsitz[25]) oder in Ermangelung eines solchen den Aufenthalt hat. Ist ein solcher im Inlande nicht begründet, so wird das zuständige Amtsgericht durch das Justizministerium bestimmt.[25])

Dieses kann die vormundschaftlichen Rechte dem Amtsgerichte des Wohnsitzes des Vormundes oder Pflegers zuweisen, wenn derselbe an einem anderen Orte als dem Wohnsitze des Mündels begründet ist.

§ 5b. Die Zuständigkeit des Amtsgerichtes zur Ausübung der vormundschaftlichen Rechte erstreckt sich auch auf Nichtbadener, welche zur Zeit der Eröffnung der Vormundschaft oder Pflegschaft in dessen Bezirk ihren Wohnsitz, oder in Ermangelung eines solchen ihren Aufenthalt haben.

Die Vormundschaft über einen Nichtbadener ist auf Verlangen der Behörden des Heimathstaates an diese abzugeben.[26])

[(Zuständigkeit zur Beschränkung gesetzlicher Pfandrechte.) § 6. Zur Entscheidung über den Antrag auf Beschränkung des gesetzlichen Pfandrechts ist in den Fällen des L.R.S. 2143 das Amtsgericht des Wohnsitzes des Vormunds, in den Fällen des L.R.S. 2144 das Amtsgericht des Wohnsitzes der Eheleute zuständig.][27])

(Ungewißheit der Zuständigkeit.)[28]) § 6a. Wenn über die Zuständigkeit zur Erledigung einer einzelnen Angelegenheit der freiwilligen Gerichtsbarkeit Streit entsteht, oder Ungewißheit herrscht, bestimmt das Justizministerium das zuständige Amtsgericht.

(Verweisung auf das Landrecht.) § 7. Die Behandlung der Geschäfte der nicht streitigen Gerichtsbarkeit richtet sich unter folgenden näheren Bestimmungen nach den Vorschriften des Landrechts.

(Verfahren. Allgemein.)[29]) § 8.[30]) Die Gerichte erheben die zur Aufklärung

---

[21]) R.P.O. §§ 27 ff.; Not.O. § 110.

[22]) C.P.O. § 13.

[23]) L.R.S. 102.

[24]) Vgl. R.P.O. § 61.

[25]) Nach Erlaß v. 19./8. 1890 sollen Gerichte mit Ersuchen um Auskunft, wenn ausländisches Recht anzuwenden ist, stets ministerielle Vermittelung nachsuchen „sonach jede direkte Anfrage an Behörden des fremden Staates unterlassen".

[26]) Nach L.R. Satz 3 richtet es sich nach den Gesetzen des Heimathstaates, ob die Vormundschaft überhaupt eröffnet ist.

[27]) Aufgehoben mit der Beseitigung der gesetzlichen Pfandrechte als solcher durch das Gesetz, die Vorzugs- und Unterpfandrechte betr., v. 29. März 1890 (Ges.Bl. Nr. XII. u. ausdrücklich durch dessen § 18.

[28]) Vgl. R.P.O. § 2; Not.O. § 110[3].

[29]) R.P.O. §§ 9 ff.

der Sache dienenden Umstände und die Erklärungen der Betheiligten von Amtswegen. Soweit nicht besondere Vorschriften für das Verfahren gegeben sind, haben sie diejenigen Formen zu beobachten, welche zur vollständigen Aufklärung der erheblichen Thatsachen und zum Gehör der Betheiligten nach der Natur und dem Zweck des Verfahrens erforderlich sind.

Die Verhandlungen sind nicht öffentlich.

Die Landgerichte können Vernehmungen und Erhebungen durch einen Gerichtsverordneten oder durch das Amtsgericht bewerkstelligen.

Personen, welche in Angelegenheiten der freiwilligen Gerichtsbarkeit als Zeugen oder Sachverständige einvernommen werden, können nach Maßgabe der Bestimmungen der Civilprozeßordnung beeidigt werden.

[Die Vorschriften der §§ 358 und 367 der C.P.O. finden auch auf solche Zeugen und Sachverständige entsprechende Anwendung.] Im Uebrigen finden auf solche Zeugen und Sachverständige die Vorschriften der §§ 338—379 der Civilprozessordnung entsprechende Anwendung.[31])

(Kosten des Verfahrens.) § 8a. Hinsichtlich der Kosten finden die Bestimmungen der §§ 87 Abs. 1 und 88—95 der C.P.O. entsprechende Anwendung.[32])

Ist ein zurückgewiesener Antrag lediglich im Interesse der Gegenpartei gestellt worden, so können dieser die Kosten des Verfahrens ganz oder theilweise auferlegt werden.

Unterliegt der Staatsanwalt, welcher Einsprache gegen eine Ehe erhoben hat, so ist die Staatskasse zur Erstattung der dem Einsprachsbeklagten erwachsenen Kosten zu verurtheilen.[33])

(Berathung und Abstimmung.) § 8b. Das Landgericht entscheidet in Sachen der freiwilligen Gerichtsbarkeit, sowie in dem Fall des L.R.S. 357[34]) in Besetzung von drei, das Oberlandesgericht in Besetzung von fünf Mitgliedern einschließlich des Vorsitzenden.

Die Berathung und Abstimmung der Gerichte erfolgt nach den Vorschriften der §§ 194 bis 199 des Gerichtsverfassungsgesetzes.

§ 8c. (Sitzungspolizei.) Die Vorschriften der §§ 177—185 des deutschen Gerichtsverfassungsgesetzes finden in Sachen der freiwilligen Gerichtsbarkeit entsprechende Anwendung.[35])

(Abwesenheitsverfahren.) § 9. Die im Verschollenheitsverfahren erlassenen Vorbescheide und Endbescheide sind öffentlich bekannt zu machen.[36])

(Ehescheidung auf wechselseitige Einwilligung.)[37]) § 10. Das Verfahren bei

---

30) Die ersten beiden Absätze werden in § 9 d. R.P.O. lediglich wiederholt. Vgl. auch Ges. v. 24. April 1886 bei R.P.O. § 108.

31) Abänderung gemäß Art. I. Ges. v. 20. Juli 1888, die Abänderung des Rechtspolizeigesetzes v. 6. Februar 1879 betr. (Ges.Bl. Nr. XXX. S. 367). Vgl. übrigens R.P.O. § 13.

32) R.P.O. § 14 wiederholt die ersten beiden Absätze.

33) Vgl. R.P.O. § 53.

34) Bestätigung der Adoption: R.P.O. § 59². Vgl. o. Anm. zu § 1.

35) Zusatz nach Art. II. des in Anm. 31 angeführten Ges. v. 20. Juli 1888.

36) Vgl. R.P.O. §§ 30, 31.

37) Das. § 56.

der Ehescheidung auf wechselseitige Einwilligung richtet sich nach den Vorschriften des 3. Kapitels im VI. Titel des I. Buchs des Landrechts, vorbehaltlich folgender Bestimmungen:

1) die Ehegatten haben ihre Erklärungen vor dem Amtsrichter abzugeben, in dessen Bezirk sie ihren Wohnsitz haben;

2) der Amtsrichter macht den Ehegatten die vorgeschriebenen Eröffnungen, nimmt die übergebenen Urkunden in Empfang, fertigt die nöthigen Beurkundungen und legt sie mit den übrigen Aktenstücken dem Landgericht vor.

Die Mitwirkung von Staatsschreibern [38]) unterbleibt.

3) Die Wiederholungen der Erklärung des Scheidungsvorhabens (L.R.S. 285) sollen binnen 14 Tagen geschehen, nachdem, vom Tage der ersten Erklärung an gerechnet, drei, sechs und beziehungsweise neun Monate abgelaufen sind;

4) über das Gesuch um Zulassung der Ehescheidung auf wechselseitige Einwilligung entscheidet das Landgericht, nachdem es den Staatsanwalt gehört hat, und vorbehaltlich der Berufung an das Oberlandesgericht nach Maßgabe der L.R.SS. 291—293.

(Mitwirkung der Verwandten im Familienrathe.) [39]) **§ 11.** Zu jeder Vormundschaft werden zwei oder vier der im Orte oder dessen Nähe wohnenden nächsten Verwandten oder Verschwägerten des Mündels, womöglich von der väterlichen und mütterlichen Seite je zur Hälfte, in Ermangelung solcher zwei andere hiezu geeignete Einwohner des Ortes berufen, um dem Amtsgerichte bei Erledigung der im § 2 Ziff. 2 erwähnten Angelegenheiten als ständige Beiräthe zur Seite zu stehen.

Als solche Beiräthe können diejenigen Personen nicht berufen werden, welche sich in einem der in den L.R.SS. 442,[40]) 444 [41]) und im § 34 Ziff. 6 des R.Str.G.B. bezeichneten Verhältnisse befinden.[42])

§ 12. In wichtigen und in zweifelhaften Fällen findet die Vernehmung der Beiräthe durch das Amtsgericht statt; sonst kann sie durch einen Gemeindebeamten oder Notar geschehen.[43])

§ 13. Die Berufenen sind schuldig, zur Abgabe ihres Gutachtens persönlich zu erscheinen.

Vertagung der Berathung oder der Entscheidung wegen des Ausbleibens eines oder mehrerer der Berufenen findet in der Regel nicht statt; wo keine Gefahr auf dem Verzuge und die Mitwirkung der Beiräthe besonders wünschenswerth ist, kann deren nochmalige Vorladung verfügt werden; die Nichterschienenen tragen in diesem Falle die Kosten der vereitelten Tagfahrt.[44])

---

[38]) Vgl. oben S. 258.

[39]) Vgl. R.P.O. §§ 62, 64.

[40]) Minderjährige außer Vater u. Mutter, Mundtodte, Weibspersonen außer Mutter u. Großmutter, Prozeßgegner des Minderjährigen u. ihre Eltern in Bezug auf dessen Familienstand, oder einen ansehnlichen Theil seines Vermögens.

[41]) Leute von kundbar schlechter Aufführung u. solche, deren Unfähigkeit oder Untreue aus ihrer Verwaltung hervorgeht.

[42]) Unfähige zufolge Aberkennung der bürgerlichen Ehrenrechte, außer für Deszendenten.

[43]) Vgl. R.P.O. § 65[2]. — [44]) Daselbst § 65[4].

§ 14. Der Vormund, sowie jeder der berufenen Beiräthe können, wenn sie mit einem Beschlusse des Amtsgerichts nicht einverstanden sind, binnen acht Tagen verlangen, daß der Staatsanwalt um seine Meinung befragt werde.[44a])

Billigt er den Beschluß, so wird dieser endgiltig, andernfalls legt der Staatsanwalt die Sache dem Landgericht zur endgiltigen Entschließung vor.

§ 15.[45]) Den als Beiräthen berufenen Personen werden etwaige Reisekosten und andere baare Auslagen aus dem Mündelvermögen ersetzt; sie erhalten keine Belohnung für ihre Geschäftsverrichtungen.

§ 16. Der Regierung wird vorbehalten, das Nähere über Wahl und Ergänzung der Beiräthe und über das bei deren Geschäften zu beobachtende Verfahren, sowie über die Mitwirkung des Waisenrichters durch Verordnung zu bestimmen.[46])

(Pflicht zur Anzeige gegen Vormünder.)[47]) § 17. Verwandte und Verschwägerte, Bürgermeister, Waisenrichter und Notare sind verpflichtet, den Amtsgerichten die Thatsachen anzuzeigen, welche die Bestellung von Vormündern oder Pflegern Minderjähriger und Vermißter, oder die Absetzung von Vormündern und Pflegern nothwendig machen können.

Das Justizministerium ist ermächtigt, die Pflicht zur Anzeige von Geburten und Sterbefällen, welche die Einleitung von Vormundschaften nothwendig machen, auch den Standesbeamten aufzuerlegen.

Thatsachen, welche die Verbeistandung oder die Entmündigung einer Person wegen Geisteskrankheit herbeizuführen geeignet sind, haben die Notare, Bürgermeister und Waisenrichter zur Antragstellung dem Staatsanwalte bei dem vorgesetzten Landgerichte (§ 594 u. 595 C.P.O.) anzuzeigen.

(Bestätigung der Vormünder.)[48]) § 18. Die vom Gesetze oder durch

---

[44a]) Daselbst § 66 [3]. Diese Befragung und das eventuelle weitere Vorgehen des Staatsanwalts ist ein offenbarer Ueberrest der französisch-rechtlichen Theilnahme des ministère public als partie sécondaire im öffentlichen Verfahren in solchen Sachen, vgl. auch § 19. Allerdings ist dies keine Beschwerde im Sinne der §§ 23, 24 d. Ges., die nach § 25 dem Staatsanwalt überhaupt nicht zusteht; aber es scheint nicht gerechtfertigt (vgl. Reutti Anm. II. zu § 14) anzunehmen, daß dem Vertreter des Mündels nicht auch das Beschwerderecht lediglich im Mündelinteresse zustände. Das Gegentheil ergiebt sich schon aus Absatz 2; aus der Verschiedenheit der Fristen (8 u. 14 Tage) u. jedenfalls enthalten §§ 23, 24 Nichts von solcher Beschränkung. Freilich wenn § 14 geltend gemacht ist, wird das Beschwerderecht ausgeschlossen, sobald der Staatsanwalt den Beschluß billigt (Abs. 2), aber durch die Beschwerde kann der Beschwerdeführer selbst nach der Befragung solcher Billigung zuvorkommen.

[45]) R.P.O. § 65 [4].

[46]) Vgl. R.P.O. §§ 62 bis 66. Der Vorbehalt ist ausgeführt durch Erlaß der Waisenrichter-Ordnung v. 17. Juni 1879, die inzwischen durch die Waisenrichter-Ordnung v. 30. Oktober 1889 u. die dazu ergangene Dienstweisung für die Waisenrichter v. 2. Nov. 1889 ersetzt ist.

[47]) Die Ueberschrift ist nicht ganz zutreffend; es handelt sich nicht bloß um Anzeige gegen Vormünder, sondern um Anzeigen der Umstände aller Art, welche das Einschreiten des Vormundschaftsgerichts, auch zur ersten Einrichtung der Vormundschaft, erheischen. Vgl. R.P.O. §§ 58, 78; Not.O. § 110 [2]; die verschiedenen Dienstweisungen, Waisenrichter-O. § 7, Dienstw. f. d. Waisenrichter §§ 10 ff. f. d. Bürgermeister §§ 29 ff. wiederholen die Vorschriften im Einzelnen.

[48]) Vgl. R.P.O. §§ 67 2, 3 u. 68 [2].

elterliche Verordnung berufenen Vormünder — mit Ausnahme der Eltern — bedürfen der Bestätigung durch das Amtsgericht; diese darf ohne gesetzlich begründete Ursache nicht verweigert werden; ihr muß eine Vernehmung der Beiräthe vorausgehen.

(Gerichtliche Bestätigung von Familienrathsbeschlüssen.) § 19. Ist ein Vergleich über einen streitigen Anspruch beschlossen, dessen Gegenstand den Werth von 300 Mark übersteigt, so ist der Staatsanwalt um seine Meinung zu befragen. Tritt er dem Beschlusse bei, so wird dieser endgiltig, andernfalls legt der Staatsanwalt die Sache dem Landgericht zur endgiltigen Entscheidung vor.[49])

Bei anderen Vergleichen, sowie in den Fällen der L.R.SS. 457,[50]) 458,[51]) 483, 484,[52]) 511[53]) ist eine weitere Bestätigung der Beschlüsse des Amtsgerichts nicht erforderlich.[54])

(Eintrag gesetzlicher Pfandrechte.)[55]) § 20. Die Amtsgerichte sind verpflichtet, den Eintrag gesetzlicher Pfandrechte der Mündel, wo solcher versäumt wird, zu betreiben.[56])

(Anfang der Verwaltung des Vormundes.) § 21. Der überlebende Elterntheil handelt und verwaltet als Vormund vom Tode des andern an, die übrigen gesetzlichen und elterlich verordneten Vormünder von dem Tage an, an welchem ihnen die Bestätigung eröffnet wurde, andere Vormünder, Pfleger und Beistände von Verkündigung der Ernennung an.[57])

(Rechnungsstellung.)[58]) § 22. Die Rechnungen der Vormünder sind je nach dem Umfange der Vermögensverwaltung alle ein bis fünf Jahre und nebstdem am Schlusse der Verwaltung zu stellen.

Die Amtsgerichte haben zu wachen, daß die Rechnungsstellung rechtzeitig erfolgt.

(Ordnungsstrafen.) § 22a. Gegen Vormünder, Gegenvormünder und Abwesenheitspfleger können wegen pflichtwidrigen Verhaltens Ordnungsstrafen bis zu 100 Mark verhängt werden.

Das Amtsgericht, welches die vormundschaftlichen Rechte ausübt, ist zuständig, diese Strafen auszusprechen.[59])

(Beschwerdeführung.)[60]) § 23. Die Beschwerdeführung gegen die Amtsgerichte findet statt:

---

[49]) Vgl. Anm. zu § 14. R.P.O. § 75 ^{1}.

[50]) Aufnahme von Darlehen, Veräußerung u. Verpfändungen von Liegenschaften.

[51]) Hinfällig durch diesen § 19.

[52]) Darlehen u. Veräußerung oder Verpfändung von Liegenschaften durch Emanzipirte.

[53]) Festsetzung des Brautschatzes u. Ehevertrages von Kindern Entmündigter.

[54]) R.P.O. §§ 75 ^{3}, 85 ^{2}, 87 ^{2}.

[55]) Zufolge Gesetzes v. 29. März 1890, welches die gesetzlichen Pfandrechte als solche beseitigt.

[56]) Vgl. R.P.O. §§ 71, 72.

[57]) R.P.O. §§ 28, 68, 82 bis 84, 86 bis 88, 106, 107. Die uneheliche Mutter ist übrigens Vormünderin von der Geburt an.

[58]) R.P.O. §§ 74 ^{3}, 77, 80 bis 82. Weiter ausgeführt in den Dienstweisungen für Vormünder § 16, f. Gegenvormünder § 12, für Waisenrichter § 24.

[59]) R.P.O. § 78 ^{1}.

[60]) Die Beschwerde gegen amtsgerichtliche Beschlüsse steht keineswegs bloß interessirten Dritten, sondern vor Allen auch dem Mündelvertreter selbst zu; aber nicht

1) wegen Verweigerung oder Verzögerung der Geschäftserledigung
2) wegen ungebührlicher Behandlung der erschienenen Personen;
3) wegen des Inhalts der erlassenen Verfügungen.

§ 24. Die Beschwerdeführung gehört vor das Landgericht.[60a])

Im Falle des Absatzes 3 des vorigen Paragraphen ist die Beschwerde innerhalb vierzehn Tagen auszuführen.

Hat sie die Abänderung einer amtsgerichtlichen Verfügung zur Folge, so können die dem Beschwerdeführer gegenüber stehenden Betheiligten binnen der gleichen Frist Beschwerde beim Oberlandesgericht erheben.

(Mitwirkung des Staatsanwalts.) § 25. Die Mitwirkung des Staatsanwalts bei Verwaltung der freiwilligen Gerichtsbarkeit ist auf die in diesem Gesetz benannten Fälle beschränkt.

Titel II. **Von dem Notariat.**

I. Geschäftskreis und Zuständigkeit der Notare.

(Regel.) § 26. Die Notare besorgen in den Distrikten, für welche sie angestellt sind:[61])

1) die Fertigung von öffentlichen Urkunden, insofern sie nicht andern Beamten übertragen ist;[62])

---

dem Staatsanwalt, dessen Mitwirkung nach § 25 auf dies Verfahren in den §§ 8a[a], 10[1], 14 u. 17[3], 19, 78, 80[2] beschränkt ist.

[60a]) Vgl. § 65, Ausnahme bei Beschwerden in Gebührensachen: § 65[a], R.P.O. § 114[1]; Not O. § 181[1], sie gehen an d. Justiz-Minister.

[61]) Notariatsdistrikt ist regelmäßig der Amtsgerichtsbezirk; derselbe kann aber für mehrere in demselben angestellte Notare in mehrere Distrikte eingetheilt sein (Not.O. § 8). Praktische Bedeutung hat eine solche Distriktseintheilung eines Amtsgerichtsbezirks nur für Siegelanlagen und Inventarisationen (§ 27 d. G.).

[62]) Unzuständig sind die Notare insbesondere zur Führung
a) der Handels-, Genossenschafts- und Musterregister, welche den Amtsgerichten (R.P.O. § 108),
b) der Civilstandsregister, welche den Standesbeamten,
c) der Grund- u. Pfandbücher, welche den Gemeinderäthen,
d) der in § 3 d. G. genannten Bücher, welche den Gerichtsschreibern

obliegt, unzuständig; daher auch zu Auszügen und Beglaubigungen aus solchen Registern und Büchern, welche ebenfalls den betreffenden Behörden, für die Standesregister aber den Amtsgerichten (§ 2 Nr. 9) obliegt.

Unzuständig sind die Notare natürlich auch zu Beurkundungen in einem gerichtlichen Verfahren, wie bei Ehescheidungen auf wechselseitige Einwilligung (§ 10 d. Ges.), bei Eröffnung von Testamenten (§ 85[9]), ferner zur Aufnahme von Gesuchen und Einwilligungen wegen Pflegevaterschaft (§ 85[3]).

Vor Allem aber sind die Notare unzuständig auf dem Gebiete des Kontraktenwesens zur Aufnahme
a) von Kauf- und Tauschbriefen und Unterpfandsverschreibungen über Liegenschaften, die ausschließlich Sache des Gerichtes sind,
b) von Cessionen von Brandentschädigungsforderungen, die nur den Bürgermeistern zusteht.

Im Uebrigen steht den Notaren die Aufnahme öffentlicher Urkunden außerhalb eines Rechtsstreites entweder ausschließlich zu oder in freier Wahl mit anderen Behörden, und zwar:
a) mit den Gerichten: insbesondere von Abschriften notarieller gerichtlich verwahrter Urkunden (§ 29),

2) die Anlegung und Abnahme von Siegeln (L.R.SS. 819 u. 821);[63])
3) die Aufnahme von Vermögensverzeichnissen;[64])
4) die Theilungen (L.R.SS. 466, 819, 838, 1476, 1872) und die Vermögensübergaben;[65])
5) die Fertigung von Abschriften und Auszügen aus den unter 1—4 genannten Geschäften, vorbehaltlich der Bestimmung des § 29.[66])[67])

(Ausnahmen.) § 27. Auch außerhalb ihres Distrikts, jedoch innerhalb des Amtsgerichtsbezirkes können die Notare diese Geschäfte — mit Ausnahme der Siegelanlegungen und der Vermögensverzeichnisse in den gesetzlich gebotenen Fällen[68]) — verrichten, wenn die Betheiligten es verlangen.

Die Siegelanlegung hat in den Gemeinden, in welchen ein Notar nicht gegenwärtig ist, der Bürgermeister oder dessen Stellvertreter unter Beiziehung des Waisenrichters und Rathschreibers vorzunehmen.

Diese Zuständigkeit umfaßt die Siegelanlegungen in denjenigen Kolonien, Weilern und Höfen, welche, weil sie keiner Ortsgemarkung angehören, dem Standesamtsbezirke der Gemeinde zugetheilt sind.[69])

---

b) mit den Bürgermeistern: Beglaubigungen; vgl. Dienstw. für die Bgmstr. (§§ 15 bis 15),
c) mit den Bürgermeistern u. Waisenrichtern: öffentliche Versteigerungen von Liegenschaften (Not.O. §§ 71 ff.; Dienstw. f. d. Bgmstr. § 44; Waisenrichter-O. § 10; Dienstw. f. d. Waisenrichter § 37) u. mit denselben und den Gerichtsvollziehern, desgl. von Fahrniß,
d) mit den Gerichtsvollziehern außerdem: Kündigungen, Aufforderungen, Ankündigungen (Dienstw. f. Gerichtsvollz. § 54 [2]) Beurkundung der Aufgabe zur Post zum Zweck der Hinterlegung (Hinterlegungsges. v. 7. Juni 1884 § 14.
e) mit den Auditeuren im Falle des § 80 d d. G.

Wegen der Befugnis zu anderen Geschäften vgl. Not.O. § 5 und wegen der Aufnahme von Privaturkunden § 7 das.

Im Einzelnen vgl. Not.O. §§ 53 bis 79.

[63]) Zu Nr. 2, 3 siehe oben S. 263. Siegelanlegung und Inventarisation sind die einzigen Geschäfte, welche der Notar von vornherein von amtswegen vorzunehmen hat; vgl. § 32 Abs. 2. Vgl. wegen eventuell zuständiger Beamten § 27. Not.O. § 80; R.P.O. § 113. Nicht die Notare, sondern die Gerichtsvollzieher ausschließlich sind zuständig zu Siegelungen u. Entsiegelungen im Konkursverfahren: Dienstw. f. d. G.V. v. 1. Dez. 1884 (Ges.Bl. 134 §§ 148, 149).

[64]) Siehe Anm. 3; vgl. Not.O. §§ 107 bis 136, 159 ff, 166 ff., 175.

[65]) Vgl. Not.O. §§ 137 bis 158, 159 ff., 166 ff, 171 ff.

[66]) D. h. sobald die Urschrift an das Amtsgericht abgegeben ist, kann auch dieses, ebenso wie der Notar, Abschrift davon geben, je nachdem jenes oder dieser darum angegangen wird, Not.O. § 49 [7].

[67]) Die Notare sind auch wie in Bayern Vollstreckungsbeamte zur Versteigerung u. Verpachtung von Liegenschaften: Bad. Einf.Ges. zu 1. R.Justizges. § 42.

[68]) Als gesetzlich gebotene Fälle müssen, was die Zuständigkeit anbetrifft, nicht nur diejenigen angesehen werden, in welchen die Notare von amtswegen verfahren müssen: Not.O. §§ 80, 107, 159 [1], Ed. v. 25. Sept. 1807 bei § 166, sondern auch diejenigen in Folge gerichtlicher Anordnung, die nicht weniger gesetzlich geboten ist: Not.O. § 167 ff.; R.P.O. §§ 32, 37, 82. Der Gegensatz zu gesetzlich geboten ist hier lediglich „auf Antrag": Not.O. §§ 82, 108, 159 [2], 166, 168, ferner R.P.G. § 32 [2].

[69]) Daraus darf aber nicht gefolgert werden, wie Reutti a. a. O. Anm. II. zu Not.O. § 83 S. 231 es thut, daß der Bürgermeister für solche Kolonieen, Weiler u. Höfe ausschließlich zuständig sei und nicht der Notar, welcher in der Gemeinde

Das Justizministerium ist ermächtigt, die Siegelanlegung in Nebenorten zusammengesetzter Gemeinden und in Kolonien den Stabhaltern zu übertragen, auch zur Mitwirkung an die Stelle des Waisenrichters und Rathschreibers hiezu geeignete Einwohner zu berufen.[70])

(Ungewißheit der Zuständigkeit.) **§ 28.** Wenn über die Zuständigkeit zwischen mehreren Notaren Streit entsteht, oder Ungewißheit herrscht, so hat das Justizministerium den zuständigen Notar zu bestimmen.[71])

(Urkundenverwahrung.) **§ 29.** Die von den Notaren aufgenommenen Urkunden werden von den Amtsgerichten aufbewahrt, sofern nicht durch Regierungsverordnung deren Ausfolgung an die Parteien gestattet ist.[72])

Die Amtsgerichte können Abschriften und Auszüge von den bei ihnen aufbewahrten Urkunden fertigen.[73])

(Gestattung der Akteneinsicht und der Mittheilung von Abschriften.) **§ 30.** Von Urkunden, welche durch die Notare gefertigt wurden und nicht zur Oeffentlichkeit bestimmt sind, darf Mittheilung zur Einsichtsgestattung oder Abgabe von Abschriften und Auszügen nur den Betheiligten, deren Rechtsfolgern und Bevollmächtigten oder Solchen gemacht werden, die auf den Grund eines von ihnen bescheinigten rechtlichen Interesses von dem Amtsgerichte zur Kenntnißnahme ermächtigt worden sind.[74])

Vorbehalten bleibt die Befugniß des Richters, im bürgerlichen Prozesse oder Strafprozesse die Herausgabe von Notariatsurkunden zu verfügen, sowie das Recht der Dienstaufsichtsbehörde, von solchen Urkunden Kenntniß zu nehmen.[75])

(**§ 31** ist gestrichen.)

II. Vorschriften für die Geschäftsführung der Notare.

(Pflicht zur Amtshandlung.) **§ 32.** Die Notare sind verpflichtet, jedes Geschäft, dessen Vornahme innerhalb der Grenzen ihrer Amtsbefugnisse von ihnen verlangt wird, zu fertigen; es wäre denn, daß ein gesetzlicher Grund, das Geschäft abzulehnen (§§ 33 und 34), vorhanden wäre.[1])

Sie sind verpflichtet, von Amtswegen[1a]) in ihren Distrikten die Siegel-

---

gegenwärtig ist. Im Gegentheil ist dieser zunächst zuständig. Daß diese gemeindelosen Plätze keiner Ortsgemarkung angehören, ist für *seine* Zuständigkeit unerheblich (Not.O. § 8); daß der betr. Bürgermeister aber eventuell, wenn der Notar nicht in der Gemeinde gegenwärtig ist, zuständig sei, mußte eben deshalb ausdrücklich hervorgehoben werden, weil es sich für Plätze, die nicht zu seiner Gemeinde gehören, nicht von selbst versteht. Ist der Notar anwesend, so hat der Bürgermeister nach Abs. 2 überhaupt keine Zuständigkeit, folglich kann auch diese nicht vorhandene Zuständigkeit nicht noch die Geschäfte des Abs. 3 „umfassen".

[70]) Vgl. Not.O. § 83 b u. c; Dienstw. f. d. Bgmstr. § 54; Waisenrichter-O. § 8: Dienstw. f. d. Waisenrichter § 27.

[71]) Wiederholt in Not.O. §§ 8^{3}, 130^{3b}.

[72]) R.P.O. § 18^{1}; Not.O. §§ 47, 48.

[73]) R.P.O. § 23^{3} u. wiederholt in Not.O. § 49^{7}.

[74]) R.P.O. § 19 ff.; Not.O. §§ 49^{1-4}.

[75]) Vgl. Civ.Pr.O. § 397; Str.Pr.O. § 96; Landesh. V. v. 27. Okt. 1837.

[1]) Not.O. § 6.

[1a]) Vgl. oben § $26^{2, 3}$, § 28; Not.O. §§ 80 ff., 101, 107 ff., 130 ff., 134, 159 ff., 166 ff., 175; R.P.O. §§ 32, 113^{1}. Dieses Handeln von amtswegen — vgl. auch § 17 d. Ges. u. §§ 32 u. 85, 105 f. Not.O. — kennzeichnet den entschieden behörd-

anlegungen vorzunehmen und die Vermögensverzeichnisse in den gesetzlich gebotenen Fällen zu fertigen. [1b])

(Verbotene Geschäfte.) **§ 33.** Die Notare haben die Vornahme des Geschäfts zu verweigern, wenn ihre Dienstleistung von einer ihnen als nicht rechtshandlungsfähig [1]) bekannten [2]) Person in Anspruch genommen wird, oder der Inhalt der zu beurkundenden Willenserklärung sich als ein gesetzlich verbotener [3]) darstellt. [4])

Ist eine Person, welche eine Willenserklärung abgibt, in einem Zustande gestörten Bewußtseins, so hat der Notar mit den Zeugen diese Thatsache zu beurkunden, die Willenserklärung selbst aber, insofern sie klar ist, aufzunehmen. [5])

Die Gründe der Verweigerung einer Beurkundung sind der Partei auf Verlangen schriftlich mitzutheilen.

(Unfähigkeit der Notare wegen Verwandtschaft und dergleichen. **§ 34.** Es ist dem Notar verboten, solche Geschäfte zu fertigen, bei denen er selbst, seine Ehefrau, Verwandte oder Verschwägerte — in gerader Linie in allen Graden, in der Seitenlinie bis zum vierten Grade, einschließlich — als Parteien mitwirken, oder in welchen eine Verfügung zu Gunsten der genannten Personen vorkommt. [6])

(Ablehnung durch die Partei.) [7]) **§ 35.** Wegen besorgter Befangenheit kann der Notar abgelehnt werden, wenn er außer den in § 34 bezeichneten Fällen in einem solchen Verhältnisse von Betheiligung, Verwandtschaft, Schwägerschaft, Freundschaft oder Feindschaft zu einem der Betheiligten steht, daß dem andern ein ungeschwächtes Vertrauen auf die Unbefangenheit des Notars zugemuthet werden kann.

§ 36. Ueber die Ablehnung entscheidet das Landgericht.

(Ernennung von Stellvertretern.) [8]) **§ 37.** Das Landgericht hat in den Fällen des § 34, sowie im Falle des § 35, wenn das Ablehnungsgesuch für begründet erklärt wird, entweder einen der im Bezirke beschäftigten

---

lichen Karakter der Badischen Notare, der denn auch in R.P.O. § 110 durch volle dienstliche Gleichstellung mit den Amtsgerichten seinen konsequenten Ausdruck gefunden hat.

[1b]) Zuwiderhandlungen gegen ihre Verpflichtung begründen dienstpolizeiliches Einschreiten (Anm. zu §§ 70 ff.) zugleich aber auch selbständige Schadensersatzpflicht der Notare. Für den Fall schuldhafter Verzögerung des Erscheinens zur Errichtung eines öffentlichen Testaments, wenn die Möglichkeit der Voraussicht rascheren Todes gegeben war, hat das O.L.G. Karlsruhe zu Gunsten der benachtheiligten Person, zu deren Gunsten der Erblasser verfügen wollte, entschieden (Karlsr. Ztg. 1886 Nr. 14 Beil.; Reutti S. 210 VI.).

[1]) Allgemein: Vgl. L.R.SS. 217 ff., 388, 481—484, 488, 499, 502, 509, 513 f., 1124, 1427, 1449, 1538, 1576 oder in Bezug auf gewisse Rechtshandlungen vgl. L.R.SS. 450, 472, 1595, 1840.

[2]) Vgl. Noi.O. § 23.

[3]) Vgl L.R.SS. 335, 896, 965, 968, 978, 1154, 1596 f. Ges. v. 6. April 1854 Artt. 1 u. 2 (Immobiliar-Theilungen unter 9 ar).

[4]) Der erste Abs. wird wörtlich wiederholt in Not.O. § 7¹.

[5]) Ebenso Not.O. § 24². Es handelt sich um augenblickliche thatsächliche Störungen.

[6]) S. o. § 4 u. Not.O. § 9¹. — [7]) S. o. § 4 u. Not.O. § 9².

[8]) Vgl. Not.O. § 9⁴·⁵, § 10 u. unten § 71 d. Ges.

Assistenten oder einen der übrigen im Bezirke angestellten Notare mit der Fertigung des Geschäfts zu beauftragen.

§ 38.[9]) Stellvertreter für die durch Krankheit, Urlaub oder dergleichen verhinderten Notare ernennt das Landgericht. Wenn die Verhinderung länger als vier Wochen dauert, ist zu weiterer Verfügung dem Justizministerium Anzeige zu machen.

(Identität der bei den Verhandlungen erscheinenden Personen.)[10]) § 39. Der Name, Stand und Wohnort der bei den Verhandlungen erscheinenden Personen muß dem Notar bekannt und dieser Umstand in der Urkunde angegeben sein. Hat der Notar die Kenntniß der Persönlichkeiten nicht schon vor dem Geschäfte, so soll er sich hierüber Gewißheit verschaffen, auch, daß und wie dies geschehen, in der Urkunde bescheinigen.

(Gewalthaber der Parteien.) § 40. Die Betheiligten sind befugt, in allen Fällen, wo nicht das Gesetz deren persönliches Handeln verlangt, sich durch Gewalthaber vor den Rechtspolizeibehörden vertreten zu lassen. — Wer als Bevollmächtigter auftritt, muß sich durch eine Vollmacht über den empfangenen Auftrag ausweisen. — Erkennt der Notar, daß die Vertretung der Partei durch einen Gewalthaber im einzelnen Falle nicht zulässig ist, so hat er den vor ihm erscheinenden Bevollmächtigten zu belehren. — Bevollmächtigte der Parteien haben die Bevollmächtigung durch eine schriftliche Vollmacht nachzuweisen und diese zu den Akten abzugeben

Die Bevollmächtigung durch gerichtlich oder notariell beglaubigte Privaturkunde genügt in allen Fällen, für welche das Gesetz nicht ausdrücklich eine öffentlich beurkundete Vollmacht verlangt. Ist die Vertretung der Partei durch einen Gewalthaber im einzelnen Falle nicht zulässig, so hat der Notar den vor ihm erscheinenden Bevollmächtigten hierüber zu belehren.[11])

(Allgemeine Pflichten der Notare.) § 41. Die Notare sind verpflichtet, die Geschäfte gewissenhaft zu fertigen und nichts zu beurkunden, was nicht vor ihnen vorgegangen ist. Sie haben vor Aufnahme der Urkunden den wahren und ernstlichen Willen der Parteien zu ermitteln; sofern sie Zweifel hegen, ob die Parteien die Bedeutung und Folgen des beabsichtigten Geschäfts völlig erkannt haben, denselben hierüber die nöthige Belehrung zu ertheilen und deren wahre Willensmeinung klar, bestimmt und unzweideutig in den Urkunden auszudrücken.

Die Notare sind ferner verbunden, über die Verhandlungen, zu denen sie mitgewirkt haben, Verschwiegenheit zu beobachten.[12])

(Verbot der Hilfsarbeiter.)[13]) § 42. Der Notar muß alle die ihm übertragenen Geschäfte selbst besorgen; er darf sich dabei eines Schreibers bedienen, ausgenommen bei Aufnahme derjenigen Urkunden, bei denen das eigenhändige Niederschreiben gesetzlich geboten ist.

Den Parteien dürfen durch Zuziehung eines Schreibers in keinem Falle besondere Kosten erwachsen.

---

[9]) Seit 1. Jan. 1890 außer Kraft: Beamtenges. v. 24. Juli 1888 (Ges.Bl. 34) § 148[10].

[10]) R.P.O. § 11. Not.O. § 19 wörtlich gleichlautend.

[11]) So abgeändert durch Ges. v. 20 Juli 1888 Art. III. hiernach. Die Vorschrift ist wiederholt in R.P.O. § 12[3] u. Not.O. § 20.

[12]) Wörtlich wiederholt in Not.O. § 24[1, 3]. Vgl. über das Amtsgeheimnis die §§ 1—5 der Vollzugs-O. v. 27. Dez. 1889 (Ges. u. V.Bl. Nr. 34) zum Beamtenges. v. 24. Juli 1888.

[13]) Wiederholt in Not.O. § 12.

(Deutsche Sprache.)[1] § 43. Die Notariatsurkunden müssen in deutscher Sprache abgefaßt sein.

(Fremde Sprachen.) § 44.[1a] Wenn ein Betheiligter der deutschen Sprache nicht mächtig ist, so sind zwei Zeugen beizuziehen.

Verstehen der Notar und die Zeugen die fremde Sprache, so werden die Verhandlungen auf Verlangen neben der deutschen auch in der Sprache der Parteien aufgenommen und beide Verhandlungen gleichmäßig beurkundet.

Der Notar kann verlangen, daß die Betheiligten ihre Erklärung in der fremden Sprache schriftlich abfassen und übergeben.

§ 45. Ist die Sprache der Betheiligten dem Notar und den Zeugen oder auch nur einer dieser Personen unbekannt, so muß außer den Zeugen ein beeidigter Dolmetscher beigezogen werden. Den Betheiligten steht es jedoch frei, einen unbeeidigten Dolmetscher beizuziehen.

Die in fremder Sprache abgegebene Erklärung wird durch den Dolmetscher übersetzt und die Verhandlung nach dieser Uebersetzung in deutscher Sprache aufgenommen.

Ist die Erklärung in der fremden Sprache schriftlich überreicht worden, so wird sie der deutschen Verhandlung beigeheftet und, wie diese, von den Betheiligten, dem Dolmetscher, den Zeugen und dem Notar unterschrieben.

(Beiziehung von Zeugen.) § 46.[2] Zur Aufnahme von Notariatsurkunden (§ 26) bedarf es des Beizugs von Zeugen nur in den Fällen, in denen dies gesetzlich vorgeschrieben ist.

Es ist nicht gestattet, an Stelle der Zeugen einen zweiten Notar zu verwenden.

§ 47. Zwei Zeugen sind außerdem auch dann beizuziehen, wenn ein Betheiligter es verlangt.

(Zeugeneigenschaften.) § 48.[3] Die Zeugen müssen männlichen Geschlechtes, volljährig, Angehörige des Deutschen Reichs und im Genusse der bürgerlichen Rechte sein, auch vorbehaltlich der Ausnahmen der L.R.SS. 974, 976 b unterschreiben können.

Ihre Person muß dem Notar bekannt, oder ihm auf sichere Weise nachgewiesen sein.

(Unfähige Zeugen.) § 49.[4] Als Urkundszeugen dürfen nicht beigezogen werden:

1) Diejenigen, welchen die Fähigkeit mangelt, Sinnenwahrnehmungen zu machen oder solche mitzutheilen;
2) Gehilfen, Abschreiber und Diener des Notars;
3) Personen, welchen entweder selbst ein Vortheil aus dem Geschäfte zugedacht ist, oder welche mit dem Notar in dem im § 34 bezeichneten Grade verwandt oder verschwägert sind;
4) Diejenigen, welche durch strafgerichtliches Urtheil dauernd für unfähig erklärt worden sind, als Zeugen eidlich vernommen zu werden, und

---

[1]) Vgl. Not.O. § 35.
[1a]) Vgl. Not.O. § 35[1]. — [2]) Wiederholt in Not.O. § 33[1].
[3]) Wiederholt in Not.O. § 33[2]. — [4]) Desgl. das. §§ 33[3, 4].

— während der im Urtheil bestimmten Zeit — Diejenigen, welchen die bürgerlichen Ehrenrechte aberkannt sind.

Der Notar hat die Parteien und Zeugen auf die Bestimmungen dieses Paragraphen aufmerksam zu machen und, daß dies geschehen, in der Urkunde anzugeben.

(Urkunden Blinder.)[5]) § 50. Zur Aufnahme jeder Notariatsurkunde, in welcher ein Blinder eine Erklärung abgeben soll, müssen Zeugen zugezogen werden.

(Urkunden Tauber und Stummer.)[6]) § 51. Die Willenserklärungen Tauber und Stummer, die lesen und schreiben können, sind vor der Unterschrift der Partei vorzulegen, damit sie solche durchlese und ihre Genehmigung beisetze.

Zu den Rechtsgeschäften des Tauben oder Stummen, welcher nicht lesen und schreiben kann, ist neben den Zeugen — wo solche nothwendig sind — eine Person seines Vertrauens beizuziehen, welche der Zeichensprache des Tauben oder Stummen kundig oder sonst im Stande ist, sich mit ihm zu verständigen. Sie hat die auf solchem Wege erhobene Willenserklärung und Genehmigung der aufgenommenen Urkunde zu bezeugen.

Die Vertrauensperson muß das sechszehnte Lebensjahr zurückgelegt haben. Als solche kann weder eine der in § 49, Ziffer 1 und 4 bezeichneten Personen, noch Jemand, dem selbst ein Vortheil aus dem Geschäfte zugedacht ist, zugezogen werden.

Der Notar hat darauf zu sehen, daß die nach der Natur des Sinnenmangels und der Beschaffenheit der übrigen Kenntnisse des Tauben oder Stummen zweckmäßigsten Wege eingeschlagen werden, um sich und den Zeugen die Gewißheit zu verschaffen, daß die Willensmeinung der Partei richtig aufgefaßt worden ist.

In allen diesen Fällen muß die Art, wie sich der Notar der richtigen Vernehmung des Willens versichert hat, in der Urkunde beschrieben sein.

(Aeußere Beschaffenheit der Urkunden.) § 52. Jede öffentliche Urkunde ist lesbar, ohne Abkürzungen, Zwischenräume, Veränderungen, Austilgungen und Einschaltungen niederzuschreiben.[7])

Zur Aufnahme öffentlicher Urkunden dürfen gedruckte Entwürfe (Impressen) nicht verwendet werden, außer da, wo dies durch Regierungsverordnung besonders vorgeschrieben oder gestattet ist.[8])

Zeitbezeichnungen und andere wichtige Zahlenangaben, namentlich die der Hauptsummen, sollen in Buchstaben ausgedrückt werden.[9])

Vollmachten, sowie die Urkunden über die Bestellung von Vormündern und Pflegern sind in Urschrift oder in beglaubigter Abschrift beizuheften.[10])

(Inhalt der Urkunden.)[11]) § 53. Die Notariatsurkunden müssen stets enthalten:

1) den Ort, den Tag und das Jahr (diese mit Buchstaben geschrieben) der Aufnahme der Urkunde;

---

[5]) Vgl. R.P.O. § 89 ^{2}. — [6]) R.P.O. § 89.
[7]) Wiederholt in Not.O. § 35 ^{2}. — [8]) Wiederholt in Not.O. § 36.
[9]) Wiederholt das. § 35 ^{3}. — [10]) Wiederholt das. § 37 ^{2}.
[11]) Wiederholt und näher ausgeführt in Not.O. § 38.

2) den Namen und Wohnsitz des Notars und den Bezirk, für den er angestellt ist;

3) Namen, Vornamen, Wohnort, Gewerbe oder Stand der Betheiligten und der Zeugen.

(Vorlesung und Genehmigung.)[12]) § 54. Der Notar hat jede Urkunde, die er aufnimmt, den Parteien, und zwar, wenn Zeugen zugezogen wurden, in deren Gegenwart vorzulesen. Enthält die Urkunde keine Erklärung der Parteien, so genügt es, wenn sie den Zeugen vorgelesen wird.

Daß das eine oder andere geschehen, und daß die Urkunde, wenn sie eine Erklärung der Betheiligten enthält, deren Genehmigung erhalten habe, ist in derselben ausdrücklich zu bemerken.

(Unterschrift der Parteien und Zeugen.)[13]) § 55. Diejenigen, welche eine Willenserklärung abgegeben haben, müssen, wenn sie zu schreiben im Stande sind, die Urkunde unterschreiben. Können sie nicht schreiben, so ist hiervon unter Beifügung des Grundes in der Urkunde Erwähnung zu thun.

Daß Betheiligte und Zeugen unterschreiben, hat der Notar besonders auszudrücken und seine Unterschrift zuletzt beizusetzen.

Ein bloßes Handzeichen kann nicht als Unterschrift betrachtet werden.

Wenn ein bei einem Rechtsgeschäfte Betheiligter nicht unterschreiben kann, sind zur Beurkundung zwei Zeugen beizuziehen.

§ 56.[14]) Sofern es sich um Erklärungen der Parteien handelt, ist die Gegenwart der Zeugen nur bei dem Vorlesen und Unterschreiben der Urkunden erforderlich. Soll aber eine andere Wahrnehmung beurkundet werden, so müssen sie bei dem ganzen Akte, welcher erwiesen werden soll, anwesend sein.

(Abschluß unvollendeter Verhandlungen.) § 57.[15]) Wenn eine Verhandlung nicht in einem Akte vollendet werden kann, muß sie abgeschlossen, von allen dabei anwesenden Personen (den Betheiligten, den Zeugen und dem Notar) unterschrieben und die Fortsetzung in einem weiteren Akte begonnen werden.

(Zusätze und Berichtigungen.)[16]) § 58. Werden in einer Notariatsurkunde Zusätze nöthig, so sind dieselben, wo immer möglich, bei der Stelle, worauf sie sich beziehen, auf den Rand der Urkunde und nur, wenn ihre Länge es nothwendig macht, an deren Ende zu setzen. Die Parteien, Zeugen und der Notar haben sie zu unterschreiben.

Müssen Wörter ausgestrichen werden, so soll dies in der Art geschehen, daß sie nach dem Durchstriche noch gelesen werden können. Am Rande oder am Schlusse der Urkunde sind die durchstrichenen Wörter anzugeben und, daß sie mit Genehmigung der Parteien gestrichen worden seien, auf gleiche Weise, wie die Zusätze, zu beurkunden.

Wenn aber solche Durchstreichungen ganze Sätze oder erhebliche Bestimmungen betreffen würden, so hat der Notar die Urkunde neu zu fertigen.

---

[12]) Wiederholt in Not.O. § 39 [1. 2]. — [13]) Wiederholt das. § 39 [3. 4. 5].
[14]) Wiederholt das. § 33 [5]. — [15]) Desgl. das. § 43; vgl. z. B. Not.O. § 75 [7].
[16]) Wörtlich wiederholt in Not.O. § 44.

(Zusammenheften mehrerer Bogen.) § 59.[17]) Besteht eine öffentliche Urkunde aus einzelnen Blättern oder mehreren Bogen, so müssen diese durch eine Schnur, auf deren Ende das Dienstsiegel zu drücken ist, so verbunden werden, daß kein Blatt oder Bogen herausgenommen werden kann.

Auf dem letzten Bogen oder Blatte ist die Zahl sämmtlicher Bogen oder Blätter anzugeben.

(Notariatssiegel.) § 60.[18]) Der Notar führt ein mit seinem Namen und dem Großherzoglichen Wappen versehenes Dienstsiegel. Er hat dasselbe sorgfältig zu verwahren. Bei seinem Austritte aus dem Stande der Notare ist dasselbe an das Justizministerium einzusenden.

(Besiegelung der Urkunden.) § 61.[19]) Jeder öffentlichen Urkunde, welche in Urschrift oder Doppelurschrift den Betheiligten ausgehändigt wird, jeder Abschrift solcher Urkunden, auch jeder Beglaubigung von Unterschriften, Abschriften und Auszügen ist das Notariatssiegel beizudrücken.

(Doppelurschriften.) § 62.[1]) Der Notar ist verbunden, auf Verlangen der Parteien von der Urschrift einer Urkunde so viele Doppelurschriften zu fertigen, als Betheiligte bei der Urkunde mitwirkten.

Bei der Doppelurschrift sind dieselben Förmlichkeiten, wie bei der Urschrift zu beobachten.

Ihre Eigenschaft als Doppelurschrift muß aus der Ueberschrift hervorgehen. Sie gilt der Urschrift gleich.

Die Wirkung, welche L.R.SS. 1283, 1284 der Rückgabe der Ausfertigung einer öffentlichen Urkunde beilegen, kommt nur der Rückgabe der Ur- oder Doppelurschrift zu.[2])

(Urkundenverzeichniß.)[3]) § 63. Der Notar führt ein Verzeichniß, in welches nach der Zeitfolge unter fortlaufenden Ordnungszahlen die von ihm gefertigten Geschäfte mittelst Bezeichnung ihrer Gattung, des Namens, Standes und Wohnortes der Betheiligten, des Tages der Fertigung und unter Verzeichnung der angesetzten Gebühren eingetragen werden.

Das Verzeichniß muß von dem Amtsrichter des Wohnsitzes des Notars mit Seitenzahl und auf jedem Blatte mit Handzug versehen sein.

Dasselbe wird in den ersten zehn Tagen des Januar jeden Jahres nebst einer von dem Notare unterzeichneten Abschrift dem Amtsrichter des Wohnsitzes vorgelegt, welcher das Verzeichniß sowie die Abschrift unter Angabe der Zahl der eingetragenen Urkunden abschließt und unterschreibt.

---

[17]) Wiederholt in Not O. § 41[2]; vgl. das. § 53[3], § 58[1].

[18]) Wiederholt und ausgeführt in Not.O. § 15. Dieses Dienstsiegel soll nicht privat, sondern allein von der Großh. Münzstätte angefertigt werden (V v. 27. Febr. 1833). Private Siegel sollen nur oval oder viereckig sein: J M.Bek. v. 26. Sept. 1868.

[19]) Wiederholt in Not.O. § 41.

[1]) Die ersten drei Abs. wiederholt Not.O. § 42 [1-3].

[2]) Die Rückgabe begründet nämlich „die Vermuthung, daß die Schuld erlassen oder bezahlt worden, der Beweis des Gegentheils bleibt vorbehalten" (S. 1283); „auch zum Vortheil aller Mitschuldner" (S. 1284). Aufrecht erhalten nach § 16[1] des R.Einf.Ges. z. C.P.O.

[3]) Das Urkundenverzeichnis soll zur Kontrolle insbesondere auch des Datums der Aufnahme der Urkunde dienen — R.P.O. v. 15/2. § 5. Rheinpreuß. Not.O. Art. 43. — Vgl. R.P.O. § 111. Not.O. § 51.

Das Verzeichniß wird dem Notar zurückgegeben, die Abschrift bei dem Amtsgerichte aufbewahrt.

Die Notare haben auf jeder Fertigung die Ziffer anzugeben, unter welcher die Urkunde in das Verzeichniß eingetragen ist. [4])

(Schätzung bei gerichtlichen Theilungen.) § **64**. Die bei gerichtlichen Theilungen (§§ 2 Ziff. 6, 26 Ziff. 4, L.R.SS. 466, 819, 838) [5]) erforderlichen Abschätzungen geschehen durch die hiefür bestimmten öffentlichen Schätzer. [6])

(Beschwerdeführung.) [7]) § **65**. Die Beschwerde gegen die Notare an das Landgericht findet statt:

1) wenn sie Amtshandlungen verweigern oder verzögern;
2) wenn sie Amtshandlungen ohne die gesetzlichen Voraussetzungen oder in nicht gesetzlicher Weise vornehmen;
3) wenn sie Parteien, Zeugen oder Sachverständige ungebührlich behandeln.

§ **65 a**. Gegen den Ansatz von Gebühren, [8]) welcher auf Grund des rechtspolizeilichen Gebührengesetzes und des dazu gehörenden Gebührentarifs geschieht, steht den Zahlungspflichtigen das Recht der Beschwerde zu.

Das gleiche Recht haben die Notare den amtsgerichtlichen Verfügungen gegenüber, durch welche ihre Gebührenansätze berichtigt werden.

Ueber diese Beschwerden entscheidet das Justizministerium; gegen dessen Entscheidung findet keine weitere Beschwerde statt.

III. Rechtsverhältnisse der Notare. [9])

[(Stellung der Notare.) § **66**. Die Notare werden vom Justizministerium auf Lebenszeit angestellt.] [10])

---

[4]) Wiederholt in Not.O. § 35^{6}. Daß jeder Eintrag durch den Notar selbst, „nicht durch Jemand anders“ erfolge, wie die R.P.O. § 5 (o. A. I.) vorschreibt, ist nicht mehr erfordert.

[5]) Theilung mit Wirkung gegen Minderjährige, Abwesende, Mundlose kann nur gerichtlich geschehen. „Gerichtlich“ besagt nunmehr, daß derartige vor Notar vorzunehmende Theilungen gerichtlicher Prüfung unterliegen; vgl. R.P.O. § 104. Not.O. § 115.

[6]) Die Waisenrichter: Waisenr.O. § 9. Dienstw. f. dies. §§ 32 ff.

[7]) Die Beschwerde ist entweder die gewöhnliche Dienstbeschwerde, sie geht an die nächst vorgesetzte Dienstbehörde, das Landgericht, oder Beschwerde in Betreff der Gebühren (§ 65 a), sie geht an das Justizministerium. Etwas anderes ist auch hier wieder die Einholung höherer Ansicht seitens des Notars oder des Amtsgerichts im Falle des § 113^{2} d. Not.O. — Vgl. auch Not.O. § 125^{2}; bei Siegelungen § 95^{1}.

[8]) Vgl. wegen Gebühren R.P.O. § 114. Not.O. §§ 180 ff.

[9]) Dieser 3. Abschnitt des 2. Titels „von den Rechtsverhältnissen der Notare“ ist fast ganz durch die neuere Gesetzgebung umgeändert und der Notar durchaus den anderen Staatsbeamten gleichgestellt. Nach § 148 Nr. 10 des Beamtengesetzes sind die §§ 66, 68, 69, 70, 75 bis 80 a außer Wirksamkeit gesetzt und die §§ 66, 68, 69, 70 sind ersetzt durch die entsprechenden Vorschriften des Beamtengesetzes v. 24. Juli 1888 (Ges. u. V.Bl. Nr. XXXIV) und dessen Vollziehungsbestimmungen: Lh. V. v. 27. Dez. 1889 die Pflichten der Beamten betr. (Ges. u. V.Bl. XXXIV) und Lh. V. v. 7. Febr. 1890, die Aufnahme in den staatlichen Dienst betr. (das. Nr. IV) u. Min.V. v. 19. Juni 1890 (das. Nr. XXIV, Anm. zu § 70). Die alte Vorschrift des § 66 über die Anstellung der Notare durch den Justizminister ist deswegen aber nicht bedeutungslos geworden.

(Befähigung zum Notariatsdienste.) § 67. Als Notare können nur Diejenigen ernannt werden, die zum Richteramte befähigt sind. [11])

(Diensteid.) § 68.[12]) Jeder Notar hat den Eid zu leisten:

„Ich schwöre Treue dem Großherzog und der Verfassung, Gehorsam dem Gesetze, des Fürsten und des Vaterlandes Wohl nach Kräften zu befördern und alle Pflichten des mir übertragenen Dienstes gewissenhaft zu erfüllen."

Die Vorschriften der §§ 72 bis 74 sind abgeändert durch Ges. v. 20. Juli 1888 und vollzogen durch die unten mitgetheilte Lh. V. v. 30. Aug. 1888.

Die dienstpolizeilichen Vorschriften endlich: §§ 75 bis 80a sind ersetzt durch den 7ten Abschnitt des angeführten Beamtengesetzes über die Dienstpolizei: §§ 90 bis 128.

[10]) Vom 1. Januar 1890 ab gelten in Bezug auf die Anstellung der Notare die Vorschriften des Beamtengesetzes u. s. w., welches bestimmt: § 3a Landesherrlich angestellte Beamte. Etatsmäßige Amtsstellen, welche eine höhere, wissenschaftliche, technische oder künstlerische Berufsbildung erfordern, werden in der Regel durch landesherrliche Entschließung übertragen. — Inwieweit außerdem u. s. w. wird durch landesherrliche Verordnung bestimmt" „§ 4: Anstellung und Entlassung der Beamten. Abs. 2: „Die Richter und die denselben gleichgestellten Beamten gelten von der ersten etatsmäßigen Anstellung an als unwiderruflich angestellt; auch kann durch landesherrliche Entschließung die Anstellung anderer Beamten" u. s. w.

Abs. 4: „Unwiderruflich angestellte Beamte können ohne ihre Zustimmung nur im Wege des Disziplinarverfahrens aus dem staatlichen Dienste entlassen werden."

§ 5. (Versetzung der Beamten). Unwiderruflich angestellte Beamte können ohne ihre Zustimmung auf eine andere Amtsstelle nur versetzt werden, wenn dieselbe etatsmäßig und ihrer Berufsbildung entsprechend ist und wenn dabei weder eine Zurücksetzung im Range noch eine Schmälerung des anschlagsmäßigen Diensteinkommens (vergleiche § 19) eintritt.

Im Falle einer nicht lediglich auf Antrag des Beamten erfolgenden Versetzung hat derselbe Anspruch auf Vergütung der geordneten Umzugskosten.

Vorbehalten bleiben die besonderen Bestimmungen über die Strafversetzung.

Die Lh. V. v. 7. Febr. 1890 a. a. bestimmt in § 10, daß die etatsmäßige Anstellung erfolge durch landesherrliche Entschließung a) bei Uebertragung einer der in der Tarifabtheilung A bis E bezeichneten Stellen, sowie derjenigen Stellen aus Tarifabtheilung F, welche eine höhere wissenschaftliche oder technische Berufsbildung erfordern.

§ 11. In der Entschließung über die etatsmäßige Anstellung eines Beamten wird auch der dienstliche Wohnsitz desselben bestimmt. Jedoch kann hinsichtlich der landesherrlich anzustellenden Beamten durch landesherrliche Anordnung dem Ministerium . . . . . die Bestimmung des dienstlichen Wohnsitzes und die örtliche Versetzung auf andere Stellen der gleichen Art überlassen werden.

§ 12. Die etatsmäßige Anstellung wird durch schriftliche Eröffnung der Entschließung rechtswirksam, wodurch dem Beamten eine etatsmäßige Stelle als solche übertragen worden ist. — Wenn ein Beamter erstmals etatsmäßig angestellt . . . wird, so wird ihm zur urkundlichen Versicherung hierüber eine Bestallung ausgefertigt. —

Vgl. Tarif D Nr. 7 E Nr. 4, F Nr. 2. — — — — — — — — — — — — — —

[11]) Vgl. § 86 d. G. R.Ger.Verf.Ges. §§ 2 bis 5 Not.O. § 1.

[12]) Die Vorschrift über den Diensteid ist ersetzt durch § 8 des Beamtengesetzes, in Vollziehung dessen die Lh. V. v. 7. Febr. 1890 §§ 14 bis 17 die Beeidigung der Beamten, nämlich die Formel des Beamteneides (§ 14), die Pflicht und Zeit zur Ablegung desselben (§ 15), die Zuständigkeit zur Abnahme (§ 16) und das Verfahren bei und nach der Beeidigung näher feststellt. Die Eidesformel lautet nach § 14 cit. ebenso wie sie durch Ges. v. 7. Juni 1848 vorgeschrieben ist und auch in § 68 oben aufgenommen war, mit dem Zusatze: „Dies schwöre ich, so wahr mir Gott helfe".

(Nebenämter.[13]) § 69.
(Urlaub.)[14]) § 70.

Nach dem letzten Absatze des § 8 cit. des Beamtenges. ist es „auf die Giltigkeit der Amtshandlungen und auf die Verantwortlichkeit für Pflichtverletzungen ohne Einfluß", wenn die diensteidliche Verpflichtung etwa unterblieben ist.

Zu den Pflichten des Notars gehört es nach § 9 des Beamtenges. auch, „über die vermöge seines ihm bekannt gewordenen Angelegenheiten, deren Geheimhaltung ihrer Natur nach erforderlich oder von seinem Vorgesetzten vorgeschrieben ist," „Verschwiegenheit zu beobachten, auch nachdem das Dienstverhältnis aufgelöst ist." Die näheren Vollzugsbestimmungen zu § 9 cit. enthalten die §§ 1 bis 5 der Lh. Verordnung v. 27. Dez. 1889 die Pflichten der Beamten betr. (Ges. u. V.Bl. Nr. XXXIV). Nach § 10 des Beamtenges. ist es „den Beamten untersagt, ohne vorgängige Genehmigung der vorgesetzten Dienstbehörde als Sachverständige außergerichtliche Gutachten abzugeben". Die Lh. Vollzugsverordnung v. 27. Dez. 1889 cit. bestimmt dazu im § 6 Abs. 4: „Wenn einem Beamten kraft seiner sachlichen und örtlichen Zuständigkeit oder kraft einer ihm zur Abgabe von Gutachten bestimmten Art zum Voraus allgemein ertheilten Ermächtigung die Befugnis zur Erstattung des in Rede stehenden Gutachtens zukommt, so ist eine besondere vorgängige Genehmigung im Einzelfalle nicht mehr einzuholen". Vgl. Not.O. § 5 Abs. 3 f. Nach § 11 des Beamtenges. hat ein Beamter, bevor er „eine eheliche Verbindung eingeht, der vorgesetzten Dienstbehörde rechtzeitig Anzeige zu erstatten" und die §§ 8 bis 10 der gen. Vollzugs-Verordnung bestimmen hierzu das Nähere.

[13]) Hierüber bestimmt jetzt das Beamtengesetz § 12¹.

(Besorgung von Nebenämtern und Nebenbeschäftigungen). Ein Beamter darf ein Nebenamt oder eine Nebenbeschäftigung nur besorgen, wenn und soweit dies mit der gewissenhaften Wahrnehmung seiner Amtspflichten und mit dem in seinem Berufe erforderten Ansehen und Vertrauen vereinbar ist.

Die vorgängige Genehmigung der zuständigen Dienstbehörde ist erforderlich:

1) zum Betriebe eines Gewerbes und zwar auch dann, wenn es von der Ehefrau oder einem im Hausstande des Beamten befindlichen Angehörigen oder Dienstboten desselben betrieben wird,
2) zur Besorgung eines Nebenamtes oder einer Nebenbeschäftigung, mit welchen eine Belohnung verbunden ist,
3) zum Eintritt in das Gründungskomite, den Vorstand, Verwaltungs- oder Aufsichtsrath einer auf Erwerb gerichteten Gesellschaft.

Die ertheilte Genehmigung ist jederzeit widerruflich.

In den unter Ziffer 3 bezeichneten Fällen darf die Genehmigung nur ertheilt werden, sofern nicht die Stelle unmittelbar oder mittelbar mit einem Gewinn oder einer Belohnung verbunden ist.

Hinsichtlich derjenigen Beamten, deren Amtsstelle nicht ihre ganze Zeit und Kraft erfordert, können im Verordnungswege Ausnahmen von den Bestimmungen des Absatzes 2 und 4 zugelassen werden.

Vgl. dazu §§ 11 bis 13 der Lh. Vollz.V. cit.

Nach § 13 des Beamtengesetzes dürfen „die Beamten Titel, Ehrenzeichen, Gehalte, Belohnungen und Geschenke von anderen Regenten oder Regierungen nicht ohne vorgängige Genehmigung des Landesherrn oder der vom Landesherrn als zuständig erklärten Behörde, ferner sonstige mit Bezug auf das Amt erfolgende Belohnungen und Geschenke nicht ohne vorgängige Genehmigung der zuständigen Dienstbehörde annehmen." Vgl. dazu die Lh. Vollz.V. cit. §§ 13—18.

[14]) § 70 ist ersetzt durch nachstehenden § 14 des Beamtenges. „Urlaub: Zur vorübergehenden Entfernung vom Amte bedarf der Beamte des Urlaubs seitens der zuständigen Dienstbehörde. Die Vorschriften über den Urlaub der Beamten und deren Stellvertretung werden im Verordnungswege erlassen.

Zur Theilnahme an den Verhandlungen des Landtags bedürfen Beamte keines Urlaubs; die Stellvertretungskosten sind in diesem Falle von der Kasse zu tragen, aus welcher der Beamte sein Diensteinkommen bezieht.

Ein Beamter, welcher sich ohne den vorschriftsmäßigen Urlaub von seinem Amte

(Praktikanten und Assistenten.) § 71. Notariatspraktikanten und Assistenten werden zur Aushilfe in den Geschäften der Notare verwendet. [15])

(Notarskammer[n].) [16]) § 72. Die Notare wählen aus ihrer Mitte eine Notarskammer mit dem Sitz in Karlsruhe.

Zum Geschäftskreise der Notarskammer gehört:

---

entfernt hält oder den ertheilten Urlaub überschreitet, ist, sofern nicht von der zuständigen Dienstbehörde das Vorliegen besonderer Entschuldigungsgründe anerkannt wird, für die Zeit der unerlaubten Entfernung seines Diensteinkommens verlustig." und dazu ist in Gemäßheit des ersten Absatzes nachstehende Ministerial-Verordnung v. 19. Juni 1890, Entfernung vom Amte und Urlaub der Richter, der Gerichtsnotare und Notare betreffend (Ges. u. V.Bl. Nr. XXIV), erlassen.

§ 1. (Entfernung vom Amte auf kurze Zeit.) Richter, Gerichtsnotare und Notare sind befugt, sich aus triftigen Gründen auf kürzere Zeit (bis zur Dauer von höchstens drei Tagen) ohne ausdrücklich ertheilten Urlaub vom Amte zu entfernen unter der Voraussetzung, daß:

a) Urlaubseinholung nach Lage des Falles unmöglich ist,
b) vor der Entfernung für Fortgang der Dienstgeschäfte und dafür, daß dem sich Entfernenden während der Abwesenheit Verfügungen der Vorgesetzten zugestellt werden können, gesorgt wird,
c) Abgang und Wiederaufnahme des Dienstes sofort der nächstvorgesetzten Stelle unter Darlegung der Gründe zur Entfernung angezeigt werden.

§ 2. (Abwesenheit im ehrenamtlichen Dienste u. dergl.) In den Fällen des § 21 der landesherrlichen Verordnung ist, unbeschadet der ebenda vorgeschriebenen Anzeige, dem Justizministerium Anzeige zu erstatten, wenn die Abwesenheit voraussichtlich vier Wochen übersteigt.

§ 3. (Urlaub.) Urlaubsgesuche sind, soweit nicht deren Vorbescheidung nach dem folgenden Paragraphen anderen Stellen zukommt, dem Justizministerium vorzulegen, welches erforderlichen Falls allerhöchste Entschließung erwirkt

Soweit hiernach Urlaubsgesuche von Amtsrichtern, von Gerichtsnotaren und von Notaren dem Ministerium vorzulegen sind, ist eine Vermittelung des Landgerichts nicht erforderlich.

§ 4. (Urlaubsertheilung durch andere Stellen.) Die Urlaubsertheilung erfolgt unter der Voraussetzung, daß bei Gewährung des Urlaubs weder eine Entschließung des Ministeriums (z. B. Bestellung eines Vertreters des Beurlaubten) nöthig fällt noch Kosten erwachsen,

a) durch den Amtsgerichtsvorstand
an die anderen Richter und den Gerichtsnotar des Amtsgerichts für die Dauer bis zu 8 Tagen,
b) durch den Präsidenten des Landgerichts
an die anderen Richter des Landgerichts, die Amtsrichter, die Gerichtsnotare und die Notare des Landgerichtsbezirks für die Dauer bis zu vier Wochen,
c) durch den Präsidenten des Oberlandesgerichts
an die anderen Richter des Oberlandesgerichts für die Dauer bis zu vier Wochen.

Die vorstehenden Fristen gelten jeweils für ein Kalenderjahr. Jeder im Laufe des gleichen Kalenderjahres genossene Urlaub ist in diese Fristen einzurechnen.

Jede gemäß diesem Paragraphen erfolgte Urlaubsbewilligung ist dem Justizministerium alsbald anzuzeigen.

§ 5. (Stellvertreter und Dienstverweser.) Die Bestimmungen dieser Verordnung finden auf Stellvertreter und Dienstverweser für Richter, Gerichtsnotare und Notare entsprechende Anwendung.

[15]) Vgl. R.P.O. § 119. Not.O. § 13 u. d. Verordn. v. 3. Aug. 1880 u. v. 14. Sept. 1864, die Beschäftigung der Assistenten betr.

[16]) Das R.P.G. sah in ursprünglicher Fassung mehrere Notarskammern vor. Die bezüglichen drei ersten Absätze sind seit 1. Januar 1889 auf Grund des Ges. v. 20. Juli 1888 Art. IV. u. V. ersetzt durch den jetzigen ersten Absatz.

1) die Vertretung der Interessen des Standes der Notare;
2) die Erstattung von Gutachten, welche die Regierung von ihnen verlangt;
3) die Beilegung von dienstlichen Zwistigkeiten unter den Notaren auf Antrag der Betheiligten;
4) die Entwerfung und Abänderung der Geschäftsordnung, vorbehaltlich der Genehmigung des Justizministeriums;
5) die Bestimmung der Beiträge, welche zur Bestreitung des für die gemeinschaftlichen Angelegenheiten nöthigen Aufwandes erforderlich sind;
6) die Verwaltung der aus diesen Beiträgen gebildeten Kasse und die Verwendung der Mittel derselben.

§ 73. Das Amt eines Mitgliedes der Notarskammer ist ein Ehrenamt, es werden demselben nur die Reise- und andere baare Auslagen aus der Kasse der Notarskammer (§ 72 Ziff. 6) ersetzt. [17]

§ 74. Das Nähere zum Vollzuge der Bestimmungen in den §§ 72 u 73 wird durch Regierungsverordnung festgestellt. [18]

---

[17]) §§ 72 u. 73 sind lediglich wiederholt in Not.O. § 3.

[18]) Geschehen durch nachstehende Landesherrliche Verordnung v. 30. Aug. 1888, die Bildung und Geschäftsführung der Notarskammern betreffend (Ges. u. V.Bl. Nr. XXXVI). Zum Vollzuge der §§ 72—74 des Rechtspolizeigesetzes vom 6. Februar 1879, des § 72 in der Fassung des Ges. v. 20. Juli 1888 rc.:

(Zahl der Mitglieder.) § 1. Die Zahl der Mitglieder der Notarskammer beträgt mindestens fünf und höchstens elf. Sie wird innerhalb dieses Rahmens durch die Geschäftsordnung bestimmt.

(Amtsdauer.) § 2. 1) Die Mitglieder der Notarskammer werden auf vier Jahre gewählt, jedoch mit der Maßgabe, daß alle zwei Jahre die Hälfte der Mitglieder, bei ungerader Zahl zum ersten Male die größere Zahl, ausscheidet. Die zum ersten Male Ausscheidenden werden durch das Loos bestimmt.

2) Eine Ersatzwahl für ein vor Ablauf der Amtsperiode ausscheidendes Mitglied erfolgt für den Rest derselben.

(Wahlberechtigung.) § 3. Wahlberechtigt sind alle im Großherzogthum angestellten Notare, nicht aber die Stellvertreter und Dienstverwalter.

(Wählbarkeit.) § 4. 1) Wählbar sind die nach § 3 wahlberechtigten Notare.

2) Nicht wählbar sind:
1) diejenigen, gegen welche wegen einer strafbaren Handlung, welche die Unfähigkeit zur Bekleidung öffentlicher Aemter zur Folge haben kann, die öffentliche Klage erhoben ist;
2) diejenigen, gegen welche im dienstpolizeilichen Verfahren die einstweilige Dienstenthebung verfügt ist;
3) diejenigen, gegen welche im dienstpolizeilichen Verfahren eine höhere Strafe als Verweis oder Geldstrafe erkannt ist, auf die Dauer von fünf Jahren nach der Rechtskraft des Urtheils.

3) Verliert ein Mitglied der Notarskammer die Wählbarkeit, so scheidet dasselbe aus der Notarskammer.

(Wahlablehnung und Austritt.) § 5. 1) Die Wahl zum Mitgliede der Notarskammer darf ablehnen:
1) wer die letzten vier Jahre Mitglied der Notarskammer gewesen ist, für die nächsten vier Jahre;
2) wer das fünfundsechzigste Lebensjahr vollendet hat;
3) wer durch anhaltende Krankheit oder sonstige erhebliche Gründe verhindert ist, an den Geschäften der Notarskammer theilzunehmen.

2) Ueber die Erheblichkeit der Ablehnungsgründe entscheidet im Falle der Ziffer 3 die Notarskammer.

§ 6. Das freiwillige Ausscheiden eines Mitgliedes bedarf der Zustimmung der Notarskammer.

(Ersatzwahlen.) § 7. Wird im Laufe einer Amtsperiode die Stelle eines Mitgliedes der Notarskammer erledigt, so hat eine Ersatzwahl stattzufinden, sofern nicht die Notarskammer mit Genehmigung des Justizministeriums ausnahmsweise davon Umgang nimmt.

(Wahl des Vorsitzenden und des Schriftführers.) § 8. Die Notarskammer wählt aus ihrer Mitte einen Vorsitzenden, einen Schriftführer und die Stellvertreter beider.

(Wahlverfahren.) § 9. Das Wahlverfahren wird durch die Geschäftsordnung näher geregelt.

(Anzeige über das Wahlergebniß und Verkündung des letzteren.) § 10. Das Ergebniß der Wahlen wird unter Anschluß der Wahlakten dem Justizministerium angezeigt und von diesem, nach Erledigung etwaiger Anstände, durch den Staatsanzeiger bekannt gemacht.

(Geschäftskreis der Notarskammer.) § 11. 1) Der Geschäftskreis der Notarskammer ist durch das Gesetz (R.P.G. §. 72) bestimmt.

2) Der Notarskammer steht in Vertretung der Interessen des Standes der Notare insbesondere auch die Befugniß zu, die Aufsicht über die Erfüllung der den Notaren obliegenden Pflichten zu üben und dienstpolizeiliches Einschreiten zu beantragen, wenn Notare durch die Art der Geschäftsführung das Vertrauen in das Notariat oder durch ihr außerdienstliches Verhalten die Ehre des Standes gefährden. Das dienstpolizeiliche Einschreiten ist jedoch an einen solchen Antrag nicht gebunden.

3) Die Notarskammer hat auf Erfordern der Aufsichtsbehörden oder der für das Disziplinarverfahren zuständigen Behörden auch im dienstpolizeilichen Verfahren gegen Notare, Stellvertreter oder Dienstverwalter Gutachten zu erstatten.

(Rechtliche Stellung der Notarskammer. Vollstreckbarkeit von Anordnungen des Vorsitzenden.) § 12. 1) Die Notarskammer hat die Rechte einer juristischen Person.

2) Aus den Anordnungen des Vorsitzenden der Kammer findet die Zwangsvollstreckung wegen zu zahlender Beiträge (R.P.G. § 72 Ziff. 5) wie auch wegen erkannter Strafen und Ersatzleistungen (diese Verordnung § 16) statt (§§ 1 und 5 des Ges. v. 20. Februar 1879, die Zwangsvollstreckung wegen öffentlich-rechtlicher Geldforderungen betreffend).

(Befugnisse des Vorsitzenden.) § 13. 1) Der Vorsitzende (§ 8) beruft die Versammlungen der Notarskammer und leitet ihre Verhandlungen.

2) Er eröffnet die an die Kammer gerichteten Einläufe, bereitet ihre Verhandlungen vor und ernennt geeignetenfalls Berichterstatter aus der Zahl der Mitglieder.

3) Der Vorsitzende hat ferner den dienstlichen Verkehr der Kammer mit Behörden und Privatpersonen zu vermitteln, die Beschlüsse der Kammer zur Ausführung zu bringen und Ausfertigungen im Namen derselben zu unterzeichnen.

(Berufung der Notarskammer und Versammlungsort. Auslagenersatz. Schriftliche Abstimmung.) § 14. 1) Die Berufung der Notarskammer hat zu geschehen, so oft der Vorsitzende nach Zahl und Beschaffenheit der zu erledigenden Gegenstände dies für nöthig erachtet. Außerdem muß die Kammer zusammenberufen werden, wenn wenigstens drei Mitglieder derselben unter Angabe des zu verhandelnden Gegenstandes schriftlich darauf antragen.

2) Die Berufung erfolgt mittels schriftlicher Einladung.

3) Die Versammlungen der Kammer finden an deren Sitz statt.

4) Den erschienenen Mitgliedern werden die Reise- und anderen Baarauslagen aus der Kasse der Notarskammer erstattet.

5) In den geeigneten Fällen können die Beschlüsse der Kammer auch mittels schriftlicher Abstimmung gefaßt werden.

(Entscheidung nach Stimmenmehrheit.) § 15. 1) Die Beschlüsse der Notars-

§ 75: Dienstpolizei-Straffälle, **§ 76**: Strafgerichte, **§ 77**: Strafarten, **§ 78**: Verfahren. **§ 79**: Strafgewalt, **§ 80**: Rechtsmittel, **§ 80** a: Besetzung des Disziplinarhofes.[19])

III. Von den nichtstreitigen Privatrechtssachen der Militärpersonen.[20])

§ 80 b. Die Militärbehörden haben von jedem Sterbfall einer Militärperson der zuständigen bürgerlichen Behörde behufs der Einleitung der Nachlaßverhandlungen sofort geeignete Mittheilung zu machen.

§ 80 c. Soll der Nachlaß einer Militärperson von der bürgerlichen Behörde unter Siegel gelegt werden, so kann die dem Verstorbenen vorgesetzte Militärbehörde einen Offizier beiordnen, damit er die in dem Nach-

---

kammer werden nach absoluter Stimmenmehrheit der erschienenen Mitglieder gefaßt. Bei Stimmengleichheit entscheidet die Stimme des Vorsitzenden.

2) Die bei einer Angelegenheit betheiligten Mitglieder sind von der Beschlußfassung über dieselbe ausgeschlossen.

(Beschlußfähigkeit.) **§ 16**. 1) Zur Beschlußfähigkeit der Notarskammer ist die Theilnahme der Mehrheit der Mitglieder erforderlich.

2) Ist die Versammlung wegen unentschuldigten Ausbleibens einzelner Mitglieder beschlußunfähig, so sind diese Mitglieder in eine zur Kasse der Notarskammer fließende Geldstrafe von 20 bis 40 Mark oder zur Erstattung der ausgelegten Reisekosten zu verurtheilen.

3) Die Verurtheilung geschieht durch den Vorsitzenden, vorbehaltlich der Beschwerde an die Kammer. Die Beschwerde ist innerhalb vierzehn Tagen auszuführen.

(Protokoll.) **§ 17**. Ueber die in einer Versammlung gefaßten Beschlüsse ist ein Protokoll aufzunehmen, welches von dem Vorsitzenden und dem Schriftführer zu unterzeichnen ist.

(Geschäftskreis des Schriftführers.) **§ 18**. Dem Schriftführer liegen außer den Geschäften dieses Amtes die Kassen- und Rechnungsgeschäfte ob. Er ist zur Empfangnahme von Geld ermächtigt. Er verwahrt auch die Akten und die Vermögensstücke der Kammer.

(Jahresbericht.) **§ 19**. Der Vorsitzende hat jährlich dem Justizministerium einen schriftlichen Bericht über die Thätigkeit der Kammer zu erstatten.

(Gebührenfreiheit.) **§ 20**. Der schriftliche Verkehr der Notarskammer mit Behörden und Notaren ist gebührenfrei.

(Schluß- und Uebergangsbestimmungen.) **§ 21**. Diese Verordnung tritt mit dem 1. Januar 1889 in Kraft. Gleichzeitig treten die Verordnungen gleichen Betreffs vom 24. Juni 1865 und vom 27. Juli 1879 außer Kraft.

§ 22—24 kommen nicht mehr in Betracht.

[19]) Diese dienstpolizeilichen Vorschriften für die Notare sind aufgehoben durch die allgemeinen Vorschriften über die Dienstpolizei im 7. Abschnitt des mehrerwähnten Beamtengesetzes vom 24. Juli 1888 (§§ 90 bis 128) und die in § 100 das. vorbehaltene Lh. Verordnung v. 14. Januar 1890. (Ges. u. V.Bl. S. 81). Danach sind für Ordnungsstrafen, d. h. Verweis u. Geldstrafen bis 200 Mk., die vorgesetzten Behörden u. Beamten (§ 100) vgl. Not.O. § 4, für Strafversetzung u. Dienstentlassung der Disziplinarhof (§ 101) zuständig. Vorgesetzte Behörde ist zunächst das Landgericht (vgl. Not.O. § 3), das auch zufolge J.M.Erl. v. 25. Januar 1890 die früher nach § 78 d. Ges. der Staatsanwaltschaft obliegenden Mittheilungen zu machen hat. Vgl. auch Not.O. §§ 2 u. 4, 12[1]. Die Stellung der Amtsgerichte und Notare (vgl. § 76 Abs. 2) ist durch §§ 109 und 110 der R.P.O. eine ausgesprochen gleich geordnete geworden. Vgl. aber auch Not.O. § 114.

[20]) Vgl. Not.O. § 94. Wegen des für die Zuständigkeit maßgebenden allgem. Gerichtsstandes der Militärpersonen siehe R.MilitärGes. § 39 Abs. 2.

lasse befindlichen der Militärbehörde gehörigen Dienstpapiere und sonstigen dienstlichen Gegenstände zurücknehme.

§ 80d. Wenn Truppentheile dauernd im Auslande sich aufhalten, oder in Folge der Mobilmachung ihre Garnisonen verlassen haben, sind auch die Auditeure berechtigt, für die zu solchen Truppentheilen gehörenden Militärpersonen öffentliche Urkunden zu fertigen.

§ 80e. Stirbt eine Militärperson unter einem der im vorhergehenden Paragraphen bezeichneten Verhältnisse, so hat der Auditeur mit einem dazu befehligten Offizier die fahrende Habe des Verstorbenen zu verzeichnen, nach Umständen zu versteigern und sodann zu veranlassen, daß die Verlassenschaft oder der Erlös daraus mit erster sicherer Gelegenheit zur weiteren Amtshandlung an die zuständige bürgerliche Behörde des Inlandes abgesendet werde.

§ 80f. Ladungen und sonstige Zustellungen in nicht streitigen Rechtssachen werden auf die gleiche Weise wie in streitigen (R.C.Pr.O. § 158, 343) bewirkt.

§ 80g. Unter Militärpersonen sind die Personen des Soldatenstandes und die Militärbeamten, welche dem aktiven Heere angehören, [1]) für die Fälle der §§ 80c und 80d [2]) auch diejenigen zu verstehen, welche den Militärgesetzen nur in Kriegszeiten unterworfen sind.

Schlußbestimmungen.

(Eintritt der Wirksamkeit.) § 81. Dieses Gesetz tritt mit dem Reichsgerichtsverfassungsgesetz in Kraft.

Gleichzeitig treten die Gesetze v. 28. Mai 1864 und v. 22. Januar 1874 außer Wirksamkeit.

(Schutz gegen Anfechtung wegen Formmängeln.) § 82. Die vor dem Gesetze v. 22. Juni 1837 — die Form der öffentlichen Urkunden betreffend — errichteten Staatsschreibereiurkunden über Eheverträge können nicht darum angefochten werden, weil hiebei keine Zeugen zugezogen worden sind.

Eben so wenig können Eheverträge oder andere Staatsschreibereiurkunden darum angefochten werden, weil hiebei Förmlichkeiten irgend einer Art, die allein in der Notariatsordnung v. 1806, oder dem Nachtrage dazu von 1809 vorgeschrieben sind, nicht beobachtet wurden.

(Schutz gegen Anfechtung wegen Unzuständigkeit.) § 83. Kein vor dem Gesetze v. 5. Juni 1860 — die Zuständigkeit und das Verfahren in Rechtspolizeisachen betreffend — errichtetes Rechtsgeschäft kann auf den Grund der Behauptung angefochten werden, daß die Behörde, welche eine dabei erforderliche Handlung der freiwilligen Gerichtsbarkeit vorgenommen hat, hiezu wegen ihrer Eigenschaft als Gerichts- und beziehungsweise als Vewaltungbehörde nicht zuständig gewesen sei.

(Geschäftsordnung für Notare.) § 84. Die von den Notaren zu be-

---

[1]) R.Militärges. § 38.
[2]) Richtiger d u. e.

folgende Geschäftsordnung — soweit hierüber nicht im gegenwärtigen Gesetze Vorschriften enthalten sind — wird durch Verordnung bestimmt. [3])

Uebergangsbestimmung.

§ 85. Die Regierung ist ermächtigt, die zum Richteramte nicht befähigten Gerichtsnotare den Amtsgerichten als besondere Beamte für Ausübung der freiwilligen Gerichtsbarkeit beizugeben. Dieselben handeln selbstständig im Namen des Amtsgerichts. Ihnen können die in § 2 und 3 aufgeführten, sowie auch folgende rechtspolizeiliche Geschäfte übertragen werden:

1) Die Aufsicht auf die Dienstführung der Standesbeamten (§ 4 des Einf.Ges. v. 9. Dezember 1875 z. Reichsges. v. 6. Februar 1875 über die Beurkundung des Personenstandes und die Eheschließung).
2) Die Ermächtigung der Ehefrauen zu Rechtsgeschäften (L.R.SS. 219, 221, 222, 224).
3) Die Beurkundung des auf die Pflegvaterschaft sich beziehenden Gesuchs und der dazu gegebenen Einwilligungen.
4) Die Ernennung des Beistandes in den Fällen der L.R.SS. 499, 513.
5) Die Ernennung des Pflegers des ledigen Erbes (L.R.S. 812).
6) Die Ernennung des Astererbpflegers (L.R.S. 1056).
7) Die Ermächtigung zum Fahrnißverkauf während der Frist zur Erklärung über die Erbschaftsannahme (L.R.S. 796).
8) Die Verfügung über die Aufbewahrung von Erbschafts- und Theilungsurkunden (L.R.S. 842).
9) Die Beurkundung über Vorlegung, Eröffnung und Beschaffenheit letzter Willen (L.R.S. 1007). [1])

Im Bedürfnißfalle kann den Gerichtsnotaren auch die Versehung eines Notariatsdistrikts in widerruflicher Weise übertragen werden. Außerdem sind die Gerichtsnotare zur Vornahme von Notariatsgeschäften nicht berechtigt.

Soweit die dermaligen Gerichtsnotare nicht als besondere Beamte der freiwilligen Gerichtsbarkeit verwendet werden, sind dieselben unbeschadet ihrer etwaigen Rechte als Staatsdiener und ihrer Besoldung zur Uebernahme eines Notariats verpflichtet.

Der Notariatsgebührenbezug wird in einem durch das Justizministerium bis auf 3000 Mark festzusetzenden Betrag an der Besoldung angerechnet.

§ 86. Denjenigen Personen, welche die Befähigung zur Anstellung als Notare vor Einführung dieses Gesetzes bereits erlangt haben, bleibt dieselbe erhalten.

[3]) Siehe die Notar.O. v. 2. Nov. 1889 nach der hier zunächst folgenden Rechts-Polizei-Ordnung 1 § 87.

[1]) Diese Anführung kann nur als Beispiel eines selbstverständlichen Grundsatzes angesehen werden, daß nemlich die Beurkundung gerichtlicher Handlungen nur durch die Gerichte selbst erfolgt. Die Notare führen keine Gerichtsprotokolle, sowenig in Sachen der freiwilligen wie der streitigen Gerichtsbarkeit.

(Vollzugsbestimmungen.) § 87. Das Justizministerium ist mit dem Vollzug beauftragt. [2])

Gegeben zu Karlsruhe, den 6. Februar 1879.

---

[2]) Die Vollzugs-Verordnung wurde erlassen am 19. Juli 1879 und gab die Geschäfts-Ordnungen für die Beamten der freiwilligen Gerichtsbarkeit und für die Notare (Ges. u. V.Bl. Nr. XXXIV). Dieselben wurden beseitigt durch die nachstehende

Verordnung des Großh. Ministeriums der Justiz, des Kultus und des Unterrichts. Vom 2. November 1889. (Ges. u. V.Bl. Nr. XXVII.)

Die Geschäftsordnungen für die Amtsgerichte als Rechtspolizeibehörden und für die Notare als Rechtspolizeibeamte betreffend.

In der Anlage werden die von dem unterzeichneten Ministerium auf Grund der §§ 87 und 84 des Rechtspolizeigesetzes v. 6. Februar 1879 erlassenen Geschäftsordnungen

1) für die Amtsgerichte als Rechtspolizeibehörden (Rechtspolizeiordnung) und

2) für die Notare als Rechtspolizeibeamte (Notariatsordnung), [1])

nachdem Seine Königliche Hoheit der Großherzog mit Allerhöchster Staatsministerialentschließung v. 30. Oktober 1889 das Ministerium zur Erlassung der darin enthaltenen organisatorischen und Zuständigkeitsbestimmungen unter Aufhebung der dadurch ersetzten, mit Allerhöchster Bestätigung ergangenen früheren Verordnungen, insbesondere der Geschäftsordnungen für die Beamten der freiwilligen Gerichtsbarkeit und für die Notare v. 19. Juli 1879, zu ermächtigen gnädigst geruht haben, zur Darnachachtung bekannt gemacht. Dabei wird weiter bestimmt:

I. Diese Geschäftsordnungen treten mit dem 1. Januar 1890 in Wirksamkeit.

II. Mit dem gleichen Tage treten die nachstehenden Verordnungen außer Kraft:

1) die Geschäftsordnungen für die Beamten der freiwilligen Gerichtsbarkeit und für die Notare v. 19. Juli 1879 (Ges. u. V.Bl. Nr. XXXIV);

2) die Verordn. v. 8. Oktober 1819, den Sportelansatz bei Erbkäufen und Erbvergleichen betreffend (Reg.Bl. S. 191);

3) die Instruktivverordnung v. 7. April 1826, die Eintragung der Faustpfänder in öffentliche Bücher betreffend (Regierungsbl. Nr. 10) und die Bekanntmachung hiezu v. 12. Januar 1867 (Centralverordnungsbl. S. 2);

---

[1]) Beide Geschäftsordnungen sollten sich als Ausführungsverordnungen zum Rechtspolizeigesetze grundsätzlich nur mit Rechtspolizeigeschäften befassen; der Grundsatz ist aber nicht streng durchgeführt weder bei der sg. Rechtspolizei-O., insofern sie dem § 4 des Einf.Ges. z. Ger.Verf.Ges. zuwider die Amtsgerichte, allerdings nur übergangsweise in § 125, mit Steuerverwaltungsgeschäften beauftragt, noch bei der sg. Notariats-O., insofern sie in § 5² die Vorschrift des § 58 der Wahlordnung (in d. Fassung des Ges. v. 25. Aug. 1876) über die Zuziehung der Notare zur Führung der Wahlprotokolle aufgenommen hat (wofür ihnen übrigens auch nicht Gebühren nach dem St.P.Geb.Ges. zustehen, vgl. D. 2 Art. 1). Dagegen entspricht es jenem Grundsatze, daß man die Thätigkeit der Notare z. B. als Vollstreckungsbeamte in Immobiliar-Zwangsvollstreckungssachen als auf dem Gebiete der streitigen Gerichtsbarkeit liegen, hier weggelassen hat. Wollte man aber diesen Grundsatz betonen, so mußte man nicht die Rechtspolizeiordnung in Gegensatz zu Notariats-Ordnung stellen, die danach, ebenso wie jene eine Rechtspolizei-O. für die Amtsgerichte, eine Rechtpolizei-Ordnung für Notare sein sollte, während in eine Notariats-O. an und für sich alle Geschäfte der Notare, auch die nicht rechtspolizeilichen gehören.

Durch den Gegensatz von Amtsgerichten als Rechtspolizeibehörden zu Notaren als Rechtspolizeibeamten hat den letzteren wohl kaum der behördliche Karakter abgesprochen werden sollen, der ihnen zweifellos zusteht (vgl. oben S. 263).

2) Geschäftsordnung für die Amtsgerichte als Rechtspolizeibehörden. (Rechtspolizeiordnung.) Vom 2. November 1889.

---

4) die Rechtsbelehrung und Instruktivverordnung, das Verfahren bei Erneuerung der Unterpfandsbücher betreffend, v. 18. April 1826 (Regierungsbl. Nr. 10 S. 67);
5) die Verordn. v. 19. Januar 1836, die Ausfertigung der Schuld- und Pfandurkunden betreffend (Regierungsbl. S. 21);
6) die Verordn. v. 2. Februar 1844, die Berichtigung der Pfandbücher betreffend (R.Bl. Nr. 4 S. 19);
7) die Verordn. v. 16. April 1857, die Mittheilung von Amtsrevisoratsurkunden an die Gerichte betreffend (C.V.Bl. S. 22);
8) der Erlaß v. 22. Mai 1861, betreffend die Fertigung von Doppelurschriften öffentlicher Urkunden (C.V.Bl. S. 16);
9) die Verordn. v. 7. Februar 1865, die Beurkundung der Sammtverbindlichkeit der Ehefrauen in den Unterpfandsverschreibungen betreffend (C.V.Bl. S. 17);
10) die Bekanntm. v. 10. Juni 1865 Nr. 5378, die Gebührenzahlung an die Geschäftsfertiger betreffend (abgedruckt im Notariatsbl. S. 97);
11) der Erlaß v. 14. Juni 1866 Nr. 4987, betreffend das Verfahren bei gerichtlichen Theilungen, hier die gemeinderäthlichen Zeugnisse über die zur Theilungsmasse gehörenden Liegenschaften (C.V.Bl. S. 66);
12) die Verordn. v. 22. Dezember 1868, das Verfahren in Angelegenheiten der freiwilligen Gerichtsbarkeit betreffend (Ges. u. V.Bl. 1869 S. 27);
13) die Verordn. v. 21. Juni 1874, den Ansatz und die Erhebung der Gebühren für die Geschäfte der Rechtspolizeiverwaltung betreffend (Ges. u. V.Bl. S. 304), nebst Nachtrag vom 28. Juli 1879 (Ges. u. V.Bl. S. 535 f.);
14) die Bekanntm. v. 8. April 1875, das Abwesenheitsverfahren betreffend (Ges. u. V.Bl. S. 193 f.);
15) die Verordn. v. 24. Juni 1875, die Fertigung von Privaturkunden durch die Notare betreffend (Ges. u. V.Bl. S. 233 f.);
16) die Verordn. v. 24. November 1875, die Ertheilung von Abschriften der abgehörten Vormundschafts- und Pflegschaftsrechnungen betreffend (Ges.V.Bl. S. 348 f.);
17) die Verordn. v. 20. April 1876, den Vollzug des Gesetzes über die Kapitalrentensteuer durch die Rechtspolizeibehörden betreffend (Ges. u. V.Bl. S. 113);
18) die Verordn. v. 27. April 1876, die Ausführung des Reichsgesetzes über die Beurkundung des Personenstandes und die Eheschließung, hier die Thätigkeit der Notare bei Abwandlung der Verlassenschaften betreffend (Ges. u. V.Bl. S. 114);
19) die Verordn. v. 30. Mai 1876, die Behandlung der Kosten für Zustellung der Ausfertigungen der Großherzoglichen Gerichtsnotare und Notare außerhalb des Großherzogthums betreffend (Ges. u V.Bl. S. 158 f.);
20) soweit auf die Notare bezüglich, die Verordnung vom 16. September 1879, die Behandlung der Gebühren für Einrückungen rc. betreffend (Ges. u. V.Bl. S. 714 ff.);
21) die Bekanntm. v. 26. April 1886, betreffend das Theilungsverfahren und die Veräußerung von Mündelgütern und von Gütern gewaltsentlassener Minderjähriger (Ges. u. V.Bl. S. 162).

Karlsruhe, den 2. November 1889.

Titel I. Die Amtsgerichte als Rechtspolizeibehörden im Allgemeinen.

(Geschäftskreis.) § 1. Die den Amtsgerichten zukommenden Geschäfte der freiwilligen Gerichtsbarkeit [1]) sind durch die bestehenden Vorschriften sowie durch diese Geschäftsordnung bestimmt.

(Oertliche Zuständigkeit.) § 2. Wenn zwischen mehreren Amtsgerichten über die Zuständigkeit zur Erledigung einer einzelnen Angelegenheit der freiwilligen Gerichtsbarkeit Streit entsteht oder Ungewißheit herrscht, so bestimmt das Justizministerium das zuständige Amtsgericht (Rechtspolizeigesetz § 6a).

(Richter und Gerichtsschreiber.) § 3. 1) Die Geschäfte der freiwilligen Gerichtsbarkeit werden von dem Richter besorgt, soweit sie nicht nach gesetzlicher Vorschrift (vergleiche Rechtspolizeigesetz § 3) oder nach dieser Geschäftsordnung beziehungsweise der Dienstweisung für die Gerichtsschreibereien [2]) zum Geschäftskreis der letzteren gehören.

2) Die Verwahrung der Testamente (§§ 90 ff.) liegt jedoch dem Richter, nicht dem mit Führung der Registratur betrauten Gerichtsschreiber, ob.

---

[1]) R.P.G. §§ 1, 2.

[2]) Landesh. V. v. 8. Juni 1889 den Gerichtsschreiberdienst und den Kanzleidienst bei Justizstellen betr. (G.V.Bl. XIV).

[3]) Uebereinstimmend mit § 23 des preuß. Ausf.Ges. v. 24. April 1878 (statt „Gattungen" heißt es „Geschäftsgebiete").

(Geschäftsvertheilung.) **§ 4.** Bei den mit mehreren Richtern besetzten Amtsgerichten wird die freiwillige Gerichtsbarkeit von denjenigen Richtern verwaltet, denen sie durch die Geschäftsabtheilung (§ 9 des Einf.-Ges. zu den Reichsjustizgesetzen v. 3. März 1879)[4]) übertragen ist.

(Ausschließung und Ablehnung.) **§ 5.** Die in den §§ 41 bis 49 der C.P.O. über die Ausschließung und Ablehnung der Gerichtspersonen gegebenen Bestimmungen finden auch im Gebiete der freiwilligen Gerichtsbarkeit entsprechende Anwendung (R.P.G. § 4).

(Stellvertretung.) **§ 6.** 1) Für den rechtlich (§ 5) oder thatsächlich verhinderten Beamten tritt dessen Stellvertreter ein.

2) Auf die Vertretung der Amtsrichter finden auch hinsichtlich der Geschäfte der freiwilligen Gerichtsbarkeit die Bestimmungen der §§ 10[4]) und 11[5]) des Einf.Ges zu den Reichsjustizgesetzen v. 3. März 1879 Anwendung.

(Dienstübergaben.) **§ 7.** 1) Bei jeder Uebergabe des Dienstes der freiwilligen Gerichtsbarkeit an einen Dienstnachfolger oder an den Verweser eines erledigten Dienstes ist zu untersuchen und zu beurkunden, ob die bei dem Amtsgerichte zu verwahrenden Testamente sämmtlich vorhanden sind.

2) Der Dienstaufsichtsbehörde bleibt vorbehalten, nach Umständen eine Untersuchung des Zustandes der Registratur in weiterem Umfange anzuordnen.

3) Das Protokoll über die Dienstübergabe ist dem Justizministerium zur Verfügung, dem Landgerichte in Abschrift vorzulegen.

(Dienstprüfungen.) **§ 8.** 1) Das Justizministerium wird von Zeit zu Zeit durch Dienstprüfungen von dem Stande der Geschäfte der freiwilligen Gerichtsbarkeit und von der Art ihrer Behandlung bei den Amtsgerichten Kenntniß nehmen.

2) Außerdem umfassen die nach bestehender Verordnung von den Landgerichten vorzunehmenden Dienstprüfungen auch das Gebiet der freiwilligen Gerichtsbarkeit.[6])

Titel II. Allgemeine Bestimmungen über das Verfahren in Angelegenheiten der freiwilligen Gerichtsbarkeit.

(Vorgehen von Amtswegen. Ausschluß der Oeffentlichkeit.) **§ 9.** 1) Die Amtsgerichte erheben die zur Aufklärung der Sache dienenden Umstände und die Erklärungen der Betheiligten von Amtswegen. Soweit nicht besondere Vorschriften für das Verfahren gegeben sind, haben sie diejenigen Formen zu beobachten, welche zur vollständigen Aufklärung der erheblichen Thatsachen und zum Gehör der Betheiligten nach der Natur und dem Zweck des Verfahrens erforderlich sind (R.P.G. § 8 Absatz 1).

2) Die Verhandlungen des Gerichts sind nicht öffentlich (R.P.G. § 8 Absatz 2).

(Sitzungspolizei.) **§ 10.** Hinsichtlich der Sitzungspolizei finden die Vorschriften der §§ 177—185 des deutschen Gerichtsverfassungsgesetzes entsprechende Anwendung (R.P.G. § 8c Zusatzbestimmung v. 20. Juli 1888).

(Feststellung der Nämlichkeit [Identität].) **§ 11.** Daß dem Gericht Name, Stand und Wohnort der bei ihm erscheinenden Personen bekannt sind, ist bei Aufnahme rechtsgeschäftlicher Erklärungen derselben zu beurkunden. Hat das Gericht die Kenntniß

---

[4]) Wechselseitige Vertretung bei mehreren Richtern desselben A.G. Vertretung durch Richter eines benachbarten A.G. nach Vorausbestimmung durch d. Justizministerium, etwas abweichend von § 24 des preuß. Ausf.Ges.

[5]) „Zum Richteramt Befähigten kann das Justizministerium vorübergehend die Befugnisse eines Amtsrichters übertragen. Im Falle des Bedürfnisses können auch Rechtskundige, welche die erste Prüfung für den Justizdienst bestanden haben, und in demselben seit mindestens 2 Jahren beschäftigt sind, in dieser Weise verwendet werden. — Rechtskundigen, welchen ein solcher Auftrag des Ministeriums nicht ertheilt ist, kann der Amtsrichter nur die Vornahme einzelner gerichtlicher Handlungen, aber nicht die selbständige Erlassung entscheidender Verfügungen übertragen." (Die Ausnahme des Abs. 3 des § 2 preuß. Ausf.Ges. vgl. pr. Verf. v. 9. Dez. 1879 fehlt hier.)

[6]) Nach § 18 des b. Einf.Ges. z. d. R.Justizgesetzen sind die L.G. Dienstaufsichtsbehörde der A.Gerichte.

der Persönlichkeiten nicht schon vorher, so soll es sich darüber Gewißheit verschaffen und, daß und wie dies geschehen, in den Akten vermerken.

(Anträge und Gesuche. Gerichtsprotokolle. Vollmachtsform.) **§ 12.** 1) Anträge und Gesuche können schriftlich eingereicht oder zum Protokoll des Gerichts angebracht werden. Soweit für einzelne Geschäfte nicht etwas Anderes bestimmt ist, ist auch die Anbringung zum Protokoll des Gerichtsschreibers statthaft.

2) Zur Aufnahme von Gerichtsprotokollen ist der Beizug von Gerichtsschreibern oder Gerichtsschreibergehilfen nicht erforderlich.

3) Bevollmächtigte der Betheiligten haben die Bevollmächtigung durch eine zu den Akten abzugebende schriftliche Vollmacht nachzuweisen. Die Bevollmächtigung durch gerichtlich oder notariell beglaubigte Privaturkunde genügt in allen Fällen, für welche das Gesetz oder diese Geschäftsordnung nicht ausdrücklich eine öffentlich beurkundete Vollmacht verlangt.[7])

(Zeugen- und Sachverständigen-Beweis.) **§ 13.** 1) Auf den Zeugen- und Sachverständigen-Beweis finden, soweit nicht nachstehend etwas Anderes bestimmt ist, die Vorschriften der §§ 338—379 der C.P.O. entsprechende Anwendung (R.P.G. § 8 Absatz 5, neue Fassung v. 20. Juli 1888).

2) Ob Zeugen und Sachverständige, deren Beeidigung statthaft ist (C.P.O. §§ 358 u. 367), zu beeidigen oder unbeeidigt zu vernehmen sind, entscheidet das Gericht nach seinem Ermessen (R.P.G. § 8 Abs. 4). Hierbei ist nach der Natur und dem Zwecke des besonderen Verfahrens und nach der Wichtigkeit der in Frage stehenden Interessen zu prüfen, ob zur vollständigen Aufklärung die Beeidigung erforderlich oder die unbeeidigte Vernehmung genügend scheint.

(Kostenpflicht.) **§ 14.** 1) Hinsichtlich der Kosten finden die Bestimmungen der §§ 87 Abs. 1 u. 88—95 der C.P.O. entsprechende Anwendung.

2) Ist ein zurückgewiesener Antrag lediglich im Interesse der Gegenpartei gestellt worden, so können dieser die Kosten des Verfahrens ganz oder theilweise auferlegt werden (R.P.G. § 8a Abs. 1 u. 2).

(Inhalt der Entschließung über Mitwirkung zu einem Rechtsgeschäfte bei Zweifeln über deren Nothwendigkeit.) **§ 15.** Ist das Amtsgericht um seine Mitwirkung (Prüfung, Genehmigung, Ermächtigung) zu einem Rechtsgeschäfte in einem Falle angegangen, in welchem dasselbe diese Mitwirkung nicht für erforderlich hält, so erscheint es bei bestehender Möglichkeit einer anderen Auffassung der nachmals im Prozeß zur Entscheidung berufenen Gerichte geboten, daß das Amtsgericht sich der Prüfung, ob die erbetene Ermächtigung u. s. w. nach den Umständen des Falles angezeigt sei, gleichwohl unterziehe und im Falle der Bejahung die Ermächtigung fürsorglich („soweit erforderlich“) ertheile.

(Urkunden, welche zum Gebrauch vor ausländischen Behörden bestimmt sind.) **§ 16.** 1) Auf die Ausfertigung der zum Gebrauch vor ausländischen Behörden bestimmten Urkunden ist besondere Sorgfalt zu verwenden.

2) Dieselben sind auf weißem Papier niederzuschreiben und mit dem Dienstsiegel zu versehen.

3) Sie dürfen Nichts enthalten, was nicht für die ausländische Behörde bestimmt ist; namentlich darf gegebenen Falls das Konzept des Vorlageberichts an Großh. Staatsministerium auf dieselben nicht gesetzt werden.

4) Ist die Urkunde zum Gebrauch außerhalb des deutschen Sprachgebiets bestimmt, so ist die Anwendung lateinischer Schrift angezeigt; für die zum Gebrauch vor Königlich Niederländischen Behörden bestimmten Schriftstücke ist dieselbe ausdrücklich vorgeschrieben.

5) Soweit nach bestehenden Staatsverträgen notarielle Urkunden der gerichtlichen Beglaubigung[8]) bedürfen, geschieht diese durch das Amtsgericht, in dessen Bezirk der Notar angestellt ist, nach den hierüber geltenden besonderen Bestimmungen (vergleiche Verträge mit Oesterreich-Ungarn v. 25. Februar 1880, Art. 2, u. v. 13. Juni 1881, R.G.Bl. 1881 S. 4 ff. u. S. 253 ff.).

---

[7]) Z. B. § 19², § 93¹ d. Ges.

[8]) Gebührenfrei: J.M.Erl. v. 31. Dez. 1886.

(Bekanntgabe gerichtlicher Verfügungen. Ausfertigungen. Behändigungen.) § 17. 1) Die Art der Bekanntgabe gerichtlicher Verfügungen ist, soweit nicht im Einzelnen etwas Anderes bestimmt ist, dem pflichtmäßigen Ermessen des Amtsgerichts anheimgegeben. Die Bekanntgabe kann in Sachen, welche bei einem Notar anhängig sind, durch den Notar, in Sachen, bei welchen der Waisenrichter mitzuwirken hat, durch den Waisenrichter geschehen.

2) Die Bekanntgabe kann durch mündliche Eröffnung oder durch schriftliche Mittheilung geschehen. Ob sie auf die eine oder andere Weise geschehen ist und auf welchem Wege schriftliche Mittheilungen dem Empfänger übermittelt sind, ist in jedem Falle zu den Akten zu bemerken.

3) Soweit die Bekanntgabe durch unmittelbare schriftliche Mittheilung geschieht, werden die den Betheiligten amtshalber zu übermittelnden Ausfertigungen von dem Personal der Gerichtsschreiberei geschrieben. Sie gehen den Betheiligten unter der Unterschrift des Richters zu.

4) Die Bekanntgabe erfolgt gegen Beurkundung nur, sofern die letztere oder eine Zustellung für die betreffende Art von Mittheilungen allgemein vorgeschrieben ist oder die Beurkundung von dem Amtsgerichte im einzelnen Fall aus besonderen Gründen für angemessen erachtet wird. In diesem Falle ist über die mündliche Bekanntgabe eine von den Betheiligten und dem eröffnenden Beamten unterzeichnete, den Tag der Eröffnung angebende Beurkundung zu den Akten zu bringen und erfolgt die schriftliche Bekanntgabe gemäß §§ 4 ff. der Verordnung, betreffend die vereinfachten Zustellungen und die Behändigungen, v. 1. Dezember 1884. Hievon ausgenommen sind die Fälle, in welchen die offene Uebermittelung an die Empfänger nach den Umständen unthunlich ist; in solchen Fällen erfolgt die schriftliche Bekanntgabe mittelst Zustellung durch Ersuchen der Post unter entsprechender Anwendung der Vorschriften der C.P.O. [8a])

(Verwahrung der Akten.) § 18. 1) Für die Aufbewahrung der Akten der freiwilligen Gerichtsbarkeit mit Ausnahme der Testamente (§ 90) ist die bestehende Registraturordnung maßgebend.

2) Die urschriftliche Ausfolgung an die Parteien, deren Vertreter oder andere von ihnen bezeichnete Stellen findet nur in den Fällen statt, für welche dieselbe ausdrücklich gestattet ist.

3) Insbesondere dürfen urschriftlich ausgefolgt werden die Beglaubigungen der zum Gebrauch im Ausland bestimmten Urkunden (diese Verordn. § 16 Absatz 5 und [alin. 1[9]) Satz 2 der Bekanntm. d. Großh. Staatsmin. v. 3. Februar 1882, G. u. V.Bl. Nr. IV. Seite 17) und die bei den Amtsgerichten zur Erhebung der Verlassenschaften im Ausland verstorbener Personen aufgenommenen Urkunden.[10]) [11])

(Gestattung der Akteneinsicht. Mittheilung von Abschriften und Auszügen.) § 19. 1. Von Akten, welche nicht zur Oeffentlichkeit bestimmt sind, darf Mittheilung durch Einsichtsgestattung oder durch Abgabe von Abschriften und Auszügen nur den Betheiligten, deren Rechtsfolgern, gesetzlichen Vertretern und Bevollmächtigten und solchen Personen gemacht werden, welche das Amtsgericht[11a]) auf Grund eines von ihnen bescheinigten rechtlichen Interesses zur Kenntnißnahme ermächtigt (vgl. R.P.G. § 30 Abs. 1).

2) Von Testamenten darf vor Ableben des Testirers nur diesem selbst oder einem mit besonderer und öffentlicher Vollmacht versehenen Gewalthaber Einsicht gestattet oder Abschrift abgegeben werden.

3) Das Amtsgericht hat bei der Einsichtsgestattung die zur Sicherung der Akten nöthigen Vorsichtsmaßregeln zu treffen. Die Abgabe von Akten in die Wohnung eines Betheiligten oder seines Vertreters ist unstatthaft.

(Aktenmittheilungen an andere badische Behörden.) § 20. 1) Die Dienstaufsichts-

---

[8a]) Vgl. Not.O. § 28. Von der Vorladung niederer Beamten soll der vorgesetzten Dienstbehörde so zeitig Nachricht gegeben werden, daß für die Versehung des Dienstes das Erforderliche veranlaßt werden kann.

[9]) Verbesserte Druckfehler im Ges.Bl. S. 263.

[10]) Vgl. auch § 43^2 u. 44^3 d. Ges.

[11]) Wegen Verwahrung der notar. Urkundenverzeichnisse u. Wechselproteſtreg. vgl. Not.O. § 51^5 u. § 63^5.

[11a]) Nicht der Notar; vgl. Not.O. § 49^2.

behörden können von den Akten der freiwilligen Gerichtsbarkeit jederzeit Einsicht nehmen (vergl. R.P.G. § 30 Abs. 2).

2) Dem Ersuchen eines ordentlichen badischen Gerichtes um Mittheilung von Akten zum Gebrauch in anhängigen Sachen ist, auch soweit eine Verpflichtung zu deren Vorlegung (C.P.O. § 397 vergl. mit § 387, St.P.O. § 96, R.P.G. § 30 Abs. 2) nicht besteht, stets zu entsprechen; auf Ersuchen des Gerichtsschreibers darf die Abgabe nicht erfolgen. Auf Ersuchen badischer Notare um Aktenmittheilung findet die Bestimmung dieses Absatzes entsprechende Anwendung.

3) Für die Mittheilung von Akten an andere badische Behörden und Beamte sind zunächst die hiefür bestehenden besonderen Bestimmungen maßgebend In deren Ermangelung sind Akten, um deren Abgabe unter Angabe des Grundes ersucht wird, dann mitzutheilen, wenn nicht von der Mittheilung ein Nachtheil in staatspolizeilicher Hinsicht, überhaupt im öffentlichen Interesse, besorgt wird oder sonstige Bedenken bestehen. In diesen Fällen ist die Entschließung des Justizministeriums einzuholen.

4) Die Mittheilung der Akten geschieht durch Uebersendung an die ersuchende Behörde oder den ersuchenden Beamten, soweit nicht im Einzelnen etwas Anderes bestimmt ist.

(Aktenmittheilung an außerbadische Behörden.) § 21. 1) Auf die Mittheilung von Akten an Behörden anderer Bundesstaaten finden, soweit darum Gerichte[13]) dieser Bundesstaaten in Sachen der ordentlichen streitigen Gerichtsbarkeit ersuchen, die in § 20 Abs. 2, hievon abgesehen die in § 20 Abs. 3 gegebenen Bestimmungen Anwendung.

2) Ersuchschreiben außerdeutscher Gerichts- und anderer Behörden um Aktenmittheilung sind in allen Fällen dem Justizministerium zur Entschließung vorzulegen.

(Verfahren bei Aktenabgabe. Fürsorge für die Rückgabe.) § 22. 1) In den Fällen der Aktenabgabe nach §§ 20 und 21 sind Legzettel zu fertigen, auf welchen die abgegebenen Akten, die Zeit der Abgabe und die Behörde, an welche sie gesendet wurden, sowie Tag, Nummer und Betreff, unter welchen diese Behörde um die Akten ersucht hat, genau zu bezeichnen sind.

2) Von Testamenten und Eheverträgen ist außerdem beglaubigte Abschrift zurückzubehalten.

3) In allen Fällen ist die Behörde, an welche die Akten abgegeben werden, um eine Empfangsbescheinigung, worin die Akten genau zu bezeichnen sind, zu ersuchen.

4) Auch hat das Amtsgericht die Rückgabe der Akten nach gemachtem Gebrauch zu betreiben, indem es die Wiedervorlage zu geeigneter Zeit anordnet und darnach an die Rücksendung erinnert.

5) Die Vorschriften der Absätze 1 und 4 (nicht auch 2 und 3) kommen auch bei Abgabe von Akten an andere Beamte des verwahrenden Amtsgerichtes selbst oder an Notare des Amtsgerichtsbezirks zur Anwendung

(Gerichtsschreibereidienst. Ertheilung von Abschriften und Auszügen durch Notare.) § 23. 1) Hinsichtlich des Gerichtsschreibereidienstes in Sachen der freiwilligen Gerichtsbarkeit, der Führung des Geschäftstagebuchs und der öffentlichen Bücher finden, soweit diese Geschäftsordnung nicht etwas Anderes bestimmt, die Vorschriften der Dienstweisung für die Gerichtsschreibereien Anwendung.

2) Die Ertheilung von Abschriften und Auszügen geschieht, vorbehaltlich der Bestimmungen des § 19, nach den in Abs. 1 genannten Vorschriften durch die Gerichtsschreiberei.

3) Die Fertigung von Abschriften und Auszügen aus bei dem Amtsgerichte verwahrten Notariatsgeschäften erfolgt, unter den Voraussetzungen des § 19, durch das Amtsgericht oder den Notar (R.P.G. § 26 Ziffer 5), je nachdem dieser oder jenes von einem Betheiligten darum angegangen wird.

Titel III. Besondere Vorschriften für Geschäfte, welche die Rechtsverhältnisse der Personen im Allgemeinen betreffen (Personenstand und Wohnsitz).

I. Personenstand.

(Aufsicht auf die Dienstführung der Standesbeamten.) § 24. 1) Die Amts-

---

[12]) Nicht der Gemeindegerichte, Verwaltungs- u. a. außerordentlicher Gerichte.

[13]) Nicht auch Notare!

gerichte üben die Aufsicht auf die Dienstführung der Standesbeamten in Gemäßheit des Reichsges. v. 6. Februar 1875, des Bad. Einf.Gesetzes hiezu v. 9. Dezember 1875 und der Dienstweisung für die Standesbeamten v. 18. Dezember 1875 und beziehungsweise 31. Dezember 1886.[14])

2) Die Amtsgerichte sind auch zuständig für Anträge auf Anweisung der Standesbeamten zur Vornahme abgelehnter Amtshandlungen, für die Entscheidung über Berichtigung der Standesregister sowie für Beschwerden über von Standesbeamten verhängte Geldstrafen (Bad. Einf.Ges. v. 9. Dezember 1875 § 4).

(Periodische Prüfung der Dienstführung der Standesbeamten an Ort und Stelle). § 25. 1) Zum Zwecke der Aufsichtsübung (§ 24 Abs. 1) haben die Amtsgerichte die Dienstführung der Standesbeamten auch an Ort und Stelle zu prüfen. Diese Prüfungen sind am Gerichtssitze alljährlich, außerhalb des Gerichtssitzes jeweils gleichzeitig mit den Grund- und Pfandbuchsprüfungen (§§ 45 ff.) vorzunehmen. Die Amtsgerichte haben alljährlich auf 15. Dezember dem Justizministerium anzuzeigen, hinsichtlich welcher Gemeinden in dem abgelaufenen Jahre die Prüfungen stattgefunden haben und die Prüfungsbescheide erlassen worden sind.

2) Die Prüfung (Abs. 1) hat vorzugsweise denjenigen Theil der Amtsführung zum Gegenstand, welcher anders als an Ort und Stelle nicht geprüft werden kann. Insbesondere ist dabei das Vorhandensein sämmtlicher Register- und Beilagen-Bände und die Art ihrer Aufbewahrung, die Art der Erledigung des letzten Prüfungsbescheids, die Uebereinstimmung der seit der letzten Prüfung in den Hauptregistern erfolgten Einträge und Randvermerke mit den Nebenregistern und mit den vorgelegten Vermerksabschriften, der alljährliche Abschluß der Hauptregister, die Führung der alphabetischen Namensverzeichnisse zu den Hauptregistern und der vorgeschriebenen Aufgebotsverzeichnisse, die Ordnung der Beilagen (Sammelakten) und deren Inhalt, soweit daraus die Art der Geschäftsbehandlung zu entnehmen ist, sowie der Ansatz und die Erhebung der Gebühren zu untersuchen.

3) Die Ergebnisse der Prüfung sind in Protokollform zu verzeichnen. In dem darnach zu erlassenden Bescheid sind die vorgefundenen Mängel genau zu bezeichnen und ist, soweit deren Verbesserung nöthig erscheint, Anleitung darüber zu ertheilen, wie dieselbe geschehen soll. Der Vollzug des Bescheids ist von dem Amtsgerichte zu überwachen.

(Namenführung.) § 26. 1) Für Namensänderungen ist die Landesh. Verordn. v. 16. Dezember 1875 (Ges. u. V.Bl. Nr. XXXVIII.) maßgebend.

2) Eine beabsichtigte Vornamensänderung ist zu beanstanden, wenn das angegangene Amtsgericht örtlich unzuständig oder wenn der Anzeigende nicht verfügungsfähig ist oder wenn die Vornamen, welche derselbe statt der bisherigen annehmen oder diesen hinzufügen will, anstößig sind. Die Beanstandung ist dem Anzeigenden bekannt zu geben und bei schriftlicher Bekanntgabe Beurkundung hierüber zu den Akten zu bringen.

3) Soweit in einzelnen Gemeinden gleichnamige Personen vorkommen, haben die Amtsgerichte darauf hinzuwirken, daß die in Anwendung kommenden Namenszusätze eine sichere, jede Verwechslung ausschließende Unterscheidung ermöglichen, daß insbesondere seitens der Gemeindebehörden statt veränderlicher Ordnungszahlen für jede Person ein für allemal feststehende angewendet und daß Einrichtungen getroffen werden, welche die ordnungsmäßige Einhaltung einer bestimmten Reihenfolge in der Beilegung der Zahlen sicherstellen. Hierauf ist insbesondere auch bei den in § 25 bezeichneten Prüfungen zu achten.

II. Wohnsitz (Abwesenheitsverfahren).

(Zuständigkeit für das Abwesenheitsverfahren.) § 27. Für das Abwesenheitsverfahren ist ausschließlich das Amtsgericht zuständig, bei welchem der Abwesende

---

[14]) Vgl. Dienstweis. f. d. Bgmstr. v. 12. Nov. 1889 § 5: „Die unmittelbare Aufsicht über die Bgmstr., Gemeinderäthe u. Rathsschreiber hinsichtlich der denselben zukommenden rechtspolizeilichen Geschäfte wird von den Amtsgerichten geübt" u. § 6 „Soweit für einzelne Geschäftszweige besondere Beamte an Stelle der Bgmstr. (ins-

zuletzt seinen allgemeinen Gerichtsstand hatte, dem Badener gegenüber, der zuletzt den Wohnsitz nur außerhalb Badens hatte, das Amtsgericht seines letzten Wohnsitzes im Großherzogthum (R.P.G. § 5).

(Fürsorge für Vermißte.) § 28. 1) Für Vermißte haben die Amtsgerichte von Amtswegen die erforderlichen Maßregeln zu ergreifen. Sie bestellen für dieselben Abwesenheitspfleger, wenn die Vermögensangelegenheiten des Vermißten einer Fürsorge bedürfen und wenn ein gesetzlicher Vertreter oder ein bevollmächtigter Geschäftsführer desselben nicht oder nicht mehr vorhanden ist.

2) Als Abwesenheitspfleger soll Niemand bestellt werden, der nicht durch seine Persönlichkeit oder sein Vermögen Sicherheit wegen getreuer Vermögensverwaltung gewährt.

3) Die Abwesenheitspfleger haben die Rechte und Pflichten der Vormünder. Sie unterliegen in gleicher Weise wie diese der Beaufsichtigung durch das Amtsgericht unter Mitwirkung des Waisenrichters (§ 74 Abs. 3, §§ 76 bis 78). Eine Bestellung von Beiräthen und Gegenvormündern (Gegenpflegern) findet nicht statt.

4) Der Abwesenheitspfleger hat die Fahrnisse des Vermißten, soweit ihn nicht das Amtsgericht zu deren Aufbewahrung ermächtigt, öffentlich versteigern zu lassen, ausstehende ungesicherte Forderungen desselben einzuziehen und Baarvorräthe in der für Vormünder vorgeschriebenen Weise nutzbar anzulegen.

5) Das Amtsgericht kann unter besonderen Umständen anordnen, daß der Abwesenheitspfleger wegen des seiner Verwaltung unterliegenden Vermögens des Vermißten Sicherheit zu leisten habe. Art und Umfang der Sicherheitsleistung bestimmt das Amtsgericht nach freiem Ermessen.

6) Die Abwesenheitspflegschaft ist aufzuheben, wenn der Grund zu ihrer Anordnung weggefallen ist. Ist dies durch Feststellung von Leben oder Tod des Vermißten geschehen, so ist dem Vermißtgewesenen oder dessen Erben von den bis dahin ergriffenen Maßregeln mit dem Anfügen Kenntniß zu geben, daß denselben fortan die Wahrnehmung ihrer Rechte überlassen werde.

(Verschollenheitsverfahren. Einleitung desselben.) § 29. 1) Nach Ablauf der für die Zulässigkeit des Antrags auf Verschollenerklärung und auf fürsorgliche Besitzeinweisung erforderlichen Zeit (L.R.SS. 115, 121, 122)[15]) hat das Amtsgericht die muthmaßlich Berechtigten auf die Zulässigkeit dieses Antrages aufmerksam zu machen.

2) Das Verschollenheitsverfahren wird nur auf Antrag eingeleitet; eine Wiederholung des Antrags nach Ablauf der Frist für die Kundschaftserhebung (§§ 30 ff.) ist nicht erforderlich.

3) Der Antragsteller hat die zur Begründung des Antrags erforderlichen Thatsachen glaubhaft zu machen.

(Vorbescheid. Kundschaftserhebung.) § 30. 1) Wird der Antrag (§ 29 Abs. 2) zugelassen, so erkennt das Amtsgericht auf Kundschaftserhebung und hat der Gerichtsschreiber diese Verfügung (den Vorbescheid) vorschriftsgemäß öffentlich bekannt zu machen (R.P.G. § 9).

---

besondere hinsichtlich der Standesführung) oder an Stelle der Bgmstr. (Ortsvorgesetzten) u. der Gemeinderäthe (insbesondere in den Städteordnungsgemeinden hinsichtlich der Grund- u. Pfandbuchführung) bestellt sind" über die bestellten besonderen Beamten in gleicher Weise.

[15]) L.R.S. 115: „Wenn eine Person an dem Orte ihres Wohnsitzes u. ihres gewöhnlichen Aufenthalts nicht mehr erscheint, u. 4 Jahre abgelaufen sind, seitdem keine Nachricht von ihr eingegangen ist, so können die Betheiligten sich an deren Gerichtsbehörden wenden, damit ihre Abwesenheit an unbekannten Orten anerkannt, mithin sie für verschollen erklärt werde." — S. 121: „Hat der Abwesende eine Vollmacht zurückgelassen, so können seine muthmaßlichen Erben auf die Erklärung, daß er verschollen sei und auf die Einweisung in den fürsorglichen Besitz nicht eher antragen, als 10 Jahre nach seiner Entfernung oder nach der letzten von ihm eingegangenen Nachricht". — S. 192: „Das Nämliche soll stattfinden, wenn die Vollmacht erloschen ist u. in diesem Falle soll für die Verwaltung der Güter des Abwesenden so gesorgt werden wie im ersten Kapitel bestimmt ist."

2) Der Vorbescheid enthält:

a) den Namen, die Geburtszeit, den Geburtsort, letzten Wohnsitz und, wenn davon verschieden, gewöhnlichen Aufenthalt sowie Beruf des Vermißten;

b) die Angabe, daß und seit wann er vermißt und daß die Verschollenerklärung beantragt sei;

c) die Aufforderung an den Vermißten, binnen Jahresfrist (L.R.S. 119)[16]) Nachricht von sich an das Amtsgericht gelangen zu lassen;

d) die Aufforderung an alle Diejenigen, welche Auskunft über Leben oder Tod des Vermißten zu ertheilen vermögen, hievon binnen Jahresfrist dem Amtsgerichte Anzeige zu erstatten.

3) Das Amtsgericht kann vor der öffentlichen Bekanntmachung (Abs 1 und 2) am letzten Wohnsitze und, wenn davon verschieden, am Orte des gewöhnlichen Aufenthalts des Vermißten über dessen Verbleib die geeignet erscheinenden Erhebungen anstellen. Die öffentliche Bekanntmachung findet in diesem Falle nur statt, wenn durch die Erhebungen Leben oder Tod des Vermißten nicht festgestellt wird.

(Endbescheid.) § 31. 1) Die Verschollenerklärung (Endbescheid) darf nur erfolgen, wenn innerhalb der Frist (§ 29 Abs. 2) Leben oder Tod des Vermißten nicht festgestellt werden kann.

2) Die Kosten des Verfahrens sind in diesem Falle (Absatz 1) dem Vermißten aufzuerlegen (vergleiche § 14).

3) Die Verschollenerklärung ist durch den Gerichtsschreiber öffentlich bekannt zu machen (R.P.G.) § 9).

(Aufnahme des Vermögens. Fahrnißverkauf.) § 32. 1) Nach der Verschollenerklärung hat das Amtsgericht die Aufnahme des Vermögens des Verschollenen, wenn dieselbe nicht schon zuvor (insbesondere unter Mitwirkung eines Vormundes oder Abwesenheitspflegers) stattgefunden hat, durch den zuständigen Notar[1]) zu veranlassen (L.R.S. 126 Abs. 1 und R P.G. § 32) und, wenn Testamente des Verschollenen vorhanden sind, damit nach §§ 96 und 97 zu verfahren.

2) Das Amtsgericht hat darauf nach Anhörung der Betheiligten zu befinden, ob die Fahrniß ganz oder zum Theil veräußert und der Erlös nutzbar angelegt werden soll (L.R.S. 126 Abs. 2).

3) Der Vollzug der getroffenen Anordnungen ist zu überwachen.

(Einweisung in den fürsorglichen Besitz. Fortsetzung der Gütergemeinschaft.) § 33. 1) Der Antrag auf Einweisung in den fürsorglichen Besitz des vom Vermißten zurückgelassenen Vermögens (L.R.SS. 120—122) kann gleichzeitig mit dem Antrag auf Verschollenerklärung oder später gestellt werden. Das Gleiche gilt von der Erklärung des zurückgelassenen Ehegatten, daß er die Gütergemeinschaft, in der er mit dem Verschollenen lebte, fortsetzen wolle (L.R.S. 124).

2) Ueber den Antrag auf fürsorgliche Besitzeinweisung ist, wenn der Vermißte einen mit ihm in Gütergemeinschaft lebenden Ehegatten zurückgelassen hat, der Letztere zu hören.[18a])

---

[16]) S. 119: „Der Bescheid, wodurch Jemand für verschollen erklärt wird, soll nicht eher als 1 Jahr nach dem Bescheid, wodurch auf Kundschaftserhebung erkannt wurde, ausgesprochen werden."

[17]) S. 126: „Diejenigen, welche die fürsorgliche Einweisung erlangt haben, oder der Ehegatte, der sich für Fortsetzung der Gütergemeinschaft erklärt, müssen zur Aufzeichnung der Fahrnis u der Rechtsurkunden des Abwesenden schreiten lassen. — Das Gericht läßt nach Befinden die Fahrnis ganz oder zum Theil veräußern. Wird sie verkauft, so soll der Betrag sowie jener der zur Zeit fälligen Früchte wieder angelegt werden. — Diejenigen, welche die fürsorgliche Einweisung erlangt haben, können zu ihrer Sicherheit darauf antragen, daß die liegenden Güter durch einen von dem Gerichte hierzu ernannten Sachverständigen in Augenschein genommen werden, um ihren Zustand zu beweisen. Sein Bericht soll von dem Gericht bestätigt, der Kostenbetrag aber aus dem Vermögen des Abwesenden bestritten werden.

[18]) Damit kann nur derjenige Notar gemeint sein, welcher für den betreffenden Distrikt angestellt ist, nicht etwa ein beliebiger des Amtsg.-Bezirks, denn daß nur ein Notar innerhalb des A.G.Bezirks „veranlaßt" werden kann, versteht sich von selbst.

[18a]) Weil derselbe nach L.R.S. 124 befugt ist, die fürsorgliche Einweisung u. s. w.

3) Die muthmaßlichen Erben, welche das Gericht in den Besitz der Güter des Verschollenen einweist, sind in der Einweisungsverfügung bestimmt zu bezeichnen.

4) Bei der Einweisung hat das Gericht nach Anhörung der Betheiligten Art und Größe der Sicherheit zu bestimmen, welche die Eingewiesenen für gute Verwaltung (L.R.S. 120) und für theilweisen Früchteersatz (L.R.S. 127) zu leisten haben. Die Urkunden über die erfolgte Sicherheitsleistung werden von dem Amtsgerichte in Verwahrung genommen.

5) Die Einweisungsverfügung ist, auch wenn mit der Verschollenerklärung verbunden, nicht öffentlich bekannt zu machen.

6) Auf Antrag der Eingewiesenen läßt das Amtsgericht den Zustand der liegenden Güter des Verschollenen durch den Waisenrichter oder einen besonders ernannten Sachverständigen zu den Akten urkundlich feststellen (L.R.S. 126 Absatz 3)[17]) und veranlaßt dasselbe in gleicher Weise die Schätzung des dem eventuellen Früchteersatz zu Grunde zu legenden Mittelertrages (L.R.S. 127a).

(Vollzug der fürsorglichen Einweisung.) § **34**. 1) Wird die Sicherheit (§ 33 Abs. 4) geleistet,[19]) so veranlaßt das Amtsgericht die Ausfolgung des seither von einem Abwesenheitspfleger oder Vormund verwalteten Vermögens und der Urkunden durch den zuständigen Notar an den oder die Eingewiesenen.

2) Wird die Sicherheit nicht geleistet, so hat das Amtsgericht zu befinden, ob vom Vollzuge der fürsorglichen Einweisung abzusehen oder ob in entsprechender Anwendung der L.R.SS. 602 u. 603 zu verfahren ist.

(Veräußerungshandlungen der fürsorglich Eingewiesenen.) § **35**. Die Veräußerung und Verpfändung der Liegenschaften des Verschollenen kann durch die fürsorglich Eingewiesenen nur mit Genehmigung des Amtsgerichts geschehen.

(Endgiltige Einweisung.) § **36**. 1) Nach Ablauf der für die Zulässigkeit des Antrags auf endgiltige Einweisung erforderlichen Zeit (L.R.SS. 129 u. 129a)[20]) kann das Amtsgericht die Betheiligten auf die Zulässigkeit dieses Antrags aufmerksam machen.

2) Nach Ausspruch der endgiltigen Einweisung kommt die Sicherheitsleistung in Wegfall und hat das Amtsgericht gegebenen Falls die Rückgabe der geleisteten Sicherheit oder die Ausstreichung des erwirkten Pfandeintrages zu veranlassen.

(Güterpflege bei Vermögensbeschlagnahme.) § **37**. Die in Ansehung Vermißter gegebenen Vorschriften (§ 28) finden auf die bei Vermögensbeschlagnahmen auf Grund der §§ 332 ff. St.P.O. und des § 93 St.G.B. (St.P.O. § 480) einzuleitende Güterpflege (St.P.O. § 334 Abs. 2 u. Verordn. v. 22. September 1883, §§ 1 bis 4, Ges. u. V.Bl. S. 307) in gleicher Weise Anwendung.

Titel IV. Besondere Vorschriften für Geschäfte aus dem Gebiete des Rechts der Schuldverhältnisse.

(Ertheilung vollstreckbarer Ausfertigungen.) § **38**.[20a]) 1) Vollstreckbare Ausfertigungen notarieller[21]) Urkunden im Sinne des § 702 Ziffer 5 C.P.O. werden von dem Zeitpunkte ab, in welchem diese in die Verwahrung des Amtsgerichts übergegangen sind, von dem letzteren ertheilt (C.P.O. § 705 Abs. 2).

2) Das Gleiche gilt für vollstreckbare Ausfertigungen der Protokolle über Zwangsversteigerungen von Liegenschaften und der hierbei erfolgten Erlösanweisungen (Bad. Einf.Gef. zu den Reichsjustizgesetzen v. 3. März 1879 § 72).

---

zu verhindern, „u. vorzugsweise die Verwaltung der Güter des Abwesenden zu übernehmen oder fortzusetzen".

[19]) Durch Unterpfand (L.R.S. 2124), Faustpfand (S. 2074), Bürgschaft (S. 2040), öffentl. Hinterlegung (S. 1955).

[20]) 30 Jahre seit der Anordnung oder der Uebernahme durch einen Ehegatten oder 100 Jahre seit der Geburt des Abwesenden (S. 129), 10 Jahre Abwesenheit, welche für den Richter die Ueberzeugung vom Tode des Abwesenden begründet (§ 129a).

[20a]) Vgl. Not.O. § 62.

[21]) „Gerichtliche" Urkunden im Sinne des § 702 cit. kennt die Badische Gesetzgebung nicht: R.P.G. §§ 1 u. 2.

3) Die Ertheilung (Abs. 1 u. 2) geschieht in Gemäßheit der Vorschriften der C.P.O. (§§ 662 - 672 und 705).

(Ermächtigung zum Verzicht auf Unterhaltsrechte.) **§ 39.** Die Ermächtigung zur Weggabe von Unterhaltsrechten durch Vergleich oder Entsagung (L.R.S. 2046 a.) ertheilt das Amtsgericht nach vorheriger Prüfung, welche den Zweck der Weggabe und deren Einfluß auf die Lage des Unterhaltsberechtigten unter Berücksichtigung seines Vermögens, seiner Erwerbsfähigkeit und der Persönlichkeit der Betheiligten zum Gegenstand hat.

(Prüfung von Theilungen und Vermögensübergaben.) **§ 40.** 1) Die von den Notaren gefertigten Theilungen [22]) zum Zwecke der Aufhebung einer Gemeinschaft, bei welcher Minderjährige, Entmündigte oder Abwesende betheiligt sind, unterliegen der Prüfung der Amtsgerichte (R.P.G. § 2 Ziffer 6). Entmündigte im Sinne dieser Verordnung sind die wegen Geisteskrankheit nach L.R.S. 489 [23]) Entmündigten und die wegen Verschwendung nach L.R.S. 513 a. für völlig [24]) mundtodt Erklärten.

2) Die Prüfung ist darauf zu richten, ob die Theilung nicht an einem Mangel leidet, welcher deren Giltigkeit in Frage stellt, und ob der Inhalt derselben nicht gegen den Vortheil der Minderjährigen, Entmündigten oder Abwesenden verstößt. Nach Umständen kann eine Verbesserung des Mangels vor der Entschließung über Ertheilung der Genehmigung veranlaßt werden.

3) Die Entschließung, wodurch die Genehmigung der Theilung ausgesprochen oder aus dem einen oder anderen bestimmt zu bezeichnenden Grunde versagt wird, ist dem Notar und durch ihn (§ 17 Abs. 1) den Betheiligten bekannt zu geben. Bei versagter Genehmigung erfolgt die Bekanntgabe an die Betheiligten unter Belehrung über das Recht der Beschwerdeführung (R.P.G. §§ 23 und 24) und gegen zu den Akten zu bringende Beurkundung.

4) In gleicher Weise wie Theilungen (Abs. 1 bis 3) unterliegen auch Vermögensübergaben, wobei Minderjährige, Entmündigte oder Abwesende betheiligt sind, der amtsgerichtlichen Prüfung (R.P.G. § 2 Ziffer 6).

Titel V. Besondere Vorschriften für Geschäfte aus dem Gebiete des Sachenrechts.

(Aufstellung und Führung der Lagerbücher, sowie der Grund- und Pfandbücher. Wiederherstellung zerstörter Grund- und Pfandbücher.) **§ 41.** 1) Hinsichtlich der Aufstellung und Führung der Lagerbücher (Artikel 8 des Ges. v. 26. März 1852, Regierungsbl. Nr. XV.) kommen den Amtsgerichten die in der Landesh. Verordn. v. 11. September 1883 (Ges. u. V.Bl. Nr. XX.) bezeichneten Geschäfte zu. Von jeder Bestätigung eines Lagerbuchs ist der Lagerbuchbeamte und der Notar des Distrikts, welchem die betreffende Gemarkung angehört, zu benachrichtigen.

2) Die Amtsgerichte überwachen ferner die den Vorschriften der Anleitung v. 23. April 1858 (sammt Nachträgen v. 2. August 1879 und v. 18. September 1888 und 9. Juni 1890) [25]) entsprechende Führung der Grund- und Pfandbücher (R.P.G. § 2 Ziffer 7). Sie entscheiden über Beschwerden gegen die Grund- und Pfandbuchsbehörden wegen Eintragsverweigerung und üben die Dienstpolizei über dieselben und über die Rathschreiber (Anleitung § 49). Die Gerichtsschreiber bei den Amtsgerichten

---

[22]) Vgl. Not.O. §§ 110 ff., 154, 165, 160 f.

[23]) „Dem Volljährigen, der sich in einem bleibenden Zustand von Gemüthsschwäche, Wahnsinn oder Raserei befindet, soll die eigene Verwaltung seines Vermögens entzogen werden, selbst wenn er lichte Zwischenräume hätte."

[24]) Nemlich im Gegensatz zu S. 513: „Den Verschwendern kann verboten werden, ohne Beiwirkung eines Beistands Vergleiche zu schließen, Anleihen aufzunehmen, ablösliche Kapitalien zu erheben oder darüber Empfangsscheine zu geben, auch Güter zu veräußern oder zu verpfänden" bestimmt S. 513 a: „Wer Etwas gegen dieses Verbot unternimmt, mithin sich durch den ersten Grad der Mundtodtmachung nicht bessern läßt, kann nachmals völlig mundtot gemacht werden, wodurch er unter den Satz 509 fällt, auch unfähig wird letzte Willensvermerkungen zu machen."

[25]) So geändert durch Verordn. v. 10. Juni 1890 (G. u. V.Bl. Nr. XX.)

besorgen die Paginirung und Paraphirung der Grund- und Pfandbücher (R.P.G. § 3 Ziffer 2).

3) Bei der Vereinigung der Grund- und der Pfandbücher haben die Amtsgerichte die ihnen, bezw. den Gerichtsnotaren, durch die Verordn. v. 31. Januar 1874 (Ges. u. V.Bl. Nr. V.) sammt [Nachtrag] Nachträgen v. 2. August 1886 und vom 20. Mai 1890[25]) [Ges. u. V.Bl. Nr. XXXVII] übertragenen Geschäfte wahrzunehmen.

4) Wenn die Grund- und Pfandbücher ganz oder theilweise zerstört oder verloren sind, so haben die Amtsgerichte deren Wiederherstellung nach näherer Anordnung des Justizministeriums zu überwachen.

(Feldbereinigungen. Verlegung der Gemarkungsgrenzen.) § 42. 1) Bei Feldbereinigungen haben die Amtsgerichte nach den hierüber bestehenden Vorschriften (Landesh. Verordn. v. 21. Mai 1886, Ges. u. V.Bl. Nr. XXXI., §§ 17 Abs. 2, 18, 19, 21 und allgem. Dienstinstruktion v. 23. November 1886, Ges. u. V.Bl. Nr. LI. § 53) die nach der Schlußbestätigung gefertigten Nachweisungen zum Grund- und zum Pfandbuch zu prüfen und die zum Vollzug des Unternehmens den Grund- und Pfandbuchbehörden zukommenden Geschäfte zu überwachen. Vom Ergebniß der Prüfung und von der Abgabe der Nachweisungen an die Grund- und Pfandbuchbehörde ist jeweils die Kulturinspektion zu benachrichtigen.

2) Bei Verlegungen von Gemarkungsgrenzen liegt den Amtsgerichten die in den §§ 13 bis 16 der Verordn. v. 1. August 1854, Reg.Bl. Nr. XXXV., den Amtsrevisoraten übertragene Veranlassung der nöthigen Einträge in die Grund- und Pfandbücher sowie die Ueberwachung dieser Einträge und derjenigen in die Lagerbücher ob.

(Kauf- und Tauschbriefe.) § 43. 1) Die Fertigung der Kauf- und Tauschbriefe (R.P.G. § 2 Ziffer 8) geschieht in der Weise, daß das Amtsgericht beim Kaufe auf einem, beim Tausche auf zweien der von der Grund- und Pfandbuchbehörde vorzulegenden Auszüge (Anleitung § 76) beurkundet: es habe den Vertrag nach seinen Rechtserfordernissen bezüglich der Vertragspersonen, der veräußerten Liegenschaften und der Form des Abschlusses geprüft, darauf diese Fertigung unterschrieben und mit dem Dienstsiegel versehen. Zu den Auszügen sind die durch Vermittelung des Amtsgerichts von der Großherzoglichen Stempelverwaltung zu beziehenden gedruckten Impressen zu verwenden, über deren Verbrauch bei dem Amtsgerichte und bei der Grund- und Pfandbuchbehörde Nachweisungen zu führen sind.

2) Die Auszüge mit diesen Beurkundungen (die Kauf- und Tauschbriefe) werden den Erwerbern der Liegenschaften ausgefolgt, ein weiterer Auszug, auf welchem die Ertheilung des Kauf- oder Tauschbriefs und der Eintrag in das Verzeichniß der Kauf- und Tauschurkunden zu verfügen und der Vollzug zu vermerken ist, wird bei den Akten des Amtsgerichts verwahrt. In den Fällen, in welchen der Vertrag von einem Notar des Amtsgerichtsbezirks öffentlich beurkundet und darum ein weiterer bei dem Amtsgerichte zu verwahrender Auszug nicht vorzulegen ist (Anleitung § 76 Abs. 5), ist jene Verfügung sammt Vollzugsvermerk der bei dem Amtsgerichte verwahrten Notariatsurkunde beizusetzen [25])

3) Das Amtsgericht hat vor Ausfertigung des Kauf- oder Tauschbriefes die Verbesserung erheblicher Mängel des Grundbuchseintrags oder der Auszüge (z. B. die nachträgliche Angabe der Lagerbuchsnummern: Landesh. Verordn. v. 11. September 1883, Artikel 18) anzuordnen. Die Ausfertigung des Kauf- oder Tauschbriefs ist zu verweigern, wenn der Vertrag selbst bezüglich der Vertragspersonen, der veräußerten Liegenschaften oder der Form des Abschlusses an Mängeln leidet, welche seine Giltigkeit in Frage stellen [vgl. § 66 der Landesh. Verordn., betreffend das Verfahren bei Zwangsvollstreckungen in Liegenschaften, v. 25. Juli 1879].[26]) Die verweigernde Verfügung ist mit Gründen zu versehen und der Grund- und Pfandbuchbehörde sowie den Betheiligten, diesen gegen Beurkundung, bekannt zu geben.

4) Als Kauf sind insbesondere nicht zu betrachten die nachstehenden Fälle, in welchen darum Kaufbriefe nicht zu fertigen sind:

a) der Erwerb von Nachlaßliegenschaften durch einen Miterben oder von Gemeinschaftsliegenschaften durch einen Ehegatten im Wege der Steigerung bei der Erb- oder Gemeinschaftstheilung;

---

[26]) Gestrichen nach der V. v. 10. Juni 1890 I. 2.

b) das Einbringen von Liegenschaften in eine Gesellschaft, die Eigenthumsübergänge in Folge Ausscheidens eines Mitglieds oder Eintritts neuer Mitglieder der Gesellschaft und der Erwerb von Liegenschaften einer aufgelösten Gesellschaft durch deren Mitglieder bei Theilung des Gesellschaftsvermögens;

c) die erbweise geschehende notariell beurkundete Uebergabe von Liegenschaften an gesetzliche Erben, insbesondere auch in Fällen des L.R.S. 918, wobei die Aufnahme kaufähnlicher Bestimmungen oder einzelner auf ein Kaufgeschäft hinweisender Ausdrücke nicht entgegensteht;

d) diejenigen Eigenthumsübergänge, welche sich bei Feldbereinigungen — Gesetz über die Verbesserung der Feldeintheilung (Feldbereinigung) v. 5. Mai 1856 und beziehungsweise 21. Mai 1886: Ges.= u. V.Bl. 1886 Nr. XXX. S. 305 ff. — durch die Schlußbestätigung der Staatsverwaltungsbehörde kraft Gesetzes vollziehen.

(Unterpfandsverschreibungen.) **§ 44.** 1) Für die Fertigung von Unterpfandsverschreibungen (R.P.G. § 2 Ziffer 8) ist ausschließlich dasjenige Amtsgericht, in dessen Bezirk die Unterpfänder gelegen sind, wenn sie in mehr als einem Amtsgerichtsbezirke gelegen sind, ein jedes dieser Amtsgerichte hinsichtlich der seinem Bezirk zugehörigen Unterpfänder, örtlich zuständig.

2) Das Amtsgericht prüft die von der Grund= und Pfandbuchbehörde eingesendeten Auszüge (Anleitung § 103), veranlaßt die danach etwa nöthige Verbesserung und Ergänzung des Pfandbucheintrags und der Auszüge und fertigt darauf, wenn Bedenken nicht oder nicht mehr obwalten, [im Beisein der Pfandbesteller oder ihrer mit öffentlicher Vollmacht versehenen Gewalthaber][27] die Unterpfandsverschreibungen nach dem anliegenden Formular A.[28]) aus. Zu den Auszügen und zu den Unterpfandsverschreibungen sind die durch das Amtsgericht von der Großherzoglichen Stempelverwaltung zu beziehenden gedruckten Impressen zu verwenden, über deren Verbrauch bei dem Amtsgerichte und bei der Grund= und Pfandbuchbehörde Nachweisungen zu führen sind.

3) Die Unterpfandsverschreibung wird mit dem einen Exemplar des Auszugs oder der Auszüge mittelst einer Schnur, auf deren Ende das Dienstsiegel zu drücken ist, verbunden und danach dem Pfandbesteller oder dem von ihm hiezu ermächtigten Dritten ausgefolgt. Das andere Exemplar des Auszugs oder der Auszüge verbleibt bei dem Amtsgerichte, welches darauf die Fertigung der Unterpfandsverschreibung und den Eintrag in das vorgeschriebene Verzeichniß vermerkt, von der Fertigung die Grund= und Pfandbuchbehörde behufs der Vormerkung am Rande des Pfandbucheintrags benachrichtigt und den Vollzug dieser Vormerkung überwacht (§ 48).

4) Hat die Ehefrau des Pfandbestellers in dem Pfandbucheintrage für die Schuld die Sammtverbindlichkeit übernommen oder auf ihr gesetzliches Pfandrecht verzichtet, so bedarf es einer Wiederholung dieser Erklärung in der bei dem Amtsgerichte zu fertigenden Unterpfandsverschreibung nicht.

5) Hinsichtlich einer Verweigerung der Fertigung der Unterpfandsverschreibung finden die Bestimmungen des § 43 Abs. 3 entsprechende Anwendung.

(Prüfung der Führung der Lager=, Grund= und Pfandbücher im Allgemeinen.) **§ 45.** 1) Die Amtsgerichte haben von der Art der Führung der Lager=, Grund= und Pfandbücher ihres Bezirks durch Prüfungen an Ort und Stelle Kenntniß zu nehmen.

2) Die Prüfungen sollen für jede Gemeinde alle drei Jahre einmal vorgenommen werden. Mit Ermächtigung des Justizministeriums können in der Zwischenzeit außerordentliche Prüfungen stattfinden. Die Amtsgerichte haben dem letzteren alljährlich auf 15. Dezember anzuzeigen, hinsichtlich welcher Gemeinden in dem abgelaufenen Jahre die Prüfungen stattgefunden haben und die Prüfungsbescheide erlassen worden sind.

3) Zu den Prüfungen sind die Mitglieder des Gewähr= und Pfandgerichts und der Rathschreiber, in den der Städteordnung unterstehenden Gemeinden der Grund= und Pfandbuchführer und durch Vermittelung des Stadtraths die Mitglieder der Ge=

[27]) Gestrichen nach V. v. 10. Juni 1890 I. 3. (G. u. V.Bl. XX).

[28]) Dieselbe ist durch V. v. 10. Juni 1890 (Ges.= u. V.Bl. Nr. XX) unter 7 geändert worden.

währ- und Pfandgerichtskommission einzuladen. Die dabei anwesenden Personen sind im Protokoll zu bezeichnen.

(Aufgabe der Prüfungen im Allgemeinen.) § 46. 1) Bei der Prüfung ist festzustellen, ob die sämmtlichen Bände der Bücher und ihre Beilagen (auch diejenigen für etwa zugewiesene abgesonderte Gemarkungen) vorhanden sind, ob ihre und der darauf bezüglichen Akten äußere Beschaffenheit und Verwahrung vorschriftsgemäß und, soweit besondere Vorschriften nicht bestehen, zweckmäßig ist.

2) Im Uebrigen ist, soweit nicht zur Ausdehnung der Prüfung besonderer Grund vorliegt, Gegenstand der Prüfung nur die Art der Erledigung des letzten Prüfungsbescheids und die weitere Dienstführung seit der letzten Prüfung.

(Hinsichtlich der Lagerbücher insbesondere.) § 47. Hinsichtlich der Lagerbücher insbesondere ist darauf zu achten:

a) ob das Veränderungs- (Nachtrags-) Verzeichniß zum Lagerbuch vorschriftsgemäß geführt werde;
b) ob die Offenlegung des Verzeichnisses und die Fortführungstagfahrt zu den vorgeschriebenen Zeiten stattfinde;
c) ob hiebei die hinsichtlich der öffentlichen Bekanntmachung, hinsichtlich der Entscheidung über Einwendungen und hinsichtlich der Ergänzung und Abschließung des Veränderungsverzeichnisses bestehenden Vorschriften befolgt werden;
d) ob die Beurkundung der Veränderungen (Nachträge) im Lagerbuch rechtzeitig geschehe und der Vollzug im Veränderungsverzeichniß vermerkt werde.

(Hinsichtlich der Grund- und Pfandbücher insbesondere.) § 48. 1) Hinsichtlich der Grund- und Pfandbücher insbesondere ist jedenfalls zu ermitteln:

a) ob die Grund- und Pfandbuchbehörde bei Einträgen in die Grund- und Pfandbücher sowie bei Erneuerung, Minderung und Ausstreichung früherer Einträge nach den Vorschriften der Anleitung (insbesondere auch hinsichtlich Angabe der Lagerbuchsnummern der Grundstücke) verfahre;
b) ob die Ordnung der Beilagen und die Führung der Inhaltsverzeichnisse zu diesen Büchern den bestehenden Anordnungen entspreche;
c) ob die Einträge in den Grund- und Pfandbüchern mit den dem Amtsgerichte vorgelegten Auszügen übereinstimmen und ob die Auszüge in den Fällen, in denen sie verordnet sind, regelmäßig eingesendet werden;
d) ob die Vorschriften über Eintrag der Stammgüter und über Veräußerung von Stammgütern und Stammgutstheilen (L.R.S. 577 cf. ff. und Landesh. Verordn. v. 10. November 1842, Regierungsbl. Nr. XXXV.), sowie ob die mit Bezug auf Feldbereinigungen und Gemarkungsgrenzverlegungen gegebenen Vorschriften (§ 42) bei Führung der Grund- und Pfandbücher beobachtet werden;
e) ob der Vorrath und der Verbrauch gestempelter Impressen zu Auszügen mit den darüber zu führenden Nachweisungen übereinstimmen;
f) ob bei Aufstellung und nach Bestätigung des Lagerbuchs, sowie ob nach erfolgter Beurkundung von Nachträgen im Lagerbuch (§ 47) die vorgeschriebenen Vormerkungen durch den Lagerbuchs- bezw. Fortführungsbeamten (im Grundbuch) und durch die Grund- und Pfandbuchbehörde (im Pfandbuch) vorschriftsgemäß vollzogen werden;
g) ob der Ansatz und die Erhebung der Gebühren nach den bestehenden Vorschriften erfolge.

2) Hat seit der letzten Prüfung ein Vereinigungsverfahren stattgefunden, so ist auch dieses in Hinsicht auf die dabei eingehaltenen Formen zu untersuchen. Andernfalls ist die etwaige Nothwendigkeit einer Wiederholung des Verfahrens zu erörtern.

(Ergebnisse der Prüfung. Prüfungsbescheid.) § 49. 1) Die Ergebnisse der Prüfungen sind, gesondert hinsichtlich der Lagerbücher einerseits und hinsichtlich der Grund- und Pfandbücher anderseits, in Protokollform zu verzeichnen.

2) Der Bescheid auf die Prüfung soll unverzüglich darnach der Grund- und Pfandbuchbehörde in schriftlicher Fertigung eröffnet werden; darin müssen die vorgefundenen Mängel genau bezeichnet und muß, soweit deren Verbesserung nöthig befunden wird, Anleitung darüber ertheilt werden, wie die Verbesserungen zu bewirken seien.

3) Soweit der Prüfungsbefund die Dienstführung der Lagerbuchs- und Fortführungsbeamten betrifft, sind diesen, nach Umständen nach vorheriger Anhörung derselben, die nöthigen Bemerkungen zu machen. Geeigneten Falls ist der Oberdirektion des Wasser- und Straßenbaues von dem Befund Kenntniß zu geben.

4) Das Amtsgericht hat den Vollzug der erlassenen Anordnungen zu überwachen.

(Untheilbarkeit der Liegenschaften. Hofgüter.) **§ 50.** 1) Die Amtsgerichte haben innerhalb ihres Geschäftskreises von Amtswegen darüber zu wachen, daß die Vorschriften über die gesetzliche Untheilbarkeit der Liegenschaften (Edikt v. 23. März 1808, Gesetz v. 6. April 1854, Hofgütergesetz v. 23. Mai 1888 § 14) beachtet werden.

2) Hinsichtlich der Feststellung geschlossener Hofgüter haben die Amtsgerichte nach dem Gesetze v. 23. Mai 1888, die geschlossenen Hofgüter betreffend, und nach den Vollzugsbestimmungen hiezu zu verfahren.

(Faustpfandbücher.) **§ 51.** 1) Die Paginirung und Paraphirung der von der Amortisationskasse (Gesetz v. 22. Juni 1837 Art. 1), der Eisenbahnschuldentilgungskasse (Gesetz v. 28. März 1844 Art. 1), der Allgem. Versorgungs-Anstalt (Staatsministerialentschließung v. 16. Dezember 1858, C.V.Bl. Seite 82) und der Badischen Bank (Statut Artikel [29,] 26 [Regierungsbl. von 1870, Nr. XXIV.]) „Gesetzes- und Verordnungsblatt von 1876 Nr. IX.“ [29]) geführten Faustpfandbücher geschieht durch den Gerichtsschreiber des Amtsgerichts.

2) Der Eintrag in die bei den Amtsgerichten (durch den Gerichtsschreiber) zu führenden Faustpfandbücher (L.R.S. 2074, R.P.G. § 3 Ziff. 1 e).[30]) kann auf Antrag bei jedem Amtsgerichte des Landes ohne Rücksicht auf den Wohnort der Betheiligten oder auf den Ort der Verpfändung geschehen.

3) Das Eintragsbegehren (Abs. 2) kann von jedem Betheiligten in Person oder durch einen Vertreter, schriftlich oder mündlich gestellt werden; dabei ist die Privaturkunde über die Faustpfandbestellung in Urschrift und bei schriftlicher Antragstellung zugleich in einer den Beilagen des Buchs anzuschließenden Doppelschrift oder beglaubigten Abschrift vorzulegen.

4) Der Eintrag geschieht zeitfolgeweise unter fortlaufenden Nummern und in protokollarischer Form; er enthält den Ort und Tag der Aufnahme, den Namen des Beamten, die Beurkundung des Eintragsbegehrens, den wörtlichen Inhalt der Privaturkunde und am Schlusse die Unterschrift des mündlich Antragstellenden und des Beamten. Die eingereichte Urschrift wird darnach mit einem Vermerk über die erfolgte Eintragung zurückgegeben.

5) Die Paginirung und Paraphirung der amtsgerichtlichen Faustpfandbücher unterbleibt; jedoch ist zu denselben ein je auf die Eintragsnummer hinweisendes doppeltes Namenregister, das eine für die Pfandgläubiger, das andere für die Pfandschuldner und bezw. Pfandbesteller, zu führen.

(Ernennung von Schätzern und dergl. Abtretung vom Unterpfande. Entledigungsverfahren.) **§ 52.** 1) Sachverständige zur Feststellung des Zustandes liegender Güter sowie zur Abschätzung beweglichen und unbeweglichen Vermögens in den Fällen, in welchen das Gesetz eine gerichtliche oder obrigkeitlich verordnete Schätzung vorschreibt, werden, wenn im Einzelfalle die Feststellung und Schätzung nicht durch die Waisenrichter geschehen kann, von dem Amtsgerichte ernannt und beeidigt.

2. Im Falle des L.R.S. 2103 Ziff. 4 insbesondere ist das Amtsgericht, in dessen Bezirk die Liegenschaften gelegen sind, für die Aufnahme der Protokolle über die

---

[29]) So geänderter Irrthum. Das Bankstatut von 1870 ist 1876 aufgehoben worden.

[30]) Nach L.R.S. 2073 giebt das Faustpfand „dem Gläubiger ein Recht, aus dem Pfandstück vor anderen Gläubigern seine Zahlung zu fordern. Damit dieses Vorrecht stattfindet, muß nach S. 2074 cit. „eine öffentliche oder in öffentliche Bücher eingetragene Privaturkunde vorhanden sein, welche den Betrag der Schuld sowie die Gattung und Beschaffenheit des Pfandstücks genau angiebt, oder welcher ein Verzeichnis anliegt, das davon Beschaffenheit, Gewicht und Maaß ausdrückt.“ — „Bei Gegenständen unter dem Werth von 75 Gulden ist die schriftliche Abfassung und Eintragung erlassen.“

Schätzungen zuständig und hat dasselbe die Betheiligten über die Vorschrift des L.R.S. 2110[31]) zu belehren.

3) Die Ernennung eines Pflegers für das vom Drittbesitzer abgetretene Unterpfand geschieht durch das nach L.R.S. 2174 zuständige Amtsgericht. Dasselbe trifft die nach den Umständen des Einzelfalles hinsichtlich der Beaufsichtigung des Pflegers geeigneten Anordnungen.

4) Für die den Gerichten zukommende Mitwirkung im Entledigungsverfahren (L.R.SS. 2181 bis 2195) sind die Amtsgerichte, in deren Bezirken die Unterpfänder gelegen sind, zuständig.

Titel VI. Besondere Vorschriften für Geschäfte aus dem Gebiete des Familienrechts.

I. Ehe.

(Ergänzung der Eheeinwilligung und Eheeinsprachen.) § 53. 1) Die Amtsgerichte als Rechtspolizeibehörden entscheiden über Klagen auf richterliche Ergänzung der Eheeinwilligung (§ 5 des bad. Einf.Ges. v. 9. Dezember 1875[32]) und über Eheeinsprachen.[33])

2) Für das Verfahren sind die in §§ 5 und 14 bis 22 des bad. Einf.Ges. v. 9. Dezember 1875 und in R.P.G. § 8a. Absatz 3 gegebenen besonderen und, soweit nicht hiedurch geändert, die allgemeinen Bestimmungen (Titel II.) maßgebend.

(Dispensation von Ehehindernissen.) § 54. 1) Das Amtsgericht, welchem Gesuche um Dispensation von Ehehindernissen vorgelegt werden (Dienstweisung für die Standesbeamten § 74), hat die thatsächlichen Angaben, welche das Gesuch begründen, soweit erforderlich festzustellen und darnach das Gesuch mit gutachtlicher Aeußerung dem Justizministerium vorzulegen,

2) Der Vorlage sind beizufügen:

wenn es sich um Dispensation vom Erforderniß der Ehemündigkeit handelt, ein Standesregisterauszug über den Tag der Geburt des Eheunmündigen;

wenn um Dispensation von der Wartezeit, ein Standesregisterauszug über den Todestag des Ehemannes bezw. bei Beendigung der früheren Ehe durch gerichtliches Urtheil die betreffenden Prozeßakten, sowie das Zeugniß eines Arztes oder einer Hebamme über Nichtvorhandensein einer Schwangerschaft der Gesuchstellerin;

wenn um Dispensation vom Verbote der Ehe wegen Ehebruchs, die Akten des Ehescheidungsprozesses.

(Ermächtigung der Ehefrauen zu Rechtsgeschäften und zum Handelsbetriebe. Beschränkung des gesetzlichen Pfandrechts der Ehefrau.) § 55. 1) Das Amtsgericht des ehelichen Wohnsitzes entscheidet über die Ermächtigung der Ehefrauen zu Rechtsgeschäften bei Verhinderung oder Weigerung des Ehemannes (vergl. insbesondere L.R.SS. 219, 221, 222, 224, 776, 934)[34]), sowie über deren Ermächtigung zum

---

[31]) So geändert statt 110.

[32]) „Welche im Falle der Versagung der Einwilligung zur Eheschliessung großjähriger Kinder zusteht" (§ 32 des Reichsges. v. 6. Febr. 1875.)

[33]) §§ 14—22 a. a. O. § 19. Die Einsprache ist bei dem Amtsgerichte zu erheben, in dessen Bezirk Einer der Verlobten seinen Wohnsitz hat oder gewöhnlich sich aufhält. — Die Anmeldung kann auch vor dem Standesbeamten geschehen, welcher zur Eheschließung zuständig ist. Solche Einsprachen sind vom Standesbeamten unverzüglich dem Amtsgerichte vorzulegen. — § 20. Für das Verfahren in Einspruchssachen sind die für Angelegenheiten der freiw. Gerichtsbarkeit bestehenden Vorschriften maßgebend. — Gegen die gerichtliche Entscheidung steht die Beschwerdeführung an das App.- oder Land-Gericht dem Einsprechenden u. den Verlobten zu, sie ist innerhalb 8 Tagen auszuführen. (Vgl. dagegen R.P.G. § 24).

[34]) L.R.S. 219. Weigert sich der Mann seine Frau zu einer Rechtshandlung zu ermächtigen, so kann die Frau ihren Mann geradezu vor das Bezirksgericht ihres ehelichen Wohnsitzes vorfordern lassen, welches alsdann, nachdem der Mann ver-

Betrieb eines Handelsgewerbes und gegebenen Falls über die Zurückziehung der ertheilten gerichtlichen Ermächtigung hiezu (Art. 6 u. 7 des bad. Einf.Ges. zum Handelsgesetzbuch v. 6. August 1862).

2) Dasselbe entscheidet auch über den Antrag des Ehemannes auf Beschränkung des gesetzlichen Pfandrechts der Ehefrau nach Erhebung darüber, ob die Ehefrau volljährig ist und einwilligt und nach Vernehmung der als Beiräthe zu berufenden nächsten Verwandten der Ehefrau L.R.S.S. 2144 und 2140; R.P.G. § 6). Die hinsichtlich der Mündelpfandrechtsbeschränkung bestehenden Vorschriften (§ 71) finden hierauf entsprechende Anwendung.]

Die Eintragung des gesetzlichen Unterpfandrechtes der Ehefrau geschieht, wenn diese entmündigt und der Ehemann ihr Vormund ist, auf Antrag des für die Vormundschaft zuständigen Amtsgerichts. (Gesetz vom 29. März 1890 § 11 Absatz 3.) Die hinsichtlich des Mündelpfandrechts bestehenden Vorschriften (§§ 71, 72) finden hierauf entsprechende Anwendung.

3) Dasselbe Amtsgericht (Absatz 2) kann, wenn die Ehefrau entmündigt ist, den Eintrag ihres gesetzlichen Unterpfandrechtes auf Antrag des Ehemanns streichen oder beschränken lassen (Gesetz vom 29. März 1890 § 13 Absatz 2).[35])

(Ehescheidung auf wechselseitige Einwilligung.) **§ 56.** 1) Das Verfahren bei der Ehescheidung auf wechselseitige Einwilligung richtet sich nach den Vorschriften der L.R.SS. 275 bis 294 und des R.P.G. § 10.

2) Der Kundbarkeitsschein (L.R.S. 283a.) ist von dem Amtsgerichte des letzten Wohnsitzes der Eltern im Lande, bei dessen Ermangelung von demjenigen des Geburtsortes, auf Grund der Aussagen von vier eidlich vernommenen Zeugen auszustellen.

(Auflösung der Gütergemeinschaft.) **§ 57.** 1) Das Amtsgericht des Wohnsitzes der Eheleute befindet über Gesuche um Verlängerung der Frist zur Entsagung auf die eheliche Gütergemeinschaft[36]) (L.R.S. 1458) und zur Theilnahme an derselben (L.R.S. 1463).[37])

2) Der Eintrag des Verzichts auf die Gütergemeinschaft in das Buch der Entsagungen (L.R.S. 1457) geschieht durch den Gerichtsschreiber dieses Gerichts (R.P.G. § 3 Ziffer 1 c.).

---

nommen oder gehörig vorgefordert worden, die Ermächtigung geben oder versagen kann.

S. 221 (Einf.Ges. z. d. R.J.Ges. § 146). Ist der Mann zu einer Strafe an Leib oder Ehre verurtheilt, wäre sie auch nur wegen ungehorsamen Ausbleibens wider ihn verhängt, so kann auch alsdann die Ehegattin, obgleich sie großjährig ist, so lange die Strafe dauert, keine Verträge schließen, sie habe sich denn vorher von der Gerichtsbehörde dazu ermächtigen lassen, welche in diesem Falle die Ermächtigung geben kann, ohne daß der Mann vernommen oder vorgeladen worden.

S. 222 (§ 146 cit.). Ist der Mann mundtodt gemacht oder ist er abwesend, so kann die Gerichtsbehörde nach vorhergegangener Untersuchung der Sache die Frau ermächtigen, Verträge zu schließen.

S. 223. Jede im Allgemeinen gegebene Ermächtigung, wäre sie auch in dem Heirathsvertrag ausbedungen worden, gilt nur für die Verwaltung der Güter der Frau, nicht für deren Veränderung oder Veräußerung, noch für die Güter des Mannes und der Kinder.

S. 224 (§ 146 cit.). Ist der Mann noch minderjährig, so bedarf die Frau der Ermächtigung der Obrigkeit, um Verträge zu schließen.

S. 776 Abs. 1. Verheirathete Frauenspersonen können ohne Ermächtigung ihrer Männer oder des Gerichts keine Erbschaft gültig antreten, zufolge der Verfügungen des 6. Kapitels unter dem Titel von der Ehe.

S. 934. Eine verheirathete Frau kann nur mit Bewilligung ihres Mannes oder wenn dieser sie versagt, nur nach erhaltener Ermächtigung des Gerichts eine Schenkung annehmen, in Gemäßheit dessen, was hierüber in den Sätzen 217 u. 219 unter dem Titel „von der Ehe“ vorgeschrieben ist.

[35]) Abänderung und ad 3 Zusatz nach Verordnung v. 10. Juni 1890, unter 4.

[36]) Dieselbe beträgt „3 Monat 40 Tage nach dem Tode des Mannes“: S. 1457.

[37]) Die Frist ist die gleiche seitdem „auf Ehescheidung endlich erkannt worden ist.“

3) Auf die von den Notaren gefertigten Theilungen zum Zwecke der Auseinandersetzung der Gütergemeinschaft finden die für Gemeinschaftstheilungen überhaupt (§ 40) und insbesondere für Erbtheilungen (§ 104) gegebenen Bestimmungen Anwendung.

II. Rechtsverhältnisse zwischen Eltern und Kindern.

(Elterliche Gewalt. Einschreiten bei Verwahrlosung des Kinderguts und bei Mißbrauch des elterlichen Erziehungsrechts. § 58. 1) Bei Ausübung der elterlichen Gewalt (L.R.SS. 372 u. 373) findet, vorbehaltlich der Bestimmungen der Absätze 2, 3 und 4, eine Mitwirkung oder Beaufsichtigung Seitens der Amtsgerichte nicht statt.

2) Die Amtsgerichte (Familienrath) ernennen die für Minderjährige während der Ehe ihrer Eltern im einzelnen Falle nöthigen besonderen Vertreter. Sie befinden auch über die Abgabe der elterlichen Nutznießung nach vollendetem 18. bis zum vollendeten 21. Lebensjahre des Kindes (I. Einführungsedikt § VIII Ziff. 3).

3) Wenn während der Ehe der Eltern das Vermögen der Kinder durch üble Verwaltung (L.R.S. 389)[38]) gefährdet wird, so befinden die Amtsgerichte (Familienrath) über das nach L.R.S. 444[39]) erforderliche Einschreiten.

4) Wenn durch Mißbrauch des Erziehungsrechts oder durch grobe Vernachlässigung Seitens der Eltern das sittliche Wohl der Kinder gefährdet ist oder wenn nach dem Verhalten der letzteren die Erziehungsgewalt der Eltern und die Zuchtmittel der Schule sich zur Verhütung ihres völligen sittlichen Verderbens unzulänglich erweisen, so haben die Amtsgerichte nach den hierüber bestehenden besonderen Vorschriften über die Nothwendigkeit der Unterbringung zur Zwangserziehung zu beschließen (Gesetz, betreffend die staatliche Fürsorge für die Erziehung verwahrloster jugendl. Personen, v. 4. Mai 1886 und Vollzugsverordn. hiezu v. 27. Nov. 1886). Sie befinden in gleicher Weise über die etwa nöthige Ausdehnung des Rechts der Zwangserziehung bis zum vollendeten 20. Lebensjahre des Zöglings sowie über Anträge auf Entlassung aus der Zwangserziehung vor dem vollendeten 18. beziehungsweise 20. Lebensjahre des Zöglings.

(Anwünschung und Pflegvaterschaft.) § 59. 1) Für die Anwünschung ist das Amtsgericht des Wohnsitzes des Anwünschers, für die Beurkundung des auf die Pflegvaterschaft sich beziehenden Gesuchs und der dazu gegebenen Einwilligungen ist das Amtsgericht des Wohnsitzes des Kindes örtlich zuständig.

2) Das Verfahren richtet sich nach den Vorschriften des L.R. (Sätze 343 ff. u. 361 ff.). Das Amtsgericht hat auch hinsichtlich der Pflegvaterschaft vor der Beurkundung zu prüfen und festzustellen, ob die gesetzlichen Bedingungen erfüllt sind; sind diese Bedingungen nicht erfüllt, so ist die Beurkundung zu verweigern und die betreffende, mit Gründen zu versehende Verfügung dem Gesuchsteller gegen Beurkundung bekannt zu geben.

(Gewaltsentlassung.) § 60. 1) Bei Beurkundung der elterlichen Gewaltsentlassung (L.R.S. 477 Abs. 2 u. R.P.G. § 2, Ziffer 5) hat das Amtsgericht zu prüfen und festzustellen, ob deren gesetzliche Voraussetzungen vorliegen; hinsichtlich einer Verweigerung der Beurkundung findet § 59, Absatz 2 Anwendung.

2) Das Gleiche gilt von der Beurkundung der durch die Eltern erklärten Zurücknahme der Gewaltsentlassung (L.R.S. 485).

III. Vormundschaft und zwar:

1. Vormundschaft über Minderjährige.

(Die Amtsgerichte als Vormundschaftsgerichte. Oertliche Zuständigkeit.) § 61. 1) Die vormundschaftlichen Rechte R.P.G. § 2, Ziff. 2 u. 3) werden von den Amtsgerichten ausgeübt.

---

[38]) L.R.S. 389 spricht von dem Verwaltungsrechte und der Rechenschaftspflicht des Vaters während der Ehe.

[39]) „Ausgeschlossen von der Vormundschaft sind ebenfalls und können auch, wenn sie schon angestellt sind, abgeschafft werden:

1) Leute von kundbar schlechter Aufführung:

2) diejenigen, deren Unfähigkeit oder Untreue aus ihrer Verwaltung hervorgeht."

2) Die örtliche Zuständigkeit zur Ausübung der vormundschaftlichen Rechte bestimmt sich nach den §§ 5a und 5b des R.P.G.

3) In den Fällen des R.P.G. § 5a Abs. 2 ist die Vorlage an das Justizmin. im Benehmen der beiden betheiligten Amtsgerichte und nach Vernehmung der Beiräthe und des Waisenrichters zu bewirken.

4) Ueber die Abgabe der vormundschaftlichen Rechte an Behörden anderer Bundesstaaten befinden die Amtsgerichte; in zweifelhaften Fällen ist die Entschließung des Justizministeriums einzuholen. Die Abgabe an außerdeutsche Behörden findet, abgesehen vom Falle des § 5b Abs. 2 des R.P.G., nur mit Ermächtigung des Justizmin. statt.

5) Die Bestimmungen des Absatzes 4 finden auf die Uebernahme der bisher von außerbadischen Behörden ausgeübten vormundschaftlichen Rechte entsprechende Anwendung.[40])

(Mitwirkung der Waisenrichter und der Beiräthe.) **§ 62.** 1) Die vormundschaftlichen Rechte werden unter Mitwirkung der Waisenrichter und der Beiräthe ausgeübt.

2) Die Beiräthe sind in Angelegenheiten, welche das Gesetz dem Familienrath zuweist, stets zu hören (R.P.G. § 2 Ziffer 2 und § 11); in andern Angelegenheiten ist ihre Vernehmung, wenn nicht besonders vorgeschrieben, dem Ermessen des Amtsgerichts anheimgegeben.

3) In allen Fällen, in welchen die Beiräthe vernommen werden, ist zugleich der Waisenrichter zu hören.

(Bezugnahme auf die Dienstweisung für die Waisenrichter.) **§ 63.** Die Bestellung der Waisenrichter und deren Dienstobliegenheiten sowie die hiebei den Amtsgerichten zukommenden Geschäfte sind durch die Dienstweisung für die Waisenrichter näher bestimmt.[41])

(Bestellung der Beiräthe.) **§ 64.** 1) Die Beiräthe werden auf Vorschlag des Waisenrichters von dem Amtsgerichte ernannt. Dasselbe bestimmt, nach Vernehmung des Waisenrichters, soweit erforderlich, deren Zahl innerhalb des gesetzlichen Rahmens (R.P.G. § 11) unter Berücksichtigung des Umfangs der Verwaltung, der Beschaffenheit des Mündelvermögens sowie der Zahl und der persönlichen Verhältnisse der vorhandenen Verwandten und Verschwägerten.

2) In gleicher Weise erfolgt für jede Vormundschaft zugleich die Ernennung eines Stellvertreters, welcher bei vorübergehender Verhinderung eines Beirathes dessen Verrichtungen zu übernehmen hat.

3) Die Ernennung erfolgt, sobald die Bestellung einer Vormundschaft nothwendig geworden oder eine andere Veranlassung, bei welcher die Mitwirkung des Familienraths oder die Vernehmung von Beiräthen vorgeschrieben ist, eingetreten ist. Beim Uebergang der vormundschaftlichen Rechte an ein anderes Amtsgericht hat dieses in seinem Bezirk den vormundschaftlichen Beirath neu zu bilden.

4) Als Beiräthe sind Verwandte und Verschwägerte des Mündels, welche am Orte, an welchem die Vormundschaft eröffnet ist oder zu eröffnen wäre, oder in dessen Nähe wohnen, und erst in deren Ermangelung andere geeignete Ortseinwohner zu ernennen. Verwandte und Verschwägerte sind womöglich von der väterlichen und mütterlichen Seite je zur Hälfte und im Uebrigen nach Gradesnähe zu berufen (R.P.G. § 11).

5) Die Ernennung der Beiräthe und der Stellvertreter ist den Ernannten, dem Waisenrichter, dem Vormund und dem Gegenvormund, wenn solche schon vorhanden sind, bekannt zu geben, den Ernannten mit dem Beisatze, daß etwaige Entschuldigungs-

---

[40]) Vgl. Preuß. Vorm.O. v. 5. Juli 1875 §§ 6 Abs. 3 u 9 Abs. 2. Die Zuständigkeit entscheidet sich zweifellos nach Maßgabe der Umstände zur Zeit des Beginns für die ganze Dauer der Vormundschaft, das schließt aber die Uebertragbarkeit der Vormundschaft an ein anderes Amtsgericht, wenn jene Umstände sich im Laufe der Vormundschaft ändern und die Interessen des Mündels die Uebertragung dringend fordern, keineswegs unbedingt aus. R.P.G. § 5a Abs. 2 R.P.O. § 64². (Vgl. dagegen Reutti a. a. O. Anm. IV.).

[41]) Vgl. Waisenrichter-Ordn. v. 30. Oktober 1889 u. Dienstweisung für die Waisenrichter v. 2. Nov. 1882.

gründe binnen drei Tagen dem Amtsgerichte anzuzeigen seien. Ueber die Bekanntgabe an die Ernannten ist eine Beurkundung zu den Akten zu bringen.

6) Ueber Befreiungsgesuche (Abs. 5), über Ausschließung und Absetzung von Beiräthen (R.P.G. § 11 Abs. 2), sowie über die ausnahmsweise Belassung im Amte in den Fällen des § 34 Ziffer 6 des St.G.B., entscheidet nach den erforderlichen Erhebungen das Amtsgericht. Entschuldigungsgründe von Verwandten und Verschwägerten, die nicht einer natürlichen Unmöglichkeit, dem Amte sich zu unterziehen, entnommen sind, werden nur dann berücksichtigt, wenn der Vortheil des Minderjährigen durch die Wahl einer anderen Person als Beirath in keiner Weise gefährdet erscheint.

7) Lücken in der Zahl der Beiräthe, welche durch Tod, Wegzug, Ausschließung und dergleichen entstehen, sind durch neue Ernennungen alsbald zu ergänzen.

(Wirkungskreis der Beiräthe. Art ihrer Vernehmung.) § 65. 1) Die Beiräthe haben die Aufgabe, den Vormund bei Führung der Vormundschaft zu unterstützen und zu überwachen, gegebenen Falls dem Amtsgerichte Thatsachen, welche dessen Einschreiten und insbesondere die Absetzung des Vormundes nothwendig machen können, anzuzeigen, sowie ihr Gutachten, wo dasselbe nach bestehenden Vorschriften nöthig oder von dem Amtsgerichte erfordert ist (§ 62), nach bestem Wissen zum Vortheil des Mündels abzugeben.

2) Das Amtsgericht hat in wichtigen und in zweifelhaften Fällen selbst die Beiräthe zu vernehmen; in anderen Fällen kann es deren Vernehmung dem Waisenrichter oder dem Bürgermeister auftragen. Wird die Vernehmung durch ein Notariatsgeschäft veranlaßt, so wird sie bei dessen Fertigung durch den Notar bewirkt, sofern das Amtsgericht, in dessen Bezirk der Notar angestellt ist, zugleich das Vormundschaftsgericht ist.

3) Das Gutachten der Beiräthe und des Waisenrichters und dessen Gründe, im Falle von Meinungsverschiedenheiten jede einzelne Abstimmung, sind zu Protokoll zu beurkunden. Das Protokoll ist, wenn die Vernehmung nicht bei dem Amtsgerichte selbst stattgefunden hat, diesem unverweilt vorzulegen.

4) Das Amtsgericht bestimmt die den Beiräthen als Auslagenersatz zukommenden Beträge (R.P.G. § 15). Es erläßt auch die Entscheidung, wodurch Nichterschienene, wenn aus besonderen Gründen die nochmalige Vorladung der Beiräthe verfügt wird, in die Kosten der vereitelten Tagfahrt verurtheilt werden (R.P.G. § 13).

(Entschließung des Amtsgerichtes nach Vernehmung der Beiräthe.) § 66. 1) Das Amtsgericht hat die nach Vernehmung der Beiräthe und des Waisenrichters ergehenden Entscheidungen mit Gründen zu versehen. Die Bezugnahme auf das einstimmige Gutachten der Genannten genügt, wenn die Entscheidung damit übereinstimmt.

2) Die Entscheidungen (Abs. 1) sind dem Vormund und in den Fällen, in welchen der Gegenvormund an dessen Stelle den Mündel zu vertreten hat (L.R.S. 420 Abs. 2), dem Gegenvormund bekannt zu geben. Die Bekanntgabe an die Beiräthe ist nur erforderlich, wenn und soweit in Fällen, in welchen deren Anhörung gesetzlich vorgeschrieben ist (§ 62 Abs. 2), die Entscheidung mit ihrem Gutachten nicht übereinstimmt.

3) Der Vormund oder Gegenvormund, deren Gesuchen oder Anträgen nicht entsprochen ist, sind bei der Bekanntgabe (Abs. 2) auf die Befugniß hinzuweisen, binnen acht Tagen zu verlangen, daß der Staatsanwalt um seine Meinung befragt werde (R.P.G. § 14). Das Gleiche gilt von der Bekanntgabe an die Beiräthe, soweit diese vorgeschrieben ist (Abs. 2). In den Fällen dieses Absatzes sind über die Bekanntgabe Beurkundungen zu den Akten zu bringen.

4) Wird zulässiger Weise die Befragung des Staatsanwalts verlangt, so sind diesem die Akten unverweilt zu übersenden.

(Elterliche Ernennung von Vormundschaftsbeiständen und von Vormündern.) § 67. Die gemäß L.R.S. 392 Ziffer 2 vor dem Ortsvorsteher und seinem Gerichtsschreiber abzugebenden Erklärungen über elterliche Ernennung von Vormundschaftsbeiständen (L.R.SS. 391 und 393a.)[42]) und von Vormündern (L.R.S. 398) geschehen zu Protokoll des Amtsgerichts.

---

[42]) Durch den Vater für die überlebende Vormünderin-Mutter.

2) Das Amtsgericht hat bei Eintritt des Falles, für welchen die Ernennungen (Abs. 1) erfolgt sind, für deren Vollzug, vorbehaltlich seiner Bestätigung, soweit dieselbe statt hat (R.P.G. § 18), Sorge zu tragen.

3) Diese Bestimmung (Abs. 2) findet in gleicher Weise auf die durch Testament oder Notariatsurkunde, welche bei dem Amtsgerichte verwahrt sind, erfolgte elterliche Ernennung von Vormundschaftsbeiständen und von Vormündern Anwendung.

(Amtsgerichtliche Bestellung der Vormundschaft.) **§ 68.** 1. In den Fällen, in welchen die Vormundschaft über Minderjährige kraft Gesetzes einem Elterntheil zufällt (L.R.SS. 390, 393 und 393a.),[43]) hat das Amtsgericht soweit erforderlich unter Vernehmung der Beiräthe und des Waisenrichters zu prüfen, ob die Berufenen zur Uebernahme der Vormundschaft fähig (L.R.S. 442) und nicht hievon gemäß L.R.S. 444 auszuschließen sind.[44]) Hinsichtlich der Mutter-Vormünderin ist auch zu erheben, ob dieselbe die Vormundschaft annehme (L.R.S. 394).[45]) Liegen Unfähigkeits- oder Ausschließungsgründe vor, so ist die dahingehende, nach Anhörung oder Vorforderung des Berufenen gefaßte Entschließung des Amtsgerichtes (Familienrathes) demselben gegen zu den Akten zu bringende Beurkundung bekannt zu geben.

2) Vor der Bestätigung anderer durch Gesetz und der durch elterliche Verordnung berufenen Vormünder (R.P.G. § 18) hat das Amtsgericht über deren Persönlichkeit unter Vernehmung der Beiräthe und des Waisenrichters sich näher zu verlässigen. Dasselbe gilt von der dem Amtsgerichte (Familienrathe) im Falle des L.R.S. 404[45a]) zukommenden Auswahl sowie (auch) hinsichtlich des eventuell beizuordnenden Mitvormundes) von der Entscheidung im Sinne der L.R.S.S. 395[46]) und 396.[47])

3) Die Ernennung von Vormündern durch das Amtsgericht (Familienrath: L.R.S.S. 405[48]) und 142 ff.)[49]) hat unter sorgfältiger Auswahl aus den im Allgemeinen geeigneten Personen (L.R.S.S. 432, 442, 444) zu geschehen. Das Amtsgericht kann zu diesem Zwecke von dem Waisenrichter den Vorschlag einer Mehrzahl geeigneter Personen erfordern.

4) In den Fällen der L.R.S. 427 und 428[50]) und bezw. des § 41 des Reichsmilitärgesetzes v. 2 Mai 1874 hat das Amtsgericht vor der Entschließung nach Abs. 1 bis 3 zu erheben, ob die Vormundschaft übernommen und ob die Genehmigung der Vorgesetzten hiezu, soweit erforderlich, ertheilt werde.

5) Dem bestätigten (Abs. 2) und dem ernannten (Abs. 3) Vormunde ist eine Urkunde über die Bestätigung oder Ernennung, welche den Namen und die Geburtszeit des Mündels und den Namen des Vormundes angibt, gegen Beurkundung zu behändigen.

6) Die Bestimmungen der Abs. 3, 4 und 5 finden auch auf die Ernennung des Gegenvormundes[51]) (L.R.SS. 420 und 425a.), des Nebenvormundes[52]) (L.R.S. 417),

---

[43]) Bei Trennung der Ehe durch den natürlichen Tod eines Ehegatten über die minderjährigen nicht gewaltentlassenen Kinder, nach der cura ventris bei Geburt des Kindes, bei der Vormundschaft der Mutter über ihr uneheliches Kind.

[44]) S. o. R.P.G. § 11.

[45]) Denn „die Mutter ist nicht schuldig, die Vormundschaft anzunehmen".

[45a]) Bei Zusammentreffen zweier Urgroßväter.

[46]) Ob der Mutter-Vormünderin, die sich wieder verheirathen will, „ferner die Vormundschaft anvertraut bleiben soll".

[47]) Ueber die Beiordnung des zweiten Ehegatten als Mitvormund.

[48]) „So oft ein minderjähriges nicht gewaltentlassenes Kind weder Vater noch Mutter, noch einen von Vater oder Mutter ernannten Vormund noch Ahnherrn am Leben hat; desgleichen wenn der Vormund, der zu einer dieser Klassen gehört, sich in einem Fall der unten verordneten Ausschließungen befindet, oder rechtmäßig entschuldigt ist".

[49]) „Bei den minderjährigen Kindern eines vermißten Vaters, wenn die Mutter vor der Verschollenheitserklärung verstorben ist, und eines verschollenen Ehegatten aus einer vorherigen Ehe.

[50]) Ueber Befreiungsgründe.

[51]) Der bei jeder Vormundschaft durch den Familienrath ernannt werden soll.

[52]) Für die besondere Verwaltung von Gütern im Auslande.

des Pflegers der Leibesfrucht (L.R.SS.*) 393), der Unterpfleger (L.R.S. 420b)[53]) und des für die Unterhaltsklage unehelicher Kinder gegen den Schwängerer besonders zu bestellenden Vormundes (§ 4 des Gesetzes über Erbrecht und Ernährung unehelicher Kinder von 21. Februar 1851) Anwendung. Hinsichtlich der Gegenvormünder sind außerdem die Vorschriften der L.R.SS. 420a.[54]) und 423[55]) zu beachten.

(Entscheidung über Befreiungsgesuche.) § 69. 1) Ueber Befreiungsgesuche von Vormündern im Sinne der L.R.SS. 427 ff. hat das Amtsgericht (Familienrath) vorbehaltlich der Beschwerde, gemäß L.R.SS. 438 und 439[56]) zu entscheiden.

2) Das Gleiche gilt hinsichtlich der in § 68 Abs. 6 genannten vormundschaftlichen Vertreter.

(Feststellung von Namen und Geburtszeit des Mündels.) § 70. Bei jeder Bestellung einer Vormundschaft über Minderjährige (§ 68) hat das Amtsgericht zu seinen Akten Namen und Geburtszeit der Mündel auf Grund der Standesregister oder von Standesregisterauszügen festzustellen.

[Mündelpfandrechtsbeschränkung. § 71. 1. Bei jeder Ernennung eines Vormundes durch das Amtsgericht (Familienrath) § 68 Abs. 3. — hat dasselbe zugleich von Amtswegen zu prüfen und darnach zu entscheiden, ob das gesetzliche Unterpfandsrecht des Mündels auf alle Güter des Vormunds eingetragen oder auf bestimmte Güter beschränkt werden soll oder daß bestimmte Güter davon frei bleiben sollen (L.R.S. 2141).

2 Ueber im Laufe der Vormundschaft gestellte Anträge des Vormunds auf Beschränkung des Mündelpfandrechts entscheidet das Amtsgericht des Wohnsitzes des Vormunds nach Vernehmung des Gegenvormunds, der Beiräthe und des Waisenrichters (L.R.S. 2143 und R.P.G. § 6). Ist das zuständige Amtsgericht nicht zugleich das Vormundschaftsgericht, so hat das letztere diese Vernehmung zu bewirken und sich selbst über den Antrag gutachtlich zu äußern.

3) Vor jeder Mündelpfandrechtsbeschränkung (Abs. 1 und 2) ist zu erheben:

a) wie hoch das gegenwärtige Vermögen des Mündels sich beläuft und worin dasselbe besteht;
b) ob und bejahenden Falls aus welcher Veranlassung und in welchem ungefähren Betrag der Mündel Vermögen zu hoffen hat;
c) wie hoch das liegenschaftliche Vermögen des Vormundes sich beläuft und worin dasselbe besteht, sowie
d) ob und welche eingetragene Schulden oder uneingetragen wirksame Pfandrechte darauf haften.

Auf dieser Grundlage ist zu prüfen, ob die Liegenschaften des Vormundes für seine Verwaltung offenbar eine überflüssige Sicherheit gewähren und welche Grundstücke darnach, unbeschadet vollkommener Sicherheit des Mündels, von dem Pfandrecht freigegeben werden können oder auf welche dasselbe beschränkt werden kann.

(Eintrag des Mündelpfandrechts.) § 72. 1) Die Amtsgerichte sind verpflichtet, darüber zu wachen, daß der Eintrag des gesetzlichen Mündelpfandrechts — im Falle des § 71 Abs. 1 in dem durch die gerichtliche Entscheidung bestimmten Umfange — alsbald beim Beginn der Verwaltung (R.P.G. § 21) bewirkt wird, und den Eintrag, wo solcher durch die hiezu zunächst Berufenen (L.R.SS. 2136, 2137, 2139) versäumt wird, selbst zu betreiben (R.P.G. § 20).

2) Der Eintrag hat auch bei Vormundschaften der Väter und Mütter, und er hat, von dem Falle einer Beschränkung abgesehen, in dem Unterpfandsbuche jeder Gemarkung des Großherzogthums zu geschehen, in welcher der Vormund Liegenschaften besitzt.

3) Von der Betreibung des Eintrags ist abzusehen, wenn und solange der Mündel vermögenslos ist oder der Vormund im Großherzogthum keine Liegenschaften besitzt.][57])

(Eintragung des Mündelpfandrechts.) § 71. 1) Die Eintragung des Mündelpfandrechts erfolgt während bestehender Vormundschaft nur auf Antrag des für diese zuständigen Amtsgerichts (Gesetz vom 29. März 1890 § 4 Abs. 1 und § 9).

2) Das Amtsgericht hat bei jeder Vormundschaft von amtswegen zu prüfen, ob und in wieweit ein Eintrag erforderlich ist. Von dessen Erwirkung kann abgesehen werden, wenn nach Lage der Verhältnisse die Gefahr eines Verlustes ausgeschlossen ist oder der Vormund in anderer Weise zureichende Sicherheit leistet (angeführtes Gesetz § 4 Abs. 2 und § 6).

---

[53]) Bei getrennter Betheiligung mehrerer „Mündlinge".

*) Irrig statt „Satz".

[54]) Ueber Kirchenangehörigkeit.

[55]) Daß der Vormund bei der Ernennung nicht mitstimmt und wo nicht vollbürtige Brüder vorhanden sind, der andern Linie angehören muß.

[56]) In Gegenwart: Vorbringen auf der Stelle; in Abwesenheit: binnen 3 Tagen nach der Bekanntmachung der Ernennung.

[57]) Ersetzt zufolge V. v. 10. Juni 1890 (Ges. u. V.Bl. Nr. XX) durch den lateinischen Text.

3) Ist ein Eintrag erforderlich, so bestimmt das Amtsgericht nach Vernehmung des Vormundes, des Gegenvormundes, der Beiräthe und des Waisenrichters, auf welche Liegenschaften des Vormundes und für welchen Forderungsbetrag die Eintragung zu bewirken ist. In beiden Richtungen ist die Eintragung nur insoweit zu veranlassen, als dieses zur vollständigen Sicherung des Mündels nöthig erscheint (angeführtes Gesetz § 5).

(Nachträgliche Erwirkung, Erweiterung, Beschränkung und Streichung des Eintrages.) **§ 72.** Bei Veränderung der Verhältnisse kann das Amtsgericht nach Vernehmung der in § 71 Abs. 3 genannten Personen das Unterpfandsrecht des Mündels nachträglich eintragen lassen oder auf weitere Liegenschaften und für eine höhere Summe einen Eintrag erwirken (§ 7 des nämlichen Gesetzes).

2) In gleicher Weise (Abs. 1) kann auf Antrag des Vormundes ein Eintrag, wenn er das erforderliche Mass übersteigt, hinsichtlich der verhafteten Liegenschaften oder hinsichtlich des Forderungsbetrages beschränkt, oder, wenn die in § 71 Abs. 2 Satz 2 bezeichneten Voraussetzungen vorliegen, gänzlich gestrichen werden (§ 8 des Gesetzes).

(Fürsorge für die Person des Mündels). **§ 73.** 1. Das Amtsgericht (Familienrath) führt die Aufsicht auf die dem Vormund obliegende Fürsorge für die Person des Mündels (L.R.S. 450 Abs. 1 und 450 a). Es überwacht insbesondere dessen Ernährung und Erziehung, die Bestimmung eines Lebensberufs für den Mündel und dessen Ausbildung für den bestimmten Beruf. Die Aufsicht ist, abgesehen von sich hiezu bietenden besonderen Veranlassungen, jedenfalls bei der alljährlichen Durchgehung der Vormundschaften mit dem Waisenrichter (§ 76), in Ansehung vermöglicher Mündel außerdem bei Bestimmung des Voranschlags (§ 74 Abs. 3) und bei der Rechnungsabhör (§§ 77 und 80) zu üben.

2) In den Fällen, in welchen zur Eheschließung des Minderjährigen die Einwilligung des Vormundes erforderlich ist (Reichsges. v. 6. Februar 1875 §§ 29 u. 30 u. L.R.S. 160 in der Fassung des Bad. Einf.Ges. v. 9. Dezember 1875 § 2 a), bedarf der Vormund zu dieser Einwilligung der Ermächtigung des Amtsgerichtes (Familienrathes). Das Amtsgericht kann vor Ertheilung der Ermächtigung geeigneten Falls die ehevertragsmäßige Sicherung der Vermögensrechte des Minderjährigen verlangen.

3) Die Beistimmung des Amtsgerichtes (Familienrathes) ist auch erforderlich zur Einwilligung des Vormundes in die Eingehung eines Pflegvaterschaftsverhältnisses in Ansehung elternloser Minderjähriger (L.R.S. 361).

4) Hinsichtlich der Bestimmung der Religion minderjähriger Kinder[58]) haben die Amtsgerichte in Gemäßheit des Gesetzes über die Ausübung der Erziehungsrechte in Bezug auf die Religion der Kinder v. 9. Oktober 1860 über Ertheilung der dort der Staatsbehörde (§§ 2 u. 3), beziehungsweise der höheren Staatsbehörde (§ 4), übertragenen Genehmigungen zu befinden.

5) Hinsichtlich der Unterbringung zur Zwangserziehung gilt das in § 58 Abs. 4 Gesagte auch hinsichtlich der unter Vormundschaft stehenden jugendlichen Personen, wenn bei ihnen und beziehungsweise bei ihren Eltern oder sonstigen Fürsorgern die dort angegebenen gesetzlichen Voraussetzungen des Einschreitens zutreffen.

(Mitwirkung bei Verwaltung des Mündelvermögens und Aufsicht auf dieselbe.) **§ 74.** 1) Hinsichtlich der Verwaltung des Mündelvermögens kommt den Amtsgerichten eine Mitwirkung in dem gesetzlich bestimmten Umfange sowie die Aufsicht über die Geschäftsführung der Vormünder zu.

2) Die Mitwirkung findet statt durch die Entschließung über Ermächtigung des Vormundes oder Gegenvormundes zu einzelnen Rechtshandlungen, für welche die Ermächtigung oder Zustimmung des Familienrathes gesetzlich erfordert ist (L.R.S. 450 Abs. 3,[59]) 452,[60]) 457,[61]) 459,[62]) 461,[63]) 462[64]) 463[65]) 464,[66]) 465,[67]) 467,[68])

---

[58]) Dieselbe ist nach S. 420 a maßgebend für die Wahl des Gegenvormundes — dem dann die Obsorge für die kirchliche Erziehung obliegt — in Hinsicht des Bekenntnisses, wenn der Hauptvormund einer anderen Kirche zugehört.

[59]) Kauf und Pacht von Mündelgütern, Uebertragung von Mündelrechten.

[60]) Aufbewahrung von Fahrnis, die nicht öffentlich versteigert werden soll.

[61]) Aufnahme von Darlehen, Veräußerung und Verpfändung liegender Güter.

und R.P.G. § 19 Abs. 1; L.R.S. 745a;[69]) L.R.S. 817[70]) u. 840; L.R.SS. 827 Abs. 3 und 832 Abs. 3;[71]) die beiden letzteren in der Fassung des Ges. v. 26 April 1886; L.R.S. 1398 verglichen mit Satz 160 in der Fassung des Einf.Ges. v. 9. Dezember 1875;[72]) Dienstweisung für Vormünder § 6c).

3) Die Aufsicht auf die Vermögensverwaltung der Vormünder hat die Aufgabe, darüber zu wachen, daß die Vormünder das Vermögen der Mündel als gute Hausväter nach Anleitung des Landrechts und der Dienstweisung für Vormünder verwalten. Sie wird insbesondere geübt durch die dem Familienrathe zukommenden Bestimmungen hinsichtlich der jährlichen Ausgabe für den Mündel und für die Verwaltung seiner Güter (L.R.S. 454), hinsichtlich der nutzbaren Anlegung verfügbarer Gelder (L.R.S. 455) und hinsichtlich der Rechnungsstellperioden (L.R.S. 470 und R.P.G. § 22), sowie durch die alljährliche Durchgehung der Vormundschaften mit den Waisenrichtern (§ 76) und durch die bei den Amtsgerichten stattfindende Abhör der Vormundschaftsrechnungen selbst (R.P.G. § 2 Ziffer 3; diese Geschäftsordn. §§ 77 und 80).

(Verfahren des Amtsgerichtes in den Fällen der §§ 73 und 74.) § 75. Bei den nach §§ 73 und 74 dem Amtsgerichte (Familienrathe) zukommenden Entscheidungen finden die Verfahrensvorschriften der §§ 65 und 66 mit folgenden Maßgaben Anwendung.

1) Das Amtsgericht kann geeigneten Falls vor der Entscheidung auch den Mündel selbst hören, soferne dieser das sechszehnte Lebensjahr zurückgelegt hat.

2) Wenn das Amtsgericht bei Erwägung der Frage, ob der Vormund aus Gründen überwiegender Zweckmäßigkeit ermächtigt werden solle, Liegenschaften aus freier Hand zu verkaufen (L.R.S. 459 Abs. 2 u. 827 Abs. 3), erkennt, daß die vorausgegangene gerichtliche Abschätzung der Liegenschaften wegen ihrer Form oder wegen ihres Inhalts nicht genügt, so hat es, vorbehaltlich der Befugniß des R.P.G. § 14, gemäß § 8 Abs. 1 dieses Gesetzes die zur Aufklärung und Berichtigung dienlichen Anordnungen zu treffen.

3) In den Fällen des § 19 Abs. 1 des R.P.G. (Ermächtigung zu Vergleichen, wenn der Gegenstand des streitigen Anspruchs den Werth von 300 Mark übersteigt: vergl. diese Verordn. § 74 Abs. 2) kommen die Vorschriften des § 66 Abs. 3 und 4 in Wegfall und hat das Amtsgericht nach getroffener Entscheidung von Amtswegen die Akten dem Staatsanwalt zu übersenden; die Bekanntgabe an die Betheiligten (§ 66 Abs. 2) hat alsdann erst nach erfolgter endgiltiger Entscheidung zu geschehen. Bei anderen Vergleichen und in den Fällen des L.R.S. 457 findet, vorbehaltlich der Befugniß des R.P.G. § 14 (diese Verordn. § 66 Abs. 3), eine weitere Bestätigung der Beschlüsse des Amtsgerichts nicht statt. (R.P.G. § 19 Abs. 2).

(Jährliche Durchgehung der Vormundschaften mit den Waisenrichtern.) § 76. 1) Das Amtsgericht hat alljährlich, in Gemeinden bis zu 600 Einwohnern alle zwei Jahre, die in seinem Bezirke anhängigen Vormundschaften mit den Waisenrichtern auf Grund der von diesen und der bei dem Amtsgerichte selbst geführten Verzeichnisse, deren Vollständigkeit hierbei zu prüfen ist, zu durchgehen. Bei der Durchgehung haben alle zur Mitwirkung bei Ausübung der vormundschaftlichen Rechte berufenen Waisenrichter der Gemeinde mitzuwirken, auch wenn die Mündelverzeichnisse nur von einem derselben geführt werden.

2) Bei der Durchgehung ist zu erörtern, ob die behufs der Fürsorge für Person und Vermögen des Mündels nöthigen Anordnungen getroffen und vollzogen sind,

---

[62]) Verkauf von Liegenschaften aus freier Hand.
[63]) Erbschafts-Annahme und Ausschlagung.
[64]) Wiederantretung einer ausgeschlagenen Erbschaft.
[65]) Annahme von Schenkungen.
[66]) Erhebung und Nachgebung von Klagen auf liegenschaftliche Rechte.
[67]) Antrag auf Theilung.
[68]) Abschluß von Vergleichen.
[69]) Rente des parens binubus.
[70]) Erbtheilungsklage.
[71]) Endgültige Theilungen.
[72]) Einwilligung zur Ehe und zum Ehevertrage.

ob die Verwaltung des Vormunds fortwährend die nöthige Sicherheit gewährt und ob nicht Gründe vorhanden sind, gegen ihn gemäß L.R.S. 444 (diese Geschäftsordn. § 78) einzuschreiten. Hinsichtlich der in die Durchgehung einzubeziehenden Vermißten (§ 28 Abs. 3) ist, soweit erforderlich nach vorgängiger Erkundigung des Waisenrichters, zu erörtern, ob etwa inzwischen Nachrichten über Leben oder Tod und über den Aufenthalt derselben eingelaufen sind oder ob die Ungewißheit hierüber noch fortbesteht.

3) Der Vollzug und seine Ergebnisse sind zu Protokoll zu beurkunden, die letzteren auch in den Verzeichnissen an geeigneter Stelle zu vermerken.

(Rechnungsabhör.) § 77. 1) Das Amtsgericht hat darauf hinzuwirken, daß die Vormundschaftsrechnungen zu den bestimmten Zeiten (§ 74 Abs. 3) vorgelegt werden. Werden die Rechnungen nicht binnen vier Wochen nach der Verfallzeit vorgelegt, so ist deren Fertigung einem geeigneten Rechnungssteller aufzutragen. Nach Umständen kann die Rechnungsstellung zu Protokoll des Amtsgerichts zugelassen werden.

2) Das Amtsgericht hat die vorgelegten Rechnungen nach erfolgter Durchgehung durch den Waisenrichter und Gegenvormund rechnungsmäßig und sachlich zu prüfen und, soweit erforderlich, deren Berichtigung und Ergänzung herbeizuführen. Hiebei ist auf Grund der Erörterungen des Waisenrichters und Gegenvormundes über die in den Dienstweisungen für Waisenrichter und für Gegenvormünder aufgeführten Fragen — geeigneten Falls nach Vernehmung der Beiräthe und auf Grund vorheriger mündlicher Erörterung mit dem Vormunde — dasjenige anzuordnen, was für nöthig gehalten wird, um eine den Absichten des Gesetzes entsprechende Fürsorge für die Person des Mündels und für die Verwaltung seines Vermögens herbeizuführen. Die Aktenstücke über Durchgehung und Abhör der Rechnungen sind zu den Vormundschaftsakten zu nehmen.

3) Das Amtsgericht kann, wenn es dies für nothwendig oder rathsam hält, auch in der Zwischenzeit vor Fälligkeit der Rechnungen die Kassen der Vormünder durch die Waisenrichter, Bürgermeister oder sonst geeignete Personen stürzen und das Vorhandensein der zum Vermögen der Mündel gehörigen Schuld- und anderen Urkunden untersuchen lassen.

(Ordnungsstrafen. Ausschließung und Absetzung von der Vormundschaft.) § 78. 1) Vermöge des ihm zustehenden Aufsichtsrechts kann das Amtsgericht gegen Vormünder und Gegenvormünder wegen pflichtwidrigen Verhaltens Ordnungsstrafen bis zu 100 Mark verhängen (R.P.G. § 22a).

2) Wenn Thatsachen, welche die Ausschließung oder Absetzung von Vormündern (L.R.SS. 442 u. 444) nöthig machen können, auf Anzeige (R.P.G. § 17) oder sonst zu seiner Kenntniß kommen, hat das Amtsgericht (Familienrath) hierüber sowie auch über die ausnahmsweise Belassung im Amte in den Fällen des § 34 Ziffer 6 des St.G.B. auf Grund der zur Feststellung der Thatsachen erforderlichen weiteren Erhebungen nach Vernehmung oder Vorforderung des Vormundes (L.R.S. 447) zu entscheiden. Gegen die Entscheidung, welche einer weiteren Bestätigung nicht bedarf, findet die Beschwerde statt.

3) Das in Abs. 2 Gesagte gilt auch in Ansehung der Väter und Mütter, welche die Vormundschaft über ihre Kinder führen, sowie in Ansehung der in § 68 Abs. 6 bezeichneten vormundschaftlichen Vertreter.

(Beendigung der Vormundschaft durch Gewaltsentlassung.) § 79. Das Amtsgericht (Familienrath) beschließt in Ansehung elternloser Minderjähriger über deren Gewaltsentlassung (L.R.SS. 478 u. 479) sowie über die Zurücknahme der erfolgten Gewaltsentlassung (L.R.S. 485).

(Ablage und Abhör der Schlußrechnung.) § 80. 1) Nach Beendigung der Vormundschaft oder des Amtes des einzelnen Vormundes hat der Vormund dem Amtsgerichte, vorbehaltlich der bestimmten Ausnahmen (Abs. 4), die Schlußrechnung über seine Verwaltung zur Abhör vorzulegen. Das Amtsgericht betreibt die Vorlage der Schlußrechnung und prüft die letztere in Gemäßheit der Vorschriften des § 77.

2) Hat die Vormundschaft durch Volljährigkeit des Mündels ihr Ende erreicht, so ertheilt das Amtsgericht dem Vormund nach Vorlage der Schlußrechnung sammt Belegen Empfangsschein hierüber und eröffnet es, sobald die Schlußrechnung geprüft ist, dies sowie das Ergebniß der Prüfung dem Vormund und dem ehemaligen Mündel mit dem Hinzufügen, daß damit die obervormundschaftliche Fürsorge für den letzteren

beendigt sei und er fortan seine Rechte selbst wahrzunehmen habe. Die Eröffnung kann nach Umständen mündlich durch das Vormundschaftsgericht oder durch ein darum ersuchtes anderes deutsches Gericht in einer Tagfahrt, wozu die Betheiligten zu laden sind, oder sie kann gegen Beurkundung zu den Akten schriftlich geschehen. Ist der Mündel in dem Zeitpunkte, in welchem die Eröffnung geschehen soll, vermißt oder wird er entmündigt, so sind für das weitere Verfahren die hiefür geltenden Bestimmungen maßgebend.

3) Die Vorschriften des Absatzes 2 finden entsprechende Anwendung, wenn die Vormundschaft durch Tod oder Gewaltsentlassung des Mündels ihr Ende erreicht; im letzteren Falle ist die Mitwirkung des Pflegers des Gewaltsentlassenen erforderlich.

4) Die Verpflichtung zur Vorlage der Schlußrechnung und deren Prüfung durch das Amtsgericht (Abs. 1) kommt in Wegfall, wenn der Vormund urkundlich nachweist, daß er außergerichtlich mit dem volljährig gewordenen oder gewaltsentlassenen Mündel, mit dem letzteren im Beisein seines Pflegers [73]) (L.R.S. 480), oder mit den allgemeinen Rechtsnachfolgern des Mündels Schlußrechnung gepflogen habe. In diesem Falle eröffnet das Amtsgericht den letzteren gegen Bescheinigung die erfolgte Vorlage des Nachweises mit dem Hinzufügen, daß ihnen fortan die eigene Wahrnehmung ihrer Rechte überlassen werde.

(Verwahrung und Ausfolgung der Vormundschaftsrechnungen. Vermögensausfolgung.) **§ 81.** 1) Die Ausfolgung der Vormundschaftsrechnungen, einschließlich der Schlußrechnung, und ihrer Belege an den ehemaligen Mündel u. s. w. erfolgt, sobald die Schlußrechnung geprüft ist und alle Anstände gegen die Verwaltung beseitigt sind, beziehungsweise sobald der Nachweis nach § 80 Abs. 4 erbracht ist, vorausgesetzt daß der hierüber bei Ablegung der Rechnung oder später zu befragende Vormund gegen die Ausfolgung keine Einwendung erhoben hat. Von etwaiger Verweigerung der Zustimmung ist der ehemalige Mündel u. s. w. zu benachrichtigen.

2) Hinsichtlich solcher Rechnungen, welche für mehrere Mündel gemeinschaftlich gestellt sind, geschieht die Ausfolgung nicht vor Beendigung der Vormundschaft über den jüngsten Mündel. Das Gleiche gilt bei getrennter Rechnungsstellung hinsichtlich der mehreren Mündeln gemeinschaftlichen Rechnungsbelege.

3) Die Ausfolgung geschieht an Gewaltsentlassene nur unter Mitwirkung des Pflegers, an Bevollmächtigte nur gegen Vorlage der Vollmacht, an eine Mehrzahl Empfangsberechtigter (z. B. in den Fällen des Abs. 2) zu Handen eines von denselben übereinstimmend zu bezeichnenden Empfängers.

4) Die Ausfolgung geschieht, sobald ihre Voraussetzungen vorliegen, bei dem Vormundschaftsgericht oder bei einem darum ersuchten anderen deutschen Gerichte, soweit thunlich in Verbindung mit den nach § 80 Abs. 2 und 4 zu bewirkenden Eröffnungen, gegen Empfangsbescheinigung, welche zu den die Vormundschaft betreffenden Akten zu nehmen ist. Auf Antrag kann das Amtsgericht die Ausfolgung im Wege der Uebersendung durch die Post bewilligen; in diesem Falle ist die Sendung mit der Bezeichnung „Einschreiben" zu versehen und wenn zulässig ein Empfangsschein (Rückschein) zu erheben.

5) Befinden sich nach Beendigung der Vormundschaft in Händen des Vormunds dem Mündel gehörige Werthpapiere, Schuldurkunden, baares Geld, Edelsteine, Gold- und Silbergeräthe, so hat das Amtsgericht, abgesehen von den Fällen des § 80 Abs. 4, in dem durch Absatz 1 bezeichneten Zeitpunkte die Ausfolgung dieser Gegenstände an den ehemaligen Mündel u. s. w. in einer hierwegen zu bestimmenden Tagfahrt, in welcher zugleich die Eröffnungen nach § 80 Abs. 2 und die Ausfolgung nach Abs. 4 dieses Paragraphen geschehen können, zu veranlassen und darauf hinzuwirken, daß Zug um Zug mit der Ausfolgung die Löschung des Mündelpfandrechtseintrags bewilligt werde. Ueber die Verhandlungen und deren Ergebnisse ist ein Protokoll aufzunehmen; insbesondere hat das Amtsgericht gegebenen Falles auch die hinsichtlich des Mündelpfandwohls ertheilte Strichbewilligung, sowie den Antrag des gewesenen Vormundes u. s. w., danach den Strich im Pfandbuche herbeizuführen, zu beurkunden (vergleiche § 10 des Gesetzes vom 29. März 1890) und einen bezüglichen Protokollauszug der Grund- und Pfand-

---

[73]) Die der Familienrath ernennt.

buchbehörde zum Zwecke der Löschung zu übersenden.[73a]) **Wenn die Betheiligten nicht erscheinen, unterbleibt eine fernere amtsgerichtliche Mitwirkung bei der Vermögensausfolgung.**

2. Vormundschaft über Entmündigte.

(Anwendbarkeit der Vorschriften über die Altersvormundschaft.) **§ 82.** Die Vorschriften der §§ 61 bis 81 finden auf die Vormundschaft über Entmündigte, soweit nicht im Einzelnen etwas Anderes bestimmt ist, entsprechende Anwendung (L.R.S.S. 509[74]) und 513a).

(Fürsorge während des Entmündigungsverfahrens.) **§ 83.** Im Falle des § 600 der C.P.O. hat das Amtsgericht die nach den Umständen des Falles für das körperliche und geistige Wohl des zu Entmündigenden oder zur Sicherung und Erhaltung des Bestandes seines Vermögens erforderlichen Vorkehrungen zu treffen. Es kann insbesondere die alsbaldige Vermögensverzeichnung anordnen und einen fürsorglichen Vermögensverwalter ernennen (R.P.O. § 2 Ziffer 4 und L.R.S. 505).

(Bestellung der Vormundschaft. Bekanntmachung der Entmündigung.) **§ 84.** 1) Sobald die Entmündigung in Wirksamkeit getreten ist (C.P.O. §§ 603 u. 623), hat das Amtsgericht (Familienrath) die Vormundschaft für den Entmündigten zu bestellen. Hiebei ist im Falle des Landrechtssatzes 506[75]) hinsichtlich der Bestätigung (R.P.G. § 18) nach § 68 Abs. 2 zu verfahren und sind, wenn die Frau zur Vormünderin ihres entmündigten Mannes ernannt wird, Form und Bedingungen der Vormundschaftsverwaltung, vorbehaltlich des Beschwerderechts der Frau, festzusetzen (L.R.S. 507)[76]).

2) Mit der Vormundschaftsbestellung (Abs. 1) hört die etwa gemäß § 83 (C.P.O. § 600) getroffene Fürsorge auf und hat der bestellte Verwalter dem Vormund, wenn er nicht selbst hiezu ernannt wird, Rechnung abzulegen (L.R.S. 505).

3) Das Amtsgericht hat die Entmündigung in das bei ihm zu führende, mit alphabetischem Register versehene Verzeichniß der Entmündigten und Verbeistandeten seines Bezirks, welches zu Jedermanns Einsicht aufzulegen ist, einzutragen und von derselben wie auch von deren etwaiger Wiederaufhebung die Notare des Bezirks sowie den Gemeinderath des Wohnsitzes zu benachrichtigen.

4) Im Falle der Entmündigung wegen Geisteskrankheit ist die Erlassung einer öffentlichen Bekanntmachung hierüber dem Ermessen des Amtsgerichtes (Familienrathes) anheimgegeben.

5) Die Wiederaufhebung einer Entmündigung ist öffentlich bekannt zu machen, wenn auch die Entmündigung selbst öffentlich bekannt gemacht war.

(Besondere Bestimmungen bei Entmündigung wegen Geisteskrankheit.) **§ 85.** 1) **Das Amtsgericht (Familienrath) befindet in Gemäßheit des L.R.S. 510, ob der Entmündigte in seiner Wohnung verpflegt oder in ein Krankenhaus oder in ein Verpflegungshaus untergebracht werden soll.**

2) Das Amtsgericht (Familienrath) hat bei Verehelichung eines Kindes des Entmündigten hinsichtlich des Brautschatzes oder der elterlichen Anhilfe nebst den übrigen Bestimmungen des Ehevertrags zu beschließen. Eine weitere Bestätigung seiner hierwegen gefaßten Beschlüsse findet nicht statt (L.R.S. 511; R.P.G. § 19).

3. Pflegschaft und Beistandschaft.

(Im Allgemeinen.) **§ 86.** **Die hinsichtlich der Altersvormundschaft über die Zuständigkeit zur Ausübung der vormundschaftlichen Rechte und über die Art dieser Ausübung gegebenen Bestimmungen (vergl. §§ 61—81) finden auf die Pflegschaft für gewaltsentlassene Minderjährige und auf die Beistandschaft für Geistesschwache und für Verschwender entsprechende Anwendung.**

[73a]) Zusatz nach der Verordnung vom 10. Juni 1890 Nr. 6 (Ges. u. V.Bl. Nr. XX).

[74]) L.R.S. 509. Der Entmündigte wird in Bezug auf seine Person und sein Vermögen einem Minderjährigen gleichgeachtet, und nach den Gesetzen über die Vormundschaft der Minderjährigen gerichtet". S. 513a; s. o. bei § 40.

[75]) „Der Mann ist kraft Gesetzes der Vormund seiner entmündigten Frau".

[76]) Und zwar durch den Familienrath.

(Pflegschaft für Gewaltsentlassene insbesondere.) § 87. 1) Das Amtsgericht (Familienrath) ernennt die Pfleger für gewaltsentlassene Minderjährige (§§ 60 u. 79 L.R.SS. 476—479), soweit sie nicht kraft Gesetzes zu dem Amte berufen sind (vergl. § 68 Abs. 3 ff.).

2) Dasselbe befindet über die Einwilligung zur Eheschließung des Gewaltsentlassenen in den gesetzlich bestimmten Fällen (vergl. § 73 Abs. 2), über die Ermächtigung des Gewaltsentlassenen zu den in den L.R.SS. 483 u. 484 bezeichneten Rechtshandlungen (vergl. § 74 Abs. 2 u. § 75), wobei eine weitere Bestätigung der Beschlüsse des Amtsgerichts nicht stattfindet (R.P.G. § 19), sowie über die Ermächtigung elternloser Gewaltsentlassener zum Betrieb des Handelsgewerbes oder zu einzelnen Handelsgeschäften (Artikel 2 und 3 des bad. Einf.Ges. z. Handelsgesetzbuch v. 6. August 1862).

3) Dem Amtsgerichte (Familienrath) kommt auch die Entscheidung über Ausschließung oder Absetzung der Pfleger (vergl. § 78 Abs. 2 ff.), sowie über die Zurücknahme der Gewaltsentlassung hinsichtlich elternloser Minderjähriger (vergl. § 79) zu.

(Beistandschaft für Geistesschwache und für Verschwender insbesondere.) § 88. 1) Sobald der Beschluß über die Verbeistandung in Wirksamkeit getreten ist (C.P.O. §§ 603 und 623; Reichseinf.Ges. z. C.P.O. § 10), hat das Amtsgericht (Familienrath) den Beistand zu bestellen (vergl. § 68 Absatz 3 ff.).

2) Des Weiteren finden auf die Verbeistandung von Geistesschwachen die Bestimmungen des § 83 und des § 84 Absatz 2 und 4, auf die Verbeistandung von Geistesschwachen und von Verschwendern die Bestimmungen des § 84 Absatz 3 und 5 entsprechende Anwendung.

3) Das Amtsgericht (Familienrath) entscheidet auch über die Absetzung der Beistände und über Gesuche derselben um Amtsenthebung.

(Zuordnung von Rechtsbeiständen im einzelnen Fall.) § 89. 1) Das Amtsgericht (Familienrath) ernennt den für Taubstumme, welche Schreibens unerfahren sind, zur Schenkungsannahme erforderlichen Rechtsbeistand (L.R.S. 936 Abs. 2).

2) Die für Blinde, Taube und Stumme bei Rechtsgeschäften, bei welchen zur richtigen Einsicht in die Umstände und ihre Folgen der mangelnde Sinn nöthig wäre, erforderlichen besonderen Rechtsbeistände (VI. Konstitutionsed v. 4. Juni 1808 § 31) werden, wenn der mit dem Sinnenmangel Behaftete selbst eine Wahl nicht treffen kann oder will, von den Amtsgerichten, soweit erforderlich nach Vernehmung von Beiräthen, ernannt.

Titel VII. Besondere Vorschriften für Geschäfte aus dem Gebiete des Erbrechts.

I. Testamentsverwahrung.

(Verwahrung von Amtswegen.) § 90. 1) Jedes öffentliche und jedes geheime Testament, das der Notar einsendet, wird von dem Amtsgerichte des Bezirks, in welchem es errichtet wurde, in Verwahrung genommen.

2) Dem Testirer, welcher nicht hierauf verzichtet hat, oder dem von ihm zur Empfangnahme Bevollmächtigten ist über die erfolgte Hinterlegung eine Bescheinigung zu ertheilen. Die Ertheilung der Bescheinigung und gegebenen Falls der Verzicht hierauf sind zu den Akten zu vermerken.

(Verwahrung auf Verlangen des Testirers.) § 91. 1) Auf Verlangen des Testirers hat jedes Amtsgericht dessen öffentliches oder geheimes Testament, gleichviel ob dasselbe im Amtsgerichtsbezirk errichtet ist oder nicht, sowie dessen eigenhändiges Testament offen oder verschlossen zur Aufbewahrung anzunehmen.

2) Die Annahme zur Aufbewahrung kann unter Vorlage des Testaments mündlich zu Protokoll des Gerichts oder schriftlich, sie kann durch den Testirer selbst oder durch einen Bevollmächtigten verlangt werden.

3) Ueber die erfolgte Hinterlegung ist dem Testirer, welcher nicht hierauf verzichtet hat, oder dem von ihm zur Empfangnahme Bevollmächtigten eine Bescheinigung zu ertheilen. Die Ertheilung der Bescheinigung und gegebenen Falls der Verzicht hierauf sind zu den Akten zu vermerken.

(Art der Verwahrung. Testamentsverzeichniß.) § 92. 1) Das Amtsgericht verwahrt die Testamente (§§ 90 u. 91) in einem verschlossenen Behälter, zu welchem der

Richter die Schlüssel stets in eigenem Verwahr zu behalten hat, und führt über dieselben unter fortlaufenden Ordnungszahlen ein mit einem alphabetischen Register versehenes Verzeichniß nach dem anliegenden Formular B.

2) Auf jedem Testamente ist die Ordnungszahl seines Eintrags im Testamentsverzeichnisse zu vermerken.

3) In dem alphabetischen Register sind Ehefrauen und Wittwen sowohl unter ihrem eigenen Geschlechtsnamen als unter demjenigen ihrer Männer einzutragen.

4) Die als Beilagen des Verzeichnisses zu sammelnden Schriftstücke (§§ 93 u. 94) sind mit fortlaufenden Ordnungszahlen zu versehen und in Bänden zu vereinigen. Die Band- und Beilagenummer ist im Verzeichniß (Abs. 1) zu vermerken.

5) Das Amtsgericht hat mindestens einmal im Jahre die verwahrten Testamente zu stürzen, mit dem Verzeichnisse zu vergleichen und auf diese Weise festzustellen, ob sämmtliche verwahrten Testamente verzeichnet und ob sämmtliche verzeichneten Testamente vorhanden sind. Der Vollzug und sein Ergebniß ist zu den Akten zu vermerken.

(Rückgabe und Widerruf von Testamenten.) **§ 93.** 1) Dem Testirer oder einem mit besonderer und öffentlicher Vollmacht versehenen Gewalthaber desselben ist ein nach § 90 oder § 91 bei dem Amtsgerichte aufbewahrtes Testament auf Verlangen jeder Zeit zurückzugeben. Die Zurückgabe erfolgt durch das verwahrende oder durch ein von ihm darum ersuchtes anderes Amtsgericht gegen Empfangsbescheinigung zu Protokoll des Gerichts, wobei die gemäß § 90 Abs. 2 oder § 91 Abs. 3 ertheilte Bescheinigung zurückzugeben oder für kraftlos zu erklären ist. Die Empfangsbescheinigung und die etwa zur Legitimation des Antragstellers vorgelegten Urkunden sind als Beilagen des Testamentsverzeichnisses (§ 92) zu verwahren.

2) Ein seinem ganzen Inhalt nach ausdrücklich widerrufenes oder zweifellos verfallenes (L.R. S. 1039), wenngleich nicht zurückerhobenes Testament scheidet aus der Verwahrung (§ 92 Abs. 1) aus und ist zu den Beilagen des Verzeichnisses zu nehmen. Die Widerrufungsurkunde selbst ist, sofern sie zugleich einen letzten Willen enthält, gemäß § 92 Absatz 1 zu verwahren, andernfalls zu den Beilagen des Verzeichnisses zu nehmen; im ersten Falle ist dem Eintrage des widerrufenen Testaments im Verzeichniß ein Vermerk über die Nummer, unter welcher die Widerrufungsurkunde darin verzeichnet ist, beizufügen.

3) Bei nur theilweisem — ausdrücklichem — Widerruf eines Testamentes verbleibt dieses in Verwahrung und wird die Widerrufungsurkunde, wenn sie zugleich einen letzten Willen enthält, gemäß § 92 Absatz 1 behandelt, andernfalls bei dem Testamente selbst verwahrt; in beiden Fällen ist der theilweise Widerruf des Testaments im Verzeichniß zu vermerken.

4) Das die Widerrufungsurkunde verwahrende Amtsgericht hat hievon, sofern das widerrufene Testament bei einem andern Amtsgerichte verwahrt ist, das letztere zu benachrichtigen. Das Benachrichtigungsschreiben wird wie die Widerrufungsurkunde selbst behandelt und hinsichtlich der ferneren Verwahrung des Testaments findet das im Absatz 2 und 3 Gesagte auch hier Anwendung.

(Ausscheiden der Testamente aus der Verwahrung. Erkundigung über das Leben der Testirer.) **§ 94.** 1) Mit dem Tode oder der Verschollenheitserklärung des Testirers sowie jedenfalls nach Ablauf von 100 Jahren seit der Hinterlegung scheidet das Testament aus der Verwahrung gemäß § 92 Abs. 1 aus. In dem zuletzt erwähnten Falle ist das Testament zu den Beilagen des Testamentsverzeichnisses zu nehmen.

2) Das Amtsgericht hat auf Grund der Sterbelisten des Bezirks (§ 100) und der außerdem einkommenden Sterbfallsnachrichten sowie der ergehenden Verschollenheitserklärungen jeweils zu untersuchen, ob bei ihm Testamente der Verstorbenen oder Verschollenen, welche hiernach auszuscheiden sind, verwahrt werden.

3) Nach Ablauf von zwanzig Jahren seit Hinterlegung eines Testaments hat das Amtsgericht, wenn es nicht vom Leben des Testirers Kenntniß besitzt, hierüber, jedoch ohne Angabe eines Grundes, bei den betreffenden Ortsbehörden Erkundigung einzuziehen. Diese Erkundigung ist darnach von fünf zu fünf Jahren zu wiederholen.

4) Ergibt die Erkundigung (Abs. 3), daß der Testirer vermißt werde, so hat das Amtsgericht geeigneten Falls gemäß §§ 28 u. 29 zu verfahren oder das etwa hiefür zuständige andere Amtsgericht (§ 27) von dem Vermißtsein und vom Vorhandensein des Testaments zu benachrichtigen.

(Vollzug des Ausscheidens aus der Verwahrung. Abgabe gegen Empfangsbescheinigung.) § 95. 1) Das Amtsgericht hat das ausscheidende Testament (§ 94 Abs. 1) aus der Sammlung (§ 92 Abs. 1) herauszunehmen und die Zeit und Veranlassung des Ausscheidens sowie die Stelle, an der das Testament fernerhin verwahrt wird, im Testamentsverzeichnisse zu vermerken.

2) Die Abgabe seither verwahrter Testamente an andere Behörden und Beamte (§§ 96 ff., geschieht, von den Fällen des § 22 Abs. 5 abgesehen, stets nur gegen Empfangsbescheinigung und, wenn das Testament offen verwahrt oder von dem verwahrenden Amtsgerichte eröffnet worden ist, nur unter Zurückbehaltung einer beglaubigten Abschrift. Die Empfangsbescheinigung und die Abschrift sind zu den Beilagen des Testamentsverzeichnisses zu nehmen.

II. Testamentseröffnung, Beschaffenheitsbeurkundung und Verkündung.[77])

(Testamentseröffnung und Beschaffenheitsbeurkundung.) § 96. 1) Das Amtsgericht, in dessen Bezirk das Erbe angefallen ist (Nachlaßgericht: vergl. L.R.S. 110), hat Testamente Verstorbener, welche sich in gerichtlicher Verwahrung befinden, oder welche ihm gemäß L.R.S. 1007 Abs. 1 vorgelegt werden, wenn sie verschlossen sind, zu eröffnen und, wenn sie eigenhändige oder geheime sind, deren Beschaffenheit nach Anleitung des L.R.S. 1007[78]) zu beurkunden.

2) Zu diesem Zwecke sind Testamente, welche bei einem anderen badischen Amtsgerichte verwahrt sind, durch dieses dem Nachlaßgericht zu übersenden.

3) Ist die Erbschaft außerhalb des Großherzogthums angefallen, so geschieht die Eröffnung und Beschaffenheitsbeurkundung hinsichtlich der bei einem badischen Amtsgerichte hinterlegten Testamente des Erblassers durch das verwahrende Amtsgericht.

4) Die vorstehenden Bestimmungen finden auf die Testamente Verschollener entsprechende Anwendung.

(Testamentsverkündung.) § 97.[78a]) 1) Nach der Eröffnung und Beschaffenheitsbeurkundung, soweit solche vorgeschrieben sind, hat das Amtsgericht (§ 96 Abs. 1 u. 3) für die Verkündung des Testaments an die Betheiligten von Amtswegen Sorge zu tragen. Hinsichtlich solcher Testamente, welche ihrem ganzen Inhalte nach ausdrücklich widerrufen oder zweifellos verfallen (L.R.S. 1039) sind, unterbleibt die Verkündung.

2) Die Verkündung geschieht, wenn eine Erbverzeichnung oder Verlassenschaftsverhandlung im Lande stattgefunden oder stattzufinden hat, durch den betreffenden Notar, welchem das Testament zu diesem Zwecke mitzutheilen ist, sonst durch das Amtsgericht selbst.

3) Die Verkündung durch das Amtsgericht geschieht entweder mündlich in einer Tagfahrt oder schriftlich durch Mittheilung von Auszügen mit dem Beisatz, daß das Testament innerhalb einer zu bestimmenden Frist bei dem Amtsgerichte eingesehen werden kann. Die mündliche Verkündung in der Tagfahrt gilt als geschehen auch gegenüber denjenigen Betheiligten, welche, wiewohl rechtzeitig geladen, hiebei nicht erschienen sind. Ueber die schriftliche oder mündliche Verkündung ist Beurkundung zu den Akten zu bringen.

4) Ist die Erbschaft außerhalb des Großherzogthums angefallen, so hat das verwahrende Amtsgericht vom Vorhandensein des Testaments und von dessen Verkündung die zuständige außerbadische Verlassenschaftsbehörde zu benachrichtigen. Diese Benach-

---

[77]) Vgl. Not.O. § 65 ff.; R.P.O.Ges. § 26 ff.

[78]) L.R.S. 1007. „Jeder eigenhändige letzte Wille soll, ehe er vollstreckt wird, dem Vorsteher des Gerichts, unter welchem das Erbe gelegen ist, vorgelegt werden. Ist er versiegelt, so soll er dort geöffnet werden. — Der Vorsteher läßt ein Protokoll über die Vorlegung, Eröffnung und Beschaffenheit der Urkunde fertigen [und befiehlt deren Hinterlegung in die Hände eines von ihm ernannten Staatsschreibers].

Ist der Wille in geheimer Form gefertigt, so geschieht die Vorlegung, Eröffnung, Beschreibung und Hinterlegung auf dieselbe Weise; die Eröffnung erfordert aber das Beisein der [Staatsschreiber] und der Zeugen, welche die Aufsichtsurkunde unterzeichnet haben und sich am Orte befinden oder eine voraufgegangene Berufung derselben".

[78a]) Abs. 1, 2, 3 wiederholen sich für Notare n. d. Not.O. § 66 1, 2, 4, 5, 6.

richtigung ist an nichtdeutsche Verlassenschaftsbehörden durch Vermittelung des Großherzoglichen Staatsministeriums zu bewirken, insoweit nicht nach den bestehenden Vereinbarungen ein unmittelbarer Schriftwechsel mit den Behörden des betreffenden fremden Staates (wie bei Oesterreich-Ungarn und der Schweiz) zulässig ist. Gehört die Verlassenschaftsbehörde einem anderen deutschen Bundesstaate an, so ist ihr auf Verlangen das Testament in Urschrift zu übersenden. Die Abgabe des Testaments an eine nichtdeutsche Verlassenschaftsbehörde findet, soweit nicht in Beziehung auf einzelne Staaten etwas Anderes bestimmt ist oder das Justizmin. im Einzelfall zur Abgabe in Urschrift ermächtigt, nur in beglaubigter Abschrift statt.

III. Testamentsvollzug.

(Im Ausland errichtete Testamente.) **§ 98.** Die in fremdem Lande errichteten Testamente sind, bevor sie hinsichtlich des hierländischen Vermögens in Vollzug gesetzt werden, in Gemäßheit des L.R.S. 1000 auf Anordnung des darnach örtlich zuständigen Amtsgerichtes[79]) von dessen Gerichtsschreiber in das dazu bestimmte öffentliche Buch einzutragen (R.P.G. § 3 Ziffer 1 d).[80])

(Aftererbschaften.) **§ 99.** 1) Dem Nachlaßgerichte (§ 96 Abs. 1) kommt die Ernennung des Aftererbpflegers (L.R.S. 1056), die Entscheidung über Befreiungsgesuche und über die Absetzung des von dem Verfügenden (vergl. L.R.S. 1055) und des von dem Gericht ernannten Aftererbpflegers, sowie die Entschließung über Anträge auf Verlängerung der Frist des L.R.S. 1065 zu.

2) Das Amtsgericht hat den Aftererbpfleger über seine Obliegenheiten (L.R.S.S. 1057 a—1069 u. 1073) zu belehren und seine Thätigkeit in der den Umständen des Einzelfalles entsprechenden Weise zu überwachen.

IV. Sterbelisten.[81])

(Betreibung der rechtzeitigen Einsendung. Prüfung.) **§ 100.** 1) Das Amtsgericht hat darüber zu wachen, daß die Notare die ihnen monatweise vorzulegenden Sterbelisten der Standesbeamten oder deren Fehlanzeigen rechtzeitig einsenden.

2) Die eingesendeten Sterbelisten sind auf ihre Vollständigkeit zu prüfen. Insbesondere hat das Amtsgericht darauf zu achten:

ob die dem Sterbregister zu entnehmenden Sterbfälle in ununterbrochener Nummernfolge verzeichnet sind;

ob sonstige Sterbfälle, deren Kenntniß dem Standesbeamten durch das Amtsgericht vermittelt wurde, in die Sterbeliste aufgenommen sind;

ob der Sterbeliste die vorgeschriebenen Beilagen (Sterbfallsanzeigen) angeschlossen sind und

ob die Liste und die Beilagen die erforderlichen Vermerke des Bürgermeisters und Waisenrichters und des Notars enthalten.

3) Das Amtsgericht hat die bei der Prüfung (Abs. 2) nöthig befundenen Ergänzungen der Sterbelisten zu veranlassen und gegebenen Falls gegen Leichenschauer, Standesbeamte, Bürgermeister und Waisenrichter wegen Säumniß einzuschreiten.

4) Ist das Amtsgericht nicht zugleich das Nachlaßgericht, so hat dasselbe dem letzteren von dem Sterbfall und, wenn bei ihm Testamente nicht verwahrt sind (vergl. § 96 Abs. 2 u. 3), auch hievon Kenntniß zu geben.

5) Betrifft der Sterbfall das Haupt einer standesherrlichen Familie oder eines Zweigs einer solchen Familie oder ein aktiv oder passiv zur ersten Kammer wahlberechtigtes Mitglied einer grundherrlichen Familie, so ist derselbe unmittelbar dem Großh. Min. d. J. anzuzeigen (Verordn. v. 25. Februar 1865, C.V.Bl. S. 60).

---

[79]) Vgl. Not.O. 6 § 35[7]. „Des Wohnorts des Erblassers, wenn er einen Wohnsitz im Lande beibehalten hat, andernfalls aber . . . des Orts, der als sein letzter Wohnsitz im Lande bekannt ist . . . Im Fall der letzte Wille Verfügungen über inländische Liegenschaften enthält, soll er überdies in der Gerichtskanzlei, unter welcher die Güter liegen, eingetragen werden." . . .

[80]) Not.O. § 67 bestimmt dasselbe für die Notare. – Die Eintragsgebühr ist für jedes Testament 1 Mark: Bad. Einf.Ges. z. Ger.Kostenges. § 15.

[81]) Vgl. Not.O. §§ 102 ff.

(Vergleichung mit dem Testamentsverzeichniß.) **§ 101.** 1) Das Amtsgericht hat die Sterbelisten mit dem Testamentsverzeichnisse zu vergleichen (vergl. § 94 Abs. 2) und, wenn danach Testamente der Verstorbenen bei ihm verwahrt sind, das hierwegen weiter Erforderliche (§ 94 Abs. 1, § 95, § 96 ff.) zu veranlassen. Der Vollzug der Vergleichung ist auf der Sterbeliste zu vermerken.

2) Zu gleichem Zwecke hat es, wenn bekannt ist, daß der Verstorbene in einem anderen Gerichtsbezirk den Wohnsitz oder gewöhnlichen Aufenthalt zur Zeit des Todes oder früher gehabt hat, das betreffende andere Amtsgericht von dem Sterbfall zu benachrichtigen.

V. Erwerb der Erbschaft. Erbtheilung.

(Thätigkeit während des Fristenlaufs. Einträge im Offenkundigkeitsbuch.) **§ 102.** 1) Das Nachlaßgericht (§ 96 Abs. 1) entscheidet über die Ermächtigung des gesetzlichen Erben zum Fahrnißverkauf während der zum Erbverzeichniß und zur Erbentschließung laufenden Fristen (L.R.S. 796)[82]) sowie über Gesuche[83]) um Verlängerung dieser Fristen (L.R.S 798)[83]). Dasselbe ertheilt auch die im L.R.S. 820 bezeichnete richterliche Erlaubniß zur Siegelung.[84])

2) Die Erbentsagung (L.R.S. 784) und die Erbannahme unter der Vorsicht der Erbverzeichniß (L.R.S. 793) werden von dem Gerichtsschreiber[85]) (R.P.G. § 3 Ziffer 1a und b) in dem[86]) — zugleich für Annahme[87]) von Verzichten auf die Gütergemeinschaft (§ 57 Abs. 2) bestimmten — Offenkundigkeitsbuche zu Protokoll beurkundet.

(Einweisung von Erbfolgern. Beisatzbefehl.) **§ 103.** 1) Das Nachlaßgericht (§ 96 Abs 1) hat in Gemäßheit der Bestimmungen der L.R.SS. 770 und 773 (vergleiche R.P.G. § 25)[88]) über die Einsetzung außerordentlicher Erbfolger[89]) in die Gewähr des Nachlasses zu befinden.[90])

2) Demselben kommt in den Fällen des L.R.S. 1008 die Entschliessung über Einsetzung des Erbnehmers in die Gewähr (Beisatzbefehl) zu.[91])

(Erbtheilungsverfahren.) **§ 104.** 1) Bei den gerichtlicher Prüfung unterliegenden Erbtheilungen (R.P.G. § 2 Ziffer 6) geschieht die Ernennung sachverständiger Schätzer, soweit erforderlich, in Gemäßheit des § 52 Abs. 1 durch das Nachlaßgericht.[92])

2) Erkennt das Nachlaßgericht, daß eine stattgehabte gerichtliche Abschätzung der Nachlaßliegenschaften wegen ihrer Form oder wegen ihres Inhaltes nicht genügt, so hat dasselbe gemäß § 8 Abs. 1 des R.P.G. die zur Aufklärung und Berichtigung dienlichen Anordnungen zu treffen.[93])

---

[82]) Befinden sich unter dem Nachlaß Sachen, „die dem Verderben unterworfen sind oder deren Erhaltung unverhältnißmäßige Kosten erfordern würde", so kann der Erbe schon aus dem einzigen Grund, weil er erbberechtigt ist, „ohne Besorgnis, daß gegen ihn eine Erbannahme gefolgert werde dürfe", sich von dem Gericht zum Verkauf dieser Sachen ermächtigen lassen. — Dieser Verkauf muß durch ordnungsmäßige Versteigerung geschehen.

[83]) Nemlich seitens des Erben, „wider den eine Klage angestellt wird".

[84]) Auf Begehren von Gläubigern, „die klare Briefe und Siegel oder richterliche Erlaubnis haben". — Vgl. Not.O. § 82

[85]) Des Gerichts „unter dem die Erbschaft liegt": S 784, 793 cit.

[86]) L.R,S 793c. heißt es „das Buch, welches für die Aufnahme der Entsagungen bestimmt ist", Not.O. § 126[2] das „Erbentschlagungsbuch".

[87]) Druckfehler: statt „Aufnahme".

[88]) D. h. Mitwirkung der Staatsanwaltschaft findet nicht statt.

[89]) Des überlebenden Ehegatten u. der Staatsgüterverwaltung, sowie (S. 773) natürlicher Kinder, „wenn sie wegen Mangels anderer Erbverwandten in die Verlassenschaft eintreten".

[90]) Auf ihr Gesuch, u. nicht eher, „als nachdem drei Verkündungen u. öffentl. Anschläge in der gewöhnlichen Form vorhergegangen sind". Vgl. V. v. 26. Juni 1879 (G. u. V.Bl. S. 318). — Vgl. Not.O. § 126[5].

[91]) Wenn nemlich keine Pflichterben vorhanden sind u. daher der Erbnehmer kraft Gesetzes in Besitz u. Gewähr tritt (S. 1006) u. sobald die letzte Willensverordnung eine eigenhändige oder eine geheime ist.

[92]) Vgl. Not.O. § 115[1a], § 117[6].

[93]) Vgl. Not.O. § 219[6]. — Vgl. § 57[3] d. G.

3) Auf die Prüfung der Erbtheilungen kommen im Uebrigen die Bestimmungen des § 40 zur Anwendung.

VI. Erbbescheinigungen.

(Verweisung auf das Gesetz v. 24. März 1888.) **§ 105.** Für die Ausstellung gerichtlicher Erbbescheinigungen sind die Bestimmungen des Gesetzes v. 24. März 1888 (Ges. u. V.Bl. Nr. XI.) maßgebend.[93a])

VII. Sicherung und Liquidirung der Erbmasse. Lediges Erbe.

(Sicherung und Liquidirung der Erbmasse.) **§ 106.** 1) In der Zeit vor dem Erbantritt oder der Erbeinweisung hat das Nachlaßgericht, so oft hiezu Veranlassung gegeben ist, auf Antrag oder von Amtswegen die erforderlichen Sicherungsmaßregeln zu treffen, insbesondere, soweit nöthig (vergl. C.P.O. §§ 693 u. 694), dem Nachlasse oder dem Erben einen Pfleger zu bestellen.[94])

2) Soweit nach bestehenden Staatsverträgen der zuständigen inländischen Lokalbehörde die Inventarisirung und die Liquidirung des Nachlasses eines im Inlande verstorbenen Ausländers zugewiesen ist, hat das Nachlaßgericht die Inventarisirung durch den Notar, sofern sie nicht ohnedies erfolgt ist, und die Liquidirung durch einen zu bestellenden Pfleger zu veranlassen und hierwegen dem Großh Staatsmin. behufs Mittheilung an die fremde Gesandtschaft oder Konsulatsbehörde Vorlage zu erstatten.[95])

3) Das Nachlaßgericht ertheilt den in Gemäßheit dieses Paragraphen zu bestellenden Pflegern die erforderliche Anleitung, beaufsichtigt ihre Geschäftsführung und entscheidet gegebenen Falls über ihre Befreiung und Absetzung.

(Lediges Erbe.)[95a]) **§ 107.** 1) Das Nachlaßgericht hat, soweit erforderlich auf Grund weiterer Erhebungen, zu ermessen, ob eine Erbschaft als ledig anzusehen ist (L.R.S. 811)[96]), bejahenden Falls für dieselbe einen Erbpfleger zu ernennen (L.R.S. 812)[97]) und hievon die Gläubiger, welche ihre Ansprüche angemeldet haben, zu benachrichtigen.

2) Auf den Erbpfleger finden die Bestimmungen des § 106 Abs. 3 Anwendung (vergl. L.R.SS. 813 ff. und 803 ff.)[98])

3) Wenn bei dem Stande der Masse nach Tilgung der Erbschaftslasten ein Ueber-

---

93a) Vgl. aber Not.O. § 109. — Das Ges. v. 24. März 1888 entspricht inhaltlich durchaus dem preußischen v. 12. März 1869; nur soll die Erbbescheinigung nicht ertheilt werden „so lange ein Rechtsstreit über das Erbrecht anhängig ist" u. die Begründung des Antrages muß daher die Erklärung enthalten, daß dies nicht der Fall sei, eine Erklärung, die dem Sinne nach schon in der anderen enthalten ist, daß dem Antragsteller gleich nahe oder nähere Erben nicht bekannt seien. Nach badischem Rechte u. nach dem Ges. v. 1888 bedarf das Vorhandensein eines anerkannten natürlichen Kindes oder eines überlebenden Ehegatten ausdrücklicher Erwähnung in der Erbbescheinigung.

94) Not.O. 92^2, 123, 125, vgl. auch § 95^3.

95) Vgl. Not.O. §§ 134, 135^4, 136^2.

95a) Not.O. § 136.

96) „Wenn nach Umlauf der Erbverzeichnißfrist und der Bedenkzeit Niemand erscheint, der ein Erb- oder ein Erbfolge-Recht anspricht, auch kein Erbe bekannt ist, oder die bekannten Erben auf die Erbschaft Verzicht gethan haben, so wird das Vermögen als erblos oder die Erbschaft als ledig angesehen."

97) Aber nicht mehr „auf Antrag des Kronanwalts" R.P.G. § 25.

98) L.R.S. 803: „Der Erbpfleger muß vor allem den Zustand der Erbschaft durch ein Erbverzeichniß ins Klare setzen. Er übt die Rechte der Erbschaft aus und macht sie geltend; denen wider sie gerichteten Klagen steht er zu Recht; er verwaltet zu Gunsten Aller, die es angehen mag, u. muß das in der Erbschaft befindliche baare Geld, sowie den Erlös aus der Fahrniß u. Liegenschaft, der überbleibt, zur Staatsschuldenkasse geben, welche demjenigen Rechnung thun muß, der etwa ein Recht darauf hat."

schuß zu erwarten steht, so hat das Nachlaßgericht von dem Erbanfall und von dem Stande der Masse die Generalstaatskasse zu benachrichtigen.

Titel VIII. Besondere Vorschriften aus dem Gebiet des Handelsrechts.

(Sachliche Zuständigkeit und Verfahren.) § 108. 1) Die Amtsgerichte als Rechtspolizeibehörden sind zuständig:

a) für die auf die Führung der Handelsregister, der Genossenschaftsregister, der Zeichen- und Musterregister bezüglichen Geschäfte;

b) für die in dem Handelsgesetzbuch, in dem Einführungsgesetz zu demselben, in dem Ges. über die Erwerbs- und Wirthschaftsgenossenschaften und in dem Reichsges. v. 30. März 1888[99]) dem Handelsgerichte, dem Gerichte oder dem Richter zugewiesenen Angelegenheiten, auf welche die deutschen Prozeßordnungen keine Anwendung finden;

c) für die alljährliche Durchgehung der Handelsregister unter Mitwirkung sachkundiger Beisitzer (Verordn. v. 21. März 1883, Ges. u. V.Bl. Nr. IX.).

2) Auf das Verfahren finden die Vorschriften der einschlagenden Reichs- und Landesgesetze und der hiezu ergangenen Vollzugsbestimmungen und nur insoweit, als solche mangeln, die für die Thätigkeit der Amtsgerichte in Rechtspolizeisachen im Allgemeinen geltenden Vorschriften Anwendung.[100])

Titel IX. Verhältniß der Amtsgerichte zu den Notaren und Geschäftsverkehr mit denselben.

(Verhältniß zu den Notaren und Geschäftsverkehr im Allgemeinen.) § 109. 1) Die Notare besorgen selbstständig die ihnen durch § 26 des R.P.G. zugewiesenen Geschäfte. Ein Verhältniß dienstlicher Unterordnung derselben gegenüber den Amtsgerichten findet nicht statt.[100a])

2) Die Formen des gegenseitigen Geschäftsverkehrs sind hiernach einzurichten.

3) In diesem Verkehr sind schriftliche Mittheilungen auf das Nothwendige zu beschränken.

(Erinnerungen u. dergl. Beschwerden.) § 110. 1) Die Amtsgerichte können bei den Notaren, wie diese bei jenen, einzelne ausstehende Amtshandlungen in Erinnerung bringen.

2) Sie können gegenseitig auf erheblichere Mängel aufmerksam machen.

3) Auffallende Verzögerungen und Verstöße können von beiden der Aufsichtsbehörde zur Kenntniß gebracht werden.

4) Beschwerden zwischen Amtsgerichten und Notaren,[101]) für deren Erledigung nicht die Gerichte zuständig sind,[102]) sind dem Justizministerium zur Entscheidung vorzulegen.

(Urkundenverzeichnisse und Monatsauszüge der Notare.) § 111. 1) Das Amtsgericht hat die Urkundenverzeichnisse der Notare zu paginiren und zu paraphiren und dieselben sowie deren Abschriften, die Monatsauszüge, welche von dem Amtsgerichte gemäß R.P.G. § 59 Abs. 1 jahrweise zusammenzuheften sind, unter Angabe der Zahl der eingetragenen Urkunden abzuschließen und zu unterschreiben (R.P.G. § 63 Abs. 2 und 3).

2) Die Urkundenverzeichnisse werden nach erfolgtem Abschlusse (Abs. 1) den Notaren zurückgegeben, deren Abschriften sind bei dem Amtsgerichte aufzubewahren (R.P.G. § 63 Abs. 4).[103])

(Aufbewahrung der Urkunden der Notare.) § 112. 1) Die Amtsgerichte ver-

---

[99]) R.G.Bl. Nr. 17 betr. die Löschung nicht mehr bestehender Firmen u. Prokuren im Handelsregister.

[100]) Vgl. Reichsrecht Bd. I. S. 71 f.

[100a]) Vgl. Not.O. § 3.

[101]) Nicht Parteibeschwerden.

[102]) Wie z. B. in § 113².

[103]) Vgl. Not.O. § 51⁵.

wahren die von den Notaren aufgenommenen Urkunden, soweit dieselben nicht den Parteien ausgefolgt werden[104]) (R.P.G. § 29 Abs. 1).

2) Sie haben darauf zu achten, daß ihnen die Akten über solche, in den Monatsauszügen als erledigt bezeichnete Geschäfte rechtzeitig und vollständig zur Aufbewahrung übergeben werden.

(Veranlassung amtlichen Vorgehens der Notare. Meinungsverschiedenheit über dessen Nothwendigkeit.) **§ 113.** 1) So oft dem Amtsgerichte Thatsachen bekannt werden, welche ein Vorgehen des Notars von Amtswegen (vergl. R.P.G. §§ 26 u. 32 Abs. 2) nöthig machen und dem Notar noch nicht bekannt sind, hat dasselbe den Notar hievon zu benachrichtigen.

2) Erachtet das Amtsgericht, entgegen der Ansicht des Notars, bei Prüfung der Sterbelisten (§ 100) oder aus anderem Anlaß eine Amtshandlung des letzteren für gesetzlich geboten, so ist, wenn der Notar auf seiner Ansicht beharrt, von der einen oder anderen Seite die Entscheidung des Landgerichts einzuholen.

(Prüfung des Gebührenansatzes der Notare.) **§ 114.** 1) Das Amtsgericht hat bei den seiner Prüfung unterliegenden Geschäften (R.P.G. § 2 Ziffer 6; diese Geschäftsordn. §§ 40, 57 u. 104), wenn die gesetzlichen Vertreter Minderjähriger, Entmündigter oder Abwesender dies beantragen, auch die Gebührenansätze der Notare zu prüfen. Unter Gebühren im Sinne dieser Verordnung sind, soweit nicht etwas Anderes bestimmt ist, die Auslagen mitinbegriffen.

2) Hiebei ist namentlich zu untersuchen, ob der Ansatz den bestehenden Vorschriften entspricht und ob die Antheile des Staats und des Notars richtig ausgeschieden sind.

3) Führt die Prüfung zu keiner Beanstandung, so hat das Amtsgericht die erfolgte Prüfung am Fuße der Gebührenberechnung zu beurkunden.

4) Führt die Prüfung zur Beanstandung eines Ansatzes, so ist diese sammt Gründen dem Notar, welchem dagegen die Beschwerde an das Justizministerium zusteht (R.P.G. § 65a. Abs. 2), mitzutheilen, und ist auf diesen Beschluß am Fuße der Gebührenberechnung hinzuweisen.

5) Die Prüfung der Gebührenansätze in weiterem als dem durch Abs. 1 bestimmten Umfange geschieht periodisch nach Anordnung des Justizministeriums.

(Vertheilung der Geschäftsgebühren unter mehrere Notare.) **§ 115.** 1) Haben an einem Geschäfte mehrere Notare gearbeitet, so hat das Amtsgericht den einem jeden zukommenden Theil der Gebühren bei Ermangelung einer Einigung derselben hierüber nach billigem Ermessen, vorbehaltlich der Beschwerde an das Justizministerium, zu bestimmen.[105])

2) Von der Bestimmung hat das Amtsgericht jedem in einem anderen Amtsgerichtsbezirke befindlichen Notar zum Zwecke der Aufnahme in dessen Monatsauszug eine letzterem anzuschließende schriftliche Mittheilung zu machen.

(Monatsauszüge und Heberollen. Gebührenzahlung an die Geschäftsfertiger.) **§ 116.**[106]) 1) Die Monatsauszüge der Notare sind in Ansehung der bei dem Amtsgerichte zu verwahrenden Geschäfte in der Richtung zu durchgehen, ob alle durch Sterbfälle (vergl. § 100) veranlaßten Geschäfte eingetragen und ob aus früheren Monaten unerledigt übergehende Geschäfte übertragen sind, ob die Geschäfte dem Amtsgerichte zur Aufbewahrung übergeben und von demselben übernommen sind (§ 112), sowie ob die im Monatsauszug eingetragenen Gebühren mit dem Ansatz in den Akten, im Falle des § 114 Abs. 4 mit der betreffenden amtsgerichtlichen Verfügung, übereinstimmen. Diese Durchgehung kann, unter Aufsicht des Amtsrichters, durch einen Beamten der Gerichtsschreiberei geschehen.

2) Nach erfolgter Durchgehung des Monatsauszugs (Abs. 1) hat das Amtsgericht, vorbehaltlich der Beschwerde des hievon zu benachrichtigenden Notars an das Justizministerium,

a) die nach § 114 Abs. 4 beanstandeten Beträge,
b) die Ansätze für bei ihm zu verwahrende, aber in seine Verwahrung noch nicht übergegangene Geschäfte und

---

[104]) Not.O. § 47.
[105]) Vgl. Not.O. §§ 181, 182[4], 183[3].
[106]) Wiederholt in Not.O. § 183 u. § 182[5].

c) die Ansätze für solche seiner Prüfung unterliegende Geschäfte, welche so spät vorgelegt sind, daß die nach § 114 Abs. 1 vorzunehmende Gebührenprüfung nicht mehr rechtzeitig geschehen kann,

auszuscheiden und bei Nichtübereinstimmung der Einträge mit den Akten die nöthige Verbesserung zu veranlassen. In dem Falle unter a) hat die Gebührenerhebung und Zahlungsanweisung ganz zu unterbleiben, wenn der Notar gegen die Beanstandung Beschwerde einlegt und nicht ausdrücklich die alsbaldige Anweisung des unbeanstandeten Betrags beantragt.

3) Das Amtsgericht theilt den hiernach auf Grund des Monatsauszugs dem Notar zukommenden Betrag der Amtskasse, welche daraufhin die Zahlung an den Notar leistet, mit und bewirkt die Erhebung der angesetzten Kosten von den Zahlungspflichtigen nach Maßgabe der hierüber bestehenden besonderen Vorschriften. In den Fällen des § 115 geschieht die Zahlungsanweisung hinsichtlich eines jeden Notars durch das Amtsgericht, in dessen Bezirk derselbe angestellt ist, die Erhebung sämmtlicher Gebühren aber durch das Amtsgericht, welches das Geschäft verwahrt, und unterbleibt die Zahlungsanweisung, nicht aber die Gebührenerhebung, insolange, bis eine Einigung der Notare oder eine Entschließung über die Gebührenvertheilung erfolgt ist.

4) Durch Beschwerden Betheiligter wegen des Gebührenansatzes wird die Gebührenerhebung (Abs. 3) nicht gehemmt.

5) Wird der Monatsauszug so spät vorgelegt, daß seine Durchgehung (Abs. 1) und die zum Zwecke der Gebührenerhebung erforderlichen Geschäfte nach dem ordentlichen Geschäftsgange in der festgesetzten Zeit nicht mehr erledigt werden können, so kann das Amtsgericht die Gebührenerhebung und die Zahlungsanweisung bis zum nächsten Monate aussetzen.

(Erledigung von Notarsstellen u. dgl.) **§ 117.**[107]) 1) Bei Erledigung einer Notarsstelle durch den Tod des Notars hat das Amtsgericht dessen Amtssiegel sowie die dem Notar zum dienstlichen Gebrauch zugekommenen Gegenstände, die Urkundenverzeichnisse, Urkunden und sonstigen Dienstpapiere, soweit thunlich unter Beizug der Erben des Notars, zu erheben und wie geschehen zu Protokoll zu beurkunden. Dem Landgerichte und dem Justizministerium ist vom Tode des Notars Anzeige zu erstatten, dem Justizministerium sind auch die Amtssiegel sowie eine Abschrift des errichteten Protokolls einzusenden.

2) Wenn ein Notar aus anderem Grunde aus dem Dienste überhaupt oder aus seiner bisherigen Amtsstelle scheidet oder wenn er vorläufig seines Amtes enthoben oder verhaftet wird, sind für das etwaige Vorgehen des Amtsgerichts die Anordnungen der Aufsichtsbehörden maßgebend. Bei Gefahr im Verzug findet Absatz 1 entsprechende Anwendung.

(Notars-Stellvertreter und Dienstverweser.) **§ 118.** Die vorstehend hinsichtlich der Notare gegebenen Bestimmungen (§§ 109—117) finden in gleicher Weise auf Stellvertreter[108]) der Notare und auf Dienstverweser[109]) Anwendung.

(Notariatsassistenten.) **§ 119.** Auf Notariatsassistenten[110]) finden die Bestimmungen der §§ 111, 114 u. 116 mit der Maßgabe entsprechende Anwendung, daß deren gesammte rechtspolizeiliche Gebührenansätze durch die Amtsgerichte von Amtswegen zu prüfen sind.

Titel X. Besondere Vorschriften hinsichtlich des Kostenwesens und der Statistik.

(Verweisung auf die bestehenden Vorschriften über Kostenansatz.) **§ 120.** Hinsichtlich des Kostenansatzes der Amtsgerichte kommen die Bestimmungen der bestehenden Gesetze (insbesondere das Badische Einf.Ges. z. Reichsgerichtskostengesetz vom

---

[107]) Vgl. Not.O. § 11.

[108]) Not.O. § 10.

[109]) Not.O. § 11.

[110]) Vgl. R.P.G. § 71 u. J.M.Ver. v. 14. Sept. 1864. (cf. V.Bl. Nr. XV, Not.Bl. Nr. 20.)

22. Februar 1879 und das R.P.Geb.Ges. und Tarif)[111]) und Verordnungen zur Anwendung.

(Kauf- und Tauschbriefgebühr.) § 121. 1) Die Gebühr für Kauf- und Tauschbriefe (R.P.Geb Tar. § 7) wird nach dem Geldwerthe der Liegenschaften angesetzt. Die Ermittelung dieses Werthes geschieht nach den für Berechnung der Liegenschaftsaccise geltenden Bestimmungen.

2) Die ermäßigte Gebühr des Art. 6 des R.P.Geb.Ges. (vergl. Finanzministerialverordn. v. 18. April 1854, Reg.Bl. Nr. XXII.) ist auch für Kauf- und Tauschbriefe über diejenigen Eigenthumsübergänge bei Feldbereinigungen, über welche Kauf- und Tauschbriefe zu ertheilen sind (vergl. § 43[112]) Abs. 4 d.), anzusetzen.

3) In den Fällen des Artikels 1 Ziff. 2 des Gesetzes, den Nachlaß der Kaufaccise und die Ermäßigung der Gebühr für Kauf- und Tauschbriefe ꝛc. betreffend, v. 3. März 1854 (vergl. Art. 6 des R.P.Geb.Ges.) tritt die ermäßigte Gebühr ohne Rücksicht auf das bestehende eheliche Güterrecht auch dann ein, wenn das von dem einen Ehegatten erworbene Grundstück mit einem angrenzenden Grundstück des anderen Ehegatten wirthschaftlich vereinigt wird.

4) Wenn von mehreren Liegenschaften, welche ein Vertrag umfaßt, die einen der ermäßigten Gebühr des angeführten Art. 6 (Abs. 2) unterliegen, die anderen nicht, so entscheidet der Werth der letzteren für sich allein.

(Gebühr für Faust-, Nutz-, Unterpfands- und Kautions-Urkunden.) § 122. 1) Bei Berechnung der Gebühr des Tarifs § 8 kommen nur die Schuld- oder Kautionssummen, nicht auch die Nebenverbindlichkeiten (Zinsen, Kosten und dergleichen), in Betracht.

2) Werden für die nämliche Schuld Liegenschaften verschiedener Amtsgerichtsbezirke verpfändet (§ 44 Abs. 1), so findet nur ein einmaliger Ansatz der Gebühr statt, und zwar bei dem Amtsgerichte desjenigen Bezirks, in welchem der Schuldner zugleich den Wohnsitz hat oder — bei dessen Ermangelung — dessen Unterpfänder den höheren Werth haben.

(Aktenaufsuchungsgebühr.) § 123. 1) Die Aktenaufsuchungsgebühr (Tarif § 28) ist anzusetzen, wenn auf Antrag eines zur Einsicht Berechtigten (diese Verordn. § 19) Urkunden oder Akten in der stehenden Registratur aufgesucht, insbesondere auch, wenn sie in bürgerlichen Rechtsstreitigkeiten zu Zwecken des Beweisverfahrens verlangt werden.

2) Die Gebühr wird dagegen nicht erhoben, wenn die Urkunden oder Akten auf das von Amtswegen ergehende Verlangen einer Behörde oder in Bezug auf ein anderes Geschäft nachgeschlagen werden.

3) Wenn eine Partei die Mittheilung einer Abschrift oder eines Auszugs aus einem bestimmt bezeichneten Geschäfte verlangt, so darf neben den Schreibgebühren die Aktenaufsuchungsgebühr nicht erhoben werden.[113])

4) Die Gebühr findet nur einmal statt, auch wenn das aufgesuchte Geschäft aus mehreren Heften besteht.

(Statistik.) § 124. Auf die Führung der Tabellen und Verzeichnisse und auf die für Zwecke der Statistik zu fertigenden Darstellungen finden die hiefür bestehenden besonderen Vorschriften Anwendung.

Titel XI. Schluß- und Uebergangsbestimmungen.

(Accisefestsetzung.) § 125. Den Amtsgerichten ist bis auf Weiteres auch die Festsetzung der Liegenschafts-, Schenkungs- und Erbschaftsaccise übertragen.

---

[111]) Vgl. Einführungsges. (G. u. V.Bl. Nr. XV. S. 179—186). Die §§ 6—27 betreffen die freiw. Gerichtsbarkeit. Das Rechtspolizei-Geb.Ges., genauer Ges. über die Gebühren für d. Geschäfte d. Rechtspolizeiverwaltung v. 21. Juni 1874 findet sich verkündet im Ges. u. V.Bl. Nr. XXIV. Vgl. außerdem die Gerichtskosten-Ordnung v. 2. Januar 1890 (Ges. u. V.Bl. Nr. I).

[112]) Verbesserter Druckfehler statt 42. Nach dieser Vorschrift vollziehen sich diese Eigenthumsübergänge kraft Gesetzes u. können füglich nicht als durch Kauf oder Tausch begründet angesehen werden; und sind über diese also keine Kauf- oder Tauschbriefe auszufertigen.

[113]) Vgl. § 23 d. G.

(Gerichtsnotare.) § 126. 1) Bei den Amtsgerichten, welchen Gerichtsnotare als besondere Beamte für Ausübung der freiwilligen Gerichtsbarkeit beigegeben sind, besorgen diese nach Maßgabe der im Einzelfall innerhalb des gesetzlichen Rahmens (vergl. insbesondere R.P.G. § 85) getroffenen Geschäftsabtheilung die den Amtsgerichten zukommenden rechtspolizeilichen Geschäfte.

2) Die in dieser Geschäftsordn. hinsichtlich der Amtsrichter gegebenen Bestimmungen finden auf die Gerichtsnotare innerhalb deren Geschäftskreises entsprechende Anwendung.[114])

3) Geschäftsordnung für die Notare als Rechtspolizeibeamte (Notariatsordnung)[1]) vom 2. November 1889.

(Ges. u. V.Bl. Nr. XXVII.)

---

[114]) S. o. Einleitung zu dieser Nr. Im Januar 1891 gab es nur noch bei 4 Amtsgerichten Gerichts-Notare (Reutti, Vorwort S. VIII. Anm.)

[1]) Siehe oben S. 259.

Titel I. Rechtsverhältnisse, Geschäftskreis und Zuständigkeit der Notare.

(Befähigung.) § 1. Als Notar kann nur angestellt werden, wer zum Richteramte befähigt ist (R.P.G. § 67).[1a])

(Rechtsverhältnisse.) § 2. Die Rechtsverhältnisse der Notare werden durch das Beamtengesetz v. 24. Juli 1888, die Gehaltsordnung vom gleichen Tage und die Vollzugsbestimmungen[2]) zu beiden geregelt.

(Notarskammer.) § 3. 1) Die Notare wählen aus ihrer Mitte eine Notarskammer mit dem Sitze in Karlsruhe (R.P.G. § 72 Abs. 1 in der Fassung des Ges. v. 20. Juli 1888).

2) Zum Geschäftskreise der Notarskammer gehört (R.P.G. § 72 Abs. 2):

a) die Vertretung der Interessen des Standes der Notare;
b) die Erstattung von Gutachten, welche die Regierung von ihr verlangt;
c) die Beilegung von dienstlichen Zwistigkeiten unter den Notaren auf Antrag der Betheiligten;
d) die Entwerfung und Abänderung der Geschäftsordnung, vorbehaltlich der Genehmigung des Justizministeriums;
e) die Bestimmung der Beiträge, welche zur Bestreitung des für die gemeinschaftlichen Angelegenheiten nöthigen Aufwandes erforderlich sind;
f) die Verwaltung der aus diesen Beiträgen gebildeten Kasse und die Verwendung der Mittel derselben.

3) Das Amt eines Mitgliedes der Notarskammer ist ein Ehrenamt; es werden demselben nur die Reise- und andere baare Auslagen aus der Kasse der Notarskammer ersetzt (R.P.G. § 73).

4) Die Bildung und Geschäftsführung der Notarskammer ist durch die landesherrliche Verordn. v. 30. August 1888 geregelt.[3])

(Dienstaufsichtsbehörden. Dienstprüfungen.) § 4. 1) Die Dienstaufsicht über die Notare wird durch das Justizministerium und nach Maßgabe der von diesem erlassenen Anordnungen durch die Landgerichte ausgeübt.

2) Das Justizministerium wird von Zeit zu Zeit durch Dienstprüfungen von dem Geschäftsstande und von der Art der Geschäftsführung der Notare Kenntniß nehmen.

3) Ein Verhältniß dienstlicher Unterordnung der Notare gegenüber den Amtsgerichten findet nicht statt.[4])

(Geschäftskreis.) § 5. 1) Die Notare besorgen die ihnen durch § 26 des R.P.G. zugewiesenen Geschäfte. Dazu gehört, soweit bei diesen Geschäften öffentliche Versteigerungen erforderlich sind, auch die Vornahme letzterer.

2) Bei den Wahlen der Abgeordneten zur zweiten Kammer hat ein von dem landesherrlichen Kommissär bezeichneter Notar des Wahlorts oder des Wahlbezirks in die Wahlkommission einzutreten und das Protokoll zu führen (§ 58 der Wahlordn. in der Fassung des Ges. v. 25. August 1876).

[1a]) Vgl. auch R.P.G. § 86.

[2]) Landesherrl. Verordn. v. 27. Dez. 1889, die Pflichten der Beamten betr. (G. u. V.Bl. Nr. 34); v. 14. Jan. 1890, die Dienstpolizei betr. (G. u. V.Bl. Nr. II); s. o. Anm. zu §§ 70 ff. des R.P.G.; v. 7. Febr. 1890, die Aufnahme in d. öffentl. Dienst betr. (G. u. V.Bl. Nr. IV); V. v. 19. Juni 1890, Entfernung vom Amte und Urlaub betr. s. o. S. 288.

[3]) S. o. S. 289.

[4]) S. R.P.O. § 109.

3) Außerdem ist den Notaren die Besorgung folgender Geschäfte gestattet:

a) die Stellung von Rechnungen und die Fertigung von Abrechnungen, Voranschlägen und Schuldentilgungsplänen;[4a])

b) die Vereinigung und Erneuerung von Grund- und Pfandbüchern;[4b])

c) Versteigerungen, abgesehen von den Fällen des Absatzes 1;[4c])

d) Konkursverwaltungen und Nachlaßpflegschaften (R.P.O. §§ 106 und 107);[5])

e) die Fertigung von Privaturkunden über Rechtsgeschäfte und von Entwürfen zu Rechtsurkunden;[6])

f) die Abgabe schriftlicher oder mündlicher Gutachten in Rechtsangelegenheiten, welche nicht bei dem angegangenen Notar anhängig sind, jedoch zum Geschäftskreis der Notare gehören.[7])

4) Das Justizministerium kann die Befugniß zur Vornahme der in Absatz 3 genannten Geschäfte entziehen oder beschränken, wenn durch dieselben der Dienst des Notars beeinträchtigt wird.

(Pflicht zur Amtshandlung.) § 6. 1) Die Notare dürfen die Vornahme der ihnen durch § 26 des R.P.G. zugewiesenen Geschäfte (§ 5 Abs. 1 dieser Verordn.) nicht ohne rechtfertigenden Grund (§§ 7, 8 und 9) ablehnen (vergl. R.P.G. § 32).

2) Die Uebernahme der in § 5 Abs. 3 bezeichneten Geschäfte darf der Notar, soweit diese Geschäftsordn. nicht im Einzelnen etwas Anderes bestimmt, ohne Angabe eines Grundes verweigern.[7a])

3) Auf Verlangen der Partei ist ihr über die Ablehnung und in den Fällen des Abs. 1 über deren Grund eine Bescheinigung zu ertheilen (vergl. R.P.G. § 33 Abs. 3).

(Verbotene Geschäfte.) § 7. 1) Die Notare haben die Vornahme des Geschäfts zu verweigern, wenn ihre Dienstleistung von einer ihnen als nicht rechtshandlungsfähig bekannten Person in Anspruch genommen wird, oder der Inhalt der zu beurkundenden Willenserklärung sich als ein gesetzlich verbotener darstellt (R.P.G. § 33 Abs. 1).

2) Die Fertigung von Privaturkunden (§ 5 Abs. 3 Ziffer e) ist untersagt hinsichtlich derjenigen Rechtsgeschäfte, welche nach bestehender Vorschrift öffentlich beurkundet werden müssen.[7b]) Sie darf in anderen Fällen nur geschehen, wenn das Verlangen der Errichtung in Privatform dem Notar bestimmt ausgedrückt ist, und, soweit die Errichtung in öffentlicher Form für den beabsichtigten Gebrauch Vortheile bietet, nur nach geeigneter Belehrung der Betheiligten hierüber.

(Oertliche Zuständigkeit.) § 8. 1) Die örtliche Zuständigkeit der Notare umfaßt, vorbehaltlich der Bestimmung des Absatzes 2, den Amtsgerichtsbezirk, in welchem sie angestellt sind.

2) In Amtsgerichtsbezirken, in welchen mehr als ein Notar angestellt ist, ist für Siegelungen und Vermögensverzeichnungen in den gesetzlich gebotenen Fällen ausschließlich derjenige Notar zuständig, in dessen Distrikt diese Handlungen vorzunehmen sind (R.P.G. § 27 Abs. 1).[8])

[4a]) R.P.G. § 22; R.P.O. §§ 74, 77, 106, 107; Not.O. § 14[2].

[4b]) Vgl. R.P.O. § 41[2].

[4c]) S. unten §§ 71 ff., nicht aber die Vermittelung von Kaufabschlüssen als Eigenthum: J.M.Erl. v. 20. 6. 1888.

[5]) J.M.E. v. 11. März 1890.

[6]) Vgl. § 7[2].

[7]) Die Abgabe von Gutachten durch Beamte wird vorgesehen durch § 10 des Beamtengesetzes und die Vollzugsverordnung v. 27. Dez. 1889 § 6, dessen letzter Absatz vorschreibt, daß die sonst erforderliche vorgängige Genehmigung im Einzelfalle nicht mehr einzuholen ist, „wenn einem Beamten kraft seiner sachlichen und örtlichen Zuständigkeit oder kraft einer ihm zur Abgabe von Gutachten bestimmter Art zum Voraus allgemein ertheilten Ermächtigung die Befugnis zur Erstattung des in Frage stehenden Gutachtens zukommt“.

[7a]) Z. B. § 135 Nr. 2 u. 3.

[7b]) Zulässig also insbesondere für den freihändigen Verkauf: Vgl. § 78 und R.P.O. § 34.

[8]) Vgl. §§ 80, 81, 101, 107, 130, 134, 159[1], 166[1], 167 d. Ges.

3) Wenn über die Zuständigkeit zwischen mehreren Notaren Streit entsteht oder Ungewißheit herrscht, so bestimmt das Justizministerium den zuständigen Notar (R.P.G. § 28).

(Rechtliche oder thatsächliche Verhinderung.) § 9. 1) Dem Notar ist verboten, solche Geschäfte zu fertigen, bei denen er selbst, seine Ehefrau, Verwandte oder Verschwägerte — in gerader Linie in allen Graden, in der Seitenlinie bis zum vierten Grade einschließlich — als Parteien mitwirken[9]), oder in welchen eine Verfügung zu Gunsten der genannten Personen vorkommt (R.P.G. § 34).

2) Wegen besorgter Befangenheit kann der Notar abgelehnt werden, wenn er außer den in Absatz 1 bezeichneten Fällen in einem solchen Verhältnisse von Betheiligung, Verwandtschaft, Schwägerschaft, Freundschaft oder Feindschaft zu einem der Betheiligten steht, daß dem andern ein ungeschwächtes Vertrauen auf die Unbefangenheit des Notars nicht zugemuthet werden kann (R.P.G. § 35).

3) Ueber die Ablehnung (Abs. 2) entscheidet das Landgericht (R.P.G. § 36). Bis zur Entscheidung soll der abgelehnte Notar nur solche Amtshandlungen vornehmen, welche keinen Aufschub gestatten.

4) Der Notar, welcher hiernach von der Fertigung eines Geschäftes kraft Gesetzes ausgeschlossen (Abs. 1) oder dessen Ablehnung für begründet erklärt ist (Abs. 2 und 3), hat das Geschäft an seinen Stellvertreter (§ 10) abzugeben oder nach Umständen bei Geschäften, welche auf Antrag vorzunehmen sind und deren sofortige Erledigung nicht durch das Interesse des Antragstellers geboten ist, den letzteren von seiner Verhinderung und von deren Grund zu benachrichtigen.

5) Die vorstehend (Abs. 4) für die Fälle rechtlicher Verhinderung des Notars gegebene Bestimmung findet bei dessen thatsächlicher Verhinderung an Vornahme einzelner Geschäfte entsprechende Anwendung. Ist der Notar an der Versehung seines Amtes überhaupt durch Krankheit oder sonstige Gründe zeitweise verhindert, so tritt für die Dauer der Verhinderung der ernannte Stellvertreter ganz an seine Stelle.

(Stellvertreter.) § 10. 1) Die Stellvertretung eines rechtlich oder thatsächlich verhinderten Notars (§ 9) liegt, wenn nicht im Einzelfalle eine andere Vorsorge getroffen wird, seinem vom Landgerichte im Voraus zu ernennenden allgemeinen Stellvertreter und nöthigen Falls dessen allgemeinem Stellvertreter ob. Die Ernennung erfolgt, soweit erforderlich nach Anhörung der betheiligten Notare, aus der Zahl der anderen Notare des gleichen Amtsgerichtsbezirks oder, wenn nur ein Notar in diesem Bezirke angestellt ist, aus der Zahl der Notare anderer benachbarter, dem Landgerichtsbezirke zugetheilter Amtsgerichtsbezirke. Von der erfolgten Ernennung ist dem Justizministerium Anzeige zu erstatten.

2) Sobald bei thatsächlicher Verhinderung eines Notars wegen deren längerer Dauer oder aus andern Gründen die Berufung eines anderen Stellvertreters angezeigt erscheint und jedenfalls, wenn die Verhinderung des Notars länger als vier Wochen dauert, hat das Landgericht zu weiterer Verfügung dem Justizministerium Anzeige zu machen.

3) Das Justizministerium kann als Stellvertreter auch Notare anderer Landgerichtsbezirke und solche Rechtskundige berufen, denen die Befugnisse eines Amtsrichters übertragen werden können.[10])

(Dienstverweser.) § 11. 1) Bei Erledigung einer Notarsstelle[11]) oder im Falle der einstweiligen Dienstenthebung[12]) des Notars wird hinsichtlich der einstweiligen Versehung des Dienstes, insbesondere der Bestellung eines Dienstverwesers, durch das Justizmin. das Erforderliche verfügt.

2) Solange eine Entschließung des Justizmin. nach Abs. 1 nicht bekannt gegeben ist, wird der Notarsdienst gemäß § 10 Abs. 1 besorgt.

(Gehilfen.) § 12. 1) Der Notar muß alle ihm übertragenen Geschäfte (§ 5) selbst besorgen (R.P.G. § 42); nur zur Vorbereitung derselben darf er sich des Beistandes von Gehilfen bedienen.

---

[9]) Das muß auch angenommen werden, wenn der Notar als gesetzlicher Vertreter einer Partei mitwirkt.

[10]) Vgl. E.G. z. Ger.Verf.Ges. § 11 bei R.P.O. § 6.

[11]) R.P.O. § 117[1]. — [12]) Das. § 117[2].

2) Die Gehilfen der Notare müssen unbescholtenen Rufes, mindestens 18 Jahre alt und im Besitz der erforderlichen Kenntnisse sein.

3) Sie sind zur Verschwiegenheit gleich den Notaren verpflichtet und müssen entlassen werden, wenn sie diese Pflicht verletzen.

4) Namen, Stand und Alter der Gehilfen sind dem Landgerichte anzuzeigen, welchem überlassen ist, sich über das Vorhandensein der erforderlichen Eigenschaften zu vergewissern und geeigneten Falls auf die Entlassung hinzuwirken.

5) Den Parteien dürfen durch Zuziehung von Gehilfen in keinem Falle besondere Kosten erwachsen (vgl. R.P.G. § 42 Abs. 2).

(Rechtskundige Hilfsarbeiter insbesondere.) **§ 13.** 1) Sind Referendäre oder andere Rechtskundige bei dem Notar als Hilfsarbeiter beschäftigt, so hat er dieselben soweit thunlich mit dem gesammten dienstlichen Wirkungskreise des Notariats bekannt zu machen. Zunächst sollen sie, soweit zulässig, als Protokollführer verwendet und sodann mit Fertigung von Entwürfen einzelner Geschäfte (Verträge, Theilungen) beauftragt werden.

2) Der Notar hat dem Landgerichte von jedem Eintritt eines solchen Gehilfen Anzeige zu machen und am Jahresschlusse oder bei dessen etwa früher erfolgendem Dienstaustritt über die Art der Beschäftigung, sowie über Befähigung, Fleiß, dienstliches und außerdienstliches Betragen eingehenden Bericht zu erstatten (vgl. §§ 10 u. 11 der J.M.Verordn. über die Beschäftigung der Rechtspraktikanten und der Referendäre v. 3. August 1880).

(Schreiber.) **§ 14.** 1) Der Notar darf sich eines Schreibers bedienen, ausgenommen bei Aufnahme derjenigen Urkunden, bei denen das eigenhändige Niederschreiben durch den Notar gesetzlich geboten ist (R.P.G. § 42).

2) Die Schreiber müssen unbescholtenen Rufes und wenigstens soweit unterrichtet sein, daß sie richtig und deutlich lesbar zu schreiben vermögen. Schreiber, welche noch nicht 18 Jahre alt sind, dürfen nur mit Genehmigung des Landgerichts verwendet werden.

3) Die Vorschriften des § 12 Abs. 3–5 finden auch auf Schreiber Anwendung.

(Dienstsiegel.) **§ 15.** 1) Der Notar führt ein mit seinem Namen und dem Großherzoglichen Wappen versehenes Dienstsiegel (Trockensiegel). Dasselbe wird auf Staatskosten beschafft; dem Notar ist gestattet, außerdem ein auf eigene Kosten, jedoch durch Vermittelung des Justizministeriums zu beschaffendes Farbdrucksiegel von gleicher Beschaffenheit zu führen. Der Notar hat die Dienstsiegel sorgfältig zu verwahren (vgl. R.P.G. § 60).

2) Beim Ausscheiden aus dem Dienst sind die Dienstsiegel dem Justizministerium einzusenden (R.P.G. § 60).

3) Im Falle einer vorläufigen Amtsenthebung hat die zuständige Dienstbehörde die Dienstsiegel zu erheben und für die Dauer der Enthebung zu verwahren.

4) Stellvertreter der Notare, die kein eigenes Dienstsiegel haben, verwenden dasjenige des durch sie vertretenen Notars, Dienstverweser unter der gleichen Voraussetzung dasjenige des Amtsgerichts.

(Inventar. Generalakten.) **§ 16.** 1) Bei jeder Notarsstelle ist über die ihr überlassenen, zum dienstlichen Gebrauch bestimmten Gegenstände (Gesetzblätter, sonstige Druckschriften u. s. w.) ein Inventar anzulegen und fortlaufend zu führen.

2) Auf den Notarsdienst bezügliche allgemeine Verfügungen der Aufsichtsbehörden und sonstige Mittheilungen, welche dem Notar zugehen (z. B. Nachrichten über Ernennung von Waisenrichtern und Liegenschaftsschätzern, über Bestätigung von Lagerbüchern 2c.), sind in Generalakten zu vereinigen und bei der Stelle aufzubewahren.

(Dienstübergaben.) **§ 17.** 1) Bei jeder Uebergabe eines Notarsdienstes an einen Dienstnachfolger oder Dienstverweser sind die zum dienstlichen Gebrauch bestimmten Gegenstände, deren Vorhandensein auf Grund des Inventars (§ 16 Abs. 1) zu erörtern ist, sowie die General- und Spezialakten zu übergeben.[12a])

2) Hinsichtlich der Spezialakten ist durch Vergleichung mit dem Urkundenverzeichnisse[13]) festzustellen, ob die Akten über alle in dieses eingetragenen Geschäfte,

---

[12a]) Vgl. §§ 10, 11, 23 d. G., § 117 R.P.O.
[13]) R.P.G. § 63, Not.O. § 51.

soweit sie nicht schon an das Amtsgericht eingesendet oder den Parteien ausgefolgt sind,[14]) übergeben werden, und ob alle Geschäfte, bezüglich deren Akten übergeben werden, in das Urkundenverzeichniß eingetragen sind. Desgleichen sind vorliegende Akten, welche dem Notar von Seite anderer Stellen zu vorübergehendem dienstlichen Gebrauche zugegangen sind, zu verzeichnen.[15])

3) Das Protokoll über die Dienstübergabe ist dem Justizministerium zur Verfügung, dem Landgerichte in Abschrift vorzulegen.

Titel II. Allgemeine Bestimmungen über die Geschäftsführung der Notare.

(Amtstage.) § 18. 1) Die für die Amtsgerichte bezeichneten Amtstage sind zugleich die Amtstage für die am Amtsgerichtssitz befindlichen Notare, soweit nicht im Einzelfall mit Genehmigung des Justizministeriums etwas Anderes bestimmt ist. Die Bestimmung der Amtstage für Notare, welche nicht am Amtsgerichtssitz wohnen, erfolgt durch den Notar mit Genehmigung des Justizministeriums. Die Bestimmung und jede Aenderung derselben ist von dem Notar durch Anschlag an seinem Geschäftszimmer und durch das Amtsverkündigungsblatt öffentlich bekannt zu machen.

2) An Amtstagen (Abs. 1) hat der Notar Anmeldungen und sonstige Angelegenheiten während der gewöhnlichen Geschäftsstunden auf seinem Geschäftszimmer entgegenzunehmen. Verhandlungen in anhängigen Sachen, durch welche der Zweck des Amtstags beeinträchtigt wird, sollen außer in Eilfällen auf den Amtstag nicht anberaumt werden.

3) Der Notar hat auch außerdem für den Fall seiner Abwesenheit dafür zu sorgen, daß diejenigen, welche ihn in den Geschäftsräumen aufsuchen, daselbst den Ort, wo er zu finden ist, und die unterstellbare Zeit seiner Rückkunft erfahren können.

4) Das Justizministerium kann die regelmäßige Abhaltung von Amtstagen außerhalb des Wohnsitzes des Notars anordnen.

(Nämlichkeitszeugen.[16]) Feststellung der Nämlichkeit [Identität].) § 19. 1) Der Name, Stand und Wohnort der bei den Verhandlungen erscheinenden Personen muß dem Notar bekannt und dieser Umstand in der Urkunde angegeben sein. Hat der Notar die Kenntniß der Persönlichkeiten nicht schon vor dem Geschäfte, so soll er sich hierüber Gewißheit verschaffen, auch, daß und wie dies geschehen, in der Urkunde bescheinigen (R.P.G. § 39).

2) Soweit sich der Notar die erforderliche Gewißheit durch Auskunftspersonen verschafft, hat er darauf Bedacht zu nehmen, daß womöglich ihm persönlich bekannte, zum Beweise vollkommen tüchtige Personen als Nämlichkeits- (Identitäts-) Zeugen gewählt werden.[17])

3) Die Anwesenheit der Nämlichkeitszeugen ist nur so lange erforderlich, bis sie ihre Erklärung über die Persönlichkeit des unbekannten Betheiligten abgegeben und unterschrieben haben.

(Gewalthaber der Parteien.) § 20. 1) Bevollmächtigte der Parteien haben die Bevollmächtigung durch eine schriftliche Vollmacht nachzuweisen und diese zu den Akten abzugeben. Daß dies geschehen, ist in der Urkunde zu erwähnen. Ist die Vollmacht schon zuvor zu amtlichen Akten gebracht worden, so genügt die Bezugnahme hierauf unter genauer Bezeichnung der Stelle, an welcher die Vollmacht sich befindet.

2) Die Bevollmächtigung durch gerichtlich oder notariell beglaubigte Privaturkunde genügt in allen Fällen, für welche das Gesetz nicht ausdrücklich eine öffentlich beurkundete Vollmacht verlangt.

3) Soweit in einem Falle, in welchem dies statthaft ist, Vertreter ohne Vollmacht zugelassen werden, ist der Mangel der Vollmacht in der Urkunde auszudrücken.

---

[14]) S. § 47 d. Ges.

[15]) Vgl. R.P.O. §§ 20, 22, und § 48 d. Ges.

[16]) Verbesserter Druckfehler statt Räumlichkeitszeugen.

[17]) Für Soldaten und Gefreite möglichst Unteroffiziere, für solche möglichst ältere Unteroffiziere (Min.Erl. v. 24. Sept. 1879).

4) Ist die Vertretung der Partei durch einen Gewalthaber im einzelnen Falle nicht zulässig, so hat der Notar den vor ihm erscheinenden Bevollmächtigten hierüber zu belehren (R.P.G. § 40 in der Fassung v. 20. Juli 1888).

(Gesetzliche Vertreter der Betheiligten. Pfleger und Beistände.) § 21. 1) Der Notar hat dafür zu sorgen, daß zu Geschäften, bei welchen Abwesende, Minderjährige, Entmündigte oder nur beschränkt Handlungsfähige betheiligt sind, deren gesetzliche Vertreter (Vormünder, Gegenvormünder, Pfleger) und Beistände mitwirken. Entmündigte im Sinne dieser Verordnung sind die wegen Geisteskrankheit nach Landrechtssatz 489 Entmündigten und die wegen Verschwendung nach L.R.S. 513a für völlig mundtodt Erklärten.[18])

2) Dabei ist darauf zu sehen, ob diese Vertreter und Beistände in derjenigen Eigenschaft bestellt worden sind, welche nach der gegebenen Veranlassung und nach der Beschaffenheit des einzelnen Geschäftes für die gesetzmäßige Vertretung des in der Ausübung seiner Rechte gehinderten oder beschränkten Betheiligten erforderlich ist.

3) Wenn dem Notar die Vortheile Abwesender, Minderjähriger, Entmündigter oder nur beschränkt Handlungsfähiger bei einem Geschäfte nicht genügend gewahrt scheinen, so sind dieselben, bezw. deren gesetzliche Vertreter hierauf aufmerksam zu machen.

(Vernehmung der Beiräthe und des Waisenrichters.) § 22. 1) Der Notar hat bei Fertigung von Geschäften, bei welchen das Gesetz dem Familienrathe eine Thätigkeit zuweist, die vormundschaftlichen Beiräthe und den Waisenrichter zu vernehmen,[19]) sofern das Amtsgericht, in dessen Bezirk der Notar angestellt ist, zugleich das Vormundschaftsgericht ist.

2) Die Erklärungen der einvernommenen Personen sind je nach Thunlichkeit oder Zweckmäßigkeit im Geschäfte selbst oder in einer besonderen Verhandlung unter Angabe der Gründe für etwa gestellte Anträge zu verzeichnen und mit dem Geschäfte dem Amtsgerichte mitzutheilen, welchem die Familienraths-Entschließung zukommt.

3) Der Notar kann die ihm nach Absatz 1 obliegende Vernehmung der Beiräthe an Orten, welche nicht Notarssitz sind, dem Bürgermeister oder Waisenrichter übertragen und im Falle einer solchen Uebertragung die eigene Aeußerung des Waisenrichters schriftlich erheben.[20])

4) Ist das Amtsgericht, in dessen Bezirk der Notar angestellt ist, nicht zugleich das Vormundschaftsgericht (Abs. 1 a. E.), so sendet der Notar die Akten dem letzteren, welches die Gutachten erhebt und über Genehmigung oder Beanstandung der Rechtshandlung des Vormunds oder Pflegers beschließt.

(Verzeichniß der Entmündigten und Verbeistandeten.) § 23. 1) Jeder Notar hat auf Grund der ihm von dem Amtsgerichte zukommenden Nachrichten ein mit alphabetischem Register versehenes Verzeichniß der Entmündigten und Verbeistandeten des Amtsgerichtsbezirks nach dem anliegenden Form. A[21]) zu führen und in seinem Geschäftszimmer zu Jedermanns Einsicht aufzulegen.

2) Die erwähnten Nachrichten sind, mit fortlaufenden Nummern versehen, als Beilagen des Verzeichnisses zu sammeln. Die betreffenden Beilagenummern sind in Spalte 8 des Verzeichnisses zu vermerken.

(Allgemeine Pflichten der Notare.) § 24. 1) Die Notare sind verpflichtet, die Geschäfte gewissenhaft zu fertigen und nichts zu beurkunden, was nicht vor ihnen vorgegangen ist. Sie haben vor Aufnahme der Urkunden den wahren und ernstlichen Willen der Parteien zu ermitteln; sofern sie Zweifel hegen, ob die Parteien die Bedeutung und Folgen des beabsichtigten Geschäfts völlig erkannt haben, denselben hierüber die nöthige Belehrung zu ertheilen und deren wahre Willensmeinung klar, bestimmt und unzweideutig in den Urkunden auszudrücken (R.P.G. § 41 Abs. 1).

2) Ist eine Person, welche eine Willenserklärung abgibt, in einem Zustande ge-

---

[18]) S. o. bei R.P.O. § 40.
[19]) R.P.O. § 65.
[20]) Vgl. Dienstweis. f. Bürgermstr. § 31, f. Waisenrichter § 16.
[21]) Das Formular fehlte!

störten Bewußtseins, so hat der Notar diese Thatsache — wenn Zeugen zugezogen sind, mit diesen — zu beurkunden, die Willenserklärung selbst aber, insofern sie klar ist, aufzunehmen (R.P.G. § 33 Abs. 2).

3) Die Notare sind verbunden, über die Verhandlungen, zu denen sie mitgewirkt haben, Verschwiegenheit zu beobachten (§ 41 Abs. 2 des R.P.G.).

(Belehrung der Parteien insbesondere.) § 25. 1) Die Notare haben die Parteien über die Vorschriften der Gesetze und die rechtlichen Folgen der Geschäfte in Gemäßheit des R.P.G. § 41 Abs. 1 (diese Verordn. § 24 Abs. 1) namentlich dann zu belehren,

wenn die Beurkundung von Geschäften verlangt wird, welche nach dem bürgerlichen Gesetze ungiltig sind,

wenn die Umstände dafür sprechen, daß das Geschäft nur zum Schein oder zur Umgehung des Gesetzes oder zum Nachtheil Dritter, welchen daraus Anfechtungsrechte erwachsen, abgeschlossen werden solle,[22])

wenn die Beurkundung dunkler oder zweideutiger Bestimmungen begehrt wird.

2) Die ertheilte Belehrung ist in diesen Fällen (Abs. 1) in den Geschäften zu beurkunden.

(Mündlicher Verkehr mit den Parteien.) § 26. Bei den Erörterungen über die Willensmeinung der Betheiligten und bei der Leitung der Verhandlungen zwischen denselben soll der Notar jene ruhige Würde und versöhnende Mäßigung beobachten, welche die allgemeine Pflicht der Beamten ist.

(Tagfahrten.) § 27. 1) Auf Sonntage und allgemeine Feiertage im Sinne der landesh. Verordn. v. 18. Juli 1887[23]) sind Tagfahrten nur in Nothfällen[24]) anzuberaumen.

2) Die Bekanntgabe der Tagfahrten an die Betheiligten hat so zeitig zu geschehen, daß sie, soweit nothwendig, auf das vorzunehmende Geschäft sich vorbereiten können.

3) Auf Antrag können Tagfahrten verlegt werden, wenn erhebliche Gründe glaubhaft gemacht sind. Die Verlegung darf nicht zur Versäumung gesetzlicher Fristen[25]) führen.

(Bekanntgabe der Verfügungen und Mittheilungen des Notars im Allgemeinen.) § 28. 1) Die Art der Bekanntgabe der Verfügungen und Mittheilungen des Notars[26]) ist, soweit nicht im Einzelnen etwas Anderes bestimmt ist, dessen pflichtmäßigem Ermessen anheimgegeben. Er hat dabei ebensowohl auf eine zuverlässige Uebermittelung als auf thunliche Kostenersparniß für die Betheiligten Bedacht zu nehmen.

2) Die Bekanntgabe kann durch mündliche Eröffnung oder durch schriftliche Mittheilung geschehen und die letztere kann dem Empfänger durch den Notarsdiener oder durch die Post übermittelt werden.

3) Schriftliche Fertigungen des Notars gehen den Betheiligten regelmäßig verschlossen zu. Offen dürfen jedoch solche Schriftstücke, insbesondere Vorladungen übermittelt werden, bei welchen durch diese Art der Uebermittelung die Interessen der Betheiligten nicht geschädigt werden. Soweit schriftliche Fertigungen hiernach offen übermittelt werden, kann dies innerhalb des Großherzogthums auch durch Vermittelung der Ortsbehörden geschehen.

4) Ob die Bekanntgabe mündlich oder schriftlich geschehen und auf welchem Wege schriftliche Mittheilungen dem Empfänger übermittelt sind (Abs. 2 u. 3), ist in jedem Falle zu den Akten zu bemerken.

---

[22]) Deswegen ist durch Allgem. Min.Erl. v. 9. Nov. 1883 den Notaren die Belehrung der Ehegatten im Vermögensabsonderungs-Verfahren auf die Bedeutung der §§ 22 ff. der Konk.O. und der §§ 1—3 des R.P.G. über die Anfechtung rc. v. 21. Juli 1879 besonders aufgetragen.

[23]) Nemlich: Neujahr, Charfreitag, Ostermontag, Christi Himmelfahrt, Pfingstmontag, Frohnleichnam, Allerheiligen, Christtag, Stephanstag.

[24]) Vgl. § 84².

[25]) L.R.S. 795 u. 1456.

[26]) Vgl. R.P.O. § 17.

(Die Bekanntgabe gegen Beurkundung insbesondere.) § 29. 1) Die Bekanntgabe (§ 28) erfolgt gegen Beurkundung nur, sofern dieselbe für die betreffende Art von Mittheilungen allgemein vorgeschrieben ist[27]) oder von dem Notar im einzelnen Falle aus besonderen Gründen für angemessen erachtet wird.

2) In den Fällen des Absatzes 1 ist über die mündliche Bekanntgabe seitens des Notars eine von dem Betheiligten und von dem Notar unterzeichnete, den Tag der Eröffnung angebende Beurkundung zu den Akten zu bringen, und erfolgt die schriftliche Bekanntgabe nach Maßgabe der folgenden Bestimmungen (Abs. 3 bis 6).

3) Schriftliche Fertigungen, welche offen übermittelt werden dürfen (§ 28 Abs. 3), sind innerhalb des Großherzogthums den Empfängern unter Vermittelung der Bürgermeister durch Gemeindediener mit Beurkundung durch diese in Gemäßheit der §§ 4 ff. der Verordn., betreffend die vereinfachten Zustellungen und die Behändigungen, v. 1. Dez. 1884, zu behändigen. Am Sitze des Notars kann die Behändigung gegen eine solche Beurkundung auch durch den Notarsdiener geschehen. Das Ersuchen an die Bürgermeister und die Beurkundung durch den Gemeindediener hat nach dem beiliegenden Formular B.[27]) zu geschehen.

4) Soweit das Verfahren nach Abs. 3 nicht statthaft ist, erfolgt innerhalb des Deutschen Reichs die Uebermittelung im Wege der Zustellung durch Ersuchen der Post unter entsprechender Anwendung der §§ 176, 177, 178 der C.P.O.; das in § 177 letzter Satz vorgeschriebene Zeugniß stellt der Notar aus.

5) Die Uebersendung schriftlicher Fertigungen an Empfänger außerhalb des Deutschen Reiches geschieht, wenn eine Beurkundung erforderlich ist, regelmäßig unter der Adresse des Empfängers mittels der Post, wobei die Sendung mit der Bezeichnung „Einschreiben" zu versehen und ein Rückschein (Empfangsbescheinigung des Empfängers:

---

[27]) z. B. für die Theilzettel § 156 ¹, ferner §§ 110 ⁴, 111 ⁶, 154 ².

Formular B. Zu § 29 Abs. 3.
(Betreff)

. . . .

Das Bürgermeisteramt zu . . . . erhält die angeschlossene Ausfertigung . . der in obigem Betreff erlassenen . . . . . *) . . . . . vom . . ten . . . . 18 . . mit dem Ersuchen, dieselbe . . durch den Ortsdiener unverzüglich behändigen zu lassen und sodann dieses Schreiben mit unten beigefügter Beurkundung des Ortsdieners über die erfolgte Behändigung umgehend wieder anher einzusenden.

Hinsichtlich der Art und Weise der Behändigung und der Beurkundung derselben sind die anderseits beigefügten Bemerkungen zu beachten.

. . . ., den . . ten . . . . 18 . .

Der Großherzogliche Notar.

*) Anmerkung: Hier setzt der Notar je nach Umständen ein: „Ladung" oder „Aufforderung", „Benachrichtigung" und dergleichen.

Die erfolgte Behändigung beurkundet:

. . . ., den . . ten . . . . 18 . .

Der Ortsdiener . . . .

Bemerkungen. Spalte 1 (Name der Person, welcher zu behändigen ist) wird von dem Notar, Spalte 2 (Datum der Behändigung) und 3 (die Behändigung geschah an) vom Ortsdiener ausgefüllt.

Wird die Person, der behändigt werden soll, in ihrer Wohnung nicht angetroffen, so kann die Behändigung in der Wohnung an einen zur Familie gehörigen erwachsenen Hausgenossen oder an eine in der Familie dienende erwachsene Person erfolgen.

Wird eine solche Person nicht angetroffen, so kann die Behändigung an den in demselben Hause wohnenden Hauswirth oder Vermiether geschehen, wenn diese sie annehmen.

Ist die Behändigung nach vorstehenden Bestimmungen nicht ausführbar, so erfolgt sie durch Niederlegung des Schriftstücks bei dem Bürgermeister; eine schriftliche Anzeige, daß dies geschehen, ist an der Wohnungsthür Desjenigen, dem zugestellt werden sollte, anzuheften; auch ist, soweit thunlich, zwei Nachbarn davon Mittheilung zu machen.

Postordnung § 15 IV.) zu verlangen ist. Soweit Rückscheine aus dem betreffenden Lande nicht zu beschaffen sind, geschieht die Zustellung in entsprechender Anwendung der Vorschriften der §§ 182 bis 185 der C.P.O. und der Vorschriften der Bek. v. 15. Februar 1888 (Ges.= u. V.Bl. Nr. VI: vgl. insbesondere Ziff. 6 ff. derselben) durch Vermittelung des Großh. Staatsmin., welchem das zuzustellende Schriftstück vorzulegen ist.

6) In den Fällen der Absätze 4 u. 5 ist auf genaue Bezeichnung des Namens und des Wohnortes der Adressaten besonders Bedacht zu nehmen und Straße und Hausnummer der Wohnung in großen Städten wenn möglich beizufügen. Auch ist, soweit nach Abs. 5 das Ersuchen um Zustellung dem Großh. Staatsmin. zur Weiterbeförderung vorgelegt wird, der Zahlungspflichtige anzugeben, von welchem die Kosten im Inlande erhoben werden können.

(Gebühren für Besorgung der Behändigung und bezw. Zustellung schriftlicher Fertigungen.) § 30. 1) Diener der Notare, welche in Gemäßheit des § 28 Abs. 2 u. § 29 Abs. 3 schriftliche Fertigungen behändigen, erhalten hiefür eine Gebühr von je 10 Pfennig.

2) Die gleiche Gebühr beziehen in den Fällen des § 28 Abs. 3 u. § 29 Abs. 3 Gemeindediener.

3) Der Notar erhält für die Besorgung der Verpackung und Versendung seiner schriftlichen Mittheilungen in allen Fällen, in welchen die Uebermittelung gegen Beurkundung erfolgt (§ 29), eine Vergütung von 10 Pfennig von jeder an eine Adresse abgehenden besonderen Sendung.

(Oeffentliche Bekanntmachungen.) § 31. 1) Wo öffentliche Bekanntmachungen verordnet sind [28]), müssen sie, soferne nicht im Einzelfalle etwas Anderes bestimmt ist, in die Karlsruher Zeitung und außerdem in dasjenige Blatt, welches für den Sitz des Notars zur Veröffentlichung amtlicher Bekanntmachungen bestimmt ist, einmal eingerückt werden.

2) Es bleibt dem Ermessen des Notars überlassen, sie mehrmals oder auch in andere Blätter einrücken zu lassen. Auf Antrag sämmtlicher Betheiligter muß dies geschehen.

3) Nebstdem sind solche Bekanntmachungen an die Gerichtstafel des Amtsgerichts anzuheften und ist eine Bescheinigung über die Zeit der Anheftung und der Abnahme zu den Akten zu nehmen. [29]) Die Dauer der Anheftung bestimmt, soweit dieselbe nicht vorgeschrieben ist, der Notar im Einzelfalle.

4) Die Verleger der öffentlichen Blätter haben nach Vollzug der Einrückung dem Notar ein Belegblatt, das zu den Akten zu nehmen ist, und eine Kostenrechnung zu übersenden. Die Erhebung der Einrückungskosten im Wege des Postvorschusses ist nicht statthaft.

5) Auf Mittheilung der vom Notar als richtig bestätigten Kostenrechnung weist das Amtsgericht, auch vor Vollendung des Geschäfts, deren Betrag auf die Amtskasse zur Zahlung an [29a]) und bewirkt dessen Wiedererhebung für die Staatskasse von dem durch den Notar zu bezeichnenden Zahlungspflichtigen. Ein Konzept des Schreibens an das Amtsgericht ist unter Vermerkung des Kostenbetrags zu den Akten zu nehmen.

(Folgen des Ausbleibens der Parteien.) § 32. 1) Wenn eine gehörig vorgeladene Partei nicht erscheint, so hat der Notar das Geschäft gleichwohl vorzunehmen, wenn dies ohne die Anwesenheit jener Partei geschehen kann. [30])

2) Andernfalls hat die nicht erschienene [31]) Partei, sofern sie zum Erscheinen ge=

---

[28]) Vgl. §§ 74, 79, 109 ^{3}, 110 ^{3}, 142 ^{1}.

[29]) Anheftung, Abnahme u. Bescheinigung ist Sache des Gerichtsschreibers, darum vom Notar zu ersuchen ist: Dienstw. f. d. Gerichtsschr. v. 19. Juli 1879 § 40.

[29a]) Wiederholt in d. Gerichtskosten=O. v. 2. Januar 1890 (Ges.Bl. Nr. I.). Die Einrückungsgebühren sind „sofort ohne Rücksicht auf den Betrag auf den durch den Notar zu bezeichnenden Zahlungspflichtigen in das Kostenregister aufgenommen" das. § 64 ^{3}.

[30]) Vgl. §§ 66 ^{4}, 75 ^{1}, 99 ^{2}, 112 ^{2}, 131 $^{3, 5}$, 175 d. Ges.

[31]) Oder vorzeitig davon gegangen: § 194 ^{5} d. Ges.

setzlich verpflichtet war oder das Geschäft selbst beantragt hat, den Notar nach Maßgabe des § 6 des rechtspolizeilichen Gebührentarifs zu entschädigen.[32])

(Beizug von Zeugen.) § 33. 1) Zur Aufnahme von Notariatsurkunden (R.P.G. § 26) sind Zeugen nur in den Fällen zuzuziehen, in denen dies gesetzlich vorgeschrieben ist (vergl. L.R.SS. 971[33]), 976, 977, 979[34]); R.P.G. §§ 44 ff., 50, 55 Abs. 4) oder von einem Betheiligten verlangt wird (R.P.G. § 46 Abs. 1 und § 47). Es ist nicht gestattet, an Stelle der Zeugen einen zweiten Notar zu verwenden (R.P.G. § 46 Abs. 2).

2) Die Zeugen müssen männlichen Geschlechts, volljährig, Angehörige des Deutschen Reichs und im Genusse der bürgerlichen Rechte sein, auch vorbehaltlich der Ausnahmen der L.R.SS. 974, 976 b[35]) unterschreiben können. Ihre Person muß dem Notar bekannt, oder ihm auf sichere Weise nachgewiesen sein (R.P.G. § 48).

3) Nach § 49 des R.P.G. dürfen als Urkundszeugen nicht beigezogen werden:

a) Diejenigen, welchen die Fähigkeit mangelt, Sinnenwahrnehmungen zu machen oder solche mitzutheilen;

b) Gehilfen, Abschreiber und Diener des Notars;

c) Personen, welchen entweder selbst ein Vortheil aus dem Geschäfte zugedacht ist, oder welche mit dem Notar in dem im § 34 des R.P.G. bezeichneten Grade verwandt oder verschwägert sind;

d) Diejenigen, welche durch strafgerichtliches Urtheil dauernd für unfähig erklärt worden sind, als Zeugen eidlich vernommen zu werden, und — während der im Urtheil bestimmten Zeit — Diejenigen, welchen die bürgerlichen Ehrenrechte aberkannt sind.

4) Der Notar hat die Parteien und die Zeugen auf die Vorschriften der §§ 48 u. 49 des R.P.G. (Abs. 2 u. 3 dieses Paragraphen) aufmerksam zu machen und, daß dies geschehen, in den Urkunden anzugeben (vergl. R.P.G. § 49 Abs. 2). In den letztern ist weiter anzugeben, daß die Person der Zeugen dem Notar bekannt oder daß und auf welche Weise sie ihm sicher nachgewiesen ist.

5) Handelt es sich um Erklärungen der Parteien, so ist die Gegenwart der Zeugen nur bei dem Vorlesen und Unterschreiben der Urkunden (diese Verordn. § 39) erforderlich. Soll aber eine andere Wahrnehmung beurkundet werden, so müssen sie bei dem ganzen Akte, welcher erwiesen werden soll, anwesend sein (§ 56 des R.P.G.).

(Beizug von Vertrauenspersonen und besonderen Rechtsbeiständen.) § 34. Hinsichtlich des Beizugs von Vertrauenspersonen zu den Urkunden Tauber und Stummer sind die Vorschriften des § 51 des R.P.G., hinsichtlich des Beizugs besonderer Rechtsbeistände zu Rechtsgeschäften von Blinden, Tauben und Stummen diejenigen des VI. Konstitutions-Edikts § 31[36]), des L.R.S. 936[37]) und des Edikts v. 22. Mai 1818[38]) (Reg.Bl. Nr. XI.) zu beachten. Der danach erforderliche Rechtsbeistand kann zugleich als Vertrauensperson im Sinne des R.P.G. § 51 beigezogen werden.

(Aeußere Beschaffenheit der Urkunden.) § 35. 1) Die Notariatsurkunden sind in deutscher Sprache abzufassen (R.P.G. § 43). Ist ein Betheiligter der deutschen Sprache nicht mächtig, so sind zwei Zeugen und ist, wenn die Sprache des Betheiligten dem Notar und den Zeugen oder auch nur einer dieser Personen unbekannt ist,

---

[32]) Vgl. §§ 111[5], 112[2, 3], 139, 188[3], 194[4, 5] d. Ges.

[33]) Vier Zeugen bei öffentlichen letzten Willensbestimmungen.

[34]) Wenigstens 6 Zeugen bei Aufschrift zu geheimen oder verschlossenen letzten Willensbestimmungen u. wenn der Testator selbst nicht schreiben kann — S. 977 — Einer mehr.

[35]) Auf dem Lande genügt es, daß die Hälfte der Zeugen unterschreibt.

[36]) Siehe R.P.O. § 89[2].

[37]) Daß der Schreibens unerfahrene Taubstumme zur Annahme einer Schenkung eines Rechtsbeistandes bedarf, „der dazu nach dem Titel: von der Minderjährigkeit ꝛc. ernannt ist“.

[38]) „Daß jedem tauben Testirer ohne Unterschied des Geschlechts ein besonderer Rechtsbeistand beigegeben werden solle, wo es demnächst darauf ankommt, ob der taube Testirer Geschriebenes lesen könne oder nicht“. Im ersteren Falle soll er es selbst vorlesen u. genehmigen, im anderen den Inhalt nochmals sprechend wiederholen.

außerdem ein Dolmetscher beizuziehen; das Verfahren in diesen Fällen richtet sich nach §§ 44 u. 45 des R.P.G.

2) Die Notariatsurkunden sind lesbar, ohne Abkürzungen, Zwischenräume, Veränderungen, Austilgungen und Einschaltungen niederzuschreiben (R.P.G. § 52 Abs. 1). Wenn Zwischenräume nicht vermieden werden können, insbesondere wenn bei Verwendung von Impressen (§ 36) Stellen leer bleiben, sind dieselben durch Striche auszufüllen.

3) Zeitbezeichnungen und andere wichtige Zahlenangaben, namentlich die der Hauptsummen, sollen in Buchstabenschrift ausgedrückt werden (R.P.G. § 52 Abs. 3).

4) Zu den Urkunden darf nur haltbares weißes Papier von 33 Centimeter Höhe und 21 Centimeter Breite für den beschnittenen (halben) Bogen gebraucht werden.[38a])

5) Die Geschäfte sind mit Seitenzahlen zu versehen.

6) Auf jeder Urkunde ist die Ziffer, unter welcher dieselbe in das Urkundenverzeichniß (§ 51) eingetragen ist (R.P.G. § 63 Abs. 5), sowie gemäß § 179 der Betrag der angesetzten Kosten anzugeben.

7) Besondere Sorgfalt ist auf die zum Gebrauch vor ausländischen Behörden bestimmten Urkunden zu verwenden. Dieselben sind stets mit dem Dienstsiegel zu versehen. Sie dürfen Nichts enthalten, was nicht für die ausländische Behörde bestimmt ist, insbesondere nicht das Konzept des Vorlageberichts an das Großh. Staatsmin. Die Anwendung lateinischer Schrift ist, wenn der Gebrauch außerhalb des deutschen Sprachgebiets stattfinden soll, angezeigt und, wenn insbesondere vor den Kön. Niederländischen Behörden, ausdrücklich vorgeschrieben.[39])

(Verwendung von Impressen insbesondere.) § 36. 1) Zur Aufnahme von Notariatsurkunden dürfen gedruckte Entwürfe (Impressen) nur verwendet werden, soweit dies besonders vorgeschrieben oder gestattet ist (R.P.G. § 52 Abs. 2).

2) Die Verwendung von Impressen ist gestattet:

a) zu dem Eingange aller öffentlichen Urkunden mit Ausnahme der letzten Willensverordnungen und der Aufschriftsurkunden zu geheimen letzten Willen;
b) zu den Siegelanlegungen;
c) zu den Urkunden über Einwilligung des Gläubigers zur Löschung der Einträge von Pfand- und Vorzugsrechten;
d) zu Wechselprotesten;
e) zu Vollmachten;
f) zu Versteigerungsprotokollen.

(Beilagen der Urkunden.) § 37. 1) Die bei Notariatsurkunden bleibenden Beilagen sind als solche zu bezeichnen und mit fortlaufenden Nummern zu versehen; ihr Anschluß an die Haupturkunde ist in dieser unter jener Bezeichnung zu vermerken.

2) Vollmachten[40]), sowie die Urkunden über Bestellung von Vormündern, Pflegern und Beiständen sind der Haupturkunde stets in Urschrift oder beglaubigter Abschrift beizuheften (vergl. R.P.G. § 52 Abs. 4). Ist eine Vollmacht oder eine Bestellungsurkunde der gedachten Art nicht vorgelegt oder zwar vorgezeigt, aber darnach wieder zurückgenommen worden, so ist dies in der Urkunde, sofern dieselbe dennoch gefertigt werden kann, auszudrücken.

3) Die bei Vornahme des Geschäfts dem Notar vorgelegten Schriftstücke, welche nicht ihrer Natur nach als Belege bei der Haupturkunde bleiben müssen, sind den Betheiligten, welche sie übergeben haben, zurückzugeben. Sie können, soweit nothwendig oder wünschenswerth, vorläufig den Akten angeschlossen werden; in diesem Fall sind dieselben, damit sie während ihres Anschlusses an die Akten leichter aufgefunden werden können, mit fortlaufenden Buchstaben zu bezeichnen und ist ihr Anschluß an die Haupturkunde in dieser unter jener Bezeichnung zu vermerken. Bei Geschäften, welche amtsgerichtlicher Prüfung unterliegen, darf die Rückgabe der hiezu nöthigen Urkunden nicht vor erfolgter Prüfung geschehen. Ueber die Rückgabe von Schrift-

---

[38a]) Ausnahme § 63 3.

[39]) Betreffend die im Auslande zu erledigenden Ersuchschreiben ist eine Bekanntmachung v. 15. Febr. 1888 (Ges.- u. V.Bl. Nr. VI.) ergangen, welche eine Zusammenstellung der bezüglichen Vorschriften giebt.

[40]) Vgl. § 20 d. Ges.

stücken, welche den Akten vorläufig angeschlossen waren, ist Empfangsbescheinigung zu erheben, welche zu den Akten zu nehmen ist.

(Inhalt der Urkunden.) **§ 38.** 1) Den Notariatsurkunden ist eine deren Inhalt kurz bezeichnende Ueberschrift zu geben (z. B. Ehevertrag des rc. in rc. und der rc. in rc.).

2) Dieselben müssen stets enthalten (vergl. R.P.G. § 53):

a) den Ort, den Tag und das Jahr (diese mit Buchstaben geschrieben) der Aufnahme der Urkunde, bei Urkunden, welche nicht auf dem Geschäftszimmer des Notars aufgenommen sind, auch das Lokal der Aufnahme;

b) den Namen und Wohnsitz des Notars und den Bezirk, für den er angestellt ist;

c) Namen, Vornamen, Wohnort, Gewerbe oder Stand der Betheiligten und der Zeugen.

Dabei ist anzugeben, ob und welche Betheiligte bei der Aufnahme anwesend sind, welche nicht, und sind, wenn für Nichtanwesende Vertreter mitwirken, diese nach Namen, Vornamen, Wohnort, Gewerbe oder Stand und Grund der Vertretungsbefugniß zu bezeichnen.

3) Die vorstehend (Abs. 2) erforderten Angaben sind in der Regel in den Eingang der Urkunde aufzunehmen. Hiebei haben (Abs. 2 b.) Dienstverweser und Stellvertreter sich als solche unter Angabe der Behörde, von welcher die Ernennung erfolgte, Stellvertreter überdies unter Angabe des durch sie vertretenen Notars, zu bezeichnen.

4) In Notariatsurkunden, welche eine Verfügung über Liegenschaften enthalten, ist auch der Erwerbstitel des Verfügenden unter Bezeichnung des betreffenden Grundbucheintrags und, wenn das Lagerbuch der Gemarkung bestätigt ist, die Lagerbuchsnummer der Liegenschaften anzugeben; können die Betheiligten bei auf Antrag zu fertigenden Urkunden diese Angaben nicht machen, so ist dies unter Beifügung des Grundes in den Urkunden auszudrücken. Der Notar hat auch im Uebrigen darauf hinzuwirken, daß die Bezeichnung der Liegenschaften nach Gewann, Gattung und Art, Flächengehalt und Angrenzern soweit thunlich genau so wie im Lagerbuche erfolge.

5) Die Urkunde schließt mit den Beurkundungen über Vorlesung und Genehmigung, mit der Unterzeichnung und den Beurkundungen hierüber (§§ 39 und 40).

(Vorlesung und Genehmigung. Unterschrift der Parteien und Zeugen.) **§ 39.** 1) Der Notar hat jede Urkunde, die er aufnimmt, den Parteien, welche darin eine Erklärung abgegeben haben, in Gegenwart der Zeugen, soweit solche zugezogen wurden, vorzulesen. Enthält die Urkunde keine Erklärung der Parteien, so genügt es, wenn sie den etwa zugezogenen Zeugen vorgelesen wird (R.P.G. § 54 Abs. 1).

2) Daß das eine oder andere geschehen, und daß die Urkunde, wenn sie eine Erklärung der Betheiligten enthält, deren Genehmigung erhalten habe, ist in derselben ausdrücklich zu bemerken (R.P.G. § 54 Abs. 2).

3) Diejenigen, welche eine Willenserklärung abgegeben haben, müssen die darüber aufgenommene Urkunde unterschreiben. Sind sie dazu nicht im Stande, so ist hiervon unter Beifügung des Grundes in der Urkunde Erwähnung zu thun. Daß Betheiligte und Zeugen unterschreiben, hat der Notar besonders auszudrücken und seine Unterschrift zuletzt beizusetzen (R.P.G. § 55 Abs. 1 und 2).

4) Ein bloßes Handzeichen kann nicht als Unterschrift betrachtet werden (R.P.G. § 55 Abs. 3).

5) Wenn ein bei einem Rechtsgeschäfte Betheiligter nicht unterschreiben kann, sind zur Beurkundung zwei Zeugen beizuziehen (R.P.G. § 55 Abs. 4).

(Besondere Bestimmungen für Urkunden über Generalversammlungsbeschlüsse.) **§ 40.** Bei der notariellen Beurkundung der Beschlüsse von Generalversammlungen der Kommanditisten und Aktionäre gelten, sofern nicht der Gesellschaftsvertrag ein Anderes bestimmt, die Bestimmungen der §§ 54 u. 55 des R.P.G. (diese Verordn. § 39) als erfüllt, wenn die vom Notar aufgenommene Urkunde dem Vorsitzenden und zwei weiteren von den Versammelten ernannten Theilnehmern vorgelesen und von ihnen unterzeichnet worden ist. Der Notar hat jedoch die Urkunde zur Unterzeichnung auch durch andere Theilnehmer der Versammlung aufzulegen, und daß dies geschehen sei, ausdrücklich zu bemerken (Art. 32 des bad. Einf.G. z. H.G.B. in der Fassung des Ges. v. 24. April 1886).

(Beidrückung des Notariatssiegels.) **§ 41.** 1) Jeder öffentlichen Urkunde, welche in Urschrift oder Doppelurschrift den Betheiligten ausgehändigt wird (vgl. § 42), jeder Abschrift solcher Urkunden, auch jeder Beglaubigung von Unterschriften, Abschriften und Auszügen ist das Notariatssiegel beizudrücken (R.P.G. § 61).

2) Außerdem müssen, wenn eine öffentliche Urkunde aus einzelnen Blättern oder mehreren Bogen besteht, diese durch eine Schnur, auf deren Ende das Dienstsiegel zu drücken ist, so verbunden werden, daß kein Blatt oder Bogen herausgenommen werden kann. Auf dem letzten Bogen oder Blatte ist die Zahl sämmtlicher Bogen oder Blätter anzugeben (R.P.G. § 59).

(Doppelurschriften.) **§ 42.** 1) Der Notar ist verbunden, auf Verlangen der Parteien von der Urschrift einer Urkunde so viele Doppelurschriften zu fertigen, als Betheiligte bei der Urkunde mitwirkten (R.P.G. § 62 Abs. 1).

2) Der Notar hat bei Aufnahme wichtiger Urkunden, insbesondere von Eheverträgen, die Betheiligten auf die Räthlichkeit der Ausfertigung von Doppelurschriften, wodurch sie neben den Amtsgerichten an der Sorge für Erhaltung der Urkunden sich betheiligen können und damit die Gefahr des Verlustes vermindert wird, besonders aufmerksam zu machen.

3) Bei der Doppelurschrift sind dieselben Förmlichkeiten, wie bei der Urschrift, zu beobachten. Ihre Eigenschaft als Doppelurschrift muß aus der Ueberschrift hervorgehen. Sie gilt der Urschrift gleich (R.P.G. § 62 Abs. 2 u. 3).

4) Die Doppelurschriften sind den Betheiligten, welche sie verlangt haben, auszufolgen.

(Abschluß unvollendeter Verhandlungen.) **§ 43.** Wenn eine Verhandlung nicht in einem Akte vollendet werden kann, muß sie abgeschlossen, von allen dabei anwesenden Personen (den Betheiligten, den Zeugen und dem Notar) unterschrieben und die Fortsetzung in einem weiteren Akte begonnen werden (R.P.G. § 57).

(Zusätze und Berichtigungen.) **§ 44.** 1) Werden in einer Notariatsurkunde Zusätze nöthig, so sind dieselben, wo immer möglich, bei der Stelle, worauf sie sich beziehen, auf den Rand der Urkunde und nur, wenn ihre Länge es nothwendig macht, an deren Ende zu setzen. Die Parteien, Zeugen und der Notar haben sie zu unterschreiben.

2) Müssen Wörter ausgestrichen werden, so soll dies in der Art geschehen, daß sie nach dem Durchstriche noch gelesen werden können. Am Rande oder am Schlusse der Urkunde sind die durchstrichenen Wörter anzugeben und, daß sie mit Genehmigung der Parteien gestrichen worden seien, auf gleiche Weise, wie die Zusätze, zu beurkunden.

3) Wenn aber solche Durchstreichungen ganze Sätze oder erhebliche Bestimmungen betreffen würden, so hat der Notar die Urkunde neu zu fertigen (R.P.G. § 58).

(Veranlassung der Geschäftsprüfung, Genehmigung u. s. w. Beglaubigung.) **§ 45.** 1) Der Notar hat Geschäfte, welche nach dem R.P.G. § 2 Ziff. 6 amtsgerichtlicher Prüfung unterliegen (diese Verordn. §§ 137, 154 und 166),[41] zu diesem Zwecke von Amtswegen dem Amtsgerichte einzusenden und, soweit hievon abgesehen eine behördliche Ermächtigung, Bestätigung, Genehmigung, Prüfung und dergleichen erforderlich ist, die Betheiligten hierüber zu belehren, deren Antrag auf Herbeiführung der Ermächtigung u. s. w. zu beurkunden und darnach das Geschäft der zuständigen Behörde unter Hinweisung auf den Antrag zu übersenden.

2) Bei jeder Einsendung von Akten an das Amtsgericht hat der Notar den Zweck oder die Zwecke der Einsendung (Geschäftsprüfung, Ertheilung von Familienrathsermächtigungen, Einträge zum Offenkundigkeitsbuch, Aufbewahrung u. s. w.) im Einzelnen anzugeben.

3) Ist die von dem Notar aufgenommene Urkunde zum Gebrauch im Ausland bestimmt und bedarf dieselbe nach den hierüber bestehenden Vorschriften einer weiteren Beglaubigung durch das Großherzogliche Staatsministerium oder der Beglaubigung durch auswärtige Botschaften, Gesandtschaften oder Konsulate, so hat der Notar hier-

[41]) Nemlich „gerichtliche" Theilungen, aber dasselbe gilt in allen Fällen nothwendiger gerichtlicher causae cognitio von Obervormundschaftswegen: R.P.O. § 2[1, 2], § 19, R.P.O. §§ 74, 75, 82, 86, oder gerichtlicher Ermächtigung zu Rechtsgeschäften der Ehefrau: R.P.G. § 55, oder zu Alimentenverkäufen das. § 39 u. s. w. Die gerichtlichen Beschlüsse sollen in den Ausfertigungen — vgl. § 495 d. Ges. — angemerkt werden: J.M.Erl. v. 26. Febr. 1869.

wegen Vorlage an das Großherzogliche Staatsministerium zu machen (vgl. Bek. des Großh. Staatsmin. v. 3. Februar 1882: Ges.- u. V.Bl. Nr. IV. S. 17); ist gerichtliche Beglaubigung erforderlich (vgl. Verträge mit Oesterreich-Ungarn v. 25. Februar 1880, Art. 2, und v. 13. Juni 1881: R.G.Bl. 1881 S. 4 ff. u. S. 253 ff.), so hat der Notar hierwegen das Amtsgericht anzugehen.

(Prüfung der Besteuerung von Wechseln, Werthpapieren und anderen Urkunden.) § 46. 1) Die Notare haben die Verpflichtung, die Besteuerung der bei ihnen vorkommenden Wechsel von Amtswegen zu prüfen. Hiebei ist zu untersuchen, ob der einzelne Wechsel steuerpflichtig, bejahenden Falls ob er mit dem gesetzlichen Abgabenbetrage und ob er rechtzeitig und vorschriftsmäßig versteuert ist.

2) Zuwiderhandlungen gegen die die Wechselstempelsteuer betreffenden Gesetze und Vollzugsvorschriften sind bei der zuständigen Behörde, das ist der Bezirkszollbehörde (Hauptzollamt oder Hauptsteueramt), in deren Bezirke die Zuwiderhandlungen begangen sind, zur Anzeige zu bringen. Der Anzeige ist eine vollständig genaue, auch den Kassationsvermerk enthaltende beglaubigte Abschrift des Wechsels anzuschließen. Vgl. § 21 des Reichsges. v. 10. Juni 1869 u. die Verordnungen v. 9. Oktober 1873 (Ges. u. V.Bl. S. 194) und v. 16. April 1879 (Ges.- u. V.Bl. S. 287).

3) In gleicher Weise haben die Notare die Verpflichtung, die Besteuerung der ihnen vorkommenden, nach dem Gesetz über Erhebung von Reichsstempelabgaben vom 1. Juli 1881/29. Mai 1885 (Bekanntm. des Reichskanzlers v. 3. Juni 1885: R.G.Bl. S. 179 ff.) stempelpflichtigen Urkunden zu prüfen. Zuwiderhandlungen gegen dieses Gesetz sind bei der zuständigen Behörde (Abs. 2) zur Anzeige zu bringen. Vgl. § 39 des angeführten Reichsges. in der durch die erwähnte Bekanntm. verkündeten neuen Fassung.

(Ausfolgung der Notariatsurkunden in Urschrift an die Parteien.) § 47. Die nachgenannten Notariatsurkunden sind nach erfolgter Aufnahme, in den Fällen des § 45 Abs. 1 nicht vor erwirkter Geschäftsgenehmigung u. s. w., auf Verlangen der Partei derselben oder ihrem Vertreter oder einer von ihr bezeichneten Behörde (z. B. der Grund- und Pfandbuchbehörde) in Urschrift auszufolgen:

1) Urkunden über Einwilligung in eine Ehe;[42]
2) Urkunden über ehemännliche Ermächtigungen;[43]
3) Vollmachten zu einzelnen Rechtsgeschäften und Widerruf solcher Vollmachten;[44]
4) Schuldverschreibungen mit Ausnahme der vollstreckbaren Urkunden im Sinne des § 702 Ziff. 5 der C.P.O. (diese Verordn. § 62), Bürgschaftsurkunden und Quittungen;[45]
5) Urkunden über Rechtsübertragungen und über Einsetzung in die Rechte des Gläubigers;[46]
6) Urkunden über Anerkennungen (mit Ausnahme der Anerkennung natürlicher Kinder), über Einwilligungen, Genehmigungen und Einsprachen;[47]
7) Verzichte;[48]
8) Urkunden über Einwilligung des Gläubigers zur Löschung von Einträgen von Pfand- und Vorzugsrechten;[49]
9) Urkunden über Kündigungen, Eröffnungen und Mahnungen;[50]
10) Zeugnisse und Bescheinigungen;[51]

---

[42] R.Ges. v. 6./2. 75, §§ 29—31; vgl. R.P.O. 7 73².

[43] L.R.SS. 217, 776. 905, 934, 1029, 1419, 1449, 1535, 1538, 1576, 1990.

[44] L.R.SS. 1985 ff., 2003; vgl. § 37² d. Ges. — [45] L.R.S. 1892 ff., 2011 ff., 1263 ff., 1908.

[46] L.R.SS. 1689 ff., 1250; vgl. R.P.G. Anm. zu § 26.

[47] L.R.SS. 1337 ff., 1311, 808, 865, 882, 1242, 1944; vgl. § 70 d. Ges. über die Ausnahme.

[48] L.R.SS. 2046ª, 2180².

[49] L.R.SS. 2157/8, Ges. über Vereinigung der Unterpfandsbücher v. 5. 6. 1860 Art. 6².

[50] Vgl. §§ 59, 60, 198 d. Ges.

[51] Vgl. §§ 55, 56, 199 d. Ges.

11) Beglaubigungen des Tages und Jahres, Beglaubigungen von Unterschriften, von Urkunden (diese Verordn. § 54), von Abschriften und Auszügen;[52]
12) Urkunden über die Darlegung von Baarzahlungen, über die wirklich erfolgte Hinterlegung und über die Aufforderung des Gläubigers, die hinterlegte Sache in Empfang zu nehmen;[53]
13) Wechselproteste;[54]
14) Urkunden über die Beschaffenheit von Waaren und von anderen Sachen;[55]
15) Urkunden, welche zum Zwecke des Eintrags in das Handelsregister aufgenommen werden;[56] dazu gehören jedoch nicht die Urkunden über Beschlüsse von Generalversammlungen der Kommanditisten und Aktionäre (vgl. Art. 180 f. u. g. u. 238a des H.G.B. in der Fassung des Reichsges. v. 18. Juli 1884).

(Abgabe von Urkunden an das Amtsgericht zur Aufbewahrung.) § **48**. Alle übrigen Urkunden müssen unmittelbar nach Fertigung des Geschäfts[57] und, wenn Abschriften oder Auszüge zu fertigen waren,[58] unmittelbar nach deren Fertigung und jedenfalls binnen vier Wochen nach Fertigung der Urschrift an das Amtsgericht zur Aufbewahrung eingesendet werden (R.P.G. § 29 Abs. 1).

(Verwahrung beim Notar. Einsichtsgestattung. Ausfertigungen, Abschriften und Auszüge.) § **49**. 1) So lange die Urkunden sich in den Händen des Notars befinden, hat er dieselben, übersichtlich geordnet, trocken und sicher zu verwahren und dem Zutritt Unberechtigter zu verschließen.

2) Von Urkunden, welche nicht zur Oeffentlichkeit bestimmt sind, darf Mittheilung durch Einsichtsgestattung oder durch Abgabe von Abschriften und Auszügen nur den Betheiligten, deren Rechtsfolgern, gesetzlichen Vertretern und Bevollmächtigten und solchen Personen gemacht werden, welche das Amtsgericht auf Grund eines von ihnen bescheinigten rechtlichen Interesses zur Kenntnißnahme ermächtigt (vergl. R.P.G. § 30 Abs. 1).[59]

3) Von Testamenten darf vor Ableben des Testirers nur diesem selbst oder einem mit besonderer und öffentlicher Vollmacht versehenen Gewalthaber Einsicht gestattet oder Abschrift abgegeben werden.[60]

4) Der Notar hat bei der Einsichtsgestattung die zur Sicherung der Akten nöthigen Vorsichtsmaßregeln zu treffen. Deren Abgabe in die Wohnung eines Betheiligten oder seines Vertreters ist unstatthaft.[61]

5) Ausfertigungen, beglaubigte Abschriften und Auszüge aus Geschäften der Notare dürfen erst nach vollständigem Abschluß und im Falle des § 45 Abs. 1 erst nach Genehmigung des Geschäfts gefertigt werden. Zuvor können nur Abschriften und Auszüge, die als solche aus unvollendeten Geschäften bezeichnet und nicht mit Beglaubigung und Unterschrift versehen sind, ertheilt werden. In Fällen des § 20 Abs. 3 ist der Mangel der Vollmacht auch in ertheilten Ausfertigungen und Auszügen auszudrücken.[62]

6) Auf der letzten beschriebenen Seite der Geschäfte ist anzugeben, wer Ausfertigungen, Abschriften oder Auszüge verlange und ob und wann deren Mittheilung erfolgte.

7) Die Abgabe von Abschriften und Auszügen aus Notariatsurkunden, welche in die Verwahrung des Amtsgerichts übergegangen sind (§ 48), erfolgt unter den Voraussetzungen der Absätze 2 und 3, durch das Amtsgericht oder den Notar (R.P.G.

---

52) Vgl. §§ 53, 54, 57 f. d. Ges.

53) L.R.S. 1257 ff., Hinterlegungsgesetz v. 7. Juni 1884 (G. u. V.Bl. Nr. 20), insbes. § 15 Abs. 3. L.R.S. 2074^{1}.

54) Vgl. § 63 d. Ges.

55) Vgl. D. Handels-G.B. Art. 348; L.R.S. 600, 1730; Gesetz, betr. Gewährleistung bei Viehmängeln v. 23. April 159 u. a. m.

56) Vgl. §§ 13, 19 ff., 36 ff. d. V. über d. Führung der Handelsregister v. 3. Okt. 1862, u. v. 31. Dez. 1870 Art. 2, unten § 173^{3}.

57) Vgl. R.P.O. § 112.

58) Siehe §§ $49^{5,6}$, $66^{4,5}$, 77, 155 ff. u. a.

59) R.P.O. § 19^{1}. — 60) Ebenso R.P.O. § 19^{2}.

61) Vgl. das. Nr. 3. — 62) Vgl. Not.O. §§ 28^{4} u. 29.

§ 26 Ziffer 5), je nachdem dieser oder jenes von einem Betheiligten darum angegangen wird.[63])

(Verbot der Empfangnahme von Geldern.) § 50. Die Empfangnahme fremder Gelder, Werthpapiere und anderer Sachen für die Betheiligten, deßgleichen die Inbesitznahme solcher Sachen bei Amtshandlungen ist den Notaren nicht gestattet.[64])

(Urkundenverzeichniß.) § 51. 1) Die Urkundenverzeichnisse der Notare (R.P.G. § 63) sind nach dem anliegenden Formular C.[65]) je für das Kalenderjahr zu führen.

2) Stellvertreter der Notare führen das Urkundenverzeichniß des durch sie vertretenen Notars fort; die Verweser erledigter Dienste (Dienstverweser) haben besondere Urkundenverzeichnisse zu führen.

3) Die Urkundenverzeichnisse sind dem Amtsgerichte zur Paginirung und Paraphirung (R.P.G. § 63 Abs. 2) und je in den ersten zehn Tagen des Januar des folgenden Jahres zur Abschließung und Unterzeichnung (R.P.G. § 63 Abs. 3) mitzutheilen.

4) Die den Notaren zurückzugebenden Urkundenverzeichnisse (R.P.G. § 63 Abs. 4) sind bei der Notarsstelle sorgfältig zu verwahren. Deren Einsicht darf nur unter den Voraussetzungen des § 49 (R.P.G. § 30) gestattet werden.

5) Nach Ablauf von fünf Jahren seit erfolgtem Abschlusse sind die Urkundenverzeichnisse den Amtsgerichten zu fernerer Verwahrung zu übergeben.

(Monatsauszüge und Darstellungen für Zwecke der Statistik.) § 52. 1) Am Schlusse jeden Monats sind die aus früheren Monaten übergegangenen und die neu

---

[63]) Vgl. R.P.O. § 23³. — [64]) Vgl. § 63² d. Ges.

[65]) Formular C. Zu § 51.

Amtsgerichtsbezirk . . . .

Urkundenverzeichniß

des

Notars für den Distrikt . . . .

. . . .

für das Jahr 18 . .

Vollzugsanleitung.

1. Die Einträge sind ohne Zwischenräume in der Reihenfolge der Anmeldung oder sonstigen Veranlassung zu bewirken.
2. Der Eintrag geschieht unter je für das Kalenderjahr ununterbrochen fortlaufenden Ordnungszahlen. Den in das Urkundenverzeichniß unerledigt aus dem vorigen Jahre übergehenden Geschäften verbleibt bis zu ihrer Erledigung, ohne daß sie eine neue erhalten, die bisherige Ordnungszahl, der das Jahr der Geschäftsveranlassung beigesetzt wird.
3. Einzutragen sind nur die von den Notaren gefertigten Geschäfte (R.P.G. § 63). Die nach bestehender Vorschrift an den Notar gelangenden Sterbfallsanzeigen geben somit zu einem Eintrage nur dann Anlaß, wenn eine Versiegelung oder eine Verzeichnung des Nachlasses durch den Notar — von Amtswegen oder auf Antrag — stattzufinden hat, somit insbesondere dann nicht, wenn der Erblasser vermögenslos ist oder wenn die Erben sämmtlich volljährig, handlungsfähig und anwesend sind und auf eine Amtshandlung des Notars nicht antragen. Ebenso ist die dem Notar obliegende Prüfung der Sterbelisten und die Durchgehung der Mündelverzeichnisse des Waisenrichters mit diesem in das Urkundenverzeichniß nicht einzutragen.
4. Werden auf die Fertigung eines Geschäfts mehrere Tage verwendet, so ist jeder derselben in die Spalte 3 einzutragen.

anhängig gewordenen Geschäfte aus dem Urkundenverzeichnisse unter den Ueberschriften:

I) Von früheren Monaten rückständige Geschäfte und

II) Im letzten Monate anhängig gewordene Geschäfte

zusammenzustellen (Monatsauszug).

2) Die Einträge im Monatsauszuge sind gleichlautend mit den Einträgen im Urkundenverzeichnisse zu fertigen; diese Uebereinstimmung muß bei Geschäften, die mehrmals zu übertragen sind, wenigstens bei dem ihre Beendigung nachweisenden Eintrage vorhanden sein. Die in Spalte 7 eingestellten Beträge sind Seite für Seite zusammenzuzählen. In Spalte 8 („Bemerkungen") ist, sobald die Erbverzeichnißfrist umlaufen ist, anzugeben, ob und wann die Erbverzeichnung stattgefunden hat.

3) Der Monatsauszug ist dem Amtsgerichte spätestens am zweiten Werktage des folgenden Monats einzusenden.

4) Gleichzeitig mit dem Monatsauszuge hat der Notar dem Amtsgerichte eine Darstellung der Notarsgeschäfte nach dem anliegenden Form. D. und eine Darstellung der Notarsgebühren nach dem anliegenden Form. E. je für den gleichen Monat einzusenden.

Titel III. Besondere Bestimmungen für einzelne Geschäfte der Notare.

I. Beglaubigung von Unterschriften und Urkunden.

(Beglaubigung von Unterschriften.) § 53. 1) Der Notar ist eine Unterschrift zu beglaubigen nur dann berechtigt, wenn in seiner Gegenwart die Partei die Urkunde eigenhändig unterzeichnet oder die bereits darauf befindliche Unterschrift als die ihrige anerkennt.

2) Ist die Partei dem Notar nicht persönlich bekannt, so muß ihre Nämlichkeit nachgewiesen und daß und wie dies geschehen, in der Urkunde angegeben werden.[67])

3) Die Bestätigung der Unterschrift ist mit Angabe des Namens, Standes und Wohnortes der Unterzeichner auf die Urkunde selbst oder auf ein gemäß § 41 Abs. 2 (R.P.G. § 59) damit zu verbindendes Blatt zu schreiben, vom Notar unter Beifügung von Ort, Tag und Jahr der Fertigung zu unterzeichnen und zu besiegeln.

4) Wenn die Partei die Urkunde nicht in Gegenwart des Notars unterzeichnet, so hat sie die Erklärung der Anerkennung (Abs. 1) durch ihre Unterschrift zu bestätigen.

5) Kreuze oder andere Zeichen statt der Namensunterschrift zu beglaubigen ist der Notar im Falle des Art. 94 der Wechselordnung[68]) befugt.

(Beglaubigung von Urkunden.) § 54. 1) Die Notare sind zuständig[69]) für die Beglaubigung der zum Gebrauch im Ausland bestimmten Urkunden, welche nicht von einer Staatsbehörde oder einem Notar, sondern von einer Gemeindebehörde, einem Standesbeamten, einem Pfarramte u. s. w. ausgestellt sind (Bekanntm. des Großh. Staatsmin. v. 3. Februar 1882, Satz 2).[70])

2) Auf das Verfahren nach erfolgter notarieller Beglaubigung findet die Bestimmung des § 45 Abs. 3 Anwendung.

II. Beurkundung von Thatsachen.

(Voraussetzung.) § 55. 1) Wenn der Notar berufen wird, Thatsachen irgend einer Art, von welchen privatrechtliche Folgen abhängen, zu beurkunden, so ist erforderlich, daß er aus eigener Wahrnehmung unmittelbar Kenntniß des zu beurkundenden Vorganges erhalten hat.[71])

---

[67]) S. o. § 19.

[68]) „Wechselerklärungen, welche statt des Namens mit Kreuzen oder anderen Zeichen vollzogen sind, haben nur dann, wenn diese Zeichen gerichtlich oder notariell beglaubigt werden, Wechselkraft."

[69]) In Konkurrenz mit Gerichten und Bezirksämtern.

[70]) Vgl. R.Ges. v. 1. Mai 1874 über die Beglaubigung öffentlicher Urkunden.

[71]) Vgl. C.P.O. § 383.

2) Ein Lebenszeugniß darf demzufolge nur ausgestellt werden, wenn die Partei persönlich vor dem Notar erscheint und deren Nämlichkeit ihm auf gesetzmäßige Weise nachgewiesen ist. Beides ist in dem Zeugnisse auszudrücken. [72])

(Form). § 56. Wo für Lebenszeugnisse durch die Statuten von Versicherungs- und ähnlichen Gesellschaften weniger Förmlichkeiten verlangt werden, als das badische Gesetz vorschreibt, darf der Notar die Zeugnisse unter der statutengemäßen Form ausstellen, wenn gewiß ist, daß sie nur bei der in Frage stehenden Gesellschaft gebraucht werden sollen.

III. Beglaubigung von Abschriften und Auszügen.

(Voraussetzungen.) § 57. 1) Abschriften, welche dem Notar zur Beglaubigung vorgelegt werden, hat derselbe mit den Urkunden, welchen sie entnommen sind, genau zu vergleichen.

2) Dem Notar ist nicht gestattet, über die Richtigkeit der Abschrift von einer unbeglaubigten Abschrift Zeugniß auszustellen.

3) Die Richtigkeit von Auszügen hat der Notar nur dann zu beglaubigen, wenn in denselben auf genügende Weise angezeigt ist, wo Stellen der Urschrift weggeblieben sind.

(Form.) § 58. 1) Wenn der Notar Abschriften und Auszüge mit der zur Vergleichung vorgelegten Schrift übereinstimmend gefunden hat, so hat er dies unmittelbar unter der Abschrift oder dem Auszuge zu bestätigen und diese Bestätigung unter Beifügung von Ort, Tag und Jahr zu unterzeichnen und zu besiegeln. In der Bestätigungsformel ist anzugeben, ob die vorgelegte Schrift als Urschrift oder selbst als beglaubigte Abschrift bezeichnet wurde und an wen dieselbe zurückgegeben wurde. Besteht die Abschrift oder der Auszug aus mehreren Blättern oder Bogen, so findet die Vorschrift des § 41 Abs. 2 (R.P.G. § 59) entsprechende Anwendung.

2) Finden sich in der zur Vergleichung vorgelegten Schrift Lücken, ausgestrichene oder unterstrichene, eingeschobene oder unleserlich geschriebene Worte oder Zeilen, zeigen sich Spuren der Vertilgung von Worten, sind Einrisse bemerkbar oder ist der Zusammenhang einer aus mehreren Blättern bestehenden Urkunde in irgend einer Weise aufgehoben, oder berechtigen Umstände anderer Art zu der Annahme, daß der ursprüngliche Inhalt der Schrift Veränderungen erlitten habe, so muß dies in dem Bestätigungszeugnisse unter Aufführung und beziehungsweise Beschreibung der betreffenden Stellen angegeben werden.

3) Soll nicht blos die Uebereinstimmung der Abschrift oder des Auszugs mit der vorgelegten Schrift bestätigt, sondern irgend eine Erklärung, z. B. über die Anerkennung des Inhaltes oder der Unterschrift beurkundet werden, so ist die Errichtung einer mit den gesetzlichen Förmlichkeiten versehenen öffentlichen Urkunde nothwendig.

IV. Beurkundung von Eröffnungen, Mahnungen, Kündigungen. [73])

(Voraussetzungen.) § 59. 1) Ueber die Eröffnung von Erklärungen, welche eine Partei der andern machen will, dürfen Notariatsurkunden nur dann aufgenommen werden, wenn die Erklärung geeignet ist, zwischen den Betheiligten privatrechtliche Folgen zu begründen.

2) Der Notar hat den Inhalt des Eröffnungsbegehrens, wenn ihm dasselbe nicht in schriftlicher Fassung übergeben wird, in schriftlicher, vom Antragsteller unterzeichneter Form, auf Verlangen in öffentlicher Urkunde, aufzunehmen. Dem Antragsteller ist auf Verlangen die Ertheilung des Auftrags zu bescheinigen.

(Form.) § 60. 1) Zur Bekanntmachung der Erklärung hat sich der Notar in die Wohnung oder in das Geschäftslokal der Gegenpartei zu begeben.

2) Die von der Gegenpartei ertheilte Antwort ist nur dann in die Beurkundung aufzunehmen, wenn dieselbe oder der Antragsteller es verlangt.

3) Dem Antragsteller ist die Urschrift oder eine Abschrift des schriftlichen Eröffnungsbegehrens und der über die Eröffnung aufgenommenen Urkunde, der Gegenpartei auf Verlangen eine Abschrift beider Urkunden auszufolgen.

---

[72]) S. R.P.G. § 39.

[73]) In Konkurrenz mit den Gerichtsvollziehern: Dienstw. für diese § 54.

4) Ist die Gegenpartei in ihrer Wohnung oder in ihrem Geschäftslokale nicht anzutreffen, ist dieselbe abwesend oder unbekannten Aufenthalts, so hat sich der Notar auf die Beurkundung dieser Thatsachen zu beschränken; im ersten Falle kann er den Versuch, die Erklärung zu eröffnen, wiederholen. Die Eröffnung der Erklärung an andere Personen als an die Gegenpartei selbst ist, auch wenn diese nicht angetroffen wird, nur insoweit statthaft, als der Antragsteller für diesen Fall dieselbe verlangt hat.

V. Schuldverschreibungen und dergl. Vollstreckbare Urkunden.

(Schuldverschreibungen und dergl.) **§ 61.** In den Urkunden über Schuldverschreibungen jeder Art, über Schuldanerkenntnisse und dergleichen hat der Notar, soweit erforderlich nach näherer Befragung der Parteien (Rechtspolizeigesetz § 41), den Grund des Anspruchs, d. i. die Thatsachen, welche geeignet sind, den Anspruch als in der Person des Gläubigers gegen die Person des Schuldners entstanden erscheinen zu lassen, bestimmt und unzweideutig auszudrücken.[74])

(Vollstreckbare Urkunden.) **§ 62.** 1) Vollstreckbare Ausfertigungen notarieller Schuldurkunden im Sinne des § 702 Ziffer 5 der C.P.O., desgleichen vollstreckbare Ausfertigungen der Protokolle über Zwangsversteigerungen von Liegenschaften und der hiebei erfolgten Erlösanweisungen werden von dem Notar, solange derselbe die Urkunden oder Protokolle verwahrt, nach deren Abgabe in die Verwahrung des Amtsgerichts von diesem ertheilt (C.P.O. § 705 Abs. 2 und § 706; Bad. Einf.Ges. zu den Reichsjustizgesetzen v. 3. März 1879 § 72[75]); diese Verordnung § 47 Ziffer 4 und § 48).

2) Auf die Ertheilung der vollstreckbaren Ausfertigungen finden die Vorschriften der C.P.O. (§§ 662 bis 670) entsprechende Anwendung. Der Notar hat insbesondere zu beachten, daß er in den Fällen der §§ 664 und 665 C.P.O. die vollstreckbare Ausfertigung nur ertheilen darf, wenn ihm die daselbst bezeichneten Beweise durch öffentliche Urkunden geführt werden, und daß auf der Urschrift vor Aushändigung der vollstreckbaren Ausfertigung zu bemerken ist, für wen und zu welcher Zeit diese ertheilt ist (C.P.O. § 670).[76])

3) Bei Ertheilung der vollstreckbaren Ausfertigung hat der Notar den Gläubiger auf die Vorschrift des § 671 der C.P.O. hinzuweisen und demselben auf Antrag die danach zur Zustellung weiter erforderlichen Ausfertigungen und Abschriften zu ertheilen.

VI. Wechselproteste.[77])

§ 63. 1) Für die Aufnahme der Wechselproteste und die Führung der Register sind die Vorschriften der deutschen Wechselordnung (vergl. insbesondere Art. 87—92 derselben) maßgebend.

2) Der mit der Protesterhebung beauftragte Notar ist zur Annahme von Wechselzahlungen nicht ermächtigt. Er hat, auch wenn die Person, gegen welche der Protest zu erheben ist, sich zur Zahlung bereit erklärt, den Protest aufzunehmen und darin jene Erklärung zu beurkunden.[77a])

3) Zu den Protesturkunden kann Briefpapier in Quartformat verwendet werden; dasselbe muß 21 Centimeter breit sein.

4) Die Besteuerung der Wechsel ist gemäß § 46 zu prüfen. Auch ist in dem Proteste ausdrücklich zu bemerken, mit welcher Stempelmarke die protestirte Urkunde versehen oder daß sie mit einer Wechselstempelmarke nicht versehen ist.

---

[74]) Vgl. Just.Min.Erl. v. 30. Jan. 1882.

[75]) „Aus den Protokollen über Zwangsversteigerung von Liegenschaften, sowie aus den Anweisungen der Erlöse findet Zwangsvollstreckung statt.

[76]) Eingeschärft durch den erwähnten Min.Erl. v. 1882.

[77]) Siehe die Anmerkungen zu Art. 87 d. A. D. W.O. Bd. I. S. 129 ff. Danach ist Art. 5 des bad. E.G. z. A. D. W.O. v. 19./2. 79 (Reg.Bl. Nr. 9), nach welchem nur Notare zur Aufnahme von Wechselprotesten berechtigt sind, als Rechtsvorschrift für beseitigt zu erachten. Auch von Gerichtsbeamten aufgenommene Wechsel sind unbedingt gültig.

[77a]) S. o. § 50.

5) Vollgeschriebene Wechselprotestregister sind dem Amtsgerichte zur Aufbewahrung zu übergeben.

VII. Testamente.

(Form.) § 64. 1) Die Form der Testamente richtet sich nach den in den L.R.SS. 967 ff. und in den Gesetzen v. 29. August 1817,[78]) Reg.Bl. Nr. XXI., und v. 7. Mai 1818,[79]) Reg.Bl. Nr. XI., ferner in § 46 des R.P.G. aufgestellten Regeln.

2) Der Notar, welcher ein öffentliches Testament oder eine Aufschriftsurkunde auf ein geheimes Testament aufnimmt, ist verpflichtet, diese Urkunden eigenhändig niederzuschreiben.[80])

3) Zu der Versiegelung der geheimen Testamente soll außer dem Dienstsiegel des Geschäftfertigers noch ein weiteres, vom Erblasser erwähltes Siegel gebraucht werden, welches nach seinen Hauptmerkmalen in der Aufschriftsurkunde zu beschreiben ist.[81])

4) Erklärt der Testirer, daß er auf eine Bescheinigung des Amtsgerichts über die daselbst erfolgte Annahme des Testaments zur Aufbewahrung verzichte, oder daß er zur Empfangnahme der Bescheinigung einen Anderen bevollmächtige, so ist dies am Schlusse der Urkunde zu vermerken.[82])

(Eröffnung und Beschaffenheitsbeurkundung.) § 65. 1) Wenn der Notar bei der Siegelanlegung oder Aufnahme des Erbverzeichnisses ein eigenhändiges oder ein geheimes Testament vorfindet, so hat er dasselbe mit seinem Namenszuge zu versehen, und unter Angabe von Zeit und Ort des Todes des Testirers dem Amtsgerichte zu

---

[78]) Dasselbe sagt, daß „nicht gerade das in L.R.S. 972 verordnete Diktiren oder Vorsprechen des öffentlichen letzten Willens erforderlich" sei; „vielmehr genügt jede bestimmte Aeußerung und Erklärung des Willens des Testators, deren Sinn der Notar . . . so viel ihm möglich ist, wörtlich und verständlich niederzuschreiben und das Niedergeschriebene dem Testirer zu seiner Genehmigung vorzulesen hat". Dazu hat das O.L.G. Karlsruhe (Karlsr. Ztg. 1883 Nr. 252 Beil.; Reutti S. 210 Anm. V) erkannt, daß „bei Feststellung des Sinnes des geäußerten letzten Willens Erläuterungsfragen des Notars, welche die Aufklärung des wirklichen Willens bezwecken, zulässig und nur solche Fragen ausgeschlossen" sind, „zu denen der Wille des Testators keinen Anlaß mehr giebt und durch welchen erst ein vorher nicht kundgegebener Wille demselben auf die Zunge gelegt werden will". Nach dem Urtheil des R.G. Civ.S.E. Bd. XIII. S. 306 v. 10. Febr. 1885, L.G. Cleve, O.L.G. Köln beruht Art. 972 C. c. „auf dem Gedanken des Gesetzgebers die Freiheit und Spontaneität des erklärten (?) letzten Willens zu sichern" und aus dieser ratio legis läßt sich auch ein Verbot, „daß der Testator sich eines vorher von ihm oder einem Dritten niedergeschriebenen Aufsatzes eben zum Zwecke seines Diktates bedienen" nicht herleiten. Nach L.R.S. 972 ist ferner „Alles dieses ausdrücklich in der Urkunde zu erwähnen" und nach L.R.S. 973 soll „diese letzte Willensurkunde der Testirer unterzeichnen; erklärt er, daß es ihm an Fähigkeit oder an Kraft fehle, zu schreiben, so muß in der Urkunde seiner Erklärung sowie der Verhinderungsursache ausdrücklich gedacht werden".

[79]) S. o. bei § 34.

[80]) Weder beeinträchtigt es die Gültigkeit des Testaments, wenn der Notar den sog. Kopf schon vor Zutritt der Zeugen niederschreibt (U. d. O.L.G. Karlsruhe a. a. O. 1884 Nr. 92 Beil.), noch auch, wie schon aus Anm. 78 hervorgeht, wenn der Notar das Diktirte nicht mechanisch, Wort für Wort, aufzeichnet und mit seinen etwaigen sprachlichen Unrichtigkeiten, Provinzialismen, undeutlichen und inkorrekten Ausdrücken" u. s. w. wiedergiebt; vielmehr erfüllt der Notar seine Pflicht, „wenn derselbe Sinn und Bedeutung des Diktirten, sei es auch nicht genau mit den nämlichen Worten, treu wiedergiebt". R.G. a. a. O.

Vgl. L.R.S. 978 „diejenigen, welche Lesens unerfahren oder unfähig sind, können keine letzte Willensverordnung in geheimer Form errichten".

[81]) L.R.S. 976a. „Der Geheime letzte Wille muß durch den [Staatsschreiber] so besiegelt werden, daß nicht unbemerkt die Urkunde aus dem Umschlag herausgenommen und eine andere dafür eingeschoben werden kann."

[82]) Vgl. R.P.O. § 90 ².

übergeben, damit dieses gemäß L.R.S. 1007 das Testament, wenn es verschlossen ist, eröffne und seine Beschaffenheit beurkunde.[83])

2) Die vorstehende Bestimmung findet auch auf die Testamente Verschollener Anwendung.

(Verkündung.) **§ 66.**[84]) 1) Nach der Eröffnung und Beschaffenheitsbeurkundung, soweit solche vorgeschrieben sind, ist das Testament den Betheiligten von Amtswegen zu verkünden.

2) Die Verkündung geschieht, wenn eine Erbverzeichnung oder Verlassenschaftsverhandlung im Lande stattgefunden oder stattzufinden hat, durch den betreffenden Notar,[85]) sonst durch das Amtsgericht.

3) Als Betheiligte im Sinne des Abs. 1 sind die bekannten nächsten gesetzlichen Erben auch dann anzusehen, wenn sie in dem Testament nicht bedacht oder durch dasselbe ausgeschlossen sind. Die Verkündung an sie unterbleibt in diesen Fällen nur, soweit sie vermißt oder verschollen sind.[86])

4) Die Verkündung geschieht entweder mündlich in einer Tagfahrt[87]) oder schriftlich durch Mittheilung von Auszügen mit dem Beisatz, daß das Testament innerhalb einer zu bestimmenden Frist bei dem Notar eingesehen werden könne. Die mündliche Verkündung in der Tagfahrt gilt als geschehen auch gegenüber denjenigen Betheiligten, welche, wiewohl rechtzeitig geladen, hiebei nicht erschienen sind.[88])

5) An letztwillig bedachte Körperschaften, Stiftungen oder Anstalten[89]) muß die Verkündung schriftlich geschehen. Hievon abgesehen hat der Notar hinsichtlich eines jeden Betheiligten die den Umständen, insbesondere auch dem Interesse der Kostenersparung, entsprechende Art der Verkündung zu wählen. Der schriftlichen Verkündung, gleichwie der Ladung zur Tagfahrt, ist ein Vermerk über Bestand und Höhe des Nachlasses, soweit dem Notar bis dahin bekannt, beizufügen, wenn derselbe der Partei nicht schon zuvor mitgetheilt worden ist. In Fällen des Abs. 3 ist in der Ladung der gesetzlichen Erben auch zu erwähnen, daß dieselben in dem Testament nicht bedacht oder durch dasselbe ausgeschlossen sind.

6) Ueber die schriftliche oder mündliche Verkündung ist Beurkundung zu den Akten zu bringen.

7) Die Schriftstücke über Eröffnung, Beschaffenheitsbeurkundung und Verkündung von Testamenten sind den Akten über die betreffende Verlassenschaftsverhandlung, wenn eine solche stattfindet, beizufügen.

(Vollzug.) **§ 67.** Die Notare haben darauf zu achten, daß in fremdem Lande errichtete Testamente, bevor sie hinsichtlich des hierländischen Vermögens in Vollzug gesetzt werden, in Gemäßheit des L.R.S. 1000[90]) in das bei dem danach zuständigen[91]) Amtsgerichte zu führende öffentliche Buch eingetragen werden.[92])

VIII. Eheverträge.

(Errichtung. Verwahrung. Verkündung.) **§ 68.** 1) Bei Abfassung von Eheverträgen sind die Vorschriften des Landrechts (insbesondere L.R.SS. 1387—1398)

---

[83]) Vgl. R.P.O. § 96; Not.O. § 90².

[84]) Vgl. R.P.O. § 17.

[85]) Früher durch diesen ausschließlich. Vgl. auch §§ 107 f., 130, 134 d. Ges.

[86]) Vgl. § 110³ d. Ges.

[87]) S. o. § 27 d. Ges.

[88]) S. o. § 32¹.

[89]) Unter Zuziehung der gesetzlichen Verwaltungsbehörde der Stiftung oder andern juristischen Person. Da Schenkungen und letztwillige Verfügungen zu Gunsten von Stiftungen nach § 1 des Ges. v. 5. Mai 1870, L.R.S. 910, staatlicher Genehmigung bedürfen, so kann vor Erbringung des Nachweises dieser Genehmigung das Geschäft nicht abgeschlossen, keine Ausfertigung ertheilt, noch eine Ausfolgung der Zuwendung veranlaßt werden. (Vgl. Just.Min.Erl. v. 17. Febr. 1888.)

[90]) L.R.S. 1000 schreibt dies vor.

[91]) Des Wohnorts des Erblassers, ev. des letzten bekannten Wohnsitzes und des Gerichts der belegenen Sache.

[92]) R.P.G. § 3d.

und die Bekanntm., betr. die Eheverträge bereits verehelichter, in das Land einziehender Ausländer, v. 16. Juni 1818[93]) (Reg.Bl. Nr. XIV.) zu beachten.

2) Der Notar, welcher den Ehevertrag eines Kaufmanns aufgenommen hat, ist verpflichtet, die Partei zur Erwirkung des Eintrags in das Handelsregister urkundlich aufzufordern und Beurkundung hierüber dem Amtsgerichte, in dessen Bezirk die Handelsniederlassung des Kaufmanns sich befindet, mittels Einsendung eines beglaubigten Auszuges des Ehevertrages mitzutheilen.[94])

3) Der Notar hat bei Aufnahme von Eheverträgen auf die gesetzlichen Bestimmungen über Eintrag des Unterpfandsrechtes der Ehefrau[95]) aufmerksam zu machen. Die Hinweisung hierauf ist zu beurkunden.

4) Die Eheverträge sind nach dem Ableben eines der Ehegatten durch den Notar[96]) an die Betheiligten zu verkünden:

a) wenn in Folge des Ablebens ein Erbverzeichniß zu errichten ist oder
b) wenn der Ehevertrag freigebige Verfügungen von Todeswegen enthält;
c) wenn die Betheiligten es beantragen.

5) Die Verkündung geschieht in gleicher Weise wie diejenige der Testamente, in den Fällen des Absatzes 4a. jedoch nur an diejenigen Betheiligten, welche zur Erbverzeichnung zu laden sind.

IX. Schenkungen.

(Genehmigung der Schenkungsannahme. Eröffnung an den Geber.) § 69. Soweit die Annahme einer Schenkung unter Lebenden der Genehmigung des Familienraths (L.R.S. 463) oder der Staatsgenehmigung (L.R.SS. 910 und 937; Stiftungsgesetz v. 5. Mai 1870 § 1) bedarf,[97]) hat der Notar ohne Verzug zur Erlangung der Genehmigung das Geeignete vorzukehren und die ertheilte Genehmigung dem Geber urkundlich zu eröffnen.

X. Anerkennung und Adoption (Anwünschung).

(Veranlassung und Herbeiführung des Vermerks im Geburtsregister.) § 70. In allen Fällen, wo Anerkennungen natürlicher Kinder (L.R.S. 334 ff.) im Heirathsvertrage oder in einer anderen öffentlichen Urkunde und wo Anwünschungen natürlicher Kinder im Heirathsvertrage (L.R.S. 345 a.) geschehen, hat der Notar Denjenigen, der anerkennt oder anwünscht, auf die Nothwendigkeit, den Vermerk im Geburtsregister (Reichsges. v. 6. Februar 1875 § 26) zu beantragen, aufmerksam zu machen, dessen hiernach gestellten Antrag in die Urkunde aufzunehmen und eine Ausfertigung der Urkunde dem Standesbeamten zum Zwecke des Eintrags im Geburtsregister mit dem Ersuchen zu übersenden, dem Notar den Vollzug unter Angabe des Tages und Jahres sowie der Ordnungszahl des Eintrags anzuzeigen.

---

[93]) Nach 2 Jahren vom Tage ihrer Aufnahme in den bad. Staatsverband werden ihre ehelichen Vermögensverhältnisse nach bad. L.R. beurtheilt, wenn sie nicht inzwischen oder vorher durch Ehevertrag festgestellt wurden.

[94]) Aufgenommen aus § 31 der Verordn. v. 30. Okt. 1862 über die Führung der Handelsregister.

[95]) Gesetz v. 29. März 1890, die Vorzugs- und Unterpfandsrechte betr. Nur auf Antrag der Ehefrau und ihrer Erben; nur während der Ehe und 1 Jahr nach deren Auflösung: § 11; Beschränkungen des Unterpfandsrechts wegen Heirathsguts der Ehefrau nur im Ehevertrage vereinbar: § 12; erst nach Entstehung des Unterpfandsrechtes: § 19, L.R.S. 2135.

[96]) Zu verwahren sind sie bei dem Amtsgerichte der Errichtung. (Just.Min.Erl. 18. Juni 1844, 14. Juni 1868, Not.Bl. S. 98 bez. 128.)

[97]) Soll heißen: Bei Schenkungen an Minderjährige, L.R.S. 463, und an Stiftungen, „Verpflegungshäuser, Arme einer Gemeinde oder eine gemeinnützige Anstalt". Vgl. § 66[5].

XI. Versteigerungen.

1. Gebotene Liegenschaftsversteigerungen.

(Sachliche Zuständigkeit.) § 71. 1) Die Notare sind zuständig für die Versteigerung von Liegenschaften in den Fällen, in welchen das Gesetz für den Fall des beabsichtigten Verkaufs oder der beabsichtigten Gemeinschaftsauseinandersetzung obrigkeitliche, öffentliche oder gerichtliche Versteigerung vorschreibt (gebotene Liegenschaftsversteigerungen: L.R.SS. 459, 484, 509, 513a.,[98]) 806,[99]) 814,[100]) 827, 839,[101]) 1686 bis 1688[102])).

2) Die Versteigerung findet in diesen Fällen durch die Notare statt, wenn nicht die Betheiligten deren Vornahme durch den gleichfalls hiefür zuständigen Bürgermeister[103]) oder (in Städten mit mehr als 3000 Einwohnern) Waisenrichter[104]) beantragen.

(Vorbereitende Erhebungen und Festsetzungen.) § 72.[105]) 1) Vor jeder nach § 71 vorzunehmenden Versteigerung hat der Notar, sofern dies nicht schon geschehen ist, hinsichtlich der zu versteigernden Liegenschaften einen Auszug aus dem Grund- und Pfandbuche gemäß § 109 Abs. 2c. zu erheben und denselben mit den Betheiligten gemäß § 119 Abs. 7 zu prüfen.

2) Darauf sind die Versteigerungsgedinge mit den Betheiligten festzustellen. Dazu gehört insbesondere das Geding:

a) wie lange das Höchstgebot den Bieter binden und unter welchen Voraussetzungen der Zuschlag ertheilt werden soll;
b) wann der Steigerer in den Genuß der Liegenschaften treten soll;
c) an wen, in welchen Zielern, ob und wie verzinslich der Erlös von den Steigerern zu zahlen ist;
d) mit welchem Zeitpunkte die Steuern und sonstigen Abgaben auf die Steigerer übergehen;
e) ob Gewähr für das Flächenmaß geleistet wird;
f) wer die Kosten der Versteigerung tragen soll;
g) ob der Notar ermächtigt werde, Namens der Betheiligten und ohne deren weitere Mitwirkung zur Wahrung des Eigenthumsübergangs und des Vorzugsrechtes den Eintrag der Versteigerung in das Grundbuch, zu letzterem Zwecke zugleich den Eintrag in das Pfandbuch herbeizuführen.

3) Im Anschlusse hieran sind mit den Betheiligten folgende Bestimmungen festzusetzen:

a) in welcher Reihenfolge oder in welchen Abtheilungen die Liegenschaften angeboten werden sollen;
b) an welchem Orte die Versteigerung stattfinden soll;
c) wie viel die Zwischenzeit vom Tage der Bestimmung des Versteigerungstages bis zu dem letzteren selbst mindestens und wie viel sie höchstens betragen soll;
d) wie die öffentliche Bekanntmachung der Versteigerung geschehen soll;
e) welche Gebühr ein etwa bestellter Erlöserheber beziehen soll.

4) Bei diesen Festsetzungen (Abs. 2 und 3) haben für Minderjährige und Entmündigte der Vormund und Gegenvormund mit Ermächtigung des Amtsgerichtes (Familienrathes), für Vermißte und Verschollene die Abwesenheitspfleger oder die

---

[98]) Von Liegenschaften Minderjähriger, Emancipirter, Entmündigter; vgl. R.P.O. § 74.

[99]) Für den (Benefizial-) Vorsichtserben.

[100]) Für den Erbpfleger.

[101]) Bei gerichtlichen Theilungen: s. R.P.O. § 74, vgl. § 141 d. Ges.

[102]) Wenn eine gemeinschaftliche Sache sich nicht füglich theilen läßt, oder wenn keiner gütlich die Sache annehmen will.

[103]) Dienstweis. f. d. Brgmstr. §§ 44 ff.; § 141² d. Ges.

[104]) Waisenrichter-O. § 10; Dienstw. §§ 37 ff.

[105]) Wie bei der Liegenschaftsvollstreckung nach Ges. v. 25. Juli 1879, 29. März 1883.

fürsorglich Eingewiesenen mit amtsgerichtlicher Ermächtigung (vgl. §§ 26 u. 27 der Anleitung zur Führung der Grund- und Pfandbücher) mitzuwirken.

(Bestimmung des Versteigerungstags. Ladung hiezu.) § 73. 1) Nachdem diese Festsetzungen (§ 72 Abs. 2 u. 3) erfolgt und, soweit erforderlich, behördlich gebilligt sind (vgl. insbesondere § 72 Abs. 4), bestimmt der Notar Tag und Stunde der Versteigerung und lädt hiezu in Gemäßheit der Vorschriften des § 29 Abs. 3 ff. die Betheiligten, deren gesetzliche Vertreter (für Bevormundete die Vormünder und Gegenvormünder) oder Bevollmächtigte ein.

2) In die Ladung (Abs. 1) ist der nothwendige Inhalt der öffentlichen Bekanntmachung (§ 74 Abs. 1) aufzunehmen.

(Oeffentliche Bekanntmachung der Versteigerung.) § 74. 1) Der Versteigerung muß eine öffentliche Bekanntmachung vorhergehen. Die Bekanntmachung hat insbesondere zu enthalten:

a) die Angabe der Veranlassung der Versteigerung („Theilungshalber" und dergleichen);
b) unter Angabe des seitherigen Eigenthümers die Beschreibung der zu versteigernden Liegenschaften nach Lagerbuchsnummer, Gewann, Kulturart, Flächenmaß, Angrenzern und Schätzungswerth, soweit ein solcher erhoben ist, bei Gebäuden auch die Straße und Nummer, den Zweck, zu welchem sie benützt werden oder zu benützen sind (z. B. Wohnhaus, Gasthaus, Brauhaus u. s. w.), ihre Beschaffenheit, die Zahl der Stockwerke;
c) die Angabe des Ortes, des Tages und der Stunde der Versteigerung;
d) das hinsichtlich der Zuschlagsertheilung getroffene Geding (§ 72 Abs. 2 a.);
e) die Angabe, daß die weiteren Versteigerungsbedingungen (§ 72 Abs. 2 u. 3) in der Zwischenzeit bei dem Notar zu Jedermanns Einsicht aufliegen, auch Abschrift derselben auf Antrag und auf Kosten des Antragstellers ertheilt werden könne.

2) Die Bekanntmachung erfolgt:

a) durch öffentlichen Anschlag an dem Gemeindehause während mindestens einer Woche;
b) durch dreimaligen öffentlichen Ausruf des Ortsdieners mit der Schelle oder in sonst ortsüblicher Weise, wobei der dritte Ausruf am Versteigerungstage oder nach bestehendem Ortsherkommen[106]) am letzten Sonntage vorher vorzunehmen ist;
c) durch Einrückung in öffentliche Blätter.

3) Der öffentliche Anschlag (2 a.) und der Ausruf (2 b.) wird auf Veranlassung des Notars in der Gemeinde, in welcher die Grundstücke gelegen sind, und in der Gemeinde, in welcher die Versteigerung vorzunehmen ist, auf Antrag auch in einer oder mehreren Nachbargemeinden je durch deren Bürgermeister angeordnet. Der Ausruf durch den Ortsdiener unterbleibt in denjenigen Stadtgemeinden, für welche dies durch Beschluß des Gemeinderaths mit Genehmigung des Justizministeriums festgesetzt ist.

4) Die Einrückung (2 c.) erfolgt in das amtliche Verkündigungsblatt des Amtsgerichtsbezirks.[107]) Auf Antrag kann dieselbe, sofern der öffentliche Ausruf stattfindet (Abs. 3 a. E.) und der Werth der zu versteigernden Liegenschaften 1000 ℳ nicht übersteigt, unterbleiben. Auf Antrag können auch an Stelle des genannten Blattes oder neben demselben andere öffentliche Blätter, in welche die Einrückung zu erfolgen habe, bestimmt werden. In der Regel genügt die einmalige Einrückung; auf Antrag kann dieselbe auch mehrmals geschehen.

5) In jedem Falle ist im Interesse der Kostenersparung darauf Bedacht zu nehmen, daß die einzurückende Bekanntmachung thunlichst kurz gefaßt und auch in der äußeren Form so eingerichtet werde, daß sie beim Abdruck möglichst wenig Raum einnimmt. Insbesondere genügt, wenn mehrere Liegenschaften zu versteigern sind, die Angabe ihrer Zahl nach ihren verschiedenen Kulturarten mit dem gesammten Flächengehalt und Schätzungswerth jeder einzelnen Art ohne Aufführung und Beschreibung der einzelnen Stücke; nur Versteigerungsobjekte von größerem Werth, wie Gutskomplexe,

---

[106]) In den Schwarzwaldgemeinden: Just.M.Erl. 30. Nov. 1889.
[107]) Vgl. o. § 31.

Hofgüter, Waldungen, Luxusgebäude, Häuser mit Gewerbseinrichtungen (z. B. Mühlen, Wirthschaften, Apotheken, Fabriken und dergl.) sind stets einzeln aufzuführen und genauer, jedoch unter Beschränkung auf das Wesentliche zu beschreiben.

6) Soweit nach Abs. 3 und 4 die Art der Bekanntmachung von Anträgen der Betheiligten abhängt (vgl. § 72 Abs. 3 d.), ist solchen Anträgen stattzugeben, wenn alle Betheiligten zustimmen oder der Notar dies nach den Umständen zweckentsprechend findet. Einzelnen Betheiligten, deren Anträgen hiebei nicht entsprochen wird, bleibt überlassen, die weitere Veröffentlichung auf eigene Kosten zu begehren.

7) Die Belegstücke über Art und Zeit der Bekanntmachung (Bescheinigungen des Ortsdieners, Zeitungsblätter und dergl.) sind zu den Akten zu bringen. Die Bescheinigung über den Anschlag insbesondere hat auf dem angehefteten Schriftstück den Tag der erfolgten Anheftung und den der Abnahme, diejenige über den Ausruf hat die Tage, an welchen derselbe erfolgt ist, zu bezeichnen.

8) Dem Ortsdiener ist für den Anschlag und die darüber auszustellende Beurkundung eine Gebühr von 15 ₰, für eine Verkündung mittelst der Schelle oder durch Umsagen die von der Verwaltungsbehörde nach der Verschiedenheit der Orte besonders festgesetzte Gebühr (mindestens 40 ₰) zu gewähren. Geschieht die Verkündung durch mehrere Ortsdiener, so hat jeder diese Gebühr anzusprechen; geschieht sie mehr als einmal, so ist die Gebühr eben so oft zu entrichten (§ 10 Ziff. 2 u. 3 der Verordn., betreffend den Gebührenbezug der Gemeindebeamten und Gemeindediener v. 30. Nov. 1874, Ges. u. V.Bl. Nr. LVIII.).

9) Wird die bekannt gemachte Versteigerungstagfahrt etwa wieder aufgehoben, so ist die Aufhebung, soweit es noch thunlich ist, öffentlich bekannt zu machen. Die Abnahme der auf die Versteigerung bezüglichen Anschläge ist sofort zu veranlassen.

(Abhaltung der Versteigerungstagfahrt.) **§ 75.** 1) Die Versteigerungstagfahrt ist abzuhalten, auch wenn die hiezu geladenen Betheiligten (§ 73 Abs. 1) nicht erschienen sind.[107a])

2) Die Tagfahrt ist in dem Gemeindehause[107b]) und zwar an einem Werktage abzuhalten.

3) Bei Eröffnung derselben sind zunächst die Versteigerungsgedinge (§ 72 Abs. 2) bekannt zu machen. Darnach sind die zu versteigernden Liegenschaften in der bestimmten Reihenfolge einzeln oder gegebenen Falls in Abtheilungen (§ 72 Abs. 3a.) auszubieten und die Erschienenen zum Bieten aufzufordern.

4) Ob das einzelne Gebot nach Maßgabe der Versteigerungsgedinge zuzulassen oder (insbesondere wegen Nichtstellung tauglicher Bürgen) zurückzuweisen ist, hat bei sich ergebenden Zweifeln der Notar zu entscheiden. Wie lange der einzelne Bieter an sein Gebot gebunden bleibt, bemißt sich nach den Versteigerungsgedingen.[108])

5) Wenn kein weiteres Gebot mehr erfolgt, so wird das letzte Gebot dreimal ausgerufen und darnach der Zuschlag (bedingt oder unbedingt) ertheilt oder die Tagfahrt ohne Zuschlag geschlossen, je nachdem für den gegebenen Fall das Eine oder Andere in den Gedingen vorgesehen ist.

6) Zum Ausruf kann der Notar eine geeignete Person beiziehen. Den Zuschlag ertheilt der Notar selbst.[109])

7) Bei jeder Unterbrechung des Geschäfts ist die Verhandlung abzuschließen.[110]) Die Stunde der Fortsetzung ist den Anwesenden zu eröffnen, die öffentliche Bekanntmachung nach Ortsherkommen zu wiederholen.

(Versteigerungsprotokoll.) **§ 76.** 1) Zur Aufnahme des Protokolls kann der Notar den Rathschreiber des Orts oder eine andere geeignete Persönlichkeit beiziehen.[111])

[107a]) D. Just.Min.Bek. v. 4. Nov. 1876 (G. u. V.Bl. Nr. XLVI.) macht die Vormünder und Gegenvormünder darauf aufmerksam, daß ihre gesetzlich vorgeschriebene Mitwirkung (vgl. jetzt §§ 72[4], 73) auch die Vertretung bei der Versteigerungstagfahrt erheischt, aber eine Bevollmächtigung Dritter zulasse.

[107b]) Im Wirthshause nur mangels solcher Räumlichkeit oder bei ausdrücklicher Erlaubnis: Lh. V. v. 25. Jan. 1889 (G. u. V.Bl. Nr. 3) und unten § 79[3b].

[108]) Vgl. Liegenschaftsvollstr.O. §§ 45, 48 ff.

[109]) Um so weniger darf er mitbieten: L.R.S. 1596.

[110]) Vgl. R.P.Ges. § 57.

[111]) Vgl. Liegensch.Vollstr.O. § 59.

2) Das Versteigerungsprotokoll hat außer dem allgemeinen Inhalte der Notariatsurkunden (§ 38) insbesondere zu enthalten:

a) die Verzeichnung der als Anlagen beizufügenden Belegstücke über die ergangenen Ladungen (§ 73) und über die öffentliche Bekanntmachung der Versteigerungstagfahrt (§ 74 Abs. 7);

b) die Versteigerungsgedinge (§ 72 Abs. 2) oder den Hinweis auf dieselben mit Erwähnung der dazu etwa ertheilten amtsgerichtlichen Ermächtigung (§ 72 Abs. 4), insbesondere auch den Namen des etwa bestellten Gelderhebers;

c) die Beurkundung, daß den Vorschriften in § 75 Abs. 3 und 5 genügt worden ist;

d) die Aufzählung der ausgebotenen Liegenschaften und bei einer jeden die Angabe des Meistgebots und zwar, wenn es 50 ℳ oder mehr beträgt, in Buchstaben, und die Angabe des Meistbietenden;

e) wenn eine Auswahl unter den Bietern vorbehalten oder nachträgliche Stellung von Bürgen bedungen wurde, auch die Angabe der hiebei in Betracht kommenden früheren Gebote und der betreffenden Bieter;

f) die Summe des ganzen Erlöses, welche in Worten zu beurkunden und durch die Unterschrift der erschienenen Betheiligten, des etwa bestellten Erhebers, des Notars und des Protokollführers zu bestätigen ist.

3) Die einzelnen Liegenschaften sowie die Gebote und Bieter (Abs. 2 d. und e.) werden in dem Protokoll sogleich bei dem Ausgebote verzeichnet und von den Steigerern unterschriftlich anerkannt. Dabei sind, wenn nicht schon die Betheiligten (Versteigerer) darauf angetragen haben (§ 72 Abs. 2 g.), die Steigerer zu befragen, ob sie den Eintrag der Versteigerung in das Grundbuch zum Zwecke der Wahrung des Eigenthumsübergangs beantragen und sind gegebenen Falls dahin gehende Anträge vor der Unterschrift des einzelnen Steigerers zu beurkunden.

4) Die einzelnen Angaben (Abs. 2) sind in derjenigen Vollständigkeit zu machen, welche den Notar zur demnächstigen Erwirkung eines den Vorschriften der Anleitung (vgl. deren §§ 34 ff. u. 66 ff.) entsprechenden Grundbuchseintrags (diese Verordn. § 72 Abs. 2 g., dieser Paragraph Abs. 3 u. § 77) in Stand setzt.

(Verfahren nach dem Zuschlag.) **§ 77.** 1) Nach beendigter Versteigerung hat der Notar nach dem Antrag der Betheiligten (vgl. § 72 Abs. 2 g. und § 76 Abs. 3) der zuständigen Grund- und Pfandbuchbehörde Auszüge aus den Versteigerungsakten, die alles zur Fertigung des Grundbuch- und gegebenen Falls auch Pfandbucheintrages Erforderliche enthalten müssen, zum Zwecke dieses Eintrags und mit dem weiteren Ersuchen zu übersenden, dem Notar den Vollzug unter Angabe der Zeit, sowie von Band, Nummer und Seite des Eintrags anzuzeigen.

2) Diese Mittheilung (Abs. 1) geschieht, wenn die Versteigerung im Lauf eines bei dem Notar anhängigen Theilungsverfahrens stattfindet, alsbald nur hinsichtlich der durch Dritte ersteigerten Liegenschaften; hinsichtlich der durch Gemeinschaftsgenossen ersteigerten Liegenschaften erfolgt sie erst am Schlusse des Verfahrens in Gemäßheit des § 155.[112])

3) Die Akten über die abgeschlossene Versteigerung sind den Akten über das Theilungsverfahren einzuverleiben oder, wenn ein solches nicht anhängig ist, alsbald dem Amtsgerichte zur Aufbewahrung zu übergeben.

2. Freiwillige Liegenschaftsversteigerungen.

(Zuständigkeit und Verfahren.) **§ 78.** 1) Der Notar darf auch außerhalb des Kreises der Fälle, in welchen die öffentliche Versteigerung vorgeschrieben ist (§ 71 Abs. 1), Liegenschaftsversteigerungen vornehmen, wenn er von den Betheiligten darum angegangen wird (freiwillige Liegenschaftsversteigerungen).

2) Auch in diesem Falle ist der Versteigerungsakt öffentlich zu beurkunden und finden im Uebrigen die Vorschriften der §§ 72—77 mit folgenden Maßgaben entsprechende Anwendung:

a) In den Fällen des § 74 Abs. 6 kann vor erfolgter Einigung der Betheiligten über gestellte Anträge das Verfahren nicht seinen Fortgang nehmen.

---

[112]) Abs. 1 u. 2 finden auch bei Freihandverkauf statt: § 143[3].

b) Die Versteigerungstagfahrt ist an einem dazu geeigneten Orte[112a]) und wenn ein anderer geeigneter Ort nicht vorhanden ist, im Gemeindehause abzuhalten.

3. Fahrnißversteigerungen.

(Zuständigkeit und Verfahren.) **§ 79.** 1) Die Notare sind zuständig für die Versteigerung von Fahrnissen in den Fällen, in welchen das Gesetz für den Fall des beabsichtigten Verkaufs oder der beabsichtigten Gemeinschaftsauseinandersetzung die obrigkeitliche, gerichtliche oder öffentliche Versteigerung vorschreibt (vgl. insbesondere L.R.SS. 452,[113]) 509, 513 a.,[114]) 805,[115]) 814,[116]) 826,[117]) 1062,[118]) 1686—1688).[119]) Die Notare sollen jedoch diese Versteigerungen (gebotene Fahrnißversteigerungen), für welche daneben auch theils die Bürgermeister[120]) oder (in Städten mit mehr als 3000 Einwohnern) die Waisenrichter,[121]) theils die Gerichtsvollzieher[122]) zuständig sind, nur vornehmen, wenn sie von den Betheiligten besonders darum angegangen werden.

2) Unter derselben Voraussetzung ist den Notaren auch die Uebernahme freiwilliger Fahrnißversteigerungen gestattet.

3) Auf das Verfahren in den Fällen der Absätze 1 und 2 finden die Vorschriften der §§ 72—78 mit folgenden Maßgaben entsprechende Anwendung:

a) Vor Beginn der Versteigerungstagfahrt sind die zu versteigernden Sachen zum Verkauf bereit zu stellen.

b) Die Versteigerung ist an einem dazu geeigneten Orte abzuhalten. Ihre Abhaltung im Wirthshause ist untersagt. Eine Ausnahme von diesem Verbote ist nur zulässig, wenn andere zur Abhaltung der Versteigerung geeignete Räumlichkeiten am Versteigerungsorte nicht zu beschaffen sind oder wenn dem Notar aus besonderen Gründen von dem Landgerichte die Erlaubniß zur Vornahme der Versteigerung in einem Wirtshause ertheilt wird (vgl. Landesh. Verordn. v. 25. Januar 1889, Ges. u. V.Bl. S. 29 ff.). Eine Fertigung dieser Erlaubniß ist zu den Akten zu nehmen.

c) Ist der Preis für die versteigerten Gegenstände sofort gegen deren Aushändigung zu zahlen, so kann vom Nachweis der Nämlichkeit der dem Notar unbekannten Meistbietenden Umgang genommen werden.

d) Im Versteigerungsprotokoll ist die Angabe der dem Meistgebot vorhergegangenen Gebote und die Unterschrift der Meistbietenden (Steigerer) nicht erforderlich.

XII. Siegelungen und Entsiegelungen.

1. Die Siegelung und Entsiegelung nach Sterbfällen.[122a])

(Siegelung von Amtswegen im Allgemeinen.) **§ 80.** Die Siegelung einer Verlassenschaft muß von Amtswegen vorgenommen werden:

[112a]) S. Anm. zu § 75² u. § 79³ᵇ.

[113]) Für Minderjährige.

[114]) Für Emanzipirte.

[115]) Durch den Vorsichtserben, ebenso nach S. 796 durch den Erben während der Bedenkzeit hinsichtlich verderbbarer Sachen, s. § 95².

[116]) Durch den Erbpfleger.

[117]) Bei Erbtheilungen, wenn das Vermögen in Beschlag genommen oder Einsprache erhoben ist oder die Mehrheit schuldenhalber den Verkauf will.

[118]) Bei Wiederabtretung eines Astererbes.

[119]) Wenn die gemeinschaftl. Sache sich nicht füglich theilen läßt oder keiner eine bei der Theilung übrig gebliebene Sache annehmen will.

[120]) Dienstweisung § 53.

[121]) Waisenrichter-O. § 10. Dienstweisung § 46.

[122]) S. o. S. 266 C.

[122a]) Vgl. auch §§ 129 u. 130.

1) wenn sich unter den Erben Minderjährige (auch Gewaltsentlassene) oder Entmündigte befinden;[123])
2) wenn nicht alle Erben anwesend oder durch Bevollmächtigte vertreten sind;[124])
3) wenn und solange im Falle der L.R.SS. 1006,[125]) 1008[126]) der durch Testament eingesetzte Erbe (Erbnehmer) den erforderlichen Beisatzbefehl nicht erwirkt hat;
4) wenn der überlebende Ehegatte minderjährig, entmündigt oder nicht anwesend ist;[127])
5) wenn die Verlassenschaft an außerordentliche Erbfolger (natürliche Kinder, den überlebenden Ehegatten oder den Staat) fällt;[128])
6) wenn die Verlassenschaft ganz oder theilweise zu Aftererbschaft bestimmt ist.[129])

(Bei Nichtbadenern insbesondere.) § **81.** 1) Unter den Voraussetzungen des § 80 sind auch die Verlassenschaften der im Lande verstorbenen Nichtbadener, vorbehaltlich anderweiter Bestimmungen[130]) bestehender Staatsverträge,[131]) zu siegeln.

2) Wird die Siegelung von Betheiligten oder von deren Vertretern oder von Treuhändern deshalb beanstandet, weil dieselbe nach den Gesetzen des Heimathsstaates unter den gegebenen Umständen nicht stattfinde, oder erhebt die zuständige Behörde des Heimathsstaates Einwendungen gegen die Siegelung, so ist die Entschließung des Justizministeriums einzuholen und, wenn nicht Gefahr auf dem Verzuge ist, mit der Siegelung einstweilen einzuhalten.

(Siegelung auf Antrag.) § **82.** 1) Außer diesen Fällen (§§ 80 und 81) findet die Siegelung nur auf Antrag Betheiligter statt.

2) Der Antrag (Abs. 1) kann gestellt werden von Erben oder deren Gläubigern (L.R.SS. 882[132]) und 1166[133])), von Vermächtnißnehmern, vom überlebenden Ehegatten, von Treuhändern, von Nachlaßgläubigern, die mit vollstreckbaren Schuldtiteln versehen sind oder richterliche Erlaubniß erwirkt haben (L.R.S. 820).[134])

3) Wird der Antrag mündlich gestellt, so ist derselbe mit Begründung von dem Notar in den Akten unter Angabe von Tag und Stunde der Antragstellung zu Protokoll zu beurkunden.[135])

---

[123]) R.R.SS. 476 ff., 489, 509, 513a, 451, 819, 838, 1031.

[124]) L.R.SS. 819, 838, 1031.

[125]) Wenn „bei dem Tode des Erblassers keine Pflichterben vorhanden sind".

[126]) Sobald im Fall des S. 1006 „die letzte Willensordnung eine eigenhändige oder geheime ist".

[127]) Siehe zu Nr. 1 u. 2.

[128]) L.R.SS. 766 ff., 773, 813; vgl. Not.O. § 130.

[129]) L.R.SS. 1048 ff., 1058 ff.

[130]) Solche existiren nicht; vielmehr wird in allen Staatsverträgen das Recht der Siegelung unter den nemlichen Voraussetzungen der badischen Gesetze anerkannt, bei Angehörigen außerdeutscher Staaten nur auch deren Konsuln eine gewisse Betheiligung oder selbständiges Eingreifen gewahrt. Da die Erbfolge und mithin die Frage nach den Voraussetzungen des § 80 sich nach der Staatsangehörigkeit des Erblassers bestimmt, so ist deren Ermittelung im Siegelungsprotokoll (§ 95 1c Form. F Nr. 5) vorgeschrieben. Vgl. auch § 134.

[131]) Vgl. auch S. 273 § 5b Abs. 2.

[132]) „Die Gläubiger eines Miterben dürfen, damit keine Theilung zu ihrem Nachtheil geschehe, Einsprache gegen eine ohne ihre Berufung vorgehende Theilung einlegen; sie müssen jedoch auf ihre Kosten dabei erscheinen. — Eine schon vollzogene Theilung können sie nicht anfechten, es sei denn, daß solche ohne sie mit Hintansetzung ihrer Einsprache geschehen wäre."

[133]) „Die Gläubiger können gleichwohl alle jene Rechte und Klagen ihres Schuldners zu ihrer Befriedigung geltend machen, die nicht ausschließlich ihm in Person zustehen."

[134]) „Auch Gläubiger, die klare Brief und Siegel oder richterliche Erlaubnis haben, können Versiegelung begehren." — Siehe auch § 96 2.

[135]) S. § 84.

(Zuständigkeit. Mitwirkung der Waisenrichter und Rathschreiber.) § **83**. 1) Zur Siegelung von Verlassenschaften[135a]) sind zuständig:

a) der Notar, unter mehreren am Ort der Siegelung befindlichen Notaren Derjenige, zu dessen Distrikt die Gemeinde gehört, unter mehreren für die Gemeinde angestellten Notaren ein jeder hinsichtlich der in seinem Distrikt befindlichen, zum Nachlaß gehörigen Fahrnisse (R.P.G. § 26 Ziff. 2 und § 27 Abs. 1):

b) in Gemeinden, in welchen ein Notar nicht gegenwärtig ist, und in den dem Standesamtsbezirk der Gemeinde zugetheilten Kolonien, Weilern und Höfen der Bürgermeister oder dessen Stellvertreter (R.P.G. § 27 Abs. 2 u. 3), vorbehaltlich jedoch der unter c. nachfolgenden Bestimmung;[136])

c) in den Nebenorten zusammengesetzter Gemeinden und in Kolonien mit eigener Polizeiverwaltung, sofern nicht das Justizministerium im Einzelnen etwas anderes bestimmt, der Stabhalter (R.P.G. § 27 Abs. 4).

2) Zur Siegelung haben[137])

der Notar (1 a.) den Waisenrichter, oder eine andere geeignete Urkundsperson,

der Bürgermeister oder sein Stellvertreter (1 b.) den Waisenrichter und den Rathschreiber,

der Stabhalter (1 c.) den etwa für den Nebenort oder die Kolonie vorhandenen besonderen Waisenrichter und einen, in Ermangelung des ersteren, zwei geeignete Einwohner, welche das Amtsgericht im Voraus bestellt,

beizuziehen.

(Zeit der Vornahme.) § **84**. 1) Der Notar hat die Siegelung in den Fällen der §§ 80 u. 81 in der kürzesten Zeit nach Empfang der Sterbfallsanzeige oder nach sonst erlangter Kenntniß des Todesfalles, in den Fällen des § 82 in der kürzesten Zeit nach Empfang des Antrags vorzunehmen. Auf der Sterbfallsanzeige oder sonstigen Sterbfallsnachricht hat der Notar Tag und Stunde des Empfangs zu vermerken.

2) Wenn Gefahr auf dem Verzuge ist, können die Siegel auch zur Nachtzeit und an Sonn- und Feiertagen angelegt werden.

3) Hat der Erblasser auch an anderen Orten als dem Sterbeorte Fahrnisse hinterlassen, so hat der Notar, welchem die Sterbfallsanzeige zukommt, hievon und von dem Grunde der Siegelung (§§ 80—82) die für die anderen Orte zur Siegelung zuständigen Beamten unverweilt zu benachrichtigen.[138])

(Durchsuchung, Oeffnung von Thüren und Behältnissen. Widerstand.) § **85**. 1) Der Notar ist, soweit der Zweck der Siegelung dies erfordert, befugt, die Wohnung und die Behältnisse, sowie sonstige Räume des Erblassers zu durchsuchen.

2) Er ist befugt, verschlossene Thüren und Behältnisse öffnen zu lassen. Zu diesem Behufe ist, zur Vermeidung unnöthiger Beschädigung, wenn thunlich, ein geeigneter Handwerker zuzuziehen.

3) Er ist, wenn er Widerstand findet, welcher durch geeignete Belehrungen nicht überwunden werden kann, zur Anwendung von Gewalt befugt und kann zu diesem Zweck die Unterstützung der polizeilichen Vollzugsorgane nachsuchen.[139])

[135a]) Anders in Ehesachen: § 101[2].

[136]) Siehe auch die dortige Anmerkung.

[137]) Entsprechend Dienstweis. für Bürgermstr. § 54, für Waisenrichter § 27, Waisenrichter-O. § 8.

[138]) Diese Vorschrift des Abs. 3 bezieht sich nur auf Orte in Baden.

[139]) Der Paragraph dient ganz hervorragend zur Kennzeichnung der obrigkeitlichen Amtsstellung der badischen Notare und zwar um so mehr, als nach den früheren Bestimmungen der Notar im Falle des Widerstandes lediglich dem Amtsgericht zu berichten hatte. Reutti hält im Fall Nr. 3 § 113 Str.G.B. anwendbar (Anm. II S. 232), so ganz zweifellos, wie er anzunehmen scheint, dürfte das nicht sein, da der Notar an und für sich nicht zu den Vollstreckungsbeamten des § 113 zu rechnen ist, aber der Wortlaut dieses Absatzes, welcher ihn ausdrücklich „zur Anwendung von Gewalt befugt" erklärt, rechtfertigt entschieden diese Auffassung, wie denn ja § 85 die

(Gegenstand der Siegelung im Allgemeinen.) **§ 86.** 1) Gegenstand der Siegelung sind, vorbehaltlich der nachfolgenden besonderen Bestimmungen (§§ 87—91), alle Fahrnisse des Erblassers, welche sich in dessen Wohnung und in den sonst etwa von ihm innegehabten Räumen befinden.

2) Fahrnisse des Erblassers, welche sich in der Wohnung oder in sonstigen Räumen Dritter befinden, können nur im Falle der Zustimmung des Dritten der Siegelung (oder der stellvertretenden Verzeichnung und Schätzung: § 87) unterzogen werden. Die Zustimmung des Dritten ist in dem Protokoll (§ 95) zu bemerken und von demselben unterschriftlich zu bestätigen. Wenn der Dritte die Zustimmung verweigert oder den Besitz der Sachen überhaupt in Abrede stellt, so hat sich der Notar auf die Beurkundung dieses Hergangs zu beschränken und den Betheiligten das Weitere zu überlassen.[140])

(Verfahren in Beziehung auf Gegenstände, die sich nicht zur Siegelung eignen.) **§ 87.** 1) Von der Siegelung bleiben ausgenommen:

a) die zum täglichen Gebrauche der Hausgenossen nöthigen Kleider, Geräthe[141]) und Vorräthe;

b) Gegenstände, welche nicht in geschlossenen Behältern, Zimmern und sonstigen Räumen verwahrt werden können und sonst sich nicht zur Versiegelung eignen.

2) Die nach Abs. 1 von der Siegelung ausgenommenen Fahrnisse werden sofort einzeln verzeichnet und durch den Waisenrichter oder die im Einzelfall außerdem zugezogenen Sachverständigen (§ 115) geschätzt.[142])

(Verfahren in Beziehung auf Werthgegenstände.) **§ 88.** 1) Werthpapiere, Schuldurkunden,[143]) baares Geld, Edelsteine, Gold- und Silbergeräthe sind genau zu verzeichnen und darnach je nach Umständen mit den übrigen Fahrnissen unter Siegel zu legen oder einem Betheiligten oder einem Dritten zur Aufbewahrung zu übergeben.

2) Von der Siegelung (Abs. 1) ist insbesondere in Fällen abzusehen, in welchen (wie namentlich bei unbewohnten oder alleinstehenden Häusern oder Wohnungen) ein Abhandenkommen durch Einbruch und dergleichen zu besorgen ist.

3) Die Uebergabe zur Aufbewahrung (Abs. 1) soll nur an Personen geschehen, die dem Notar als zuverlässig und zahlungsfähig bekannt sind. Die Gegenstände können offen oder in verschlossenen Packeten, auf welchen die betreffende Verlassenschaftssache bezeichnet ist und welche mit dem Dienstsiegel versehen sind, übergeben werden. Der Notar hat mit dem Verwahrer die diesem etwa zu gewährende Vergütung zu vereinbaren, sich von demselben den richtigen Empfang der hiebei einzeln unter zulässiger Bezugnahme auf das Verzeichniß (Abs. 1) anzugebenden Sachen bescheinigen zu lassen und ihm auf Verlangen eine Abschrift der Bescheinigung zu ertheilen.[144])

(Ausscheidung im Nachlaß befindlicher fremder Sachen, Orden und dergl. **§ 89.** 1) Finden sich im Nachlaß Sachen, deren Eigenthum Dritte beanspruchen, so können dieselben, wenn der Grund des Anspruchs nachgewiesen ist und die anwesenden Betheiligten einwilligen, an die Dritten ausgefolgt werden;[145]) andernfalls unterliegen sie der Behandlung nach §§ 86—88 u. 90. Die Ausfolgung geschieht gegen Bescheinigung; sie ist unter kurzer Beschreibung der ausgefolgten Stücke zu den Akten zu vermerken.

2) In gleicher Weise sind Dienstpapiere, Dienstgelder und Dienstgeräthschaften zu behandeln, welche sich im Besitz verstorbener Beamten befanden. Die vorgesetzte

---

Befugnisse, die § 678 C.P.O. dem Gerichtsvollzieher giebt, auf den Notar überträgt.

[140]) Vgl. C.P.O. § 713.

[141]) Im weitesten Sinne genommen, vgl. C.P.O. § 715 Nr. 1, 4, 5, 6, 8, 10.

[142]) Vgl. V. v. 4. Jan. 1878 (G.Bl. Nr. 1).

[143]) Vgl. auch § 90.

[144]) Der Notar selbst kann nicht Verwahrer sein (§ 50), wie auch die Fassung ergiebt.

[145]) Bei Mündelsachen vgl. R.P.O. § 80.

Dienstbehörde des Verstorbenen ist von der (bevorstehenden oder stattgehabten) Siegelung thunlichst bald zu benachrichtigen (vgl. R.P.G. § 80 c.).

3) Finden sich im Nachlaß Ordensdekorationen, so hat der Notar, wenn dieselben nach den maßgebenden Bestimmungen nach dem Tode des Beliehenen zurückzugeben sind, die Betheiligten hierauf aufmerksam zu machen und ihnen zu bedeuten, daß die Rücksendung fremder Orden durch Vermittelung des Großh. Staatsmin. geschehen könne. Auf Verlangen hat der Notar selbst die Vorlage an die Großh. Ordenskanzlei oder an das Großh. Staatsmin. zu bewirken.

(Nachlaßpapiere. Geschäftsbücher.) **§ 90.** 1) Finden sich im Nachlaß Schriftstücke, welche für die Vorbereitung des Erbverzeichnisses von Bedeutung sind, wie Kaufbriefe, Auszüge aus Theilungen, Schenkungen oder Vermögensübergaben, Quittungen über Vorempfänge, Abschriften von Testamenten oder Eheverträgen, Standesregisterauszüge und dergleichen, so hat der Notar dieselben einem Verwahrer zu übergeben.

2) Verschlossen oder offen vorgefundene Testamente sind nach § 65 zu behandeln.

3) Sonstige verschlossene Papiere hat der Notar mit seinem Namenszug zu versehen und darnach je nach Umständen unter Siegel zu legen oder einem Verwahrer zu übergeben.

4) Hinsichtlich der nach Abs. 1 u. 3 zu bestellenden Verwahrer finden die Bestimmungen des § 88 entsprechende Anwendung.

5) Geschäftsbücher, Hausbücher über Forderungen und Schulden und dergleichen sind in der Regel unter Siegel zu legen. Soll jedoch ein Handels- oder Gewerbebetrieb des Erblassers nach dem Verlangen der anwesenden Betheiligten ununterbrochen fortgesetzt werden, so sind die Geschäftsbücher in Gegenwart der letzteren und wenn nöthig unter Beizug eines Sachverständigen abzuschließen und darnach dem zur Fortsetzung des Betriebs erwählten Geschäftsführer auszufolgen. Kann der erhebliche Inhalt der Bücher sofort zu Protokoll festgestellt werden, so hat der Abschluß auf diese Weise zu geschehen.[146]) Daß und wie der Abschluß der Bücher geschehen, ist in diesen und im Protokoll zu beurkunden.

(Verfahren bei Betheiligung des Erblassers an Handelsgesellschaften.) **§ 91.** Wenn der Erblasser oder dessen überlebender Ehegatte einer offenen Handelsgesellschaft oder einer Kommanditgesellschaft als Gesellschafter angehört hat oder angehört, so ist dies festzustellen, jedoch die in Gemäßheit der §§ 86—90 vorzunehmende Verhandlung, wenn nicht das zuständige Gericht[147]) etwas anderes anordnet, auf die zum Gesellschaftsvermögen gehörigen Sachen nicht auszudehnen.[148])

(Form der Siegelung. Aufsicht auf Erhaltung der Siegel ꝛc.) **§ 92.** 1) Soweit nach den vorstehenden Bestimmungen (§§ 86—91) Fahrnisse unter Siegel gelegt werden, haben hiezu der Notar sein Amtssiegel, der Bürgermeister oder sein Stellvertreter und der Stabhalter das Gemeindesiegel zu verwenden.

2) Die Beaufsichtigung der Siegel und der nicht unter Siegel gelegten Fahrnisse wird einem der im Hause wohnenden Betheiligten oder einem vom Notar ernannten Hüter übertragen. Demselben sind auch die Schlüssel zu den versiegelten Räumen und Behältnissen in Verwahrung zu geben. Wenn der ernannte Hüter eine Vergütung beansprucht, so ist diese soweit thunlich im Voraus festzusetzen.

3) Die anwesenden Betheiligten und die bestellten Hüter und Verwahrer sind auf die in § 136 des Strafgesetzbuches der Verletzung amtlich angelegter Siegel angedrohten Strafen aufmerksam zu machen.

(Siegelung des Nachlasses von Ausländern.) **§ 93.** Ob und inwieweit bei der Siegelung (§§ 86—91) des Nachlasses von Ausländern (Nichtdeutschen) die Gesandt-

---

[146]) „Wenn dies wegen des Umfangs der Bücher oder aus anderen Gründen unthunlich ist, sollen die jüngsten Einträge in unzweideutiger Weise als solche unter Beifügung des Namenszuges des Notars bezeichnet, etwaige leere Zwischenräume ebenso durchstrichen und wie dies hinsichtlich der einzelnen Bücher geschehen, im Siegelanlegungsprotokolle beschrieben werden.“ Just.M.Erl. v. 28. März 1867.

[147]) R.P.O. §§ 96 [1], 102 [1].

[148]) Vgl. § 122 [2] d. Ges.

schafts- oder Konsularbeamten des Heimathsstaates zur Mitwirkung berufen sind, bestimmt sich nach den bestehenden Staatsverträgen.[149])

(Siegelung des Nachlasses von Militärpersonen.) § 94. 1) Auf die Siegelung des Nachlasses von Militärpersonen finden, soweit nicht nachstehend etwas Anderes bestimmt ist, die allgemeinen Bestimmungen (§§ 83—92) Anwendung.[150])

2) Die notarielle Siegelung hat nicht einzutreten hinsichtlich der in Lazarethen und Massequartieren (Kasernen) verstorbenen Militärpersonen, abgesehen jedoch von denjenigen, welche darin, wie Offiziere, Beamte, Oekonomen, eine selbstständige Wohnung innehaben. Soweit hiernach die notarielle Siegelung unterbleibt, tritt an deren Stelle die Verzeichnung und Verwahrung der Verlassenschaft seitens der Militärbehörde.

(Ermittelungs- und Siegelungsprotokoll.) § 95. 1) Das über die Siegelung (§§ 85—94) und über die hiebei erforderlichen Ermittelungen aufzunehmende Protokoll hat außer den allgemeinen Erfordernissen öffentlicher Urkunden (§ 38) insbesondere zu enthalten:

a) Tag und Stunde des Anfangs, der Unterbrechung und Fortsetzung der Verhandlung;
b) die Angabe des Sterbfalls, der die Siegelung veranlaßt, und des Grundes zur Siegelung (§§ 80, 81 u. 82);
c) das Ergebniß der erforderlichen Ermittelungen über die persönlichen, Familien- und Vermögensverhältnisse des Erblassers;
d) den Gang der Verhandlung und insbesondere das in den Fällen der §§ 88, 89 u. 90 eingehaltene Verfahren;
e) die Bezeichnung der Räume und Behältnisse, auf deren Oeffnungen die Siegel angelegt worden sind;
f) das Verzeichniß der nicht unter Siegel gelegten Gegenstände und deren Werthanschlag;
g) die Unterschrift der Hüter und Verwahrer (§§ 88, 90 u. 92).

2) Das Protokoll ist nach dem anliegenden Formular F. aufzunehmen. Soweit einzelne danach zu ermittelnde Verhältnisse den bei der Verhandlung mitwirkenden Personen unbekannt sind, ist dies anzugeben und hat die Ermittelung durch den Notar nachträglich zu geschehen.

3) Haben bei der Siegelung Betheiligte die Bitte um Ermächtigung zum Fahrnißverkauf während der Bedenkzeit (L.R.S. 796)[152]) vorgetragen, so hat der Notar einen Auszug aus dem Protokoll, welcher diese Bitte und das Verzeichniß der zu veräußernden Gegenstände enthält, dem Amtsgerichte alsbald zur Entschließung mitzutheilen und wie geschehen zu den Akten zu bemerken.

(Beschwerden. Einsprachen.) § 96. 1) Beschwerden Betheiligter gegen Vornahme der Siegelung (R.P.G. § 65) haben keine aufschiebende Wirkung.

2) Wenn nach der Siegelanlegung Gläubiger bei dem Notar wider die Erbbehandlung Einsprache machen (L.R.S. 821),[153]) so hat der Notar davon die Betheiligten zu benachrichtigen. Mündlich vorgebrachte Einsprachen sind unter Angabe ihres Grundes zu Protokoll zu beurkunden.

(Verfahren des Notars hinsichtlich der Ermittelungs- und Siegelungsprotokolle von Bürgermeistern und Stabhaltern.) § 97. 1) Bürgermeister und Stabhalter haben die Protokolle über von ihnen vorgenommene[154]) Ermittelungen und Siegelungen ungesäumt dem Notar zu weiterer Amtshandlung zu übersenden. Der Notar hat die Protokolle zu prüfen und deren etwa nöthige Berichtigung oder Ergänzung zu veranlassen. Auf den Protokollen ist alsbald die Zeit ihres Eingangs und die Nummer des Urkundenverzeichnißeintrages zu vermerken.

---

[149]) S. o. S. 362, § 81; vgl. auch § 134.

[150]) Vgl. R.P.G. § 80 b.

[152]) Siehe R.P.O. § 102, Not.O. § 79.

[153]) „Sind die Siegel einmal angelegt, so können alle Gläubiger wider die Erbbehandlung Einsprache machen, ohne klare Brief und Siegel oder richterliche Erlaubnis aufzuweisen." Siehe dagegen § 82 ².

[154]) Siehe § 83.

2) Auch hinsichtlich dieser Siegelungen (Abs. 1) hat der Notar gegebenen Falls nach § 95 Abs. 3 und § 96 Abs. 2 zu verfahren.

3) Ist die Ermittelung und Siegelung oder die Einsendung durch den Bürgermeister oder Stabhalter ungebührlich verzögert, so hat der Notar hievon nach Umständen dem Amtsgerichte zum Zwecke disziplinären Einschreitens[155]) Kenntniß zu geben.

(Voraussetzungen der Entsiegelung. Zuständigkeit hiefür.) § 98. 1) Die Entsiegelung darf von Amtswegen[156]) nur zum Zwecke der Erbverzeichnung vorgenommen werden.

2) Auf Antrag findet die Entsiegelung statt:

a) wenn ein dringendes Bedürfniß den Gebrauch versiegelter Fahrnisse nothwendig macht; in diesem Falle sind die herausgenommenen Gegenstände abzuschätzen und unter Angabe des Werthanschlages und der Namen der Empfänger in dem Protokolle zu verzeichnen; die übrigen Fahrnisse sind wieder unter Siegel zu legen;

b) wenn die Betheiligten nachweisen, daß der Grund der Versiegelung weggefallen ist.

3) Die Entscheidung über die Entsiegelung kommt, auch soweit Bürgermeister[157]) oder Stabhalter die Siegelung vorgenommen haben, dem Notar zu. Derselbe kann jedoch in den Fällen des Abs. 2 den Bürgermeister oder Stabhalter, der die Siegel angelegt hat, um deren Abnahme ersuchen.

(Verfahren bei der Entsiegelung im Allgemeinen.) § 99. 1) Zur Entsiegelung sind die Betheiligten oder deren Vertreter, in den Fällen des § 96 Abs. 2 auch die betreffenden Gläubiger, vorzuladen und die bestellten Hüter und Verwahrer sowie der Waisenrichter oder die an dessen Stelle zur Siegelung zugezogene andere Urkundsperson zuzuziehen.

2) Die Interessen der bei der Entsiegelung nicht anwesenden Betheiligten werden durch den Waisenrichter oder einen anderen geeigneten Ortseinwohner wahrgenommen.

3) Das Entsiegelungsprotokoll muß den Zustand, in welchem die Siegel gefunden wurden, angeben.

4) Finden sich Verletzungen der Siegel vor, so hat der Notar nach den Umständen zu forschen, durch welche sie herbeigeführt worden sind; das Ergebniß ist schriftlich zu verzeichnen.

5) Bieten die angestellten Ermittelungen genügenden Anlaß zu der Annahme, daß die Siegel nicht durch einen Zufall oder eine fahrlässige Handlung verletzt, sondern vorsätzlich erbrochen, abgelöst oder beschädigt worden seien, oder daß der amtliche Verschluß in anderer Weise vorsätzlich aufgehoben worden sei, so hat der Notar seine Erhebungen der Staatsanwaltschaft oder dem Amtsgerichte mitzutheilen.[158])

(Die Entsiegelung zum Zwecke der Erbverzeichnung insbesondere.) § 100. 1) Die Entsiegelung aus Anlaß des Erbverzeichnisses (§ 98 Abs. 1) soll nur in dringenden

---

[155]) Siehe Dienstweis. f. Bürgermstr. § 5.

[156]) Nemlich seitens des Notars, siehe auch Abs. 3, u. R.P.Ges. § 32². Eine andere Veranlassung der Entsiegelung als von Notars-Amtswegen oder auf Antrag (2), über welchen aber auch der Notar entscheidet (Abs. 3), kennt das Gesetz in erster Instanz nicht; daß in der Beschwerdeinstanz (R.P.G. § 65) in beiden Fällen eine Anordnung des Landgerichts die Entscheidung des Notars ersetzen und ihn zur Entsiegelung anhalten kann, versteht sich von selbst. Aber es ist keineswegs selbstverständlich, was Reutti Anm. I zu § 98 S. 239 meint, daß auch die Entsiegelung richterlich anzuordnen sei, wenn die Versiegelung vom Richter auf Beschwerde befohlen oder dem Gläubiger erlaubt war (oben § 82²). Vielmehr hat jetzt gegen die frühere Bestimmung auch in diesen Fällen nach § 98 Nr. 1 u. 3 der Notar entweder von Amtswegen die Entsiegelung vorzunehmen oder auf Antrag zu entscheiden — wiederum natürlich vorbehältlich der Beschwerde nach R.P.G. § 65. Anders in Ehesachen: § 101 Nr. 3.

[157]) Vgl. Dienstweis. § 71.

[158]) Nemlich als den zum Zweck der Strafverfolgung oder — vgl. § 110¹ — der Wahrnehmung obervormundschaftlicher Interessen zuständigen Behörden.

Fällen vor Ablauf von drei Tagen nach der Beerdigung oder — wenn die Versiegelung nach der Beerdigung geschah — vor Ablauf von drei Tagen nach der Siegelanlegung stattfinden.[159])

2) Die Entsiegelung wird in der Reihenfolge der Vermögensverzeichnung vorgenommen. Bei Unterbrechungen sind die unverzeichneten Stücke wieder unter Siegel zu legen.[160])

3) Es ist gestattet, den Inhalt des Entsiegelungsprotokolls in den Eingang des Erbverzeichnisses [161]) aufzunehmen.

2) Siegelung und Entsiegelung in Ehesachen.

(Zuständigkeit und Verfahren.) § **101.** 1) Die nach L.R.S. 270 vorgeschriebene Siegelung der zur ehelichen Gütergemeinschaft gehörigen Fahrnisse [162]) darf nur auf Grund einer Verfügung des zuständigen Gerichtes geschehen.

2) Zur Vornahme der Siegelung im Falle des Abs. 1 sowie in anderen Fällen, in welchen das Gericht dieselbe im Ehescheidungsverfahren auf Antrag anordnet, sind die Notare zuständig.

3) Die Entsiegelung darf, wenn nicht beide Ehegatten sie übereinstimmend beantragen, nur auf Grund gerichtlicher Anordnung geschehen.

4) Auf das Verfahren bei der Siegelung und Entsiegelung finden im Uebrigen die Vorschriften der §§ 83—100 entsprechende Anwendung.

XII.[163]) Sterbfallsanzeigen und Sterbelisten.

(Sterbfallsanzeigen. a. An wen zu erstatten.) § **102.**[164]) Die Sterbfallsanzeigen der Leichenschauer geschehen nach dem anliegenden Formular G.:

1) wenn am Sterbeorte ein Notar gegenwärtig ist, an den Notar;
2) wenn der Sterbeort Sitz mehr als eines Notars ist, an den für den Sterbeort angestellten Notar, unter mehreren für den Sterbeort angestellten Notaren an den für die Wohnung, in deren Ermangelung an den für den Ort des Ablebens zuständigen Notar;
3) wenn am Sterbeorte ein Notar nicht gegenwärtig ist, an den Bürgermeister oder dessen Stellvertreter, beziehungsweise an den Stabhalter.

(b. Weiteres Verfahren.) § **103.** 1) Auf Grund der ihm unmittelbar zukommenden Sterbfallsanzeigen (§ 102 Ziff. 1 u. 2) hat der Notar gemeinschaftlich mit dem Waisenrichter und, soweit hiezu die Kenntniß etwa vorhandener Testamente nöthig ist, im Benehmen mit dem Amtsgerichte zu erheben, ob nach den Umständen des Falles Anlaß zu einer von Amtswegen vorzunehmenden Amtshandlung (§§ 80, 81, 130) vorliegt oder nicht. Die Sterbfallsanzeigen sind im ersten Falle den Akten über die betreffende Amtshandlung anzuschließen, im zweiten Falle mit einem Vermerk über den Grund, aus welchem eine Amtshandlung nicht nothwendig ist, zu versehen und darnach, wenn gleichwohl nach den gemachten Erhebungen eine Vormundschaftsbestellung erforderlich ist, zu diesem Zwecke an das Amtsgericht einzusenden, sonst der Sterbeliste des betreffenden Monats nach deren Eingang (§ 105 Abs. 1) unter fortlaufenden Nummern anzuschließen.

2) Hinsichtlich der unmittelbar dem Bürgermeister (Stabhalter) zukommenden

---

[159]) Aber auch in diesen dringenden Fällen unter Beobachtung des § 111².

[160]) Rechtsnachtheile werden durch Nichtbeobachtung dieser Formen nicht begründet, wohl aber Beschwerde und Schadensersatzanspruch gegen den Notar.

[161]) § 114.

[162]) Welche die in Gütergemeinschaft lebende Ehefrau im Ehescheidungsprozeß zu jeder Zeit beantragen kann: S. 270 c.

[163]) Sollte heißen XIII.

[164]) Wiederholt in der Just.M.V. die Anzeige der Todesfälle an die Rechtspolizeibehörden betr. v. 12. Nov. 1889 (G. u. V.Bl. Nr. 32). Vgl. Not.O. § 83. Unterlassungen und Verzögerungen der Leichenschauer sind von den Amtsgerichten mit 2—10 Mark zu ahnden (§ 5 a. a. O.); vgl. § 106¹.

Sterbfallsanzeigen (§ 102 Ziff. 3) hat dieser gemeinschaftlich mit dem Waisenrichter zu erheben, ob nach den Umständen des Falles Anlaß zur Siegelung oder stellvertretenden Verzeichnung und Schätzung des Nachlasses oder zu dessen notarieller Verzeichnung zum Zwecke des Accisansatzes oder zu keinem von beiden vorliegt und

im ersten Falle die Siegelung rc. vorzunehmen und dem Protokoll hierüber die Sterbfallsanzeige anzuschließen,

im zweiten Falle die Sterbfallsanzeige, mit einem entsprechenden, die Erbbetheiligten und den Grund der Accisbarkeit bezeichnenden Vermerk des Bürgermeisters (Stabhalters) und des Waisenrichters versehen, ungesäumt an den Notar einzusenden,

im dritten Falle auf den Sterbfallsanzeigen in gleicher Weise den Grund, aus welchem die Siegelung rc. und die Erbverzeichnung nicht nothwendig ist, zu vermerken und dieselben, wenn gleichwohl eine Vormundschaftsbestellung erforderlich ist, zu diesem Zwecke dem Amtsgerichte vorzulegen, sonst aber der Sterbeliste des betreffenden Monats nach deren Eingang (§ 105 Abs. 2) unter fortlaufenden Nummern anzuschließen.

Der Notar hat, sobald ihm solche Sterbfallsanzeigen, gesondert oder mit der Sterbeliste, durch Vermittelung des Bürgermeisters (Stabhalters) zukommen, die beigefügten, auf die Nothwendigkeit einer Amtshandlung bezüglichen Vermerke zu prüfen und nöthigenfalls deren Berichtigung oder Ergänzung zu veranlassen. Soweit für die Prüfung die Kenntniß etwa vorhandener Testamente nöthig ist, hat der Notar sich hierwegen alsbald mit dem Amtsgerichte in's Benehmen zu setzen.

3) Wenn nach Inhalt der Sterbfallsanzeige (Abs. 1 u. 2) für erforderliche Amtshandlungen ein anderer Notar zuständig ist, so ist demselben von dem Sterbfall alsbald Kenntniß zu geben.

4) Betrifft der Sterbfall (Abs. 1 u. 2) das Haupt einer standesherrlichen Familie[165]) oder eines Zweigs einer solchen Familie oder ein aktiv oder passiv zur ersten Kammer wahlberechtigtes Mitglied einer grundherrlichen Familie,[166]) so ist derselbe unmittelbar dem Großherzogl. Min. d. J. anzuzeigen (Verordn. v. 25. Febr. 1865, G.V.Bl. S. 60) und der Vollzug zu vermerken.

(Sterbelisten.[167]) a. An wen vorzulegen.) **§ 104.** 1) Die monatweise nach dem anliegenden Formular H. von den Standesbeamten aufzustellenden Sterbelisten oder deren Fehlanzeigen sind ungesäumt und längstens bis zum 10. des auf den Listenmonat folgenden Monats:

a) in Gemeinden, in welchen ein Notar gegenwärtig ist, dem Notar,

b) in anderen Standesamtsbezirken dem Bürgermeister oder Stabhalter

mitzutheilen.

2) Ist für den Standesamtsbezirk mehr als ein Notar angestellt, so ist jedem derselben eine besondere Sterbeliste, welche die Sterbfälle des betreffenden Distrikts enthält, mitzutheilen.

(b. Weiteres Verfahren.) **§ 105.** 1) Die ihm unmittelbar zukommenden Sterbelisten (§ 104 Abs. 1a.) hat der Notar gemeinschaftlich mit dem Waisenrichter zu durchgehen. Hiebei ist insbesondere zu erörtern, ob ihm hinsichtlich aller dem Sterberegister entnommenen Sterbfälle Sterbfallsanzeigen zugekommen sind und ob (abgesehen von den Fällen des § 104 Abs. 2) die dem Sterberegister zu entnehmenden Sterbfälle in ununterbrochener Nummernfolge verzeichnet sind. Darnach hat der Notar in der Liste bei Sterbfällen, welche zu Amtshandlungen Anlaß gaben, die Nummer des Eintrags im Urkundenverzeichnisse, bei anderen Sterbfällen die zum Zwecke der Vormundschaftsbestellung erfolgte Abgabe an das Amtsgericht oder aber die Nummer, unter welcher die betreffende Sterbfallsanzeige der Liste angeschlossen ist (§ 103 Abs. 1 a. E.), zu vermerken.

2) Die unmittelbar dem Bürgermeister (Stabhalter) zukommenden Sterbelisten hat dieser gemeinschaftlich mit dem Waisenrichter zu durchgehen und hiebei auf ihre Vollständigkeit zu prüfen, insbesondere zu erörtern, ob dem Bürgermeister (Stabhalter)

---

165) § 28 Abs. 2 d. Verfass.Urk.

166) § 29 Abs. 2 ders.

167) Vgl. R.P.O. §§ 100, 101.

hinsichtlich aller dem Sterberegister entnommenen Sterbfälle Sterbfallsanzeigen des Leichenschauers zugekommen sind. Darnach hat der Bürgermeister mit dem Waisenrichter in der Liste bei Sterbfällen, welche zur Siegelung rc. oder (Accis-) Erbverzeichnung Anlaß geben, die erfolgte Absendung der Sterbfallsanzeige und gegebenen Falls des Siegelungsprotokolls an den Notar, bei anderen Sterbfällen die zum Zwecke der Vormundschaftsbestellung erfolgte Vorlage an das Amtsgericht oder aber die Nummer, unter welcher die betreffende Sterbfallsanzeige der Liste angeschlossen ist (§ 103 Abs. 2) zu vermerken. Die Sterbeliste mit Beilagen oder gegebenen Falls die Fehlanzeige des Standesbeamten ist darnach ungesäumt und längstens bis zum 15. des auf den Listenmonat folgenden Monats dem Notar zu übersenden. Nach Empfang derselben hat der Notar die Vollständigkeit der Liste und der dazu erforderlichen Beilagen sowie weiter zu prüfen, ob ihm die nach den Vermerken an ihn abgesendeten Sterbfallsanzeigen sämmtlich besonders zugekommen sind; soweit hierbei Berichtigungen oder Ergänzungen nöthig befunden werden, sind dieselben zu veranlassen. Der Notar hat endlich in der Liste bei Sterbfällen, welche zu Amtshandlungen Anlaß geben, die Nummer des Eintrags im Urkundenverzeichnisse zu vermerken.

(Betreibung der rechtzeitigen Vorlage. Einsendung an das Amtsgericht.) § **106.** 1) Der Notar hat darüber zu wachen, daß ihm die Sterbfallsanzeigen (§ 102 ff.) und die Sterbelisten oder an deren Stelle gegebenen Falls Fehlanzeigen (§ 104 ff.) rechtzeitig vorgelegt werden. Er hat, soweit ihm ein Einschreiten gegen Leichenschauer, Standesbeamte, Bürgermeister oder Waisenrichter wegen Säumniß angezeigt scheint, hierwegen bei dem Amtsgericht das Erforderliche zu beantragen.

2) Der Notar hat die Sterbelisten mit ihren Beilagen, sobald seine Thätigkeit hinsichtlich derselben beendigt ist, und regelmäßig im Laufe der zwei nächsten, dem Listenmonat folgenden Monate, desgleichen die Fehlanzeigen dem Amtsgerichte einzusenden. Kann die genannte Frist nicht eingehalten werden, so ist hievon vor ihrem Ablauf das Amtsgericht unter Angabe des Grundes zu benachrichtigen.

3) Die Zeit des Empfangs der Sterbelisten, die hierwegen erlassenen Erinnerungen und sonstigen Verfügungen sowie die Abgabe an das Amtsgericht sind von dem Notar in besonderen, für jeden Standesamtsbezirk fortlaufend zu führenden Aktenheften zu vermerken.

XIII. Erbverzeichnungen.

1) Erbverzeichnisse aus privatrechtlichen Gründen.

(Errichtung von Amtswegen.) § **107.** Erbverzeichnisse sind von Amtswegen zu errichten:

1) in den Fällen der §§ 80 u. 81, wenn nicht der Grund der Versiegelung nachträglich wegfällt (vgl. § 98 Abs. 2 b.);
2) in den Fällen der Verschollenerklärung, sobald das Amtsgericht hievon den Notar zum Zwecke der Vermögensaufnahme benachrichtigt.[168])

(Errichtung auf Antrag.) § **108.** In anderen Fällen werden Erbverzeichnisse nur auf Antrag eines Betheiligten[169]) errichtet. Der Antrag kann auch von den Gläubigern, welche die Siegelung begehren können (L.R.S. 820; diese Verordn. § 82 Abs. 2), und wenn eine Siegelung stattgefunden hat, von den einspracheberechtigten Gläubigern (L.R.S. 821 Abs. 1; diese Verordn. § 96 Abs. 2) gestellt werden. Mündlich gestellte Anträge sind zu Protokoll zu beurkunden.

(Vorbereitendes Verfahren.) § **109.** 1) Zur Vorbereitung des Erbverzeichnisses hat der Notar das zur Ermittelung der Familienverhältnisse, Erbansprüche und Vermögensverhältnisse nach den Umständen Erforderliche, im Falle vorausgegangener Siegelung unter Berücksichtigung der hiebei gemachten Angaben (§ 95 und Form. F.), vorzukehren.

---

[168]) Vgl. R.P.O. § 32[1].

[169]) Reutti (S. 247 Anm. II zu § 108) rechnet als unzweifelhaft dahingehörig Erbfolger, Erbnehmer, Erbtheilnehmer, Ehegatten und Treuhänder. Vgl. Anm. z. rheinpreuß. Notariats-Ordnung.

2) Der Notar hat insbesondere:

a) über die bezeichneten Verhältnisse (Abs. 1) die ermittelten Betheiligten, soweit erforderlich und nicht schon geschehen, zu befragen;

b) unter Angabe der ermittelten zur Auffindung dienlichen Thatsachen

das Amtsgericht, nach Umständen auch die Behörden früherer Wohn- oder Aufenthaltsorte, um Mittheilung etwa dort verwahrter Testamente und, wenn der Verstorbene einen Ehegatten hinterlassen hat, eines etwa vorhandenen Ehevertrags sowie etwa im Einzelfall zu berücksichtigender Akten über frühere Verlassenschaftsverhandlungen und, soweit die Betheiligten nicht gerichtliche Erbbescheinigung erwirkt haben, [169 a])

die Standesbeamten und für Vorgänge aus der Zeit vor 1. Februar 1870 die Amtsgerichte [170]) oder in Ermangelung daselbst verwahrter Doppelschriften von Kirchenbüchern die Geistlichen um Standesregisterauszüge über den Familienstand des Verstorbenen und der Erbbetheiligten insoweit, als die betreffenden Standesthatsachen im Einzelfalle erheblich und nicht schon anderweitig nachgewiesen sind, [171])

anzugehen;

c) hinsichtlich der zur Erbmasse sowie bei bestandener Gütergemeinschaft auch der dem überlebenden Ehegatten zugehörigen und der während der Ehe veräußerten Liegenschaften Grund- und Pfandbuchsauszüge nach den anliegenden Form. J., K. und L. zu erheben, die Erwerbsurkunden sowie die eingesendeten Auszüge zu prüfen und diese, soweit darnach nöthig, berichtigen zu lassen.

3) Nach Umständen kann der Notar eine öffentliche Aufforderung [172]) an unbekannte Erbberechtigte erlassen, ihre Erbansprüche innerhalb einer zu bestimmenden Frist zum Zwecke des Beizugs bei der Erbverzeichnung anzumelden und nachzuweisen. Eine solche öffentliche Aufforderung kann, vorausgesetzt, daß der Kostenaufwand nicht zum Bestand der Erbmasse außer Verhältniß steht, insbesondere dann geschehen, wenn die gesetzlich Erbberechtigten überhaupt unbekannt sind oder wenn es nach den Erhebungen des Notars (Abs. 1 u. 2) zweifelhaft erscheint, ob außer den zunächst aufgetretenen oder bekannt gewordenen Gesetzeserben andere Personen mit näheren oder gleich nahen Erbansprüchen, z. B. neben bekannten erbfähigen Seitenverwandten des einen Stammes auch solche des anderen Stammes (L.R.S. 755), vorhanden sind. Haben die bekannten Erben gerichtliche Erbbescheinigung [173]) erwirkt, so unterbleibt diese öffentliche Aufforderung.

4) Diese Erhebungen (Abs. 1—3) sind in Eilfällen sofort, sonst jedenfalls binnen 10 Tagen nach Empfang der Sterbfallsanzeige, des Siegelungsprotokolls oder des Antrags Betheiligter zu bewirken.

(Fürsorge für gesetzliche Vertretung. Oeffentliche Aufforderung Vermißter. Benachrichtigung Entfernter.) **§ 110.** 1) Befinden sich unter den bekannten Erbbetheiligten Minderjährige, Entmündigte oder Verbeistandete, so hat der Notar hievon ohne Verzug die betreffenden Amtsgerichte mit dem Ersuchen um Bekanntgabe der bestellten oder noch zu bestellenden Vormünder und Gegenvormünder, Pfleger oder Beistände zu benachrichtigen.

2) Liegen Thatsachen vor, welche die Verbeistandung oder die Entmündigung eines Betheiligten wegen Geisteskrankheit herbeizuführen geeignet sind, so hat der Notar dieselben, wenn nicht die zunächst Antragsberechtigten [174]) auf ergehende Auf-

---

[169 a]) Vgl. §§ 65 ff.

[170]) Vgl. R.P.G. § 2 Nr. 9 u. Anm.

[171]) Reutti S. 250 Anm. 4 erklärt im Gegentheil allgemein, „die Geistlichen dürfen um Ausfertigung von Standesbeurkundungen aus den von ihnen geführten Kirchenbüchern von 1810 bis mit 1869 nicht angegangen werden“. Nach der weiteren Ausführung — vgl. auch Anm. 5 — im Sinne des zu R.P.G. § 2 Nr. 9 Bemerkten, kann dies wohl nur mit der dort hervorgehobenen Beschränkung verstanden werden.

[172]) Vgl. § 31 d. V.

[173]) R.P.O. § 105.

[174]) Gatte, Verwandte, Vormund: C.P.O. § 595. Mit dem Mangel dieser Voraussetzung ist die Anzeige zu begründen.

forderung den Antrag stellen, dem Staatsanwalte bei dem Landgerichte (C.P.O. §§ 594 und 595) anzuzeigen (R.P.G. § 17 Abs. 3).

3) Befinden sich unter den Erbbetheiligten an unbekannten Orten Abwesende, so hat der Notar alsbald über deren Verbleib die geeigneten Erhebungen zu machen und gegebenen Falls das betreffende Amtsgericht (R.P.G. §§ 5 und 6a.) unter Mittheilung des Ergebnisses um Bestellung von Abwesenheitspflegern anzugehen.[175]) Nach Umständen kann der Notar auch eine öffentliche Aufforderung[172]) an den Vermißten erlassen, innerhalb einer zu bestimmenden Frist an den Notar zum Zwecke des Beizugs bei der Verlassenschaftsverhandlung Nachricht von sich gelangen zu lassen. Diese öffentliche Aufforderung muß geschehen, wenn die Kosten nicht außer Verhältniß zu dem voraussichtlich rein auf den Vermißten entfallenden Erbtheil stehen.

4) An bekannten Orten abwesende Erbbetheiligte sind alsbald, und insbesondere schon bevor die Vorladungen zur Erbverzeichnung[176]) ergehen, von dem Erbanfall zur Wahrung ihrer Rechte[177]) gegen zu den Akten zu bringende Beurkundung zu benachrichtigen:[178])

a) wenn die Entfernung ihres Wohnortes vom Geschäftsorte eine so große ist, daß ihr persönliches Erscheinen zur Erbverzeichnung bei Vornahme letzterer innerhalb der gesetzlichen Frist (L.R.SS. 795, 1059, 1456)[179]) unmöglich ist, und

b) wenn dieses persönliche Erscheinen zwar möglich wäre, aber einen unverhältnißmäßigen Kostenaufwand erfordern würde.

5) In den Fällen des Abs. 4 ist in die Benachrichtigung deren Grund (a oder b), nebst einer Mittheilung über den Bestand des Nachlasses und die Zahl der Betheiligten auf Grund der vorläufigen Ermittelungen sowie eine Eröffnung darüber aufzunehmen, daß der Abwesende sich bei der Verlassenschaftsverhandlung durch einen Bevollmächtigten vertreten lassen könne, dessen dem Notar vorzulegende Vollmacht aber gerichtlich oder notariell beglaubigt sein müsse.[180])

6) Wenn in den Fällen des Abs. 4 das Benachrichtigungsschreiben als unbestellbar zurückkommt, so ist gemäß Abs. 3 weiter zu verfahren.

(Tagfahrt zur Erbverzeichnung. Ladung hiezu.) § **111.** 1) Der Notar hat auf thunliche Beschleunigung der Vorerhebungen hinzuwirken und insbesondere Säumnisse in Einsendung der standesamtlichen Registerauszüge und der Grund- und Pfandbuchsauszüge dem Amtsgerichte zur Abhilfe[181]) anzuzeigen.

2) Sobald die erforderlichen Vorerhebungen abgeschlossen und die Vertreter minderjähriger, entmündigter und vermißter Betheiligter bestellt sind, hat der Notar die Tagfahrt zur Erbverzeichnung so festzusetzen, daß die letztere vor Ablauf der gesetzlichen[182]) oder auf Antrag gerichtlich verlängerten[183]) Frist vollendet werden kann.

3) Durch den Streit Betheiligter über den Vollzug letzter Willen darf die von Amtswegen vorzunehmende Erbverzeichnung nicht aufgehalten werden.

4) Zur Erbverzeichnung sind zu laden:

a) der überlebende Ehegatte:

b) die bekannten Erbbetheiligten und, soweit dieselben verheirathete Frauenspersonen sind, auch deren Ehemänner; für eine eventuell erbberechtigte Leibesfrucht deren Pfleger; gesetzliche Erben sind als Erbbetheiligte im Sinne dieser Vorschrift dann nicht anzusehen, wenn sie durch rechtsförmliches Testament des Erblassers vom Nachlaß ausgeschlossen sind und kein Recht auf Pflichttheil haben;

c) die Gläubiger, welche die Siegelung erwirkt oder darnach Einsprache erhoben haben (§ 82 Abs. 2 u. § 96 Abs. 2);

---

[175]) Vgl. R.P.O. § 28 f.

[176]) Vgl. § 126 [1].

[177]) Vgl. §§ 21, 99 [2], 112 [3].

[178]) Siehe Abs. 5.

[179]) 3 Monat seit dem Tode.

[180]) S. § 20.

[181]) Vgl. R.P.O. § 24 und § 41 [2].

[182]) § 110 [4a].

[183]) R.P.O. § 102 [1].

d) der Testamentsvollstrecker, wenn ein solcher bekannt ist, und
e) bei den von Amtswegen vorzunehmenden Erbverzeichnungen der Waisenrichter.

Die Ladung zu a bis c geschieht an Stelle der Betheiligten an deren Bevollmächtigte und, wenn Betheiligte minderjährig, entmündigt oder vermißt sind, an deren gesetzliche Vertreter (Vormünder und Gegenvormünder, Abwesenheitspfleger), hinsichtlich Gewaltsentlassener und Verbeistandeter zugleich an den Pfleger und Beistand.

5) In der Ladung ist (zu 4a bis c), soweit nicht schon zuvor geschehen (§ 110 Abs. 4 u. 5), auf die Möglichkeit, sich durch Bevollmächtigte mit gerichtlich oder notariell beglaubigter Vollmacht vertreten zu lassen, und in den Fällen, in welchen das persönliche Erscheinen nach dem Ermessen des Notars einen unverhältnißmäßigen Kostenaufwand erfordern würde, auf diesen Umstand unter Angabe des ungefähren Nachlaßbestandes und Erbbetreffnisses auf Grund der vorläufigen Ermittelungen hinzuweisen. Auch ist in den geeigneten Fällen darauf aufmerksam zu machen, daß Betheiligte, welche weder selbst erschienen sind, noch einen Bevollmächtigten aufgestellt haben, die Kosten der durch ihr unentschuldigtes Ausbleiben etwa vereitelten Tagfahrt, oder aber diejenigen ihrer nachträglichen Einvernahme zu tragen haben (vgl. § 112 Abs. 2 u. 3 u. § 32).

6) In allen Fällen haben die Ladungen zur Erbverzeichnung schriftlich und, wenn nicht schon eine Benachrichtigung nach § 110 Abs. 4 u. 5 vorhergegangen ist, gegen zu den Akten zu bringende Beurkundung zu geschehen.

(Verfahren beim Nichterscheinen der Geladenen.) § **112**. 1) Die Erbverzeichnung kann in den gesetzlich gebotenen Fällen (§ 108 Abs. 1) nur unter Mitwirkung des Waisenrichters geschehen.

2) Durch das Nichterscheinen Erbbetheiligter wird die Vornahme der Erbverzeichnung, wenn sie nach Lage der Sache thatsächlich geschehen kann, nicht behindert.

3) Kann die Erbverzeichnung ohne Beisein der Ausgebliebenen nicht geschehen, so findet in den gesetzlich gebotenen Fällen hinsichtlich aller nicht erschienenen Erbbetheiligten, in anderen Fällen hinsichtlich der nicht erschienenen Antragsteller die Vorschrift des § 32 Abs. 2 Anwendung.[184]

(Ort der Erbverzeichnung.) § **113**. 1) Die Verzeichnung der zur Erbmasse gehörigen Fahrnisse hat, wenn und soweit dieselben nicht schon bei der Siegelungsverhandlung verzeichnet und geschätzt worden sind (§ 87), an dem Orte zu geschehen, wo die Fahrnisse sich befinden.

2) Im Uebrigen sind Erbverzeichnisse regelmäßig in der die Zuständigkeit des Notars bestimmenden Gemeinde (Wohnsitz des Erblassers und dergl.) aufzunehmen. Die Aufnahme an dem hievon verschiedenen Sitze des Notars ist nur statthaft, wenn die Betheiligten dieselbe übereinstimmend beantragen und beim Notar hiegegen keine Bedenken obwalten.

3) Von den Fällen des Abs. 1 abgesehen, ist die Tagfahrt am Geschäftsorte (Abs. 2) auf Verlangen der Betheiligten in der dort befindlichen, dazu geeigneten Wohnung des Erblassers, andernfalls am Notarssitz in den Geschäftsräumen des Notars und auswärts auf dem Gemeindehause abzuhalten.

(Inhalt des Erbverzeichnisses.) § **114**. Das Erbverzeichniß muß außer den allgemeinen Erfordernissen öffentlicher Urkunden (§ 38) enthalten:[185]

1) den Namen, Vornamen, Stand oder Gewerbe, Wohnort und Todestag des Erblassers und den Tag seiner Verehelichung mit dem überlebenden Ehegatten;
2) Angaben über die etwaige frühere Verehelichung des Erblassers und die bei Trennung der früheren Ehe stattgefundene Gemeinschaftstheilung und Auslieferung der Erben des früheren Ehegatten;
3) den Namen, Vornamen, Stand oder Gewerbe, Wohnort und die Berechtigung der Betheiligten sowie deren Vertreter, bei minderjährigen Betheiligten unter Angabe des Geburtstages, bei Entmündigten und Verbeistandeten unter Angabe des betreffenden Erkenntnisses, jeweils unter Bezugnahme auf die be-

---

[184]) Vgl. § 111^5. Selbstverständlich stets ordnungsmäßige Ladung vorausgesetzt.
[185]) Vgl. auch § 39^3.

treffenden Geschäftsbeilagen (§ 37); hiebei sind gesetzliche Erben vor erklärtem Erbantritt nicht als Erben, sondern nur als Erbberechtigte zu bezeichnen;
4) Namen, Stand oder Gewerbe und Wohnort der zugezogenen Schätzer oder sonstigen Sachverständigen;[185 a)]
5) das (Orts- und Zeit-) Datum und den wesentlichen Inhalt des vorliegenden Ehevertrages;
6) das (Orts- und Zeit-) Datum, die Form und den wesentlichen Inhalt des etwa vorhandenen Testaments des Erblassers und der über seine Verkündung gepflogenen Verhandlungen;[186)]
7) geeigneten Falls (L.R.S. 451) die Aufforderung an die Vormünder Minderjähriger oder Entmündigter zur Angabe ihrer Forderungen an ihre Mündel und an die Erbmasse;
8) die Ermahnung an Ehegatten, Erbbetheiligte und Hausgenossen zur genauen Vermögensangabe und die Erwähnung der Belehrung über die Folgen der Entwendung, Verheimlichung oder Unterschlagung von Vermögensstücken;[187)]
9) die Beschreibung des Vermögens nach den Abtheilungen:
   a) Fahrnisse,
   b) Forderungen,
   c) Vorempfänge,
   d) Liegenschaften;
10) das Verzeichniß der Schulden nach den Abtheilungen:
   a) Schulden mit Vorzugs- und Pfandrecht,
   b) Schulden ohne Vorzugs- und Pfandrecht;
11) die Anordnungen wegen Aufbewahrung der Fahrnisse und Urkunden, sowie wegen einstweiliger Verwaltung der Masse.

(Abschätzung des Vermögens.) § **115.** 1) Die Schätzung der Fahrnisse und Liegenschaften geschieht:
   a) bei den von Amtswegen vorzunehmenden Erbverzeichnungen[188)] durch die Waisenrichter oder durch amtsgerichtlich ernannte weitere Sachverständige,
   b) in anderen Fällen durch Uebereinkunft der Parteien oder durch von ihnen gewählte, in Ermangelung einer solchen Wahl durch vom Notar ernannte Schätzer.

2) Die Schätzung geschieht nach dem wahren laufenden Verkaufswerthe und in den Fällen des Abs. 1a. unter Beachtung der in der Dienstweisung für Waisenrichter hiefür gegebenen näheren Anweisungen,[189)] in den Fällen des Absatzes 1b. unter entsprechender Anwendung letzterer, soweit nicht die Parteien selbst anderweite Bestimmungen getroffen haben.

3) Auch diejenigen Gegenstände sind zu schätzen, über welche in Eheverträgen oder Testamenten zu einem bestimmten Anschlage verfügt ist.

(Fahrnisse.) § **116.** 1) Die zur Erbmasse gehörigen Fahrnisse werden in dem Erbverzeichniß oder in einer demselben anzuschließenden besonderen Urkunde einzeln verzeichnet und geschätzt, wenn und soweit dies nicht schon bei der Siegelungsverhandlung geschehen ist.

2) Hinsichtlich der schon bei der Siegelungsverhandlung verzeichneten und geschätzten Fahrnisse (§ 87) hat der Notar das Verzeichniß und die Schätzung unter Mitwirkung der Betheiligten zu durchgehen und darnach soweit erforderlich zu berichtigen und zu ergänzen. Eine Nachprüfung an Ort und Stelle findet nur statt, wenn ein Betheiligter dieselbe besonders beantragt. Die Durchgehung und deren Ergebniß sind im Erbverzeichnisse oder auf dem Siegelungsprotokolle zu beurkunden.

3) Hat die Verzeichnung und Schätzung der Fahrnisse nicht im Erbverzeichniß selbst stattgefunden, so ist in demselben unter Verweisung auf die anzuschließende

---

185 a) S. § 115.

186) S. § 109 ² b Anm.

187) L.R.SS. 778, 792, 801, 1456, 1460, 1477.

188) Oben § 107.

189) Waisenrichter-O. § 9; Dienstweis. §§ 32 ff., insbesondere wegen Schätzung in fremden Gemarkungen (vgl. § 119 ³) das. § 36 ³.

besondere Urkunde beziehungsweise auf das Siegelungsprotokoll nur der festgestellte Gesammtwerthbetrag der Erbschaftsfahrnisse aufzunehmen.

(Forderungen.) § **117**. 1) Bei Forderungen wird Name, Stand oder Gewerbe und Wohnort des Schuldners, der Entstehungsgrund, die Entstehungszeit, der Kapitalbetrag, bei Kapitalresten auch der ursprüngliche Forderungsbetrag, der Zinsfuß und der Verfalltag, ferner der bis zum Todestag des Erblassers zu berechnende Zins angegeben. Auch Tag und Gattung der vorliegenden Rechtsurkunde, die Pfandrechte und Bürgen werden bezeichnet.

2) Werthpapiere werden nach Gattung, Nummern, Nennbetrag und etwaigen sonstigen Unterscheidungsmerkmalen sammt den dazu gehörigen Talons und Zins- oder Dividendenscheinen verzeichnet. Die Werthberechnung erfolgt nach dem Frankfurter oder dem sonst maßgebenden Börsenkurs, nöthigenfalls unter Beizug Sachverständiger, deren Aeußerung vor der Tagfahrt erhoben werden kann.

3) Forderungen, deren Beibringlichkeit zweifelhaft ist, werden nach erhobener Schätzung und nach Vernehmung der Betheiligten in Ansatz gebracht.

4) Streitige Ansprüche können nach den Umständen vollständig ausgeworfen oder innerhalb der Linie vorgemerkt werden.

5) Soweit die Verzeichnung der Forderungen auf Grund von Handels- oder anderen Geschäftsbüchern zu geschehen hat (vergl. § 90 Abs. 5 u. § 109 Abs. 1), können dazu erforderlichen Falls Sachverständige beigezogen werden.

6) Die Ernennung der nach diesem Paragraphen (Abs. 2, 3 u. 5) aufzustellenden Sachverständigen geschieht in Gemäßheit des § 115 Abs. 1. Auf Antrag eines Betheiligten sind sie von dem Amtsgerichte zu beeidigen.

(Vorempfänge.) § **118**. 1) Die Vorempfänge, welche die Erben vom Erblasser durch Schenkung oder Zahlung ihrer Schulden (L.R.S. 851 u. ff.) erhalten haben, sind, soweit sie der Einwerfung unterliegen, aus den vorliegenden Urkunden und den Aufzeichnungen des Erblassers, sowie gemäß den Erklärungen der Betheiligten zu verzeichnen.

2) Die Empfänger sind aufzufordern, den Empfang der nicht schon aus öffentlichen Urkunden nachgewiesenen Beträge anzuerkennen.

3) Die Empfänge und Schuldigkeiten der Erben aus anderen Rechtstiteln sind unter die „Forderungen" aufzunehmen.

(Liegenschaften.) § **119**. 1) Die zur Erbmasse gehörigen Liegenschaften werden einzeln verzeichnet:

a) wenn die bloße Bezugnahme auf den Grundbuchsauszug (§ 109 Abs. 2c.) in Folge nöthig gewordener Berichtigungen nicht wohl angeht;

b) wenn sich im Nachlasse Liegenschaften befinden, deren Erwerb im Grundbuch nicht nachgewiesen ist.

2) In anderen Fällen genügt die Bezugnahme auf den als Beilage anzuschließenden Grundbuchsauszug unter Beifügung des der Schätzung entsprechenden Gesammtwerthanschlages.

3) Die Verzeichnung hat, soweit erforderlich (Abs. 1), nach Gemarkungen gesondert und innerhalb der einzelnen Gemarkung in der Reihenfolge der Nummern des bestätigten Lagerbuchs wie auch im Uebrigen entsprechend der Beschreibung im Lagerbuche (vergl. diese Verordn. § 38 Abs. 4) zu geschehen. In den Fällen des Absatzes 1b. sind auch die Erklärungen der Betheiligten über Zeit und Umstände des Erwerbs zu beurkunden.

4) Die Schätzung der einzelnen Liegenschaften (§ 115) kann in das Erbverzeichniß (Abs. 1), beziehungsweise den Grundbuchsauszug (Abs. 2) oder in eine als Beilage zu behandelnde besondere Urkunde aufgenommen werden. Sie ist in jedem Falle durch die Unterschrift der Schätzer zu beglaubigen.

5) Die Schätzung geschieht nach Vorschrift des § 115 Abs. 2 auch in den Fällen, in welchen das Gesetz eine Minderung des Anschlags im Theilungsfall vorschreibt (Landrechtssatz 827d.).[190])

---

[190]) „Der kindliche Anschlag soll $1/10$ und in rauhen Berggegenden $1/8$ und kann, wo Eltern es verordnen, aller Orten $1/4$ unter dem wahren laufenden Verkaufswerth bleiben."

6) Erkennt der Notar bei gesetzlich gebotenen Erbverzeichnungen, daß die Schätzung der Nachlaßliegenschaften wegen ihrer Form oder wegen ihres Inhalts nicht genügt, so hat derselbe das zur Aufklärung und Berichtigung Dienliche zu veranlassen, nöthigenfalls bei dem Amtsgerichte (R.P.O. § 75 Abs. 2 u. § 104 Abs. 2) zu beantragen.

7) In jedem Falle (Abs. 1 u. 2) hat der Notar unter Mitwirkung der Betheiligten die vorliegenden Erwerbsurkunden und gegebenen Falls den Grundbuchsauszug zu prüfen und die geschehene Prüfung, die Berichtigungen, welche sich dabei als nothwendig ergeben, sowie die Erklärungen der Betheiligten über Anerkennung der Schätzung im Erbverzeichnisse zu beurkunden.

(Schulden.) § **120.** 1) Die Schulden (§ 114 Ziff. 10) werden zunächst aus den vorliegenden urkundlichen Nachweisungen nach Namen, Stand oder Gewerbe und Wohnort des Gläubigers, Entstehungsgrund, Entstehungszeit, Kapitalbetrag, Zinsfuß und Verfalltag und Zinsrückstand bis zum Tode des Erblassers angegeben.

2) Werden Schuldposten angemeldet, deren Richtigkeit und deren Aufnahme in das Erbverzeichniß die Betheiligten bestreiten, so sind solche innerhalb Linie vorzutragen und die Gläubiger von dem Widerspruche alsbald zu benachrichtigen.

3) Soweit die Verzeichnung auf Grund von Handels- und anderen Geschäftsbüchern zu geschehen hat, finden die Bestimmungen des § 117 Abs. 5 u. 6 entsprechende Anwendung.

(Vermögen in fremder Nutznießung. Einkünfte von Stammgütern und dergl.). § **121.** 1) Das in fremder Nutznießung stehende Vermögen des Erblassers und die am Todestage des Erblassers verfallenen Einkünfte und Genußlasten von fremdem Vermögen, an welchem der Erblasser die Nutznießung hatte, werden ebenfalls in das Erbverzeichniß aufgenommen.

2) Die Sonderung der Lehen- oder Stammgüter von dem Landerbe (Allod) hat nach den hierüber geltenden besonderen Bestimmungen[191]) zu geschehen.

3) War der Verstorbene in den fürsorglichen Besitz der Güter eines Verschollenen eingewiesen, so ist dies unter Bezugnahme auf den Einweisungsbeschluß und auf die Vollzugsakten anzugeben; als Bestandtheil des Nachlasses sind jedoch nur die dem Eingewiesenen zukommenden, am Todestag verfallenen Einkünfte und, wenn eine Sicherheit in baarem Gelde oder in Werthpapieren gestellt ist, der Betrag der geleisteten Sicherheit in das Erbverzeichniß aufzunehmen.[192])

4) In den Fällen des Abs. 3 sind auch die in den fürsorglichen Besitz des Verstorbenen gegebenen Güter und ist deren Uebergang auf dessen Erben urkundlich festzustellen.

(Miteigenthum.) § **122.** 1) Befinden sich im Nachlasse Sachen, die in ungetheilter Gemeinschaft mit anderen besessen werden, so sind dieselben zwar zu beschreiben und ist ihr Gesammtwerth innerhalb Linie vorzutragen, aber als Bestandtheil des Nachlasses ist in das Erbverzeichniß nur jener Betrag vom Gesammtwerthe aufzunehmen, welcher den Antheil des Erblassers bildet. Dabei sind die Miteigenthümer und deren Antheile zu bezeichnen und diejenigen Personen anzugeben, in deren Verwahrung die Gegenstände oder Rechtsurkunden sich befinden.

2) War der Verstorbene oder ist dessen überlebender Ehegatte Gesellschafter einer offenen Handelsgesellschaft oder einer Kommanditgesellschaft, so ist eine Beschreibung des Gesellschaftsvermögens nicht erforderlich; es genügt die Angabe des Antheils des Verstorbenen nach der letzten Bilanz,[193]) von der eine Fertigung zu den Akten zu nehmen ist.

---

[191]) L.R.S. 577 ca bis cv. Lh.V. über Eintragung der Stammgüter v. 19. Nov. 1842 (Reg.Bl. Nr. 35). Ges. d. ehel. Vermögensverhältnisse des Adels betr. v. 25. Nov. 1831 (Reg.Bl. Nr. 30) § 2.

[192]) L.R.S. § 125, R.P.O. § 35, vergl. § 170 d. V.; wegen des Verfalls L.R.S. 585 f.

[193]) Die Angabe ist durchaus nicht präjudiziell; die ganze Bestimmung lediglich zur Erleichterung und möglichst geringen Belästigung des Geschäftes gegeben und in diesem Sinne das „genügt" zu interpretiren; daher als „letzte Bilanz" die vorhandene letzte ordnungsmäßig gezogen zu verstehen. Eine erst vorzunehmende neue Auf-

(Ansprüche aus Lebensversicherung und dergl.) § **123.** Lebensversicherungssummen, Sterbkassengelder und dergl., welche mit dem Tode des Erblassers fällig werden und wofür die Erben[194]) bezugsberechtigt sind, sind in das Erbverzeichniß aufzunehmen und es sind dabei die durch Vertrag, Statut u. s. w. hinsichtlich des Bezugsrechts getroffenen Bestimmungen anzugeben. Ist darnach das Bezugsrecht der Erben zweifelhaft, so ist nach § 117 Abs. 4 zu verfahren.

(Ausfolgung fremder Vermögensstücke.) § **124.** 1) Die unter dem Nachlasse befindlichen fremden Papiere und anderen Vermögensgegenstände sind, wenn die Betheiligten zustimmen, den bekannten Eigenthümern oder deren zur Empfangnahme ermächtigten Vertretern, soweit nicht schon früher geschehen (§ 89), gegen Bescheinigung auszufolgen.

2) Ist vor der Ausfolgung eine Rechnungsablage nöthig, so wird der Notar auf Antrag der Betheiligten die Rechnung selbst stellen oder deren Stellung durch Dritte veranlassen.[195])

(Streitigkeiten der Betheiligten. Beschwerden.) § **125.** 1) Wenn bei der Erbverzeichnung unter den Betheiligten Streitigkeiten, insbesondere hinsichtlich der Vollständigkeit der Verzeichnung, hinsichtlich der Schätzung, der Vorempfänge, der aufzunehmenden Forderungen und Schulden und dergleichen, entstehen, so sind die bestrittenen Punkte und die gegenseitigen Behauptungen betreffenden Orts zu beurkunden und die Betheiligten, wenn eine gütliche Erledigung nicht gelingt, an das Gericht zu verweisen (vergl. L.R.S. 837).[196]) Die Erbverzeichnung ist in diesem Falle, soweit nach Sachlage möglich, fortzusetzen und abzuschließen.

2) Werden dem Notar Einwendungen oder Beschwerden Betheiligter gegen sein Vorgehen überhaupt oder gegen die Art und Weise des von ihm eingehaltenen oder einzuhaltenden Verfahrens vorgetragen, so hat er denselben, soweit er sie begründet findet, selbst abzuhelfen, im Falle eines ablehnenden Bescheids aber, wenn die Partei hiegegen Beschwerde an das Landgericht ergreifen will (R.P.G. § 65), die Beschwerde zu Protokoll zu beurkunden und dem Landgerichte ohne Verzug berichtlich vorzulegen.

(Erklärungen über Erbantritt. Richterliche Einsetzung in die Gewähr. Einstweilige Verwahrung und Verwaltung der Masse.) § **126.** 1) Am Schlusse der Erbverzeichnung hat der Notar die hiebei erscheinenden Erben oder ihre Vertreter, hinsichtlich vermißter Erbbetheiligter, deren Dasein von den darüber zu hörenden übrigen Betheiligten anerkannt wird,[197]) die bestellten Abwesenheitspfleger[198]) zu befragen, ob sie die Erbschaft, mit oder ohne Vorsicht der Erbverzeichniß, antreten oder ob sie dieselbe ausschlagen,[199]) sowie ob und welche Anträge sie wegen

Theilung oder Fortdauer der Gemeinschaft,[200])
Ueberlassung der in Nutznießung der Eltern übergehenden Fahrnisse an diese,[201])
Verwahrung und Verwaltung des Massevermögens[202])

zu stellen haben; die hierauf abgegebenen Erklärungen sind zu beurkunden. Dieselbe Frage ist schriftlich, unter Bestimmung einer entsprechenden Frist, an die nicht erschienenen Erben[203]) oder ihre Vertreter,[204]) geeigneten Falls unter summarischer Dar-

---

stellung (die Reutti S. 264 Anm. II billigt) würde gerade herbeiführen, was vermieden werden soll.

[194]) Als Erben; sonst nicht.

[195]) Vgl. R.P.O. §§ 80, 81.

[196]) S. 837 cit. bestimmt dies.

[197]) Andernfalls werden sie nicht berücksichtigt (L.R.S. 136, Not.O. § 139[2]).

[198]) R.P.O. § 28.

[199]) L.R.S. 774 ff., 784 ff., 793 ff.

[200]) L.R.S. 815 ff.

[201]) L.R.S. 384, 738 a, 745 a.

[202]) L.R.S. 450 ff.

[203]) Oben § 110[3—5].

[204]) Schwangerschaft der überlebenden Wittwe führt Reutti S. 99 Anm. I 2 zu R.P.O. § 68, S. 267, Anm. II 3 zu § 126 u. S. 276 Anm. II zu § 139 ohne Angabe von Gründen als unbedingtes Hindernis der Vollendung der Erbverzeichnung und Theilung an, mit Rücksicht auf die in L.R.S. 393 vorgesehene cura ventris

stellung des Ergebnisses der Erbverzeichnung, zu richten. Der Abschluß des Erbverzeichnisses wird dadurch, daß auf die Frage Erklärungen nicht oder nicht von allen Betheiligten abgegeben werden, nicht behindert.

2) Die Betheiligten, welche unter Vorsicht des Erbverzeichnisses antreten oder auf die Erbschaft verzichten, sind darauf aufmerksam zu machen, daß diese Erklärungen in dem Erbentschlagungsbuche eingetragen werden müssen; wenn sie diesen Eintrag beantragen und für Abgabe der Erklärung vor dem Amtsgerichte Bevollmächtigte ernennen, so hat der Notar die dahin gehenden Erklärungen zu beurkunden und das darnach weiter Erforderliche zu veranlassen.

3) Wird bei einer Mehrheit von Erben die Theilung der Gemeinschaft beantragt, so ist nach den Vorschriften unter XV. (§§ 137 bis 158) weiter zu verfahren. Wenn die Betheiligten die Gemeinschaft beibehalten, so ist im Anschluß an die Verhandlungen über die Erbantretung der Geldbetrag ihrer Erbtheile darzustellen.

4) Ueber Anträge auf Aenderungen der wegen Bewahrung und Verwaltung des Massevermögens getroffenen Anordnungen müssen auch die Gläubiger und andere Betheiligte gehört werden, welche das Erbverzeichniß betrieben oder zur Wahrung ihrer Rechte dabei mitgewirkt haben.[205])

5) Sind natürliche Kinder oder überlebende Ehegatten zur Erbfolge berufen oder ist durch eigenhändiges oder geheimes Testament ein Erbnehmer eingesetzt, so sind dieselben am Schlusse des Erbverzeichnisses über die Nothwendigkeit richterlicher Einweisung in die Gewähr zu belehren (L.R.SS. 770, 773, 1008). Anträge der Betheiligten, welche in dieser Hinsicht gestellt werden, sind in den Akten zu beurkunden und mit diesen dem Amtsgerichte zur weiteren Verfügung mitzutheilen.

(Abschluß des Verfahrens, wenn nur ein Erbe vorhanden ist.) § **127**. Wenn nur ein einziger Erbe vorhanden ist, so hat der Notar am Schlusse des Erbverzeichnisses, in den Fällen des § 126 Abs. 5 nach erfolgter richterlicher Einsetzung in die Gewähr, hinsichtlich des Grundbuchseintrags über den Liegenschaftsübergang und der Vormerkung des Uebergangs eingeschriebener Werthpapiere und von Vorzugs- und Pfandforderungen, hinsichtlich der Ertheilung von Auszügen an die Betheiligten und der Ausfertigungen für die Grund- und Pfandbuchsbehörden unter entsprechender Anwendung der unter XV. §§ 149, 155, 156 gegebenen Vorschriften weiter zu verfahren.

(Belehrung wegen Anmeldung zur Kapitalrentensteuer.) § **128**. 1) Bei der Erbverzeichnung hat der Notar die Erbbetheiligten darauf aufmerksam zu machen, daß sie nach Art. 31 des Kapitalrentensteuergesetzes (in der Fassung der Bekanntm. v. 6. März 1886, Ges.- u. V.Bl. S. 37) und nach Art. 19 des Einkommensteuerges. v. 20. Juni 1884 verpflichtet sind, diejenigen Einkommensbezüge, von welchen der Erblasser in Folge unrichtiger oder unterbliebener Steuererklärung zu wenig oder gar keine Renten- oder Einkommensteuer entrichtet hat, soweit solche nicht verjährt ist, bei Vermeidung der in Art. 27 u. 29 des Rentensteuergesetzes beziehungsweise in Art. 26 u. 27 des Einkommensteuergesetzes festgesetzten Strafen binnen drei, bei der Einkommensteuer binnen sechs Monaten, vom Todestag des Erblassers an gerechnet, bei der Bezirkssteuerbehörde anzumelden.

2) Die Belehrung, wobei der Art. 15 u. 20 Abs. 4 des Rentensteuergesetzes, sowie die §§ 8 und 19 der Vollzugsverordn. hiezu v. 6. März 1886, Ges.- u. V.Bl. S. 49, und § 35 der Vollzugsverordn. zum Einkommensteuerges. v. 17. Februar 1885 (Ges.- u. V.Bl. S. 41) zu berücksichtigen sind, ist auch dann zu ertheilen, wenn der Notar keinen Grund hat, eine Steuerhinterziehung zu vermuthen.

---

ohne Noth. In allen Fällen, wo der postumus mit gleichberechtigten Erbbetheiligten erben würde, erscheint es rathsamer, in Voraussetzung seiner Geburt und Erbfolge einen Pfleger bestellen zu lassen und mit diesem mindestens die Erbverzeichnung durchzuführen, als sie auszusetzen und die Geburt abzuwarten. Im wahrscheinlichen Falle der Geburt ist Alles erledigt. Für den entgegengesetzten unwahrscheinlichen Fall läßt sich leicht eine eventuelle Bestimmung treffen. Verwickelungen durch andere Zwischenfälle werden auf diese Weise vermieden. Wenn dagegen der postumus eine nicht bloß ziffermäßig, sondern der Art nach ganz andere Erbfolge bedingt, empfiehlt es sich freilich, seine Geburt abzuwarten.

[205]) Oben § 82², 108.

3) Sie ist gleichermaßen an diejenigen andern Personen zu richten, die neben den Erben oder an Stelle derselben zu einer nachträglichen Steueranmeldung verpflichtet sind.

4) Die erfolgte Belehrung ist in dem Geschäft zu beurkunden.

(Berechnung der Erbschaftsaccise.) § 129. Ist aus dem durch Vererbung begründeten Vermögensübergang Erbschaftsaccise zu entrichten, so hat der Notar im Anschluß an die Erbverzeichnung nach den hierüber bestehenden besonderen Vorschriften die Accise zu berechnen, den Zahlungspflichtigen zu eröffnen, darnach die Akten zum Zwecke des Accisansatzes der hiefür zuständigen Behörde mitzutheilen, auch bei Verdacht unrichtiger Angaben zur Umgehung der Accise der Steuerbehörde (Obereinnehmerei, Hauptsteueramt) die vorgeschriebene Mittheilung zu machen (vgl. §§ 130 ff.).

2) Erbverzeichnung aus öffentlich-rechtlichen Gründen.

(Voraussetzungen. Zuständigkeit.) § 130. 1) Der Notar hat die Erbverzeichnung, wenn dieselbe aus privatrechtlichen Gründen (§§ 107 u. 108) nicht erforderlich ist, von Amtswegen zum Zwecke des Accisansatzes in den Fällen vorzunehmen, in welchen von der Verlassenschaft oder von einem Theile derselben Erbschaftsaccise zu entrichten ist.

2) Die Erbverzeichnung zum Zwecke des Accisansatzes ist nicht erforderlich:

a) wenn ausschließlich Abkömmlinge oder Eltern des Erblassers in das Erbe treten und einem Dritten nur ein Stückvermächtniß zugewendet worden ist:

b) mit Genehmigung der Steuerdirektion, auf deren Einholung die Betheiligten aufmerksam zu machen sind, soweit die Verlassenschaftsmasse aus Fahrniß im engeren Sinn (Hausrath, Möbeln, Weißzeug und Kleidern) besteht, wenn die Erben ein genaues Verzeichniß über diese Fahrnißstücke entwerfen, den Anschlag nach bestem Wissen und Gewissen beisetzen und die Richtigkeit auf Erfordern handgelübdlich bestätigen.

3) Wenn die Erbschaft außerhalb Badens eröffnet ist, so geschieht die Erbverzeichnung nach Absatz 1:

a) wenn nur aus im Lande gelegenen Liegenschaften Erbschaftsaccise zu entrichten ist, mit Beschränkung auf diese durch den Notar, zu dessen Distrikt die Liegenschaften oder deren größerer Theil gehören;

b) in anderen Fällen durch den nach L.R.S. 102a. u. 102b. zuständigen, in Zweifelsfällen durch den von dem Justizministerium zu bestimmenden Notar.

In den Fällen dieses Absatzes ist jedoch die Erbverzeichnung im Lande insoweit nicht erforderlich, als das am Orte des Erbanfalls errichtete Erbverzeichniß als Grundlage für den Accisansatz zureicht.

(Verfahren bei der Erbverzeichnung.) § 131. 1) Die Erbverzeichnung hat von Amtswegen, selbst gegen den Willen der Erben und Vermächtnißnehmer, zu geschehen, sobald der Notar durch Anzeige des Abgabepflichtigen oder auf andere Weise von dem Sterbfalle und von der hierdurch begründeten Accispflicht Kenntniß erlangt.

2) Ihr Gegenstand ist der Bestand der Verlassenschaft zur Zeit des Erbanfalls; das Erbverzeichniß muß darum, um seinem Zwecke zu entsprechen, wie andere Erbverzeichnisse innerhalb kurzer Frist nach dem Tode des Erblassers gefertigt werden. Dabei ist unerheblich, ob im Zeitpunkte der Fertigung auch schon die Verpflichtung zur Zahlung der Accise begründet ist, insbesondere der Vermächtnißnehmer die Erklärung über Annahme des Vermächtnisses schon abgegeben hat.

3) Zur Erbverzeichnung sind die abgabepflichtigen Betheiligten (Erben, Vermächtnißnehmer) gegen Beurkundung beizuladen.

4) Als Schätzer sind zunächst nur die Waisenrichter und nur auf deren Antrag, wenn ihnen selbst die zur Schätzung erforderlichen besonderen Kenntnisse fehlen, andere Personen beizuziehen; des Weiteren sind für die Schätzung und deren Anordnung die hierüber bestehenden besonderen Vorschriften maßgebend.

5) Sonstige Förmlichkeiten sind nicht geboten.

(Verdacht der Umgehung der Erbschaftsaccise.) § 132. Wenn Verdacht vorliegt, daß bei einer Vermögensaufnahme zum Zwecke der Accisberechnung Vermögen oder Schulden zur Umgehung der Accise unrichtig angegeben werden, so hat der Notar die Akten der Steuerbehörde (Obereinnehmerei beziehungsweise Hauptsteueramt) zur Stellung ihrer Anträge mitzutheilen. Auf Antrag der letzteren sind die erforderlichen

Ergänzungen einzuleiten, die Betheiligten zu vernehmen und der wirkliche Bestand des Vermögens und der Schulden festzustellen.

(Berechnung und Eröffnung der Accise. Einstweilige Sicherung der Staatskasse rc.) § **133**. 1) Nach dem Ergebnisse der Erbverzeichnung (§§ 130—132) wird in Gemäßheit der bestehenden Vorschriften für jeden Accispflichtigen aus dem Geldwerth seines accisbaren Empfangs unter Angabe des Abgabefußes der Betrag seiner Accisschuldigkeit von dem Notar berechnet und diese Berechnung den Zahlungspflichtigen urkundlich eröffnet mit dem Anfügen, daß eine etwaige Einsprache binnen acht Tagen an die Ansatzbehörde (Abs. 2) zu richten sei.

2) Darnach sind die Akten zum Zwecke der Prüfung der Accisberechnung und zum Vollzug des Accisansatzes der hiefür zuständigen Behörde mitzutheilen.

3) Liegen Umstände vor, welche eine einstweilige Sicherung der Steuerkasse oder die alsbaldige Zahlung der Accise als räthlich erscheinen lassen, ehe die Hebrollen dem Ortserheber zukommen, so hat der Notar das hierwegen nach den bestehenden Vorschriften Erforderliche vorzukehren.

3) Erbverzeichnung in Gemäßheit bestehender Staatsverträge.[206])

(Zuständigkeit. Verfahren.) § **134**. Für die nach bestehenden Staatsverträgen der zuständigen inländischen Lokalbehörde zugewiesene Siegelung und Inventarisirung des Nachlasses eines im Inlande verstorbenen Ausländers sowie für die vorgesehene Mitwirkung der Lokalbehörde bei Siegelung, Entsiegelung und Inventarisirung eines solchen Nachlasses durch die Konsularbeamten des Heimathsstaates sind die Notare zuständig. Dieselben haben der fremden Konsularbehörde, und zwar wenn sich dieselbe nicht am Orte ihres Amtssitzes befindet, durch Vermittelung des Großherzoglichen Staatsministeriums die hierwegen vorgeschriebenen Mittheilungen zu machen, und, soweit eine Aushändigung des Nachlasses, der Urkunden, Werthsachen, Forderungen und Papiere, ingleichen der etwa vorhandenen Testamente an die Konsularbehörde vorgeschrieben ist, diese Aushändigung zu veranlassen.

XIV. Sicherung und Liquidirung der Masse. Rechnungsstellung. Lediges Erbe.

(Sicherung; Rechnungsstellung; Liquidirung.) § **135**. 1) Der Notar hat dem Nachlaßgerichte, auf Antrag oder von Amtswegen, die erforderlichen Mittheilungen zu machen, so oft in der Zeit vor dem Erbantritt oder der Erbeinweisung Sicherungsmaßregeln, insbesondere die Bestellung eines Pflegers für den Nachlaß oder den Erben, erforderlich erscheinen.

2) Die dem Vorsichtserben obliegende Versteigerung der Erb-Fahrnisse und -Liegenschaften (L.R.SS. 805 u. 806) ist auf dessen Verlangen von dem Notar zu übernehmen und gemäß §§ 71—77 u. 79 zu bewirken.[207])

3) Der Notar hat auf Verlangen des Vorsichtserben die von diesem abzulegende Rechnung zu stellen und, soweit nöthig nach vorgängiger Verhandlung mit Gläubigern und Erbstücknehmern, die sich gemeldet haben, den erforderlichen Vertheilungsplan aufzustellen (L.R.SS. 803 u. 807—809).

4) Soweit in den Fällen des § 134 eine Liquidirung des Nachlasses von Ausländern durch die inländische Lokalbehörde in Frage kommt, geschieht diese durch von dem Nachlaßgerichte zu bestellende Pfleger und hat gegebenen Falls der Notar um deren Bestellung das Nachlaßgericht anzugehen.

(Lediges Erbe.)[208]) § **136**. 1) Wenn nach Umlauf der Bedenkzeit (L.R.SS. 795 ff.) Niemand erscheint, der ein Erb- oder Erbfolgerecht anspricht, auch kein Erbe bekannt ist oder alle bekannte Erben auf die Erbschaft verzichtet haben, so sind die Akten unter Bezugnahme hierauf an das Nachlaßgericht, zur Entschließung, ob die Erbschaft als ledig anzusehen und ein Erbpfleger zu ernennen sei, einzusenden.

---

[206]) Vgl. oben §§ 81 u. 93 u. unten 135⁴.

[207]) Falls außer § 26 R.P.G. fallende Ausnahme von Not.O. § 6².

[208]) R.P.O. § 107.

2) Der Notar hat die Ernennung zum Erbpfleger, wenn nicht besondere Umstände seine Entbindung rechtfertigen, anzunehmen. Ist ein Dritter zum Erbpfleger ernannt, so finden hinsichtlich der Fahrniß- und Liegenschaftsversteigerung sowie hinsichtlich der Rechnungsablage und der Fertigung des Vertheilungsplans (L.R.SS. 813 u. 814) die Bestimmungen des § 135 Abs. 2 u. 3 Anwendung.

XV. Erbtheilungen.

1) Im Allgemeinen.

(Vornahme auf Antrag. Gerichtliche und andere Theilungen.) § **137**. 1) Der Notar hat Erbtheilungen nur auf Antrag,[209] niemals von Amtswegen, vorzunehmen.

2) Die Aufhebung der Erbgemeinschaft kann, wenn dabei Minderjährige, Entmündigte oder Abwesende betheiligt sind, nur durch vom Notar gefertigte und gerichtlicher Prüfung unterliegende („gerichtliche") Theilung,[210] sonst in jeder den Betheiligten gefälligen Form und Urkunde geschehen.

2) Die gerichtliche Theilung insbesondere.

(Theilungsbegehren.) § **138**. 1) Die Einleitung des Theilungsverfahrens erfolgt auf den Antrag (vgl. § 126 Abs. 1) auch nur e i n e s Betheiligten, wenn die hievon benachrichtigten Miterben nicht widersprechen.

2) Das Theilungsbegehren (Abs. 1) kann für Minderjährige und Entmündigte nur mit Ermächtigung des Amtsgerichtes (Familienrathes) gestellt werden (vgl. L.R.SS. 465 u. 817); dagegen ist diese Ermächtigung für das Nachgeben gegenüber einem von anderer Seite gestellten Theilungsbegehren nicht erforderlich (vgl. L.R.S. 460.)[211]

3) Mündlich gestellte Anträge auf Theilung sind zu Protokoll zu beurkunden.

4) Wenn Gläubiger eines Miterben gegen eine ohne ihre Beirufung vorgehende Theilung Einsprache einlegen (L.R.S. 882),[212] so sind hievon die Betheiligten zu benachrichtigen und die Einspracheerhebenden zu den weiteren Verhandlungen beizuziehen. Die mündlich vorgebrachte Einsprache ist unter Angabe des Schuldbetrags und des Schuldgrundes zu Protokoll zu beurkunden.

(Zeit und Ort der Theilungsverhandlung. Ladungen hiezu.) § **139**. 1) Die Theilung ist, wenn thunlich, in der Tagfahrt für die Erbverzeichnung in unmittelbarem Anschluß an die letztere vorzunehmen.

2) Sind besondere Tagfahrten erforderlich, so sind dieselben, wenn thunlich, je am Schlusse der früheren Tagfahrt, andernfalls sogleich nach Beseitigung der Hindernisse anzuordnen. Die Bekanntgabe kann im ersten Falle an die in der früheren Tagfahrt Anwesenden mündlich geschehen; im Uebrigen erfolgen die Ladungen zu besonderen Tagfahrten in Gemäßheit der für die Erbverzeichnung gegebenen Vorschriften. Personen, deren Dasein nicht anerkannt ist (L.R.S. 136),[213] bleiben hiebei außer Betracht.

3) Besondere Tagfahrten zum Zwecke der Theilungsverhandlung können am Sitze des Notars und in dessen Geschäftszimmer abgehalten werden.

(Form der Darstellung.) § **140**. Bei Beurkundung der Theilungsverhandlung ist, soweit thunlich, nachstehende Reihenfolge einzuhalten:

1) Theilungsbegehren (§ 138);

---

[209]) Daher § 126^{1}.

[210]) Vgl. R.P.G. § 2^{6}, § 26^{4}, R.P.O. §§ 40, 57, 104, 114. Bei einer cura ventris wird sich eine Theilung allerdings, wenn nicht ganz einfache Verhältnisse vorliegen, kaum durchführen lassen.

[211]) Vgl. R.P.O. § 74^{2}.

[212]) Vgl. R.P.O. § 82^{2}.

[213]) „Wird eine Erbschaft erledigt, wozu Jemand berufen ist, dessen Dasein nicht anerkannt ist, so fällt der Nachlaß indessen ausschließlich auf diejenigen, mit welchen er die Erbschaft zu theilen gehabt haben würde, oder die dazu gelangt sein würden, wenn er nicht wäre."

2) Versteigerung der Fahrnisse und Liegenschaften beziehungsweise anderweite Verwerthung derselben (§ 141);
3) Feststellung der Masse, insbesondere auch Richtigstellung der Forderungen und Schulden (§ 142);
4) Gleichstellung der Vorempfänge und Pflichttheilsberechnung (§ 143);
5) Bildung und Beschreibung der Loose oder bei Unterlassung der Loosbildung Vereinbarungen über Zuscheidung der Nachlaßgegenstände (§§ 144—146);
6) Verabredungen über Sicherheitsleistungen der Erben für Forderungen oder wegen Entwährungen, über Befreiung der Loose von Pfandlasten, deren Tilgung anderen als den Loosinhabern obliegt, und über Zahlungsziele und Verzinsung der Gleichstellungsgelder, sowie die Beschreibung der Nutznießungslasten, welche auf dem Loose haften;
7) Loosziehung (§ 147);
8) Vertheilungsberechnung (§ 148);
9) Aufbewahrung gemeinschaftlicher Urkunden;
10) Umschreibungsanträge (§ 149);
11) Steuerpflichtbelehrung (§ 151);
12) Kostenzahlung (§ 152).

(Versteigerungen.) § **141**. 1) Versteigerungen durch den Notar sind nach Maßgabe der §§ 71—79 vorzunehmen.

2) Hat die Versteigerung durch den Bürgermeister oder Waisenrichter[214]) zu geschehen (§ 71 Abs. 2, § 78 Abs. 1 u. § 79 Abs. 1), so hat der Notar denselben einen Auszug aus dem Geschäft zu übersenden, der jedenfalls enthält:
die zu versteigernden Gegenstände unter Angabe ihres Anschlags;
die Festsetzungen nach § 72 Abs. 2, 3 und 4;
ein Verzeichniß der Betheiligten und ihrer Vertreter.

3) Sollen Liegenschaften aus freier Hand verkauft werden (L.R.S. 827 Abs. 2 u. 3, neue Fassung v. 26. April 1886),[215]) so hat der Notar die betreffenden Vereinbarungen der Betheiligten und die für den Freihandverkauf anzuführenden Zweckmäßigkeitsgründe zu beurkunden, wegen Einholung der amtsgerichtlichen Zustimmung nach den §§ 45 u. 22 und, wenn der Verkauf an Dritte geschieht, hinsichtlich des Grundbuchseintrags nach § 77 Abs. 1 u. 2 zu verfahren.

4) In den Fällen des § 119 Abs. 5 hat der Notar die Erklärungen der Betheiligten über Minderung des nach dem wahren laufenden Verkaufswerthe gebildeten Werthanschlages zu erheben.

(Richtigstellung der Forderungen und Schulden. Rechnungsstellungen.) § **142**. 1) Verhandlungen zur Richtigstellung der ausstehenden Forderungen und der Schulden einer Erbmasse werden auf Antrag in besonderen Tagfahrten nach vorausgegangener öffentlicher Bekanntmachung, beziehungsweise besonderer Einladung der Gläubiger und der Schuldner in Anwesenheit oder nach Beiladung der Betheiligten gepflogen.

2) Soweit eine Rechnungsstellung zur Feststellung der Masse erforderlich ist, insbesondere eine solche über Verwaltung der Masse während der Theilungsverhandlungen sowie während der fortgesetzten Erbgemeinschaft, ist dieselbe durch den Notar zu bewirken oder zu veranlassen.

(Ausgleichung der Vorempfänge und Schulden. Pflichttheilsberechnung.) § **143**. 1) Unter Beiziehung der Betheiligten ist zu ermitteln, auf welche Weise[216]) (L.R.SS. 829, 830) die Einwerfung der Vorempfänge und geschuldeter Summen (die Gleichstellung) zu geschehen hat. Sie geschieht entweder durch Einwerfung im Stück oder durch Zurückstehen; durch letzteres, indem den anderen Erben einzelne Vermögenstheile in Höhe des einzuwerfenden Betrages aus der Masse voraus angewiesen und unter ihnen verloost oder sonst vertheilt werden.

2) Gegebenen Falls sind auch die Erörterungen und Berechnungen, welche die Ergänzung der Pflichttheile (Pflichttheilsberechnung) und die Ergänzung der Erb-

---

[214]) Dienstweis. f. d. Bürgermstr. § 46², f. d. Waisenr. § 39².
[215]) Vgl. R.P.O. § 74².
[216]) Nemlich: ob im Stück oder in einem gleichgroßen Voraus von Sachen gleicher Beschaffenheit und Güte: siehe den folgenden Satz.

masse bezüglich der Minderung der Schenkungen (Minderungsberechnung) betreffen, vorzunehmen.[217])

(Bildung der Loose.) § **144**. 1) Aus dem nach der Gleichstellung (§ **143**) bleibenden Reste des Vermögens werden nach Vorschrift der L.R.SS. 466, 824, 831 bis 834[218]) die Loose gebildet, und zwar unter Mitwirkung des Notars durch den Waisenrichter. In den Fällen des L.R.S. 832 Abs. 2 u. 3[219]) (neue Fassung v. 26. April 1886)[220]) ist hiezu amtsgerichtliche Zustimmung erforderlich.[221])

2) Auch bei Vertheilung der Kapitalforderungen und der Schulden soll so viel immer thunlich die Zerstückelung vermieden und kann, soweit zu diesem Zwecke erforderlich, von der Regel gleicher Vertheilung im Stück Umgang genommen werden.[222])

3) Die Unterpfänder eines Pfandgläubigers sind — wenn thunlich — in ein Loos zu vereinigen und diesem Loose auch die Pfandschuld zuzuweisen. Andernfalls ist die Pfandschuld nach dem Verhältnisse der Unterpfandswerthe auf die Erben zu vertheilen, in deren Loose die Unterpfänder fallen.[223])

4) Die Ungleichheit der Loose kann durch Zuweisung von Schulden, sie muß, wo dies unmöglich ist, durch Geld (Gleichstellungsgeld) ausgeglichen werden.[224])

(Beschreibung der Loose.) § **145**. 1) Jedes Loos ist in seinen einzelnen Bestandtheilen genau zu beschreiben (Looszettel).

2) Die Liegenschaften werden aus den Grundbuchsauszügen nach der Lagerbuchsnummer — in deren Ermangelung nach der Ordnungsziffer des Auszugs — und in deren Reihenfolge, nach Flächenmaß, Kulturart und Gewann, die Fahrnisse und Forderungen nach Maßgabe des Erbverzeichnisses, der Versteigerungsprotokolle und der etwaigen Verhandlungen über Ergänzung des Erbverzeichnisses beschrieben.

3) In der Beschreibung der Loose müssen auch die Verabredungen über bei der Theilung begründete dingliche Rechte,[225]) über Gewähr[226]) für die Einbringlichkeit der Ausstände und andere das Loos oder einzelne Gegenstände desselben betreffende Vereinbarungen, sowie die auf dem Loose haftenden Nutznießungsrechte[227]) angegeben werden.

(Vereinbarung über Unterlassung der Loosbildung.) § **146**. Insoweit die Betheiligten übereinkommen, in Gemäßheit des L.R.S. 832 (neue Fassung v. 26. April 1886)[220]) von der Loosbildung überhaupt abzusehen und bestimmten Erbbetheiligten bestimmte Nachlaß-Liegenschaften zuzuscheiden, sind die betreffenden Vereinbarungen unter Beschreibung der einzelnen Erbbetreffnisse gemäß § 145 und unter Begründung der Zweckmäßigkeit in der Verhandlung genau festzustellen und ist die hiezu erforderliche amtsgerichtliche Zustimmung einzuholen.[228])

(Ziehung der Loose.) § **147**. Zu dem Zwecke der Ziehung der Loose werden Papierstücke von gleicher Größe mit den Nummern der Loose beschrieben, auf gleiche

---

[217]) Vgl. L.R.SS. 913—920, 1090, 1094, 1496, 1527.

[218]) „Die Loose werden von Einem der Miterben gemacht, wenn sie sich auf Einen vereinigen und derjenige, den sie gewählt haben, es annimmt, widrigenfalls macht die Loose ein Sachkundiger, den der Theilungsrichter ernennt; sie werden hernach gezogen."

[219]) Bei der Vereinbarung, „daß bei Bildung der Erbloose von der Regel gleicher Vertheilung der Nachlaßliegenschaften Umgang genommen und daß diese ganz oder theilweise einen oder mehrere Erben zugeschieden werden".

[220]) Ges.Bl. Nr. 19.

[221]) Vgl. R.P.G. § 64, R.P.O. § 74.

[222]) Vgl. L.R.S. 1217 ff.; 870 f. u. § 149[2] dieser V.

[223]) Vgl. L.R.SS. 872, 875, 1221 ff., 1244.

[224]) Vgl. L.R.SS. 833, 870 f., 2103, 2109.

[225]) L.R.S. 637 ff.

[226]) L.R.S. 883 ff.

[227]) Vgl. L.R.S. 578 ff. 625 ff.; 384, 738a, 745a, 754, 1535a; Lh.V. v. 16. Jan. 1818 (Reg.Bl. Nr. 3) u. v. 9. März 1819 (Reg.Bl. Nr. 10), Ges. v. 24. Nov. 1831 (Reg.Bl. Nr. 30).

[228]) Vgl. Theilungsgesetz v. 26. April 1886 (Ges.Bl. Nr. XIX.).

Weise zusammengelegt,[229]) in ein Gefäß gebracht und nach vereinbarter oder bei ermangelnder Vereinbarung durch den Notar bestimmter Reihenfolge von den Betheiligten oder ihren Vertretern, für unvertretene Betheiligte von dem Waisenrichter herausgenommen.

(Vertheilungsberechnung.) § **148**. 1) Am Schlusse des Verfahrens ist in der Haupturkunde eine zusammenhängende Darstellung der durch das Erbverzeichniß und die Theilungsverhandlungen sich ergebenden Zahlenverhältnisse (die Vertheilungsberechnung) aufzustellen und den Parteien zu verkünden.

2) Die Vertheilungsberechnung muß im Wesentlichen enthalten:

a) Darstellung des Vermögens und der Schulden;

b) Berechnung der Ansprüche der Erben und Vermächtnißnehmer;

c) Verweisung oder Zusammenstellung der Vermögensgegenstände, welche jeder Erbe oder Vermächtnißnehmer aus der Masse erhält, sowie der Schuldposten und Gleichstellungsgelder, welche darauf ruhen;

d) Verweisung für die etwa bestellten Erheber, für die Schuldner und für die Gläubiger der Masse.

3) Die Darstellung des Vermögens und der Schulden (Abs. 2a.) geschieht, wenn keine Veräußerungen oder Ergänzungen seit dem Erbverzeichnisse stattgefunden haben, durch einfache Verweisung auf letzteres, andernfalls unter Bezeichnung der betreffenden Aktenstücke.

4) Bei den Verweisungen für Erben und Vermächtnißnehmer (Abs. 2c.) sind die Stellen zu bezeichnen, wo die Vereinbarungen der Betheiligten über Vergleiche, Dienstbarkeiten, Gewährleistung, Befreiung der Loose von Schulden, Zahlungsziele, Sicherung des Gleichstellungsgeldes, Nutznießungslasten und dergleichen in den Verhandlungen enthalten sind.

5) Die Erlöse aus verpfändeten Liegenschaften dürfen nur unmittelbar an die Pfandgläubiger, mit deren Zustimmung aber auch an die Erben oder den Erheber verwiesen werden (Abs. 2d.).

6) Am Rande des Erbverzeichnisses und in den dafür bestimmten Spalten des Grundbuchsauszugs über die Liegenschaften (§ 109 Abs. 2c.) wird bei jedem Vermögensgegenstande angemerkt, wie über denselben im Laufe der Verhandlungen verfügt worden ist, ob er versteigert, oder welchem Erben oder Loose oder Gläubiger er zugewiesen wurde. Bei den Schuldposten wird angemerkt, an wen dieselben zur Zahlung verwiesen sind.

(Anträge auf Grund- und Pfandbuchseintrag, auf Umschreibung 2c. von Werthpapieren, auf Einholung von Pfandstrichsbewilligungen.) § **149**. 1) Befinden sich in der Erbmasse Liegenschaften, so sind die Betheiligten oder deren Vertreter auf die Nothwendigkeit des Grundbucheintrages und gegebenen Falls auch des Pfandbucheintrags zur Wahrung des Eigenthumsübergangs und des in L.R.S. 2103 Ziffer 3 bezeichneten Vorzugsrechtes[230]) aufmerksam zu machen und ihre Anträge auf Herbeiführung solcher Einträge unter Bezeichnung der einzelnen Liegenschaften, auf welche das Vorzugsrecht bewahrt werden soll, in dem Theilungsgeschäfte zu beurkunden.

2) Gehören zur Erbmasse Forderungen mit Vorzugs- oder Unterpfandsrecht oder auf den Namen des Erblassers eingeschriebene Werthpapiere, so sind die Betheiligten im ersten Falle auf die Nothwendigkeit der Vormerkung des Forderungsübergangs im Grund- oder Pfandbuche, im zweiten Falle auf die Nothwendigkeit der Umschreibung oder Freischreibung der Werthpapiere[231]) aufmerksam zu machen und sind ihre Anträge auf

---

[229]) „Ehe die Ziehung der Loose beginnt, kann jeder Theilnehmer Einwendungen wider die Art, wie sie gefertigt sind, machen" (L.R.S. 735).

[230]) Des „Miterben auf die Grundstücke der Erbschaft zur Sicherheit ihrer Theilung, der Gewähr für dieselbe und des Aufgelds, das ein Miterbe dem Andern auf sein Loos schuldet". Nach L.R.S. 2104 u. 2013 ist das Vorzugsrecht gewahrt, wenn in 60 Tagen vom Theilungstage oder Steigerungszuschlage an auf Betrieb des Miterben die Eintragung ins Grundbuch geschieht, widrigenfalls es gegen gutgläubige Dritte vor späterer Eintragung nicht gilt.

[231]) Solche Namensobligationen dürfen nicht etwa zum Tageskurse auf die Staatsschuldentilgungskasse zur Auszahlung angewiesen (§ 157[3]), die freien Blätter der Schuldverschreibungen überhaupt von den Notaren nicht beschrieben werden, wie wiederholt

Herbeiführung der Vormerkung oder auf Ertheilung der zur Erwirkung der Umschreibung oder Freischreibung erforderlichen Beurkundungen aufzunehmen.[231a])

3) Sind auf Liegenschaften der Erbmasse angeblich erloschene Vorzugs- und Pfandrechte eingetragen,[232]) so sind die Betheiligten auf die Nothwendigkeit der Ausstreichung aufmerksam zu machen und in der Erlangung der Strichbewilligungen thunlichst zu unterstützen.

4) Wenn anzunehmen ist, daß zu Gunsten des Erblassers noch Pfandbuchseinträge über inzwischen erloschene Vorzugs- und Pfandrechte bestehen, so ist darauf hinzuwirken, daß die Betheiligten Bevollmächtigte für Ertheilung der erforderlich werdenden Strichbewilligungen ernennen.[233])

(Streitigkeiten der Betheiligten. Beschwerden.) **§ 150.** 1) Auf das Verfahren bei Streitigkeiten und bei Beschwerden der Betheiligten finden die Bestimmungen des § 125 entsprechende Anwendung.

2) Der Notar hat bei entstehenden Streitigkeiten die zur Sicherung des Nachlasses erforderlichen Maßregeln zu treffen oder zu veranlassen.

3) Bis zur Erledigung vor das Gericht verwiesener Streitigkeiten hat der Notar das Theilungsgeschäft im Urkundenverzeichniß als einstweilen erledigt auszutragen und dem Amtsgerichte zu vorläufiger Verwahrung und zur Anweisung der bis dahin erwachsenen Gebühren zu übergeben.

(Steuerpflicht.) **§ 151.** Hinsichtlich der Kapitalrenten- und Einkommensteuerpflicht und der Berechnung der Erbschaftsaccise finden die Bestimmungen der §§ 128 u. 129 entsprechende Anwendung.

(Verweisung der Geschäftskosten.) **§ 152.** Bei der Verzeichnung der Kosten[234]) ist anzugeben, ob sie auf bereite Mittel der Masse verwiesen wurden oder in welchem Verhältnisse und bei wem sie zu erheben sind.

(Ordnung der Akten.) **§ 153.** 1) Bei kleineren und einfacheren Geschäften werden die Akten so geordnet, daß das Erbverzeichniß den Anfang des Heftes und die Theilungsverhandlung die Fortsetzung bildet; die Seiten des Erbverzeichnisses und der Theilungsverhandlung werden fortlaufend mit Zahlen bezeichnet.

2) Bei größeren Massen und umfangreicheren Verhandlungen bildet das Erbverzeichniß ein besonderes Heft (Nr. 1) und die Theilungsverhandlung ein weiteres Heft (Nr. 2). In besonderen Heften werden die Versteigerungs- und Schuldenrichtigstellungsprotokolle gesammelt. Sämmtliche Hefte werden mit Seitenzahlen versehen und nach Vorschrift der Registraturordnung überschrieben.

(Amtsgerichtliche Prüfung und Genehmigung.) **§ 154.** 1) Nach Abschluß des Theilungsgeschäftes hat der Notar dasselbe dem Amtsgerichte zum Zwecke der Prüfung (R.P.G. § 2 Ziff. 6)[235]) einzusenden.

2) Versagt das Amtsgericht der Theilung aus dem einen oder anderen von ihm bezeichneten Grunde die Genehmigung, so hat der Notar die dahin gehende Entschließung den Betheiligten unter Belehrung über das Recht der Beschwerdeführung (R.P.G. §§ 23 u. 24) gegen Beurkundung bekannt zu geben (diese Verordn. § 29 Abs. 2).

3) Sobald in dem Falle des Absatzes 2 die Beschwerdefrist umlaufen oder auf die Beschwerde verzichtet ist, hat der Notar unter Beizug der Betheiligten die erforderlichen Aenderungen oder Ergänzungen des Geschäfts vorzunehmen und darnach dasselbe neuerlich zur Genehmigung vorzulegen.

(Auszüge für die Grund- und Pfandbuchsbehörden, für die Ausgabestellen umzuschreibender rc. Werthpapiere, für Aufseher und Verwahrer.) **§ 155.** 1) Nach Ab-

---

durch Just.M.V. v. 12. Nov. 1857, 31. März 1870, 22. April 1875 (Not.Bl. 1857 Nr. 45, 1870 Nr. 8, Ges. u. V.Bl. 1875 Nr. XVI) eingeschärft wird.

[231a]) Fin.Min.V. v. 2. Jan. 1863 (C.V.Bl. Nr. 1). Eine Urkunde genügt zu solcher Erwirkung, auch wenn mehrere Obligationen auf verschiedene Erben übergehen. Just. M.V. v. 22. April 1875 cit. und unten § 155².

[232]) Vgl. § 109 Nr. 2c dies. V.

[233]) Auch wenn für Kapitalreste, die einem Erben überwiesen werden, noch die ursprünglichen Pfandrechte ungelöscht eingetragen stehen.

[234]) Vgl. §§ 179, 178⁴.

[235]) R.P.O. § 40.

schluß und, soweit erforderlich, Genehmigung der Theilung hat der Notar unverzüglich der Grund- und Pfandbuchbehörde:

a) hinsichtlich der an Dritte versteigerten oder aus freier Hand veräußerten Liegenschaften der Erbmasse einen Auszug aus der Erlösverweisung zur Ergänzung (Vormerkung am Rande) der schon zuvor erwirkten Grundbuchseinträge (§ 77 Abs. 1 u. 2 u. § 141 Abs. 3);
b) hinsichtlich der an Erbbetheiligte selbst (durch Versteigerung, Looszziehung oder anderweite Vereinbarung) zu Eigenthum übergehenden Liegenschaften in den Fällen des § 149 Abs. 1 zum Zwecke der Wahrung des Eigenthumsübergangs und der Vorzugsrechte Auszüge, welche alle für die betreffenden Einträge vorgeschriebenen Angaben enthalten müssen, und
c) hinsichtlich der zur Erbmasse gehörigen Forderungen mit Vorzugs- oder Unterpfandsrecht in den Fällen des § 149 Abs. 2 zum Zwecke der Vormerkung des Rechtsübergangs im Grund- oder Pfandbuche die erforderlichen Auszüge

mit dem Ersuchen mitzutheilen, die bezeichneten Eintragungen oder Vormerkungen zu vollziehen und den Vollzug dem Notar unter Angabe von Tag, Band, Nummer und Seite des Eintrags anzuzeigen. Diese Anzeigen sind zu den Akten zu nehmen. Werden sie verzögert, so ist geeigneten Falls das Einschreiten des Amtsgerichtes zu veranlassen.

2) Hinsichtlich der zur Erbmasse gehörigen, auf den Namen des Erblassers eingeschriebenen Werthpapiere hat der Notar, wenn dies beantragt ist (§ 149 Abs. 2), die zur Erwirkung der Umschreibung oder Freischreibung erforderlichen Beurkundungen auszustellen. Hiebei ist zu beachten, daß diese Beurkundungen niemals auf die Werthpapiere selbst geschrieben werden dürfen und daß eine Urkunde auch für eine Mehrzahl gleichartiger Werthpapiere, selbst wenn diese an verschiedene Erben übergehen, regelmäßig genügt.

3) Wenn Gegenstände des Nachlasses oder darauf bezügliche Urkunden sich noch in Händen bestellter Aufseher oder Verwahrer befinden (§§ 88, 90, 92, 114 Ziff. 11 u. 126 Abs. 4), so sind diesen die erforderlichen Anweisungen zur Ausfolgung an die Betheiligten, welchen die Gegenstände nach Inhalt der Theilung zukommen, oder an deren Vertreter, hinsichtlich gemeinschaftlicher Urkunden zur Ausfolgung an die durch Uebereinkunft der Betheiligten bezeichneten oder von dem Amtsgericht bestimmten Verwahrer (vgl. § 140 Ziff. 9), zuzufertigen.

(Ausfertigungen für die Betheiligten [Theilzettel]). § **156.** Den Betheiligten selbst (Erben, Erbfolgern, Erbnehmern und Erbtheilnehmern) sowie den Gemeinschaftsgenossen werden auch ohne Antrag Auszüge (Theilzettel) gegen Beurkundung (§ 29) zugefertigt, welche enthalten:

1) die Benennung des ausfertigenden Notars, den Ort des Erbanfalls, Name, Stand und Wohnort des Betheiligten, für welchen die Ausfertigung bestimmt ist, den Namen und den Todestag des Erblassers, die Bezeichnung der Miterben, den Anlaß der Theilung, den Tag des Abschlusses der Theilungsverhandlung;
2) die Bestandtheile der Theilungsmasse (in den Hauptsummen);
3) die darauf haftenden Schulden (die Hauptsummen) und Stück- und Geldvermächtnisse (einzeln);
4) die für jeden Betheiligten berechnete Gebühr;
5) die dem Betheiligten auf seinen Anspruch zugewiesenen einzelnen Vermögensgegenstände, nach den Abtheilungen des Erbverzeichnisses geordnet, die darauf haftenden Schulden und Herauszahlungen; bei Ausfertigungen für Erbnehmer und Erbtheilnehmer auch Auszug über die ihre Berufung zur Erbschaft betreffenden Stellen des Testaments und in den Fällen, in welchen zur Annahme Staatsgenehmigung erforderlich ist (vgl. L.R.S. 910), die Ertheilung dieser Genehmigung unter Bezeichnung der genehmigenden Stelle und von Datum und Nummer ihres Beschlusses;
6) die erfolgte Bestätigung der Theilung unter Bezeichnung des Amtsgerichtes sowie von Datum und Nummer des betreffenden Beschlusses;
7) die Nachweisung, daß und wann der von den Betheiligten beantragte Eintrag des Eigenthumsübergangs, des Vorzugsrechts für Gleichstellungsgeld

und Gewähr der Theilung und des Uebergangs von Forderungen mit Vorzugs- oder Pfandrecht in das Grund- und beziehungsweise Pfandbuch (§ 155) bewirkt worden ist;

8) den Betrag der angesetzten Gebühren (§ 179) und Accise, den Namen desjenigen, von welchem sie erhoben werden, und das auf den einzelnen Betheiligten entfallende Betreffniß beider.

(Auszüge für Stückvermächtnißnehmer, für Gläubiger und Schuldner der Erbmasse.) § **157**. 1) Die Stückvermächtnißnehmer erhalten Auszüge aus dem letzten Willen über die ihr Vermächtniß betreffende Stelle und aus der Erbverweisung über die Anweisung zur Erhebung des Erbstückes oder Erbbetrages.[236]) In den Auszug ist in den Fällen, in welchen zur Annahme des Vermächtnisses Staatsgenehmigung erforderlich ist (vgl. L.R.S. 910),[237]) die Angabe, daß, wann und von welcher Stelle diese Genehmigung ertheilt sei, aufzunehmen.

2) Auch für die Gläubiger der Masse, welche ihre Ansprüche angemeldet haben, müssen Auszüge über ihre Verweisung von Amtswegen, für andere Gläubiger aber nur dann ausgefertigt werden, wenn sie selbst oder die Betheiligten die Ausfertigung verlangen.[238])

3) Ueber Verweisung des Erlöses der an Dritte veräußerten Liegenschaften der Erbmasse werden den betreffenden Schuldnern der Masse Auszüge von Amtswegen zugefertigt, den übrigen Schuldnern nur dann, wenn sie selbst oder die Erbbetheiligten es verlangen. In keinem Falle erfolgt eine solche Zufertigung von Verweisungen an die Ausgabestellen zur Erbmasse gehöriger Werthpapiere.[239])

4) In den Verweisungen für Gläubiger und Schuldner ist stets erkennbar zu machen, daß der bis zum Todestage berechnete Zins (vgl. § 117 Abs. 1 u. § 120 Abs. 1) nicht als zum Kapital geschlagen gilt und daß die früheren Zinsverfallzeiten und Kapitalheimzahlungsbedingungen unverändert fortbestehen.

3) Die Theilungen, bei welchen Minderjährige 2c. nicht betheiligt sind, insbesondere.

(Nichtgerichtliche Theilungen.) § **158**. 1) Soweit Theilungen, bei welchen Minderjährige, Entmündigte oder Abwesende nicht betheiligt sind, von den Notaren öffentlich beurkundet werden, kommen, vorbehaltlich der Abs. 2 u. 3, die vorstehenden Bestimmungen (§§ 138—157) insoweit zur Anwendung, als die Betheiligten nicht etwas Anderes vereinbaren.[240]) Jedenfalls ist auch in diesen Fällen die Erbberechtigung der Betheiligten gemäß § 109 Abs. 2 b. festzustellen.

2) In jedem Falle kommt bei diesen Theilungen die amtsgerichtliche Zustimmung zum freihändigen Verkauf von Liegenschaften (§ 141 Abs. 3) oder zu einer Zuscheidung von Nachlaßstücken ohne Loosbildung an bestimmte Betheiligte (§ 146) sowie auch die gerichtliche Prüfung der Theilung selbst (§ 154) in Wegfall.

3) Wenn Loose gebildet werden sollen (vgl. § 144), so geschieht dies durch eine von den Betheiligten gewählte, in Ermangelung solcher Wahl vom Notar ernannte geeignete Person; die amtsgerichtliche Zustimmung hiezu ist in keinem Falle erforderlich.

XVI. Verzeichnung und Theilung von Ehegemeinschaftsvermögen.

(Verzeichnung von Amtswegen und auf Antrag.) § **159**. 1) Die Aufnahme des Vermögens einer ehelichen Gütergemeinschaft geschieht von Amtswegen:

a) wenn ein Ehegatte gestorben ist und entweder über dessen Nachlaß gemäß §§ 107 u. 130 ein Erbverzeichniß zu errichten oder der überlebende Ehegatte minderjährig, entmündigt oder abwesend ist;

---

[236]) S. § 148.
[237]) S. § 66 [5].
[238]) S. § 120.
[239]) S. o. § 149 [1] Anm.
[240]) Vgl. § 137 [2].

b) wenn ein Ehegatte für verschollen erklärt wird (L.R.S. 126[241]) verglichen mit R.P.G. § 32 Abs. 2);

c) wenn gerichtlich auf Ehescheidung oder auf Vermögensabsonderung erkannt ist und einer der Ehegatten minderjährig, entmündigt oder abwesend ist.

2) In anderen Fällen findet die Verzeichnung nur auf Antrag statt.[242]) Hinsichtlich der Antragstellung ist § 108 entsprechend anwendbar.

(Anwendung der Vorschriften über die Erbverzeichnung.) § **160**. Diese Vermögensaufnahme gilt in Bezug auf das Vermögen des Verschollenen[243]) oder Verstorbenen zugleich als Erbverzeichniß, und es sind die für die Errichtung des Erbverzeichnisses gegebenen Vorschriften[244]) mit den in der Natur der Sache begründeten und nachfolgenden besonderen Abweichungen anzuwenden.

(Inhalt des Vermögensverzeichnisses.) § **161**. 1) Die Vermögensbeschreibung muß — unter den in § 114 Ziff. 9 u. 10 bezeichneten Abtheilungen — (vgl. das anliegende Formular M.) enthalten:

a) das zur Ehegemeinschaft gehörende Vermögen [244a]) und die darauf haftenden Schulden;[245])

b) auf den Grund der Einbringungsurkunden das nicht in die Gemeinschaft gefallene Vermögen und Schulden[246])
der Ehefrau,
des Ehemannes.

2) Hiebei sind von einem Ehegatten eingebrachte Erbgleichstellungsgelder von Liegenschaften, die ihm und seinen Miterben aus dem Nachlaß eines Dritten angefallen sind, wenn die Ausweisung mit Erbgleichstellungsgeld schon vor der Eheschließung erfolgt war, als Fahrniß, wenn sie erst nach der Eheschließung erfolgt ist, als unbewegliches Gut, somit bei bestehender gesetzlicher Gütergemeinschaft im ersten Falle als Gemeinschaftsgut, im zweiten Falle als Sondergut zu behandeln.

(Ersatzberechnung.) § **162**. 1) Nach der Beschreibung des vorhandenen Vermögens ist die Richtigstellung der Ansprüche der Ehegatten wegen der Veränderungen, welche während der Ehe an dem Bestande der von der Gütergemeinschaft ausgeschlossenen Beibringenstheile vorgekommen sind (die Ersatzberechnung), zu fertigen.

2) Es müssen zu diesem Zwecke:

a) die durch Verbesserungen, Lastenablösung, Schuldentilgung und dergleichen bewirkten Zugänge (L.R.SS. 1406,[247]) 1407,[248]) 1408,[249]) 1412,[250]) 1414, 1418,[250])

b) die durch Veräußerung, Verbrauch und dergleichen entstandenen Abgänge (L.R.SS. 1431,[251]) 1433,[252]) 1433 a.[253])

---

[241]) Und „der Ehegatte sich für die Fortsetzung der Gütergemeinschaft erklärt".

[242]) z. B. bei Ehescheidung durch wechselseitige Einwilligung: L.R.S. 279.

[243]) R.P.O. §§ 32 ff., Not.O. § 170.

[244]) Oben §§ 107 ff.

[244a]) Einschließlich etwaiger Ersatzforderungen, z. B. Anm. zu § 162 [2a].

[245]) Vgl. L.R.SS. 1401 ff., 1409 ff.

[246]) L.R.SS. 1470 ff.

[247]) „Liegenschaften, welche Eltern oder Ahnen einem der Ehegatten überlassen oder abtreten, um ihn für eine Schuld zu befriedigen oder um daraus Schulden des Gebers bei Fremden zu berichtigen," vorbehältl. d. Verwendungen aus gem. Verm.

[248]) „Ein unbewegliches Gut, das während der Ehe gegen ein Anderes", Sondergut, eingetauscht wird und an die Stelle des vertauschten tritt, „vorbehältlich des Ersatzes wegen etwaigem Aufgeld aus d. gem. Verm."

[249]) Ideelle Antheile anderer Miteigenthümer eines Ehegatten, die dieser während der Ehe erwirbt, vorbehältlich des Ersatzes dazu hergegebener Gelder.

[250]) Anverfallene Immobilien-Erbschaft oder -Schenkungen, vorbehältlich etwaiger Reprisen der Gütergemeinschaft aus Zahlungen darauf ruhender Schulden des Mannes.

[251]) Entschädigung für Verbindlichkeiten der Ehefrau als Sammtschuldnerin mit ihrem Manne.

[252]) durch Verkauf von Sondergut oder Ablösung von Sonderberechtigungen.

ermittelt und deren Beträge nach der Reihenfolge, in welcher die Vermögensgegenstände in den Einbringungsurkunden vorkommen, angegeben werden.

3. Hinsichtlich eingebrachter Erbgleichstellungsgelder, welche die Gütergemeinschaft bezogen hat, ist die Vorschrift des § 161 Abs. 2 zu beachten.

(Schlußzusammenstellung). § **163**. 1) Aus den Ergebnissen der Vermögensaufnahme (§ 161) und der Ersatzberechnung (§ 162) ist das Vermögen der drei Abtheilungen (Gemeinschaft, Ehefrau, Ehemann) mit Abgleichung der Forderungen und Schuldigkeiten zwischen Gütergemeinschaft und Ehegatten zusammenzustellen.

2) Darnach wird die Versicherung der Ehefrau oder ihrer Erben aufgenommen, daß das Vermögensverzeichniß aufrichtig und der Wahrheit gemäß sei.[254])

(Erklärungen über Theilnahme an der Gütergemeinschaft oder Verzicht auf dieselbe.) § **164**. 1) Am Schlusse der Vermögensverzeichnung hat der Notar die Ehefrau oder deren Erben zu befragen, ob sie an der Gütergemeinschaft theilnehmen oder auf dieselbe verzichten. Die hierauf abgegebenen Erklärungen sind zu beurkunden.[255])

2) Wenn die Ehefrau oder deren Erben auf die Gütergemeinschaft verzichten, so sind dieselben darauf aufmerksam zu machen, daß diese Erklärungen in dem dafür bestimmten öffentlichen Buche eingetragen werden müssen; wenn sie diesen Eintrag beantragen und für Abgabe der Erklärung vor dem Amtsgerichte Bevollmächtigte ernennen, so hat der Notar die dahin gehenden Erklärungen zu beurkunden und das darnach weiter Erforderliche zu veranlassen.[256])

(Theilung der Gütergemeinschaft.) § **165**. 1) Haben die Ehefrau oder ihre Erben sich der Gütergemeinschaft theilhaftig gemacht, so erfolgt deren Theilung nach den Regeln für Erbtheilungen.[257])

2) Was die Ehegatten nach dem Vermögensverzeichnisse (§§ 161 ff.), insbesondere nach der Ersatzberechnung (§ 162) in die Gütergemeinschaft schulden, wird eingeworfen (L.R.SS. 1468,[258]) 1469[259]); was sie an die Gütergemeinschaft fordern, wird durch Vorausnahme bestimmter Vermögensstücke ersetzt (L.R.SS. 1470,[260]) 1471).[261])

3) Aus dem übrig bleibenden Vermögen werden, nachdem untheilbare Gegenstände vorerst versteigert oder in Gemäßheit des Ges. v. 26. April 1886 aus freier Hand verkauft worden sind, die Loose gefertigt oder ohne Loosbildung in Gemäßheit des erwähnten Gesetzes den Betheiligten bestimmte Stücke zugeschieden.[262])

4) Wenn die Gütergemeinschaft auf Vorabsterben eines Ehegatten abzutheilen war und die Erben des Verstorbenen nicht in Gemeinschaft bleiben, so beginnt nach der Theilung der Gütergemeinschaft die Erbtheilung.

XVII. Verzeichnung und Theilung anderer Vermögensmassen.

(Vermögensübergaben.) § **166**. 1) Die Vermögensaufnahme bei Vermögensübergaben[263]) geschieht in der Form, welche für Erb- und Gemeinschaftsverzeichnisse verordnet ist, die Theilung nach Maßgabe der für Erbtheilungen gegebenen Vor-

---

[253]) Oder durch irgend welche andere Umwandlung eingebrachten Sonderguts in Geld.

[254]) L.R.SS. 1456, 1466, vgl. o. § 114[8] d. V.

[255]) L.R.SS. 1453 ff., vgl. o. § 126 d. V.

[256]) Vgl. R.P.G. § 2[1c], R.P.G. § 57[2].

[257]) L.R.SS. 1476, vgl. o. §§ 137, 138 d. V.

[258]) Gemäß L.R.SS. 829, 858, 1437, 1483.

[259]) Herausnahmen aus der Gütergemeinschaft zur Aussteuer eines Kindes aus anderer Ehe 2c.

[260]) Gemäß L.R.SS. 1403 ff., 1419, 1431/3/6, 1473, 1493.

[261]) Die Frau geht dem Manne vor; bei Rücknahme des Werthes geschieht der Ersatz zuerst aus der Baarschaft, dann aus der Fahrnis, event. aus der Immobiliargemeinschaft.

[262]) Vergl. R.P.O. § 74[2].

[263]) Edikt v. 25. Sept. 1807 (Reg.Bl. Nr. 35 u. 1808 Nr. 10). Vgl. L.R.SS. 105/5 ff, 1100[aa] ff. Zuständig ist im Fall gesetzlichen Gebots: § 11 des Ediktes cit. lediglich der Notar des Distrikts: R.P.G. § 26[3] § 27.

schriften. Hinsichtlich der außerdem erforderlichen Vorlage an die Staatspolizeibehörde zur Bestätigung findet § 45 Anwendung.

2) Die vorherige Abtheilung der Gütergemeinschaft zweier übergebender Eheleute ist unstatthaft. Dagegen ist stets die Berechnung der gegenseitigen Ansprüche an die eheliche Gütergemeinschaft und besondere Verzeichnung des eigenen Vermögens der Ehegatten nothwendig.[264])

3) Die förmliche Gütergemeinschaftstheilung ist dann nothwendig, wenn auf Ableben eines Ehegatten der überlebende gelegentlich der Erbtheilung sein Vermögen an die gemeinschaftlichen Erben übergeben will.

4) Geschieht die Anweisung der Loose durch die Uebergeber selbst, so sind sie hiebei an besondere Regeln nicht gebunden, wenn bei Betheiligung Minderjähriger oder Entmündigter eine Vermögens-Aufnahme und -Schätzung vorliegt, aus welcher das beiderseitige Vermögen der übergebenden Eltern ersehen und der Pflichttheil der Pflichterben bemessen werden kann.[265])

5) Bei Vermögensübergaben gleichwie bei anderen Rechtspolizeigeschäften, welche die Begründung von Leibgedingen und sonstigen Rentengenüssen zum Gegenstand haben, sind die Betheiligten auf Art. 2 Ziff. 4 des Kapitalrentensteuerges.[266]) hinzuweisen. Diese Hinweisung ist zu beurkunden.

(Vermögensaufnahmen in Folge gerichtlicher Anordnung und bei Entmündigung.) § **167**. 1) Vermögensaufnahmen in Folge gerichtlicher Anordnung sind in der Form vorzunehmen, welche für Erb- und Gemeinschaftsverzeichnisse vorgeschrieben ist.[267])

2) Das Gleiche gilt hinsichtlich der Aufnahme des Vermögens Entmündigter.[268])

(Vermögensverzeichnisse als Beibringensverzeichnisse und dergleichen.) § **168**. Vermögensverzeichnisse, die als Beibringensverzeichnisse[269]) oder beim Anfange einer Nutznießung (L.R.S. 600)[270]) oder zur Nachweisung eines bestimmten Vermögensbesitzes[271]) zu errichten sind, müssen auf den Antrag der Betheiligten, welche auch die etwa beizuziehenden Schätzer wählen, unter den Förmlichkeiten öffentlicher Urkunden[272]) gefertigt werden.

(Theilung von Gesellschaften und Miteigenthum.) § **169**. 1) Die Abtheilung von Gemeinschaften der Handels- und Gewerbsgenossen, der Miteigenthümer, sowie von sonstigen Genossenschaften geschieht auf Antrag der Betheiligten[273]) oder auf richterliche Anordnung[274]) durch den Notar nach den Regeln für Theilung der Erbschaften.

2) Wenn Minderjährige, Entmündigte oder Abwesende betheiligt sind und der Gesellschaftsvertrag für diesen Fall nicht etwas Anderes bestimmt, muß der Abtheilung jedenfalls die Abschätzung der zu theilenden Vermögensgegenstände vorausgehen. Die Schätzer werden nach § 115 Abs. 1 bestellt.

3) Wenn ein Gesellschaftsgenosse mit Tod abgegangen ist, muß der Nachlaßtheilung die Feststellung des Antheils des Verstorbenen an dem Gesellschaftsvermögen vorausgehen.[275])

---

[264]) L.R.SS. 1441, 1443.

[265]) L.R.SS. 1075 bis 1080, 913, 917, 918.

[266]) Fassung vom 6. März 1886, Ges.Bl. Nr. VII. Nach II⁴ cit. sind sie steuerpflichtig.

[267]) Zuständig ist nur der Notar, welcher für den betreffenden Distrikt angestellt ist; das Amtsgericht (vgl. R.P.O. § 27) kann nicht aus den Notaren seines Bezirks einen beliebigen auswählen: arg. R.P.O. § 32.

[268]) Maßgebend für die Zuständigkeit ist der Wohnsitz des Vormundes, der nach L.R.S. 108 als Wohnsitz des Entmündigten gilt. Vgl. Just.M.Erl. v. 22. Juni u. 28. Sept. 1888.

[269]) L.R.SS. 1499, 1502, 1504 u. a.

[270]) Die vor der Aufnahme nicht thatsächlich eintreten darf.

[271]) Vgl. § 55 d. V.

[272]) §§ 38 f. d. V.

[273]) Vgl. § 138 d. V.

[274]) Vgl. H.G.B. § 130 u. a.

[275]) §§ 91, 122^2 d. V.

(Fürsorgliche Theilungen.) **§ 170.** Das in den fürsorglichen Besitz der muthmaßlichen Erben übergehende Vermögen eines Verschollenen[276]) wird unter diese in der gerichtlichen Verfügung zu bezeichnenden Erben ebenfalls nach den Vorschriften über Theilung von Verlassenschaften vertheilt.

XVIII. Vermögensabsonderungsvollzug.

(Zuständigkeit.) **§ 171.** Die Notare sind in den Fällen gerichtlich[276a]) erkannter Vermögensabsonderung zuständig für die Beurkundung des deren Giltigkeit bedingenden Vollzugs (L.R.S. 1444).[277])

(Gegenstand des Verfahrens.) **§ 172.** Gegenstand des Vollzugsverfahrens ist die Feststellung der Ansprüche der Ehefrau an den Mann und ihre Befriedigung hiefür.[278])

(Antrag, Pflicht zu ungesäumter und ununterbrochener Durchführung.) **§ 173.** 1) Der Antrag der Ehefrau oder beider Ehegatten auf Einleitung des Vollzugsverfahrens ist öffentlich zu beurkunden.[279])

2) Der Notar hat hierauf das Verfahren ungesäumt einzuleiten und ohne Unterbrechung fortzusetzen.

3) Wenn einer der Ehegatten zu den Kaufleuten gehört, so hat der Notar bei Entgegennahme des Antrags festzustellen, ob die Eintragung des Urtheils in das Handelsregister sammt sich anschließender Veröffentlichung (Art. 12 des bad. Einf.-Ges. z. H.G.B. v. 6. Aug. 1862)[280]) schon stattgefunden hat; verneinenden Falls ist der Antrag auf diese Eintragung zu beurkunden und Namens der Partei zum Zwecke der Eintragung bei dem Amtsgerichte einzureichen.

(Vorbereitende Erhebungen.) **§ 174.** 1) Der Notar hat bei Entgegennahme des Antrags oder unmittelbar darauf die zur Vorbereitung des Vollzugs dienlichen Ermittelungen über die persönlichen und Vermögensverhältnisse der Ehegatten vorzunehmen.

2) Insbesondere ist das maßgebende eheliche Güterrecht festzustellen und sind, wenn darnach erforderlich und nicht von den Parteien in anderer Weise nachgewiesen, das Beibringen der Ehefrau und deren etwa während der Ehe veräußerte Liegenschaften durch Erhebung der betreffenden Akten und von Grundbuchsauszügen (§ 109 Abs. 2 c.) zu ermitteln.

3) Bei bestehender ehelicher Gütergemeinschaft ist die Ehefrau weiter über das Wahlrecht zwischen Theilnahme an der Gemeinschaft und Verzicht auf dieselbe, über die im Falle der Theilnahme mit der Aufnahme eines richtigen und getreuen Vermögensverzeichnisses verbundenen Vortheile (L.R.S. 1483)[281]) und über die im Falle

---

[276]) Vgl. R.P.O. §§ 33 ff.

[276a]) Zuständig ist das Landgericht (Einf.Ges. z. d. R.Just.Ges. § 37), in einem Konkursverfahren gegen den Ehemann aber auch ohne weitere Förmlichkeit das Amtsgericht (§ 40).

[277]) „Auch die gerichtlich erkannte Vermögensabsonderung ist ungültig, wenn sie nicht in Vollzug gesetzt worden ist, sei es durch die nach Kräften des ehemännl. Verm. wirklich erfolgte u. öffentl. beurkundete Befriedigung der Frau für ihre Forderungen und Rückforderungen" — droits et reprises — „oder wenigstens durch ein in den ersten 14 Tagen nach dem Urtheil angefangenes und ununterbrochen fortgesetztes Vollzugsverfahren".

[278]) Durch Just.Min.Erl. v. 9. Nov. 1883 werden die Notare beauftragt, „bei dem Beginn eines jeden Absonderungsverfahren die Ehegatten auf die Bedeutung der §§ 22 ff. d. Konk.O. u. 1 u. 3 des R.Ges. v. 21. Juli 1879 aufmerksam zu machen und daß dies geschah, in dem betr. Akte zu vermerken". Vgl. § 25 d. V., ferner oben § 162.

[279]) Wegen der 14tägigen Frist. Präsentationsvermerk auf schriftlichem Antrage ist ausreichend.

[280]) Reg.Bl. Nr. 40. „So ist der Vollzug ungültig".

[281]) Daß sie „weder gegen den Mann noch gegen die Gläubiger zur Tilgung der Gemeinschaftsschulden weiter verbunden ist, als ihr Antheil an d. Gütergemeinschaft reicht".

des Verzichts erforderliche Eintragung in dem dafür bestimmten öffentlichen Buche[282]) zu belehren. Der Vollzug und die darauf erfolgten Erklärungen und Anträge der Frau (vgl. § 164) sind zu beurkunden.

4) Der Notar hat eine Ausfertigung oder beglaubigte Abschrift des die Vermögensabsonderung zulassenden Urtheils sowie Nachweise über den Tag der Zustellung an den Ehemann (§ 37 des bad. Einf.Ges. zu den Reichsjustizgesetzen; § 582 C.P.O.), der letzten Einrückung (§ 39 des bad. Einf.Ges. zu den Reichsjustizgesetzen)[283]) und der eingereichten Absonderungsbitte[284]) (L.R.SS. 1445 und 1473), wenn derselbe nicht schon aus dem Urtheil ersichtlich ist, zu den Akten zu bringen. Auf Grund dieser Urkunden ist demnächst ausdrücklich festzustellen, ob das Verfahren rechtzeitig stattfindet (L.R.S. 1444;[285]) § 39 Abs. 2[286]) des bad. Einf.Ges. zu den Reichsjustizgesetzen).

(Vermögensverzeichnung.) **§ 175.** 1) Wird Aufnahme eines Vermögensverzeichnisses beantragt, so geschieht dieselbe nach den für Erb- und Gemeinschaftsverzeichnisse bestehenden Vorschriften.[286])

2) Hiedurch soll aber die Durchführung des Vollzugsverfahrens, wenn sie dessen ungeachtet erfolgen kann, keinen Aufschub erleiden.

(Durchführung). **§ 176.** 1) Auf Grund der erforderlichen Vorerhebungen (§ 174) ist in einer oder mehreren Tagfahrten, wozu beide Ehegatten zu laden sind, das Vollzugsverfahren durchzuführen.

2) Wenn unter den Ehegatten eine eheliche Gütergemeinschaft besteht, so sind die Ansprüche der Frau auf Zurücknahme ihres Beibringens im Stück oder dem Werthe nach (L.R.SS. 1470 ff., 1493)[287]) festzustellen. Insbesondere ist zu erörtern, ob und welche Theile ihres Sondergutes als noch im Stück vorhanden von ihr zurückgenommen werden sollen und für welche ihr Ersatz und in welcher Höhe gebührt.

3) Demnächst ist die Befriedigung der Ersatzansprüche, soweit sie nach den Kräften des männlichen Vermögens geschehen kann, — sei es durch Wettschlagung mit Vergütungsverbindlichkeiten an die Gemeinschaft (L.R.SS. 1468 u. 1469),[287]) durch Vorwegnahme von Gemeinschaftsgut im Stück (L.R.S. 1471), durch Abtretung an Zahlungsstatt (vgl. L.R.S. 1595 Ziff. 1)[288]) oder in anderer Weise, — zu beurkunden.

4) In den Fällen des Gemeinschaftsverzichts ist auch in der Urkunde anzugeben, ob und welches zu ihrem Gebrauch nöthige Weiß- und Leibgeräth die Frau an sich zieht[289]) (L.R.S. 1492 Abs. 2).

5) Wenn die Frau Ansprüche im Sinne des Abs. 2 nicht hat, so ist diese Thatsache zu beurkunden; die Verhandlungen nach Abs. 3 kommen hiedurch in Wegfall.

6) Wenn und soweit zur Deckung der Ersatzansprüche der Frau Befriedigungsmittel fehlen, ist dies zu beurkunden, sind aber die Feststellungen gemäß Abs. 2 gleichwohl vorzunehmen.

---

[282]) R.P.G. § 3 [1c].

[283]) Die ö. Bek. soll erfolgen mittels Anheftung an d. Gerichtstafel und mindestens einmaliger Einrückung in d. Bezirksverkündigungsblatt (286). „Der Vollzug eines solchen Urtheils ist erst zulässig, wenn seit der letzten Einrückung ein Monat verstrichen ist. Die Frist des L.R.S. 1444 beginnt erst nach Ablauf dieses Monats."

[284]) Bis dahin geht das Urtheil in seinen Wirkungen zurück: L.R.S. 1445. Von dem Tage ab beginnt daher auch die Verzinsbarkeit der Ersatz- und Vergütungssumme: L.R.S. 1473.

[285]) S. o. Anm. 277.

[286]) S. o. §§ 108 ff., 159 ff.

[287]) S. o. § 165.

[288]) Wo ein Kaufvertrag zwischen Ehegatten in diesem Falle zulässig erklärt wird.

[289]) Das Einzige, was der der Gütergemeinschaft entsagenden Frau aus derselben verbleibt.

Titel IV. Gebührenansatz.[290])

I. Im Allgemeinen.

(Begriff der Gebühren.) **§ 177.** Unter Gebühren im Sinne dieser Verordnung sind, soweit nicht etwas Anderes bestimmt ist, die zu erhebenden Vergütungen für Auslagen (Schreibgebühren, Reisekosten u. s. w.) mitinbegriffen.[291])

(Gebührenansatz und -Einzug.) **§ 178.** 1) Der Ansatz der für die Staatskasse zu erhebenden Rechtspolizeigebühren für Notarsgeschäfte (R.P.Geb.Ges. Art. 1) geschieht durch die Notare, der Einzug derselben und die Zahlung der dem Notar zukommenden Beträge unter Vermittelung der Amtsgerichte durch die Finanzbehörden.[291 a])

2) In gleicher Weise wie die Auslagen, deren Vergütung im R.P.Geb.Ges. und -Tarif besonders vorgesehen ist, werden die dem Notar bei Besorgung der Geschäfte erwachsenen nothwendigen Porto- und anderen Auslagen (Zeugen-, Behändigungsgebühren und dergl.) behandelt.

3) Der unmittelbare Gebührenbezug ist den Notaren nur in den Fällen des § 5 Abs. 3 d gestattet.[292])

4) Die Gebühren der Waisenrichter,[293]) Gemeinderäthe,[294]) Schätzer und anderen Sachverständigen,[295]) der Zeugen,[296]) Diener und des sonstigen Hilfspersonals werden von dem Notar geprüft und festgestellt und darnach, soweit sie nicht von dem Notar vorschüßlich bestritten werden (Abs. 2), vorbehaltlich der besonderen Bestimmung des § 31 Abs. 5,[297]) auf bereite Mittel oder auf die Zahlungspflichtigen (§ 188) unmittelbar zur Zahlung angewiesen. Hiebei findet die in § 3 Ziff. 5 der Gemeindegebühren ordnung[294]) dem Gemeindediener für Hilfeleistung bei Rechtspolizeigeschäften gewährte Gebühr auch auf andere Personen, welche die Hilfeleistung besorgen, Anwendung.

(Gebührenberechnung.) **§ 179.** 1) Der Notar hat auf den Urschriften der Geschäfte, mögen diese den Parteien auszufolgen oder an das Amtsgericht zur Verwahrung abzugeben sein, die für dieselben zu entrichtenden Gebühren nach den Abtheilungen

a) Notarsgebühren (§ 178 Abs. 1 u. 2) und

b) Gebühren des Hilfspersonals (§ 178 Abs. 4)

unter Angabe der Urkundenverzeichnißnummer (§ 35 Abs. 6) zu verzeichnen (R.P.-Geb.Ges. Art. 14). In den Fällen des § 31 Abs. 5 ist die schon erfolgte Erhebung und Zahlungsanweisung zu vermerken.

2) Dabei ist hinsichtlich eines jeden Ansatzes anzugeben:

der Gebührenmaßstab (Werth des Geschäftsgegenstands, Zeitaufwand u. s. w.);

die angewendete Bestimmung der Gebührengesetze und -Verordnungen;

bei Rechtspolizeigebühren, welche nicht ganz dem Notar zufallen, der dem Staate und der dem Notar zukommende Betrag;

der Zahlungspflichtige (§ 188) oder die mehreren Zahlungspflichtigen und

---

[290]) Aber selbverständlich nicht d. Gebühren d. Notare als gerichtl. Zeugen in Beziehung auf ihre amtl. Thätigkeit: Just.M.Bek. v. 13. Juli 1883.

[291]) Vgl. Ges. über d. Gebühren für d. Geschäfte d. Rechtspolizeiverwaltung (Rechtspolizeigebührengesetz, Ges. u. V.Bl. XXIV) v. 21. Juni 1874. Lh. Vollzugs-Verordnung dazu v. 17. Juli 1874 (Ges. u. V.Bl. Nr. XXXIII), Gerichtskosten-Ordnung v. 2. Januar 1890 (Ges. u. V.Bl. Nr. I).

[291 a]) Schon durch d. lh. V. v. 17. Juli 1874 § 2 ist „jeder unmittelbare Gebührenbezug den Notaren untersagt", einzige Ausnahme setzt § 5 3 d, siehe diesen § unter 3. — Ueber d. amtsgerichtliche Prüfung vgl. R.P.O. §§ 114 ff.; Not.O. §§ 51, 52, 180.

[292]) So statt des Druckfehlers „Absatz 2 d".

[293]) Vgl. Waisenr.O. §§ 12, 21.

[294]) Gemeindegeb.O. v. 30. Nov. 1874 (Ges.Bl. Nr. 58).

[295]) Waisenr.O. §§ 19 u. 21.

[296]) R.Geb.O. §§ 2, 5, lh. V. v. 14. Sept. 1879 § 2.

[297]) Ueber die Einrückungsgebühren.

deren Antheile an der Zahlung, sowie, wenn einer derselben die vorschüßliche Zahlung übernommen hat, der letztere.

3) Die Gebührenberechnung nach Abs. 1 u. 2 ist auch in die den Zahlungspflichtigen zu ertheilenden Ausfertigungen, Abschriften und Auszüge aufzunehmen. Auf weiteren Abschriften und Auszügen, welche nachmals den Zahlungspflichtigen, und auf solche, welche anderen Personen auf deren Kosten zu ertheilen sind, sind nur die hiefür berechneten Schreibgebühren und die Urkundenverzeichnißnummer, unter welcher sie eingetragen sind, zu vermerken.

(Prüfung des Gebührenansatzes.) § 180. 1) Die Gebührenansätze der Notare für Geschäfte, welche der amtsgerichtlichen Prüfung unterliegen, sind, wenn die gesetzlichen Vertreter Minderjähriger, Entmündigter oder Abwesender dies beantragen, von den Amtsgerichten zu prüfen.[298])

2) Führt die Prüfung zur Beanstandung eines Ansatzes, so ist diese sammt Gründen dem Notar mitzutheilen.

3) Die Prüfung der Gebührenansätze in weiterem als dem durch Abs. 1 bestimmten Umfange geschieht periodisch nach Anordnung des Justizministeriums.

(Vertheilung der Geschäftsgebühren unter mehrere Notare.) § 181. 1) Haben an einem Geschäfte mehrere Notare gearbeitet, so hat das Amtsgericht[299]) den einem jeden zukommenden Theil der Gebühren bei Ermangelung einer Einigung derselben hierüber nach billigem Ermessen, vorbehaltlich der Beschwerde an das Justizministerium,[300]) zu bestimmen.

2) Von der Bestimmung hat das Amtsgericht jedem in einem anderen Amtsgerichtsbezirke befindlichen Notar zum Zwecke der Aufnahme in dessen Monatsauszug[301]) eine letzterem anzuschließende schriftliche Mittheilung zu machen.

(Eintrag in Urkundenverzeichniß und Monatsauszug.) § 182. 1) Die nach § 179 berechneten Gebühren werden, soweit sie für die Staatskasse zu erheben sind (§ 178 Abs. 1 u. 2), zum Zwecke der Erhebung in das Urkundenverzeichniß (§ 51) und aus diesem in den Monatsauszug (§ 52) eingetragen.

2) Der Eintrag (Abs. 1) darf, vorbehaltlich der Bestimmung des § 150 Abs. 3, erst nach vollständiger Erledigung des Geschäfts, und zwar in den Fällen des § 47 bei oder nach Ausfolgung der Urschrift an die Partei, in den Fällen des § 48 bei oder nach Einsendung des Geschäfts an das Amtsgericht zur Aufbewahrung,[302]) geschehen.

3) In den Fällen des § 180 Abs. 2 wird der Eintrag in Gemäßheit der amtsgerichtlichen Verfügung bewirkt oder berichtigt, hat jedoch, wenn der Notar gegen diese Verfügung Beschwerde einlegt (R.P.G. § 65a.) und nicht ausdrücklich die alsbaldige Anweisung des unbeanstandeten Betrags beantragt, bis zur Entscheidung über die Beschwerde die Gebührenerhebung und Gebührenanweisung ganz zu unterbleiben.

4) In den Fällen des § 181 hat der für das Hauptgeschäft zuständige Notar und, wenn mehrere Notare nach einander an dem Hauptgeschäft gearbeitet haben (z. B. bei einem Dienstwechsel), derjenige Notar, welcher dasselbe beendigte, die Gebühren für das ganze Geschäft nebst seinem Gebührenantheil in das Urkundenverzeichniß und den Monatsauszug, jeder andere Notar aber nur seinen Gebührenantheil auf Grund der ihm zu diesem Zwecke zukommenden, als Anlage beizufügenden Mittheilungen des Amtsgerichtes in den Monatsauszug aufzunehmen.[303])

5) Durch Beschwerden Betheiligter wegen des Gebührenansatzes wird die Gebührenerhebung (Abs. 1) nicht gehemmt.[304])

---

[298]) Vgl. R.P.O. §§ 114 ff.

[299]) R.P.O. § 115.

[300]) Gemäß R.P.Gef. § 65, R.P.O. § 114[4].

[301]) Oben § 52.

[302]) Vgl. aber Just.Min.Erl. v. 20. Nov. 1879: erst nach Eingang der Bescheinigungen über die Grund- und Pfandbuchs-Einträge und über die Behändigung der Ausfertigungen.

[303]) R.P.O. §§ 115 f.

[304]) Uebereinstimmend mit R.P.O. § 116[4].

(Durchgehung der Monatsauszüge. Gebührenerhebung und Gebührenzahlung an die Geschäftsfertiger.) **§ 183.**[305]) 1) Die Monatsauszüge (§ 182 Abs. 1) sind bei dem Amtsgerichte in der Richtung zu durchgehen,

ob die betreffenden Geschäfte, soweit sie nicht den Parteien auszufolgen waren, dem Amtsgerichte zur Aufbewahrung übergeben und von demselben übernommen sind und

ob die im Monatsauszug eingetragenen Gebühren mit dem Ansatz in den Akten, in den Fällen des § 180 Abs. 2 (vgl. § 182 Abs. 3) mit der betreffenden amtsgerichtlichen Verfügung, übereinstimmen.

2) Nach erfolgter Durchgehung (Abs. 1) hat das Amtsgericht, vorbehaltlich der Beschwerde des hievon zu benachrichtigenden Notars an das Justizministerium,

a) die nach § 180 Abs. 2 beanstandeten Beträge oder aber gemäß § 182 Abs. 3 den gesammten Ansatz,

b) die Gebührenansätze für bei ihm zu verwahrende, aber in seine Verwahrung noch nicht übergegangene Geschäfte und

c) die Ansätze für solche seiner Prüfung unterliegende Geschäfte, welche so spät vorgelegt sind, daß die nach § 180 Abs. 1 vorzunehmende Gebührenprüfung nicht mehr rechtzeitig geschehen kann,

auszuscheiden und bei Nichtübereinstimmung der Einträge mit den Akten die nöthige Verbesserung zu veranlassen.

3) Das Amtsgericht theilt den hiernach auf Grund des Monatsauszugs dem Notar zukommenden Betrag der Amtskasse, welche daraufhin die Zahlung an den Notar leistet, mit und bewirkt die Erhebung der angesetzten Kosten von den Zahlungspflichtigen nach Maßgabe der hierüber bestehenden besonderen Vorschriften. In den Fällen des § 181 geschieht die Zahlungsanweisung hinsichtlich eines jeden Notars durch das Amtsgericht, in dessen Bezirk derselbe angestellt ist, die Erhebung sämmtlicher Gebühren aber durch das Amtsgericht, welches das Geschäft verwahrt, und unterbleibt die Zahlungsanweisung, nicht aber die Gebührenerhebung, insolange, bis eine Einigung der Notare oder eine Entschließung des Amtsgerichtes über die Gebührenvertheilung erfolgt ist.

4) Wird der Monatsauszug so spät vorgelegt, daß seine Durchgehung (Abs. 1) und die zum Zwecke der Gebührenerhebung erforderlichen Geschäfte nach dem ordentlichen Geschäftsgange in der festgesetzten Zeit nicht mehr erledigt werden können, so kann das Amtsgericht die Gebührenerhebung und die Zahlungsanweisung bis zum nächsten Monate aussetzen.

(Verfahren in dringenden Fällen.) **§ 184.** 1) Wenn zu besorgen steht, daß die mit dem regelmäßigen Verfahren (§§ 182 u. 183) verbundene Verzögerung die Erhebung erschweren oder vereiteln werde, so kann der Notar die Gebührenerhebung im Wege einer besonderen Mittheilung an die Obereinnehmerei veranlassen. In der Mittheilung sind der Gesammtbetrag der Gebührenschuldigkeit, der Zahlungspflichtige und der die sofortige besondere Erhebung rechtfertigende Grund anzugeben.

2) In den Fällen des Abs. 1 ist der der Obereinnehmerei zu sofortigem Einzug überwiesene Betrag gleichwohl auch in das Urkundenverzeichniß und den Monatsauszug (und darnach von dem Amtsgerichte in die Heberolle) aufzunehmen, in der Spalte „Bemerkungen" aber als „bereits zur Erhebung angewiesen" zu bezeichnen.[306])

3) In Fällen besonderer Dringlichkeit, für welche auch das Verfahren nach Abs. 1 und 2 zur Sicherung der Staatskasse nicht zureicht, kann der Notar die alsbaldige Hinterlegung des von ihm berechneten Gebührenbetrags bei einer im badischen Staatsgebiete wohnenden zahlungsfähigen Person oder deren urkundliche Haftbarerklärung für die Gebührenschuldigkeit verlangen. Ist die Auflage gemacht und vollzogen, so ist die genannte Person neben dem eigentlichen Schuldner als zahlungspflichtig in dem Urkundenverzeichniß und Monatsauszug und darnach in der Heberolle einzutragen. Eine Hinterlegung bei dem Notar selbst oder bei Mittelspersonen (Gehilfen, Schreibern, Dienern der Notare oder den in dem Rechtspolizeigesetz § 34 bezeichneten Angehörigen) ist indessen nicht zulässig.[307])

---

[305]) Uebereinstimmend mit R.P.O. § 116; s. jedoch vorige Anm. Vgl. Gerichtskosten-O. §§ 22, 66, 69.

[306]) Vgl. Ger.Kosten-O. § 73.

[307]) Das. § 55⁵.

4) Hat der Zahlungspflichtige seinen gewöhnlichen Aufenthalt außerhalb Badens, so ist dem Notar auch gestattet, bei Uebersendung der beantragten Fertigung die Kosten durch Postnachnahme zu erheben und nach Empfang des nachgenommenen Betrags sich selbst als zahlungspflichtig in dem Urkundenverzeichniß und im Monatsauszug einzutragen.

(Berichtigung des Gebührenansatzes.) § 185. Wird ein Ansatz von Rechtspolizeigebühren nach deren bereits erfolgter Erhebung berichtigt,[308]) so geschieht die Nachforderung zu wenig erhobener Beträge und die entsprechende Zahlungsanweisung für den Notar nach §§ 182 u. 183, die Zurückerstattung zu viel erhobener Beträge im Wege besonderer Mittheilung des Amtsgerichtes an die Obereinnehmerei und die entsprechende Zurückerhebung von dem Notar im Wege besonderer Mittheilung des Amtsgerichtes an die Amtskasse, von welcher dem Verwaltungshofe gleichzeitig Kenntniß zu geben ist.[308])

(Gebührenfreie Geschäfte.) § 186. 1) Keine Gebühren außer den Schreibgebühren und etwaigen Reisekosten werden erhoben für Geschäfte, deren Gebühren von der Staatskasse oder aus Kirchenmitteln oder aus Mitteln einer öffentlichen Anstalt für Wohlthätigkeit oder für Unterricht zu entrichten wären (R.P.Geb.Ges. Art. 17).

2) Die vorstehende Bestimmung findet Anwendung nur auf Gebühren, welche unmittelbar aus der Staatskasse oder einer ihr gleichgestellten Kasse, nicht auf solche, welche von einem Dritten oder aus einem der Kasse zufallenden Vermögen zu entrichten sind.

3) Die Bestimmung gilt ferner nur für die im Gebührentarif aufgeführten, nicht für andere aus Veranlassung einer Partei vom Notar gefertigte Geschäfte.

(Verfahren bei Unbeibringlichkeit der Gebühren.) § 187. 1) Die Berechnung der Gebühren (§ 179) hat zu geschehen, auch wenn es an Mitteln zu deren Erhebung gebricht. Dagegen findet in diesem Falle nicht der Eintrag in Spalte 7 des Urkundenverzeichnisses und Monatsauszugs, sondern nur ein Vermerk in der Spalte „Bemerkungen" („gemäß Notariatsordnung § 187 nicht erhebbare Kosten .... ℳ ... ₰.") statt.

2) Das Amtsgericht überweist nach Einkunft des Monatsauszugs die nicht erhebbaren Gebühren der Obereinnehmerei in gleicher Weise wie die in Armensachen berechneten Gerichtskosten; eine Zahlungsanweisung an den Notar findet nur hinsichtlich der demselben erwachsenen nothwendigen Porto- und anderen Auslagen statt. Kommen nachträglich die Gebühren zur Erhebung, so ist auch die Zahlungsanweisung nachzuholen.

3) Ob und wieweit hinsichtlich solcher Gebühren, welche sich erst bei der Erhebung als unbeibringlich herausstellen, der Notar die von ihm aus der Staatskasse bezogenen Beträge zurückzuerstatten habe, bestimmt das Justizministerium nach den Umständen des Falles und nach vorheriger Vernehmung des Notars.

(Gebührenschuldner.) § 188. 1) Die Gebühren sind

a) für von Amtswegen vorzunehmende Geschäfte derjenigen Person, welche das den Geschäftsgegenstand bildende Vermögen inne hat,

b) für andere Geschäfte derjenigen Partei, auf deren Gesuch oder Veranlassung das Geschäft gefertigt wurde,

anzusetzen.

2) Sind danach mehrere Zahlungspflichtige vorhanden, so sind dieselben alle unter Angabe des Maßstabs der Haftbarkeit eines jeden (Mitschuldner, Sammtschuldner ꝛc.)[309]) im Urkundenverzeichniß und Monatsauszug aufzuführen; haben sie einen bevollmächtigten Zähler (Vorträger) bestimmt, so ist dieser als solcher neben den Pflichtigen zu bezeichnen.

3) In den Fällen, in welchen ein Betheiligter nach bestehender Vorschrift die durch seine Säumniß oder sein Verschulden veranlaßten Kosten zu tragen hat, sind diese Kosten ihm anzusetzen.[310])

---

[308]) Vgl. R.P.G. § 65a, R.P.O. § 115 [4], Not.O. § 180 [3], Ger.Kost.O. § 22 [2, 3].

[309]) Vgl. L.R.SS. 810, 870, 2002 über ratenweise Haftung von Miterben und über solidarische Haftung.

[310]) Oben § 32 [2].

(Berechnung der Gebühren für mehrere in einer Urkunde verbundene Geschäfte.) § **189**. 1) Wenn in einer Urkunde mehrere Geschäfte enthalten sind, die nur in einer zufälligen oder willkürlichen Verbindung mit einander stehen, so ist für jedes dieser Geschäfte die Gebühr besonders zu berechnen.

2) Bilden aber die mehreren Geschäfte, in welche der Inhalt einer Urkunde zerlegt werden kann, ihrer Natur nach ein Ganzes,[311]) so ist die Gebühr nur für ein Geschäft, und zwar, wenn es nach verschiedenen Richtungen seiner Bestandtheile unter verschiedene Tarifsätze paßt, nach dem höheren Tarifsatze anzusetzen (Art. 2 des R.P.-Geb.Ges.).

(Der Gegenstand der festbestimmten Gebühren und die hierdurch mitbelohnten Verrichtungen.) § **190**. 1) Unter den festbestimmten Gebühren (Titel I., III., IV. des Tarifs) sind die Gebühren für alle gewöhnlich mit dem Geschäfte verbundenen Verrichtungen, wie namentlich für Vorladungen, Eröffnungen, protokollarische Vernehmungen und Berichte, enthalten (Art. 3 des R.P.Geb.Ges.).

2) Als gewöhnlich mit dem Geschäfte verbundene Verrichtungen (Abs. 1) gelten auch die Erhebung von Auskünften bei den Parteien, die Sammlung und Einsicht ihrer Urkunden und Rechnungsbelege, die Ermittelung ihrer Willensmeinung und die ihnen zu ertheilenden Belehrungen.

3) In dem gleichen Sinne sind Abrechnungen unter den Miterben über Forderungen und Schulden an die Erbmasse Bestandtheile des Theilungsgeschäftes.

4) Dagegen fallen nicht unter diesen Begriff die in §§ 124, 135, 136 und 142 dieser Verordn. genannten Rechnungen, sowie Rechnungen über Verwaltungen, die ein Erblasser führte.

II. Im Einzelnen.

(Vermögensaufnahmen, Theilungen und Vermögensübergaben [Tarif Titel I.]: a. Im Allgemeinen.) § **191**. 1) Der Werthstaxe nach Titel I. des Tarifs unterliegen die in öffentlicher Form errichteten Vermögensaufnahmen, Theilungen und Vermögensübergaben mit Ausnahme der gemäß §§ 130 ff. dieser Verordnung gefertigten Erbverzeichnisse (§ 194).

2) Wenn ein zunächst durch die Accisbarkeit des Nachlasses veranlaßtes Erbverzeichniß von den Betheiligten für deren privatrechtliche Zwecke benützt wird, wenn dieselben z. B. im Anschluß an die Erbverzeichnung bei dem Notar Anträge auf Theilung, auf Erwirkung von Grundbucheinträgen oder auf Ertheilung von Geschäftsausfertigungen stellen, so finden sowohl § 2 Ziff. 1 als § 5 k. des Tarifs Anwendung und entscheidet Art. 2 des R.P.Geb.Ges. (oben § 189) über die Anwendung des einen oder anderen Tarifsatzes.

(b. Werthstaxe für die Vermögensaufnahme insbesondere.) § **192**. 1) Die Werthstaxe für die Vermögensaufnahme (Tarif § 2 Ziff. 1) kommt aus dem verzeichneten Vermögen in Ansatz.

2) Hiebei ist der Geldwerth der Rohmasse nach dem bei der Aufnahme oder etwa durch nachfolgende Versteigerung ermittelten Werthe, in Ermangelung einer solchen Ermittelung nach der Angabe der Betheiligten und, wenn der Notar diese beanstandet, nach von ihm erhobener Schätzung des Waisenrichters zu Grunde zu legen.

3) Dem Vermögen (Abs. 1) sind auch bestrittene Aktivforderungen zuzuzählen (R.P.Geb.Ges. Art. 4 Ziff. 1).

4) Ebenso sind einzuwerfende Vorempfänge einzurechnen. Die Einrechnung des gesammten Betrages eines von dem Notar urkundlich festgestellten, wiewohl nur theilweise in den betreffenden Nachlaß einzuwerfenden Vorempfangs kann in den Fällen geschehen, in welchen urkundliche Nachweise des Vorempfangs bisher nicht vorhanden waren.

5) Der Vorbehalt der Uebergeber bei Vermögensübergaben kommt insoweit in Anschlag, als er verzeichnet worden ist.

6) Außer Betracht bleiben:

a) die Vergütungen, welche von einem Ehegatten oder dessen Erben der Ge-

---

[311]) Wie vielfach die verschieden im Ehevertrage stipulirten Geschäfte: L.R.SS. 1081 ff., 1168 ff.

meinschaft (L.R.S. 1437) oder welche von dieser einem Ehegatten oder dessen Erben (L.R.S. 1470 Nr. 3) zu machen sind;

b) Güter, an welchen dem Erblasser nur die Nutznießung zustand, und die nun einem Dritten, oder (wie etwa Lehen- und Stammgüter) einem Miterben, ohne Aufrechnung zufallen (Art. 4 Ziff. 3 des R.P.(Geb.Ges.)

7) Ist bei späterer Theilung eines anfänglich in Gemeinschaft gebliebenen Vermögens oder Vermögenstheils eine neue Aufnahme nöthig, so findet für die letztere ein nochmaliger Ansatz der Aufnahmegebühr statt. Die neue Beschreibung der Liegenschaften nach Grenzen und Anschlag ist jedoch nicht als neue Aufnahme, sondern als zur Beschreibung der Loose (also zur Theilung) gehörig zu betrachten.

(c. Werthstaxe für die Theilung insbesondere.) § **193.** 1) Die Werthstaxe für die Theilung (Tarif § 2 Ziff. 4) kommt nur aus dem v e r t h e i l t e n Vermögen in Ansatz.

2) Eine Theilung liegt nicht vor, wenn die Antheile der Betheiligten nicht im Stück ausgeschieden, sondern nur in Geld berechnet werden (Tarif § 2 Ziff. 3).

3) Auch die Zuweisung von Stückvermächtnissen oder die Aufrechnung von Vorempfängen und eigenen vor dem Erbanfall entstandenen Schuldigkeiten an die Masse gilt nicht als Theilung.

4) Die Theilungsgebühr findet nicht statt, wenn bei Auseinandersetzung einer Gemeinschaft einer der Betheiligten die ganze Gemeinschaftsmasse im Stück erhält und den anderen nur Gleichstellungsgelder zugewiesen werden (Tarif § 2 Ziff. 2).

5) Unerheblich ist, ob die Theilung ein ganzes Vermögen, Quoten desselben oder einzelne Vermögensstücke, ob sie eine Erb- oder sonstige Gemeinschaft zum Gegenstand hat.

6) Auch die vereinbarte unmittelbare Zuweisung verzeichneter Nachlaß- oder Gemeinschaftsstücke an Nachlaßgläubiger und Geldvermächtnißnehmer begründet als Theilung den Ansatz der Theilungsgebühr.

(Tagsgebühren [Tarif Titel II.]: a. Voraussetzungen.) § **194.** 1) Der Tagsgebühr unterliegen die im Tarif §§ 5,[312]) 6 und 20 bezeichneten Geschäfte und die wegen der Accisbarkeit des Nachlasses zu fertigenden Erbverzeichnisse (§§ 130—133 und 191).

2) Die Tagsgebühr ist auch da zu erheben, wo eine auswärts wohnende Partei verlangt, daß eine wegen eines Werthstaxengeschäftes ihr zu machende Eröffnung oder die Beurkundung einer von ihr hierbei abzugebenden Erklärung durch den Notar ihres Wohnsitzes vorgenommen werde.

3) Als „Berichtigung" des Geschäfts im Sinne des Tarifs § 5 b. ist auch dessen Ergänzung durch Nacherhebung fehlender Erklärungen (auch Einwilligungen) anzusehen.

4) Der Ansatz der Tagesgebühr in dem letzten der in § 5 b. des Tarifs genannten Fälle und der Versäumnißgebühr des § 6 des Tarifs setzt voraus, daß die Partei rechtzeitig vorgeladen war und das Geschäft ohne ihre oder eines Vertreters Anwesenheit nicht oder nicht vollständig vorgenommen werden konnte.

5) Dem Ausbleiben einer Partei steht auch deren Entfernung vom Geschäftsorte gleich, wenn hiedurch die Fortsetzung oder Beendigung des Geschäftes gehindert wird.

(b. Art der Berechnung. Aktenvermerke.) § **195.** 1) Bei Berechnung der Tagsgebühr für weniger als einen vollen Tag wird die angefangene Stunde für voll berechnet.

2) Die auf der Reise zugebrachte Zeit darf in die Stunden, für welche die Tagsgebühr angesetzt wird, nicht eingerechnet werden.

3) In den Urkunden über Geschäfte, für welche eine Tagsgebühr angesetzt wird, muß die Dauer der auf das Geschäft verwendeten Zeit angegeben werden.

4) Das Gleiche gilt von der Dauer der versäumten Zeit bei Erhebung einer Versäumnißgebühr.

(Verträge und andere Rechtsgeschäfte. [Tarif Titel III., § 9—13].) § **196.** 1) Die Vertragsgebühr (§§ 9 u. 10 des Tarifs) kommt auch in Ansatz für Vertragsnachträge, wenn dieselben neue Vertragsbedingungen enthalten.

---

[312]) Siehe den Tarif hiernach.

2) Bei doppelseitigen Verträgen wird die Gebühr nach dem Werthe der höchsten Leistung berechnet (R.P.Geb.Ges. Art. 7 Abs. 1).

3) Wenn der Gegenstand des Geschäfts in einer Jahresleistung besteht, welche für fünf oder mehr Jahre oder für eine Zeit zu leisten ist, deren Dauer von einem noch ungewissen Ereignisse abhängt, so wird der fünffache Betrag der Jahresleistung, bei jährlichen Leistungen von bestimmter kürzerer Dauer die Gesammtsumme der Jahresbeträge der Berechnung der Gebühr der §§ 9, 10, 11, 12, 13 des Tarifs zu Grunde gelegt.[313])

4) Ein in der Urkunde bloß erzählungsweise erwähnter Werthbetrag, der nicht Gegenstand eines Anerkenntnisses, einer Verfügung oder Uebereinkunft ist, ist bei Berechnung der Gebühr nicht zu berücksichtigen.

(Anerkennung natürlicher Kinder. [Tarif Titel III., § 14].) **§ 197.** Wird die Anerkennung natürlicher Kinder im Ehevertrag beurkundet, so kommt neben der Gebühr des Tarifs § 10 nicht auch diejenige des § 14 in Ansatz.

(Eröffnungen, Mahnungen und Kündigungen. [Tarif Titel III., § 16].) **§ 198.** 1) Die öffentliche Beurkundung des Eröffnungsauftrags auf Verlangen des Antragstellers (§ 59 Abs. 2) unterliegt der Gebühr des § 12 des Tarifs. Dagegen darf für die dem Antragsteller auf Verlangen auszufolgende Bescheinigung über die Auftragsertheilung (§ 59 Abs. 2) eine Gebühr, abgesehen von der Schreibgebühr, nicht angesetzt werden.

2) Wenn zugleich mit der Beurkundung der Eröffnung, Mahnung oder Kündigung eine damit in ursachlicher Verbindung stehende Willenserklärung der Gegenpartei, welche geeignet ist, privatrechtliche Folgen zu begründen, beurkundet wird, so ist für beide Beurkundungen zusammen die Gebühr des § 12 des Tarifs anzusetzen.

3) Mit der Gebühr des § 16 des Tarifs ist auch die Beurkundung darüber zu belegen, daß die Eröffnung, Mahnung oder Kündigung wegen Abwesenheit dessen, dem sie zu machen war, nicht bewirkt werden konnte.

(Zeugnisse u. s. w. [Tarif Titel III., § 17].) **§ 199.** Die Gebühr für Bescheinigungen (Tarif § 17) kommt in Ansatz auch für die in den Fällen des § 68 Abs. 2 dem Amtsgerichte vorzulegende Beurkundung.

(Beglaubigungen. [Tarif Titel V., §§ 25 und 26].) **§ 200.** 1) Wenn der Notar eine Urkunde in Privatform fertigt, so darf neben der Fertigungsgebühr für Unterschriftsbeglaubigung die Gebühr des § 25 des Tarifs berechnet werden.[314])

2) Für die Beglaubigung von Abschriften, für deren Fertigung der Notar die Schreibgebühr angesetzt hat, darf nicht daneben die Gebühr des § 26 des Tarifs[315]) angesetzt werden (R.P.Geb.Ges. Art. 9 Abs. 2).

(Geschäfte, für welche keine Gebühr durch Gesetz festgestellt ist.) **§ 201.** 1) Zu den Geschäften, für welche keine Gebühr durch Gesetz festgestellt ist (R.P.Geb.Ges. Art. 16), gehört auch die Abgabe von Gutachten in Rechtsangelegenheiten auf Ansuchen einer Partei (§ 5 f.). In diesen Fällen findet die Gebühr der §§ 23 und 24 des Tarifs keine Anwendung und ist ein Gebührenansatz nur statthaft, wenn das Gutachten nicht auf ein von dem Notar zu fertigendes Geschäft sich bezieht.

2) Die mit der Partei zu vereinbarende Gebühr für in Privatform zu fertigende Geschäfte (vgl. § 7 Abs. 2) darf nicht mehr betragen, als die Belohnung des Notars für das in öffentlicher Form errichtete Geschäft betragen haben würde (R.P.Geb.Ges. Art. 16 Abs. 2).

3) Bei den Vereinbarungen im Sinne des Art. 16 des R.P.Geb.Ges. hat der Notar in seinen Anforderungen ein billiges Maß einzuhalten; hiebei sind Honorare, welche den Betrag der Tagsgebühr nicht überschreiten, in keinem Falle als übermäßig anzusehen. Im Zuwiderhandlungsfall kann nach Umständen dienstpolizeiliches Einschreiten und auf Antrag des Schuldners Herabsetzung des bedungenen übermäßigen Honorars durch das Justizministerium eintreten (Art. 16 Abs. 3 des R.P.Geb.Ges.).

---

[313]) Uebereinstimmend mit § 7^2 des R.P.Geb.Ges. hiernach.

[314]) Bei mehrfachen Urschriften deren Unterschriften beglaubigt, ev. mehrfach: Min.Erl. v. 24. Aug. 1874.

[315]) Die Beglaubigungsgebühr.

(Schreibgebühren.) § 202. 1) Die Schreibgebühr (§ 29 des Tarifs) darf nicht für die Urschrift, sondern nur für die Ausfertigungen von Theilzetteln und Verweisungen, sowie für Auszüge und Abschriften von im Konzept bei den Akten befindlichen Verfügungen und Mittheilungen des Notars berechnet werden (R.P.Geb.-Ges. Art. 9 Abs. 1).

2) Der Schreibgebühr unterliegen auch Einträge in das Wechselprotestregister (Wechselordn. Art. 90) und die Beurkundung des Uebergangs eines Forderungstitels, welche auf den Grund eines Erbverzeichnisses oder einer Theilung von dem Forderungsberechtigten verlangt wird. Ist jedoch das Hauptgeschäft von einem anderen Notar gefertigt worden, so ist für solche Beurkundung die Gebühr des § 17 des Tarifs anzusetzen.

3) Für Schreibmaterialien und sonstigen Bureauaufwand findet, von der Bestimmung des § 30 Abs. 3 abgesehen, eine besondere Vergütung nicht statt.

(Berechnung der nach dem Bogen bemessenen Gebühren.) § 203. Bei Geschäften, deren Gebühren nach der Seiten- oder Bogenzahl bemessen sind (§§ 19, 21, 24, 26, 29, 30 des Tarifs), soll jede Seite mindestens vierundzwanzig Zeilen von zweiunddreißig Buchstaben, jede Seite einer Rechnung aber ebensoviele Zeilen mit einer sich möglichst annähernden Zahl von Buchstaben und Ziffern enthalten. Die Schlußseite wird, wenn sie auch weniger Zeilen enthält, stets für eine vollgeschriebene Seite gerechnet (R.P.Geb.Ges. Art. 8).

(Ganggebühren.) § 204. 1) Die Ganggebühr (§ 31 des Tarifs) ist anzusetzen für Geschäfte, welche nicht der Werthstaxe des I. Titels des Tarifs unterliegen, wenn dieselben auf Verlangen eines Betheiligten oder wegen der Natur des Geschäfts außerhalb des Geschäftszimmers des Notars vorgenommen werden (R.P.Geb.Ges. Art. 10).[315a]

2) Kommen für das Geschäft Weggebühren (§§ 205 ff.) in Ansatz, so darf daneben die Ganggebühr nicht berechnet werden. Der Ansatz von Weggebühren für andere von dem Notar außerhalb seines Dienstsitzes vorgenommene Geschäfte schließt dagegen den Ansatz der Ganggebühr für ein bei diesem Anlaß an dem auswärtigen Orte in der Wohnung einer Partei vorgenommenes Geschäft nicht aus.

(Weggebühren und zwar: a. Voraussetzungen und Umfang der Zulässigkeit des Ansatzes.) § 205. 1) Bei amtlichen Verrichtungen jeder Art, welche der Notar außerhalb seines Wohnortes oder zeitigen Aufenthaltsortes vornimmt, kommen, wenn die Entfernung dieses Ortes vom Geschäftsorte mehr als zwei Kilometer beträgt, Weggebühren in Ansatz (R.P.Geb.Ges. Art. 11 Eingang). Ob beide Orte auf der gleichen oder auf verschiedenen Gemarkungen liegen, kommt hiebei nicht in Betracht.

2) Die Weggebühr besteht in der Entfernungsgebühr (§ 32 des Tarifs und Art. 11 Ziff. 1 des R.P.Geb.Ges.) und, wenn nicht die Parteien für Fahrgelegenheiten sorgen, in der durch Art. 11 Ziff. 2 des R.P.Geb.Ges. bestimmten Reisekostenvergütung (Reisegebühr).

3) Nimmt der Notar auf derselben Reise mehrere Geschäfte vor, so wird der Gesammtansatz an Weggebühren (vgl. R.P.Geb.Ges. Art. 12 Abs. 1 u. 2) auf mehrere in einem Orte verrichtete Geschäfte gleichmäßig, auf in verschiedenen Orten verrichtete Geschäfte nach Verhältniß der zurückgelegten Entfernungen vertheilt (R.P.Geb.Ges. Art. 12 Abs. 3). Hiebei kommen nur Geschäfte, welche die Reise veranlaßt haben, in Betracht. Für Geschäfte, welche ohne Vorausbestellung anläßlich der Reise gefertigt sind, kommen Weggebühren nicht in Ansatz (vgl. § 204 Abs. 2, auch diesen Paragraph Abs. 5). In jedem der mehreren Geschäfte, auf welche die Weggebühren sich vertheilen, sind die betreffenden anderen Geschäfte mit ihren Urkundenverzeichnißnummern zu bezeichnen.

4) Nimmt ein Geschäft mehrere Tage in Anspruch, so ist für jeden Tag die Entfernungsgebühr zu berechnen. Der mehrfache Ansatz der Reisegebühr findet nur statt, wenn die Reise mehrfach gemacht worden ist (R.P.Geb.Ges. Art. 12a.).

5) Für die von dem Notar bei Gelegenheit auswärtiger Amtstage (vgl. § 18 Abs. 4) gefertigten Geschäfte kann die Reisegebühr, nicht aber die Entfernungsgebühr, angerechnet werden (R.P.Geb.Ges. Art. 13).

[315a]) Vgl. Not.O. § 38 2a. Wird Nachtgebühr beansprucht, so ist die Zeit des Geschäfts auch nach der Stunde anzugeben.

(b. Art der Berechnung im Allgemeinen.) § **206**. 1) Der Weggebühren-Berechnung sind, soweit dafür die Ortsentfernungen maßgebend und diese amtlich ermittelt sind, diese amtlichen Ermittelungen zu Grunde zu legen.

2) Die Weggebühren werden für die Hin- und für die Rückreise angesetzt.[316]) Bruchtheile eines Kilometers, welche sich bei Berechnung des zurückgelegten (Hin- und Her-)Wegs ergeben, werden voll berechnet (Art. 11 a. des R.P.Geb.Ges.)

3) Wenn regelmäßige Verkehrsmittel (Art. 11 Ziff. 2 a. des R.P.Geb.Ges.) nur bis zu einem Zwischenorte oder erst von einem Zwischenorte ab bestehen, so werden als Reisegebühr für denjenigen Theil des Wegs, für welchen diese Verkehrsmittel bestehen, die taxordnungsmäßigen Fahrgebühren nach Art. 11 Ziff. 2 a. des R.P.Geb.Ges. vorbehaltlich jedoch der Bestimmung des Art. 11 b. daselbst (diese Verordn. § 207), für den andern Theil die Gebühren nach Art. 11 Ziff. 2 b. des angeführten Gesetzes angerechnet.

4) Die Reisegebühr nach Art. 11 Ziff. 2 b. des R.P.Geb.Ges. ist zu dem niedrigeren Satze von 10 Pfennig für das Kilometer insoweit zu berechnen, als die Länge des zusammengerechneten Hin- und Herwegs 20 Kilometer übersteigt.

(c. Ermächtigung nach Art. 11 b. des R.P.Geb.Ges. insbesondere.) § **207**. 1) Bei Reisen nach Gemeinden, die mit dem Wohn- oder Aufenthaltsorte des Notars weder durch Eisenbahnen noch durch Dampfschiffe, wohl aber durch andere regelmäßige Fahrgelegenheiten verbunden sind, darf statt der Taxen für letztere (Art. 11 Ziff. 2 a. des R.P.Geb.Ges.) gemäß Art. 11 b. dieses Gesetzes die in Art. 11 Ziff. 2 b. bestimmte Reisegebühr berechnet werden, wenn das Justizministerium den Notar hiezu ermächtigt hat. Die Ermächtigung ist unter Angabe der sie begründenden Thatsachen und unter Beifügung der erforderlichen Nachweise nachzusuchen. Dieselbe kann nur für die Hinreise oder nur für die Rückreise oder für beide zugleich ertheilt werden.

2) Wenn der Wohn- oder Aufenthaltsort des Notars mit dem Geschäftsorte nur theilweise (bis zu einem Zwischenorte oder erst von einem Zwischenorte ab) durch eine andere regelmäßige Fahrgelegenheit im Sinne des Abs. 1 verbunden ist, so findet auf die Berechnung der Reisegebühr für denjenigen Theil des Wegs, für welchen die erwähnte Verbindung besteht, die Bestimmung des Abs. 1 gleichfalls Anwendung.

3) Hinsichtlich der durch Eisenbahn oder Dampfschiff verbundenen Wegstrecken finden die vorstehenden Bestimmungen (Abs. 1 u. 2) keine Anwendung.

(d. Wahl unter mehreren Straßenverbindungen.) § **208**. 1) Von mehreren den Wohn- oder Aufenthaltsort des Notars mit dem Geschäftsorte verbindenden Wegen ist die nächste fahrbare Straßenverbindung der Berechnung der Weggebühren zu Grunde zu legen (vgl. Art. 11 Ziff. 2 b. des R.P.Geb.Ges.).

2) Bestehen hinsichtlich der einen Wegrichtung für eine Theilstrecke regelmäßige Verkehrsmittel, hinsichtlich der anderen Wegrichtung nicht, so ist von beiden Wegrichtungen diejenige zu wählen, bei deren Benützung die Reisegebühr sich niedriger berechnet.

3) In allen Fällen ist die nämliche Weglinie, nach welcher die Reisegebühr beberechnet wird, auch für die Berechnung der Entfernungsgebühr maßgebend.

(e. Benützung besonderen Gefährts.) § **209**. Wird auf Grund des Art. 11 Ziff. 2 c. des R.P.Geb.Ges. der Aufwand für ein gebrauchtes besonderes Gefährt angesetzt, so ist in dem Geschäfte und im Urkundenverzeichniß der rechtfertigende Grund anzugeben und die Höhe des Aufwands nachzuweisen.

C. Der Notar als Vollstreckungsbeamter.

Neben dieser rechtspolizeilichen Thätigkeit der Notare in Baden ist hervorzuheben, daß sie durch § 42 des Einführungsgesetzes zu den Reichsjustizgesetzen v. 3. März 1879 (Ges. u. V.Bl. Nr. XX) als Vollstreckungsbeamte für Zwangsversteigerungen oder Zwangsverpachtungen von Liegenschaften bestellt sind. An sie wird also die

---

[316]) Aber nicht für jede einzeln, sondern für beide, wie sich auch aus der nachfolgenden Fassung ergiebt, insgesammt: Just.M.Erl. v. 24. Jan. 1865 u. 24. Aug. 1874; s. aber § 207[1] a. E.

gerichtliche „Verfügung der Zwangsversteigerung unbeweglicher Güter“ erlassen und den Ortsvorgesetzten bezw. den Grund- und Pfandbuchführern der Orte, in deren Gemarkung die Güter liegen, sowie dem Gläubiger und Schuldner bekannt gegeben (§ 45 das.). Jener übersendet dem Vollstreckungsbeamten einen Auszug aus dem Grund- und Pfandbuche (§ 49). Demnächst bestimmt dieser den „Tag zur Vornahme einer ersten Versteigerung“ (§ 51). Jedoch steht dem Schuldner seit Bekanntmachung desselben bis zur öffentlichen und bezw. endlichen Versteigerung unter bestimmten Voraussetzungen der Selbstverkauf frei. „Ein solcher während des Vollstreckungsverfahrens abgeschlossener Privatverkauf muß dem Vollstreckungsbeamten zur Bestätigung vorgelegt werden, welche, insofern es an keiner der obigen Voraussetzungen fehlt, nicht verweigert werden darf“ (§ 56). Sogleich nach erlassener Ankündigung läßt der Vollstreckungsbeamte die Schätzung der zu versteigernden Güter durch die verpflichteten Schätzer vornehmen (§ 57). Den Versteigerungsakt fängt er mit Vorlesung der Versteigerungsverfügung und Versteigerungsbedingungen an und verkündigt, daß der endliche Zuschlag erfolge, wenn der Schätzungspreis oder darüber geboten werde (§ 62). Ueber die Zulassung von Gebot unbekannter oder zahlungsunfähiger Bieter und über die Stellung tauglicher Bürgen entscheidet der Vollstreckungsbeamte (§ 64). Am Schlusse der ganzen Handlung, mag er den Zuschlag ertheilen oder die Versteigerungstagfahrt ohne Zuschlag schließen, wird das Protokoll von dem Vollstreckungsbeamten und dem durch Regierungs-Verordnung zu bestimmenden Protokollführer beurkundet und, wenn eine zweite Versteigerung nothwendig, der Tag hierzu beim Schlusse der ersten bestimmt (§§ 66 ff.). Nach erfolgtem endlichen Zuschlag, der auch unter dem Schätzungspreise erfolgt, übersendet der Vollstreckungsbeamte dem zuständigen Gemeinderathe bezw. Grundbuchführer Auszug aus dem Versteigerungsprotokoll zur Eintragung des Eigenthumserwerbs der Steigerer in das Grundbuch und benachrichtigt die Unterpfandsgläubiger von dem Zuschlag. — Vom Erfolge der Versteigerung hat der Vollstreckungsbeamte dem Gerichte, welches die Vollstreckung angeordnet, die Anzeige zu machen (§ 71). Aus den Protokollen über Versteigerung von Liegenschaften sowie aus den Anweisungen der Erlöse findet Zwangsvollstreckung statt (§ 72).

4 a) Gesetz, die Gebühren für Geschäfte der Rechtspolizeiverwaltung betreffend, v. 21. Juni 1874.

(Ges. u. V.Bl. Nr. XXIV.)

Art. I. Die Artikel 5, 6, 11, 12 und 13 des Gesetzes vom 20. August 1864, Reg.Bl. Nr. XXXIX (die Gebühren für die Geschäfte der Rechtspolizeiverwaltung betreffend), werden durch nachstehende Artikel ersetzt: (siehe die nachstehende Bekanntmachung).

Art. II. Die §§ 1, 4, 5, 7—12, 14—18, 21—32 des Tarifs zu dem in Art. I. gezeichneten Gebührengesetze werden durch nachstehende Paragraphen ersetzt: (siehe die nachstehende Bekanntmachung).

Art. III. Dieses Gesetz tritt am 1. Juli 1874 in Kraft.

Art. IV. Unser Ministerium des Hauses, der Justiz und des Auswärtigen ist mit dem Vollzuge dieses Gesetzes beauftragt.

Ihm ist vorbehalten, die beschlossenen Gesetzesänderungen mit dem rechtspolizeilichen Gebührentarife vom 20. August 1864 und mit dem Einführungsgesetze dazu vom gleichen Tage in einheitlicher Fassung zusammenzustellen.

4 b) Ministerial-Bekanntmachung, die Gebühren für die Geschäfte der Rechtspolizeiverwaltung betreffend, vom 21. Juni 1874.

Auf Grund der Schlußbestimmung in Art. IV. Abs. 2 des vorstehenden Gesetzes werden die durch Art. I. und II. desselben Gesetzes beschlossenen Aenderungen mit den Vorschriften des rechtspolizeilichen Gebührentarifs vom 20. August 1864 und des Einf.Ges. dazu vom gleichen Tage in folgender Fassung zusammengestellt: [a])

I. Gesetz über die Gebühren für die Geschäfte der Rechtspolizeiverwaltung.

Art. **1.** Für die von den Beamten der freiwilligen Gerichtsbarkeit besorgten rechtspolizeilichen Geschäfte sind ausschließlich die in dem anliegenden Tarif festgesetzten Gebühren zu entrichten. Dieselben werden für die Staatscasse erhoben.[1])

Art. **2.** Paßt ein Geschäft unter verschiedene Tarifsätze, so kommt der höchste derselben in Anwendung.[2])

Art. **3.** Unter den festbestimmten Gebühren (Titel I., III., IV. des Tarifs) sind die Gebühren für alle gewöhnlich mit dem Geschäfte verbundenen Verrichtungen, wie namentlich für Vorladungen, Eröffnungen, protokollarische Vernehmungen und Berichte, enthalten.[3])

Art. **4.** Für die Werthstaxe in den Fällen des Titels I. des Tarifs gelten folgende Vorschriften:[4])

1) Der Bruttomasse werden auch die bestrittenen Activforderungen hinzugeschlagen.
2) Bei Gemeinschaftstheilungen kommt nicht blos das Gemeinschaftsvermögen in Anschlag, sondern auch das eigene Vermögen jedes Ehegatten, soweit dasselbe zu inventiren ist.
3) Dagegen kommen nicht in Anschlag:
   a) die Vergütungen, welche von einem Ehegatten oder dessen Erben der Gemeinschaft (L.R.S. 1437) oder welche von dieser einem Ehegatten oder dessen Erben (L.R.S. 1470 Nr. 3) zu machen sind;
   b) Güter, an welchen dem Erblasser nur die Nutznießung zustand, und die nun einem Dritten, oder (wie etwa Lehen- und Stammgüter) einem Miterben, ohne Aufrechnung zufallen.

Art. **5.** Bei allen der Werthstaxe unterliegenden Geschäften wird

1) in den Fällen des Titel I. des Tarifs der Betrag bis zu 200 Mark für volle 200 Mark gerechnet;
2) in den Fällen des Titel I. und der §§ 7 und 8 des Titel III. der volle 200 Mark übersteigende Betrag, wenn er unter 100 Mark bleibt, nicht berücksichtiget, andernfalls aber für volle 200 Mark gerechnet.

Art. **6.**[5]) Für Kauf- und Tauschbriefe, welche zur Beurkundung des in den Fällen des Art. 1 des Ges. v. 3. März 1854 — den Nachlaß der Kaufaccise und die Ermäßigung der Gebühr für Kauf- und Tauschbriefe, auch Unterpfands- und Kautionsurkunden für gewisse Fälle des Uebergangs des Eigenthums von Grundstücken betreffend, Reg.Bl. Nr. VIII. — stattfindenden Eigenthumsüberganges ausgefertigt werden, ist stets nur die Gebühr einer halben Mark vom Stück — § 7 a. des Tarifs — anzusetzen.

---

[a]) Die sachlichen Vorschriften sind meist übereinstimmend in die Not.O. aufgenommen.

[1]) S. Not.O. §§ 177, 178, außer den Not.O. § 5 [2] u. § 5 [3d] genannten Geschäften. Min.Erl. v. 6. März 1880.

[2]) Not.O. § 189 [2], § 191 [2].

[3]) Not.O. § 190.

[4]) Vgl. Not.O. § 192.

[5]) R.P.O. § 121.

Der gleiche ermäßigte Ansatz tritt auch ein, wenn in Folge einer Zusammenlegung der Grundstücke, welche sich über das gesammte landwirthschaftliche Gelände einer Gemarkung oder doch über den größeren Theil dieses Geländes erstreckt, neue Unterpfands- oder Kautionsurkunden ausgefertigt werden und diese Ausfertigung vor Ablauf von drei Jahren nach dem Vollzuge der Zusammenlegung geschieht.

Art. 7. Bei doppelseitigen Verträgen wird die Gebühr nach dem Werthe der höchsten Leistung berechnet.[6])

Wenn der Gegenstand des Geschäftes in einer Jahresleistung besteht, welche für fünf oder mehr Jahre oder für eine Zeit zu leisten ist, deren Dauer von einem noch ungewissen Ereignisse abhängt, so wird der fünffache Betrag der Jahresleistung, bei jährlichen Leistungen von bestimmter kürzerer Dauer die Gesammtsumme der Jahresbeträge der Berechnung der Gebühr der §§ 9, 10, 11, 12, 13 des Tarifs zu Grunde gelegt.

Art. 8.[7]) Bei Geschäften, welche nach der Seiten- oder Bogenzahl mit Gebühren belegt sind (§§ 19, 21, 24, 26, 29, 30 des Tarifs) soll jede geschriebene Seite mindestens vier und zwanzig Zeilen von zwei und dreißig Buchstaben, jede Seite einer Rechnung aber ebenso viele Zeilen mit einer sich möglichst annähernden Zahl von Buchstaben und Ziffern enthalten. Die Schlußseite wird, wenn sie auch weniger Zeilen enthält, stets für eine vollgeschriebene Seite gerechnet.

Art. 9.[8]) Für die Urschrift eines Geschäftes wird keine Schreibgebühr (§ 29 des Tarifs) berechnet, es unterliegen derselben nur die Ausfertigungen von Theilzetteln und Verweisungen, sowie die Auszüge und Abschriften, welche an die Partei oder deren Stellvertreter abgegeben werden.

Für die Beglaubigung von Abschriften, für deren Fertigung der nämliche Beamte die Schreibgebühr angesetzt hat, wird keine Gebühr erhoben.

Art. 10.[9]) Wenn Notare Geschäfte, welche nicht der Werthstaxe des I. Titels des Tarifs unterliegen, auf Verlangen eines Betheiligten oder wegen der Natur des Geschäftes außerhalb ihres Geschäftszimmers verrichten, so wird, sofern nicht Weggebühren nach Art. 11 in Ansatz gebracht werden können, die Ganggebühr (§ 31 des Tarifs) erhoben.

Art. 11. Bei amtlichen Verrichtungen jeder Art, welche der Notar außerhalb seines Wohnortes oder zeitigen Aufenthaltsortes vornimmt, werden, wenn die Entfernung dieser Orte vom Geschäftsorte mehr als 2 Kilometer beträgt,

1) die Entfernungsgebühr (§ 32 des Tarifs) und nebstdem — falls nicht die Parteien für Fahrgelegenheiten sorgen —[10])
2) für Reisekosten angerechnet:
   a) wenn die Orte mittelst Eisenbahnen, Dampfschiffen oder anderen regelmäßigen Fahrgelegenheiten verbunden sind:
      die taxordnungsmäßigen Gebühren, auf Eisenbahnen diejenigen der zweiten Wagenclasse, auf Dampfschiffen die des ersten Platzes;[11])
   b) wenn solche Verkehrsmittel nicht bestehen:[12])
      für je ein Kilometer der nächsten fahrbaren Straßenverbindung bis zu einer Ortsentfernung von 10 Kilometern . . . . . . 20 Pf. (7 kr.);
      für jedes weitere, diese Entfernung übersteigende Kilometer . . . . 10 Pf. ($3^1/_2$ kr.);
   c) wenn die Reise auf das besondere Verlangen der Partei nach 8 Uhr Abends oder vor 7 Uhr Morgens angetreten werden mußte:[13])
      die ortsübliche Auslage für ein gebrauchtes besonderes Gefährt.

---

6) Not.O. § 196 ².
7) Not.O. § 203.
8) § 200 ², § 202.
9) Not.O. § 204.
10) Not.O. § 205 ¹·².
11) Not.O. §§ 206 ²·³, 207.
12) Not.O. §§ 206 ⁴, 208.
13) Not.O. § 209.

Art. 11 a.[14]) Die Entfernungsgebühr (§ 32 des Tarifs) und die Reisekosten (Art. 11 Ziff. 2) sind für die Hin- und für die Rückreise anzusetzen.

Beträgt die Länge eines zurückgelegten Weges neben vollen Kilometern noch Bruchtheile eines solchen, so werden dieselben bei Bestimmung der Gebühren des Tarifs § 32 und des Art. 11 Ziff. 2 b. für ein volles Kilometer gerechnet.

Art. 11 b.[15]) Das Justizministerium ist ermächtigt, zu bestimmen, daß bei Reisen in Gemeinden, die weder durch Eisenbahnen noch durch Dampfschiffe verbunden sind, statt der Taxen für andere regelmäßige Fahrgelegenheiten (Art. 11 Ziff. 2 a.), die in Art. 11 Ziff. 2 b. bezeichnete Gebühr zu entrichten seie.

Art. 12.[16]) Sind auf einer Reise mehrere Geschäfte gefertigt worden, so findet der Ansatz der Entfernungsgebühr nur einmal statt.

Der Berechnung der Reisekosten darf auch in diesem Falle nur der wirklich zurückgelegte Weg zu Grunde gelegt werden.

Der Gesammtaufwand wird unter die Personen, welche die Reise veranlaßt haben und zwar, wenn die mehreren Geschäfte in einem Orte verrichtet wurden, gleich, andernfalls nach Verhältniß der zurückgelegten Entfernungen getheilt.

Art. 12 a.[17]) Nimmt ein Geschäft mehrere Tage in Anspruch, so ist für jeden Tag die Entfernungsgebühr zu berechnen. Der mehrfache Ansatz der Reisegebühr findet nur statt, wenn die Reise mehrfach gemacht worden ist.

Art. 13.[18]) Wenn ein Notar Orte des Amtsgerichtsbezirkes, in dem er angestellt ist, regelmäßig zu bestimmten Zeiten besucht, um dort Geschäftsaufträge entgegenzunehmen, so kann die Reisegebühr (Art. 11 Ziff. 2), nicht aber die Entfernungsgebühr (Art. 11 Ziff. 1) für die bei solcher Gelegenheit gefertigten Geschäfte angerechnet werden.

Art. 14.[19]) Der Betrag der angesetzten Gebühren und die Ordnungszahl, unter welcher das Geschäft im Urkundenverzeichnisse eingetragen ist, muß auf jeder Urschrift und auf jeder Ausfertigung aus Notariatsurkunden angegeben werden.

Art. 15. Die durch Verordnung geregelten Gebührenantheile der Notare können auf demselben Wege erhöht werden.

Art. 16.[20]) Die Belohnung für Geschäfte, für welche keine Gebühr durch Gesetz festgestellt ist, wird durch Uebereinkommen zwischen dem Notar und der Partei bestimmt.

Werden Geschäfte, die sowohl in öffentlicher als in Privatform errichtet werden können, in Privatform gefertigt, so darf das Honorar des Notars nicht mehr betragen, als seine Belohnung für das in öffentlicher Form errichtete Geschäft betragen haben würde.

Das Justizministerium kann auf Antrag des Schuldners Verträge, welche ein übermäßiges Honorar bedingen, auf ein billiges Maß herabsetzen, unbeschadet weiteren dienstpolizeilichen Einschreitens im geeigneten Falle.

Art. 17. Keine Gebühren außer den Schreibgebühren und etwaigen Reisekosten (Fuhrlohn und Diäten) werden erhoben:

1) wenn sie von der Staatskasse oder aus Kirchenmitteln, oder aus Mitteln einer öffentlichen[21]) Anstalt für Wohlthätigkeit oder für Unterricht zu entrichten wären;
2) für die Aufnahme von Ablösungsverträgen über Herrenfrohnden, Blut- und andere Zehnten.

Art. 18. Alle bisherigen Gesetze und Verordnungen über Taxen, Sporteln und Stempel für die von den Amtsrevisoraten und Theilungscommissären besorgten rechtspolizeilichen Geschäfte sind aufgehoben.

---

14) Not.O. § 206.
15) Not.O. §§ 206, 207.
16) Not.O. § 205 [3].
17) Das. Nr. 4.
18) Das. Nr. 5.
19) Not.O. § 179.
20) Not.O. § 201.
21) Mit Körperschaftsrechten ausgestattete; vgl. Reutti S. 518 Anm. 4.

Art. 19. Die Gebühren der Waisenrichter, Schätzer[22]) und Zeugen[23]) bei rechtspolizeilichen Geschäften werden durch Verordnung der Regierung bestimmt.

II. Tarif zu dem Gesetze über die Gebühren für die Geschäfte der Rechtspolizeiverwaltung.

Titel I. Theilungen und Vermögensaufnahmen.

§ 1. Für die Aufnahme und die durch Verloosung oder Vereinbarung im Stück vollzogene Theilung von Verlassenschaften, Gemeinschaften und übergebenem Vermögen (mit Einschluß der Erb- und Schuldverweisungen) werden erhoben:

a) bei einer Rohmasse bis zu 1,000 M. (583 fl. 20 kr.) von je 200 M. (116 fl. 40 kr.) 1 M. 50 Pf. ($52^1/_2$ kr.), sodann von je weiteren 200 M. (116 fl. 40 kr.) der Bruttomasse:

b)	über	1,000 M.	bis	2,000 M.	(1,166 fl. 40 kr.)	je	1 M. (35 kr.);
c)	„	2,000 „	„	10,000 „	(5,833 „ 20 „)	„	80 Pf. (28 „);
d)	„	10,000 „	„	20,000 „	(11,666 „ 40 „)	„	60 „ (21 „);
e)	„	20,000 „	„	40,000 „	(23,333 „ 20 „)	„	40 „ (14 „);
f)	„	40,000 „	je				20 „ (7 „);

§ 2. Der Hälfte der in § 1 bestimmten Gebühr unterliegen:[24])

1) Vermögensaufnahmen oder Vermögensuntersuchungen mit Zusammenstellung der Aktiven und Passiven (ohne Abtheilung § 1);

2) Verlassenschafts-, sowie auch Gemeinschafts-Auseinandersetzungen, bei welchen nur Einer der Betheiligten die ganze Verlassenschaft, beziehungsweise die ganze Gemeinschaftsmasse im Stück erhält und den anderen ihre Antheile nur in Geld berechnet werden;

3) Abtheilungen, bei welchen die Antheile der Betheiligten nicht im Stück ausgeschieden, sondern nur in Geld berechnet werden;

4) Vermögensausfolgungen auf den Grund solcher Abtheilungen (Nr. 3), insofern keine neue Vermögensaufnahme erforderlich ist.

§ 3. Für die Vertheilung der Masse in Ganten mit Einschluß der Verweisungen sind zwei Dritttheile der im § 1 bestimmten Gebühr zu erheben.[25])

§ 4.[26]) Für die Ersatzberechnung bei Verlassenschafts- und Gemeinschaftsauseinandersetzungen werden außer der Gebühr des § 1 oder 2 ferner erhoben von einer Rohmasse:

a)	bis zu	1,000	Mark	—	Mark 50 Pf.	($17^1/_2$ kr);
b)	„ „	2,000	„	1	„ — „	(35 kr.);
c)	„ „	10,000	„	2	„ — „	(1 fl. 10 kr.);
d)	„ „	20,000	„	4	„ — „	(2 „ 20 „);
e)	„ „	40,000	„	6	„ — „	(3 „ 30 „);
f)	„ „	100,000	„	8	„ — „	(4 „ 10 „);
g)	über	100,000	„	10	„ — „	(5 „ 50 „);

Titel II. Geschäfte, welche der Tagsgebühr unterliegen.

§ 5.[27]) Der Tagsgebühr, welche für den vollen Tag von wenigstens 8 Stunden Arbeit 10 Mark (5 fl. 50 kr.) oder bei kürzerer Dauer der Arbeit für die Stunde 1 M. 25 Pf. ($43^3/_4$ kr.) beträgt, unterliegen:

a) die in Titel I. genannten Geschäfte, wenn dieselben, ehe sie vollendet sind, auf Verlangen der Parteien wieder aufgegeben werden, und die Tags-

---

[22]) Waisenr.O. v. 30. Okt. 1889 §§ 12 ff.

[23]) Die Zeugengebühren sind durch Lh. V. v. 14. Sept. 1879 § 2 der R.Geb.O. v. 30. Juni 1868 gemäß bestimmt.

[24]) Vgl. Not.Bl. v. 1866 S. 38. Not.O. §§ 192[1], 193[1].

[25]) Vgl. Konk.O. § 154. Not.O. § 5 3d, § 178.

[26]) Not.O. § 162.

[27]) Not.O. §§ 194, 195.

gebühren alsdann weniger ausmachen, als die Werthstaxe für das vollendete Geschäft ausgemacht hätte;

b) die nachträgliche Berichtigung der im Titel I. genannten Geschäfte, insofern sie auf den Grund eines richterlichen Erkenntnisses erfolgt, oder durch die erstmaligen unvollständigen oder unrichtigen Angaben der Parteien, oder unentschuldigtes Ausbleiben eines Betheiligten ohne Verschulden des Geschäftsfertigers, veranlaßt ist;

c) der Sturz von Kassen, Vergleichsverhandlungen, protokollarische Vernehmungen und dergleichen, soweit diese Verrichtungen nicht blos bei einem der Werthstaxe unterliegenden Geschäfte (Titel I.) vorkommen;

d) die Liquidation von Ausständen, welche auf besonderes Verlangen der Parteien vorgenommen wird;

e) Versteigerungen jeder Art, mit oder ohne Verweisung des Erlöses;

f) die Beurkundung von ehrerbietigen Ansuchen (L.R.S. 155 ff.).[28]

g) die Beurkundung einer Darlegung der Zahlung, einer Hinterlegung und der Zurücknahme der hinterlegten Summe;

h) die Verkündung von letzten Willen und von Eheverträgen, wenn sie nicht in Verbindung mit einem Theilungsgeschäfte geschieht;

i) die Anlegung und Abnahme der Siegel, letztere, wenn sie nicht mit einer Vermögensaufnahme verbunden ist;

k) die Beurkundung sonstiger Thatsachen und Vorgänge, für welche im Tarif keine andere Gebühr bestimmt ist;

l) die Anwesenheit des Notars bei Eröffnung eines geheimen letzten Willens (L.R.S. 1007).

§ 6. Wenn der Anfang oder die Fortsetzung eines Geschäfts — ohne Unterschied, ob es der Tagsgebühr oder einer festbestimmten Gebühr unterliegt — durch das Nichterscheinen der Parteien länger als eine Stunde aufgehalten wird, so ist von den Säumigen für die Zeit des Zuwartens eine nach der Tagsgebühr zu bemessende Versäumnißgebühr zu erheben.

Titel III. Verträge, letzte Willen und andere Rechtsgeschäfte.

§ 7. Für Kauf- oder Tauschbriefe über Veräußerung oder Vertauschung von Liegenschaften vom Stück:

a) wenn der Kaufpreis oder Tauschwerth nicht über 60 M. beträgt . . . . 50 Pf. (17½ kr.)

b) bei einem Kaufpreis oder Tauschwerth von mehr als 60 bis zu 200 M. . . . . 1 M. 50 Pf. (52½ kr.)

c) insofern dieser den Betrag von 200 M. übersteigt, neben der Gebühr von 1 M. 50 Pf. von je weiteren 200 M. des Kaufpreises oder Tauschwerthes . . . . 50 Pf.

§ 8. Für Faust-, Nutz-, Unterpfands- oder Kautions-Urkunden je nach der Größe der Schuld- oder Kautionssummen, die nämliche Gebühr wie nach § 7 für Kauf- und Tauschbriefe mit der Beschränkung jedoch, daß die Gebühr im Ganzen 12 Mark (7 fl.) nicht übersteigen darf.

§ 9. Für Verträge, insofern weder in §§ 7 und 8 noch in den folgenden Sätzen eine andere Gebühr festgesetzt ist:

a) wenn der Werth des Gegenstandes nicht 2,000 M. (1,166 fl. 40 kr.) übersteigt, vom Stück . . . . 4 M. (2 fl. 20 kr.)

b) wenn er 2,000 aber nicht 4,000 M. (2,333 fl. 20 kr.) übersteigt, vom Stück . . . . 6 „ (3 „ 30 „)

c) wenn er 4,000 aber nicht 8,000 M. (4,666 fl. 40 kr.) übersteigt, vom Stück . . . . 8 „ (4 „ 40 „)

d) wenn er 8,000 aber nicht 16,000 M. (9,333 fl. 20 kr.) übersteigt, vom Stück . . . . 10 „ (5 „ 50 „)

e) wenn er 16,000 M. übersteigt, vom Stück . . . . 12 „ (7 „ — „)

f) wenn der Gegenstand nicht in einem bestimmten Werthsbetrage in der Urkunde ausgedrückt ist . . 8 „ (4 „ 40 „)

---

[28]) Weggefallen.

§ 10. Für Schenkungen unter Lebenden, letzte Willensverordnungen, für Heirathsverträge, Verpfründungs-, Leibrenten- und Gesellschaftsverträge:

a) wenn der Werth des Gegenstandes nicht 2,000 M. (1,166 fl. 40 kr.) übersteigt, vom Stück . . . . 6 M. (3 fl. 30 kr.)
b) wenn er 2,000 aber nicht 4,000 M. (2,333 fl. 20 kr.) übersteigt, vom Stück . . . . 8 „ (4 „ 40 „)
c) wenn er 4,000 aber nicht 8,000 M. (4,666 fl. 40 kr.) übersteigt, vom Stück . . . . 10 „ (5 „ 50 „)
d) wenn er 8,000 aber nicht 16,000 M. (9,333 fl. 20 kr.) übersteigt, vom Stück . . . . 12 „ (7 „ — „)
e) wenn er 16,000 M. (9,333 fl. 20 kr.) übersteigt, vom Stück . . . . 14 „ (8 „ 10 „)
f) wenn der Gegenstand nicht in einem bestimmten Werthsbetrag in der Urkunde ausgedrückt ist . . . 10 „ (5 „ 50 „)

§ 11. Für Aufhebung, Erneuerung und Verlängerung von Verträgen, wenn keine neuen Vertragsbedingungen dabei vorkommen; für Einsetzung in die Rechte des Gläubigers und Uebertragung von Rechten, sofern damit die Erklärung der Annahme verbunden ist;[29]) für allgemeine Vollmachten; für Wechselproteste:

a) wenn der Werth des Gegenstandes nicht 2,000 M. (1,166 fl. 40 kr.) übersteigt, vom Stück . . . . 3 M. (1 fl. 45 kr.)
b) wenn er 2,000 aber nicht 4,000 M. (2,333 fl. 20 kr.) übersteigt, vom Stück . . . . 4 „ (2 „ 20 „)
c) wenn er 4,000 aber nicht 8,000 M. (4,666 fl. 40 kr.) übersteigt, vom Stück . . . . 6 „ (3 „ 30 „)
d) wenn er 8,000 aber nicht 16,000 M. (9,333 fl. 20 kr.) übersteigt, vom Stück . . . . 8 „ (4 „ 40 „)
e) wenn er 16,000 M. übersteigt, vom Stück . . . 10 „ (5 „ 50 „)
f) wenn der Gegenstand nicht in einem bestimmten Werthsbetrage in der Urkunde ausgedrückt ist . . 6 „ (3 „ 30 „)

§ 12.[30]) Für besondere Vollmachten; für Schuldanerkenntnisse; für Annahmen, Widerrufe und Verzichte;[31]) für Quittungen; für Einwilligungen und Genehmigungen; für Einsetzungen in die Rechte des Gläubigers und für Rechtsübertragungen ohne Erklärung der Annahme; für andere einseitige Willenserklärungen:

a) wenn der Werth des Gegenstandes nicht 2,000 M. (1,166 fl. 40 kr.) übersteigt, vom Stück . . . . 2 M. (1 fl. 10 kr.)
b) wenn er 2,000 aber nicht 4,000 M. (2,333 fl. 20 kr.) übersteigt, vom Stück . . . . 3 M. 50 Pf. (2 fl. 2½ kr.)
c) wenn er 4,000 aber nicht 8,000 M. (4,666 fl. 40 kr.) übersteigt, vom Stück . . . . 5 M. (2 fl. 55 kr.)
d) wenn er 8,000 aber nicht 16,000 M. (9,333 fl. 20 kr.) übersteigt, vom Stück . . . . 7 „ (4 „ 5 „)
e) wenn er 16,000 M. übersteigt, vom Stück . . . 9 „ (5 „ 15 „)
f) wenn der Gegenstand nicht in einem bestimmten Werthsbetrage in der Urkunde ausgedrückt ist 4 M. 50 Pf. (2 fl. 37½ kr.)

§ 13. Wenn in den Fällen der §§ 9, 10, 11 und 12 der Gegenstand nur theilweise in einem bestimmten Werthsbetrage in der Urkunde ausgedrückt ist, die für die nächst hohe Classe über diesen Werthsbetrag festgesetzte Gebühr.

§ 14.[32]) Für Urkunden über Anerkennung natürlicher Kinder vom Stück . . . . 2 M. (1 fl. 10 kr.)

---

[29]) Einschließlich der Einwilligung des Schuldners: Ein Geschäft, daher nur Eine Gebühr. (Min.Erl. v. 26. Juni 1865, 26. Febr. 1865, vgl. Reutti S. 524 III.) sonst § 12.

[30]) Not.O. §§ 196, 198.

[31]) Bei Verzicht auf Vorrang vgl. Min.Erl. v. 18. Juni 1886.

[32]) Not.O. § 197.

§ 15. Für Aufschriftsurkunden auf geheime letzte Willen vom Stück . . . . 10 M. (5 fl. 50 kr.)

§ 16.[33]) Für die Beurkundung von Eröffnungen, Mahnungen und Kündigungen vom Stück . . . . 2 M. (1 fl. 10 kr.)

§ 17.[34]) Für die Ausstellung von Zeugnissen und Bescheinigungen,[35]) für die Bestätigung des Datums von Urkunden vom einzelnen Falle . . . 1 M. (35 kr.)

§ 18. Für die Beurkundung der Einwilligung zur Löschung eines Eintrags von Vorzugs- oder Unterpfandsrechten[36]) . . . . 60 Pf. (21 kr.)

§ 19. Wenn ein den Gebühren der §§ 9—18 unterliegendes Geschäft mehr als zwei Bogen füllt, für jede weitere Blattseite ein Zehntel der für das Geschäft bestimmten Gebühr.[37])

§ 20. Wenn eines der in den §§ 9—17 genannten Geschäfte ohne Verschulden des Notars unvollendet blieb, die Tagsgebühr; wenn sie mehr beträgt, als die für das Geschäft festgesetzte Stückgebühr, diese letzte Gebühr.[38])

Titel IV. Rechnungen.

§ 21.[39]) Für Stellung von Vormundschafts- und Pflegschaftsrechnungen (mit Einschluß der Notatenbeantwortung) für jeden Bogen der Rechnung (mit Ausschluß der Beilagen . . . . 1 M. 20 Pf. (42 kr.)

§ 22.[40])

Titel V. Verschiedene Verrichtungen.

§ 23.[41]) Für Gutachten in Fällen, wo solche nach bestimmten Gesetzen und Verordnungen abzugeben sind, und dann auch nur, soweit sie nicht mit den unter Titel I. und II. genannten Geschäften in Verbindung stehen . . . 1 M. (35 kr.)

§ 24. Umfaßt das Gutachten mehr als drei Blattseiten, so werden für jede weitere Blattseite angesetzt . . . . 50 Pf. ($17\frac{1}{2}$ kr.)

§ 25.[42]) Für die Beglaubigung von Unterschriften . . 1 M. (35 kr.), wenn die Unterschriften von mehr als drei Personen unter einer Urkunde gleichzeitig beglaubigt werden . . . . 2 M. (1 fl. 10 kr.)

§ 26. Für die Beglaubigung von Abschriften und Auszügen, welche nicht vom Notar selbst gefertigt wurden . . . . 1 M. (35 kr.), wenn das Geschäft mehr als einen Bogen umfaßt, für jeden folgenden, auch nicht vollendeten, Bogen . . . . 10 Pf. ($3\frac{1}{2}$ kr.)

§ 27.[43]) Für die Annahme eines eigenhändigen letzten Willens zur Aufbewahrung 1 M. (35 kr.)

§ 28.[44]) Für Aufsuchung von Urkunden und Akten in der stehenden Registratur, sofern sie nicht behufs eines anderen Geschäftes geschieht, vom einzelnen Falle . . . . 50 Pf. ($17\frac{1}{2}$ kr.)

---

[33]) Not.O. § 198[3].

[34]) Not.O. §§ 199, 202[2].

[35]) Aber nicht für sog. Bescheinigung der Entnahme eines Aktes aus des Notars eigener Registratur: Not.Bl. 1866 S. 2.

[36]) Auch wenn auf einmal — von einem oder mehreren Berechtigten — mehrere Löschungen bewilligt werden, nur eine Gebühr. Die Gebühr wird nicht erhoben für amtsgerichtliche Pfandstrichbewilligungen gemäß Ges. v. 29. März 1890 § 10.

[37]) Not.O. § 203.

[38]) Das. §§ 194[1], 195.

[39]) Not.O. § 203. Vgl. auch Waisenr.O. §§ 12, 13.

[40]) Aufgehoben; Einf.Ges. z. Ger.Kostenges. §§ 25, 104: Für Abhör von Vormundschaftsrechnungen.

[41]) Not.O. § 201[1], § 203.

[42]) Das. § 200[1].

[43]) § 27 ist ersetzt durch Einf.Ges. z. Ger.Kostenges, § 7[3], Min.Erl. v. 11./2. 1887.

[44]) R.P.O. § 123.

§ 29.[45]) Als Schreibgebühr bei Fertigung von Auszügen oder Abschriften, bei Ausfertigung von Verweisungen oder Theilzetteln, vom Bogen . 50 Pf. ($17^1/_2$ kr.)

§ 30. Für Fertigung von Doppelurschriften vom Bogen . 80 Pf. (28 kr.)

Titel VI. Entfernungsgebühren.

§ 31. Für den Gang nach der Wohnung einer Partei . 1 M. (35 kr.), und wenn das Geschäft nach 8 Uhr Abends oder vor 7 Uhr Morgens vorzunehmen ist . . . . 2 M. (1 fl. 10 kr.)

§ 32. Bei auswärtigem Aufenthalt wegen Zeitversäumniß und Zehrungsaufwand für je 1 Kilometer des zurückgelegten Weges . . . . . . 20 Pf. (7 kr.)

4 c) Landesherrliche Verordnung zum Vollzuge des Gesetzes vom 21. Juni 1874, die Gebühren für die Geschäfte der Rechtspolizeiverwaltung betreffend, vom 17. Juli 1874.

(Ges. u. V.Bl. Nr. XXXIII.)

Friedrich, von Gottes Gnaden Großherzog von Baden, Herzog von Zähringen. Zum Vollzuge des Gesetzes über die Gebühren für die Geschäfte der Rechtspolizeiverwaltung v. 21. Juni 1874 bestimmen Wir auf den unterthänigsten Antrag Unseres Staatsministeriums an Stelle Unserer Verordnungen v. 1. Oktober 1864, Reg.Bl. Nr. LIII., 25. Juli 1868, Reg.Bl. Nr. LXV., und v. 3. April 1872, Ges. u. V.Bl. Nr. XIX., Folgendes:

§ 1. Das Gesetz v. 21. Juni 1874 kommt bei denjenigen rechtspolizeilichen Geschäften, welche vor dem 1. Juli 1874 begonnen, jedoch erst nach diesem Tage abgeschlossen wurden, nur bezüglich der nach dem 1. Juli vorgenommenen Verrichtungen zur Anwendung.

§ 2. Jeder unmittelbare Gebührenbezug ist den Gerichtsnotaren, Notaren und Assistenten untersagt.[1])

§ 3. Die Notare erhalten:

1) von den Werthstaxen der §§ 1 und 2 des Tarifs vierzig von hundert; wenn der Ansatz weniger als 6 M. (3 fl. 30 kr.) beträgt, die ganze Gebühr, andernfalls mindestens 6 M.;

2) die Werthstaxen des § 3 des Tarifs für die Vertheilung der Masse in Ganten und des § 4 des Tarifs für die Ersatzberechnungen;

3) die Tags- und die Versäumniß-Gebühren der §§ 5, 6 und 20 des Tarifs;

4) von den Gebühren für letzte Willensverordnungen und für Aufschriftsurkunden auf geheime letzte Willen — §§ 10 und 15 beziehungsweise 19 des Tarifs — sechzig von Hundert;

5) von den Gebühren für Verträge und andere Rechtsgeschäfte (§§ 8, 9, 10 — mit Ausnahme der letzten Willen — 11, 12, 13, 14, 16, 19 des Tarifs) fünfzig von hundert;

6) die Gebühren für Zeugnisse, Bescheinigungen und Bestätigungen (§§ 17 und beziehungsweise 19 des Tarifs);

7) die Gebühren für Pfandstrichsbewilligungen (§§ 18 beziehungsweise 19 des Tarifs);

8) die Gebühren für Rechnungsstellung (§ 21 des Tarifs);

9) die Gebühren für die Beglaubigung von Unterschriften, Abschriften und Auszügen (§§ 25 und 26 des Tarifs);

---

[45]) Für amtsgerichtliche Auszüge: Ger.Kostengeſ. § 80 (Min.Erl. v. 11. Febr. 1887).

[1]) Not.O. § 178 [3].

10) die Schreibgebühren (§ 29 des Tarifs) und die Gebühren für Doppelurschriften (§ 30 des Tarifs);

11) die Ganggebühren (§ 31 des Tarifs), die Entfernungsgebühren (§ 32 des Tarifs) und die Reisegebühren (Art. 11ª des Gesetzes v. 21. Juni 1874);

12) die Gebühren für die Geschäfte, für welche eine Belohnung durch das Gesetz nicht festgestellt ist (Art. 16 des Gebührengesetzes, § 3 der Geschäftsordn. f. d. Notare);

13) die Tagsgebühr für Vermögensaufnahmen in den Fällen des [§ 209][2]) der Geschäftsordnung für die Notare.

§ 4.[3]) Die Gerichtsnotare beziehen:

1) wenn sie Geschäfte der höheren freiwilligen Gerichtsbarkeit (§§ 2, 85 Ziffer 1 bis 9 des angeführten Gesetzes vom 6. Februar 1879) außerhalb ihres Wohnorts verrichten, als Reisekosten und Diäten diejenigen Beträge, welche den Amtsrichtern bewilligt sind,

2) wenn ihnen Notariatsdistrikte übertragen sind (§ 85 Abs. 2 des angeführten Ges. v. 6. Febr. 1879 für die Verrichtung der Notariatsgeschäfte, § 26 das.), die den Notaren bewilligten Gebühren und Gebührenantheile.

§ 5. Den Assistenten, welche selbstständige Notariatsgeschäfte oder Geschäfte des § 3 der Geschäftsordnung für die Notare verrichten, werden die Gebühren und Gebührenantheile bewilligt, welche die Notare beziehen.[4])

§ 6. Das Ministerium der Justiz ist ermächtigt, den Notaren und Assistenten Gehalte, die jederzeit widerruflich sind, und den Assistenten, wenn sie wegen Krankheit arbeitsunfähig sind, bei nachgewiesenem Bedürfnisse Unterstützungen von zwei Mark (1 fl. 10 kr.) für den Tag zu bewilligen.

---

[2]) Jetzt § 130.

[3]) In der Fassung der Lh. V. v. 27. Juli 1879 (Ges. u. V.Bl. Nr. XXXV).

[4]) Not.O. § 119.

Sachregister.

Die größeren Zahlen bezeichnen die Seiten, die kleineren die Anmerkungen.

A.

B.

Lippert & Co. (G. Pätz'sche Buchdr.), Naumburg a. S.

Kolibri 360 GmbH
Ferdinand-Jühlke-Straße 7
99095 Erfurt, Deutschland
produktsicherheit@kolibri360.de